1945년 미국의 핵무기 투하의 책임을 묻는
**원폭국제민중법정
제2차 국제토론회 자료집**

1945년 미국의 핵무기 투하의 책임을 묻는

원폭국제민중법정 제2차 국제토론회 자료집

The International People's Tribunal on 1945 US Atomic Bobings
The Second International Forum
原爆国際民衆法廷 第2次国際討論会

원폭국제민중법정 국제조직위원회·
평화와통일을여는사람들 엮음

나무와숲

사진으로 보는 2차 국제토론회

2024년 6월 8일 일본 히로시마에서 개최된 원폭국제민중법정 2차 토론회를 마치고 발표자, 참가자들이 함께한 모습. 손에 든 노란 꽃은 핵 없는 세상으로 나아가자는 의미를 담고 있다.

2024년 6월 7일 원폭국제민중법정 공동의장인 강우일 주교가 2차 토론회에 참석한 발표자들과 통역자들에게 감사의 인사를 하고 있다(위). 아래는 원폭국제민중법정 조직위원회를 구성하기 위해 개최한 좌담회. 이날 원폭국제민중법정 국제조직위원회를 결성하는 성과를 거두었다.

원폭국제민중법정 국제조직위원회를 구성하기 위한 좌담회에서 발언하고 있는 마거릿 엥겔(Peace Action), 조셉 에서티에(World Beyond War), 엘리엇 아담스(Veterans for Peace), 브래드 울프 변호사(시계 방향)

1970년 4월 10일 건립된
한국인 원폭 희생자 위령비.
아래는 히로시마 평화공원을 둘러보고 있는
토론회 참가자들

맨 아래는 원폭 투하로
반파된 원폭돔 앞에서

2차 토론회 전날인 6월 7일
히로시마 평화공원에 있는
한국인 원폭 희생자 위령비 앞에서
한국원폭피해자를 기억하는
제79주기 위령제를 개최했다.

토론회 전날 진행된 참가자 모임에서 인사하는 2차 토론회 발표자들. 왼쪽부터 평화활동가 조셉 에서티에, 엘리엇 아담스, 다니엘 리티커 교수, 찰스 막슬리 교수, 존 키롤프 변호사, 통역 이주연

6월 8일 히로시마 국제회의장에서
개최된 원폭국제민중법정 2차 국제토론회.
인사말을 하는 민중법정 공동의장 강우일 주교,
한국원폭피해자협회 합천지부 심진태 지부장,
평화와통일을여는사람들 고영대 공동대표.
아래는 토론회를 시작하기 전 히로시마·나가사키
원폭 투하 영상을 시청하고 있는 참가자들

1주제 발표자와 토론자들. 왼쪽부터 발표 오은정 교수, 토론자 오쿠보 겐이치 변호사, 요시자와 후미토시 교수, 오동석 교수, 사회 최봉태 변호사

2주제 발표자와 토론자들. 왼쪽부터 발표 다니엘 리티커 교수, 야마다 토시노리 교수. 모니크 코미에 교수, 토론자 마니 로이드 교수, 맨프레드 모흐 국제우라늄무기금지연합 공동의장, 사회 이주연 코리아정책연구소 이사

3주제 발표자와 토론자들. 발표 찰스 막슬리 교수(맨 위), 가운데 왼쪽부터 안나 후드 교수, 토론자 고영대 대표, 존 키롤프 변호사, 사회 강은지 변호사

진지하게 발표와 토론을 듣고 발표자와 토론자에게 질의하는 청중들. 이 자리에는 히라오카 다카시 전 히로시마 시장(하단 왼쪽)도 참석했다.

토론회에 참석한
평통사 회원들이 제작한
자주, 평화, 통일, 반핵,
군축의 배

핵 없는 세상에 대한 염원을 담아
히로시마 평화공원 강가에서
진행된 배 띄우기 행사

CONTENTS

인사말
　강우일 Kang Uil (천주교 전 제주교구 주교)　　　　　　　　　　　27
　심진태 Sim Jintae (한국원폭피해자협회 합천지부장)　　　　　　34
　이기열 Lee Kiyeol (한국원폭피해자 1세)　　　　　　　　　　　40
　이태재 Lee Taejae (한국원폭피해자 후손회 회장)　　　　　　　46
　고영대 Ko Youngdae (평화와통일을여는사람들 공동대표)　　　52

1   한국원폭피해자의 입장에서 본 히로시마·나가사키 핵무기 투하의 역사적 의미

The Historical Meaning of the United States Atomic Bombings of Hiroshima and Nagasaki from the Perspective of Korean Atomic Bomb Victims
韓国被爆者の立場から見る米国の広島·長崎への核兵器投下の歴史的意味

발표 : 오은정 Oh Eunjeong

한국원폭피해자의 입장에서 본 히로시마·나가사키 핵무기 투하의 역사적 의미　60
　1. 들어가며 : 미국과 히로시마
　2. 한국원폭피해자에 관한 기존 연구와 시좌에 없는 미국
　3. 해방 직후 조선인 원폭피해자 귀환과 GHQ
　4. 한국원폭피해자 운동 초기 미국에 대한 요구
　5. 냉전체제 하의 한국원폭피해자 운동과 사라진 미국에 대한 요구
　6. 나가며

The Historical Meaning of the United States Atomic Bombings of Hiroshima and Nagasaki from the Perspective of Korean Atomic Bomb Victims　103
韓国被爆者の立場から見る米国の広島·長崎への核兵器投下の歴史的意味　142

토론 : 오쿠보 겐이치 Okubo Kenichi

    한국원폭피해자의 입장에서 본 히로시마·나가사키 핵무기 투하의 역사적 의미   172

      시작하며
      1. 애매하게 여겨지는 투하 책임
      2. 한반도에서의 무력충돌은 절대로 피해야 한다
      3. 피폭자 운동을 어떻게 계승할 것인가?
    맺음말

    The Historical Meaning of the United States Atomic Bombings of Hiroshima and Nagasaki from the Perspective of Korean Atomic Bomb Victims   183

    韓国被爆者の立場から見る米国の広島·長崎への核兵器投下の歴史的意味   195

토론 : 요시자와 후미토시 Fumitoshi Yoshizawa

    한국원폭피해자의 입장에서 본 히로시마·나가사키 핵무기 투하의 역사적 의미   204

    The Historical Meaning of the United States Atomic Bombings of Hiroshima and Nagasaki from the Perspective of Korean Atomic Bomb Victims   207

    韓国被爆者の立場から見る米国の広島·長崎への核兵器投下の歴史的意味   211

토론 : 오동석 Oh Dongseok

    한국원폭피해자의 입장에서 본 히로시마·나가사키 핵무기 투하의 역사적 의미   213

      1. 발제문에 대한 토론자의 해석
      2. 토론자로서 의견
      3. 발제자에게 구하는 의견

    The Historical Meaning of the United States Atomic Bombings of Hiroshima and Nagasaki from the Perspective of Korean Atomic Bomb Victims   219

    韓国被爆者の立場から見る米国の広島·長崎への核兵器投下の歴史的意味   226

2   1945년 미국의 핵무기 투하 이후의 국제법 – 특히 국제인도법 – 으로 본 핵무기 사용의 불법성

The Illegality of the Use of Nuclear Weapons under International Law –
Particularly IHL – after the United States Atomic Bombings of 1945
1945年の米国の核兵器投下以降の国際法 – 特に国際人道法 – から見る
核兵器使用の不法性

발표 : **다니엘 리티커** Daniel Rietiker

국제법상 핵무기 사용의 적법성 : 국제인도법, 환경법, 인권, 핵무기금지조약에
비춰 본 분석   232
  I. 서론
  II. 국제인도법상 핵무기 사용의 적법성
  III. 환경법상 핵무기 사용의 적법성
  IV. 인권법상 핵무기 사용의 적법성
  V. 핵무기금지조약에 따른 핵무기 사용의 적법성
  VI. 종합 결론

The Legality of the Use of Nuclear Weapons under International Law:
Analysis in Light of IHL, Environmental Law, Human Rights and the TPNW   270
国際法における核兵器使用の適法性 ― 国際人道法、環境法、人権、
核兵器禁止条約(TPNW)   313

발표 : **야마다 토시노리** Toshinori Yamada

핵무기 사용과 국제형사법 : 제노사이드 협약과 국제형사재판소(ICC) 규정   346
  들어가며
  I. 제노사이드
  II. 인도에 반한 죄
  III. 전쟁범죄
  IV. 개인의 형사책임
  나오며

Use of Nuclear Weapons and International Criminal Law:
The Genocide Convention and the Statute of the International Criminal Court (ICC)   356
核兵器の使用と国際刑事法ジェノサイド条約と国際刑事裁判所(ICC)規程   367

발표 : 모니크 코미에　Monique Cormier
　　　Status of Negative Security Assurances under International Law　　　376

토론 : 맨프레드 모흐　Manfred Mohr
　　　국제법상 핵무기 사용의 불법성에 관한 토론문　　　386
　　　　Ⅰ. 서론
　　　　Ⅱ. 핵무기의 불법성에 대한 유엔총회 결의: 과정, 내용, 평가
　　　　Ⅲ. 다니엘 리티커 교수의 발표문에 관한 의견
　　　　Ⅳ. 토시노리 교수의 발표문에 관한 의견
　　　　Ⅴ. 맺음말

　　　The Illegality of the Use of Nuclear Weapons under International Law
　　　- Discussion Paper　　　404
　　　国際法上の核兵器使用の不法性に関する討論文　　　423

토론 : 마니 로이드　Marnie Lloydd
　　　국제법상 핵무기 사용의 적법성 : 국제인도법, 환경법, 인권, 핵무기금지조약에
　　　비춰 본 분석에 관한 토론문　　　438
　　　　Ⅰ. 서론
　　　　Ⅱ. 사소한 세부사항
　　　　Ⅲ. 폭넓은 고찰과 향후 논의 지점 - 핵무기 사용을 규제하는 국제법, 법률 문서 및
　　　　　　관행의 적용 가능한 분야 간의 상호작용

　　　The Legality of the Use of Nuclear Weapons under International Law:
　　　Analysis in Light of IHL, Environmental Law, Human Rights and the TPNW
　　　- A Discussion of Prof. Daniel Rietiker's Paper　　　453
　　　国際法における核兵器使用の不法性に関する討論文─国際人道法、環境法、人権、
　　　核兵器禁止条約(TPNW)　　　469

3 (확장)억제의 불법성과 이의 한반도·동북아 평화와의 양립 불가성 및 극복 방안

The Illegality and Incompatibility of (Extended) Deterrence with Peace in the Korean Peninsula and Northeast Asia: Ways to Overcome It
(拡大)抑止の不法性および朝鮮半島·北東アジアの平和との両立不可能性と克服方略

발표 : 찰스 막슬리 Charles Moxley

   (확장)억제의 불법성과 이의 한반도·동북아 평화와의 양립 불가성 및
   극복 방안   484

      미국이 명시한 무력충돌법 규칙에 따른 핵무기 위협과 사용의 불법성
      관습국제법의 규칙을 포함하는 무력충돌법
      무력충돌법에 따른 핵무기 사용의 불법성을 내포하는 핵무기 영향의 통제 불가능성
      핵무기 영향의 통제 가능성에 대한 미국의 공식 입장
      핵무기 영향의 통제 불가능성에 대한 미국의 인정
      핵무기 영향의 통제 불가능성에 대한 사실
      미국 핵억제 정책의 불법성
      미국이 적용하는 법률 : 핵억제
      핵무기에 관한 ICJ의 권고적 의견 : 핵억제
      핵무기에 대한 미국의 선언적 정책에 내재된 위험 요소
      무력충돌법의 추가 규칙에 따른 핵무기 위협과 사용의 불법성

   The Illegality and Incompatibility of (Extended) Deterrence with Peace
   in the Korean Peninsula and Northeast Asia : Ways to Overcome It   546
   (拡大)抑止の不法性および朝鮮半島·北東アジアの平和との両立不可能性と克服方略   615

발표 : 안나 후드 Anna Hood

   한반도와 동북아시아에서의 확장억제 : 법적·정책적 우려   654
      I. 서 론
      II. 한국과 일본에서의 확장억제 개관
      III. 확장억제를 둘러싼 국제법적 문제
      IV. 확장억제의 정책적 문제
      V. 결 론

Extended Nuclear Deterrence in the Korean Peninsula and Northeast Asia:
Legal and Policy Concerns　　　　　　　　　　　　　　　　　　　669
朝鮮半島と北東アジアにおいての拡大抑止 : 法的及び政策的懸念　　685

도론 : 고영대 Ko Youngdae

　확장억제의 불법성　　　　　　　　　　　　　　　　　　　　　698
　Illegality of (Extended) Deterrence　　　　　　　　　　　　　714
　拡大抑止の違法性　　　　　　　　　　　　　　　　　　　　　734

토론 : 존 키롤프 John Kierulf

　확장억제의 불법성에 관한 토론문　　　　　　　　　　　　　　748
　The Illegality of Extended Deterrence – Discussion Paper　　758
　拡大抑止の違法性に関する討論文　　　　　　　　　　　　　　770

저자 소개　　　　　　　　　　　　　　　　　　　　　　　　　　778
원폭국제민중법정 준비위원　　　　　　　　　　　　　　　　　　785
원폭국제민중법정 국제파트너 단체　　　　　　　　　　　　　　786

인사말

원폭 피폭자들의 희생에 대한
산 자들의 책임

강우일
천주교 전 제주교구 주교

저는 히로시마에 온 것이 처음이 아닙니다. 히로시마와 나가사키에 가까운 지인들도 있고, 여러 차례 방문할 기회도 있었습니다. 히로시마·나가사키의 원폭기념관도 몇 차례 관람했고, 1945년 8월 6일 10만여 명의 히로시마 시민들이, 8월 9일 7만여 명의 나가사키 시민들이 순식간에 목숨을 잃은 사실도 익히 알고 있었습니다. 그러나 제가 히로시마에 대해 알고 있었던 내용은 엄밀하게 말하면 사실 최근 우크라이나와 가자지구에서 일어나고 있는 전쟁과 죄 없는 민간인 희생자, 어린이·노약자들의 고통에 대해서 각종 미디어를 통해 알고 있는 정도와 큰 차이가 없었습니다.

그런데 최근 오에 겐자부로(大江健三郎) 씨가 쓴 『히로시마 노트』라는 저서를 읽으면서 히로시마인들의 원폭 피폭에 대해 새로운 전망을 갖게 되었습니다. 어찌 보면 그전의 저의 히로시마에 대한 인식은 주로 원폭이 폭발한 당일과 며칠에 국한되어 있었습니다. 그런데 『히로시마 노트』를 읽고 난 다음 오에 겐자부로 씨의 시선으로 히로시마와 나가사키를 바라보면서 저는 그동안 원폭 폭발이 가져온 참상의 지극히 작은 부분만을 접하고 있었다는 사실을 절감했습니다. 오에 씨의 『히로시마 노트』는 1965년 4월에 쓰였습니다. 원폭이 폭발한 지 20년이 지난 다음입니다. 오에 씨는 원폭이 폭발한 다음 피폭된 히로시마인들, 즉시 죽지 않고 생존한 피폭자들이 20년이란 긴 세월을 두고 겪어 온 고통과 죽음, 절망과 침묵을 들여다보며 큰 충격과 가책을 느꼈던 것 같습니다.

보통 우리가 히로시마 원폭 폭발을 거론할 때 폭발 직후 사망자가 10만여 명이었다고 말합니다. 그런데 부상자도 10만 명이 넘었다는 사실은 잘 의식하지 않습니다. 피폭 당시 히로시마 시내에는 298명의 의사가 있었으나 건강한 상태로 구조 활동을 시작할 수 있었던 의사는 28명, 치과 의사 20명이 전부였습니다. 의료진들 자신도 환자와 마찬가지로 그들이 겪는 고통과 상처의 정체가 무엇인지도 모른 채 불안과 무력감에 휩싸여 피폭 구조 활동을 벌였습니다. 많은 부상자가 피폭으로 화상을 입고 피부가 켈로이드 상태로 녹아내렸습니다. 시간이 흐르면서 환자들은 전신 피로, 식욕부진, 탈모, 심한 가려움증, 검붉은 피부 발진, 궤양 증세를 경험하다 결국은 서서히 죽어갔습니다. 얼굴과 상체에 켈로이드가 생긴 여성들은 자신의 흉한 모습을 사람들에게 보이기 싫어 세상과 인연을 끊고 오랜 세월 집에서 숨어 지냈습니다. 어떤 청년은 머리와 손에 켈로이드가 있어 결혼도 못하고 몇 번이나 자살을 시도했습니다. 어떤 여성은 젖먹이 때 피폭을 당했고 18년 뒤에 임신했는데, 출산 직후 골수 백혈병으로 사망했습니다. 아이가 생기지 않아서 헤어지는 피폭자들도 적지 않았습니다. 어떤 아가씨는 우연히 골수성 백혈병이라 적힌 자신의 진료부를 보고 목을 매어 자살했습니다. 오키나와 스모의 요코즈나가 될 정도로 건강했던 한 청년은 나가사키 군수공장에서 피폭된 뒤 1956년 갑자기 반신불수가 되었습니다. 스스로 방사능 장애일지도 모른다는 의심이 들어 의사와 상담했으나 의사는 당연히 원폭증에 대해 무지했고 그는 방치될 수밖에 없었습니다. 오키나와 스모의 요코즈나를 지낸 그는 결국 앉은 채 움직이지도 못하고 몸이 엄청나게 부어올랐습니다. 1962년 그는 끝내 피를 반 양동이나 토하고 허무하게 죽었습니다.

히로시마와 나가사키의 조선인 피폭자 대다수가 우리 집안의 고향인 한국의 합천에서 일하러 나간 사람들입니다. 피폭자 중 생존한 이들은 전쟁 후 고향으로 귀국하고 오늘날까지 몸과 마음이 골병 든 채 원폭증을 앓으며 서서히 세상을 떠났습니다. 한국의 피폭자들은 미국·일본은 물론, 한국 정부도 아무런 관심도 돌봄도 제공하지 않는 가운데 외로운 고통과 죽음의 길을 걸었습니다. 피폭의 고통과 비극은 2세대, 3세대 후손들에게 계승되고 본인들이 아니면 알 수 없는 원폭증이 지금도 그들을 괴롭히고 있습니다.

일본과 미국 정부는 수많은 생명을 단숨에 학살하고, 숨이 붙어 있는 부상자는 몇십 년을 두고 신체적·정신적으로 지속하여 고문하고 괴롭히다가 죽음에 이르게 한 도의적 책임을 명백히 인정하고, 희생자들과 유가족들에게 진정으로 사죄하기를 촉구합니다. 또 자국민 다수의 아픔과 희생을 외면해 온 한국 정부 당국자들은 자신들의 무관심과 무책임에 사죄하고 지금이라도 가능한 지원을 시작해야 합니다. 그리고 핵무기라는 인류 최악의 발명품을 지구상에서 퇴출시키기 위해 정치인들은 최선의 노력을 기울여야 할 것입니다.

오늘날 동북아는 국제정치적 갈등과 마찰로 무력충돌의 위기가 갈수록 증폭되고 있습니다. 북한과 남한, 중국과 대만의 긴장에 미국과 일본이 깊숙이 개입하고 있습니다. 각국의 정치 지도자들은 이러한 국제적 긴장 관계를 자신들의 개인적·집단적 이익을 위한 지렛대로 사용하며 위기를 부채질하는 모험을 감행하고 있습니다. 이 시대에 동북아에 무력충돌이 발생한다면 지구 전체에 상상을 초월하는 재앙이 휘몰아칠 것입니다. 우리는 이러한 비윤리적이고 비이성적인 재앙을 예방하고 저지하기 위해 모든 노력을 기울여야 할 것입니다. 오늘의 원폭국제민중법정 2차 국제토론회가 그러한 비극을 차단하고 평화의 버팀목을 마련하는 데 요긴한 기회가 되기를 간절히 바랍니다. 이 토론회에 참석해 주신 모든 분들에게 진심으로 감사드립니다.

Opening Statement

The Living People's Responsibilities for the Atomic Bomb Victims

> **Kang Uil (Peter)**
> Former Catholic Bishop of
> Jeju Diocese

I have been to Hiroshima. I have several close friends of mine in Hiroshima and Nagasaki and I have had many opportunities to visit (t)here. I have made several visits to the Memorial Museum of Atomic Bombs Dropping. I have been deeply aware of the sudden 7,000 deaths of the Nagasaki citizens on August 7, 1945. In fact, what I have known about Hiroshima would be not much different from the pains of the civilians, the old, and the children suffering in the middle of the wars in Ukraine and Gaza, which we have seen from the various kinds of media.

I recently come to have a new perspective to the atomic bomb victims of Hiroshima while reading "*Hiroshima Note*" written by Oe Kenzaburo. Previously my view to Hiroshima was focused on the very day or several days of the atomic bomb dropping. But after reading the Note from the Oe Kenzaburo's viewpoint, I came to realize that I have been exposed to a very small part of the tragedy caused by the atomic bomb droppings. The Oe Kenzaburo's Note was written in April of 1965, which was after 20 years of the dropping. As witnessing the long twenty years of suffering since the bomb droppings, the Oe Kenzaburo had felt deep shock and remorse seeing the pains and deaths, despair and silence from which the atomic bomb victim survivors suffered.

We tend to say there were 10,000 victims after the atomic bomb dropping in Hiroshima. But we are not aware that the wounded were more than ten thousand. When the bomb was dropped, there were 298 medical doctors. But there were only 28 healthy doctors and 20 dentists, who could properly function. The medical staffs were rescuing the atomic bomb victims without knowing what the pain and scars would mean and what would cause the fear and depression to them. Many wounded people suffered from severe burns and their skins melt away like keloid. They had been slowly dying from the deep tiresome, appetite loss, hair loss, severe itchiness, dark skin inflammation, and ulcer symptoms.

The women who had keloid in their faces and upper bodies did not want to show their looks and hided in their own place for a long time. A man who had keloids in his head and hands could not marry and tried to commit suicides several times. A woman exposed to the radiation died from the leukemia during her pregnancy after 18 years of the radiation exposure. The sterility brought about divorces to many of atomic bomb victims. A young woman killed herself after seeing her medical records showing she had leukemia. A young man, who could have become a healthy Oakinawa Smo Yokozna, suddenly became disabled in 1956 after he was exposed to the radiation in a Nagasaki military factory. He was abandoned because he consulted with a doctor ignorant about the radiation side effects. He became extremely swollen without being able to move. In 1962, he died in vain after throwing out a gallon of blood.

Majority of Korean atomic bomb victims moved from Hapcheon in search of work opportunities in Hiroshima and Nagasaki. Hapcheon is my family hometown. The survivors returned to their hometown after the war ended. They left the world with the long physical and mental sickness. The Korean victims walked a long, lonely way without receiving any attention and care from any government—the US and Japan, let alone the South Korea. The survivors and descendants have been suffering from unknown symptoms, the pain that could be felt only by themselves.

I urge the US and Japan to admit the wrong mass killings and long torturing of the wounded who physically and mentally suffered and eventually reached the lonely deaths. I strongly request them to apologize for the victims and their families. The South Korean government, who has stayed away from their own people's sadness and sacrifice should immediately start any possible support for the victims. The politicians should make the best effort to remove the nuclear weapons from the world, which is the worst invention by the humanity.

There have been growing dangers for the military conflicts and international political struggle across Northeast Asia. The US and Japan have been deep part of the crisis of North Korea and South Korea, China and Taiwan. Political leaders have been taking a risk to boost the international crisis by using it as a leverage for their own interests. The military conflicts occurring in Northeast Asia may cause unimaginable disasters across the world. We should make the best effort to stop the unethical and unreasonable disaster. I hope this second international forum for the A-Bomb Tribunal will work as a precious stepping-stone to prevent the tragedy and build the global peace. Thank you so much for all the participants.

挨拶の言葉

原爆被爆者の犠牲に対する生きた者の責任

| カン・ウイル
カトリック前済州教区司教

私が広島を訪問するのは今回が初めてではありません。広島や長崎の近郊に住む知人もいて、何度も訪れる機会がありました。広島・長崎の原爆記念館も数回観覧し、1945年8月6日には10万人余りの広島市民が、8月9日には7万人余りの長崎市民があっという間に命を失ったこともよく知っていました。しかし、私が広島について知っていた内容とは、厳密に言えば、最近のウクライナやガザ地区で起きている戦争で、罪のない民間人犠牲者や子供や老人など弱者が受けている苦痛について各種メディアを通じて知っている程度と、実は大きな差がありませんでした。

ところが最近、大江健三郎さんが書いた「ヒロシマ・ノート」という著書を読んで、広島の人々の原爆被爆について新しい展望を持つようになりました。ある意味、それ以前の私の広島への認識は主に原爆が爆発した当日と数日に限られていました。ところが、「ヒロシマ・ノート」を読み、大江健三郎さんの視線で広島と長崎を眺めることによって、私がこれまで原爆の爆発がもたらした惨状の極めて小さな部分だけに接していたという事実を痛感しました。大江さんの「ヒロシマ・ノート」は1965年4月に書かれました。原爆が爆発してから20年が過ぎた後です。大江さんは原爆が爆発した後に被爆した広島人たち、すぐに死なずに生存した被爆者たちが20年という長い歳月をかけて経験した苦痛と死、絶望と沈黙を目にし、大きな衝撃と呵責に苛まれたようです。

普通、私たちが広島の原爆爆発について話すとき、爆発直後の死亡者が10万人余りだったと言います。ところが、負傷者も10万を超えたという事実はあまり意識していません。被爆当時、広島市内には298人の医師がいましたが、健康な状態で救助活動ができた医師は28人であり、歯科医師の20人がすべてでした。医療従事者もまた患者と同じように、彼らが経験する苦痛と傷の正体が何であるかも分からないまま、不安と無力感に苛まれ、被爆救助活動を行っていました。多くの負傷者が被曝でやけどをし、皮膚がケロイドとなって溶けました。時間の経過とともに患者は全身疲労、食欲不振、脱毛、ひどいかゆみ、赤黒い皮膚発疹、潰瘍の症状を経験し、結局は徐々に死んでいきました。顔と上半身にケロイドができた女性たちは、自分の醜い姿を人々に見せたくないために世の中と縁を切り、長い間家で隠れて過ごしました。ある青年は、頭と手にできたケロイドのために結婚もできずに何度も自殺を試みました。ある女性は赤ん坊の時に被爆し、18年

後に妊娠しましたが、出産直後に骨髄白血病で死亡しました。子どもができなくて別れる被爆者も少なくありませんでした。あるお嬢さんは偶然、骨髄性白血病と書かれた自分の診療カルテを見て首をつって自殺しました。沖縄相撲の横綱になるほど元気だったある青年は、長崎の軍需工場で被爆し、1956年に突然半身不随になりました。彼は、自分が放射能障害かもしれないという疑い、医師に相談しましたが、医師は当然原爆症について無知で、彼は放置されるしかありませんでした。沖縄相撲の横綱を務めた彼は、結局座ったまま動くこともできず、体がものすごく腫れ上がってしまいました。1962年、彼はついにバケツ半分ほどの血を吐いて虚しく死にました。

広島と長崎の朝鮮人被爆者の多くが、私の家系の故郷である韓国の陝川から日本へ出稼ぎに行った人々です。被爆者の中でも生き残った彼らは、戦後、故郷に帰国し、今日まで心身ともに病み原爆症を患いながら生活し、徐々にこの世を去っています。韓国の被爆者は、アメリカ、日本はもちろん、韓国政府からも何の関心も支援も受けない中で、寂しい苦痛と共に死の道を歩んできました。被爆の苦痛と悲劇は、第2世代、第3世代の子孫たちに継承され、本人たちでなければ分からない原爆症が今も彼らを苦しめています。

原爆は、数多くの生命を一瞬にして虐殺しました。また、生き残った負傷者を、数十年にも渡って身体的に精神的に拷問し繰り返し苦しめ、死に至らせました。日本と米国政府は、この道義的責任を明確に認め、犠牲者と遺族たちに心から謝罪しなければなりません。また、自国民の多数の痛みと犠牲に背を向けてきた韓国政府の当局者は、自分たちの無関心と無責任に謝罪し、今からでも可能な支援を始めなければなりません。そして、核兵器という人類最悪の発明品を地球上から退出させるために、政治家たちは最善の努力を傾けなければなりません。

今日、北東アジアでは、国際政治的葛藤と摩擦で武力衝突の危機がますます増幅しています。北朝鮮と韓国、中国と台湾の緊張にアメリカと日本が深く介入しています。各国の政治指導者たちはこのような国際的緊張関係を自分たちの個人的·集団的利益のためのテコとして使い、危機を煽る冒険を敢行しています。この時代に北東アジアにおいて武力衝突が発生すれば、地球全体に想像を絶する災いが吹き荒れるでしょう。私たちは、このような非倫理的で非理性的な災いを予防し、阻止するためにあらゆる努力をしなければなりません。今日開催される、原爆国際民衆法廷第2次国際討論会がそのような悲劇を遮断し、平和の支えを構築するのに重要な機会になることを切に願います。この討論会に参加してくださったすべての方々に心から感謝いたします。

인사말

심진태
한국원폭피해자협회 합천지부장

작년 6월 한국의 히로시마로 불리는 경상남도 합천에서 원폭국제민중법정 준비를 위한 1차 국제토론회를 성공적으로 개최하고, 올해도 평통사를 비롯한 많은 분들의 노고로 한국 피폭자들의 고통이 시작된 이곳 히로시마에서 2차 국제토론회를 열게 되니 감격스럽습니다. 일본 히로시마까지 함께해 주신 여러 국내외 내빈 분들께 먼저 인사드립니다. 저는 한국원폭피해자협회 합천지부장 심진태입니다.

저는 일본 히로시마 에바마치 251번지에서 1943년 1월 9일에 출생하였습니다. 히로시마는 일제강점기 일본의 수탈 작전으로 저의 부모님이 강제징용되어 온 곳입니다. 저의 어머니는 강제동원으로 군수품 공장에서 일하셨습니다. 부모님과 저는 1945년 8월 6일 8시 15분에 미국에 의해 투하된 원자폭탄에 피폭당했습니다. 구사일생으로 살아남아 할아버지가 계시는 한국으로 돌아온 저는 어린 시절을 초근목피로 연명하며 지냈습니다.

2001년부터 현재까지 한국원폭피해자협회 합천지부장 일을 해오면서 회원들의 아픔과 고통을 자세히 알게 되었고, 특히 원폭피해자들이 겪어 온 피폭 후유증으로 인한 삶의 고통을 20여 년 넘게 지켜보았습니다. 전범국인 일본에 강제징용되어 끌려간 한국인(민간인)들이 왜 폭사를 당하고, 원인 모를 병마에 시달리다 죽어야 하는지 원폭을 투하한 미국 정부에 묻고 싶습니다. 그러나 원폭이 투하된 지 79년이 지난 지금까지도 미국 정부와 일본 정부는 원폭 투하에 대한 어떠한 해명도 없습니다.

어떤 이유에서든 전쟁으로 인해 아무런 죄가 없는 민간인이 죽거나 다쳐서는 안 됩니다. 하지만 전쟁의 참혹함을 오롯이 견뎌내고 참아야 하는 현실을 살아오면서 나와 한국원폭피해자 후손들 가슴에 쌓인 한은 말할 수 없이 깊습니다. 한국 정부 역시 원폭으로 폭사당하고, 너무나도 큰 아픔을 안고 살아가고 있는 한국원폭피해자들과 그 후손들을 돌보지 않고 냉대해 왔으며, 최소한의 도의적 책임을 다하고 있지 않은 것이 지금의 현실입니다. 우리에게 국가가 무엇인지 묻고 싶을 따름입니다.

저에게 '피해자는 있는데 가해자가 없다'는 사실은 평생을 살면서 도저히 있을 수 없는 일이라 생각하며, 지금이라도 가해자의 책임을 명확히 하고 피해자들의 한을 풀고자 이번 국제원폭민중법정에 원고로 참여하게 되었습니다. 원폭의 후유증을 아는 사람으로서, 이 세상에 핵무기가 존재하는 한 평화는 없다고 생각합니다. 우리 한국원폭피해자들은 핵무기를 고철로 만들 때까지 핵무기 조제 및 사용에 반대할 것이며, 피해자에 대한 사죄와 배상을 끝까지 요구하고 싶습니다.

우리 한국원폭피해자 1세들은 모두 고령으로 이제 여생이 얼마 남지 않은 사람들입니다. 아직 해결되지 못한 원폭피해자 1세와 그 후손들의 권익을 위해, 그리고 핵 없는 평화로운 세상을 위해서 이제는 한국원폭피해자 2세, 3세와 함께해야 합니다. 저도 이제 내일모레면 90살을 바라보는 나이지만 오늘 참석하신 여러분과 함께 '핵 없는 평화로운 세상' 만드는 데 남은 여생 최선을 다할 것입니다.

끝으로 일제의 강제동원과 미국의 핵무기 투하로 고국으로 돌아오지 못하고 일본 구천을 떠돌고 있을 수많은 한국인 원폭피해자 영령들을 조금이나마 위로할 수 있도록 오늘 이 자리를 마련한 평화와통일을여는사람들 대표님과 모든 회원님들, 평화를 염원하는 모든 분들께 감사드리며, 항상 건강하시고 가정에 행운이 충만하시기를 기원드리면서 인사를 가름합니다.

Opening Statement

Sim Jintae
President of Hapcheon Branch of the
Korea Atomic Bombs Victim Association

Last June, the first international forum on the International People's Tribunal to hold the US accountable for dropping Atomic Bombs on Hiroshima and Nagasaki was successfully held in so-called Korea's Hiroshima Hapcheon, Gyeongsangnamdo and this year, thanks to the efforts of SPARK and many others, how impressed I am to host the second international forum in Hiroshima, the city where the suffering of Korean atomic bomb victims began. I am the head of the Hapcheon Branch of the Korean Atomic Bomb Victims Association, Jintae Sim.

I was born on January 9, 1943, at 251 Abamachi, Hiroshima, Japan. Hiroshima is where my parents were forcibly mobilized to work under the Japanese exploitation policy during Japanese colonial rule. My mother was forced to work in a munitions factory. My parents and I were exposed to the atomic bomb dropped by the U.S. military on August 6, 1945 at 8:15 AM. I barely escaped death and returned to Korea, where my grandfather was from, and spent my early childhood living a hand-to-mouth life in poverty and adversity.

As the head of the Hapcheon Branch of the Korean Atomic Bomb Victims Association from 2001 to date, I have learned more about the pain and sufferings of the A-bomb victims and I have carefully watched their painful lives enduring the lingering after-effects of radiation exposure for more than 20 years. I want to ask the U.S. government that dropped the atomic bombs: Why did Koreans (civilians) forcibly mobilized to Japan have to suffer and perish from unknown diseases in torment until they died? However, Even 79 years after the atomic bombing of Hiroshima and Nagasaki and the resulting indiscriminate killings of large numbers of civilians, the United States pays no apology to date.

War, for whatever reasons, should never kill or injure innocent civilians. But having lived through and endured the harsh lives impacted by the devastation of war, the resentment in the heart of the descendants of the Korean atomic bomb victims and I is too deep to put into words. The South Korean government has also been indifferent and turned a cold shoulder to the victims of the atomic bombing and their descendants who were blown up by and are still living with the immense pain of radiation exposure. and It hasn't done a stroke of work for its moral responsibility. I just want to know what on earth a country is to us?

I've thought the notion that there are victims but no perpetrators is unacceptable in my lifetime, and I decided to file a lawsuit through this International People's Tribunal to clarify the perpetrator's responsibility even now and compensate the A-bomb victims. As someone who is aware of the aftereffects of the atomic bombs, I believe peace and nuclear weapons cannot coexist in this world. We, the Korean A-bomb victims, will oppose to producing and using nuclear weapons until they are turned into scrap metal, while demanding an apology and compensation for the victims to the end.

The first generation of Korean A-bomb victims are all elderly people and do not have much time left to live. For the not-yet unresolved rights of the first generation and their descendants and a nuclear-free peaceful world, we must stand with the second and third generations of Korean A-bomb survivors. I will soon be 90 years old, but I will dedicate the rest of my life, along with all of you present today, to creating a "peaceful world without nuclear weapons."

Finally, I appreciate all the representatives and members of SPARK, and all those who have set up this event today through which we could comfort the spirits of the countless Korean atomic bomb victims who were unable to return to their homeland because of the forced mobilization by Japanese government and the nuclear bombing by the United States and are still wandering in the other world over Japan. May you and your family be filled with all the best of health and good luck.

挨拶の言葉

| シム・ジンテ
(社)韓国原爆被害者協会 陜川(ハプチョン)支部長

昨年6月、「韓国の広島」と呼ばれる慶尚南道陜川（キョンサンナムド・ハプチョン）で、原爆国際民衆法廷準備のための第1次国際討論会を成功裏に開催し、今年も「平和と統一を拓く人々」をはじめとする多くの方々の労苦により、韓国の被爆者の苦痛が始まった広島の地で、第2次国際討論会を開くことになり、大変感激しております。今回、広島までお越しくださった国内外のご来賓の皆様にまず、ご挨拶申し上げます。私は、韓国原爆被害者協会 陜川支部長のシム・ジンテと申します。

私は、日本の広島市江波町251番地に1943年1月9日生まれました。広島は、日本統治時代の日本の収奪作戦により私の両親が強制徴用されてきたところです。私の母は強制動員で軍需品工場で働いていました。両親と私は、1945年 8月 6日 8時15分、アメリカによって投下された原子爆弾により被爆しました。九死に一生を得て生き延び、祖父のいる韓国に戻った私は、幼い頃を草根木皮によって生き延びました。

2001年から現在まで韓国原爆被害者協会の陜川支部長として従事し、会員たちの痛みと苦痛を詳しく知ることになりました。特に、原爆被害者たちが体験してきた被爆後遺症による人生の苦痛を20年以上見守ってきました。戦犯国である日本に強制徴用されたり連行された韓国人（民間人）たちがなぜ爆死し、原因不明の病魔に苦しめられ死んでいかなければならないのか、原爆を投下した米国政府に問いたいです。しかし、原爆投下から79年が経った今も、米国政府と日本政府は原爆投下についていかなる説明もしていません。

どんな理由であれ、戦争によって何の罪もない民間人が死んだり傷を負ったりしてはいけません。しかし、戦争の残酷さに耐え、耐えなければならない現実を生きてきて、私をはじめとする韓国原爆被害者とその子孫の胸に積もった恨は、言葉では言い表せないほど深いものです。韓国政府もやはり、原爆で爆死し、あまりにも大きな痛みを抱いて生きている 韓国原爆被害者たちとその子孫たちを支援せず冷遇してきましたし、最小限の道義的責任を全

うしていないのが今の現実です。私たちにとって国とは何なのか聞きたいという思いばかりです。

私は、「被害者はいるのに加害者がいない」という事実は、一生を生きながら到底ありえないことだと考え、今からでも加害者の責任を明確にし、被害者の恨みを晴らそうと今回の国際原爆民衆法廷に原告として参加することになりました。原爆の後遺症を知る者として、この世に核兵器が存在する限り平和はないと思います。韓国の原爆被害者たちは、核兵器を古鉄にするまで核兵器の調製および使用に反対し、被害者に対する謝罪と賠償を最後まで要求したいと思います。

韓国の原爆被害者1世たちは皆高齢で、もう余生があまり残っていない人たちです。まだ解決されていない原爆被害者1世とその子孫の権益のために、そして、核のない平和な世の中のために、韓国原爆被害者2世や3世の人たちと共に闘い続けなければなりません。私も今や90歳を目前にしていますが、今日ご参加いただいた皆様と共に「核のない平和な世の中」を作るために残りの人生において最善を尽くしたいと思います。

最後に、日本の強制動員と米国の核兵器投下で故国に帰ることができず、日本で死後の世界をさまよっている数多くの韓国人原爆被害者たちを少しでも慰めることができるよう、今日この場を準備してくれた、「平和と統一を拓く人々」の代表とすべての会員の皆様、平和を念願するすべての方々に感謝し、いつも元気ですべての皆様のご家庭に幸運が充満することを祈りながら、ご挨拶とさせていただきます。

인사말

이기열
한국원폭피해자 1세

안녕하세요. 저는 한국원폭피해자 1세이자 한국원폭피해자협회 감사 이기열입니다. 일제강점기 일본 제국주의가 우리나라에 가한 민족·사회·경제적 수탈의 36년간의 고난 속의 삶이란 대한민국 국민이라면 가슴속 깊이 통한의 응어리가 남아 있으리라고 생각합니다.

저의 부모님 고향은 경남 합천의 농촌 마을로, 일제의 강제 수탈과 악선전으로 일본으로 동원되어 일본 히로시마 고이마치에서 철도 보수 공사 및 여러 공사 현장에서 노무자로 혹사당하셨습니다. 저는 1945년 3월 25일 고이마치에서 태어났습니다. 당시 제 위로는 누님 두 분, 형님 두 분으로 일곱 식구였습니다.

1945년 8월 6일, 아침식사 후 아버지와 큰누님이 출근하시고(큰누님은 요시자마 군용정미소에서 근무) 얼마 지나지 않아 온 천지를 뒤덮을 듯한 굉음과 폭풍에 모두 혼비백산하여 이웃들과 가까운 옆 소학교로 피신을 했습니다. 가까운 고이산으로 몸을 숨겼다가 그곳에서 밤을 꼬박 지샌 후 집으로 돌아왔습니다. 그러나 집은 이미 반파되어 있었고 더 이상 그곳의 생활이 어려워 모두들 고향으로 돌아올 배편을 알아봤습니다. 몇 개월 후 겨우 밀항선 배편을 구해 센자키 항에서 한국으로 돌아왔으나 한국 정부의 냉대와 방치로 부모님은 온갖 병마로 고생하시다가 생을 마감하셨습니다.

저 역시 온갖 질병에 시달려야 했고 그중에서도 밤에 잠자리에 들기가 두려울 정도로 자리에 눕기만 하면 콧속이 쓰리고 아파서 항상 이불을 뒤집어쓰고 자야만 했고, 지금은 마스크를 하고 자는 형편입니다. 온몸에 수술도 6~7번을 했고, 지금도 온몸의 피부병과 위장장애, 백내장, 수술 후유증 등으로 이루 말할 수 없는 고통 속에서 살아가고 있습니다.

미국은 히로시마와 나가사키에 원폭 투하로 많은 민간인을 무차별적으로 살상하고도 79년이 지난 현재까지도 사과 한마디가 없습니다. 미국을 향해 법적 소송도 해보고 싶었으나 계란으로 바위를 치는 격이라 엄두가 나지 않았습니다. 그러던 중 평통사와 인연이 되어 함께 다가오는 2026년 뉴욕 NPT 등을 계기로 온 세계인이 모이는 자리에서 원폭국제민중법정으로 미국의 핵투하를 심판하기로 하였습니다.

미국이 핵무기 사용에 대한 책임을 인정하고 사죄한다면 앞으로 세계 어느 나라도 감히 핵무기 사용을 못 할 것이며, 현재 보유하고 있는 핵무기가 고철로 변하지 않을까 생각합니다.

2026년 뉴욕에서 개최할 원폭국제민중법정을 위해 바쁘신 일정 속에 수고하고 계시는 평통사 대표님을 비롯해 관계자 여러분께 먼저 감사를 드립니다. 각자의 법률가 분들과 법학 교수님, 여러분의 조언과 협조로 성공적인 민중법정을 통해 미국이 진정으로 사죄한다면 전 세계가 핵 없는 세상, 전쟁 없는 세상으로 변하지 않을까 기대해 봅니다.

핵무기가 인류를 끝낼 것인가, 아니면 인류가 핵무기를 끝낼 것인가. 미국의 짐 맥거번 하원의원의 절규를 다시 되새겨 봅니다. 감사합니다.

Opening Statement

Lee Kiyeol
A First Generation Korean Atomic Bomb Victims

Hello. My name is Lee Ki-yeol and I am a first generation Korean A-bomb victim and auditor for the Korean Atomic Bomb Victims Association. I believe that Korean people would have a deep-seated sorrow for the 36 years of ethnic and socioeconomic deprivation inflicted on by Japanese imperialism during the Japanese colonial period.

My parents' hometown is a farming village in Hapcheon, Gyeongsangnam-do. They were forcibly mobilized to Koimachi, Hiroshima, Japan by the Japanese government's coercive exploitation and vicious propaganda, and abused as laborers on railroad repair works and other construction sites. I was born there on March 25, 1945. There were six people in my family, and at the time I had two older sisters and two older brothers.

On August 6, 1945, after breakfast, my father and eldest sister went to work (she worked at the Yoshizama military rice mill), and soon after, an earth-shattering roar and storm terrified us all, and I and our family took refuge with my neighbors to a nearby elementary school. We hid ourselves in Goisan Mountain and returned home after spending the whole night there. However, the houses were already half destroyed, and it was difficult to live there anymore, so everyone struggled to find a boat to return to Korea. A few months later, my parents managed to returned to Korea from Senzaki Port on a stowaway ship, but amid the cold treatment and neglect of the Korean government, my parents were suffered from various illnesses and passed away.

I did also have suffered from all kinds of ailments, and among them, the biggest pain was from my respiratory disorders. I was afraid to go to bed at night. Whenever I laid down, my nose hurt and hurt so bad that I always had to cover myself with a blanket up to my face while sleeping, and even now I sleep with a mask on. I have had 6 to 7 surgeries on my entire body, and I am still living in indescribable pain due to skin diseases, gastrointestinal disorders, cataracts, and postoperative aftereffects all over my body.

Even after 79 years since atomic bomb droppings on Hiroshima and Nagasaki and the resulting indiscriminate killings of large numbers of civilians, the United States pays no apology up to the present. I wanted to file a lawsuit against the United States, but I couldn't dare because it was like hitting a rock with an egg. In the meantime, I learned of and became involved with SPARK, Solidarity for Peace and Reunification of Korea and decided to hold the U.S. accountable for dropping atomic bombs on Hiroshima and Nagasaki through the International People's Tribunal at the upcoming New York NPT review conference in 2026 where people from all over the world gather.

If the U.S. admits and apologizes for the responsibilities of the atomic bombings, I believe that no country will ever contemplate using nuclear weapons and their current nuclear arsenal will be turned into scrap metal.

I would like to express my gratitude firstly to the representatives and all the members of SPARK who, even on a busy schedule, are working hard for the International People's Tribunal to hold the United States accountable for dropping atomic bombs in New York in 2026. With the advice and cooperation of lawyers, law professors, and each of you here, I look forward to a successful People's Tribunal through which the United States truly apologizes and the world will be a nuclear-free world, a war-free world.

"In the end, the question is whether humanity will end nuclear weapons, or nuclear weapons will end the humanity." Let us reflect on the outcry of U.S. Representative Jim McGovern. Thank you.

挨拶の言葉

|イ・ギヨル
韓国原爆被害者1世

こんにちは。私は、韓国原爆被害者1世であり、韓国原爆被害者協会の監事を務めておりますイ・ギヨルと申します。日本による植民地時代に韓国が日本帝国主義によって民族・社会・経済的収奪を受けた36年間の苦難とその中での人々の暮らしは、大韓民国の国民ならば皆、胸の奥に痛恨のしこりが残っていると思います。

私の両親の故郷は慶尚南道の陜川の農村です。両親は、日帝の強制収奪と悪宣伝で日本に動員され、日本の広島の己斐町で鉄道補修工事やその他の様々な工事現場で労務者として酷使されました。私は、1945年3月25日、己斐町で生まれました。当時、私には、姉2人と兄2人がおり、7人家族でした。

1945年8月6日、朝食後、父と姉が出勤して（姉は軍用精米所に勤務）程なくして、天地を覆い尽くすような轟音と爆風が起きました。皆、びっくり仰天となり、隣の小学校に避難しました。近くの己斐山に身を隠しそこで夜を明して家に帰りました。しかし、家はすでに半壊していました。これ以上ここでは生活が出来ないと判断し、みんなで故郷に帰る船便を調べました。数か月後、やっと密航船の船便を手に入れ、仙崎港から韓国に戻りましたが、韓国政府の冷遇と放置により、両親はあらゆる病魔に苦しみ、生涯を閉じました。

私もやはり、あらゆる病気に悩まされ、その中でも、夜寝るのが怖いほど横になると鼻の中がひりひりして痛くていつも布団をかぶって寝なければなりませんでした。今もマスクをして寝る状態です。体のあちこちに手術を6〜7回行い、今も全身の皮膚病と胃腸障害、白内障、手術後の後遺症などで、言葉では言い表せないような苦痛の中で生きています。

アメリカは、広島と長崎に原爆を投下し、多くの民間人を無差別に殺傷しました。79年が過ぎた現在でも謝罪の一言がありません。米国に対して法的訴訟もしてみたかったですが、牛の角を蜂が刺すようなものだったので、意欲が湧きませんでした。そんな中、「平和と統一を拓く人々」と縁

を結び、来る2026年のニューヨークでのNPT会議の際に、世界中の人々が集まる場で、原爆国際民衆法廷を開き、アメリカの核兵器の投下について審判することになりました。

アメリカが核兵器使用に対する責任を認めて謝罪するならば、今後、世界のどの国もあえて核兵器を使用することはできないだろうし、現在、保有している核兵器が古鉄に変わるのではないかと思います。

2026年にニューヨークで開催される原爆国際民衆法廷のために、お忙しい日程の中、ご尽力いただいている「平和と統一を拓く人々」の代表をはじめ、関係者の皆様にまず、感謝の意を申し上げます。また、法律家の方々と法学教授の皆様方のご助言とご協力で成功的な民衆法廷を通じて、米国が本当に謝罪するならば、全世界が核のない世の中、戦争のない世の中に変わるのではないかと期待してみます。

核兵器が人類を終わらせるのか、それとも人類が核兵器を終わらせるのか。米国のジム・マクガバン下院議員の絶叫を改めて振り返ります。ありがとうございます。

인사말

이태재
한국원폭피해자 후손회 회장

안녕하세요. 한국원폭피해자 후손회 회장으로서 핵과 전쟁의 피해자가 더 이상 발생하지 않도록 세계평화 운동에 힘껏 노력하고 있으며, 한국원폭피해자에 대한 인권을 호소하고 있는 이태재입니다.

1945년 일본에 투하된 원자폭탄의 피해자(77만여 명) 중 10% 이상이 한국인(10만 명)이라는 사실을 일본 정부는 아직도 은폐하고 있고, 한국인 원폭 피해자의 수를 축소하고 있습니다.

여러 가지 많은 재해로 발생하는 피해자들이 있습니다만, 일반적인 재해의 피해자는 당사자로 끝나지만, 원폭피해자의 경우에는 대를 이어 3중고의 고통 속에 살아가고 있습니다.

저의 아버지(고 이강녕)는 1927년에 일본 고쿠라에서 태어났습니다. 할아버지께서 1919년 3·1 독립만세 운동에 가담하시어 옥고를 치르시고, 당시 보안법 위반으로 일본 군경의 감시·감독 때문에 국내 생활이 힘들어 결혼 후 도일하시었습니다.

아버지께서는 고쿠라 인근 토바다에서 고등경리학교를 졸업하시자마자 나가사키 미쓰비시 공장에 강제징용되시어 그곳에서 원폭 피해를 당하셨습니다.

해방을 맞아 귀국하신 후 또다시 한국전쟁에 참전하시어 핵과 전쟁의 참상을 겪었습니다. 그 후 "원폭피해자는 어디에 있어도 원폭피해자이다"라고 외치며, 2001년 일본 정부를 대상으로 한 소송을 시작으로, 2006년 6월 13일 최고재판소에서 승소하신 후 한 달도 지나지 않은 그해 7월 11일 운명을 달리하셨습니다.

저는 일본 정부가 평화헌법(9조)을 폐기하고 전쟁을 할 수 있는 나라, 파병까지 가능한 나라로 만들고 있는 것을 우려하며, 역사의 수레바퀴는 돌고 돈다고 생각합니다. 우리가 과거의 역사에 대하여 정확하게 인식하지 못하면 또다시 아픈 과거의 역사가 되풀이될 수밖에 없다는 사실을 꼭 기억해야 할 것입니다.

일본이 과거사에 대한 정확한 역사 인식을 하고, 원자폭탄을 투하한 미국에 그 책임을 물을 수 있도록 해야 할 것입니다.

한국원폭피해자 후손회는 한국원폭피해자 자녀들의 모임입니다. 히로시마와 나가사키에 투하된 원자폭탄으로 고통받고 있는 1세 원폭피해자와 그 후유증으로 힘들게 살아가고 있는 2·3세의 건강 문제와 복지 향상 그리고 인권을 보호하고자 합니다. 특히 다시는 "이 세상에 핵과 전쟁의 희생자나 피해자가 없기를" 바라며, 평화롭고 자유로운 세상을 실현하기 위하여 세계에 관심을 호소합니다.

한국원폭피해자와 그 후손들에 대한 깊은 이해와 관심 속에서 이 세상의 비핵 평화를 바라는 우리들의 간절한 바람이 이루어지기를 기원합니다.

Opening Statement

Lee Taejae
President of the Korean A-Bomb Victims Descendants Association

Greetings. My name is Lee Taejae, and during my career as the president of the Korean Atomic Bomb Victims Descendants Association I have been committed to the global peace movement to prevent further victimization by nuclear and war and appealing for human rights for victims.

The Japanese government still covers up the fact that more than 10% of the victims (more than 770,000 people) of the atomic bombings on Japan in 1945 were Koreans (100,000 people) and understates thel number of Korean A-bomb victims.

There are many disasters that occur and claim victims, but while the afflicted parties of most disasters are those directly impacted, the A-bomb victims continue to live with a tripled, compounded suffering that spans generations.

My father (the late Lee Kang-nyeong) was born in Kokura, Japan in 1927. My grandfather participated in the March 1st Independence Movement in 1919, and was imprisoned. Being a security law violator at the time, he had a hard time living under the Japanese military and police observation, so he moved to Japan after getting married.

Shortly after graduating from the High Accounting School in Tobada near Kokura, my father was forced to work for the Mitsubishi Factory in Nagasaki, where he was exposed to the atomic bomb.

Having returned home upon liberation, he once again served in the Korean War and (therefore) experienced all the horrors of both nuclear weapons and war. Afterwards, proclaiming "An A-bomb victim is an A-bomb victim no matter where he is." my father filed a lawsuit against the Japanese government in 2001, and less than a month after winning the suit at the Supreme Court on June 13, 2006, he passed away on July 11 of that year.

I am worried about Japan's revision of its Peace Constitution (Article 9) and its military build-up to be a nation capable of waging war and sending troops (abroad). I believe the wheels of history keep turning. It's important to remember that if we don't accurately recognize and know our past history, we are bound to repeat its most painful moments.

It is our duty to make Japan recognize its past history accurately and to hold the United States accountable for dropping atomic bombs.

The Korean Atomic Bomb Victims Descendants Association is a group of Korean A-bomb Victims' children. It seeks to improve the health, welfare, and human rights of the first generation of atomic bomb victims who are still suffering from the atomic bombings of Hiroshima and Nagasaki, and the second and third generations who are struggling from the aftereffects of the atomic bombings. In particular, I appeal on the global stage for the world to realize peace and to live freely, hoping never again would there be "the victims of nuclear and war in this world."

May our deep understanding and concern for the Korean A-bomb victims and their descendants fulfill our sincere desire for a peaceful world without nuclear weapons.

挨拶の言葉

| イ・テジェ
韓国原爆被害者子孫会 会長

こんにちは。

韓国原爆被害者子孫会の会長として、核と戦争の被害者がこれ以上発生しないよう世界平和運動に貢献するため精一杯努力しており、被害者に対する人権を訴えているイ・テジェと申します。

1945年に日本に投下された原子爆弾の被害者（77万人余り）のうち、10%以上が韓国人（10万人）であるという事実を日本政府は今も隠蔽しており、韓国人原爆被害者の数を縮小しています。

様々な多くの災害で発生する被害者がいますが、一般的な災害の被害者は当事者で終わります。しかし、原爆被害者の場合は、三重苦の苦しみは受け継がれ、その中で暮らしています。

私の父（故イ・ガンニョン）は、1927年に日本の小倉で生まれました。祖父は、1919年の3・1独立万歳運動に加担して投獄され保安法違反犯となりました。その結果、父は、日本軍警の監視監督のために国内での生活が困難になり、結婚後、日本に渡りました。

父は、小倉近隣の戸畑で、高等経理学校を卒業すると同時に、長崎の三菱工場に強制徴用されました。そして、そこで原爆の被害を受けることになりました。

解放を迎えて帰国した後は、韓国戦争に参戦し、核と戦争の惨状を経験しました。その後、「原爆被害者はどこにいても原爆被害者だ」と叫び、2001年に日本政府を相手に訴訟を起こしました。2006年6月13日、最高裁判所で勝訴してから1カ月も経たない同年7月11日、この世を去りました。

私は、日本政府が平和憲法（9条）を廃棄し、戦争できる国、派兵も可能な国になろうとしていることを懸念しています。歴史の車輪は回り回るものなんだなと思います。私たちが過去の歴史について正確に認識し知らなければ、再び痛い過去の歴史は繰り返されるしかないという事実を必ず記憶しなければならないでしょう。

日本が過去の歴史に対する正確な歴史認識を行い、原子爆弾を投下したアメリカにその責任を問うことができるようにしなければなりません。

韓国原爆被害者子孫会は、韓国原爆被害者の子供たちの集まりです。広島と長崎に投下された原爆で苦しんでいる1世の原爆被害者とその後遺症により苦労して生きている2世、3世たちの健康問題と福祉向上、そして人権を保護しようと思います。特に、「二度とこの世の中に核と戦争の犠牲者や被害者がいないこと」を願い、平和で自由な世の中を実現するために世界に関心を呼びかけます。

韓国原爆被害者とその子孫に対する深い理解と関心の中で、この世の非核平和を願う私たちの切実な願いが叶うことを祈ります。

인사말

고영대
평화와통일을여는사람들 공동대표

오늘 토론회의 개최로 우리는 2026년 뉴욕 민중법정 개최를 향한 여정의 반환점을 돌게 됩니다. 지금까지도 어려움이 많았지만 남은 여정에도 더 큰 난관들이 기다리고 있을 것입니다. 그럼에도 불구하고 우리는 한국과 전 세계 원폭피해자들의 한을 안고 핵대결과 핵 없는 한반도와 세계를 기원하며 2026년 뉴욕 민중법정의 성공적인 개최를 향해, 미국 법정 소송을 향해 한 걸음, 한 걸음 나아가겠습니다.

작년 1차 토론회에서 우리는 미국의 히로시마·나가사키 원폭 투하가 불법임을 규명하였습니다. 이러한 규명은 구별의 원칙, 불필요한 고통 금지 원칙, 마르텐스 조항 등에 근거한 것이며, 이 원칙들은 1907년 헤이그 육전 협약 부속 규정 등에 구현되고, 뉘른베르크 군사 법정이 1939년부터 관습국제법으로 확립한 원칙들로 1945년 미국의 히로시마·나가사키 핵무기 투하 당시는 물론 지금도 여전히 발효 중인 원칙들입니다. 국제사법재판소는 1996년 권고적 의견(78항)에서 이 원칙들을 '침해할 수 없는 기본 원칙'으로 판시하였습니다.

오늘 2차 토론회에서는 1945년 미국의 핵무기 투하 이후 제정된 제네바 4협약과 추가의정서, 인권법, 환경법, 국제형사법, TPNW 등의 국제법에 의거해 핵무기 사용의 불법성을 밝힙니다. 이 국제법들에 근거해서도 핵무기 사용은 당연히 불법입니다. 아울러 핵무기 사용뿐만 아니라 핵무기 사용 위협, 곧 (확장)억제의 불법성도 밝힙니다. (확장)억제의 불법성을 밝히는 것은 핵대결과 군비증강을 막고 핵군축을 통해 핵 없는 세상을 실현하기 위한 전제입니다. 특히 우크라이나 전쟁으로 유럽에서 핵 사용 우려가 제기되고 있는 가운데, 확장억제의 불법성을 입증하는 것은 유럽과 함께 이곳 한반도와 동북아에서 핵무기 사용 위협이 핵무기 사용으로 비화되는 것을 막고 생명과 평화를 지키기 위한 노력의 일환입니다.

핵무기 위협과 사용을 불법으로 보는 것은 관련한 유엔총회 결의 표결 결과가 말해 주듯이 이미 전 세계 대다수 국가들의 입장입니다. 오로지 핵무기 국가들과 그 동맹 국가들만 이를 인정하고 있지 않습니다. 그런데 이들 국가조차 핵무기 사용의 적법성을 사막·해양과 같은 인구가 희박한 지역에서의 전술핵무기 사용으로 스스로 국한시키고 있습니다. 그러나 국제사법재판소는 1996년 권고적 의견(11항)에서 전술핵무기의 합법적 사용 가능성을 배척했습니다. 또한 당시 ICJ 베자우이 의장이 자신의 성명(「Declaration of President Bejaoui」)에서 "국가의 존립 자체가 위태로운 극단적인 자위 상황에서 핵무기 위협 또는 사용이 적법 또는 위법한지 여부를 확정적으로 결론지을 수 없다"는 1996년 권고적 의견 105항 2E를 "핵무기 위협이나 사용의 적법성을 인정하는 문을 조금이라도 열어 두고 있다는 의미로 결코 해석될 수 없다"고 강조한 사실은 105항 2E를 핵무기 위협 또는 사용의 적법성을 인정하는 것으로 해석하는 것에 대한 경계가 아닐 수 없습니다.

이렇듯 핵무기 사용의 합법성을 주장할 수 있는 여지는 거의 없습니다. 핵무기 국가들과 그 동맹들, 그리고 국제사법재판소가 핵무기 위협과 사용을 그 자체로 불법으로 인정하고 있지 않다고 해도 핵무기 사용과 위협을 불법으로 규정할 수 있는 국제법이 존재하고 있다는 사실을 부정할 수는 없습니다.

바로 오늘 우리는 이 자리에서 핵무기 위협과 사용을 불법으로 규정할 수 있는 국제법들을 집중적으로 밝힘으로써 2026년 뉴욕 민중법정과 향후 미국 법정에서 1945년 히로시마·나가사키 핵무기 투하를 비롯한 핵무기 사용과 위협을 불법으로 단죄해 낼 수 있는 법리를 재확립하고자 합니다. 물론 주최측과 다른 의견들도 충실히 귀담아 들을 것이며, 그 이견을 주최측의 법리를 다지는 소중한 자양분으로 삼겠습니다.

이 자리를 함께해 주고 계신 발제자·토론자 분들과 전 세계 각지에서 찾아 주신 모든 분들께 주최측을 대표해서 깊은 감사의 말씀을 드리며 민중법정이 개최될 그날까지, 미국에서 법정 소송을 전개할 수 있는 그날까지, 미국의 원폭 투하의 책임을 묻는 그날까지, 억제정책과 핵무기가 철폐되는 그날까지 국내외 모든 평화세력의 힘을 모아 최선의 노력을 다해 나가겠습니다.

Opening Statement

| **Ko Youngdae**
Co-Representative of SPARK

I am very honored to have all of you here in Hiroshima for the second international forum. With today's debate, we are passing the halfway point on our journey towards the People's Tribunal in New York in 2026. There have been many difficulties so far, but even greater challenges await us on the remaining journey. Nevertheless, bearing the deep sorrow and grief of atomic bomb victims in Korea and around the world in mind, with the hope for the nuclear-free Korean Peninsula and a nuclear-free world, we will continue to move forward step by step towards the successful holding of the People's Tribunal in New York in 2026 and towards legal actions in the U.S. court.

At the first forum last year, we found that the atomic bombings of Hiroshima and Nagasaki by the United States were illegal. This finding is based on the principles of distinction, the prohibition of unnecessary suffering, and the Martens Clause which are embodied in a range of international documents including the 1907 Hague Convention IV with its annexed Regulations concerning the Laws and Customs of War on Land and have been established as customary international law since 1939 by the Nuremberg International Military Tribunals. These principles were in effect when the United States dropped atomic bombs on Hiroshima and Nagasaki in 1945, and they remain in effect today. In its 1996 Advisory Opinion, the International Court of Justice (ICJ) found these principles "intransgressible (cardinal) principles" (para 79).

Today, we will determine the illegality of nuclear weapons use based on international laws such as the Geneva Conventions of 1949 and their Additional Protocols, human rights law, environmental law, international criminal law, and the Treaty on the Prohibition of Nuclear Weapons (TPNW), etc, enacted after the 1945 US nuclear bombings. Based on these international laws, the use of nuclear weapons is clearly illegal. Further, we will also determine the illegality not only of the use of nuclear weapons but also of the threat of their use, that is, (extended) deterrence. Demonstrating the illegality of (extended) deterrence is a prerequisite for preventing nuclear confrontations and arms build-up, and achieving a nuclear-free world through nuclear disarmament. Especially amid rising concerns over the use of nuclear weapons in Europe due to the war in Ukraine, establishing the illegality of extended deterrence is part of efforts to prevent the threat of nuclear weapon use from escalating into actual use, thereby protecting life and peace not only in Europe but also here on the Korean Peninsula and in Northeast Asia.

The great majority of states around the world already consider the threat and use of nuclear weapons as illegal, as evidenced by the voting results of relevant UN General Assembly resolutions. Only nuclear weapon states and their allies resist recognizing this stance. Even these states themselves, however, limit the legitimacy of nuclear weapons use to the use of tactical nuclear weapons in sparsely populated areas such as deserts and oceans. Yet, the ICJ rejected the possibility of lawful use of tactical nuclear weapons in its advisory opinion in 1996 (para. 94). Additionally, the fact that at that time, then President of the ICJ Bedjaoui strongly emphasized in his statement ("Declaration of President Bedjaoui") that paragraph 2E of section 105 of the 1996 advisory opinion, which states that "the Court cannot conclude definitively whether the threat or use of nuclear weapons would be lawful or unlawful in an extreme circumstance of self-defence, in which the very survival of a State would be at stake," "can in no way be interpreted to mean that it is leaving the door ajar to recognition of the legality of the threat or use of nuclear weapons." (para. 11) can be understood as a warning against construing paragraph 2E as recognizing the legality of the threat or use of nuclear weapons.

As such, there is little room to argue for the legality of using nuclear weapons. Even if nuclear weapon states, their allies, and even the ICJ do not recognize the illegality of the threat and use of nuclear weapons as such, there is no denying that there is international law based on which we can find the threat and use of nuclear weapons illegal.

Today, right here, we aim to intensively illuminate international laws that can make the threat and use of nuclear weapons illegal. By doing so, we can reestablish the legal basis to condemn the use and threat of nuclear weapons, including the 1945 bombings of Hiroshima and Nagasaki, in the 2026 New York People's Tribunal and future US courts. Of course, we will earnestly listen to those who disagree with the organizers and take their opinions as valuable nourishment for fortifying our legal principles.

On behalf of the organizers, I would like to express my deepest gratitude to the speakers, panelists, and all the participants from around the world who have joined us here today. Until the day of the People's Tribunal, until the day we can bring a lawsuit in the United States, until the day we hold the United States accountable for its atomic bombings, and until the day we achieve the abolition of deterrence policies and nuclear weapons, we will continue to strive with our utmost efforts with the help of peace forces at home and abroad.

挨拶の言葉

コ・ヨンデ
平和と統一をひらく人たち 共同代表

今日の討論会の開催で、私どもは「2026年ニューヨーク民衆法廷」の開催に向けた旅程の折り返し点を通過することになります。今までも困難な事が決して少なくはありませんでしたが、今後残っている旅程にもより大きい難関がより多く待っているはずです。それにもかかわらず、我々は韓国と全世界の原爆被害者たちの無念(恨)を抱いて、核対決と核のない朝鮮半島と世界をのぞみ、「2026年ニューヨーク民衆法廷」の成功的な開催と米国の法廷訴訟に向けて一歩、一歩進んで行きたいと思います。

去年の第1次国際討論会で、私どもは米国の広島・長崎への原爆投下が違法であることを究明しました。そのような究明は、区別の原則、不必要な苦痛禁止の原則、マルテンス条項などに基づいたものであり、これらの原則は1907年ハーグ陸戦協約の付属規定などに具現され、ニュルンベルク軍事法廷が1939年から慣習国際法により確立された原則で、1945年米国の広島・長崎への核兵器投下当時はもちろん、今もなお発効中の原則です。国際司法裁判所(ICJ)は1996年、勧告的意見(79項)でこれらの原則を「侵害できない基本原則」であると判示しました。

今日の第2次国際討論会では、1945年米国の核兵器投下以降に制定されたジュネーブ4条約と追加議定書、人権法、環境法、国際刑事法、TPNWなどの国際法に基づき、核兵器使用の違法性を明らかにします。これらの国際法に基づいても、核兵器使用は当然違法です。また、核兵器使用だけでなく、核兵器使用の威嚇、すなわち(拡大)抑止の違法性も明らかにします。(拡大)抑止の違法性を明すことは、核対決と軍備増強を防ぎ、核軍縮を通じて核のない世界を実現するための前提です。特にウクライナ戦争においてヨーロッパで核使用に対する懸念が提起されている中で、拡大抑止の違法性を立証するのは、ヨーロッパとともに朝鮮半島と北東アジアで核兵器使用の威嚇が核兵器使用へと飛び火することを防ぎ、生命と平和を守るための努力の一環です。

核兵器の威嚇と使用が違法であると見なすのは、関連した国連総会の決議表決の結果が物語っているように、すでに全世界の大多数の国家の立場です。ただ核兵器国家とその同盟国家だけがこれを認めていません。ところが、これらの国々でさえ核兵器使用の合法性を、砂漠と海洋の

ような人口の少ない地域での戦術核兵器使用に自ら限らせています。しかし、国際司法裁判所(ICJ)は1996年の勧告的意見(94項)で戦術核兵器の合法的使用の可能性を排斥しました。また、当時のICJベジャウィ議長が自分の声明（「Declaration of President Bejaoui」）で、「国家の存立自体が危うくなる極端な自衛状況において、核兵器の威嚇または使用が適法であるか違法であるかを確定的に結論づけることはできない」という1996年勧告的意見105項2Eを、「核兵器の威嚇や使用の合法性を認める扉を少しでも開けておいたという意味に決して解釈できない」と強調した事実は、105項2Eを核兵器の威嚇または使用の合法性を認めるものと解釈することに対する警戒であると言わざるを得ません。

以上のように核兵器使用の合法性を主張できる余地はほとんどありません。核兵器国家とその同盟国、そして国際司法裁判所が核兵器の威嚇と使用そのものが違法であると認めていないとしても、核兵器の使用と威嚇を違法に規定できる国際法が存在しているという事実を否定することはできません。

まさに今日私どもはこの場で、核兵器の威嚇と使用を違法と規定できる国際法を集中的に明していくことで、2026年のニューヨーク民衆法廷と今後米国の法廷で、1945年の広島・長崎への核兵器投下をはじめとする核兵器の使用と威嚇が違法であると断罪できる法理を再確立しようと思います。もちろん主催側と違う他の意見にも忠実に耳を傾けるつもりであり、その異見を主催側の法理をかためる大切な滋養分にしていきます。

この場にご参加くださった発表者、討論者の皆さん、それから全世界から御越しくださったすべての方々に主催側を代表して心から感謝申し上げます。民衆法廷が開催されるその日まで、米国での法廷訴訟が展開できるその日まで、米国の原爆投下の責任を問うその日まで、抑止政策と核兵器が廃絶されるその日まで、国内外のあらゆる平和勢力の力を合わせて最善の努力を尽して行きます。

1

한국원폭피해자의 입장에서 본 히로시마·나가사키 핵무기 투하의 역사적 의미

The Historical Meaning of the United States Atomic Bombings of Hiroshima and Nagasaki from the Perspective of Korean Atomic Bomb Victims

韓国被爆者の立場から見る米国の広島·長崎への核兵器投下の歴史的意味

- **발표자**   **오은정**   Oh Eunjeong
  강원대학교 문화인류학과 교수 江原大学文化人類学科教授
  Professor of Cultural Anthropology at Kangwon National University

- **토론자**   **오쿠보 겐이치**   Okubo Kenichi
  일본반핵법률가협회 회장 日本反核法律家協会会長
  President of Japan Association of Lawyers Against Nuclear Arms

- **토론자**   **요시자와 후미토시**   Fumitoshi Yoshizawa
  니가타 국제정보대학교 교수 新潟国際情報大学教授
  Professor of Niigata University of International and Information Studies

- **토론자**   **오동석**   Oh Dongseok
  아주대학교 법학전문대학원 교수 亞洲大学法学専門大学院教授
  Professor at Ajou University Law School

1 발표문

한국원폭피해자의 입장에서 본 히로시마·나가사키 핵무기 투하의 역사적 의미

오은정
강원대학교 문화인류학과 교수

1. 들어가며: 미국과 히로시마[1]

2016년 5월 27일 버락 오바마 대통령은 일본에서 개최되는 G7 정상회의에 참석하면서 현직 미국 대통령으로서는 처음으로 피폭지인 히로시마를 방문했다. 앞서 그는 2009년 체코 프라하에서 '핵무기 없는 세계' 선언을 했던 공로로 노벨평화상을 수상했던 만큼 히로시마에서 "핵이 없는 세계를 추구해야 한다"고 한 그의 연설은 귀담아들을 만한 통찰을 담고 있었다.[2] 그는 핵폭발의 버섯구름은 인간의 도덕적 혁명이 없는 과학 혁명이 가져온 파멸, 모순, 희생을 가장 극적으로 보여주는 상징이라고 했다.

그러나 주목할 만한 점은 18분 동안 이어진 그의 연설에 핵무기를 투하한 주체에 대한 언급은 한마디도 없었다는 것이다. 그는 단지 연설의 초반에 "71년 전 구름 한 점 없이 맑은 아침, 하늘에서 죽음이 떨어졌고 세상이 변했다(Seventy-one years ago, on a bright, cloudless morning, death fell from the sky and the world was changed)"고만 했을 뿐이다. 미국의 대통령이 핵무기 투하의 주체를 언급하지 않은 것이 우연은 아니다. 그는 핵무기 투하의 책임에 대한 질문을 우회하고, 대신 핵무기 투하가 가져온 희망에 대해 말했다. 자유

---

[1] 본고에서는 1945년 8월 6일 히로시마, 8월 9일 나가사키에 투하된 원폭에 영향 받은 이들을 '원폭피해자'라는 용어로 통칭하고자 한다. '피폭자'라는 용어는 일본에서 원폭피해자 구호를 법적으로 제도화하는 과정에서 원자폭탄의 피해가 전쟁으로 인한 '일반의 피해'와 구분되는 '특수한 피해'라는 점을 강조하는 한편, 행정상으로도 '피폭자 건강수첩'을 교부받은 이들을 이르는 용어로 사용되면서 일반화되었다. 본고에서는 피폭자라는 용어가 이와 같은 한정적인 의미로 사용되는 경우 혹은 저서나 단체명 등에서 고유하게 사용된 경우를 제외하고는 한국에서 일반적으로 통용되는 바와 같이 원폭피해자라는 용어를 사용하고자 한다.

[2] Remarks by President Obama and Prime Minister Abe of Japan at Hiroshima Peace Memorial. U.S. The White House Archives. https://obamawhitehouse.archives.gov/the-press-office/2016/05/27/remarks-President-obama-and-prime-minister-abe-japan-hiroshima-peace

로운 시장과 민주주의를 기반으로 하는 미국과 일본의 동맹 그리고 유럽의 연합이 그것이다.

나는 2016년 히로시마에서 "핵무기 없는 세계"를 선언했던 미국 대통령이 행한 연설이 20세기 핵 역사에서 원폭피해자의 위치, 그중에서도 특히 히로시마와 나가사키에서 피폭된 조선인 원폭피해자와 미국의 관계라는 문제를 가늠하는 데 시사하는 바가 매우 크다는 점을 주목하고 싶다. 오바마 미국 대통령의 연설은 미국과 유럽연합을 기반으로 하여 이루어지는 세계 질서와 미·일 동맹의 중요성을 강조했는데, 이는 정확히 한반도 대분단 체제(이삼성, 2023)라는 구조적인 조건이기도 하다. 이러한 맥락에서 그의 연설 처음에 언급된 (논쟁의 여지가 많은 숫자로 표기된) "10만 명이 넘는 일본인 남성과 여성, 아이들, 수천 명의 조선인, 12명의 미국 포로"의 죽음은 그 동맹과 연합을 위한 불가피한 희생으로 위치시키고 있음을 명확히 보여준다.

또한 오바마 대통령은 "핵무기가 새로운 국가로 확산되고 핵물질이 광신자들의 손에 들어가는 것을 막아야 한다(stop the spread to new nations, and secure deadly materials from fanatics)"고 했다. 그리고 전 세계의 테러와 부패, 잔인함과 압제 행위로부터 이 동맹과 연합이 "스스로를 방어할 수단을 보유해야 한다(the alliances that we've formed – must possess the means to defend ourselves)"고도 했다. 미국이 가진 핵무기 그리고 미국의 동맹과 연합이 통제할 수 있는 핵무기는 방어를 위한 것이며 그것만이 평화를 보장할 수 있다는 의미를 담았다. 그렇다면 여기에서 그의 연설 마지막을 장식한 "모든 삶이 소중하다(every life is precious)"와 "전쟁은 더 이상 원치 않는다(They do not want more war)"는 문장은 동맹과 연합의 방어라는 불가피한 상황에서는 보장될 수 없는 약속임을 시사한다. 동맹과 연합의 방어 앞에서 원폭피해자의 희생이나 전쟁으로 인한 피해를 감수해야 한다는 이와 같은 인식은 오바마 대통령의 개인적인 견해를 넘어선다. 미국은 히로시마와 나가사키의 핵무기 투하로 "더 큰 전쟁의 희생을 막았다"고 이야기해 왔으며, 그 입장을 일관되게 고수해 왔기 때문이다.[3]

한편 2023년 5월 21일 윤석열 대통령 또한 한국 대통령으로서는 처음으로 히로시마를 방문하여 한국인원폭희생자위령비에 참배했다. 기시다 후미오 일본 총리도 함께였다. 그는 한국인원폭희생자위령비 참배 이전에 히로시마에 거주하는 교포들과 만난 자리

---

3 미국의 히로시마와 나가사키에 대한 핵무기 사용 결정의 경과, 그 결과, 원폭 사용의 정당성에 대한 논쟁 등은 2023년 원폭국제민중법정 제1차 국제토론회에서 한림대학교 이삼성 명예교수가 발표한 내용을 참조할 수 있다.

1 발표문

에서 "우리 동포들이 원자폭탄 피폭을 당할 때 우리는 식민 상태였고, 해방 그리고 독립이 됐지만 나라가 힘이 없었고 공산 침략을 당하고 정말 어려웠다. 우리 동포들이 타지에서 고난과 고통을 당하고 있는데 대한민국 정부, 국가가 여러분 곁에 없었다"고 했다. 그러면서 "슬픔과 고통을 겪는 현장에서 고국이 함께하지 못했다는 것에 대해 깊은 사과를 드린다"고 말했다. 윤석열 대통령의 메시지에서 특징적인 것은 원폭의 피해를 "이역만리 타향에서 전쟁의 참화를 겪은 것"이라고만 하면서, 원폭피해자들의 고통을 "식민"과 "공산 침략"의 어려움 때문에 돌아보지 못했다고 했다는 점이다. 한국인원폭피해자들의 고통에 대한 한국 정부의 책임은 명시되지 않았으며, 원폭 피해의 고통을 일반적인 전쟁의 참화와 동일하게 취급하면서 그 피해의 특수성을 비가시화한 것이다.

히로시마를 처음으로 방문한 미국의 대통령과 한국의 대통령의 메시지는 핵무기 투하의 주체를 명시하지 않았다는 점과 이후 원폭피해자들의 고통에 대한 책임의 문제를 외면하고 침묵했다는 점에서 동일하다. 놀라울 것도 없이 핵무기를 투하한 주체에 대한 언급이 없는 것은 히로시마 평화기념공원의 평화기념비에 "잘못은 되풀이되지 않을 테니"라는 문구에서 그 잘못의 주체가 명시되지 않은 것과도 완전히 닮아 있다.

한국과 일본, 그리고 미국 정부가 핵무기 투하의 주체를 명시하지 않고 그 책임을 묻지 않기로 한 것은 오바마 대통령이 말한 것처럼 미국과 일본의 동맹 그리고 유럽의 연합이라는 제2차 세계대전 이후 글로벌 냉전 체제와 떨어질 수 없다. 인종주의와 식민주의에 기반한 제국주의적 팽창 과정에서 식민 모국으로 이주했거나 강제동원되었던 조선인들의 원폭 피해는 그 세계 질서 속에서 불가피한 희생으로 이야기되어 온 현실이 전혀 변화하지 않은 것이다.

한편 윤석열 대통령의 히로시마 한국인원폭희생자위령비 방문 시기가 일본 정부의 후쿠시마 원전 오염수 방류 직전의 시기였음을 상기할 필요가 있다. 원전 오염수 방류에 대한 한국인들의 높은 반대 여론에도 불구하고 윤 대통령은 후쿠시마산 식재료로 마련된 식사를 했고, 국내에서는 오염수 방류의 위험을 우려하는 국민들에게 '괴담'과 '가짜뉴스'에 속지 말아야 한다고 말하고 있었다. 원자력발전과 핵무기의 차이에도 불구하고 그의 히로시마 방문은 '피폭'이라는 연결고리 속에서 후쿠시마 오염수 방류 문제가 용인 가능한 것으로 해석할 여지를 남겼다. 윤석열 대통령이 히로시마 방문에서 내놓은 이러한 메시지는 한국의 원폭피해자들이 피폭으로 인한 고통을 호소하던 시기가 한국 정부는 원자력발전에 열광했던 시기의 역사적 시간과 일치한다는 사실을 새삼 다시 돌아보게 한다. 20세기 글로벌 핵 역사에서 원자력 에너지와 핵무기는 서로 다르다고 이야기해 왔고 실제로 서로 다른 경로를 밟아온 것처럼 보였지만, 원자력에 대한 열광은 언제나 핵무기에 대한 욕망과 얽혀 있었다.

1945년 8월 6일과 9일 제국 일본의 히로시마와 나가사키에 미국이 투하한 핵무기에 의해 직·간접적으로 피해를 입은 피식민의 조선인과 그 후손이 해방 이후 한국으로 귀환하고 경험했던 고통의 역사는 20세기 글로벌 핵 레짐을 구성한 인종주의, 제국주의와 식민주의, 냉전체제 하의 반공주의, 그리고 원자력 기술 신화의 측면에서 해석되어야 한다. 다만 미국의 히로시마와 나가사키의 원폭 투하에 대한 인도주의적 책임의 성격에 대한 논쟁과 한국원폭피해자 문제의 성격은 2023년 개최된 평통사 국제토론회에서 이삼성 교수가 발표한 내용에 일정 부분 정리된 것으로 갈음하고, 본 발표는 특히 한국원폭피해자들의 입장에서 미국의 원자폭탄 투하를 어떻게 보아야 하는지를 중점적으로 살피려고 한다. 이를 위해 본 발표에서는 특히 다음 두 가지 점에 주목하고자 한다.

첫째, 미국은 단지 핵폭탄을 투하한 주체였을 뿐만 아니라 히로시마와 나가사키에서 피폭된 조선인들이 한반도로 귀환한 과정에 관여한 주체였다. 일반적으로 해방된 이후 일본에 거주했거나 동원되어 있던 조선인이 해방된 조선으로 귀환한 것은 당연한 것이라 여겨지지만, 사실 많은 재일조선인들에게 귀환은 당연한 선택지가 아니었다. 그러나 미국의 재일조선인 귀환 정책에 따라 피폭된 조선인들은 치료도 제대로 마치지 못한 채 서둘러 돌아왔어야 했다. 물론 여기서 조선인 귀환 문제는 그전에 왜 조선인들이 일본에 있었는가에 대한 물음을 필요로 한다는 점은 두말할 나위가 없다. 다만 이후 기존 연구 정리에서도 말하겠지만 한·일 관계에서의 논의는 비교적 많이 이루어져 왔기 때문에 본 발표는 특히 한국원폭피해자의 존재와 관련된 미국의 책임에 관한 부분에 더 초점을 맞추고자 한다.

둘째, 한국원폭피해자들은 자조 조직인 원폭피해자원호협회를 결성하고 미국의 정치적 책임을 묻고 있었다는 점을 강조하고 싶다. 한국원폭피해자들 스스로가 미국에 대한 정치적 요구를 했었다는 점은 매우 중요한 사실이다. 그러나 이러한 책임에 대한 요구는 한·미·일의 반공주의적 군사동맹 체제 하에서 정치적으로 표면화되거나 가시화하는 데 제약을 받았다. 그간 한국원폭피해자 문제에 대한 많은 연구자들은 의도하였든 의도하지 않았든 이 문제를 한국과 일본 사이의 문제로만 다뤄 왔다. 그러나 한국원폭피해자의 입장에서 그러한 연구의 시야는 미국을 포함하는 더 넓은 범위의 정치적 책임의 문제로 확장될 필요가 있다.

본문은 크게 세 부분으로 이루어진다. 먼저 2장에서는 한국원폭피해자 문제에 대한 기존 연구를 정리할 것이다. 이것은 한국원폭피해자 문제가 역사적으로 어떻게 형성되어 왔는지를 보여줄 뿐만 아니라 한국원폭피해자 문제에 관한 연구들이 미국의 책임 문제를 외면해 왔다는 점을 보여준다. 3장에서는 해방 이후 조선인 원폭피해자 귀환 문제와 미국의 관여를 다룬다. 4장과 5장에서는 한국원폭피해자 운동 초창기에 미국에 대한 요구 및 냉전체제 하에서 이러한 요구들이 사라지는 과정을 살펴보고자 한다. 한국원폭피해자들은 자신들의 존재에 대한 미국의 책임을 초창기부터 요구했지만, 미국은 그에 대해 응답하지 않았으며, 동아시아 냉전 속에서 한·미·일의 반공주의적 군사동맹 체제는 그 목소리를 억압했다. 결론적으로 이 발표는 여전히 지속되고 있는 핵무기 중심의 군사동맹 체제의 대결 구도 속에서 한국원폭피해자의 존재가 불가피한 희생으로 위치지어지는 현실을 비판적으로 고찰해 보고자 한다.

2. 한국원폭피해자에 관한 기존 연구와 시좌에 없는 미국

서문을 비록 오바마 대통령의 연설에 대한 비판으로 시작하긴 했지만 적어도 그가 서구의 정치지도자로서 일본인 이외의 원폭피해자에 대해 언급한 첫 사례라는 점에서 그 중요성을 부정하기는 어렵다. 또한 논란이 된 히로시마와 나가사키의 당시 외국인 원폭피해자의 숫자는 그의 시야를 넘어, 이 문제에 관한 영미권 학계의 무관심과 연구의 부재와도 연결되어 있다. 실상 2000년대 이전까지 일본계 미국인인 리사 요네야마(Yoneyama, 1999)의 기념비적인 연구 「Hiroshima Traces」이외에 영미권에서 한국원폭피해자 문제를 정면으로 다룬 연구는 거의 존재하지 않았다고 보아도 무방하다. 2000년대를 전후로 마이클 와이너(Weiner, 1997)와 데이비드 팔머(Palmer, 2008, 2013)의 원폭피해자 연구, 2010년대 이후 마이클 진(Jin, 2021)의 연구가 추가되었지만, 이들 연구의 상당수가 전후 일본에서 피폭과 관련된 기억의 정치 문제를 다루는 데 중점을 둔다. 즉, 한국원폭피해자 문제의 실태나 역사 그 자체에 관한 연구는 여전히 거의 존재하지 않는 형편이다. 영미권 연구는 아니지만 아고타 듀로(Duro, 2016, 2017, 2018)와 나오노 아키코(Naono, 2003, 2005, 2010, 2018)는 일본 학계에서 영어로 여러 논문을 출판했다. 특히 듀로는 한국원폭피해자 운동의 역사를 일본 시민단체의 운동의 역사 속에서 논의하고 있다는 점에서 주목할 만하다. 고바야시 소메이(小林聡明, 2012, 2022)의 연구는 외교문서를 바탕으로 한국 정부의 원폭피해자 문제에 대한 외교적 대응과 역할을 검토했다.

한국원폭피해자에 관한 연구는 한국 사회에서 이들이 경험했던 시대적 상황과 그 존재의 역사를 잘 보여준다. 1960년대 이전에 한국에서 원폭피해자의 존재를 사회적으로 인지하지 않았던 것은 아니지만, 이들에 대한 사회적 관심은 매우 낮았다. 1940년대와 1950년대 한국에서의 원자력 과학의 역사를 연구한 데렉 크레머(Derek Kramer, 2023)는 이러한 원폭피해자에 대한 '사회적 인지의 부재' 상황은 남한의 원자과학에 대한 열광과 발전주의적 사고 속에서 원폭이 식민지로부터의 해방이라는 담론에 파묻혀 버렸기 때문이라고 지적한다.

원폭피해자의 존재가 사회적으로나 정치적으로도 주목받지 못했지만, 한국의 역사학을 비롯한 지식계에서도 사정은 마찬가지였다. 사실상 1990년대 초반까지 한국원폭피해자에 대한 연구는 연구라고 하기보다는 주로 원폭피해자들이 처한 현실을 타개하기 위한 대책을 호소하는 차원에서 이뤄진 실태조사나 현지보고에 가까웠다. 드라마 작가였던 박수복(1975, 1986)의 르포르타주, 한국원폭피해자 조직인 한국원폭피해자협회(1985)와 그 창립자였던 김재근(1968)이 조사한 현황 보고서, 협회장이었던 신영수의 기고(1986) 그리고 그 시기 이들과 연대해 투쟁을 벌인 유일한 한국의 시민단체였던 한국교회여성연합회(1975, 1984, 1989, 1994)의 한국원폭피해자 실태 보고서, 이현숙(1994) 등이 이에 해당한다. 같은 시기 일본에서는 재한피폭자 문제에 관여하고 있던 단체들과 시민들의 기록이 출판되었다(長崎の證言の会, 1969, 1978; 朴秀馥·郭貴勳·辛泳洙, 1975; 鎌田定夫, 1978; 長崎在日朝鮮人の権を守る会, 1982; 広島·長崎の証言の会·在韓被爆謝医療調査団, 1986; 在韓被爆者問題市民会議編, 1988, 2008; 深川宗俊, 1992; 河村虎太郎, 1992). 관련 단체들이 발간하는 회보 또한 중요한 자료다(韓国の原爆被害者を救援する市民の会機関紙, 在韓被爆者渡日治療広島委員会会報, 三菱·広島元徴用工裁判を支援する会, 会報「이기자」). 해방 이후 1980년대까지 한국원폭피해자에 관한 자료가 매우 부족한 상황에서 이들 자료가 갖는 사료적 가치는 매우 크다.

1969년 '나가사키증언회(長崎の證言の会)'에서 창간한 『증언(證言)』은 일본 정부는 물론 일본 피해자들 또한 그 존재를 잘 알지 못했던 재외피폭자, 아시아·태평양 전쟁 시기 강제동원의 역사 등에 관심을 가지며 이들의 목소리를 반영하는 데 많은 노력을 기했다. 1970년대는 한국원폭피해자 손진두가 일본에 밀입국한 뒤 일본 시민단체들의 지원

1 발표문

속에서 일본 정부를 상대로 이른바 '수첩 재판'을 진행하던 때로, 손진두 사건은 당시까지 일본 사회에서 잘 알려지지 않았던 재한피폭자(在韓被爆者) 문제에 대한 관심을 환기하는 데 많은 영향을 미쳤다. 손진두 소송이 한창이던 1970년대 중반 일본 아사히신문사에서 발간한 『피폭한국인(被爆韓國人)』(1975)은 일본에서 발간된 한국원폭피해자에 관한 단행본 증언집으로는 가장 이른 시기의 것이다. 그 외에 '히로시마·나가사키증언회(広島·長崎の證言の会)'와 '재한피폭자의료조사단(在韓被爆者医療調査団)'이 공동으로 발간한 『일본 사람으로 : 40년째 한국피폭자(イルボンサラムへ : 40年目の韓國被爆者)』(1986), 일본의 '재한피폭자를 구원하는 시민의 모임'이나 '재한피폭자도일치료 히로시마위원회'에서 발간하는 소식지에도 한국원폭피해자들의 실태와 증언 등이 실려 왔다.

1975년에서 1987년까지 일본의 재일조선인이 중심이 되어 발간한 잡지 『계간삼천리(季刊三千里)』에 기고된 피폭 조선인 관련 글은 이 시기 한국과 일본이라는 두 사회에 피폭 조선인의 존재가 축적되고 침잠되어 있는 역사적 지층의 단면들을 잘 보여준다. 특히 필자로 참여했던 히라오카 다카시, 우에하라 도시코, 도요나가 게이자부로, 나카지마 다츠미 등은 재한피폭자의 권리를 확보하기 위한 운동을 전개하면서 이 문제를 식민주의 역사와 재일조선인의 존재와 연결해 사유했던 흔적을 잘 보여준다(平岡敬, 1978, 1987; 上原敏子, 1978; 橋本栄一, 1980; 桑名靖治, 1981; 水原肇, 1981, 1983; 平林久枝, 1984; 豊永恵三郎, 1985; 中島竜美, 1985, 1986).

1978년 손진두 소송이 일본 최고재판소에서 승소 판결을 받아 한국원폭피해자들이 일본으로 건너가 피폭자 건강수첩을 받으면 치료를 받을 수 있는 길이 열리는 계기가 됐다. 하지만 일본 정부는 그 근간이 되는 원폭의료법과 원폭특별조치법이 일본의 영역에 거주 관계를 가질 때, 즉 일본국의 시정권 내에서만 유효하다는 후생성 행정 규칙인 '402호 통달'을 내놓았다. 사실상 도일하지 않는 이상 한국원폭피해자들에 대한 치료와 수당을 받는 것은 불가능했다. 이 판결을 계기로 더욱 높아진 한국원폭피해자들의 보상 요구에 대해서는 한국과 일본 정부의 합의에 따라 약간명의 원폭피해자를 일본으로 초청해 치료해 주는, 이른바 '도일치료' 제도로 무마해 나갔다.

그러나 1980년 10월 말 시범 케이스 10명으로 시작해 6년간 모두 349명에 대해 이루어진 도일치료 제도는 도항에 필요한 여비 부담 문제로 삐걱대다가 1986년 전격 중단된다. 여러 문제를 안고 있기는 했지만 마땅히 이뤄져야 할 한국원폭피해자 원호에의 "하나의 가교(一本のかけ橋)"(中島竜美, 1988:5)가 끊겨 버림으로써 한국원폭피해자 구호 문제는

다시 표류하게 된다. 그런데 도일치료 중단은 한국원폭피해자 운동에 있어 중요한 전기가 되었다. 한국원폭피해자협회는 일본변호사협회와 시민사회단체와의 연대 속에서 '23억 불 보상 청구 운동'을 기획하고, 민주화 이후의 대선 정국에서 이를 적극 활용하고 노태우 대통령 당선 이후에도 대정부 압력 활동에 박차를 가한다. 당시 그와 같은 운동의 결과는 한국원폭피해자들의 요구와는 크게 엇나간 일본 정부의 '한국원폭피해자 의료지원기금 40억 엔' 지원으로 결정됐다. 한국원폭피해자협회 임원 및 회원들은 이에 크게 낙담하며 반발해 40억 엔에 대하여 수령 거부 의견을 내기도 했지만 결정은 바뀌지 않았다. 더욱이 이 돈은 한국원폭피해자들이 일관되게 요구해 온 보상이 아니라 인도적 지원이라는 명목으로 일본 외무성에서 국제 거출 명목으로 계상되었다. 일본 정부는 1991년과 1993년 두 차례에 걸쳐 구호단체인 대한적십자사에 이 돈을 송금했다. 대한적십자사가 의료지원금으로 약간의 복지사업을 실시한 1990년대 이후 사회복지 차원에서 원폭피해자의 실태를 조사하고 이들에 대한 지원 정책 방안을 제시하는 연구들이 나오기 시작했다. 이 시기를 배경으로 한국보건사회연구원(1991), 김정경(1993), 백옥숙(2004), 손종민(2006)의 연구가 나왔다. 대한적십자사는 관련 내용을 중심으로 2023년 『원폭피해자 지원사업 백서 : 검고 짙은 상흔의 치유와 위로』를 펴냈다.

　23억 불 보상 청구운동이 비록 한국원폭피해자들의 기대에는 크게 미치지 못했지만, 이는 냉전이 해체된 국제질서와 맞물려 민주화 이후의 한국에서 일본의 전후 미처리 문제에 대한 의식을 고양시키는 데 크게 기여했고, 1990년대 일본은 한국뿐만 아니라 아시아 각국으로부터의 전후 보상 요구에 직면해야 했다(다카기 겐이치, 1995; 우츠미 아이코, 2010). 민주화 이후 사할린 교포, 종군위안부, 전시노무자 그리고 일본군의 군인 및 군속 등으로 강제 연행된 사람들이 일본 정부를 상대로 전쟁 피해 배상 요구 재판을 시작하는 가운데, 한국원폭피해자들도 소송에 나섰다. 일본에서 진행 중인 전쟁피해 보상 소송 재판의 진행과 현황 등을 보고하고 그 법적 의미를 묻는 형태를 띠는 연구들이 나오기 시작했다. 백충현(1987), 이상화(1995), 최이수(2003), 안자코 유카(2001), 최일출(2002), 동북아역사재단(2009)의 연구가 이에 해당한다.

　2001년 6월 1심과 2002년 12월 2심에서 한국원폭피해자 곽귀훈 씨가 일본에서 제소한 이른바 '제2의 수첩재판'이 승소 판결을 이끌어낸 이후 한국원폭피해자들은 일본의 영역과 거주 관계를 갖지 않고도 일본 원폭원호법의 적용을 받을 수 있게 됐다. 소송을 제기했던 곽귀훈 씨가 명함에 항상 새기고 다녔다는 "히바쿠샤는 어디에 있어도 히바쿠샤"

라는 표제처럼, 한국원폭피해자들은 이제 한국에서도 '히바쿠샤'가 될 수 있는 길이 열린 것이다. 실제로 곽귀훈 재판 승소 이후 한국원폭피해자들은 한국에 거주하면서도 일본에서 받은 피폭자 건강수첩과 수당 지급 자격을 한국에 귀국한 이후에도 유효하게 유지할 수 있었다.

곽귀훈 소송으로 한국원폭피해자 문제가 한·일 간에 다시 큰 이슈가 되었을 때 일본에서 한국원폭피해자들의 소송을 지원해 온 '시민모임' 회장인 이치바 준코의 『한국의 히로시마』(2003)가 번역되어 나왔다. '시민모임'의 지원을 받아 호남 지역을 중심으로 원폭피해자들의 증언을 채록한 뒤 이들 증언의 사회적 맥락을 분석한 연구인 진주(2004), 그리고 그 증언의 전문과 그 사회적 의의가 설명된 『고통의 역사』(정근식 편, 진주 채록, 2005)도 출간됐다. 또한 곽귀훈 재판 승소 이후 국사편찬위원회의 한일역사공동연구위원회 한국측 위원회는 이 소송 기록을 도서로 편찬하였으며(국사편찬위원회, 2005), 민족문제연구소는 곽귀훈의 수기 『나는 한국인 피폭자다: 원폭피해자 곽귀훈 삶과 투쟁』을 펴냈다. 한국인 원폭피해자의 수기 혹은 평전으로는 강수원(2000)의 수기, 원폭피해자 김문성의 투병과 구호에 관한 기록을 정리한 히라노 노부토·다카히라 유키(2011)의 글도 출판되었다.

한편 일본 정부를 상대로 한 한국원폭피해자들의 소송이 잇따른 승소 판결을 받은 2000년대 중·후반, 국내에서는 2005년 1월과 8월 한일회담 문서 공개와 총리실 산하 '한일회담 문서공개 후속대책 관련 민관공동위원회'의 활동 등으로 '일제피해자'로서 원폭피해자들이 주목받는 가운데, 2011년 8월 헌법재판소가 원폭피해자에 대한 한국 정부의 부작위(不作爲)가 위헌이라는 결정을 내리면서 다시 한번 이슈로 떠올랐다. 한국원폭피해자와 관련된 한·일 양국의 외교 교섭, 과거사 청산으로서 한국원폭피해자 소송의 의의 등에 관한 연구가 나오기 시작했다. 이지영(2012), 김승은(2012a, 2012b)의 연구가 이에 해당한다. 2002년 참여정부에 들어 각종 과거사 문제에 대한 정부 차원의 실태조사와 지원이 제도적으로 이뤄지기 시작한 가운데 히로시마와 나가사키로 강제 동원된 원폭피해자들에 대한 실태조사와 연구도 이뤄졌다. 대일항쟁기 강제동원피해조사 및 국외강제동원희생자등지원위원회(2009, 2011)와 허광무(2004, 2011), 정혜경(2011)의 연구가 그 결과물이다. 이들 연구는 앞의 증언 연구와 달리 문서 기록을 바탕으로 구체적인 역사적 사건을 중심으로 한국원폭피해자들의 지위나 이들의 실태를 분석하고 있다.

2000년대 이후로는 "기억의 정치"(Yoneyama, 1999)라는 차원에서 일본의 "유일 피폭국" 언설과 평화 담론, 히로시마와 나가사키의 원폭피해에 대한 시공간적 재현 그리고 그 속에서의 한국원폭피해자들의 위치를 조명한 연구들이 출간되었다(권혁태, 2009; 박경섭, 2009; 이은정, 2019; 시죠 치에, 2013; 정근식, 2010; 정근식·나오노, 2013; 장성환, 2017; 오은정, 2020a). 이들 연구에서 한국원폭피해자는 유일 피폭국과 평화 담론 속에 가려졌지만, 그것의 모순을 드러내는 역사적 존재로서 부각된다. 한국원폭피해자 문제에서 귀환을 다룬 연구(김원, 2017; 문경희, 2018), 원폭피해자 운동의 역사를 다룬 연구(양동숙, 2018, 2019; 오은정, 2013, 2018a, 2018b, 2020b; 류제원·조용혁·지상현, 2020; 이행선, 2022; 김경남, 2023), 원폭2세 연구(전진성, 2008; 국가인권위원회, 2004; 아오야기, 2015; 박성실, 2015)가 출판되었다.

이상의 흐름에서 보는 바와 같이 그간 한국 학계에서 한국원폭피해자 문제는 크게 조명되지는 않았으나 이들에 대한 구호가 가시화된 1990년대 이후에는 조금씩 연구가 증가하여 2000년대 들어서는 좀 더 늘어났다고 할 수 있다. 이를 연구사적인 측면에서 보면 한국원폭피해자 연구의 대부분은 복지 분야의 연구를 제외하고는 대부분 식민지 해방 이후 일본과 한국과의 관계 속에서 원폭피해자의 지위와 권리 획득 과정에 관한 내용과 탈식민주의 시대의 기억의 정치라는 측면에서 일본의 평화 담론을 비판하는 데 초점이 맞추어져 있었음을 확인할 수 있다.

이를 본 연구의 발표 주제와 연관시켜 보면, 아직까지 한국에서 히로시마와 나가사키의 조선인 원폭피해자들의 존재와 미국의 관련성을 검토한 연구는 없었다는 점을 확인하게 된다. 조선인들이 히로시마와 나가사키에 거주하고 있었다는 것이 식민지배와 이주, 강제동원과 관련되어 있다는 점에서 한국과 일본의 관계가 초점이 되는 것은 당연해 보일 수도 있다. 하지만 원폭 투하의 주체가 미국이었다는 점에서 이러한 연구의 시좌(視座) 부재는 앞서 한국과 미국의 대통령 연설에서 원폭 투하 책임의 문제가 침묵되었던 구조가 학계에서도 반복되고 있음을 보여준다. 그렇다면 한국에 거주하게 된 히로시마와 나가사키의 원폭피해자들의 역사에서도 여전히 미국은 원폭을 투하한 주체로서만 존재하고, 그 이후에는 부재하는 존재였을까. 본 발표는 이어지는 장에서 한국원폭피해자의 귀환 초기 역사와 이들의 운동의 역사를 검토하면서 미국이 이들의 귀환과 운동의 역사 초반에 이들의 존재와 연루되었던 흔적을 따라가 보고자 한다.

3. 해방 직후 조선인 원폭피해자 귀환과 GHQ

많은 조선인들에게 일본의 패전은 곧 해방을 의미했고 '고국'은 고향 산천과 동포가 있는 곳이었다. 하지만 해방 이후 조선인들의 고국으로의 귀환은 복잡한 상황 속에 놓여 있었다. 더욱이 히로시마와 나가사키에 원폭이 투하되어 가족 중에 부상자가 있는 경우에는 이것이 좀 더 복잡했다. 패전 후 GHQ의 점령 하에서 일본의 원폭피해자들은 다른 전쟁피해자들인 소위 전재자(戰災者)와 차별화되지 않았다. 전시구호와 전재부흥의 관점에서는 이때까지도 히로시마와 나가사키의 전재민들은 다른 모든 전쟁피해자들과 마찬가지로 연합군 공습의 피해자 범주에 뭉뚱그려져 있었다. 전재민들의 구호를 예로 들어 보자면, 종전 직후 연합군의 공습으로 인해 죽거나 다친 사람들은 전시재해보호법에 따라 구급 구호를 받았는데, 히로시마와 나가사키에서 공습 피해를 입은 부상자들도 이 법에 따라 설치된 임시구호소들에서 치료를 받았다(広島県原爆被爆者団体協議會, 2001:361). 히로시마와 나가사키는 특히 피해 규모가 심대하고 특별했지만 동법의 규정에 따라 재해 후 60일인 1945년 10월 5일과 9일을 기해 구호소가 폐쇄되면서 이후의 구호는 개인들의 몫이 됐다. 원폭 피폭으로 인한 급성장해가 가장 심각하게 나타나는 것이 피폭 후 1년 이내였다는 점을 생각해 보면 이 같은 공공 구호의 단절은 원폭피해자 개인에게 엄청난 치료의 부담을 남겼을 것이다.

1988년 일본변호사연합회의 '재한피폭자문제위원회'는 "재한피폭자들의 고국으로의 귀환"에 대한 보고서를 작성했다. 당시 보고서를 작성한 시이나 마사에(椎名麻紗枝) 변호사는 재한(在韓) 피폭자가 생긴 1차 원인이 왜 이들이 그렇게 일찍 귀국했는지, 혹은 귀국해야만 했는지의 문제와 연결된다고 보았다(椎名麻紗枝, 1988:76). 그가 보기에 조선이 해방됐으므로 조선인들이 고국으로 돌아갈 기대가 강했다는 것도 충분히 예측 가능하지만, 원폭증을 앓고 있었을 원폭피해자의 부상당한 몸으로 어떻게 귀환이 가능했는지, 일본 정부는 그와 관련해 어떻게 대응했는가가 문제였다고 보았다. 히로시마와 나가사키의 시정부 임시구호소가 폐쇄된 10월 말경부터는 개인들이 부상자를 돌봐야 하는 현실에서, 귀국에 필요한 선박의 알선이나 수속, 가산의 정리 등이 단기간에 해결되는 문제가 아니었기 때문이다. 이렇게 시작된 그의 조사는 일본 정부가 그들의 귀국 수속에 대해 보살펴 주었다는 예는 "정말 하나도 찾아볼 수가 없었다"는 결론에 다다른다. 그리고 1945년 말까지 130만 명, 1948년까지 추가로 50만 명의 조선인 상당수가 자비로 귀환했다는 점을

고려할 때, 히로시마와 나가사키의 원폭피해자들도 마찬가지의 경로를 밟았을 것이라 추측한다.[4]

일본에 남아 있는 조선인의 본국 귀환이 별다른 보호 조치 없이 급박하게 이뤄진 것은 GHQ가 "조선에서 일본으로의 일본인 이동은 가능한 한 일본으로부터의 조선인 송환과 조화시켜야 한다"(미 국무성 비밀외교문서, 1984:91; 이현주, 2005:253-254 재인용)는 입장을 가지고 있었기 때문이다. GHQ의 재일조선인 그리고 재조일본인의 귀환 정책은 양국의 사회 및 경제에 대한 우려와 긴밀하게 연결되어 있었다. 이렇게 총 200만 명이 넘는 조선인이 있었던 일본에서 재일조선인의 모국 귀환은 재조일본인의 히키아게(引き揚げ, 인양 혹은 송환)를 원활히 하기 위한 것이기도 했다. 조용욱(2005)의 「일본 내 한인의 '귀환'과 한국 내 일본인의 '송환'에 관한 해방 직전 미국측 자료[5]」 해제에 따르면, 한국에 거주하는 일본인과 일본에 거주하는 조선인의 귀환 문제는 1943년부터 미국을 포함한 열강들 사이에서 이미 논의되고 있었다.[6] 소위원회는 전후 일본과 한국의 경제 및 안보 상황에 따라 이 귀환 문제가 다루어져야 하며, 특히 조선 내 일본인의 잔류는 최소화해야 하고, 이것은 일본에서 조선으로의 조선인 귀환으로 완화될 수 있다고 보았다. 시이나 마사에 변호사의 보고서 결론에도 인용되고 있는 일본의 패전 직후 GHQ 점령 정책의 일단을 보여주는 『일본에 있어서의 조선 소수민족, 1904-1950(日本における朝鮮少数民族, 1904-

---

4   1945년 10월 12일 원자방사선에의 피폭에 동반하는 생물학상의 급성영향을 연구하는 미일합동조사단(US-Japan Joint Commission)이 조직됐다. 합동조사단은 그해 10월부터 약 한 달 동안 이 작업을 지속했고, 12월까지 히로시마에서 6,993명, 나가사키에서 6,898명에 대한 자료를 수집해 미국의 연구자들에게 제공했으며 트루먼 대통령에게 후속 연구의 필요성을 호소하는 편지를 보냈다(Lindee, 1994:32). 1946년 11월, 트루먼 대통령은 히로시마・나가사키 생존자들에 대한 장기간의 연구를 시작하도록 미국과학아카데미에 지시했다. 그리고 1947년 3월 미국과학아카데미는 '미국원자력위원회(Atomic Energy Commission)'에 기금을 얻어 '원폭상해조사위원회(Atomic Bomb Casualty Commission, 현 방사선영향연구소(Radiation Effects Research Foundation)의 전신, 이하 ABCC 그리고 RERF로 약칭)'를 히로시마에 설립하고 곧바로 원폭에 의한 방사선의 인체 영향 및 질병에 관한 조사 연구를 실시하기로 결정한다(RERF, 1999:2). 미국의 원폭피해자에 대한 관심에도 불구하고, 이들이 조선인 피폭자의 존재를 구별하여 조사하였다는 기록은 남아 있지 않다.

5   미국국립문서보관소(RG59, Records Relating to Miscellaneous Policy Committees 1940-45, Box No. 108)내에 보관 중인 미국 행정부 내 삼부조정위원회(State-War-Navy Coordination committee) 산하 극동지역분과조정위원회(The Inter-Divisional Area Committee on the Far East)가 작성한 일본 내 한인의 '귀환'과 한국내 일본인의 '송환'에 관한 문건(K-7 Preliminary, 'Korea: Repatriation of Koreans in Japan', 1945.4.25; K-9 Preliminary a, 'Korean: Repatriation of Japanese Residents in Korea', 1945.6.1)의 자료 해제.

6   1944년 삼부조정위원회와 전후계획위원회(Post-War Programs Committee)를 중심으로 미국의 한국 문제에 대한 전략적·정치적 처리 방안이 논의됐고, 1945년 3월에 종전 이후 조선인과 일본인 귀환 문제가 본격적으로 검토됐다. 이러한 정책적 관심의 연장선상에서 1945년 극동지역분과조정위원회 한국소위원회에서는 재일 한인의 귀환 문제를 구체적으로 다루었다. 당시 이 소위원회는 종전 후 많은 한국인들이 자발적으로 귀환할 것을 예상하기는 했으나, 일본의 경제 상황과 조선인의 동화 정도가 약해 일본인들이 적대시할 소수 종족 집단이 될 것을 우려해 "일본 국적을 유지하고자 하는 이들을 제외한 모든 한인을 송환시키는 것"을 원칙으로 해야 한다고 결론지었다(조용욱, 2005:249).

1950)』(Wagner, 1975)에서도 GHQ와 일본 정부의 조선인 귀환 조치가 서둘러진 이유에 대한 배경이 설명되고 있다. 이 시기는 전후 일본 사회에서 합법화된 조선인들의 (좌익 계열의) 민주화 운동이 상당히 광범위하게 퍼진 것에 대해서 일본 정부나 점령군의 우려가 커지면서 조선인의 고국 귀환을 적극적으로 추진, 조치하게 했다는 내용이 나와 있다. 일본에서는 GHQ, 한국에서는 미군정기였던 1945년 8월부터 1948년까지 점령군의 월경에 관한 정책을 검토한 고바야시 소메이(小林聡明, 2012:68)는 당시 GHQ가 일본 정부에 조선인이나 중국인 중 복원군인이나 강제연행자를 우선하고, 늦어도 11월 14일부터 하루 1,000명 정도씩을 센자키(仙崎)나 하카다(博多), 쿠레(吳)로부터 귀환하도록 지시했다는 정부 문서를 통해 이러한 조치들의 구체적인 실행 방식을 보여주기도 했다. 1945년 11월 이후 GHQ에 의한 귀환 대책이 본격화되어 귀환선이 정기적으로 운항됐고, 이후로도 일본에 계속 남아 있으려는 조선인에 대해서는 사실상 강제로 귀국을 추진하는 등의 일이 계속 진행됐다.[7] 1945년 말 센자키나 시모노세키(下関) 등에 2만 명, 하카다(博多)에는 1만 명 이상의 조선인이 귀환을 기다리며 체류해 위생 상태도 극도로 악화되었다.[8] 그중에서도 "시모노세키는 생지옥"이라고 말할 정도로 상황이 악화되고 있었다고 보고된다(小林聡明, 2012:67).

한국원폭피해자들의 귀환 과정에 대한 구술에서 이 시기가 "초가 지붕에 서리를 맞아서 잎은 다 마른 하얀 박이 남아 있었다"거나 "들어가서 곧 김장 김치를 담그고, 동지팥죽을 끓였다"고 기억되는 그해 늦가을과 초겨울이었다는 점[9]은 이들의 이주가 GHQ의 일본 점령 기간 동안의 조선인의 월경에 관한 정책 차원의 대책과 연결되어 있었음을 방증한다. 또한 패전 직후 일본의 원폭피해자들이 다른 일반의 전재민과 동일한 범주로 엮였던 사정에 비추어 보아도 충분히 짐작 가능한 일이기는 하지만, 고국으로 귀환하는 히로시마와 나가사키의 귀환 동포들 또한 원폭피해자로서 특별한 대책 속에 포함되어 있지 않았던 사정을 미루어 짐작할 수 있다.

---

[7] 실제로 1946년 1월 12일의 GHQ는 GHQ의 계획에 따라 귀환 명단에 포함되는 것을 거부하는 조선인은 일본 국적을 소지할 수 없게 한다는 성명을 냈는데, 시이나 마사에(椎名麻紗枝) 변호사는 이것이 조선인을 강제적으로 귀국시키고자 하는 방침이라고 평가했다(椎名麻紗枝, 1988).

[8] 귀환자들은 귀향지가 경상남북도나 충청북도인 경우 센자키, 하카다, 시모노세키 등에서 부산항으로, 귀환지가 전라도와 충청남도인 경우는 사세보 항에서 군산항이나 목포항으로, 귀환지가 경기도나 강원도인 사람은 사세보 항에서 인천항으로 수송하기로 합의했다(최영호, 1995:117-118). 그러나 이러한 '원칙'에도 불구하고 일본 지역 전재동포들 상당수는 가까운 부산으로 귀환했다(이현주, 2005:254).

[9] 연구자와 면담한 거의 대부분의 구술자들이 그해 늦가을과 초겨울에 한국으로 귀환했다고 이야기하고 있다. 내용은 한국원폭피해자협회(2011)가 발간한 자료집 2부 증언편을 참조.

일본 정부와 GHQ의 조선인 귀환 그리고 월경에 대한 정책은 고국으로 귀환하는 개별 원폭피해자들의 사정과는 어떻게 결합하고 있었을까? 제도적 차원의 제약은 개인적인 수준에서는 서로 다른 사연들로 변화한다. 해방 직후 조선으로부터 일본에 전해지는 소식과 소문들은 재일조선인들 사이에 고국으로의 귀환을 결정하는 데 있어 복잡하고 이중적인 신호를 보내고 있었다. 조선에서 쫓겨 나온 일본인들이 내지의 조선인들을 몰아낼 것이라거나 점령군으로 들어온 미군 병사들이 아녀자들을 겁탈한다는 흉흉한 소문도 돌았다. 그러나 동시에 "이북에는 소련 놈이 들어온다", "반도가 좌우로 갈라져, 곧 전쟁이 날지도 모른다"는 소식도 들려왔다. 조선의 경제적 궁핍과 해방 직후 한반도를 둘러싼 좌우익의 극심한 정치적 대립에 대한 소식은 이들에게 고국이 완전무결한 안전한 정착지가 아닐 수 있음을 의미했다.

그러나 이런 소문도 소문이었지만 이들의 귀환에 가장 문제가 된 것은 무엇보다 고국으로 돌아가면서 포기해야 할 재산이었다. 당시 일본에서 조선으로 귀환하는 이들이 지닐 수 있는 지참금은 현금으로 천 엔이었다.[10] 그런데 같은 시기 부산과 시모노세키를 오가는 연락선의 정규 운임이 15엔에서 30엔 정도였고, 공장에서 단순 노무자로 일하던 성인 여성의 임금이 하루 1엔 10전, 한 달 약 30엔, 성인 남성의 경우 하루 2~4엔, 한 달 60~120엔 정도(정근식 편, 진주 채록(2005)의 박도섭·김인태·박홍규 증언 편)였다. 그렇다면 가구당 천 엔은 이들의 임금을 하나도 쓰지 않고 1~3년 정도 모아야 가능한 금액에 해당하는데, 그렇다고는 해도 새로운 장소에서 생활 기반을 잡기에는 턱없이 모자라는 액수라는 것이 분명했다.[11] 한국원폭피해자들 사이에서 이 '천 엔'에 대한 감각은 이들이 고국으로 돌아와 겪은 어려움과 뒤섞여 한맺히게 기억되는 부분으로 남아 있는 경우가 많았다. 충분한 준비 없이 이뤄지는 귀환의 과정이 쉽지 않았음은 당연했다. 미리 한국으로 부친 짐을

---

10 GHQ와 SCAP이 해방 직후 작성한 문서를 통해 재일조선인 귀환 등을 연구한 김태기(1998:251)에 따르면 재일조선인의 본국 귀환 시 지참금 제한은 GHQ의 경제과학국(Economic and Scientific Section, 약칭 ESS)이 점령 직후인 1945년 9월 22일 '금, 은, 증권 및 금융상의 제 증서의 수출입 통제'를 일본 정부에 지시한 것에서 비롯됐다. 당시 일본 정부는 처음에는 재일조선인이나 중국인의 본국 귀환 시 지참금을 제한하지 않는다는 방침을 세웠다가, 대장성이 일본 경제 악화에 대한 우려를 표명하며 2,000엔으로 제한할 것을 제안하게 된다. 그러나 GHQ 측은 일본의 자산 유출에 따른 경제 악화, 자산 유입된 한국의 인플레이션을 우려해 더욱 엄격한 입장을 취했고, 지참금의 한도는 1,000엔으로 결정된다.

11 박도섭·김인태·박홍규 씨의 경우는 조선에서 일본으로 징용된 경우였고, 정일봉 씨의 경우에는 현지에서 동원된 경우였다. 하지만 징용자들의 경우에는 임금에서 숙식비, 보험료 등을 모두 내야 했기 때문에 남은 것은 거의 없었다고 기록하고 있다. 박홍규 씨는 본인이 '반장'으로 일하고 있었기 때문에 4엔 정도로 다른 사람보다 더 많이 받았다고 기록하고 있다. 하지만 당시 받은 임금의 대부분은 일본에서 쓰기도 모자라 고향에서 부쳐 주어야 할 정도였다고 말하는 경우가 대부분이었다.

1 발표문

중간에 잃어버리거나, 직접 가지고 오더라도 배가 난파하면서 제대로 챙기지 못하기 예사였다. 몸 하나 제대로 건사해서 오는 것도 쉽지 않았다. 이렇게 히로시마와 나가사키의 귀환동포(歸還同胞)[12]들은 1945년 늦가을과 초겨울에 집중적으로 고국으로 돌아왔다. 징용자들의 귀환도 아무런 대책 없이 개인들에게 맡겨진 것은 마찬가지였다(椎名麻紗枝, 1988:76-77).

(1945년 9월 10일) 료장(寮長, 숙소의 장)의 말이다. "너희가 고향에 가고 싶다고 해도 아무 배나 타고 떠나면 가지도 못하고 죽는다. 일본해를 건널 수 있는 배는 50톤 이상이어야 무사히 건널 수 있고, 그 이하 작은 배는 중도에 침몰하게 된다. 조용히 기다리면 대책이 세워질 것이다" 한다. 그러나 우리는 그 말을 믿으려 하지 않았다.

(1945년 10월 15일) 조선에 갈 사람을 모집한다는 정보를 입수하고 재도를 찾았다. "재도야, 너 돈 얼마나 있니?" 했더니 "돈은 왜? 한 50전 되려나?" 한다. 재도에게 "조선에 가는 배가 19일 밤 7시에 있다는 데 뱃삯이 겨우 되니 어쩌면 좋겠니?" 했더니 재도가 말한다. "설령 뱃삯이 되어도 미야모토 혼자 두고 가기도 그렇고, 그렇다고 셋이서 이러고 있을 수도 없지 않니. 우선 너만이라도 먼저 가서 우리가 살아 있다고 전하고 연말에 가게 될 거라고 안심시켜라" 한다. 재도 말도 일리는 있다. "재도야, 그러면 내가 먼저 떠난다" 말했다.

(1945년 10월 19일) 6시 재도는 내 가방을 들고 뒷문으로 나왔다. 미야모토에게는 당분간 비밀로 하라 했다. 해변에 도착하니 작은 목선이다. 재도가 이 배로 간다고 "가네야마, 도로 가자. 안심이 안 된다" 한다. 내가 "야, 저 사람들도 생각이 있어 탔겠지. 돈은 이미 냈으니." 배에는 30여 명이 보인다. 재도는 가방을 건네주며 "네 생각대로 해라" 한다. 배가 멀리 보일 때까지 재도는 바위에 앉아 손을 흔드는 모습이 보였다. 한없이 울었다. 그냥 같이 있을 걸 후회도 했으나 배는 가고 있다. 새벽이 밝아 갑판 위에 올라와 보니 멀리 산이 보였다. 선원에게 물었다. "저기가 부산이냐?" 했더니 아직 대마도라 했다. 또다시 후회가 된다. 선원에게 물었다. "부산까지 얼마나 걸리냐"고 물었더니 4~5일 걸린다고 했다. 도중에 기관 고장으로 한 시간 넘게 표류했다.

– 김한수 일기, 남, 1918년생[13]

---

12 1945년 해방 당시 해외 동포 수는 약 500만 명이었다. 포츠담선언 제9항에 따라 이들은 인도주의적 원칙에 따라 해방된 고국으로 귀환되어야 했지만, 전후 처리 과정에서 이 문제는 당사국의 이해에 따라 크게 왜곡되었다. 중국에서는 국공내전 등 내부의 정치 갈등과 분열로 조선인에 대한 재산 몰수 등이 이뤄졌고, 소련군 점령지였던 사할린에서는 한인 귀환이 원천봉쇄됐다. 남양군도 등에 배치되었던 한인들은 연합국 점령군의 포로나 전범 취급을 받았다. 이현주(2005:245)는 당시 해외 귀환 동포는 주로 '전재민' 또는 '전재동포'라 하고, 북한에서 월남한 이들은 '월남인' 혹은 '이재민'이라 했지만, 자료상에서 '전재동포'라는 용어가 가장 많이 사용되고, 민간단체의 자발적인 구호 활동에서 '동포'라는 용어가 많이 사용되었다는 점에서 '전재동포'라는 용어를 사용하고 있다고 말했는데, 연구자가 인터뷰한 원폭피해자들의 경우에는 '귀환동포'라는 이야기가 많이 나와서 '귀환동포'라는 용어를 사용했다.

13 이 일기는 김한수(1918년생) 씨가 2011년 5월 12일 면담 과정에서 연구자에게 건네준 것이다. A4 용지에 컴퓨터로 타이핑 작업을 해 작성된 이 일기는 그가 징용 당시에 썼던 일기를 옮긴 것이라고 했다. 원본은 피폭 당시 그의 작업장에 있던 아연 가마에 불태워졌고, 두 번째 쓴 것은 1·4후퇴 때 고향 연백에 두고 왔다고 했다. 자신이 기억하고 있는 바를 쓴 것이지만 지금 쓰라고 해도 그대로 똑같이 써낼 수 있다고 할 만큼 그의 머릿속에 일기 전체의 내용이 각인된 것들이었다.

김한수 씨는 1944년 9월 황해도 연백군 해성면의 연백전매지국에서 일하다 미쓰비시중공업 나가사키조선소에 징용됐다. 미쓰비시중공업 나가사키조선소 동(東)공장 구마모토구미(能本組)에 배치되어 철관을 두드려 구부리는 일을 하다가 발을 다쳐, 이후 같은 공장 아연도금 작업장으로 옮기게 된다. 해방 후 회사로부터 어떠한 귀환 조치도 마련되지 않자, 스스로 비용을 마련해 밀선을 타고 귀환했다. 1945년 10월 19일, 김한수 씨는 작은 목선에 몸을 실은 지 열흘째 되던 날 부산항에 도착해, 걸어서 집이 있는 연백(지금의 개성)까지 갔다. 사정은 다른 피폭자들도 마찬가지였다. 이렇게 해서 1945년 8월 중순부터 그 해 말까지 약 130만 명의 조선인이 일본으로부터 조선으로 귀환했는데, 한국원폭피해자협회에서는 이 중 히로시마에서 약 1만 2천 명이, 나가사키에서 8천 명이 귀환했다고 추정하고 있다.

그러나 귀환한 많은 사람들에게 고국에서의 삶은 여러 면에서 쉽지 않았다. 고국의 악화된 경제 사정으로 130만 명이라는 귀환 동포를 받아들일 사회적 조건이 전혀 형성되어 있지 않았기 때문이다. 귀환자 중 반은 실업 상태에 있었다. 귀환자들에 대해 거주나 식량, 취직 알선 등을 일부 구호단체가 지원하기는 했지만 남한에 이미 거주하고 있던 사람들조차 혹독한 생활고를 겪고 있는 상황에서 귀환자들이 즉시 안정적인 생활기반을 구축하기는 쉽지 않았다. 경상남도 미군지방군 정부는 귀환자의 상태에 대해 "경제 상황이 일층 심각해지는 속에서 귀환자가 지참한 천 엔만으로는 수일도 생활할 수 없으며, 생계를 꾸릴 방도도 갖지 못했다"(小林聰明, 2012:68)고 기록했다. 일본에서 돈을 벌어 고향에 논과 밭을 미리 많이 사두고 준비한 사람들도 있었다. 하지만 그들에게도 쉽지 않은 것이 고국에서의 생활이었다. 일본에서 돈을 벌어 송금해 모아 놓은 우편저금이 해방 직후 '휴지조각'이 되어 버린 경우도 많았다. 고향 친지에게 맡겨 사둔 땅을 토지개혁으로 잃어 평생 한이 되었다는 사연도 적지 않았다. 경제적 궁핍으로 인한 고통은 해방 직후의 혼란상 속에서 귀환동포들이 맞은 고국의 현실이었다.

또한 귀국한 조선인 중에는 일본에서 태어났거나 교육을 받고 자란 조선인 1.5세, 2세들이 겪는 사회문화적 어려움도 있었다. 고국으로 돌아왔지만 '조선말'을 할 줄 모르는 아이들은 '쪽발이'나 '왜놈'이라고 놀림을 받기도 했다. 합천에서는 일본에서 귀환한 젊은 여성들 가운데 조선말을 할 줄 모르는 사람도 워낙 많아, 시집가서 어른들로부터 "혀 짧은 소리(일본식 한국말) 안 하고 똑똑타"는 얘기를 듣는 경우도 있었다고 원폭피해자들은 말했다. 이처럼 해방 직후 귀환동포들을 맞은 고국의 정치경제적 혼란상과 일본

1 발표문

으로부터 귀환한 이들의 사회문화적 차이는 이들에 대한 사회적 편견과 배제로 이어지기도 했다.

한편, 해방 직후의 한반도는 좌우익의 대립으로 인한 정치적 긴장이 매우 심각한 상황이었다. 1945년 12월 말 모스크바 3자 외상회담에서 조선의 신탁통치안이 결정되면서, 상황은 더욱 심각해졌다. 해방된 조선이 경제적 문제뿐만 아니라 정치적 혼란 속에 있다는 사실은 일본에 남아 있는 조선인들의 귀환에, 그리고 한국에 돌아온 재일조선인들의 일본으로의 재입국 시도에도 영향을 미쳤다. 한국으로의 귀환자 수가 크게 감소하고,[14] 이미 귀환한 이들 중의 일부가 다시 일본으로의 밀항(密航)을 선택하기도 했다.

이러한 사정은 고국으로 돌아온 한국원폭피해자들에게도 마찬가지였다. 이 시기 친척들 중 일부가 일본으로 다시 돌아가거나 혹은 밀항을 시도했다는 이야기가 적지 않았다. 고향에서는 먹고살 거리가 마땅치 않았기 때문에 조선으로 들어왔다가 이내 일본으로 밀선 타고 다시 들어가는 경우도 있었다. 미군 통역관으로 배속되어 있다가 미군이 오키나와로 가면서 따라 들어간 사례, 친척 중에 월북한 사람을 도와주었다가 '빨갱이' 혐의를 받아 한국에서는 살기 어려웠던 사례, 우익단체 행동대원으로 활동하면서 좌익 두목을 죽이고 일본으로 밀항한 사례 등 일본으로 다시 밀입국하게 된 사연도 다양했다. 물론 이러한 밀항 시도가 다 성공한 것은 아니다. 밀선을 탄 많은 조선인들이 발각되어 수용소에 잡혀 있다가 한국으로 다시 송환되는 경우가 허다했다.

조선으로 귀환했던 이들이 다시 일본으로 들어가는 경우가 늘어나고, 일본 사회에서 조선인들의 불법행위 등이 문제가 되면서 이들의 처우에 대한 논의가 이어졌다. 고바야시 소메이(小林聰明, 2012)의 미 군정청 문서 자료에 따르면, 미 군정청은 1946년 2월 19일 사실상의 출국제한 조치인 군정법령 제49호 「조선에 입국 혹은 출국자 이동의 관리 및 기록에 관한 건」을 공포하고, 조선을 출국하려는 자에게 군정청 외무부에서의 여행증명서의 취득을 의무화했다. 하지만 일반인들에게 필요 서류의 취득은 매우 까다로운 일이었고, 사실상 출국의 길을 막는 것에 다름 아니었다. 일본 측에서도 입국이 제한됐다. 3월 16일부 GHQ 기본 지령은 상업 교통이 이용 가능해질 때까지 비일본인(Non-Japanese)이 연합군 최고사령부의 허가 없이 일본에 돌아오는 것을 금지했다. 정규 수속을 거치지 않

---

14 최영호(1995b)에 따르면 해방 직후 한국의 정치적 혼란과 빈곤 실정이 일본에 전해지면서 귀환 희망자의 귀환 포기도 속출해, 센자키와 하카다에서 귀환을 계획한 수의 10분의 1도 채 이뤄지지 않았으며, 1946년 4월부터 12월까지 귀환자가 총 8만여 명으로, 귀환 희망자 등록자 중 16.1%에 지나지 않았다고 보고하고 있다.

은 일본 입국은 불법이 되어 그것을 시도하는 자는 불법입국자가 되었다.

그러나 1946년 봄부터 여름(6~8월)에 걸쳐 남한에서 대유행한 콜레라는 정치·경제적 혼란 상황에 박차를 가해 일본 밀항을 시도하는 조선인이 급증했다. GHQ는 콜레라가 조선인 밀항자에 의해 남조선으로부터 일본에 퍼질 것을 우려해 그들에 대한 단속을 더욱 엄격히 했다. 하지만 콜레라 발생을 이유로 강화된 일본 입국 제한은 그것이 어느 정도 진정된 후에도 해제되지 않았다. GHQ는 조선인들의 불법입국을 "점령 목적에의 유해한 행위"로 규정했다.[15] 불법입국, 즉 밀항을 단지 대중 위생상의 문제가 아니라 점령 체제를 흔드는, 단속해야 할 중대한 범죄 행위로 취급한 것이다. 단속이 심해지면서 일본에서 다시 기회를 찾기 위해 밀항하려는 조선인들의 시도는 점점 더 어려워졌다. 콜레라 유행이 지나고 곧 한국전쟁이 터졌다. 원폭과 해방 직후 고국으로의 귀환, 그리고 한국전쟁을 경험하게 된 8년여의 시기는 연구자가 인터뷰한 대부분의 원폭피해자들(1920~1930년대 생)의 삶 속에서 가장 힘들고 고생스러웠던, 한맺힌 시기로 회고되곤 한다.

4. 한국원폭피해자 운동 초기 미국에 대한 요구

한국에서 '피폭자'라는 용어가 신문지상에 나타나기 시작한 것은 1950년대 중반을 전후해서였다. 그러나 이것이 한국에서 원폭 피해에 관한 정보가 없었다는 것을 의미하는 것은 아니다. 예를 들어 원자폭탄에 대한 관심은 이미 1945년 해방 이후 간간이 신문을 통해 보도되었다. 원폭으로 "폭발 당시의 피해를 면한 잔존자들로부터 인구는 일부 유지된다 하더라도 삼대 사대 후손의 대부분은 기형아나 불구자가 나오게 될 것이다"(『동아일보』, 1945.5.31)와 같이 유전병을 강조하는 기사들도 적지 않았다.

미디어를 통해서 찾을 수 있는 자료에서는 1950년대 간헐적으로 이루어지던 한일 회담을 계기로 원폭피해자에 대한 보상 문제를 호소하던 개인들이 있었다는 점도 나타난다. 종합지였던 『신천지』 1950년 1월호는 원자력 문제를 특집으로 기획해 한국인 원폭

---

[15] GHQ는 재일조선인 귀환 문제를 일본 사회의 질서 및 치안유지(1946년 5월~1948년 7월) 그리고 반공정책(1948년 8월~1952년 4월)이라는 시각에서 인식하고 있었으며, 재일조선인이나 귀환 조선인의 일본으로의 밀입국에 대한 관리도 이러한 시각에서 이루어지고 있었다. 이에 대해 김태기(1998:268)는 이것이 조선인에 대한 적극적인 적대감에서 비롯되었기보다는 당시 본국에서도 흑인과 소수민족에 대한 차별 의식이 팽배했던 미국 사회의 한 구성원으로서, 일본의 새로운 '통치자'로 들어온 GHQ의 종족 문제에 대한 편견을 드러낸 것이라고 보고 있다.

피해자들의 수기를 싣기도 했다. 이 같은 분위기는 1949년 이후 시작되어 여러 차례 토론과 중단을 거듭했던 한일회담이 전후 보상 문제를 다루고 있었고, 1957년 제4차 한일회담 예비회담과 이듬해 제4차 한일회담 등이 진행될 당시에는 재일한국인의 법적 지위, 재산청구권, 거류자 상호 석방, 문화재 반환 등이 주요 주제가 된 만큼 원폭피해자 문제에 자각을 가지고 있던 이들이 존재했기 때문이다. 1958년 8월 한국원폭피해자의 실태를 다룬 기사와 한일회담에서 이들에 대한 보상 문제를 다뤄 줄 것을 한국 정부 외무부에 호소하는 곽귀훈의 글이 게재됐다.[16] 1963년 봄에는 이종욱과 오남련이라는 부부가 개인 자격으로 한국 정부뿐만 아니라 미 대사관과 일본 대표부, 그리고 신문사 등에 원폭피해자 문제에 관심을 호소하는 탄원서와 진정서 등을 보내 보상을 호소하기도 했다. 박수복(1975)의 원폭피해자 르포에 따르면 오남련 씨는 정신적·육체적 장애를 겪던 남편이 실직을 거듭하자, 그것이 피폭으로 인한 후유증일 수 있음을 자각하고 그에 대한 치료를 호소했다고 전해진다.

1967년 한국원폭피해자원호협회가 결성되기 이전에 합천 지역을 중심으로 하는 소규모 원폭피해자 조직이 일찍부터 결성되었다는 증언도 있다.[17] 1959년 즈음의 일로 히로시마에서 귀환한 합천 출신들을 중심으로 원폭피해자 모임이 결성되었다는 것이다. 한일회담 등에서 다루어질 피해자 보상 문제를 논의하거나 선전 활동을 하는 것이 주요한 일이었다. 하지만 이 모임에 대한 문서상의 기록을 한국원폭피해자협회나 다른 책 혹은 개인적인 수기 등 다른 곳에서는 확인할 수가 없기 때문에 모임의 명칭이 정확히

---

16 대한민국 정부 수립 후 1년이 채 지나지 않은 1949년 1월, 일본에 주일대한민국외교대표부를 설치한 한국 정부는 그 해 초부터 일본과의 강화조약을 준비하며 대일배상조사심의회를 설립한다. 하지만 한국전쟁 발발 등으로 회담의 진척이 늦어져, 1952년 10월 1차 회담을 시작으로 1953년 제2차 한일회담, 1955년 제3차 한일회담, 1957년 제4차 한일회담 예비회담, 1958년 제4차 한일회담 등이 진행된다. 이 회담들에서는 재일한국인의 법적 지위, 재산청구권, 거류자 상호 석방, 문화재 반환 등이 주요 주제가 되었다. 그러나 그 또한 난항을 겪다가 1960년 4월 15일 제5차 한일회담이 중단되고, 한국 사회는 다시 4·19 혁명과 5·16 쿠데타를 겪으며 격랑 속에 빠져들게 된다.

17 "보내주신 기록에 59년에 합천 피해자 모임 이야기를 써놓으셨던데, 시기가 확실한가요?"(연구자) "맞아요. 당시에 사람들이 모여서 보상 문제를 논의하고 그랬는데, 한 달에 몇십 원씩 내고 모였어요. 근데 자식들한테 피해가 있을까 걱정해서 가입하는 사람이 많지는 않았어요. 저는 그때 어머니가 권유해서 제일 어린 나이에 가입을 한 셈이지요. 59년은 확실한 연도인데, 제가 그때 57에 경찰서 통신 관련 일을 하기 시작하고 얼마 안 돼서 가입했거든요. 사람도 몇 명 없어서 처음엔 몇십 명 정도였고 나중에 백여 명 됐나. 주로 선전 활동을 했어요."(1941년생, 김종철, 경남 창원) 경남지부에서 협회 지부 일을 담당하고 있는 김종철 씨의 위 이야기는 합천에 살고 있는 다른 회원과의 인터뷰에서도 확인할 수 있었다. "합천 모임이 협회 생기기 전부터 있었다고 하던데요."(연구자) "그게, 육이오 후고 내가 스무 살 넘어서 서른 정도 되었을 때니까, 맞아요. 협회 있기 전에. 그거는 협회라고 하는 것도 아니고 노홍규라는 사람이 집에서 일을 보면서 한 거지. 노홍규, 최성춘, 정기장 그런 사람들이에요. 정기장 씨는 면에서 일하는 사람이라 글을 잘했어요. 근데 그건 사무실도 없고, 최성춘 씨가 식당을 조그맣게 했는데 거기서 한 달에 한 번 모임을 하고 그랬지. 노홍규 씨가 초대 지부장을 했어요. 합천에는 히로시마에서 온 사람들이 많았잖아요."(1933년생, 남, 이재석, 경남 합천, 필자 인터뷰).

어떤 것이었는지도 확인할 수는 없다.

한편, 합천 모임이 결성된 것과 비슷한 시기에 우연찮게도 "한국에 거주하는 원폭피해자들의 실태를 호소하는 편지가 1960년경부터 자주 민단에 도착"했다는 기록도 존재한다. 재일본대한민국민단(1997)의 『민단 50년사』 히로시마지부편에 따르면 실제로 민단은 이를 계기로 1963년 3월 1일에 히로시마지부가 중심이 되어 '모국피폭동포구원대책위원회'를 설치하게 된다. 그리고 1965년 한일회담 타결을 앞두고는 한·일 양국 정부가 회담에서 한국원폭피해자 문제를 다루어 줄 것을 호소하기도 했다. 무엇보다 민단의 히로시마현 본부는 1965년 일본에 있는 단체·개인으로서는 처음으로 한국에 거주하고 있는 원폭피해자들에 대한 실태조사를 하기 위해 '재한피폭자실태조사단'을 파견하게 된다. 1965년 5월 22일 약 1개월간의 예정으로 한국에 들어와 조사를 벌인 민단피폭자조사단은 방한 기간에 합천과 서울을 비롯해 한국원폭피해자들을 만나고 그 이외에 한국 정부 보건사회부, 원자력원, 대한적십자사 등을 방문, 한국원폭피해자의 실태조사와 의료 구제를 호소했다. 이에 한국 정부는 적십자사를 통해 이 해 7월 1일부터 전국적으로 피해자 등록을 실시하게 되고, 이 조사를 통해 600여 명의 원폭피해자 등록을 접수받게 된다.

물론 민단 히로시마현 본부의 방문이 한국 사회에서 당장 큰 사회적 이슈가 되지는 않았다. 원폭피해자 문제에 대한 개별적인 호소나 합천의 모임 등도 전국적인 단위로 조직화되지는 못했다. 이는 상당수의 한국원폭피해자들이 스스로조차 "원폭피해자인 것을 그때는 몰랐다"는 그 시대의 상황을 보여주는 것이기도 하다. 1960년대 초반, 그리고 그 이후로도 오랫동안 한국 사회에서 원폭피해자 문제에 대한 사회적 인식은 언제나 매우 낮은 상태였고, 전국 조직적 차원의 움직임이나 결사체 형성이 쉽지 않았음을 보여준다.

하지만 원폭피해자에 대한 이 같은 낮은 사회적 인식에도 불구하고 앞의 곽귀훈의 언론사 기고나 이종욱·오남련 부부의 미국대사관에의 호소, 합천 모임 등에서 보상 문제 등을 이야기했다는 것은 분명하다. 즉, 한국원폭피해자원호협회가 결성되기 이전인 1950년대에서 1960년대에 이미 미국대사관 등도 한국에 원폭피해자가 존재한다는 사실을 인지했을 가능성이 매우 높다.

그러나 이들의 호소에 대해 미국 측의 대응이 어떠했는지 알 수 있는 자료를 찾기는 어렵다. 또한 이 문제는 한·일 양국 정부의 회담 과정에서 전혀 고려되지 않았다. 2005년 공개된 1965년 한일협정 체결 문서는 회담 과정에서 한국원폭피해자 문제가 거론조차

되지 않았음을 보여준다.[18] 수차례의 회담 과정에서 과거 식민지배와 전시동원에 따른 피해자에 대한 배상 요구에 직면해 있던 한·일 양국 정부는 1965년 한일청구권협정에서 일본이 한국에 무상 3억 달러, 유상 2억 달러를 공여하는 것으로서 이 문제가 종결된 것으로 선언했다. "양 체약국은 양 체약국 및 그 국민(법인을 포함한)의 재산, 권리 및 이익과 양 체약국 및 그 국민 간의 청구권에 관한 문제가 1951년 9월 8일 샌프란시스코에서 서명된 일본국과의 평화조약 제4조(a)에 규정된 것을 포함하여 완전히 그리고 최종적으로 해결되었음을 확인한다."고 한 규정이 그것이다.

회담 이후에도 한국 정부는 이것이 청구권 협정이라는 점에서 자국민에게 이 자금의 배상적 성격을 강조해 나간다(최영호, 2009:31). 동일한 자금에 대해 일본 정부는 '경제협력자금' 혹은 '독립축하금'이라고 규정했지만, 어쨌든 일본 정부 또한 이것으로 모든 보상 문제는 "완전히 해결됐다"는 입장을 취해 나감으로써 결과적으로 한·일 양국은 모두 이 문제에 대해 해결 완료라는 인상을 심고자 노력한 것이다.

현 한국원폭피해자협회의 전신인 한국원폭피해자원호협회의 초창기 멤버들이 협회 창립을 도모하던 것이 바로 이 한일협정 직후의 일이다. 1964년 마산의 국립병원에 폐결핵으로 입원한 박수암으로부터 한국원폭피해자의 실태와 구호를 호소하는 편지를 받았던 히라오카 다카시(平岡敬)는 한일기본조약 체결을 즈음해 한국을 방문해 처음으로 한국원폭피해자들을 만날 것을 계획하게 된다. 짧은 취재 기간이었지만 그는 서울과 부산에서 아홉 명의 자이칸히바쿠샤를 만날 수 있었다. 그는 "그때 그들이 참으로 비참한 상황에 처해 있다는 것을 알고 큰 충격을 받았다. 지금 생각해 보면 그것도 정말 늦은 것이었음을 매우 부끄럽게 생각한다. 일본인은 역시 피폭 한국인, 피폭 조선인의 문제를 잊고 있었거나 혹은 무시하고 원폭피해의 문제를 이야기해 오고 있는 것이 아니었는가. 그러면서도 유일 피폭국이라고 하는, 또는 피폭 국민이라는 입장에서 평화를 호소해 온 것을 겨우 알아차린 것이다. 더욱이 당시는 전후 20년이 다 되어 가는 때였던 것이다"라고 회고했다(平岡敬, 1988:10-12).

18　2011년 8월 30일 헌법재판소는 '1965년 한일협정 시 재한원폭피해자 문제를 제외시킨 것에 대한 한일정부의 책임과 이에 대한 외교적 보호에 대한 행위를 하지 않은 외교통상부에 대한 심판 청구'에서 "정부가 1965년 한·일 청구권 협정과 관련한 분쟁을 해결하려는 조처를 취하지 않아 기본권을 침해당했다"며 원폭피해자들이 청구한 헌법소원심판에 대해서 '위헌' 결정을 내렸다('2008헌마648·대한민국과 일본국 간의 재산 및 청구권에 관한 문제의 해결과 경제협력에 관한 협정 제3조 부작위 위헌 확인」 헌법재판소 2011년 8월 30일). 이는 2005년 8월에 있었던 한일조약 당시 협정문 공개에 따른 것이었다.

일본에 돌아온 히라오카 씨는 그해 11월 25일부터 『쥬코쿠신문(中国新聞)』 조간 1면에 「이웃나라 한국(隣の国 韓国)」이라는 제목으로 10회의 연재 기사를 실었다. "한국전쟁의 상처 자국이 여전히 생생한 전시체제 하에서 사는 서민의 모습을 전하고 빈궁의 수렁에 빠져 있는 '자이칸히바쿠샤'의 존재와 지원의 필요성"을 알리기 위한 것이었다. 이후에도 그는 이 기사를 가필한 「한국의 원폭피해자를 방문하고(韓国の原爆被災者を訪ねて)」를 잡지 『세까이(世界)』 1966년 4월호, 그리고 단행본 『증언은 사라지지 않는다(証言は消えない)』(未来社刊, 1966)에 발표한다.[19] 이렇게 1965년 한일협정을 계기로 원폭피해자 보상 문제에 의식이 생긴 몇몇 한국원폭피해자들의 존재, 신생 한국원자력원 방사선의학연구소가 독자적으로 진행한 한국원폭피해자 연구의 언론 발표,[20] 민단 히로시마현 본부의 모국 방문 당시 한국원폭피해자와의 만남 및 한국 정부에 대한 실태조사 의뢰 등이 협회 결성을 추동하는 복합적인 계기로 작용했다.[21] 히로시마와 나가사키에 원폭이 투하된 후 20여 년이 지난 1966~1967년의 일이었다. 1967년 1월 27일 한국원폭피해자원호협회 준비모임 사무실이 서울 용산의 한 작은 건물에 설치되고, 곧 사람들에게 이들의 존재를 알릴 공고문이 게시됐다.

---

19 이렇게 시작된 한국원폭피해자와의 인연은 이후 손진두 씨 수첩 재판 지원 등으로 이어진다. 『쥬코쿠신문』 홈페이지 인물 인터뷰 기사 참조(前広島市長 平岡敬さん(1927年~)〈9〉在韓被爆者取材-日本人の責任見つめる(2009年 10月14日)(http://www.chugoku-np.co.jp/kikaku/ikite/).

20 1965년 한국 방문을 계기로 지속적으로 한국원폭피해자 문제에 적극적으로 관여해 온 히라오카(平岡敬) 전 히로시마 시장의 개인적 회고에서 자신의 첫 한국 방문 상황을 묘사하는 대목에서 한국원자력원 방사선의학연구소가 한국에서 처음으로 원폭피해자 조사를 하게 된 계기가 나온다. 「한국원자력원 방사선의학연구소 안치열 소장은 그들이 한국원폭피해자 문제에 처음 관심을 가진 계기를 말해 주었다. 그에 따르면 1963년 8월 6일에 연구소 연구원 중의 한 명이 "오늘이 히로시마에 원자폭탄이 떨어진 날이다. 한국에도 당연히 피폭자가 있지 않을까" 하며 말을 하더라는 것이다. 그것이 화제가 되어 연구소에서는 이 문제를 실제로 조사해 보자는 이야기가 나왔다고 한다. 실제로 연구소는 이를 계기로 전국의 보건소와 도립병원을 통해 한국 내에 있는 피폭자 조사를 해보기로 하고 공고를 냈는데, 이를 통해 처음으로 203명이 등록을 했다」(平岡敬, 1988:15).

21 초창기 한국원폭피해자협회 창립 배경에 대해서는 이치바 준코의 『한국의 히로시마』(2002, 역사비평사), 『한국원폭피해자 65년사』(한국원폭피해자협회, 2011)에도 비교적 상세하게 기술되어 있다. 한국방사선의학연구소의 원폭피해자 연구 조사를 계기로 1966년 8월 6일부『중앙일보』 4면에 한국원폭피해자에 대한 기사가 당시로서는 가장 포괄적인 정보를 담고 최초로 개시된다. 그리고 이틀 후 8월 8일 오후 10시 반에는 동양TV에서 한국원폭피해자에 대한 좌담회가 방송됐다. 학계와 언론계, 보건부, 적십자사, 원자력원 방사선의학연구소 등의 대표자들과 피해자 대표 3명이 참석했다고 보고된다. 이 두 개의 미디어 보도는 모두 방사선의학연구소의 연구조사를 바탕으로 이뤄졌다. 한국 내에 존재하는 원폭피해자의 실태에 대한 중앙 언론의 이러한 보도는 서울에 거주하던 원폭피해자들의 자각과 연대체 결속 움직임의 결정적 계기가 되었다.

1 발표문

공고문[22]

태평양전쟁 말기에 일본의 히로시마·나가사키 양 시에서 원자폭탄으로 상처받은 우리 동지들에게 공고하나이다. 우리는 8·15 이후에 상처받은 몸으로 조국의 품안에 들어와서 어언 20여 년 성상이 지났어도 우리의 상처는 가실 줄을 모르고 악화일로에 있으며 그에 대한 대책도 없이 와석횡사의 지경에 있습니다. 우리의 딱한 처지를 스스로 타개하여 나가기 위해 우리의 상처 치료는 물론 재활의 방도를 도모하고자 피해 동지들의 신상 및 상황을 파악코자 하니 원폭피해자들은 빠짐없이 참가하여 협조해 주시기 바랍니다.

공고문은 1967년 2월 1일 각지의 원폭피해자들에게 모임을 선전하자는 취지에서 『서울신문』 등 주요 일간지에 게재된다. 한국에서는 원폭피해자들이 최초로 그들의 존재를 대내외적으로 알린 것이라 할 수 있다. 그리고 같은 해 2월 11일 발기인 회합을 가진 15명의 참석자들은 "태평양전쟁 당시 연합군 측의 원자탄 투하로 인하여 양성 또는 음성적으로 신체상의 피해를 입었거나 사망한 대한민국 국민에 대한 각종 실태조사, 원폭병의 치료 가능성 연구, 원폭피해자에 대한 치료 알선, 사망자에 대한 보상과 생존자에 대한 원호를 행한다"는 강령을 채택한 뒤 한국원폭피해자원호협회(현 한국원폭피해자협회, 이하 한국원폭피해자협회)를 결성하고 같은 해 7월 보건사회부로부터 법인 허가를 받아 공식적인 활동에 돌입하게 된다(한국원폭피해자협회, 1989:7, 19).

그렇다면 한국원폭피해자원호협회는 한국원폭피해자 존재에 대한 정치사회적 책임을 어떻게 묻고 있었을까? 한국원폭피해자협회 설립 취지서에 나온 요구 사항을 잠시 살펴보자. 한국원폭피해자들이 그들의 피해에 대한 정치적 책임 소재를 명시한 것이라는 점에서 이 요구서는 몇 가지 주목할 만한 점이 있다.

요구(사단법인 한국원폭피해자원호협회 설립취지서[23] 중에서)

(1) 국내
  1. 위급한 원폭병 환자에 대한 의료보호
  2. 빈곤 피폭자에 대한 특별 경제보호
  3. 피폭자에 대한 적정한 권위 있는 진단

22　『서울신문』, 1967년 2월 1일.
23　이 취지서는 『아사히신문』에서 1975년 출간된 『피폭한국인』에 게재된 일본어본 한국원폭피해자협회 설립 취지문을 번역해 실은 것이다.

    4. 병원, 요양소, 재활센터 건설을 위한 토지 공여
    5. 피폭자에 대한 의료 및 경제적 원조를 위한 특별법 성립
    6. 본 협회의 활동에 대한 경제원조

  (2) 국제
    1. 일본 – 병원, 요양소, 재활센터의 건설기금 및 원폭투하에 의한 신체적 장해에 대한 배상요구
    2. 미합중국-병원, 요양소, 재활센터의 건설을 위한 자재

위 원폭협회 설립 취지문에 게재된 요구에는 모두 세 개의 국가가 나온다. 우선 이들은 자신들의 피해에 대해 일본 측의 책임을 물었다. 특히 원폭증으로 인한 신체적 피해를 치료할 수 있는 치료센터 건립이나 신체적 피해 배상 문제 등에 대해서는 한국 외무부가 일본 정부 측에 요구해 줄 것을 꾸준히 호소했다. 이에 대해 일본 정부는 "한일회담으로 보상 문제는 모두 해결됐다", "한국 정부에서 먼저 제의해 오면 인도적인 해결 방안을 마련하겠다"는 입장을 보였다. 그러나 한국 정부는 "한·일 양국의 우호 관계상 일본 측이 먼저 스스로 그 문제를 제의해 주지 않는 한 곤란하다"는 태도를 보임으로써 사실상 일본 정부가 한국원폭피해자들에 대한 어떠한 조치도 취하지 않는 결과를 낳았다(강수원, 2000).

한국원폭피해자협회 결성 초창기에 한국원폭피해자들이 원폭 투하에 대한 미국의 책임을 묻고 보상을 요구한 점은 무엇보다 중요하다. 한국원폭피해자협회는 1970년대 초반까지만 하더라도 한국과 일본뿐만 아니라 미국에 병원과 요양소, 재활센터 건설과 관련된 자재를 요구하며, 관련 호소문이나 집회를 열 경우에는 반드시 미대사관 측에도 그 내용을 알렸다. 주한 미대사관측도 원폭병원을 지어 주기 위해 주한미국인, 미군을 상대로 모금운동을 벌일 계획이라고 밝히기도 했다(『경향신문』, 1968.10.3). 1971년 8월 6일 조계사에서 위령제가 끝난 후의 일이다. 강수원 전 원폭협회 회장의 기록에 따르면 당시 협회 사무국장 정창희 씨의 인솔 하에 10여 명의 협회 회원들이 '미국 정부도 한국원폭피해자들을 보상하라'는 플래카드를 들고 미국대사관 앞에 모여 대사와의 면담을 요구했다. 강수원(2000)은 이 시기를 이렇게 기록하고 있다. "그러나 역시 대사는 만나지 못하고 일등서기관을 만나 잠시 면담했다. 그는 원폭피해자들이 제시한 미국 대통령에게 보내 달라는 메시지를 보고 '이것을 우리 대통령에게 전하기는 하겠지만 미국은 역사상 이제까지 전쟁 보상을 해준 적이 없다. 그러나 잉여물자 등 간접적인 지원을 해주겠다'라는 약속을 받고 돌아왔다."

하지만 면담 이후에 어떠한 추가 조치는 없었다(강수원, 2000; 시위 시기에 대해서는 한국원폭

피해자협회, 1989:21). 한국원폭피해자협회의 자료에는 이 시기 이후 미국 측에 대한 요구가 명시적으로 게재된 경우는 거의 발견되지 않았다. 사실상 1970년대 이후 한국원폭피해자협회에서 미국에 대한 책임 문제는 다루지 않은 것으로 보인다.

한국원폭피해자들이 원폭 투하에 대해 일본과 미국에 모두 책임을 묻고 있기는 했지만, 여전히 그 대상은 주로 한국 정부를 통해서였다. 이것은 한국원폭피해자들이 원폭 투하의 책임은 미국에, 그리고 전쟁 수행 주체라는 점에서는 일본에 그 책임이 있다는 것을 분명히 했음에도 불구하고, 그것과는 별도로 한일청구권협정에 따라 한·일 양국 사이에 피해자 보상 문제는 해결됐으며, 이제 모든 피해자 보상 문제는 국내 문제라는 양국 정부의 입장에 따른 측면이 강했다. 이 시기의 한국 정부의 대응에 대해 고바야시 소메이(小林聰明, 2022)는 다음과 같이 정리하고 있다. 한국 정부 내에서는 1967년 외무부가 청와대에 피폭자 긴급구호 대책에 관한 탄원서를 제출하고, 국회 보건사회부(보사부) 분과위원회가 일본과 같은 원폭특별법 제정에 대한 청원서 등에 관한 논의가 오갔다. 그러나 보사부는 피폭자 구호에 관한 생활보호법이 없으며, 원호 대상이 되는 사람이 많고, 원폭피해자만 특별히 구제하기 어렵다고 반응했다. 대한적십자는 무료 치료는 어렵다고 하였으며, 원자력원은 방사능 관련 진료소가 있지만 유료 환자만 응대한다고 답했다. 사실상 한국 정부는 초창기 한국원폭피해자들의 호소에 대응하지 않았다. 이후 외무부는 한국인 구호의 문제는 국가 차원보다는 민간 차원에서 이루어져야 한다는 입장을 견지했다.

한편, 1970년을 전후로 한일협정 이후 그에 근거하여 대일민간청구권에 대한 보상 관계를 규율하기 위한 법 제정 움직임이 커지자, 원폭피해자들의 활동도 다른 청구권 피해자 단체들의 보상법 제정 요구와 마찬가지로 국내의 특별법 제정 움직임으로 수렴되어 갔다. 1970년 「대일민간청구권보상신고에 관한 법률」, 「대일민간청구권 보상에 관한 법률」 제정 등을 앞두고 한국원폭피해자들도 자신들의 요구를 반영하고자 소리를 높였다(김승은, 2012a). 한국 정부를 상대로 원폭피해자 문제를 해결하고자 한 의지는 한국원폭피해자협회의 결성 당시 초대 회장으로 홍순봉이라는 인물을, 그리고 부회장에 배도환을 추대한 것과도 연결된다. 홍순봉 씨는 문교부장관을 지낸 사회 저명인사라는 점에서 추대된 사람이었는데, 부회장이었던 배도환 씨와 마찬가지로 두 사람 모두 원폭피해자는 아니었다. 1970년대 초기 한국원폭피해자협회 회장을 역임했던 강수원은 자신의 저서에서 이들과 같이 사회적으로 발언력이 있는 인사를 영입해 피해자 보상 문제 등과 관련한 대정부 관련 업무를 원활하게 추진하자는 기대를 했다고 회고한 적이 있다(강수원, 2000).

이러한 사정은 1972년 8월 6일 위령제 거행 후 한국원폭피해자협회가 박정희 전 대통령 앞으로 제출한 진정서에도 나타난다.

협회에서 박정희 대통령에게 제출한 진정서[24]

(…전략…) 원폭 후유증은 외상이 아니기 때문에 일견 아무것도 아닌 것 같지만 항상 쉽게 피로하고 어러 병에 길리기 쉬우머 일단 병에 길리면 쉽게 넛지 않으며 특히 백혈병이나 암 등 닌치의 병에 걸리는 비율이 일반인보다 휠씬 높습니다. (…중략…) 대통령 각하, 우리나라는 해방되었다고는 하나 도중 6·25동란을 맞았고 재건 건국 도상의 가난한 생계입니다. 누가 전재민, 전상자는 우리뿐이다라고 이야기하면서 단지 우리들 원폭피해자만을 우대해 달라고 하겠습니까? 그러나 원폭 후유증의 특이성은 일본 정부도 인정했다시피 피폭 후의 증상은 고정된 것이 아니며 잠재적이고 항시 진행되고 있으며 자손에게 유전까지 된다니 걱정하지 않을 수 없습니다. 이처럼 가련한 처지에 있는 한국원폭피해자를 방치하는 것은 인도적 입장에서도 있어서는 안 되며, 한·일 양국의 매스컴에 올라 양심 있는 일본인들이 죄책감으로 이 문제를 다루고 있으며 방한 위문 격려, 의사단 파견, 모금운동, 진료소 및 병원의 건립 추진 등의 운동을 전개하고 있습니다. 그러나 이러한 운동은 민간의 자선운동이며 근본적인 해결이 될 수는 없습니다. 대통령 각하, 우리는 지금까지 몇 번이나 각하에게 이와 같은 비참한 실정을 호소하고 진정해 왔습니다만, 그때마다 각하에게 전달되지 못하고 청와대 비서실에서 보사부에 조사·선처하라는 회부만 받았을 뿐입니다. 보사부 실무자도 우리의 처지를 동정해 가련하게는 여기고 있으나 해당하는 법안 없이 예산도 없기 때문에 속수무책으로 방치되고 있습니다. 각하, 이 문제는 실무 차원에서 처리할 수 있는 것이 아닙니다. 각하께서 관계부처에 하명하셔서 국내외의 조사를 행하고 진상을 알려 대책을 하명해 주십시오.

협회는 이 진정서에서 1) 외무부가 한일회담에서 취급된 적 없는 원폭피해자에 대한 피해보상을 일본 정부에 요구하는 것, 2) 보사부가 원폭피해자 문제의 조사 입안을 위한 예산 조치를 취할 것, 3) 보사부가 국내 원폭피해자 실태를 철저히 조사할 것, 4) 보사부가 일본의 원폭 의료시설이나 원호 실태 등을 조사할 것, 5) 국회에서 적어도 일본의 원폭 의료법, 동 조치법에 준하는 원호법을 입법화할 것, 6) 대한적십자사가 일본적십자사와 교섭해 원폭피해자가 원호 지원을 받을 수 있도록 할 것, 7) 사단법인 한국원폭피해자원호협회를 지도 육성할 것, 8) 협회가 일본 민간의 원조로 계획 중인 원폭피해자복지센터를 건립하도록 지원할 것 등 크게 여덟 가지를 요청했다. 이 가운데 특히 한국 외무부가 일본 정부와 보상 문제를 논의해 줄 것과 국내법 제정을 통한 원폭피해자 원호의 요구는

---

[24] 1972년 8월 6일, 조계사 위령제 식전에서 읽음(한국원폭피해자협회, 2011:137).

단체가 결성된 초창기부터 일관되게 요구해 오고 있는 것이었다.

하지만 한국 정부를 상대로 한 진정 활동에는 별다른 성과가 없었다. 특별법 제정 운동이 대표적이다. 1968년 10월 열린 국회 보사분과위원회에 참석한 당시 정희섭 보사부 장관은 "원폭피해자를 위한 특별법을 일본과 같이 만들고 대일민간청구권 자금에서 원폭피해자를 보상해 주자는 제의"에 대해 "현실적으로 6·25 사변의 뒤처리가 남아 있어 특별법 제정은 어렵다"고 답변한다(한국원폭피해자협회, 2011:118). 1970년 「대일민간청구권 보상신고에 관한 법률」, 1975년 「대일민간청구권 보상에 관한 법률」에서도 그 적용 대상을 "군인 군속 또는 노무자로 소집 또는 징용되어 1945년 8월 15일 이전에 사망한 자"로 한정함으로써, 원폭피해자들은 보상 문제에서 제외됐다. 정부는 이 두 법 제정 후 신고한 유족 8,552명에게 한해 1976년 위로금조로 1인당 30만 원씩 지급한 뒤 사실상 식민지배 및 전시동원에 따른 피해자 보상 문제를 종결시킨 것이다(최영호, 2009:33).

이처럼 한국원폭피해자협회 결성 초창기부터 단체는 한국원폭피해자의 피해 책임을 전쟁 수행 주체로서의 일본 정부 혹은 원폭 투하 주체로서의 미국 정부, 그리고 자국민을 보호할 것으로 응당 요구되는 한국 정부에 지우기는 했지만 그 활동 대상으로는 단연 한국 정부가 우선됐다. 일본과 미국 정부에 대한 요구와 호소는 한국 외무부와 주한대사관이라는 공식적인 채널을 통해 이뤄졌다.

그러나 한국 정부는 한국원폭피해자들의 여러 호소에 대해 무시에 가까운 대응으로 일관했다. 이와 같은 한국 정부의 태도에 대해서는 일본 정부로부터 경제협력 자금을 차질 없이 받아내기 위해, 한국원폭피해자 문제를 최대한 양국의 외교 문제로 만들지 않고자 한 한국 정부가 "청구권 협정으로 모두 해결됐다"는 일본 정부의 입장을 거스르지 않는 선에서 행동해 왔기 때문이라는 지적이 있다(김승은, 2012a). 또한 냉전 시기 미국이 주도한 전후 동아시아 지배체제 하의 한·미·일 동맹 구조가 사실상 "(대량살상무기의 사용을 통해 전쟁에 승리함으로써 남긴 참상이 미국에게는 영광이자 감추어야 할 수치라는 점에서) 원폭에 대해 거론하거나 상상하는 것을 구조적으로 막은 무의식적 장치"(정근식, 2005:15)로 기능했던 시대적 상황도 고려될 수 있을 것이다.

제2차 세계대전, 좀 더 정확하게는 아시아·태평양전쟁에서 일본 제국의 패전은 아시아 여러 나라의 탈식민을 의미했지만 동시에 이는 미·소 대립으로 인한 냉전의 시작이기도 했다. 식민통치와 해방 이후의 미·소 점령이 근대적인 의미의 국민국가 건설을 지연시키는 가운데 벌어진 한국전쟁, 그리고 서구적 의미에서의 탈냉전 이후에도 여전히 지속되고 있는 한반도의 분단체제는 이 지역의 특수한 지정학적·역사적 상황에 대한 인류학적 고찰을 필요로 한다는 지적(권헌익, 2008)은 한국원폭피해자의 역사를 이해하는 데 있어서도 중요한 시사점을 제공한다.

식민과 피식민 관계, 그리고 식민지배에 대한 일반 시민의 정치적 반감에도 불구하고 미국의 핵우산 아래에서 자국의 안전을 보장받고 경제성장을 추구한 한·일 양국의 '특수한 공모 관계'는 냉전체제 하의 분단국 내에서 '핵무기'의 '피해자'들의 호소를 들리지 않게 했다. 일본에서 손진두 소송이 첫 승소 판결을 받은 1974년 이후 일본 정부가 한국원폭피해자에 대한 지원 입장을 표명하고, 한국 사회에서도 원폭피해자 문제가 잠시 사회적 이슈가 되어 갔을 때에도 비슷한 상황이 이어졌다. 한국 정부는 이 소송이 최고재판소에서 승소 결정을 받은 1978년 이후에도 한국원폭피해자들이 요구한 자국 내 원호법이나 구호 조치를 취하지 않았다. 한국 정부의 원폭피해자 구호에 관한 조치나 정책은 1980년대 후반까지도 사실상 '기민(棄民)' 그 자체였고, 어디에도 존재하지 않았다. 뿐만 아니라 다음 절에서 보는 바와 같이 한국 정부는 한국원폭피해자들의 자조(自助)적 구호 활동과 정치적 연대 활동이 외부, 특히 일본의 사회주의나 공산주의 계열의 운동 단체나 조총련계 '좌익' 단체로 연계되는 것에 끊임없는 우려와 감시의 시선을 보냈다.

5. 냉전체제 하의 한국원폭피해자 운동과 사라진 미국에 대한 요구

한국원폭피해자협회의 설립으로 한국원폭피해자 문제는 커다란 전환을 겪게 된다. 특히, 앞서 지적한 바와 같이 한국 정부는 한국원폭피해자 문제를 국가 간의 외교적 사안이 아닌 민간 차원의 문제라고 규정하였기 때문에, 민간 교류에 대해서는 다소 허용적인 자세를 취했다. 이에 한국원폭피해자와 일본 시민사회, 재일동포 사이의 교류가 증가하기 시작했다. 1960년대 중·후반부터 한국원폭피해자의 실태를 알리는 보도들이 일본에 간간이 보도되면서 '속죄'와 '위로'의 뜻을 전달하기 위한 일본 단체의 방한, 그리고 합천 등 고향의 원폭피해자를 돕는 재일동포들의 구호 활동이 꾸준히 증가했다. 이와 함께 한국원폭피해자협회의 임원들이 일본으로 초청되는 경우도 늘어났다. 이들은 일본으로 건너가 한국원폭피해자의 실태를 보고하고 구호와 보상에 대한 목소리를 내기 시작했다. 초창기 한국원폭피해자협회의 주요 활동은 이렇게 국내에서는 주로 한국 정부 관계자나

1 발표문

언론사를 찾아가 실태를 알리고 구호를 요구하는 것, 그리고 대외적으로는 일본에서 교류를 원하는 단체와 상호 방문해 자신들의 존재를 알리는 일이었다.

그런데 이러한 배경 속에 한국원폭피해자협회 설립 이후 20년간 이들의 활동에서 중요한 특징이 생겨났다. 그것은 바로 협회에 허용된 교류나 대외 활동이 주로 인도적 구호나 위로, 의료 차원에 한정되었다는 것 이외에 다른 활동은 엄격하게 제한받았다는 점이다. 특히 한국원폭피해자들이 원폭피해에 대한 책임을 한국, 일본, 미국 등에 묻는 행위는 정치적으로 더욱 엄격하게 제한받았다. 이는 당시 한국 정부가 한국원폭피해자들의 운동이 소위 일본의 '좌익' 계열과 연결될 것에 대한 우려를 강하게 가지고 있었기 때문이다. 예를 들어 1968년 한국원폭피해자협회 설립 이후 처음 개최된 원폭희생자 합동위령제에 대해 외무부 동북아시아과는 "예산이 인정되면 올해 8월 6일 희생자 4만 명을 위한 합동위령제 내지 진혼제를 서울에서 열고 원폭 전시회를 개최한다"는 지침을 세웠는데, 놀랍게도 그 취지는 "일본 등 좌익 계열과 달리 자유진영의 핵무기 금지를 위한 것이 아니라 인근 국가인 중공이 핵무기를 발전시키고 있는 데 대해 국민의 경각심을 높이는 데 있다"[25]는 것이었다(小林聡明, 2022:4). 한국원폭피해자들이 앞서와 같이 자신들의 존재와 고통에 대한 책임을 소위 한국, 일본, 미국으로 향한다는 것은 소위 '자유진영'의 핵무기에 대한 비판을 의미했기 때문에, 이들의 존재가 갖는 정치적 성격을 최소화하고 단지 그들의 신체적 고통만을 호소하고 구호하는 데 한정짓도록 한 것이다.

1960년대 후반부터 줄곧 열악한 경제적 상황에서 고통받고 있던 많은 원폭피해자들의 실정을 감안한다면, 구호금 및 위로금 등과 같은 경제적 지원과 의료적 지원이 중요한 부분을 차지하는 것은 일견 자연스러운 것처럼 보일 수도 있다. 하지만 이는 당시의 정치사회적 분위기 속에서 거의 유일하게 허용된 활동의 방식이 구호금이나 인도적 지원이었다는 것을 의미하는 것이기도 하다. 같은 시기 일본에서 히바쿠샤는 반전평화운동의 상징으로서, 구 사회당과 공산당 계열의 운동 단체가 활발하게 피폭자 지원 활동을 하고 있었던 것을 생각할 때, 한국원폭피해자협회와 교류에 나선 일본의 단체들의 경우 상대적으로 '정치색'이 옅은 단체들이 대부분이었다. 예를 들어 1970년대 초반부터 협회와 교류해 온 일본의 '핵금회의(핵무기금지 평화건설 국민회의, 이하 '핵금회의'로 약칭)'는 1961년 11월 15일에 학자, 문화인, 정당, 정치가, 노동조합 등이 주체가 되어 결성한

---

25 외교부 공개 외교문서 「한국인 원폭피해자 구호 1968-1971」. 외교문서 공개 번호 4102. 마이크로필름 롤 번호 C-0044. 파일 번호. 19. 프레임 번호. 0001-0236.

단체로 공산당이나 사회당 계열의 반핵 단체들보다는 '정치색'이 상대적으로 약했다. 또한 1970년대와 80년대에 협회에 기부금과 위로금을 전달하는 단체로는 일본의 재일 한인단체나 종교 계열 단체들을 비롯해 '우익 계열'의 단체들도 적지 않았다. 재일교포유학생간첩단 사건 등으로 일본의 좌파 운동 진영에 대한 한국 정부의 경계심이 극에 달한 1970년대와 1980년대에는 특히 이러한 분위기가 강했다. 이러한 분위기 속에서 개별 원폭피해자들의 '도일' 행위도 엄격히 제한받았다. 일본의 단체로부터 초청을 받는다 하더라도 신원조회를 거쳐야 했으며, 일본에서 소위 '좌익' 계열의 인사(조선적 재일교포나 총련과 가까운 일본인)를 만나지 못하도록 하는 소양 교육을 거쳐야 했다.

이렇게 안보 위기와 반공 담론이 지배한 냉전 시기 한국의 정치 질서 하에서 한국원폭피해자들의 활동에 대한 정치적 제한은 한국원폭피해자들이 이 문제에 대한 책임 소재를 묻는 행위를 억압하는 결과로 이어졌다. 한국과 일본, 미국은 그 자신에게 책임 소재를 묻지 못하게 했으며, 오로지 신체적 고통과 그에 대한 구호만을 중심으로 이들의 목소리가 들리도록 한 것이다. 무엇보다 이러한 제약과 억압은 가시화된 억압이 아니라 도일(渡日)을 위한 비자 발급과 같은 월경(越境) 행위에 가해지는 행정관료제적 제약 등 미시적인 권력 작용을 통해 이루어졌다. 즉, 한국원폭피해자들의 목소리를 정치사상적으로 제약한 것은 직접적인 탄압보다는 신원조회, 비자발급 제한 등을 통해 이루어졌고, 도일 전 소양 교육을 통해 다시 행동의 반경을 제약하고 목소리를 억압하는 것으로 나타났다. 월경에 대한 이러한 엄격한 제약은 당시의 시대적 분위기에서 일반적이긴 했지만, 그것이 일본에 가는 경우에는 특히 심했다. 분단체제 하의 남북한 양쪽의 정권이 유지해 온 억압적 체제가 재일 한인 사회로까지 이어져 있었기 때문이다. 그리고 이러한 분위기는 한국원폭피해자들과 교류하는 일본의 지식인들이나 사회단체 활동가들의 실천 방식에도 영향을 미쳤다.

1971년 한국 방문에서 처음으로 만난 한국원폭피해자와의 인연으로 이후 줄곧 히로시마에서 한국원폭피해자의 도일 치료 및 피폭자 건강수첩 취득을 지원하는 활동을 해온 도요나가 게이자부로(豊永惠三郎) '시민모임' 히로시마 지부장은 "71년 방한 이후 한국원폭피해자 지원 활동을 하다가, 1974년에 협회 회장이던 신영수 씨의 피폭자 건강수첩 취득을 위해 증인을 찾아 주는 활동 등을 하게 됐다. 당시에 협회 회장뿐만 아니라 일반인의 일본 방문이 비자 발급부터 까다로운 시기였지만, 특히나 신 회장은 우리 일본인들과 만나는 데 있어서 엄격하게 제약을 받고 있었다. 가령 일본에서 조총련 계열의 사람을 만나는 것은 아닌지, 혹은 우리가 공산당이나 혹은 좌익 세력과 관련된 사람들은 아닌지를 감

1 발표문

시당한 것이다. 그는 한국으로 돌아가서 누구를 어떻게 만났는지를 정보당국에 항상 보고해야 했다. 우리도 행동에 조심했다. 되도록 정치적인 색채가 강한 인사들과의 접촉은 조심하고, 조총련 계열의 사람과도 만나지 않았다. 일본의 정보당국도 우리의 행동을 경계하던 때였다"라고 이 시기를 회고하기도 했다. 이러한 시대적 분위기로 인해 1975년 히로시마에서 조총련 계열의 조선인피폭자운동조직(경북 의령 출신의 리실근(1929년생, 조선적)이 중심이 됨)이 결성되었지만, 이 조직과 '시민모임' 히로시마 지부는 직접 교류하지 않았다. 자칫 일본을 방문한 한국원폭피해자들에게 피해를 입히게 될까 걱정했기 때문이다. 이러한 사상적 제약 속에서 한국원폭피해자들이 낼 수 있는 목소리는 한정적이었다. 원폭에 대한 책임을 제대로 묻는 것은 반정부 혹은 반미주의적인 것, 즉 '체제 불온'한 것으로 여겨졌기 때문에 그것을 소리 높여 외치기 어려웠다.

1965년 일본인으로서는 처음으로 한국을 방문해 원폭피해자를 만났던 히라오카 씨 또한 당시를 "정치적으로 매우 억압적이고 좋지 않았던 때였다. (한국원폭피해자를 지원하는) 기독교 관련 단체에 일본인으로 갔다는 것 자체가 매우 불온하게 여겨졌다. 한국원폭피해자를 돕는 일본 사람은 공산주의에 물든 이들이라는 색깔이 덧칠해졌고, 일본 시민사회 운동의 일부 진영에서도 한국원폭피해자 지원에 대해 반감을 가지고 있었던 분위기[26]도 있었다"고 회고했다. 한국원폭피해자들이 너무나 고립되어 있었던 때였다.

히로시마의 고교 교사였던 구와나 야스하루(桑名靖治)가 『계간 삼천리』 27호(1981)에 투고했던 「치유되지 않는 케로이드 : 한국인 피폭자의 36년간(癒されぬケロイド : 朝鮮人被爆者の三十六年間)」을 보자. 이 글은 분단과 냉전이 만들어낸 역사적 굴절 속에서, 일본의 피폭 조선인 지원 단체의 활동이 정치적 발언이나 체제 비판 등과 같이 피폭 조선인 문제에 대한 구조적인 접근보다는 '인도적 지원'이라는 '비정치적'이고 '당파적으로 무색무취한' 것처럼 보이는 태도를 보일 수밖에 없었던 현실을 잘 보여준다. 귀국선 침몰 사고로 조난당한 히로시마 미쓰비시 징용공 241명의 유골 조사와 반환을 촉구하면서 1974년에 결성된 '히로시마 미쓰비시중공업 한국징용공 피폭자 유족회'를 지원하는 일본 시민단체는 기관지 『미쓰비시 징용공(ミツビシ徴用工)』 제2호(1978년 4월 15일) 기사에서, 유족회 회장 노장수 씨의 호소와 한국 상황을 게재하고, 지원 운동의 역사와 미쓰비시 석유의 노동조건을 고발하는 해설을 실었다. 문제는 이 기사가 한국의 정치적 상황이나 유족회

---

26 히라오카 씨는 손진두 씨가 일본으로 밀항해 밀입국과 불법체류로 수감되어 있으면서 소송을 하게 되었을 때 "왜 외국인 범죄자에게 의료보장과 사회보장을 해야 하느냐"라는 반감이 있었다고 전했다.

의 사정을 정확하게 쓰지 않고, 일본 노동운동 맥락에 이 사건을 연결하면서 나타난 논리적 비약과 강한 정치적 주장 때문에 한국 정부로부터 사상적으로 문제가 있다고 인식되었다(桑名靖治, 1981). 한국의 정치적 상황에 대한 조심스러운 접근을 취하지 않은 채, 일본 정부를 비판하듯이 한국 정부의 태도를 비판한 것이 징용자 동지회와 유족회가 '반정부적' 단체라는 의심을 받게 되는 계기가 되었다는 것이다. 결국 유족회의 요구를 실은 노장수 씨는 현 체제 비판 세력으로 의심을 받아, 한국 정보당국의 심문을 받았다. 일본의 지원 단체는 노장수 씨가 체제 비판이라는 정치적 의도를 갖지 않음을 해명해야 했다(桑名靖治, 1981).[27]

한국 정부는 유족회를 비롯해 한국에서 활동하는 원폭피해자 단체들에 대해 일본 시민단체가 지원을 할 때에는 '어디까지나 인도적 견지'에 그쳐야 한다는 규범을 강하게 지켜 나갔다. 결국 유족회 지원회는 모임을 해산하고, 기관지를 폐간하는 것으로 노장수 씨와 재한피폭자의 '순수한 호소'의 뜻을 지켜야 했다. 지원 단체를 이끈 후카가와 무네토시(深川宗俊)[28]가 방한할 때마다 공항에서 엄격한 심문 절차를 밟게 된 것도 달라진 점이었다.

이런 분위기 속에서 한국원폭피해자 운동, 그중에서도 정부의 감시가 직접적이었던 한국원폭피해자협회의 활동은 국내의 정치세력과의 연대에서도 제약을 받았다. 한국에서는 거의 유일하게 1970년대 중반부터 반전반핵이라는 입장을 가지고 한국원폭피해자협회와 함께 원폭피해자운동을 해온 '한국교회여성연합회'의 활동이 대표적인 예다. 1974년 2월 '한국교회여성연합회'는 '미국교회여성연합회'의 한국 방문과 일본 평화회의 참석을 계기로 평화운동의 한 일환으로 한국원폭피해자운동에 뛰어든다. 윤보선 전 대통령의 부인인 공덕귀 여사를 비롯해 사회 고위층의 기독교 계열 여성 인사들이 주로 참여한 운동이었다. '한국교회여성연합회'의 이전까지의 운동과도 맞물려 있었다. 당시 '한국교회여성연합회'가 참여했던 '일본평화회의'에서는 손진두 소송과 관련해 한국원폭피해

---

27 거꾸로 일본의 국내 정치적인 맥락에서 분열된 반핵평화단체들 사이의 정치적 견해차에 대해 한국의 원폭피해자나 원폭피해자 단체가 민감하지 못해서 생겨난 해프닝들도 적지 않았다. 한국원폭피해자들 중에는 초청 단체의 정치적 성격을 잘 알지 못한 채 '인도적 지원'을 내세운 곳의 초청에 응하는 경우도 있었는데, 이런 일들로 인해 '원수금'과 '원수협'에서는 '핵금회의'가 초대한 한국원폭피해자들을 "(박정희) 반동 괴뢰정권의 끄나풀"로 부르며 비판하는 일이 벌어지기도 했다(桑名靖治, 1981).
28 후카가와 무네토시(深川宗俊)는 1970년대 '한국인원폭피해자징용자동지회(韓国人原爆被害者同志会)', '한국원폭피해자미쓰비시징용자피해보상투쟁위원회(韓国原爆被害者三菱徵用者被害補償闘争委員会)', '미쓰비시중공업한국징용공피폭자침몰유족회(三菱重工韓国徵用工被爆者沈没遺族会)'의 결성을 촉진하고, 이들을 지원하는 모임('미쓰비시중공업한국징용공피폭자침몰유족회를 지원하는 회(三菱重工韓国徵用工被爆者沈没遺族会を支援する会)')를 만들어 미쓰비시중공업과 미지급 임금의 지급 및 조난자의 유골 반환 등을 교섭하는 활동을 했다.

1 발표문

자 문제가 이미 주요 이슈로 다뤄지고 있었는데, 이것은 이들이 기존에 진행해 오던 재일교포 인권운동(박종석 군의 히다찌사 입사 투쟁 재판)이 어느 정도 결실을 이루고 있다는 판단 하에, 새로운 운동의 영역을 찾고 있었던 때였다.

이렇게 시작된 '한국교회여성연합회'의 활동은 주로 원폭피해자 구호를 위한 기금 마련과 홍보 등에 초점이 맞추어졌지만, 그중에서 가장 두드러진 것은 한국원폭피해자 실태조사 활동이었다. 1974년 가을 한국원폭피해자협회의 의뢰와 협력으로 이뤄진 첫 번째 실태조사, 1977년 일본에서 열리는 반전반핵평화 국제심포지엄에 참여하기 위해 이뤄진 두 번째 조사, 그리고 1979년 '미국장로교여선교회' 후원으로 진행된 조사까지 모두 세 번에 걸친 조사가 그것이다. '한국교회여성연합회'는 당시 이 실태조사를 정리 보고해 한국뿐만 아니라 미국과 일본 등 해외에도 홍보 활동을 벌일 예정이었다. 그런데 당시 이 조사 중 뒤의 두 차례 조사는 당시 동아일보 해직기자들이 결성한 동아투위에 의뢰하여 이루어졌다. 해직기자들의 생계가 위협받는 상황에서 조사비를 지급함으로써 이들을 후원하는 일환이기도 했다. 그중에서도 마지막에 이뤄진 실태조사 결과는 10·26과 광주민주화항쟁 등의 정치적 격랑 속에서 조사를 맡았던 동아일보 해직기자들에 대한 정치적 탄압으로 자료를 압수당하는 등 출간에 우여곡절을 겪다가, 1983년 정국이 조금 안정화되면서 '시민모임'의 도움을 받아 출간하게 된다(한국교회여성연합회, 1994).

1970년대 후반 '시민모임'의 임원으로, 지금은 '시민모임' 회장을 맡고 있는 이치바 준코는 당시 한국을 방문해 원폭피해자들을 지원하고 '한국교회여성연합회'와 교류하던 시기의 정치·사회적 분위기를 기억하고 있었다. "혹시나 누군가 우리 뒤를 따라와 감시를 할까 봐 '한국교회여성연합회' 건물을 들어갈 때조차 주위를 두리번거리고, 들어가서는 목소리가 새어 나갈까 소곤소곤 말하던 때였다." 그녀 또한 토요나가 '시민모임' 히로시마 지부장과 마찬가지로 일본에서의 정치 활동을 스스로 엄격하게 제한하고, 혹여나 자신들의 행동이 한국원폭피해자들에게 누가 될까 조심했다고 말했다. 1987년 6월 민주화 항쟁의 열기가 사그라지지 않았던 8월 6일 한국원폭피해자협회의 가장 중요한 연례행사인 한국인 원폭 희생자 위령제가 열렸다. 매년 꾸준히 행사에 참석해 한국원폭피해자들과 이야기를 나누었던 이치바 준코 '시민모임' 회장은 위령제 후의 회식 자리에서 "처음으로 그분들이 6·25전쟁 당시에 어떻게 지냈는지를 이야기하셨다. 1970년대 말부터 한국원폭피해자들의 구술 생애사를 많이 들어 왔는데, 6·25전쟁에 관련된 체험은 단 한 번도 못 들었다. 민주화 선언이 그 무거운 뚜껑을 열었구나 하고 아주 놀랐다."고 기억했다.

물론 이 시기에도 여전히 한국원폭피해자들의 활동은 감시당했다. 1980년대 후반 한국에서 유학하며 한국원폭피해자들의 소재를 파악해 일본에서 수첩을 받을 수 있게 도와주었던 일본의 한 시민단체 회원은 자신의 우편물이 감시당하거나, 서울에서 머무르던 집에 정보당국으로부터 전화가 와서 자신의 소재를 파악하곤 했던 기억을 가지고 있다고 이야기해 주기도 했다.

그런데 소위 일본과 한국의 '좌익운동' 진영과 연계될 것에 대한 감시는 한국원폭피해자 자신들의 활동과 발언에 대한 자기 검열에도 영향을 미쳤다. 2010년에 이르러서야 한국원폭피해자협회에 처음으로 가입한 한 회원과의 인터뷰에서도 이러한 시대적 분위기가 읽힌다.

피폭 당시 8살이었던 그는 어머니를 일찍 여의고 아버지 또한 피폭사한 뒤 귀국해 친척집에서 힘들게 살았다. 다행히 군대 입대 후 운이 좋아 진급을 빨리 했다. 파월을 앞두고 하사관으로 소대 하나를 이끌고 훈련을 받았는데, 보안 조사에서 걸렸다. 아버지가 (피폭으로 사망한 뒤) 사망 신고가 안 되어 있어 '행불' 상태인 데다, 일본에서 출생한 것이 문제였다. "영부인이 조총련계 인사한테 암살당했다 하는 시대에, 어떻게 내가 군인으로 근무하면서 일본에서 태어났다 말을 합니까. 신원조회에서 일본에서 태어난 것만 나와도 빨갱이로 엮일까 봐 걱정하던 때 내가 원폭피해자다 어떻게 말을 합니까? 사실 그때는 뭐 귀에 걸면 귀걸이고 코에 걸면 코걸이니까, 뭘 어떻게 걸고 넘어질지 모르는 때잖아요. 그러니까 내가 숨겼어요." 그는 원폭피해자라는 것뿐만 아니라 일본에서 태어났다는 것조차 2009년 마지막으로 근무하던 회사를 퇴직할 때까지 아무에게도 이야기하지 않았다. 이 사례는 개별적인 사안으로서 한국원폭피해자들 가운데서도 조금 극적이기는 하지만 이러한 분위기가 한국원폭피해자협회 설립 후 20여 년의 시대적 분위기였음을 짐작할 수 있다. 반체제적이거나 반정부적인 인물이라는 낙인을 받지 않기 위해 많은 한국의 원폭피해자들이 한국 정부나 미국 정부에 대한 책임을 묻는 행위에 적극적으로 목소리를 내는 것은 현실적으로 가능하지 않았던 것이다.

동아시아 냉전체제 하에서 미국 주도의 한국 및 일본과의 안보 협력은 한국원폭피해자들의 존재와 목소리를 억압하는 지정학적 구도였다. 그러나 이와 같은 거시적인 차원의 정치 질서와 구조는 각각 일본과 한국 내의 정치세력에 대한 감시와도 연결되어, 특히 공산주의 및 사회주의 운동 단체들과 한국원폭피해자가 연결되는 것에 대한 철저한 감시와 검열로 이어졌다. 한국원폭피해자협회를 중심으로 한 원폭피해자운동이 당국의 감시

아래 정치적으로는 급진적인 목소리를 내기 쉽지 않았던 현실이 이러한 구조를 반영한다. 그리고 그러한 영향 속에서 초창기 한국원폭피해자운동에서 제기되었던 미국의 책임에 대한 문제 제기나 보상에 대한 요구 등은 빠르게 사라지고 있었다.

6. 나가며

2016년 히로시마에서 행한 오바마 전 대통령의 연설은 "구름 한 점 없이 맑은 아침, 하늘에서 죽음이 떨어졌다"는 말로 시작된다. 2023년 개봉한 영화 〈오펜하이머〉는 트리니티 핵폭탄 실험을 성공리에 마친 것을 축하하는 사람들 사이에 고통스러워하는 사람들의 환영을 겹치는 방식으로 엔딩을 장식했다. 그러나 오바마 대통령의 연설과 영화 〈오펜하이머〉의 엔딩 장면은 히로시마와 나가사키 원폭을 묘사하는 가장 잘못된 미국적 클리셰이다. 미국 군부와 맨해튼 프로젝트 팀은 원자폭탄을 떨어뜨리기 이전부터 그것의 실제 파괴력이 어느 정도인지를 알고 싶어했으며, 히로시마와 나가사키가 군사도시이긴 했지만, 폭탄 투하를 목표로 한 지점은 민간인이 더 많이 살고 있다는 점도 알고 있었다.

히로시마의 폭심지에서 북서쪽 1.5킬로미터 반경에는 조선인이 많이 살고 있던 피차별부락, 후쿠시마쵸가 있었다. 이곳에 거주하던 많은 조선인에게 원폭은 죽음이었지만, 또한 살아남은 사람에게는 생애 평생 동안 그리고 어떤 이들에게는 대를 이은 고통을 부담 지웠다. 이들은 피식민지인으로서 일본에서 원폭을 경험해야 했으며, 미국의 재일조선인 귀환 정책에 따라 가산도 제대로 정리하지 못하고 피폭된 몸을 이끌고 고국으로 돌아와야 했다. 해방 이후의 정치적 혼란과 전쟁 그리고 이어진 경제적 궁핍은 이들이 새롭게 생활기반을 잡는 것조차 어렵게 만들었을 뿐만 아니라, 원폭 후유증에 대한 치료를 제대로 받을 수 있는 최소한의 환경도 제공하지 못했다. 한국으로 귀환한 원폭피해자들은 여러 열악한 여건 속에서도 1965년 한·일 간의 외교 정상화, 일본의 원폭의료법과 원폭특별조치법 성립을 계기로 자신들의 목소리를 모아 한국과 일본 그리고 미국 정부에 전달하고자 하였다.

하지만 한반도 분단과 극심한 안보 긴장, 냉전체제 하의 지속된 한국원폭피해자운동에 대한 정치적 억압과 검열은 이들의 목소리에서 정치적 급진성을 적극적으로 지워 나갔다. 검열과 정치적 억압은 원폭 투하의 책임과 보상에 대한 이들의 요구는 '정치적으로 위험하지 않아야 하는 것'으로 틀 지웠으며, 이들의 목소리는 오직 손상된 몸에 대한 민간 차원의 구호를 호소하는 것으로 왜소화되었다.

그러나 한국원폭피해자들은 초창기부터 원폭을 투하한 주체로서 미국에 대해 분명한 책임을 묻고 있었으며, 강대국 사이에서 희생된 자신들의 존재가 '핵시대의 십자가'임을 자각하고 있었다. 1975년에 출판된 박수복의 한국원폭피해자 기록집 『소리도 없다, 이름도 없다』 서문에는 원폭피해자협회 회장이었던 신영수 씨의 짧은 인사말이 실려 있다. 그는 원폭 투하 30년이 지나서도 후유증과 빈곤의 악순환 속에서 고통을 받고 있는 원폭피해자에 대한 한국 사회의 무관심과 냉대에 절망하면서도, 다른 한편으로 그 존재들을 불가피한 희생으로만 여길 것이 아니라 우리 시대가 깊이 생각해야 할 "보다 현실적인 주제"로서 다루어야 한다고 힘주어 말했다.

신영수 씨의 말처럼 "핵시대의 십자가"를 짊어진 사람들은 고통 속에서도 자신들의 목소리를 내고자 노력하고 투쟁해 왔다. 그러나 이 십자가를 짊어지게 한 주체는 그것을 불가피한 희생으로 정당화하면서 그 책임을 외면하고 있다. 무엇보다 이러한 정당화의 기제는 더 넓은 맥락에서는 20세기의 핵무기를 중심으로 하는 세계 패권 체제와 공고하게 연결되어 있다. 그런 점에서 한국원폭피해자들은 냉전체제 하의 핵의 지정학, 반공주의, 포스트식민주의 관점을 복합적으로 비판할 수 있는 존재들이기도 하다. 그들은 결코 침묵한 적이 없으며, 언제나 자신들의 목소리를 내왔다. 중요한 것은 그 목소리에 공명하고 이어가는 것이다. 이 국제토론회가 그 장이 되기를 바란다. 끝으로 고(故) 신영수 한국원폭피해자협회장의 말로 발표를 마무리하고자 한다.

> 한국 피폭자는 순전히 타의에 의하여 자신의 욕망과 행복을 빼앗기고 짓밟힌 것이다. 우리는 아무도 알아주는 사람 없이 강대국 간의 전쟁에 의해 희생되고, 인류 사상 공전의 비인도적 병기에 의해 희생이 되어, 말하자면 핵시대의 십자가를 혼자 짊어지고 죽어가는 억울한 집단들인 것이다. 개(個)를 무시한 전체가 무슨 소용이 있으며, 개개인의 건강과 행복을 짓밟고서 무슨 세계 평화가 있을 수 있겠는가? 우리 사회는, 아니 전체 인류는 우리들 한국원폭피해자들의 참상에 눈길을 돌려야 한다. 그 원인을 캐고, 따지고, 생각해 보아야 한다. 그 대책을 마련하고 구제하여야 하며, 또다시 이러한 불행과 부조리가 지구상에서 재발되지 않도록 명심하는 것이 곧 세계 평화에의 길이기도 한 것이다. 다시 말하거니와 한국 피폭자의 문제는 결코 지나간 옛날 이야기가 아니다. 보다 현재적인 우리 인류가 깊이 생각해야 할 인류 자신의 과제가 담긴, 보다 현실적인 주제이기도 한 것이다.
>
> – 신영수, '핵 희생자는 흥미없는 존재인가', 박수복(1975), 『소리도 없다, 이름도 없다』의 서문 중

참고문헌

1) 한국어 논문과 저서

강수원(2000), 『망국민의 통한: 나의 독립운동과 옥중수기』, 좋은친구.
곽귀훈(2013), 『나는 한국인 피폭자다: 원폭피해자 곽귀훈 삶과 투쟁』, 민족문제연구소.
국가인권위원회(2004), 『원폭피해자 2세의 기초 현황 및 건강실태조사』.
국사편찬위원회(2005), 『원폭피해자 곽귀훈 소송기록 1-3』.
국사편찬위원회(2012), 『한국인 원폭피해자 소송의 역사적 의의와 남겨진 과제』, 국사편찬위원회 한국인 원폭피해자 소송 자료 기증 기념 국제학술회의 자료집.
권혁태(2009), 「히로시마/나가사키의 기억과 '유일 피폭국'의 언설」, 『일본 비평』 1호.
김경남(2023), 「일제의 강제동원과 원폭피해자 기록의 출처 연구」, 『영남학』 84, pp.323-356.
김승은(2012a), 「재한(在韓) 원폭피해자 문제에 대한 한일 양국의 인식과 교섭 태도(1965-1980)」, 『아세아연구』 제55권 2호, pp.104-135.
김승은(2012b), 「한일 과거청산과 한국인 원폭피해자 소송 운동의 역사적 의미」, 『한국인 원폭피해자 소송의 역사적 의의와 남겨진 과제』, 국사편찬위원회 한국인 원폭피해자 소송 자료 기증 기념 국제학술회의 자료집, pp.109-126.
김 원(2017), 「밀항, 국경, 그리고 국적 : 손진두 사건을 중심으로」, 『한국민족문화』 62호, 부산대 한국민족문화연구소, pp.245-304.
김재근(1968), 「한국원폭피해자의 현실」, 『신동아』 1968년 3월호, pp.179-187.
김정경(1993), 「한국원폭피해자 복지 대책에 관한 연구」, 중앙대 석사학위 논문.
김종성(2003), 「원폭피해자들의 삶과 소외 의식의 형상화」, 『새국어교육』, No.65.
다카기 겐이치(1995), 『전후보상의 논리』, 최용기 역, 한울.
대일항쟁기동원피해조사및국외동원희생자등지원위원회(2011a), 『히로시마·나가사키 조선인 원폭피해에 대한 진상조사 : 동원된 조선인 노무자를 중심으로』.
대일항쟁기동원피해조사및국외동원희생자등지원위원회(2011b), 『전시체제기 규슈(九州) 지역 '아소(麻生) 광업' 동원 피해자에 대한 진상조사』.
대일항쟁기동원피해조사및국외동원희생자등지원위원회(2009), 『강제동원명부해제집 1』.
대일항쟁기동원피해조사및국외동원희생자등지원위원회(2008), 『내 몸에 새겨진 8월』.
대한적십자사 원폭피해자·사할린동포지원본부(2023), 『원폭피해자 지원사업 백서 : 검고 짙은 상흔의 치유와 위로』.
대한적십자사 특수복지사업소 합천원폭피해자복지회관(2006), 「함께하는 세상 – 10주년 사업보고서(1996-2006)」.
리처드 로즈(2003), 『원자폭탄 만들기: 원자폭탄을 만든 과학자들의 열정과 고뇌 그리고 인류의 운명』, 문신행 역, 사이언스북스.
미국 국무부 비밀외교문서(1984), 「재한국 정치고문이 국무장관에게(서울, 1946.3.19)」, 『해방 3년과 미국 : 미국의 대한정책 1945-1948』, 김국태 역, 돌베개.

문경희(2018), 「도일과 히로시마 원폭 피해, 귀환」, 『HOMO MIGRANS』 19, pp.6-51.
박경섭(2009), 「조선인 원폭피해자와 초국적 시민(권)」, 『현대사회과학연구』 제13권, pp.153-166.
박경식(1978), 『조선인 강제연행의 기록』, 박경옥 역, 한국 : 고즈윈.
박성실(2015), 「한국원폭피해자의 사회적 고통, 그 구성과 대물림 : 원폭2세 환우 가족을 중심으로」, 성공회대학교 석사학위 논문.
박수복(1986), 『핵의 아이들』, 한국기독교가정생활사.
박수복(1975), 『소리도 없다 이름도 없다 – 한국원폭피해자 30년의 역사』, 창원사.
반용기(2001), 「피폭자의 삶과 고통의 세월」, 『현대사진영상학회』 Vol.4, No.1.
백충현(1987), 「재한원폭피해자의 현황과 법적 구제 문제」, 『대한변호사협회지』 2월호.
백옥숙(2004), 「한국원폭피해자의 특성과 지원 현황에 관한 연구」, 단국대 석사학위 논문.
류제원·조용혁·지상현(2020), 「아래로부터의 지정학 : "한국의 히로시마" 합천의 원폭피해자를 사례로」, 『대한지리학회지』 55(2), pp.181-195.
손종민(2006), 「한국원폭피해자 복지지원제도 보장에 관한 연구」, 나사렛대 재활복지대학원 석사학위 논문.
시죠 치에(2013), 「일본 나가사키 지역 원폭 담론의 변화 : 준신여자학원의 사례를 중심으로」, 『기억과 표상으로 보는 동아시아의 20세기』(정근식·나오노 아키코 편), 서울 : 선인.
신영수(1986), 「집 : 원폭피해자의 어제와 오늘 : 한국원폭피해자들의 현주소」, 『새가정사』.
아오야기 준이치(2015), 『나는 反核人權에 목숨을 걸었다 : 반핵인권운동에 목숨을 바친 원폭2세 故 김형률 유고집』, 행복한책읽기.
안자코 유카(2001), 「일본의 전시동원 관련 재판의 진전과 현황」, 『중한인문학연구』 Vol. 6, pp.309-333.
양동숙(2018), 「'히로시마현 조선인피폭자협의회'의 결성과 원수폭 금지 운동」, 『기억과 전망』 38호, 한국민주주의연구소, 2018, pp.206-254.
양동숙(2019), 「'반핵·평화를 위한 조선피폭자협회'의 결성과 북일 원폭피해자의 교류·지원 활동 연구」, 『동아시아문화연구』 78권, pp.83-123.
오은정(2013), 「한국원폭피해자의 일본 히바쿠샤 되기 : 피폭자 범주의 경계 설정과 통제에서 과학·정치·관료제의 상호작용」, 서울대학교 인류학과 박사학위 논문.
오은정(2018a), 「'전재민(戰災民)'에서 '피폭자(被爆者)'로 : 일본 원폭피폭자 원호의 제도화와 새로운 자격의 범주로서 '피폭자'의 의미 구성」, 『일본비평』 19호, 서울대학교 일본연구소, pp.308-342.
오은정(2018b), 「'제국의 신민'에서 '재한피폭자(在韓被爆者)로 : 한국원폭피해자 운동에서 한·일 시민연대의 사회문화적 토대와 그 변화」, 『기억과 전망』 39호, 한국민주주의연구소, pp.107-151.
오은정(2020a), 「파괴의 보존 : 유네스코 세계유산 히로시마 원폭 돔의 보존과 '평화'의 문제」, 『한국문화인류학』, 제53-1호, 한국문화인류학회, pp.47-97.
오은정(2020b), 「『계간 삼천리』 피폭조선인 기사를 통해 본 일본 지식인의 탈식민 담론 실천의 단층」, 『인문사회과학연구』 제21권 제2호, pp.319-351.
외교부 일본담당관실 정리보존문서, 「한국인원폭피해자구호」 1974, 1978, 1980년도 등.
우츠미 아이코(2010), 「전후보상으로 생각하는 일본과 아시아」, 김경남 역, 논형.
이삼성(2023), 「한국 입장에서 본 히로시마·나가사키 원폭 투하의 정치·군사적 의미」, 『원폭국제민중법정 제1차 국제토론회 자료집』.
이상화(1995), 「재한원폭피해자의 생활과 남아 있는 보상문제」, 『한국현대사연구회 근현대사 강좌』, No.7, pp.192-210.
이은정(2019), 「피폭된 신체와 고통 : 한국인 원폭피해자를 중심으로」, 『민족연구』 제73호, pp.165-185.

이지영(2012), 「한인 원폭피해자 문제 관련 연구와 자료 현황」, 『일본공간』 12, pp.229-246.
이치바 준코(2003), 『한국의 히로시마』, 이제수 역, 서울 : 역사비평사.
　　　　　(2005), 「한국인 원폭피해자의 소원을 나의 소원으로 할 수 있는가: 21명 피폭자 구술 체험기가 말해주는 것」, 『고통의 역사 : 원폭의 기억과 증언』(정근식 편, 진주 채록), 서울 : 선인, pp.399-413.
　　　　　(2012), 「한국인 원폭피해자 시각에서 본 한일청구권협정과 피폭자원호법」, 『한국인 원폭피해자 소송의 역사적 의의와 남겨진 과제』, 국사편찬위원회 한국인 원폭피해자 소송 자료 기증 기념 국제학술회의 자료집, pp.89-108.
이행선(2022), 「한국 핵 피폭자운동의 선구자 박수복과 한국인 원폭피해자」, 『동북아역사논총』 제77호, pp.343-384.
이현숙(1994), 「한국원폭피해자 지원 활동 및 반전 반핵 평화 군축운동의 역사(1974-1994)」, 『원폭피해자 돕기 및 반전 반핵 평화운동』, 한국교회여성연합회.
일본의 전쟁책임 자료센터 편(2009), 『세계의 전쟁 책임과 전후 보상』, 서각수·신동규 역, 동북아역사재단.
재일본대한민국민단(1997), 『민단 50년사』, 재일본대한민국민단편집위원회, 서울신문사.
재일본대한민국민단 히로시마 지방본부 한국원폭피해자대책 특별위원회(2016), 『한국인 원폭피해자 70년사』.
전진성(2008), 『삶은 계속되어야 한다 – 원폭2세 환우 김형률 평전』, 휴머니스트.
정근식(2011), 「강제병합 100년, 한일 과거사 극복의 과제와 전망」, 『8·15와 동아시아 평화체제 구축 – '위기'와 '갈등'을 넘어』(2011년 만해축전 학술세미나 자료집).
　　　　(2010), 「전쟁 기억과 재현을 둘러싼 지역정치」, 『일본비평』 Vol.2, no.1, pp.156-203.
　　　　(2005), 「한국 현대사와 원자폭탄 피해자의 증언의 의미」, 『고통의 역사 : 원폭의 기억과 증언』(정근식 편, 진주 채록), 서울 : 선인, pp.13-21.
정근식·나오노 아키코 편(2013), 『기억과 표상으로 보는 동아시아의 20세기』, 서울 : 선인.
정근식 편, 진주 채록(2005), 『고통의 역사 : 원폭의 기억과 증언』, 서울 : 선인.
정혜경(2011), 『일본 제국과 조선인 노무자 공출』, 서울 : 선인.
　　　　(2006), 『조선인 강제연행 강제노동 I : 일본편』, 서울 : 선인.
　　　　(2003), 『일제 말기 조선인 강제연행의 역사』, 서울 : 경인문화사.
조용욱(2005), 「일본 내 한인의 '귀환'과 한국 내 일본인의 '송환'에 관한 해방 직전 미국측 자료」, 『한국 근현대사 연구』 여름호 제33집, pp.247-282.
진　주(2004), 「원폭피해자 증언의 사회적 구성과 내용 분석」, 전남대학교 사회학과 석사학위 논문.
　　　　(2005), 「증언으로부터 역사로」, 『고통의 역사 : 원폭의 기억과 증언』(정근식 편, 진주 채록), 서울 : 선인, pp.23-50.
최영호(1995a), 『재일한국인과 조국 광복』, 글모인.
　　　　(1995b), 「해방 직후의 재일한국인의 본국 귀환 – 그 과정과 통제 구조」, 『韓日關係史硏究』 4, pp.99-135.
　　　　(2009), 「해제 : 일본 사회에서 제기되고 있는 전후처리 문제」, 『세계의 전쟁 책임과 전후 보상』, 일본의 전쟁책임 자료센터 편, 서각수·신동규 역, 동북아역사재단.
　　　　(2010), 「한반도 거주 일본인의 귀환 과정에서 나타난 식민지 지배에 관한 인식」, 『동북아역사논총』 21호, pp.265-303.
최이수(2003), 「일제강점기 인적 수탈에 대한 피해보상 소송과 그 법적 검토 : 민사법을 중심으로」, 『한국 근현대사 연구』 제25집, pp.147-172.
최일출(2002), 「한국원폭피해자와 전후보상 문제」, 『김해문화』 통권 제21호, pp.62-91.

한국교회여성연합회(1975), 『한국 원폭피해자 실태보고서』.
     (1984), 『한국인 원폭피해자 실태조사 보고서』.
     (1989), 『그날 이후-한국인 원폭피해자들에 대한 기록』.
     (1994), 『원폭피해자 돕기 및 반전반핵평화운동』.
한국보건사회연구원(1991), 『원폭피해자 실태조사』.
한국원폭피해자협회(1985), 『한국피폭자들의 현황 자료집』.
     (1989), 『연혁·현황 실태』.
     (2011), 『한국원폭피해자 65년사』.
허광무(2011), 「전시기 조선인 노무자 강제동원과 원폭피해 : 히로시마나가사키의 지역적 특징을 중심으로」, 『한일민족문제연구』.
허광무(2004), 「한국인 원폭피해자에 대한 제 연구와 문제점」, 『한일민족문제연구』 제6호, pp.93-122.
히라노 노부토·다카히라 유키(2011), 『재한 피폭자 김문성 투병과 구원의 기록: 생명의 끈 함께 이어』, 나가사키신문사.
足立修一(2012), 「前 미쓰비시 징용 노동자 재판의 일본에서의 성과와 한국 대법원 판결에 대하여」, 『한국인 원폭피해자 소송의 역사적 의의와 남겨진 과제』 국사편찬위원회 한국인 원폭피해자 소송 자료 기증 기념 국제학술회의 자료집(이하 국사편찬위 자료집), pp.37-60.
龍田紘一朗(2012), 「피폭지 나가사키에서 한국인 원폭피해자 재판의 의의」, 『한국인 원폭피해자 소송의 역사적 의의와 남겨진 과제』(국사편찬위 자료집), pp.61-68.
豊永惠三郎(2012), 「히로시마의 재한 원폭피해자 운동」, 『한국인 원폭 피해자 소송의 역사적 의의와 남겨진 과제』(국사편찬위 자료집), pp.69-80.

2) 일본어 논문과 단행본

河村虎太郎(1992), 『医療と信仰 : 河村虎太郎遺稿集』, 河村チワ。
小林聡明(2022), 「在韓被爆者救護をめぐる日韓交渉：1960s~70s―問題の「発見」から日韓間の合意成立まで―」, 『歴史系検討会論文集』, 日本国際問題研究所。
小林聡明(2012), 「朝鮮人の移動をめぐる政治学: 戦後米軍占領下の日本と南朝鮮」, 한일민족문제학회 한일합동워크숍 2012년 10월 13일 발표문(원문은 다음 책 제5장에 실려 있다. 貴志·俊彦 編著, 2011, 『近代アジアの自画像と他者: 地域社会と「外国人」問題』, 京都大学学術出版会)。
伊東壯(1988), 「原子爆弾被害者援護法'制定要求と在韓被爆者問題」, 在韓被爆者を考える』(在韓被爆者問題市民会議編), 凱風社。
伊東壯(1975), 『被爆の思想と運動』, 新評論。
李瑜煥(1960), 『在日韓國人の五十年史』(新樹物産 : 일본)。
日本原水爆被害者被団協議会編(1966), 『原爆被害の実相と被害者の苦しみ』。
鎌田定夫(1978), 「広島·長崎における外国人の被爆」, 『平和文化研究会』 創刊号 (長崎造船大学長崎平和文化研究所)。
韓国の原爆被害者を救援する市民の会, 機関紙, 「早く援護を!」。
原水爆禁止広島協議会原爆被害者救援委員会(1956), 『原爆被害者実態調査報告』。
原水爆禁止日本協議会専門委員会(1961), 『原水爆被害白書―隠された真実』。
笹本征男(1995), 『米軍占領下の原爆調査 : 原爆被害国になった日本』, 新幹社。

1 발표문

椎名麻紗枝(1988),「在韓被爆者に対する法律責任」,『在韓被爆者を考える』(在韓被爆者問題市民会議編), 凱風社。
在韓被爆者問題市民会議編(高木健一)(1988),『在韓被爆者を考える』,凱風社。
在韓被爆者問題市民会議(2008),『在韓ヒバクシャ』第50号(追悼号), 2008.3.29。
在韓被爆者渡日治療広島委員会, 会報,「広島委員会ニュース」。
在日本韓基督敎廣島敎會(1998),『創立50周年記念誌』,在日本韓基督敎廣島敎會。
中国新聞ヒロシマ50年取材班(1995),『検証ヒロシマ1945―1995』,中国新聞。
中国新聞社編(1985),『ヒロシマ四十年:森滝日記の証言』,平凡社。
竹峰誠一郎(2008),「'被爆者'という言葉がもつ政治性」,『立命平和研究』9号, pp.21-23。
中島竜美(1988),「'朝鮮人被爆'の歴史的意味と日本の戦後責任」,『在韓被爆者を考える』(在韓被爆者問題市民会議編), 凱風社。
長崎の証言の会(1978),『長崎の證言』第10集,朴玟奎談, 長崎證言刊行委員會。
　　　　　　　　(1969),『長崎の證言』創刊号, 長崎證言刊行委員會。
長崎在日朝鮮人の人権を守る会(1982),『原爆と朝鮮人』。
長崎市原爆被爆対策部(2011),『原爆被爆者対策事業概要』。
長崎市原爆被爆50年史編輯委員會(1996),『長崎原爆被爆50年史』, 長崎市原爆被爆對策部。
根本雅也(2006),『広島の戦後三十年間にみる原爆被害の表象と実践』,一橋大学社会学研究課修士論文。
浜井信男(1967),『原爆市長―ヒロシマとともに三十年』, 朝日新聞社。
肥田舜太郎(2004),『ヒロシマを生きのびて』,あけび書房。
平岡敬(1988),「在韓被爆者の戦後史」,『在韓被爆者を考える』(在韓被爆者問題市民会議編), 凱風社。
　　　(1983),『無援の海峡:ヒロシマの声,被爆朝鮮人の声』,影書房。
広島県環境保健部原爆被爆者対策課編(1986),『被爆40年原爆被爆援護のあゆみ』, 広島県。
広島県原爆被害者団体協議会(2001),『核兵器のない明日願をって:広島被団協の歩み』。
広島県,「黒い雨」原爆被害者の会連絡協議会(2012),『黒い雨―内部被爆の告発』。
広島県地域婦人団体連絡協議会編(1955),『原爆被害者実態調査結果表』。
広島市長崎市原爆災害誌編輯委員會(2005),『広島長崎の原爆被爆災害』,岩波書店。
　　　　　　　　　　　　　　　　(1987)(1979),『広島·長崎の原爆被爆災害』,岩波書店。
広島平和記念資料館(1998),『広島原爆被害の概要』。
広島市編(1971),『広島原爆戰被災誌 第1卷 總説』。
広島市編(1978),『原爆被災全体像調査事業報告書』。
広島市編(1983),『広島新史―行政』。
広島市衛生局原爆被害対策部編(1996),『広島市原爆被爆者援護行政史:被爆50年』, 広島市。
広島市社会局原爆被害対策部(2011),『原爆被爆者対策事業概要』, 広島市。
広島市健康福祉局原爆被害対策部(2008),『原爆被爆者対策事業概要』。
広島·長崎の証言の会·在韓被爆謝医療調査団(1986),『イルボンサラムへ:４０年目の韓国被爆者』。
被爆者援護法令研究会(2003),『原爆被爆者関係法令通知集』。
深川宗俊(1992),『海に消えた被爆朝鮮人徴用工:鎮魂の海峡』,明石書店。
福島町資料作成委員會(2003),『福島の歴史:したたかに生き拔いた先輩たちの記録』。
朴秀馥·郭貴勳·辛泳洙(1975),『被爆韓國人』,朝日新聞社。
朴在一(1957),『在日朝鮮人に関する総合調査研究』,新記元社。

朴慶植編(1975), 『在日朝鮮人關係資料集成』第4卷, 三一書房。
朴慶植(1976), 『天皇制國家と在日朝鮮人』, 社會評論社。
松井康浩(1986), 『原爆裁判-核兵器と被曝者援護の法理』, 新日本出版社。
増田善信(2012),「「黒い雨」と「フクシマ」」(広島県「黒い雨」原爆被害者の会連絡協議会, 『黒い雨-内部被爆の告発』, pp.98-111。
モニカ·ブラウン(1988), 『檢閲 1945-1949 : 禁止された原爆報道』, 立花誠逸 譯, 時事通信社。
三菱·広島元徴用工裁判を支援する会, 会報「이기자」。
湯崎稔·上岡洋史(1976),「人口推移からみた被爆人口ならびに死亡数の検討-第2報」, 『長崎医学雑誌』。
郷地秀夫(2007), 『「原爆症」- 罪なき人の灯を継いで-原爆症認定集団訴訟を支援して』, かもがわ出版。
重松逸造·伊藤千賀子·鎌田七男(2007),「原爆被害の實態」(広島県, 2007, 『原爆被爆者対策事業概要』)。
志水清編(1969), 『原爆爆心地』, 広島大学原爆放射能医学研究所疫学·社会医学部門とNHK広島中央放送局。
Wagner, Edward W.(1975), 『日本における朝鮮少数民族, 1904-1950』, 湖北社。

3) 季刊『三千里』자료

무기명(1976. 8),「サークル紹介-在日朝鮮人の歴史を考える会」, 『季刊三千里』7호, p.217.
平岡敬(1978. 2),「仮面の裏側」, 『季刊三千里』13호.
上原敏子(1978. 8),「広島の朝鮮人-消えた相生通り」, 『季刊三千里』15호, pp.175-179.
平岡敬(1978. 8),「湧き起こる歌声」, 『季刊三千里』15호, p.78.
橋本栄一(1980. 2),「私にとっての朝鮮·日本: 朝鮮問題の重さ」, 『季刊三千里』21호, pp.197-198.
橋本栄一(1980. 8),「私の中の朝鮮体験 -被爆体験」, 『季刊三千里』23호, pp.102-105.
桑名靖治(1981. 8),「癒されぬケロイド-朝鮮人被爆者の三十六年間」, 季刊三千里 27호, pp158-167.
水原肇(1981.11),「ヒロシマ記者と朝鮮人被爆者」, 『季刊三千里』28호, pp.166-169.
水原肇(1983. 2),「因惑するヒロシマ」, 『季刊三千里』33호, p.17.
平林久枝(1984. 5),「書案案内 : 平岡敬 『無縁の海峡』, 『季刊三千里』38호, pp.222-224.
豊永恵三郎(1985. 2),「在韓被爆者の現在」, 『季刊三千里』41호, pp.98-104.
中島竜美(1985. 2),「在韓被爆者が問うもの」, 『季刊三千里』41호, pp.105-111.
中島竜美(1986. 8),「在韓被爆者へ救済の道を」, 『季刊三千里』47호, pp.115-121.
魏良福(1986. 8),「読書案内: 広島·長崎の証言の会. イルボンサラムへ──四〇年目の韓国被爆者」, 『季刊三千里』47호, pp.184-185.
平岡敬(1987. 2),「打ち切られた渡日治療」, 『季刊三千里』50호, pp.275-277.

4) 영어 논문

Duró, Ágota, "Confronting Colonial Legacies: The Historical Significance of Japanese Grassroots Cooperation for the Support of Korean Atomic Bomb Survivors", PhD Diss., Hiroshima City University, 2017.
Duró, Ágota, "Medical Assistance for Korean Atomic Bomb Survivors in Japan: (Belated) Japanese Grassroots Collaboration to Secure the Rights of Former Colonial Victims", *The Asia Pacific Journal: Japan Focus* 16 8(2), 2018. https://apjjf.org/2018/08/duro.

Duró, Ágota, "A Pioneer among the South Korean Atomic Bomb Victims: Significance of the Son Jin-doo Trial", *Asian Journal of Peacebuilding*, Vol. 4 No. 2, 2016, pp.271-292.

Duró, Ágota, "Japanese Grassroots Advocacy for Korean Atomic Bomb Victims: Confronting Colonial Legacies", 2025(forthcoming).

Jin, Michael R., "Voices of the Unredressed: Korean and Nisei A-Bomb Survivors, Structural Legacies of Violence, and Compensatory Justice in the Cold War Pacific", *Amerasia Journal* 47(2), 2021, pp.314-329.

Kramer, Derek J., "An Atomic Age Unleashed: Emancipation and Erasure in Early Korean Accounts of the Hiroshima and Nagasaki Bombings," *Journal of Asian Studies*, 82(2), 2023, pp.144-162. https://doi.org/10.1215/00219118-10290620

Lindee, M. Susan, *Suffering made Real: American Science and the Survivors at Hiroshima*, Chicago & London: The University of Chicago Press, 1994.

Naono, Akiko, "Searching for grandpa in the Hiroshima memory scope, under the shadow of the bomb", *Inter-Asia Cultural Studies*, Vol.4(3), 2003, pp.479-491.

"Hiroshima as a contested memorial site: analysis of the making of the peace museum", *Hiroshima Journal of International Studies*, vol. 11, 2005, pp.229–244.

"Transmission of Trauma, Identification and Haunting: A Ghost Story of Hiroshima", *Intersections: Gender and Sexuality in Asia and the Pacific*, Iss. 24, 2010. http://intersections.anu.edu.au/issue24/naono.htm

""Ban the Bomb! Redress the Damage!": The History of the Contentious Politics of Atomic Bomb Sufferers in Japan," *Asian Journal of Peacebuilding* 6(2), 2018, pp. 223-246.

"The Origins of 'Hibakusha' as a Scientific and Political Classification of the Survivor," *Japanese Studies*, 39:3, 2019, pp.333-352, DOI: 10.1080/10371397.2019.1654854.

Palmer, David, "Korean Hibakusha, Japan's Supreme Court, and the International Community: Can the U.S. and Japan Confront Forced Labor and Atomic Bombing?," *The Asia-Pacific Journal: Japan Focus* 6, no. 2, 2008.

"Japanese and Korean/Chinese Reconciliation through Experience-based Cultural Interaction," *Asian Journal of Peacebuilding*, Vol. 1 No. 1, 2013, pp.17-38.

RERF (Radiation Effects Research Foundation), 2000, *RERF LSS Report*, No.13. 1999,『要覽』.

Trumbull, Robert, *Nine who survived Hiroshima and Nagasaki: Personal experiences of nine men who lived through both atomic bombings*, New York: E. P. Dutton and Co., 1957.

Weiner, Michael, "The Representation of Absence and the Absence of Representation: Korean Victims of the Atomic Bomb," in Michael Weiner (ed.), *Japan's Minorities: The Illusion of Homogeneity*, London: Routledge, 1997.

Yoneyama, Lisa, *Hiroshima Traces: Time, Space, and the Dialectics of Memory*, University of California Press, 1999.

The Historical Meaning of the United States Atomic Bombings of Hiroshima and Nagasaki from the Perspective of Korean Atomic Bomb Victims

Oh Eunjeong
Professor of Cultural Anthropology
at Kangwon National University

1. United States and Hiroshima[1]

On May 27th, 2016, President Barack Obama visited Hiroshima for the first time as the President of the United States while attending the G7 Summit in Japan. Obama's speech "We must pursue a world free of nuclear weapons" was insightful because in 2009 he received the Nobel Peace Prize in Prague (Czech Republic) for his contribution to declaring a world without nuclear weapons.[2] Invoking the image of a mushroom cloud over Hiroshima, Obama cited a nuclear explosion as a stark symbol of "humanity's core contradiction" and "unmatched destruction," a scientific revolution without a "moral evolution."

What is striking is that he did not once mention nor apologize for the United States' role in dropping the atomic bombs throughout his 18 minutes-long speech. He only said in the beginning, "Seventy-one years ago, on a bright, cloudless morning, death fell from the sky, and the world was changed." It is no coincidence that Obama did not mention the US's role in nuclear warfare. Bypassing the question of responsibility for dropping the atomic bombs, he instead

---

1 In this paper, I refer to those affected by the atomic bombings of Hiroshima on August 6th 1945 and Nagasaki on August 9th 1945, collectively as "Atomic Bomb Victims." In the process of legally institutionalizing relief for atomic bomb victims in Japan, the term hibakusha was used to distinguish atomic damage from more 'general damage' caused by war. But this term, in general, was also used to refer to those who were issued the 'Atomic Bomb Survivor's Certificate.' In this paper, I use the term atomic bomb victim as is widely used in Korea, except in cases where the term hibakusha is qualified or used in books or organization names.

2 Remarks by President Obama and Prime Minister Abe of Japan at Hiroshima Peace Memorial. U.S. The White House Archives. https://obamawhitehouse.archives.gov/the-press-office/2016/05/27/remarks-President-obama-and-prime-minister-abe-japan-hiroshima-peace.

spoke of the hope they brought. From his point of view, the US-Japan Alliance and the European Union built on a free-market democracy was that hope.

I want to focus on how this speech reflects the plight of atomic bomb victims in 20th-century nuclear history, especially in the relationship between the US and Korean Atomic bomb victims. Obama's speech emphasizes the importance of a world order led by the US, EU, and US-Japan alliance, but this is also the structural condition of the grand division system of the Korean peninsula (Lee Samsung, 2023). In this context, "the dead including over 100,000 in Japanese men, women and children; thousands of Koreans; a dozen Americans held prisoner"(controversial in numbers) mentioned at the beginning of his speech is situated as an inevitable but acceptable sacrifice for the Alliance and the Union.

President Obama also added: "We can stop the spread to new nations and secure deadly materials from fanatics," and that alliance "must possess the means to defend ourselves" from every act of terror, corruption, cruelty, and oppression in the world. By this, he insinuates that the nuclear weapons possessed and controlled by the US and the EU are for defense and that only those nation-states can guarantee peace. The last sentences of his speech, "every life is precious" and "they do not want more war," are unwarranted promises that cannot be compatible with the defense of the Alliance and the Union. The idea that the sacrifice of atomic bomb victims and the damages of war could be acceptable for defending the alliance and the union exceeds President Obama's personal views. Historically, the US has consistently maintained the position that the atomic bombings of Hiroshima and Nagasaki have "prevented further sacrifices in war."[3]

Meanwhile, on May 21st, 2023, President Yoon Seokyeol also visited Hiroshima for the first time as a Korean president and visited the Korean Atomic Bomb Victims Cenotaph. The Japanese Prime Minister Fumio Kishida was also present. Before visiting the cenotaph, President Yoon met with ethnic Koreans in Hiroshima and said, "When our compatriots fell victim to the bombing, we were a colony, and after liberation, our country was weak and subject to a communist invasion, putting us in a very difficult state. Consequently, when our compatriots experienced such hardship and pain in foreign lands, the government and the state of the Republic of Korea were not by your side." He added, "As the President representing the

---

[3] For the US decision to use nuclear weapons against Hiroshima and Nagasaki, its results, and the debate over the legitimacy of the atomic bombings, see Emeritus Professor Lee Samsung's (Hallym University) paper presented at The First International Forum: International People's Tribunal on the 1945 Atomic Bombings.

government and the country, I sincerely apologize for the fact that your homeland could not be with you during such moments of sorrow and pain. Once again, I extend my heartfelt consolation and words of comfort to you." It is noteworthy that Yoon simply describes the victimization from the atomic bombings as "experiencing the devastation of war in a country thousand miles away" and that the state could not tend to the suffering of the victims because of the difficulties from "colonization" and "a communist invasion." He did not express the South Korean government's duty to the suffering of Korean Atomic Bomb Victims, and their suffering was treated as something equivalent to the general devastation of war, obscuring the distinct nature of victimization from atomic bombings.

These two messages from the US president and the South Korean president are commensurable as they did not specify the entity that dropped the atomic bombs and disregarded the issue of accountability for the suffering of the victims. Unsurprisingly, failing to mention who dropped the atomic bombs ultimately corresponds to how the issue of culpability is not specified in the subject-less phrase "shall not repeat the error" inscribed on the Memorial Cenotaph at the Hiroshima Peace Memorial Park.

The fact that South Korea, Japan, and the US decided not to specify who dropped the atomic bombs and hold them accountable should not be considered separate from the context of the post-World War II global Cold War mediated through the US-Japan alliance and European Union. The suffering of Korean atomic bomb victims who either migrated or were forcibly mobilized to the colonial metropole in the course of racist and colonialist imperial expansion was reduced to an inevitable sacrifice in that world order.

Perhaps we can also recall President Yoon's visit to the cenotaph, which happened just before the Japanese government discharged contaminated water from the Fukushima nuclear power plant. Despite widespread opposition against the contaminated water release, President Yoon ate a meal prepared with ingredients from Fukushima and warned the Korean citizens concerned about the associated risk to shy away from "false rumors" and "fake news." Despite the differences between nuclear power and nuclear weapons, through the linkage of 'exposure to nuclearity,' Yoon's visit to Hiroshima left room for the interpretation that the Fukushima-contaminated water release would also be inevitable. Yoon's message from his Hiroshima visit helps us reflect on the fact that the historical period when Korean atomic bomb victims voiced their suffering coincides with when the Korean government enthusiastically pursued nuclear power development. Although the 20th-century global nuclear history views nuclear energy and nuclear weapons as taking disparate paths, the enthusiasm for nuclear power was always intertwined with the desire for nuclear weapons.

The suffering experienced by colonized Koreans and their descendants, who were directly and indirectly victimized by the nuclear weapons dropped by the US on Hiroshima and Nagasaki on August 6th and 9th 1945, must be situated historically in the 20th-century global nuclear regime enabled through racism, imperialism, colonialism, the Cold War anti-communism, and myth of nuclear technology. Since the humanitarian responsibility of the US for dropping atomic bombs on Hiroshima and Nagasaki and the issue of Korean Atomic Bomb Victims have already been discussed by Professor Lee Samsung at the 2023 International Forum, this paper will focus on approaching the US atomic bombings from the perspectives of Korean Atomic Bomb Victims. For this presentation, I will start by addressing two aspects.

First, the US was not only the sole entity that dropped the atomic bombs but was also involved in the repatriation process of ethnic Koreans exposed to the bombings in Hiroshima and Nagasaki. Although we often take for granted the repatriation of ethnic Koreans (who were forcefully mobilized to Japan) to the liberated homeland, it was never a matter of course for many Koreans in Japan. Because of the US repatriation policy for ethnic Koreans in Japan, the atomic bomb victims had to repatriate suddenly without receiving proper medical treatment. The discussion of Korean repatriation requires us to examine why Koreans were in Japan in the first place. Although I will discuss this matter in the literature review section, because of ample research on the Korea-Japan relations, this paper will focus more on the existence of Korean atomic bomb victims and the US's role.

Secondly, I would like to emphasize that Korean atomic bomb victims formed the grassroots Atomic Bomb Victims Relief Association (now the Korean Atomic Bomb Victims Association) and have held the US politically accountable. The fact that the victims made political demands against the US is remarkable. However, their calls for US accountability were suppressed and made invisible by the US-Japan-Korea's anti-communist military alliance system. Many researchers, be it intentionally or unintentionally, have resorted to studying the issue of Korean atomic bomb victims from the perspective of Korea–Japan relations. However, the research must be expanded to account for the discussion of the political responsibility of the US.

This paper is organized into three sections. In section two, I will review the literature on Korean Atomic Bomb Victims. This will not only situate the topic historically but also demonstrate how the literature has disregarded the issue of US accountability. Section three delves into how the US was involved in the repatriation process of Koreans after Japan's defeat in WWII. In sections four and five, I will examine how the redress movement of Korean atomic bomb victims and their demands for US accountability was erased during the Cold War. Although Korean atomic bomb victims demanded accountability from the US since the beginning of their redress movement, the US did not respond, and the anti-communist Korea-Japan-US military alliance under the Cold War in East Asia suppressed their voices. In conclusion, this paper seeks to critically examine the reality where the existence of Korean atomic bomb victims is reduced to an inevitable sacrifice under the persistent structure of nuclear confrontations-based military alliances.

2. Literature Review on Korean Atomic Bomb Victims and the Absence of Perspectives on the United States

Although this paper starts with a critique of President Obama's speech, it is important to point out that he was the first Western political leader who even brought up atomic bomb victims beyond Japanese nationals. Moreover, the controversy around the number of non-Japanese victims in Hiroshima and Nagasaki is connected to the US academia's lack of interest in Korean atomic bomb victims. Before the 2000s, there was virtually no US-based scholarship focusing on Korean atomic bomb victims besides the groundbreaking publication of *Hiroshima Traces* by Japanese American scholar Lisa Yoneyama (1999). Existing scholarship on atomic bomb victims by Micheal Weiner (1997), David Palmer (2008, 2013), as well as Micheal Jin (2021) highlighted the politics of memory and atomic bombings in Japan. In other words, there is still almost no research on the reality or history of the Korean atomic bomb victims. Several Japan-based scholars published their topical work in English, such as Agota Duro (2016, 2017, 2018) and Akiko Naono (2003, 2005, 2010, 2018). Duro's work is essential as she discusses the history of the Korean atomic bomb victim movement in connection to the history of Japanese civil society movements. Kobayashi Somei (2012, 2022) reviewed the role of the Korean government's diplomatic response to the issue of Korean atomic bomb victims based on archival research.

These studies comprehensively examine the historical circumstances that atomic bomb victims experienced in Korean society. Although the existence of Korean atomic bomb victims was known in Korean society, scholarly interest was scant. Derek Kramer (2023), who studied the history of nuclear science in Korea in the 1940s and 1950s, argues that this 'absence of social awareness' around the issue of atomic bomb victims was the result of the discourse that the atomic bombings liberated Korea from Imperial Japan, embedded in the history of South Korea's fanaticism for nuclear science and developmentalism.

Korean atomic bomb victims were not only erased from Korea's socio-political landscape but also from the intellectual world, including Korean historiography. In fact, until the early 1990s, research on Korean atomic bomb victims was closer to fact-finding surveys or field reports conducted primarily to appeal for policies to help the victims overcome their dreadful reality. This includes the reportage by drama writer Park Soobok (1975, 1986), a status report by the Korea Atomic Bomb Victims Association (1985) and its founding member Kim Jaegeun (1968), a contribution by Shin Youngsu (1986), who was the president of the association at the time, and reports on the status of Korean atomic bomb victims by the Korea Church Women United (1975, 1984, 1989, 1994), the only Korean civic group that fought in solidarity with the victims. Contemporaneously in Japan, civil society organizations and citizens working on the issue of atomic bomb victims living in Korea published their records. These reports are historically significant because of the sheer lack of archival data on Korean atomic bomb victims in the post-colonial period up to the 1980s.

Testimonial, the 1969 publication by the Nagasaki Testimony Association, was a consorted effort to reflect the voices of the overseas atomic bomb victims and the history of forced mobilization during the Asia-Pacific War, whose existence not only the Japanese government but also Japanese hibakusha were unaware. In the 1970s, the so-called 'certification trial' was being held against the Japanese government with the support of Japanese civic groups after a Korean atomic bomb victim, Son Jindu, smuggled himself into Japan. This incident had a significant influence in drawing attention to the issue of atomic bomb victims in Korea. *Korean A-bomb Survivors* (1975), published in Asahi Shimbun when Son Jindu's trial was in full swing, is the earliest testimonial collection of Korean atomic bomb victims published in Japan. In addition, 'Hiroshima·Nagasaki

Testimony Association' and the 'Korea Radiation Exposure Medical Research Group' made a joint publication of *Ilbonsaramhae: 40th year of Korean Atomic Bomb Survivor* (1986), and 'Citizens' Association for the Relief of A-bomb Victims in South Korea' and 'Hiroshima Committee for the Treatment of Atomic Bomb Victims in Korea' disseminated newsletters focusing on the lives and testimonies of Korean atomic bomb victims.

Articles published in the Quarterly Publication *Samcheonri* (1975-1987) by Zainichi Koreans accurately illustrate the historical stratification where the existence of Korean victims in South Korea and Japan was made known and erased. In particular, the authors Takashi Hiraoka, Toshiko Uehara, Keizaburo Toyonaga, and Tatsumi Nakajima reflect deeply on this issue by linking it to the history of colonialism and the existence of Koreans in Japan while developing a movement to secure the rights of atomic bomb victims in Korea.

In 1978, Japan's Supreme Court ruled in favor of Son Jindu's legal action, paving the way for Korean atomic bomb victims to receive treatment by traveling to Japan and receiving a health certificate for atomic bomb victims. However, the Japanese government implemented a partial revision, 'Directive No. 402,' to the legislation for Atomic Bomb Survivors, which stipulated that only those survivors who remained in Japan could benefit from The Act on Medical Care for Atomic Bomb Survivors and The Act on Special Measures for Atomic Bomb Survivors. It was impossible for Korean atomic bomb victims to receive medical treatment and expenses unless they traveled to Japan. Although the court ruling resulted in increased demands for compensation by Korean atomic bomb victims, they were met with the so-called 'Japanese treatment' system, in which a few atomic bomb survivors were invited to Japan for treatment following an agreement between Korea and Japan.

The Japanese treatment system—which started with ten pilot cases at the end of October 1980 and treated 349 people over six years—suddenly discontinued in 1986 after struggling with the burden of logistical expenses. Despite many problems in the treatment system, it was the 'one bridge' that enabled providing the rightful relief to Korean atomic bomb victims. Its termination, as a result, relegated the issue of Korean atomic bomb victims' relief to the side. However, the cessation of treatment in Japan became a pivotal turning point for the Korean atomic bomb victim movement. The Korea Atomic Bomb Victims Association organized the '2.3-billion-dollar compensation claim movement' in solidarity with the Japanese Lawyers Association and civil society groups, actively utilizing the presidential election after South Korea's democratization and accelerated activities to pressure the government even after Roh Taewoo was elected. The Japanese government decided to provide 'The Korean atomic bomb victims with 4 billion yen in medical support fund' in response, which markedly mismatched the demands made by the movement. Extremely disheartened by this decision, the board and members of the Korean Atomic Bomb Victims Association refused to accept the 4 billion yen. However, their refusal did not change Japan's decision. Furthermore, the Japanese Ministry of Foreign Affairs categorized the support fund as humanitarian international aid, not as compensation, against the demands of Korean atomic bomb victims. Japan wired the support fund twice to the Korean Red Cross in 1991 and 1993. As the Korean Red Cross implemented some welfare projects with medical subsidies in the 90s, social welfare studies investigating the lived reality of A-bomb victims emerged. Against this historical backdrop, studies by the Korea Institute for Health and Social Affairs (1991), Kim Jeongkyung (1993), Baek Oksook (2004), and Son Jongmin (2006) were conducted. Based on related materials, the Korean Red Cross published the *White Paper on Atomic Bomb Victims Support Project: Healing and Consolation of Dark and Deep Scars* in 2023.

Although the '$2.3 billion compensation claim movement' failed to meet the hopes of Korean atomic bomb victims, it contributed significantly to raising awareness about the unaddressed issues in Japan's post-war period in South Korea, in conjunction with the end of the Cold War. In the '90s, Japan faced post-war compensation demands from South Korea and other Asian countries (Kenichi Takagi 1995; Aiko Utsumi 2010). After South Korea's democratization, the Korean diaspora in Sakhalin, wartime comfort women, wartime mobilized laborers, and people forcibly conscripted to the Japanese military joined trials against the Japanese government en masse demanding reparation, and Korean atomic bomb victims followed suit. Around this time, Baek Chunghyeon (1987), Lee Sanghwa (1995), Choi Isoo (2003), Anjako Yuka (2001), Choi Ilchul (2002), and the Northeast Asian History Foundation (2009) published studies reporting the progress and status of reparation trials and their legal implications.

After the so-called 'second certification trial' filed in Japan by a Korean atomic bomb victim Kwak Gwihoon had a favorable ruling in the initial trial held in June 2001 and the second trial in December 2002, Korean atomic bomb victims were able to benefit from Japan's Medical Care for Atomic Survivors Act without having residency in Japan. Like the phrase "Hibakushas are Hibakushas wherever they are" engraved in the plaintiff Kwak Gwihoon's business card, Korean atomic bomb victims were finally recognized as "Hibakusha" in Korea. As a matter of fact, following Kwak Gwihoon's gain in the case, Korean atomic bomb victims who were repatriated to Korea were able to receive some medical expenses and health allowances from the Japanese government as long as they had the atomic bomb health certificate.

When Korean atomic bomb victims became a big issue again in Korea and Japan due to Kwak Gwihoon's successful lawsuit, *The Korean Hiroshima* (2003) was translated and published by Junko Ichiba, the president of the 'Citizens' Association', who had been supporting the lawsuits of Korean atomic bomb victims in Japan. Jinju's (2004) analysis of the social context of atomic bomb victims' testimonies in the Honam region with support from the 'Citizen's Association' and *The History of Suffering* (Jeong Gunsik 2005 based on Jinju's transcripts) were too published based on the same testimonies. Moreover, after Kwak Gwihoon's case, the Korean committee of the Korea-Japan Joint History Research Committee published the compiled records of the lawsuit (2005). The Institute for Research in Collaborationists Activities (*Minmuyeon*) published Kwak Gwihoon's memoir *I Am a Korean Hibakusha: Atomic Bomb Victim Kwak Gwihoon's Life and Struggle* (2013). Memoirs of Korean atomic bomb victims, such as Kang Suwon's memoir (2000) and Nobuto and Dakahira Yuki (2011), based on atomic bomb victim Kim Munsung's struggles with illness and relief were also published.

As these lawsuits against Japan gained success throughout the mid-to-late 2000s, Korean atomic bomb victims started to receive societal recognition as 'victims of Japanese colonial rule.' This was also when the Korea-Japan talks in January and August 2005, and the activities of the 'public-private joint committee on measures for the Korea-Japan talks' made headlines. When the Constitutional Court of Korea ruled the government's inaction towards atomic bomb victims unconstitutional, the issue of atomic bomb victims came to light. Based on diplomatic negotiations between Korea and Japan around this time, research focusing on the significance of Korean atomic bomb victims' trials from the perspectives of transitional justice unfolded. Lee Jiyoung (2012) and Kim Seungeun's (2012a, 2012b) work falls into this category. When Roh Moohyun (dubbed participatory government) took office in 2002, state-level research and support for various historical issues were conducted, including the issue of atomic bomb victims who were forcibly mobilized to Hiroshima and Nagasaki. Committee for the Investigation of Damages from Forced Mobilization during the Japanese Imperialism and Support for Overseas Forced Mobilization Victims (2009, 2011), Heo Gwangmoo (2004, 2011), and Jeong Hyekyung (2011) are the results of those research. If previous literature focused on testimonial accounts, these studies analyzed the status and lived conditions of Korean atomic bomb victims, focusing on specific historical events based on archival data.

Since the late 90s and early 2000s, research highlighting the subjectivity of Korean atomic bomb victims in 'politics of memory' (Yoneyama, 1999) critically analyzed how Japan's positioning as the 'only atom-bombed nation in the world' interacts with the peace discourse in Japan looking at the spatiotemporal reproduction of atomic bombings in Hiroshima and Nagasaki. In this research, Korean atomic bomb victims are represented as historical subjects whose existence exposes the contradictions embedded in the 'only atom-bombed nation' and peace discourse. Research focusing on the repatriation of Korean atomic bomb victims (Kim Won, 2017; Moon Kyeonghee, 2018), the history of the atomic bomb victims movement (Yang Dongsuk, 2018, 2019; Oh Eunjeong, 2013, 2018a, 2018b, 2020b, Ryu Jewon, Cho Yonghyuko, Ji Sanghyeon 2020; Lee Haengseon, 2022; Kim Gyeongnam, 2023), and second generation of atomic bomb victims (Jeon Jinseong, 2008; National Human Rights Commission, 2004; Aoyagi, 2015; Park Seongsil, 2015) were published.

As the literature review above demonstrates, Korean atomic bomb victims have not received much interest in Korean academia. However, when victims' relief became more known, academic research gradually expanded in the 1990s and 2000s. Based on this literature review, I argue that most research on Korean atomic bomb victims—except in social welfare studies—mainly focus on the process of acquiring the status and rights as atomic bomb victims through Korea-Japan relations in the colonial and post-colonial era, critically analyzing the politics of memory in Japan's peace discourse.

This observation maintains that there has not yet been a single study in Korea that examined the relationship between Korean atomic bomb victims and the United States. Some may find it natural that the relationship between Korea and Japan would be the focus, given the fact that Koreans were in Hiroshima and Nagasaki because of migration and forced mobilization under Imperial Japan's colonial rule of Korea. However, if we take into consideration that it was the United States atomic bombings, such academic indifference resembles the erasure and silencing of the past expressed in the presidential speeches this paper started with. Then, was the United States uninvolved in the repatriation of Korean atomic bomb victims? In the following sections, this paper examines the early history of Korean atomic bomb victims' repatriation and the history of their movement, tracing how the US was deeply involved in both.

3. Post-Liberation Repatriation of Korean Atomic Bomb Victims and GHQ

For many Koreans, Japan's defeat in WWII meant liberation and return to their 'homeland,' to their hometowns, mountains, rivers, and compatriots. However, the repatriation process was complicated, especially for people with injured family members. Upon Japan's surrender, the occupying US Military General Headquarters (GHQ) did not differentiate atomic bomb victims from other war victims. For wartime relief and post-war reconstruction, the victims of Hiroshima and Nagasaki, like all other war victims, were lumped into the same category of victims of air raids. To take the war victims relief as an example, those who died or were injured from air raids received relief aid under the War Disaster Protection Act, and those injured by atomic bombings in Hiroshima and Nagasaki also received emergency relief at temporary relief centers established by this legislation (Hiroshima Prefecture Atomic Bomb Survivor Group Council 2001: 361). Although the scale of damage in Hiroshima and Nagasaki was particularly severe and distinct, relief stations were closed 60 days after the bombings on October 5th and 9th of 1945 by the provisions of the same law. And subsequent relief became individual liabilities. Considering that radiation sickness due to atomic bomb exposure was most extreme up to a year after the bombings, this cessation of public relief would have enormously burdened individual atomic bomb victims.

In 1988, the Japan Bar Association's Committee for Korean Victims prepared a report, "Repatriation of Korean Hibakushas to their Homeland." Masae Shiina, who authored the report, argues that although Koreans desiring to repatriate is expected, the real issue was whether repatriation was even possible for injured atomic bomb victims suffering from Atomic Bomb Syndrome and how Japan responded to the situation. This is because when the municipal temporary relief centers in Hiroshima and Nagasaki started closing around the end of October, individuals had to take relief into their own hands. In these circumstances, arranging ships, processing procedures, and organizing household assets necessary for repatriation were not problems that could easily be solved. Masae Shiina concludes in her research, "I really could not find a single example" of the Japanese government managing the repatriation process. Considering that a significant number of Koreans repatriated at their own expense, 1.3 million by the end of 1945 and an additional 500,000 by 1948, we can infer that atomic bomb victims in Hiroshima and Nagasaki followed the same path.[4]

The repatriation of Koreans in Japan was conducted urgently without any special protection measures because GHQ's stated position was that "the movement of Japanese from Korea to Japan should be co-joined with the repatriation of Koreans from Japan as much as possible" (U.S. Department of State Secret Diplomatic Documents, 1984:91, re-quoted from Lee Hyunju 2005: 253-254). GHQ's repatriation policy for Koreans in Japan and vice versa was closely linked to concerns about controlling the socioeconomic situation in both places. The repatriation of Koreans living in Japan, where 2 million Koreans lived, was intended to facilitate the hikiage (salvage or repatriation) of Japanese settlers in Korea. According to Cho Yongwook's (2005) release of "US data on the repatriation of Koreans in Japan and Japanese in Korea pre-liberation,"[5] the repatriation issue had already been discussed since 1943 among the great powers including the United States.[6] The Post-War Programs Committee

---

[4] On October 12, 1945, the US-Japan Joint Commission was organized to study the acute biological effects of exposure to atomic radiation. The joint commission began a month-long study in October that year, collecting data on 6,993 people in Hiroshima and 6,898 people in Nagasaki, and provided it to researchers in the United States and sent a letter of appeal to President Truman expressing the need for follow-up research (Lindee, 1994:32). In November 1946, President Truman directed the National Academy of Sciences to begin a long-term study of the survivors of Hiroshima and Nagasaki. In March 1947, the National Academy of Sciences obtained funding from the Atomic Energy Commission and established the Atomic Bomb Casualty Commission (the predecessor of the current Radiation Effects Research Foundation), hereinafter abbreviated as ABCC and RERF, was established in Hiroshima, immediately conducting research on the effects of radiation on the human body and diseases caused by the atomic bomb (RERF, 1999:2). Despite the US interest in atomic bomb victims, there exists no records showing that they investigated the presence of Korean atomic bomb victims.

[5] Release of 〈K-7 Preliminary, 'Korea: Repatriation of Koreans in Japan', 1945.4.25; K-9 Preliminary a, 'Korean: Repatriation of Japanese Residents in Korea', 1945.6.1〉 prepared by The Inter-Divisional Area Committee on the Far East under State-War-Navy Coordination committee. Located at the National Archives and Records Administration 〈RG59, Records Relating to Miscellaneous Policy Committees 1940-45, Box No. 108〉.

[6] In 1944, the United States' strategic and political solutions to the Korean issue were discussed under State-War-Navy Coordination Committee and the Post-War Programs Committee, and after the end of the war in March 1945, the issue of repatriation of Koreans and Japanese was reviewed proactively. As an extension, in 1945, the Korea sub-committee under The Inter-Divisional Area Committee on the Far East specifically discussed the issue of the Repatriation of Koreans in Japan. Although the sub-committee expected that many Koreans would voluntarily repatriate after the war, concerns for Japan's economic situation and the potential for Koreans becoming a minoritized ethic group in Japan due to failure in assimilation led to the decision that all Koreans living in Japan should be repatriated except for those who wanted to keep Japanese nationality (Cho Yongwook, 2005:249).

thought this issue had to be mindful of the economic and security situation in post-war Japan and Korea. The situation would be bettered by minimizing Japanese presence in Korea and vice versa. *The Korean Minority in Japan, 1904–1950* (Wagner, 1975) illustrates the background as to why GHQ and the Japanese government expedited the repatriation of Koreans. Wagner writes that during this period, the Japanese government and the occupying forces grew concerned about the spreading of the Korean people's (left-wing) democratization movement, prompting them to promote and take measures actively. Somei Kobayashi (2012: 68) reviews border control policies of occupying forces between August 1945 and 1948 when GHQ occupied Japan and USMG occupied South Korea. Kobayashi argues that GHQ ordered the Japanese government to prioritize the repatriation of Korean and Chinese forced soldiers and prisoners, and approximately 1,000 people were repatriated per day from Senzaki, Hakata, and Kure, starting on November 14th, 1945. After November 1945, GHQ's repatriation measures began to manifest as return ships began operating regularly, and they even forced Koreans who wanted to remain in Japan to repatriate.[7] By the end of 1945, it is reported that 20,000 Koreans were in Senzaki and Shimonoseki, and more than 10,000 in Hakata, waiting for their repatriation as sanitary conditions deteriorated drastically.[8] It is reported that the situation exacerbated, and "Shimonoseki was a living hell" (Satoshi Kobayashi 2012: 67).

In oral histories of Korean atomic bomb victims remembering the repatriation process, many described the late fall early winter period as "there was a white gourd with all the leaves dried on the thatched roof" or "I went in and immediately made kimchi and boiled red bean porridge."[9] This suggests that their repatriation experience is connected to GHQ's repatriation policies. I would also deduce this conclusion considering that atomic bomb victims were grouped into the same category as other general war victims immediately after Japan's

---

7 In fact, on January 12, 1946, GHQ issued a statement that Koreans who refused to be included in the return list according to GHQ's plan would not be able to possess Japanese nationality. Attorney Masae Shiina argues that this was coercive measure taken against Koreans (Masae Shiina 1988).
8 In principle, Koreans in Senzaki, Hakata, Shimonoseki were supposed to be shipped to Busan if their hometown was Gyeongsangbuk-do or Chungcheongbuk-do, to Gunsan or Mokpo if their hometown was Jeolla-do or South Chungcheong-do, and from Sasebo Port to Incheon Port if their hometown was Gyeonggi-do or Gangwon-do (Choi Youngho 1995: 117-118). However many of the war-injured Koreans in Japan were shipped to Busan (Lee Hyeonju 2005:254).
9 Most people I interviewed said that they returned to Korea in the late fall and early winter of that year. For details, refer to the second part of the testimony section of the book published by the Korea Atomic Bomb Victims Association (2011).

defeat. Therefore, Koreans in Hiroshima and Nagasaki who repatriated to Korea were not able to benefit from special measures for atomic bomb victims in Japan.

How did the Japanese government and GHQ policies repatriation policies impact the lives of individual atomic bomb victims returning to their homeland? Institutional policy constraints affect individuals differently. People deciding to repatriate received mixed news and rumors from liberated Korea. There were horrific rumors that Japanese being kicked out of Korea will displace Koreans in Japan or that the US military occupiers were raping women. They also heard rumors that "the Soviets are coming to the North" and that "the peninsula is split into left and right, and war may soon break out." The news of liberated Korea's economic deprivation and extreme political chasm between the right and the left meant that their homeland might not be entirely safe for them to return and settle down.

Rumors were one thing, but the bigger problem was the assets they had to give up when returning to their home country, as repatriating Koreans were only allowed to carry up to 1,000 yen in cash.[10] The regular fare for the ferry between Busan and Shimonoseki was about 15 to 30 yen at the time, and adult woman factory worker earned about 1 yen and 10 jeon per day or about 30 yen per month; adult men earned 2 to 4 yen per day or about 60 to 120 yen per month (testimonies by Park Doseop, Kim Intae, and Park Honggyu in Jeong Geunsik transcribed and featured in Jinju 2005). This meant they had to save 1-3 years without spending any income, which meant it was not enough for people to be able to establish a new home.[11] For Korean atomic bomb victims, the sensibilities of 'thousand yen' often remained as a bittersweet memory, mixed with the difficulties they experienced upon returning to their home country.[12] The repatriation process without sufficient

---

10 According to Kim Taegi's research on the repatriation of Koreans examining GHQ and SCAP archives, GHQ's Economic and Scientific Section (ESS) implemented restrictions on how much repatriating Koreans were allowed to carry when returning to their home country (1998:251). On September 22nd, 1945, the Japanese ordered the 'control of inflow and outflow of gold, silver, and financial certificates.' Initially, the Japanese government did not limit how much Korean or Chinese repatriating to their home countries could carry. However, the Ministry of Finance expressed concerns about the deteriorating domestic economy and proposed limiting them to 2,000 yen. However, the GHQ, concerned about Japan's economy and inflation in Korea, took a stricter stance and set the cash limit to 1,000 yen.

11 Park Doseop, Kim Intae, and Park Honggyu were conscripted from Joseon to Japan. Jeong Ilbong was mobilized locally. For conscripts, it is recorded that because they had to pay for lodging, food, and insurance from their wages, almost nothing remained. Park Honggyu recollects that he received more than others because he worked as a leader for about 4 yen. However, most people said they did not make enough money to survive in Japan and even had to receive money from their hometown.

12 At the time of liberation in 1945, the number of overseas Koreans was approximately 5 million. Article

preparation must not have been easy. Luggage sent to Korea was typically lost on the way, and luggage brought directly was destroyed in shipwrecks. People repatriated in ill health. The 'compatriots' from Hiroshima and Nagasaki returned to their homeland in large numbers this way in the late fall and early winter of 1945. Even the repatriation of forced laborers became an individual responsibility without any policy measures (Masae Shiina 1988:76-77).

> **(September 10th, 1945)** The head of lodging said, "Even if you want to go home, you cannot just take any boat. You will die before making it. A ship that can safely cross the Sea of Japan must be over 50 tons, and smaller ships will sink midway. If you wait patiently, a solution will be developed." However, we did not want to believe it.
>
> **(October 15th, 1945)** I visited Jaedo after hearing that people were being recruited to go to Joseon. I asked him, "How much money do you have?" he said, "What for? Maybe I have 50 jeon?" I told Jaedo, "There is a ship going to Joseon at 7 pm on the 19th, and we barely have enough for a fare. What should we do?" He said, "Even if we had enough for a fare, we cannot leave Miyamoto alone, and the three of us cannot stay here like this. So, you go first and tell them that we are alive and will be home by the end of the year." Jaedo had a point. I told him, "Jaedo, I will leave first then."
>
> **(October 19th, 1945)** At 6 o'clock, Jaedo came out through the back door carrying my bag. I told him to keep this a secret from Miyamoto for now. When we arrived at the beach, we saw a small wooden boat. Jaedo saw the boat and said, "Kaneyama, let us go back. This boat does not look safe." I said, "Hey, those people can't all be clueless. And I already paid." I see about 30 people on the boat. Jaedo hands me the bag and says, "Do whatever you want." I saw Jaedo sitting on a rock and waving until the ship was far away. I cried endlessly. I regretted it and thought I might have stayed with him, but the ship was sailing. When dawn broke, I came up on deck and saw a mountain in the distance. I asked the sailor, "Is that Busan?" He said it was

---

9 of the Potsdam Declaration guaranteed their return to Korea based on humanitarian principles, but this principle was greatly ignored during the post-war process based on the interests of the parties concerned. In China, internal political conflicts and divisions, including the Chinese Civil War, resulted in the confiscation of property for Koreans, and the repatriation of Koreans was completely blocked in the Soviet-occupied Sakhalin. Koreans stationed in the Namyang Islands and elsewhere were treated as prisoners of war or war criminals by the Allied occupation forces. Compatriots who returned from overseas were mainly referred to as 'war victims' or 'compatriot victims of war', and those who defected from North Korea were called 'defectors' or 'displaced people' (Lee Hyunjoo 2005:245). The term 'compatriot victims of war' is used more commonly but when I interviewed atomic bomb victims, they used the term 'repatriated compatriots' so I also use this term.

still Tsushima Island. I am feeling regretful again. I asked the sailor, "How long does it take to get to Busan?" he said it would take 4 to 5 days. Due to engine failure on the way, we drifted for over an hour.

– **Diary of Kim Hansu, male, born in 1918**[13]

Kim Hansu worked at the Yeonbaek branch (Haeseong-myun, Yeonbaek-gun, and Hwanghae-do) before being forcefully conscripted to Mitsubishi Heavy Industries Nagasaki Shipyard in September 1944. He was initially assigned to Kumamoto-gumi at the Mitsubishi Heavy Industries Nagasaki Shipyard but injured his foot while working on pounding and bending iron pipes. He was later moved to the zinc plating workshop at the same plant. After liberation, when the company made no repatriation arrangements, he got on an unauthorized ship at his own expense. On October 19th, 1945, Kim arrived in Busan after a ten-day voyage on a small wooden boat. From Busan, he walked to Yeonbaek (now Kaesong), finally making it home. Other atomic bomb victims experienced similar situations. About 1.3 million Koreans returned home from Japan from mid-August 1945 to the end of that year. The Korean Atomic Bomb Victims Association estimates that about 12,000 returned from Hiroshima and 8,000 from Nagasaki.

However, for many who returned, life in their home country was difficult because Korea was too poor to be able to accept 1.3 million returning compatriots. Half of the returnees were unemployed. Although some relief organizations provided housing, food, and jobs, it was not enough for the victims to immediately establish a stable life since even those already living in South Korea were experiencing severe hardships. Regarding the condition of the returnees, the Gyeongsangnam-do US military local government documented, "With the economic situation becoming more serious, the returnees were unable to survive and make a living with the 1000 yen they brought" (Satoshi Kobayashi 2012: 68). Although some people bought rice paddies and fields in their hometown with their earning from Japan in advance, life in their home country was not easy for them. In many cases, the postal savings they saved by remitting earnings to Korea became a useless 'piece of paper' in the post-liberation period. Many people spoke about losing the land they had entrusted

---

13   I received Kim Hansoo's diary (born 1918) during my interview with him on May 12th 2011. This diary, originally written at the time of his conscripting was later typed on a computer. He told me that the original copy was burned at the time of the bombing, and that he left a second copy in his hometown (Yeonbaek) during Korean War. His memory was engraved in his mind to the extent that he was able to re-write the diary from his memory.

to their relatives in their hometown due to land reform. When these compatriots returned home, they faced the poverty and chaos of the post-liberation period.

In addition, repatriated 1.5 and 2nd generation Koreans born and educated in Japan experienced sociocultural difficulties. Children who returned to their home country but did not know how to speak the 'Korean language' were bullied and called '*Jjokbari*' or 'Japanese.' In Hapcheon, many young female atomic bomb victims did not know how to speak Korean, and elders told them, "You must be smart for not speaking Japanese-style Korean" when they married. As such, Korea's political and economic turmoil and the sociocultural differences of those who returned from Japan led to social prejudice and exclusion against Korean atomic bomb victims.

Meanwhile, the post-liberated Korean peninsula experienced severe political confrontation between the right and the left. The situation worsened when the trusteeship plan for Korea was decided at the Moscow Conference of Foreign Ministers by the end of December 1945. The political turmoil and economic problems in liberated Korea became a deciding factor to consider for Koreans planning to repatriate or stay put in Japan. Some repatriated Koreans even attempted to re-enter Japan. The number of repatriating Koreans decreased significantly, and some who had already returned chose to smuggle themselves back to Japan.[14]

This situation was the same for Korean atomic bomb victims who returned to their home country. During this period, they heard many stories of relatives returning to Japan or attempting to smuggle themselves into Japan. Some chose to return to Japan because it was challenging to make a living in their hometowns. The reasons for returning to Japan varied. In one case, they were assigned as an interpreter for the US military and followed them to Okinawa. In another case, they had difficulty living in South Korea for being accused of being a communist for helping a relative who defected to North Korea, and another person returned to Japan because they killed a left-wing leader acting as a member of a right-wing group. These illegal migration attempts were not all successful. Many of them were deported back to Korea after being detained in prison camps after their ships got caught.

---

14 According to Choi Young-Ho (1995b), as the news of Korea's political chaos and poverty spread to Japan, many people gave up on returning, and less than one-tenth of those who had planned to return in Senzaki and Hakata returned. It is reported that from April to December 1946, a total of 80,000 people returned, accounting for only 16.1% of those registered.

As the number of repatriated Koreans re-entering Japan increased, and the illegal activities of Koreans became a problem in Japanese society, discussions about their treatment continued. According to the US Military Government documents reviewed by Satoshi Kobayashi (2012), on February 19th, 1946, the USMG issued Military Government Ordinance No. 49, 'Controlling and Recording Movement of Persons Entering or Leaving Korea', requiring all persons desiring to leave Korea to obtain a Letter of Identity to authorize travel outside Korea from Foreign Affairs Section of the Secretariat of the Military Government of Korea. However, obtaining the necessary documents took a lot of work for the general public, and the ordinance virtually made it impossible for them to leave the country. Entering Korea from Japan was also restricted. The GHQ directive dated March 16 prohibited non-Japanese persons from returning to Japan without permission from the Allied High Command until commercial transportation became available. Entry into Japan without going through regular procedures became illegal, and anyone who attempted to do so became an illegal immigrant.

Despite the restrictions, the cholera endemic in South Korea between the spring and summer of 1946 (June to August) spurred political and economic chaos, and the number of Koreans attempting to smuggle to Japan increased rapidly. Concerned that those illegal stowaways would transmit cholera to Japan, the GHQ cracked down on border control more strictly. Moreover, the restrictions on entry into Japan, strengthened due to the cholera outbreak, were not lifted even after the outbreak had subsided to some extent. The GHQ defined the illegal entry of Koreans as 'Acts harmful to the objectives of the occupations forces.'[15] Illegal entry, or smuggling, was not just a matter of public health but was treated as a serious criminal act that destabilized the occupation system and needed to be controlled. As border control intensified, Koreans found it increasingly difficult to smuggle themselves to Japan to find new opportunities. Soon after the cholera epidemic passed, the Korean War broke out. Korean atomic bomb victims (born in the 1920s and 1930s) I interviewed remember these eight years, first victimized by

---

15 The GHQ's recognized the repatriation issue from the perspective of maintaining order and public safety in Japan (May 1946 ~ July 1948) and anti-communist policy (August 1948 ~ April 1952). The border control management of Koreans returning to Japan was carried out from the same perspectives. Kim Taegi argues that these policies were less about active hostility toward Koreans, but rather reveals racist prejudice of the GHQ against racial and ethnic minorities as discrimination against black Americans and minorities in the US was prevalent (1998:268).

the atomic bombings, repatriating to their liberated homeland, and the Korean War, as the most complex and painful period filled with han in the lives.

4. Early Korean Atomic Bomb Victims Movement and Demands against the US

In South Korea, the term 'A-bomb victim' began to appear in newspapers around the mid-1950s. However, this does not mean that South Korean society did not know about the atomic bombings. For example, the atomic bombings of Hiroshima and Nagasaki were already occasionally reported in newspapers after liberation in 1945. There were quite a few articles that emphasized the hereditary aspect of the atomic bomb sickness, reporting "some of the people who survived the explosion may live, but most of the third and fourth generation dependents will end up deformed or crippled" (Dong-A Ilbo, May 31st 1947).

Media archives show that some individuals petitioned for compensation following intermittent talks between Korea and Japan in the 1950s. The January 1950 issue of *Shincheonji* featured the nuclear weapon issue and included the memoirs of Korean atomic bomb victims. These social conditions were created by intermittent Korea-Japan Talks, which discussed the issue of post-war compensations starting in 1949. During the 1957 preliminary talks and the 4th Korea-Japan talks the following year, the legal status of Zainichi Koreans, property claims, mutual release of residents, and the return of cultural assets were the main topics. This is because people struggled to raise awareness about the issue of atomic bomb victims. In August 1958, Kwak Gwihoon's appeal to the Korean Ministry of Foreign Affairs was published. His appeal addressed the lives of Korean atomic bomb victims, the issue of compensation, and the need for these issues to be discussed in the Korea-Japan talk.[16] In the spring of 1963, a married couple, Lee Jongwook and Oh Namryeon, petitioned for compensation and called

---

16 In January 1949, less than a year of establishing the Republic of Korea (ROK) government, ROK placed ROK Delegation in Japan formed the Compensation Investigation Council in preparation for a peace treaty. However, the talks failed to progress due to the outbreak of the Korean War. Starting the first talk in October 1952, the second in 1953, the third in 1955, the preliminary talk for the fourth Korea-Japan talks in 1957, and the 4th Korea-Japan talk in 1958 was held. Major topics discussed were legal status of Koreans in Japan, the right to claim property, the mutual release of residents, and the return of cultural assets. When the 5th Korea-Japan Talk was to be held on April 15th 1960, it was canceled facing barriers and the Korean society once again plunged into turbulence with the April 19 Revolution and the May 16 Coup.

for societal interest in the issue of atomic bomb victims by sending letters not only to the ROK government but also to the US embassy, the Japanese mission, and news outlets. According to Park Subok's (1975) report on atomic bomb victims, Oh Namryeon is said to petitioned after realizing that her husband—who repeatedly lost his job from suffering mental and physical disabilities—could be experiencing the aftereffects of radiation exposure.

I also heard testimonies that a local atomic bomb victims' organization was formed in Hapcheon in 1959 before the official formation of the Korea Atomic Bomb Victims Relief Association in 1967.[17] Their main task was to discuss compensation issues for victims, which was to be covered during the Korea-Japan talks, and to plan public campaigns. However, I could not confirm this group's exact name as there were no archival records at the Korean Atomic Bomb Victims Association, books, or personal notes.

Coincidentally and contemporaneous to the Hapcheon group's formation, there exists a record of "letters complaining about the current situation of atomic bomb victims living in Korea, which frequently arrived at Mindan starting around 1960." According to the Hiroshima branch section of *Mindan* (Korean Residents Union in Japan)*'s 50 Years of Mindan History* (1997), Mindan took this as an opportunity to form the 'Mother Country Hibakusha Relief Committee'. In 1965, ahead of the Korean Talks settlement, they appealed to both Korea and Japan for the issue of Korean atomic bomb victims to be addressed. Even in 1965, Mindan's Hiroshima branch became the first organization in Japan to dispatch the 'Korean Atomic Bomb Victims Investigation Team' to conduct survey research on atomic bomb

---

17 Author: "In the records you shared, you wrote about the Hapcheon victims' meeting in 1959. Are you sure it was 1959?" Kim Jongchul (born in 1941, Changwon, Gyeongnam): "That's right. People gathered at the time to discuss compensation issues and we paid a few tens of won a month to get together. But not many people signed up because they were worried how it would affect their kids. My mother encouraged me to join at the time, so I became the youngest member. I am certain it was 1959 because I joined shortly after I started working in communications at a police station in 1957. There were only a few people, maybe a few dozen people, but later it grew to about a hundred. Our main activities were informing the public" Kim Jongchul's accounts are confirmed by another member living in Hapcheon. Author: "They say the Hapcheon meeting existed before the association was formed." Lee Jaeseok (born 1933, Hapcheon, Gyeongnam): "Well, it was after six or five years, when I was over 20 or about 30, so that is correct. It was before there was an association. It wasn't even called an association, more like a small meeting coordinated by a man named Noh Honggyu at his home. It was people like Noh Honggyu, Choi Seongchun, and Jeong Kijang. Jeong Kijang was good at writing because he worked in the township. But we had no office and Choi Seong-Chun had a small restaurant, so we all met there once a month. Noh Honggyu was the first president of the meeting. A lot of people in Hapcheon came from Hiroshima.

victims living in Korea. On May 22nd, 1965, the Investigation Team came to South Korea and conducted a month-long investigation. During this time, they met with Korean atomic bomb victims in Hapcheon and Seoul. They visited the Ministry of Health and Social Affairs of the Korean government, the Atomic Energy Agency, and the Korean Red Cross, appealing for research and medical relief for atomic bomb victims living in South Korea. This prompted the South Korean government to register victims nationwide from July 1st of that year, and approximately 600 atomic bomb victims registered with the Korean Red Cross.

To be sure, Hiroshima Mindan's visit did not immediately become a significant social issue in Korea. Individual appeals or the Hapcheon group were not able to organize nationally. This indicates the climate of this period as a significant number of Korean atomic bomb victims described, "At the time, I did not know I was an atomic bomb victim." In the 1960s and for a long time after that, the issue of atomic bomb victims received little social awareness, and it was not easy for movements and associations to be organized at a national level.

However, despite the lack of social awareness about atomic bomb victims, the issue of compensation was discussed in Kwak Gwihoon's op-ed, Lee Jongwook and Oh Namryeon's appeal to the US Embassy, and the Hapcheon group. In other words, the US Embassy and others were likely aware of Korean atomic bomb victims even in the 50s and 60s, years before the formation of the Korean Atomic Bomb Victims Relief Association.

Nevertheless, it is not easy to find data on how the US responded to their appeal. Additionally, this issue should have been discussed during the Korea-Japan talks. The details of the 1965 Korea-Japan Agreement released in 2005 demonstrate that the issue of Korean atomic bomb victims was never even mentioned.[18] During several rounds of talks, South Korea and Japan were faced with demands for compensation for victims of past colonial rule and wartime mobilization. However, during the 1965 Korea—Japan talks, both governments

---

18 On August 30th 2011, the Constitutional Court made its judgement in a case that had been filed by Korean atomic bomb victims against 'ROK and Japan for excluding the issue of Korean atomic bomb victims in the 1965 Korea-Japan Agreement and the Ministry of Foreign Affairs and Trade for failing to provide diplomatic protection for this issue' thereby violating the 'fundamental rights of people by failing to take steps to resolve the dispute during the 1965 Korea-Japan Claims Agreement.' (Confirmation of the unconstitutionality of Article 3 of the Settlement Agreement on Economic Cooperation and the Resolution of Issues Concerning Property and Claims between States, Constitutional Court 2011.8.30). This was in accordance with the disclosure of the agreement at the time of the Korea-Japan Treaty in August 2005.

agreed to resolve the issue through the 'Agreement on the Settlement of Problem concerning Property and Claims and the Economic Cooperation between the Republic of Korea and Japan', declaring Japan would supply Korea with $300 million in grants, $200 million in loans, and $300 million in economic cooperation funds. The two states declared, "The High Contracting Parties confirm that the problems concerning property, rights, and interests of the two High Contracting Parties and their peoples (including juridical persons) and the claims between the High Contracting Parties and between their peoples, including those stipulated in Article IV(a) of the Peace Treaty with Japan signed at the city of San Francisco on September 8, 1951, have been settled completely and finally."

Even after the talks, the South Korean government continued to emphasize the compensatory nature of these funds to the public, given that the Agreement was settling property and claims (Choi Youngho, 2009:31). While defining the fund as 'economic assistance' and a 'congratulatory gesture for Korea's independence,' the Japanese government also believed that all reparation issues were 'completely resolved' with the agreement. Both nation-states attempted to paint the picture that all historical issues had been resolved.

Immediately after the Korea-Japan Agreement, the early members of the Korea Atomic Bomb Victims Relief Association (the predecessor to the current Korea Atomic Bomb Victims Association) sought to organize an association. In 1964, Takashi Hiraoka received a letter from Park Sooam, who was hospitalized for pulmonary tuberculosis at a national hospital in Masan, pleading relief for Korean atomic bomb victims. Hiraoka visited Korea when the Treaty on Basic Relations Between Japan and the Republic of Korea was taking place and met with Korean atomic bomb victims for the first time. Despite the short stay, he met with nine Korean atomic bomb victims in Seoul and Busan. Recollecting the meeting, he said, "I was deeply shocked to learn they were in such a miserable situation. Thinking back, I am very ashamed. We Japanese have either forgotten or ignored the issue of Korean atomic bomb victims in our conversations about peace, only focusing on our victimhood as the only A-bombed nation in the world" (Takashi Hiraoka 1988: 10-12).

After returning to Japan, Takashi Hiraoka published ten serial articles titled "Our Neighbor Nation South Korea" on the front page of the *Chukoku Shimbun*'s morning edition from November 25 of that year. The articles intended to "illustrate the lives of lay people living in wartime system where the trauma of the Korean War was still vivid, and to publicize the existence of Zaikan hibakusha living in destitute poverty and emphasize the need to support them." Soon after, he edited the articles into the publication "Visiting Korean Atomic Bomb Victims" in the April 1966 issue of the magazine *Sekai* and the book *Testimony Will Not be Erased* (Published by Miraisha 1966).[19] In the wake of the 1965 Korea-Japan Agreement, Korean atomic bomb victims woke up to the issue of compensation, the Radiation Medical Research Center under the Korea Atomic Energy Agency publicized their study on Korean atomic bomb victims,[20] and Mindan Hiroshima Branch met with Korean A-bomb victims and requested the Korean government to conduct research, all of which served as a complex impetus for the formation of the Korean Atomic Bomb Victims Relief Organization.[21] This was in 1966-1967, about 20 years after the atomic bombs were dropped on Hiroshima and Nagasaki. On January 27th, 1967, the Korean Atomic Bomb Victims Relief Association was set up in a small building in Yongsan, Seoul, and the association announced a public notice informing the public of its existence.

---

19   The relationship with Korean atomic bomb victims formed this way led to Hiraoka's support Son Jindu's trial for obtaining the health certificate. Refer to the Chukoku Shimbun homepage for the interview article (http://www.chugoku-np.co.jp/kikaku/ikite/).

20   In his personal recollection, former Hiroshima Mayor Takashi Hiraoka, who has been actively involved in the issue of Korean atomic bomb victims since his visit to Korea in 1965, describes the circumstances of his first visit to Korea and how the Korea Atomic Energy Agency decided to conduct research on Korean atomic bomb victims. "Ahn Chi-Yeol, the director of the Korea Atomic Energy Agency's Radiation Medicine Research Institute, told us how they first became interested in the issue of Korean atomic bomb victims. According to him, on August 6th, 1963, one of his researchers said, 'Today is the day the atomic bomb was dropped on Hiroshima. Maybe there are atomic bomb victims in Korea too'." That remark became the talk of the day at the research institute and people wanted to investigate about this issue. In fact, the institute took this as an opportunity to announce that it would conduct a survey of atomic bomb victims in Korea through public health centers and provincial hospitals across the country, and through this, 203 people were registered" (Takashi Hiraoka, 1988:15).

21   The background of the founding of the Korea Atomic Bomb Victims Association in the early days is also described in detail in Junko Ichiba's Korea's Hiroshima (2002 Critical History) and 65 Years of Korean Atomic Bomb Victims History (Korea Atomic Bomb Victims Association 2011). Based on the Institute of Radiological Medicine's research on atomic bomb victims, a comprehensive and informative article was published for the first time on page 4 of the JoongAng Ilbo on August 6th 1966. Two days later, on August 8th at 10:30 PM, a discussion about Korean atomic bomb victims was broadcast on Dongyang TV. It is reported that representatives from academia, the media, the Ministry of Health and Welfare, the Korean Red Cross, the Atomic Energy Research Institute of Radiological Medicine, and three victims attended the discussion. Both media reports were based on the research conducted by the Institute. The broadcasting in the mainstream media became a decisive opportunity for atomic bomb victims living in Seoul to join and organize the movement.

Public Notice[22]

This is a public announcement to our comrades who were victimized by the atomic bombs in Hiroshima and Nagasaki, Japan, at the end of the Pacific War. Although it has been 20 years since we came into the arms of our country with our wounded bodies after the August 15th liberation, our wounds are not getting any better and only getting worse. Without any policy measures, we are on the verge of falling to death. To overcome our pitiful situation on our own, we would like to find out the personal information and situation of the victims so we can collectively treat our wounds and find ways for relief. We ask that all atomic bomb victims participate and cooperate without exception.

This notice was published in major daily newspapers, including the Seoul News, on February 1st, 1967, publicizing the formation of the association with atomic bomb victims living in South Korea. It was the first time atomic bomb victims themselves made their existence known. On February 11th of the same year, 15 proposers adopted a manifesto and formed the Korean Atomic Bomb Victims Relief Association (currently the Korean Atomic Bomb Victims Association, and from hereafter referred to as KABVA). The manifesto reads that the association will conduct "various research with Korean citizens who suffered positive or negative physical damage or died due to the Allied Forces' atomic bombing during the Pacific War and aim to provide compensations for the deceased and relief for the survivors." In July of that year, the Association received incorporation registration from the Ministry of Health and Social Affairs and began its official activities (Korea Atomic Bomb Victims Association 1989 : 7-19).

How did KABVA demand sociopolitical responsibility for the existence of Korean atomic bomb victims? In this section, I will take a moment to look at the list of demands stated in the statement of purpose for establishing KABVA. This list is noteworthy as it clearly states where the political responsibility lies for the suffering of Korean atomic bomb victims.

---

22   Seoul News 1967/2/1.

Demands (from the Proposal of Establishment of the Korea Atomic Bomb Victims Volunteer Association)[23]

(1) Domestic
1. Medical protection for critically ill patients with atomic bomb illness
2. Special economic protection for poor atomic bomb victims
3. Appropriate and authoritative diagnosis of atomic bomb victims
4. Land donation for the construction of hospitals, nursing homes, and rehabilitation centers
5. Establishment of a Special Act for medical and economic assistance to atomic bomb victims
6. Economic assistance for the activities of the Association

(2) International
1. Japan : Construction funds for hospitals, nursing homes, and rehabilitation centers and compensation for physical injuries caused by atomic bombings
2. United States : Construction materials for hospitals, nursing homes, and rehabilitation centers

Three countries appear in the above statement of purpose for establishing the Korean Atomic Bomb Association. First, they held Japan responsible for their victimhood. In particular, the Association consistently appealed to the Korean Ministry of Foreign Affairs to make compensation demands to the Japanese government for the physical damage and to establish a treatment center. In response to these demands, the Japanese government expressed its position that 'all compensation issues have been resolved through the Korea-Japan agreements' and 'if the Korean government proposes first, we will prepare a humanitarian solution.' However, the Korean government took the position that 'it would be difficult unless Japan initiates the issue because of the friendly relation-ship between Korea and Japan,' resulting in the Japanese government not taking any action for the Korean atomic bomb victims (Kang Suwon 2000).

It is important to point out how KABVA, since its early days, held the US accountable and demanded compensation for dropping the atomic bombs. Until the early 1970s, the Association made demands not only to South Korea and

---

23 This statement of purpose is a translation of the Japanese version of the statement of purpose for the establishment of the Korean Atomic Bomb Victims Association, which was published in Atomic Bomb Victims published in 1975 by the Asahi Shimbun.

Japan but also to the US for construction materials for hospitals, nursing homes, and rehabilitation centers. They always informed the US Embassy in South Korea when they held related appeals or rallies. The US Embassy also expressed plans to fundraise with US soldiers to build a hospital for atomic bomb victims (*Kyunghyang News,* October 3rd, 1968). It was after the memorial service held at the Jogyesa Temple on August 6, 1971. According to the records provided by Kang Suwon, former president of the Association, about ten members gathered in front of the US Embassy spearheaded by Chung Changhee, the secretary-general of the Association at the time, holding a placard saying, "The US government must also provide compensation to Korean atomic bomb victims," and demanded a meeting with the US ambassador. Kang Suwon (2000) records this period: "As expected, we could not meet the ambassador, but met with a high-rank secretary for a brief meeting. When we requested that he send our message to the US president, he said, 'I can convey your message to our president, but the US has never provided war compensations. However, we can provide indirect support such as supplying surplus goods'."

However, no additional action was taken by the embassy after the meeting (Kang Suwon 2000:21, Korea Atomic Bomb Victims Association, 1989:21). According to the archival materials at the Korean Atomic Bomb Victims Association, it seems that after this period the Association did not make any explicit demands to the US. In fact, it appears that the Korea Atomic Bomb Victims Association has not addressed the issue of US accountability since the 1970s.

Although Korean atomic bomb victims held both Japan and the United States responsible for the atomic bombings, it was mainly through the Korean government. Despite the Korean atomic bomb victims making it clear that the responsibility for dropping the atomic bomb lies with the United States and with Japan as the aggressor of war, the issue of compensation for victims was resolved according to the Korea-Japan Claims Agreement. Therefore, the issue of compensation was reduced to a domestic issue according to the position of both the South Korean and Japanese governments. Somei Kobayashi (2022) summarizes the Korean government's response during this period. In 1967, the Ministry of Foreign Affairs submitted a petition to the Blue House regarding emergency relief measures for A-bomb victims, and a subcommittee of the Ministry of Health and Social Affairs of the National Assembly discussed a petition for the enactment of a special act for A-bomb victims similar to Japan's. However, the Ministry of Health and Welfare responded that there is no livelihood protection law regarding relief for atomic bomb victims and that it is difficult to provide relief only to them when many people are eligible for assistance. The Korean Red Cross said they could not offer free treatment, and the Atomic Energy Agency responded that their radiation clinic only accepts paying patients. The Korean government did not respond to the early appeals of Korean atomic bomb victims. Soon after, the Ministry of Foreign Affairs maintained that providing aid to Korean A-bomb Victims should be privatized rather than conducted at the government level.

In the 1970s, before and after the Korea-Japan agreement, civilian claims movement against Japan grew. Based on these changes, Korean atomic bomb victims also coalesced into a movement for enacting legislation, like the demands made by other victim groups. In 1970, ahead of the enactment of the Act on Reporting Compensation of Civilian Claims Against Japan and the Act on Compensation of Civilian Claims Against Japan, Korean atomic bomb victims also raised their voices to reflect their demands (Kim Seungeun 2012a). The will to resolve the issue of atomic bomb victims at a government level is expressed in the appointment of Hong Soonbong as the first president and Bae Dohwan as vice president at the time of the formation of the Korea Atomic Bomb Victims Association. Hong Soonbong was chosen because he was a prominent social figure who served as the Secretary of the Ministry of Education. Like Bae Dohwan, who was elected as a vice president, they were not atomic bomb victims themselves. Kang Suwon, president of the Korea Atomic Bomb Victims Association in the early 1970s, recalled in his book that he had hoped to recruit socially influential people to promote government-related work related to victims' compensation issues without facing difficulty (Kang Suwon, 2000). These circumstances also appear in a petition submitted to former President Park Chunghee by the Korea Atomic Bomb Victims Association after the 1972 memorial service held on August 6th.

Petition Submitted by the Association to President Park Chunghee[24]

The aftereffects of the atomic bombings may seem less important because it is not an external injury that is readily visible. However, atomic bomb victims are easily fatigued, prone to various illnesses, and have trouble curing diseases quickly. In

---

[24] This was read at Jogyesa Temple memorial service on August 6th 1972 (Korea Atomic Bomb Victims Association 2011: 137).

particular, the rate of incurable diseases such as leukemia and cancer is much higher for atomic bomb victims than for the general public… Mr. President, our nation, despite being liberated, suffered greatly from the Korean War and is destitute from rebuilding the nation. We would never say that we are the only war victims and ask for preferential treatment. However, the peculiarity of the aftereffects of the atomic bombs, as the Japanese government has acknowledged, is not fixed but is latent and constantly progressing. We cannot help but worry that the illness will be passed down to our descendants. From a humanitarian standpoint, we cannot neglect the Korean atomic bomb victims in such a pitiful situation, and conscientious Japanese people's sense of guilt is expressed in Korean and Japanese media. They encourage people to visit Korea, dispatch doctors, conduct fundraising campaigns, and promote the construction of clinics and hospitals. However, these movements cannot stay in the realm of charity and do not fundamentally solve the issue. Mr. President, we have appealed and petitioned several times about our miserable situation, but it was never delivered to you. We only received a referral from the Blue House Secretariat to the Ministry of Health and Welfare to investigate and make arrangements. The Ministry of Health and Welfare staff sympathize with and feel sorry for our situation, but we are left helpless because there is no corresponding bill or budget. Mr. President, this issue cannot be handled at a staff level. Your Excellency, please order the relevant ministries to investigate at home and abroad, find the truth, and order countermeasures.

In the petition, the association makes eight major demands. 1) the Ministry of Foreign Affairs shall demand the Japanese government for compensations, which was never carried out during the Korea-Japan talks 2) The Ministry of Health must assign budgets to investigate the issue of atomic bomb victims; 3) The Ministry of Health must thoroughly investigate the lives of atomic bomb victims; 4) The Ministry of Health shall investigate Japan's atomic bomb medical facilities and the current state of aid; 5) The National Assembly must enact A-bomb Relief Act equivalent to that of Japan's 6) The Korean Red Cross must work with the Japanese Red Cross in helping A-bomb victims receive care 7) The Korean Atomic Bomb Association shall receive guidance and support 8) Korean government must support the Association in creating welfare centers for A-bomb victims with the funds from Japanese private sector. The Association, since its early days, has consistently made demands to the Korean Ministry of Foreign Affairs to discuss compensation issues with Japan and legislate domestic relief laws for the assistance of Korean atomic bomb victims.

However, their petition against the Korean government did not yield positive results. During the Health Insurance Subcommittee of the National Assembly held in October 1968, then Minister of Health Jeong Heeseop responded to the "proposal to create a special law for the atomic bomb victims, similar to Japan's, and to compensate the atomic bomb victims with Japanese private funds," saying, "legislative measure is difficult because we are still dealing with the post-war remnants" (Korea Atomic Bomb Victims Association 2011:118). The 1970 and 1975 Acts on Reporting Compensation of Civilian Claims Against Japan also define applicable subjects as "those who were conscripted as soldiers and civilian laborers and died before August 15th, 1945," excluding atomic bomb victims from compensation. After enacting these two laws, the government paid 300,000 won per person as consolation money to 8,552 bereaved families who reported in 1976, effectively ending the problem of compensation for victims of colonial rule and wartime mobilization (Choi Youngho 2009, 33).

From the very beginning, the Korean Atomic Bomb Victims Association demanded accountability from Japan for waging war, from the US for dropping the atomic bombs, and from the Korean government for failing to protect its citizens. Demands and appeals to the Japanese and US governments were made through official channels such as the Korean Ministry of Foreign Affairs and the US Embassy in Korea.

In spite of this, the Korean government continually disregarded the various appeals made by Korean atomic bomb victims. Some have argued that this attitude of the Korean government was to avoid making the A-bomb victims issue a diplomatic problem between the two countries to receive economic cooperation funds from Japan without a hitch, reiterating Japan's position that 'everything was resolved through the claims agreement' (Kim Seungeun 2012a). In addition, the historical context of the Korea-US-Japan alliance enabled through US dominance over post-war East Asia during the Cold War functioned as a "subconscious device that structurally prevented the discussion of atomic bomb as (the US use of weapons of mass destruction symbolized victory as well as shame)" (Jeong Geunsik 2005, 15).

Although the defeat of the Japanese Empire in World War II, or more precisely, the Asia-Pacific War, led to the decolonization of many Asian countries, it also coincided with the beginning of the Cold War due to US-Soviet Union confrontations. The Korean War broke out as the US and Soviet occupation impeded post-colonial and post-liberation nation-building. The division system of the Korean Peninsula that continued even after the end of the Cold War (from the perspective of the West) begs anthropological analysis of the region's particular geopolitical conditions (Kwon Heonik 2008). These historical contexts underline our understanding of the history of Korean atomic bomb victims.

Despite the colonizer-colonized relationship and political antagonism of ordinary citizens toward Japan's past colonial rule, South Korea and Japan established a 'special relationship of conspiration,' which guaranteed their security and economic growth under the US nuclear umbrella. The existence of this relationship subsumed victims' voices under the Cold War division system. Even after Son Jindoo's 1974 winning case in Japan and the Japanese government's expressed support for Korean atomic bomb victims, circumstances remained the same. The Korean government did not implement domestic relief laws or provide policy measures demanded by Korean atomic bomb victims even after this case was decided in favor by the Supreme Court in 1978. Until the late 1980s, the South Korean government practically abandoned atomic bomb victims, and measures and policies were nonexistent. In addition, as we will see in the next section, the Korean government constantly surveilled self-help relief and political solidarity activities of Korean atomic bomb victims as it was concerned about their relations with external organizations such as socialist or communist organizations in Japan and 'leftist' groups like Chongryon (General Association of Korean Residents in Japan).

5. Korean Atomic Bomb Victims Movement under the Cold War System and Receding Demands against the United States

With the foundation of the Korean Atomic Bomb Victims Association, the issue of Korean atomic bomb victims experienced a major change. As pointed out earlier, because the Korean government defined the issue of Korean atomic bomb victims as a non-governmental issue rather than a diplomatic issue between two nation-states, it allowed some level of non-governmental exchanges. Accordingly, cultural exchange between Korean atomic bomb victims, Japanese civil society, and Zainichi Koreans began to increase. As reports about the lives of Korean atomic bomb victims began to surface periodically in Japan since the mid-1960s, Japanese organizations started to visit Korea, delivering messages of 'atonement' and 'consolation,' and Zainichi Koreans also began to actively participate in relief projects in their hometowns such as Hapcheon. Korean Atomic Bomb Victims Association board members were also invited to Japan in increasing numbers. They visited Japan and presented their case as atomic bomb victims, raising their voices for relief and compensation. The main activities of the Korea Atomic Bomb Victims Association in their early days were visiting Korean government officials and media outlets within Korea and informing them of the lived realities of Korean atomic bomb victims and demanding relief. Outside of Korea, the Association focused on making mutual visits with Japanese organizations seeking to work with them.

However, against this background, important characteristics emerged in the Association's organizing activities over 20 years since its founding. The Association's activities were strictly restricted except for exchanges and external activities centered around humanitarian relief, comfort, and medical care. Korean atomic bomb victims' political organizing to hold Korea, Japan, and the US accountable was more strictly restricted. This was because the Korean government at the time had deep concerns that the Korean atomic bomb victims' movement had links to the so-called 'leftist' faction in Japan. For example, when the joint memorial service for A-bomb victims was being planned, the first since the founding of the Association in 1968, the Northeast Asia subdivision of the Ministry of Foreign Affairs indicated that "if the budget is approved, we will have a joint memorial service for 40,000 victims on August 6th this year in Seoul and hold an exhibition."[25] However, their intentions were not to ban nuclear weapons in liberal factions of the world, but to raise public awareness about the Chinese Communist Party developing nuclear weapons" (Satoshi Kobayashi, 2022:4). Because Korean atomic bomb victims movement demanding accountability from Korea, Japan, and the US for their existence and suffering also came with criticisms against nuclear proliferation of the "free world, "the state curtailed the political nature of the movement, allowing the victims to only voice their demands in the realm of relief and expressing physical pain.

Because many atomic bomb victims experienced poverty since the late 60s, it may seem natural that economic support in the forms of relief and consolation funds and medical assistance play an essential part. However, this could also mean that the only permitted form of activism was demanding relief funds and humanitarian aid. Although many movement groups affiliated with the socialist and communist party were supporting hibakusha as a symbol of the anti-war peace movement in Japan, most Japanese organizations that worked with the

---

25 Diplomatic documents released by the Ministry of Foreign Affairs. "Relief for Korean Atomic Bomb Victims 1968-1971". Diplomatic Paper Publication No. 4102. Microfilm Roll No. C-0044. File number. 19. Frame number. 0001-0236.

Korean Atomic Bomb Victims Association were comparatively less political. For example, Japan's Kakkin Kaigi (Council for Peace and against Nuclear Weapons), which has been interacting with the Association since the early 1970s, was established on November 15th 1961 by scholars, cultural figures, and political parties, politicians, and labor unions had a relatively weaker 'political color' than anti-nuclear groups affiliated with the Communist Party or the Socialist Party. In addition, many organizations that delivered donations and consolation funds to the Association in the 70s and 80s were 'right-wing' groups, including Korean Japanese groups and religious groups in Japan. In the '70s and '80s, the Korean government's hypervigilance toward Japan's leftist movement was at its peak, which led to the fabricated Korean Japanese Foreign Student Spy Incident. In such a social atmosphere, individual atomic bomb victims going to Japan were also severely hindered. Even with the invitation from a Japanese organization, they had to go through background checks and undergo training that prevented them from meeting so-called 'left-wing' figures such as Zainichi Koreans or Japanese people who had relations with Chongryon.

The Cold War political order dominated by security crisis and anti-communist discourse led to the political suppression of activism by Korean atomic bomb victims demanding accountability. Korea, Japan, and the US prevented demands for accountability and only allowed victims voices centered on demanding relief for their physical pain. These restrictions and oppression were not overtly visible as the state achieved micro-level power through administrative and bureaucratic restrictions on border crossing activities and issuing visas. In other words, Korean atomic bomb victims' voices were not silenced through direct political and ideological restrictions per se but through background checks and restrictions on visa issuance and through education programs before visiting Japan. Although border crossing restrictions were commonplace then, they were particularly strict for Japan. The oppressive system maintained by both North and South regimes under the division system was extended to the Korean communities in Japan as well. These conditions also influenced the practice of Japanese intellectuals and activists who worked with Korean atomic bomb victims in Japan.

Keizaburo Toyonaga is the head of 'Citizen's Group' Hiroshima branch who has been supporting Korean atomic bomb victims in visiting Japan and obtaining health certificates since he first visited South Korea in 1971. He recollects the period: "I was involved in supporting Korean atomic bomb victims since visiting Korea in 1971, and in 1974, I became involved in helping Shin Youngsu, the president of the Association at the time, find witnesses to obtain a health certificate. It was difficult for even the general public to obtain visas to visit Japan then, but it was much more difficult for Shin. The South Korean government surveilled him to see if he was meeting people affiliated with Chongryon or if we were related to the communist party or leftist groups. When he returned to Korea after his trip, he always had to report to the intelligence authorities about his activities in Japan. We were also cautious about our actions. We ensured that we would not meet anyone who was too political and did not engage with people affiliated with Chongryon. The Japanese intelligence authorities were also watching us." Due to the conditions of the time, the Chongryon-affiliated Korean hibakusha movement organization (founded by Ri Silgeun, born 1929 in Uiryeong, Gyeongsangbuk-do) founded in Hiroshima in 1975, did not have direct relations with the Hiroshima branch of the 'Citizens' Group'. The concern was that they would cause distress to Korean atomic bomb victims visiting Japan. Under these ideological constraints, Korean atomic bomb victims' capacity to voice their opinions was limited. They were not able to demand accountability for the atomic bombings because that was considered anti-state or anti-US, in other words, 'subversive to the system.'

Takashi Hiraoka, the first Japanese person to visit Korea and meet with the atomic bomb victims in 1965, also recollected the times, "It was extremely politically oppressive at the time. The fact that a Japanese person visited a Christian organization (supporting Korean atomic bomb victims) was itself considered a threat. Japanese people supporting Korean atomic bomb victims were labeled as communists, and some civil society organizations in Japan were antagonistic to supporting Korean atomic bomb victims."[26] It was a time when Korean atomic bomb victims were very isolated.

Let us examine *"Keloids That Cannot Be Healed: 36 Years of Korean Hibakusha"* published in the quarterly magazine *Samcheonri* (1981) by Kuwana Yasuharu, a high school teacher in Hiroshima. The article demonstrates how the historical refraction created by division and the Cold War resulted in Japanese organizations' approach to supporting Korean atomic bomb victims having an 'apolitical' or 'humanitarian support' character rather than being able to make tructural criticisms against policies. The article introduces a case about one Japanese civil society organization that supported the 'Hiroshima Mitsubishi Heavy Industries

---

26 Hiraoka recollects that there was some level of antagonism against Son Jindu's trial in Japan as people thought "Why should we provide medical and social support to a foreign criminal?" At the time Son Jindu was imprisoned for illegally entering and staying in Japan.

Conscripted Hibakusua Bereaved Family Association', which was founded in 1974 to demand an investigation and return of the remains of 241 Hiroshima Mitsubishi conscripted workers who died in the sinking repatriation ship. The civil society that supported the bereaved families then reported this case in their bulletin with the article 'Mitsubishi Conscripted Workers' (Issue 2, April 15th, 1978). The article introduced the appeal of Noh Jangsu (the president of the bereaved family's association) as well as the commentary on the history of the support movement and the working conditions of Mitsubishi Petroleum. This article was problematic because it did not accurately describe the political situation in Korea nor explained the circumstances of bereaved families while making a logical jump by relating this case to Japan's labor movement. The strong political argument of the article became a pretext for the Korean government to consider it ideologically problematic (Yasuharu Kuwana, 1981). Kuwana argues that because this Japanese civil society organization failed to approach Korea's political situation with sensitivity by criticizing the Korean government as if they were criticizing the Japanese government, it allowed the Korean government to label the Conscripted Laborers Association and the Bereaved Families Association as 'anti-state' organization. As a result, Noh Jangsu, who delivered the demands of the bereaved families, became the target of Korea's intelligence authorities; he was interrogated for suspects of criticizing the state regime. The Japanese support organization had to explain that Noh Jangsu had no political intentions of criticizing the government.[27]

The Korean government strictly upheld the rule that Japanese civil society supporting Korean atomic bomb victims' organizations, including the bereaved families, must be limited to the standpoint of 'humanitarian support.' Eventually, the organization had to uphold the 'pure appeal' by disbanding the support group for the bereaved families and discontinuing the publication. Munetoshi Fukagawa[28], who led the support group, had to go through harsh interrogation

---

[27] Conversely, there were several incidents caused by Korean atomic bomb victims' or groups' insensitivity to the divided political opinions within anti-nuclear peace groups in Japan and the context of Japan's domestic politics. Some Korean atomic bomb victims accepted invitations from organizations promoting 'humanitarian aid,' not knowing the political character of those organizations. These misunderstandings created a situation where members of and Japan Council against Atomic and Hydrogen Bombs (Gensuikyō) and The Japan Congress against Atomic and Hydrogen Bombs (Gensuikin) criticized Korean atomic bomb victims invited by the Council for Peace and against Nuclear Weapons (Kakukinkaigi) and labeled them "agents of (Park Chunghee's) reactionary puppet regime" (Kuwaname Yasushi 1981).

[28] In the 1970s, Munetoshi Fukagawa promoted and supported the formation of 'Conscripted Korean A-bomb Victims Society', the 'Korean A-bomb Victims Compensation Struggle Committee for Mitsubishi Conscripts', and the 'Hiroshima Mitsubishi Heavy Industries Conscripted Hibakusua Bereaved Family

procedures at the airport every time he visited Korea.

In such a socio-political climate, the Korean Atomic Bomb Victims' Movement, especially as the Korean Atomic Bomb Victims Association was being directly watched by the government, experienced trouble in working in solidarity with domestic political forces. The activism of the Korean Church Women's Association is indicative. The Korean Church Women's Association had been the only anti-war, anti-nuclear organization that had been actively working with the Korean Atomic Bomb Victims Association since the mid-1970s. The Korean Church Women's Association became involved in the Korean Atomic Bomb Victims Movement in February 1974 following the American Church Women's Association's visit to Korea and their participation in the Japan Peace Conference. Their activism was a peace movement involving high-ranking Christian women, including the first Lady Gond Deokgwi, wife of former President Yoon Boseon.

Supporting Korean atomic bomb victims was in line with earlier activities of the Korean Church Women's Association. At the time, the Korean Church Women's Association participated in the Japan Peace Conference, where the issue of Korean atomic bomb victims was being discussed as a significant topic about Son Jindu's trial—and the association was seeking new undertaking of movement as the human rights movement for Zainichi Koreans (Park Jongseok's employment struggle) achieved some level of success.

The Korean Church Women's Association's activism was mainly focused on fundraising and publicity campaigns for the relief of atomic bomb victims. Still, the most pronounced activity was their fact-finding research on the lives of Korean atomic bomb victims. With request and cooperation from the Korean Atomic Bomb Victims Association, the Women's Association conducted first research in the fall of 1974, second research in 1977 to participate in the International Symposium on Anti-War, Anti-Nuclear Peace in Japan, and third research in 1979 with support from the US Presbyterian Women's Association. The Korea Church Women's Association had plans to report the research and conduct public campaigns in South Korea, the US, and Japan. The latter two investigations were conducted by the Dong-A Struggle Committee, formed by the dismissed journalists at Dong-A News. The Women's Association sought

---

Association'. He organized a support group for the bereaved family association and helped the families negotiate with Mitsubishi Heavy Industries for the payment of unpaid wages and the returning the remains of deceased victims.

financial support for the laid-off journalists whose livelihoods were threatened by paying them research fees. Publishing the third and last investigative report had setbacks because the government confiscated the data from the journalists during the political upheavals and oppression during the 10.26 and Gwangju uprising. In 1983, as the political situation stabilized in South Korea, the report was finally published with the help of the Citizens' Group (Korea Church Women's Association, 1994).

Junko Ichiba, a board member in the late 1970s and now the president of the Citizens' Association, remembered the socio-political climate of the time when she worked alongside the Korea Church Women's Association. "At the time, we had to look around the building to ensure no one was following or watching us. We even whispered in fear that they could hear our conversation." She added that they were exceptionally cautious about how their political activism would be considered and were careful about whether their actions would negatively impact the Korean atomic bomb victims." On August 6th, 1987, as the heat of the June Democratic Struggle had not yet subsided, the Korean Atomic Bomb Victims Memorial Service, the most important annual event of the Korean Atomic Bomb Victims Association, was held. Junko Ichiba, who was committed to attending the event every year, recalled conversing with the Korean atomic bomb victims at a dinner after the memorial service. "For the first time, they talked about their experiences during the Korean War. I have been hearing their oral life stories since the 70s but never heard them talk about their experiences during the war. It was surprising to witness how the democratization of South Korea encouraged them to speak."

Indeed, the activities of Korean atomic bomb victims were still closely monitored at the time. One Japanese civic group member who studied abroad in Korea in the late 1980s and helped locate Korean atomic bomb victims and their procurement of health certificates even received phone calls from intelligence authorities about his whereabouts in Seoul.

The state surveillance of Korean atomic bomb victims and their links to the so-called 'leftist forces' made them self-censor activities and speech. My interview with one member who joined the Association late in 2010 expressed the climate of the times. He was eight years old at the time of the atomic bombings, and his mother and father died immediately. He lived a painful life when he was repatriated to Korea and lived with his relatives. Luckily, he was promoted without delay after enlisting in the military. Before being deployed to Vietnam, he was caught under security investigation as he was receiving training as a noncommissioned officer of a platoon. The fact that his father's death was unreported to the state and that he was born in Japan became a problem. "How could I say that I was born in Japan as a soldier when a member of Chongryon assassinated the first lady? With the background check, I was apprehensive that I would be labeled a commie for being born in Japan at the time. I could never say I was an A-bomb victim. Their perception determined my fate; I had to keep it a secret." Until his retirement in 2009, he had not only kept his place of birth a secret but also kept his mouth shut about the fact that he was an atomic bomb victim. Although this is an individual case and quite a distinctive experience even among Korean atomic bomb victims, his experience demonstrates how it was even after 20 years of the Korean Atomic Bomb Victims Association's foundation. Many atomic bomb victims could not actively speak out, demanding accountability from Korea or the US to avoid being stigmatized as anti-establishment or anti-government figures.

The geopolitics of the US-led security alliance between South Korea and Japan under the East Asian Cold War structure suppressed the existence and voices of Korean atomic bomb victims. This macro-level political order was also linked to the surveillance of political forces in Japan and South Korea—leading to censorship and monitoring of Korean atomic bomb victims and their connections to communist and socialist movement groups. This structure reflects the reality that circumvented the Korean atomic bomb victim movement's ability to raise politically radical voices. Under such circumstances, the issues raised by the early Korean atomic bomb victim movement demanding accountability and compensation from the US withered away.

Former President Obama's 2016 speech in Hiroshima began with these words: "Seventy-one years ago, on a bright cloudless morning, death fell from the sky." The 2023 film Oppenheimer decorates its ending with overlapping scenes of people celebrating the successful detonation of the Trinity nuclear test and a phantom of people in pain. Obama's beginning remarks and the film Oppenheimer's ending scene illustrating the atomic bombings of Hiroshima and Nagasaki is the most problematic, Amerikan cliché. The US military and the Manhattan Project wanted to verify the destructive power of the atomic bomb before using it. Although Hiroshima and Nagasaki had military facilities, they were well aware that civilians populated the target location.

About 1.5 kilometers northwest of ground zero in Hiroshima was Fukushima-cho, a village where many ethnic Koreans lived. Many Koreans died from the bombings, and those who survived suffered from generational and lifetime of pain. As colonized people, they had to experience the atomic bombing in Japan and had to hastily repatriate to Korea with their radiated bodies by the US policy. The political chaos and war that followed liberation in Korea and the ensuing economic hardship not only made it difficult for them to establish a new living but also failed to provide the necessary treatment for the aftereffects of atomic bombing. Despite such brutal conditions, when Korea-Japan diplomatic relations normalized in 1965 and Japan passed the Act on Medical Care for Atomic Bomb Survivors and The Act on Special Measures for Atomic Bomb Survivors, the repatriated Korean atomic bomb victims attempted to voice their demands to Korea, Japan, and the US.

However, the division of the Korean peninsula, extreme security tensions, and the Cold War system repressed and censored the Korean atomic bomb victim's movement and its radical political demands. Under such censorship and political repression, the Korean atomic bomb victims were only able to make 'politically risk-free' demands, reducing their demands to limited appeals for civilian relief for their afflicted bodies.

Nevertheless, Korean atomic bomb victims agentively held the US accountable from the very beginning and recognized that they were sacrificial subjects bearing the 'cross of the nuclear age,' The Preface to Park Soobok's *No Sound, No Name* (1975) includes a short introductory remark of Shin Young-Soo, a former president of the Atomic Bomb Victims Association. On the one hand, he despaired the Korean society's indifference to the unsympathetic treatment of the atomic bomb victims, who still suffered the aftereffects of the bombings and lived in poverty even 30 years after on the one hand. On the other hand, he refused the discourse of inevitable sacrifice. He emphasized that the existence of atomic bomb victims needs to be regarded as a 'more real representation' of the era.

As Shin Youngsu had put it, these people bearing the "cross of the nuclear age" had always tried to fight and struggle to get their voices heard even as they suffered. But crucifying the culprit is denying accountability, justifying the suffering of the victims as an inevitable sacrifice. The mechanism of this justification is grounded in the 20th-century global hegemony centered on nuclear weapons. Taking this into account, Korean atomic bomb victims are subjects that can comprehensively condemn the nuclear geopolitics under the Cold War system, anti-communism, and post-colonial perspectives. They never stayed silent and made their voices heard, and we must resonate with them and continue the struggle. I hope that this international forum is a space for that. I want to conclude this presentation with the words of the late President Shin Youngsu.

> The Korean hibakusha were robbed of their desires and happiness and trampled upon purely by the will of others. We were sacrificed by the war between the great powers as victims of unprecedented inhumane weapons in human history. We suffered the injustice and are dying bearing the cross of the nuclear age. What good is a totality that neglects the individual? How could world peace exist when individuals' health and happiness are trampled upon? Our society, in fact, the entire humanity, must attend to the plight of us Korean atomic bomb victims. We must scrutinize the cause, think about it, and ask questions. We must take steps to deal with the situation and relieve them from suffering. More importantly, we must ensure such an absurd tragedy never happens again. This is the path to world peace. I will repeat this: the issue of Korean atomic bomb victims is by no means a story of the past. Our humanity's task today is to reflect on this.

> 1 発表文

韓国被爆者の立場から見る米国の広島・長崎への核兵器投下の歴史的意味

オ・ウンジョン
江原大学文化人類学教授

1. はじめに：米国と広島[1]

　2016年5月27日、バラク・オバマ米国大統領（当時）は、日本で開催されたG7首脳会議に出席し、現職の米国大統領としては初めて被爆地である広島を訪問した。それに先立ち、彼は2009年にチェコのプラハで「核兵器のない世界」宣言を行った功労でノーベル平和賞を受賞していただけに、広島で「核のない世界を追求しなければならない」と言った彼の演説は、傾聴に値する洞察を含んでいた[2]。彼は、核爆発のキノコ雲は、人間の道徳的革命を欠いた科学的革命がもたらした破滅、矛盾、犠牲を最も劇的に示す象徴だと述べた。

　しかし、注目すべき点は、18分間続いた彼の演説に、核兵器を投下した主体についての言及は一言もなかったということだ。彼はただ演説の冒頭に「71年前、雲一つなく晴れわたった朝、空から死が降ってきて、世界は一変した（Seventy-one years ago, on a bright, cloudless morning, death fell from the sky and the world was changed）」と言っただけである。米国大統領が核兵器投下の主体に言及しなかったのは偶然ではない。彼は核兵器投下の責任についての問いを避け、代わりに核兵器投下がもたらした希望について語った。自由な市場と民主主義を基盤とする米国と日本の同盟そして欧州の連合がそれだ。

1　本稿では1945年8月6日広島、8月9日長崎に投下された原爆に影響を受けた人たちを「原爆被害者」という用語で呼ぶことにする。「被爆者」という用語は、日本で原爆被害者の救護を法的に制度化する過程で、原子爆弾の被害が戦争による「一般の被害」とは区別される「特殊な被害」であるという点を強調すると同時に、行政上も「被爆者健康手帳」を交付された人たちを称する用語として一般化している。本稿では、被爆者という用語がこのような限定的な意味で使用される場合や、著書や団体名などで固有に使用されている場合を除いて、韓国で一般的に通用している原爆被害者という用語を使用することにする。
2　Remarks by President Obama and Prime Minister Abe of Japan at Hiroshima Peace Memorial. U.S. The White House Archives. https://obamawhitehouse.archives.gov/the-press-office/2016/05/27/remarks-President-obama-and-prime-minister-abe-japan-hiroshima-peace.

私は、2016年に広島で「核兵器のない世界」を宣言した米国大統領の行った演説が、20世紀の核の歴史における原爆被害者の位置、特に広島と長崎で被爆した朝鮮人原爆被害者と米国との関係という問題を見極めるうえで、示唆するところが非常に大きいという点に注目したい。オバマ大統領の演説は、米国と欧州連合（EU）を基盤に形成される世界秩序と日米同盟の重要性を強調したが、これはまさしく朝鮮半島の大分断体制（李三星（イ・サムソン）、2023）の構造的条件でもある。このような脈絡から、彼の演説の冒頭で言及された（論争の余地が多い数字で表記された）「10万人を超える日本人男性と女性、子どもたち、何千人もの朝鮮人、12人の米国捕虜」の死は、その同盟と連合のための不可避な犠牲として位置づけられていることを明確に示している。
　また、オバマ大統領は「核兵器が新たな国家に拡散し、核物質が狂信者の手に入るのを防がなくてはならない（stop the spread to new nations, and secure deadly materials from fanatics）」と述べた。そして、全世界のテロと腐敗、残酷さと圧制の行為からこの同盟と連合が「自らを守る手段を保有すべきだ（the alliances that we've formed-must possess the means to defend ourselves）」とも言った。米国が保有している核兵器、そして米国の同盟と連合が統制できる核兵器は、防御のためのものであり、それのみが平和を保障しうる唯一の手段であるという意味を込めた。そうであるならば、この点において、彼の演説の最後を飾った「いかなる命も貴重だ（every life is precious）」、「戦争はこれ以上望まない（They do not want more war）」という言葉は、同盟と連合の防御という不可避な状況下では保障され得ない約束であることを示唆する。同盟と連合の防御を前にしては、原爆被害者の犠牲や戦争による被害は甘受しなければならないという認識は、オバマ大統領の個人的な見解を越えている。米国は広島と長崎への核兵器投下によって「より大きな戦争の犠牲を防いだ」と主張してき、その立場をひたすら貫いてきたからである[3]。
　一方、2023年5月21日、尹錫悦（ユン・ソンニョル）大統領も、韓国の大統領としては初めて広島を訪問し、韓国人原爆犠牲者慰霊碑に参拝した。日本の岸田文雄首相も一緒だった。尹大統領は韓国人原爆犠牲者慰霊碑参拝に先立って広島に居住する同胞たちと会ったが、その席で「韓国の同胞たちが原子爆弾に被爆した時、わが国は植民状態であったし、解放され独立はしたものの国には力がなく、共産（北韓）の侵略を受けて本当に困難であった。わが同胞たちが他国で苦難と苦痛を受けているにもかかわらず、大韓民国の政府、国家は皆さんのそばにいなかった」と話した。加えて「悲しみと苦痛を味わっている現場で祖国が苦しみを共にできなかったことに対して、深くお詫び申し上げる」とも話した。尹大統領のこのメッセージにおける特徴的な点は、原爆の被害を「遠く離れた他郷で戦争の惨禍を経験したこと」だけに限り、原爆被害者たちの苦痛を「植民」と「共産の侵略」という困難な状況のせいで顧みることができなかったと、言ったことである。これは、韓国人原爆被害者の苦痛に対する韓国政府の責任は明示せず、原爆被害の苦痛を一般的な戦争の惨禍と同様に扱いながら、その被害の特殊性を非可視化したものである。

3　米国の広島と長崎に対する核兵器使用を決定した経緯とその結果、原爆使用の正当性をめぐる論争などは、2023年の原爆国際民衆法廷第1次国際討論会で翰林（ハルリム）大学の李三星名誉教授が発表した内容を参照することができる。

1 発表文

　広島を初めて訪問した米国の大統領と韓国の大統領のメッセージは、核兵器投下の主体を明示しなかった点と、その後の原爆被害者たちの苦痛に対する責任の問題を無視して沈黙したという点において、同様である。驚くまでもないことだが、核兵器を投下した主体に対する言及がないことは、広島平和記念公園の平和都市記念碑に刻まれた「過ちは繰返しませぬから」という文言において、その過ちの主体が明示されていないことともそっくりである。

　韓国と日本そして米国の政府が核兵器投下の主体を明示せず、その責任を問わないことにしたのは、オバマ大統領が言ったように、米国と日本の同盟と欧州の連合という第二次世界大戦以降のグローバル冷戦体制と緊密に繋がっている。人種主義と植民主義に基づいた帝国主義的拡張の過程で植民国に移住したり強制動員された朝鮮人の原爆被害が、その世界秩序の中で不可避な犠牲として語られてきた現実は、全く変っていないのだ。

　一方、尹大統領が広島の韓国人原爆犠牲者慰霊碑を訪問した時期が、日本政府が福島原発汚染水を放流する直前であったことを、想起する必要がある。原発汚染水の放流に対する韓国人の反対世論が高かったにもかかわらず、尹大統領は福島産食材で用意された食事をとり、韓国内で汚染水放流の危険を懸念する国民に「怪談」と「偽ニュース」にだまされてはならないと語っていた。原子力発電と核兵器の違いにもかかわらず、彼の広島訪問は、「被曝」というつながりにおいて、福島汚染水の放流問題は容認可能なものと解釈し得る余地を残した。先述の尹大統領が広島訪問で発したメッセージは、韓国の原爆被害者たちが被爆による苦痛を訴えていた時期が、韓国政府が原子力発電に熱狂していた時期の歴史的時間と一致するという事実を、改めて思い起こさせる。20世紀のグローバルな核の歴史において、原子力エネルギーと核兵器とは互いに異なるものと語られてきたし、実際に異なる経路を辿ってきたようにも見えたが、原子力に対する熱狂は常に核兵器に対する欲望と絡まっていた。

　1945年8月6日と9日、帝国日本の広島と長崎で、米国が投下した核兵器により直接・間接的に被害を被った被植民の朝鮮人とその子孫が、解放後に韓国に帰還してから体験してきた苦痛の歴史は、20世紀のグローバルな核体制を構成している人種主義、帝国主義と植民主義、冷戦体制下の反共主義、そして原子力技術神話の側面から解析されるべきである。ただし、米国の広島と長崎への原爆投下に対する人道主義的責任の性格についての論争と、韓国原爆被害者問題の性格は、2023年に開催されたSPARK主催の国際討論会での李三星教授の発表文において整理されている内容で代えることとし、本発表では特に韓国原爆被害者の立場から米国の原子爆弾投下をどう捉えるべきかを重点的に考察しようと思う。そのために本発表では特に以下の二つの点に注目したい。

　第一、米国は単に核兵器を投下した主体であったのみならず、広島と長崎で被爆した朝鮮人が朝鮮半島に帰還する過程に関与した主体でもあった。一般的に、解放以降、日本に居住していたり動員されていた朝鮮人が、解放された朝鮮に帰還したのは当たり前だと思われるが、実は多くの在日朝鮮人にとって帰還は当然の選択肢ではなかった。しかし、米国の在日朝鮮人の帰還政策により、被爆した朝鮮人はまともな治療も受けられないまま急いで祖国へ帰らなければならな

かった。もちろん、こうしたこと以前に、朝鮮人の帰還問題は、なぜ朝鮮人が日本にいたのかについての問いが必要であることは、言うまでもない。ただ、この後に先行研究をまとめる際にも述べるが、韓日関係における議論は比較的に多く行われてきたので、本発表では特に韓国原爆被害者の存在に関連する米国の責任に関する部分により焦点を当てたいと思う。

第二、韓国原爆被害者たちは、自助組織である原爆被害者援護協会を結成して米国の政治的責任を問っていた点を、強調したい。韓国原爆被害者自らが米国に対する政治的要求をしていたという点は、非常に重要な事実である。しかし、このような責任追及は、韓・米・日の反共主義的な軍事同盟体制下において、政治的に表面化及び可視化するうえでの制約を受けた。これまでは、韓国原爆被害者問題に関する多くの研究者は、意図したか否かに関わらず、この問題を韓国と日本の間の問題としてのみ扱ってきた。しかし、韓国原爆被害者の立場から見て、そのような研究の視野は米国を含むより広い範囲の政治的責任の問題に拡張される必要がある。

本文は大きく三つの部分からなる。まず、2章では、韓国原爆被害者問題についての先行研究を整理する。ここでは、韓国原爆被害者問題が歴史的にどのように形成されてきたかを示すだけでなく、韓国原爆被害者問題に関する研究が米国の責任問題を無視してきたという点を、明らかにする。3章では、解放後の朝鮮人原爆被害者の帰還問題とそれに対する米国の関与を扱う。4章と5章では、韓国原爆被害者運動の初期に行われた米国に対する要求と、冷戦体制下でこうした要求が消えていく過程を見ていきたい。韓国原爆被害者たちは、自分たちの存在に対する米国の責任を初めから要求していたが、米国はそれに応じなかったし、東アジアの冷戦の中で韓米日の反共主義的軍事同盟体制はその声を抑圧した。結論的に、今回の発表では、依然として続いている核兵器中心の軍事同盟体制の対決構図の中で、韓国原爆被害者の存在が不可避な犠牲として位置づけられている現実を批判的に考察したいと思う。

2. 韓国原爆被害者に関する先行研究とその視座にない米国

「はじめに」をオバマ大統領の演説に対する批判で始めはしたが、少なくとも彼が欧米の政治指導者としては初めて日本人以外の原爆被害者に言及したという点において、その重要性は否定しがたい。また、議論されている広島と長崎における当時の外国人原爆被害者の数は、彼の視野を越えて、この問題に関する欧米圏の学界の無関心と研究の不在とも繋がっている。実のところ、2000年代以前は、日系アメリカ人であるリサ米山（Yoneyama、1999）の記念碑的な研究である『Hiroshima Traces』（訳注：日本語翻訳本『広島 記憶のポリティクス』2005、岩波書店）以外に、欧米圏において韓国原爆被害者問題を正面から扱った研究はほとんどなかったと言ってもよい。2000年代を前後して、マイケル・ワイナー（Weiner、1997）と、デビッド・パルマー（Palmer、2008、2013）の原爆被害者研究、2010年代以降のマイケル・ジーン（Jin、2021）の研究が追加されたが、これらの研究の多くは戦後日本における被爆に関連した記憶の政治問題を扱うことに重点を置いている。

すなわち、韓国原爆被害者問題の実態や歴史そのものに関する研究は、依然としてほとんど存在しない状態である。欧米圏の研究ではないが、アゴタ・デュロ（Duro, 2016、2017、2018）と直野章子（Naono, 2003、2005、2010、2018）は、日本の学界で多数の英語論文を発表した。特にデュロは、韓国原爆被害者運動の歴史を、日本の市民団体の運動の歴史の中で議論しているという点で注目に値する。小林聡明（Kobayashi, 2012、2022）の研究は、外交文書を基に韓国政府の原爆被害者問題に対する外交的対応と役割を検討した。

韓国原爆被害者に関する研究は、韓国社会で彼／彼女らが体験した時代的状況とその存在の歴史をよく示している。1960年代以前に韓国で原爆被害者の存在を社会的に認知していなかったわけではないが、彼／彼女らに対する社会的関心は非常に低かった。1940年代と1950年代の韓国における原子力科学の歴史を研究したデレック・クレマー（Derek Kramer, 2023）は、このような原爆被害者に対する「社会的認知の不在」の状況は、韓国の原子力科学に対する熱狂と発展主義的思考の中で、原爆が植民地からの解放を早めたという言説に埋もれたためであると指摘している。

原爆被害者の存在は社会的にも政治的にも注目されなかったが、韓国の歴史学を始めとする知識界においても事情は変らなかった。事実上、1990年代初めまで韓国原爆被害者に関する研究は、研究と言うよりは、主に原爆被害者が直面していた現実を打開するための対策を訴える次元で行われた実態調査や現地報告に近かった。ドラマ作家であった朴秀馥（パク・スボク）（1975、1986）のルポ、韓国原爆被害者組織である〈韓国原爆被害者協会〉（1985）とその創立者であった金再根（キム・ジェグン）（1968）が調査した現況報告書、協会長であった辛泳洙（シン・ヨンス）の寄稿（1986）、その当時彼らと連帯闘争をしていた唯一の韓国市民団体であった〈韓国教会女性連合会〉（1975、1984、1989、1994）の韓国原爆被害者実態報告書、李賢淑（イ・ヒョンスク）（1994）などがこれに当る。同時期に日本では在韓被爆者問題に関わっていた団体と市民たちの記録が出版された（長崎の証言の会、1969、1978；朴秀馥・郭貴勲（クァク・クィフン）・辛泳洙、1975；鎌田定夫、1978；長崎在日朝鮮人の人権を守る会、1982；広島・長崎の証言の会・在韓被爆者医療調査団、1986；在韓被爆者問題市民会議編、1988、2008；深川宗俊、1992；河村虎太郎、1992）。関連団体が発刊している会報もまた重要な資料である（韓国の原爆被害者を救援する市民の会の機関紙、在韓被爆者渡日治療広島委員会の会報、三菱・広島元徴用工裁判を支援する会の会報『イギジャ（勝とう）』）。解放から1980年代までの韓国原爆被害者に関する資料が非常に不足していた状況下において、これらの資料が持つ史料的価値は非常に大きい。

1969年に「長崎の証言の会」が創刊した『証言』は、日本政府はもちろん、日本の被爆者もその存在をよく知らなかった在外被爆者や、アジア・太平洋戦争期の強制動員の歴史などに関心を持ち、それらの被害者の声を反映するために多くの努力を尽くした。1970年代は、韓国原爆被害者・孫振斗（ソン・ジンドゥ）さんが日本へ密入国した後、日本の市民団体の支援を受けながら、日本政府を相手にいわゆる「手帳裁判」を進行させていた時期で、孫振斗事件は日本社会でほとんど知られていなかった在韓被爆者問題に対する関心を引き起こすのに大きな影響を及ぼした。孫

振斗訴訟の真っ最中であった1970年代半ば、日本の朝日新聞社から発刊された『被爆韓国人』(1975)は、日本で発刊された韓国原爆被害者に関する単行本の証言集としては最も早い時期のものである。その他、「広島・長崎の証言の会」と「在韓被爆者医療調査団」が共同で発刊した『イルボンサラムへ：40年目の韓国被爆者』(1986)、日本の「韓国の原爆被害者を救援する〈市民の会〉(以下、市民の会)」や「在韓被爆者渡日治療広島委員会」で発刊する情報誌にも韓国原爆被害者の実態と証言などが掲載されている。

1975年から1987年まで、日本の在日朝鮮人が中心になって出版した雑誌『季刊三千里』に寄稿された被爆朝鮮人に関する文は、その当時、韓国と日本の両社会に被爆朝鮮人の存在が蓄積され沈潜されていた歴史的地層の断面をよく示している。特に、筆者として参加していた平岡敬、上原敏子、豊永恵三郎、中島竜美などが、在韓被爆者の権利を確保するための運動を展開しながら、この問題を植民主義の歴史や在日朝鮮人の存在と結びつけて思索していた跡形を、よく示している(平岡敬、1978、1987；上原敏子、1978；橋本栄一、1980；桑名靖治、1981；水原肇、1981、1983；平林久枝、1984；豊永恵三郎、1985；中島竜美、1985、1986)。

1978年、孫振斗訴訟が日本の最高裁判所で勝訴判決を受けたことにより、韓国原爆被害者たちが日本に渡って被爆者健康手帳の交付を受ければ治療や手当を受けられる道が開かれた。しかし、日本政府は、その根拠となる原爆医療法と原爆特別措置法は日本の領域に居住関係を有する時、即ち日本国の施政圏内に限って、有効であるという厚生省の行政規則「402号通達」を発出した。事実上、渡日しない限り、韓国原爆被害者に対する治療と手当支給は不可能であった。この判決を契機にさらに高まった韓国原爆被害者の補償要求に対しては、韓国と日本の政府の合意により、若干名の韓国原爆被害者を日本に招待して治療する、いわゆる「渡日治療」制度によって取り繕われた。

しかし、1980年10月末、示範ケースの10人から始まって、6年間で合計349人に対して行われた渡日治療制度は、渡航に必要な旅費負担の問題で揉めていたが、1986年に完全に中断された。様々な問題を抱えていたものの、当然に行われてしかるべきであった韓国原爆被害者援護への「一本のかけ橋」(中島竜美、1988:5)が絶たれてしまったことによって、韓国原爆被害者の救護問題は再び漂流することになる。ところが、渡日治療の中断は韓国原爆被害者運動において重要な転機となった。韓国原爆被害者協会は日本弁護士連合会と市民社会団体との連帯のもと、「23億ドル補償請求運動」を企画し、民主化以後の大統領選挙の政局においてこれを積極的に活用し、盧泰愚(ノ・テウ)大統領当選以後にも政府に対する圧力活動に拍車をかけた。当時のそのような運動の結果は、韓国原爆被害者の要求とは大きくかけ離れた日本政府の「韓国原爆被害者医療支援基金40億円」支援が決定された。韓国原爆被害者協会の役員及び会員はこれに大きく落胆して反発し、40億円に対して受領拒否の意見を出しもしたが、決定は変わらなかった。さらに、このお金は韓国原爆被害者が一貫して要求してきた補償ではなく、人道的支援という名目で日本外務省からの国際拠出の名目で計上された。日本政府は1991年と1993年の2回にわたり、救援団体である大韓赤十字社にこのお金を送金した。大韓赤十字社が医療支援金として若干の

福祉事業を実施した1990年代以降、社会福祉の次元で原爆被害者の実態を調査し、韓国原爆被害者に対する支援政策案を提示する研究が出始めた。この時期を背景に、韓国保健社会研究院(1991)、金(キム)・ジョンギョン(1993)、白(ペク)・オクスク(2004)、孫(ソン)・ジョンミン(2006)の研究が発表された。大韓赤十字社は関連内容を中心に、2023年に『原爆被害者支援事業白書：濃く黒ずんだ傷痕の治癒と慰労』を出版した。

　23億ドルの補償請求運動は、韓国原爆被害者の期待には大きく及ばなかったとはいえ、これは冷戦が解体された国際秩序とあいまって、民主化以降の韓国において日本の戦後未処理問題に対する意識を高めることに大きく寄与し、1990年代、日本は韓国のみならずアジア各国からの戦後補償要求に直面しなければならなかった（高木健一、1995；内海愛子、2010）。民主化以降、サハリン同胞、日本軍「慰安婦」、戦時労務者、そして日本軍の軍人および軍属などとして強制連行された人々が、日本政府を相手に戦争被害賠償要求の裁判を始める中で、韓国原爆被害者も訴訟に打って出た。日本で進行中の戦争被害補償訴訟の進行と現況などを報告し、その法的意味を問う形を帯びイェた研究が出始めた。白チュンヒョン(1987)、李サンファ(1995)、崔(チェ)イス(2003)、庵逧由香(2001)、崔イルチュル(2002)、北東アジア歴史財団(2009)の研究がこれに該当する。

　2001年6月の第1審で、続いて2002年12月に第2審で、韓国原爆被害者の郭貴勲さんが日本で提訴した、いわゆる「第2の手帳裁判」が勝訴判決を引き出した後、韓国原爆被害者は日本の領域と居住関係を持たなくても、日本の被爆者援護法の適用を受けられるようになった。訴訟を起こした郭貴勲さんが、自分の名刺にいつも刻んでいた「被爆者はどこにいても被爆者」という標語のとおり、韓国原爆被害者たちは今や韓国でも「被爆者」になれる道が開かれたのだ。実際には、郭貴勲裁判勝訴後、韓国原爆被害者たちは、韓国に居住しながら、日本に行って取得した被爆者健康手帳や手当支給の資格を、韓国帰国後にも有効に維持することができるようになった。

　郭貴勲訴訟で韓国原爆被害者問題が韓日間において再び大きいイシューになった時、日本で韓国原爆被害者たちの訴訟を支援してきた〈市民の会〉の会長であった市場淳子の『韓国の広島』（訳注：原書は『ヒロシマを持ちかえった人々―韓国の広島はなぜ生まれたのか』、2000、凱風社）(2003)が、韓国で翻訳出版された。〈市民の会〉の支援を受けて韓国湖南（ホナム）地域を中心に原爆被害者の証言を採録した後、これらの証言の社会的脈絡を分析した研究（晋珠（チン・ジュ）、2004）、そしてその証言の全文とその社会的意義を説明した『苦痛の歴史』（鄭根埴（チョン・グンシク）編、晋珠採録、2005）も出版された。また、郭貴勲裁判勝訴後、国史編纂委員会の韓日歴史共同研究委員会・韓国側委員会はこの訴訟記録を書籍として編纂し（国史編纂委員会、2005）、民族問題研究所は郭貴勲の手記『私は韓国人被爆者だ：原爆被害者郭貴勲の人生と闘争』を出版した。韓国人原爆被害者の手記あるいは評伝では、姜壽元（カン・スウォン）(2000)の手記、原爆被害者・金文成（キム・ムンソン）の闘病と救護に関する記録をまとめた平野伸人・高比良由紀(2011)の書籍も出版された。

　一方、日本政府を被告にした韓国原爆被害者たちの訴訟が相次いで勝訴判決を受けた2000

年代の中後半、韓国国内では2005年1月と8月の韓日会談文書の公開と、総理室傘下の〈韓日会談文書公開の後続対策関連の官民共同委員会〉の活動などで、「日帝被害者」として原爆被害者たちが注目される中で、2011年8月に憲法裁判所が原爆被害者に対する韓国政府の不作為は違憲であるという判決を下し、韓国原爆被害者問題は再びイシューとして浮上した。韓国原爆被害者と関連した韓日両国の外交交渉、過去の歴史(過去史)の清算としての韓国原爆被害者訴訟の意義などに関する研究が出始めた。李・ジヨン(2012)、金丞垠(キム・スンウン)(2012a、2012b)の研究がこれに当る。2003年、参与政府(盧武鉉(ノ・ムヒョン)政権)に入り、各種の過去史問題に対する政府次元の実態調査と支援が制度的に行われ始める中、広島と長崎に強制動員された原爆被害者に対する実態調査と研究も行われた。対日抗争期強制動員被害調査および国外強制動員犠牲者等支援委員会(2009、2011)や、許光茂(ホ・ゴァンム)(2004、2011)、鄭恵瓊(チョン・ヘギョン)(2011)の研究がその結果である。これらの研究は、それまでの証言研究とは異なり、文書記録を基に具体的な歴史的事件を中心に、韓国原爆被害者の地位や実態を分析している。

2000年代以降には「記憶の政治」(Yoneyama、1999)という次元で、日本の「唯一の被爆国」言説や平和談論、広島と長崎の原爆被害に対する時空間的再現、そしてその中での韓国原爆被害者の位置を照明した研究が、多数出版された(權(クォン)・ヒョクテ、2009;朴(パク)・キョンソプ、2009;李・ウンジョン、2019;四条智恵、2013;鄭根埴、2010;鄭根埴・直野、2013;張(チャン)・ソンファン、2017;吳殷政、2020a)。これらの研究においては、それまで日本の「唯一の被爆国」と「平和談論」の陰に隠されていた韓国原爆被害者が、その矛盾を明らかにする歴史的存在として浮き彫りにされている。韓国原爆被害者問題のうち帰還を扱った研究(金・ウォン、2017;文(ムン)・ギョンヒ、2018)、原爆被害者運動の歴史を扱った研究(梁(ヤン)・ドンスク、2018、2019;吳殷政、2013、2018a、2018b、2020b;劉(リュ)・ジェウォン、趙(チョ)・ヨンヒョク、チ・サンヒョン、2020;李・ヘンソン、2022;金・ギョンナム、2023)、原爆2世問題を扱った研究(全(チョン)・ジンソン、2008;国家人権委員会、2004;青柳、2015;朴ソンシル、2015)が出版された。

以上の流れから分かるように、これまで韓国の学界において韓国原爆被害者問題は大きく照明されはしなかったが、彼/彼女らに対する救護が可視化された1990年代以降は、少しずつ研究が増加し、2000年代に入ってからはさらに増えたと言える。これを研究史的な側面から見ると、韓国原爆被害者に関する研究は、福祉分野の研究を除いては、そのほとんどが、植民地からの解放以降、韓国と日本との関係の中で原爆被害者の地位と権利を獲得してきた過程に関する内容と、脱植民主義時代の記憶の政治という側面から日本の平和談論を批判することに焦点が当てられていたことが確認できる。

これを本研究の発表テーマと関連付けてみると、いまだ韓国で広島と長崎の朝鮮人原爆被害者の存在と米国との関係性を検討した研究はないという点を確認し得る。朝鮮人が広島と長崎に居住していたことについて、植民地支配と移住、強制動員と関連するものであるという点から、韓国と日本の関係に焦点が当てられるのは当然であると思われる。しかし、原爆投下の主体が米国であったという点において、このような研究の視座の不在は、前述した韓国と米国の大統領

の演説で原爆投下責任の問題が沈黙されていた構造が、学界においても繰り返されていることを示している。そうであれば、韓国に居住することになった広島と長崎の原爆被害者たちの歴史においても、依然として米国は原爆を投下した主体としてのみ存在し、その後は不在の存在であったのだろうか。本発表の次の章では、韓国原爆被害者の帰還初期の歴史と、彼/彼女らの運動の歴史を検討しながら、その帰還と運動の歴史の初期に、米国が韓国原爆被害者の存在と関わっていた痕跡をたどってみようと思う。

3. 解放直後の朝鮮人原爆被害者の帰還とGHQ

多くの朝鮮人にとって日本の敗戦はすなわち解放を意味し、「故国」は故郷の自然と同胞が存在するところだった。しかし、解放後、朝鮮人の故国への帰還は複雑な状況に置かれていた。さらに、広島と長崎に原爆が投下され、家族に負傷者がいる場合、状況はより複雑であった。日本の敗戦後、GHQの占領下で日本の原爆被害者は、他の戦争被害者であるいわゆる戦災者と差別化されていなかった。戦時救護と戦災復興の観点からは、この時期にはまだ広島と長崎の戦災者は他のすべての戦争被害者と同様に、連合軍空襲の被害者の範疇に一まとめにされていた。戦災者の救護を例にとると、敗戦直後に連合軍の空襲により死亡または負傷した人々は、戦時災害保護法により救急救護を受けたが、広島と長崎で空襲の被害を受けた負傷者も同法により、設置された臨時救護所で治療を受けた（広島県原爆被爆者団体協議會, 2001：361）。広島と長崎は特に被害規模が甚大で特別だったが、同法の規定により災害後60日目の1945年10月5日と9日を期して救護所が閉鎖され、その後の救護は個人の役割に任された。原爆被爆による急性障害が最も深刻に現れるのが被爆後1年以内だったという点を考えれば、このような公共救護の断絶は原爆被害者個人に莫大な治療の負担を残したはずである。

1988年、日本弁護士連合会の〈在韓被爆者問題委員会〉は「在韓被爆者たちの故国への帰還」に関する報告書を作成した。当時、報告書を作成した椎名麻紗枝弁護士は、在韓被爆者が生じた第1の原因は、なぜ彼らがそんなに早く帰国したのか、あるいは帰国しなければならなかったのかという問題とつながっていると考えた（椎名麻紗枝, 1988：76）。彼女の見解では、朝鮮が解放されたので故国へ帰りたいという朝鮮人の期待が強かったということも十分予測できるが、原爆症を患っていたはずの原爆被害者が負傷した体でどうやって帰還できたか、日本政府はそれに関連してどのように対応したかが問題だと考えた。広島と長崎の市政府が設けていた臨時救護所が閉鎖された10月末ごろからは、個人が負傷者の世話をしなければならない現実の中で、帰国に必要な船舶の斡旋や手続き、家財の整理などは、短期間で解決できる問題ではなかったからだ。こうして始まった彼女の調査は、日本政府が朝鮮人の帰国手続きに対して世話をしたという例は「本当に一つも見出せなかった」という結論に至る。そして、1945年末までに130万人、1948年ま

でにさらに50万人という相当数の朝鮮人が自費で帰還したという点を考えるとき、広島と長崎の原爆被害者たちも同じ経緯で帰還したと推測できる[4]。

日本に残っていた朝鮮人の本国帰還が特別な保護措置なしに緊迫して行われたのは、GHQが「朝鮮から日本への日本人の移動は、可能な限り日本からの朝鮮人送還と調和させなければならない」(米国務省秘密外交文書、1984：91；李・ヒョンジュ、2005：253-254再引用) という見解を持っていたためだ。GHQの在日朝鮮人と在朝日本人の帰還政策は、両国の社会および経済に対する憂慮と緊密に結びついていた。このために、合計200万人を超える朝鮮人がいた日本において、在日朝鮮人の母国帰還は、在朝日本人の引き揚げ (または送還) を円滑にするためのものでもあった。趙・ヨンウク(2005)の「日本国内の韓国人の『帰還』と韓国国内の日本人の『送還』に関する解放直前の米国側の資料[5]」の解題によると、朝鮮に居住する日本人と、日本に居住する朝鮮人の帰還問題は、1943年から米国をはじめとする列強の間ですでに議論されていた[6]。小委員会は戦後の日本と朝鮮の経済および安保の状況に従って、この帰還問題が扱われなければならず、特に朝鮮内の日本人の残留は最小化すべきであり、これは日本から朝鮮への朝鮮人帰還によって緩和されると見た。椎名麻紗枝弁護士の報告書の結論にも引用されている、日本の敗戦直後のGHQの占領政策の一端を示す『日本における朝鮮少数民族、1904-1950』(Wagner、1975) においても、GHQと日本政府の朝鮮人帰還措置が急がれた理由についての背景が説明されている。この時期は、戦後日本社会で合法化された朝鮮人の(左翼系の)民主化運動がかなり広範囲に広がっていたことに対して、日本政府や占領軍の憂慮が高まり、朝鮮人の故国帰還を積極的に推進したり措置させたりしたという内容が書かれている。日本ではGHQ、韓国では米軍政の時期であった1945年8月から1948年までの占領軍の越境 (＝帰還・送還) に関する政策を検討した小林聡明 (2012：68)

4　1945年10月12日に原子放射線への被曝に伴う生物学上の急性影響を研究する日米合同調査団 (US-Japan Joint Commission)が組織された。合同調査団は、その年の10月から約1ヶ月間この作業を続け、12月までに広島で6,993人、長崎で6,898人に対する資料を集めて米国の研究者に提供し、トルーマン大統領に後続研究の必要性を訴える手紙を送った (Lindee、1994：32)。1946年11月、トルーマン大統領は広島、長崎の生存者に対する長期間の研究を始めるよう米国科学アカデミーに指示した。そして、1947年3月、米国科学アカデミーは、「米国原子力委員会 (Atomic Energy Commission)」から基金を得て、「原爆傷害調査委員会 (Atomic Bomb Casualty Commission)」[現「放射線影響研究所 (Radiation Effects Research Foundation)」の前身、以下ABCC及びRERFと略称」を広島に設立し、直ちに原爆による放射線の人体への影響及び疾病に関する調査研究を行うことを決定する (RERF、1999：2)。米国の原爆被害者に対する関心にもかかわらず、米国が朝鮮人被爆者の存在を区別して調査したという記録は残ってない。

5　米国国立文書保管所「RG59, Records Relating to Miscellaneous Policy Committees 1940-1945、BoxNo.108」内に保管中の米国政府内の国務・陸軍・海軍 (三省間) 調整委員会 (State-War-Navy Coordination committee) 傘下の極東地域分科調整委員会 (The Inter-Division Area Committee on the Far East) が作成した日本内の朝鮮人の「帰還」と朝鮮内の日本人の「送還」に関する文書 (K-7 Preliminary, Korea: Repatriation of Koreans in Japan'、1945.4.25；K-9 Preliminary a, 'Korean: Repatriation of Japanese Residents in Korea'、1945.6.1) の資料解題。

6　1944年、三省間調整委員会と戦後計画委員会 (Post-War Programs Committee) を中心に、米国の朝鮮問題に対する戦略的、政治的処理方案が論議され、1945年3月に終戦以後、朝鮮人と日本人の帰還問題が本格的に検討された。このような政策的関心の延長線上で、1945年の極東地域分科調整委員会・朝鮮小委員会では在日朝鮮人の帰還問題を具体的に扱った。当時、同小委員会は、終戦後、多くの朝鮮人が自発的に帰還することを予想はしていたが、日本の経済状況と朝鮮人の同化の程度が弱く、日本人が敵視する少数民族集団になることを懸念し、「日本国籍を維持しようとする人々を除くすべての朝鮮人を送還させること」を原則とすべきだと結論付けた (趙・ヨンウク、2005：249)。

は、当時のGHQは日本政府に、朝鮮人や中国人のうち復員兵士や強制連行者を優先して遅くとも11月14日から1日当たり1000人程度を仙崎や博多や呉から帰還させるよう指示したという政府文書を通じて、これらの措置の具体的な実行方法を明示しました。1945年11月以降、GHQによる帰還対策が本格化し、帰還船が定期的に運航され、それ以降も引き続き日本に残ろうとする朝鮮人に対しては、事実上強制的な帰国を推進することなどが続けられた[7]。1945年末、仙崎や下関などに2万人、博多には1万人以上の朝鮮人が帰還を待ちながら滞在し、衛生状態も極めて悪化した[8]。なかでも「下関は生き地獄」と言われるほど、状況が悪化していたと報告されている（小林聡明、2012:67）。

韓国原爆被害者たちの帰還過程についての証言において、「藁葺き屋根に霜を浴びて葉がすっかり干からびた白い瓢が残っていた」とか、「帰ってすぐにキムチを漬け、冬至の小豆粥を作った」ということが記憶されていることから、帰還した時期がその年の晩秋か初冬であったことが分かるが[9]、これは、韓国原爆被害者の移住がGHQの日本占領期間中の朝鮮人の越境に関する政策次元の対策と結びついていたことを傍証する。また、敗戦直後、日本の原爆被害者が他の一般の戦災者と同じ範疇に入れられた事情に照らしてみても十分に推察できることではあるが、故国に帰還する広島と長崎の帰還同胞もまた原爆被害者として特別な対策の対象に含まれてはいなかった事情も推しはかることができる。

日本政府とGHQの朝鮮人の帰還と越境に対する政策は、故国に帰還する個人としての原爆被害者の事情とどのように結びついていたのだろうか。制度的次元の制約は、個人的次元においてはまた別のいきさつへと変化する。解放直後、朝鮮から日本に伝わる便りや噂は、在日朝鮮人の間で故国への帰還を決めるにあたって錯綜した様々な情報を送っていた。朝鮮から追い出された日本人たちが内地の朝鮮人たちを追い出すだろうとか、占領軍として入ってきた米軍兵士たちが女性を強姦するという物騒な噂も漂っていた。しかし、同時に、「北韓にはソ連のやつが入ってくる」、「朝鮮半島が左右に分かれて、まもなく戦争が起きるかもしれない」という便りも聞こえてきた。朝鮮の経済的な窮乏と、解放直後の朝鮮半島をめぐる左右翼の激しい政治的対立についてのニュースは、彼/彼女らに故国が完全無欠の安全な定着地ではない恐れがあることを意味していた。

しかし、このような噂も無視はできなかったが、彼/彼女らの帰還にとって最も問題になったの

---

[7] 実際、1946年1月12日にGHQは、「GHQの計画に従って帰還名簿に含まれることを拒否する朝鮮人は日本国籍を所持できないようにする」という声明を出したが、椎名麻紗枝弁護士は、これが朝鮮人を強制的に帰国させようとする方針だったと評価した（椎名、1988）。

[8] 帰還者たちは、帰郷地が慶尚南北道（キョンサンナムブクト）や忠清北道（チュンチョンブクト）の場合、仙崎、博多、下関などから釜山（プサン）港に、帰郷地が全羅道（チョルラド）と忠清南道（チュンチョンナムド）の場合は佐世保港から群山（クンサン）港や木浦（モッポ）港に、帰郷地が京畿道（キョンギド）や江原道（カンウォンド）の人は佐世保港から仁川（インチョン）港に輸送することで合意した（崔・ヨンホ、1995:117-118）。しかし、このような「原則」にもかかわらず、日本地域の戦災同胞の多くは近くの釜山に帰還した（李・ヒョンジュ、2005：254）。

[9] 研究者と面談したほとんどの口述者たちがその年の晩秋と初冬に韓国に帰還したと話している。内容は韓国原爆被害者協会（2011）が発刊した資料集2部の証言編を参照。

は、何よりも故国へ帰る際に諦めざるを得ない財産のことであった。当時、日本から朝鮮へ帰還する人々が所持できるお金は現金で千円だった[10]。ところが同時期、釜山と下関を行き来する連絡船の正規運賃が15円から30円程度で、工場で単純労務者として働いていた成人女性の賃金が1日1円10銭、1カ月で約30円、成人男性の場合は1日2~4円、1カ月で約60~120円程度(鄭根植編、晋珠採録、2005：朴道燮(パク・トソプ)、金仁泰(キム・インテ)、朴洪圭(パク・ホンギュ)の証言編)であった。そうだとすれば、1世帯当り千円は、彼/彼女らの賃金を1銭も使わずに1~3年ほど貯めなければならない金額に相当するが、それにしても新しい場所で生活の基盤を築くにはあまりにも足りない金額であるということは明らかだった[11]。韓国原爆被害者の間では、この「千円」に対する感覚は、彼/彼女らが故国に帰ってきて経験した困難と混ざって骨身にしみるほどの無念(恨)の記憶として残っている場合が多かった。十分な準備もなしに行われた帰還の過程が容易ではなかったのは当然だった。前もって朝鮮へ送った荷物を途中でなくしたり、直接運んで来ようとしても船が難破してまともに守れなかったりした場合がありふれていた。身一つまともに守るのも容易ではなかった。こうして広島と長崎からの帰還同胞[12]たちは、1945年の晩秋から初冬にかけて集中的に故国へ帰ってきた。徴用者の帰還も何の対策もなしに個人に任せられたのは同じであった(椎名麻紗枝、1988：76-77)。

> (1945年9月10日の)寮長(宿舎の長)の言葉だ。「君たちが故郷に帰りたいと言っても、どんな船でもお構いなしに乗るなら国に着くこともできずに死んでしまうぞ。日本海を渡れる船は50トン以上でなければ無事に渡ることができず、それ以下の小さな船は途中で沈没することになる。じっと待っていれば対策が立てられるだろう」と述べた。しかし、私たちは彼の言葉を信じようとはしなかった。

10　GHQとSCAPが解放直後に作成した文書を通じて在日朝鮮人の帰還などを研究した金・テギ(1998：251)によると、在日朝鮮人の本国帰還時の所持金制限は、GHQの経済科学局(Economic and Scientific Section, 略称ESS)が、占領直後の1945年9月22日に「金、銀、証券および金融上の諸証書の輸出入統制」を日本政府に指示したことから始まった。当時、日本政府は当初、在日朝鮮人や中国人の本国帰還時の所持金を制限しないという方針を立てていたが、大蔵省が日本経済の悪化に対する憂慮を表明し、2千円に制限することを提案した。しかし、GHQ側は、日本の資産流出による経済悪化、資産流入による朝鮮のインフレを憂慮してさらに厳しい立場をとり、所持金の限度を千円に決めたのだ。

11　朴道燮、金仁泰、朴洪圭さんの場合は、朝鮮から日本に徴用されたケースであり、鄭・イルボンさんは日本の現地で動員されたケースだった。だが、徴用者の場合には賃金から宿泊費、食事代、保険料などを全て払わなければならなかったので、残りはほとんどなかったと記録している。朴洪圭さんは、自分が「班長」として働いていたので、他の人より4円ほど多く受け取ったと記録している。だが、当時受け取った賃金の大部分は、日本で使うにも足りず、故郷から送ってもらわなければならないほどだったと話す場合がほとんどだった。

12　1945年の解放当時、海外同胞の数は約500万人だった。ポツダム宣言第9項によって、彼/彼女らは人道主義的な原則に従って解放された故国に帰還されるべきだったが、戦後処理の過程でこの問題は当事国の利害によって大きく歪曲された。中国では国共内戦など内部の政治葛藤と分裂で朝鮮人に対する財産没収などが行われ、ソ連軍の占領地だったサハリンでは朝鮮人の帰還はもとから封鎖されていた。南洋群島などに配置されていた朝鮮人は、連合国占領軍の捕虜や戦犯として扱われた。李・ヒョンジュ(2005：245)は、当時は海外帰還同胞のことは主に「戦災民」または「戦災同胞」と言い、北韓から越南した人々のことは「越南人」または「罹災民」と言ったが、資料上では「戦災同胞」という用語が最も多く使われ、民間団体の自発的な救護活動においては「同胞」という用語が多く使われたという点から「戦災同胞」という用語を使用していると話したが、研究者がインタビューした原爆被害者の場合には「帰還同胞」という用語が多く使われたので、「帰還同胞」という用語を使用した。

(1945年10月15日に) 朝鮮に帰る人を募集するという情報を入手し、チェドを訪れた。「チェド、お前、お金はどれくらい持っているか?」と聞いたら、「お金って、なんで? 50銭くらいかな?」と言う。チェドに「朝鮮に帰る船が19日の夜7時にあるそうなんだが、船賃がやっとなんだけど、どうすればいい?」と言ったら、チェドが言う。「たとえ船賃があっても宮本一人を残して帰るわけにもいかないし、だからと言って三人でこうしているわけにもいかないじゃないか、まずお前だけでも先に帰って、俺たちが生きていることを伝えて、年末には帰るようにするからと言って、安心させてやってくれ」と言う。チェドの話にも一理はある。「チェド、じゃあ、俺は先に帰るよ」と言った。

(1945年10月19日) 6時にチェドが私のかばんを持って裏口に出てきた。宮本にはしばらく秘密にするようにと言った。海辺に行ってみたら小さな木船だ。チェドはこの船で帰るのだとわかり、「金山、戻ろう。安心できないよ」と言う。私が「おい、あの人たちだってちゃんと考えて乗っているんだろう。お金はもう払ったんだから」と言った。船には30人余りが見える。チェドは私にかばんを渡しながら「勝手にしろ」と言う。船が遠くなるまでチェドが岩に座って手を振っているのが見えた。とめどなく泣いた。あのまま一緒にいればよかったかなと後悔もしたが、船は進んでいる。夜明けに甲板に上がってみると、遠くに山が見えた。船員に聞いた。「あそこが釜山か?」と言ったら、まだ対馬だと言った。再び後悔した。船員に聞いた。「釜山までどれくらいかかるか」と尋ねたところ、4～5日はかかると答えた。途中で機関の故障により1時間以上漂流した。

— 金漢洙 (キム・ハンス) の日記、男性、1918年生[13]

金漢洙さんは1944年9月、黄海道 (ファンヘド) 延白郡 (ヨンベックン) 海城面 (ヘソンミョン) の延白 (ヨンベク) 専売支局で働いていたが、三菱重工業長崎造船所に徴用された。同造船所の東工場熊本組に配置され、鉄管を叩いて曲げる仕事をしていたところ足を負傷し、その後、同工場の亜鉛メッキ作業場に移ることになった。解放後、会社からは何の帰還措置も用意されなかったので、自ら費用を捻出して闇船に乗って帰還した。1945年10月19日、金漢洙さんは小さな木船に身を任せて10日目に釜山港に到着し、歩いて家のある延白 (今の開城 (ケソン)) まで帰った。事情は他の被爆者たちも同じだった。こうして1945年8月中旬からその年の末までに、約130万人の朝鮮人が日本から朝鮮に帰還したが、韓国原爆被害者協会では、このうち広島から約1万2千人が、長崎から8千人が帰還したと推定している。

しかし、帰還した多くの人々にとって、故国での生活は様々な面で容易ではなかった。故国の悪化した経済状況の下、130万人という帰還同胞を受け入れる社会的条件が全く形成されていなかったためである。帰還者の半分は失業状態にあった。帰還者に対して居住地や食糧、就職の斡旋などが一部の救護団体によって支援されはしたものの、朝鮮にすでに居住していた人たち

---

13 この日記は、金漢洙 (1918年生) さんが2011年5月12日、面談の過程で研究者に渡したものだ。A4用紙にコンピューターでタイピング作業をして作成されたこの日記は、彼が徴用当時に書いた日記の内容をもう一度書いたものだという。原本は被爆当時、彼の作業場にあった亜鉛窯で燃やされ、2回目に書いたものは1・4後退 (訳注：朝鮮戦争において1951年1月4日に朝鮮人民軍と中国人民義勇軍がソウルを占領し、韓国軍と連合軍は南部に後退した。) の時に故郷の延白に置いてきたという。自分が覚えていることを書いたのだが、今書けと言われてもそのまま同じように書けると言えるほど、彼の頭の中には日記全体の内容が刻印されているのだった。

でさえ過酷な生活苦にあえいでいた状態の中で、帰還者がすぐに安定した生活基盤を構築することは容易ではなかった。慶尚南道（キョンサンナムド）の米軍地方軍政部は、帰還者の状態について「経済状況が一層深刻化する中で、帰還者が所持していた千円だけでは数日も生活できず、生計を立てる術も持ち得なかった」（小林聡明、2012：68）と記録している。日本でお金を稼いで、故郷に田んぼや畑をたくさん買っておいて帰還の準備をしていた人たちもいた。しかし、その人たちにとっても容易ではなかったのが故国での生活だった。日本でお金を稼いで送金して貯めておいた郵便貯金が、解放直後に「紙切れ」になってしまった場合も多かった。故郷の親戚に任して買っておいた土地を土地改革で失い、一生の恨みになったという場合も少なくなかった。経済的窮乏による苦痛は、解放直後の混乱の中で帰還同胞が直面した故国の現実だった。

また、帰国した朝鮮人の中には日本で生まれたり教育を受けて育ったりした朝鮮人1.5世や2世がいて、その人たちが体験する社会文化的困難もあった。故国に帰ってはきたものの「朝鮮語」ができない子どもたちは、「チョッパリ」（訳注：「獣の蹄」の意で、日本人が下駄や草履を履いた足が蹄のように二つに割れることから、日本人に対する蔑称として使われていた）とか「倭奴（ウェノム）」と呼ばれてからかわれもした。陝川（ハプチョン）では、日本から帰還した若い女性のうち朝鮮語ができない人があまりにも多くて、嫁ぎ先で大人たちから「舌足らずに（日本語式韓国語）しゃべらず、ハッキリと話せ」と叱られることもあったと、原爆被害者たちは話した。このように、解放直後に帰還同胞を迎えた故国の政治経済的混乱と日本から帰還した人たちの社会文化的な違いは、帰還者に対する偏見と排除につながりもした。

一方、解放直後の朝鮮半島は、左右翼の対立による政治的緊張が非常に深刻な状況だった。1945年12月末、モスクワ三国外相会議で朝鮮の信託統治案が決定されてから、状況はさらに深刻になった。解放された朝鮮が経済的問題のみならず、政治的混乱の中にあるという事実は、日本に残っている朝鮮人の帰還に、そして朝鮮に帰ってきた在日朝鮮人の日本への再入国の試みにも影響を及ぼした。朝鮮への帰還者数が大幅に減少し[14]、すでに帰還した人たちの一部が再び日本への密航を選択しもした。

このような事情は、故国に帰ってきた韓国原爆被害者たちにとっても同じだった。この時期、親戚の一部が日本に戻るか、あるいは密航を試みたという話は少なくなかった。故郷では食べて生きていけるだけの糧があまりにもなかったために、朝鮮に帰ってきてはすぐ闇船に乗って再び日本に戻る場合もあった。米軍の通訳官として配属されていて、米軍が沖縄に行く際について行った事例、親戚のうち朝鮮北部に行った人を助けて「アカ」の疑いをかけられて、朝鮮南部では暮らしにくくなった事例、右翼団体の行動隊員として活動しながら左翼のボスを殺して日本へ密航した事例など、日本に再び密入国することになったエピソードも多様であった。もちろん、このよう

---

[14] 崔・ヨンホ（1995b）によると、解放直後、朝鮮の政治的混乱と貧困の実情が日本に伝わって、帰還希望者の帰還放棄も続出し、仙崎と博多からの帰還を計画していた人数の10分の1にも満たず、1946年4月から12月までの帰還者が合計8万人余りで、帰還希望登録者の16.1％に過ぎなかったと報告している。

な密航の試みがすべて成功したわけではない。闇船に乗った多くの朝鮮人が見つけられ、収容所に捕らわれてから再び朝鮮に強制送還されたケースが多かった。

朝鮮に帰還した人たちが再び日本に戻るケースが増え、日本社会で朝鮮人の違法行為などが問題になり、その処遇についての議論が続いた。小林聡明(2012)の米軍政庁文書資料の公開によれば、米軍政庁は1946年2月19日、事実上の出国制限措置である軍政法令第49号〈朝鮮への入国あるいは出国者の移動の管理及び記録に関する件〉を公布し、朝鮮を出国しようとする者に対して軍政庁外務部での旅行証明書の取得を義務付けた。しかし、一般人にとって必要書類の取得は非常に難しいことであり、事実上出国の道を塞ぐものに他ならなかった。日本側でも入国が制限された。3月16日付けのGHQの基本指令は、商業交通が利用できるようになるまで、非日本人(Non-Japanese)が連合軍の最高司令部の許可なしに日本に戻ることを禁止した。正規の手続きを経ていない日本への入国は違法となり、それを試みる者は不法入国者となった。

しかし、1946年の春から夏(6月-8月)にかけて朝鮮南部で大流行したコレラは、政治及び経済的な混乱状況に拍車をかけ、日本に密航を試みる朝鮮人が急増した。GHQは、コレラが朝鮮人密航者によって南朝鮮から日本に広がることを懸念し、密航者の取り締まりをさらに厳しくした。ところが、コレラの発生を理由に強化された日本への入国制限は、それがある程度落ち着いた後も解除されなかった。GHQは朝鮮人の不法入国を「占領目的に有害な行為」と規定した[15]。不法入国即ち密航は単に公衆衛生上の問題ではなく、占領体制を揺さぶる、取り締まるべき重大な犯罪行為として扱ったのだ。取り締まりが厳しくなるにつれて、日本で再び機会を探るために密航しようとする朝鮮人の試みはますます難しくなった。コレラの流行が過ぎ去ってまもなく朝鮮戦争が勃発した。原爆と解放直後の故国への帰還から朝鮮戦争を経験することになった8年余りの時期は、研究者がインタビューした大部分の原爆被害者(1920-30年代生まれ)の人生の中で最も大変で苦労した恨み辛みの時期として回顧されたりする。

4. 韓国原爆被害者運動の初期に行われた米国への要求

韓国で「被爆者」という用語が新聞紙上に現れ始めたのは1950年代半ばを前後する頃であった。しかし、このことは、それまで韓国に原爆被害に関する情報がなかったことを意味するものではない。例えば、原子爆弾に対する関心は、すでに1945年の解放以降、時々新聞を通じて報道されていた。原爆で「爆発当時の被害を免れた残存者により人口は一部維持されるとしても、三

15　GHQの在日朝鮮人の帰還問題は、日本社会の秩序および治安維持(1946年5月~1948年7月)、そして反共政策(1948年8月~1952年4月)という視点から認識されており、在日朝鮮人や帰還朝鮮人の日本への密入国に対する管理もこのような視点で行われていた。これについて、金・テギ(1998:268)は、朝鮮人に対する積極的な敵対感から始まったというよりは、当時、米本国でも黒人と少数民族に対する差別意識が広まっていた米国社会の一構成員として、日本の新しい「統治者」として入ってきたGHQの民族問題に対する偏見を表わすものだと見ている。

世、四世の子孫の大部分には奇形児や障害者が出るだろう」(1947年5月31日、東亜日報)というような、遺伝病を強調する記事も少なくなかった。

　メディアを通じて探せる資料からは、1950年代に断続的に行われていた韓日会談を契機に原爆被害者に対する補償問題を訴えていた個人がいたという点も見受けられる。総合雑誌の『新天地』の1950年1月号は、原子力問題を特集として企画し、韓国人原爆被害者の手記も載せている。このような雰囲気が形成されたのは、1949年に始まり数回にわたって討論と中断を繰り返した韓日会談が戦後補償問題を取り扱っていたし、1957年の第4次韓日会談予備会談と翌年の第4次韓日会談が行われる際には、在日韓国人の法的地位、財産請求権、居留者相互釈放、文化財返還などが主要テーマとなっていたために、原爆被害者問題への自覚を持っていた人々が存在していたからだ。1958年8月、韓国原爆被害者の実態を扱った記事と、韓日会談で彼/彼女らに対する補償問題を扱うことを韓国政府外務部に訴える郭貴勲さんの文章が掲載された[16]。1963年春には、李鐘郁(イ・ジョンウク)と呉南連(オ・ナムニョン)という夫婦が、個人の資格で韓国政府のみならず、米国大使館と日本代表部そして新聞社などに、原爆被害者問題への関心を訴える嘆願書や陳情書などを送って、補償を訴えもした。朴秀馥(1975)の原爆被害者ルポによると、呉南連さんは精神的・肉体的障害を持っていた夫が失職を繰り返すうちにそれが被爆による後遺症の可能性があることに気付き、それに対する治療を訴えたという。

　1967年、韓国原爆被害者援護協会が結成される前に、陜川地域を中心とする小規模の原爆被害者組織が早くから結成されたという証言もある[17]。1959年頃のことで、広島から帰還した陜川出身者たちを中心に原爆被害者の会が結成されたという。韓日会談で取り上げられる被害者補償問題を議論したり、宣伝活動をしたりするのが主要な仕事だった。しかし、この会に対する文書上の記録を、韓国原爆被害者協会などの本、あるいは個人的な手記などでは確認できないた

16　大韓民国政府の樹立から1年も経ない1949年1月、日本に駐日大韓民国外交代表部を設置した韓国政府は、その年の初めから日本との講和条約を準備し、対日賠償調査審議会を設立する。しかし、朝鮮戦争の勃発などで会談の進捗が遅れ、1952年10月の第1次会談を皮切りに、53年第2次、55年第3次韓日会談、57年第4次韓日会談予備会談、58年第4次韓日会談などが行われた。これらの会談では在日韓国人の法的地位、財産請求権、居留者相互釈放、文化財返還などが主要テーマとなった。しかし、それも難航に難航を繰り返した揚げ句、1960年4月15日に第5次韓日会談が中断され、韓国社会はさらに4・19革命と5・16クーデターを体験し、荒波の中に陥ることになる。

17　「送ってくださった記録に59年に陜川被害者の集まりの話を書いておられますが、時期は確かですか?」(研究者)、「はい。当時、人々が集まって補償問題を議論したりしたのですが、月に数十ウォンずつ出して集まりました。でも子どもたちに被害が出るのではないかと心配して、加入する人は多くはなかったです。私はその時、母に勧められて一番若い年齢で加入したわけです。59年という年は確かですが、私はその時、57年に警察署の通信関連の仕事をし始めて間もなく加入したんですよ。人もあまりいなくて、最初は数十人くらいで、後に100人余りになったかな。主に宣伝活動をしました」(1941年生まれの金鐘哲(キム・ジョンチョル)、慶尚南道昌原(チャンウォン)。慶南(キョンナム)支部で協会支部の仕事を担当している金鐘哲さんの上記の話は、陜川に住む他の会員とのインタビューでも確認できた。「陜川の集まりは協会ができる前からあったそうですが」(研究者)、「それは、朝鮮戦争後のことで、私が二十歳を過ぎて三十くらいになった時ですから、そうです。協会ができる前で。それは協会と言えるものでもなく、盧ホンギュという人が自宅で仕事をしながらやってたんだよ。盧洪奎(ノ・ホンギュ)、崔・ソンチュン、鄭基璋(チョン・ギジャン)、そういう人たちです。鄭基璋さんは面事務所で働く人なので物書きが上手でした。でも、それは事務室もないし、崔・ソンチュンさんが小さな食堂をやっていたんだが、そこで月に一度集まりしたりしたんだよね。盧洪奎さんが初代支部長をしました。陜川には広島から帰ってきた人が多かったじゃないですか。」(1933年生まれ、男性、李在錫(イ・ジェソク)、慶南陜川、筆者インタビュー)。

1 발표문

め、会の名称が正確に何だったのかも確認できない。

一方、陝川の会が結成されたのと同じ時期に、偶然にも「韓国に居住する原爆被害者の実態を訴える手紙が1960年頃からよく民団に到着」したという記録も存在する。在日本大韓民国民団(1997)の『民団50年史』の広島支部編によると、実際に民団はこれをきっかけに、1963年3月1日に広島支部が中心となって〈母国被爆同胞救援対策委員会〉を設置することとなる。そして1965年の韓日会談の妥結を控えて、韓日両政府が会談で韓国原爆被害者問題を扱うことを訴えたりもした。何よりも民団の広島県本部は、1965年に日本にある団体もしくは個人としては初めて、韓国に居住する原爆被害者に対する実態調査を行うために〈在韓被爆者実態調査団〉を派遣することになった。1965年5月22日、約1ヵ月の予定で韓国に来て調査を行った民団被爆者調査団は、訪韓期間中に陝川とソウルなどの韓国原爆被害者に会い、その他に韓国政府の保健社会部、原子力院、大韓赤十字社などを訪問し、韓国原爆被害者の実態調査と医療救済を訴えた。その結果、韓国政府は大韓赤十字社を通じて同年7月1日から全国的に被害者登録を実施することになり、この調査を通じて600人余りの原爆被害者の登録が受け付けられた。

もちろん、民団広島県本部の訪問が韓国社会で直ちに大きな社会的イッシューになったわけではなかった。原爆被害者問題に対する個別的な訴えや陝川の会なども、全国的な単位では組織化されなかった。これは相当数の韓国原爆被害者が本人でさえ「原爆被害者であることをその時は知らなかった」という、当時の時代状況を示すものでもある。1960年代初め以降長い期間にわたって、韓国社会における原爆被害者問題に対する社会的認識は常に非常に低い状態であったし、全国組織的な次元での活動や団体形成は容易でなかったことがわかる。

しかし、原爆被害者に対するこのような低い社会的認識にもかかわらず、前述した郭貴勲さんの報道機関への寄稿や李鐘郁・呉南連夫妻の米大使館への訴え、陝川の会などで補償問題が話されたことは、確かな事実である。すなわち、韓国原爆被害者援護協会が結成される以前の1950年代から60年代にかけて、すでに米国大使館なども韓国に原爆被害者が存在するという事実を認知していた可能性が非常に高い。

ところが、韓国原爆被害者の訴えに対して、米国側がどう対応したかについて知り得る資料を探すのは難しい。また、この問題は、韓日両国政府の会談の過程で全く考慮されなかった。2005年に公開された1965年の韓日協定締結文書は、会談の過程で韓国原爆被害者問題が取り上げられさえもしなかったことを示している[18]。数回にわたる会談で、過去の植民地支配と戦時動員による被害者に対する賠償要求に直面していた韓日両国政府は、1965年の韓日請求権協定において、日本が韓国に無償3億ドル、有償2億ドルを供与することにより、

---

18 2011年8月30日に憲法裁判所は、「1965年の韓日協定時に、在韓原爆被害者問題を除外させたことに対する韓日政府の責任と、これに対する外交的保護に対する行為をしなかった外交通商部に対する審判請求」において、「政府が1965年の韓日請求権協定と関連した紛争を解決するための措置を取らなかったことにより、基本権を侵害された」として、原爆被害者が請求した憲法訴願審査に対して、「違憲」決定を下した。[「2008憲マ648-大韓民国と日本国との間の財産及び請求権に関する問題の解決と経済協力に関する協定第3条の不作為違憲確認」(憲法裁判所2011年8月30日)]、これは、2005年8月に行われた韓日条約当時の協定文の公開によるものであった。

この問題が終結されたと宣言した。「両締約国は、両締約国及びその国民（法人を含む）の財産、権利及び利益と、両締約国及びその国民との間の請求権に関する問題が、1951年9月8日にサンフランシスコで署名された日本国との平和条約第四条（a）に規定されたものを含め、完全かつ最終的に解決されたことを確認する」とした規定がそれである。

会談後にも、韓国政府は、これが請求権協定であるという点から、自国民にこの資金の賠償的性格を強調していく（崔・ヨンホ、2009：31）。同一の資金について日本政府は、「経済協力資金」あるいは「独立祝い金」と規定したが、いずれにせよ日本政府もまた、これですべての補償問題は「完全に解決された」といっ立場を取っていくことで、結果的に韓日両国は共にこの問題に対して解決済みと印象づけるよう努力したのだ。

現在の〈韓国原爆被害者協会〉の前身である〈韓国原爆被害者援護協会〉の初期メンバーが協会創立を図ったのは、まさにこの韓日協定直後のことであった。1964年に馬山（マサン）の国立病院に肺結核で入院していた朴守岩（パク・スアム）から、韓国原爆被害者の実態と救護を訴える手紙を受け取った平岡敬は、韓日基本条約締結に際して韓国を訪問し、初めて韓国原爆被害者たちに会うことを計画するようになった。短い取材期間だったが、彼はソウルと釜山で9人の在韓被爆者に会うことができた。彼は、「その時、彼らが非常に悲惨な状況に置かれていることを知って、私は大きな衝撃を受けました。今になってみれば、気づくのが非常に遅かった、あまりにも遅れていたということを、大変恥ずかしく思います。日本人はやはり、被爆韓国人、被爆朝鮮人の問題を忘れて、あるいは無視して、原爆被害の問題を語ってきたのではないか、その上で「唯一の被爆国」だとかあるいは「被爆国民」といった立場で平和を訴えてきたのだということに、ようやく気づいたのだ。しかも、時はすでに戦後20年も経っていたような次第です」と振り返った（平岡敬、1988：10-12）。

日本に帰った平岡さんは、同年11月25日から『中国新聞』の朝刊1面に、「隣の国、韓国」という見出しで10回にわたる連載記事を掲載した。「朝鮮戦争の傷跡が依然として生々しい戦時体制の下で暮らす庶民の姿を伝え、貧窮の泥沼に陥っている『在韓被爆者』の存在と支援の必要性」を知らせるためのものだった。その後も彼は、この記事に加筆した「韓国の原爆被災者を訪ねて」を、雑誌『世界』（1966年4月号）に、そして単行本『証言は消えない』（未来社刊、1966）に発表した[19]。このように1965年の韓日協定をきっかけに、原爆被害者補償問題に意識を持ち始めた幾人かの韓国原爆被害者の存在、新生の韓国原子力院放射線医学研究所が独自に進めた韓国原爆被害者研究のメディア発表[20]、民団広島県本部の母国訪問当時の韓国原爆被害者との出会いや韓国政

---

19 このように始まった韓国原爆被害者との縁は、以降、孫振斗さんの手帳裁判支援などにつながる。『中国新聞』ホームページ人物インタビュー記事参照（前広市長平岡敬さん、1927年〜）〈9〉在韓被爆者取材─日本人の責任見つめる（2009年10月14日）（http://www.chugoku-np.co.jp/kikaku/ikite/）。

20 1965年の韓国訪問をきっかけに持続的に韓国原爆被害者問題に積極的に関与してきた平岡元広島市長の個人的回顧のうち自分の韓国訪問の状況を描写する場面に、韓国原子力院放射線医学研究所が韓国で初めて原爆被害者の調査をすることになった契機について書かれている。「韓国原子力院放射線医学研究所の所長に安到烈（アン・チヨル）先生という方がいたのですが、この人の話によりますと、1963年の8月6日に、所員との間で、『今日は広島に原子爆弾が落ち

> 1　발표문

府に対する実態調査の依頼などが、協会結成を推進する複合的なきっかけとして作用した[21]。広島と長崎に原爆が投下されてから20年以上が経った1966〜67年のことだった。1967年1月27日、韓国原爆被害者援護協会の準備会事務室がソウル龍山（ヨンサン）のある小さな建物に設置され、まもなく人々に韓国原爆被害者の存在を知らせる公告文が掲示された。

公告文[22]

> 太平洋戦争末期に日本の広島・長崎両市で原子爆弾で傷ついた韓国の同志たちに公告します。私たちは8・15解放後、傷ついた体で祖国の懐に帰ってきて、すでに20年余りの年月が過ぎても、私たちの傷は消えることを知らず悪化の一途にあり、それに対する対策もなしに横死の羽目にあります。私たちの苦しい境遇を自ら打開していくために、私たちの傷の治療はもちろん、リハビリの方法を図ろうと、被害を受けた同志たちの身上および状況を把握しようと思いますので、原爆被害者たちはもれなく参加して協力して下さい。

公告文は1967年2月1日、各地の原爆被害者たちに集まりを宣伝しようという趣旨で、『ソウル新聞』などの主要日刊紙に掲載された。韓国では原爆被害者たちが初めて自らの存在を対内外的に知らせたものだと言える。そして同年2月11日、発起人会合を開いた15人の参加者は、「太平洋戦争当時、連合軍側の原子弾投下によって陽に陰に身体上の被害を受けたり死亡したりした大韓民国国民に対する各種実態調査、原爆病治療の可能性の研究、原爆被害者に対する治療斡旋、死亡者に対する補償と生存者に対する援護を行う」という綱領を採択した後、韓国原爆被害者援護協会（現、韓国原爆被害者協会）を結成し、同年7月保健社会部から法人許可を得て、正式な活動に突入することとなった（韓国原爆被害者協会、1989：7, 19）。

では、韓国原爆被害者援護協会は、韓国原爆被害者の存在に対する政治的・社会的責任をどのように問うていたのだろうか？　韓国原爆被害者協会の設立趣旨書に書かれている要求事項を簡単に見てみよう。韓国原爆被害者たちが自らの被害に対する政治的責任の所在を明示したものであるという点において、この要求書にはいくつかの注目に値する点がある。

　　　た日だな。この韓国にも、当然被爆者がいるのではないかな』と在韓被爆者の話題が出たというのです。（中略）これは一つ自分たちで調べてみようではないかということになり、翌年の1964年に、保健所や道立病院を通じて韓国内にいる被爆者に名乗り出るように呼びかけを行いました。そうしたところ、203名が届け出たそうです。」（平岡敬、1988：15）。

21　韓国原爆被害者協会の創立背景については、市場淳子の『韓国の広島』（2002、歴史批評社）、『韓国原爆被害者65年史』（韓国原爆被害者協会、2011）にも比較的詳細に記述されている。韓国放射線医学研究所の原爆被害者研究調査を契機に、1966年8月6日付『中央日報』の第4面に韓国原爆被害者についての記事が、当時としては最も包括的な情報を盛り込んで初めて開示された。そして2日後の8月8日午後10時半には、東洋テレビで韓国原爆被害者についての座談会が放送された。学界と言論界、保健社会部、大韓赤十字社、原子力院放射線医学研究所などの代表者たちと被害者代表3人が参加したと報告されている。この二つのメディア報道は、いずれも放射線医学研究所の研究調査に基づいて行われた。韓国内に存在する原爆被害者の実態に対する中央メディアのこのような報道は、ソウルに居住していた原爆被害者たちの自覚と連帯組織の結束を促す決定的な契機となった。

22　『ソウル新聞』（1967年2月1日）。

要求（社団法人・韓国原爆被害者援護協会設立趣旨書[23]より）

(1) 国内
　1. 危急の原爆病患者に対する医療保護
　2. 貧困被爆者に対する特別の経済保護
　3. 被爆者に対する適正な権威ある診断
　4. 病院、療養所、リハビリテーション・センター建設のための土地の供与
　5. 被爆者に対する医療及び経済的援助のための特別法の成立
　6. 本協会の活動に対する経済援助

(2) 国際
　1. 日本-病院、療養所、リハビリテーション・センターの建設基金及び、原爆投下による身体的障害に対する賠償要求
　2. 米合衆国-病院、療養所、リハビリテーション・センターの建設のための資材

　上記の原爆協会設立趣旨書に掲載された要求には、3つの国が登場する。まず、韓国原爆被害者は自分たちの被害に対して日本側の責任を問うた。特に、原爆症による身体的被害を治療できる治療センターの建設や身体的被害に対する賠償問題などについては、韓国外務部が日本政府に要求してくれるようにと地道に訴えた。これに対して日本政府は、「日韓会談で補償問題はすべて解決した」とか、「韓国政府から先に提案してくれば人道的な解決策を用意する」という立場を示した。しかし、韓国政府は「韓日両国の友好関係上、日本側が先に自らその問題を提起しない限り困る」という態度を見せることによって、事実上、日本政府が韓国原爆被害者に対するいかなる措置も取らない結果を生んだ（姜壽元、2000）。

　韓国原爆被害者援護協会の結成初期に、韓国原爆被害者たちが原爆投下に対する米国の責任を問い、補償を要求した点は何よりも重要だ。韓国原爆被害者協会は1970年代初めまでは、韓国と日本のみならず米国にも病院と療養所、リハビリテーション・センターの建設に必要な資材を要求し、それに関連する要請文を出したり、集会を開く場合には必ず米国大使館側にもその内容を知らせたりした。駐韓米大使館側も、原爆病院を建てるために駐韓米国人や米軍を相手に募金運動を行う計画であると明らかにもした（京郷新聞、1968年10月3日）。1971年8月6日、曹渓寺（チョゲサ）で慰霊祭が終わった後のことだ。姜壽元・元原爆協会会長の記録によると、協会事務局長（当時）の鄭昌喜（チョン・チャンヒ）さんの引率の下、10人余りの協会会員が「米国政府も韓国原爆被害者に補償せよ」というプラカードを持って米国大使館の前に集まり、大使との面談を要求した。姜壽元（2000）は、この時のことを次のように記録している。『しかし、やはり大使には会えず、一等書記官に会ってしばらく面談した。彼は、原爆被害者が提示した米大統領に送ってほしい

---

[23] この趣旨書は朝日新聞から1975年に出版された『被爆韓国人』に掲載された日本語本の韓国原爆被害者協会設立趣旨文を翻訳して載せたものである。

というメッセージを見て、「これを大統領に伝えはするが、米国は歴史上これまで戦争補償をしたことがない。しかし、余剰物資など間接的な支援はする」という約束を得て帰ってきた』。

しかし、面談の後、何の追加措置もなかった（姜壽元、2000；デモの時期については韓国原爆被害者協会、1989：21）。韓国原爆被害者協会の資料には、この時期以降、米国側に対する要求が明示的に掲載されたケースはほとんど見つからなかった。事実上、1970年代以降、韓国原爆被害者協会においては米国に対する責任問題は扱われていなかったと思われる。

韓国原爆被害者たちは原爆投下に対して日本と米国に全責任を問うてはいたが、依然としてその対象は主に韓国政府を通じてであった。これは、韓国原爆被害者が、原爆投下の責任は米国に、そして戦争遂行の主体という点では日本にその責任があるということを明確にしたにもかかわらず、それとは別に、韓日請求権協定により韓日両国の間では被害者補償問題は解決されて、もはやすべての被害者補償問題は国内問題だという両国政府の立場による側面が強かったからだ。この時期の韓国政府の対応について、小林聡明（2022）は次のように整理している。韓国政府の内部では1967年に、外務部が青瓦台（大統領室）に被爆者緊急救護対策に関する嘆願書を提出し、国会の保健社会部分科委員会においては日本のような原爆特別法制定に対する請願書等に関する議論が交わされた。しかし、保健社会部は被爆者救護に関する生活保護法がない一方で、援護の対象になる人が多く、原爆被害者だけを特別に救済することは難しいと応対した。大韓赤十字社は、無料治療は難しいと言い、原子力院は放射能関連診療所はあるが、有料患者のみ対応すると答えた。事実上、韓国政府は初期の韓国原爆被害者の訴えに対応しなかった。その後、外務部は「韓国人救護の問題は国家レベルよりも民間レベルで行われなければならない」という見解を堅持した。

一方、1970年を前後して韓日協定以後、それに基づいて対日民間請求権に対する補償関係を規定するための法制定の動きが大きくなるや、原爆被害者の活動も他の請求権被害者団体の補償法制定要求と同様に、国内の特別法制定の動きに収斂されていった。1970年の「対日民間請求権補償申告に関する法律」、「対日民間請求権補償に関する法律」制定などを控え、韓国原爆被害者も自分たちの要求を反映させようと声を高めた（金丞垠、2012a）。韓国政府を相手に原爆被害者問題を解決しようとした意志は、韓国原爆被害者援護協会の結成当時、初代会長に洪淳鳳（ホン・スンボン）という人を、そして副会長に裵度煥（ペ・ドファン）を推戴したこととつながる。洪淳鳳さんは文教部長官を務めた著名人であるという点で推戴された人だったが、副会長だった裵度煥さんと同様に原爆被害者ではなかった。1970年代初期、韓国原爆被害者協会会長を歴任した姜壽元は、自身の著書の中で「彼らのように社会的に発言力のある人物を迎え入れて、被害者補償問題などに関連した対政府関連業務を円滑に推進しようと期待した」と顧みたことがある（2000）。このような事情は、1972年8月6日の慰霊祭を終えたあと、韓国原爆被害者協会が朴正煕（パク・チョンヒ）大統領（当時）宛に提出した陳情書にも書かれている。

協会が朴正煕大統領に提出した陳情書[24]

（前略）… 原爆後遺症は、外傷がないため、一見は何でもないようですが、いつも疲労しやすく、あらゆる病気に罹りやすく、いったん病気に罹ると容易に治らず、特に白血病、ガンなど難治の病気に罹る率が一般の人よりも数段高くなっています。(中略)…大統領閣下、我が国は解放されたとはいえ、途中6·25動乱（訳注：朝鮮戦争）をきりぬけ、再建建国途上の貧しい生計です。だれが被災民、戦傷者は我々だけだといって、あえて自分たち原爆被害者だけを優待してくださいというでしょうか。しかし、原爆後遺症の特異性は日本政府も認定しているように、被爆後の症状は固定したものではなく、潜在して常に進行し、子孫への遺伝まで心配しなければならないものです。このように気の毒な境遇にいる韓国原爆被害者を放置しておくのは人道的立場からもあってはならず、韓国両国のマスコミによって取り上げられ、良心的な日本人たちが罪責感からこの問題を取り扱い、訪韓慰問激励、医師団派韓、募金運動、診療所·病院の建立推進などの運動を展開しています。しかし、このような運動は民間の慈善運動であって、根本的な解決になることはありません。大統領閣下、私たちは、今まで何度も閣下にこのようなみじめな実情を訴え、陳情してきましたが、その都度閣下に上達されず、青瓦台秘書室から保健社会部に調査善処せよと回付されてきただけです。保健社会部実務者も私たちの境遇に同情し、気の毒には考えてくれてはいますが、該当する法条文がなく、予算もないために束手無策で放置されたままです。閣下、この問題は、事務レベルでは到底処理することはできません。閣下から関係部署に下令され、国内外の調査を行い、真相を知らせて対策を下命してください。

協会は、この陳情書において、1) 外務部で、韓日会談で取り上げられたことのない原爆被害者への被害補償を日本政府に要求すること、2) 保健社会部は、原爆被害者問題の調査立案のための予算措置をとること、3) 保健社会部は、国内原爆被害者の実態を徹底的に調査すること、4) 保健社会部は、日本の原爆医療施設や援護実態などを調査すること、5) 国会で、少なくとも日本の原爆医療法、同措置法なみの援護法を立法化すること、6) 大韓赤十字社は、日本赤十字社と交渉し、原爆被害者が援護支援を受けられるようにすること、7) 社団法人韓国原爆被害者援護協会を指導育成すること、8) 協会が日本民間の援助で計画中である原爆被害者福祉センター建立を支援すること、など、大きく8つのことを要請した。このうち、特に韓国外務部が日本政府と補償問題を論議することと、国内法の制定を通じた原爆被害者援護の要求は、団体が結成された初期から一貫して要求してきたのだった。

しかし、韓国政府を相手にした陳情活動はこれといった成果を収めなかった。特別法制定運動が代表的だ。1968年10月に開かれた国会保社部分科委員会に出席した当時の鄭・ヒソプ保社部長官は、「原爆被害者のための特別法を日本のように制定し、対日民間請求権資金から原爆被害者を補償しようという提案」に対し、「現実的に朝鮮戦争の後始末が残っており、特別法の制定は難しい」と答えた（韓国原爆被害者協会、2011：118）。1970年の「対日民間請求権補償申告に関する法律」、1975年の「対日民間請求権補償に関する法律」においても、その適用対象を「軍人軍

---

[24] 1972年8月6日、曹渓寺の慰霊祭式典で読まれる（韓国原爆被害者協会、2011:137）。

属または労務者として招集または徴用され、1945年8月15日以前に死亡した者」に限定することにより、原爆被害者は補償問題から除外された。政府はこの二つの法を制定した後、申告した遺族8,552人に限って1976年に慰労金として1人当り30万ウォンずつ支給したことで、事実上、植民支配および戦時動員による被害者の補償問題を終結させたのである（崔・ヨンホ、2009: 33）。

このように韓国原爆被害者協会の結成初期から、団体は韓国原爆被害者の被害責任を戦争遂行主体としての日本政府あるいは原爆投下主体としての米国政府、そして自国民を保護することが当然要求される韓国政府に負わせはしたが、その活動対象としては断然韓国政府が優先された。日本と米国の政府に対する要求と訴えは、韓国外務部と駐韓大使館という公式チャンネルを通じて行われた。

しかし、韓国政府は韓国原爆被害者の様々な訴えに対し、無視に近い対応で一貫した。このような韓国政府の態度については、日本政府から経済協力資金を滞りなく受け取るために、韓国原爆被害者問題をできるだけ両国の外交問題にさせまいとした韓国政府が、「請求権協定ですべて解決した」という日本政府の立場に逆らわないように行動してきたためだという指摘がある（金スンウン、2012a）。また、冷戦時代に米国が主導した戦後東アジアの支配体制下における韓米日同盟の構造が、事実上「（大量破壊兵器の使用を通じて戦争に勝利することにより残した惨状が、米国にとっては栄光であり、隠すべき恥であるという点で）原爆について取り上げたり想像したりすることを、構造的に防いだ無意識的装置」（鄭根埴、2005: 15）として機能していた時代的状況も考慮しうるだろう。

第二次世界大戦、より正確にはアジア・太平洋戦争における日本帝国の敗戦は、アジア諸国の脱植民地化を意味したが、同時にこれは米ソ対立による冷戦の始まりでもあった。植民統治と解放以降の米ソ占領が、近代的な意味での国民国家の建設を遅らせていた最中に起きた朝鮮戦争、そして西欧的な意味での脱冷戦以降も依然として続いている朝鮮半島の分断体制は、この地域の特殊な地政学的・歴史的状況に対する人類学的考察を必要とするという指摘（權・ホニク、2008）は、韓国原爆被害者の歴史を理解する上でも重要な示唆点を提供している。

植民と被植民の関係、そして植民支配に対する一般市民の政治的反感にもかかわらず、米国の核の傘の下で自国の安全を保障されて、経済成長を追求した韓日両国の「特殊な共謀関係」は、冷戦体制下の分断国家の内部で「核兵器」の「被害者」たちの声が聞こえないようにした。日本で孫振斗訴訟が第1審で勝訴判決を受けた1974年以降、日本政府は韓国原爆被害者を支援する立場を表明し、韓国社会においても原爆被害者問題がしばらく社会的イッシューになっていった時にも似たような状況が続いた。韓国政府は、同訴訟が最高裁判所で勝訴決定を受けた1978年以降も、韓国原爆被害者が要求した自国内での援護法や救済措置を設けなかった。韓国政府の原爆被害者救護に関する措置や政策は、1980年代後半まで事実上「棄民」そのものであり、どこにも存在しなかった。のみならず、次の章で考察するように、韓国政府は韓国原爆被害者の自助的救護活動と政治的連帯活動が外部、特に日本の社会主義や共産主義系の運動団体、それから朝鮮総連系の「左翼」団体につながることに、絶え間ない懸念と監視の視線を持ち続けた。

5. 冷戦体制下の韓国原爆被害者運動と消えた米国への要求

　韓国原爆被害者協会の設立で、韓国原爆被害者問題は大きな転換を迎えることになった。特に先に指摘したように、韓国政府は韓国原爆被害者問題を国家間の外交的事案ではなく民間次元の問題であると規定したために、民間交流に対しては多少許容的な姿勢を取った。そのため、韓国原爆被害者と日本の市民社会、そして在日同胞との交流が増加し始めた。1960年代中後半から韓国原爆被害者の実態を知らせる報道が日本で時々なされると同時に、「贖罪」と「慰労」の意を伝えるための日本の団体の訪韓、そして陝川など故郷の原爆被害者を支援するための在日韓国人の救護活動が着実に増えていった。それと共に、韓国原爆被害者協会の役員らが日本へ招待されるケースも増えた。役員らは日本へ渡って韓国原爆被害者の実態を報告し、救護と補償に対する声を上げ始めた。初期の韓国原爆被害者協会の主な活動は、前述したように、国内では主に韓国政府関係者やマスコミを訪ねて実態を知らせ救護を要求すること、そして対外的には交流を望む日本の団体と相互訪問して自分たちの存在を知らせることだった。

　ところが、このような背景の中で韓国原爆被害者協会の設立から20年が経つうちに、その活動において重要な特徴が見られるようになった。それはまさしく、協会に許された交流や対外活動が主に人道的救護や慰労、医療次元に限定され、それ以外の活動は厳しく制限されたということである。特に、韓国原爆被害者が原爆被害に対する責任を韓国、日本、米国などに問う行為は、政治的にさらに厳しく制限された。これは当時、韓国政府が、韓国原爆被害者の運動がいわゆる日本の「左翼」系とつながることに対する憂慮を強く持っていたためだった。例えば、1968年、韓国原爆被害者協会設立後に初めて開催された原爆犠牲者合同慰霊祭について、外務部北東アジア課は「予算が認められれば、今年8月6日に犠牲者4万人のための合同慰霊祭ないし鎮魂祭をソウルで開き、原爆展示会を開催する」という指針を打ち立てたが、驚くべきことにその趣旨は、「日本などの左翼系とは異なり、自由陣営の核兵器禁止のためではなく、近隣国家である中国が核兵器を発展させていることに対して、国民の警戒心を高めることにある[25]」ということだった（小林聡明、2022：4）。韓国原爆被害者たちが、先述したように、自分たちの存在と苦痛に対する責任を韓国、日本、米国に問うということは、いわゆる「自由陣営」の核兵器に対する批判を意味したため、韓国原爆被害者の存在が持つ政治的性格を最小化し、ただ彼/彼女らの身体的苦痛だけを訴えて救護することに限定させたのである。

　1960年代後半から劣悪な経済的状況で苦しみ続けてきた多くの原爆被害者の実情を考えるならば、救護金および慰労金などの経済的支援と医療的支援が重要な部分を占めるのは、一見自然なことのように見えるかもしれない。しかし、これは当時の政治・社会的雰囲気の中で、ほぼ唯一許された活動の方法が、救護金や人道的支援だったことを意味するものでもある。同時期

---

[25] 外交部の公開文書。「韓国人原爆被害者救護1968～1971」。外交文書公開番号4102。マイクロフィルムロール番号 C-0044。ファイル番号。19. フレーム番号。0001-0236。

に日本では、ヒバクシャ（被爆者）は反戦平和運動の象徴として、旧社会党や共産党系の運動団体が活発に被爆者支援活動をしていたことを考えると、韓国原爆被害者協会との交流に乗り出した日本の団体の場合、比較的に「政治色」が薄い団体がほとんどであった。例えば、1970年代初頭から協会と交流してきた日本の〈核禁会議〉（核兵器禁止平和建設国民会議の略称）は、1961年11月15日に学者、文化人、政党、政治家、労働組合などが主体となって結成した団体で、共産党や社会党系の反核団体よりは「政治色」が比較的弱かった。また、1970年代と80年代に協会に寄付金や慰労金を送っていた団体としては、日本の在日韓国人団体や宗教系団体をはじめ、「右翼系」の団体も少なくなかった。在日韓国人留学生スパイ団事件などで、日本の左翼運動陣営に対する韓国政府の警戒心が頂点に達した1970年代と80年代には、特にこのような雰囲気が強かった。こうした雰囲気の中で、原爆被害者個人の「渡日」行為も厳しく制限された。日本の団体から招待されたとしても、身元照会を経なければならず、日本でいわゆる「左翼」系の人物（朝鮮籍の在日同胞や総連に近い日本人）に会わないようにするための素養教育を受けなければならなかった。

　このように安保危機と反共言説が支配していた冷戦時代の韓国政治秩序の下で、韓国原爆被害者の活動に対する政治的制限は、韓国原爆被害者がこの問題に対する責任の所在を問う行為を抑圧する結果に繋がった。韓国と日本と米国は、それぞれ自国に責任の所在を問えないようにし、ひたすら身体的苦痛とそれに対する救護だけを中心にした韓国原爆被害者の声が聞こえるようにしたのだ。何よりもこのような制約と抑圧は、可視化されたものではなく、渡日のためのビザ発給のような越境行為において加害国が行政官僚制的な制約をするなど、微視的な権力作用を通じて行われた。すなわち、韓国原爆被害者の声を政治思想的に制約したのは、直接的な弾圧よりは、身元照会、ビザ発給の制限などを通じてであったし、渡日前の素養教育を通じてさらに行動半径を制約し声を抑圧することによって実行された。越境に対するこのような厳しい制約は、当時の時代的雰囲気の中では一般的であったが、それは日本へ行く場合には特にひどかった。分断体制下の南北双方の政権が維持してきた抑圧的な体制が、在日韓国人社会にまでつながっていたためだ。そして、このような雰囲気は、韓国原爆被害者たちと交流する日本の知識人や社会団体の活動家たちの実践様式にも影響を及ぼした。

　1971年の韓国訪問で初めて会った韓国原爆被害者との縁で、それ以来ずっと広島で韓国原爆被害者の渡日治療および被爆者健康手帳の取得を支援する活動をしてきた豊永恵三郎、〈市民の会〉広島支部長は、「1971年の訪韓以来、韓国原爆被害者の支援活動をしてきたが、1974年に協会会長だった辛泳洙さんの被爆者健康手帳取得のために証人を探す活動をすることになった。当時、協会会長だけでなく一般人の日本訪問はビザ発給の段階から難しかった時期だったが、特に辛泳洙さんの場合は、私たち日本人と会うにあたって非常に厳しい制約を受けていた。たとえば、日本で朝鮮総連系の人に会うのではないか、あるいは私たちが共産党や左翼勢力と関わっている人間ではないかを監視されていたのだ。彼は韓国に帰ると、誰とどのように会ったのかを情報当局にいつも報告しなければならなかった。我々も行動に気をつけた。なるべく政治的な傾向が強い人との接触には気をつけ、朝鮮総連系の人とも会わなかった。日本の情報当局も我

々の行動を警戒していた時期だった」と、その時期のことを振り返った。このような時代的雰囲気により、1975年に広島で朝鮮総連系の〈朝鮮人被爆者運動組織（慶尚北道宜寧（ウィリョン）出身の李実根（リ・シルグン）（1929年生まれ、朝鮮籍）が中心となる）が結成されたが、この組織と〈市民の会広島支部〉は直接の交流をしなかった。ともすれば日本を訪問した韓国原爆被害者たちに被害を与えるのではないかと心配したためだ。このような思想的制約の中で、韓国原爆被害者が出せる声は限定的だった。原爆に対する責任をきちんと問うことは、反政府あるいは反米主義的なこと、すなわち「体制不穏」なことと考えられたために、それを声高に叫ぶことは難しかった。

　1965年、日本人としては初めて韓国を訪問し、原爆被害者に会った平岡敬さんもまた、当時を「政治的に非常に抑圧的で良くなかった時だった。（韓国原爆被害者を支援する）キリスト教関連の団体に、日本人として行ったこと自体が非常に不穏に思われた。韓国原爆被害者を支援する日本人は共産主義に染まった人間だというレッテルが貼られ、日本の市民社会運動の一部の陣営でも韓国原爆被害者支援に対して反感を持った雰囲気[26]もあった」と顧みた。韓国原爆被害者たちがあまりにも孤立していた時期だった。

　広島の高校教師だった桑名靖治さんが、『季刊三千里』27号（1981）に投稿した「癒されぬケロイド：朝鮮人被爆三十六年間」を見てみよう。この文章は分断と冷戦が作り出した歴史的屈折の中で、日本の被爆朝鮮人支援団体の活動が、政治的発言や体制批判などのように被爆朝鮮人問題に対する構造的なアプローチよりは、「人道的支援」といった「非政治的」で「党派的に無色無臭」のように見える態度を取るしかなかった現実をよく示している。帰国船の沈没事故で遭難した広島三菱徴用工241名の遺骨の調査と送還を求めて1974年に結成された〈広島三菱重工業韓国徴用工被爆者遺族会〉を支援する日本の市民団体は、機関紙『ミツビシ徴用工』第2号（1978年4月15日）の記事に、遺族会会長の廬長壽（ノ・ジャンス）さんの訴えと韓国の状況を掲載し、支援運動の歴史と三菱石油の労働条件を告発する解説を掲載した。問題は、この記事が韓国の政治的状況や遺族会の事情を正確に書かず、日本の労働運動の脈絡にこの事件を結びつけていたために生じた論理的飛躍と強い政治的主張のせいで、韓国政府から思想的に問題があると認識された（桑名靖治、1981）。韓国の政治的状況に対する慎重なアプローチを取らないまま、日本政府を批判するかのように韓国政府の態度を批判したことが、徴用工の同志会と遺族会が「反政府的」団体であると疑われる契機になったというわけだ。結局、遺族会の訴えを掲載した廬長壽さんは、現体制を批判する勢力だと疑われ、韓国情報当局の尋問を受けた。日本の支援団体は、廬長壽さんが体制批判という政治的意図を持っていないことを釈明しなければならなかった（桑名靖治、1981）[27]。

26　平岡さんは、孫振斗さんが日本に密航し、密入国と不法滞在で収監されていながら訴訟をすることになった時、「なぜ外国人犯罪者に医療保障と社会保障をしなければならないのか」という反感があったと伝えた。

27　逆に、日本の国内政治的な脈絡で分裂した反核平和団体間の政治的見解の違いに対して、韓国原爆被害者や原爆被害者団体が敏感ではなかったために生じた出来事も少なくなかった。韓国原爆被害者の中には招待団体の政治的性格をよく知らないまま「人道的支援」を掲げた所の招請に応じる場合もあったが、そのために〈原水禁〉と〈原水協〉で

1 発表文

　韓国政府は、遺族会をはじめ韓国で活動する原爆被害者団体に対し、日本の市民団体が支援する際には「あくまでも人道的見地」に止まるべきであるという規範を頑なに守り続けた。結局、遺族会を支援する会は会を解散し、機関紙を廃刊することで、盧長寿さんと在韓被爆者の「純粋な訴え」の志を守らなければならなかった。支援団体を率いた深川宗俊[28]が、韓国を訪問するたびに空港で厳しい尋問の手続きを踏むことになったのも、変化の一つだった。

　このような雰囲気の中で韓国原爆被害者の運動、そのなかでも政府の監視が直接的だった韓国原爆被害者協会の活動は、国内の政治勢力との連帯においても制約を受けた。韓国ではほぼ唯一、1970年代半ばから反戦反核という立場から、韓国原爆被害者協会とともに原爆被害者運動を行ってきた〈韓国教会女性連合会〉の活動が代表的な例である。1974年2月、〈韓国教会女性連合会〉は、〈米国教会女性連合会〉の韓国訪問と日本平和会議への参加をきっかけに、平和運動の一環として韓国原爆被害者運動を開始した。尹普善（ユン・ボソン）元大統領の夫人である孔徳貴（コン・ドゥクィ）女史をはじめ、社会上層部のキリスト教系の女性たちが主に参加した運動だった。〈韓国教会女性連合会〉のそれまでの運動ともかみ合っていた。当時、〈韓国教会女性連合会〉が参加した〈日本平和会議〉では、孫振斗訴訟と関連して韓国原爆被害者問題がすでに主要なイッシューとして扱われていたが、これは彼女らがすでに進めてきていた在日韓国人の人権運動（朴鐘碩（パク・チョンソク）さんの日立入社闘争裁判）がある程度結実しているという判断の下、新しい運動の領域を探している時だった。

　こうして始まった〈韓国教会女性連合会〉の活動は、主に原爆被害者救護のための基金準備と広報などに焦点が合わされたが、そのうち最も目立ったのは韓国原爆被害者実態調査活動だった。1974年の秋、韓国原爆被害者協会の依頼と協力で行われた最初の実態調査、1977年に日本で開かれる反戦反核平和国際シンポジウムに参加するために行われた2回目の調査、そして1979年に〈米国長老教女宣教会〉の後援で行われた調査の計3回にわたる調査がそれだ。〈韓国教会女性連合会〉は当時、この実態調査を整理報告し、韓国のみならず米国や日本など海外においても広報活動を行う予定だった。ところで、この調査のうち後の2回の調査は、当時『東亜日報』の解雇記者たちが結成した〈東亜闘委〉に依頼して行われた。解雇記者たちの生計が脅かされる状況で、調査費を支給することによって記者らを後援する一環でもあった。そのうち最後に行われた実態調査の結果は、10・26事態（訳注：1979年10月26日に発生した朴正熙大統領暗殺事件）と光州民主化抗争などの政治的荒波の中で、調査を担当した『東亜日報』の解雇記者に対する弾圧として資料を押収されるなど、出版に紆余曲折があったが、1983年に政局が多少安定化するとと

は〈核禁会議〉が招待した韓国原爆被害者を「（朴正熙）反動傀儡政権の手先」と呼んで批判するようなこともあった（桑名靖治、1981）。

28　深川宗俊は1970年代、「韓国人原爆被害者徴用者同志会」、「韓国原爆被害者三菱徴用者被害補償闘争委員会」、「三菱重工業韓国徴用工被爆者沈没遺族会」の結成を促し、彼/彼女らを支援する「三菱重工業韓国人徴用工被爆者沈没遺族会を支援する会」を作って、三菱重工業と未払い賃金の支払いや遭難者の遺骨発掘・返還などを交渉する活動に取組んだ。

もに、〈市民の会〉の支援を得て出版することになった (韓国教会女性連合会、1994)。
　1970年代後半、〈市民の会〉の世話人で、今は〈市民の会〉の会長を務める市場淳子は当時、韓国を訪問して原爆被害者を支援し、〈韓国教会女性連合会〉と交流した時期の政治社会的雰囲気を覚えていた。「もしかして誰かが私たちの後を追って監視するのではなかろうかと心配して、〈韓国教会女性連合会〉の建物に入る時さえあたりを見回したり、入ってからは声が漏れるのではないかとひそひそと話したりしていた時だった」。彼女もまた、〈市民の会〉広島支部長である豊永さんと同様に、日本での政治活動を自ら厳しく制限し、ひょっとして自分たちの行動のせいで韓国原爆被害者たちに累が及びはすまいかと、気をつけたと話した。1987年6月の民主化抗争の熱気がまだ収まっていない8月6日、韓国原爆被害者協会の最も重要な年中行事である「韓国人原爆犠牲者慰霊祭」が開かれた。毎年その行事に参加して韓国原爆被害者たちと話を交わしていた市場淳子会長は、慰霊祭の後にあった会食の席で、「その方々が初めて朝鮮戦争当時をどのように過ごしたのかを話された。1970年代末から韓国原爆被害者の口述生活史をたくさん聞いてきたが、朝鮮戦争に関連した体験はただの一度も聞かれなかった。民主化宣言がその重い蓋を開けたんだなあと、非常に驚いた」と、当時を振り返った。もちろん、この時期にも依然として韓国原爆被害者の活動は監視されていた。1980年代後半、韓国に留学し、韓国原爆被害者の所在を把握し、日本で手帳を受け取れるように支援していた日本のある市民団体の会員は、自分の郵便物が監視されたり、ソウルで滞在していた家に情報当局から電話がかかってきて自分の所在を把握したりした記憶を持っていると話してくれた。
　ところが、いわゆる日本と韓国の「左翼運動」陣営との連携に対する監視は、韓国原爆被害者自身の活動と発言についての自己検閲にも影響を及ぼした。2010年になって韓国原爆被害者協会に初めて加入したある会員とのインタビューからも、このような時代的雰囲気が読み取れる。被爆当時8歳だった彼は、母親を早く亡くし、父親も被爆死した後に帰国したが、その後親戚の家で苦労して暮らした。幸いに軍隊へ入ってからは、運が良くて進級が早かった。ベトナムへの派兵を控えて、下士官として小隊一つを率いて訓練を受けたのだが、保安調査でひっかかった。それは、彼の父親の (被爆で死亡した後の) 死亡届が出ておらず、'行方不明' 状態であることに加えて、日本で生まれたことが問題だった。「大統領夫人が朝鮮総連系の人に暗殺されたという時代に、軍人として勤務しながらなぜ私が日本で生まれたと言えるのですか。身元照会で、日本で生まれたことが分かれば、それだけでもアカ (訳注：共産主義者) だと疑われるのではないかと心配していた時に、どうして私が原爆被害者だと言えますか。実際、あの時代には耳にかければ耳輪、鼻にかければ鼻輪であるというように、何をどう問題にして言いがかりをつけられるか分からない時じゃないですか。だから私は隠しました。」彼は原爆被害者であることのみならず日本で生まれたことさえ、2009年に最後に勤めていた会社を退職するまで誰にも話さなかった。この事例は個別的なこととして韓国原爆被害者の中でもドラマチックなほうではあるが、このような雰囲気が、韓国原爆被害者協会が設立されてから20数年後の時代的雰囲気だったことを推察できる。反体制的または反政府的な人物であるという烙印を押されないために、多くの韓国原爆被害者が韓国政府や米

国政府に対して、その責任を問う行為に積極的に声を上げることは現実的に不可能だったのだ。

　東アジアの冷戦体制下で、米国主導の韓国および日本との安保協力は、韓国原爆被害者の存在と彼/彼女らの声を抑圧する地政学的構図だった。しかし、このようなマクロ的なレベルの政治秩序と構造は、日本と韓国それぞれの国内の政治勢力に対する監視とも結びつき、特に共産主義および社会主義運動団体と韓国原爆被害者が関わり合うことに対する徹底した監視と検閲につながった。韓国原爆被害者協会を中心にした原爆被害者運動が、当局の監視下で政治的には急進的な声を上げることが容易ではなかった現実は、このような構造を反映している。そして、そのような影響の中で、初期の韓国原爆被害者運動において提起されていた米国の責任に関する問題提起や補償要求などは急速に消えつつあった。

6. おわりに

　2016年に広島で行われたオバマ元大統領の演説は、「雲一つなく晴れわたった朝、空から死が降ってきた」という言葉で始まる。2023年に公開された映画『オッペンハイマー』は、トリニティ核爆弾実験を成功裏に終えたことを祝う人々の間に苦しむ人々の幻影を重ねる方法でエンディングを飾った。しかし、オバマ大統領の演説と映画『オッペンハイマー』のエンディングシーンは、広島と長崎の原爆を描写する最も誤った米国的クリシェだ。米国軍部とマンハッタン・プロジェクトチームは、原子爆弾を落とす前からその実際の破壊力がどの程度なのかを知りたがっており、広島と長崎は軍事都市ではあったが、爆弾投下を目標にした地点には民間人がより多く住んでいるという点も知っていた。

　広島の爆心地から北西に半径1.5キロ以内には、朝鮮人が多く住んでいた被差別部落の福島町があった。ここに居住していた多くの朝鮮人にとって原爆は死であったが、また生き残った人には生涯を通じて、そしてある人たちには代を継いで、苦痛を負わせた。彼/彼女らは被植民地の人間として日本で原爆を経験しなければならず、米国の在日朝鮮人帰還政策によって家財もまともに整理できず、被爆した身を引き摺って故国に帰らなければならなかった。解放後の政治的混乱と朝鮮戦争、そしてそれに続いた経済的窮乏は、彼/彼女らが新たに生活基盤を整えることさえ難しくしただけでなく、原爆後遺症に対する治療をまともに受けられる最小限の環境さえも提供しなかった。韓国に帰還した原爆被害者たちは、様々な劣悪な環境の中にあっても、1965年に行われた韓日間の外交正常化と、日本の原爆医療法と原爆特別措置法が成立したことをきっかけに、自分たちの声を合わせて韓国と日本そして米国政府に伝えようとした。

　だが、朝鮮半島の分断と深刻な安保緊張、冷戦体制下で続いた韓国原爆被害者運動に対する政治的な抑圧と検閲は、彼/彼女らの声から政治的な急進性を積極的に消していった。検閲と政治的抑圧により、原爆投下の責任と補償に対する彼/彼女らの要求は「政治的に危険であってはならない」という枠にはめられ、彼/彼女らの声はただ損傷した体に対する民間次元での救護

を訴えることに矮小化された。

　しかし、韓国原爆被害者たちは初期から原爆を投下した主体である米国に対して明確な責任を問い、強大国の間で犠牲になった自分たちの存在が「核時代の十字架」であることを自覚していた。1975年に出版された朴秀馥の韓国原爆被害者30年の記録『声もない名もない』の序文には、原爆被害者協会会長（当時）の辛泳洙さんの短い挨拶が載っている。彼は原爆投下後30年が過ぎても後遺症と貧困の悪循環の中で苦しむ原爆被害者に対する韓国社会の無関心と冷遇に絶望しながらも、一方でその存在を不可避な犠牲であるとのみ考えるのではなく、私たちの時代が深く考えなければならない「より現実的なテーマ」として扱うべきだと強調した。

　辛泳洙さんの言葉のように「核時代の十字架」を背負った人々は、苦痛の中でも自分たちの声を上げようと努力し闘争してきた。しかし、この十字架を彼/彼女らに背負わせた主体は、それを不可避な犠牲だったと正当化し、その責任に背を向けている。何よりこのような正当化の仕組みは、より広い脈絡では20世紀の核兵器を中心とする世界覇権体制と強く結びついている。そういう点から、韓国原爆被害者たちは冷戦体制下の核の地政学、反共主義、ポスト植民主義の観点を複合的に批判できる存在でもある。彼/彼女らは決して沈黙したことがなく、いつも自分たちの声を上げてきた。重要なのはその声に共鳴し、継続していくことだ。この国際討論会がその場になることを願う。最後に、故 辛泳洙 韓国原爆被害者協会元会長の言葉をもって発表を終えたいと思う。

> 韓国被爆者は、純然に他意によって自分の欲望と幸福を奪われ、踏みにじられたのである。私たちは誰も分かってくれる人もなく、強大国間の戦争の犠牲になり、人類史上空前の非人道的兵器の犠牲になって、いわば核時代の十字架を一人で背負って死んでいく無念な集団なのだ。個を無視した全体が何の役に立ち、個々人の健康と幸福を踏みにじって、何の世界平和があり得るだろうか。韓国社会は、いや全人類は、私たち韓国原爆被害者の惨状に目を向けなければならない。その原因を探り、是非を問い、考えてみなければならない。その対策を講じて救済しなければならず、また再びこのような不幸と不条理が地球上で再発しないように肝に銘じることが、すなわち世界平和への道でもあるのだ。繰り返しになるが、韓国人被爆者の問題は決して過ぎ去った昔の話ではない。より現在的な、私たち人類が深く考えなければならない、人類自身の課題が込められた、より現実的なテーマでもあるのだ。
> 　　− 辛泳洙、「核の犠牲者は興味ない存在なのか」、朴秀馥『声もない名もない』の序文から

1 토론문

한국원폭피해자의 입장에서 본 히로시마·나가사키 핵무기 투하의 역사적 의미

오쿠보 겐이치
일본반핵법률가협회 회장

시작하며

저는 일본반핵법률가협회, 일본변호사연합회 핵무기폐절부회, 핵무기폐절일본NGO 연락회, 핵무기를 없애는 일본 캠페인, 비핵정부를 추구하는 모임, 노모어 히바쿠샤 기억유산을 계승하는 모임 등에서 활동하는 시민사회의 일원입니다.

제 임무는 오 선생의 「한국인 피폭자의 입장에서 본 히로시마·나가사키 원폭투하의 역사적 의미」라는 제목의 보고에 대한 코멘트인데, 저에게는 오 선생의 망라적이고 전문적인 보고에 대해 전면적으로 코멘트할 능력이 없기 때문에 몇 가지로 좁혀 코멘트하도록 하겠습니다.

첫째는 피폭자를 낳은 가해자의 확인입니다. 둘째는 한반도에서의 무력충돌은 절대로 피해야 한다는 것입니다. 셋째는 핵 피해의 실정을 어떻게 계승하고 많은 사람들에게 '자기 일'로 생각하게 하는가입니다.

또 이 코멘트를 계기로 우리 일본반핵법률가협회가 2016년부터 2023년까지 8년간 연속적으로 기획해 온 '조선반도의 비핵화를 위하여'를 주제로 하는 의견교환회의 성과도 언급하고자 합니다.

이 의견교환회는 한국 변호사, 조선대학교 교원, 중국인 연구자, 야마다 토시노리 선생 등 일본 연구자, 재일 변호사, 반핵평화운동가와의 협력을 통해 진행되어 왔습니다. 특히 한국의 최봉태 변호사는 매번 참석하고 있습니다. 2020년과 2021년에는 한국원폭피해자협회 이규열 회장도 참석해 '민중법정' 이야기를 듣고 있습니다.

그때 우리가 배려한 것은 남한뿐만 아니라 조선민주주의인민공화국(이하 '북한')의 상황을 아는 분들의 협조를 얻는 것이었습니다. 한반도의 비핵화를 요구한다면 북한을 제외하고 생각할 수 없기 때문입니다.

덧붙여 의견교환회의 성과는 일본반핵법률가협회의 기관지 「반핵 법률가」에 게재되어 있다는 것을 전해 두겠습니다.

1. 애매하게 여겨지는 투하 책임

1) 누구도 한국인 피폭자에 대한 책임을 자각하지 않는다

한국인 피폭자들에게 도탄의 고통을 주고, 또 계속 주고 있는 것은 원폭을 투하한 미국, 식민지 지배를 하던 일본, 구제의 손길을 내밀지 않은 한국 정부입니다. 어느 정부도 피폭자에 대한 책임을 자각하고 있지 않습니다.

【미국의 경우】

오 선생은 서두에서 2016년 히로시마에서 버락 오바마 당시 미국 대통령의 "71년 전 구름 한 점 없이 맑은 아침, 하늘에서 죽음이 떨어졌고 세상이 변했다"는 연설을 인용하며 오바마는 "핵무기 투하의 주체"에 대해 언급하지 않았다고 지적했습니다.

확실히 원폭 투하로 인해 '세상이 변했다'고 말할 수 있을 것입니다. 왜냐하면 인류 사회는 인간이 만든 것에 의해 멸망할 수도 있는 '핵의 시대'에 접어들었기 때문입니다.

하지만 원폭은 자연 현상으로 '하늘에서 떨어진' 것이 아닙니다. 미국이 의도적으로 투하한 것입니다. 오바마 연설은 그 일을 모호하게 하고 있습니다. 투하 주체를 애매하게 한 채로, 그 책임 등을 자각할 리 없습니다. 미국에는 가해자로서의 자각이 없는 것입니다. 그것은 피해자의 존재를 무시하고 있다는 것을 의미합니다. 미국은 피폭자의 존재와 그 용인하기 어려운 피해를 무시하고 있습니다.

만약 미국이 피폭의 실상을 직시하고 그 '괴멸적 인도상의 결말'을 안다면 투하 책임을 자각할 뿐만 아니라 핵무기에 의존하는 정책 등을 취하지 않을 것입니다. 오히려 미국은 원폭 투하에 대해 전쟁을 조기에 종결시켜 희생자 수를 줄였다거나 식민지 해방에 도움이 되었다고 말합니다. 원폭 투하를 정당화하고 있는 것입니다.

1 토론문

【한국의 경우】

다음으로 선생님은 2023년 윤 대통령의 "우리 동포들이 원자폭탄 피폭을 당할 때 우리는 식민 상태였고, 해방 그리고 독립이 됐지만 나라가 힘이 없었고 공산(북한) 침략을 당하고 정말 어려웠다. 우리 동포들이 타지에서 고난과 고통을 당하고 있는데 대한민국 정부, 국가가 여러분 곁에 없었다"는 연설을 인용하며 피폭 한국인들의 고통에 대한 한국 정부로서의 책임을 명시하지 않았다고 지적합니다.

그리고 피폭자의 고통을 일반적인 전쟁의 참화와 같은 수준으로 다루고, 그 피해의 특수성을 비가시화하고 있다고 합니다. 한국 정부도 '식민지 지배'와 '공산 침략'이라는 외인(外因)을 탓하며 피폭자 구제를 하지 않은 것에 대한 반성이 없다는 지적입니다.

어느 정부도 요구된 것은 하지 않고, 요구되지 않은 것을 하는 경우가 있습니다. 일본 정부는 '검은 비' 피폭자, '비키니 핵실험' 피폭자 등의 구제에는 소극적이지만 원전 재가동 정책은 적극적으로 추진하고 있습니다.

【일본의 경우】

게다가 선생님은 히로시마 평화공원에 있는 "편안하게 잠드세요. 잘못은 되풀이되지 않을 테니까"라는 비문도 주어가 애매하다고 합니다. 분명 그 말이 맞고, 여기서도 누가 '잘못'을 저질렀는지가 모호하게 되어 있습니다.

저는 예전에 한 학생으로부터 이 비문에 대한 감상을 요청받은 적이 있었습니다. 나는 다음과 같이 대답했습니다(졸저 『핵의 시대와 헌법 9조』 일본평론사, 2019).

"돌아가신 분에 대한 진혼의 말로 무겁게 받아들이고 있습니다. 갑자기 일상생활을 빼앗긴 사람들이 많이 있습니다. 죽음을 면한 분들에게도 필설로 다할 수 없는 어려움이 기다리고 있었습니다. 핵무기금지조약 전문에서 히바쿠샤의 '용인할 수 없는 고통과 피해'라고 표현된 대로입니다.

다만 우리에게는 편안한 잠을 빌 뿐만 아니라, 이러한 사태가 두번 다시 일어나지 않도록 하기 위한 노력이 요구되고 있습니다. 또 누가 잘못을 했는지에 대해서도 애매합니다. 투하한 것은 미국입니다. 의도적인 행위이지 과실이 아닙니다. 그리고 미국은 그것에 대해 반성도 사과도 하지 않고 있습니다.

일본 정부는 피폭도 다른 전쟁 피해와 마찬가지로 '수인(受忍)해야만 하는 것'이라고 하고 있습니다. 투하의 원인이 된 침략 전쟁에 대한 반성도 불충분합니다. 그런 의미에서 진혼은 필요하지만 이 말이 서 있는 위치에 머물러 있는 것만으로는 진정한 의미의 진혼이 되지 않는다고 생각하고 있습니다."

학생에게서 "진혼의 의미를 생각하게 되었습니다"라는 대답이 왔습니다.

2) 가폭자는 없는가, 가폭국은 없는가

일본 제국이 조선을 지배할 당시 부모가 징용되어 히로시마에서 생활하고 있던 심진태 씨는 "전범국인 일본에 강제로 끌려간 한국인이 왜 폭사하고, 원인을 알 수 없는 병에 시달리며 죽어가야 하는지 원폭을 투하한 미국에 묻고 싶습니다.", "'피해자는 있지만 가해자는 없다'는 현실은 도저히 이해할 수 없습니다. 이제부터라도 가해자의 책임을 규명하고 피해자의 마음의 응어리를 풀기 위해 민중법정에 참여하기로 했습니다."라고 말하고 있습니다. 심진태 씨는 '가해자가 없다'는 것을 심각하게 묻고 있는 것입니다.

이에 대해 2016년 개최된 '조선반도 비핵화를 위하여' 의견교환회에서 조선대학교 고연의 선생은 다음과 같이 보고했습니다.

"핵 없는 세계라는 대사로 노벨평화상을 받으면서 한반도 비핵화도 이루지 못한 말뿐인 대통령에게 어디까지 계속 속을 것인가. 피폭국, 피폭자라는 말은 있습니다만, 그 쌍이 되는 말로 굳이 가폭국, 가폭자라는 말을 제안합니다. 피폭국이라는 말만 혼자 걷고, 누가 원폭을 투하했는지 돌아볼 말이 없습니다. 가폭국이라는 말의 발명은 노벨언어학상이라고 생각합니다."

고 선생은 가폭자가 없는 것에 대해 분노를 느끼고 있었던 것입니다.

3) 핵을 둘러싼 현재의 상황

저도 원폭 투하는 자연 현상이 아니고, 인간이 인간에 대해 행한 '세계가 변하는 행위'였다고 생각합니다. 원폭은 오펜하이머가 말한 것처럼 '저승사자이자 파괴자'인 것입니다. 핵확산금지조약(NPT)은, 핵전쟁은 "전 인류에게 참해를 초래한다"고 했고, 핵무기금지조약(TPNW)은 핵무기의 어떤 사용도 "괴멸적 인도상의 결말"을 초래한다고 했습니다.

한편 원폭을 누가 사용했는지는 누구나 알고 있지만, 그 책임은 추궁당하고 있지도 않고, 재판받지도 않았습니다. 그 작업이 이루어지지 않는 한, 핵무기 국가는 핵무기 의존을 계속할 것이고, 핵무기에 의존하려는 국가는 늘어날 것입니다.

1 토론문

　현재 일본과 한국은 미국의 '핵우산' 의존을 강화하고 있고, 북한은 핵무기 선제 사용 정책을 표명하고 있습니다. 한반도에서는 핵 대 핵의 대립이 격렬해지고 있는 것입니다. 러시아는 핵무기 사용을 암시하면서 우크라이나에 대한 침략을 계속하고 있습니다. 이스라엘도 핵을 흘리면서 가자지구에서의 대량학살을 막으려 하지 않습니다. 스웨덴과 핀란드는 NATO에 가입하고, 폴란드도 '핵 공유'를 희망하고 있습니다. 핵무기가 '복권'되고 있는 것입니다.

　국제정세를 잘 아는 입장에 있는 구테레스 유엔 사무총장은 냉전 시대보다 핵무기 사용 위험성이 높아지고 있다고 경고하고 있습니다. 미국의 핵무기 전문가들은 '종말'까지 90초로 보고 있습니다. 핵전쟁의 위기가 다가오고 있습니다.

4) 피폭자의 존재 잊지 말아야

　저는 핵 문제를 생각할 때 기초에 두어야 할 것은, 역사상 누구도 맛보지 못한 '용납할 수 없는 고통과 피해'를 입은 피폭자의 존재라고 생각합니다. 그 고통에는 육체적·정신적 고통에 그치지 않고, 사회의 무지와 편견으로 인한 고통도 포함되어 있습니다.

　그리고 그 피폭자는 "우리를 마지막 피폭자로 만들어 달라"고 하고 있습니다. 저는 그 결의가 인류 사회의 미래를 향한 호소라고 받아들이고 있습니다. 핵무기는 인간이 만든 것이면서도 인간이 제어할 수 없는 힘으로 인간에게 덤벼듭니다. 그래서 핵무기는 '악마의 무기'이자, 최종 무기입니다.

　'인류와 핵무기는 공존할 수 없다'는 것은 1945년 8월 히로시마·나가사키의 '피폭 실상'에서 분명해집니다. 핵전쟁이 초래하는 '핵의 겨울'에 대한 연구도 공표되고 있습니다. 핵전쟁을 '강 건너 불구경' 할 곳은 없습니다. 우리는 인류의 일원입니다. 핵무기와는 공존할 수 없는 입장에 있는 것입니다.

　우리는 핵무기를 한시라도 빨리 없애야 합니다. 핵무기가 존재하는 한 그것이 의도적으로 사용될 뿐만 아니라, 사고나 오해 등 의도하지 않은 원인에 의해 사용될 수 있기 때문입니다. 핵확산금지조약을 보완하는 것으로 핵무기금지조약이 만들어진 배경에는 이러한 사정이 있음을 잊지 말아야 합니다.

5) 핵무기 폐절은 끝없는 꿈이 아니다

오바마 전 미국 대통령은 '핵 없는 세계'를 호소했습니다. 하지만 그는 "내가 살아 있는 동안은 무리일지도 모른다"고 했습니다. 그 오바마를 존경한다는 기시다 후미오 총리도 '핵 없는 세계'를 요구한다고 합니다. 하지만 그것은 '미래 영겁의 꿈'이라고 합니다. '미래 영겁'이란 끝없이 긴 세월이라는 뜻입니다. '끝없는 꿈'이라고 합니다. 요컨대 그들은 '핵 없는 세계'를 말하지만, 지금은 무리라며 '영원한 저편'으로 몰아가고 있는 것입니다. '핵 없는 세계'의 실현을 매우 중요한 과제로 삼고 있는 우리와는 그 점에서 큰 차이가 있습니다.

저는 핵무기 폐절은 결코 '끝없는 꿈'이라고 생각지 않습니다. 그 이유는 애초에 핵무기는 인간이 만든 것이기 때문입니다. 인간이 만든 것이 아니라면 그것을 인간의 힘으로 없애는 것은 불가능할지 모르지만, 핵무기는 결코 그렇지 않습니다. 물리 법칙과 기술력으로 만든 '인공물'입니다. 없애려는 의사가 있다면 물리적 해체가 가능합니다.

실제로 1986년 당시 7만 발이었던 핵탄두는 현재 1만 2,500발 정도로 감소했습니다. 게다가 그것은 미국과 소련(러시아) 사이에 상호 검증되는 형태로 감축되어 온 것입니다. 감축된 핵무기의 수가 남아 있는 수보다 압도적으로 많습니다. 정치적 의사가 있으면 핵무기는 없앨 수 있습니다. 우리가 그 일에 확신을 가집시다.

6) 무엇부터 시작할 것인가

그러면 문제는 핵무기국의 정치 지도자들에게 어떻게 핵무기 폐절 의사를 갖게 할 것인가입니다. 정치인에게 영향을 주는 왕도는 시민사회가 핵무기 폐절 의사를 가지고 그것을 정치인에게 실행시키는 것입니다.

그럼 시민사회가 그 의사가 생기도록 하기 위해서는 무엇부터 시작할 것인가입니다. 그것은 우선 핵무기가 인간에게 무엇을 가져다 주었는지를 알게 하는 것입니다. 원폭 투하의 정당화 이유의 기만을 파헤치는 것이나 핵무기에 의존한 안전보장(핵억제론)은 허망할 뿐만 아니라 위험하다는 것을 인식하는 것도 필요하지만, 무엇부터 시작해야 하는가 하면 '피폭 실상'의 공유라고 생각합니다. 사람은 사실을 부정할 수 없기 때문입니다. 피폭자가 '피폭의 실상'을 구전하는 것에는 그런 의미가 있습니다.

1) 토론문

7) 원폭 투하는 불법

원폭 투하를 명령한 미국 대통령 트루먼은 투하 직후, 원폭은 "우주의 근원적 에너지"를 이용한 것이며, "극동에 전화(戰禍)를 일으킨 자들에게 해방되었다"고 연설했습니다. 트루먼은 원폭의 위력을 잘 알고 있었던 것입니다. 그것을 "극동에 전화를 일으킨 자"에게 사용한 것입니다. "극동에 전화를 일으킨 자"란 일본 제국으로 조선을 식민 지배하는 자를 말합니다. 트루먼은 원폭의 특수한 위력을 알면서도 원폭 투하는 식민지 해방에 도움이 된 것처럼 말하고 있습니다.

제가 이 연설에 대해 지적해 두고 싶은 것은 두 가지입니다. 하나는 원폭 투하는 식민지 해방에 도움이 되었는지 여부입니다. 또 하나는 도움이 된다면 원폭 투하가 허용되는지 여부에 대한 문제입니다.

원폭 투하가 식민지 해방에 도움이 되었는지 여부는 "원폭 투하는 전쟁의 종결을 앞당기고 많은 인명을 구했다"는 언설과 마찬가지로 그 결론이 엇갈리고 있습니다. 나는 그러한 언설들이 원폭 투하를 정당화하기 위한 요론(오류론)이라고 생각하기 때문에 설득력을 인정하지 않습니다.

하지만 그 언설을 믿고 있는 사람이 있는 것은 사실입니다. 그래서 문제는 그런 사람들과 어떤 논점으로 논의를 하느냐입니다. 그것은 식민지 해방이나 전쟁의 조기 종결이라는 '대의'가 있으면 핵무기 사용이 허용되는가, 허용되지 않는가의 문제입니다.

원폭은 핵분열 반응이 초래하는 방대한 에너지(고열, 폭풍, 방사선)에 의해 무차별적이고 대량으로 사람들을 살상합니다. 인간이 만든 것도, 인간이 만들 수 없는 것도 파괴합니다. 게다가 그 살상 방법이 잔학합니다. 그리고 그 악영향은 세대와 국경을 초월합니다. 이것들이 '핵무기의 특성'이자 '우주의 근원적 에너지'인 것입니다. 그런 강력한 무기를 사용해도 되는가의 문제입니다.

이 논점에 대해 국제인도법은 전투의 방법·수단이 무제한이 아니라고 합니다. 무차별적 살상이나 파괴를 초래하는 무기나 병사들에게 잔학한 죽음을 초래하는 무기 등의 사용을 금지하고 있습니다. '원폭 재판'은, 이 법리가 1945년 8월 당시 이미 확립되어 있었다고 판단하고 있습니다.

이 판단 틀에 따르면 전쟁의 조기 종결을 위해서든, 식민지 해방을 위해서든 원폭 투하는 허용되지 않는 불법 행위입니다. '대의 달성'을 위해서라고는 하지만 그 방법과 수단이 비인도적이어서는 안 됩니다. 비인도적 방법과 수단에 의한 목적 달성은 부정의이며 위법한 것입니다.

저는 이 '민중법정'의 시도가 미국에 그 '부정의'와 '위법성'을 자각시키기 위한 운동이라고 이해하고 있습니다.

2. 한반도에서의 무력충돌은 절대로 피해야 한다

지금 일본 정부는 중국, 북한, 러시아를 안보상의 중대한 위협으로 삼고 있습니다. 그 위협과 대항하기 위해 자위대의 강화뿐만 아니라 범국가적인 방위력 강화가 필요하다고 합니다. 또한 확장억제 강화를 포함한 미·일 동맹 강화를 도모하고 있습니다. 얼마 전 미·일 공동선언은 미·일 동맹의 글로벌 파트너화를 확인하고 있습니다. 저는 일본판 '선군 사상'에 기초한 현대판 '국가 총동원 체제'의 확립이 진행되고 있다고 우려하고 있습니다.

제가 여기서 말하고 싶은 것은 일본 사회가 북한의 핵과 미사일에 과잉이라고 할 만한 대응을 하고 있는 것에 대해서입니다. 북한이 미사일을 발사할 때마다 일본에서는 J 경보가 발령됩니다. 모든 텔레비전이 그 일로 일색이 됩니다.

저는 그 광경을 접할 때마다 2017년 의견교환회가 생각납니다. 이 의견교환회에서 최 변호사와 고 선생은 한반도에서 무력충돌이 일어나면 모든 것이 파멸한다는 의견에 일치했습니다. 저도 맞는 것으로 알고 있습니다.

하지만 또 한 가지 충격을 받은 것은 재일동포 3세인 김용개 변호사의 "무력충돌이 일어나면 일본 내에서 조선인에 대한 제노사이드가 일어날 것"이라는 우려의 표명이었습니다. 김 변호사는 일본인에 의한 재일동포 대량학살을 걱정하고 있었습니다. 여기서는 한반도에서의 '파멸'과 일본 내에서의 '조선인 학살'이라는 두 가지 공포가 이야기되고 있습니다.

저는 이 공포를 기우라고 말할 수 없었습니다. 왜냐하면 '삼광작전', '원폭 투하', '베트남 선미 학살', '이라크 팔루자 학살' 등 전시에서의 무차별적인 잔학 행위를 알고 있기 때문입니다. 또 관동대지진 때의 '조선인 학살'도 잊을 수 없기 때문입니다. 그리고 나에게는 광기의 집단에 의한 재일조선인에 대한 습격을 멈출 힘이 없습니다.

한국전쟁이 재연되면 그런 사태는 현실화될 것입니다. 만약 그렇게 된다면, 나는 미국의

1. 토론문

무자비한 살육과 파괴를 저지할 수 없고, 편협과 광기에 사로잡힌 일본인 그룹의 재일조선인에 대한 포학도 저지할 수 없다는 식으로 가해자의 한 무리가 되고 말 것입니다.

그래서 우리는 어떤 일이 있어도 한반도에서의 군사 충돌을 피해야 합니다. 또한 군사 충돌이 일어나면, 핵무기 사용 위험성이 높아집니다. 그런 위험한 사태가 발생하지 않기 위해서는 핵무기 사용의 실상을 체험하고 있는 피폭자의 발신이 요구됩니다. 우리는 한국전쟁을 종결시켜야 합니다.

3. 피폭자 운동을 어떻게 계승할 것인가?

피폭자의 고령화가 진행되고 있습니다. 그것은 피할 수 없는 사태입니다. 우리에게는 "인류와 핵무기는 공존할 수 없다", "피폭자는 우리를 마지막으로 해달라"고 싸워 온 피폭자의 운동을 계승해 '핵 없는 세계'를 실현해야 합니다. 그 대전제는 '핵 없는 세계'의 실현은 결코 피폭자만의 과제가 아니고, 자기 자신도 포함하는 '전 인류적 과제'라고 하는 자각입니다.

많은 사람들은 핵무기에 대해 생각하지 않고 일상을 보내고 있습니다. 그것은 결코 비난받을 일이 아닙니다. 핵전쟁 같은 것은 생각하지 않고 생활하는 것이 편하고 좋기 때문입니다.

하지만 세계에는 핵무기가 존재하고, 왜 핵무기를 사용해선 안 되는지 이해하지 못하는 대통령이 '핵 단추'를 쥐고 있습니다. 오보에 따라 미사일이 발사될 뻔한 사태도 보고되고 있습니다. 원전을 포함해 생각하면 우리는 '핵 지뢰밭'에서 생활하고 있는 것과 같습니다.

쓸데없이 불안을 부추길 필요는 없지만, 현상 인식은 불가결합니다. 핵무기 사용의 위기가 존재하고 있는 것은 사실입니다. 핵문제는 '자기 일'입니다. 그것을 생각하는 데 있어 중요한 의견교환회에서의 몇 가지 보고를 소개합니다.

【야마네 카즈요 보고】
2019년 야마네 카즈요(山根和代) 리쓰메이칸대학 평화뮤지엄 전문위원의 보고
상호 이해를 위해 무엇을 할 수 있는가를 생각하면, 일본의 풀뿌리 평화박물관·평화자료관을 더 살려 나가는 것이 중요하지 않을까 생각합니다. 또 한국의 피폭자 등 외국인·

재외 피폭자의 전시도 중요합니다. 히로시마 평화기념공원에는 한국인원폭희생자위령비가 있고, 나가사키에도 원폭 조선인 희생자 추모비가 있습니다. 일본의 피폭 2세가 한국에서 원폭전을 실시했더니 일본이 식민지에서 무엇을 했는지 생각해 보라고 반발이 있었다고 하는데, 한국의 피폭 2세가 같은 전시를 해도 그런 반응은 없었다고 합니다.

그리고 아시아박물관에서도 일본의 반전운동이나 반핵평화운동을 더 전시하도록 노력하는 것도 중요합니다. 상호 인식의 간극을 메우기 위해 여러 가지 할 수 있는 일이 있을 것입니다.

【나카무라 케이코 보고】
2020년 나가사키대학 핵무기폐절연구센터의 나카무라 케이코(中村桂子) 선생의 보고

지금 저는 군축 교육에 관한 공동 프로젝트에 종사하고 있습니다. 동북아 비핵화와 평화에 기여하는 대학생을 위한 교육 프로그램과 교재를 만드는 프로젝트입니다. 그 일환으로 일본의 국립대학 법인 62개 대학을 대상으로 강의 요강 조사를 실시하고 있습니다. 강의 요강의 범위이지만, 몇 가지 특징이 떠올랐습니다. 애당초 군축·핵무기 문제를 다루는 과목이 정말 적습니다. 핵무기에 대해서는 북한 이외의 문제는 거의 등장하지 않습니다.

일본과 핵의 관계성, 예를 들면 플루토늄이나 핵우산 같은 문제를 다루는 경우는 거의 없고, 이론적·개념적·역사적인 주제가 많지만 현재진행형인 국제 문제를 다루는 과목은 적습니다. 핵 피해의 실상, 핵이나 방사선의 부정적인 영향을 배우는 과목은 정말 적은 상황에 있습니다.

【이치바 준코 보고】
2021년 '한국원폭피해자를 구원하는 시민모임' 이치바 준코(市場淳子) 회장의 보고

지금 일본 국내에서는 일본 정부에 배상을 요구하는 한국인 피해자들의 운동을 비방·중상하는 언론만 점점 늘어나고 있습니다. 원래 식민지 시대에 일어난 피해 문제를 어떻게 해결해 나갈 것인가 하는 자세로 일본 사회의 여론이 되돌아가지 않는, 그런 현상이 가로막고 있습니다. 이러한 일본 사회의 분위기를 바꾸어 가지 않으면 안 됩니다.

또한 한국의 피폭자들이 매우 공을 들이고 있는 미국 정부의 사과와 배상을 요구하는 노력에 대해서는 모든 나라의 피폭자들이 힘을 하나로 합치고, 각국의 피폭자들을 지원하는 사람들이 지원 운동의 큰 고리를 만드는 것이 중요한 과제라고 생각합니다.

1 토론문

이렇게 보면 우리를 둘러싼 정세는 결코 낙관할 수 없습니다. 오히려 많은 어려움을 겪고 있습니다. 하지만 절망할 필요는 없고, 그럴 때도 아닙니다. '핵 없는 세계'의 실현은 가능하고, 그것을 위한 노력도 쌓여 있기 때문입니다.

맺음말

원폭이 인간에게 무엇을 가져다주었는지 알려 나가는 것은 피폭자 구제를 위해서도, 핵전쟁 저지를 위해서도, '핵 없는 세계' 실현을 위해서도 가장 기초에 두어야 할 일입니다. 이를 위해 피폭자의 투쟁을 계승하는 운동과 조직이 요구되고 있습니다.

그런 생각을 가지고 있는 저는, 현재 '노모어 히바쿠샤 기억유산을 계승하는 모임'이나 '핵무기폐절 일본NGO 연락회'와 관련이 있습니다. 최근 '핵무기 없애기 일본 캠페인'도 벌어지고 있습니다.

일본원수협 같은 전통 있는 조직의 분투는 물론, 다양한 특색을 지닌 반핵평화 세력의 대동단결이 요구되고 있습니다. '핵 없는 세계'의 실현을 위해서는 그것이 필수적입니다.

식민지 지배와 피폭이라는 이중의 피해를 입고 있는 한국인 피폭자는 과거 청산과 '핵 없는 세계'라는 미래의 형성에 깊이 관여하고 있습니다. 저는 일본 시민사회의 일원인 법률가로서 과거 청산에는 가해자로서의 자각을 가지면서, '핵 없는 세상'의 실현을 위해서는 같은 뜻을 가진 사람으로서 연대해 나가고자 합니다.

The Historical Meaning of the United States Atomic Bombings of Hiroshima and Nagasaki from the Perspective of Korean Atomic Bomb Victims

Okubo Kenichi
President of Japan Association of
Lawyers Against Nuclear Arms

Introduction

I am involved in organizations such as the Japan Association of Lawyers Against Nuclear Arms, the Japan Federation of Bar Associations (JFBA) Committee for the Abolition of Nuclear Weapons, the Japan NGO Network for Nuclear Weapons Abolition (JANA), the Japan Campaign to Abolish Nuclear Weapons, the Japan Association for a Non-Nuclear Government, and the No More Hibakusha.

My task is to comment on Dr. Oh's report titled "The Historical Significance of the Atomic Bombings of Hiroshima and Nagasaki from the Perspective of Korean Atomic Bomb Survivors." However, I lack the ability to thoroughly comment on Dr. Oh's extensive and specialized report, so I will focus on a few points.

The first is to identify the perpetrators responsible for creating the atomic bomb victims. The second is that armed conflict on the Korean Peninsula must be absolutely avoided. The third is how we remember the reality of nuclear damages and get many people to think of it as their own problems.

Additionally I would like to touch upon the results of the forums we, the Japan Association of Lawyers Against Nuclear Arms, have been organizing over the eight years from 2016 to 2023 under the theme of "For the Denuclearization of the Korean Peninsula."

These forums have been held with the cooperation of Korean lawyers, Chosun University professors, Chinese researchers, Japanese scholars like Toshinori Yamada, lawyers in Japan, and anti-nuclear peace activists. In particular, Korean lawyer Choi Bong-tae attended without fail every year. In 2020 and 2021,

Lee Kyuyol, the President of the Korean Atomic Bomb Victims Association attended and we heard about "People's Tribunal" from him.

While running these forums, We wanted to make a collaboration with people who knew about the Democratic People's Republic of Korea (hereafter, North Korea) situation as well as that of South Korea. This is because the denuclearization of the Korean Peninsula cannot be considered without North Korea.

I would also like to note that the results of these forums have been published in the journal of the Japan Association of Lawyers Against Nuclear Arms, titled "Hankaku Horitsuka" (Lawyers Against Nuclear).

The introduction was long, but I will now begin the commentary.

I. Ambiguous Responsibility for the Atomic Bombing Victims

1) No one is aware of responsibility for Korean victims

The ones who have inflicted and continue to inflict unspeakable suffering on Korean victims of the atomic bombs are the US government that dropped the bomb, the Japanese government that colonized the Korean peninsula, and the Korean government that did not offer any hands to the victims. None of these governments are aware of their responsibility to the victims of the atomic bombs.

[The US]

In the Introduction, Dr. Oh pointed out that when Barack Obama gave a speech in Hiroshima in 2016, saying, "Seventy-one years ago, on a bright and cloudless morning, death fell from the sky and the world was changed", he did not mention "who dropped the atomic bombs."

Indeed, it can be said that the atomic bombings "changed the world" because humanity entered the "nuclear age," where civilization could potentially be destroyed by human-made weapons. However, the atomic bombs did not simply "fall from the sky" as a natural phenomenon, but they were deliberately dropped by the United States. Obama's speech obscures this fact. If the entity that dropped the atomic bombs is unclear, responsibility for the bombings cannot be recognized. The US does not recognize itself as the aggressor. That means it ignores the existence of victims. The US is ignoring both the existence of atomic bomb victims and the intolerable harm they have suffered.

If the United States were to face the reality of the bombing and learn of its catastrophic humanitarian consequences, it would not only feel responsible for its bombing, but would also not be able to pursue a policy of relying on nuclear weapons.

However, the US tends to justify the bombings by arguing that they helped to end the war sooner, reducing the number of casualties, or that they contributed to the liberation of colonies. In doing so, the United States is justifying its decision to drop the atomic bombs.

[South Korea]

Dr. Oh Eunjung pointed out that when President Yoon Seokyeol met with Korean residents in Japan in May 2023, he said in a speech that "when our compatriots fell victim to the atomic bombing, we were under Japanese colonial rule, and after liberation, our country was weak and subject to a communist invasion, putting us in a very difficult state, Consequently, when our compatriots experienced such hardship and pain in foreign lands, the government and the state of the Republic of Korea were not by your side." but that Yoon did not specify the Korean government's responsibility for the suffering of Korean victims.

Dr. Oh then pointed out that Yoon's speech treated the victims' suffering as the same as the disaster of war and obscured the distinct nature of victimization from atomic bombings, and that the Korean government did not reflect on its failure to provide relief to the victims, but instead blamed it on external factors such as "colonial rule" and "communist invasion."

Any government sometimes does what is required and does what is not required. For example, the Japanese government has been reluctant to aid victims of the "black rain" or those affected by the Bikini nuclear tests, yet it actively pursues policies of restarting nuclear power plants.

[Japan]

Furthermore, Dr. Oh says that the inscription on the cenotaph in Hiroshima Peace Memorial Park, which reads, "Rest in peace, for we shall not repeat the mistake," is also ambiguous in its subject. Indeed, it is unclear who actually made the "mistake".

I was once asked by a student for my thoughts on this inscription.

1) 토론문

I answered as follows (see my book : "The Nuclear Age and Article 9 of the Constitution", published by Nihon Hyoronsha, 2019).

I regard these words as a solemn expression of mourning for those who lost their lives. Many people had their daily lives suddenly taken away, and those who survived faced indescribable hardships. As stated in the preamble of the Treaty on the Prohibition of Nuclear Weapons, they endured "unacceptable suffering and harm."

However, it is not enough for us to simply pray for their peaceful rest; we are also obligated to strive to prevent such a tragedy from ever happening again. The inscription also leaves the question of who committed the "mistake" unclear. It was the United States that dropped the bombs, and this was not a mistake but a deliberate act. The US has neither reflected on nor apologized for it.

The Japanese government, on the other hand, treats the atomic bombings, like other wartime damage, as something that must be endured. There is also insufficient reflection on the war of aggression that led to the bombings. In this sense, I believe that although requiem is necessary, it is not truly requiem if we simply remain with the words of this inscription.

Students responded that they were "able to think about the meaning of requiem."

2) Has no one dropped an atomic bomb? Has no country dropped an atomic bomb?

Shim Jintae, whose parents were conscripted and lived in Hiroshima when Korea was under the control of the Empire of Japan, said, "I want to ask the United States, which dropped the atomic bomb, why Koreans who were forcibly taken to Japan, a country that committed war crimes, had to die in the bombing and suffer from unknown illnesses and die." Also he said "I just can't understand the reality that there are victims but no perpetrators, The reason I decided to participate in the people's tribunal is to determine the responsibility of the perpetrator and to relieve the emotional pain of the victims, even now." Mr. Shim Jintae is strongly protesting that the United States does not acknowledge that he is the perpetrator.

In the 2016 forum titled "For the Denuclearization of the Korean Peninsula," Professor Ko Yoenui from Chosun University in South Korea reported the following:

How much must we be fooled by a president who won the Nobel Peace Prize with the cliche of a 'nuclear-free world' but who only talked about it and was unable to actually achieve the denuclearization of the Korean Peninsula? We often hear the terms 'hibakukoku' (atomic-bombed nation) and 'hibakusha' (atomic bomb survivors), but I propose we also use the terms 'kabakukoku' (nation that dropped the bomb) and 'kabakusha' (those responsible for dropping the bomb). There is only the word "bombed country" and no words that make us think about who dropped the atomic bomb. I believe the invention of the term 'kabakukoku' deserves a Nobel Prize in linguistics.

Professor Ko expressed his anger over the absence of the term "kabakusha," emphasizing the need to acknowledge the perpetrators.

3) Current situation of nuclear weapons

I also think atomic bomb dropping was not a natural phenomenon, but a "world-changing act" against humans by humans. The atomic bomb dropping is, as Oppenheimer said, "the Grim Reaper and the Destroyer."

The Treaty on the Non-Proliferation of Nuclear Weapons (NPT) states that nuclear war "would bring about devastation for all mankind," and the Treaty on the Prohibition of Nuclear Weapons (TPNW) states that any use of nuclear weapons would have "catastrophic humanitarian consequences."

On the other hand, although everyone knows who used the atomic bomb, their responsibility has not been pursued or brought to justice. Until that work is done, the nuclear weapon states will continue to rely on nuclear weapons, and more nations will turn to nuclear weapons.

Now, Japan and South Korea are strengthening their reliance on the US "nuclear umbrella," and North Korea has declared its policy of first use of nuclear weapons. Nuclear-versus-nuclear confrontation is intensifying on the Korean Peninsula. Russia continues its invasion of Ukraine while hinting at the use of nuclear weapons. Israel, too, makes no attempt to stop the genocide in the Gaza Strip while threatening to use nuclear weapons. Sweden and Finland are members of NATO, and Poland also hopes for "nuclear sharing." Nuclear weapons are being reinstated.

UN Secretary-General Guterres, who is well versed in international affairs, warned it is more likely to use nuclear weapons today than during the Cold War. US nuclear weapons experts say we are 90 seconds away from "the end." The threat of nuclear war is imminent.

4) We must not forget the existence of the atomic bomb victims

I believe that when we consider the nuclear issue, we must first consider the existence of the atomic bomb victims, who suffered "unacceptable pain and suffering" that no one in history has ever experienced. Their suffering does not only include physical and mental pain, but also pain caused by social ignorance and prejudice.

And the victims say, "We want to be the last survivors of the atomic bomb."

I see this determination as a call for the future of human society. Nuclear weapons are man-made, but they are a force that humans cannot control, and attack humans. That is why nuclear weapons are "the devil's weapons" and the ultimate weapons.

It is clear from the reality of the atomic bombings of Hiroshima and Nagasaki in 1945 that humanity and nuclear weapons cannot coexist.

Research on the "nuclear winter" that a nuclear war would cause has also been published. There can be no one anywhere who would turn a blind eye to a nuclear war as if it were someone else's problem. We are part of humanity. We are in no position to coexist with nuclear weapons.

We must eliminate nuclear weapons as soon as possible. For they could be not only used intentionally, but also unintentionally, such as by accident or misunderstanding.

What we must not forget is that it was against this backdrop that the Nuclear Ban Treaty was created.

5) The abolition of nuclear weapons is not an "impossible dream"

Former US President Obama called for a "nuclear-free world." However, he said, "In my lifetime, it may be impossible," Prime Minister Fumio Kishida, who says he respects Obama, also says he wants a "nuclear-free world." However, he says this is an "eternal dream." "eternal" means an infinitely long time. It is an "endless dream." In other words, they talk about a "nuclear-free world," but it is impossible now, and they push the dream of a nuclear-free world into the 'eternal realm'.

We see a nuclear-free world as an urgent task, and this is where we differ from them.

I do not think that the abolition of nuclear weapons is an "impossible dream." This is because nuclear weapons are man-made. If they were not man-made, it might be impossible for humans to eliminate them, but this is not the case with nuclear weapons. They are "artificial inventions" created by the physics and human technologies. If there is a will to eliminate them, it is possible to dismantle them.

In fact, the number of nuclear warheads, which stood at 70,000 in 1986, has now been reduced to around 12,500.

Moreover, this reduction has been carried out in a mutually verified manner between the United States and the Soviet Union (Russia). The number of nuclear weapons that have been reduced is overwhelmingly greater than the number that remain.

If we have the political will, we can eliminate nuclear weapons. We should have confidence in that.

6) Where to start

The question is how to get the political leaders of nuclear-weapon states to give up their weapons. The best way to influence politicians is for civil society to have the will to abolish nuclear weapons and get politicians to act on that will.

So what should be done for the civil society to gather its opinion on the abolition of nuclear weapons? The first thing is to let people know what the nuclear weapons have brought to the humanity. It is necessary to reveal the deceptive justification of the atomic bomb dropping and to recognize that security based on nuclear weapons (nuclear deterrence theory) is dangerous, but we have to start from sharing the "reality" of the atomic bomb dropping with the people. This is because people cannot deny the facts. In this respect, it is very meaningful for survivors to continue to inform people about the 'reality of "reality of the atomic bombings."

7) Dropping the atomic bomb was illegal

Immediately after the atomic bomb was dropped, US President Truman, who ordered the dropping of the atomic bomb, said that the bomb was "a harnessing of the basic power of the universe" and that "the force… has been loosed against those who brought war to the Far East." Truman was aware of the power of the atomic bomb. He used it against "those who brought war to the Far East." "Those who brought war to the Far East" were the Empire of Japan, which colonized Chosun. Truman, who was aware of the special power of the atomic bomb, said as if the dropping of the bomb helped the colonies liberated.

There are two points I would like to make about this speech. The first is whether the dropping of the atomic bomb was helpful in liberating the colonies. The second is whether the dropping of the atomic bomb was permissible if it was helpful.

The claim that the atomic bombing helped liberate the colonies is not persuasive, as it is a fallacious argument intended to justify the atomic bombing along with the claim that "the atomic bombing brought the end of the war forward and saved many lives."

However, it is true that there are people who believe these arguments. The question is, from what perspective should we discuss such people? is the use of nuclear weapons permissible if there is a "just cause" such as the liberation of colonies or the early end of war.

The atomic bomb kills people indiscriminately and in large numbers through the massive energy (high heat, blast, and radiation) produced by the nuclear fission reaction. Nuclear weapons destroy everything made by humans or by nature. Moreover, the methods of killing are cruel. And their harmful effects transcend generations and borders. These are the "characteristics of nuclear weapons" and the "basic energy of the universe." The question is whether it is acceptable to use such powerful weapons.

On this issue, international humanitarian law provides that the right of a state to choose methods and means of warfare is not unlimited. It prohibits the use of weapons that bring about indiscriminate killing and destruction and that bring cruel deaths to soldiers. That such a legal principle had already been established in August of 1945 was confirmed by the Tokyo District Court's atomic bomb trial.

If this legal principle had already been established in 1945, dropping the atomic bomb was an unacceptable illegal act, whether it was for the early end of the war or for the liberation of colonies. Even if the goal is to "achieve a just cause," the method and means must not be inhumane. Achieving a goal through inhumane methods or means is unjust and illegal.

I understand this people's court attempt to be a movement to make the US aware of its own injustice and illegality.

II. Armed Conflict on the Korean Peninsula Must Be Avoided

Currently, the Japanese government considers China, North Korea, and Russia to be major security threats. Japan also says it needs to strengthen its defense capabilities, not just its Self-Defense Forces, to counter these threats. In addition, Japan is seeking to strengthen the Japan-U.S. alliance, including extended nuclear deterrence. The recent Japan-U.S. Joint Declaration confirmed that the Japan-U.S. alliance will become a global partnership.

I am worried that the establishment of "national mobilization system" based on the Japanese version of the "Seongun"(Priority of Army) ideology is underway.

And I would like to say that Japanese society has responded excessively to North Korea's nuclear and missile programs. Every time North Korea launches missiles, J-Alert is issued and all the TV is filled with that news.

Whenever I see such scene, I am reminded of the 2017 forum. At the forum, attorney Choi and Professor Koh said that if an armed conflict occurs on the Korean Peninsula, "everyone will be ruined." I heard the same thing.

Another shocking point expressed by Kim Younggae, the third generation Zainichi, was that there would be a genocide toward Zainichi if there is a military conflict. Lawyer Kim worried that there will be mass killings against Zainichi.

Here, two horrors are discussed: the "catastrophe" on the Korean Peninsula and the "massacre of Koreans" in Japan.

I could not dismiss such fear as unfounded. This is because I know of the indiscriminate atrocities committed during wars such as the "Three Alls Campaign," the atomic bombings, the My Lai massacre in Vietnam, and the Fallujah massacre in Iraq. I also cannot forget the "massacre of Koreans" that occurred during the Great Kanto Earthquake. And I have no power to stop the attacks on Koreans by crazy groups.

If the Korean war were to break out again, this situation would become a reality. If so, unable to stop the brutal killing and destruction of the United States and the violence of the Japanese group driven by madness and prejudice. we will be in cahoots with the perpetrators.

Therefore, we must avoid military conflict on the Korean Peninsula at all costs. Furthermore, if a military conflict were to occur, the risk of using nuclear weapons would increase. In order to prevent such a dangerous situation from occurring, it is necessary for atomic bomb survivors, who have experienced the reality of the use of nuclear weapons, to speak out. We must end the Korean War.

III. How to Carry on the Atomic Bomb Survivors' Movement

The atomic bomb survivors are aging. This is inevitable. We must carry on the efforts of the atomic bomb victims, who fought while shouting "Humanity and nuclear weapons cannot coexist" and "We want to be the last victims," and realize a "nuclear-free world." The basic premise is to recognize that the realization of a "nuclear-free world" is not just a task for the atomic bomb survivors, but also for "all humanity," including myself.

Many people live their daily lives without thinking much about nuclear weapons. That is not something to be blamed for. It is considered more comfortable to live without thinking about nuclear weapons.

However, nuclear weapons exist in the world and there are presidents who are holding the nuclear buttons without understanding why nuclear weapons should not be used. There are also known incidents where nuclear missiles were almost launched due to misinformation. If we take nuclear power into account, it feels like we are living in a nuclear minefield.

There is no need to create unnecessary anxiety, but we must face the current situation. The risk of nuclear weapons being used is real. The nuclear issue is not someone else's problem, it is our own. Here I will introduce some important reports from the eight-year series of forums mentioned above that may help us consider this issue.

【Report by Kazyo Yamane】

A report by Kazyo Yamane, a specialist committee member of Museum of World Peace, Ritsumeikan University, in 2019.

When considering what can be done to promote mutual understanding, I think it is important to expand the grassroots peace museums and peace archives in Japan. It is also important to have an exhibition on the Korean and overseas victims of the atomic bombs. There are steles for the Korean atomic bomb victims in Hiroshima and memorial steles in Nagasaki. It is said that when the second generation of Japanese atomic bomb survivors held an atomic bomb exhibition in Korea, Koreans protested by saying that they should think about what Japan did in its colonies. When the second generation of Korean atomic bomb survivors held the same exhibition, there was no such reaction.

And I would like Asian museums to exhibit more about Japan's anti-war and anti-nuclear peace movements. There are many things that can be done to bridge the gap in mutual recognition.

【Report by Professor Keiko】

Nakamura of the Nagasaki University Research Center for Nuclear Weapons Abolition in 2020.

I am currently involved in a joint project on disarmament education. This project is to develop educational programs and teaching materials for university students that contribute to denuclearization and peace in Northeast Asia. As part of this project, I am researching the syllabi of 62 national universities in Japan. I will mention some of the features of the research results. To begin with, there are very few courses dealing with the disarmament and nuclear weapons. There is no appearing information on the nuclear weapons except the North Korea case. First of all, there are very few subjects that deal with the issues of disarmament and nuclear weapons. With regard to nuclear weapons, issues other than North Korea are hardly mentioned at all.

There are few cases dealing with Japan's nuclear relationship, such as issues of plutonium and the nuclear umbrella. There are many theoretical, conceptual, and historical themes, but few subjects that deal with current international issues. There are very few courses that teach the reality of nuclear damage, or the negative effects of nuclear weapons or radiation.

【Report by Junko Ishiba】

A report by Junko Ichiba, chairman of the "Citizens' Association for Relief of A-Bomb Victims is South Korea" in 2021.

Currently, in Japan, the media that slanders and defames the Korean victims' movement to demand compensation from the Japanese government is growing larger. only slanderous and libelous rhetoric is growing against the movement of Korean victims seeking compensation from the Japanese government. The current situation is such that it is difficult to return public opinion in Japanese society to a position that would resolve the problems of damage that occurred during the colonial period. We must change this atmosphere in Japanese society.

Also, regarding the efforts of the Korean victims to seek an apology and compensation from the US government, which they are putting a lot of effort into, I think that the victims of the atomic bombings of all countries should join together and that those who support the victims of each country should create a big chain (network) of support movements.

We cannot be optimistic about the situation surrounding us. Rather, we face many difficulties. However, there is no need to despair, and it is not the time to do so. It is possible to realize a "nuclear-free world," and efforts to achieve it have been accumulated.

Conclusion

In order to rescue victims, prevent nuclear war, and realize a nuclear-free world, the most basic thing to do is to inform people about what the atomic bomb has brought to humanity. In order to spread awareness of the tragedy caused by the atomic bomb, movements and organizations that carry on the struggles of the victims are needed.

With this in mind, I am currently involved in the "No More Hibakusha Project – Inheriting Memories of the A- and H- Bomb Sufferers" and the "Japan NGO Network for Nuclear Weapons Abolition." In 2024, Japan Campaign to Abolish Nuclear Weapons was also launched and began its activities.

What is needed is not only the struggle of traditional organizations such as the Japan Nuclear Nonproliferation Association, but also the unity of anti-nuclear peace forces of various characteristics. This is essential to realizing a nuclear-free world.

Korean atomic bomb survivors, who have suffered the double damage from colonial rule and the atomic bombings, are deeply involved in settling the past and building a future of a nuclear-free world. As a lawyer and member of Japanese civil society, I am determined to unite with Korean victims under the awareness that I am a perpetrator in settling the past, and I am determined to unite with them as a like-minded person in realizing a nuclear-free world.

This concludes my comments.

韓国被爆者の立場から見る
米国の広島・長崎への核兵器投下の歴史的意味

大久保賢一
日本反核法律家協会会長

はじめに

　私は、日本反核法律家協会、日本弁護士連合会(日弁連)核兵器廃絶部会、核兵器廃絶日本NGO連絡会、核兵器をなくす日本キャンペーン、非核の政府を求める会、ノーモア・ヒバクシャ記憶遺産を継承する会などで活動する市民社会の一員です。

　私の任務は、オ先生の「韓国人被爆者の立場から見る広島・長崎への原爆投下の歴史的意味」と題する報告についてのコメントでで、私には、オ先生の網羅的かつ専門的な報告について、全面的にコメントする能力はないので、いくつかのポイントに絞って、コメントすることとします。

　第一は、被爆者を生み出した加害者の確認です。第二は、朝鮮半島での武力衝突は絶対に避けなければならないということです。第三は、核被害の実情をどう継承し、多くの人に「自分事」として考えてもらうかということです。

　また、このコメントに際して、私たち日本反核法律家協会が、2016年から2023年の8年間にわたって連続して企画してきた「朝鮮半島の非核化のために」をテーマとする意見交換会の成果にも触れたいと思っています。

　この意見交換会は、韓国の弁護士、朝鮮大学校の教員、中国人研究者、山田寿則先生など日本の研究者、在日の弁護士、反核平和活動家の協力をえて行われてきました。とりわけ、韓国の崔鳳泰弁護士には、毎回のように参加していただいています。2020年と2021年には韓国原爆被害者協会イ・ギュヨル会長にも参加してもらい、「民衆法廷」の話をお聞きしています。

　その際に、私たちが配慮したのは、韓国だけではなく、朝鮮民主主義人民共和国(以下、北韓)の状況を知っている方たちの協力をえるということでした。朝鮮半島の非核化を求めるのであれば、北韓を除外して考えることは出来ないからです。

　なお、意見交換会の成果は日本反核法律家協会の機関誌『反核法律家』に掲載されていることをお伝えしておきます。

　前置きが長くなりましたが、始めて行くことにします。

1 토론문

I. 曖昧にされる投下責任

1. 誰も韓国人被爆者に対する責任を自覚していない

　韓国人被爆者に塗炭の苦しみを与え、また、与え続けているのは、原爆を投下した米国、植民地支配をしていた日本、救済の手を差し伸べなかった韓国政府です。いずれの政府も、被爆者に対する責任を自覚していないのです。

【米国の場合】
　才先生は、冒頭、2016年の広島でのオバマ米国大統領(当時)の「71年前、雲一つなく晴れた朝、空から死が落ち、世の中が変わった」という演説を引いて、オバマ氏は「核兵器投下の主体」について触れなかったと指摘しています。
　確かに、原爆投下によって「世の中が変わった」と言えるでしょう。なぜなら、人類社会は、人間が作ったものによって滅亡するかもしれない「核の時代」に入ったからです。
　けれども、原爆は自然現象として「空から落ちてきた」ものではありません。米国が意図的に投下したものです。オバマ演説は、そのことを曖昧にしているのです。投下の主体を曖昧にしたままで、その責任など自覚できるはずはありません。米国には加害者としての自覚がないのです。それは、被害者の存在を無視していることを意味しています。米国は被爆者の存在とその容認しがたい被害を無視しているのです。
　もし、米国が被爆の実相を直視し、その「壊滅的人道上の結末」を知るならば、その投下責任を自覚するだけではなく、核兵器に依存する政策などはとらないでしょう。
　むしろ、米国は、原爆投下について、戦争を早期に終結させ犠牲者の数を減らしたとか、植民地解放に役立ったなどとしています。原爆投下を正当化しているのです。

【韓国の場合】
　次に、先生は、2023年の尹大統領の「韓国同胞たちが原子爆弾被爆にあった時、わが国は植民状態であったし、解放し、独立はしたものの、国に力がなく共産(北韓)の侵略を受けて本当に苦しかった。わが同胞たちが他国で苦難と苦痛を受けているのに、大韓民国の政府、国家が皆さんのそばにいなかった」という演説を引いて、韓国人被爆者の苦痛に対する韓国政府としての責任を明示していないと指摘しています。
　そして、被爆者の苦痛を一般的な戦争の惨禍と同レベルで扱い、その被害の特殊性を非可視化しているとしています。韓国政府も「植民地支配」と「共産の侵略」という外因のせいにして、被爆者救済をしなかったことに対する反省はないとの指摘です。
　いずれの政府も、求められたことをやらず、求められないことをやる場合があります。日本

政府は「黒い雨」の被爆者、「ビキニ核実験」の被曝者などの救済には消極的ですが、原発再稼働政策は積極的に進めているのです。

【日本の場合】

更に、先生は広島平和公園にある「安らかに眠って下さい 過ちは 繰返しませぬから」という碑文も主語が曖昧だとしています。確かにそのとおりであって、ここでも、誰が「過ち」を侵したかは曖昧にされています。

私は、かつて、ある学生から、この碑文についての感想を求められたことがありました。私は、次のように答えました (拙著『『核の時代』と憲法9条』、日本評論社、2019年」)。

亡くなられた方への鎮魂の言葉として重く受け止めています。突然、日常生活を奪われた人たちがたくさんいます。死を免れた方たちにも筆舌に尽くしがたい困難が待ち受けていました。核兵器禁止条約の前文でヒバクシャの「容認しがたい苦痛と被害」と表現されているとおりです。

ただし、私たちには、安らかな眠りを祈るだけではなく、このような事態が二度と起きないようにするための努力が求められています。また、誰が過ちを犯したかについても曖昧です。投下したのは米国です。意図的な行為であって過失ではありません。そして、米国はそのことについて反省も謝罪もしていません。

日本政府は、被爆も他の戦争被害と同様に「受忍すべきもの」としています。投下の遠因となっている侵略戦争についての反省も不十分です。そういう意味では、鎮魂は必要ですがこの言葉の立ち位置に止まっているだけでは、本当の意味での鎮魂にならないと考えています。

学生からは「鎮魂の意味を考えさせられました」との返事が届きました。

2. 加爆者はいないのか、加爆国はないのか

大日本帝国が朝鮮を支配していた当時、両親が徴用されて広島で生活していたシム・ジンテさんは「戦犯国である日本に強制的に連行された韓国人がどうして爆死し、原因不明の病気に苦しみながら死んでいかなければならないのか、原爆を投下した米国に問いたいのです」、「『被害者はいるが加害者はいない』という現実は、どうしても理解できないのです。これからでも、加害者の責任を究明し、被害者の心の淀みを晴らすために民衆法廷に参加することを決めました」としています。ジンテさんは「加害者がいない」ことを深刻に問いかけているのです。

このことについて、2016年開催の「朝鮮半島の非核化のために」の意見交換会で、朝鮮大学校の高演義先生は次のように報告していました。

「核なき世界」というセリフでノーベル平和賞を受賞しながら、朝鮮半島の非核化も実現できなかった口先だけの大統領にどこまで騙され続けるのか。被爆国、被爆者という言葉はありますが、その対になる言葉として、あえて加爆国、加爆者、という言葉を提案します。被爆国という言葉

1 토론문

ばかりが独り歩きして、誰が原爆を投下したのかを顧みる言葉がないのです。加爆国という言葉の発明は、ノーベル言語学賞ものだと思います。

　高先生は、加爆者がいないことに怒りを覚えていたのです。

3. 核をめぐる現在の状況

　私も、原爆投下は自然現象ではないし、人間が人間に対して行った「世界が変わる行為」だったと考えています。原爆はあのオッペンハイマーが言うように「死神であり破壊者」なのです。核不拡散条約(NPT)は、核戦争は「全人類に惨害をもたらす」としているし、核兵器禁止条約(TPNW)は、核兵器のいかなる使用も「壊滅的人道上の結末」をもたらすとしています。

　他方で、原爆を誰が使用したかは誰でもが知っているけれど、その責任は追及されていないし、裁かれてもいないのです。その作業が行われない限り、核兵器国は核兵器依存を続けるでしょうし、核兵器に依存しようとする国家は増えるでしょう。

　現に、日本や韓国は米国の「核の傘」依存を強化しているし、北韓は核兵器の先制使用政策を表明しています。朝鮮半島では核対核の対立が激しくなっているのです。ロシアは核兵器の使用を仄めかしながらウクライナへの侵略を続けています。イスラエルも核をちらつかせながらガザ地区でのジェノサイドを止めようとはしません。スウェーデンやフィンランドはNATOに加盟しているし、ポーランドも「核共有」を希望しています。核兵器が「復権」しつつあるのです。

　国際情勢をよく知る立場にあるグテーレス国連事務総長は、冷戦時代よりも核兵器使用の危険性が高まっていると警告しています。米国の核兵器の専門家たちは、「終末」まで90秒としています。核戦争の危機は迫っているのです。

4. 被爆者の存在を忘れてはならない

　私は、核問題を考える際に基礎に置かなければならないことは、歴史上、誰も味わったことのない「容認しがたい苦痛と被害」を受けた被爆者の存在だと考えています。その苦痛には、肉体的、精神的な苦痛にとどまらず、社会の無知や偏見による苦痛も含まれているのです。

　そして、その被爆者は「私たちを最後の被爆者にして欲しい」としています。私は、その決意は人類社会の未来に向けての呼びかけだと受け止めています。

　核兵器は人間が作ったものでありながら、人間が制御できない力で、人間に襲いかかります。だから、核兵器は「悪魔の兵器」であり、最終兵器なのです。

　「人類と核兵器は共存できない」ことは、1945年8月の広島・長崎の「被爆の実相」から明らかです。核戦争がもたらす「核の冬」についての研究も公表されています。核戦争を「高みの見物」をする場所はないのです。私たちは、人類の一員です。核兵器とは共存できない立場にあるのです。

私たちは、核兵器を一刻も早くなくさなければなりません。核兵器が存在する限り、それが意図的に使用されるだけではなく、事故や誤解など意図せざる原因によって使用される可能性があるからです。核不拡散条約(NPT)を補完するものとして核兵器禁止条約(TPNW)が作られた背景には、このような事情があることを忘れてはなりません。

5. 核兵器廃絶は「果てなき夢」ではない

　オバマ元米国大統領は「核なき世界」を訴えました。けれども、彼は「私が生きている間は無理かもしれない」としていました。そのオバマ氏を尊敬するという岸田文雄首相も「核なき世界」を求めるとしています。けれども、それは「未来永劫の夢」だとしています。「未来永劫」とは果てしなく長い年月という意味です。「果てなき夢」だというのです。要するに、彼らは「核なき世界」を口にするけれど、今は無理として「永遠の彼方」に追いやっているのです。「核なき世界」の実現を喫緊の課題としている私たちとは、その点で大きな違いがあるのです。

　私は、核兵器廃絶は決して「果てなき夢」とは考えていません。その理由は、そもそも核兵器は人間が作ったものだからです。人間が作ったものでないとするならば、それを人間の力でなくすことは不可能かもしれませんが、核兵器は決してそうではありません。物理法則と技術力によって作られている「人工物」です。なくそうとする意思があれば物理的な解体は可能なのです。

　現に、1986年当時には7万発あった核弾頭は、現在、12,500発程度に減少しています。しかも、それは、米国とソ連(ロシア)との間で、相互に検証される形で削減されてきたのです。削減された核兵器の数の方が残っている数よりも圧倒的に多いのです。政治的な意思があれば核兵器はなくせるのです。私たちはそのことに確信を持ちましょう。

6. 何から始めるか

　そうすると問題は、核兵器国の政治指導者に対して、どのように核兵器廃絶の意思を形成させるかです。政治家に影響を与える王道は、市民社会が核兵器廃絶の意思を持ち、それを政治家に実行させることです。

　では、市民社会にその意思を形成してもらうためには何から始めるかです。それは、まずは、核兵器が人間に何をもたらしたかを知ってもらうことです。原爆投下の正当化理由の欺瞞を暴くことや、核兵器に依存しての安全保障(核抑止論は虚妄であるだけではなく危険だということを認識することも必要ですが、何から始めるかということでいえば「被爆の実相」の共有だと思うのです。人は事実を否定できないからです。被爆者が「被爆の実相」を語り継ぐことにはそういう意味があるのです。

7. 原爆投下は違法

　原爆投下を命じた米国大統領トルーマンは、投下直後、原爆は「宇宙の根源的エネルギー」を利用したものであり「極東に戦禍をもたらした者たちに解き放たれた」と演説しています。トルーマンは原爆の威力を承知していたのです。それを「極東に戦禍をもたらした者」に使用したのです。「極東に戦禍をもたらした者」とは大日本帝国であり、朝鮮を植民地支配する者のことです。トルーマンは、原爆の特殊な威力を承知したうえで、原爆投下は植民地解放に役立ったかのように言っているのです。

　私がこの演説について指摘しておきたいことは二つあります。一つは、原爆投下は植民地解放に役立ったのかどうかです。もう一つは、役に立つのなら、原爆投下は許されるのかどうかという問題です。

　原爆投下が植民地解放に役立ったかどうかは、「原爆投下は戦争の終結を早め、多くの人命を救った」という言説と同様に、その結論は分かれています。私は、それらの言説は、原爆投下を正当化するための謬論であると考えているので、説得力を認めていません。

　けれども、その言説を信じている人がいることは事実です。そこで問題は、そういう人たちとどのような論点で議論をするかです。それは、植民地解放や戦争の早期終結という「大義」があれば、核兵器の使用が許されるのか、許されないのかという問題です。

　原爆は、核分裂反応がもたらす膨大なエネルギー(高熱、爆風、放射線)によって、無差別かつ大量に人々を殺傷します。人間が作ったものも、人間が造れないものも破壊します。しかも、その殺傷の方法は残虐です。そして、その悪影響は世代や国境を超えるのです。これらが「核兵器の特性」であり「宇宙の根源的エネルギー」なのです。そのような強力な兵器を使用していいのかという問題です。

　この論点について、国際人道法は、戦闘の方法・手段は無制限ではないとしています。無差別な殺傷や破壊をもたらす兵器や兵士に残虐な死をもたらす兵器などの使用を禁止しているのです。「原爆裁判」は、この法理は、1945年8月当時、すでに確立していたと判断しています。

　この判断枠組みによれば、戦争の早期終結のためであれ、植民地解放のためであれ、原爆投下は許されない違法な行為となるのです。「大義の達成」のためとはいえ、その方法手段は非人道的であってはならないのです。非人道的な方法・手段による目的達成は不正義であり違法なのです。

　私は、この「民衆法廷」の試みは、米国にその「不正義」と「違法性」を自覚させるための運動だと理解しています。

II. 朝鮮半島での武力衝突は絶対に避けなければならない

　今、日本政府は、中国、北韓、ロシアを安全保障上の重大な脅威としています。その脅威と対抗するために、自衛隊の強化だけではなく、国家あげての防衛力強化が必要だとしています。加えて、拡大核抑止の強化を含む、日米同盟の強化を図っているのです。先日の日米共同宣言は日米同盟のグローバル・パートナー化を確認しています。

　私は、日本版「先軍思想」に基づく現代版「国家総動員体制」の確立が進行していると憂慮しています。

　その上で、私が、ここで述べておきたいのは、日本社会は北韓の核とミサイルに過剰ともいえる対応をしていることについてです。北韓がミサイル発射をするたびに、日本ではJアラートが発令されます。すべてのテレビがそのことで一色になるのです。

　私は、その光景に接するたびに、2017年の意見交換会のことを思い出します。

　この意見交換会では、崔弁護士と高先生は、朝鮮半島での武力衝突が起きれば「全てが破滅する」との意見で一致していました。私もそのとおりだと聞いていました。

　けれども、もう一つ衝撃を受けたのは、在日三世の金竜介弁護士の「武力衝突が起きれば、日本国内で、朝鮮人に対するジェノサイドが起きる」という懸念の表明でした。金弁護士は、日本人による在日同胞に対する大量虐殺を心配していたのです。

　ここでは、朝鮮半島での「破滅」と日本国内での「朝鮮人虐殺」という二つの恐怖が語られていたのです。

　私はこの恐怖を杞憂とすることはできませんでした。なぜなら、私は「三光作戦」、「原爆投下」、「ベトナム・ソンミ虐殺」、「イラク・ファルージャ虐殺」など戦時における無差別な残虐行為を知っているからです。また、関東大震災時の「朝鮮人虐殺」も忘れられないからです。そして、私には、狂気の集団による在日の人たちへの襲撃を止める力はないのです。

　朝鮮戦争が再燃すれば、そういう事態は現実化するでしょう。もしそうなれば、私は、米国の情け容赦のない殺戮と破壊を阻止できないし、偏狭と狂気にからめとられた日本人グループの在日朝鮮人に対する暴虐も阻止できないという形で、加害者の一味になってしまうでしょう。

　だから、私たちは、どんなことがあっても、朝鮮半島での軍事衝突は避けなければならないのです。更に、軍事衝突が起きれば、核兵器使用の危険性が高まります。そのような危険な事態を生じさせないためには、核兵器使用の実相を体験している被爆者の発信が求められているのです。私たちは朝鮮戦争を終結させなければならないのです。

Ⅲ. 被爆者運動をどう継承するか

　被爆者の高齢化が進んでいます。それは避けられない事態です。私たちには、「人類と核兵器は共存できない」、「被爆者は私たちを最後にして欲しい」としてたたかってきた被爆者の運動を継承し、「核なき世界」を実現しなければならないのです。その大前提は、「核なき世界」の実現は、決して、被爆者だけの課題ではなく、自分自身も含む「全人類的課題」だということの自覚です。
　多くの人は核兵器のことなど考えることもなくその日常を送っています。それは、決して責められることではありません。核戦争のことなど考えないで生活する方が気楽でいいからです。
　けれども、世界には核兵器は存在するし、なぜ、核兵器を使用してはいけないのか理解していない大統領が「核のボタン」を握っているのです。誤報に従ってミサイルが発射されそうになった事態も報告されています。原発も含めて考えれば、私たちは「核の地雷原」で生活しているようなものです。
　いたずらに不安を煽り立てる必要はありませんが、現状認識は不可欠です。核兵器使用の危機が存在していることは事実なのです。核問題は「自分事」なのです。
　そのことを考える上で重要な意見交換会でのいくつかの報告を紹介します。

【山根和代報告】

2019年の山根和代立命館大学平和ミュージアムの専門委員の報告

　相互理解のために何ができるのかを考えると、日本の草の根の平和博物館・平和資料館をもっと活かしていくことが重要ではないかと思います。また、韓国の被爆者など外国人・在外被爆者の展示も重要です。広島平和記念公園には朝鮮人原爆犠牲者慰霊碑がありますし、長崎にも原爆朝鮮人犠牲者追悼碑があります。日本の被爆二世が韓国で原爆展を行ったところ、日本が植民地で何をしたか考えてみると反発があったそうですが、韓国の被爆二世が同じ展示をしてもそういう反応はなかったそうです。
　そして、アジアの博物館でも、日本の反戦運動や反核平和運動をもっと展示してもらうようはたらきかけることも大事です。相互の認識のギャップを埋めるために、いろいろできることはあるはずです。

【中村桂子報告】

2020年の長崎大学核兵器廃絶研究センターの中村桂子先生の報告

　今、私は軍縮教育に関する共同プロジェクトに携わっています。北東アジアの非核化と平和に資する大学生向けの教育プログラムと教材をつくるプロジェクトです。その一環として、日本の国立大学法人62大学を対象にシラバス調査を行っています。シラバスの範囲ですが、いくつかの特徴が浮かんできました。そもそも軍縮・核兵器の問題を扱っている科目が本当に少ない。核兵器については北韓以外の問題は、ほとんど登場しません。

日本と核の関係性、例えばプルトニウムや核の傘といった問題が扱われるケースはほとんど見られませんし、理論的概念的歴史的なテーマが多いけれども、現在進行形の国際問題を扱った科目は少ない。核被害の実相、核や放射線の負の影響について学ぶという科目というのは本当に少ないという状況にあります。

【市場淳子報告】
2021年の「韓国の原爆被害者を救援する市民の会」市場淳子会長の報告
　今、日本国内では、日本政府に賠償を求める韓国の被害者の運動に対し、誹謗中傷めいた言論だけがどんどん大きくなっています。元々、植民地時代に起きた被害の問題をいかに解決していくかという姿勢に、日本社会の世論が立ち戻っていかない、そういう現状が立ちはだかっています。この日本社会の雰囲気を変えていかなくてはなりません。
　また、韓国の被爆者が非常に力を入れている、アメリカ政府に対する謝罪と賠償を求める取り組みについては、すべての国の被爆者が力を一つに合わせる、そして各国の被爆者を支援する人たちが支援運動の大きな輪をつくる、そういう重要な課題だと思います。
　このように見てくると、私たちを取り巻く情勢は、決して楽観できるものではありません。むしろ、多くの困難を抱えています。けれども、絶望する必要はないし、そうしている場合でもないのです。「核なき世界」の実現は可能だし、そのための努力も積み上げられているからです。

まとめ

　原爆が人間に何をもたらしたかを知らせていくことは、被爆者救済のためにも、核戦争阻止のためにも、「核なき世界」実現のためにも、最も基礎に置かなければならないことです。そのために、被爆者の闘いを継承する運動と組織が求められています。
　そんな思いを持っている私は、現在、「ノーモア・ヒバクシャ記憶遺産を継承する会」や「核兵器廃絶日本NGO連絡会」にかかわっています。つい最近、「核兵器をなくす日本キャンペーン」も立ち上がっています。
　日本原水協のような伝統ある組織の奮闘はもとより、様々な特色を持つ反核平和勢力の大同団結が求められています。
　「核なき世界」の実現のためにはそれが不可欠です。
　植民地支配と被爆という二重の被害を受けている韓国人被爆者は、過去の清算と「核なき世界」という未来の形成に深くかかわっています。私は、日本の市民社会の一員である法律家として、過去の清算には加害者としての自覚を持ちながら、そして、「核なき世界」の実現のためには同じ志を持つ者として連帯していこうと決意しています。
　以上で、私のコメントを終わります。ありがとうございました。

한국원폭피해자의 입장에서 본 히로시마·나가사키 핵무기 투하의 역사적 의미

요시자와 후미토시
니가타 국제정보대학교 교수

오은정 교수의 발표문은 미국의 히로시마·나가사키 원폭 투하의 역사적 의미에 대해 '한국인 피폭자/한국 원폭 피폭자'(이하 '재한 피폭자')의 입장에서 고찰한 것이다. 본 발표문은 2016년 5월 27일 히로시마에서의 오바마 연설로부터 현재의 세계 질서가 평화 유지를 위해 중요하다는 미국의 인식을 이끌어내면서, 조선인을 포함한 피폭자들이 그 '불가피한 희생'으로 자리매김하고 있다고 논한다. 토론자의 관점에서 말하면, 현재 동아시아에서 유지되고 있는 세계 질서란 1951년 9월에 조인된 샌프란시스코 강화조약을 기초로 하는 '샌프란시스코 체제'이며, 한·일 국교정상화를 기점으로 하는 '1965년 체제'이다. 이러한 세계 질서가 피폭자의 희생 위에 성립되어 있다는 인식을 공유하고자 한다.

본 발표문은 향후 연구를 진행하는 데 중요한 논점을 많이 제시하고 있다. 우선 선행 연구 정리를 통해, 특히 한국에서 피폭 조선인과 미국의 관계성을 검토한 연구가 없다고 한다. 또한 해방 직후 조선인 피폭자의 귀국에 따른 어려움, 그리고 미국을 주체로 하는 연합국 군 최고사령관 총사령부(GHQ/SCAP)의 재일조선인 귀환 정책에서 피폭자에 대한 대응의 부재를 지적했다. 특히 점령기의 조선인을 포함한 피폭자에 대한 미국의 정책에 대해서는 앞으로 추가 연구가 기대된다.

한국전쟁 발발, 그리고 샌프란시스코 강화조약 발효 이후 재한 피폭자 운동이 미국과 일본에 병원, 요양원, 재활센터 건립 등을 요구한 것은 주목할 만하다. 그러나 1971년 8월 6일 주한미국대사관 일등서기관이 면담에 응했을 뿐, 미국으로부터 재한 피폭자에 대한 특별한 보상 등의 조치는 일절 없었다. 또 1960~70년대 한국 정부가 일본으로부터의 경제협력의 원활한 도입을 도모함과 동시에, 항상 재한 피폭자 운동을 감시했던 사실도 밝혀졌다. 특히 재한 피폭자 운동이 일본의 노동운동이나 평화운동, 재일본조선인총연합회(조선총련) 관계자들에게 접근하는 것을 국가보안법에 저촉되는 활동으로 규정했다. 이렇게 해서 재한 피폭자 운동이, 미국에 원폭 투하의 책임을 추궁하는 운동이 봉쇄된 것으로 밝혀졌다.

아래에서는 본 발표문의 논점을 심화시키기 위해 몇 가지 확인해야 할 점과 질문을 제시하고자 한다. 첫째, 조선인 피폭자(Korean A-bomb victims/survivors)에 대한 호칭에 대해서이다. 본 발표문의 제목에서 말하는 '한국(인) 피폭자'는 재한 피폭자로 이해해도 되는가? 그렇다면 조선인 피폭자의 전체 모습이 확인되어야 한다. 조선인 피폭자는 7만 명이며 폭사자가 4만 명, 생존자가 3만 명이다. 그중 남한/대한민국으로 귀국한 사람이 2만 3천 명이고, 북한/조선민주주의인민공화국으로 귀국한 사람이 2천 명이다. 간단히 계산하면 일본에도 5천 명의 피폭자가 있었던 셈이다.[1] 조선인 피폭자의 관점에서 미국의 원폭 투하 책임을 묻는다면 재한 피폭자뿐만 아니라 조선민주주의인민공화국, 일본, 그리고 미국의 조선인 피폭자의 존재를 제외해서는 안 된다. 특히 2021년 10월 현재 조선민주주의인민공화국의 피폭자(재조 피폭자) 중 피폭자 건강수첩을 소지하고 있는 사람은 단 한 명에 불과하다.[2] 샌프란시스코 체제 및 1965년 체제로 일컬어지는 한·미·일 3국의 연계는 조선민주주의인민공화국을 적대시함으로써 재조 피폭자에 대한 대응을 끝없이 방치하고 있다. '한국인 피폭자'를 Korean A-bomb victims/survivors로 본다면 디아스포라가 된 그들의 존재부터 되물을 필요가 있을 것이다.

둘째, 사실 관계를 확인하고 싶다. 1950년대 중반부터 재한 피폭자에 관한 신문기사가 실리거나 재한 피폭자 단체가 결성된 것은 1957년 3월 31일 일본에서 「원자폭탄 피폭자의 의료 등에 관한 법률(원폭의료법)」이 제정된 것과 관계가 없는 것일까. 원폭의료법에 따라 히로시마·나가사키의 원폭피해자임이 인정되면 피폭자 건강수첩이 교부되고, 건강검진과 원폭증 치료를 일본의 국고 부담으로 받을 수 있게 되었다.[3]

이와 관련해 재한 피폭자들의 일본 밀항은 원폭의료법 제정 이전부터 있었는가. 본 발표문에서도 해방 후 남한에서 일본으로 밀항하는 사례가 소개됐는데 피폭자도 그런 경험이 있었는지 궁금하다.

---

1 이치바 준코, 『히로시마를 가지고 돌아온 사람들-'한국의 히로시마'는 왜 탄생했는가』, 신푸샤, 2005, p.30.
2 「재조피폭자들에게 사죄와 배상을/조선피폭자협회 서기장 인터뷰(전문)」, 『조선신보』, 2021년 10월 8일자. https://chosonsinbo.com/2021/10/08-52/
3 1954년 3월 1일 태평양 비키니 환초에서 미국이 한 수폭 실험으로 제5후쿠류마루 승무원이 '죽음의 재'를 맞아 피폭된 사건이 원폭의료법 제정의 계기가 되었다.

1 토론문

셋째, 미국은 한·일 국교정상화 협상에도 관여했으며 국교정상화 이후에도 계속 관여하고 있다. 미 국무부와 CIA, 나아가 주일대사관 및 주한대사관 등에서 작성된 외교문서를 정밀 조사하면, 미국의 피폭 조선인 인식에 대한 기록이 있을 가능성이 있다. 일본 정부, 특히 외무성은 재한 피폭자의 일본 방문 등에 대한 대응을 통해 '한일협정으로 해결되었'지만 '인도적 대응'이 한국과의 관계 개선에 도움이 된다는 인식을 갖고 있었다.[4]

넷째, 1980년대부터 현재까지의 재한 피폭자 운동에 대한 언급이 없었다. 미국에 대한 인식이나 미국의 원폭 투하 책임에 대한 요구 등은 현재에 이르기까지 변화가 있었는가. 마지막으로 1980년 광주항쟁 이후의 민주화운동이 재한 피폭자 운동에 영향을 미쳤는지도 궁금하다.

---

4 요시자와 후미토시, 「식민지 지배 책임과 조선인 피폭자」, 『민족문학사연구(民族文学史研究)』 제82호, 2023년 8월, pp.2~28.

The Historical Meaning of the United States Atomic Bombings of Hiroshima and Nagasaki from the Perspective of Korean Atomic Bomb Victims

Fumitoshi Yoshizawa
Professor of Niigata University of
International and Information Studies

The paper by Oh Eunjeong explores the historical significance of the U.S. atomic bombings of Hiroshima and Nagasaki from the perspective of "Korean hibakusha/Korean atomic bomb survivors" (hereafter referred to as Hibakusha in Korea). Oh argues that while President Obama's Hiroshima speech on May 27, 2016, shows the United States' perception that the current world order is important for maintaining peace, the hibakusha, including Koreans, are considered as "inevitable victims" of the current world order. From Oh's viewpoint, the world order prevailing in East Asia today is based on the "San Francisco System," established by the Treaty of San Francisco signed in September 1951, and the "1965 regime," which began with the normalization of relations between Japan and the Republic of Korea. I would like to emphasize that these world orders have been built on the sacrifices of the Hibakusha.

Oh's paper raises several significant issues for future research. Firstly, as a result of summarizing previous research, Oh notes that there is no research examining the relationship between Korean (especially South Korean) hibakusha and the United States. Additionally, the paper points out the difficulties faced by Korean hibakusha upon their return immediately after liberation and the absence of measures for Korean survivors in the policies of the U.S.-led Supreme Commander for the Allied Powers (GHQ/SCAP) for the repatriation of Koreans in Japan. Further research is needed on the U.S. policy towards A-bomb survivors, including Koreans, during its occupation of Japan.

It is noteworthy that after the outbreak of the Korean War and the enforcement of the Treaty of San Francisco, the Hibakusha movement in Korea called on the United States and Japan to establish hospitals, sanatoriums, and rehabilitation centers for atomic bomb survivors. However, the first secretary of the U.S. Embassy in Korea only met with the Korean victims of the atomic bomb on August 6, 1971, in response to their request for an interview, and the United States did not provide any compensation to the Korean victims. Additionally, it was revealed that during the 1960s and 1970s, the Korean government prioritized facilitating smooth economic cooperation with Japan, and always monitored the activities of the A-bomb survivors in South Korea. In particular, the Korean government viewed the Korean victims' contact with the Japanese labor movement, peace movement, and the General Association of Korean Residents in Japan (Chongryon) as activities that violated the National Security Act. As a result, the A-bomb victims' movement in Korea to hold the United States accountable for the atomic bombings were effectively blocked.

To deepen the discussion on Oh's paper, I would like to ask a few questions and confirm some points. First, the question is what to call Korean victims of the atomic bomb. Can I understand that the "Korean atomic bomb victims" in the title of Oh's paper refers to victims of the atomic bomb in South Korea?

If so, the total number of Korean victims must be confirmed. The total number of Korean Hibakusha is estimated to be around 70,000, of whom 40,000 were killed in the bombings and 30,000 survived. Of the survivors, approximately 23,000 returned to South Korea (Republic of Korea), 2,000 to North Korea (Democratic People's Republic of Korea). By simple calculation, around 5,000 remained in Japan.[1] From the perspective of Korean victims of the atomic bombing, if we are to hold the United States responsible for its atomic bombing, we must not ignore the existence of Korean victims living in North Korea, Japan, and the United States, as well as victims living in South Korea. In particular, as of October 2021, only one Hibakusha living in the DPRK holds an Atomic Bomb Survivor's Certificate.[2] The trilateral alliance between Japan, the U.S., and South Korea, shaped by the San Francisco System and the 1965 regime, has consistently neglected the A-bomb survivors in the DPRK, treating it as an adversary. If the term 'Korean A-bomb victims' are meant to refer to all Korean victims of the atomic bombing,

---

[1] Ichiba, Junko, *Hiroshima o mochikaeta hitobito — 'Kankoku no Hiroshima' wa naze umaretanoka (The People Who Brought Hiroshima Back: Why Was "Hiroshima in Korea" Born)*, (New and Expanded Edition), Tokyo: Gaifusha, 2005, p.30.

[2] Chōsen Shinpō (2021). Zaichō hibaku-sha-tachi ni shō to baishō o/ Chōsen hibaku-sha kyōkai shokichō intabyū (zenbun) (Apology and Compensation for A-bomb Survivors in Korea/Interview with the General Secretary of the Korean Atomic Bomb Survivors Association (full text)). https://chosonsinbo.com/2021/10/08-52/.

then we need to question the existence of the North Korean victims of the atomic bombing who have become a diaspora.

Second, I would like to confirm some facts. Could the enactment of the A-bomb Survivors Medical Care Law in Japan on March 31, 1957, have any influence on newspapers starting to cover Hibakusha in South Korea and the establishment of organizations for these Hibakusha from the mid-1950s onward? According to this law, individuals certified as victims of the atomic bombings of Hiroshima and Nagasaki are issued an "Atomic Bomb Survivor's Certificate", which entitles them to receive medical examinations and treatment for atomic bomb-related illnesses at government expense.[3]

In relation to the issuance of the Atomic Bomb Survivor's Certificate, I wonder whether the smuggling of Korean atomic bomb survivors to Japan occurred prior to the enactment of the Atomic Bomb Medical Law. Oh's paper mentions cases of individuals stowing away to Japan from Korea following its liberation. I would like to ask if there were similar experiences among the Hibakusha.

Third, the United States played a role in the negotiations for the normalization of relations between Japan and the Republic of Korea and has continued to be involved in the relationship between the two countries since then. If we examine diplomatic documents written by the U.S. State Department, the CIA, the U.S. Embassy in Japan, and the U.S. Embassy in Korea, there is a possibility that there will be records showing America's perception of Korean victims of the atomic bombing. The Japanese government, especially the Ministry of Foreign Affairs, in the process of responding to South Korean atomic bomb victims coming to Japan, stated that "the issue was resolved with the Japan-ROK Agreement", but also showed the perception that a "humanitarian response" would help improve relations with South Korea.[4]

Fourth, there is no mention of the Hibakusha movement in Korea from the 1980s to the present. Has there been any change in the Korean hibakusha's perception of the United States and their demands for American responsibility

---

3   The enactment of the A-bomb Survivors Medical Care Law was prompted by the exposure of the crew of the Fukuryu Maru No. 5 to radioactive fallout ("ashes of death") from a U.S. hydrogen bomb test at Bikini Atoll in the Pacific Ocean on March 1, 1954.

4   Yoshizawa, Fumitoshi, "Shokuminchi shihai sekinin to Chōsen hito hibaku-sha (Colonial Responsibility and Korean Hibakusha)", *Minzoku bungaku-shi kenkyuu (Studies in the History of Ethnic Literature)*, No. 82, 2023, pp.7-28.

for the atomic bombings? As a final question, I would like to inquire whether the democratization movement following the Gwangju Uprising in 1980 had any impact on the Hibakusha movement in Korea.

韓国被爆者の立場から見る
米国の広島・長崎への核兵器投下の歴史的意味

吉澤文寿
新潟国際情報大学教授

　呉論文は米国のヒロシマ・ナガサキへの原爆投下の歴史的意味について、「韓国人被爆者／韓国原爆被爆者」(以下、在韓被爆者)の立場から考察したものである。呉論文は2016年5月27日の広島でのオバマ演説から、現在の世界秩序が平和維持のために重要であるとする米国の認識を引き出しつつ、朝鮮人を含む被爆者がその「不可避な犠牲」として位置づけられていると論じる。評者の観点でいえば、現在の東アジアで維持されている世界秩序とは、1951年9月に調印されたサンフランシスコ講和条約を基礎とする「サンフランシスコ体制」であり、日韓国交正常化を起点とする「1965年体制」である。これらの世界秩序が被爆者の犠牲の上に成り立っているという認識は共有したい。

　呉論文は今後の研究を進める上で、重要な論点を多く示している。まず、先行研究の整理を通して、とりわけ韓国において朝鮮人被爆者と米国との関係性を検討した研究がないとする。また、解放直後の朝鮮人被爆者の帰国に伴う困難、そして米国を主体とする連合国軍最高司令官総司令部(GHQ／SCAP)の在日朝鮮人帰還政策における被爆者への対応の不在が示された。とくに占領期の朝鮮人を含む被爆者への米国の政策については、今後のさらなる研究が期待される。

　朝鮮戦争勃発、そしてサンフランシスコ講和条約発効後の在韓被爆者運動が米国および日本に病院、療養所、リハビリセンター建設などを要求したことは注目される。しかしながら、1971年8月6日に駐韓米国大使館の一等書記官が面談に応じたのみで、米国から在韓被爆者に対して特別な補償措置などは一切なかった。さらに、1960-70年代の韓国政府が日本からの経済協力の円滑な導入を図るとともに、つねに在韓被爆者運動を監視していたことも明らかにされた。とくに在韓被爆者運動が日本の労働運動や平和運動や、在日本朝鮮人総聯合会(朝鮮総聯)関係者に接近することについて、国家保安法に抵触する活動とされた。このようにして、在韓被爆者運動が米国に原爆投下の責任を追及する運動が封じ込まれたことが明らかにされた。

　以下、呉論文の論点を深めるために、いくつかの確認すべき点および質問を示したい。第一に朝鮮人被爆者(Korean A-bomb victims/survivors)に対する呼称についてである。呉論文のタイトルである「韓国人被爆者」は在韓被爆者のこととして理解してよいだろうか。そうである

ならば、朝鮮人被爆者の全体像が確認されるべきである。朝鮮人被爆者は7万人であり、爆死者が4万人、生存者が3万人である。そのうち、南朝鮮／大韓民国に帰国した者が2万3千人であり、北韓／朝鮮民主主義人民共和国に帰国した者が2千人である。簡単に計算すると、日本にも5千人の被爆者がいたことになる[1]。朝鮮人被爆者の観点から米国の原爆投下責任を問うのであれば、在韓被爆者ばかりでなく、朝鮮民主主義人民共和国、日本、そして米国の朝鮮人被爆者の存在を無視してはならない。とくに、2021年10月現在で、朝鮮民主主義人民共和国の被爆者（在朝被爆者）は、被爆者健康手帳を所持しているのはわずか1名である[2]。サンフランシスコ体制および1965年体制と称される日米韓三国の連携は、朝鮮民主主義人民共和国を敵視することにより、在朝被爆者への対応を際限なく放置している。「韓国人被爆者」をKorean A-bomb victims / survivorsとするのであれば、ディアスポラとなった彼らの存在から問い直す必要があるだろう。

第二に、事実関係を確認したい。1950年代半ばから在韓被爆者に関する新聞記事が掲載されたり、在韓被爆者の団体が結成されたりしたのは、1957年3月31日に日本で「原子爆弾被爆者の医療等に関する法律」（原爆医療法）が制定されたことと関係がないだろうか。原爆医療法により、広島・長崎の原爆被害者であることが認定されれば、「被爆者健康手帳」が交付されて、健康診断と原爆症の治療が国庫負担で受けられるようになった[3]。

この点に関連して、在韓被爆者の日本への「密航」は原爆医療法制定以前からあっただろうか。呉論文でも解放後の南朝鮮から日本に「密航」する事例が紹介されていたが、被爆者もそのような経験があったかどうか、伺いたい。

第三に、米国は日韓国交正常化交渉にも関わし、国交正常化以後も関与し続けている。米国務省やCIA、さらに駐日大使館および駐韓大使館などで作成された外交文書を精査すれば、米国の朝鮮人被爆者への認識について記録がある可能性がある。日本政府、とりわけ外務省は在韓被爆者の来日などへの対応を通して、「日韓協定で解決済み」だが「人道的対応」が韓国との関係改善に役立つという認識を持っていた[4]。

第四に、1980年代から現在までの在韓被爆者運動への言及がなかった。米国に対する認識や米国の原爆投下責任に対する要求などは、現在に至るまで変化があっただろうか。1980年の光州抗争以後の民主化運動が在韓被爆者運動に影響を与えたかどうか、最後に伺いたい。

1　市場淳子、『〔新装増補版〕ヒロシマを持ちかえった人々「韓国のヒロシマ」はなぜ生まれたのか』（凱風社、2005年）、30頁。
2　「在朝被爆者たちに謝罪と賠償を／朝鮮被爆者協会書記長インタビュー（全文）」（『朝鮮新報』2021年10月8日付）https://chosonsinbo.com/2021/10/08-52/。
3　1954年3月1日の太平洋ビキニ環礁での米国による水爆実験で、第5福竜丸乗組員が「死の灰」を浴びて被曝したことが原爆医療法制定の契機である。
4　吉澤文寿、「植民地支配責任と朝鮮人被爆者」（『民族文学史研究』第82号、2023年8月、7-28頁、ソウル）。

한국원폭피해자의 입장에서 본 히로시마·나가사키 핵무기 투하의 역사적 의미

오동석
아주대학교 법학전문대학원 교수

1. 발제문에 대한 토론자의 해석

발제문의 관점은 서론 부분에 잘 나타나 있습니다. 즉, 1945년 8월 6일과 9일, 제국일본의 히로시마와 나가사키에서 미국이 투하한 핵무기로 인해 피식민지의 조선인과 그 후손 피해자들이 한국으로 귀환하고 경험했던 고통의 역사는 "20세기 글로벌 핵 레짐을 구성한 인종주의, 제국주의와 식민주의, 냉전체제 하의 반공주의, 그리고 원자력 기술신화"의 관점에서 해석되어야 한다는 것입니다.

발제자는 두 가지 점에 주목하고 있습니다. 하나는 미국이 단지 핵폭탄을 투하한 주체였을 뿐만 아니라 히로시마와 나가사키에서 피폭된 조선인들이 한반도로 귀환한 과정에 관여한 주체였다는 점입니다. 토론자인 제가 보기에 이것은 피해자로서 권리를 박탈하는 사전정지 작업입니다. 일본의 식민 지배가 불법인 점에서, 그리고 당연하게 조선인은 '일본 국민'이 아니라는 점에서 원폭 피해자들이 배상 또는 보상을 주장할 수 있는 근거 중 하나는 피해 장소입니다.

그런데 피해자들을 한반도로 귀환시킴으로써 그 피해 장소에 있었다는 증거를 지움과 동시에 그 장소에서 피해에 대한 배상 또는 보상의 책임을 이행할 의사가 없음을 드러낸 것입니다. 피해자들은 자신의 피해를 충분히 배상 또는 보상을 받기 전에는 자신의 결정에 따라 일본에 거주할 수 있어야 합니다. 핵무기 투하가 일어난 장소는 '반인도적 범죄의 현장'으로서 피해자들을 '구제하는 장소'이자, 그것이 충분하지 않으면 피해자들이 '투쟁하는 장소'여야 합니다.

1 토론문

다른 하나는 한국원폭피해자들이 자조 조직인 '원폭피해자원호협회'를 결성하고 미국의 정치적 책임을 물었다는 점입니다. 발제자는 원폭피해자 관련 선행 연구를 통해 피해자의 위상과 권리에 대한 접근 방식의 변화를 보여줍니다. 토론자인 저의 관심은 원폭피해자의 법적 위상과 권리에 대한 역사적 접근의 의미입니다. 그것은 "인종주의, 제국주의와 식민주의, 냉전체제 하의 반공주의, 그리고 원자력 기술 신화"에 기반한 기존 국제법 체제가 안고 있는 부정의(不正義)한 면을 해소하고 좀 더 정의로운 단계로 나아가는 이행기의 과제입니다.

이러한 관점에서 저는 발제문을 재구성했습니다.

첫째, 피해자들이 나서서 치료에서 출발하여 의료와 복지를 요구하는 단계입니다. 1978년 손진두 소송의 승소는 한국원폭피해자들이 일본으로 건너가 피폭자 건강수첩을 받으면 치료를 받을 수 있는 길이 열리는 계기였습니다. 일본 정부의 '한국원폭피해자 의료지원기금 40억 엔' 지원을 기반으로 1990년대 이후 한국에서 원폭피해자들에 대한 의료와 복지 지원이 있었습니다.

둘째, 피해자들은 의료와 복지 지원을 넘어 전쟁 피해로 그 요구 사항을 확장합니다. 1990년대 일본은 한국뿐만 아니라 아시아 각국으로부터의 전후 보상(배상) 요구에 직면합니다. 사할린 교포, 종군위안부, 전시노무자 그리고 일본군의 군인과 군속 등 강제 연행된 사람들이 일본 정부를 상대로 전쟁 피해 배상 요구 재판을 시작하면서 한국원폭피해자들도 소송에 나섰습니다.

셋째, 장소성과 관련하여 한국의 원폭피해자들이 일본 원폭원호법의 적용을 받게 됩니다. 한국원폭피해자 곽귀훈 씨가 일본에서 제소한 이른바 '제2의 수첩 재판'이 2001년 6월 1심과 2002년 12월 2심에서 승소하면서, 한국의 원폭피해자들은 일본의 영역과 거주 관계 없이도 일본 원폭원호법의 적용을 받을 수 있게 되었습니다.

넷째, 한국의 원폭피해자들이 미국과 일본의 책임 그리고 한국 정부의 책임을 묻는 단계입니다. 피해자들은 일단 한국 정부를 통해 일본과 미국에 책임을 물었습니다. 그러나 한국 정부는 한·일 양국의 우호 관계 핑계를 대면서 아무 대응도 하지 않았습니다. 한국 정부는 미국에 대해서는 아예 고려조차 하지 않았습니다. 한국 정부는 오히려 원폭피해자들의 인권침해 구제 주장을 억압했습니다. 일본 정부는 한일회담으로 보상 문제는 모두 해결됐다거나 한국 정부에서 먼저 제의하면 '인도적인 해결 방안'을 마련하겠다는 것이었습니다. 미국 정부는, 발제자가 언급했듯이, 핵무기 없는 세계를 선언했지만, 가장 강력한 핵무장 국가로서 그리고 유일하게 원자폭탄을 사용하여 원폭피해자를 양산한 국가로서 원폭피해자들에게 법적·정치적·도덕적 책임을 인정할 의사와 법적·정치적 책임을 이행할 의지가 전혀 없어 보입니다.

다섯째, 이제는 한국의 원폭피해자들이 미국의 원폭 투하에 대한 법적·역사적·정치적 책임을 물음으로써 "인종주의, 제국주의와 식민주의, 냉전체제 하의 반공주의, 그리고 원자력 기술 신화" 문제를 제기해야 할 시점입니다. 그것은 미·일·한의 군사동맹을 통한 한국원폭피해자 억압에 대한 저항과 투쟁의 시작이기도 합니다.

마지막으로 여섯째, 한국의 원폭피해자들이 미·일·한 정부의 책임을 묻는 것은 핵무기와 함께 지구 존립의 위기를 초래한 원자력의 환경 문제를 제기하는 것이기도 합니다. 발제자가 언급했듯이 윤석열 대통령은 히로시마 방문을 통해 한국인 원폭피해자들의 권익을 대변하고 위로하기는커녕 후쿠시마 오염수 방류를 용인하는 것으로 해석할 여지를 남겼습니다. 원자력에 대한 열광은 곧 핵무기에 대한 욕망이라는 발제자의 지적에 공감합니다.

이러한 역사적 맥락은 1993년 9월 3일 세계보건기구(WHO)가 국제사법재판소(ICJ)에 "건강과 환경적 결과에 비춰 볼 때, 전쟁이나 기타 무력충돌 상황에서 한 국가에 의한 핵무기의 사용이 WHO의 헌장을 포함하여 국제법상의 의무를 위반하는 일이 될 수도 있는가?"라고 권고적 의견을 요청했을 때, ICJ가 핵무기 관련 모호한 의견을 제출한 것과 함께 1996년 7월 8일 11대3으로 WHO의 요청을 외면한 것과 상통합니다.

2. 토론자로서 의견

1) 피해자 중심적 접근에서 한국원폭피해자의 역사적 의미

현재의 국제인권법에서 한국원폭피해자들이 주장할 수 있는 논거는 피해자 중심적 접근(victim-centered approach)일 것입니다. 그것은 범죄의 직접적 당사자인 피해자를 범죄 입증에 필요한 요소 정도로 취급하고 피해자의 고통은 부차화하는 기존의 형사사법에 대해 문제를 제기하는 피해자학(victimology)의 문제의식에서 출발합니다. 즉 단순한 증인에 불과했던 피해자가 이제는 형사 절차의 참여자이자 직접 당사자로 인식되어야 한다는 것

1 토론문

입니다. 인류의 존재 자체를 위협하는 핵무기 사용으로 인한 피해자는 전 인류를 대표하여 핵무기의 불법성을 고발하는 당사자입니다.

더욱이 한국의 원폭피해자는 개인의 인권침해 피해에 대한 배상을 국가의 재량 사항으로 여기는 국가 중심의 전통적 국제법 질서를 비판합니다. 피해자들은 인권침해에 대한 진실을 알고, 충분한 구제와 배상을 받음으로써 공정하고 효과적인 정의가 구현되도록 모든 관련 국가에 당당하게 요구할 권리가 있습니다. 그리고 그러한 권리를 보장하는 것은 국가의 직접적 의무입니다.[1]

2) 한국원폭피해자의 삼중적 저항의 역사적 의미

한국원폭피해자 관점을 따를 때 핵무기를 사용한 미국의 불법 책임이 중심에 있습니다. 그에 못지않게 식민지 조선인에 대한 인권유린과 전쟁을 일으킨 불법 책임이 일본에 있습니다. 특히 자국에서 일어난 원폭으로 인한 피해자들의 인권침해 구제에 적극적으로 나서지 않은 것은 일본의 부작위 불법 책임입니다. 물론 자국민의 인권침해 구제에 나서지 않은 한국 정부의 책임도 이제는 역사적 터널을 통과하면서 그 불법성이 명확해졌습니다.

일본이 아시아 국가들과 체결한 양자 조약들에는 여전히 일본의 대외정책 속에 식민주의와 인종차별주의의 흔적이 남아 있습니다. 일본은 서구 연합국에 대해서는 패전 당사자로서 법률적 책임을 다한다는 인식이었던 반면, 아시아 국가에 대해서는 식민 지배의 연장이라는 입장에서 시혜적인 성격의 조약 문안을 채택했습니다. 예를 들어 한국이나 말레이시아와의 조약에서는 경제적 협력 내지 불행한 사건 등의 표현을 사용했지만, 네덜란드·스웨덴 등과의 조약에서는 동정과 후회, 국제법에 근거한 책임 등의 표현을 사용했습니다.[2]

또한 한국 정부는 아직도 식민지주의에서 탈피하지 못하고 있습니다. 국가는 자국 관할권 내에 있는 모든 개인의 인간으로서의 기본적 인권을 보장할 의무가 있습니다. 만약 어느 국가든 모든 인간에게 적절한 인권보장 수단을 제대로 제공하지 않을 때는

---

1 이주영·백범석, 「국제인권법상 피해자의 권리와 피해자 중심적 접근」, 『국제법학회 논총』 63(1), 2018, pp.165-166.
2 홍성필, 「일본의 전후 책임 인식과 이행에 대한 국제법적 평가」, 『충남대학교 법학연구』 23(1), 2012, p.413.

국가 책임이 발생합니다. 이것은 단순히 직접적인 국가의 작위에 의해 인권침해 행위가 발생했다는 것뿐 아니라, 인권침해를 방지하는 데 실패하거나 아무런 행위를 하지 않은 부작위 역시 포함합니다. 여기서 부작위는 인권침해 방지뿐만 아니라 오늘날에는 인권침해 피해자에 대한 적절한 배상 방안을 마련하지 않는 것까지도 해당합니다.[3]

3) 새로운 국제인권법의 패러다임을 주장하는 주체로서 한국원폭피해자의 역사적 의미

"잘못된 것을 바로잡는 것은 모든 법체계에서 인정되고 적용되는 법의 일반 원칙이자 관습 법규를 구성하는 기본적인 법적 원칙"(M. Cherif Bassiouni)임은 자명합니다.[4] 정당성과 승패를 떠나 전쟁을 일으키고 수행한 장본인은 국가입니다. 그러나 그 과정에서 피해자는 사람입니다. 국제인도법과 국제인권법의 발전에도 법체계가 사람 중심으로 운용되지 않는 것은 19세기 제국주의적 "국제법 실증주의" 탓이라고 생각합니다.[5]

핵무기는 전투원과 비전투원을 구별하지 않고 대량으로 사람을 살상하고, 인간이 살아갈 환경 자체를 전면적으로 파괴합니다. 한국 정부는 일본과 미국 정부에 대해 한국원폭피해자의 배상을 위한 헌법적 책무를 이행하고 있지 않습니다. 일본 정부는 한반도 한국에 대한 강점의 불법에 대한 책임을 인정하지 않고 있습니다. 미국 정부는 원폭 투하에 대한 책임을 인정하지 않고 있습니다. 한국·일본·미국은 원폭 투하 80년이 다 되었는데도 한국원폭피해자에 대한 책임을 인정하지 않고 있습니다. 이러한 상황에서 한국원폭피해자가 미국을 상대로 소송을 제기하는 일은 불법의 책임을 물어 법적 정의를 회복하는 일이라고 생각합니다. 따라서 한국원폭피해자는 피해자·생존자의 위상을 넘어 핵무기의 잔혹성과 불법성에 저항하는 사람들로 명명해야 할 것입니다.

4) 결론

한국원폭피해자들이 히로시마·나가사키 핵무기 투하를 법적으로 문제삼는 일은 새로운 국제인권법의 지평을 여는 일이라고 생각합니다. 한국원폭피해자들은 미국·일본·

---

3 이주영·백범석, 「국제인권법상 피해자의 권리와 피해자 중심적 접근」, 2018, 177쪽.
4 이주영·백범석, 「국제인권법상 피해자의 권리와 피해자 중심적 접근」, 2018, 178쪽.
5 홍성필, 「일본의 전후 책임 인식과 이행에 대한 국제법적 평가」, 2012, 400쪽 주 22).

> 1 토론문

한국 정부의 역사적·법적·정치적·인류적 죄책을 끊임없이 역사적으로 형성하고 비례적으로 추궁해야 합니다. 이러한 역사적·법적·정치적·인류적 정의를 향한 이행기 과정을 거치면서 국제법이 인도적으로, 인권적으로 정의롭게 발견되고 형성될 것이라고 믿습니다. 한국원폭피해자들의 저항과 투쟁은 과거에 머물러 있지 않고 현재 진행 중이며, 또한 미래를 향하고 있다고 생각합니다.

3. 발제자에게 구하는 의견

발제자가 지적한 "미국 주도의 한국 및 일본과의 안보 협력"은 최근 더욱 강화되는 추세입니다. 그것은 곧 '한국원폭피해자의 존재와 목소리를 억압하는' 방향으로 작동할 듯합니다. 저는 규범적으로 접근하다 보니 다소 이상적으로 너무 앞질러 가지 않았나 반성합니다. 그렇다면 발제자가 보기에 한국원폭피해자가 미국 정부와 한국의 윤석열 정부 그리고 일본 정부에 각각 요구할 최소한의 조건은 무엇이라고 생각하는지 의견을 구합니다.

The Historical Meaning of the United States Atomic Bombings of Hiroshima and Nagasaki from the Perspective of Korean Atomic Bomb Victims

Oh Dongseok
Professor at Ajou University Law School

1. The Discussant's Interpretation of the Presentation

The viewpoints of the presentation are clearly expressed in the introduction of the presentation. In other words, the history of suffering experienced by the colonized Koreans and their descendants upon their return to Korea due to A-bomb dropping by the US on Hiroshima and Nagasaki of Imperial Japan on August 6 and 9, 1945, should be viewed as a part of "the global nuclear regime of the 20th century". It must be interpreted from the perspective of "constructed racism, imperialism, colonialism, and anti-communism of the Cold War system, and the myth of nuclear technology".

The presenter focuses on two points. The first is that the United States was not only the entity that dropped the nuclear bomb, but was also involved in the removal process by which the Korean victims in Hiroshima and Nagasaki returned to the Korean Peninsula. In my view as a discussant, this was a pre-organizing action that stripped away victims' rights. Because Japanese colonial rule was illegal and Koreans were naturally not Japanese citizens, one of the grounds on which Korean atomic bomb victims could claim financial reparation or compensation was the location of the damage.

However, by returning the victims to the Korean Peninsula, they erased the evidence that Korean victims were present at the location of the damage and at the same time revealed that they had no intention of fulfilling their responsibility to make financial reparations or compensate for the damage at that location. Korean victims should have been able to reside in Japan on their own accord until they received adequate financial reparation or compensation for their damages.

Under this same pretense, the place where nuclear weapons were dropped was a "site of a crime against humanity" and should have been a "place of relief" for the victims and, if needed, a "place of struggle" for the victims.

The second point is that Korean atomic bomb victims formed a self-help organization, the Atomic Bomb Victims Support Association, and demanded political responsibility from the United States. The presenter demonstrates changes in approaches to the status and rights of victims through her previous research on atomic bomb victims. As a discussant, my interest is in the implications of the historical approach to the legal status and rights of atomic bomb victims. It is a task of transitional justice to resolve the injustices of the existing international legal system which is based on "racism, imperialism, colonialism, and anti-communism under the Cold War system, and the nuclear technology myth," and move toward a more just structure.

From this perspective, I organized my presentation into a historical timeline.
(However, due to time constraints, my oral presentation will move on to the fifth point.)

Firstly, this is a stage where victims come forward and demand medical care and welfare, starting with treatment. The victory in the Son Jindu lawsuit in 1978 paved the way for Korean atomic bomb victims to receive treatment by traveling to Japan and receiving a health notebook for atomic bomb victims. There has been medical and welfare support for atomic bomb victims in Korea since as late as the 1990s, based on the Japanese government's support of the 'Korean Atomic Bomb Victims Medical Support Fund' of 4 billion yen.

Secondly, victims expanded their demands beyond medical and welfare support to war damages. In the 1990s, Japan faced demands for post-war compensation (financial reparation) not only from Korea, but also from other Asian countries. Along with Koreans from Sakhalin, wartime comfort women, wartime laborers, and conscripted soldiers and military personnels who were forcibly taken pursued legal action against the Japanese government demanding compensation for war damages; Korean atomic bomb victims also filed lawsuits.

Thirdly, with regard to locationality, Korean atomic bomb victims started to receive benefits from Japan's Atomic Bomb Aid Act regardless of their locations and residence. The so-called 'second notebook trial' filed in Japan by Kwak Gwihoon, a Korean atomic bomb victim, was victorious in the first trial in June 2001 and the second trial in December 2002, allowing Korean atomic bomb victims living outside of Japan's territory and without the resident status to receive benefits under Japan's Atomic Bomb Protection Act.

Fourthly, it is a stage for Korean atomic bomb victims to hold the United States, Japan, and the Korean government accountable for their damages and sufferings. The victims first tried to hold Japan and the United States responsible, with the assistance of the Korean government. However, the Korean government did nothing to respond to the call for help, citing the friendly relations between Korea and Japan as an excuse. The Korean government did not even consider communicating with the United States on the matter. The Korean government actually suppressed the claims for relief of the atomic bomb victims with regards to their human rights violations. The Japanese government kept stating that all compensation issues had been resolved through the earlier Korea-Japan talks, or that it would come up with a 'humane solution' if the Korean government was to propose it first. As the presenter mentioned, the U.S. government has declared a world without nuclear weapons, but as the most powerful nuclear-armed country and the only country that ever used atomic bombs to produce a large number of atomic bomb victims, it has shown no intention to acknowledge or no willingness to fulfill its legal, political, and moral responsibility for the atomic bomb victims.

The fifth feature is that it is a stage and time for Korean atomic bomb victims to raise the issues of 'racism, imperialism, colonialism, and anti-communism under the Cold War system, and the nuclear technology myth' by holding the United States legally, historically, and politically responsible for the dropping of the atomic bomb themselves. It is also the beginning of resistance and struggle, against the oppression of Korean atomic bomb victims, enhanced through the military alliance of the United States, Japan, and Korea.

The sixth and final feature is that when Korean atomic bomb victims hold the US, Japan, and Korean governments accountable, they also raise the environmental issue of nuclear energy which has brought a crisis of the planet's existence, along with nuclear weapons. As the presenter mentioned, rather than representing and comforting the rights and interests of Korean atomic bomb victims through his visit to Hiroshima, President Yoon Seokyeol left room for interpretation as permitting the discharge of contaminated water from Fukushima. I agree with the presenter's point that enthusiasm for nuclear energy means a desire for nuclear weapons.

This historical context is evidenced by and coincides with the ambiguous opinion of the nuclear weapons of the ICJ, responding to a question raised by World Health Organization on September 3, 1993 and later by the UN General Assembly: "In view of the health and environmental effects, would the use of nuclear weapons by a state in war or other armed conflict be a breach of its obligations under international law including the WHO Constitution?" We can say that the ICJ ignored WHO's request by a vote of 11 to 3 on July 8, 1996.

2. Opinion as a Discussant

1) Historical significance of Korean atomic bomb victims from a victim-centered approach

Under current international human rights law, the argument that Korean atomic bomb victims can make may be through a victim-centered approach. It starts from the critical awareness of victimology, which raises questions about the existing criminal justice system that treats the victim, who is a direct party to the crime, only as a necessary element to prove the crime and subordinates the victim's suffering. In other words, the victim, who was merely a witness, must now be recognized as a participant and direct party to the criminal process. The victims from the use of nuclear weapons, which threaten the very existence of humanity, are a rightful party to accuse the illegality of nuclear weapons on behalf of all humankind.

Moreover, Korean atomic bomb victims criticize the traditional state-centered international legal order that regards compensation for individual human rights violations as a matter of state discretion. Victims have the right to know the truth about human rights violations and to confidently demand that all relevant countries ensure fair and effective justice by receiving sufficient relief and compensation. And it is the direct duty of the state to guarantee those rights.[1]

2) The historical significance of the threefold resistance of Korean atomic bomb victims

According to the perspective of Korean atomic bomb victims, the responsibility of the United States for illegal use of nuclear weapons is a core focus. Japan is equally responsible for violating human rights against colonial Koreans and for initiating the war. In particular, Japan's failure to actively seek relief for human

---

[1] Lee Jooyoung & Baek Buhmsuk, "Victim's Rights and Victim-centered Approach in International Human Rights Law", *Korean Journal of International Law* 63(1), 2018, pp.165-166.

rights violations caused by the atomic bombings in its country is an illegal act of omission. Of course, the Korean government's responsibility for failing to provide relief for its citizens' human rights violations has now become clear with passing time.

The bilateral treaties Japan has signed with Asian countries still leave traces of colonialism and racism in Japan's foreign policy. While Japan recognized that it was fulfilling its legal responsibilities as a defeated party toward the Western Allied Powers, it adopted a treaty text of a benevolent nature from the standpoint of extending its colonial rule toward Asian countries. For example, in treaties with Korea and Malaysia, expressions such as economic cooperation and unfortunate events were used, while in treaties with the Netherlands and Sweden, expressions such as sympathy, regret, and responsibility based on international law were used.[2]

Additionally, the Korean government is still unable to break away from colonialism. States have a duty to guarantee the basic human rights of all individuals within their jurisdiction. State responsibility arises if any state fails to provide adequate human rights guaranteed to all human beings. This does not simply mean that human rights violations occurred due to direct state actions, but also includes failures or omissions to prevent human rights violations. Here, omission not only applies to preventing human rights violations, but today also includes failing to prepare appropriate compensation measures for victims of human rights violations.[3]

3) The historical significance of Korean atomic bomb victims as subjects advocating for a new paradigm of International Human Rights Law

It is clear that "correcting a wrong is a general principle of law recognized and applied in all legal systems and a fundamental legal principle constituting customary law" (M. Cherif Bassiouni).[4] Regardless of legitimacy or victory versus defeat, it is a state that starts and carries out a war. During the process, however, the victims are people. I believe that the fact that the legal system is not

---

2 Hong Seongphil, "An International legal Appraisal", *Chungnam Law Review* 23(1), 2012, p.413.
3 Lee Jooyoung & Baek Buhmsuk, "Victim's Rights and Victim-centered Approach in International Human Rights Law", 2018, p.177.
4 Lee Jooyoung & Baek Buhmsuk, "Victim's Rights and Victim-centered Approach in International Human Rights Law", 2018, p.178.

operated in a people-centered manner despite the development of international humanitarian law and international human rights law is due to the imperialist "international legal positivism"[5] of the 19th century.

Nuclear weapons kill people on a large scale without distinguishing between combatants and non-combatants, and completely destroy the environment in which humans live. The Korean government is not fulfilling its constitutional responsibility to the Japanese and U.S. governments to provide compensation to Korean atomic bomb victims. The Japanese government has not acknowledged its responsibility for the illegal occupation of the Korean peninsula. The U.S. government has not accepted responsibility for the atomic bombing. Even though it has been almost 80 years since the atomic bomb was dropped, Korea, Japan, and the United States have not acknowledged responsibilities for the Korean atomic bomb victims. In this situation, I believe that the Korean atomic bomb victims filing a lawsuit against the United States is an opportunity to restore legal justice by holding them accountable for their wrongdoing. Therefore, Korean atomic bomb victims should go beyond the status of victims and survivors, and be called on as people who resist the cruelty and illegality of nuclear weapons.

4) Conclusion

I believe that Korean atomic bomb victims' legal challenge to the dropping of nuclear weapons on Hiroshima and Nagasaki opens a new horizon for international human rights law. Korean atomic bomb victims must constantly historically form and proportionately pursue the historical, legal, political, and human guilt of the U.S., Japanese, and Korean governments. I believe that through this transitional process toward historical, legal, political, and human justice, international law will be examined and reformed justly in humanitarian and human rights perspectives. I believe that the resistance and struggle of Korean atomic bomb victims is not stuck in the past, but is ongoing and heading toward the future.

---

5   Hong Seongphil, "An International legal Appraisal", 2012, p.400.

3. Question to the Presenter

As pointed out by the presenter, 'US-led security cooperation with Korea and Japan' has recently been intensifying. It is likely that it will soon work in the direction of 'suppressing the presence and voices of Korean atomic bomb victims.' I am afraid whether I may have gone too far ahead in my idealistic and normative approach. So, I would like to ask the presenter what the minimal demands that Korean atomic bomb victims could make the U.S. government, the Korean government of Yoon Seokyeol, and the Japanese government respectively.

韓国被爆者の立場から見る
米国の広島・長崎への核兵器投下の歴史的意味

オ・ドンソク
亞洲大学法学専門大学院教授

1. 発言に関する議論者の解釈

　発言者の観点は、序論の部分によく見られます。 つまり、1945年8月6日と9日、帝国日本の広島と長崎でアメリカが投下した核兵器により被植民地の朝鮮人とその子孫被害者たちが韓国に帰還し経験した苦痛の歴史は「20世紀グローバル核レジムを構成した人種主義、帝国主義と植民主義、冷戦体制下の反共主義、そして原子力技術神話」の観点から解釈されなければならないということです。

　発言者は2つの点に注目しています。 一つは、アメリカが核爆弾を投下した主体だけでなく、広島と長崎で被ばくした朝鮮人が朝鮮半島に帰還した過程に関与した主体だったことです。 ディスカッションである私が見ると、これは被害者として権利を奪う事前の停止です。日本の植民地支配が違法な点でそして当然朝鮮人は「日本国民」ではない点で、原爆被害者が賠償または補償を主張できる根拠の一つは被害の場所です。

　ところが、被害者を朝鮮半島に帰還させることで、その被害場所にあったという証拠を消去すると同時に、その場所で被害に対する賠償または補償の責任を履行する意思がないことが明らかになったのです。被害者は、自分の被害を十分に賠償または補償を受ける前には、自分の決定に従って日本に居住できなければなりません。 核兵器投下が起こった場所は「反人道的犯罪の現場」として被害者を「救済する場所」であり、それが十分でなければ被害者が「闘争する場所」でなければなりません。

　もう一つは、韓国人原爆被害者が自助組織である「原爆被害者援護協会」を結成し、米国の政治的責任を尋ねたという点です。発言者は、原爆被害者関連の先行研究を通じて、被害者の位相と権利へのアプローチの変化を示しています。議論者である私の関心は、原爆被害者の法的位相と権利への歴史的アプローチの意味です。 それは「人種主義、帝国主義と植民主義、冷戦体制下の反共主義、そして原子力技術神話」に基づく既存の国際法体制が抱えている不正義の面を解消

し、より正義な段階に出る履行期正義(transitional justice)の課題です。

この観点から、私は抜粋を再構築しました。

まず、被害者が立ち上がって治療から出発し、医療と福祉を求める段階です。1978年ソンジンドゥ訴訟の勝訴は、韓国原爆被害者が日本に渡って被爆者健康手帳を受ければ治療を受けることができる道が開かれるきっかけでした。日本政府の「韓国原爆被害者医療支援基金40億円」支援を基に、1990年代以降韓国で原爆被害者に対する医療と福祉支援がありました。

第二に、被害者は医療と福祉支援を超えて戦争被害にその要件を拡張します。1990年代、日本は韓国だけでなくアジア各国からの戦後補償[賠償]要求に直面します。サハリン教砲、従軍慰安婦、戦時労務者そして日本軍の軍人と軍属など強制連行された人々が日本政府を相手に戦争被害賠償要求裁判を始め、韓国原爆被害者たちも訴訟に乗り出しました。

第三に、場所性に関して、韓国の原爆被害者が日本原爆援護法の適用を受けることになります。韓国原爆被害者クァク・ギフン氏が日本で提訴したいわゆる「第2の手帳裁判」が2001年6月1審と2002年12月2審で勝訴し、韓国の原爆被害者は日本の領域と居住関係なく日本原爆援護法の適用を受けることができるようになりました。

第四に、韓国の原爆被害者が米国と日本の責任そして韓国政府の責任を問う段階です。被害者は、韓国政府を通じて日本と米国に責任を問われた。しかし韓国政府は韓日両国の友好関係の言い訳に対抗して何の対応もしなかった。韓国政府は米国についてはまったく考慮すらしませんでした。韓国政府はむしろ原爆被害者の人権侵害救済主張をむしろ抑圧しました。日本政府は韓日会談で補償問題はすべて解決されたか、韓国政府で先に提議すれば「人道的な解決方案」を設けるということでした。米国政府は、発言者が述べたように、核兵器のない世界を宣言したが、最も強力な核武装国家として、唯一原子爆弾を使用して原爆被害者を量産した国家として原爆被害者に法的、政治的、道徳的責任を認める意思と法的・政治的責任を履行する意志は全くないようです。

第五に、今は韓国の原爆被害者たちは、米国の原爆投下に対する法的・歴史的・政治的責任を問うことで、「人種主義、帝国主義と植民主義、冷戦体制下の反共主義、そして原子力技術神話」問題を提起すべき時点です。それは米日韓の軍事同盟を通じた韓国原爆被害者に対する抑圧に対する抵抗と闘争の始まりでもあります。

最後の六番目に、韓国の原爆被害者が微々たる政府の責任を問うのは、核兵器とともに地球存立の危機をもたらした原子力の環境問題を提起することでもあります。発言者が述べたように、ユン・ソクヨル大統領は広島訪問を通じて韓国人原爆被害者の権益を代弁して慰めるというどころか福島汚染水放流を容認するものと解釈する余地を残しました。原子力への熱狂は、まもなく核兵器への欲望という発言者の指摘に共感します。

このような歴史的文脈は、1993. 9. 3. 世界保健機関(World Health Organization)がICJに「健康と環境的結果に照らしてみると、戦争やその他の武力衝突状況である国家による核兵器の使用がWHOの憲章を国際法上の義務に違反することになる可能性があるのか?と相談します。

2. ディスカッションとしての意見

1) 被害者中心的アプローチにおける韓国原爆被害者の歴史的意味

現在の国際人権法で韓国原爆被害者が主張できる論拠は、被害者中心的アプローチ(victim-centered approach)であろう。それは、犯罪の直接の当事者である被害者を犯罪の立証に必要な要素程度として扱い、被害者の苦痛は二次化する既存の刑事司法に対して問題を提起する被害者学(victimology)の問題意識から出発します。つまり、単なる証人に過ぎなかった被害者は、今や刑事手続きの参加者であり、直接当事者として認識されなければならないということです。人類の存在自体を脅かす核兵器の使用による被害者は、全人類を代表して核兵器の違法性を告発する当事者である。

さらに、韓国の原爆被害者は、個人の人権侵害被害に対する賠償を国家の裁量事項とする国家中心の伝統的国際法秩序を批判します。被害者は、人権侵害の真実を知り、十分な救済と賠償を受けることによって公正で効果的な定義が実装されるように、すべての関連国に堂々と要求する権利があります。そしてそのような権利を確保することは国家の直接的な義務です[1]。

2) 韓国原爆被害者の三重抵抗の歴史的意味

韓国人原爆被害者の視点に従うとき、核兵器を使った米国の違法責任が中心にあります。それに劣らず植民地朝鮮人に対する人権蹂躙と戦争を起こした違法責任が日本にあります。特に自国で起きた原爆による被害者の人権侵害救済に積極的に乗り出さなかったのは、日本の不作為違法責任です。もちろん、自国民の人権侵害救済に乗り出さなかった韓国政府の責任も、今は歴史的トンネルを通過しながらその不法性が明確になりました。

日本がアジア諸国と締結した両者条約は、依然として日本の対外政策の中に植民主義と人種差別主義の痕跡が残っています。日本は西欧連合国に対しては敗戦当事者として法律的責任を果たすという認識だったのに対し、アジア国家に対しては植民支配の延長という立場で、施惠的な性格の条約文案を採択しました。例えば、韓国やマレーシアとの条約では経済的協力、あるいは不幸な事件などの表現を使用しましたが、オランダ、スウェーデンなどとの条約では同情と後悔、国際法に基づく責任などの表現を使用しました[2]。

また、韓国政府はまだ植民地主義から脱皮していない。国家は、自国の管轄権内にあるすべての個人の人間としての基本的な人権を保証する義務があります。いかなる国々も、すべての人間に

1　李周映・白範奭、「國際人權法上被害者の權利と被害者中心的なアプローチ」、『國際法學會論叢』 63(1)、2018、165-166面。
2　洪晟弼、「日本の前後責任認識と履行に関する国際法的評価」、『忠南大學校 法學研究』23(1)、2012、413面。

適切な人権保証手段を適切に提供しない場合、国家責任が発生します。これは、単に直接的な国家の作為によって人権侵害行為が発生したというだけでなく、人権侵害を防止するのに失敗したり、何の行為もしていない不作為も含みます。ここでの不作為は人権侵害防止だけでなく、今日では人権侵害被害者に対する適切な賠償策を設けていないことにも該当します[3]。

3) 新しい国際人権法のパラダイムを主張する主体として、韓国原爆被害者の歴史的意味

「間違ったことを正すことは、すべての法体系で認められ適用される法の一般原則であり、慣習法規を構成する基本的な法的原則」(M. Cherif Bassiouni)であることは自明です。[4]

正当性と勝敗を離れて戦争を起こして遂行した張本人は国家です。しかし、その過程で被害者は人です。国際人道法と国際人権法の発展にも法体系が人中心で運用されないのは19世紀帝国主義的「国際法実証主義」[5]のせいだと思います。

核兵器は戦闘員と非戦闘員を区別せずに大量に人を殺害し、人間が生きる環境自体を全面的に破壊します。韓国政府は、日本と米国政府に対して韓国原爆被害者の賠償のための憲法的責務を履行していません。日本政府は朝鮮半島の韓国に対する強みの違法に対する責任を認めていない。米国政府は原爆投下に対する責任を認めていない。韓国・日本・アメリカは原爆投下80年になったのに韓国原爆被害者に対する責任を認めていません。このような状況で、韓国の原爆被害者が米国に対して訴訟を提起することは、違法な責任を問い、法的正義を回復することだと思います。したがって、韓国原爆被害者は、被害者・生存者の地位を超えて核兵器の残酷性と不法性に抵抗する人々と命名しなければなりません。

4) 結論

韓国原爆被害者が広島・長崎核兵器投下を法的に問題にすることは、新しい国際人権法の地平を開くことだと思います。韓国原爆被害者は、米国、日本、韓国政府の歴史的、法的、政治的、人類的な罪を絶えず歴史的に形成し、比例的に追及しなければなりません。このような歴史的、法的、政治的、人類的正義に向けた履行の過程を経て、国際法が人道的に人権的に定義的に発見され形成されると信じています。韓国原爆被害者の抵抗と闘争は過去にとどまらず、現在進行中であり、また未来に向かっていると思います。

3　李周映・白範奭、「國際人權法上被害者の權利と被害者中心的なアプローチ」、『國際法學會論叢』 63(1)、2018、177面。
4　李周映・白範奭、「國際人權法上被害者の權利と被害者中心的なアプローチ」、『國際法學會論叢』 63(1)、2018、178面。
5　洪晟鑌、「日本の前後責任認識と履行に関する国際法的評価、2012、400面。

3. 発言者に求める意見

　発言者が指摘した「米国主導の韓国および日本との安全保障協力」は、最近さらに強化する傾向です。それはすぐに「韓国原爆被害者の存在と声を抑圧する」方向に働くようです。私は規範的に接近しているので、やや理想的にはあまりにも先に行ったのではないか反省します。発言者が見るに韓国原爆被害者が米国政府と韓国のユン・ソクヨル政府そして日本の政府にそれぞれ要求する最小限の条件は何だと思うか意見を求めます。

2

1945년 미국의 핵무기 투하 이후의 국제법 – 특히 국제인도법 – 으로 본 핵무기 사용의 불법성

The Illegality of the Use of Nuclear Weapons under International Law – Particularly IHL – after the United States Atomic Bombings of 1945

1945年の米国の核兵器投下以降の国際法 – 特に国際人道法 – から見る核兵器使用の不法性

- 발표자 **다니엘 리티커** Daniel Rietiker
  로잔대학교 겸임교수　ローザンヌ大学兼任教授
  Adjunct Professor at Lausanne University

- 발표자 **야마다 토시노리** Toshinori Yamada
  메이지대학교 법학부 겸임강사　明治大学法学部兼任講師
  Lecturer at Meiji University Law School

- 발표자 **모니크 코미에** Monique Cormier
  모나시대학교 법학부 선임강사　モナシュ大学法学部上級講師
  Senior Lecturer at the Faculty of Law, Monash University

- 토론자 **맨프레드 모흐** Manfred Mohr
  국제우라늄무기금지연합 공동의장　国際ウラン兵器禁止連合共同議長
  Co-chair of International Coalition to Ban Uranium Weapons

- 토론자 **마니 로이드** Marnie Lloydd
  웰링턴 빅토리아대학교 법학부 선임강사　ビクトリアウェリントン大学法学部上級講師
  Senior Lecturer at the Faculty of Law, Victoria University of Wellington

2 발표문

국제법상 핵무기 사용의 적법성: 국제인도법, 환경법, 인권, 핵무기금지조약에 비춰 본 분석

다니엘 리티커
로잔대학교 겸임교수

I. 서 론[1]

이 발표문은 국제법의 여러 분야, 즉 국제인도법(IHL), 환경법, 인권법, 그리고 2017년에 채택된 핵무기금지조약을 근거로 핵무기 사용의 적법성에 대해 분석한다. 마지막으로 몇 가지 결론을 제시한다.

본 발표문에서 다루는 각각의 네 가지 주제는 많은 양의 자료와 사례를 고려할 때 책 한 권을 써야 할 만큼 내용이 방대하다. 현실적인 이유로 필자는 몇 가지 선택을 하고, 토론에 매우 의미가 있을 수 있는 여러 측면을 생략해야 했다. 본 발표문의 제한된 지면 내에서 개괄적인 내용을 제시함으로써, 2024년 6월 히로시마에서 개최되는 제2차 토론회에서 흥미로운 논의를 촉발하는 데 기여하기를 바란다.

II. 국제인도법상 핵무기 사용의 적법성

국제인도법상 핵무기 사용의 적법성에 대한 분석은 1996년에 나온 국제사법재판소(ICJ)의 핵무기 위협 또는 사용의 적법성에 관한 권고적 의견[2]에서 출발해야 한다. ICJ의 만장

---

1   로잔대학교(스위스), 서포크대학교 법학전문대학원(미국 매사추세츠주 보스턴) 국제법 및 인권법 겸임교수, 국제 반핵법률가협회(IALANA) 공동회장. 이 기고문의 일부는 다니엘 리티커, 『군비통제의 인간화, 핵무기 없는 세계의 길을 닦다』, Routledge, 2017에서 영감을 받았거나 기반한 것이다.
2   ICJ 보고서 1996.

일치 견해로 볼 때, 자위의 법에 따른 비례적인 무력사용이 합법적이려면 인도법의 원칙과 규칙을 포함해 무력충돌을 규율하는 법 또한 준수해야 한다.[3] 인도법의 원칙과 규칙에는 특히 전투원과 비전투원(민간인)의 구별, 전투원에게 불필요한 고통 야기 금지가 포함된다.[4]

이러한 원칙에 비추어 ICJ는 핵무기의 (위협 또는) 사용이 무력충돌에 적용되는 국제법 규칙, 특히 인도법 규칙에 "일반적으로" 위배된다는 만장일치의 결론에 도달했다.[5] 그러나 무력충돌에서 인간을 보호하는 포괄적인 법체계에도 불구하고, ICJ는 이어서 다음과 같이 판시했다.

> 그러나 국제법의 현 상황과 재판소에 제출된 사실의 여러 요소에 비추어, 재판소는 국가의 존립 자체가 위태로운 극단적 자위 상황에서 핵무기 위협 또는 사용이 합법 또는 불법인지 여부를 확정적으로 결론지을 수 없다.[6]

이 결론은 많은 논란을 불러왔으며, 이에 대해서는 다른 발표자가 다룰 예정이다. 필자는 우선 일반 원칙의 관점에서 국제인도법상 핵무기의 적법성을 살펴본 다음, 보다 구체적인 규칙의 관점에서 살펴보고자 한다.

A. 일반 원칙

1. 전투 수단과 방법 선택에 대한 제한

무력충돌 당사국이 사용할 수 있는 무기와 합법적으로 사용할 수 있는 방법이 국제법에 의해 제약을 받는다는 원칙은 오랜 역사를 가지고 있다. 1977년 제1추가의정서 제35조(전투 수단 및 방법 - 기본 규칙)는 다음과 같이 규정하고 있다.

> 어떤 무력충돌에서도 전투 방법 또는 수단을 선택할 충돌 당사국의 권리는 무제한이 아니다.

---

3 위와 같음, 42항과 중요 단락 D.
4 위와 같음, 78항.
5 Dispositif, para E, first para.
6 Operative paragraph E, second alinea. Marcelo G. Kohen, "The notion of 'state survival' in international law", in L. Boisson de Chazournes and Ph. Sands (dir.), *International Law, the International Court of Justice and Nuclear Weapons*, Cambridge, 1999, pp.293-314.

2) 발표문

ICJ는 1996년 권고적 의견에서 국가는 "사용하는 무기에 있어 무제한적 수단 선택의 자유를 가지지 않는다"[7]고 판시했다. 놀랍게도 ICJ는 이 원칙을 전투원에게 불필요한 고통을 야기하는 것을 금지한 규칙에만 적용했다.[8] 국제적십자위원회(ICRC) 해설에 따르면, 이 조항(전투 수단과 방법 선택에 대한 제한 : 옮긴이)은 무력충돌 시 적용되는 국제법 규칙을 존중할 의무를 주로 의미하며, 군사적 필요성이 강행규범의 형태로 성안된 규칙으로부터의 어떠한 일탈도 정당화할 수 없다는 것을 의미한다.[9] 이는 또한 핵무기의 선택 및 사용이 잠재적으로 적합한 것으로 여겨지는 군사적 필요성이 있다고 하더라도 그에 의해서 국제인도법의 금지가 무효화될 수 없음을 의미한다.[10]

2. 구별의 규칙

충돌 당사국은 합법적인 군사 목표에 대해서만 공격을 해야 한다. 1977년 제1추가의정서 제48조는 다음과 같다.

> **제48조 기본 규칙**
> 민간인 주민과 민간 물자의 존중 및 보호를 보장하기 위하여 충돌 당사국은 항시 민간인 주민과 전투원, 민간 물자와 군사 목표물을 구별하며, 따라서 그들의 작전은 군사 목표물에 대해서만 수행되어야 한다.

구별의 규칙 — 때때로 구별의 원칙 또는 차별(discrimination)의 원칙이라고도 함 — 은 관습국제법을 확인하는 것이며,[11] 국제적·비국제적 무력충돌에 모두 적용된다.[12]

ICJ는 1996년 권고적 의견에서 "민간 표적과 군사 표적을 구별할 수 없는" 무기는 모두 불법이라고 판시했다.[13] ICJ는 이를 "관습국제법의 위반할 수 없는 원칙을 구성하기 때문에 이를 포함한 협약의 비준 여부에 관계 없이 모든 국가가 준수"해야 하는 "근본적

---

7 핵무기 위협 또는 사용의 적법성, ICJ 보고서 1996, 78항.
8 Stuart Case-Maslen, "The Use of Nuclear Weapons under Rules Governing the Conduct of Hostilities", in G. Nystuen, S. Casey-Maslen, A. Golden Bersagel (eds.), *Nuclear Weapons under International Law*, Cambridge, 2014, p.93.
9 위와 같음.
10 위와 같음.
11 Stuart Casey-Maslen, 앞의 책, p.95.
12 1977년 제2추가의정서 제13조 참조.
13 핵무기 위협 또는 사용의 적법성, ICJ 보고서 1996, 78항.

규칙"14의 하나, 즉 "가장 중요한 기본 원칙"이라고 설명했다. ICRC는 2005년 발행한 관습국제인도법 연구에서 "본질적으로 무차별적인 무기의 사용은 금지된다"고 결론지었다.

스튜어트 케시-매슬렌(Stuart Casey-Maslen)은 두 가지 평가 기준을 구분한다. 첫째, 어떤 특정한 무기가 태생적으로 구체적인 군사 목표를 표적으로 할 수 없는 무기인지, 둘째 어떤 특정 무기의 영향이 군사 목표에 국한되는지 아니면 무엇보다 통제 불가능한 영향으로 인해 필연적으로 무차별 공격에 해당하는지이다.15

첫 번째 기준과 관련하여, 유도 체계가 너무나 초보적이거나 신뢰할 수 없어 어디에 낙하할지 알 수 없는 무기-예를 들어 "장거리 로켓 또는 미사일"-는 태생적으로 무차별적이며, 따라서 불법이라는 것이 일반적으로 인정되고 있다.16 두 번째 기준과 관련해서는 제1추가의정서 제51조 4항 (c)를 비롯한 몇 가지 금지 조항을 참고할 수 있다.

> 무차별 공격은 금지된다. 무차별 공격이라 함은 (c) 그것의 **영향**이 본 의정서가 요구하는 바와 같이 제한될 수 없는 전투의 방법 또는 수단을 사용하는 공격을 말한다.

스튜어트 케시-매슬렌은 핵무기 운반 장치가-정밀할 수 없다는 것은 차치하더라도-정밀하지 않다는 증거도 거의 없다고 주장한다.17 따라서 첫 번째 기준은 큰 문제를 일으키지 않는다. 그러나 두 번째 기준, 즉 무기의 영향에 대한 기준은 핵무기의 경우 더욱 문제가 된다. 실제 ICJ는 다음과 같이 판시했다.

> 35. [재판소는] 또한 핵무기가 원자의 핵융합 또는 핵분열로 에너지가 발생하는 폭발 장치라는 점에 주목한다. 바로 그 본질상, 오늘날 존재하는 핵무기에서의 그 (핵융합 또는 핵분열 : 옮긴이) 과정은 엄청난 양의 열과 에너지뿐만 아니라 강력하고 장기간 지속되는 방사선을 방출한다. 재판소에 제출된 자료에 따르면, 앞의 두 가지 원인(열과 에너지, 방사선 : 옮긴이)의 피해는 다른 무기로 인한 피해보다 훨씬 더 강력하며, 방사선 현상은 핵무기 특유의 것으로 알려져 있다. 이러한 특성으로 인해 핵무기는 잠재적으로 재앙적 무기이다. **핵무기의 파괴력은 공간적으로나 시간적으로 통제될 수 없다.** 핵무기는 지구상의 모든 문명과 생태계 전체를 파괴할 잠재력을 갖고 있다. (…)

---

14 위와 같음, 79항.
15 추가의정서 1, 제51조 (5)항 (b).
16 Stuart Casey-Maslen, 앞의 책, p.100.
17 위와 같음, p.111.

핵무기 사용 자체를 금지하고 있지 않은 조약인 NPT(핵확산금지조약) 2010년 재검토회의에서 당사국들은 사상 처음으로 핵무기 사용 가능성에 대한 제한 입장(reservations)을 밝혔다.

> 본 회의는 모든 핵무기 사용의 파멸적인 인도적 결과에 대해 깊은 우려를 표명하며 모든 국가가 국제인도법을 포함한 관련 국제법을 항상 준수해야 할 필요성을 재확인한다.[18]

노르웨이 정부는 인도적 차원에서 더 많은 관심이 필요하다고 주장하고, 점점 더 많은 국가가 핵무기가 사용되기에는 너무나 파괴적이라는 견해를 지지하고 있다는 사실을 인식하면서, 2013년 3월 오슬로에서 핵무기의 인도적 영향에 관한 회의를 개최했다.[19] 이듬해 멕시코와 오스트리아 정부는 각각 나야트리와 빈에서 후속 회의를 주최했다. 인도적 구상의 주요 목표는 핵무기 사용이 인간에게 미치는 재앙적인 영향에 관한 새로운 증거를 수집하고 제시하는 것이었다.

이러한 인도적 구상(또는 흐름)과 함께 거주 지역, 특히 대도시에서의 핵폭발이 미치는 영향에 관한 연구가 상당수 진행되었다. 예를 들어, 2013년 3월 오슬로 회의에서 발표된 한 연구에 따르면 맨체스터 크기의 도시에서 (100킬로톤의) 핵무기가 폭발하면 폭풍 및 열의 영향으로 8만 명 이상이 즉사하고 21만 명 이상이 부상을 입으며, 주택과 상업용 건물이 파괴되고, 필수 인프라가 파괴되며, 대규모 인구 이동이 발생하고, 지역의 응급서비스 능력이 심각하게 저하될 수 있는 것으로 나타났다. 또한 지속적인 방사선은 건강에 추가적인 영향을 미치고 위기에 대응하는 모든 노력을 저해하는 것으로 나타났다.[20]

또 다른 연구는 로테르담에서 12킬로톤의 핵폭발이 일어났을 때 발생하는 즉각적인 인도적 결과를 조사했다.[21] 1장에서는 로테르담 항구에서 핵폭발이 있어났을 때의 시나리오를 자세히 설명한다. 2장에서는 섬광, 열, 화재, 폭풍, 전자기 펄스(EMP), 홍수,

---

18 2010 Review Conference of the Parties to the Treaty on the Non-Proliferation of Nuclear Weapons, Final Document, Doc. NPT/CONF.2010/50 (vol. I), 2010, part I, p.19.
19 G. Nystue and K. Egeland, "A Legal Gap? Nuclear Weapons Under International Law", *Arms Control Today*, Vol. 46, no. 2, March 2016, p.8; T. Sauer and J. Pretorius, "Nuclear Weapons and the Humanitarian Approach", *Global Change, Peace and Security*, Vol. 26, no. 3, p.242.
20 제36조 「인도적 결과 : 맨체스터에서 단일 핵무기 폭발로 인한 직접적인 인도적 영향에 대한 간략한 사례 연구」, 영국, 2013, p.14, http://www.article36.org/nuclear-weapons/humanitarian-impacts-from-a-single-nuclear-weapon-detonation-on-manchester/ (2016년 12월 4일 접속).
21 W. van der Zeijden and S. Snyder, The Rotterdam Blast, Pax, 2014, http://www.paxchristi.net/news-media/resources-pax-christi-member-organizations (2016년 12월 4일 접속).

방사선, 낙진, 교통 붕괴, 지역의 정유시설과 화학공장에서 발생하는 화학 오염 등 핵폭발의 영향에 대해 설명한다.[22] 이 연구는 폭발 지점과 근접한 곳에 있는 사람들이 폭발 충격, 최고치의 이온화 방사선 또는 열과 화재로 인해 사망할 수 있음을 보여준다. 이 연구에 따르면 폭발 지점으로부터 300km^2 지역의 사람들은 치사량의 방사선에 피폭될 수 있는 위험에 처할 것으로 추정된다.[23] 핵폭발의 직접적인 결과로 인한 총 사망자수는 암으로 인해 요절하는 사람을 제외하고 6만 명에서 7만 명에 달할 것으로 추정된다.[24]

또한 이 연구에 따르면 100% 사망 구역 외에서는 7,800명이 부상을 입고 치료를 필요로 하며, 이 중 절반은 2도 및 3도 화상을 입을 것으로 추정된다. 네덜란드의 화상 치료용 병상이 100개도 채 되지 않는 상황에서 100% 사망 구역을 벗어날 수 있는 사람들에게 필요한 의료를 제공할 수 있을 것이라고 생각하기 어렵다.[25] 또한 이 연구는 훨씬 더 많은 사람들이 다양한 등급의 방사선 질환으로 고통받을 것이며, 폭발 후 수십 년 동안 최소 6,000명의 암환자가 추가로 발생할 것이라고 추정한다.[26]

이 연구는 네덜란드처럼 부유하고 잘 조직된 국가를 포함해 그 어떤 사회도 핵무기 사용에 적절하게 대비할 수 없다는 결론을 내린다.[27] 인구밀집 지역을 핵무기로 공격하는 것은 언제나 국제인도법상 구별의 규칙 위반에 해당한다.

3. 공격 시 비례성

무력충돌 당사국이 합법적인 군사 목표를 표적으로 삼았다고 하더라도, 해당 공격이 예상되는 군사적 이익에 비해 "과도한" 우발적인 민간인 사상, 민간 물자에 대한 파괴나 피해, 또는 그 복합적 결과를 야기하는 경우 여전히 불법이 될 수 있다. 1977년 제1추가의정서에서는 전시(*in bello*) 비례성 규칙을 무차별 공격의 한 형태로 간주한다. 제1추가의정서 제51조 5항은 다음과 같다.

---

22 위와 같음, pp.17-23.
23 위와 같음, p.24.
24 위와 같음.
25 위와 같음.
26 위와 같음. 이 연구는 갑상선암 환자의 수는 한편으로 네덜란드 정부가 피해 지역 사람들에게 요오드 예방약을 제공하는 능력에 따라 달라지겠지만, 모든 사람에게 제 시간에 도달하는 것은 거의 불가능하다고 결론지었다.
27 위와 같음, p.25.

2 발표문

그중에서도 다음 유형의 공격은 무차별적인 것으로 간주된다. … b) 우발적인 민간인 생명의 손실, 민간인에 대한 상해, 민간 물자에 대한 손상, 또는 그 복합적 결과를 야기할 우려가 있는 공격으로서 소기의 구체적이고 직접적인 군사적 이익에 비하여 과도한 공격.

국가 관행은 이 규칙을 국제적 및 비국제적 무력충돌에 적용되는 관습국제법 규범으로 확립하고 있다.[28]

놀랍게도 ICJ는 권고적 의견에서 공격 시 비례성 규칙에 대해 논하지 않았다. 핵보유국은 ICJ에서 인도법 원칙을 존중하는 제한적 영향을 가진 저위력('전장' 또는 '전술' 무기라고도 불리는)[29] 핵무기 사용이 가능하다고 주장한 바 있다. 영국은 현실적으로 핵무기는 민간인 사상자 발생 가능성 측면에서 매우 상이한 결과를 초래할 수 있는 다양한 상황에서 사용될 수 있다는 견해를 표명했다. 영국은 공해상의 군함이나 인구밀도가 낮은 지역의 군대에 사용하는 경우와 같이 특정 상황에서는 비교적 민간인 사상자가 적은 핵무기를 사용할 수 있다고 덧붙였다.[30]

미국도 비슷한 주장을 내놨다. 미국은 비례성과 관련하여 핵무기를 사용한 공격이 비례적이지 않은지의 문제는 적의 위협의 성격, 목표물 파괴의 중요성, 무기의 특성, 규모 및 예상되는 영향, 민간인에 대한 위험의 정도 등 상황에 따라 전적으로 좌우된다고 주장했다. 달리 말하면, 핵무기가 태생적으로 비례적이지 않은 것(disproportionate)은 아니라는 것이다. [31]

재판소는 이러한 주장에 대해 다음과 같이 답했다.

> 재판소는 보다 소형의 저위력 전술핵무기의 '깨끗한(clean)' 사용을 포함하여 특정 상황에서 핵무기 사용의 적법성을 주장하는 그 어떤 나라도 그러한 제한적인 사용이 가능하다면 그러한 사용을 정당화하는 상황이 정확히 무엇인지 밝히지 않았으며, 또 그러한 제한적인 사용이 고위력 핵무기의 전면적인 사용으로 확대되지 않는다고 밝히지 않았다는 점에 주목한다. 이런 이유로 재판소는 그와 같은 견해의 타당성에 대해 판단할 충분한 근거가 있다고 보지 않는다.[32]

---

28 관습국제인도법에 대한 CRC 연구, 규칙 14.
29 '저위력' 핵무기에 대한 정의는 없지만 이 표현은 주로 폭발력이 TNT 환산 5킬로톤 미만인 폭발 장치를 지칭할 때 사용된다. 비교하자면 히로시마와 나가사키에 투하된 핵폭탄은 12~15킬로톤 수준의 위력을 가지고 있었다. J. Burroughs, "The Lawfulness of 'Low-Yield', Earth-Penetrating Nuclear Weapons", *Lawyers' Committee on Nuclear Policy*, 2003.1.20; http://lcnp.org/wcourt/nwlawfulness.htm (2016년 12월 6일 접속).
30 영국의 서면 주장, p.53 (각주 생략).
31 미국의 서면 주장, p.23 (각주 생략).
32 핵무기 위협 또는 사용의 적법성, ICJ 보고서 1996, 94항.

달리 말해 ICJ는 특정 유형의 핵무기가 국제법과 양립하는 방식으로 사용될 수 있다고 주장하는 국가들이 그러한 주장을 입증할 의무를 갖는다는 점을 분명히 한 것이다. ICJ는 핵보유국이 그들의 주장을 뒷받침하는 충분하고 설득력 있는 증거를 제시하지 못했다고 결론지었다.

앞서 언급한 바와 같이, 전통적으로 인도적 관점보다는 국제 안보 측면에 더 관심을 기울여 온 NPT 재검토회의는 2010년에 "**모든** 핵무기 사용의 파멸적인 인도적 결과에 깊은 우려"를 표명했다. 또한 2011년 국제적십자·적신월운동 대표회의는 "그 **어떤** 핵무기 사용이든 국제인도법 규칙과 어떻게 양립할 수 있는지 상상하기 어렵다"고 밝혔다. 필자는 특정 유형 핵무기의 '깨끗한 사용'에 관한 주장이 현실적으로 보이지 않고, 지금까지 충분하게 입증되지 않았다는 점을 고려하여 이러한 견해에 동의한다.

인간과 환경, 미래세대에 미칠 재앙적인 영향을 고려할 때, 공격의 비례성 원칙에 비추어 핵무기 사용을 정당화할 수 있는 군사적 이익을 상상하기는 어렵다.

4. 공격 시 예방 조치

핵무기 사용이 구별의 규칙과 비례성 규칙을 충족할 수 있는 예외적 상황이 있다고 인정-이는 필자의 견해가 아니다-하더라도, 무력충돌 당사국은 여전히 관습국제법에 따라 공격 시 예방 조치를 취해야 한다. 1977년 제1추가의정서 제57조 1항은 다음과 같다.

> 군사작전 수행에 있어 민간인 주민, 민간인 및 민간 물자가 위해를 받지 않도록 부단한 보호 조치를 취해야 한다.

ICJ는 공격 시 예방 조치 의무에 대해서 자세히 설명하지 않았다. ICRC에 따르면, 공격 시 예방 조치는 성실 의무를 의미하며, 무력충돌 당사국이 항상 민간인 주민과 전투원뿐만 아니라 민간 물자와 군사 목표를 "구별"해야 한다는 제1추가의정서 제48조에 규정된 기본 규칙의 필연적 귀결이다(위의 2. '구별의 규칙' 참조).

또한 제57조에는 구별의 원칙과의 밀접한 관련성을 분명하게 보여주는 여러 구체적인 규칙이 포함되어 있다. 예를 들어 제57조 2항(a)(i)는 공격을 계획하거나 결정하는 자들은 공격의 목표가 민간인이나 민간 목표가 아니고, 특별한 보호를 받는 것도 아닌 합법적 군사 목표이며 그것들을 공격하는 것이 본 의정서에 의해 금지되지 않는다는 것을

증명하기 위해 "실행 가능한 모든 것"을 다 해야 한다고 규정하고 있다.[33]

또한 2항 (a)에서는 공격을 계획하거나 결정하는 자들은 우발적인 민간인 생명의 손실, 민간인에 대한 상해 및 민간 물자에 대한 손상을 피하고 어떠한 경우에도 그것을 극소화하기 위해 공격의 수단과 방법의 선택에서 실행 가능한 모든 예방 조치를 취해야 하며(ii), 우발적인 민간인 생명의 손실, 민간인에 대한 상해, 민간 물자에 대한 손상 또는 그 복합적 결과를 야기할 우려가 있거나 또는 구체적이고 직접적인 소기의 군사적 이익과 비교하여 과도한 모든 공격의 개시를 결정하는 것을 피해야 한다고 명시하고 있다(iii).

공격 시 예방 조치를 취할 의무를 부과하는 조항들은 적대 행위에 있어 지휘관의 자유에 중대한 제약을 가한다. 또한 이러한 의무는 핵무기 의존을 포함한 무기 선택을 제한할 수 있다(특히 제57조 2항(a) ii 참조).

5. 불필요한 고통 금지 규칙

ICJ는 1996년 권고적 의견에서 다음과 같이 선언했다.

> 인도법의 근간을 이루는 문서들에 담긴 기본 원칙은 다음과 같다. (…) 두 번째 원칙에 따르면, 전투원에게 불필요한 고통을 야기하는 것은 금지된다. 따라서 전투원에게 그러한 상해를 야기하거나 불필요하게 고통을 악화시키는 무기의 사용은 금지된다. (…) [34]

이러한 언급을 제외하면, 재판소는 이 규칙을 핵무기에 어떻게 적용할지에 대해서는 거의 언급하지 않았다. 또 법학자들도 핵무기와 관련하여 이 규칙에 대해 거의 관심을 두지 않았지만, 일부 재판관은 개별 의견에서 이 규칙을 다뤘다.

재판소장이었던 베자우이(Bedjaoui) 재판관은 구별의 원칙과 함께 불필요한 고통 금지 원칙이 강행규범(*jus cogens*)이라고 판단했다. 그 결과, 그는 핵무기와 국제인도법이 상호 양립 불가능하다는 결론을 내렸다. 스허부딘(Shahabuddeen) 재판관은 "달성하고자 하는 군사적 이익에 의해 정당화되는 고통의 정도를 상당히 초과하는 경우, 고통은 과도하거나 불필요하게 된다"고 설명했다. 국가가 이러한 균형을 맞추는 데 있어 주의를 기울여야 할 지침은 마르텐스 조항에 따르면 공공양심이 되어야 한다. 그는 재판소가 고려한 증거

---

33 조항 57(2)(a)(i).
34 핵무기 위협 또는 사용의 적법성, ICJ 보고서 1996, 78항.

에 대해 다음과 같이 확언했다.

> 공공양심은 핵무기 사용으로 얻을 수 있는 군사적 이익이 무엇이든 핵무기 사용은 용납할 수 없는 고통을 야기한다고 여긴다는 것이 합리적일 것이다.[35]

마지막으로 위러맨트리(Weeramantry) 재판관은 핵무기의 영향과 불필요한 고통 금지 규칙에 관해 매우 상세한 분석을 내놨다. 그는 이러한 영향이 "핵무기가 전쟁의 목직을 훨씬 뛰어넘는 불필요한 고통을 야기한다는 것을 입증하기에 충분하고도 남는다"고 보았다.[36]

"불필요한"이라는 용어는 균형 잡는 행동을 의미한다. 1974년 루체른에서 열린 전문가 회의에서 ICRC는 이 규칙이 "가해진 상해나 고통의 정도(인도적 측면)를 한 축으로 하고, 특정 무기 선택의 기초를 이루는 필요성의 정도(군사적 측면)를 다른 한 축으로 하는 일종의 방정식을 수반한다"고 진술했다.[37] 또한 달성하고자 하는 군사 목표를 고려할 때는 보다 적은 고통을 야기하는 무기로 그 군사 목표의 달성이 가능한지 평가할 의무가 있다고 상정해야 한다.[38] 사이먼 오코노(Simon O'Conner)는 예상되는 고통이 군사적 효과와 비례하지 않을 경우, 대안적인 전투 수단을 고려하고 선택할 의무가 실제 핵무기 사용 선택 가능성을 매우 희박하게 만든다고 주장했다.[39]

또한 핵무기의 장기적인 영향은 생존자의 일생 동안 암 치사 위험도가 상당히 증가함을 의미한다. 이와 관련하여 불필요한 고통 금지 규칙을 구별 및 비례성 규칙과 구분하고 독립적인 의미를 부여하기 위해서는, 핵무기 사용으로 인해 민간인이 영향을 받지 않는 시나리오를 생각해 볼 필요가 있다. 자주 인용되는 예시 중 하나는 인구밀집 지역에서 멀리 떨어진 사막에 있는 군사시설에 대한 폭격이다. 이러한 공격은 반드시 구별의 규칙 위반에 해당하지 않을 수도 있다. 그럼에도 불구하고 생존한 군인이 수년이 지난 후에도 질병의 영향을 받을 수 있다는 점에서 여전히 불필요한 고통 금지 규칙 위반이 될 수 있다.[40]

---

35 반대 의견, 403항.
36 반대 의견, p.498.
37 ICRC, 특정 재래식 무기 사용에 관한 정부 전문가 회의, 루체른 1974, 제네바 1975, 24항.
38 Simon O'Conner, "Nuclear Weapons and the Unnecessary Suffering Rule", in G. Nystuen, S. Casey-Maslen and A. Golden Bersagel (eds.), *Nuclear Weapons under International Law*, Cambridge 2014, p.143.
39 앞의 책, p.144.
40 앞의 책, p.145.

> **2) 발표문**

결론적으로 필자는 핵무기 사용의 입증 가능한 결과 및 대안이 존재하는 경우, 덜 해로운 무기를 사용해야 할 의무에 비추어 전투에 참여하는 사람들 사이에서도 그러한 부상과 고통을 초래하는 것이 진정으로 필요하다고 여겨지는 상황을 생각하기란 거의 불가능하다는 사이먼 오코너의 의견에 동의한다.[41]

6. 마르텐스 조항과 그 밖의 보호 규정

1899년 헤이그 평화회의 러시아 대표였던 페도르 페도로비치 마르텐스(Fyodor Fyodorovich Martens)의 발언에서 유래한 마르텐스 조항은 이미 2023년 6월 한국에서 개최된 제1차 국제토론회에서 심도 있게 논의된 바 있다. 따라서 다음과 같이 간략하게 언급하는 데 그치고자 한다.

마르텐스 조항의 현대판은 제네바 협약 제1추가의정서 제1조 2항에서 확인할 수 있다.

> **일반 원칙 및 적용 범위** :
> 본 의정서 또는 다른 국제 협정의 적용을 받지 아니하는 경우에는 민간인과 전투원은 확립된 관습, 인도 원칙 및 공공양심의 명령으로부터 연원하는 국제법 원칙의 보호와 권한 하에 놓인다.

이 조항은 국제인도법의 완전성을 강조하는 동시에 국제법상 금지되지 않은 것은 모두 허용된다는 로터스 원칙[42]의 논리를 거부한다.

최근에는 핵무기금지조약 전문에 단축된 형태의 마르텐스 조항이 삽입되었다.

> 본 조약 당사국들은 (…) 핵무기의 어떠한 사용도 인도의 원칙과 공공양심의 명령에 반한다는 점을 재확인한다.[43]

필자의 관점에서 볼 때 "인도의 원칙"과 "공공양심의 명령" 같은 표현은 모든 무기 중에서 가장 파괴적인 무기인 핵무기의 맥락에서보다 더 잘 들어맞는 곳은 없다. ICJ는

---

41 앞의 책, p.147.
42 로터스 사건(프랑스 대 튀르키예), 상설국제사법재판소 판결 모음 시리즈 A 제10호, 1927년 9월 7일: "국제법은 독립 국가 간의 관계를 규율한다. 그러므로 국가를 구속하는 법 규칙은 조약(conventions)에 표명된 국가 자체의 자유의지로부터 나온다. 또한 국가를 구속하는 법 규칙은 법의 원칙을 표명하는 것으로 일반적으로 받아들여지고, 공존하는 독립국가 간의 관계를 규율하거나 공동의 목표를 달성하기 위해서 수립된 관례에 따라 표명된 국가 자체의 자유의지에서 나온다. 따라서 국가의 독립에 대한 제한은 상정될 수 없다"(p.18).
43 서문 11항.

마르텐스 조항을 "군사 기술의 급속한 발전에 대처하는 효과적 수단"[44]으로 간주했다. 즉, 마르텐스 조항은 국가가 비인도적인 것으로 판명될 수 있는 무기에 관여하는 것을 제한할 수 있다. 따라서 핵무기 개발, 제조, 생산, 획득 및 보유에 대해서도 적용된다.

다른 관련 보호 조항은 제네바 제협약에 공통되는 제1조와 앞에서 언급한 제1추가의 정서 제1조 1항에 명시되어 있으며, 위 조항들은 모든 상황에서 국제인도법을 '존중'하고 존중을 '보장'할 의무를 군에 부과하고 있다. 이 일반 조항은 실제 전투뿐만 아니라 평시에도 적용된다. 공통 제1조는 당사국들에게 국제인도법 규칙이 자국 기관뿐만 아니라 자국 관할권 하에 있는 단체들이 존중하도록 보장하기 위해 가능한 모든 조치를 취할 의무를 부과하는 것으로 여겨진다.[45]

또한 제1추가의정서 제36조는 신무기 또는 새로운 전투 수단이나 방법의 연구, 개발, 획득 또는 채택할 때 그 사용이 특정 상황 또는 모든 상황에서, 본 의정서 또는 국제법의 다른 규칙에 의해 금지되는지 여부를 판단할 의무를 당사국에게 부과하고 있다.

앞서 본 인도법상 핵무기 사용에 대한 위의 평가에 비추어, 신의성실하게 행동하는 국가는 제네바 제협약 공통 1조와 제1추가의정서 제36조에 근거하여 핵무기 개발, 제조, 생산, 획득 및 보유를 삼가야 한다는 결론에 합리적으로 도달해야 한다고 주장한다.

B. 구체적 규칙(일부 선별 제시)

1996년 ICJ 심리의 핵심에 있었고, 최근 수년간 많은 법적 연구가 집중되었던 무력충돌에 적용되는 인도법의 위와 같은 일반 원칙 외에 다른 국제인도법 규칙도 핵무기 공격과 관련하여 적용될 수 있다. 지금까지 이 규칙들은 그다지 주목받지 못했는데, 특정 금지 규정의 명확한 성격을 고려할 때 놀라운 일이다.

예를 들어 위(II.A.2)에서 자세히 설명한 맨체스터나 로테르담의 핵폭발 관련 연구들을 상기할 필요가 있다. 이 연구들은 폭발로 인해 주택과 상업용 건물은 물론 핵심 기반시설

---

44 핵무기 위협 또는 사용의 적법성, ICJ 보고서 1996, 78항.
45 L. Boisson de Chazournes and L. Condorelli, "Common Article 1 of the Geneva Conventions revisited : Protecting collective interests", *International Review of the Red Cross (IRRC)*, no. 837, vol. 82, 2000, pp.67-87. 또한 공통 1조는 '외부' 요인을 암시하며 당사국에게 제3국이 국제인도법을 준수하도록 보장할 의무를 부과한다 (K. Dörmann and J. Serralvo, "Common Article 1 to the Geneva Conventions and the obligation to prevent international humanitarian law", *International Review of the Red Cross (IRRC)*, no. 895/896, vol. 96, 2014, pp.706-736).

이 파괴되어 도시가 더 이상 그전과 같지 않을 것이라는 점을 보여준다. 지역 전체가 무기한 버려지고 오명이 붙을 것이다. 여기에서 "부득이한 군사적 필요성에 의해 요구되지 않는 한 적대 당사자의 재산을 파괴하거나 몰수하는 것은 금지된다"[46]는 관습국제인도법 연구의 규칙 50이 적용된다. 파괴 규모, 특히 방사선으로 인한 장기적인 재산의 무용화를 고려할 때, 거주 도시를 대상으로 하는 그 어떤 핵무기 공격이든 부득이한 군사적 필요성에 의해 합법화될 수 있다고 생각하기는 어렵다.[47] 더욱이 ICTY(구 유고슬로비아 국제형사재판소)는 블라슈키치(Blaškić) 사건에서 "파괴가 제네바 제협약의 중대한 위반이자 ICTY 규정에 따른 전쟁범죄로 간주될 수 있는 광범위한 파괴에서 '광범위한'이라는 개념은 각 사안의 사실 관계에 따라 평가되어야 한다"며 "병원 파괴와 같은 단일 행위도 이 범죄를 구성하는 데 충분할 수 있다"[48]고 판시했다. 단일 건물의 파괴가 중대한 위반에 해당한다면, 규칙 50은 도시 전체를 파괴할 수 있는 핵무기 폭발의 경우 더욱 강력한 이유로 적용된다.

또한 로테르담에 대한 핵공격(위 II.A.2)으로 인해 지역 내 정유시설과 화학공장이 파괴되고, 그 결과 추가적 오염이 발생할 수 있다는 예시는 당사국에게 위험한 물리력을 포함하고 있는 사업장 및 시설물과 관련하여 특별한 주의 의무를 부과하는 규칙 42가 핵무기 공격의 맥락에서 갖는 적용 가능성을 잘 보여준다.

> 위험한 물리력을 포함하고 있는 사업장 및 시설물, 즉 댐, 제방, 원자력발전소 및 인접한 다른 시설물을 공격할 경우, 위험한 물리력의 방출과 그로 인한 민간인 주민에 대한 극심한 손상을 방지하기 위해 특별한 주의를 해야 한다.[49]

또한 거주 도시에 대한 핵공격은 역사적 기념물이나 장소, 박물관, 극장, 오페라하우스, 콘서트홀, 영화관, 교회, 사원, 회당, 모스크와 첨탑, 학교, 대학 및 문화, 교육, 과학, 종교 또는 기타 유사한 목적에 사용되는 많은 기관과 건물을 파괴할 수 있다. 관습국제인도법 연구의 규칙 38은 전투 중 문화재 '존중'을 다루고 있다.

---

46 J. M. Henckaerts and L. Doswald-Beck, *Customary International Humanitarian Law*, Cambridge, 2005, pp.175-177.
47 "군사적 필요성에 의해 정당화되지 않고 불법적이고 무자비하게 수행된 광범위한 재산의 파괴 및 탈취"를 통해 이 규칙을 위반하는 것은 제네바 제협약(제네바 제1협약 제50조, 제2협약 제51조, 제4협약 제147조)의 중대한 위반에 해당한다. ICC(국제형사재판소) 규정에 따라 "전쟁의 필요성에 의하여 반드시 요구되지 아니하는 적의 재산의 파괴 또는 몰수"는 국제적 무력충돌에서 전쟁범죄를 구성한다(제8조 2항(b)(xiii)).
48 ICTY, *The Prosecutor v. Tihomir Blaškić*, 1심 재판부 판결, IT-95-14-T, 2000년 3월, 157항.
49 Henckaerts and Doswald-Beck, 앞의 책, pp.139-142.

각 충돌 당사자는 문화재를 존중하여야 한다: A) 종교, 예술, 과학, 교육, 또는 자선 목적에 사용되는 건물과 역사적 기념물은 군사적 목표물이 아닌 한 군사작전 시 그 건물들의 손상을 방지하기 위해 특별한 주의를 해야 한다. B) 모든 민족의 문화적 유산으로서 중요한 의미가 있는 재산은 군사적 필요성에 의해 부득이하게 필요하지 않는 한 공격의 대상이 되어서는 안 된다.

오늘날 대부분의 국가에게 문화재를 공격할 때의 계책 선택의 자유는 1954년 무력충돌 시 문화재 보호에 관한 헤이그 협약에 의해 더욱 제약되고 있다.[50] 이 협약의 문화재 보호 및 보존에 관한 기본 원칙은 오늘날 관습국제법을 반영하는 것으로 널리 인정받고 있다.[51] 같은 맥락에서 관습국제인도법 연구의 규칙 40은 문화재를 "보호"할 의무를 규정하고 있으며 "종교, 자선, 교육, 예술 및 과학을 위한 기관, 역사적 기념물 및 예술 작품과 과학 작품에 대한 모든 몰수나 파괴 또는 고의적 손상"[52]을 금지한다.

또한 핵무기 사용은 자연환경, 농경지, 온실, 삼림, 수로, 호수, 해양생태계, 야생동물 및 가축에도 영향을 미칠 것임이 분명하다. ICJ가 1996년 권고적 의견에서 검토한 바와 같이 "핵폭발로 방출되는 방사선은 매우 광범위한 지역에 걸쳐 건강, 농업, 천연자원, 그리고 인구 동태에 영향을 미치며"[53], 이는 대부분 상당 기간 지속될 가능성이 높다. 관습국제인도법 연구의 규칙 54는 "민간인 주민의 생존에 필수불가결한 물자를 공격, 파괴, 제거하거나 쓸모 없게 만드는 것"[54]을 금지하여 핵무기 사용에 중요한 제한을 부과하고 있다. 제1, 제2추가의정서는 국제적·비국제적 무력충돌에서 민간인 주민의 생존에 필수불가결한 물자의 예시를 다음과 같이 제시한다. 식료품, 식료품 생산을 위한 농경 지역, 농작물, 가축, 식수시설과 그 공급 및 관개시설.[55] 이 예시 목록은 "~와 같은(such as)"[56]이라는 단어의 사용에서 알 수 있는 것처럼 전부인 것은 아니다. 규칙 54는 관습국제인도법 연구의 규칙 53에 규정된 "전투 방법의 하나로 민간인 주민에 대한 기아 작전의 사용"에 대한 금지의 당연한 귀결로 국제적 무력충돌뿐만 아니라 비국제적 무력충돌에서도 유효

---

50 현재까지 135개국이 이 조약을 비준했다(2024.4.24).
51 Henckaerts and Doswald-Beck, 앞의 책, p.129.
52 위의 책, pp.132-135. ICC 규정에 따르면 종교·교육·예술·과학 또는 자선 목적의 건물 및 역사적 기념물의 파괴와 분쟁의 필요성에 의해 반드시 요구되지 않는 파괴 및 몰수는 국제적·비국제적 무력충돌 모두에서 전쟁범죄에 해당한다(ICC 규정 제8조 2항 (b)(ix) 및 제8조 2항 (b)(xiii), 제8조 2항 (e)(iv) 및 제8조 2항 (e)(xii)).
53 핵무기 위협 또는 사용의 적법성, ICJ 보고서 1996, 35항.
54 Henckaerts and Doswald-Beck, 앞의 책, pp.189-193.
55 추가의정서 I 제54조 2항 및 추가의정서 II 제14조.
56 Henckaerts and Doswald-Beck, 앞의 책, p.193.

하다. 민간인 주민의 생존에 필수불가결한 물자에 대한 공격은 기아 작전 금지 위반에 해당할 수 있기 때문이다.[57]

마지막으로 핵무기 사용은 구급차, 병원, 치료소를 파괴하고 운영할 수 없게 만들며, 간호사와 의사를 살상할 수 있다. 관습국제인도법 연구의 규칙 28은 국가에게 "어떠한 상황에서도 전적으로 의료 목적에 배속된 의무 단위"를 존중하고 보호할 의무를 부과하고 있다. 이 규칙은 제네바 제1, 제4협약에 포함되어 있으며,[58] 제1추가의정서에서 그 범위가 확대되어 군대의 의무부대뿐만 아니라 민간 의무 단위까지 포함하게 되었다.[59] "의무 단위"라는 용어에는 특히 병원 및 유사기관, 수혈센터, 예방의학센터 및 기관, 의료 창고, 해당 단위의 의료 및 약품 상점이 포함된다.[60] 규칙 29도 어떠한 상황에서도, 즉 군사적 성격이든 민간 성격이든, 그리고 구급차와 같은 육상 수송, 또는 수상(병원선), 항공(의무항공기) 수송이든 상관없이 의무 수송을 존중하고 보호할 유사한 의무를 부과한다.[61]

같은 논리에서 핵무기의 인도적 영향에 관한 최근 연구에서 도출된 가장 중요한 결과 중 하나가 핵 재앙에 적절히 대응하는 것이 어렵다는 ICRC와 그 밖의 인도주의 행위자들의 인식이라는 점은 위(II.A.2)에서 지적한 바 있다. 광범위하고 지속적인 방사선으로 인해 응급서비스와 응급인력은 핵폭발에 따른 특수한 위험과 문제에 처하게 되며, 이로 인해 피해자에 대한 접근이 극도로 어려워진다. 따라서 핵공격이 발생하는 경우 관습국제인도법 연구의 규칙 55가 적용될 수 있다.

> 충돌 당사자는 그들의 통제 권한 하에 도움을 필요로 하는 민간인을 위한 인도적 구호가 신속히, 방해받지 않고, 어떠한 불리한 차별도 없이 본질적으로 공정하게 전달될 수 있도록 허용하고 이에 대한 편의를 제공해야 한다.[62]

---

57 앞의 책, pp.186, 188.
58 제네바 제1협약 제19조와 제네바 제4협약 제18조.
59 추가의정서 I의 제12조.
60 Henckaerts and Doswald-Beck, 앞의 책, p.95.
61 Henckaerts and Doswald-Beck, 앞의 책, pp.98-102.
62 앞의 책, pp.193-200. 유엔 안전보장이사회는 이 규칙에 대한 존중을 거듭 촉구해 왔다(예를 들어, 무력충돌에 처한 아동의 상황과 이들에 대한 인도적 지원에 관한 결의 제1261호(1999), 제1265호(1999), 제1296호(2000), 제1314호(2000) 참조).

추가의정서는 민간인이 도움을 필요로 할 때는 언제라도 구호 조치가 "취해져야 한다"고 규정함으로써 인도적 구호를 받을 민간인 주민의 자격을 함축적으로 인정하고 있다.[63] ICRC와 유엔은 여러 차례에 걸쳐 민간인 주민에게 구호물자에 대한 충분한 접근권을 부여할 의무를 강조한 바 있다.[64] 핵무기 사용의 맥락에서 이러한 권리의 적절성은 명백하다. 핵공격 피해자에 대한 적절한 접근과 지원이 파괴와 방사선의 정도로 인해 사실상 불가능하다면, 핵무기 사용은 이러한 권리의 고의적인 위반에 해당하며, 결과적으로 위에서 언급한 규칙 55도 위반하게 된다. 이러한 모든 이유로, 이미 1987년에 효과적인 대처가 불가능하다면 핵무기 사용을 막는 것이 이러한 종류의 인도적 재앙을 방지할 수 있는 유일하게 현실적인 방안이라는 결론을 내렸던 세계보건기구(WHO)의 한 보고서를 인용하여 정리하는 것이 의미 있을 것이다.

세계의 의료서비스는 그러한 상황에 대처할 수 없다는 것이 명백하다. 요컨대 핵전쟁이 발생하는 경우 부상자 분류는 아무리 잘해도 의미 없게 될 것이고, 구호 작업은 임시방편에 불과하게 될 것이다. (…) 대다수의 사상자는 그 어떤 종류의 치료도 받지 못한 채 방치될 것이다. (…) 치료가 효과가 없을 때, 의료 전문가가 사용할 수 있는 유일한 해결책은 예방이다. 분명하게 예방은 핵전쟁의 경우 유일한 해결책이다.[65]

III. 환경법상 핵무기 사용의 적법성

A. 환경과 미래세대에 대한 핵무기의 영향

베트남에서의 고엽제 사용은 냉전 시기 핵무기가 제기한 위협과 함께 국제환경법 규칙 작성으로 이어진 역사의 중요한 순간 중 하나였다. 1976년 군축회의에서는 「환경변경 기술의 군사적 또는 기타 적대적 사용의 금지에 관한 협약(ENMOD)」이 채택되었고,

---

63 추가의정서 제1호 제70조 (1)항 및 추가의정서 제2호 제18조 (2)항.
64 예를 들어, ICRC는 1997년 자이르 분쟁과 관련하여 언론에 발표한 성명에서 모든 당사자들에게 "지원과 보호에 대한 피해자들의 권리를 존중할 것"을 호소했다(ICRC, Communication to the Press no. 97/08); Henckaerts와 Doswald-Beck이 인용한 다른 예, 앞의 책, pp.199-200).
65 WHO, 「핵전쟁이 건강 및 건강 서비스에 미치는 영향 : WHO 관리그룹 보고서」, 결의안 WHA36.28, 『평화 유지 및 증진에 있어 의사 및 기타 의료 종사자의 역할』 2판, 제네바: WHO, 1987.

2) 발표문

국제인도법의 재확인 및 발전에 관한 외교회의(1974-1977)에서는 새롭게 채택된 제1추가의정서 문안에 환경보호에 관한 특정 규칙을 도입하는 데 합의할 수 있었다.[66]

이후 ICJ도 1996년 핵무기 위협 또는 사용의 적법성에 관한 권고적 의견에서 환경적 측면을 다루었다. 이 권고적 의견의 첫 번째 부분은 핵무기 사용이 환경과 미래세대에 미치는 영향을 강조한다.

> 35. …핵폭발로 방출되는 방사선은 매우 광범위한 지역에 걸쳐 건강, 농업, 천연자원, 그리고 인구 동태에 영향을 준다. 또한 핵무기 사용은 미래세대에게 심각한 위험이 될 수 있다. 이온화 방사선은 미래의 환경, 식량 그리고 해양생태계를 손상시키고, 미래세대에게 유전적 결함과 질병을 야기할 수 있다.
>
> 36. 그 결과로 무력사용에 관한 헌장법과 무력충돌에 적용되는 법, 특히 인도법을 본 사안에 올바르게 적용하기 위해서 재판소는 핵무기의 고유한 특성, 특히 그 파괴력, 이루 말할 수 없는 인간의 고통을 야기하는 힘, 그리고 후대에까지 피해를 줄 수 있는 힘을 반드시 고려해야 한다.

이러한 점을 고려할 때, ICJ가 권고적 의견에서 국제법을 확인하고, 오늘날 우리가 취하는 행동에 대한 미래세대의 이익을 인정한다는 점에서 새로운 지평을 열었다고 말할 수 있다.[67] 또한 ICJ는 국제법이 환경과 관련된 일반 의무를 포함하고 있는지에 대한 문제를 사상 처음 정면으로 다루었다.[68] 아마도 재판소의 의견에서 가장 주목할 만한 측면은 9항에 담겨 있는데, 이는 환경과 미래세대를 연결하고 1972년 인간 환경에 관한 유엔 스톡홀름 선언의 원칙 21에 반영된 일반 의무를 국제법의 일부로 규정하고 있다.[69]

> 재판소는 환경이 일상적 위험 하에 있으며, 핵무기 사용은 환경에 재앙을 초래할 수 있음을 인정한다. 또한 재판소는 환경이 추상적 개념이 아니라 생활 공간과 삶의 질, 그리고 아직 태어나지 않은 세대를 포함해 인류의 건강 자체를 대표한다는 점을 인정한다. 자국의 관할권 및 통제 내의 활동이 타국의 환경 또는 국가의 통제를 넘어서는 지역의 환경을 존중하도록 보장해야 하는 국가의 일반 의무의 존재는 이제 환경에 관한 국제법의 일부가 되었다.

---

66 Stefano Saluzzo, "CBRN Weapons and the Protection of the Environment during Armed Conflicts", *International Law and Chemical, Biological, Radio-Nuclear (CBRN) Events*, Leiden and Boston, 2022, pp.380-395, 380-381.

67 Edith Brown Weiss, "Opening the Door to the Environment and to Future Generations", *International Law, the International Court of Justice and Nuclear Weapons*, Cambridge, 1999, pp.338-353, 338.

68 앞의 책, p.339.

69 앞의 책.

이는 (자국의 활동이 타국의 환경을 존중해야 한다는 : 옮긴이) 일반 의무가 이제 국제법의 일부가 되었다는 재판소의 첫 번째 권위 있는 선언으로 간주된다.[70]

미래세대의 보호와 관련하여 위러맨트리 재판관은 다음과 같이 가장 인상적으로 주목했다.

> 미래세대의 권리는 인정을 받기 위해 분투하는 초기적 권리에 불과했던 단계를 지났다. 미래세대의 권리는 주요 조약, 법률 의견, 문명국들이 인정하는 법의 일반 원칙을 통해 국제법 속에 자리 잡았다.[71]

위러맨트리 재판관은 또한 "수백 세대에 걸친 규모"의 환경오염이 "논란의 여지가 없는 과학적 증거"로 입증될 때는 언제나 재판소가 국제법의 보호 원칙을 적용해야 한다고 주장했다. 그는 반대 의견에서 핵무기가 위반하는 국제법의 여러 원칙 중 하나로 "세대 간 형평성의 원칙"을 구체적으로 언급했다.[72] 위러맨트리 재판관은 이미 그 전해인 1995년 핵실험 사건에서 재판소가 미래세대의 권리를 보호해야 할 의무가 있다고 주장한 바 있다.

> 본 재판소는, 각국의 법원이 자신을 대변할 수 없는 유아의 이익의 수탁자라는 의미에서 그들('미래세대')의 권리의 수탁자로 간주되어야 한다. (…) 자국의 권리가 피해를 받는다는 뉴질랜드의 제소는 현존하는 국민의 권리에만 해당하는 것이 아니다. 뉴질랜드 국민의 권리에는 태어나지 않은 후대의 권리도 포함된다.[73]

마지막으로 최근 연구에 따르면 핵무기 사용은, 특히 보복으로 후속 핵폭발을 촉발하여 결국 지역적 핵전쟁으로 이어지는 경우, 지구 전체 또는 적어도 지역 전체에 영향을 줄 수 있다. 전 세계적으로 14~19세기의 소빙하기보다 기온이 떨어질 것이며, 이러한 충돌 이후 적어도 10년 동안은 이로 인한 기온 저하로 전 세계적으로 생장기가 단축될 것으로 예상된다.[74] 예를 들어, 이 연구에 따르면 미국과 중국 일부 지역의 농업 생산량은 4년간

---

70 앞의 책, p.340.
71 반대 의견, p.17.
72 앞의 책, p.51.
73 핵실험 사건(뉴질랜드 대 프랑스), ICJ 보고서 1995, 위러맨트리 재판관의 반대 의견, p.341.
74 J. Borrie and T. Caughley, *An Illusion of Safety: Challenges of Nuclear Weapon Detonations for United Nations Humanitarian Coordination and Response*, UNIDIR, New York and Geneva, 2014, p.44.

약 20%, 10년간 10% 감소하는 것으로 나타났다.[75]

B. 적용 가능한 규칙

1. 환경법의 일반 원칙

무엇보다도 환경법의 일부 일반 원칙은 관습 규칙으로 발전하여 결과적으로 국가를 구속하며 무력충돌 시에도 적용된다.[76]

무력충돌 중 핵무기 사용과 관련하여 ICJ는 1996년 권고적 의견에서 중립법규의 관련성을 강조하며 다음과 같이 상기시켰다.

> 중립성의 원칙은 군대의 국경 침입, 그리고 교전국에서의 무기 사용으로 중립국에 야기된 국경을 넘는 피해에 동등하게 적용된다.[77]

이 원칙에 담긴 방지 의무는 ICJ가 1996년 권고적 의견에서 예견한 것처럼 충돌 당사국의 영토에서 수행된 적대행위로 인해 환경 피해가 발생하는 경우, 중립국에 보호를 제공할 수 있다.[78] 따라서 교전국이 아닌 국가는 분쟁에 참여하는 국가가 환경 의무를 준수하고, 위반 시 국제적으로 부당한 행위에 따른 결과를 원용할 것으로 기대할 수 있다.[79] 이러한 주장은 국가가 **자국 영토의 이용으로 타국 영토에 피해를 주는 것을 허용하지 않을 것**을 요구하는 '트레일 제련소 원칙(Trail Smelter Principle)'에서 확인할 수 있다.[80] 중재재판소는 다음과 같이 판시했다.

> 국제법 원칙에 따라… 어떤 국가도 사안이 심각한 결과를 초래하고 그 피해가 명백하고 확실한 증거에 의해 입증되는 경우, 타국 내에서 또는 타국에게, 또는 그 타국에 있는 재산이나 사람에게 매연에 의한 피해를 야기하는 등의 방식으로 자국 영토를 이용하거나 이용하도록 허용할 권리가 없다.

75　그중에서도 L. Xia와 A. Robock의 「남아시아 핵전쟁이 중국 본토의 쌀 생산에 미치는 영향」, 『기후변화』 제116권, 2013, pp.357-372 참조.
76　Saluzzo, 앞의 책, pp.385-387.
77　ICJ 보고서 1996, 88항.
78　ICJ 보고서 1996, 29항.
79　Saluzzo, 앞의 책, p.387.
80　미국 대 캐나다, 3 RIAA 1907 (1941).

이와 유사하게, ICJ는 1948년 코르푸 해협 사건에서 알바니아가 영국 선박에 위험을 경고하지 않은 것은 알바니아가 다음과 같은 의무를 위반한 것이라고 판시한 바 있다.

> 타국의 권리에 반하는 행위에 자국 영토가 사용될 것을 알면서도 이를 허용하지 않을 의무.[81]

위에서 언급한 바와 같이 트레일 제련소 사건과 코르푸 해협 사건에서 정교화된 원칙은 이후 1972년 인간 환경에 관한 스톡홀름 선언 원칙 21 및 1992년 환경 및 발전에 관한 리우 선언 원칙 2로 성문화되었으며, 이는 다음과 같은 의무를 지닌다는 관련국들의 공통된 확신을 표명하고 있다.

> 자국의 관할 또는 통제 내의 활동이 타국의 환경이나 자국 관할의 범위를 벗어난 지역의 환경에 피해를 야기하지 않도록 보장할 의무.

환경 보호 및 보전과 관련된 이러한 문서와 기타 조항은 평시뿐만 아니라 전시에도 항상 적용되며, 일부 국가는 ICJ에서 그 결과가 광범위하고 국경을 넘어서는 영향을 미칠 핵무기 사용은 이를 위반하게 될 것이라고 주장했다.[82]

한 국가가 국제사회에 대해 지켜야 할 주의 의무의 일반적인 기준은 종종 **"상당한 주의(due diligence)"** 로 설명되어 왔다. 최근 ICJ는 2010년 우루과이 강 펄프공장 사건(아르헨티나 대 우루과이)에서 이 기준을 "예방의 원칙"으로 규정하면서 다음과 같이 판시한 바 있다.

> 국가는 … 환경에 중대한 피해를 야기하는 … 활동을 방지하기 위해 가용한 모든 수단을 사용해야 할 의무가 있다. 재판소는 이러한 의무가 이제 환경과 관련된 국제법 집성(corpus)의 일부라고 규정한다.[83]

또 다른 중요한 환경 원칙으로는 **사전예방 원칙**이 있다. 찰스워스(Charlesworth) 임시재판관은 남극해 포경 사건에 대한 개별 의견에서 이 원칙을 "해당 활동의 직·간접적인 영향의 과학적 불확실성에도 불구하고 환경을 위협할 수 있는 활동을 피하는 것"으로 정의하며

---

81 코르푸 해협 사건(영국 대 알바니아), ICJ 보고서 1949, p.22.
82 핵무기 위협 또는 사용의 적법성, ICJ 보고서, 27항.
83 우루과이 강의 펄프 공장(아르헨티나 대 우루과이), ICJ 보고서 2010, p.14, 101항, 핵무기 위협 또는 사용의 적법성에 관하여, 권고적 의견, 1996 ICJ 242, 29항.

"이는 가장 넓은 의미에서 환경에 대한 피해 방지를 우선시한다"[84]고 말했다.

> 이 견해의 출발점은 각 세대가 우리 공동의 자연 및 문화유산의 관리자이자 사용자라는 것이다. 우리는 이 지구의 관리자로서 미래세대에 대해 일정한 도덕적 의무가 있으며, 이를 법적 강제력이 있는 규범으로 전환할 수 있다.[85]

1972년 스톡홀름 선언은 원칙 1에서 우리 모두에게 "현 세대와 미래세대를 위해 환경을 보호하고 개선해야 할 엄중한 책임"이 있다고 명시하였다.

요약하자면 언급된 원칙들, 특히 중립성 원칙 및 국가가 타국의 영토에 피해를 주기 위해 자국 영토를 이용(또는 이용하도록 허용)하지 않을 의무가 1996년 ICJ 권고적 의견에 따르면 "공간적으로나 시간적으로 억제될 수 없는" 영향을 가진 핵무기의 맥락에서 훨씬 타당하다는 것은 분명하다.[86] 즉, A국가의 B국가에 대한 핵무기 공격은 필연적으로 역내 중립국 영토에 영향을 미치고 침해하거나, 심지어 지구 전체에 영향을 미칠 것이다.

2. 국제인도법상 환경 보호

위(A. 환경과 미래세대에 대한 핵무기의 영향)에서 언급했듯이, 환경 보호에 대한 첫 번째 규칙은 제1추가의정서에서 확인할 수 있다. 전투 수단과 방법 선택의 기본 규칙에 관한 제35조 3항은 당사국에게 다음의 사항을 금지하고 있다.

> 자연환경에 광범위하고 장기적이며 심대한 손해를 야기할 의도가 있거나 또는 그럴 것으로 예상되는 전투 수단이나 방법을 사용하는 것.

이 조항은 환경 보호에 대해 명시적으로 다루고 있는 제55조 1항[87]과 함께 읽어야 한다.

---

[84] 남극의 고래잡이(호주 대 일본 : 뉴질랜드 개입), ICJ 보고서 2014, 개별 의견, 6항.
[85] Edith Brown Weiss, in: *Fairness to Future Generations: International Law, Common Patrimony and Intergenerational Equity* 21, 1989.
[86] ICJ 보고서 1996, 35항 (위의 A.2 참조).
[87] 위와 같음, p.382.

제55조 자연환경의 보호
1. 광범위하고 장기적이며 심각한 손상으로부터 자연환경을 보호하기 위하여 전투 중에 주의 조치가 취해져야 한다. 이러한 보호는 자연환경에 대하여 그러한 손상을 끼치고 그로 인해 주민의 건강 또는 생존을 침해할 의도를 갖고 있거나 또는 침해할 것으로 예상되는 전투 방법 또는 수단의 사용 금지를 포함한다.

또한 ICRC는 적대행위 관련 원칙이 환경에도 적용된다는 점을 확인했다. 한 예로 관습국제인도법 연구의 규칙 43은 군사 목표가 아닌 한 자연환경의 어떤 부분도 공격받을 수 없다고 규정하여 환경의 민간적 성격을 확인한다.[88] 또한 규칙 45는 제1추가의정서 제35조에 명시된 조항의 관습법적 성격을 확인하면서 환경 파괴가 무기로 사용되어서는 안 된다고 적시하고 있다.[89] 즉, 규칙 45는 제1추가의정서 제35조와 환경변경기술의 군사적 또는 기타 적대적 사용의 금지에 관한 협약(ENMOD)의 구체적 조항과 적대행위에 관한 일반 원칙을 결합한 것이다.[90] 마지막으로 규칙 44[91]를 제정하면서 혁신적인 관점을 택했는데, 이는 제1추가의정서 제57조의 사전예방 원칙에 기초하여 국제환경법에서 착안한 특징들을 포함하고 있다.[92]

이러한 규칙은 관습국제인도법을 반영하기 때문에 제1추가의정서를 비준하지 않은 국가에 대해서도 구속력이 있는 법 규범이라는 점에서 중요하다. 이러한 맥락에서 몇몇 핵보유국, 특히 미국, 인도, 파키스탄, 이스라엘, 북한이 의정서를 비준하지 않았다는 점을 강조하는 것이 적절하다. 그러나 이들 국가는 앞서 말한 규칙의 구속을 받는다. 프랑스가 2001년 4월 11일 조약을 비준하면서 발표한 선언을 통해 제1추가의정서의 핵무기 적용을 배제하고, 그 적용을 오로지 재래식 무기에 대해서만 유지한다고 한 것도 언급해 둘 만하

---

88 위와 같음, p.84. "규칙 43. 적대행위에 관한 일반 원칙은 자연환경에도 적용된다.
A. 자연환경의 어떤 부분도 그것이 군사 목표가 아닌 한 공격받을 수 없다.
B. 긴요한 군사적 필요에 의한 경우를 제외하고는 어떠한 자연환경에 대한 파괴도 금지된다.
C. 구체적이고 직접적인 소기의 군사적 이익에 비해 과도한 부수적 피해를 환경에 야기할 것으로 예상되는 군사 목표에 대한 공격 수행은 금지된다."
89 규칙 45. 자연환경에 광범위하고 장기적이며 심각한 손상을 초래할 의도가 있거나 그러한 손상이 예상되는 전투 수단과 방법의 사용이 금지된다. 자연환경의 파괴를 무기로 사용해서는 안 된다.
90 Saluzzo, 앞의 책, p.384.
91 규칙 44. 전투 방법과 수단은 자연환경의 보호와 보존을 충분히 고려하여 사용해야 한다. 군사작전을 수행함에 있어 자연환경에 부수적으로 발생하는 피해를 피하거나, 어떤 경우에든 최소화하기 위해 모든 가능한 예방조치를 취해야 한다. 어떠한 군사작전이 환경에 미치는 영향에 대한 과학적 근거가 불명확하다고 하여 충돌 당사자가 그러한 예방조치를 취할 의무가 면제되는 것은 아니다.
92 Saluzzo, 앞의 책, p.384.

다.[93] 이는 많은 이유로 문제가 있는 유보이며, 조약법에 관한 비엔나 협약(VCLT) 제19조에 따라 유효하지 않을 가능성이 높다.[94] 어쨌든 프랑스는 위에서 언급한 규칙-이 규칙은 핵무기를 수반하는 무력충돌에도 적용된다-에 구속된다.

IV. 인권법상 핵무기 사용의 적법성

A. 서론

필자는 핵무기와 인권의 관계에 대해 심도 있는 글들을 발표한 바 있다. 현실적인 이유로 이 장에서는 생명권, 고문 및 비인도적이고 굴욕적인 대우 금지, 사생활과 가정 및 주거를 존중받을 권리 등 이른바 세 가지 '시민적' 권리로 국한하여 다룰 것이다. 다른 중요한 권리, 특히 경제적·사회적·문화적 권리는 핵무기 사용으로 인해 큰 영향을 받을 수 있지만, 여기서는 다루지 않는다.[95] 더욱이 인권은 취약한 사람들에게 초점을 맞추는 경우가 많다. 필자는 다른 글에서 특정 집단, 특히 아동·여성·원주민이 핵 사고에 노출되었을 때 다른 집단보다 더 취약하다는 것을 밝힌 바 있다.[96] 여기서는 현실적인 이유로 핵 사고나 핵공격에 직면한 아동의 특별한 취약성에 대해서만 간략하게 다루고자 한다.

B. 생명권

1. 일반론

생명권은 가장 근본적인 인권이다. ICJ는 1996년 핵무기 위협 또는 사용의 적법성에 관한 권고적 의견에서 무력충돌 시 생명권의 적용 가능성을 확인했으며, 더 나아가 1966년 시민적 및 정치적 권리에 관한 국제규약(ICCPR) 제6조 1항의 의미 내에서 무엇이 "생명의

---

93 2001년 4월 11일 프랑스 정부 선언, 2항.
94 1969년 조약법에 관한 비엔나 협약 제19조 c)에 따르면, 유보가 조약의 대상 및 목적과 양립하지 않는 경우 유효하지 않다.
95 다니엘 리티커, 앞의 책, pp.205-222.
96 위의 책, pp.222-238.

자의적 박탈"인지에 대한 판단은 무력충돌을 규율하는 국제법, 특히 인도법에 비추어 결정해야 한다고 판시했다.[97]

ICCPR에 따르면 생명권은 제4조에 따라 "국가의 존립을 위협하는 공공 비상사태"의 경우에도 훼손될 수 없는 권리이다.[98] 핵무기 사용의 맥락에서 생명권은 여러 측면에서 적용되는 것으로 보인다. 두 가지 예시만 들어 본다.

첫째, 가장 명백한 것은 핵무기는 방사선 피폭으로 인해 수년, 수십 년 후에 사망하는 수많은 사람들을 감안하지 않더라도, 그리고 적 전투원과 민간인을 구별할 수 없다는 점을 감안하지 않더라도, 단 몇 초 만에 수만, 수십만 명의 생명권을 침해할 수 있다는 점이다. 이것이 ICCPR 제6조에서 의미하는 생명의 "자의적 박탈"에 해당하지 않는다면, 그 어떤 것이 해당할까?

둘째, 핵무기를 특히 치명적으로 만드는 측면 중 하나로 어떤 적절한 구조와 의료 대응도 기반시설의 완전한 파괴, 의료인력의 사망, 지속적인 방사선 – 이 방사선은 피해 지역 접근을 매우 어렵게 한다 – 으로 인해 불가능해진다는 사실은 위(특히 II.B)에서 확인한 바 있다. 핵공격 후 방사선의 존재는 부상자 수색, 구조, 치료를 심각하게 저해할 수 있다. 도스월드 벡(Doswald-Beck)에 따르면 이는 공격 국가에 의한 생명권 침해에 해당할 수 있다.[99]

앞서 살펴본 내용에 비추어 볼 때, 생명권은 핵무기의 맥락에서 중요한 역할을 하며 핵무기 사용은 생명의 자의적 박탈에 해당하고, 따라서 ICCPR 제6조를 위반한다고 주장할 수 있다.

2. 유엔인권위원회 일반논평 제36호

2018년 10월 30일, 1966년 시민적 및 정치적 권리에 관한 국제규약(ICCPR)의 이행을 담당하는 유엔인권위원회(HRC)는 생명권(ICCPR 제6조)에 관한 일반논평(GC) 제36호를 채택했다. 이는 여러 측면에서 주목할 만한 문서이자 핵군비 통제/군축과 인권 사이의 가교를 놓는 모범 사례이다. 인권위원회는 66항에서 대량살상무기(WMD), 특히 핵무기의 위협과 사용이 생명권과 양립할 수 없다고 보고 있으며, 핵군축 및 비확산 분야에서 당사국의

---

97 ICJ 보고서 1996, 25항.
98 예를 들어, 유럽인권협약(ECHR) 제15조는 합법적인 전쟁 행위로 인한 사망에 대해서는 생명권의 이탈을 허용한다.
99 L. Doswald-Beck, 「인권법과 핵무기」, G. Nystuen, S. Casey-Maslen and A. Golden Bersagel (eds.), 『국제법상 핵무기』, 케임브리지대학교 출판부, 2014, pp.435-460, p.451.

2 발표문

의무를 재차 강조하고 있다(참고문헌과 각주 생략).

66. 대량살상무기, 특히 영향 면에서 무차별적이고 파멸적인 규모의 인명 살상을 초래할 수 있는 특성을 지닌 핵무기의 위협 또는 사용은 생명권에 대한 존중과 양립할 수 없으며, 국제법상 범죄에 해당할 수 있다. 국제 의무에 따라 당사국은 비국가 행위자의 대량살상무기 획득을 방지하는 조치를 포함하여 대량살상무기의 확산을 중단시키고, 핵무기의 개발, 생산, 실험, 획득, 비축, 판매, 이전 및 사용을 삼가며, 기존 비축량을 폐기하고, 우발적 사용을 막기 위한 적절한 보호 조치를 취하기 위해 모든 필요한 조치를 해야 한다. (…) 또한 당사국은 엄격하고 효과적인 국제적 통제 하에 핵군축 목표를 달성하기 위해 성실히 교섭을 하고 (…) 국제적 책임 원칙에 따라 대량살상무기 실험이나 사용으로 인해 생명권이 부정적 영향을 받았거나 받고 있는 피해자들에게 적절한 배상을 제공해야 할 국제적 의무를 존중해야 한다. (…)

필자는 몇 가지만 간단히 언급하고자 한다. 첫째, 유엔인권위원회는 대량살상무기, 특히 핵무기의 실제 사용뿐만 아니라 그 위협도 생명권과 양립할 수 없음을 표명한다. 둘째, 인권위원회는 핵무기의 영향이 무차별적이고 파멸적인 규모의 인명 살상을 야기할 수 있는 특성을 지니고 있으므로 생명권과 양립할 수 없다고 본다. 위에서 언급한 바와 같이 ICJ는 1996년 권고적 의견에서 "핵무기의 파괴력은 공간적으로나 시간적으로나 억제될 수 없다"[100]고 명시한 바 있다. 셋째, 일반논평은 핵무기 사용과 위협이 국제법상 범죄에 해당할 수 있다고 본다. 필자는 다른 글에서 핵무기 사용과 관련하여 로마 규정상 전쟁범죄와 인도에 반한 죄의 여러 조항이 적용될 수 있다고 생각하는 이유를 설명한 바 있다.[101] 넷째, 엄격한 법적 관점에서 볼 때 아마도 일반논평의 주요 가치는 유엔인권위원회의 일반논평이 일반적으로 관련 조약 규정에 대한 권위 있는 해석이자, 결과적으로 그 조약에서 유래하는 당사국의 의무에 대한 권위 있는 해석으로 간주된다는 사실에 있을 것이다. 특정 경우에는 일반논평이 관습국제법을 반영하거나 최소한 국가 관행으로서 관습국제법 확립에 기여할 수도 있다. 이런 점에서 핵확산금지조약(NPT)상 핵무기 보유가 인정되는 모든 국가는 중국을 제외하고 모두 ICCPR 당사국이라는 점을 언급할 필요가 있다. 중국도 ICCPR에 적어도 서명은 마쳤다. 마지막으로 일반논평 제36호를 채택할 당시 유엔인권위원회가 비핵보유국의 독립적 전문가뿐만 아니라 프랑스, 이스라엘, 영국, 미국 등 핵보유국 출신 위원들로 구성되어 있었다는 점은 주목할 만하다.

---

100 ICJ 보고서 1996, 35항.
101 다니엘 리티커, 앞의 책, pp.269-276.

C. 비인도적 및 굴욕적 대우의 금지

인간의 존엄성은 국제인권법의 기초를 이루고 보강하는 무엇보다 중요한 원칙이다.[102] 이 원칙은 인권법의 궁극적인 토대를 제공하는 것으로 해석되어 왔다. 유엔 헌장은 "인간의 존엄성과 가치"를 언급하고 있으며, 1948년 세계인권선언 전문은 "모든 인류 구성원의 … 천부의 존엄성을 인정하는 것이 세계의 자유, 정의와 평화의 기초"라고 선언하고 있다. 이후 이 개념은 모든 주요 인권 문서에서 재확인되고 포함되었다.[103] 또한 인간 존엄성의 원칙은 집속탄에 관한 오슬로 협약[104]뿐만 아니라 국제인도법 분야의 핵심이기도 하다.[105]

핵무기 폭발의 영향에 관한 한 인간의 존엄성이 중요한 역할을 한다는 것은 분명하다. 이런 점에서 1996년 핵무기 위협 또는 사용의 적법성에 관한 권고적 의견에서 위러맨트리 재판관의 반대 의견 중 다음 단락을 인용하는 것이 적절할 것이다:

> (…) WHO가 본 재판소에 보고한 바와 같이, 어떤 무기가 100만 명에서 10억 명의 인명을 살상할 수 있는 잠재력을 가지고 있다면, 인간의 생명은 모든 문화에서 이해하는 바와 같은 인간의 존엄성에 전적으로 반하는 무가치한 수준으로 전락하게 된다. 한 국가에 의한 그러한 고의적 행위는 그 나라가 세계 평화가 의존하고 있는 기본적인 인간의 존엄성을 존중한다고 승인하는 것과, 또 유엔의 모든 회원국들의 입장에서는 당연한 것으로 여겨지는 인간의 존엄성을 존중한다고 승인하는 것과는 그 어떤 상황에서도 양립할 수 없다. (…) 인간에 대한 인간의 비인도성의 오랜 역사 속에서 지금까지 발명된 어떤 무기도 핵폭탄만큼 인간의 존엄과 가치를 부정하지 않았다.[106]

이는 좀 더 구체적으로 핵무기 폭발에 대한 대응을 예로 들어 설명할 수 있다. 인도적 기구는 이러한 비상 상황에서 보호자가 없거나 고아가 된 어린이와 여성, 노인 또는 장애

---

102 초안 조항 제4조에 대한 ILC 해설, 1절.
103 예를 들어 시민적 및 정치적 권리에 관한 국제규약 25조, 경제적, 사회적 및 문화적 권리에 관한 국제규약(서문 및 제13조 1항), 모든 형태의 인종차별 철폐에 관한 국제협약(서문), 여성에 대한 모든 형태의 차별 철폐에 관한 협약(서문), 고문 및 기타 잔혹한 비인도적 또는 품위 훼손적 대우나 처벌 금지에 관한 협약(서문), 아동권리협약(서문, 제23조 1항, 제28조 2항, 제37항 및 제39-40항), 장애인권리협약(제3조) 참조.
104 전문의 여섯 번째 단락은 다음과 같다. "본 협약의 당사국은 …모든 집속탄 피해자 권리의 완전한 실현과 그들의 천부적 존엄성 인정을 보장하기로 또한 결의했다."
105 특히 제네바 협약 제3조 1항(c) 및 제1의정서 제75조 및 제85조, 제2의정서 제4조 참조.
106 위러맨트리 재판관의 반대 의견, 섹션 III.10(g), ICJ 보고서 1996, p.507; 또한 같은 의미에서 1996년 핵무기 위협 또는 사용의 적법성에 관한 권고적 의견을 낸 코로마(Koroma) 재판관의 반대 의견 참조, 577쪽: "인권법과 국제인도법은 평시나 무력충돌 시 모두 개인의 보호뿐만 아니라 인간의 가치와 존엄의 보호를 그 존재 이유로 삼고 있다는 점을 상기해야 한다."

2 발표문

인의 생존과 안전을 어떻게 보장할 수 있는지에 대한 문제에 직면해 있다는 것은 잘 알려진 사실이다. 여기에는 오염되지 않은 음식과 식수에 대한 접근과 질병 발생을 예방하기 위한 적절한 위생시설에 대한 접근 같은 기본적 필요 사항의 관리가 포함된다.[107] 특별한 보호 조치가 없는 상황에서는 핵폭발의 영향과 그 여파로 인해 건강과 생활조건이 악화되어 피해자의 존엄성이 박탈될 것이라고 추정할 수 있다. 특히 피해자가 취약계층에 속하는 경우 더욱 그렇다. 달리 말해 책임이 있는 국가가 소극적 태도로 일관할 경우, 그 국가는 피해자를 보호해야 할 (적극적) 의무를 위반하는 것이다.

고문 금지, 즉 신체적·정신적 완전성에 대한 권리는 국제법상 인권 보호에서 특별한 지위를 차지하고 있다. 2012년 ICJ는 고문 금지가 관습국제법의 일부이자 강행규범(*jus cogens*)이라고 선언한 바 있다.[108] 다양한 지역적·보편적 조약에서 고문 금지는 공공 비상사태에서도 훼손될 수 없을 뿐만 아니라[109] 그 어떠한 유보도 없이 보장되는 권리이다.[110] 따라서 고문 금지는 특히 규정의 정식화에서 유래하는 "절대적" 보장으로서 흔히 제시된다. 예를 들어 ICCPR 제7조를 참조할 수 있다.

> 어느 누구도 고문 또는 잔혹한, 비인도적 또는 굴욕적인 대우 또는 형벌을 받지 아니한다. (…)[111]

그러나 모든 행위가 고문 또는 비인도적이고 굴욕적인 대우의 정의에 해당하는 것은 아니다. 예를 들어, 부당한 대우가 관련 규정의 범위에 포함되기 위해서는 일정한 최소한의 심각성 수준에 도달해야 한다(이른바 '임계치 이론').[112] 일단 이 수준에 도달하면, 재판소는 일반적으로 세 가지 범주의 대우(고문, 비인도적 또는 굴욕적 대우) 중 어디에 해당하는지 판단한다.

필자는 2017년 출간한 저서에서 특별히 유럽인권협약(ECHR)에 비추어 핵무기 사용을 분석했다.[113] 필자는 핵무기 사용이 피해자의 기본적 존엄성을 박탈하기 때문에 최소한

---

107 S. Bagshaw, "Responding to the Detonation of Nuclear Weapons: A United Nations Humanitarian Perspective," in John Borrie and Tim Caughley (eds.), *Viewing Nuclear Weapons through a Humanitarian Lens*, New York/Geneva, 2013, pp.118-130, p.122.
108 기소 또는 인도 의무와 관련된 문제(벨기에 대 세네갈) 판결, ICJ 보고서 2012, 99항.
109 예를 들어 ICCPR 제4조 제2항 및 ECHR 제15조 제2항 참조.
110 예를 들어 ICCPR 제7조와 제4조 제2항, ECHR 제3조와 제15조, 미주인권협약(ACHR) 제5조 제2항과 제27조 제2항 참조.
111 또한 유럽인권협약 제3조 참조. "어느 누구도 고문 또는 비인도적 또는 굴욕적인 대우 또는 형벌을 받아서는 안 된다."
112 예를 들어 엘 마스리(El-Masri) 대 전 유고슬라비아 마케도니아공화국(GC), 2012년 12월 13일, 196항 참조.
113 다니엘 리티커, 앞의 책, pp.191-195.

"굴욕적 대우"에 해당할 수 있다고 주장했다. 유럽인권재판소가 이러한 굴욕적 수준의 대우에 대해서 전개하고 적용한 표준 방식에 따르면, 굴욕적 대우는 "피해자에게 수치심과 굴욕감을 줄 수 있는 공포, 고통, 열등감을 불러일으키는 수준의"[114] 대우이다. 또한 필자는 저서에서 수많은 피해자가 엄청난 고통과 통증을 겪고 몇 주 안에 사망에 이를 수 있는 상해를 입을 수 있다는 사실을 고려할 때, 핵무기 사용이 "비인도적" 대우에 해당할 수 있다고 주장했다. 이온화 방사선의 방출과 방사성 낙진은 방사선 질병을 초래할 수 있으며, 대다수 사람들은 폭발 후 며칠 또는 몇 주가 지날 때까지 자신이 치사량의 방사선에 노출되었다는 사실을 인지하지 못할 수 있다. 이 기간은 분명하게 "가장 고통스러운 상황에서 (피해자가) 사망할 수 있는 실제 위험에 노출"되는 "극심한 정신적·육체적 고통"[115]으로 인정될 수 있다.

D. 사생활 및 가정과 주거를 존중받을 권리

핵공격은 주택과 재산의 대규모 파괴로 인해, 특히 ICCPR 제17조 또는 ECHR 제8조에 따라 보호되는 피해자의 사생활 및 주거를 존중받을 권리에 영향을 미칠 수 있다. 이러한 권리는 다른 문서에 따라 제한되고(상대적 권리) 이탈될 수 있다는 점에서 고문 금지에 따른 가치보다 덜 보호된다.

예를 들어 ICCPR 제17조는 다음과 같이 규정하고 있다.

> **사생활, 가정, 주거 및 통신**
> 1. 어느 누구도 그의 사생활, 가정, 주거 또는 통신에 대하여 자의적 또는 불법적인 간섭을 받거나 그의 명예와 평판에 대한 불법적인 공격을 받지 않는다.
> 2. 모든 사람은 그러한 간섭 또는 공격으로부터 법의 보호를 받을 권리를 갖는다.

즉, ICCPR 제17조에 따르면 주거에 대한 간섭은 합법적이고 자의적이지 않은 경우에만 허용된다.[116] ECHR 제8조에 따르면 이러한 권리를 간섭할 수 있는 합법적인 간섭 조건 중

---

114 쿠들라 대 폴란드(GC), no 30210/96, 2000년 10월 26일, 92항.
115 D. 대 영국, no 30240/96, 1997년 5월 2일, 54항.
116 W. A. Schabas, *U.N. International Covenant on Civil and Political Rights*, Nowak's CCPR Commentary, 3rd revised edition, 2019, p.487, § 50.

하나는 그러한 간섭이 "민주사회에 필요"하고 추구하는 목적에 비례해야 한다는 것이다. 핵무기에 관한 한, 핵공격을 통해 수많은 사람들의 주택과 재산을 파괴하는 것이 그 어떤 목적으로든 정당화될 수 있는지 의문이다. 이 점에서 주택이나 건물이 핵폭풍을 견딜 수 있다고 하더라도 방사성 낙진으로 인해 오랜 시간 또는 영원히 거주할 수 없게 된다는 점을 강조해야 한다. 이는 주거에서의 자의적인 퇴거로 규정될 수 있으며, ICCPR 제17조 및 ECHR 제8조 위반에 해당할 수 있다.

E. 특정 취약성 : 2011년 후쿠시마 사고 이후 아동의 사례

이 장의 서론에서 언급했듯이 인권법은 대개 취약 집단에 초점을 맞추고 있다. 예를 들어, 전 세계의 아동은 독성 물질과 오염의 영향으로 고통받고 있다. 이러한 영향은 삶의 다양한 단계에서, 그리고 매우 다양한 노출 경로에 따라 상이한 형태로 나타난다.[117] 게다가 아동은 노출 수준이 높고, 더 민감하게 반응하기 때문에 성인보다 더 취약하다. 이러한 영향은 불가역적이며, 심지어 한 세대에서 다음 세대로 대물림될 수도 있다.[118] 이는 아동권리협약(CRC) 제3조 1항에 명시된 내용, 즉 협약에 명시된 권리를 해석하고 적용하는 데서 아동의 최선의 이익이 "최우선적인 고려사항"이 되어야 한다는 내용과 명백하게 정반대되는 것이다.[119] 2018년 미국소아과학회는 여러 조직(갑상선, 골수, 유방, 뇌 등)이 아동의 경우 성인에 비해 방사선에 더 민감하며, 이러한 조직에서 방사선 관련 암이 발생할 위험이 더 높다고 보고한 바 있다. 반면 다른 조직(폐, 방광 등)은 아동이 성인보다 더 민감하지는 않은 것으로 나타났다.[120]

2011년 후쿠시마 원전 사고는 핵 사고가 피해 아동의 건강과 인권에 미치는 특별한 문제를 보여주는 최근 사례다. 후쿠시마 사고 여파에 대한 건강권 특별보고관인 아난드 그로버(Anand Grover)는 2013년 보고서에서 방사선 요오드 섭취로 인한 갑상선암 위험이

---

117 유엔인권이사회, 유해물질 및 폐기물의 환경적으로 건전한 관리 및 처분이 인권에 미치는 영향에 관한 특별보고관의 보고서, 2016년 8월 2일, 2항. A/HRC/33/41. https://www.refworld.org/docid/57d6a3154.html 참조.
118 위와 같음.
119 아동권리협약 제3조 1항: "공공 또는 민간 사회복지기관, 법원, 행정당국 또는 입법기관 등에 의해 실시되는 아동에 관한 모든 활동에 있어서 아동의 최선의 이익이 최우선적으로 고려되어야 한다."
120 M.S. Linet, Z. Kazzi, J.A. Paulson, "Pediatric Considerations Before, During, and After Radiological or Nuclear Emergencies", *Pediatrics*, 2018, Vol. 142(6); e20183001. http://pediatrics.aappublications.org/content/pediatrics/142/6/e20183001.full.pdf 참조.

아동에게 가장 높다고 지적했다.[121] 거의 같은 시기에 작성된 다른 보고서에 따르면 일본에서 유아 사망률이 증가했으며, 수천 명의 아동이 전암으로 분류되는 갑상선 결절이나 낭종으로 진단받았다.[122] 또한 최초로 아동 갑상선암이 기록된 사례도 있었다.[123]

2019년 1월 회기에서 유엔 아동권리위원회 위원들은 후쿠시마 핵 사고와 관련하여 일본 대표단에 여러 가지 문제를 제기했다.[124] 여기에는 정보에 대한 아동의 권리와 사고의 결과 장기적인 건강 모니터링에 대한 질문, 그리고 후쿠시마 아동의 갑상선암 발병률을 고려하여 취해진 조치가 포함되었다.[125] 위원회는 2019년 2월 1일 보고서에서 일본 정부에 "(a) 대피 구역에서의 방사선 노출이 아동의 위험 요인에 대한 국제적으로 인정된 지식과 일치한다는 것을 재확인할 것; (b) 비지정 구역의 피난민, 특히 아동에게 재정, 주거, 의료 및 기타 지원을 계속 제공할 것 … (d) 방사선 양이 연간 1밀리시버트를 초과하는 지역의 아동을 대상으로 종합적이고 장기적인 건강검진을 실시할 것"[126] 등의 일곱 가지 권고 사항을 제시했다.

후쿠시마 사고 이후 아동의 상황은 핵 사고에 처한 특정 범주의 사람들이 특히 취약하다는 것을 보여주는 한 가지 사례일 뿐으로, 핵무기 사용의 경우 취약 집단의 기본적 인권이 침해될 가능성과 그러한 상황에서 취약 집단이 특별하게 보호받아야 할 필요성은 누구든 쉽게 상상할 수 있다.

---

121 모든 사람이 신체적·정신적 건강을 최고 수준으로 누릴 권리에 대한 특별보고관의 보고서, 아난드 그로버, UN 문서 A/HRC/23/41/Add. 3, 2013년 7월, § 28.
122 H. Paulitz, W. Eisenberg and R. Thiel, "Health Consequences Resulting from Fukushima", Berlin, 2013년 3월 6일, p.2.
123 위와 같음.
124 아동 권리에 관한 제80차 회기 위원회, 일본 심의-2346차 회의, 2019년 1월 16-17일.
125 그린피스, 「후쿠시마 원전 사고의 최전선에서 : 근로자와 어린이, 방사선 위험과 인권침해」, 2019년 3월, p.44. https://reliefweb.int/report/japan/frontline-fukushima-nuclear-accident-workers-and-children-radiation-risks-and-human 참조.
126 A/HRC/23/41/Add.3). https://tbinternet.ohchr.org/Treaties/CRC/Shared%20Documents/JPN/CRC_C_JPN_CO_4-5_33812_E.pdf 참조.

V. 핵무기금지조약에 따른 핵무기 사용의 적법성

A. 서론

2017년 7월 7일 뉴욕 유엔본부에서 일어난 일, 곧 핵무기금지조약(TPNW)의 채택은 20년 넘게 이어진 핵무기 분야에서의 정체기의 종료를 가져왔기 때문에 분석해 볼 가치가 있다.[127] 이로써 생물무기(1972)와 화학무기(1993)에 이어 나머지 유형의 대량살상무기(WMD)가 금지되었다. 핵무기금지조약은 핵무기의 사용, 보유 및 그 밖의 관련 행위를 금지하는 최초의 보편적 규범을 수립한 것이다. 핵군축과 국제안보에 대한 이 조약의 실질적 영향에 대해 상당한 이견이 있음에도 불구하고, 핵무기금지조약은 핵보유국에 대한 압박을 높이고 이 논의를 국제 관계의 중심으로 적극 끌어올리고 있다.[128] 새로운 조약 채택을 추진해 온 국제 NGO 네트워크인 핵무기폐기국제운동(ICAN)이 2017년 노벨평화상을 수상했다는 사실은 이 조약의 타당성에 대한 확실한 증거이다.[129]

이 조약은 제15조 1항에 따라 2020년 10월 24일 50번째 비준국인 온두라스의 비준 이후 90일이 지난 2021년 1월 22일 발효되었다. 본고를 완성한 현재 93개국이 이 조약에 서명했으며, 60개국이 비준했다.[130]

B. 인도적 동기와 조약의 정신

조약의 준비 작업(위의 II.A.2 '인도적 구상' 참조)과 조약 문안 모두 새로운 조약이 인도적 이상과 함께 핵무기 사용이 인간과 환경에 재앙적인 결과를 초래한다는 확신에서 깊은 영감을 받았다는 것을 보여준다. 조약의 인도적 동기는 무엇보다도 조약의 목적과 취지를 반영하고 있는 상세한 전문에서 찾을 수 있다.

---

127 Daniel Rietiker/Manfred Mohr/Toshinori Yamada, Treaty on the Prohibition of Nuclear Weapons, A Commentary Article by Article, updated verion, May 2022; https://www.ialana.info에서 이용 가능.
128 위와 같음.
129 위와 같음.
130 https://www.icanw.org/signature_and_ratification_status

본 조약의 당사국들은,

(…) 핵무기의 어떠한 사용으로도 초래될 파멸적인 인도적 결과를 깊이 우려하며, 어떠한 상황에서도 핵무기가 절대 다시는 사용되지 않도록 보장하는 유일한 방법인 핵무기의 완전한 폐기 필요성을 인식하고 [2번째 단락]

(…) 핵무기의 파멸적인 결과가 적절하게 대처할 수 없고, 국경을 초월하며, 인류의 생존, 환경, 사회경제적 발전, 세계 경제, 식량안보 그리고 현 세대 및 미래세대의 건강에 중대한 영향을 미치고, 이온화 방사신의 결과를 포함해 여성과 소녀에게 가혹한 영향을 미친다는 것을 인식하며 [4번째 단락]

핵군축의 윤리적 책무와, 국가안보 및 집단안보 이익에 기여하는 최상위의 세계적 공익인 핵무기 없는 세상을 달성하고 유지하는 일의 긴급함을 인정하며 [5번째 단락]

핵무기 사용의 피해자들(hibakusha, 히바쿠샤)뿐만 아니라 핵무기 실험의 영향을 받은 사람들이 입은 용납 안 될 고통과 피해를 유념하며 [6번째 단락]

핵무기 활동이 원주민에게 미치는 가혹한 영향을 인식하며 [7번째 단락]

모든 국가가 국제인도법과 국제인권법을 포함하여 적용 가능한 국제법을 항상 준수해야 할 필요성을 재확인하며 [8번째 단락]

국제인도법의 원칙과 규칙, 특히 무력충돌 당사국이 전투 수단이나 방법을 선택할 권리가 무제한이 아니라는 원칙, 구별의 규칙, 무차별 공격의 금지, 공격에 있어 비례성과 예방조치의 규칙, 과도한 상해나 불필요한 고통을 유발하는 성질을 가진 무기 사용의 금지, 자연환경 보호 규칙에 근거하며 [9번째 단락]

핵무기의 어떠한 사용도 무력충돌에 적용되는 국제법 규칙, 특히 국제인도법의 원칙과 규칙에 반한다는 것을 고려하며 [10번째 단락]

핵무기의 어떠한 사용도 인도의 원칙과 공공양심의 명령에 또한 반한다는 점을 재확인하며 [11번째 단락]

(…) 핵무기의 전면적 폐기 요구로 입증된 인도의 원칙을 증진하는 데 있어 공공양심의 역할을 강조하고, 국제연합, 국제적십자·적신월운동, 그 밖의 국제·지역 기구, 비정부기구, 종교 지도자, 의회, 학계, 핵무기 피해자(히바쿠샤)가 이 같은 목적을 위해 수행한 노력을 인식하며, [24번째 단락]

(…)

이러한 전문의 조항들은 위에서 논의한 모든 문제, 즉 국제인도법, 환경법 및 인권법과 관련된 측면을 다루고 있다. 또한 전문에서 핵무기 사용이 특정 범주의 사람들, 즉 여성과 소녀,[131] 원주민에게 가혹한 영향을 미친다는 것을 강조함으로써 여러 차례 인권의

---

131 전문 4항.

논리를 취하고 있음을 언급할 필요가 있다(위의 IV.E. 참조).[132] 마지막으로 핵무기금지조약 작성자들은 1945년 8월 히로시마와 나가사키에 가해진 핵공격의 피해자('히바쿠샤')들이 겪은, 말로 표현할 수 없는 고통과 피해를 강조하는 것이 중요하다고 보았다.

C. 핵무기 사용 금지

오타와 협약, 오슬로 협약과 마찬가지로 새로운 조약의 제1조는 전체 범주의 무기를 없애기 위해 일련의 금지를 부과하고 있다.[133] 제1조는 핵무기의 개발, 실험, 생산 및 제조(a호)를 포함해 광범위한 핵무기 관련 활동을 금지한다는 점에서 이전의 핵군축 조약에 삽입된 조항보다 더 포괄적이며, NPT와 달리 핵보유국(NWS)과 비핵보유국(NNWS)을 구별하지 않는다는 점에서 비차별적이다.

가장 중요한 것은 제1조 1항(d)에 담긴 사용 금지 조항으로, 그 내용은 다음과 같다.

> 1. 각 당사국은 어떤 상황에서도 다음의 사항을 절대로 하지 않을 것을 약속한다: (d) 핵무기 또는 그 밖의 핵폭발 장치를 사용하거나 사용을 위협하는 것;

매우 놀랍게도 핵무기 사용은 다른 많은 무기, 덜 파괴적인 무기[134]와 달리 이전 조약에서 명시적으로 금지되지 않았다.[135] 제1조에 따라 당사국은 "어떠한 상황에서도" 조약이 금지하는 활동을 하지 않기로 약속하고 있음을 강조하는 것이 중요하다. 즉, 이러한 행위는 다른 당사국에 대해서는 물론 비당사국, 심지어 반군단체나 테러리스트와 같은 비국가 행위자에 대해서도 금지된다. 또한 전시복구도 금지된다.[136]

새로운 조약은 1996년 권고적 의견("극단적인 자위 상황")의 의미에서 "예외"를 포함하지 않고 유보를 허용하지 않음으로써[137] 이러한 종류의 해석상의 모호성과 모순을 제거한다.

---

132 전문 7항.
133 개요는 존 버로스의 「핵무기금지조약 협상의 핵심 문제」, *Arms Control Today*, Vol. 47, 2017년 6월, pp.6-13 참조.
134 특히 1925년 제네바 가스 의정서, 1993년 화학무기금지협약 제1조 1항 b) 및 오타와 협약과 오슬로 협약 제1조 1항 a) 참조.
135 예외적인 경우로, 핵보유국이 당사국인 의정서를 통해 비핵지대에서 소극적 안전보장이 제공된다. 또한 이러한 의정서의 당사국인 핵보유국 대부분은 특정 경우의 핵무기 사용에 대해 유보적 입장을 취하고 있다.
136 Stuart Casey-Maslen, *The Treaty on the Prohibition of Nuclear Weapons: A Commentary (Oxford Commentaries on International Law)*, 2019, pp.134-135, para. 1.09.
137 아래 "Reservations" (Article 16) 참조.

조약에 가입한 국가에게 이는 "절대적" 사용 금지를 의미한다.

더욱이 많은 국가가 핵무기금지조약을 비준한다면, 이 금지 조항은 조약의 "근본적인 규범 창출적인 성격"으로 인해 조약에 가입하지 않은 국가들에 대해서도 핵무기를 금지하는 관습 규범으로서의 성격도 함께 가질 수 있을 것이다.[138]

D. 관습적 금지를 향하여

핵무기금지조약의 발효는 핵무기 통제 역사에서 매우 특별한 순간이었다. 핵무기에 대한 보편적 금지가 처음으로 확립되어 법적 구속력을 갖게 되었기 때문이다. 그러나 어쩌면 더 중요한 것은 조약의 "근본적인 규범 창출적 성격"으로 인해 성공적인 조약이 비준국뿐만 아니라 관습국제법의 힘으로 제3국도 구속할 수 있다는 사실일 것이다.[139] 관습법은 국제법의 또 다른 법원-조약보다 중요성이 적지 않은-으로 "법으로 받아들여진 일반 관행의 증거"[140]로 정의된다. 즉, (준)보편적 조약으로 이어지는 국가들의 비준은 관련 국가의 관행으로서, 해당 조약을 비준하지 않은 국가들도 구속하는 관습 규칙을 나타낼 수 있다.

ICJ에 따르면, 이러한 규범이 만들어지기 위해서는 "그들의 이익이 특별히 영향을 받는 국가"[141]가 반드시 관행에 참여해야 한다. 우리의 관점에서 볼 때, 특별한 이해관계가 있는 국가가 필연적으로 핵무기를 보유한 국가라는 주장은 지나친 단순화일 수 있다. 오히려 핵무기를 보유하지 않은 국가는 지금까지 수십 년 동안 자국민이 핵무기의 위험과 위협에 직면해 왔기 때문에 이 규범을 만드는 데 특별한 이해관계가 있다고 주장할 수 있다.[142] 또한 관습국제법 확인과 관련하여 국제법위원회(ILA) 초안 작성위원회가

---

138 북해 대륙붕 사건(독일 대 덴마크, 독일 대 네덜란드) 판결, 1969 I.C.J. Rep. 3(2월 20일), § 72; 비호(庇護) 사건 (콜롬비아 대 페루) 판결, 1950 I.C.J. Rep. 6, pp.277-278 (11월 20일) 참조.
139 북해 대륙붕 사건(독일 대 덴마크, 독일 대 네덜란드) 판결, 1969 I.C.J. Rep. 3(1969년 2월 20일), 72항; 비호 사건 (콜롬비아 대 페루) 판결, 1950 I.C.J. Rep. 6, pp.277-278 (1950년 11월 20일) 참조.
140 국제사법재판소 규정 제38조 1항.
141 북해 대륙붕 사건, 앞의 주 16, 74항.
142 이 점에서 1996년 핵무기 위협 또는 사용의 적법성에 관한 ICJ의 권고적 의견에서 스허부딘 재판관의 반대 의견 참조. "인류를 전멸시키고 모든 국가를 파괴할 수 있는 무기 사용의 적법성 여부가 쟁점인 경우, 어떤 국가가 특별히 영향을 받는지에 대한 판단은 무기의 소유권이 아니라 그 사용의 결과에 따라 달라진다. 이러한 관점에서 모든 국가는 그 나라에 거주하는 사람들과 마찬가지로 동등한 생존의 권리를 가지기 때문에 동등하게 영향을 받는다."(ICJ Reports 1996, p.226, ¶ 414). 또한 Maya Brehm, "Whose Security is it Anyway? Towards a Treaty Prohibition of Nuclear Weapons", EUR. J. INT'L L. BLOG (2016.5.31), https://www.ejiltalk.org/whose-security-is-it-anyway-towards-a-treaty-prohibition-of-nuclear-weapons/에서 확인 가능.

2 발표문

채택한 결론 초안에는 마이클 우드(Michael Wood) 특별보고관이 처음 제안했던 것과는 달리[143] "그들의 이익이 특별히 영향을 받는 국가"라는 요건이 언급되지 않았다는 점도 흥미롭다.[144]

핵보유국은 교섭에 완전히 불참했을 뿐만 아니라 미국, 영국, 프랑스 등 일부 국가는 조약 채택 당일 다음과 같은 내용을 포함한 성명을 발표하기도 했다.

> 프랑스, 영국, 미국은 핵무기금지조약 교섭에 참여하지 않았다. 우리는 이 조약에 서명, 비준하거나 당사국이 될 의사가 없다. 따라서 핵무기와 관련한 우리의 법적 의무에는 아무런 변화가 없을 것이다. 예를 들어, 우리는 이 조약이 관습국제법의 발전을 반영한다거나 어떤 식으로든 기여한다는 어떠한 주장도 받아들이지 않을 것이다.[145]

이 성명은 이른바 "지속적 반대자"로서 관습 규칙의 성립을 저지하려는 데 목적이 있다고 볼 수 있다. 이 규칙에 따르면, 관습국제법 규칙이 형성되는 단계에서 지속적으로 반대하는 국가는 그 규칙이 성립한 이후 그에 구속되지 않는다.[146] 이 규칙은 논쟁의 여지가 없지 않다.[147] ICJ는 영국-노르웨이 어업 사건 등에서 아주 예외적으로만 보편적 관습법과 관련한 지속적 반대자의 개념을 인정했다.[148] 이 사건에서는 노르웨이의 영해기선 획정 제도가 국제법에 위배되는지 여부가 쟁점이었다. 재판소는 일반적으로 통일된 관행이 충분하지 않다는 이유로 영국이 주장한 것처럼 만의 입구를 가로질러 길이가 10해리를 초과하는 직선기선을 긋는 것을 금지하는 규칙이 없다고 판시했다. ICJ는 "지속적 반대자"란 개념을 명시적으로 언급하지는 않았지만, 이 10해리 규칙이 "국제법 일반 규칙의 권위를 획득했다"고 하더라도 "노르웨이가 해당 규칙을 자국 연안에 적용하려는 모든 시도에 항상 반대해 온 만큼 이 규칙은 노르웨이를 상대로 적용될 수 없는 것으로 보인다"[149]고

---

143 2018년 제70차 국제법위원회에서 채택한 관습국제법 식별에 관한 초안 결론(A/73/10), YBIL 2018 Vol. II Part 2, 특히 제8조 4항에 대한 해설 참조. 국제법위원회 제8조 4항에 대한 해설은 "특별하게 영향을 받는 국가"를 언급하고 있지만, 이것이 "국가의 상대적 힘을 가리키는 것이어서는 안 된다"는 점을 명확히 하고 있다.

144 제68차 회기 업무에 관한 국제법위원회의 유엔 문서 A/CN.4/L.872 초안 결론 8[9] (2016) 참조.

145 미국·영국·프랑스의 유엔 상임대표가 핵무기금지조약 채택에 따라 발표한 공동 보도자료, 유엔 주재 미국 대표부 (2017년 7월 7일), https://usun.state.gov/remarks/7892에서 확인 가능.

146 Olufemi Elias, Persistent Objector, *Max Planck Encyclopedia of Public International Law*, p.1. http://opil.ouplaw.com/view/10.1093/law:epil/9780199231690/law-9780199231690-e1455?prd=EPIL에서 확인 가능.

147 위와 같음.

148 영국-노르웨이 어업 사건(영국 대 노르웨이) 판결, 1951 I.C.J. Rep. 3, p.131 (1951년 12월 18일).

149 위와 같음.

판시했다.

이러한 판례에 비추어 볼 때, 지속적 반대자는 관습 규범의 성립을 저지할 수 없고 단지 해당 규범이 자기에게 적용되는 것을 회피할 수 있을 뿐이라는 점을 강조하는 것이 중요하다. 또한 만들려는 규칙이 국제법의 강행규범(jus cogens)에 관한 것이라면[150] 모든 국가에 적용되고, 그 어떤 국가도 지속적 반대자임을 주장할 수 없다. 필자는 다른 글에서 핵무기 사용이 강행규범에 영향을 미치고, 생명권이나 비인도적이고 굴욕적인 대우 금지와 같은 비상사태에서도 훼손될 수 없는 기본적 인권을 침해할 수 있다고 주장한 바 있다.[151] 따라서 미국, 영국, 프랑스가 발표한 공동성명의 법적 효력은 제한적이다.[152]

요약하자면 핵무기금지조약이 다수 국가의 비준으로 표출되는 국제사회의 상당한 지지를 받게 되면 핵무기 사용 금지를 포함한 조약상의 금지는 관습규범으로서의 성격도 함께 가질 수 있다.

E. 피해자 지원과 환경 복원

이 조약의 실질적이고 법적으로 중요한 특징 중 하나는 의심할 여지 없이 피해자 지원과 환경 복원에 관한 조항이 포함되어 있다는 사실이다. 제6조에 포함된 이러한 규정은 조약의 심층적인 인도적 성격과 피해자 중심적 접근법을 보여주고 있으며, 길고 상세한 전문에 비추어 읽어야 한다.[153]

1. 각 당사국은 핵무기 사용 또는 실험으로 영향을 받은 자국 관할권 내 개인에 대하여, 적용 가능한 국제인도법과 인권법에 따라 의료, 재활 및 심리적 지원을 포함하여 연령과 성별을 세심히 고려한 지원을 차별 없이 적절하게 제공해야 할 뿐만 아니라 그들의 사회적·경제적 통합을 도와야 한다.

---

150 특히 조약법에 관한 비엔나 협약(1969) 제53조와 제64조 참조.
151 Daniel Rietiker, "New Hope for Nuclear Disarmament or 'Much Ado About Nothing'? Legal Assessment of the New 'Treaty on the Prohibition of Nuclear Weapons' and the Joint Statement by the USA, UK, and France Following its Adoption", *Harvard International Law Journal*, Volume 59, Fall 2017; https://journals.law.harvard.edu/ilj/2017/12/new-hope-for-nuclear-disarmament-or-much-ado-about-nothing-legal-assessment-of-the-new-treaty-on-the-prohibition-of-nuclear-weapons-and-the-joint-statement-by-the/ 에서 확인 가능.
152 위와 같음.
153 조약과 그 배경에 대한 포괄적인 해설은 스튜어트 케시-매슬랜의 『핵무기금지조약 : 해설』(2019) 제6조와 제7조에 관한 내용, pp.207-224 참조.

2. 각 당사국은 핵무기 또는 기타 핵폭발 장치의 실험 또는 사용과 관련된 활동의 결과로 오염된 자국의 관할권 또는 통제 하의 지역에 대하여, 오염된 지역의 환경 복원을 위해 필요하고 적절한 조치를 취해야 한다.

3. 위 1항과 2항에 따른 의무는 국제법 또는 양자 간 협정에 따른 다른 국가들의 책임과 의무를 침해해서는 안 된다.

핵무기금지조약 제6조에는 조약에 담긴 소극적 또는 금지 규정과 구별되는 적극적 의무가 포함되어 있다는 점이 특히 중요하다.[154] 이러한 의무를 이행하는 것은 우선적인 과제이며, (과거) 핵무기 사용 또는 실험으로 인해 영향을 받은 피해자와 자연환경에 즉각적이고 실질적인 영향을 미친다. 이러한 책임은 핵보유국이 조약에 가입하지 않았더라도 관련성이 있다. 제6조에 따르면, 피해자 지원과 환경 복원의 출발점은 핵보유국이 아닐 수 있는 피해 당사국의 관할권에 있다.[155]

이 책임은 오타와 협약 및 오슬로 협약과 1980년 유엔 특정 재래식무기금지협약 제5의정서의 초석인 인도적 군축 개념을 반영하고 있다.[156] 그 본질은 핵무기로 인해 부정적 영향을 받은 사람들을 위한 실질적 또는 실용적인 해결책과 지원에 집중하는 피해자 중심적 접근법, 즉 국가안보를 보완하는 인간안보를 추구하는 데 있다.[157]

VI. 종합 결론

본 발표문에서 분석한 국제법의 여러 분야, 즉 국제인도법, 환경법, 인권과 핵무기금지조약은 무기 사용을 선택할 때 국가에 부과되는 제약을 포함해 적대행위 시 국가에 부과되는 중대한 제약을 발전시켜 왔다.

---

154 Rietiker/Mohr/Yamada, 앞의 글, p.30.
155 위와 같음.
156 그 밖의 자료로 Rapillard, Pascal (2011), "Humanitarian Disarmament", *The Journal of ERW and Mine Action*, 151, http://www.jmu.edu/cisr/journal/15.1/specialrpt/rapillard/rapillard.shtml (7.10.2017); Docherty, Bonnie (2013), "Ending Civilian Suffering: The Purpose, Provisions, and Promise of Humanitarian Disarmament Law", *Austrian Review of International and European Law*, 15(2013), pp.7-44.; Dunworth, Treasa (2020), *Humanitarian Disarmament: An Historical Enquiry* 등이 있다.
157 Rietiker/Mohr/Yamada, 앞의 글, p.31.

필자는 앞서 살펴본 내용을 바탕으로 그 **어떤** 핵무기 사용도 국제법상 불법이라고 주장한다. 필자의 관점에서 볼 때, 저위력 또는 전술핵무기가 국제법의 기준을 준수할 수 있다는 일부 국가의 주장은 입증되지 않은 억지이다.

또한 본 발표문은 핵무기 위협 또는 사용의 적법성에 관한 ICJ의 논란이 많은 의견 채택 이후 환경법의 발전, 2017년 핵무기금지조약 채택으로 이어진 인도적 구상, 또는 2018년 유엔인권위원회의 일반논평 제36호 채택 등 많은 발전이 이뤄졌음을 보여준다. 일반논평 제36호 66항은 핵무기를 반대하는 엄중하고 확고한 선언이자 핵군축을 목표로 성실히 교섭을 추구해야 할 의무를 상기시킨다.

이러한 법적 발전과 더불어 상당한 연구가 핵무기 사용이 인간, 환경, 미래세대에 미치는 재앙적인 결과를 입증하기 위해서, 또 핵무기가 사용되는 경우에는 기본적으로 적절한 인도적·의료적 대응이 불가능해 보인다는 결론을 내리기 위해서 수행되었다.

이러한 이유로 향후 ICJ가 핵무기 사용(및 위협)의 적법성에 대한 의견을 다시 요청받게 된다면, 특히 핵무기금지조약 전문에서 표명된 국가들의 커져 가고 있는 자각을 따라감으로써 1996년보다 더 확고하고 명확한 판결을 내릴 가능성이 있으며, 그럴 것이라고 기대할 수 있다.

> 핵무기의 어떠한 사용도 무력충돌에 적용되는 국제법 규칙에 반한다는 것을 고려하며…158

---

158   서문 10항, 위 II.B 참조.

The Legality of the Use of Nuclear Weapons under International Law: Analysis in Light of IHL, Environmental Law, Human Rights and the TPNW

Daniel Rietiker
Adjunct Professor
at Lausanne University

I. Introductory Remarks[1]

This contribution will analyze the legality of the use of nuclear weapons under different branches of international law, namely international humanitarian law (IHL), environmental law, human rights law and the Treaty on the Prohibition of Nuclear Weapons adopted in 2017. It will conclude with some final remarks.

Each one of the four topics covered in the present contribution could, given the huge amount of materials and practice available, justify to write an entire book. For practical reasons, the author had to make some choices and leave out aspects that might have been very relevant for the discussion. Within the limits of the present article, he proposes an overview that hopefully triggers interesting debates during the Second Forum in Hiroshima in June 2024.

II. The Legality of the Use of Nuclear Weapons under IHL

An analysis of the legality of the use of nuclear weapons under IHL must start from the International Court of Justice's Advisory opinion on the *Legality of the Threat or Use of Nuclear Weapons*, rendered in 1996.[2] In the ICJ's unanimous view,

---

1 Adjunct Professor of International Law and Human Rights Law at Lausanne University (Switzerland) and Suffolk University Law School (Boston MA, USA), Co-President of International Association of Lawyers Against Nuclear Arms (IALANA). Certain parts of this contribution are based or inspired by the book: Daniel Rietiker, *Humanization of Arms Control – Paving the Way Free of Nuclear Weapons*, Routledge, 2017.
2 ICJ Reports 1996.

any use of force proportionate under the law of self-defence must, in order to be legal, also comply with the law governing armed conflict, including the principles and rules of humanitarian law;[3] the latter include, in particular, the distinction between combatants and non-combatants (civilians), and the prohibition to cause unnecessary suffering to combatants.[4]

In light of these principles, the ICJ came to the unanimous conclusion that the [threat or] use of nuclear weapons would "generally" be contrary to the rules of international law applicable in armed conflict, and in particular to those of humanitarian law.[5] But despite the comprehensive body of law protecting the human being in armed conflict, it went on to say the following:

> "However, in view of the current state of international law, and of the elements of fact at its disposal, the Court cannot conclude definitively whether the threat or use of nuclear weapons would be lawful or unlawful in an extreme circumstance of self-defence, in which the very survival of a State would be at stake."[6]

This finding was highly controversial and will be covered by another speaker. I will address the legality of nuclear weapons under IHL first from the point of view of general principles, followed by more specific rules.

A. General principles

1. Limitations on the choice of means and methods of warfare

The principle whereby parties to an armed conflict are restricted by international law in the weapons they may use, as well as the way they may lawfully use them, is long-standing. In the 1977 Additional Protocol I, the following is stipulated in Article 35 (Means and Methods of Warfare -Basic Rules):

> "In any armed conflict, the right of the Parties to the conflict to choose methods or means of warfare is not unlimited."

---

3 *Ibid.*, § 42, and operative paragraph D.
4 *Ibid.*, § 78.
5 Dispositif, para E, first para.
6 Operative paragraph E, second alinea. See also Marcelo G. Kohen, 'The notion of 'state survival' in international law', in L. Boisson de Chazournes and Ph. Sands (dir.), *International Law, the International Court of Justice and Nuclear Weapons*, Cambridge, 1999, pp. 293-314.

The ICJ in its 1996 Advisory Opinion held that States "do not have unlimited freedom of choice of means in the weapons they use."[7] Maybe surprisingly, the ICJ only applied the principle to the rule whereby it is prohibited to cause unnecessary suffering to combatants.[8] According to the Commentary of the ICRC, the provision implies principally the obligation to respect the rules of international law applicable in case of armed conflict and that military necessity cannot justify any derogation from rules which are drafted in a peremptory manner.[9] It also means that prohibitions of IHL cannot be overridden by perceived military necessity, which is potentially relevant for the selection and use of nuclear weapons.[10]

2. The rule of distinction

Parties to a conflict must direct attacks only against lawful military objectives. Article 48 of the 1977 Additional Protocol I reads as follows:

> **"Article 48 – Basic rule**
> In order to ensure respect for and protection of the civilian population and civilian objects, the Parties to the conflict shall at all times distinguish between the civilian population and combatants and between civilian objects and military objectives and accordingly shall direct their operations only against military objectives."

The rule of distinction – sometimes referred to as a principle either of distinction or of discrimination – is declaratory of customary international law,[11] and is applicable both in international and non-international armed conflict.[12]

The ICJ in its 1996 Advisory Opinion held that any weapon that is "incapable of distinguishing between civilian and military targets" is unlawful.[13] The ICJ described this as a "cardinal principle", one of the "fundamental rules" that must

---

7   *The Legality of the Threat or Use of Nuclear Weapons*, ICJ Reports 1996, § 78.
8   Stuart Case-Maslen, "The Use of Nuclear Weapons under Rules Governing the Conduct of Hostilities", in G. Nystuen, S. Casey-Maslen, and A. Golden Bersagel (eds.), *Nuclear Weapons under International Law*, Cambridge, 2014, p.93.
9   *Ibid.*
10 *Ibid.*
11 Stuart Casey-Maslen, *op. cit.*, p.95.
12 See Article 13 of the 1977 Additional Protocol II.
13 *The Legality of the Threat or Use of Nuclear Weapons*, ICJ Reports 1996, § 78.

be "observed by all States whether or not they have ratified the Conventions that contain them, because they constitute intransgressible principles of international customary law."[14] In the study of customary international humanitarian law, published in 2005, the ICRC concluded that "the use of weapons which are by nature indiscriminate is prohibited."

Stuart Casey-Maslen distinguishes between two tests: First, is any given weapon inherently incapable of being targeted against a specific military objective and, second, whether the effects of any given weapon be limited to a military objective or whether they, inevitably, constitute indiscriminate attack, inter alia, because they have uncontrolled effects.[15]

Regarding the first test, is generally admitted that any weapon whose guidance system is so rudimentary or unreliable that there is no way of knowing where it will land – for instance a "long-range rocket or missile" – is inherently indiscriminate and therefore unlawful.[16] Concerning the second test, several such prohibitions can be referred to, for example Article 51(4)(c) of Additional Protocol I:

> "Indiscriminate attacks are prohibited. Indiscriminate attacks are (c) those which employ a method or means of combat the **effects** of which cannot be limited as required by this Protocol;"

Stuart Casey-Maslen claims that there is little evidence that delivery mechanisms for nuclear weapons are not – let alone cannot be – accurate.[17] As a result, the first test would not raise major issues. The second criterion, namely the one on the effects of the weapon is, however, more problematic in the context of nuclear weapons. Indeed, the ICJ held what follows:

> 35. (…) [The Court] also notes that nuclear weapons are explosive devices whose energy results from the fusion or fission of the atom. By its very nature, that process, in nuclear weapons as they exist today, releases not only immense quantities of heat and energy, but also powerful and prolonged radiation. According to the material before the Court, the first two causes of damage are vastly more powerful than the damage caused by other weapons, while

---

14 *Ibid.*, § 79.
15 Additional Protocol 1, Article 51(5)(b).
16 Stuart Casey-Maslen, *op. cit.*, p.100.
17 *Ibid.*, p.111.

the phenomenon of radiation is said to be peculiar to nuclear weapons. These characteristics render the nuclear weapon potentially catastrophic. **The destructive power of nuclear weapons cannot be contained in either space or time.** They have the potential to destroy all civilization and the entire ecosystem of the planet.

(…)."

At the 2010 NPT Review Conference, an instrument that does not as such prohibit the use of these weapons, States Parties expressed, for the first time ever, their reservations against a possible use of nuclear weapons:

"The Conference expresses its deep concern at the catastrophic humanitarian consequences of any use of nuclear weapons and reaffirms the need for all States at all times to comply with applicable international law, including international humanitarian law."[18]

Arguing that the humanitarian dimension required increased attention and being aware of the fact that more and more countries supported the idea that nuclear weapons are too destructive to be used, the Norwegian Government, in March 2013, organized a conference on the humanitarian impact of nuclear weapons in Oslo.[19] The following year, the Mexican and Austrian Governments organized follow-up meetings in Nayarit and Vienna, respectively. The main goal of the humanitarian initiative was to collect and present new evidence for the disastrous impact of the use of nuclear weapons for human beings.

Within this humanitarian initiative (or trend), considerable research has been conducted on the effect of nuclear explosions in inhabited regions, in particular large cities. In a study presented at the Oslo Conference in March 2013, it has been shown, for instance, that a detonation of a nuclear weapon (of 100 kilotons) over a city of the size of Manchester would create blast and thermal effects killing more than 80,000 people immediately and leaving more than 210,000 people injured, devastating housing and commercial buildings, destroying vital infrastructure,

---

18   2010 Review Conference of the Parties to the Treaty on the Non-Proliferation of Nuclear Weapons, Final Document, Doc. NPT/CONF.2010/50 (vol. I), 2010, part I, p.19.
19   G. Nystue and K. Egeland, "A Legal Gap? Nuclear Weapons Under International Law", *Arms Control Today*, Vol. 46, no. 2, March 2016, p.8, and T. Sauer and J. Pretorius, "Nuclear Weapons and the Humanitarian Approach", *Global Change, Peace and Security*, Vol. 26, no. 3, p.242.

causing massive population displacement, and leaving the local emergency service capacity seriously degraded. Moreover, ongoing radiation would have further health effects and hamper any efforts to respond to the crisis.[20]

In another study, the immediate humanitarian consequences of a 12-kiloton nuclear explosion in Rotterdam have been examined.[21] In Chapter 1, the study describes in detail the scenario of such an explosion in the port of that city. In Chapter 2, it lays out the effects of a nuclear explosion, such as flash, heat and fire, blast, electro-magnetic pulse (EMP), flooding, radioactivity, fall-out, break-down of traffic, as well as chemical contamination originating from oil refineries and chemical plants in the region.[22] The study demonstrates that, close enough to the explosion, people may die because they are hit by the blast front, by peak dosages of ionising radiation or by heat and fire. The study estimates that in an area of 300 square kilometre from the detonation, people would be in danger of receiving fatal doses of radiation.[23] The total amount of people dying as a direct consequence of the nuclear detonation would be between 60,000 and 70,000, not counting the people dying young due to cancer.[24]

The study further estimates that just outside the 100% death zone, 7,800 people would be injured and need medical attention, of whom half would have 2nd and 3rd degree burns. For the people who would be able to move out of the zone, with less than 100 burn beds in the Netherlands, it is hard to imagine how the country would be able to provide the necessary medical care.[25] Moreover, a much larger category of persons would suffer from radiation sickness in various grades; the study assumes that at least an additional 6,000 cancer cases would be announced in the decades after the detonation.[26]

The study concludes that no society can be adequately prepared for any use

---

20 Article 36, 'Humanitarian Consequences: Short Case Study of the Direct Humanitarian Impacts from a Single Nuclear Weapon Detonation on Manchester', United Kingdom, 2013, p.14, http://www.article36.org/nuclear-weapons/humanitarian-impacts-from-a-single-nuclear-weapon-detonation-on-manchester/ (accessed 4 December 2016).
21 W. van der Zeijden and S. Snyder, The Rotterdam Blast, Pax, 2014, http://www.paxchristi.net/news-media/resources-pax-christi-member-organizations (accessed 4 December 2016).
22 *Ibid.*, pp.17-23.
23 *Ibid.*, p.24.
24 *Ibid.*
25 *Ibid.*
26 *Ibid.* The study adds that the number of thyroid cancer would partly depend on the ability of the Dutch Government to provide people in affected areas with iodine prophylaxis pills, but concludes that it would almost certainly be impossible to reach all people in time.

of nuclear weapons, not even a country as wealthy and well-organized as the Netherlands.[27] An attack by nuclear weapons in a densely populated area would always constitute a breach of the rule of distinction under IHL.

3. Proportionality in attack

Even where a lawful military objective is targeted by a party to an armed conflict, that attack may still be unlawful where it causes incidental civilian deaths of injuries, destruction of, or damage to, civilian objects, or a combination of both, which are "excessive" compared to the expected military advantage. In the 1977 Additional Protocol I, the rule of proportionality *in bello* is seen as a form of indiscriminate attack. According to Article 51(5) of the Protocol:

> "Among others, the following types of attacks are to be considered as indiscriminate … b) an attack which may be expected to cause incidental loss of civilian life, injury to civilians, damage to civilian objects, or a combination thereof, which would be excessive in relation to the concrete and direct military advantage anticipated."

State practice establishes this rule as a norm of customary international law applicable in international and non-international armed conflict.[28]

Surprisingly, the ICJ did not discuss the rule of proportionality in attack in its Advisory Opinion. The Nuclear Weapons States (NWS) argued before the ICJ that it was possible to use low-yield (also called "battlefield" or "tactical")[29] nuclear weapons whose limited impact would respect the principles of humanitarian law. The United Kingdom expressed the point of view that, in reality, nuclear weapons could be used in a wide variety of circumstances with very different results in terms of likely civilian casualties. It added that, in certain cases, such as the use of a low-yield nuclear weapon against warships on the High Seas or troops in sparsely populated areas, it might be possible to envisage a use of nuclear

---

27 *Ibid.*, p.25.
28 ICRC Study of Customary IHL, Rule 14.
29 There is no definition of a 'low-yield' nuclear weapon, but the expression is often used to refer to explosive devices with an explosive output of less than 5 kilotons TNT equivalent. For comparison, the bombs used in Hiroshima and Nagasaki had yields in the range of 12 to 15 kilotons (J. Burroughs, 'The Lawfulness of 'Low-Yield', Earth-Penetrating Nuclear Weapons', Lawyers' Committee on Nuclear Policy, 20 January 2003; http://lcnp.org/wcourt/nwlawfulness.htm (accessed 6 December 2016).

weapons which could cause comparatively few civilian casualties.[30]

A similar argument was advanced by the United States. They claimed that, regarding proportionality, the question of whether an attack with nuclear weapons would be disproportionate depended entirely on the circumstances, including the nature of the enemy threat, the importance of destroying the objective, the character, size and likely effects of the device, and the magnitude of the risk to civilians. In other words, nuclear weapons were not inherently disproportionate.[31]

The Court replied to these arguments in the following terms:

> "The Court would observe that none of the States advocating the legality of the use of nuclear weapons under certain circumstances, including the 'clean' use of smaller, low yield, tactical nuclear weapons, has indicated what, supposing such limited use were feasible, would be the precise circumstances justifying such use; nor whether such limited use would not tend to escalate into the all-out use of high yield nuclear weapons. This being so, the Court does not consider that it has a sufficient basis for a determination on the validity of this view."[32]

In other words, the ICJ left no doubt that it was incumbent on States advocating that a certain type of nuclear weapons could be used in a manner compatible with international law to prove their allegation. It concluded that the NWS had failed to bring sufficient and convincing evidence in support of their claim.

As has been mentioned above, the NPT Review Conference, a forum that had traditionally been concerned more with aspects of international security than with humanitarian ideas, voiced in 2010 "its deep concern at the catastrophic humanitarian consequences of *any use* of nuclear weapons". Moreover, in 2011, the Council of Delegates of the International Red Cross and Red Crescent Movement found "it difficult to envisage how *any use* of nuclear weapons could be compatible with the rules of international humanitarian law". The present author agrees with this point of view, considering that claims regarding 'clean uses' of certain types of nuclear weapons do not seem realistic and have not been substantiated sufficiently so far.

Considering the disastrous effects on the human being, environment and

---

30 Written arguments of the United Kingdom, p. 53 (footnotes omitted).
31 Written arguments of the United States, p. 23 (footnotes omitted).
32 *The Legality of the Threat or Use of Nuclear Weapons*, ICJ Reports 1996, § 94.

future generations, it is hard to imagine a military advantage that could justify the use of nuclear weapons in light of the principle of proportionality in attack.

4. Precautions in attack

Even if it is accepted – but this is NOT the view of this author – that there are exceptional circumstances in which the use of nuclear weapons might satisfy the rules of distinction and proportionality, parties to an armed conflict are still required to take precautions in attacks according to customary international law. Article 57 § 1 of the 1977 Additional Protocol reads as follows:

> "In the conduct of military operations, constant care shall be taken to spare the civilian population, civilians and civilian objects."

The ICJ did not elaborate on the duty of precaution in attack. According to ICRC, it represents an obligation of diligence and a corollary of the basic rule set out in Article 48 of Additional Protocol 1 whereby parties to an armed conflict must always "distinguish" between civilian population and combatants, as well as between civilian objects and military objectives (see above 2).

In addition, Article 57 contains a number of specific rules which underline the close relationship with the principle of distinction. For example, in its paragraph 2(a)(i), it is stipulated that those who plan or decide upon an attack are required to do "everything feasible" to verify that the objectives to be attacked are neither civilians nor civilian objectives and are not subject to special protection but are lawful military objectives and that it is not otherwise by the Protocol to attack them.[33]

In paragraph 2(a), it is furthermore said that those who plan or decide upon an attack shall take all feasible precautions in the choice of means and methods of attack with a view to avoiding, and in any event to minimizing, incidental loss of civilian life, injury to civilians and damage to civilian objects (ii), as well as refrain from deciding to launch any attack which may be expected to cause incidental loss of civilian life, injury to civilians, damage to civilian objects, or a combination thereof, which would be excessive in relation to the concrete and direct military advantage anticipated (iii).

---

33   Article 57(2)(a)(i).

The provisions imposing to take precautions in attack put serious restrictions on the freedom of the commanders in the conduct of hostilities. These duties might also limit the choice of weaponry, including the recourse to nuclear weapons (see especially 57 § 2(a)ii).

5. The unnecessary suffering rule

In its 1996 Advisory Opinion, the ICJ declared what follows:

> "The cardinal principles contained in the texts constituting the fabric of humanitarian law are the following. (…) According to the second principle, it is prohibited to cause unnecessary suffering to combatants: it is accordingly prohibited to use weapons causing them such harm or uselessly aggravating their suffering. (…)"[34]

Beyond those remarks, the Court had little to say about how to apply the rule to nuclear weapons. And legal scholars have rarely concentrated on this provision with regards to nuclear weapons, but certain Judges dealt with the rule in their separate opinions.

The President of the Court, Judge Bedjaoui, found that the unnecessary suffering, along with the principle of distinction, was a norm of *jus cogens*. As a result, he concluded that nuclear weapons and IHL were mutually incompatible. Judge Shahabuddeen explained that "suffering is superfluous or unnecessary if it is materially in excess of the degree of suffering which is justified by the military advantage sought to achieve." The guidance that States ought to heed in making this balance should be public conscience by reference to the Martens Clause. He affirmed that on the evidence that the Court had taken into account:

> "it could reasonably find that the public conscience considers that the use of nuclear weapons causes suffering which is unacceptable whatever might be the military advantage derivable from such use."[35]

Finally, Judge Weeramantry offered a very detailed analysis on both the effects of nuclear weapons and the unnecessary suffering rule. He considered these effects

---

34　*The Legality of the Threat or Use of Nuclear Weapons*, ICJ Reports 1996, § 78.
35　Dissenting Opinion, § 403.

"more than sufficient to establish that the nuclear weapon causes unnecessary suffering going far beyond the purposes of war."[36]

The term "unnecessary" implies a balancing act. During a Conference of Experts held in Lucerne in 1974, the ICRC stated that this rule "involved some sort of equation, on the one hand, the degree of injury or suffering inflicted (the humanitarian aspect) and, on the other hand, the degree of necessity underlying the choice of a particular weapon (the military aspect).[37] When looking at the military objective to be achieved, one must also assume that there is an obligation to assess whether the military objective can be achieved with a weapon that causes less suffering.[38] Simon O'Conner argues that the duty to consider, and choose, alternatives means of warfare if the foreseen suffering is disproportionate to its military effectiveness, arguably renders the actual option to use nuclear weapons very slim.[39]

The long-term impact of nuclear weapons also means a significantly increased risk of cancer mortality throughout the life of the survivors. In order to distinguish the unnecessary suffering rule from the distinction and proportionality rules in this regard, and give it an independent meaning, it is necessary to imagine a scenario where no civilians would be affected by the use of nuclear weapons. One of the frequently cited examples is bombing of a military installation in a desert area, far from populated centres. Such an attack would arguably not necessarily constitute a breach of the rule on distinction. Nevertheless, it would still be a violation of the rule against unnecessary suffering, inasmuch as the surviving military personnel might be affected by disease even years later.[40]

As a result, I agree with Simon O'Connor that, in light of the demonstrable consequences of the use of nuclear weapons and the duty to use less injurious weapons where alternatives exist, it is almost impossible to conceive of circumstances when engendering such injuries and suffering, even among those engaged in combat, would be deemed truly necessary.[41]

---

36 Dissenting Opinion, p.498.
37 ICRC, Conference of Government Experts on the Use of Certain Conventional Weapons Lucerne 1974, Geneva, 1975, § 24.
38 Simon O'Conner, "Nuclear Weapons and the Unnecessary Suffering Rule", in G. Nystuen, S. Casey-Maslen and A. Golden Bersagel (eds.), *Nuclear Weapons under International Law*, Cambridge, 2014, p.143.
39 *Ibid.*, p.144.
40 *Ibid.*, p.145.
41 *Ibid.*, p.147.

6. Martens Clause and other safeguards

The Martens Clause, which takes its name from a statement by Fyodor Fyodorovich Martens, the Russian delegate at the Hague Peace Conference of 1899, has already been discussed in depth during and in the aftermath of the First International Forum, held in Korea in June 2023. The present author therefore limits himself to the following brief remarks.

A contemporary version of this clause can be found in Article 1 § 2 of Additional Protocol I to the Geneva Conventions:

> "General principles and scope of application:
> In cases not covered by this Protocol or by other international agreements, civilians and combatants remain under the protection and authority of the principles of international law derived from established custom, from the principles of humanity and from the dictates of public conscience."

This clause stresses the completeness of IHL and, at the same time, rejects the logic of the Lotus principle, according to which everything that is not forbidden is allowed under international law.[42]

More recently, a short version of the Martens Clause has been inserted into the preamble of the Treaty on the Prohibition of Nuclear Weapons (TPNW):

> "The States Parties to this Treaty (…) [r]eaffirming that any use of nuclear weapons would also be abhorrent to the principles of humanity and the dictates of public conscience."[43]

From this author's point of view, expressions such as "principles of humanity" and "dictates of public conscience" hardly fit better anywhere else than into the context of nuclear weapons, the most destructive devices among all. The ICJ considered the Martens clause an "effective means of addressing the rapid

---

[42] *The Case of the S.S. "Lotus" (France v. Turkey)*, Collection of Judgments of the PCIJ, Series A No. 10, 7 September 1927: "International law governs relations between independent States. The rules of law binding upon States therefore emanate from their own free will as expressed in conventions or by usages generally accepted as expressing principles of law and established in order to regulate the relations between these co-existing independent communities or with a view to the achievement of common aims. *Restrictions upon the independence of States cannot therefore be presumed*" (p.18).

[43] Preamble, § 11.

evolution of military technology."⁴⁴ In other words, this clause is capable of limiting the States' engagement in weapons that might turn out inhuman and, therefore, it is also relevant for the development, manufacture, production, acquisition and possession of nuclear weapons.

Another relevant safeguard provision is enshrined in common Article 1 of the Geneva Conventions and Article 1 § 1 of Additional Protocol I, referred to above, imposing the duty to "respect" and "ensure" respect for international humanitarian law by its armed forces in all circumstances. This general clause does not only apply in actual combat but also in peacetime. It is suggested that common Article 1 imposes on States Parties the obligation to undertake everything they can to ensure that the rules of international humanitarian law are respected by their own organs as well as by entities under their jurisdiction.⁴⁵

Moreover, it has also been observed that Article 36 of Additional Protocol I imposes on States Parties, in the study, development, acquisition or adoption of a new weapon or means or method of warfare, the duty to determine whether its employment would, in some or all circumstances, be prohibited by this Protocol or by any other rule of international law.

It is advocated here that, in the light of the assessment made above of the use of nuclear weapons under humanitarian law, States, acting in good faith, should reasonably come to the conclusion, based on common Article 1 of the Geneva Convention, combined with Article 36 of Additional Protocol I, that they have to refrain from developing, manufacture, producing, acquiring and possessing nuclear weapons.

B. Specific rules (a selection)

Apart from these general principles of humanitarian law applicable in armed conflict, which were at the heart of the ICJ's considerations in 1996 and on which much legal research has been concentrated in recent years, other rules of international humanitarian law are relevant in connection with nuclear weapons

---

44 *The Legality of the Threat or Use of Nuclear Weapons*, ICJ Reports 1996, § 78.
45 L. Boisson de Chazournes and L. Condorelli, "Common Article 1 of the Geneva Conventions revisited : Protecting collective interests", *International Review of the Red Cross (IRRC)*, no. 837, vol. 82, 2000, pp. 67-87. Common Article 1 does also imply an 'external' element, imposing States Parties the duty to ensure that third States comply with international humanitarian law (see K. Dörmann and J. Serralvo, "Common Article 1 to the Geneva Conventions and the obligation to prevent international humanitarian law", *International Review of the Red Cross (IRRC)*, no. 895/896, vol. 96, 2014, pp.706-736).

attacks. They have moderate attention so far, which is surprising considering the precise nature of certain prohibitions.

For instance, it is noteworthy to recall the studies of nuclear explosions in Manchester or Rotterdam, detailed above (II.A.2), where it is explained that these towns would not be the same anymore, the blast leaving behind devastated housing and commercial buildings as well as vital infrastructure. Entire neighborhoods would be abandoned and stigmatized for an indefinite period of time. This brings into play Rule 50 of the Study of customary international humanitarian law indicating that "[t]he destruction or seizure of the property of an adversary is prohibited, unless required by imperative military necessity."[46] In light of the extent of destruction, and in particular due to the long-lasting uselessness of property as a result of radiation, it is difficult to imagine that any nuclear weapon attack against an inhabited town could be legitimized by imperative military necessity.[47] Moreover, in the *Blaškić* case, the ICTY stated that "the notion of 'extensive', required for the destruction being qualified as a grave breach under the Geneva Conventions and a war crime under the ICTY Statute, has to be evaluated according to the facts of the case" and that "a single act, such as the destruction of a hospital, may suffice to characterize an offence under this count".[48] If the destruction of one single building qualifies as a grave breach, Rule 50 becomes relevant, a *fortiori*, in the event of a nuclear weapon explosion capable of destroying entire cities.

Moreover, the example of a nuclear attack against Rotterdam (above, II.A.2), causing the destruction of oil refineries and chemical plants in the region and, as a result, provoking further contamination, illustrates the relevance of Rule 42 in the context of a nuclear weapons attack, that imposes on the States parties a special duty of care in relation to works and installations containing dangerous forces:

---

[46] J. M. Henckaerts and L. Doswald-Beck, *Customary International Humanitarian Law*, Cambridge, 2005, pp.175-177.

[47] The violation of this rule through "extensive destruction and appropriation of property, not justified by military necessity and carried out unlawfully and wantonly", constitutes a grave breach under the Geneva Conventions (Article 50 of the First, Article 51 of the Second and Article 147 of the Fourth Geneva Convention). Under the ICC Statute, "destroying or seizing the enemy's property unless such destruction or seizure be imperatively demanded by the necessities of war" constitutes a war crime in international armed conflict (Article 8(2)(b)(xiii).

[48] ICTY, *The Prosecutor v. Tihomir Blaškić*, Trial Chamber Judgment, IT-95-14-T, 3 March 2000, § 157.

"Particular care must be taken if works and installations containing dangerous forces, namely dams, dykes and nuclear electrical generating stations, and other installations located at or in their vicinity are attacked, in order to avoid the release of dangerous forces and consequent severe losses among the civilian population."[49]

A nuclear attack against an inhabited city would also destroy historic monuments or sites, museums, theatres, opera houses, concert halls, cinemas, churches, temples, synagogues, mosques and minarets, schools, universities and many other institutions and buildings dedicated to cultural, educational, scientific, religious or other similar purposes. Rule 38 of the Study of customary international humanitarian law deals with the "respect" of cultural property during warfare:

"Each party to the conflict must respect cultural property: A) Special care must be taken in military operations to avoid damage to buildings dedicated to religion, art, science, education or charitable purposes and historic monuments unless they are military objectives. B) Property of great importance to the cultural heritage of every people must not be the object of attack unless imperatively required by military necessity."

The freedom of manoeuvre of many States when attacking cultural property is today further restricted by the 1954 Hague Convention for the Protection of Cultural Property in the Event of Armed Conflict.[50] The fundamental principles of protecting and preserving cultural property in the Convention are today widely recognized as reflecting customary international law.[51] In the same vein, Rule 40 of the Study of customary international humanitarian law establishes a duty to "protect" cultural property, prohibiting "[a]ll seizure of or destruction or willful damage done to institutions dedicated to religion, charity, education, the arts and sciences, historic monuments and works of art and science."[52]

---

49 Henckaerts and Doswald-Beck, *op. cit.*, pp.139-142.
50 135 States have to date ratified this treaty (24 April 2024).
51 Henckaerts and Doswald-Beck, *op. cit.*, p.129.
52 *Ibid.*, pp.132-135. Under the ICC Statute, destruction of buildings dedicated to religion, education, arts, science or charitable purposes and historic monuments and destruction and seizure that is not imperatively demanded by the necessities of the conflict constitute war crimes in both international and non-international armed conflicts (ICC Statute, Article 8(2)(b)(ix) and Article 8(2)(b)(xiii), Article 8(2)(e)(iv) and Article 8(2)(e)(xii).

In addition, it is obvious that the use of a nuclear weapon would also affect the natural environment, crop fields, greenhouses, forests, water courses, lakes, marine ecosystems, wildlife and domestic animals. As the ICJ in the 1996 advisory opinion considered, "the radiation released by nuclear explosion would affect health, agriculture, natural resources and demography over a very wide area",[53] and this most probably for a considerable period of time. Rule 54 of the Study of customary international humanitarian law sets an important limit to the use of nuclear weapons, prohibiting "attacking, destroying, removing or rendering useless objects indispensable to the survival of the civilian population."[54] Additional Protocols I and II provide the following examples of objects indispensable to the survival of the civilian populations in international and non-international armed conflicts: foodstuffs, agricultural areas for the production of foodstuffs, crops, livestock, drinking water installations and supplies, and irrigation works.[55] The list of examples is not exhaustive as is indicated by using the words "such as".[56] Rule 54 is a corollary of the prohibition, valid in international as well as non-international armed conflict, of "the use of starvation of the civilian population as a method of warfare", contained in Rule 53 of the Study of customary international humanitarian law, because attacking objects indispensable to the survival of the civilian population may amount to violations of the prohibition of starvation.[57]

Finally, a use of nuclear weapons would also destroy and render unworkable ambulances, hospitals and clinics, and kill nurses and doctors. Rule 28 of the Study of customary international humanitarian law imposes on States the duty to respect and protect "medical units exclusively assigned to medical purposes (…) in all circumstances." This rule is contained in the First and Fourth Geneva Conventions,[58] and its scope was expanded in Additional Protocol I to cover civilian medical units in addition to military ones.[59] The term "medical units" includes, inter alia, hospitals and similar institutions, blood transfusion centres, preventive medicine centres and institutes, medical depots and the medical and

---

53　*The Legality of the Threat or Use of Nuclear Weapons*, ICJ Reports 1996, § 35.
54　Henckaerts and Doswald-Beck, *op. cit.*, pp.189-193.
55　Article 54 § 2 of Additional Protocol I and Article 14 of Additional Protocol II.
56　Henckaerts and Doswald-Beck, *op. cit.*, p.193.
57　*Ibid.*, pp.186 and 188.
58　Article 19 of the First Geneva Convention and Article 18 of the Fourth Geneva Convention.
59　Article 12 of Additional Protocol I.

pharmaceutical stores of such units.[60] Rule 29 imposes an analogous duty to respect and protect medical transports in all circumstances, whether military or civil in nature, and regardless of whether they are conducted by land, such as ambulances, water (hospital ships) or air (medical aircrafts).[61]

In the same logic, it has been indicated above (II.A.2) that one of the most significant findings yielded by recent research on the humanitarian impact of nuclear weapons is the awareness of the ICRC and other humanitarian actors of the difficulties to respond adequately to a nuclear disaster. Due to widespread and persistent radioactivity, emergency services and personnel would face unique dangers and problems following nuclear explosions, rendering access to the victims extremely difficult. Therefore, Rule 55 of the Study on customary IHL might come into play in the event of a nuclear attack:

> "[t]he parties to the conflict must allow and facilitate rapid and unimpeded passage of humanitarian relief for civilians in need, which is impartial in character and conducted without any adverse distinction, subject to their right of control."[62]

The Additional Protocols implicitly recognize the entitlement of civilian populations to receive humanitarian relief, as they require that relief actions "shall be undertaken" whenever civilians are in need.[63] The ICRC and the United Nations have, on several occasions, highlighted the duty to grant the civilian population adequate access to relief supplies.[64] The relevance of such a right in the context of nuclear weapons use is obvious: if adequate access and assistance to victims of a nuclear attack is simply not possible due to the extent of destruction and radiation, such a use will constitute a deliberate violation of this right and, as a result, also of Rule 55 referred to above. For all these reasons, it is relevant to sum up by quoting a report of the World Health Organization (WHO), concluding already in 1987 that, if there is no the effective response, the

---

60 Henckaerts and Doswald-Beck, *op. cit.*, p.95.
61 Henckaerts and Doswald-Beck, *op. cit.*, pp.98-102.
62 *Ibid.*, pp.193-200. The UNSC has repeatedly called for the respect for this rule (see, for example, as far as situations of children in armed conflicts and the humanitarian assistance to them are concerned, Resolutions 1261 (1999), 1265 (1999), 1296 (2000) and 1314 (2000).
63 Article 70(1) of Additional Protocol 1, and Article 18(2) of Additional Protocol II.
64 For instance, in a statement to the press in 1997 concerning the conflict in Zaire, the ICRC appealed to all parties to "respect the victims' right to assistance and protection" (ICRC, Communication to the Press no. 97/08); other examples cited by Henckaerts and Doswald-Beck, *op. cit.*, pp.199-200.

prevention of the use of nuclear weapons is the only realistic possibility to prevent humanitarian disasters of this kind:

> "Obviously the health services of the world could in no way cope with such a situation. In sum, in the event of a nuclear war triage would at best be insignificant, rescue work scarcely other than makeshift (…). The great majority of casualties would be left without medical attention of any kind (…). When treatment is ineffective, the only solution available to the health professionals is prevention. Prevention is obviously the only possibility in case of a nuclear war."[65]

III. The Legality of the Use of Nuclear Weapons under Environmental Law

A. The impact of nuclear weapons on the environment and future generations

The use of Agent Orange in Vietnam represents one of the key moments in history that led to the drafting of the rules of international environmental law, together with the threat posed by nuclear weapons during the Cold War. In 1976, the Conference on Disarmament adopted the Convention on the Prohibition of Military or Any Hostile Use of Environmental Modification Techniques (ENMOD), while the Diplomatic Conference on the Reaffirmation and Development of International Humanitarian Law (1974-1977) was able to reach an agreement on the introduction of certain rules on environmental protection within the newly adopted text of Additional Protocol I.[66]

Later, the ICJ has also addressed environmental aspects in its 1996 Advisory Opinion on the *Legality of the Threat or Use of Nuclear Weapons*. A first part of the Opinion underlines the impact of the use of nuclear weapons on the environment and future generations.

---

65 WHO, Effects of Nuclear War on Health and Health Services: Report of the WHO Management Group on Follow-up of Resolution WHA36.28: "The Role of Physicians and Other Health Workers in the Preservation and Promotion of Peace" (1987), 2nd ed., WHO, Geneva.

66 Stefano Saluzzo, CBRN Weapons and the Protection of the Environment during Armed Conflicts, in: *International Law and Chemical, Biological, Radio-Nuclear (CBRN) Events*, Leiden and Boston, 2022, pp.380-395, 380-381.

> "35. ...The radiation released by a nuclear explosion would affect health, agriculture, natural resources and demography over a very wide area. Further, the use of nuclear weapons would be a serious danger to future generations. Ionizing radiation has the potential to damage the future environment, food and marine ecosystem, and to cause genetic defects and illness in future generations.
>
> 36. In consequence, in order correctly to apply to the present case the Charter law on the use of force and the law applicable in armed conflict, in particular humanitarian law, it is imperative for the Court to take account of the unique characteristics of nuclear weapons, and in particular their destructive capacity, their capacity to cause untold human suffering, and their ability to cause damage to generations to come."

In light of these considerations, it can be claimed that the ICJ, in its Advisory Opinion, broke new ground in affirming international law and in recognizing the interests of future generations in the actions that we take today.[67] Moreover, the ICJ has for the first time frontally addressed the question of whether international law incorporates general obligations related to the environment.[68] Probably the most notable aspect of the Court's opinion is contained in paragraph 29, which links the environment and future generations and establishes the general obligation reflected in Principle 21 of the 1972 United Nations Stockholm Declaration on the Human Environment as part of the corpus of international law:[69]

> "The Court recognizes that the environment is under daily threat and that the use of nuclear weapons could constitute a catastrophe for the environment. The Court also recognizes that the environment is not an abstraction but represents the living space, the quality of life and the very health of human beings, including generations unborn. The existence of the general obligation of States to ensure that activities within their jurisdiction and control respect the environment of other States or of areas beyond national control is now part of the corpus of international law relating to the environment."

---

[67] Edith Brown Weiss, "Opening the Door to the Environment and to Future Generations," in: *International Law, the International Court of Justice and Nuclear Weapons*, Cambridge, 1999, pp.338-353, p.338.
[68] Ibid., p.339.
[69] Ibid.

This is considered the first authoritative statement by the Court that the general obligation has now become part of international law.[70]

Regarding the protection of future generations, Judge Weeramantry noted most prominently that

> "[t]he rights of future generations have passed the stage when they were merely an embryonic right struggling for recognition. They have woven themselves into international law through major treaties, through juristic opinion and through general principles of law recognized by civilized nations."[71]

He further asserted that whenever "incontrovertible scientific evidence" shows pollution of the environment on a "scale that spans hundreds of generations", the Court must apply the protective principles of international law. Further down in his opinion, he specifically referred to the "principle of intergenerational equity" as one of several principles of international law that nuclear weapons violate.[72] Already the year before, Judge Weeramantry, in the 1995 Nuclear Test Case, argued that the Court had a duty to protect the rights of future generations:

> "This Court must regard itself as a trustee of those ['future generations'] rights in the sense that a domestic court is a trustee of the interests of an infant unable to speak for itself…New Zealand's complaint that its rights are affected does not relate only to the rights of people presently in existence. The rights of the people of New Zealand include the rights of unborn posterity."[73]

Finally, more recent research indicates that the use of a nuclear weapon, in particular if it triggers subsequent nuclear explosions in retaliation, leading eventually to a regional nuclear war, would affect the whole planet, or at least entire regions. It is suggested that temperature would globally fall below those of the Little Ice Age of the fourteenth to nineteenth centuries and that such a fall in temperature would shorten the growing seasons throughout the world for at least a decade following this kind of conflict.[74] The studies show, for example, that

---

70 Ibid., p.340.
71 Dissenting opinion, p.17.
72 Ibid., p.51.
73 Nuclear Test Case (New Zealand v. France), ICJ Reports 1995, Dissenting Opinion Judge Weeramantry, p.341.
74 J. Borrie and T. Caughley, An Illusion of Safety: Challenges of Nuclear Weapon Detonations for United Nations Humanitarian Coordination and Response, UNIDIR, New York and Geneva, 2014, p.44.

agricultural production in parts of the USA and China would decline by about 20% for four years, and by 10% for a decade.[75]

B. The applicable rules

1. General principles of Environmental Law

First of all, certain general principles of environmental law have developed into customary rules and, as a result, are binding on States, and this even in armed conflict.[76]

In relation to the use of nuclear weapons during an armed conflict, the ICJ highlighted the relevance of the law of neutrality in its 1996 Advisory Opinion in recalling that

> "the principle of neutrality applies with equal force to transborder incursions of armed forces and to the transborder damage caused to a neutral State by the use of a weapon in a belligerent State."[77]

The preventive obligations encapsulated in the principle may afford protection to neutral States in case of environmental damage deriving from the hostilities conducted on the territory of the parties to the conflict, as foreseen by the ICJ in the 1996 Advisory Opinion.[78] Accordingly, a non-belligerent State could expect a State participating in a conflict to comply with its environmental obligations and invoke the consequences attached to an internationally wrongful act in the event of a breach.[79] Such a claim could find confirmation in the Train Smelter principle, requiring States **not to allow the use of their territory to harm the territory of other States:**[80] The tribunal held

> "[t]hat, under the principles of international law…no State has the right to use or permit the use of its territory in such a manner as to cause injury by fumes in

---

75 See, *inter alia*, L. Xia and A. Robock, "Impacts of a Nuclear War in South Asia on Rice Production in Mainland China", *Climatic Change*, Vol. 116, 2013, pp. 357-372.
76 Saluzzo, *op. cit.*, p. 385-387.
77 ICJ Reports 1996, § 88.
78 ICJ Reports 1996, § 29.
79 Saluzzo, *op. cit.*, p. 387.
80 *United States v. Canada*, 3 RIAA 1907 (1941).

or to the territory of another or the properties or persons therein, when the case is of serious consequence and the injury is established by clear and convincing evidence."

Similarly, the ICJ held in the *Corfu Channel Case* of 1948 that Albania›s failure to warn the British ships of the danger violated Albania›s obligation

"not to allow knowingly its territory to be used for acts contrary to the rights of other States."[81]

The principles elaborated upon in the *Train Smelter* and the *Corfu Channel* cases have, as mentioned above, later been codified in Principle 21 of the Stockholm Declaration on the Human Environment of 1972 and in Principle 2 of the Rio Declaration on Environment and Development of 1992 which express the common conviction of the States concerned that they have a duty

"to ensure that activities within their jurisdiction or control do not cause damage to the environment of other States or of areas beyond the limits of national jurisdiction."

These instruments and other provisions relating to the protection and safe-guarding of the environment were said to apply at all times, in war as well as in peace, and it was contended before the Court by certain States that they would be violated by the use of nuclear weapons whose consequences would be widespread and would have transboundary effects.[82]

The general standard of care owed by a state to the international community has often been described as **"due diligence."** More recently, the Court characterized the standard as the "principle of prevention" in the case of *Pulp Mills on the River Uruguay (Argentina v. Uruguay)* of 2010, where the Court held what follows:

"A State is (…) obliged to use all the means at its disposal in order to avoid activities (…) causing significant damage to the environment. This Court has established that this obligation is now part of the corpus of international law relating to the environment."[83]

---

81 *Corfu Channel Case (U.K. v. Albania)*, 1949 ICJ Reports, p.22.
82 *The Legality of the Threat or Use of Nuclear Weapons,* ICJ Reports 1996, § 27.
83 *Pulp Mills on the River Uruguay (Argentina v. Uruguay)*, ICJ Reports 2010, p.14 at para. 101, referring to *Legality of the Threat or Use of Nuclear Weapons,* Advisory Opinion, 1996 ICJ. 242 at para. 29.

Another relevant environmental principle is the **precautionary principle**. Judge ad hoc Charlesworth, in her separate opinion in the *Whaling in the Antarctic* case, defines this principle as "the avoidance of activities that may threaten the environment even in the face of scientific uncertainty about the direct or indirect effects of such activities. It gives priority to the prevention of harm to the environment in its broadest sense …"[84]

Finally, the principle of **intergenerational equity** has already been referred to above in the context of the 1996 Advisory Opinion (A). This principle was aptly explained by Edith Brown Weiss in the following terms:

> "The starting proposition is that each generation is both a custodian and a user of our common natural and cultural patrimony. As custodians of this planet, we have certain moral obligations to future generation which we can transform into legally enforceable norms."[85]

The 1972 Stockholm Declaration states in Principle 1 that we all have "a solemn responsibility to protect and improve the environment for present and future generations."

To sum up, it is obvious that the principles referred to, in particular the principle of neutrality and the duty of States not to use (or not to allow to use) their territory to harm the territory of other States, make much sense in the context of nuclear weapons, of which the effects "cannot be contained in either space or time", according to the ICJ in its 1996 Advisory Opinion.[86] In other words, a nuclear weapons attack by State A against State B would necessarily affect and violate the territory of neutral States of the region or even impact the whole planet.

2. Environmental protection under IHL

As indicated above (A), the first set of rules for the protection of the environment can be identified in Additional Protocol I. Under Article 35, devoted to the basic rules on choice of means and methods of warfare, paragraph 3 forbids the parties

---

[84] *Whaling in the Antarctic (Australia v. Japan: New Zealand intervening)*, ICJ Reports 2014, separate opinion, at § 6.

[85] Edith Brown Weiss, in: *Fairness to Future Generations: International Law, Common Patrimony and Intergenerational Equity* 21 (1989).

[86] ICJ Reports 1996, § 35 (see above A.2).

"to employ methods or means of warfare which are intended, or may be expected, to cause widespread, long-term and severe damage to the natural environment."

The provision is to be read in conjunction with Article 55 § 1,[87] expressly dealing with the protection of the environment:

Article 55 – Protection of the natural environment
1. Care shall be taken in warfare to protect the natural environment against widespread, long-term and severe damage. This protection includes a prohibition of the use of methods or means of warfare which are intended or may be expected to cause such damage to the natural environment and thereby to prejudice the health or survival of the population.

Moreover, the ICRC has confirmed that the relevant principles on the conduct of hostilities apply also to the environment. For example, Rule 43 of the Study on the Customary IHL establishes that no part of the natural environment can be attacked, unless it is a military objective, thus confirming the civilian nature of the environment.[88] Moreover, Rule 45 confirms the customary nature of the provision enshrined in Article 35 of Additional Protocol I, also specifying that the destruction of the environment may not be used as a weapon.[89] In other terms, Rule 45 combines the specific provisions of Article 35 of Additional Protocol I and the ENMOD Convention with the general principles on the conduct of hostilities.[90] Finally, an innovative perspective has been taken in drafting Rule 44,[91] which draws upon the precautionary principle of Article 57 of Additional

---

[87] *Ibid.*, p. 382.
[88] *Ibid.*, p. 384. "Rule 43. The general principles on the conduct of hostilities apply to the natural environment:
A. No part of the natural environment may be attacked, unless it is a military objective.
B. Destruction of any part of the natural environment is prohibited, unless required by imperative military necessity.
C. Launching an attack against a military objective which may be expected to cause incidental damage to the environment which would be excessive in relation to the concrete and direct military advantage anticipated is prohibited."
[89] 45. The use of methods or means of warfare that are intended, or may be expected, to cause wide-spread, long-term and severe damage to the natural environment is prohibited. Destruction of the natural environment may not be used as a weapon.
[90] Saluzzo, *op. cit.*, p. 384.
[91] Rule 44. Methods and means of warfare must be employed with due regard to the protection and preservation of the natural environment. In the conduct of military operations, all feasible precautions must be taken to avoid, and in any event to minimize, incidental damage to the environment. Lack of scientific certainty as to the effects on the environment of certain military operations does not absolve a

Protocol I and entails certain features of inspired by international environmental law.[92]

These Rules are important because they reflect customary IHL, thus legal norms that are also binding on States that have not ratified Additional Protocol I. In this context, it is relevant to stress that certain Nuclear Weapons States (NWS), in particular the United States, India and Pakistan, Israel and the DPRK (North Korea), have not ratified the Protocol. They are however bound by the said Rules. It is also noteworthy to mention that France, by declaration of 11 April 2001, at the occasion of the ratification of the treaty, have excluded the application of Protocol I to nuclear weapons, reserving its application exclusively to conventional weapons.[93] This is for many reasons a problematic reservation, unlikely to be valid under Article 19 of the Vienna Convention on the Law of Treaties (VCLT).[94] In any event, France is bound by the above mentioned Rules, which would apply even in an armed conflict involving nuclear weapons.

IV. The Legality of the Use of Nuclear Weapons under Human Rights Law

A. Introductory remarks

The present author has published substantively on the relationship between nuclear weapons and human rights. For practical reasons, he will limit himself in this section to three so-called "civil" rights, namely the right to life, the prohibition of torture and inhuman and degrading treatment as well as the right to respect for private and family life and home. Other important rights, in particular economic, social and cultural rights, cannot be covered here, although they would be heavily impacted by the use of nuclear weapons.[95] Moreover, human rights often focus on particularly vulnerable persons. The author has shown elsewhere that certain groups, in particular children, women and indigenous peoples are more fragile than others when exposed to nuclear

---

party to the conflict from taking such precautions.
92 Saluzzo, *op. cit.*, p.384.
93 Declaration of the Government of France of 11 April 2001, § 2.
94 Under Article 19 c) of the 1969 Vienna Convention on the Law of Treaties, a reservation is invalid if it is incompatible with the object and purpose of the treaty.
95 Rietiker, Humanization, *op. cit.*, pp.205-222.

incidents.[96] Again for practical reasons, the author will only briefly address the particular vulnerability of children facing nuclear accidents or attacks.

B. The Right to Life

1. General remarks

The right to life is the most fundamental human right. The ICJ, in its 1996 Advisory Opinion on the *Legality of the Threat or Use of Nuclear Weapons*, confirmed the applicability of the right to life in time of armed conflict and, moreover, observed that the test of what is an "arbitrary deprivation of life", within the meaning of Article 6 § 1 of the 1966 International Covenant on Civil and Political Rights (ICCPR), has to be determined in light of international law governing armed conflict, in particular humanitarian law.[97]

Under the ICCPR, the right to life right is non-derogable, even in the event of a "public emergency which threatens the life of the nation" by virtue of its Article 4.[98] The right to life seems relevant in many respects in the context of use of nuclear weapons. To name just two:

First, and the most obvious, is that nuclear weapons have the potential to violate the right to life of tens and hundreds of thousands of people within a couple of second, not even taking into account the high number of people who would die after years and decades as a consequence of exposure to radiation, and without being capable of distinguishing between enemy combatant and civilians. If this does not constitute "arbitrary deprivation" of life within the meaning of Article 6 of the ICCPR, what else would?

Second, it has been shown above (in particular II.B) that one of the aspects that make nuclear weapons so fatal is the fact that no adequate rescue and medical response is possible due to the complete destruction of infrastructures, the death of medical personnel and the long-lasting radioactivity rendering access to the area very difficult. The presence of radiation after a nuclear attack would seriously hamper the ability to search for, to rescue and to care for the wounded. This could,

---

96 *Ibid.*, pp. 222-238.
97 ICJ Reports 1996, § 25.
98 Article 15 of the European Convention on Human Rights (ECHR), for example, allows derogations from the right to life for deaths resulting from lawful acts of war.

according to Doswald-Beck, amount to a violation of the right to life by the attacking State.[99]

In light of what precedes, it can be argued that the right to life plays a significant role in the context of nuclear weapons and that the use of these weapons would constitute an arbitrary deprivation of life and, as a result, a breach of Article 6 ICCPR.

2. General Comment No. 36 of the Human Rights Committee

On 30 October 2018, the UN Human Rights Committee (HRC), which is in charge of the implementation of the 1966 International Covenant on Civil and Political Rights (ICCPR), has adopted its General Comment (GC) no. 36 relating to the right to life (Article 6 ICCPR). It is in many respects a remarkable document and an example for bridge-building between nuclear arms control/disarmament and human rights. In para. 66, the HRC considers the threat and use of WMD, in particular nuclear weapons, incompatible with the right to life and reiterates the duties of the States Parties in the field of nuclear disarmament and non-proliferation (references and footnotes omitted):

> 66. **The threat or use of weapons of mass destruction, in particular nuclear weapons, which are indiscriminate in effect and are of a nature to cause destruction of human life on a catastrophic scale is incompatible with respect for the right to life and may amount to a crime under international law.** States parties must take all necessary measures to stop the proliferation of weapons of mass destruction, including measures to prevent their acquisition by non-state actors, to refrain from developing, producing, testing, acquiring, stockpiling, selling, transferring and using them, to destroy existing stockpiles, and to take adequate measures of protection against accidental use, all in accordance with their international obligations. (…) They must also respect their international obligations to pursue in good faith negotiations in order to achieve the aim of nuclear disarmament under strict and effective international control (…) and to afford adequate reparation to victims whose right to life has been or is being adversely affected by the testing or use of weapons of mass destruction, in accordance with principles of international responsibility. (…)

---

99 L. Doswald-Beck, "Human rights law and nuclear weapons", in G. Nystuen, S. Casey-Maslen and A. Golden Bersagel (eds.), *Nuclear Weapons Under International Law*, Cambridge, 2014, pp.435-460, p.451.

The author limits himself to some brief remarks: First of all, the HRC expresses that not only actual use, but also *threat* of weapons of mass destruction, in particular nuclear weapons, is incompatible with the right to life. Second, the HRC considers nuclear weapons as indiscriminate in effect and of a nature to cause destruction of human life on a catastrophic scale and, therefore, incompatible with right to life. As mentioned above, the ICJ, in its 1996 Advisory Opinion, stated that "[t]he destructive power of nuclear weapons cannot be contained in either space or time."[100] Third, the GC considers that use and threat of nuclear weapons may amount to crimes under international law. The present author explained elsewhere why he thinks that different provisions of war crimes and crimes against humanity under the Rome Statute may come into play regarding the use of nuclear weapons.[101]

Fourth, perhaps the main value of the GC, from a strictly legal point of view, lies in the fact that general comments of UN human rights bodies are generally considered as their authentic interpretation of the relevant treaty provisions and, as a result, of the duties of States Parties deriving from those instruments. Under certain circumstances, they might even reflect customary international law or, at least, as State practice, contribute to the establishment of such law. It is noteworthy to mention, in this regard, that all States that are recognized as possessing nuclear weapons under the NPT are Parties to the ICCPR, with the exception of China, which has at least signed that treaty. Finally, it is remarkable that the Human Rights Committee, when adopting the General Comment no. 36, was composed not only of independent experts from non-nuclear weapons States, but also of members from nuclear weapons States, namely France, Israel, UK, and the USA.

C. The prohibition of inhuman and degrading treatment

Human dignity is an overarching principle that informs and underpins international human rights law.[102] The principle has been interpreted as providing the ultimate foundation of human rights law. The UN Charter refers to "the dignity and worth of the human person", while the preamble to the 1948 Universal

---

100 ICJ Reports 1996, § 35.
101 Rietiker, Humanization, *op. cit.*, pp.269-276.
102 ILC commentary of article 4 of the draft articles, § 1.

Declaration of Human Rights (UDHR) declares "recognition of the inherent dignity … of all members of the human family is the foundation of freedom, justice and peace in the world". Later, the concept has been reaffirmed and included in all major human rights instruments.[103] But the principle of human dignity is also central to the field of IHL,[104] as well as included in the Oslo Convention on cluster munitions.[105]

As far the effects of a detonation of a nuclear weapon are concerned, it is obvious that the dignity of the human being plays an outstanding role. In this regard, it is relevant to quote the following paragraph of Judge Weeramantry's dissenting opinion in the 1996 advisory opinion on the *Legality of the Threat or Use of Nuclear Weapons*:

> "(…) when a weapon has the potential to kill between one million and one billion people, as WHO has told the Court, human life becomes reduced to a level of worthlessness that totally belies human dignity as understood in any culture. Such a deliberate action by a State is, in any circumstances whatsoever, incompatible with a recognition by it of that respect for basic human dignity on which world peace depends, and respect for which is assumed on the part of al1 Member States of the United Nations. (…) No weapon ever invented in the long history of man's inhumanity to man has so negatived the dignity and worth of the human person as has the nuclear bomb."[106]

---

[103] See, for instance, International Covenant on Civil and Political Rights, 25 the International Covenant on Economic, Social and Cultural Rights (preamble, and article 13 § 1), the International Convention on the Elimination of all Forms of Racial Discrimination (preamble), the Convention on the Elimination of All Forms of Discrimination against Women (preamble), the Convention against Torture and Other Cruel, Inhuman or Degrading Treatment or Punishment (preamble), the Convention on the Rights of the Child (preamble, articles 23 § 1, 28 § 2, 37, and 39-40), and the Convention on Rights of Persons with Disabilities (article 3).

[104] See, in particular, common article 3 § 1 (c), of the Geneva Conventions, as well as articles 75 and 85 of Protocol I and article 4 of Protocol II.

[105] Preambular paragraph 6 reads as follows : "The States Parties to this Convention…. determined also to ensure the full realisation of the rights of all cluster munition victims and recognizing their inherent dignity."

[106] Dissenting opinion of Judge Weeramantry, section III.10(g), ICJ Reports 1996, p.507; see also in this sense, dissention opinion of Judge Koroma in the 1996 advisory opinion on the Legality of the Threat or Use of Nuclear Weapons, p.577: "It should be recalled that both human rights law and international humanitarian law have as their raison d'être the protection of the individual as well as the worth and dignity of the human person, both during peacetime or in an armed conflict."

This can be explained by way of an example concerning more specifically the response to a nuclear weapons detonation. It is well established that humanitarian organizations are confronted with the question of how, in a situation of such emergency, the survival and safety of unaccompanied or orphaned children, women, elderly persons or persons with disabilities could be ensured, including the administration of basic needs such as access to uncontaminated food and potable water and to adequate sanitation facilities in order to prevent the outbreak of diseases.[107] It is suggested here that, in a situation short of special measures of protection, the effects of nuclear explosions, combined with the poor health and living conditions in its aftermath, would deprive the victims of their dignity, especially when the victims are members of particularly vulnerable groups. In other words, the responsible State, if it remains passive, would be in breach of its (positive) duty to protect those victims.

The prohibition of torture, i.e. the right to physical and spiritual integrity, has taken on a special status in the protection of human rights under international law. In 2012, the ICJ declared that the prohibition of torture was part of customary international law and a peremptory norm (*jus cogens*).[108] Not only is it non-derogable in the various regional and universal treaties in time of public emergency,[109] it is also ensured without any restrictions whatsoever.[110] Therefore, it is often presented as an "absolute" guarantee, which derives, inter alia, from the formulation of the provisions; see as an example, Article 7 of the ICCPR:

> "No one shall be subjected to torture or to cruel, inhuman or degrading treatment or punishments (…)."[111]

However, not every act falls under the definition of torture or inhuman and degrading treatment. In order to be within the ambit of the relevant provisions,

---

107 S. Bagshaw, "Responding to the Detonation of Nuclear Weapons: A United Nations Humanitarian Perspective", in John Borrie and Tim Caughley (eds.), *Viewing Nuclear Weapons through a Humanitarian Lens*, New York/Geneva, 2013, pp.118-130, p.122.
108 *Question relating to the Obligation to Prosecute or Extradite (Belgium v. Senegal)*, Judgment, ICJ Reports 2012, § 99.
109 See, for example, Article 4 § 2 of the ICCPR and Article 15 § 2 of the ECHR.
110 See, for instance, Article 7 in conjunction with Article 4 § 2 of the ICCPR, Article 3 in conjunction with Article 15 ECHR, and Article 5 § 2 in conjunction with Article 27 § 2 of the American Convention on Human Rights (ACHR).
111 See also Article 3 ECHR: "No one shall be subjected to torture or to inhuman or degrading treatment or punishment."

for example, ill-treatment must attain a certain minimum level of severity (so-called "threshold-theory").[112] Once this level is reached, the Court usually determines which of the three categories of treatments is involved (torture, inhuman or degrading treatment).

In a book published in 2017, I have analyzed the use of nuclear weapons in particular in light of the European Convention on Human Rights (ECHR).[113] I have argued that the use of nuclear weapons could amount at least to "degrading treatment", since it deprives the victims of their basic dignity. The standard formula developed and applied by the Court for this level of treatment is treatment "such as to arouse in the victims feelings of fear, anguish and inferiority capable of humiliating and debasing them."[114] I also suggested in my book that the use of nuclear weapons could amount to "inhuman" treatment, given the fact that numerous victims could suffer injuries that would inflict enormous suffering and pain and, within a few weeks, lead to their demise. The release of ionizing radiation and radioactive fallout can result in radiation sickness, with most of people not being aware that they have been exposed to a potentially lethal radiation dose until days or weeks after the explosion. This period could certainly be qualified as "acute mental and physical suffering" that would "expose [the victims] to a real risk of dying under most distressing circumstances."[115]

D. The right to respect for private and family life and home

Due to massive destruction of homes and property, a nuclear attack would affect the victims' right to respect for private life and home, protected *inter alia* by Article 17 of the ICCPR or Article 8 ECHR. These rights are less protected than the values under the prohibition of torture, since they can be restricted (relative rights) and derogated from under the different instruments.

For example, Article 17 ICCPR is drafted as follows:

---

112 See, for instance, *El-Masri v. the fomer Yugoslav Republic of Macedonia* (GC), 13 December 2012, § 196.
113 Rietiker, Humanization, *op. cit.*, pp.191-195.
114 *Kudla v. Poland (GC)*, no 30210/96, 26 October 2000, § 92.
115 *D. v. United Kingdom*, no 30240/96, 2 May 1997, § 54.

Privacy, family, home and correspondence:
1. No one shall be subjected to arbitrary or unlawful interference with his privacy, family, home or correspondence, not to unlawful attacks on his honour and reputation.
2. Everyone has the right to the protection of the law against such interference or attacks.

In other words, Article 17 of the ICCPR, interference with home is permissible only when it is lawful and not arbitrary.[116] Under Article 8 ECHR, one of the conditions for a lawful interference in those rights is that such interference is "necessary in a democratic society" and proportionate to the aim pursued. As far as nuclear weapons are concerned, it is doubtful whether the destruction of the homes and property of many thousands of people through a nuclear attack can be justified by whatever aim. In this regard, it has to be underlined that, even in case a house or building would resist the nuclear blast, it might not be habitable for a long time or forever due to radioactive fallout. This could be characterized as an arbitrary eviction from one's home and constitute a violation of Article 17 ICCPR or Article 8 ECHR.

E. Particular vulnerability: the example of children after the 2011 Fukushima accident

As has been said in the introductory remarks to this chapter, human rights law often focuses on vulnerable groups of people.

As an example, children everywhere suffer from the impacts of toxics and pollution. These impacts materialize in different forms, at various stages of life, and from very diverse routes of exposure.[117] Moreover, children have higher levels of exposure and are also more sensitive to it, which makes them more vulnerable than adults. Such impacts can be irreversible and can even be passed down from one generation to the next.[118] This is obviously diametrically opposed to what

---

116 W. A. Schabas, *U.N. International Covenant on Civil and Political Rights*, Nowak's CCPR Commentary, 3rd revised edition, 2919, p.487, § 50.
117 UN Human Rights Council, Report of the Special Rapporteur on the implications for human rights of the environmentally sound management and disposal of hazardous substances and wastes, 2 August 2016, § 2, A/HRC/33/41, see: https://www.refworld.org/docid/57d6a3154.html.
118 *Ibid.*

is prescribed by Article 3 § 1 of the Convention on the Rights of the Child (CRC), namely that the best interest of the child must be a "primary consideration" in the interpretation and application of the rights enshrined in that instrument.[119] The American Academy of Pediatrics reported in 2018 that several tissues (e.g., thyroid, bone marrow, breast, and brain) are more sensitive to radiation in children than in adults, and children are at higher risk of radiation-related cancers of these tissues. Other tissues do not appear to be more sensitive in children than in adults (e.g. lung and bladder).[120]

The 2011 Fukushima accident is a recent example for the particular challenges that pose nuclear accidents to the health and human rights of affected children. The special rapporteur for the right to health in the aftermath of the Fukushima, Anand Grover, observed in 2013 that children are most at risk of thyroid cancer caused by radioactive iodine intake.[121] Certain reports, established approximately at the same time, observed a rise in infant mortality in Japan and thousands of children were diagnosed with thyroid gland nodules or cysts that had to be classified as precancerous.[122] There were also the first documented cases of thyroid cancer in children.[123]

At the session held in January 2019, members of the UN Committee on the Rights of the Child raised multiple issues to the Japanese delegation in relation to the Fukushima nuclear accident.[124] These included children's rights to information and the consequences of the accident and questions over long-term health monitoring, and the measures taken to take account of thyroid cancer rates among children of Fukushima.[125] In its report of 1 February 2019, the

---

[119] Article 3 § 1 of the CRC: "In all actions concerning children, whether undertaken by public or private social welfare institutions, courts of law, administrative authorities or legislative bodies, the best interests of the child shall be a primary consideration."

[120] M. S. Linet, Z. Kazzi, J. A. Paulson, "Pediatric Considerations Before, During, and After Radiological or Nuclear Emergencies," *Pediatrics*, 2018, Vol. 142(6):e20183001, see: http://pediatrics. aappublications. org/content/pediatrics/142/6/e20183001.full.pdf.

[121] Report of the Special Rapporteur on the right of everyone to the enjoyment of the highest attainable standard of physical and mental health, Anand Grover, UN Doc. A/HRC/23/41/Add. 3, July 2013, § 28.

[122] H. Paulitz, W. Eisenberg and R. Thiel, "Health Consequences Resulting from Fukushima," Berlin, 6 March 2013, p. 2.

[123] *Ibid.*

[124] The 80th Session Committee on the rights of the child, consideration of Japan – 2346th Meeting, January 16-17 2019.

[125] Greenpeace, On the Frontline of the Fukushima Nuclear Accident: Workers and Children. Radiation risks and human rights violations, March 2019, p.44, see: https://reliefweb.int/report/japan/frontline-fukushima-nuclear-accident-workers-and-children-radiation-risks-and-human.

Committee made seven recommendations to the government of Japan, including to "(a) reaffirm that radiation exposure in evacuation zones is consistent with internationally accepted knowledge on risk factors for children; (b) continue providing financial, housing, medical and other support to evacuees, children in particular, from the non-designated areas [and] …(d) conduct comprehensive and long-term health checkups for children in areas with radiation doses exceeding 1mSv/year."[126]

The situation of children in the aftermath of Fukushima is only one example of the particular vulnerability of certain categories of people facing a nuclear accident – one can easily imagine the potential violations of their basic human rights in case of use of nuclear weapons and their special needs of protection in such a situation.

V. The Legality of the Use of Nuclear Weapons under the Treaty on the Prohibition of Nuclear Weapons (TPNW)

A. Introductory remarks

What happened on July 7, 2017 at the United Nations premises in New York deserves being analyzed since it constitutes the end of a period of stagnation in the field of nuclear weapons for more than 20 years, namely the adoption of the Treaty on the prohibition of nuclear weapons (TPNW).[127] After biological weapons (1972) and chemical weapons (1993), the remaining type of weapons of mass destruction (WMD) will therefore be banned. It establishes the first universal norm prohibiting use, possession and other acts related to nuclear weapons. Even though that there is considerable disagreement on the practical impact of the treaty for nuclear disarmament and international security, it increases the pressure on the nuclear weapons States (NWS) and brings the debate positively at the forefront of international relations.[128] The fact that the International Coalition against Nuclear Weapons (ICAN), a global network of NGOs that had been pushing towards the

---

126   A/HRC/23/41/Add.3, see: https://tbinternet.ohchr.org/Treaties/CRC/Shared%20Documents/JPN/CRC_C_JPN_CO_4-5_33812_E.pdf.
127   Daniel Rietiker/Manfred Mohr/Toshinori Yamada, Treaty on the Prohibition of Nuclear Weapons, A Commentary Article by Article, updated verion, May 2022, p. 3; available: https://www.ialana.info.
128   Ibid.

adoption of the new treaty, was awarded the 2017 Peace Nobel Prize is convincing evidence for its relevance.[129]

The treaty entered into force on 22 January 2021, 90 days after the ratification by the 50th State, Honduras, on 24 October 2020, in accordance with its Article 15 § 1. At the moment of completing the update of the present contribution, 93 States have signed the treaty and 60 have ratified it.[130]

B. Humanitarian motivation and spirit of the treaty

Both the preparatory work to the treaty (see the "humanitarian initiative" above, II.A.2) as well as the text of the treaty show that the new treaty is deeply inspired by humanitarian ideals and the conviction that the use of nuclear weapons has disastrous consequences for human beings and the environment. The humanitarian motivation of the treaty derives, inter alia, from the detailed preamble that reflects its object and purpose:

> **The States Parties to this Treaty,**
>
> (…) *Deeply concerned* about the catastrophic humanitarian consequences that would result from any use of nuclear weapons, and recognizing the consequent need to completely eliminate such weapons, which remains the only way to guarantee that nuclear weapons are never used again under any circumstances [§ 2]
>
> (…) *Cognizant* that the catastrophic consequences of nuclear weapons cannot be adequately addressed, transcend national borders, pose grave implications for human survival, the environment, socioeconomic development, the global economy, food security and the health of current and future generations, and have a disproportionate impact on women and girls, including as a result of ionizing radiation [§ 4]
>
> *Acknowledging* the ethical imperatives for nuclear disarmament and the urgency of achieving and maintaining a nuclear-weapon-free world, which is a global public good of the highest order, serving both national and collective security interests [§ 5]
>
> *Mindful* of the unacceptable suffering of and harm caused to the victims of the use of nuclear weapons (hibakusha), as well as of those affected by the testing of nuclear weapons [§ 6]

---

129   *Ibid.*
130   https://www.icanw.org/signature_and_ratification_status

Recognizing the disproportionate impact of nuclear-weapon activities on indigenous peoples [§ 7]

Reaffirming the need for all States at all times to comply with applicable international law, including international humanitarian law and international human rights law [§ 8]

Basing themselves on the principles and rules of international humanitarian law, in particular the principle that the right of parties to an armed conflict to choose methods or means of warfare is not unlimited, the rule of distinction, the prohibition against indiscriminate attacks, the rules on proportionality and precautions in attack, the prohibition on the use of weapons of a nature to cause superfluous injury or unnecessary suffering, and the rules for the protection of the natural environment [§ 9]

Considering that any use of nuclear weapons would be contrary to the rules of international law applicable in armed conflict, in particular the principles and rules of international humanitarian law [§ 10]

Reaffirming that any use of nuclear weapons would also be abhorrent to the principles of humanity and the dictates of public conscience [§ 11]

(…) *Stressing* the role of public conscience in the furthering of the principles of humanity as evidenced by the call for the total elimination of nuclear weapons, and recognizing the efforts to that end undertaken by the United Nations, the International Red Cross and Red Crescent Movement, other international and regional organizations, non-governmental organizations, religious leaders, parliamentarians, academics and the hibakusha [§ 24]

(…)

It can be said that these preambular provisions address all issues that have been discussed above, namely aspects related to IHL, environmental law as well as human rights law. It is also noteworthy to mention that the preambule takes, on several occasions, a human rights logic, by stressing that the use of nuclear weapons would have a disproportionate impact on certain particularly categories of people, namely women and girls,[131] as well as indigenous peoples (see also above, IV.E).[132] Finally, the authors of the TPNW found it important to stress the unspeakable suffering and harm caused to the victims of the nuclear attacks on Hiroshima and Nagasaki in August 1945 ("hibakusha").

---

131   Preambular § 4.
132   Preambular § 7.

C. Prohibition of use of nuclear weapons

Like the Ottawa and Oslo Conventions, Article 1 of the new treaty imposes a set of prohibitions with a view to eliminating an entire category of weapons.[133] The prohibitions in Article 1 are more comprehensive than clauses inserted in preceding nuclear disarmament treaties in that it prohibits a wide range of nuclear weapons-related activities, including the development, testing, production, and manufacture of nuclear weapons (letter a), and is non-discriminatory in that, unlike the NPT, it does not discriminate between NWS and NNWS parties.

Most important, it also contains a ban on use contained in Article 1 § 1(d), which reads as follows:

> "1. Each State Party undertakes never under any circumstances to: (d) Use or threaten to use nuclear weapons or other nuclear explosive devices;"

Quite surprisingly, the use of nuclear weapons has not been explicitly prohibited in an earlier treaty,[134] contrary to many other weapons, less destructive ones.[135] It is noteworthy to underline that, in accordance with Article 1, the States parties undertake "never under any circumstances" to engage in the activities prohibited by the treaty. In other words, those acts are forbidden not only vis-à-vis other States parties, but also with regards non Parties and even non States actors, such as rebel groups or terrorists. In addition, belligerent reprisals are also prohibited.[136]

The new treaty, by not containing "exceptions" in the sense of the 1996 Advisory Opinion ("extreme circumstances of self-defense") and not allowing reservations,[137] is removing this kind of interpretative ambiguities and contradictions. For those States adhering to the treaty, it establishes an "absolute" prohibition of use.

---

133 See, for an overview, John Burroughs, "Key Issues in Negotiations for a Nuclear Weapons Prohibition Treaty," *Arms Control Today*, Vol. 47, June 2017, pp.6-13.

134 In exceptional cases, negative security assurances are provided for in protocols to which Nuclear Weapons States are parties in nuclear-weapon-free zones. In addition, many of the nuclear weapons States that are parties to these protocols have reservations about their use of nuclear weapons in certain cases.

135 See, in particular, the 1925 Geneva Gas Protocol, Article 1 § 1 b) of the 1993 Chemical Weapons Convention, and Article 1 § 1 a) of the Ottawa and Oslo Conventions.

136 See Stuart Casey-Maslen, *The Treaty on the Prohibition of Nuclear Weapons: A Commentary (Oxford Commentaries on International Law)*, 2019, pp.134-135, para. 1.09.

137 See below; "Reservations" (Article 16).

Moreover, if the treaty will be ratified by many States, its provisions might be doubled by a customary norm prohibiting nuclear weapons even for States not acceding to the treaty because of the "fundamentally norm-creating character" of the treaty.[138]

D. Towards customary prohibitions

The entry into force of the Treaty was a truly unique moment in the history of nuclear weapons control because it was the first time that a universal prohibition of nuclear weapons was put in place and legally binding. But what is probably even more relevant is the fact that a successful treaty might not only bind the ratifying States, but also third-party States by virtue of customary international law because of the "fundamentally norm-creating character" of the treaty.[139] Customary law is another source of international law – not less important than treaties – and is defined as "evidence of a general practice accepted as law."[140] In other words, ratifications by States leading to a (quasi) universal treaty might, as relevant State practice, express a customary rule that also binds States that did not ratify the instrument.

According to the ICJ, the "States whose interests are specially affected"[141] must participate in the practice to create such a norm. From our point of view, it would be too simplistic to argue that the particularly interested States are necessarily the States possessing nuclear weapons. On the contrary, it may be argued that States not possessing nuclear weapons have a particular interest in creating the rule because their populations have been facing the risk and threat of nuclear weapons for decades to date.[142] In addition, it is also interesting to

---

138 *North Sea Continental Shelf Cases (Germany v. Denmark; Germany v. Netherlands)*, Judgment, 1969 I.C.J. Rep. 3 (February 20), § 72; see also Asylum Case (Colombia v. Peru), Judgment, 1950 I.C.J. Rep. 6, at 277-278 (November 20).

139 See *North Sea Continental Shelf Cases (Germany v. Denmark; Germany v. Netherlands)*, Judgment, 1969 I.C.J. Rep. 3 (Feb. 20, 1969), § 72; see also Asylum Case (Colombia v. Peru), Judgment, 1950 I.C.J. Rep. 6, at 277-278 (Nov. 20, 1950).

140 Statute of the International Court of Justice, at Art. 38 § 1.

141 *North Sea Continental Shelf Cases*, supra note 16, at § 74.

142 See in this sense the dissenting opinion of Judge Shahabuddeen in the 1996 Advisory Opinion of the ICJ on the Legality of the Threat or Use of Nuclear Weapons: "Where what is in issue is the lawfulness of the use of a weapon which could annihilate mankind and so destroy all States, the test of which States are specially affected turns not on the ownership of the weapon, but on the consequences of its use. From this point of view, all states are equally affected, for, like the people who inhabit them, they all

mention that the draft conclusions adopted by the drafting committee of the International Law Commission (ILA) concerning the identification of customary international law do not refer to the requirement of "States whose interests are specifically affected,"[143] contrary to what had initially been proposed by the Special Rapporteur, Michael Wood.[144]

The NWS have also not only been completely absent from the negotiations, but certain among them, namely the US, UK and France, even issued a statement on the very day of the adoption of the treaty including the following paragraph:

> "France, the United Kingdom and the United States have not taken part in the negotiation of the treaty on the prohibition of nuclear weapons. We do not intend to sign, ratify or ever become party to it. Therefore, there will be no change in the legal obligations on our countries with respect to nuclear weapons. For example, we would not accept any claim that this treaty reflects or in any way contributes to the development of customary international law."[145]

It can be suggested that this statement aims at preventing the establishment of a customary rule as so-called "persistent objector." According to this rule, a State which persistently objects to a rule of customary international law during the formative stages of that rule will not be bound by it when it comes into existence.[146] This rule is not undisputed.[147] The ICJ has admitted the concept of persistent objector only rarely, regarding universal customary law in the Anglo-Norwegian Fisheries case.[148] In this case, the question was whether the

---

have an equal right to exist" (ICJ Reports 1996, p. 226, at ¶ 414). See also Maya Brehm, Whose Security is it Anyway? Towards a Treaty Prohibition of Nuclear Weapons, EUR. J. INT'L L. BLOG (May 31, 2016), available at: https://www.ejiltalk.org/whose-security-is-it-anyway-towards-a-treaty-prohibition-of-nuclear-weapons/.

143 See Int'l Law Comm'n Rep. on the Work of its Sixty-Eighth Session, U.N. Doc. A/CN.4/L.872, at Draft Conclusion 8[9] (2016).

144 Draft Conclusions on identification of customary international law, adopted by International Law Commission at its 70th session in 2018 (A/73/10), YBIL 2018 Vol. II Part 2, see in particular commentary on Article 8, § 4. While the commentary refers to "specifically affected States", it also makes clear that this "should not be taken to refer to the relative power of States."

145 Joint Press Statement from the Permanent Representatives to the United Nations of the United States, United Kingdom, and France Following the Adoption of a Treaty Banning Nuclear Weapons, United States Mission to the United Nations (July 7, 2017), available at https://usun.state.gov/remarks/7892.

146 Olufemi Elias, Persistent Objector, Max Planck Encyclopedia of Public International Law, at 1, available at http://opil.ouplaw.com/view/10.1093/law:epil/9780199231690/law-9780199231690-e1455?prd=EPIL.

147 *Ibid.*

148 *Anglo-Norwegian Fisheries Case (UK v. Norway)*, Judgment, 1951 I.C.J. Rep. 3, at 131 (Dec. 18, 1951).

Norwegian system of delimiting the baselines of its territorial sea was contrary to international law. The Court concluded that, on the basis of the lack of a sufficient general and uniform practice, there was no rule prohibiting the drawing of straight baselines exceeding 10 miles in length across the mouth of bays, as argued by the United Kingdom. Without explicitly referring to the notion of "persistent objector," the ICJ went on to hold that even if this 10-mile rule "had acquired the authority of a general rule of international law," it would "appear to be inapplicable as against Norway inasmuch as she has always opposed any attempt to apply it to the Norwegian coast."[149]

In light of this jurisprudence, it is important to stress that a persistent objector cannot hinder a customary norm to be established, but only avoid the application of the norm on its behalf. Moreover, if the rule to be created concerns a peremptory norm of international law (jus cogens),[150] it is applicable to all States and no State can pretend to be a persistent objector. This author has argued elsewhere that the use of nuclear weapons can affect such norms and breach fundamental human rights that cannot be derogated from even in situation of emergency, such as the right to life or the prohibition of inhuman and degrading treatment.[151] The legal effect of the joint statement issued by the USA, UK and France is therefore limited.[152]

To sum up, if the TPNW gets significant support of the international community expressed by a high number of ratifications, the conventional prohibitions, including the one on use of nuclear weapons, might be doubled by customary norms.

149　Ibid.
150　See in particular Articles 53 et 64 de la Vienna Convention on the Law of Treaties (1969).
151　See Daniel Rietiker, "New Hope for Nuclear Disarmament or 'Much Ado About Nothing'? Legal Assessment of the New 'Treaty on the Prohibition of Nuclear Weapons' and the Joint Statement by the USA, UK, and France Following its Adoption," *Harvard International Law Journal,* Volume 59, Fall 2017; available: https://journals.law.harvard.edu/ilj/2017/12/new-hope-for-nuclear-disarmament-or-much-ado-about-nothing-legal-assessment-of-the-new-treaty-on-the-prohibition-of-nuclear-weapons-and-the-joint-statement-by-the/.
152　Ibid.

E. Victim assistance and environmental remediation

One of the striking features of the Treaty being of practical and legal significance is without doubt the fact that it contains clauses on victim assistance and environmental remediation. These provisions, contained in Article 6, express the deeply humanitarian nature and the victim-centered approach of the Treaty and have to be read in light of the long and detailed preamble:[153]

> 1. Each State Party shall, with respect to individuals under its jurisdiction who are affected by the use or testing of nuclear weapons, in accordance with applicable international humanitarian and human rights law, adequately provide age- and gender-sensitive assistance, without discrimination, including medical care, rehabilitation and psychological support, as well as provide for their social and economic inclusion.
>
> 2. Each State Party, with respect to areas under its jurisdiction or control contaminated as a result of activities related to the testing or use of nuclear weapons or other nuclear explosive devices, shall take necessary and appropriate measures towards the environmental remediation of areas so contaminated.
>
> 3. The obligations under paragraphs 1 and 2 above shall be without prejudice to the duties and obligations of any other States under international law or bilateral agreements.

Articles 6 of the TPNW contains **positive** obligations which are of specific relevance, as distinct from negative, or banning, stipulations contained in the Treaty.[154] Implementing these obligations is a priority, and has immediate practical effects for victims and the natural environment affected by the (past) use or testing of nuclear weapons. Those commitments are of relevance even without the joining of Nuclear Weapon States (NWS) to the Treaty. According to Article 6, the point of departure for victim assistance and environmental remediation lies with the jurisdiction of affected States Parties, which may not be a NWS.[155]

The commitments echo the concept of humanitarian disarmament[156] which is

---

153 For a comprehensive commentary on the Treaty and its backgrounds see Casey-Maslen, Stuart (2019), *The Treaty on the Prohibition of Nuclear Weapons: A Commentary*; on arts. 6 and 7, pp.207-224.
154 Rietiker/Mohr/Yamada, *op. cit.*, p.30.
155 *Ibid.*
156 See, among many others, Rapillard, Pascal (2011), Humanitarian Disarmament, in: *The Journal of ERW and*

at the cornerstones of the Ottawa and Oslo Conventions as well as of Protocol V of the 1980 UN Convention on Certain Conventional Weapons. Its essence lies with pursuing a victim-centered approach which is concentrating on practical, or pragmatic solutions and help for the people negatively affected by nuclear weapons – human security complementing national security.[157]

VI. General Conclusions

The different branches of international law analyzed in this contribution, namely IHL, environmental law, human rights and the TPNW, have developed serious restrictions imposed on States in the conduct of hostilities, including on the choice of the weapons to be used.

The present author argues, in light of what precedes, that **any** use of nuclear weapons would be illegal under international law. From his point of view, claims from certain States that low-yield or tactical nuclear weapons could comply with the standards of international law are not proven and far-fetched.

Moreover, the present contribution shows that many developments have taken place since the adoption of the ICJ's controversial opinion on the *Legality of the Threat or Use of Nuclear Weapons* in 1996, such as the progress made in environmental law, the humanitarian initiative leading to the adoption of the TPNW in 2017, or the adoption of General Comment No. 36 by the UN Human Rights Committee in 2018, of which Paragraph 66 constitutes a serious and firm statement against nuclear weapons and a reminder of the duty to pursue negotiations in good faith in view of nuclear disarmament.

In addition to these legal developments, considerable research has been conducted with a view to demonstrating the disastrous consequences of the use of nuclear weapons on the human being, the environment and future generations, and concluding that basically no adequate humanitarian and medical response seems possible in such an event.

Mine Action, 151, http://www.jmu.edu/cisr/journal/15.1/specialrpt/rapillard/rapillard.shtml (7.10.2017); Docherty, Bonnie (2013), Ending Civilian Suffering: The Purpose, Provisions, and Promise of Humanitarian Disarmament Law, in: *Austrian Review of International and European Law*, 15(2013), pp.7-44.; Dunworth, Treasa (2020), *Humanitarian Disarmament: An Historical Enquiry.*

157　Rietiker/Mohr/Yamada, *op. cit.*, p.31.

For these reasons, it is probable and to be hoped that the ICJ, if asked again in the future the question of the legality of the use (and threat) of nuclear weapons, would be more affirmative and less ambiguous than in 1996, by following the growing awareness among States expressed, inter alia, in the preamble of the TPNW:

> "Considering that any use of nuclear weapons would be contrary to the rules of international law applicable in armed conflict (…)"[158]

---

158   Preambular § 10, see above, II.B.

国際法における核兵器使用の適法性
― 国際人道法、環境法、人権、核兵器禁止条約(TPNW)

ダニエル・リエチカー
ローザンヌ大学兼任教授

I. はじめに[1]

この発表は、国際法のさまざまな分野、すなわち国際人道法(IHL)[第II章]、環境法[第III章]、人権法[第IV章]、そして2017年に採択された核兵器禁止条約[第5章]に基づき、核兵器使用の合法性を分析する。最後に、いくつかの結論が提示する[第VIする章]。

本発表文で扱う4つのテーマは、大量の資料や事例を考慮する際に、本一冊を書く必要があるほど内容が膨大である。現実的な理由から、私はいくつかの選択をし、議論に非常に意味があるかもしれないいくつかの側面を省略すべきだった。筆者は、本発表文の限られた紙面内で概括的な内容を提示することで、2024年6月広島で開催される第2次討論会で興味深い議論を触発する触発することに貢献することを願う。

II. 国際インド法上の核兵器使用の適法性

国際人道法上の核兵器使用の合法性の分析は、1996年に発表された国際司法裁判所(ICJ)の核兵器脅威または使用の合法性に関する勧告的意見[2]から出発しなければならない。ICJの全会一致見解で見ると、自衛の法律による比例的な武力使用が合法的であるためには、人道法の原則と規則を含む武力衝突を規律する法律を遵守しなければならない[3]。人道法の原則と規則に

---

1 Adjunct Professor of International Law and Human Rights Law at Lausanne University (Switzerland) and Suffolk University Law School (Boston MA, USA), Co-President of International Association of Lawyers Against Nuclear Arms (IALANA). Certain parts of this contribution are based or inspired by the book: Daniel Rietiker, *Humanization of Arms Control – Paving the Way Free of Nuclear Weapons*, Routledge, 2017.
2 ICJ Reports 1996.
3 *Ibid.*, § 42, and operative paragraph D.

は、とりわけ戦闘員と非戦闘員(民間人)の区別、戦闘員に不必要な苦痛を引き起こすことの禁止が含まれる[4]。

これらの原則に照らして、ICJは、核兵器の[脅威または]使用が武力紛争に適用される国際法規則、特に人道法規則に「一般的に」違反するという全会一致の結論に達した[5]。しかし、武力衝突から人間を守る包括的な法体系にもかかわらず、ICJは次のように判断した。

> しかし、国際法の現状と、本法廷に提出された事実の諸要素に鑑み、本法廷は、国家の存立そのものが危機に瀕している極端な自衛の状況において、核兵器の威嚇または使用が合法であるか不法であるかを決定的に結論づけることはできない[6]。

この結論は多くの議論を呼んでおり、これについては他の発表者が扱う予定だ。筆者はまず一般原則の観点から国際人道法上核兵器の合法性を見てから、より具体的な規則の観点から見ていきたい。

A. 一般原則

1. 戦闘手段と方法選択に対する制限

武力衝突当事国が使用できる武器と合法的に使用できる方法が国際法によって制約を受けるという原則は長い歴史を持っている。1977年第1追加議定書 第35条(戦闘手段及び方法－基本規則)は、次のように規定している。

> どんな武力衝突においても戦闘方法または手段を選ぶ衝突当局の権利は無制限ではない。

ICJは1996年の勧告的意見で、国家は「使用する武器において無制限の手段選択の自由を持たない[7]」と判示した。驚いたことに、ICJはこの原則を戦闘員に不必要な苦痛を引き起こすことを禁止した規則にのみ適用した[8]。国際赤十字委員会(ICRC)の解説によると、この条項(戦

---

[4] Ibid., § 78.
[5] Dispositif, para E, first para.
[6] Operative paragraph E, second alinea. See also Marcelo G. Kohen, "The notion of 'state survival' in international law," in L. Boisson de Chazournes and Ph. Sands (dir.), *International Law, the International Court of Justice and Nuclear Weapons*, Cambridge, 1999, pp.293-314.
[7] *The Legality of the Threat or Use of Nuclear Weapons*, ICJ Reports 1996, § 78.
[8] Stuart Case-Maslen, "The Use of Nuclear Weapons under Rules Governing the Conduct of Hostilities", in G. Nystuen, S. Casey-Maslen and A. Golden Bersagel (eds.), *Nuclear Weapons under International Law*, Cambridge, 2014, p. 93.

闘手段と方法選択に対する制限：逆主)は、武力衝突時に適用される国際法規則を尊重する義務を主に意味し、軍事的必要性が強行規範の形で成案された 規則からのいかなる逸脱も正当化できないことを意味する[9]。これはまた、核兵器の選択と使用が潜在的に適切であると考えられる軍事的必要性があるとしても、それによって国際人道法の禁止を無効にすることはできないことを意味する[10]。

2. 区別の規則

衝突当事国は、合法的な軍事目標に対してのみ攻撃を実行しなければならない。1977年追加議定書第48条は次のとおりである。

第48条 – 基本規則
民間住民と民間物資の尊重と保護を確保するために、衝突当局は常時民間住民と戦闘員、民間物資と軍事目的物を区別し、したがって彼らの作戦は軍事目的物に対してのみ行わなければならない。

区別の規則－時には区別の原則または差別(discrimination)の原則とも呼ばれる－は慣習国際法を確認することであり[11]、国際的および非国際的な武力衝突の両方に適用される[12]。

ICJは1996年の勧告的意見で「民間標的と軍事標的を区別できない」武器はすべて不法だと判示した[13]。ICJは、これを「慣習国際法の違反できない(intransgressible) 原則を構成するため、これを含む協約の批准の有無にかかわらず、すべての国が遵守」しなければならない「根本的な規則」(fundamental rules)[14]の一つ、すなわち「最も重要な基本 原則」(cardinal principle)と説明した。ICRCは2005年に発行した慣習国際人道法研究で「本質的に無差別的な武器の使用は禁止される」と結論付けた。

Stuart Casey-Maslenは 二つの評価基準を区別する。まず、特定の武器が 生まれつき特定の軍事目標をターゲットにすることができない武器であるか、そして第二に、どの特定の武器の影響が軍事目標に限定されるのか 何より制御不可能な影響により必然的に無差別攻撃に該当するのかである[15]。

最初の基準に関連して、誘導体系があまりにも初歩的であるか信頼できないため、どこに落下するのか不明な武器 － 例えば「長距離ロケットまたはミサイル」－は生まれつき無差別的で

---

9 *Ibid.*
10 *Ibid.*
11 Stuart Casey-Maslen, *op. cit.*, p.95.
12 See Article 13 of the 1977 Additional Protocol II.
13 *The Legality of the Threat or Use of Nuclear Weapons*, ICJ Reports 1996, § 78.
14 *Ibid.*, § 79.
15 Additional Protocol 1, Article 51(5)(b).

あり、したがって不法であることは一般に認められている[16]。第二の基準に関しては、第1追加議定書 第51条4項(c)を含むいくつかの禁止条項を参照することができる。

> 無差別攻撃は禁止される。無差別攻撃とは、(c) その影響が本議定書が要求するように制限することができない戦闘の方法または手段を用いる攻撃をいう。

Stuart Casey-Maslenは、核兵器運搬装置が―精密ではないということは掴んでも―精密ではないという証拠もほとんどないと主張する[17]。したがって、最初の基準は大きな問題を引き起こさない。しかし、第二の基準、すなわち武器の影響に対する基準は、核兵器の場合、さらに問題となる。実際のICJは次のように判示した。

> 35. [裁判所は]核兵器が原子の核融合または核分裂によってエネルギーが発生する爆発装置であることにも留意する。まさにその性質上、今日存在する核兵器におけるその（核融合または核分裂：訳注）過程は膨大な量の熱とエネルギーだけでなく、強力で長期間持続する放射線を放出する。裁判所に提出された資料によると、前の2つの原因（熱とエネルギー、放射線：訳註）の被害は他の武器による被害よりもはるかに強力であり、放射線現象は核兵器特有のものであることが知られている。これらの特性のために、**核兵器は潜在的に壊滅的な兵器だ。核兵器の破壊力は空間的にも時間的にも制御できない。**核兵器は地球上のすべての文明と生態系全体を破壊する可能性を持っている。
>
> (…)

核兵器の使用自体を禁止していない条約であるNPT(核拡散禁止条約) 2010年の再検討会議では、締約国は、初めて核兵器の使用可能性に関する制限(reservations)を表明した。

> 本会議は、すべての核兵器使用の破滅的な人道的結果について深い懸念を表明し、すべての国が国際人道法を含む関連する国際法を常に遵守する必要性を再確認する[18]。

ノルウェー政府は人道的レベルでより多くの関心が必要だと主張し、ますます多くの国が核兵器が使用されるにはあまりにも破壊的であるという見解を支持しているという事実を認識しながら、2013年3月、オスロで核兵器の人道的影響に関する会議を開催した[19]。翌年、

---

16 Stuart Casey-Maslen, *op. cit.*, p.100.

17 *Ibid.*, p.111.

18 2010 Review Conference of the Parties to the Treaty on the Non-Proliferation of Nuclear Weapons, Final Document, Doc. NPT/CONF.2010/50 (vol. I), 2010, part I, p.19.

19 G. Nystue and K. Egeland, "A Legal Gap? Nuclear Weapons Under International Law," *Arms Control Today*, Vol. 46, no. 2, March 2016, p. 8, and T. Sauer and J. Pretorius, "Nuclear Weapons and the Humanitarian Approach", *Global Change, Peace and Security*, Vol. 26, no. 3, p.242.

メキシコとオーストリア政府はそれぞれナヤツリーとウィーンで後続の会議を主催した。人道的構想の主な目的は、核兵器の使用が人間に及ぼす災害の影響に関する新しい証拠を収集し提示することでした。

これらの人道的構想(または流れ)とともに、住宅地域、特に大都市における核爆発の影響に関するかなりの研究が行われた。例えば、2013年3月にオスロ会議で発表されたある研究によると、マンチェスターの大きさの都市で(100キロトンの)核兵器が爆発すると、嵐や熱の影響で8万人以上が即死、21万人以上が負傷し、住宅や商業用建物が破壊され、必須インフラが破壊され、大規模な人口移動が発生し、地域の緊急サービス能力が深刻に低下することがあることが分かった。さらに、持続的な放射線は健康にさらなる影響を及ぼし、危機に対応するあらゆる努力を阻害することが示された[20]。

別の研究では、ロッテルダムで12キロトンの核爆発が発生したときに発生する即時の人道的結果を調べました[21]。第1章では、ロッテルダム港で核爆発があったときのシナリオを詳しく説明する。第2章では、閃光、熱、火災、嵐、電磁パルス(EMP)、洪水、放射線、落塵、交通崩壊、地域の精油施設や化学工場で発生する化学汚染などの核爆発の影響について説明する[22]。この研究は、爆発地点とその近くの人々が爆発衝撃、最高値のイオン化放射線、または熱と火災によって死亡する可能性があることを示している。この研究によると、爆発地点から300㎢の地域の人々は致死量の放射線に被ばくする可能性のある危険にさらされると推定されている[23]。核爆発の直接的な結果による死亡者の総数は、がんのために夭折する人を除いて、6万人から7万人に達すると推定されている[24]。

また、この研究によると、100%死亡領域以外では、7,800人が けがをして治療を必要とし、そのうち半分は2度と3度の火傷を負うと推定される。オランダの火傷治療用病床が１００個も満たない状況で、１００％死亡領域を離れることができる人々に必要な医療を提供できると考えるのは難しい[25]。さらに、この研究は、はるかに多くの人々がさまざまなグレードの 放射線疾患に苦しむことになり、爆発後数十年間に少なくとも6,000人の癌患者がさらに発生すると推定している[26]。

この研究は、オランダのように裕福でよく組織された国を含む、どんな社会も核兵器の使

20　Article 36, 'Humanitarian Consequences: Short Case Study of the Direct Humanitarian Impacts from a Single Nuclear Weapon Detonation on Manchester', United Kingdom, 2013, p.14, http://www.article36.org/nuclear-weapons/humanitarian-impacts-from-a-single-nuclear-weapon-detonation-on-manchester/ (accessed 4 December 2016).
21　W. van der Zeijden and S. Snyder, The Rotterdam Blast, Pax, 2014, http://www.paxchristi.net/news-media/resources-pax-christi-member-organizations (accessed 4 December 2016).
22　Ibid., pp.17-23.
23　Ibid., p.24.
24　Ibid.
25　Ibid.
26　Ibid. この研究は、甲状腺癌患者の数は、オランダ政府が被害地域の人々にヨウ素予防薬を提供する能力に依存するだろうが、すべての人々に時間に達することは不可能であることがほぼ確実であると結論付けた。

用に適切に備えることができないと結論付けている27。人口密集地域を核兵器で攻撃することは、常に国際人道法上の区別の規則違反に該当する。

3. 攻撃時の比例性

武力衝突当事国が合法的な軍事目標を標的としたとしても、その攻撃が予想される軍事的利益に比べて「過度の」偶発的な民間人の死傷、民間物質に対する破壊や被害、またはその複合的な結果を引き起こす場合、依然として違法 になることができる。1977年第1追加議定書では、戦時(in bello)比例性規則を無差別攻撃の一形態とみなしている。第1追加議定書第51条5項によると:

> その中でも次のタイプの攻撃は無差別的なものとみなされる… b) 偶発的な民間人の生命の損失、民間人に対する傷害、民間物資に対する損傷、またはその複合的な結果を引き起こすおそれのある攻撃であって、所期の具体的かつ直接的な軍事的利益に比べて過度な攻撃。

国家慣行は、この規則を国際的および非国際的武力衝突に適用される慣習国際法規範として確立している28。

驚いたことに、ICJは勧告的意見で攻撃したときの比例性規則について論じなかった。 核保有国(NWS)はICJで、人道法原則を尊重する制限的影響を持つ低威力(「戦場」または「戦術」武器とも呼ばれる)29 核兵器の使用が可能だと主張した。イギリスは、現実的に核兵器は民間人の死傷者発生の可能性の点で非常に異なる結果をもたらす可能性があるさまざまな状況で使用できるとの見解を表明した。英国は、公海上の軍艦や人口密度の低い地域の軍隊に対する低威力核兵器の使用などの一定の状況では、民間人の死傷者が比較的少ない核兵器の使用を予想できると付け加えた30。

米国も同様の主張を提起した。米国は、比例性に関連して核兵器を用いた攻撃が比例的でないかという問題は、敵の脅威の性格、目標物破壊の重要性、武器の特性、規模及び予想される影響、民間人に対するリスクの程度など、状況に応じて完全に左右 なると主張した。言い換えれば、核兵器は生まれつき比例的ではないものではない(disproportionate)ということ

27　*Ibid.*, p.25.
28　ICRC Study of Customary IHL, Rule 14.
29　「低威力」核兵器の定義はないが、この表現は主に爆発力がTNT換算5キロトン未満の爆発装置を指すときに使用される。比較すると広島と長崎に投下された核爆弾は12~15キロトン水準の威力を持っていた。(J. Burroughs, "The Lawfulness of 'Low-Yield', Earth-Penetrating Nuclear Weapons", Lawyers' Committee on Nuclear Policy, 20 January 2003; http://lcnp.org/wcourt/nwlawfulness.htm (accessed 6 December 2016).
30　Written arguments of the United Kingdom, p.53 (footnotes omitted).

です³¹。裁判所はこれらの主張に対して次のように答えた。

> 裁判所は、より小型の低威力戦術核兵器の「クリーン」(clean)使用を含む特定の状況で核兵器使用の合法性を主張するいずれの国も、そのような制限的な使用が可能であれば、そのような使用を正当化する状況が 正確には何かを明らかにしておらず、またそのような制限的な使用が高威力核兵器の全面的な使用に拡大されないかどうかは明らかにしていないことに注目する。このような理由で、裁判所は、そのような見解の妥当性について判断する十分な根拠があるとは見ない³²。

言い換えれば、ICJは、特定の種類の核兵器が国際法と適合する方法で使用できると主張する国々が、そのような主張を証明する義務を負うことを明らかにした。ICJは、核保有国が彼らの主張を裏付ける十分で説得力のある証拠を提示できなかったと結論付けた。

前述のように、伝統的に人道的観点よりも国際安全保障の側面にもっと関心を寄せてきたNPT再検討会議は、2010年に「**すべての核兵器使用の破滅的な人道的結果に深い懸念**」を表明した。また、2011年の国際赤十字・赤新月運動代表会議は「どんな核兵器の使用でも、国際人道法規則とどのように両立できるかを想像することは難しい」と明らかにした。私は、特定の種類の核兵器の「きれいな使用」に関する主張が現実的には見られず、これまで十分に証明されていないことを考慮して、この見解に同意する。

人間や環境、未来世代に及ぼす災害的な影響を考慮すると、攻撃の比例性原則に照らして核兵器の使用を正当化できる軍事的利益を想像することは難しい。

4. 攻撃時予防措置

核兵器の使用が区別の規則と比例性規則を満たすことができる例外的な状況があると認める−これは筆者の見解ではない−でも、武力衝突締約国は依然として慣習国際法に従って攻撃時に予防措置を取らなければならない。1977年第1追加議定書 第57条1項は次のとおりである。

> 軍事作戦の遂行において民間住民、民間人及び民間物資が危害を受けないようにするために不断な保護措置が取られなければならない。

ICJは攻撃時の予防措置義務について詳しく説明しなかった。ICRCによると、攻撃時の予防措置は誠実義務を意味し、武力衝突当事国が常に民間住民と戦闘員だけでなく民間物資と軍事目標を「区別」しなければならないという第1追加議定書第48条に規定された基本規則の必然的帰結である(上記の2.「区別の規則」の記述を参照)。

---

31 Written arguments of the United States, p. 23 (footnotes omitted).
32 *The Legality of the Threat or Use of Nuclear Weapons*, ICJ Reports 1996, § 94.

また、第57条には、区別の原則との密接な関連性を明確に示すいくつかの具体的な規則が含まれている。例えば、第57条2項(a)(i)は、攻撃を計画又は決定する者は、攻撃の目標が民間人や民間目標ではなく、特別な保護を受けることでもない合法的軍事目標であり、それらを攻撃することが本議定書に 禁止されていないことを証明するために「実行可能なすべて」を果たさなければならないと規定している[33]。

また、2項(a)では、攻撃を計画又は決定する者は、偶発的な民間人生命の喪失、民間人に対する傷害及び民間物品への損傷を避け、いかなる場合においてもそれを極小化するために攻撃の手段及び方法の選択において 実行可能なすべての予防措置を講じなければならず(ii)、偶発的な民間人命の喪失、民間人への傷害、民間物品への損傷、またはその複雑な結果を引き起こす恐れがあり、または具体的かつ直接的な所期の軍事的利益と比較して 過度のすべての攻撃の開始を決定することを避けるべきであると明示している(iii)。

攻撃時に予防措置をとる義務を課す条項は、敵対行為において指揮官の自由に重大な制約を加える。さらに、これらの義務は核兵器依存を含む武器の選択を制限することができる(特に第57条2項(a)ii参照)。

5. 不要な苦痛禁止規則

ICJは1996年に勧告的意見で次のように宣言した。

> 人道法の根幹をなす文書に盛り込まれた基本原則は次の通りである。(…) 第二の原則によれば、戦闘員に不必要な苦痛を引き起こすことは禁止されています。したがって、戦闘員にそのような傷害を引き起こしたり、不必要に苦痛を悪化させる武器の使用は禁止される。(…)[34]

これらの言及を除いて、裁判所はこの規則を核兵器にどのように適用するかについてほとんど言及していません。また、法学者たちも核兵器に関してこの規則にほとんど関心を持たなかったが、一部の裁判官は個々の意見でこの規則を扱った。

裁判所長だったBedjaoui裁判官は、区別の原則とともに不要な苦痛禁止原則が強行規範(*jus cogens*)だと判断した。その結果、彼は核兵器と国際人道法が相互に両立できないと結論付けた。 Shahabuddeen裁判官は、「達成しようとする軍事的利益によって正当化される苦痛の程度をかなり超える場合、苦痛は過度または不要になる」と説明した。国家がこのバランスを取るにあたって注意を払うべき指針は、マルテンス条項によると公共良心にならなければならない。 彼は裁判所が考慮した証拠について次のように確信した。

---

33 Article 57(2)(a)(i).
34 *The Legality of the Threat or Use of Nuclear Weapons*, ICJ Reports 1996, § 78.

公共良心は、核兵器の使用で得られる軍事的利益が何であれ、核兵器の使用は容認できない苦痛を引き起こすと考えるのが合理的だろう[35]。

最後に、Weeramantry裁判官は、核兵器の影響と不必要な苦痛禁止規則について非常に詳細な分析を提示した。彼は、この影響が「核兵器が戦争の目的をはるかに超える不必要な苦痛を引き起こすことを証明するのに十分である」と見た[36]。

「不必要な」という用語は、バランスのとれた行動を意味する。1974年、ルツェルンで開かれた専門家会議でICRCは、この規則が「加えられた傷害や苦痛の程度(人道的側面)を一軸とし、特定武器選択の基礎をなす必要性の程度(軍事的側面)を別の一軸とする一種の 方程式を伴う。」と述べた[37]。また、達成しようとする軍事目標を考慮するときは、より少ない苦痛を引き起こす武器で その軍事目標の達成が可能かどうかを評価する義務があると想定しなければならない[38]。Simon O'Connerは、予想される苦痛がその軍事的効果に比例しない場合、代替戦闘手段を考慮し、選択する義務が実際の核兵器使用選択可能性を非常に希薄にすると主張した[39]。

さらに、核兵器の長期的な影響は、生存者の生涯にわたって がん致死リスクが著しく増加することを意味します。これに関して、不必要な苦痛禁止規則を区別および比例性規則と区別し、独立した意味を与えるためには、核兵器の使用によって民間人が影響を受けないシナリオを考えてみる必要がある。よく引用される例の一つは、人口密集地域から遠く離れた砂漠地域の軍事施設への爆撃です。このような攻撃は必ずしも区別の規則違反に該当しない場合がある。それにもかかわらず、生き残った兵士が長年後にも病気の影響を受ける可能性があるという点で、依然として不必要な苦痛禁止規則違反になる可能性がある[40]。

結論として、私は核兵器の使用の実証可能な結果と代替案が存在する場合、より少ない有害な武器を使用すべき義務に照らし、戦闘に参加する人々の間でもそのような負傷と苦痛をもたらすことが本当に必要であると考えられる状況を 考えることはほとんど不可能であるというSimon O'Connorの意見に同意する[41]。

35　Dissenting Opinion, § 403.
36　Dissenting Opinion, p.498.
37　ICRC, Conference of Government Experts on the Use of Certain Conventional Weapons Lucerne 1974, Geneva 1975, § 24.
38　Simon O'Conner, Nuclear Weapons and the Unnecessary Suffering Rule, in in G. Nystuen, S. Casey-Maslen and A. Golden Bersagel (eds.), *Nuclear Weapons under International Law*, Cambridge, 2014, p.143.
39　*Ibid.*, p.144.
40　*Ibid.*, p.145.
41　*Ibid.*, p.147.

6. マルテンス条項及びその他の保護規定

1899年、ハーグ平和会議のロシア代表であったFyodor Fyodorovich Martensの発言に由来するマルテンス条項は、すでに2023年6月に韓国で開催された第1次国際討論会で深く議論されている。したがって、私は次のように簡単に言及するのにとどまりたいと思います。

マルテンス条項の現代版はジュネーブ条約第1追加議定書第1条2項で確認することができる。

> 一般原則と適用範囲：
> 本議定書または他の国際協定の適用を受けていない場合、民間人および戦闘員は、確立された慣習、人道原則および公共良心の命令から淵源する国際法原則の保護と権限の下に置かれる。

この条項は、国際人道法の完全性を強調するとともに、国際法上禁止されていないものはすべて許されるというロータス原則[42]の論理を拒否する。

最近では核兵器禁止条約(TPNW)専門に短縮された形態のマルテンス条項が挿入された。

> 本条約当事国は、(…)核兵器のいかなる使用も人道の原則と公共良心の命令にも反することを再確認する[43]。

筆者の観点から見ると、「人道の原則」や「公共良心の命令」のような表現は、すべての武器の中で最も破壊的な武器である核兵器の脈絡よりも、よりよく合うところはない。ICJはマルテンス条項を「軍事技術の急速な発展に対処する効果的な手段」[44] と考えた。すなわち、マルテンス条項は、国家が非人道的であると判明することができる武器に関与することを制限することができ、したがって核兵器の開発、製造、生産、獲得および保有にも適用される。

その他の関連保護条項は、ジュネーブ諸条約に共通する第1条と前述の第1追加議定書第1条1項に規定されており、上記の条項は、すべての状況において国際人道法を「尊重」し、尊重を「保障」する義務を軍に課している。この一般条項は実際の戦闘だけでなく平時にも適用される。共通第1条は、締約国に対し、国際人道法規則が自国機関だけでなく、自国の管轄権下にある実体(entities)によって尊重されることを保証するために可能なすべての措置を講じる義務を課すと考えられる[45]。

---

42 S. S. 「Lotus」事件（フランス対トルコ）、常設国際司法裁判所判例集、シリーズA第10号、1927年9月7日：「国際法は独立国家間の関係を規律する。したがって、国家を拘束する法則は、条約(conventions)に表明された国家自身の自由意志から来る。また、国家を拘束する法則は、法の原則を表明するものであり、一般に受け入れられ、共存する独立国家間の関係を規律するためや共同の目標を達成するために樹立された慣例(usages)によって表明された国家自身の自由意志から出る。したがって、国家の独立に対する制限は想定できない。」(18ページ)

43 Preamble, § 11.

44 *The Legality of the Threat or Use of Nuclear Weapons*, ICJ Reports 1996, § 78.

45 L. Boisson de Chazournes and L. Condorelli, "Common Article 1 of the Geneva Conventions revisited :

また、第1追加議定書第36条は、新武器又は新たな戦闘手段又は方法の研究、開発、獲得又は採択の際、その使用が、特定の状況又は全ての状況において、本議定書又は国際法の他の規則により禁止されるか否かを判断する義務を締約国に課している。

先に見た人道法上の核兵器の使用に対する上記の評価に照らし、信義誠実に行動する国家はジュネーブ諸条約共通第1条と第1追加議定書第36条に基づいて核兵器の開発、製造、生産、獲得及び保有を控えるべきであるという結論に合理的に到達しなければならないと主張する。

B. 具体的な規則(一部選別提示)

1996年、ICJ審理の核心にあり、近年 多くの法的研究が集中していた武力衝突に適用される人道法の上のような一般原則に加えて、他の国際人道法規則も核兵器攻撃に関連して適用されることができる。これまで、これらの規則はあまり注目されていなかったが、特定の禁止規定の明確な性格を考慮すると驚くべきことである。

例えば、上記(II.A.2)で詳しく説明したマンチェスターやロッテルダムの核爆発に関する研究を思い出す必要がある。これらの研究は、爆発によって住宅や商業用建物はもちろん、核心基盤施設が破壊され、都市がもはや以前と同じではないことを 見せる。地域全体が無期限に捨てられ、汚名がつくだろう。ここで「やむを得ない軍事的必要性によって要求されない限り、敵対当事者の財産を破壊または没収することは禁止されている[46]」は、慣習国際人道法 研究の規則 50が適用される。破壊規模、特に放射線による長期的な財産の無用化を考慮すると、居住都市を対象とするどんな核兵器攻撃でもやむを得ない軍事的必要性によって合法化できると考えるのは難しい[47]。さらに、ICTY(旧ユーゴスラビア国際刑事裁判所)は、Blaškić事件で、「破壊がジュネーブ諸条約の重大な違反であり、ICTY規則による戦争犯罪と見なされる可能性がある広範な破壊における「広範な」という概念は、各事案の事実関係によって評価されるべきである。」とし、「病院の破壊のような単一の行為も、この犯罪を構成するのに十分である[48]。」と判明した。単一の建物の破壊が重大な違反に該当する場合、規則 50は、都市全体を破壊する可能性がある核兵器の爆発

Protecting collective interests", *International Review of the Red Cross (IRRC)*, no. 837, vol. 82, 2000, pp.67-87. また、共通1条は「外部」要因を暗示し、締約国に第3国が国際人道法を遵守することを保障する義務を課す。(see K. Dörmann and J. Serralvo, "Common Article 1 to the Geneva Conventions and the obligation to prevent international humanitarian law", *International Review of the Red Cross (IRRC)*, no. 895/896, vol. 96, 2014, pp.706-736).

46 J. M. Henckaerts and L. Doswald-Beck, *Customary International Humanitarian Law*, Cambridge, 2005, pp. 175-177.

47 軍事的必要性によって正当化されず、不法かつ無慈悲に遂行された広範な財産の破壊及び消尽」を通じてこの規則に違反することはジュネーブ諸条約 (ジュネーブ第1条約第50条、第2条約第51条、第4条約 第147条) の重大な違反に該当する。ICC(国際刑事裁判所)の規定により「戦争の必要性によって必ずしも要求されない敵の財産の破壊または没収」は、国際的武力衝突で戦争犯罪を構成する(第8条2項(b)(xiii))。

48 ICTY, *The Prosecutor v. Tihomir Blaškić*, Trial Chamber Judgment, IT-95-14-T, 3 March 2000, § 157.

の場合、より強力な理由で適用される。

また、ロッテルダムに対する核攻撃(上記II.A.2)により、地域内の精油施設や化学工場が破壊され、結果として追加の汚染が発生する可能性がある例は、當事国に危険な物理力を含む事業場および施設物 関連する特別な注意義務を課す規則42は、核兵器攻撃の脈絡にある適用可能性をよく示している。

> 危険な物理力を含む事業場及び施設物、すなわちダム、堤防、原子力発電所及び隣接する他の施設物を攻撃する場合、危険な物理力の放出及びそれによる民間住民への深刻な損傷を防止するために特別な注意を払わなければならない[49]。

居住都市への核攻撃はまた、歴史的な記念碑や場所、博物館、劇場、オペラハウス、コンサートホール、映画館、教会、寺院、會堂、モスクと尖塔、学校、大学と文化、教育、科学、宗教、または他の同様の目的で 使用される他の多くの機関や建物を破壊する可能性がある。慣習国際人道法研究の規則38は、戦闘中の文化財「尊重」を扱っている。

> **各衝突当事者は文化財を尊重しなければならない：**
> A) 宗教、芸術、科学、教育、または慈善目的に使用される建物と歴史的な記念物は、軍事的目標物でない限り、軍事作戦時その建物の損傷を防ぐために特別な注意を払わなければならない。B) すべての民族の文化的遺産として重要な意味を持つ財産は、軍事必要性によってやむを得ず必要でない限り、攻撃の対象にならない。

今日、ほとんどの国に文化財を攻撃する際の計策選択の自由は、1954年の武力衝突時の文化財保護に関するハーグ条約によってさらに制約されている[50]。この条約の文化財保護及び保存に関する基本原則は、今日、慣習国際法を反映するものとして広く認められている[51]。 同じ文脈において、慣習国際人道法研究の規則 40は、文化財を「保護」する義務を定めており、「宗教、慈善、教育、芸術および科学のための機関、歴史的記念物および芸術作品と科学作品に対するすべての没収や 破壊または故意の損傷」[52]を禁止する。

また、核兵器の使用は、自然環境、農耕地、温室、森林、水路、湖、海洋生態系、野生動物および家畜にも影響を与えることが明らかである。ICJが1996年の勧告から検討したように、「核爆発に放出される放射線は、非常に広範囲の地域にわたって健康、農業、天然資源、および人口動態に

---

49 Henckaerts and Doswald-Beck, *op. cit.*, pp.139-142.
50 135 States have to date ratified this treaty (24 April 2024).
51 Henckaerts and Doswald-Beck, *op. cit.*, p.129.
52 *Ibid.*, pp.132-135. ICCの規定によると、宗教·教育·芸術·科学または慈善目的の建物および歴史的記念物の破壊と紛争の必要性によって必ずしも要求されない破壊および没収は、国際的および非国際的武力衝突の両方で戦争犯罪に該当する (ICC 規定、第8条2項(b)(ix)及び第8条2項(b)(xiii)、第8条2項(e)(iv)及び第8条2項(e)(xii))。

影響を及ぼし、」53これはほとんどかなり持続する可能性が高い。慣習国際人道法研究の規則 54 は、「民間住民の生存に必須不可欠な物資を攻撃、破壊、除去したり、無駄にすること」54を禁止して、核兵器の使用に重要な制限を課している。第1、第2 追加議定書は、国際的及び非国際的な武力衝突における民間住民の生存に必須不可欠な物資の例を次のように提示している。：食料品、食料品生産のための農耕地域、農作物、家畜、飲料水施設とその供給と灌漑施設55。この例のリストは、「～のような」(such as)56という言葉の使用から分かるように、すべてではない。

規則54は、慣習国際人道法研究の規則 53に規定されている「戦闘方法の一つとして民間住民に対する飢餓作戦の使用」に対する禁止の当然の帰結で、国際的武力衝突だけでなく、非国際的武力衝突でも有効である。民間住民の生存に必須不可欠な物資に対する攻撃は、飢餓作戦禁止違反に該当する可能性があるためだ57。

最後に、核兵器の使用は 救急車、病院、治療所を破壊して運営できなくなり、看護師と医師を殺害することができる。慣習国際人道法研究の規則 28は、国家に「いかなる状況でも完全に医療目的に配属された義務単位」を尊重し保護する義務を課している。この規則はジュネーブ第1 および 第 4条約に含まれており58、第1追加議定書で その範囲が拡大され、軍隊の義務部隊だけでなく民間義務単位まで含めることになった59。「義務単位」という用語には、特に病院および 類似機關、輸血センター、予防医学センター および 機関、医療倉庫、該当単位の医療および薬品店が含まれる60。規則 29は、いかなる状況においても、すなわち軍事的性格であれ民間性格であれ、救急車のような陸上輸送、または水上(病院船)、航空(義務航空機)輸送であっても、義務輸送を尊重し保護する同様の義務を課す61。

同じ論理における核兵器の人道的影響に関する最近の研究から導き出された最も重要な結果の一つが核災害に適切に対応することが困難であるというICRCと他の人道主義の行為者たちの認識であることは、上記(II.A.2)で指摘したことがある。 広範囲で持続的な放射線により、応急サービスと応急人材は核爆発に伴う特殊な危険と問題に直面し、これにより被害者に対する接近が極めて困難になる。したがって、核攻撃が発生した場合、慣習国際人道法研究の規則 55が適用される可能性がありうる：

53　*The Legality of the Threat or Use of Nuclear Weapons*, ICJ Reports 1996, § 35.
54　Henckaerts and Doswald-Beck, *op. cit.*, pp.189-193.
55　Article 54 § 2 of Additional Protocol I and Article 14 of Additional Protocol II.
56　Henckaerts and Doswald-Beck, *op. cit.*, p.193.
57　*Ibid.*, pp.186 and 188.
58　Article 19 of the First Geneva Convention and Article 18 of the Fourth Geneva Convention.
59　Article 12 of Additional Protocol I.
60　Henckaerts and Doswald-Beck, *op. cit.*, p.95.
61　Henckaerts and Doswald-Beck, *op. cit.*, pp.98-102.

衝突当事者は、彼らの統制権限の下で、助けを必要とする民間人のための人道的救済が迅速に、妨害されず、いかなる不利な差別もなく本質的に公正に伝達されることを許可し、これに対する便宜を提供しなければならない62。

追加議定書は、民間人が助けを必要とするときはいつでも救援措置が「取られなければならない」と規定することで人道的救護を受ける民間住民の資格を含蓄的に認めている63。ICRCと国連は、数回にわたって民間住民に救援物資に対する十分な接近(アクセス)権を付与する義務を強調した64。核兵器の使用の脈絡におけるこれらの権利の適切性は明らかです。核攻撃の被害者への適切な接近と支援が破壊と放射線の程度によって事実上不可能である場合、核兵器の使用はこの権利の故意の違反に対応し、結果として上記の規則55にも違反する。このような理由から、すでに1987年に効果的な対処が不可能であれば、核兵器の使用を防ぐことが、この種の人道的災害を防ぐことができる唯一の現実的な方法であると結論付けた世界保健機関(WHO)の報告書を引用して整理するのが意味があるでしょう。

世界の医療サービスはそのような状況に対処できないことは明らかである。要するに、核戦争が発生した場合、負傷者の分類はいくらうまくいっても意味がなくなり、救援作業は臨時方便に過ぎないだろう(…)。大多数の死傷者は、どんな種類の治療も治療を受けずに放置されるだろう(…) 治療が効果がないとき、医療専門家が使用できる唯一の解決策は予防です。明らかに予防は核戦争の場合、唯一の解決策だ65。

III. 環境法上の核兵器使用の適法性

A. 環境と将来の世代に対する核兵器の影響

ベトナムでのエージェントオレンジ(枯葉剤:譯註)の使用は、冷戦時期の核兵器が提起した脅威とともに、国際環境法規則の作成につながった歴史の重要な瞬間の一つであった。1976年軍

---

62 *Ibid.*, pp.193-200. 国連安全保障理事会は、この規則に対する尊重を繰り返し促してきた。(例えば、武力衝突に瀕した児童の状況と、これらに対する人道的支援に関する決議第1261号(1999)、第1265号(1999)、第1296号(2000)、第1314号(2000)参照)。
63 Article 70(1) of Additional Protocol 1, and Article 18(2) of Additional Protocol II.
64 例えば、ICRCは1997年にジャイル紛争に関連してメディアに発表した声明で、すべての当事者に「支援と保護に対する被害者の権利を尊重すること」を訴えた。(ICRC, Communication to the Press no. 97/08); other examples cited by Henckaerts and Doswald-Beck, *op.cit.*, pp.199-200.
65 WHO, Effects of Nuclear War on Health and Health Services: Report of the WHO Management Group on Follow-up of Resolution WHA36.28: 'The Role of Physicians and Other Health Workers in the Preservation and Promotion of Peace' (1987), 2nd ed., WHO, Geneva.

縮会議では、環境変更技術の軍事的またはその他の敵対的使用の禁止に関する条約(ENMOD)が採択され、国際人道法の再確認および発展に関する外交会議(1974-1977)では、新たに採択された第1追加議定書文案 に環境保護に関する特定の規則を導入することに合意することができた66。

以後、ICJも1996年の核兵器脅威または使用の合法性に関する勧告的意見で環境的側面を扱った。この勧告的意見の最初の部分は、核兵器の使用が環境と将来の世代に与える影響を強調している。

> 35. (…) 核爆発で放出される放射線は、非常に広範囲の地域にわたって健康、農業、天然資源、人口動態に影響を及ぼす。また、核兵器の使用は未来世代に深刻な危険になりかねない。電離(イオン化)放射線は 将来の環境、食糧、海洋生態系を損傷し、将来の世代に遺伝的欠陥や病気を引き起こす可能性がある。
>
> 36. その結果として、武力使用に関する憲章法と武力衝突に適用される法、特に人道法を本事案に正しく適用するために、裁判所は核兵器の固有の特性、特にその破壊力、言葉では言い表せない人間の苦痛を引き起こす力、そして後代にまで被害を与えることができる力を必ず考慮しなければならない。

この点を考慮すると、ICJが勧告的意見で国際法を確認し、そして今日私たちがとる行動に対する将来の世代の利益を認めるという点で新しい地平を開いたと言える67。また、ICJは、国際法が環境に関連する一般義務を含んでいるかどうかの問題を最初に正面に取り上げた68。おそらく、裁判所の意見で最も注目すべき側面は第29項に含まれており、これは環境と未来世代を結び、1972年の人間環境に関する国連ストックホルム宣言の原則21に反映された一般義務を国際法の一部として規定している69。:

> 裁判所は、環境が日常的な脅威の下にあり、核兵器の使用は環境に災害(災殃)をもたらす可能性があることを認めている。また、裁判所は、環境が抽象的な概念ではなく、生活空間と生活の質、そしてまだ生まれていない世代を含め、人類の健康自体を代表することを認める。自国の管轄権および統制内の活動が他国の環境 または国家の統制を越える地域の環境を尊重することを保証しなければならない国家の一般義務の存在は、現在、環境に関する国際法の一部となった。

66　Stefano Saluzzo, "CBRN Weapons and the Protection of the Environment during Armed Conflicts", in: *International Law and Chemical, Biological, Radio-Nuclear (CBRN) Events*, Leiden and Boston, 2022, pp.380-395, 380-381.

67　Edith Brown Weiss, Opening the Door to the Environment and to Future Generations, in: *International Law, the International Court of Justice and Nuclear Weapons*, Cambridge, 1999, pp.338-353, p.338.

68　*Ibid.*, p.339.

69　*Ibid.*

これは(自国の活動が他国の環境を尊重しなければならない：譯註)一般義務が 現在、国際法の一部となったという裁判所の最初の権威ある宣言とみなされる[70]。

未来世代の保護に関して、Weeramantry裁判官は次のように最も印象的に注目した。

> 未来世代の権利は、認定を受けるために奮闘する初期の権利に過ぎなかった段階を過ぎた。未来世代の権利は、主要条約、法律意見、文明国が認める法の一般原則を通じて国際法の中に位置した[71]。

Weeramantry 裁判官はまた、「数百世代にも及ぶ規模」の環境汚染が「論争の余地のない科学的証拠」であると証明されたときは、常に裁判所が国際法の保護原則を適用しなければならないと主張した。彼は、反対意見で核兵器が違反する国際法のいくつかの原則の一つとして、「世代間の公平性の原則」に具体的に言及した[72]。Weeramantry 裁判官は、すでにその前年である1995年の核実験事件で、裁判所が将来世代の権利を保護する義務があると主張している。

> 本裁判所は、各国の裁判所が自分を代弁することができない幼児の利益の受託者という意味で、彼ら(「未来世代」)の権利の受託者とみなされるべきである。…自国の権利が被害を受けるというニュージーランドの提訴は、現存する国民の権利だけに該当するものではない。ニュージーランド国民の権利には、生まれなかった後代の権利も含まれる[73]。

最後に、最近の研究によると、核兵器の使用は、特に報復によって後続の核爆発を引き起こし、最終的に地域的な核戦争につながると、地球全体または少なくとも地域全体に影響を与える可能性があります。全世界的に14〜19世紀の小氷河期よりも気温が低下し、この衝突後少なくとも10年間は、このような気温の低下により、世界的に生長期が短縮されると予想される[74]。例えば、この研究によると、米国と中国の一部地域の農業生産量は4年間で約20％、10年間で10％減少することがわかった[75]。

70　*Ibid.*, p.340.
71　Dissenting opinion, p.17.
72　*Ibid.*, p.51.
73　*Nuclear Test Case (New Zealand v. France)*, ICJ Reports 1995, Dissenting Opinion Judge Weeramantry, p.341.
74　J. Borrie and T. Caughley, *An Illusion of Safety : Challenges of Nuclear Weapon Detonations for United Nations Humanitarian Coordination and Response*, UNIDIR, New York and Geneva, 2014, p.44.
75　See, *inter alia*, L. Xia and A. Robock, "Impacts of a Nuclear War in South Asia on Rice Production in Mainland China", *Climatic Change*, Vol. 116, 2013, pp.357-372.

B. 適用可能な規則

1. 環境法の一般原則

とりわけ、環境法の一部一般原則は慣習規則に発展し、結果的に国家を拘束し、武力衝突時にも適用される[76]。

武力衝突中の核兵器の使用に関して、ICJは1996年の勧告的意見での中立法規の関連性を強調し、次のように思い出させた:

> **中立性の原則**は、軍隊の国境侵入、そして交戦国での武器の使用によって中立国に引き起こされた国境を越える被害に等しく適用される[77]。

この原則に含まれる防止義務は、ICJが1996年の勧告的意見で予見したように、衝突当局の領土で行われた敵対行為により環境被害が発生した場合、中立国に保護を提供することができる[78]。したがって、交戦国以外の国は、紛争に参加する国が環境義務を遵守し、違反した場合、国際的に不当な行為による結果を援用することを期待することができる[79]。このような主張は、国が**自国の領土の利用によって他国の領土に被害を与えることを許可しないこと**を要求するトレイル製錬所の原則(Train Smelter principle)で確認することができる[80]。仲裁裁判所は、次のように判断した。

> 国際法の原則に従い(…)いかなる国も、事案が深刻な結果を招き、その被害が明白で確実な証拠によって立証される場合、他国内で又は他国に、又はその他国にある財産又は人に煤煙による被害を引き起こすなどの方法で自国領土の利用または利用を許可する権利はない。

同様に、ICJは、1948年のコルフ海峡事件で、アルバニアがイギリスの船舶に危険を警告しなかったことは、アルバニアが次の義務に違反したと判断した。

> 他国の権利に反する行為に自国領土が使用されることを知りながらもこれを許さない義務[81]。

---

76 Saluzzo, *op. cit.*, pp. 385-387.
77 ICJ Reports 1996, § 88.
78 ICJ Reports 1996, § 29.
79 Saluzzo, *op. cit.*, p. 387.
80 United States v. Canada, 3 RIAA 1907 (1941).
81 *Corfu Channel Case (U.K. v. Albania)*, 1949 ICJ Reports, p. 22.

2 발표문

　上記のように、トレイル製錬所事件とコルフ海峡事件で精巧化された原則は、その後、1972年の人間環境に関するストックホルム宣言原則21 および1992年の環境および発展に関するリオ宣言原則2に盛文化され、これは、以下の義務を有するという関連国の共通の確信を表明している。

> 自国の管轄又は統制内の活動が、他国の環境又は自国管轄の範囲外の地域の環境に被害を引き起こさないことを保証する義務

　環境の保護と保全に関する文書やその他の条項は、平時だけでなく戦時にも常に適用され、一部の国は、ICJでその結果が広範囲で国境を越える影響を及ぼす核兵器の使用は、これに違反するものとなると主張した[82]。

　ある国が国際社会に対して守るべき注意義務の一般的な基準は、しばしば「**かなりの注意**」(due diligence)として説明されてきた。最近、ICJは2010年にウルグアイ川パルプ工場事件(アルゼンチン対ウルグアイ)でこの基準を「予防の原則」と規定し、次のように判示した。

> 国家は(…) 環境に重大な被害を引き起こす(…) 活動を防ぐために利用可能なすべての手段を使用する義務がある。裁判所は、これらの義務は現在、環境に関連する国際法 集成(corpus)の一部であると規定している[83]。

　もう一つの重要な環境原則には**事前予防原則**がある。Charlesworth臨時裁判官は、南極海捕鯨事件に対する個別の意見で、この原則を「該当活動の直間接的な影響の科学的不確実性にもかかわらず、環境を脅かす可能性のある活動を避けること」と定義し、「これは最も広い意味で環境に に対する被害(ダメージ)防止を優先する[84]。」と言った。

> この見解の出発点は、各世代が私たちの共同の自然と文化遺産の管理者であり使用者だということだ。私たちはこの地球の管理者として、将来の世代に対する一定の道徳的義務があり、これを法的強制力のある規範に変えることができる[85]。

　1972年のストックホルム宣言は、原則1で私たち全員に、「現世代と未来世代のために環境を保護し改善しなければならない厳重な責任」があると明示している。

82　*The Legality of the Threat or Use of Nuclear Weapons*, ICJ Reports 1996, § 27.
83　*Pulp Mills on the River Uruguay* (Argentina v. Uruguay), ICJ Reports 2010, p.14 at para. 101, referring to *Legality of the Threat or Use of Nuclear Weapons, Advisory Opinion*, 1996 ICJ 242 at para. 29.
84　*Whaling in the Antarctic* (Australia v. Japan: New Zealand intervening), ICJ Reports 2014, separate opinion, at § 6.
85　Edith Brown Weiss, in: *Fairness to Future Generations: International Law, Common Patrimony and Intergenerational Equity* 21 (1989).

要約すると、言及された原則、特に中立性原則および国家が他国の領土に害を与えるために自国の領土を利用(または利用することを許可する)しない義務は、1996年のICJ勧告的意見によると、「空間的または時間的に抑制されることが できない」影響を持つ核兵器の脈絡で はるかに妥当であることは明らかである[86]。すなわち、A国家のB国家に対する核兵器攻撃は必然的に域内中立国の領土に影響を及ぼし侵害したり、さらには地球全体に影響を及ぼすだろう。

2. 国際人道法上の環境保護

上記(A.環境と将来の世代に対する核兵器の影響)で述べたように、環境保護に関する最初の規則は第1追加議定書で確認することができる。戦闘手段及び方法選択の基本規則に関する第35条の3項は、締約国に次の事項を禁止している。

> 自然環境に広範囲で長期間の深刻な損害を引き起こす意図を持っているか、またはそのようなものと予想される戦闘手段や方法を使用すること

この条項は、環境保護について明示的に取り扱っている第55条第1項[87]と併せて読まなければばらない。

> 第55条 – 自然環境の保護
> 1. 広範囲で長期的な深刻な損傷から自然環境を保護するために、戦闘中に注意措置が取られなければならない。そのような保護には、自然環境に対してそのような損傷を与え、それによって住民の健康または生存を侵害することを意図しているか、または侵害することが予想される戦闘方法または手段の使用の禁止が含まれる。

また、ICRCは、敵対行為に関する関連原則が環境にも適用されることを確認した。一例として、慣習国際人道法研究の規則43は、軍事目標でない限り、自然環境のいかなる部分も攻撃を受けることができないと規定し、環境の民間的性格を確認する[88]。また、規則45は、第1追加議定書 第35条に規定されている条項の慣習法的性格を確認しながら、環境破壊を武器として使用してはならないと適時している[89]。すなわち、規則45は、第1追加議定書第35条と

86　ICJ Reports 1996, § 35 (see above A.2).
87　*Ibid.*, p.382.
88　*Ibid.*, p.384. 「規則43. 敵対行為に関する一般原則は、自然環境にも適用される。
　　A. 自然環境のいかなる部分も、それが軍事目標でない限り攻撃されない。
　　B. 重大な軍事的必要による場合を除き、いかなる自然環境に対する破壊も禁止される。
　　C. 具体的で直接的な所期の軍事的利益に比べて過度の付随的被害を環境に引き起こすと予想される軍事目標に対する攻撃の実行は禁止される。」
89　規則45. 自然環境に広範囲で長期的で深刻な損傷をもたらすことを意図したり、そのような損傷が予想される戦闘手段と方法の使用は禁止されている。自然環境の破壊を武器として使用してはならない。

ENMOD条約の具体的な条項と敵対行為に関する一般原則とを組み合わせたものである[90]。最後に、規則44 を[91]制定しながら、革新的な視点がとられたが、これには、第1追加議定書 第57条の事前予防原則に基づいて国際環境法で着目した特徴が含まれている[92]。

　これらの規則は、慣習国際人道法を反映しているため、第1追加議定書を批准していない国家に対しても拘束力のある法規範という点で重要である。このような脈絡でいくつかの核保有国(NWS)、特に米国、インド、パキスタン、イスラエル、北朝鮮が議定書を批准していないことを強調することが適切です。しかし、これらの国は、前に述べた規則の拘束を受ける。フランスが2001年4月11日 条約を批准しながら発表した宣言を通じて第1追加議定書の核兵器適用を排除し、その適用をひたすら従来の武器に対してのみ維持するということにも言及しておく[93]。これは多くの理由で問題がある留保であり、条約法に関するウィーン条約(VCLT)第19条により有効ではない可能性が高い[94]。とにかく、フランスは上記の規則(この規則は核兵器を伴う武力衝突にも適用される)に拘束される。

IV. 人権法上の核兵器使用の適法性

A. 序論

　筆者は核兵器と人権の関係について深みのある論文を発表したことがある。現実的な理由から、この章では生命権、拷問および非人道的で屈辱的な扱い禁止、私生活と家庭および住居に対する尊重の権利など、いわゆる三つの「市民的」権利に限定して取り上げる。他の重要な権利、特に経済的、社会的、文化的権利は、核兵器の使用によって大きな影響を受ける可能性があるが、ここでは扱わない[95]。さらに、人権は特に脆弱な人々に焦点を当てる場合が多い。私は他の論文で、特定の集団、特に子供、女性、先住民が核事故にさらされたとき、他の集団よりも脆弱であることを明らかにしました[96]。ここでは、現実的な理由で核事故や核攻撃に直面した児童の特別な脆弱性についてのみ簡単に取り扱うことにする。

90　Saluzzo, *op. cit.*, p. 384.
91　規則44. 戦闘の方法と手段は、自然環境の保護と保存を十分に考慮して使用されなければならない。軍事作戦を実施する際に自然環境に付随的に発生する被害を避けたり、いずれにせよ最小限にするために全ての可能な予防措置を取らなければならない。いかなる軍事作戦が環境に及ぼす影響に対する科学的根拠が不明であるからといって、衝突当事者がそのような予防措置を取る義務が免除されるものではない。
92　Saluzzo, *op. cit.*, p. 384.
93　Declaration of the Government of France of 11 April 2001, § 2.
94　1969年条約法に関するウィーン条約第19条c)によれば、留保が条約の対象及び目的と両立しない場合、有効ではない。
95　Rietiker, Humanization, *op. cit.*, pp. 205-222.
96　*Ibid.*, pp. 222-238.

B. 生命権

1. 一般論

生命権は最も基本的な人権です。ICJは1996年の核兵器の脅威または使用の合法性に関する勧告的意見で武力衝突時の生命権の適用可能性を確認し、さらに1966年の市民的および政治的権利に関する国際規約(ICCPR)第6条1項の意味内で何が「生命の恣意的剥奪」であるかについての判断は、武力衝突を規律する国際法、特に人道法に照らして決定すべきであると判示した[97]。

ICCPRによると、生命権は第4条により「国家の存立を脅かす公共緊急事態」の場合にも毀損することができない権利である[98]。核兵器使用の脈絡では、生命権は多くの点で適用されるようである。二つの例だけ挙げてみる。:

第一に、最も明白なのは、核兵器は放射線被ばくのために数年、数十年後に死亡する多数の人々を勘案しなくても、そして敵戦闘員と民間人を区別できないという点を勘案しなくても、わずか数秒で数万、数十万人の生命権を侵害できるという点だ。これがICCPR第6条で意味する生命の「恣意的剥奪」に該当しない場合、そのどれが該当するだろうか。

第二に、核兵器を特に致命的にする側面の一つは、どのような適切な構造と医療対応もインフラの完全な破壊、医療人員の死亡、持続的な放射線 – この放射線は被害地域への接近を非常に困難にする – によって不可能であるという事実を 上記(特にII.B)で確認したことがある。核攻撃後の放射線の存在は、負傷者の捜索、構造、治療を深刻に阻害する可能性がある。Doswald-Beckによると、これは攻撃国による生命権侵害に該当する可能性がある[99]。前述の内容に照らして見ると、生命権は核兵器の脈絡において重要な役割を果たし、核兵器の使用は生命の恣意的剥奪に該当し、したがってICCPR第6条に違反すると主張することができる。

2. 人権委員会一般論評第36号

2018年10月30日、1966年市民的および政治的権利に関する国際規約(ICCPR)の履行を担当する国連人権委員会(HRC)は、生命権(ICCPR第6条)に関する一般論評(GC)第36号を採用した。これは多くの点で注目すべき文書であり、核軍備統制/軍縮と人権との間の橋を架ける模範事例だ。人権委員会は、66項で大量破壊兵器(WMD)、特に核兵器の脅威と使用が生命権と両立できないと見ており、核軍縮及び非拡散分野で締約国の義務を再度強調している(参照及び脚注省略)。

---

[97] ICJ Reports 1996, § 25.
[98] 例えば、欧州人権条約(ECHR)第15条は、合法的な戦争行為による死亡については生命権の離脱を許可している。
[99] L. Doswald-Beck, "Human rights law and nuclear weapons", in G. Nystuen, S. Casey-Maslen and A. Golden Bersagel (eds.), *Nuclear Weapons Under International Law*, Cambridge, 2014, pp.435-460, p.451.

66. 大量破壊兵器、特に影響の点で無差別的で破滅的な規模の人命破壊をもたらす可能性のある核兵器の脅威または使用は、生命権に対する尊重と両立できず、国際法上の犯罪に該当する可能性がある。国際義務により、締約国は、非国家行為者の大量破壊兵器の獲得を防止する措置を含む大量破壊兵器の拡散を中止し、核兵器の開発、生産、実験、獲得、備蓄、販売、移転および使用を控え、既存の備蓄を廃棄し、偶発的な使用を防ぐための適切な保護措置を講じるために、必要な措置をすべて講じる必要がある。(…) また、締約国は、厳格で効果的な国際的統制下で核軍縮目標を達成するために誠実に交渉を追求し、(…) 国際的責任原則に従い、大量破壊兵器の実験や使用により生命権が否定的影響を受けた、または受けている被害者, 彼らに適切な賠償を提供しなければならない国際的義務を尊重しなければならない。

筆者はいくつかのことを簡単に言及したい：まず、人権委員会は大量破壊兵器、特に核兵器の実際の使用だけでなく、その脅威も生命権と両立できないことを表明する。第二に、人権委員会は、核兵器の影響が無差別的で破滅的な規模の人命破壊を引き起こす特性を持っているので、生命権と両立できないと見ている。上記のように、ICJは1996年の勧告的意見で「核兵器の破壊力は空間的にも時間的にも抑制できない[100]」と明示した。

第三に、一般論評は、核兵器の使用と脅威が国際法上の犯罪に該当する可能性があると考える。筆者は、他の論文で核兵器の使用に関連して、ローマ規定上の戦争犯罪と人道に反する罪の様々な条項が適用されると考える理由を説明した[101]。

第四に、厳格な法的観点からみると、おそらく一般論評の主な価値は、国連人権機関の一般論評が一般的に関連条約規定に対する権威ある解釈であり、結果的にその条約に由来する締約国の義務に対する権威ある解釈であると見なされるという事実にあるだろう。特定の場合には、一般論評が慣習国際法を反映したり、少なくとも国家慣行として慣習国際法の確立に寄与することもできる。この点で、NPT上の核兵器保有が認められるすべての国は、中国を除いてすべてICCPRの締約国であることを言及する必要がある。中国も少なくともICCPRに署名は終わった。最後に一般論評第36号を採択する当時、人権委員会が非核保有国の独立専門家だけでなく、フランス、イスラエル、イギリス、米国など核保有国出身の委員で構成されていたという点は注目に値する。

C. 非人道的および屈辱的な扱いの禁止

人間の尊厳性は、国際人権法の基礎を成し補強する何より重要な原則である[102]。この原則は人権法の究極の基盤を提供すると解釈されてきた。国連憲章は「人間の尊厳性と価値」に言及

---

100 ICJ Reports 1996, § 35.
101 Rietiker, Humanization, *op. cit.*, pp.269-276.
102 ILC commentary of article 4 of the draft articles, § 1.

しており、1948年世界人権宣言(UDHR)専門は「すべての人類構成員の…天賦の尊厳を認めることが世界の自由、正義、平和の基礎」と宣言している。その後、この概念はすべての主要な人権文書に再確認され含まれている103。また、人間の尊厳性の原則は、集束弾に関するオスロ条約104だけでなく、国際人道法分野の核心でもある105。

核兵器爆発の影響に関する限り、人間の尊厳が重要な役割を果たすことは明らかである。この点で、1996年の核兵器の脅威または使用の合法性に関する勧告的意見から、Weeramantry裁判官の反対意見の中で、次の段落を引用することが適切であろう。

> (…)WHOが本裁判所に報告したように、ある武器が100万人から10億人の人命を殺害する可能性を持っていれば、人間の命はあらゆる文化で理解するような人間の尊厳に完全に反する無価値なレベルに転落することになる。ある国家によるそのような故意的行為は、その国家が世界平和が依存している基本的な人間の尊厳性を尊重すると承認することと、また国連のすべての加盟国の立場では当然とされる人間の尊厳性を尊重すると認めるものとは、そのどんな状況でも両立できない。(…)人間に対する人間の非人道性の長い歴史の中で、これまでに発明された武器も核爆弾ほど人間の尊厳と価値を否定していない106。

これはより具体的に核兵器爆発に対する対応を一例として説明することができる。人道的機関は、このような緊急事態で保護者がいない、または孤児になった子供や女性、高齢者、または障害者の生存と安全性が汚染されていない食料および飲料水への接近(アクセス)および病気を予防するための適切な衛生施設への接近などの基本的 必要(ニーズ)の管理を含め、どのように保証できるかという問題に直面することはよく知られている107。このような点で特別な保護措置が不足した状況で核爆発の影響とその余波による劣悪な健康及び生活条件が結合する

---

103 See, for instance, International Covenant on Civil and Political Rights,25 the International Covenant on Economic, Social and Cultural Rights (preamble, and article 13 § 1), the International Convention on the Elimination of all Forms of Racial Discrimination (preamble), the Convention on the Elimination of All Forms of Discrimination against Women (preamble), the Convention against Torture and Other Cruel, Inhuman or Degrading Treatment or Punishment (preamble), the Convention on the Rights of the Child (preamble, articles 23 § 1, 28 § 2, 37, and 39-40), and the Convention on Rights of Persons with Disabilities (article 3).

104 全文の6番目の段落は次のとおりです。「本条約の締約国は、…すべての集束弾被害者の権利の完全な実現、彼らの天賦的尊厳性の 認定を保障することも決議した」。

105 See, in particular, common article 3 § 1 (c), of the Geneva Conventions, as well as articles 75 and 85 of Protocol I and article 4 of Protocol II.

106 Dissenting opinion of Judge Weeramantry, section III.10(g), ICJ Reports 1996, p.507; また同じ意味で、1996年の核兵器の脅威または使用の合法性に関する勧告的意見のコロマ裁判官の反対意見を参照してください、577ページ：「人権法と国際人道法は、平時や武力衝突時の両方で個人の保護だけでなく、人間の価値と尊厳の保護をその存在理由にしていることを思い出さなければならない」。

107 S. Bagshaw, "Responding to the Detonation of Nuclear Weapons: A United Nations Humanitarian Perspective", in John Borrie and Tim Caughley (eds.), *Viewing Nuclear Weapons through a Humanitarian Lens*, New York/Geneva, 2013, pp.118-130, p.122.

と、特に被害者が非常に脆弱な集団の構成員である場合、被害者の尊厳性が奪われると推定できる。言い換えれば、責任ある国家が消極的態度で一貫している場合、その国家は被害者を保護する必要がある(積極的な)義務に違反するものです。

拷問禁止、すなわち身体的および精神的完全性に対する権利は、国際法上の人権保護において特別な地位を占めている。2012年、ICJは拷問禁止が慣習国際法の一部であり、強行規範(jus cogens)であると宣言した[108]。多様な地域的および普遍的な条約において、拷問禁止は、公的緊急事態においても毀損することができないだけでなく[109]、そのいかなる留保もなく保証される権利である[110]。したがって、拷問禁止は、特に規則の正式化に由来する「絶対的」保証として一般的に提示される。例えば、ICCPR第7条を参照することができる。

> 誰も拷問や残酷な、非人道的または屈辱的な扱いや刑罰を受けることはない[111]。(…)

しかし、すべての行為が拷問や非人道的で屈辱的な扱いの定義に該当するわけではない。例えば、不当な処置が関連規定の範囲に含まれるためには、一定の最小限の重症度(深刻)レベルに達する必要がある(いわゆる「しきい値理論」)[112]。このレベルに達すると、裁判所は通常、三つの範疇の処置(拷問、非人道的または屈辱的処置)のいずれに該当するかを判断する。

筆者は2017年に出版した著書で特に欧州人権協約(ECHR)に照らして核兵器の使用を分析した[113]。筆者は、核兵器の使用が被害者の基本的尊厳性を剥奪するから、少なくとも「屈辱的扱い」に該当できると主張した。欧州人権裁判所がこのような屈辱的水準(レベル)の扱いに対して展開して適用した標準方式(standard formula)によると、屈辱的扱いは「被害者に羞恥心と屈辱感を与える恐怖、苦痛、劣等感を呼び起こすレベルの」[114]扱いだ。また、筆者は、著書で数多くの被害者が膨大な苦痛と痛みを経験し、数週間以内に死亡につながる可能性がある傷害を負う可能性があるという事実を考慮すると、核兵器の使用が「非人道的」扱いに該当する可能性があると主張した。イオン化(電離)放射線の放出と放射性落塵(降下物)は放射線疾患を引き起こす可能性があり、大多数の人々は爆発後数日または数週間が経過するまで自分が致死量の放射線にさらされたことを認識できないかもしれない。この期間は、明らかに「最も痛みを伴う状況で

---

108 *Question relating to the Obligation to Prosecute or Extradite (Belgium v. Senegal)*, Judgment, ICJ Reports 2012, § 99.
109 See, for example, Article 4 § 2 of the ICCPR and Article 15 § 2 of the ECHR.
110 See, for instance, Article 7 in conjunction with Article 4 § 2 of the ICCPR, Article 3 in conjunction with Article 15 ECHR, and Article 5 § 2 in conjunction with Article 27 § 2 of the American Convention on Human Rights (ACHR).
111 また、欧州人権条約第3条を参照:「誰も拷問または非人道的または屈辱的な処置または刑罰を受けてはいけない」。
112 See, for instance, *El-Masri v. the fomer Yugoslav Republic of Macedonia (GC)*, 13 December 2012, § 196.
113 Rietiker, Humanization, *op. cit.*, pp.191-195.
114 *Kudla v. Poland (GC)*, no 30210/96, 26 October 2000, § 92.

[被害者]が死亡する可能性のある実際のリスクにさらされる」という「極度の精神的および身体的苦痛115」として認められるかもしらない。

D. 私生活及び家庭と住居を尊重してもらう権利

核攻撃は、住宅と財産の大規模な破壊によって、特にICCPR第17条またはECHR第8条によって保護されている被害者のプライバシーおよびを住居尊重してもらう権利に影響を与える可能性がある。これらの権利は、他の文書によって制限され(相対的な権利)、離脱する可能性があるという点で、拷問禁止による価値よりも保護されていない。

例えば、ICCPR第17条は次のように規定している。

> 私生活、家庭、住居および通信：
> 1. 誰も人のプライバシー、家庭、住居、または通信に対して恣意的または不法な干渉を受けたり、人の名誉と評判に対する不法な攻撃を受けない。
> 2. すべての人は、そのような干渉または攻撃から法律の保護を受ける権利を有する。

すなわち、ICCPR第17条によれば、住居への干渉は、合法的かつ恣意的でない場合にのみ許可される116。ECHR第8条によると、これらの権利に対する合法的な干渉の条件の一つは、そのような干渉が「民主社会に必要」であり、追求する目的に比例しなければならないということである。核兵器に関する限り、核攻撃を通じて多数の人々の住宅や財産を破壊することが、どのような目的であっても正当化できるか疑問だ。この点で、住宅や建物が核嵐に耐えることができるとしても、放射性降下物(落塵 / 死の灰)によって長時間または永遠に居住できなくなることがあることを強調しなければならない。これは、恣意的な住居での退去として規定することができ、ICCPR第17条およびECHR第8条違反に該当することができる。

E. 特定の脆弱性: 2011年福島事故後の児童の事例

この章の序論で述べたように、人権法は通常脆弱な集団に焦点を当てている。

例えば、世界中の子供は有毒物質と汚染の影響に苦しんでいる。これらの影響は、生活のさまざまな段階で、そして非常に多様な露出経路によって異なる形で現れる117。さらに、子

115　*D. v. United Kingdom*, no 30240/96, 2 May 1997, § 54.
116　W. A. Schabas, *U.N. International Covenant on Civil and Political Rights*, Nowak's CCPR Commentary, 3rd revised edition, 2919, p. 487, § 50.
117　UN Human Rights Council, Report of the Special Rapporteur on the implications for human rights of the environmentally sound management and disposal of hazardous substances and wastes, 2 August 2016, § 2, A/HRC/33/41, see: https://www.refworld.org/docid/57d6a3154.html.

供は露出水準が高く、より敏感に反応するため、大人よりも脆弱である。これらの影響は不可逆的であり、ある世代から次の世代へと受け継がれることもありうる[118]。

これは、児童権利条約(CRC)第3条1項に明示された内容、すなわち条約に明示された権利を解釈し適用する上で、児童の最善の利益が「最優先的な考慮事項」にならなければならないという内容と明らかに正反対されるものである[119]。2018年、米国小児科学会は、複数の組織(甲状腺、骨髄、乳房、脳など)が児童の場合、成人に比べて放射線に敏感であり、これらの組織で放射線関連がんが発生する危険が児童がより高いと報告した。一方、他の組織(肺、膀胱など)は、子供が大人よりも敏感ではないことが示された[120]。

2011年の福島原発事故は、核事故が被害児童の健康と人権に及ぼす特別な問題を示す最近の事例だ。福島事故の余波に対する健康圏特別報告官であるAnand Groverは、2013年の報告書で放射線ヨウ素摂取による甲状腺がんの危険が児童にとって最も高いと指摘した[121]。ほぼ同じ時期に作成された他の報告書によると、日本で幼児死亡率が増加し、数千人の児童が前癌に分類されるべき甲状腺結節や嚢胞と診断された[122]。また、最初に児童甲状腺がんが記録された事例もあった[123]。

2019年1月の会期において、国連児童権利委員会委員たちは、福島核事故に関して日本代表団に様々な問題を提起した[124]。これには、情報に対する児童の権利と事故の結果、長期的な健康モニタリングに関する質問、福島児童の甲状腺がんの発生率を考慮して行われた措置が含まれた[125]。委員会は、2019年2月1日の報告書で日本政府に「(a) 避難区域における放射線被ばくが児童の危険要因に関する国際的に認められた知識と一致することを再確認すること; (b) 非指定区域の避難者、特に子供に財政、住居、医療、その他の支援を提供し続ける... (d)放射線量が年間1mSv(ミリシーベルト)を超える地域の児童を対象に総合的で長期的な健康診断を行うこと[126]」な

118　Ibid.

119　児童権利条約第3条1項:「公共又は民間社会福祉機関、裁判所、行政当局又は立法機関等により実施される児童に関するすべての活動において、児童の最善の利益が最優先的に考慮されなければならない。」

120　M.S. Linet, Z. Kazzi, J.A. Paulson, Pediatric Considerations Before, During, and After Radiological or Nuclear Emergencies, Pediatrics, 2018, Vol. 142(6):e20183001, see: http://pediatrics. aappublications.org/content/pediatrics/142/6/e20183001.full.pdf.

121　Report of the Special Rapporteur on the right of everyone to the enjoyment of the highest attainable standard of physical and mental health, Anand Grover, UN Doc. A/HRC/23/41/Add. 3, July 2013, § 28.

122　H. Paulitz, W. Eisenberg and R. Thiel, "Health Consequences Resulting from Fukushima", Berlin, 6 March 2013, p.2.

123　Ibid.

124　The 80th Session Committee on the rights of the child, consideration of Japan – 2346th Meeting, January 16-17, 2019.

125　Greenpeace, On the Frontline of the Fukushima Nuclear Accident: Workers and Children. Radiation risks and human rights violations, March 2019, p. 44, see: https://reliefweb.int/report/japan/front-line-fukushima-nuclear-accident-workers-and-children-radiation-risks-and-human.

126　A/HRC/23/41/Add.3), see: https://tbinternet.ohchr.org/Treaties/CRC/Shared%20Documents/JPN/CRC_C_JPN_CO_4-5_33812_E.pdf

どの7つの勧告事項を提示した。

　福島事故後の児童の状況は、核事故にあった特定の範疇の人々が特に脆弱であることを示す一例に過ぎず、核兵器使用の場合、脆弱集団の基本的人権が侵害される可能性と、そのような状況で脆弱集団が特別に保護される必要性は誰でも容易に想像できる。

V. 核兵器禁止条約(TPNW)による核兵器使用の適法性

A. 序論

　2017年7月7日、ニューヨーク国連本部で起こったこと、まもなく核兵器禁止条約(TPNW)の採択は、20年以上続いた核兵器分野での停滞期の終了をもたらしたため、分析する価値がある[127]。これにより、生物兵器(1972)と化学兵器(1993)に続き、残りの類型の大量破壊兵器(WMD)が禁止された。核兵器禁止条約は、核兵器の使用、保有およびその他の関連行為を禁止する最初の普遍的規範を樹立する。核軍縮と国際安全保障に対するこの条約の実質的な影響について相当な見解があるにもかかわらず、核兵器禁止条約は核保有国(NWS)に対する圧迫を高め、この議論を国際関係の中心に積極的に引き上げている[128]。新しい条約の採択を推進してきた国際NGOネットワークである核兵器廃棄国際運動(ICAN)が2017年ノーベル平和賞を受賞したという事実は、この条約の妥当性に対する確実な証拠だ[129]。

　この条約は、第15条1項により2020年10月24日、50番目の批准国であるホンジュラスの批准以後90日が去る2021年1月22日に発効した。本稿を完成した現在、93カ国がこの条約に署名し、60カ国が批准した[130]。

B. 人道的動機と条約の精神

　条約の準備作業(上記のII.A.2「人道的構想」を参照)と条約文の両方は、新しい条約が人道的理想と核兵器の使用が人間と環境に災害的な結果をもたらすという確信に深く触発されたことを示している。条約の人道的動機は、何よりも条約の目的と趣旨を反映している全文で見つけることができる。

127　Daniel Rietiker/Manfred Mohr/Toshinori Yamada, Treaty on the Prohibition of Nuclear Weapons, A Commentary Article by Article, updated verion, May 2022, p. 3; available: https://www.ialana.info.
128　*Ibid.*
129　*Ibid.*
130　https://www.icanw.org/signature_and_ratification_status

2 발표문

本条約の締約国は、

(…) 核兵器のいかなる使用でも引き起こされる破滅的な人道的結果を深く懸念し、いかなる状況においても核兵器が絶対に二度と使用されないように保証する唯一の方法である核兵器の完全な廃棄の必要性を認識し[第2段落]

(…) 核兵器の破滅的な結果が適切に対処できず、国境を超越し、人類の生存、環境、社会経済的発展、世界経済、食料安全保障、現世代および将来世代の健康に重大な影響を及ぼし、イオン化放射線の結果を含む女性と少女に過酷な影響を及ぼすことを認識し[第4段落]

核軍縮の倫理的責務と、国家安全保障及び集団安全保障利益に寄与する最上位の世界的公益である核兵器のない世界を達成し維持することの緊急さを認め、[第5段落]

核兵器使用の被害者たち(hibakusha)だけでなく、核兵器実験の影響を受けた人々が被った容認できない苦痛と被害に心掛けて、[第6段落]

核兵器活動が先住民に及ぼす過酷な影響を認識し[第7段落]

すべての国が国際人道法と国際人権法を含む適用可能な国際法を常に遵守する必要性を再確認し、[第8段落]

国際人道法の原則と規則、特に武力衝突締約国が戦闘手段や方法を選択する権利が無制限ではないという原則、区別の規則、無差別攻撃の禁止、攻撃における比例性と予防措置の規則、過度の傷害や不要な苦痛を誘発する性質を持つ武器使用の禁止、自然環境保護規則に基づき[第9段落]

核兵器のいかなる使用も武力衝突に適用される国際法規則、特に国際人道法の原則と規則に反することを考慮し、[第10段落]

核兵器のいかなる使用も人道の原則と公共良心の命令にも反するという点を再確認し[11段落]

(…) 核兵器の全面的廃棄要求で立証された人道の原則を増進する上で公共良心の役割を強調し、国際連合、国際赤十字・赤新月運動、その他の国際・地域機構、非政府機関、宗教指導者、議会、学界、核兵器被害者(hibakusha)が同目的のために行った努力を認識し、[24段落] (…)

これらの 前文の条項は、上記で議論したすべての問題、すなわち国際人道法、環境法および人権法に関する側面を扱っていると言える。また、前文で核兵器の使用が特定の範疇の人々、すなわち女性と少女[131]、先住民に過酷な影響を及ぼすことを強調することによって、複数回にわたって人権の論理を取っていることに言及する必要がある[132](上記のIV.E.参照)。最後に、TPNWの作成者たちは、1945年8月に広島と長崎に加えられた核攻撃の被害者(「hibakusha」)が経験した言葉で表現できない苦痛と被害を強調することが重要だと見た。

---

131 Preambular § 4.
132 Preambular § 7.

C. 核兵器の使用禁止

オタワ条約およびオスロ条約と同様に、新しい条約の第1条は、範疇全体の武器を取り除くために一連の禁止を課している[133]。第1条の禁止は、核兵器の開発、実験、生産及び製造(a号)を含め、広範な核兵器関連活動を禁止するという点で、以前の核軍縮条約に挿入された条項よりさらに包括的であり、NPTとは異なり核保有国(NWS)と非核保有国(NNWS)を区別しないという点で非差別的だ。

最も重要なのは、第1条1項(d)に含まれる使用禁止条項で、その内容は次の通りである。

> 1. 各締約国は、いかなる状況においても、次の事項を決してしないことを約束する。: (d) 核兵器または他の核爆発装置を使用または使用することを脅かす。

非常に驚くべきことに、核兵器の使用は、他の多くの武器、破壊力の低い武器[134]とは異なり、以前の条約では明示的に禁止されていなかった[135]。第1条により、締約国は、「いかなる状況においても」条約が禁止する活動をしないことを約束していることを強調することが重要である。すなわち、このような行為は、他の締約国に対してはもちろん、非当事国、さらには反軍団体やテロリストのような非国家行為者に対しても禁止される。また、戦時復仇(belligerent reprisals)も禁止される[136]。

新しい条約は、1996年の勧告的意見(「極端な自衛状況」)の意味で「例外」を含まず留保を許可しないことによって[137]、この種の解釈上の曖昧さと矛盾を排除する。条約に加入した国にとって、これは「絶対的」使用禁止を意味する。

さらに、核兵器禁止条約が多くの国々によって批准されれば、この禁止条項は、条約の「根本的な, 規範創出的な性格」により条約に加入していない国々に対しても核兵器を禁止する慣習規範としての性格も併せ持つことができる[138]。

133　See, for an overview, John Burroughs, "Key Issues in Negotiations for a Nuclear Weapons Prohibition Treaty," *Arms Control Today*, Vol. 47, June 2017, pp.6-13.

134　See, in particular, the 1925 Geneva Gas Protocol, Article 1 § 1 b) of the 1993 Chemical Weapons Convention, and Article 1 § 1 a) of the Ottawa and Oslo Conventions.

135　例外的な場合には、核保有国が締約国である議定書を通じて非核地帯で消極的安全保障が提供される。また、こうした議定書の締約国である核保有国の大半は、特定の場合の核兵器の使用について留保的立場をとっている。

136　See Stuart Casey-Maslen, *The Treaty on the Prohibition of Nuclear Weapons: A Commentary (Oxford Commentaries on International Law)*, 2019, pp.134-135, para. 1.09.

137　See below; "Reservations" (Article 16).

138　*North Sea Continental Shelf Cases (Germany v. Denmark; Germany v. Netherlands)*, Judgment, 1969 I.C.J. Rep. 3 (February 20), § 72; see also Asylum Case (Colombia v. Peru), Judgment, 1950 I.C.J. Rep. 6, at 277-278 (November 20).

D. 慣習的禁止に向けて

核兵器禁止条約の発効は核兵器統制の歴史において非常に特別な瞬間だったが、その理由は、初めて核兵器に対する普遍的禁止が確立され、法的拘束力を持つようになったためだ。しかし、多分もっと重要なのは、条約の「根本的な規範創出的性格」により、成功した条約は批准国だけでなく、慣習国際法の力で第三国も拘束できるという事実だ[139]。慣習法は、国際法の別の裁判所−条約よりも重要性が少なくない−として「法律で受け入れられた一般慣行の証拠[140]」と定義される。すなわち、(準)普遍的条約につながるほどの国家が批准は関連する国家の慣行であり、条約を批准していない国家も拘束する慣習規則を示すこともできる。

ICJによれば、これらの規範を形成するためには、「彼らの利益が特に影響を受ける国[141]」が必ず慣行に参加しなければならない。我々の観点から見ると、特別な利害関係がある国家は必然的に核兵器を保有した国家であるという主張は過度の単純化である可能性がある。むしろ核兵器を保有していない国家は、これまで数十年間、自国民が核兵器の危険と脅威に直面してきたため、この規範を作る上で特別な利害関係があると主張できる[142]。また、慣習国際法の確認に関して国際法委員会(ILA)草案作成委員会が採択した結論草案には、Michael Wood 特別報告官が最初に提案したのとは異なり[143]、「彼らの利益が特に影響を受ける国」という要件が言及されていないという点も興味深い[144]。

核保有国は交渉に完全に参加しなかっただけでなく、米国、英国、フランスなど一部の国家は条約採択当日、次の内容を含む声明を発表した。

---

139 See *North Sea Continental Shelf Cases (Germany v. Denmark; Germany v. Netherlands)*, Judgment, 1969 I.C.J. Rep. 3 (Feb. 20, 1969), § 72; see also Asylum Case (Colombia v. Peru), Judgment, 1950 I.C.J. Rep. 6, at 277-278 (Nov. 20, 1950).

140 Statute of the International Court of Justice, at Art. 38 § 1.

141 North Sea Continental Shelf Cases, supra note 16, at § 74.

142 この点で、1996年の核兵器の脅威または使用の合法性に関するICJの勧告からのShahabuddeen裁判官の反対意見を参照。:「人類を全滅させ、すべての国を破壊することができる武器使用の合法性が争点である場合、どの国が特に影響を受けるかについての判断は、武器の所有権ではなく、その使用の結果に 依存する。このような観点から、すべての 国家は、その国に居住する人々と同様に、同等の生存の権利を有するため、均等に影響を受ける。(ICJ Reports 1996, p. 226, at ¶ 414). See also Maya Brehm, Whose Security is it Anyway? Towards a Treaty Prohibition of Nuclear Weapons, EUR. J. INT'L L. BLOG (May 31, 2016), available at: https://www.ejiltalk.org/whose-security-is-it-anyway-towards-a-treaty-prohibition-of-nuclear-weapons/.

143 Draft Conclusions on identification of customary international law, adopted by International Law Commission at its 70th session in 2018 (A/73/10), YBIL 2018 Vol. II Part 2, see in particular commentary on Article 8, § 4. 国際法委員会の第8条4項に対する解説は「特別に影響を受ける国家」に言及しているが、これが「国家の相対的力を指すものではない」という点を明確にしている。

144 See Int'l Law Comm'n Rep. on the Work of its Sixty-Eighth Session, U.N. Doc. A/CN.4/L.872, at Draft Conclusion 8[9] (2016).

フランス、イギリス、米国は核兵器禁止条約交渉に参加していない。我々は、この条約に署名、批准、当事国になる意思がない。したがって、核兵器に関する私たちの法的義務には何の変化もない。例えば、私たちは、この条約が慣習国際法の発展を反映したり、何らかの形で貢献するという主張を受け入れないでしょう[145]。

この声明はいわゆる「持続的反対者」として、慣習規則の成立を阻止しようとする目的があると見られる。この規則によれば、慣習国際法規則の形成段階で絶えず反対する国は、その規則が成立した後にそれに拘束されない[146]。この規則は議論の余地がないわけではない。[147] ICJは、イギリス-ノルウェーの漁業事件などで非常に例外的にのみ、普遍的な慣習法と関連した持続的反対者の概念を認めた[148]。この事件では、ノルウェーの領海汽船画定制度が国際法に違反するかどうかが争点だった。裁判所は一般的に統一された慣行が十分ではないという理由で英国が主張したように湾の入り口を横切って長さが10海里を超える直線汽船を引くことを禁止する規則がないと判示した。

ICJは「持続的反対者」の概念に明示的に言及していないが、この10解離規則が「国際法一般規則の権威を獲得した」と言っても、「ノルウェーがその規則を自国沿岸に適用しようとするすべての試みに常に反対し、来ただけにこのルールはノルウェーを相手にしては適用できないように見える[149]」と判示した。

このような判例に照らして、持続的反対者は慣習規範の成立を阻止することができず、ただその規範が自分に適用されることを回避できるだけであることを強調することが重要である。また、形成しようとする規則が国際法の強行規範(jus cogens)に関するものであれば[150]、すべての国に適用され、どの国も持続的反対者であると主張することはできない。

筆者は他の文で核兵器の使用が強行規範に影響を及ぼし、生命権や非人道的で屈辱的な扱い禁止などの緊急事態でも毀損できない基本的人権を侵害する可能性があると主張した[151]。

145　Joint Press Statement from the Permanent Representatives to the United Nations of the United States, United Kingdom, and France Following the Adoption of a Treaty Banning Nuclear Weapons, United States Mission to the United Nations (July 7, 2017), available at https://usun.state.gov/remarks/7892.

146　Olufemi Elias, Persistent Objector, Max Planck Encyclopedia of Public International Law, at 1, available at http://opil.ouplaw.com/view/10.1093/law:epil/9780199231690/law-9780199231690-e1455?prd=EPIL.

147　Ibid.

148　*Anglo-Norwegian Fisheries Case (UK v. Norway)*, Judgment, 1951 I.C.J. Rep. 3, at 131 (Dec. 18, 1951).

149　Ibid.

150　See in particular Articles 53 et 64 de la Vienna Convention on the Law of Treaties (1969).

151　See Daniel Rietiker, "New Hope for Nuclear Disarmament or 'Much Ado About Nothing'? Legal Assessment of the New 'Treaty on the Prohibition of Nuclear Weapons' and the Joint Statement by the USA, UK, and France Following its Adoption", *Harvard International Law Journal*, Volume 59, Fall 2017; available: https://journals.law.harvard.edu/ilj/2017/12/new-hope-for-nuclear-disarmament-or-much-ado-about-nothing-legal-assessment-of-the-new-treaty-on-the-prohibition-of-nuclear-weapons-and-the-joint-statement-by-the/.

したがって、米国、英国、フランスが発表した共同声明の法的効力は制限的である[152]。

要約すると、TPNWが多数の国家の批准として表出される国際社会の相当な支持を受ければ、核兵器使用禁止を含む条約上の禁止は、慣習規範としての性格も併せ持つことができる。

E. 被害者支援と環境復旧

この条約の実質的かつ法的に重要な特徴の一つは、間違いなく被害者の支援と環境の回復に関する条項が含まれていることである。第6条に含まれるこれらの規定は、条約の深い人道的性格と被害者中心の接近法を示しており、長くて詳細な全文に照らして読まなければならない[153]。

1. 各締約国は、核兵器の使用又は実験により影響を受けた自国管轄権内の個人に対して、適用可能な国際人道法及び人権法に従い、医療、再活及び心理的支援を含め、年齢及び性別を慎重に考慮した支援を差別なく適切に 提供する必要があるだけでなく、彼らの社会的および経済的統合を支援する必要があります。

2. 各締約国は、核兵器または他の核爆発装置の実験または使用に関連する活動の結果として汚染された国の管轄区域または管理下の地域について、汚染された地域の環境を回復するために必要かつ適切な措置を講じなければならない。

3. 上記第1項および第2項の義務は、国際法または両者間の協定による他の国々の責任および義務を侵害してはならない。

TPNW第6条には、条約に含まれる消極的または禁止規定と区別される積極的義務が含まれているという点で特に重要である[154]。のような義務を果たすことは優先的な課題であり、(過去)核兵器の使用または実験によって影響を受けた被害者と自然環境に即時的かつ実質的な影響を及ぼす。この責任は、核保有国(NWS)が条約に加入していなくても関連性がある。第6条によると、被害者支援及び環境復元の出発点は、核保有国でない可能性のある被害締約国の管轄権にある[155]。

この責任は、オタワ条約およびオスロ条約と1980年の国連特定通常兵器禁止条約第5議定書の礎石である人道的軍縮の概念を反映している[156]。その本質は、核兵器によって否定的な影響

---

152   Ibid.
153   For a comprehensive commentary on the Treaty and its backgrounds see Casey-Maslen, Stuart (2019), *The Treaty on the Prohibition of Nuclear Weapons : A Commentary*, on arts. 6 and 7, 2019, pp.207-224.
154   Rietiker/Mohr/Yamada, *op. cit.*, p.30.
155   Ibid.
156   See, among many others, Rapillard, Pascal (2011), Humanitarian Disarmament, in: *The Journal of ERW and Mine Action*, 151, http://www.jmu.edu/cisr/journal/15.1/specialrpt/rapillard/rapillard.shtml (7.10.2017);

を受けた人々のための実質的または実用的な解決策と支援に焦点を当てる被害者中心接近法、すなわち国家安全保障を補完する人間安全保障を追求することにある[157]。

VI. 綜合結論

　この発表文で分析した国際法の様々な分野、すなわち国際人道法、環境法、人権とTPNWは、使用する武器選択時に国家に課される制約を含め、敵対行為時に国家に課される重大な制約を発展させてきた。

　筆者は先に見た内容をもとに、**どんな核兵器の使用も国際法上不法だ**と主張する。筆者の観点からみると、低威力または戦術核兵器が国際法の基準を遵守できるという一部の国家の主張は立証されていない抑止である。また、本発表文は、核兵器の脅威または使用の合法性に関するICJの議論が多い意見の採択以後、環境法の発展、2017年のTPNW採択につながった人道的構想、または2018年の国連人権委員会の一般論評第36号の採択など、多くの発展が なされたことを示す。 一般論評第36号の66項は、核兵器に反対する厳重で確固たる宣言であり、核軍縮を目標に誠実に交渉を追求すべき義務の想起者である。

　このような法的発展に加え、かなりの研究が核兵器の使用が人間、環境、未来世代に及ぼす災害的な結果を立証するために、また核兵器が使用される場合には基本的に適切な人道的、医療的対応が不可能に見えるという結論を下す ために行われた。

　このような理由から、今後、ICJが核兵器の使用(および脅威)の合法性についての意見を再度要請されれば、特にTPNWの前文で表明された国々の増大する自覚に従っていくことで、1996年よりも一層確固かつ明確な判決を下す可能性があり、そうなると期待できる:

　　核兵器のいかなる使用も武力衝突に適用される国際法規則に反することを考慮して…。[158]

　　Docherty, Bonnie (2013), Ending Civilian Suffering: The Purpose, Provisions, and Promise of Humanitarian Disarmament Law, in: *Austrian Review of International and European Law*, 15(2013), pp.7-44; Dunworth, Treasa (2020), *Humanitarian Disarmament: An Historical Enquiry*.

157　Rietiker/Mohr/Yamada, *op.cit.*, p.31.
158　Preambular § 10, see above, II.B.

2 발표문

핵무기 사용과 국제형사법:
제노사이드 협약과 국제형사재판소(ICC) 규정

야마다 토시노리
메이지대학교 법학부 겸임강사

들어가며

핵무기 사용을 국제형사법 관점에서 검토하는 의의로는 첫째, 집행 절차의 존재, 둘째 범죄화가 초래하는 비정당화의 효과를 지적할 수 있다.

첫째, 국제형사재판소(ICC)의 설립으로 일정한 국제범죄에 대해 범죄 행위자를 소추 및 처벌하는 절차가 정비되어 왔다. 물론 관할권과 범죄인 인도 등에서 한계는 있지만, 현실적으로 ICC 하에서 범죄자가 재판받고 있다는 사실은 중요하다.

핵무기 사용이 ICC의 관할 범죄 중 어느 하나에 해당할 경우, 핵무기를 사용한 자가 ICC의 절차를 통해 소추 및 처벌될 가능성이 있다.

또한 최근에는 국제사법재판소(ICJ)에서도 제노사이드 협약의 적용이 쟁점화되고 있고, 이런 점에서도 핵무기 사용이 제노사이드 협약에 위반될 경우에는 ICJ를 통해 사용국의 국가 책임이 추궁당할 수 있다.

둘째, ICC 관할 범죄는 "국제사회 전체의 관심사인 가장 중대한 범죄"에 한정된다 (ICC 규정 5조 1). 특히 제노사이드는 "국제법상의 범죄로서, 유엔 정신과 목적에 위배되며 문명세계에서 단호하게 비난받는 행위"(1946년 유엔 총회 결의 I/96)로 규정되며, 현재 제노사이드 금지는 국제사회의 강행규범으로 확립되어 있다. 가령 핵무기 사용이 관할 범죄에 해당한다는 것이 분명해지면, 그 실행자의 처벌이 가능한지 여부를 넘어서, 핵무기 사용은 국제사회 전체의 이익을 해치는 것이라는 입장이 명확해져 그 사용의 정당성이 문제될 것이다.

이것은 핵무기 사용이라는 범죄를 억제하는 효과를 기대할 수 있을 뿐 아니라, 핵무기금지조약 당사국은 핵무기의 비정당화를 지향하고 있으므로, 핵무기 사용의 범죄성을 검토하는 것은 관련 관점에서도 중요하다.

I. 제노사이드

제노사이드(Genocide)는 1948년 제노사이드 협약에서 '국제법상의 범죄'로 규정되어, 동 협약 2조에 정의되어 있다. 이후 이 정의는 ICTY(구 유고국제형사재판소), ICTR(르완다 국제형사재판소) 및 ICC 규정에서도 동일한 조문에 의해 확인되고 있다.

오늘날 제노사이드 금지는 관습국제법으로 되어 있고, 강행규범(*jus cogens*) 및 대세적 의무(*erga omnes*)로 되어 있다. 제노사이드 협약 제2조에 따르면 제노사이드란 다음과 같이 정의된다.

> 제2조 본 협약에서 집단살해(제노사이드)란 국민적, 민족적, 인종적 또는 종교적 집단을 전부 혹은 일부를 파괴할 의도를 가지고 실행한 다음 행위를 말한다.
> (a) 집단구성원을 살해하는 것
> (b) 집단구성원에 대해 중대한 육체적 또는 정신적 위해를 가하는 것
> (c) 전체적 또는 부분적으로 육체적 파괴를 초래할 목적으로 의도된 생활조건을 집단에 고의로 부과하는 것
> (d) 집단 내에서의 출생을 방지하기 위해 의도된 조치를 취하는 것
> (e) 집단의 아동을 다른 집단으로 강제로 이동시키는 것

핵무기 사용이 이 제노사이드에 해당하는가를 검토하고자 한다.

첫째, 제노사이드를 구성하는 개개의 행위를 보면 핵무기 사용의 효과인 열선·폭풍·방사선 관점에서 핵무기 사용은 2조 (a)~(c)에 해당한다는 것을 쉽게 긍정할 수 있다.

둘째, 이 행위의 대상이 "국민적, 민족적, 인종적 또는 종교적 집단"이어야 한다는 점을 보면, 현시점에서 핵무기 사용은 국가와 국가의 관계에서 상정되는 것이 대부분으로, 이것은 적대국 국민(nation)에게 핵무기를 사용하는 것이라 할 수 있다.

이와 관련하여 핵무기 사용국이 상대국을 '국가'로 인정하지 않고, 자기와 동일한 민족성을 갖는 집단에 대해 핵무기를 사용했다고 주장하는 경우는 어떨까? 이 점에서 르완

다 사태에서는 후투족과 같은 국적·민족·언어·종교를 갖는 투치족이 보호 대상이 되는가가 쟁점이 되었는데, ICTR은 투치족을 '민족 집단'으로 인정하고, 또 위 네 집단뿐만 아니라 모든 안정적이고 지속적인 집단을 보호 대상으로 한다는 해석을 밝혔다(Proceutor v. Akayesu, Case No. ICTR-96-4-T, Judgement, 2 September 1998, para. 701; Prosecutor v. Akayesu, Case No. ICTR-94-4-A, Judgement, 1 June 2001, para. 459). 이렇게 보면 동일 민족 내에서의 핵무기 사용이라도 보호 대상이 되는 집단에 대한 사용으로 간주할 수 있다.

셋째, 제노사이드 행위는 대상 '집단의 전부 또는 일부'에 대한 것이어야 한다. 핵무기 사용으로 대상 집단의 전부가 파괴될 수 있지만, 그 일부의 파괴에 그치는 경우가 문제된다. ICTY에 따르면 "상당한 부분"이어야 한다(Tadic, Appeal Judgement, para. 297).

스레브레니차에서의 제노사이드가 다뤄졌던 크루스티치 사건 판결에서는, 협약의 목적이 집단 전체의 의도적 파괴를 저지하는 것이므로 '집단의 일부'에 해당하기 위해서는 해당 일부가 집단 전체에 영향을 미치기에 충분한 중요성을 가져야 한다고 판시하고, 공격 대상자의 수, 전체와의 인구 비례 등 복수의 기준을 제시했다(Kristic, Appeal Judgement (2004) paras. 8-23). 소형 핵을 사용한다고 하더라도 방사선의 영향이 광범위하게 미친다는 연구 결과가 제시되었다. 하지만 반드시 모든 핵무기 사용이 '집단의 일부'에 관한 위 기준을 넘어서는 것이라고 당장 말할 수는 없다. 무엇보다 핵무기가 사용되는(재래식 무기도 사용) 무력충돌 전체 상황에 비춰 검토할 필요가 있으므로, 경우에 따라서는 소형 핵을 사용한다고 하더라도 이 기준에 부합할 가능성이 있다. 다만, 이 기준은 실제 파괴의 결과에 대해서가 아니라 '의도'된 파괴에 대한 기준이라는 것에 주의할 필요가 있다.

넷째, 따라서 중요한 것은 파괴할 '의도'가 있느냐 없느냐이다. 실제 핵무기 사용이 앞서 말한 여러 사항에 해당한다고 해도, 핵무기 사용자가 대상 집단의 전부 혹은 일부를 파괴할 의도를 갖고 있다는 조건이 필요하다. 이에 대한 입증이 전부터 최대 관건이 되어 왔다.

사용자(예컨대 국가지도자)의 공식 발언 및 성명이 있거나 국가 정책으로 채택된다면 그 의도는 명확하다. 그렇지 않은 경우, 국제 판례에서는 객관적 사실을 통해 의도를 추정한다. 예컨대 ICJ는 행동 패턴에서 '의도'의 존재를 입증할 수 있다고 인정하지만, 입증 수준이 매우 높고 행동 패턴에 '의도'가 있다고 확인되는 경우에만 제노사이드 요건을 충족한다고 판시한다(ICJ 보고서 2007, 373항). 또 행위의 패턴에서 의도의 존재를 추론하기 위해서는, 그것이 "문제의 행위에서 합리적으로 도출되는 유일한 추론일 것"을 요구하고 있다(ICJ 보고서 2015, p.3). 이 기준을 토대로, ICJ는 스레브레니차에서의 제노사이드를 인정했다. 이때 보스니아 무슬림의 총인구는 약 14만 명이었는데, 이에 비해 약 4만 명이 있었다고 추정되는 스레브레니차의 보스니아 무슬림 인구 중 성인 남성만이 학살 대상이 되었다.

또한 ICC에서 제노사이드에 관한 최종 판결은 아직 내려지지 않았지만, 범죄의 구성요건 문서에서는 행위자가 국민적, 민족적, 인종적 또는 종교적 집단의 전체 또는 일부를 파괴할 '의도'를 가지고 있고 해당 행위가 대상 집단에게 가해진 유사 행위의 지속적 패턴과 연관되어 발생한 것이거나, 또는 해당 행위 자체가 그 같은 파괴를 초래할 수 있어야 한다고 요구하고 있다.

이러한 점에서 보면 사용에 대해서도 이러한 '의도' 입증이 필요하고, 의도가 입증되지 않으면 대규모 피해를 초래한 핵무기 사용이라 하더라도 당장 제노사이드에는 해당하지 않는다. 더욱이 핵무기 사용의 무차별적 효과는 표적 집단이 아닌 다른 국민이나 집단에까지 미칠 수 있다는 점에서, 핵무기의 무차별성은 오히려 제노사이드 의도의 추정을 곤란하게 하는 측면이 있다.

단, 상당한 대규모의 핵무기 사용, 예컨대 확증파괴 전략에 따른 핵무기 사용은 상대국 인구의 20~25%에 치명상을 입히거나 공업력의 50% 파괴를 노린다. 이런 규모의 피해는 필연적으로 상대국의 국민 집단 자체의 파괴로 이어진다. 따라서 이 행위에서 제노사이드의 '의도'를 추정할 수 있다. 이 전략은 억제를 의도해서 취하지만, 실제로 핵무기를 사용하는 시점에서는 이미 억제는 끝났다. 이 시점에서의 핵 사용은 이미 억제를 목적으로 하지 않는다. 또 오늘날에는 "핵전쟁에 승자는 없다"는 것이 이미 P5 지도자들 사이에서 합의되어 있기 때문에, 최종 단계에서의 핵무기 사용은 '전쟁 승리'를 목적으로 한 것도 아니다. 오로지 적국과 적국의 국민을 대규모로 파괴할 것을 목적으로 하는 이 같은 핵무기 사용은 제노사이드에 해당한다고 말할 수 있다.

II. 인도에 반한 죄

인도에 반한 죄는 뉘른베르크 헌장 이후 복수의 국제법 문서에 규정되어 있는데, 가장 상세한 ICC 규정 7조를 근거로 검토한다.

인도에 반한 죄의 금지도 제노사이드 금지와 더불어 강행규범으로 규정되어 있다(ILC

2 발표문

「일반국제법의 강행규범의 동 규정 및 법적 귀결에 관한 결론 초안」결론 23 및 부속).

이 죄를 구성하는 행위는 규정 7조 1에 열거된 살인, 절멸시키는 행위 등 11개에 달한다. 이 점에서 핵무기 사용은 살인(7조 1a)에 해당하는 것은 물론, 경우에 따라서는 절멸시키는 행위(동 b)에 해당할 것이다. '절멸시키는 행위'에는 주민 일부의 파괴를 초래할 의도가 있는 생활조건을 고의로 부과하는 것(특히 식량과 의약품 입수 기회 박탈)을 포함한다(동 2b). 오늘날에는 핵폭발이 있을 경우 이에 대처할 능력은 그 어떤 나라도 보유하고 있지 않다고 알려져 있고, 이것이 주지의 사실이라면 핵무기 사용으로 인한 식량 및 의약품 입수 기회가 박탈당하는 등의 생활조건이 주민에게 주어질 경우에는, 그것이 '의도'에 의한 것이라고 판단할 수 있다.

하지만 문맥적 요건으로서 그 행위가 ① '민간인에 대한 공격'이고 ② '광범위하거나 조직적인 것의 일부'로 행해진다는 조건이 필요하며, ③ 행위자에게 그러한 공격이라는 '인식'이 필요하다(제7조 1 주서柱書). 또 ICC에서 인도에 반한 죄는 무력충돌이 있고 없고와는 관계가 없다. 하지만 "민간인에 대한 공격이란, 그 같은 공격을 하는 국가 또는 조직의 정책에 따르거나 해당 정책을 추진하기 위해 민간인에게 1에 제시된 행위를 다중적으로 하는 것을 포함한 일련의 행위를 말한다"(7조 2a)고 되어 있다. 즉, 일정한 정책적 요소가 필요하다.

첫째, 핵무기 사용이 '민간인에 대한 공격'의 일부로 행해져야 한다. 핵무기 사용이 민간인을 대상으로 하는 경우가 이에 해당한다. 하지만 군사적 목적이고 주변의 민간인에게 부수적인 손해를 미쳤을 경우에는 검토가 필요하다. 이때 전쟁범죄에서와 같은 비례성의 원칙이 타당한지는 불분명하지만, 민간인이 공격의 주요 대상이고, 피해자 대다수가 민간인일 경우에는 민간인으로서의 성격이 사라지지 않는다(Tadic, Appeal Judgement, para. 297). 따라서 군사 목표에 대한 공격이었더라도, 피해자 대다수가 민간인일 경우에는 해당한다.

둘째, 광범위하거나 조직적인 공격일 것, 더불어 행위가 '다중적'으로 이뤄진다는 요건에 대하여. 이때 요구되는 '광범위'란 공격이 다발적일 것, '조직적'이란 일정한 계획 또는 정책이 존재한다는 요건이 필요하다(Akayesu, Trial Judgement, para. 580). 한 발의 핵무기 사용만으로도 이에 해당하는가가 문제다. 이들의 요건은 단독, 단발 또는 무질서하게 시행되는 비인도적 행위를 제외한다는 취지로 풀이된다(Kayishema Trial Judgement, paras. 123-124, etc.). 이 취지에 비춰 볼 때, 또 한 발의 핵무기 사용이 다수의 재래식 무기에 의한 공격이 반복된(다중적) 것과 마찬가지 결과를 초래하는 것에 근거하면, 한 발의 핵무기 사용이라

하더라도 광범위한 또는 조직적인 공격에 해당한다고 할 수 있다.

셋째, '민간인에 대한 공격'을 한다는 정책이 존재할 필요가 있다. 핵무기 사용이 고도의 정치 수준에서 판단된다는 점에서, 오사용·오발사의 경우를 제외하고 관련 정책이 존재한다고 보아도 무방하다.

넷째, 행위자에게 요구되는 '인식'이다. 이때 제노사이드와 같은 '특별한 의도'는 불필요하고, 실행자는 행위의 문맥을 인식할 필요가 있다(Tadic, Appeal Judgement, para. 248 ; Elements of Crimes, available at https://www.icc-cpi.int/sites/default/files/Publications/Elements of Crimes.pdf, pp. 3ff). 따라서 실행자는 '민간인'에게 막대한 피해가 발생할 공격이 있고, 자신의 행위(핵무기 사용)가 그 일부가 되었다는 사실을 인식할 필요가 있다.

이상의 요건을 충족한 경우, 핵무기 사용은 인도에 반한 죄에 해당한다. 이 경우, 해당하지 않는 경우는 제노사이드 경우에 비해 한정적이다. 예를 들어 소형 핵무기가 군대에만 사용되고 민간인에게 영향을 미치지 않는 경우(사막 한가운데 위치한 군대에 대한 핵공격)와 같은 사례가 상정된다.

또한 적의 군대나 국민에 대한 행위는 다음에 살필 전쟁범죄의 대상이 되는 경우가 많아 전쟁범죄와 구별하여 인도에 반한 죄로 규정하는 실익이 있는지 어떤지는 별도로 검토할 필요가 있다.

III. 전쟁범죄

전쟁범죄도 ICC 규정 제8조에 따라 검토한다.

제8조 1과 제17조를 보면, 소규모 또는 단독의 전쟁범죄가 ICC의 소추 대상이 되는 것은 생각하기 어렵다(오자키 구니코, 『국제형사재판소』, 도신도, 2022, p.76). 하지만 핵테러(dirty bomb)의 경우를 제외한 핵무기 사용은 통상 국가지도자의 판단에 따라 실행되고, 그 결과도 '소규모'라고는 말할 수 없을 것이다.

제8조에서는 기안 단계에서 핵무기 사용을 전쟁범죄에 포함시키는 것이 논의되었지만 규정되지 않았고, 그 범죄화는 장래의 ICC 규정의 개정에 맡겨졌다(제8조 2(b)(xx)).

무엇보다 개개의 핵무기 사용 행위가 전쟁범죄에 해당할 가능성은 있다. 핵무기 사용에 관한 것은 제8조 2(b)에 열거되어 있는 국제적 무력충돌에서의 전쟁범죄 행위 중 주로

(i) 민간인을 공격하는 전쟁범죄, (ii) 민간 자산을 공격하는 전쟁범죄, (iv) 과도한 부수적 사망, 상해 또는 손해를 초래한 전쟁범죄일 것이다.

(i)과 (ii)는 ① 민간인 주민 자체나 적대행위에 참여하지 않은 개개의 민간인 주민, 또는 민간 자산을 공격 대상으로 삼는 것, ② 행위자가 그와 같은 사람 또는 민간 자산을 공격의 대상으로 삼기로 의도한 것 등이 범죄의 구성 요건이다(Elements of Crimes, pp. 9ff). 이에 따르면 이른바 대가치 전략 아래 적의 도시 등을 공격 목표로 삼는 핵무기 사용은 이에 해당한다.

(iv)는 "예상되는 구체적이고 직접적인 군사적 이익 전체와의 비교에서, 부수적 민간인 주민의 사망 또는 상해, 민간 자산의 손해 혹은 자연환경에 대한 광범위하고 장기적이며 심각한 피해로 명백히 과도해질 수 있음을 인식하고도 의도적으로 공격하는 것"을 범죄로 본다. 여기에서는 '군사적 이익 전체'와 부수적 민간인의 사망 등을 비교하여 후자가 '명백히' 과도해질 것이 요구되고, 선행된 제네바 제협약 제1추가의정서보다 군사적 이익의 비중이 중시되고 있는 것처럼 보인다. 하지만 범죄의 구성 요건 문서(제8조 2(b)(iv))를 토대로 무력충돌 전체의 승리라는 군사적 이익을 비교 대상으로 하는 것은 부정되었다고 해석된다(D. Pfirter, "Article 8 (2)(b)(iv)", in R. S. Lee (ed.), *The International Criminal Court, Elements of Crimes and Rules of Procedure and Evidence*, Transnational Pub., 2001, p.148).

어쨌든 군사 목표에 대한 핵 사용의 결과, 민간인 주민·민간 자산·자연환경에 부수적 피해가 발생한 경우로, 그 손해가 군사적 이익에 비해 명백히 과도하고 행위자가 이것을 '예상'하고 있을 때 핵무기 사용은 전쟁범죄가 된다.

이 경우 "자연환경에 대한 광범위하고 장기적이며 심각한 피해"라는 점도 고려해야 하므로, 사막이나 해상에서의 적 군대에 대한 핵공격이더라도 자연환경에 명백하게 과도한 피해가 발생하는 경우에는 전쟁범죄가 될 수 있다.

하지만 이 같은 비례성의 기준에서는 군사적 이익과 비례하는 부수적 피해가 존재하는 경우, 전쟁범죄에 해당하지 않는 경우가 있을 수 있다는 것에 주의할 필요가 있다.

또 대부분의 핵무기 사용이 관련된 부수적 피해를 초래한다고 생각할 수 있지만, 전쟁범죄가 되기 위해서는 행위자가 그것을 알고 있을 필요가 있다. 따라서 핵무기가 초래할 인도상의 결과에 대해 주지의 것이 되게 하는 노력이 필요하다.

Ⅳ. 개인의 형사책임

A. 형사책임의 성립

ICC는 개인의 형사책임을 추궁한다(제25조). 공적 자격은 무관하다(제27조). 따라서 핵무기 사용을 결단하고 명령한 국가지도자에게 개인적 책임을 물을 수 있다(제25조 3b). 대부분의 핵보유국에서 핵무기 사용 결정은 고도의 정치적 차원에서 결성된다고 알려져 있으므로, 핵 사용 결정에 관여한 지도자들은 지휘관 또는 상급자의 책임(제28조)으로서가 아니라 행위자로서의 책임을 지게 될 것이다.

권유, 유인(제25조 3b)이나 방조, 교사 등(제25조 3c)도 책임을 묻기 때문에, 핵우산 국가의 관계자도 핵보유국에 대해 권유, 유인 또는 방조, 교사 행위를 한 경우에는 형사책임을 물을 수 있다.

핵폭탄 투하에 관여한 핵 공유국의 군사요원에게도 책임을 물을 수 있다. 또한 상관의 명령이라는 항변은 일정 범위에서 인정된다(제33조 1). 하지만 제노사이드나 인도에 반한 죄의 경우에는 인정되지 않는다(동 2).

B. 형사책임의 조각(면책)

또한 형사책임이 조각(면책)되는 경우가 있다(제31조).

가장 문제가 되는 것은 전쟁범죄에 관한 전시복구의 원용 가능성이다. 이에 대해서는 ICC 규정에는 명시되어 있지 않지만, 제31조 3 및 제21조 혹은 제8조 2(b)의 주서(柱書) 해석을 통해 원용될 가능성이 있다.

가령 위 해석을 통해 전시복구가 원용될 수 있다고 하더라도, 제네바 제협약과 제1추가의정서에서는 동 협약에 따라 보호되는 자 또는 민간인 주민에 대한 복구는 금지되어 있다. 관습법에서도 이 금지는 확립되어 있다(ICRC, Customary IHL, rule 146). 핵무기 사용은 민간인 주민 복구에 해당할 가능성이 높다. ICTY에서도 이와 같은 금지가 존재함을 인정하고 있다(ICTY, Martić case, Review of the Indictment, para. 776 and Kupreškić case, Judgment, para. 777). ICC에서도 핵무기 사용에 대해 전시복구에 근거해 형사책임을 조각(면책)하기란 쉽지 않을 것이다.

2 발표문

나오며

이상에서 보았듯이 제노사이드 협약 및 ICC 규정 하에서 핵무기 사용은, 모든 경우는 아니더라도 제노사이드와 인도에 반한 죄 혹은 전쟁범죄에 해당하는 경우가 있다. 또 그 사용을 결정한 국가지도자 개인의 형사책임도 추궁당할 수 있다.

이에 대하여 몇 가지 사항을 지적해 두고자 한다.

첫째, ICC의 경우 그 관할권 행사에 일정한 한계가 있다는 것에 주의할 필요가 있다. 먼저 ICC의 관할 범죄는 공소시효 대상이 되지 않지만(제29조), ICC의 시간적 관할(ratione temporis)은 규정 발효 후에 이뤄지는 범죄에 한정된다(제11조). 이어서 인적 관할(ratione personae)은 행위 지역과 상관 없이 체약국 국민에게 해당한다(제12조 2b). 이와 관련해 영국·프랑스 같은 핵보유국이나 독일·이탈리아·벨기에·네덜란드 같은 핵공유국, 한국·일본·호주와 같은 핵우산 하의 나라들이 체약국이라는 점이 주목된다. 또 장소적 관할(ratione loci)은 피의자 국적에 상관없이 ICC 체약국 영역에서 행해진 범죄에 미친다(제12조 2a). 현재 ICC 체약국은 124개국(팔레스타인국 포함. 또한 우크라이나는 비준국이 아니지만 ICC의 관할권을 수락하는 선언을 한 상태)으로, 이들의 영역 내에서 핵무기가 사용된 경우는 피의자의 국적에 상관없이 ICC가 관할권을 갖는다. 또한 유엔 안보리가 사태를 ICC에 회부하는 경우, ICC의 관할은 ICC 비체약국 국민과 영역에까지 이른다.

이런 제한 내에서 ICC는 핵무기 사용에 대해 관할권을 갖지만, 용의자의 신병을 확보하기 위해서는 인도(引渡)에 관한 조치가 별도로 필요하다. 또 ICC는 해당 범죄 관할권을 갖고 있는 나라가 피해자의 수사 또는 소추를 진정으로 이행할 의사나 능력이 없을 때, 국내 재판소(법원)를 대신해 관할권을 행사한다(보충성의 원칙).

둘째, ICC 규정에 대한 영국과 프랑스의 '유보' 문제다. 양국은 각각 ICC 체약국이 될 때 ICC 규정의 적용에서 핵무기 사용을 제외한다는 취지의 선언을 한 바 있다. 다른 체약국으로부터 이 '유보'를 지적한 이의는 제기되지 않았기 때문에, 이 유보는 허용된 것처럼 보이기도 한다. 하지만 확실히 ICC 규정 기안 과정에서는 핵무기 사용이 범죄로 규정되지 않았다. 그것은 아직 포괄적인 금지 대상이 되지 않았다고 보았기 때문이다. ICC 규정의 관할 범죄는 어떤 수단이든 성립한다. 핵무기라는 수단으로는 성립하지 않는다는 견해는 ICC 규정 교섭 과정에서는 지지받지 못했다. 또 영국과 프랑스의 '유보' 문서에는 각각 '해석선언'과 '선언'으로 되어 있고 유보라고 제시되지 않았다. ICC 규정, 특히 관할

범죄에 관한 해석은 최종적으로는 ICC 자신에 맡겨져 있다.

셋째, 제노사이드 협약에서는 이러한 협약상의 분쟁은 ICJ에 일방적으로 위탁할 수 있다(제9조). 주목해야 할 것은 최근 ICJ는 당사국 간의 대세적 의무(obligation erga omnes partes)의 존재를 인정하고 있고, 제노사이드 협약이 관련 의무를 정하고 있다고 판시했다는 것이다(ICJ 보고서 2022, 106-114항).

제노사이드에 해당하는 핵무기 사용에 대해, 다른 모든 체약국은 ICJ에서 위반국의 책임을 추궁할 수 있다. 제노사이드 협약의 제약국은 핵보유국을 포함한 153개국으로, 동 협약 제9조에 대해서는 중국·인도·미국이 유보하고 있는데, 북한·프랑스·이스라엘·파키스탄·러시아·영국은 유보하지 않고 있다.

또 동 협약에서는 제노사이드를 '국제법상의 범죄'로 규정하고, 그 방지와 처벌을 체약국에 의무화하고 있다(제1조). 제노사이드의 정의에 대해서는 상술했는데, 동 협약에서 처벌해야 할 행위가 제2조에 정의되어 있는 제노사이드에 그치지 않고 공동 모의, 직접적이고 공공연한 교사, 미수 및 공범도 포함되어 있다(제3조). 이어 ICJ의 해석에 따르면 동 협약은 국가 스스로 제노사이드를 저지르지 않을 의무를 포함하고 있어, 국가가 제노사이드 또는 제3조의 행위를 한 경우에는 국가 책임이 발생한다(보스니아 vs 세르비아의 몬테네그로 사건, 선결적 항변, ICJ 보고서 1996, p.616, 32항).

앞서 서술한 대로 핵무기 사용이 제노사이드에 해당한다면, 그 공동모의 등에 대해서도 미처벌을 이유로, 또는 그와 같은 행위가 국가기관에 의해 저질러졌다는 것을 이유로 다른 체약국이 ICJ에 제소할 가능성이 있다.

원래 제노사이드 협약은 탈퇴 가능한 협약이다(제14조). 동 협약을 근거로 한 소송 가능성이 높아짐에 따라, 대상이 되는 국가의 탈퇴 가능성이 높아질 수 있다. 이는 실제로 소송을 검토할 때 유의해야 할 점이다.

Use of Nuclear Weapons and International Criminal Law
The Genocide Convention and the Statute of the International Criminal Court (ICC)

Toshinori Yamada
Lecturer at Meiji University Law School

Introduction

Regarding the significance of examining the use of nuclear weapons from the perspective of international criminal law, it can be pointed out that, first, there is an enforcement procedure, and second, the delegitimizing effect of criminalization.

First, with the establishment of the International Criminal Court (ICC), procedures have been put in place to prosecute and punish perpetrators of certain international crimes. Of course, there are limitations in terms of jurisdiction and extradition of criminals, but the fact that criminals are actually being tried under the ICC is important.

If the use of nuclear weapons falls under any of the crimes covered by the ICC, there is a possibility that the person who used the nuclear weapons will be prosecuted and punished through the ICC procedures (described below).

In recent years, the application of the Genocide Convention has also been judged at the International Court of Justice (ICJ), and in this regard, if the use of nuclear weapons violates the Genocide Convention, the national responsibility of the State that used them will be held through the ICJ (See below).

Second, the crimes covered by the ICC (Core Crimes) are limited to " the most serious crimes of concern to the international community as a whole" (Article 5(1) of the ICC Statute). In particular, genocide is defined as "a crime under international law, contrary to the spirit and aims of the United Nations and condemned by the civilized world" (1946 United Nations General Assembly Resolution 96(I)), and the prohibition of genocide is now firmly established as a peremptory norm of the international community. are doing. If it becomes clear that the use of nuclear weapons falls under core crimes, it will become clear that the use of nuclear weapons will be viewed as harming the interests of the international community as a whole, beyond whether or not the perpetrators can be punished, and the legitimacy of its use will be questioned.

This is not only expected to have a deterrent effect against the crime of using nuclear weapons. The States Parties to the Treaty on the Prohibition of Nuclear Weapons aim to delegitimize nuclear weapons. Considering the criminality of using nuclear weapons is also important from this perspective as well.

I. Genocide

Genocide is referred to as "a crime under international law" in the 1948 Genocide Convention, and is defined in Article 2 of the same Convention. This definition has since been confirmed by identical articles in the ICTY, ICTR and ICC Statutes.

Today, the prohibition of genocide is considered to be customary international law, as well as a jus cogens and an obligation *erga omnes*.

According to Article 2 of the Genocide Convention, genocide is as follows:

> In the present Convention, genocide means any of the following acts committed with intent to destroy, in whole or in part, a national, ethnical, racial or religious group, as such:
>
> (a) Killing members of the group;
> (b) Causing serious bodily or mental harm to members of the group;
> (c) Deliberately inflicting on the group conditions of life calculated to bring about its physical destruction in whole or in part;
> (d) Imposing measures intended to prevent births within the group; (e) Forcibly transferring children of the group to another group.

I will consider whether the use of nuclear weapons falls under the category of genocide.

First, looking at the above individual acts that constitute genocide, from the perspective of heat rays, blast waves, and radiation, which are the effects of using nuclear weapons, the use of nuclear weapons falls under Article 2 (a) to (c). This can be easily confirmed.

Second, regarding the point that the target of this act must be "a national, ethnical, racial or religious group," the use of nuclear weapons is currently envisaged in the relationship between states. In most cases, this can be said to be the use of nuclear weapons against the nation of a hostile country.

In this regard, what if a country that uses nuclear weapons does not recognize the other country as a "state" and claims that it used nuclear weapons against a group of the same nation or ethnicity as itself? In this regard, in the situation in Rwanda, the issue was whether the Tutsi people, who have the same nationality, ethnicity, language, culture, and religion as the Hutu people, should be protected, but the ICTR recognized that the Tutsi people were an "ethnic" group and interpreted that protection should be granted not only to the four groups mentioned above but also to all stable and permanent groups (Proceutor v. Akayesu, Case No. ICTR-96-4-T, Judgement, 2 September 1998, para. 701; Prosecutor v. Akayesu, Case No. ICTR-94-4-A, Judgment, 1 June 2001, para. 459). From this point of view, even the use of nuclear weapons within the same national or ethnical group can be considered as use against a protected group.

Third, an act of genocide must be directed against a group " in whole or in part." Although it is possible for the use of nuclear weapons to destroy the entire target group, the problem arises when only a portion of the target group is destroyed. According to the ICTY, it must be a "substantial part" (Tadic, Appeal Judgment, para. 297). In the Krstić case, which dealt with the genocide in Srebrenica, the purpose of the Genocide Convention is to prevent the intentional destruction of an entire group, so in order to qualify as a "part of a group," the part must have an impact on the entire group. The court held that the attack should be of sufficient importance, and specified multiple criteria such as the number of targets and the proportion of the total population (Kristic, Appeal Judgment (2004) paras. 8-23). Studies have shown that even the use of small nuclear weapons has far-reaching radiation effects. However, it does not necessarily follow that all uses of nuclear weapons exceed the above criteria for "in whole or in part." However, it is necessary to consider this in light of the overall situation of an armed conflict in which nuclear weapons are used (conventional weapons are also used), so in some cases even the use of small nuclear weapons may meet this standard. However, it should be noted that this standard is not about the actual result of destruction, but about the "intended" destruction.

Fourth, therefore, the important point is whether there is an "intention" to destroy. Even if the actual use of nuclear weapons falls under the above points, it is necessary that the user of nuclear weapons has the intention of destroying all or part of the target group. This proof has traditionally been considered the biggest hurdle.

When an employer (e.g., a national leader) makes an official statement or adopts a national policy, the intention is clear.

In cases where this is not the case, international case law has relied on inferring intent from objective circumstances. For example, the ICJ recognizes that a pattern of behavior can prove the existence of "intention," but the standard of proof is extremely high, and only when that pattern of behavior reveals only that "intention" does it qualify as genocide. It is held that the execution can be certified (ICJ Reports 2007, para. 373). Furthermore, in order to infer the existence of intention from a pattern of conduct, it requires that it be "the only inference that can reasonably be drawn from the conduct in question" (ICJ Reports 2015, p. 3). Based on this criterion, the ICJ recognized genocide in Srebrenica. The total population of Srebrenica was approximately 140,000, and of the Bosnian Muslim population of approximately 40,000, only adult males were targeted for genocide.

Although the ICC has not yet issued a final ruling on genocide, the Elements of Crimes require that the perpetrator intended to destroy, in whole or in part, that national, ethnical, racial or religious group, as such and that the conduct took place in the context of a manifest pattern of similar conduct directed against that group or was conduct that could itself effect such destruction.

From these points of view, it is necessary to prove the above-mentioned "intention" when using nuclear weapons, and unless this is proven, even the use of nuclear weapons that causes large-scale damage will not immediately be considered genocide. Furthermore, given that the indiscriminate effects of the use of nuclear weapons can affect other peoples and groups other than the target group, the indiscriminate nature of nuclear weapons actually makes it difficult to estimate the intent of genocide.

However, the use of nuclear weapons on a very large scale, for example in a strategy of assured destruction, aims to fatally injure 20-25% of the other country's population and destroy 50% of its industrial power. Damage of this scale inevitably leads to the destruction of the other country's national group itself. Therefore, it is possible to infer the "intention" of genocide from this act. This strategy is adopted with the intention of deterrence, but by the time nuclear weapons are actually used, deterrence has already collapsed. The use of nuclear weapons at this point is no longer aimed at deterrence. Furthermore, since it is already agreed among the P5 leaders that "a nuclear war cannot be won and must never be fought", the use of nuclear weapons at this final stage is not aimed at winning the war. The use of nuclear weapons with the single-minded purpose of large-scale destruction of enemy countries and peoples can be said to fall under the category of genocide.

II. Crimes against Humanity

Crimes against humanity have been stipulated in multiple international legal instruments since the Nuremberg Charter, but here we will examine Article 7 of the ICC Statute, which is the most detailed.

The prohibition of crimes against humanity is also considered a jus cogens norm, along with the prohibition of genocide (ILC, "Draft conclusions on identification and legal consequences of peremptory norms of general international law (jus cogens)," Conclusion 23 and Appendix).

The acts that constitute this crime include 11 acts listed in Article 7.1 of the ICC Statute, including murder and extermination. In this regard, the use of nuclear weapons would not only fall under the category of murder (Article 7, 1(a)), but also, depending on the case, an act of extermination (Article 7(b)). "Extermination" include "the intentional infliction of conditions of life, inter alia the deprivation of access to food and medicine, calculated to bring about the destruction of part of a population" (Article 2(b)). Today, it is said that no country has the ability to respond in the event of a nuclear explosion, and given this is a known fact, the use of nuclear weapons would reduce access to food and medicine. If residents are subjected to living conditions such as deprivation, it would be possible to determine that this was done "intentionally."

However, the contextual requirements are that (1) there be an "attack directed against any civilian population", that (2) the act be "committed as part of a widespread or systematic attack," and that (3) the perpetrator do so "with knowledge of the attack" (Article 7(1) chapeau). Furthermore, under the ICC, crimes against humanity do not involve the existence of an armed conflict. However, an attack directed against any civilian population is defined as "a course of conduct involving the multiple commission of acts referred to in paragraph 1 against any civilian population, pursuant to or in furtherance of a State or organizational policy to commit such attack." (Article 7, 2(a)). In other words, certain policy elements are required.

First, the use of nuclear weapons must be carried out as part of an "attack directed against the civilian population." This would be the case if the use of nuclear weapons was directed against civilian populations. However, consideration is required when targeting military objects and causing collateral damage to the surrounding civilian population. It is unclear whether the same principle of proportionality as in war crimes applies here, but if the civilian population is the primary target of the attack and the majority of the victims are civilians, then it does not lose its character as civilian population (Tadic, Trial Judgment, para. 643). Therefore, even attacks on military targets are likely to constitute a crime against humanity if the majority of victims are civilians.

Second, regarding the requirement that the attack be "widespread or systematic", and that the acts be committed out in "multiple" ways. The term "widespread" requires that attacks occur frequently, and the "systematic" requires that a certain plan or policy exists (Akayesu, Trial Judgment, para. 580). The question is whether the use of just one nuclear weapon falls under this category. These requirements are understood to exclude isolated or random inhumane acts committed for purely personal reasons (Kayishema Trial Judgment, paras. 123-124, etc.). In light of this, and based on the fact that the use of a single nuclear weapon would have the same effect as "multiple" repeated attacks with conventional weapons, even the use of a single nuclear weapon could be "widespread or systematic".

Third, there needs to be a policy of conducting "attacks directed against any civilian population." Given that the use of nuclear weapons is judged at a high political level, it is safe to assume that such a policy exists, except in cases of misuse or accidental launch.

Fourth is the "knowledge" required of actors. In this case, there is no need for a "special intention" such as genocide, and the perpetrator needs to know of the context of the act (Tadic, Appeal Judgment, para. 248; Elements of Crimes, available at https://www.icc-cpi.int/sites/default/files/Publications/Elements-of-Crimes.pdf, pp. 3ff.). Therefore, the perpetrators must know that there is an attack that causes great damage to the "civilian population," and that their conducts (the use of nuclear weapons) are part of that attack.

If the above requirements are met, the use of nuclear weapons constitutes a crime against humanity. In this case, the cases that do not fall under crimes against humanity are more limited than in the case of genocide. For example, a case can be envisaged where small nuclear weapons are used only by military forces and do not affect civilians (a nuclear attack on troops in the desert).

Incidentally, acts against enemy forces or enemy nationals are often subject to the following war crimes, and it is necessary to separately consider whether there is any practical benefit to distinguishing them from war crimes and classifying them as crimes against humanity.

III. War Crimes

War crimes will also be considered in accordance with Article 8 of the ICC Statute.

Considering Article 8(1) and Article 17, it is difficult to imagine that small-scale or isolated war crimes would be subject to prosecution by the ICC (Kuniko Ozaki, *International Criminal Court*, Toshindo, 2022, p.76 (in Japanese)). However, except in cases of nuclear terrorism (dirty bombs), the use of nuclear weapons is usually based on the judgment of national leaders, and the consequences cannot be called "small."

Article 8 discussed including the use of nuclear weapons as a war crime at the drafting stage, but it was not stipulated and its criminalization was left to future amendments to the ICC Statute (Article 8(2)(b)(xx)).

However, it is possible that individual acts of using nuclear weapons may fall under the category of war crimes. Among the war crimes committed in international armed conflicts enumerated in Article 8(2)(b), the use of nuclear weapons mainly would involve (i) war crime of attacking civilians, (ii) war crime of attacking civilian objects and (iv) war crime of excessive incidental death, injury or damage.

(i) and (ii) are based on the following: (1) the attack targeted the civilian population itself, individual civilians not taking part in hostilities, or civilian objects; and (2) the perpetrators intended such persons or civilian objects to be the object of the attack (Elements of Crimes, pp. 9ff.). From this perspective, the use of nuclear weapons to attack enemy cities under the so-called counter-value strategy falls under this category.

(iv) states that "[i]ntentionally launching an attack in the knowledge that such attack will cause incidental loss of life or injury to civilians or damage to civilian objects or widespread, long-term and severe damage to the natural environment which would be clearly excessive in relation to the concrete and direct overall military advantage anticipated". In short, an attack that causes collateral damage to civilians that outweighs military advantage is a war crime. Here, it is required that the collateral damage be "clearly excessive" by comparing the latter "overall military advantage". It appears that the emphasis is on the military advantage. However, based on the Elements of Crimes regarding (iv), it is understood that the military advantage of victory in the entire armed conflict is denied as a comparative object (D. Pfirter, "Article 8 (2)(b) (iv)", in R. S. Lee (ed.), *The International Criminal Court, Elements of Crimes and Rules of Procedure and Evidence*, Transnational Pub., 2001, p. 148).

In any case, if the use of nuclear weapons against military targets results in collateral damage to civilians, civilian objects, or the natural environment, and this damage is clearly excessive compared to military advantage, If the perpetrator anticipated this, the use of nuclear weapons constitutes a war crime.

In this case, "widespread, long-term, and seviere damage to the natural environment" is also a consideration. Even a nuclear attack on enemy forces in the desert or at sea may cause clearly excessive damage to the natural environment. In this case, it could be a war crime.

However, it must be noted that based on this proportionality, there may be cases that do not fall under the category of war crimes if there is collateral damage that is balanced against military advantage.

In addition, many uses of nuclear weapons are thought to result in such collateral damage, but for it to be a war crime, the perpetrator must have anticipated it. Therefore, efforts must be made to make the humanitarian consequences of nuclear weapons public knowledge.

IV. Individual Criminal Responsibility

A. Establishing criminal responsibility

The ICC pursues individual criminal responsibility (Article 25). Their official capacities are irrelevant (Article 27). Therefore, national leaders who decide and order the use of nuclear weapons can be held personally responsible (Article 25(3)(b)). In many nuclear-weapon states, the decision to use nuclear weapons is said to be decided at a high political level, so the leaders involved in the decision to use nuclear weapons are not responsible as commanders or other superiors (Article 28), but rather for their actions.

Solicitation and inducement (Article 25(3)(b)) and aiding and abetting (Article 25(c)) can also be held responsible, so if a person who concerned in a nuclear umbrella state commits such acts against a nuclear-weapon state, may be held criminally liable.

Military personnel in nuclear-sharing countries involved in dropping nuclear bombs could also be held responsible. Furthermore, defenses of superior orders are permitted to a certain extent (Article 33(1)). However, it is not recognized in cases of genocide or crimes against humanity (Article 33(2)).

B. Excluding criminal responsibility

Furthermore, criminal responsibility may be excluded (Article 31).

The most problematic issue is the possibility of invoking belligerent reprisals for war crimes. Although this is not explicitly stated in the ICC Statute, it may be invoked through the interpretation of Articles 31(3) and 21, or Article 8.2(b) chapeau.

Even if belligerent reprisals could be invoked through the above interpretation, reprisals against persons protected by the Geneva Conventions and the Additional Protocol I or civilians is prohibited. This prohibition is becoming established in customary international humanitarian law (ICRC, Customary IHL, rule 146). The use of nuclear weapons is likely to fall under the category of belligerent reprisals against civilians. The ICTY has also recognized the existence of such a prohibition (ICTY, Martić case, Review of the Indictment, para. 776 and Kupreškić case, Judgment, para. 777). Even at the ICC, it will not be easy to deny criminal responsibility for the use of nuclear weapons on the basis of belligerent reprisals.

Conclusion

As we have seen, under the Genocide Convention and the ICC Statute, the use of nuclear weapons constitutes, if not all, crimes of genocide, crimes against humanity, or war crimes. Individual national leaders who decide to use it can also be held criminally liable.

I would like to point out a few points regarding this.

First, when it comes to the ICC, it must be noted that there are certain limits to the exercise of its jurisdiction. First, although crimes covered by the ICC are not subject to a statute of limitations (Article 29), the ICC's temporal jurisdiction (ratione temporis) is limited to crimes committed after the Statute enters into force (Article 11). Second, personal jurisdiction (ratione personae) extends to the nationals of the contracting states, regardless of the place of the act (Article 12.2(b)). In this regard, it is noteworthy that the parties to the treaty include nuclear-weapon states such as the United Kingdom and France, nuclear sharing states such as Germany, Italy, Belgium, and the Netherlands, and nuclear umbrella states such as Japan, South Korea, and Australia. In addition, territorial jurisdiction (ratione loci) extends to crimes committed in the territory of a state party to the ICC, regardless of the nationality of the suspect (Article 12.2(a)). Currently, there are 124 states parties to the ICC (including the State of Palestine), and if nuclear weapons are used within these territories, the ICC has jurisdiction regardless of the nationality of the suspect. Although Ukraine has not yet ratified the treaty, it has issued a declaration accepting the jurisdiction of the ICC. Furthermore, when the UN Security Council refers a situation to the ICC, the ICC's jurisdiction extends to the nationals and territories of states that are not parties to the ICC.

Within these limits, the ICC has jurisdiction over the use of nuclear weapons, but securing the custody of suspects requires separate extradition measures. Furthermore, the ICC exercises jurisdiction in place of national courts when the state with jurisdiction over the crime in question is unwilling or unable to genuinely investigate or prosecute victims (the principle of subsidiarity).

Second, there is the issue of "reservations" by France and the United Kingdom to the ICC Statute. When both states became members of the ICC, they issued declarations to the effect that the use of nuclear weapons would be excluded from the application of the ICC Statute. These reservations appear to be permissible, as no other member states have filed any objections citing these reservations. Indeed, during the drafting process of the ICC Statute, the use of nuclear weapons was not made a crime, as it was not yet subject to a comprehensive prohibition. However Crimes covered by the ICC Statute can be committed by any means. The view that the means of nuclear weapons does not commit a crime has not been supported in the negotiation process of the ICC Statute. Furthermore, the "reservation" documents of France and the United Kingdom are referred to as "interpretive declarations" or "declarations," respectively, and are not presented as reservations. Interpretation of the ICC Statutes, particularly regarding core crimes, is ultimately up to the ICC itself.

Third, under the Genocide Convention, disputes under the Convention may be unilaterally referred to the ICJ (Article 9). It is worth noting that in recent years the ICJ has recognized the existence of obligation *erga omnes partes*, and has held that the Genocide Convention provides for such obligations (ICJ Reports 2022, paras. 106-114).

At the ICJ, all other contracting states can hold the violating state accountable for the use of nuclear weapons that constitutes genocide. There are 153 contracting parties to the Genocide Convention, including nine nuclear armed states, but China, India, and the United States have reservations about Article 9 of the Convention, while the DPRK, France, Israel, Pakistan, Russia, and the United Kingdom do not.

Additionally, the Convention positions genocide as a "crime under international law," and obligates state parties to prevent and punish it (Article 1). The definition of genocide was mentioned above, but according to the Convention, punishable acts are not limited to genocide as defined in Article 2, but also include conspiracy, direct and public incitement, attempt, and complicity in genocide (Article 3). Furthermore, according to the ICJ's interpretation, the Convention includes the obligation for states not to commit genocide themselves, and if a state commits genocide or acts under Article 3, state responsibility arises (Bosnia v. Serbia and Montenegro case, Preliminary Objection, ICJ Reports 1996, p.616, para. 32).

If the use of nuclear weapons as described above falls under the category of genocide, other contracting parties may be able to bring a case to the ICJ regarding the conspiracy, etc.

However, it is possible to withdraw from the Genocide Convention (Article 14). As lawsuits based on the Convention become possible, the possibility of withdrawal by the target state may also increase. This is something to keep in mind when considering actual litigation.

核兵器の使用と国際刑事法：
ジェノサイド条約と国際刑事裁判所(ICC)規程

山田寿則
明治大学法学部兼任講師

はじめに

　核兵器の使用を国際刑事法の観点から検討する意義については、第1に、執行手続の存在、第2に犯罪化のもたらす非正当化の効果が指摘できる。

　第1に、国際刑事裁判所(ICC)の設立により、一定の国際犯罪については犯罪の行為者を訴追・処罰する手続が整備されてきた。もちろん、管轄権や犯罪人の引渡し等の点で限界は存在するが、現実にICCのもとで犯罪者が裁かれている事実は重要である。

　核兵器の使用が、ICCの対象犯罪のいずれかに該当する場合、その核兵器を使用した者がICCの手続を通して訴追・処罰される可能性が生じている(後述)。

　なお、近年では、国際司法裁判所(ICJ)においてもジェノサイド条約の適用が争われており、この点でも、核兵器の使用がジェノサイド条約に違反する場合には、ICJを通じて使用国の国家責任が追及されうることになる(後述)。

　第2に、ICCの対象犯罪(コア・クライム)は、「国際社会全体の関心事である最も重大な犯罪」に限定されている(ICC規程5条1)。就中、ジェノサイドは、「文明世界から強く非難された国際法上の犯罪」(1946年国連総会決議I/96)とされ、現在では、ジェノサイドの禁止は国際社会の強行規範であることが確立している。仮に核兵器の使用がコア・クライムに該当することが明らかとなれば、その実行者の処罰が可能であるかどうかを超えて、核兵器の使用は国際社会全体の利益を害するものであるとの位置付けが明確となり、その使用の正当性が問われることになる。

　これは、核兵器の使用という犯罪への抑止効果が期待できるだけではない。核兵器禁止条約の締約国は、核兵器の非正当化を目指すとしており、核兵器使用の犯罪性を検討することは、かかる観点からも重要である。

2 발표문

I. ジェノサイド

ジェノサイド(Genocide)は、1948年ジェノサイド条約において「国際法上の犯罪」と定められ、同条約2条で定義されている。以来、この定義は、ICTY、ICTR及びICCの規程においても同一の条文により確認されている。

今日では、ジェノサイドの禁止は慣習国際法とされており、強行規範及びエルガ・オムネスな義務であるともされている。

ジェノサイドとは、ジェサイド条約第2条によれば、以下のとおりである。

> **第2条** この条約では、集団殺害(ジェノサイド)とは、国民的、人種的、民族的又は宗教的集団を全部又は一部破壊する意図をもつて行われた次の行為のいずれをも意味する。
> (a) 集団構成員を殺すこと。
> (b) 集団構成員に対して重大な肉体的又は精神的な危害を加えること。
> (c) 全部又は一部に肉体の破壊をもたらすために意図された生活条件を集団に対して故意に課すること。
> (d) 集団内における出生を防止することを意図する措置を課すること。
> (e) 集団の児童を他の集団に強制的に移すこと。

核兵器の使用が、このジェノサイドに該当するかについて検討する。

第1に、ジェノサイドを構成する個々の行為について見ると、核兵器の使用の効果である、熱線・爆風・放射線の観点からすれば、核兵器の使用は2条(a)～(c)に該当することは容易に肯定しうる。

第2に、この行為の対象が「国民的、人種的、民族的又は宗教的集団」でなければならない点について見ると、現在において核兵器の使用は、国家と国家の関係において想定されていることがほとんどであり、これは敵対国の国民(nation)に対して核兵器が使用されることといえる。

これに関連して、核兵器使用国が、相手国を「国家」として承認しておらず、自己と同一の民族性を持つ集団に対して核兵器を使用したと主張する場合はどうか。この点、ルワンダの事態では、フツ族と同じ国籍・人種・言語・文化・宗教を有するツチ族が保護対象となるかが争点となったが、ICTRは、ツチ族を「民族集団」と認定し、かつ上記の4集団のみならず安定性と実績において類似のあらゆる集団を保護対象とするとの解釈を示した(Procutor v. Akayesu, Case No. ICTR-96-4-T, Judgement, 2 September 1998, para. 701; Prosecutor v. Akayesu, Case No. ICTR-94-4-A, Judgement, 1 June 2001, para. 459)。この点からすれば、同一民族内における核兵器の使用であっても、保護対象となる集団への使用とみなされうる。

第3に、ジェノサイド行為は、対象「集団の全部又は一部」に対するものであることが必要とされる。核兵器の使用によって対象集団の全部が破壊されることはあり得るが、その一部の破壊に

とどまる場合が問題となる。ICTYによれば「相当な部分」(substantial part)でなければならないとされる(タジッチ事件上訴審判決Tadic, Appeal Judgement, para. 297)。スレブレニツァでのジェノサイドが扱われたクルスティチ事件判決では、条約目的が集団全体の意図的破壊を阻止することだから、「集団の一部」に該当するには、当該一部が集団全体に影響を与えるに足る重要性を有すべき旨を判示し、攻撃対象者の数、全体との人口比など複数の基準を示した(Kristic, Appeal Judgement (2004) paras. 8-23)。小型核の使用であっても、その放射線の影響が広範囲に及ぶという研究結果が示されている。だが、必ずしもすべての核兵器の使用が、「集団の一部」に関する上記の基準を超えるものとは、直ちにはならない。もっとも、核兵器が使用される(通常兵器をも用いた)武力紛争全体の状況に照らして検討する必要があるから、場合によっては小型核の使用であっても、この基準を満たす可能性はある。ただし、この基準は、実際の破壊の結果についてではなく、「意図」される破壊についての基準であることに注意が必要である。

第4に、したがって、重要な点は、破壊の「意図」の有無である。実際の核兵器の使用が上述の諸点に該当するとしても、核兵器の使用者が対象集団の全部または一部の破壊の意図を持っていることが必要とされる。この立証が、従来から最大の関門とされてきた。

使用者(例えば国家指導者)による公式な発言・声明や国家政策の採択がなされるならば、その意図は明確である。

そうでない場合について、国際判例では、客観的事情から意図を推定することが行われてきた。例えば、ICJは、行動パターンから「意図」の存在が証明されうることを認めているが、その立証水準は極めて高く、その行動パターンにその「意図」だけしか認められない場合にのみ、ジェノサイドが行われたと認定することができると判示する(ICJ Reports 2007, para. 373)。また、行為のパターンから意図の存在を推論するためには、それが「問題の行為から合理的に導き出される唯一の推論である」ことを要求している(ICJ Reports 2015, p.3)。この基準に基づき、ICJはスレブレニツァにおけるジェノサイドを認定した。この時、ボスニア・ムスリムの総人口は約14万人であり、これに対して、約4万人いたとされるスレブレニツァにおけるボスニア・ムスリムの人口のうち成人男子のみが虐殺の対象となった。

なお、ICCではジェノサイドに関する最終判決はまだないが、構成要件文書では、行為者がかかる「意図」を有し、かつ当該行為が、対象集団に向けられた類似行為の明白なパターンの関連で生じたものであるか、あるいは、当該行為そのものがそのような破壊をもたらしうるものであったことが要求されている。

これらの点からすれば、核兵器の使用についても、上記の「意図」の立証が必要であり、その立証がなされなければ、大規模な被害をもたらす核兵器の使用であっても、直ちに、ジェノサイドには該当しない。さらに、核兵器使用の無差別効果は、他国民や対象集団以外にも及びうることからすれば、核兵器の無差別性はむしろ、ジェノサイドの意図の推定を困難にする側面がある。

但し、極めて大規模な核兵器の使用、例えば、確証破壊戦略における核兵器の使用は、相手国の人口の20〜25%に致命傷を与え、工業力の50%を破壊すること狙いとする。この規模の被害

は必然的に相手国の国民集団それ自体の破壊につながる。したがって、この行為から、ジェノサイドの「意図」を推定することは可能である。この戦略は、抑止を意図してとられるが、実際に核兵器を使用する時点では、すでに抑止は破綻している。この時点での核使用はすでに抑止を目的としていない。また、今日では「核戦争に勝者はいない」ことはすでにP5指導者間では合意されているから、この最終段階での核兵器の使用は「戦勝」を目的としたものでもない。ひたすら敵国・敵国民の大規模な破壊を目的とするこのような核兵器の使用はジェノサイドに該当するといいうる。

II. 人道に対する罪

人道に対する罪は、ニュルンベルク憲章以後、複数の国際法文書に規定されているが、もっとも詳細なICC規程7条によって検討する。

人道に対する罪の禁止も、ジェノサイドの禁止と並んで強行規範とされている(ILC「一般国際法の強行規範の同定及び法的帰結に関する結論草案」結論23及び付録)。

この罪を構成する行為は、規程7条1に列挙された、殺人、絶滅させる行為など11の行為に及ぶ。この点に関しては、核兵器の使用は、殺人(7条1(a))に該当することはもちろん、場合によっては絶滅させる行為(同(b))に該当するだろう。「絶滅させる行為」には、住民の一部の破壊をもたらすことを意図した生活条件を故意に課すこと(特に食糧及び薬剤の入手の機会のはく奪)を含むとされる(同2(b))。今日では、核爆発があった場合にこれに対処する能力はいずれの国も有しないとされており、このことが公知の事実であるとすれば、核兵器使用によって食糧及び薬剤の入手の機会が剥奪される等の生活条件が住民にもたらされる場合には、それが「故意」によるものであること判断することは可能だろう。

しかし、文脈的要件として、その行為が ①「文民たる住民に対する攻撃」であって、②「広範または組織的なものの一部」として行われることが必要であり、かつ ③ 行為者にそのような攻撃であるとの「認識」が必要である(第7条1柱書)。また、ICCでは、人道に対する罪は、武力紛争の存在には関わらない。しかし、「文民たる住民に対する攻撃とは、そのような攻撃を行うとの国若しくは組織の政策に従い又は当該政策を推進するため、文民たる住民に対して1に掲げる行為を多重的に行うことを含む一連の行為をいう」(7条2(a))とされる。つまり、一定の政策的要素が必要とされる。

第1に、核兵器の使用は、「文民たる住民に対する攻撃」の一部として行われなければならない。核兵器の使用が文民たる住民を対象とする場合はこれに該当するだろう。だが、軍事目標を対象とし周辺の文民たる住民に付随的損害が生じる場合には、検討が必要となる。ここに戦争犯罪におけると同様の均衡性の原則が妥当するかは不明だが、文民たる住民が攻撃の主たる(primary)対象であり、被害者の大多数が文民である場合には、文民としての性格は失われない(Tadic, Trial Judgement, para. 643)。したがって、軍事目標への攻撃であっても、被害者の大多数が

文民である場合には該当する。

　第2に、広範又は組織的な攻撃であること、並びに行為が「多重的」に行われるという要件について。ここで要求される「広範」とは、攻撃が多発的であること、「組織的」とは一定の計画又は政策が存在することが必要とされる(Akayesu, Trial Judgement, para. 580)。1発の核兵器の使用のみでもこれに該当するかが問題となる。これらの要件は、単独、単発または無秩序に行われた非人道的行為を除外する趣旨と解されている(Kayishema Trial Judgement, paras. 123-124, etc.)。この趣旨に照らし、かつ1発の核兵器の使用は、多数の通常兵器による攻撃が繰り返された(多重的)と同様の結果をもたらすことに基けば、1発の核兵器の使用であっても、広範又は組織的な攻撃に該当すると言える。

　第3に、「文民たる住民に対する攻撃」を行うとの政策の存在が必要である。核兵器の使用は、高度の政治レベルで判断されることからすれば、誤使用・誤発射の場合を除いて、かかる政策は存在すると考えて良い。

　第4に、行為者に要求される「認識」である。この場合、ジェノサイドのような「特別な意図」は不要であり、実行者は行為の文脈を認識することが必要とされる(Tadic, Appeal Judgement, para. 248；Elements of Crimes, available at https://www.icc-cpi.int/sites/default/files/Publications/Elements-of-Crimes.pdf, pp. 3ff.)。したがって、実行者は「文民たる住民」に多大な被害が生じる攻撃が存在し、自らの行為(核兵器の使用)がその一部となっていることを認識していることが必要となる。

　以上の要件を満たした場合に、核兵器の使用は、人道に対する罪に該当する。この場合、該当しない場合は、ジェノサイドの場合に比べて、限定的である。例えば、小型核兵器が軍隊にのみ使用されて、文民に影響を与えないような場合(砂漠中の軍隊への核攻撃)、といった事例が想定される。

　なお、敵軍隊・敵国民に対する行為は、次に見る戦争犯罪の対象となることも多くあり、戦争犯罪と区別して、人道に対する罪として位置付ける実益があるかどうかは、別に検討する必要がある。

III. 戦争犯罪

　戦争犯罪もICC規程第8条に従って検討する。

　第8条1や第17条からすれば、小規模な、あるいは単独の戦争犯罪がICCの訴追対象となることは考えにくいとされる(尾崎久仁子『国際刑事裁判所』東信堂、2022年、76頁)。だが、核テロ(ダーティボム)の場合を除き、核兵器の使用は通常、国家指導者の判断に基づき行われ、その結果も「小規模」とは言えないだろう。

　第8条では、起草段階で核兵器の使用を戦争犯罪に含めることが議論されたが規定されず、その犯罪化は将来のICC規程の改正に委ねられた(第8条2(b)(xx))。

もっとも、個々の核兵器の使用行為が、戦争犯罪に該当する可能性はある。核兵器使用に関わるのは、第8条2(b)に列挙されている国際的武力紛争における戦争犯罪行為のうち、主に(i)文民を攻撃する戦争犯罪、(ii)民用物を攻撃する戦争犯罪、(iv)過度な巻き添えによる死亡、傷害または損害をもたらす戦争犯罪であろう。

　(i)及び(ii)は、① 文民たる住民それ自体か敵対行為に参加していない個々の文民、あるいは民用物を攻撃対象としたこと、及び② 行為者は、そのような者、あるいは民用物を攻撃の対象とすると意図したことなどが構成要件とされる(Elements of Crimes, pp. 9ff.)。ここからすれば、いわゆるカウンター・バリュー戦略のもとで、敵の都市などを攻撃目標とする核兵器の使用はこれに該当する。

　(iv)は、「予期される具体的かつ直接的な軍事的利益全体との比較において、攻撃が、巻き添えによる文民の死亡若しくは傷害、民用物の損傷又は自然環境に対する広範、長期的かつ深刻な損害であって、明らかに過度となり得るものを引き起こすことを認識しながら故意に攻撃すること」を犯罪とする。ここでは「軍事的利益全体」と巻き添えによる文民の死亡等を比較して、後者が「明らかに」過度となることが要求されており、先行するジュネーブ諸条約第一追加議定書よりも、軍事的利益の比重が重視されているように見える。だが、(iv)に関する構成要件文書に基づいて、武力紛争全体の勝利という軍事的利益を比較対象とすることは否定されたと解されている(D. Pfirter, Article 8 (2)(b)(iv), in R. S. Lee ed., *The International Criminal Court, Elements of Crimes and Rules of Procedure and Evidence*, Transnational Pub., 2001, p. 148)。

　いずれにしても、軍事目標に対する核使用の結果、文民・民用物・自然環境への付随的損害が生じている場合であって、この損害が軍事的利益に比して明らかに過度であり、かつ行為者がこのことを「予期」しているときに、この核兵器の使用は戦争犯罪に該当する。

　この場合、「自然環境に対する広範、長期的かつ深刻な損害」も考慮すべき点となるから、砂漠や海上での敵軍隊への核攻撃であっても、自然環境への明らかに過度な損害が生じる場合には、戦争犯罪となりうる。

　しかし、このような均衡性の基準からは、軍事的利益と均衡する付随的損害が存在する場合には、戦争犯罪に該当しないケースがありうることには注意が必要である。

　また、核兵器の使用の多くが、かかる付随的損害をもたらすと考えられるが、戦争犯罪となるには、行為者がそのことを知っていることが要件である。したがって、核兵器のもたらす人道上の帰結について、公知のものとする努力が必要だろう。

Ⅳ. 個人の刑事責任について

A. 刑事責任の成立

ICCは個人の刑事責任を追及する(第25条)。その公的資格は無関係である(第27条)。したがって、核兵器の使用を決断し命令した国家指導者は、その個人責任を問われうる(25条3(b))。多くの核保有国で、核兵器の使用の決定は高度の政治レヴェルで決定されるとされているから、核使用の決定に関与した指導者たちは、上官責任(第28条)としてではなく、行為者としての責任が問われるだろう。

教唆、勧誘(25条3(b))や幇助等(同(c))も責任を問われうるから、核の傘の国の関係者も核保有国に対して、かかる行為を行った場合には刑事責任を問われうる。

核爆弾の投下に関与する核共有国の軍事要員も責任を問われうる。なお、上官命令の抗弁は一定の範囲で認められる(第33条1)。しかし、ジェノサイドや人道に対する罪の場合には、認められない(同2)。

B. 刑事責任の阻却

なお、刑事責任が阻却される場合がある(第31条)。

最も問題となるのは、戦争犯罪に関する戦時復仇の援用可能性である。このことについてはICC規程では明記されていないが、第31条3及び第21条、あるいは第8条2(b)の柱書の解釈を通じて援用される可能性がある。

仮に、上記の解釈を通じて戦時復仇が援用できるとしても、ジュネーブ諸条約や第一追加議定書では同条約により保護される者または文民に対する復仇は禁止されている。慣習法でもこの禁止は確立しつつある(ICRC, Customary IHL, rule 146.)。核兵器の使用は、文民に対する復仇に該当する可能性が高い。ICTYでもこのような禁止が存在することを認めている(ICTY, Martić case, Review of the Indictment, para. 776 and Kupreškić case, Judgment, para. 777)。ICCでも、核兵器の使用につき、戦時復仇に基づき刑事責任を阻却することは容易ではないだろう。

おわりに

以上見たように、ジェノサイド条約及びICC規程のもとでは、核兵器の使用は、そのすべてではないにしろ、ジェノサイド罪、人道に対する罪または戦争犯罪に該当する場合がある。また、その使用を決定した国家指導者個人の刑事責任も追及しうる。

これに関して、いくつかの点を指摘しておきたい。

第1に、ICCについて言えば、その管轄権の行使には一定の限界があることには注意が必要である。まず、ICCの対象犯罪は出訴期限の対象とならないが(29条)、ICCの時間的管轄(ratione temporis)は、規程発効後に行われる犯罪に限定される(11条)。次に、人的管轄(ratione personae)は、行為地に関係なく締約国の国民に及ぶ(12条2(b))。これに関連して、英仏という核保有国やドイツ、イタリア、ベルギー、オランダといった核共有国、日本や韓国、オーストラリアといった核傘下国が締約国である点が注目される。また、場所的管轄(ratione loci)は、被疑者国籍に関係なく、ICC締約国の領域で行われた犯罪に及ぶ(12条2(a))。現在、ICC締約国は、124カ国(パレスチナ国を含む。なおウクライナは未批准国だが、ICCの管轄権を受諾する宣言を出している。)であり、これらの領域内で核兵器が使用された場合は、被疑者の国籍に関係なく、ICCは管轄権を持つ。なお、国連安保理が事態をICCに付託する場合には、ICCの管轄はICC非締約国国民や領域にも及ぶ。

これらの制限内においてICCは核兵器の使用について管轄権を有するが、容疑者の身柄を確保するには、引渡しに関する措置が別途必要となる。また、ICCは、当該犯罪に管轄権を有する国が被害者の捜査または訴追を真に行う意思または能力がないときに、国内裁判所に代わって管轄権を行使する(補完性の原則)。

第2に、仏英によるICC規程への「留保」の問題である。両国は、それぞれICC加盟国となる際に、ICC規程の適用から核兵器の使用を除外する旨の宣言を出している。他の加盟国からこの「留保」を名指しした異議は申し立てられていないから、この留保は許容されているようにも見える。だが、確かに、ICC規程起草過程では、核兵器使用は犯罪とされなかったが、それはまだ包括的な禁止の対象となっていないとされたからである。ICC規程の対象犯罪は、どの手段であっても成立する。核兵器という手段では成立しないという見解はICC規程交渉過程では支持されていない。また、仏英の「留保」文書は、それぞれ「解釈宣言」と「宣言」とされており、留保として提示されていない。ICC規程、特に対象犯罪に関する解釈は最終的にはICC自身に委ねられている。

第3に、ジェノサイド条約では、同条約上の紛争はICJに一方的に付託されうる(9条)。注目すべきは、近年のICJは、当事国間対世義務(*obligation erga omnes partes*)の存在を認めてきており、ジェノサイド条約がかかる義務を定めていると判示したことである(ICJ Report 2022, paras. 106-114)。

ジェノサイドに該当する核兵器の使用について、ICJにおいて他のすべての締約国が違反国の責任を追及することができる。ジェノサイド条約の締約国は9核保有国を含め153カ国であるが、同条約9条については中国、インド、米国が留保しているが、DPRK、フランス、イスラエル、パキスタン、ロシア、英国は留保を付していない。

また、同条約ではジェノサイドを「国際法上の犯罪」と位置付け、その防止・処罰を締約国に義務付けている(1条)。ジェノサイドの定義については上述したが、同条約では、処罰すべ

き行為は、2条に定義されるジェノサイドにとどまらず、その共同謀議、直接かつ公然たる扇動、未遂及び共犯も含まれている(3条)。また、ICJの解釈によれば、同条約は国家自身がジェノサイドを行わない義務を含んでおり、国家がジェノサイド又は3条の行為を行った場合には国家責任が生じる(ボスニア対セルビア・モンテネグロ事件、先決的抗弁、ICJ Reports 1996, p. 616, para. 32)。

前述したような核兵器使用がジェノサイドに該当するとすれば、その共同謀議等についても、不処罰を理由に、あるいはそのような行為が国家機関によって行われていることを理由に、他の締約国がICJに提訴できる可能性がある。

もっとも、ジェノサイド条約は脱退可能な条約である(14条)。同条約を根拠とした訴訟可能性が高まるにつれ、対象となる国の脱退可能性が高まることがあるかもしれない。現実の訴訟を検討する際には留意すべき点である。

Status of Negative Security Assurances under International Law

Monique Cormier
Senior Lecturer at the Faculty of Law,
Monash University

My presentation is on 'negative security assurances' and I will be looking specifically at the legal status and scope of unilateral negative security assurances, as well as the legal status and extent of assurances given under the auspices of two regional nuclear free zone treaties – the South Pacific (Rarotonga) and Latin American (Tlatelolco) treaties.

Unilateral Negative Security Assurances

These are declarations made by nuclear-weapon-possessing states that they will not use or threaten to use nuclear weapons in particular circumstances. There have been attempts since the 1960s to try and get nuclear states to commit to a comprehensive treaty on negative security assurances, but there has not been any appetite for this, and so we are left with a rather piecemeal and ad hoc set of unilateral assurances that have been made, unmade, and remade over many decades. The modern era of unilateral negative security assurances is typically pinpointed to 1995 when nuclear weapon states were advocating for an indefinite extension of the NPT, but I will be focusing more on the scope and content of the assurances as they stand today. There is quite a broad spectrum as to what is covered by such assurances and their status under international law.

Scope and Content of Current Negative Security Assurances

China

On the more comprehensive end of the spectrum of negative security assurances is China, which has repeatedly made public statements that it will not use or threaten to use nuclear weapons against non-nuclear states. Furthermore, it is the only state with nuclear weapons to unconditionally promise not to be the first to use nuclear weapons. To give a recent example of its assurance:

> Since its first day in possession of nuclear weapons, China has firmly committed to a defensive nuclear strategy and honoured the pledge of no first use of nuclear weapons at any time under any circumstances. China has also made a clear and unconditional commitment not to use or threaten to use nuclear weapons against non-nuclear-weapon States or nuclear-weapon-free zones. China is the only nuclear-weapon State to have made those pledges.[1]

Pakistan

Pakistan, too has publicly pledged not to use or threaten to use nuclear weapons against states not possessing nuclear weapons and has long been an advocate for a multilateral treaty outlawing the use of nuclear weapons against non-nuclear weapon states. Pakistan has, however, always been deliberately vague in relation to whether it would resort to first use of nuclear weapons in a conflict with a nuclear-armed state.

India

India's negative assurance policy was first articulated in 1999 when the Indian National Security Advisory Board issued a draft report on nuclear doctrine which specified that 'India will not be the first to initiate a nuclear strike, but will respond with punitive retaliation should deterrence fail.' The report also affirmed that 'India will not resort to the use or threat of use of nuclear weapons against states which do not possess nuclear weapons, or are not aligned with nuclear weapons powers.' This policy was then confirmed by the Indian Cabinet Committee on Security in 2003 and makes India the only other state aside from China that has specifically

---

[1] UN Security Council 9300th mtg SC/14250 31 March 2023.

declared that it will not be the first to use nuclear weapons. Some doubt has since been cast on the endurance of India's no first use policy, however, with the Defence Minister declaring in 2019 "Till today, our nuclear policy is 'no first use', What happens in the future depends on the circumstances".[2]

United States

The US has set out in its nuclear posture reviews that "The United States will not use or threaten to use nuclear weapons against non nuclear weapons states that are party to the NPT and in compliance with their nuclear nonproliferation obligations". In 2018, this statement contained a further caveat that "the United states reserves the right to make any adjustment in the assurance that may be warranted by the evolution and proliferation of non nuclear strategic attack technologies and US capabilities to counter that threat". This additional stipulation was removed from the 2022 nuclear posture review, which reflects the fact that the scope of such security assurances depends upon the administration of the day.

The United Kingdom

The UK has made similar assurances in recent national security reviews, promising "not to use or threaten to use nuclear weapons against any non nuclear weapon state party to the treaty on the non proliferation of nuclear weapons". However, it has qualified this by making it clear that it does not apply to any state "in material breach" of their non-proliferation obligations and that it reserves the right to review the assurance if a new threat emerges (nuclear or otherwise).[3] The UK has also made clear that it will not rule in or out the first use of nuclear weapons.

France

Since 1995 France has also issued qualified negative security assurances, promising, for example that it would not use nuclear weapons against those non-nuclear weapon states that 'respect their international obligations for non-proliferation of weapons of mass destruction'.[4] It's 2017 Defence and National

---

2   Indian Defence Minister Rajnath Singh, August 2019.
3   Minister Cleverly's address on the UK Integrated Review, Conference of Disarmament, March 2021.
4   Statement from President Hollande in 2015.

Security Strategic Review underscored the strategic importance of nuclear deterrence 'to protect us from any aggression against our vital interests emanating from a state, wherever it may come from and whatever form it may take' but also specified that 'our deterrent is strictly defensive. The use of nuclear weapons would be conceivable only in extreme circumstances of legitimate self-defence'. The 2022 Defence and National Security Strategic Review reiterates the purpose of French nuclear deterrence to protect against any state aggression against its vital interests and to prevent a major war that would threaten the survival of the nation. This does not rule out first use of nuclear weapons against a perceived existential threat to France.

Russia

Since the end of the Cold War, any negative security assurances from Russia have come with two important caveats. First is that it reserves the right to use nuclear weapons in response to a nuclear attack or an attack by any other type of weapon of mass destruction against it or its allies. Second is that it also reserves the right to use nuclear weapons in response to a conventional attack against Russia where 'the very existence of the state is put under threat'.

North Korea and Israel

The 2022 North Korean nuclear use law states that it shall neither threaten non nuclear weapon states with its nuclear weapons nor use nuclear weapons against them unless they join in aggression or an attack against North Korea in collusion with other nuclear weapons states.

Israel has not formally acknowledged that it possesses nuclear weapons so has not made any commitment in regards to threatening or using them.

Status of Unilateral Negative Security Assurances under International Law

Firstly, both the International Court of Justice and the International Law Commission have specified that when a state makes a public statement with the intention of being bound by that statement, then it may create a legal obligation. For example, in the 1974 Nuclear Tests judgment, the ICJ held:

> When it is the intention of the state making the declaration that it should become bound according to its terms, that intention confers on the declaration the character of a legal undertaking, the state being thence forth legally required to follow a course of conduct consistent with the declaration.

Binding declarations can be made orally or in writing, and they can be addressed to the international community generally, or to particular states. The most important factor in determining whether a declaration is legally binding, is whether the state intends to be legally bound by the declaration. The ICJ held that "the intention to be bound is to be ascertained by interpretation of the act [of making the declaration]" but stipulated that "when states make statements by which their freedom of action is to be limited, a restrictive interpretation is called for".

In the Nuclear Tests judgment, the ICJ had to decide on the legally binding nature of France's declaration that the 1974 series of atmospheric nuclear tests in the Pacific would be its last. The ICJ considered what message France conveyed to the world and whether other states might "take note of these statements and rely on them being effective'. The Court held that 'the validity of these statements and their legal consequences must be considered within the general framework of the security of international intercourse, and the confidence and trust which are so essential in the relations among states. It is from the actual substance of these statements and from the circumstances attending their making, that the legal implications of the unilateral act must be deduced". In that situation the ICJ found that the objective of France's statements regarding the end of its nuclear testing were clear and that they "constituted an undertaking possessing legal effect."

While this is a useful precedent for helping us determine the legality of unilateral declarations generally, it is important to note that the ICJ has not made any specific pronouncements on whether unilateral negative security assurances with respect to threat or use of nuclear weapons are binding or not. In the Court's Advisory Opinion on the Legality of the Threat or Use of Nuclear Weapons, it treated these assurances somewhat ambiguously. It did note that any threat or use of nuclear weapons should be compatible with any principles or rules of IHL, specific obligations under treaties and "other undertakings which expressly deal with nuclear weapons". But it did not consider whether any specific unilateral negative security assurances given by states possessing nuclear weapons were legally binding.

Nevertheless, we can apply the criteria that the ICJ identified in the Nuclear Tests case, which have since been affirmed by the ILC to help us determine whether the unilateral negative security assurances might be interpreted as legally binding.[5] Of these, the key criteria are:

- Declarations publicly made and manifesting the will to be bound may have the effect of creating legal obligations
- To determine the legal effects of such declarations, it is necessary to take account of their content, of all the factual circumstances in which they were made, and of the reactions to which they gave rise.
- A unilateral declaration entails obligations for the formulating state only if it is stated in clear and specific terms. In the case of doubt as to the scope of the obligations resulting from such a declaration, such obligations must be interpreted in a restrictive manner. In interpreting the content of such obligations, weight shall be given first and foremost to the text of the declaration, together with the context and the circumstances in which it was formulated.

Legally Binding Nature of Unilateral Negative Security Assurances

China's unilateral negative security assurance has been widely interpreted as legally binding. China has consistently and repeatedly delivered its declaration that it will not be the first to use nuclear weapons, nor will it use nuclear weapons against states that do not possess them. The statement has been made in clear and unambiguous terms that the promise is unconditional, and China has never refuted the suggested that it does not consider itself legally bound.

In 2023, France's Permanent Representative to the Conference on Disarmament stated that France considers the commitments in its negative security assurances to be legally binding. While this is a positive development, recall that France's assurance that it will not use nuclear weapons against non-nuclear states is conditional upon their compliance with the NPT, and France has not clearly and specifically committed to a no first use policy. The language of its undertakings seems to reserve the right to use nuclear weapons against any state aggression against its vital interests. France

---

5   ILC Guiding Principles applicable to unilateral declarations of States capable of creating legal obligations.

has also never promised to refrain from threatening to use nuclear weapons.

While India and Pakistan have made relatively robust statements over the years indicating that they would not use or threaten to use nuclear weapons against non nuclear weapon states, and India has given undertakings that it would not be the first to use nuclear weapons, both states have also made public statements that suggest they may not have the intention to be legally bound by their assurances. For example, when advocating for a multilateral treaty on negative security assurances, both India and Pakistan have frequently emphasised that a multilateral treaty would make their unilateral assurances legally binding, which begs the question as to whether they consider themselves legally bound by their unilateral assurances in the absence of a treaty.

There is also some uncertainty about the legal status of the US and UK's negative security assurances. For many years, the UK was quite clear that its declaration on not using or threatening to use nuclear weapons was a political statement only and not to be interpreted as legally binding.[6] In 2010, however, it strengthened the language of its declaration to declare "[w]e are now able to give an assurance that the UK will not use or threaten to use nuclear weapons against non-nuclear weapon states that are party to the NPT". The US, too, declared in 2010 that it was "now prepared to strengthen its long-standing 'negative security assurance'" not to use or threaten to use nuclear weapons against non-nuclear weapon states that are in compliance with their NPT obligations.

The reiteration and reinforcement of the UK and US positions in 2010 led to some speculation of an emerging intention to be legally bound by those statements. In recent years, however, both the UK and US have taken care when discussing negative security assurances to avoid using language like 'legally binding', reserving that for treaty obligations instead. In March of this year, for example, in remarks to the Conference on Disarmament on Negative Security Assurances, the US ambassador repeated the American unilateral declaration, but then specifically referenced US support for nuclear weapon free zones treaties and that "through the relevant protocols to such treaties, we provide legally binding negative security assurances".

On the one hand, the US has very clearly and repeatedly stated to the world at large, that it will not use or threaten to use nuclear weapons against non-nuclear weapon states that are party to the NPT and in compliance with those obligations.

---

6   ISIS 2007.

If, as the ICJ says, we also consider the importance of 'confidence and trust' in the relations among states, and context in which this statement was made (originally to encourage non-nuclear weapon states to extend the NPT in 1995 – which they agreed to do) there is at least an argument to be made that non-nuclear weapon states that are meeting their NPT obligations should be able to rely on the US's undertaking, and hold it to account should it do anything that would undermine this promise. On the other hand, however, the conspicuous difference in describing the unilateral assurances compared to the treaty assurances gives rise to some doubt about the intention to be bound in relation to the former, and a restrictive interpretation would require the US be given the benefit of that doubt.

Negative Security Assurances in Regional Nuclear Weapon Free Zone Treaties

There are five nuclear-weapon free zone treaties under which states parties commit to not manufacturing, acquiring, testing or possessing nuclear weapons. Each treaty includes a protocol for the five NPT-recognised nuclear weapon states to sign and ratify. These protocols prohibit the nuclear weapon states from using or threatening to use nuclear weapons against states that are party to the zone treaty, and in some instances they are prohibited from doing so within the zone more broadly. A state that has ratified the protocols is legally bound by them – there is at least, no doubt on that front. But as with unilateral negative security assurances, the scope of assurances made under the auspices of the nuclear weapon free zone treaties varies, because under international treaty law, states are allowed to vary the terms of what they agree to by making reservations or declarations upon ratification.

Protocol II to the Treaty of Tlatelolco (Nuclear Weapon Free Zone in Latin America and the Caribbean)

Protocol II of the Treaty of Tlatelolco prohibits nuclear weapon states from using or threatening to use nuclear weapons against parties to that treaty. And the Protocol is significant due to the fact that it is the only one that all five nuclear weapon states have ratified. Of the five, only China has not attached some kind of qualifying note, declaration or reservation to their Protocol commitment. France, for example, declared that its assurance under the Protocol 'is without prejudice to the full exercise of the right of self-defence under international law'. Russia and the UK declared they would reconsider their commitments under the Protocol if any treaty party were to commit an act of aggression in association with a nuclear weapon state. Similarly, the US noted that it would consider an armed attack by a party to Tlatelolco to be incompatible with that party's obligations under the treaty if it were assisted by a nuclear weapon state.

Protocol II to the Treaty of Rarotonga (South Pacific Nuclear Free Zone)

Protocol II to the Treaty of Rarotonga prohibits nuclear weapon states from using or threatening to use any nuclear explosive device against parties to the treaty, or against each other's territories located in the South Pacific zone.

- France maintains its overriding right to use nuclear weapons in self-defence
- The UK reserves the right to be released from its obligations under Protocol II if a non-nuclear weapon state is in breach of its NPT obligations, or in the situation where there is an invasion or attack against the UK, its allies, or a state with which it has a security commitment if carried out in conjunction with a state with nuclear weapons
- Russia has declared it will be free of its commitment if any treaty party commits an act of aggression against it in conjunction with a nuclear weapon state
- China reserved its right to reconsider its obligations 'if other nuclear weapon states or the contracting parties to the treaty take any action in gross violation of the treaty and its protocols, thus changing the status of the nuclear free zone and endangering the security interests of China

US has not ratified it. Nor any others. It has signed Rarotonga, the African nuclear free zone treaty and the Central Asian treaty. Article 18 of the Vienna Convention on the Law of Treaties obliges states to refrain from acts which would defeat the object and purpose of a treaty when it has signed the treaty (but not yet ratified it).

article 18

Obligation not to defeat the object and purpose of a treaty prior to its entry into force

A State is obliged to refrain from acts which would defeat the object and purpose of a treaty when:

(a) it has signed the treaty or has exchanged instruments constituting the treaty subject to ratification, acceptance or approval, until it shall have made its intention clear not to become a party to the treaty; or (b) it has expressed its consent to be bound by the treaty, pending the entry into force of the treaty and provided that such entry into force is not unduly delayed.

This gives some scope to argue that there is a legal obligation for the US not to do anything that would defeat the object and purpose of the negative security assurance protocols of the nuclear free zone treaties. But the US has not ratified the VCLT and it is not generally accepted that Article 18 reflects a specific rule of customary international law.

Conclusion

On their own, negative security assurances (unilateral or in treaties) do not provide a strong legal foundation on which to hold states accountable. However, they may provide collateral evidence to bolster claims under other legal regimes that more persuasively prohibit the use or threat of use of nuclear weapons.

2 토론문

국제법상 핵무기 사용의 불법성에 관한 토론문

맨프레드 모흐
국제우라늄무기금지연합 공동의장

I. 서론[1]

핵무기와 그 위협적 사용의 문제는 러시아가 우크라이나를 상대로 시작한 침략 전쟁과 매우 밀접하게 연관되어 있는 정치적 의제로 떠올라 있다. 그러한 현상적 예를 하나 들자면, 푸틴 러시아 대통령은 2022년 9월 30일 연설에서 러시아는 "자국 영토"를 방어하기 위해 핵무기를 보유하고 있다고 경고하면서, 2차 세계대전 당시 미국이 히로시마와 나가사키를 핵폭탄으로 공격하면서 핵무기 사용의 선례가 확립되었다고 주장한 바 있다.[2]

이미 2022년 6월 제1차 핵무기금지조약(TPNW) 당사국 회의에서 일본반핵법률가협회(JALANA)는 러시아의 핵무기 위협에 항의하는 목소리를 내고 핵확산금지조약(NPT), 국제사법재판소(ICJ)의 핵무기에 관한 권고적 의견, 핵무기금지조약(TPNW)을 언급하며 핵보유국의 핵무기 비사용과 폐기를 촉구했다.[3]

지금 히로시마에서 개최되고 있는 2차 국제토론회—필자는 이 토론회에 직접 참여하게 되어 영광이며 기쁘게 생각한다—는 이러한 엄중한 배경을 갖고 있다. 이 토론회는 역사적 평가(즉, 소급 적용 금지의 원칙 아래 히로시마와 나가사키 원폭 투하 당시 존재했던 법률의 적용에 대한 역사적 평가)에 국한되지 않고 1945년 이후 오늘날까지의 법적 발전을 다룬다.

---

[1] 국제법 교수, 국제우라늄무기금지연합(ICBUW) 공동의장, 국제반핵법률가협회(IALANA) 창립 멤버.
[2] Reuters, September, 30, 2022, Has Putin threatened to use nuclear Weapons?, https://www.reuters.com/world/europe/has-putin-threatened-use-nuclear-weapons-2022-10-27/; N. Tannenwald and D. Halloway. The precedent the world – and Russia – has rejected, *Bulletin of the Atomic Scientists*, October, 14, 2022 참조. N. Tannenwald와 D. Halloway는 (1945년 이후) "비사용의 전통"과 러시아의 행동 자체가 그러한 "선례"의 존재를 배제한다고 주장한다.
[3] TPNW/MSP/2022/NGO/10, 8 June 2022.

이와 동시에 불법성 문제는 보다 광범위하고 복합적인 관점에서 바라봐야 한다. 이는 국제인도법(IHL), 인권법, 국제형사법 및 국제환경법의 기준에 반하는 (모든) 핵무기의 위협, 사용 및 그 사용의 결과까지 포괄한다. 따라서 실제로 도달하거나 '조직화'하기 어렵지만, 고전적 이론을 대체할 수 있는 다각적 또는 다학제적 접근 방식이 필요하다.

법률의 영역을 넘어 정치적 그리고 대중적 토론에 이르기 위해서는 좀 더 복합적이고 유연하며 현대적인 접근 방식도 필요하다. 여기서 필자가 생각하건대 핵무기의 맥락에서만 보더라도 법적 논거를 이용하거나 이해하는 데 일정한 한계를 느낄 수 있다. 그러나 이러한 논거는 중립적 또는 '기술적' 도구로서 현재 진행 중인 전쟁의 격랑과 선동에 직면한 평화와 군축 노력을 뒷받침하는 데 중요하다.

이러한 배경에서 볼 때, 법의 분야 또는 유형(조약법적·관습법적) 측면에서 주제와 관련된 다양한 자료를 결합한 ('종합적인') 발표를 하는 것이 완벽하거나 이상적일 것이다. 그럼에도 불구하고 단계적 작업, 즉 문서와 과정을 검토하는 것이 필요하다. 이 주제와 관련하여 유엔총회(UNGA) 결의는 입장과 발전을 반영하고 전반적인 틀을 제공하기 때문에 적절한 수단이 될 수 있다.

II. 핵무기의 불법성에 대한 유엔총회 결의: 과정, 내용, 평가

이 장에서는 핵무기(사용)의 불법성에 대한 선언이 담긴 유엔총회 결의를 다룬다. 첫째, 국제법상 결의가 갖는 중요성을 살펴본다. 둘째, 결의 내용의 발전과 유엔 회원국들의 투표 행태를 분석한다. 마지막으로 국제법상 핵무기의 불법성과 관련하여 결의의 영향력과 가치를 검토한다.

A. 유엔총회 결의와 국제법상 중요성

총회 결의는 국제연합 헌장(이하 유엔 헌장) 제10조에 따라 법적 구속력이 없다. 안전보장이사회는 유엔 헌장 제25조에 따라 구속력 있는 결정 사항을 채택할 수 있는 유일한 유엔 기관이다.[4]

---

4 유엔 헌장 제10조: "총회는 이 헌장의 범위 안에 있거나 또는 이 헌장에 규정된 어떠한 기관의 권한 및 임무에 관한

2 토론문

　결의 채택과 국가들의 투표 행태는 개별 회원국들의 행동 양식이자 국가 관행의 표현으로 이해될 수 있다.[5] 따라서 국가의 투표 행태와 유엔총회 결의의 내용은 관습국제법 발전에 중요하다. 관습국제법 확립에 필요한 주요 요소 중 하나가 국가의 일반적 관행이기 때문이다.[6] ICJ는 다음과 같이 명시했다.

> 이러한 법적 확신(opinio juris)은 모든 적절한 주의를 기울여야 하지만, 무엇보다도 (…) **특정 총회 결의에 대한 국가들의 태도에서** 추론할 수 있다. 그러한 결의의 문안에 대한 동의의 효과는 (…) 결의 자체에 따라 선언된 규칙 또는 일련의 규칙들의 유효성을 수락하는 것으로 이해될 수 있다.[7]
> (필자 강조)

B. 내용과 투표 행태

　일찍이 1946년 1월 24일 (최초의) 결의 제1호에서부터, 유엔총회는 핵무기 문제를 다뤄왔다. 이 최초의 결의는 "원자력의 발견으로 인해 제기된 문제를 다루는 위원회"를 설립하여 "(…) 국가 군비에서 원자무기를 제거하기 위한"(5항 b) 제안을 할 것을 규정하고 있다. 이 결의는 만장일치로 채택되었다.[8]

　1961년 11월 24일자 결의 제1653호는 국제법에 반하는 핵무기를 강력히 규탄하는 일련의 결의 중 첫 번째 결의이다.

　따라서 자세히 살펴볼 필요가 있다.

> 총회는 (…)
> 불필요한 인간의 고통을 야기하는 대량살상 핵무기의 사용이 1868년 상트페테르부르크 선언, 1874년 브뤼셀 회의 선언, 1899년과 1907년 헤이그 평화회의 협약, 1925년 제네바 의정서와 같은,

---

어떠한 문제 또는 어떠한 사항도 토의할 수 있으며, 그리고 제12조에 규정된 경우를 제외하고는, 그러한 문제 또는 사항에 관하여 국제연합 회원국 또는 안전보장이사회 또는 이 양자에 대하여 **권고할 수 있다**"(필자 강조). 유엔 안전보장이사회는 유엔 헌장 제25조에 따라 법적 구속력이 있는 결의를 채택할 수 있는 유일한 유엔 기관이다: "국제연합 회원국은 안전보장이사회의 결정을 이 헌장에 따라 수락하고 **이행할 것을 동의한다**"(필자 강조).

5　Andreas von Arnauld, *Völkerrecht*, 2nd Edition, CF Müller, 2014, para. 259; Maurice H. Mendelson, *The Formation of Customary International Law*, Nijhoff, 1999, p. 201.
6　A. v. Arnauld, 앞의 책, para. 258.
7　ICJ 판결, 니카라과에 대한 군사 및 준군사 활동(니카라과 대 미국), 본안, ICJ 보고서 1986, para. 188.
8　UNGA, A/PV.17, 24 January 1946.

다수 국가가 여전히 당사국인 국제 선언과 구속력 있는 협정에 따라 **인도의 법칙과 국제법 원칙에 위배되는 것**으로서 과거에 금지되었음을 상기하고,

핵무기와 열핵무기의 사용이 앞서 언급한 국제 선언과 협정에 의해 인도의 법칙에 위배되고 국제법상 범죄라고 선언된 무기의 사용보다 **훨씬 막대한 무차별적 고통과 파괴**를 인류와 문명에 가져올 것임을 (…) 고려하며,

1. 다음과 같이 선언한다.

    (a) 핵무기 및 열핵무기의 사용은 유엔 정신, 규정, 목적에 반하며, **따라서 유엔 헌장에 대한 직접적인 위반**이다.
    (b) 핵무기 및 열핵무기의 사용은 **전쟁의 범위를 넘어서고 인류와 문명에 무차별적인 고통과 파괴를 야기하며, 따라서 국제법 규칙과 인도의 법칙에 위배**된다.
    (c) 핵무기 및 열핵무기의 사용은 적 또는 적들만을 대상으로 하는 전쟁이 아니라, 그러한 전쟁에 관여하지 않은 전 세계 사람들이 그러한 무기 사용으로 인해 발생하는 모든 해악의 피해를 받기 때문에 **인류 전체를 대상으로 하는** 전쟁이다.
    (d) 핵무기 및 열핵무기를 사용하는 국가는 모두 유엔 헌장을 위반하고, 인도의 법칙에 반하여 행동하며, **인류와 문명에 반한 죄**를 저지르는 것으로 간주되어야 한다. (…) (필자 강조)

이 결의의 문구는 다른 거의 모든 유엔총회 결의와 달리, 핵무기를 강력하게 규탄하고 있다. 이 결의는 그러한 무기의 사용이 기존 인도의 법칙, 국제법 원칙, 국제법적 구속력 있는 협정에 의해 금지되어 있는 불필요한 고통을 야기함을 상기시킨다.[9] 또한 이미 국제 선언과 협정에 의해 불법이자 국제법상 범죄로 단죄된 무기와 비교하여 핵무기의 영향이 인류와 문명에 **훨씬 더 큰 무차별적인 고통과 파괴**를 가한다고 설명한다 (전문 네 번째 단락).

핵무기 사용은 여러 가지 이유로 불법이며 국제법에 위배되는 것으로 간주된다. I. 유엔 헌장 위반 (1항 (a)); II. 인류와 문명에 불필요한 고통과 파괴를 야기하여 인도의 법칙과 국제법 규칙 위반 (1항 (b), 과도한 방식으로); III. 그 사용이 적뿐만 아니라 인류 전체를 대상으로 하는 것이기 때문에 중립법규 위반 (1항 (c)).

핵무기 사용이 유엔 헌장에 대한 직접적 위반이라는 선언은 결의 제1653호(XVI)에서 처음 이뤄졌고, 이후 결의에서 반복되었다.[10] 이 선언은 국가들(특히 핵보유국)이 그러한 결

---

9   이 결의(전문 두 번째 단락)가 뒤에서 논의할 개념인 "예방조치"에 대한 언급을 포함하고 있다는 점도 흥미롭다.
10 그 밖에 Res. 33/71 B of 14 December 1979, para. 1 (a); 35/152 D of 12 December 1980, para. 1 (a); 36/92 I of 9 December 1981, para. 1 (a); 45/59B of 4 December 1990, para. 7 Preamble, and 46/37D of 6 December 1991, para. 7 Preamble 참조. 1992년부터 현재까지의 GA 결의안에 대해서는 각주 19 참조.

2 토론문

의에 반대하는 논거로 사용하는, 논란이 많고 다소 모호한 문제였다. 그래서 미국은 혼란스럽게도 결의 제1653호(XVI)와 관련하여 유엔 헌장에는 제51조에 따른 합법적인 자위권 행사를 위해 어떤 유형의 무기를 사용해야 하는지 또는 사용해서는 안 되는지 명시되어 있지 않다고 선언했다.[11]

실제 ICJ는 다음과 같이 판시했다. "이미 그 자체로 불법인 무기는 (…) 헌장에 따른 합법적 목적(즉, 제51조)을 위해 사용된다는 이유로 합법화되지 않는다." (자위권) 행사는 "필요성과 비례성의 조건"[12]에 따라 이뤄진다. 이러한 맥락에서 재판소는 (최근 전쟁을 고려할 때) 그 어느 때보다 관련성이 큰, 정전법(*jus ad bellum*)과 전시국제법(*jus in bello*)의 구분을 명확하게 하고 있다. 달리 말해, 국제인도법의 적용은 무력사용의 정당성과 무관하다는 것이다.

반면 유엔총회 결의 과정에서 보인 핵무기 사용과 유엔 헌장 위반의 방정식은 이러한 구분(정전법과 전시국제법의 구분 : 옮긴이)을 혼란스럽게 하는 것 같다. 이에 대해 블레마이어(J. K. Bleimaier)는 그야말로 (법적으로) 타당하지도, 논리적이지도 않다며 다음과 같이 말한다. "핵무기 사용이 민간인에 대한 무차별적 영향 때문에 (…) 불법이라면 핵무기 개발, 배치 및 사용 가능성과 관련된 모든 계획은 평화에 반한 죄를 구성할 것이다."[13] 스킬잔(A. Skiljan)이 (그리고 다른 이들이) 침략범죄(국제형사재판소 규정 제8조 추가 조항)와의 연관성을 주장하고 있는 바와 같이, 핵무기 선제타격 문제에 초점을 맞춘다면 논의의 방향은 약간 달라질 수 있다.[14]

결국 핵무기 사용은 결의 제1653호(XVI)의 용어를 빌리자면, 인류를 대상으로 한 것이므로 "유엔 정신, 규정, 목적에 반하는" 것이며, "유엔이 창설되어 달성하고자 하는 높은 이상과 목표에 대한 직접적인 부정"(1항(a); 전문 다섯 번째 단락)이기 때문에 유엔 헌장을 근거로 설명할 수 있을 것이다. 바이즈(R. A. Weise)는 "핵무기 확산은 국제 평화와 안전에 위협이 되기" 때문에 "매우 제한적인 상황에서 무력사용을 허용"하는 유엔 헌장을 "핵무기에

---

11 UNGA, A/PV.1063, 24 November 1961, para. 18 이하 참조.
12 ICJ Advisory Opinion, 앞의 책, paras. 39, 41.
13 J. Bleimaier, "Nuclear Weapons and Crimes against Humanity under International Law", *The Catholic Lawyer* 33(2), 1984, p.165.
14 Amela Skiljan, "Are Nuclear Weapons Illegal?", *Die Friedens-Warte* 94, 2021, pp.3-4, p.430 참조. 스킬잔(독일 반핵법률가협회 공동회장)의 글은 핵무기의 불법성에 관한 매우 간명한 최근의 개관을 제공하며, 금지/의무의 유형, 그 법원(조약) 및 구속력의 범위가 포함된 (독창적인) 도표를 제시하고 있다.

대한 법적 금지 시행"으로 해석할 수 있다고 주장하기도 한다.[15]

일반적으로, 앞서 검토한 1961년부터 1991년까지의 핵무기 관련 유엔총회 결의는 만장일치로 채택되지 않았다. 결의 제1653호(XVI)는 55개국 찬성(찬성국 수 최저), 46개국 반대 또는 기권으로 채택되었고[16], 결의 제45/59 B는 125개국 찬성(찬성국 수 최고), 27개국 반대 또는 기권으로 채택되었다.[17] 이는 대다수 국가가 결의와 그 내용에 찬성했음에도 불구하고 프랑스, 미국, 영국 같은 핵강대국과 여전히 많은 나라[18]가 이러한 결의에 찬성하지 않았음을 의미한다.

유엔 헌장 위반이라는 다소 의구심이 드는 (그러나 이해할 수 있는) 선언과 별개로, 이러한 결의들은 결의 제1653호(XVI)와 그 1항(d)에 담긴 "인류와 문명에 반한 죄"라는 개념을 시작으로 핵무기 사용이 인도에 반한 죄를 구성한다고 선언하는 방향으로 발전하고 있다. 핵무기 사용이 인도에 반한 죄라는 선언은 현행 국제형사법(뒤에서 논의)에 확고하게 뿌리를 두고 있으며, 1961년 11월 24일자 결의 제1653호부터 1991년 12월 6일자 결의 제46/37D호에 이르는 일련의 결의뿐만 아니라 그 이후의 결의에서도 찾을 수 있다.

1992년 제47차 총회부터 가장 최근인 2023년 결의 제78/55호까지 유엔총회의 각 회기별 결의들을 분석해 보면, 다음과 같은 단락을 공통적으로 포함하는 결의가 하나씩 채택되었다.

> 1961년 11월 24일자 결의 제1653호(XVI), 1978년 12월 14일자 결의 제33/71B호, 1979년 12월 11일자 결의 제34/83G호, 1980년 12월 12일자 결의 제35/152D호, 1981년 12월 9일자 결의 제 36/92l호에서 선언한 바와 같이, 그 어떤 핵무기 사용도 유엔 헌장 위반이며 **인도에 반한 죄임을 재확인하며**[19] (필자 강조)

---

15 R. Weise, "How Nuclear Weapons Change the Doctrine of Self-Defense", *New York University Journal of International Law and Politics* 44(2011-2012), p.1397.
16 UNGA, A/PV.1063, 24 November 1961, para. 126.
17 UNGA, A/45/PV.54, 18 December 1990, p. 63.
18 프랑스, 미국, 영국 및 대부분의 나토 동맹국들은 앞서 분석한 각 결의에 반대표를 던졌다. UNGA, A/PV.1063, 24 November 1961, para. 126; UNGA, A/33/PV.84, 14 December 1978, para. 221; UNGA, A/35/PV.94, 12 December 1980, para. 108; UNGA, A/36/PV.91, 09 December 1981, para. 133; UNGA, A/45/PV.54, 05 December 1990, p. 63; UNGA, A/46/PV.65, 20. December 1991, p.36 참조.
19 이 문장은 다음 모든 결의에서 볼 수 있다. Res. 47/53C of 09 December 1992, Res. 48/76 B of 16 December 1993, Res. 49/76 E of 15 December 1994, Res. 50/71E of 12 December 1995, Res. 51/46 D of 10 December 1996, Res. 52/39 C of 31 December 1997, Res. 53/78 D of 08 January 1998, Res. 54/55 D of 1 December 1999, Res. 55/34 G of 20 November 2000, Res. 56/25 B of 29 November 2001, Res. 57/94 of 09 January 2003, Res. 58/64 of 08 December 2003, Res. 59/102 of 4 December 2004, Res. 60/88 of 08 December 2005, Res. 61/97 of 06 December 2006, Res. 62/51 of 05 December 2007, Res. 63/75 of 02 December 2008, Res. 64/59

이 모든 것은 핵무기를 불법화하고 그 사용을 금지하는 것에 대한 국제사회의 엄청난 관련성과 관심을 보여준다. 최근의 상황은 그 초점이 피해자 지원과 환경 복원 같은 핵무기 사용 및 실험의 인도적 문제로 좀 더 옮겨가고 있다는 것을 보여준다.

이 문제에 대한 최근의 결의인 2023년 12월 22일자 결의 제78/240호 「핵무기 유산의 해결 : 핵무기 사용 또는 실험으로 피해를 받은 회원국에 대한 피해자 지원 및 환경 복원 제공」은 앞서 분석한 결의보다 훨씬 적은 반대표를 받아 채택되었다(찬성 161, 반대 4, 기권 6).[20] 2023년 12월 4일자 결의 제78/34호 「핵무기의 인도적 결과」에서도 비슷한 상황을 볼 수 있다. 이 결의는 핵무기의 파멸적 결과(전문 두 번째 단락), 막대하고 통제 불가능한 파괴력과 무차별적 성격(전문 세 번째 단락)을 인정하고 핵무기의 완전한 제거 필요성(제1항)을 강조하고 있다. 결의 제78/34호 또한 앞서 분석한 다른 결의보다 반대가 적었다(찬성 141, 반대 11, 기권 33).[21]

C. 잠재력

핵무기 사용의 불법성에 대한 유엔총회 결의(특히 핵무기 사용을 유엔 헌장에 대한 직접적인 위반으로 간주한 경우)에 반대하는 국가의 수는 해당 결의의 실체가 관습국제법으로 확립되는 것을 어렵게 만든다. ICJ는 1996년 권고적 의견에서 결의 제1653호(XVI)로 시작된 이 과정을 다루고, 유엔총회 결의가 "때때로 규범적 가치를 지닐 수 있다"고 인정하면서도 반대표와 기권표가 상당수 존재하기 때문에 "그러한 무기 사용의 불법성에 대한 법적 확신을 확립하는 데는 여전히 부족하다"[22]고 결론 내린다.

이와 달리 블레이마이어는 1961년 결의가 "우리 시대의 구속력 있는 관습국제법 원칙으로 받아들여져야 한다"[23]고 지적한다. 2016년 시드니 국제재판소는 1945년 이후 핵무

---

of 02 December 2009, Res. 65/80 of 08 December 2010, Res. 66/57 of 02 December 2011, Res. 67/64 of 03 December 2012, Res. 68/58 of 05 December 2013, Res. 69/69 of 02 December 2014, Res. 70/62 of 07 December 2015, Res. 71/75 of 05 December 2016, Res. 72/59 of 04 December 2017, Res. 73/74 of 05 December 2008, Res. 74/68 of 12 December 2019, Res. 75/75 of 07 December 2020, Res. 76/56 of 06 December 2021, Res. 77/82 of 07 December 2022, Res. 78/55 of 04 December 2023.

20 https://research.un.org/en/docs/ga/quick/regular/78 (2024.5.5 최종 방문).
21 https://research.un.org/en/docs/ga/quick/regular/78
22 1996년 ICJ 권고적 의견 제70항은 이들 결의가 핵무기 사용은 "유엔 헌장에 대한 직접적인 위반"이라고 선언하고 있음을 언급하는 것으로 시작한다.
23 J. Bleimaier, 앞의 책, p.166.

기를 사용하지 않은 것은 "관습법에 따라 핵무기 사용이 금지되었음을 점점 더 인정하는 결과로 이어졌다"[24]고 주장한다.

ICJ의 부정적이거나 주저하는 태도와는 달리, 필자는 적어도 "발생기의 법적 확신 (opinio juris)"[25]이 사실이라고 보는 것에 찬성하며, 리티커 교수도 발표문에서 "근본적인 규범 창출적 성격"을 가진 핵무기금지조약에 의해 강화되고 있는 관습법 절차를 강조하면서, 여기서 나토 핵강대국들이 취하는 지속적 반대자 입장은 제한적 효과를 가질 것이라고 강조한다.

그럼에도 불구하고 이러한 논의는 앞서 말한 유엔총회 결의가 국제법과 핵무기의 불법성에 중요하지 않다는 것을 의미하지는 않는다. 전 세계 대다수의 국가가 이들 결의에 찬성표를 던졌고, 이들 결의는 유엔총회에서 주기적으로 채택되고 있다. 결의들은 국제인도법, 인권법, 국제형사법, 국제환경법과 같은, 핵무기 사용과 양립할 수 없는 관습국제법을 반복해서 명시하고 있다. 또한 이들 결의는 ICJ 권고적 의견과 핵무기금지조약으로 대표되는 관습법 형성에 대한 기여이자 확인이다.

유엔총회 결의는 핵무기 폐기를 위한 국제사회의 노력을 반영하고, NPT와 TPNW 같은 조약에 의해 달성된 발전을 보여주며, 이들 결의에 대한 표결을 할 때 국가들의 입장을 반영함으로써 전체적인 골조의 역할을 할 수 있다.

III. 다니엘 리티커 교수의 발표문에 관한 의견

A. 환경 보호

리티커 교수는 발표문 중 국제인도법 바로 다음 장에서 "환경법상 핵무기 사용의 적법성"을 다루고 있다. 환경 보호의 관점에서 핵무기 문제에 대한 이러한 비중 있고 상세한 고찰은 그 어느 때보다도 정당하다.

---

[24] 핵보유국과 인류 문명의 파괴에 관한 국제인민재판소, 시드니대학교, 2016년 7월 7~8일, 100항. 이에 대한 부정적 의견: ICJ 권고적 의견, 앞의 글, 67항.
[25] 재판소가 73번째 문단에서 언급한 ICJ 권고적 의견, 앞의 책; M. Mohr, 국제법에 따른 핵무기의 적법성에 대한 ICJ 권고적 의견 참조. 강점과 약점에 대한 몇 가지 생각, *International Review of the Red Cross*, no. 316, 1997, p.99.

리티커 교수는 ICJ 권고적 의견(제29, 35, 36항)과 위러맨트리 재판관(특히 세대 간 형평성에 관한)의 환경 관련 진술을 언급하는 것으로 시작한다. 실제 ICJ는 "환경 보호 및 보존에 관한 현행 국제법이 핵무기 사용을 특별히 금지하고 있지는 않지만, 무력충돌에 적용되는 법의 원칙과 규칙을 이행하는 맥락에서 적절히 고려해야 할 중요한 환경적 요소를 제시하고 있다고 판단한다."[26]

리티커 교수와 마찬가지로, ICJ는 잘 알려진 국제인도법 규칙인 "광범위하고 장기적이며, 심대한 환경 피해"로부터의 보호에 관한 제네바 협약 제1추가의정서 제35조 3항 및 제55조 1항을 참조하고 있다(권고적 의견 제31항). 관습국제인도법에 관한 국제적십자위원회(ICRC) 연구의 규칙 43 및 규칙 45는 환경에 대한 적대행위 관련 원칙의 적용을 확인하고 있으며, 이는 제1추가의정서의 높은 문턱보다는 낮은 수준의 일정한 기준, 예컨대 상당한 주의 또는 주의 의무에 관한 (관습법적) 기준을 제시한다.[27]

문턱을 낮추고 보호를 확대하는 것은 또한 스킬잔이 정확하게 지적했듯이 무력충돌 이외의 핵무기 피해를 다루는 경우 필수불가결한 국제환경법에 (그 자체로) 의존하는 효과로 나타날 수 있다.[28] 어쨌든 ICJ는 흥미롭게도 일종의 "기능적 접근 방식"을 추구하며, 다음과 같이 판시한다. "문제는 환경보호 관련 조약이 무력충돌 중에 적용 가능한지 여부가 아니라 조약에서 비롯된 의무가 군사적 충돌 중에 완전한 자제의 의무로 의도되었는지 여부이다"(제30항).[29]

쿤즈(Kunz)와 비누알레스(Vinuales)는 핵무기 사용에 대하여 국제인도법과 함께, 또는 병행하여 환경조약법의 적용 가능성을 논의하고 있는데,[30] 이 분야는 좀 더 많은 연구와 토론이 필요하다.

마지막으로, 무력충돌과 관련된 환경보호에 관한 국제적 담론과 성문화 노력이 더욱 진전되어 핵무기 문제와도 큰 관련성을 갖게 되었다. 어떤 면에서 이러한 경향은 (우크라이

---

26 ICJ 권고적 의견, 앞의 글, 35항; 맨프레드 모흐, 자문 의견, 앞의 글, p. 96 참조.
27 이와 관련하여 Erik V. Koppe, "Use of nuclear weapons and protection of the environment during armed conflict", G. Nystuen, S. Casey-Maslen and A. Golden Benagel, *Nuclear Weapons under International Law*, Cambridge, 2014, p.258 이하 참조. 에릭 코페는 (적어도) 핵무기 사용의 방사선 영향은 "광범위"하다고 볼 수 있다고 전제한다.
28 A. Skiljan, 앞의 책, p.426.
29 M. Mohr, Der Atomwaffenverbotsvertrag und seine völkerrechtliche Wirkung, *Humanitäres Völkerrecht: Journal of International Law of Peace and Armed Conflict*, 1(2018)1-2, p.133 참조.
30 M. Kunz and J. E. Vinuales, "Environmental approaches to nuclear weapons", in: Nystuen, *Nuclear Weapons*, 앞의 책, p.280.

나의 발의로) 2016년 8월 4일 유엔환경계획(UNEA)의 유엔환경총회에서 채택된 결의 제2/15호에서 두드러지게 나타난다. 이 결의의 내용은 다음과 같다.

> "무력충돌 중 환경 피해 문제에 대한 인식을 제고하고, 무력충돌로 인해 피해를 입은 환경을 적절하게 보호해야 할 필요성을 강조하며
>
> 모든 회원국이 무력충돌 상황에서 환경보호와 관련된 적용 가능한 국제법을 이행할 것을 촉구하며"

2022년 유엔국제법위원회(ILC)는 무력충돌에 관한 환경보호 관련 원칙(PERAC) 초안을 채택했다.[31] 원칙 12는 (가장 중요한) 마르텐스 조항을 재확인하고, 원칙 13은 "무력충돌 중 환경의 일반적 보호"에 대해 자세히 설명한다.

B. 전쟁의 영향과 예방조치 원칙

리티커 교수는 핵무기 사용의 불법성의 핵심으로 그 무차별적 특성을 설득력 있게 설명한다. 그는 케시-매슬렌(Casey-Maslen)을 인용하며 두 가지 평가 기준을 구분한다. 첫째, 구체적인 군사 목표를 표적으로 할 수 없는지, 둘째 그 영향을 제한하거나 통제할 수 없는지이다. 두 번째 기준은 제1추가의정서 제51조 4항 (c)에 명확히 규정되어 있는데, 리티커 교수는 모든 핵무기 사용의 "파멸적인 인도적 결과"를 설명하면서 이 두 번째 기준이 "핵무기의 경우에 더 문제가 되는" 접근 방식 또는 개념으로 마침내 핵무기금지조약의 채택으로 이어졌다고 설명한다.

사실 전쟁의 영향에 초점을 맞추는 것은 핵무기나 ICBUW(우라늄무기금지국제연합)[32]가 다루는 우라늄무기와 같은 여타 "논란이 많은" 무기를 다룰 때 더욱 **적절하다**는 점에서 (오직 이 점에서만) "더 문제가 된다." 이는 전체적으로 현대전에 대한 환경적 접근의 당연한 결과일 뿐이다.

---

31 무력분쟁과 관련된 환경보호에 관한 초안 원칙은 https://legal.un.org/ilc/texts/instruments/english/draft_articles/8_7_2022.pdf 참조. 물론 그 배경에 더 오래되고 더 포괄적인 과정이 있었다. 한 예로 무력충돌 시 환경보호에 관한 유엔총회 결의 제47/37호 또는 무력충돌 중 자연환경 보호에 관한 ICRC 가이드라인(2020년 9월) 참조. https://www.icrc.org/en/publication/4382-guidelines-protection-natural-environment-armed-conflict

32 www.icbuw.eu 참조.

2 토론문

    국제적 담론은 "전쟁의 잔재", 특히 유해한 전쟁의 잔재에 대처하는 아이디어를 더욱 구체화했다.[33] 국제법위원회 PERAC 문서의 "무력충돌 후 적용 가능한 원칙"에 관한 장에는 전쟁의 잔재에 관한 원칙 26이 포함되어 있는데, 이는 전쟁의 잔재 제거 또는 무해화 및 지원 조치에 관한 내용이다.

    이 점에서 보다 결정적인 법적 수단, 즉 국제인도법과 환경법 모두에서 찾을 수 있는 예방조치 원칙(또는 접근 방식)을 적용할 수 있다.[34] 리티커 교수는 발표문에서 (제1추가의정서 제57조에 따른) "공격 시 예방조치"를 다루고 있다. 리티커 교수의 의견과 달리, 필자는 핵무기 사용의 합법화를 가장하는 소위 "극단적 상황"과 관련하여 취한 입장과 **관계없이** "공격 시 예방조치"를 다루는 것이 필요하다고 생각한다.

    PERAC 원칙 14는 매우 일반적인 표현으로 다음과 같이 규정하고 있다. "구별, 비례성, 예방조치의 원칙을 포함한 무력충돌법은 환경보호를 위해 환경에 적용되어야 한다."

    발표문 후반부에서 리티커 교수도 국제환경법상 예방조치 원칙에 대해 언급하지만, 이 원칙 또는 기준은 **법적** 논거를 제시하는 것임을 강조해야 한다. 이는 특정 무기(핵무기·우라늄무기 등) 사용 시 영향에 관한 1:1의 우연한 연관성에 대한 끝없는 '과학적' 논쟁을 끝내고, '완전한 그림'에 도달하기 위해 여전히 더 많고 (그리고 더 비싼) 과학적 연구를 요구하는 주장을 종식하기 위해 제시된 것일 수 있다. 명확히 하자면 이러한 고려나 활동에는 여지가 있을 수 있지만 과장이나 정치적 (또는 법적) 악용에는 여지가 없다.

    관습국제인도법에 관한 ICRC 연구의 규칙 44는 매우 명확하다.

> 전투 방법과 수단은 자연환경의 보호와 보존을 충분히 고려하여 사용해야 한다. 군사작전을 수행하면서 환경에 대한 부수적 피해를 방지하고 어떠한 경우에도 최소화하기 위해 가능한 모든 예방조치를 취해야 한다. 특정 군사작전이 환경에 미치는 영향에 관한 과학적 확실성이 부족하다고 해서 충돌 당사자의 그러한 예방조치를 취해야 하는 의무가 면제되는 것은 아니다.

---

[33] 2012년에 '전쟁의 독성 잔재(TRW) 프로젝트'가 시작되었다. 자세한 내용은 분쟁과 환경 관측소(CEOBS) 웹사이트 www.ceobs.org에서 확인.

[34] 예를 들어 M. Bothe, "Precaution in International Environmental Law and Precautions in the Law of Armed Conflict", *Goettingen Journal of International Law* 10(2020)1, pp.267-281 참조.

C. 인권과 국가 책임

리티커 교수는 이 발표문과 다른 글에서 핵무기 문제의 인권적 측면을 설명하는 데 크게 기여했다. 이는 핵무기금지조약에 반영된 인도적 군축의 개념을 더 깊이 이해하고 전파하는 데 기여했으며, (예를 들어 반핵법률가협회(IALANA) 운동을 통해) 핵무기 불법화를 위한 인권 이행 계획을 활용하고, NGO 인권 영역으로 나아가는 데에도 기여했다.

리티커 교수는 생명권을 필두로 비인도적이고 굴욕적인 대우 금지, 사생활 및 가정에 대한 권리, 아동 권리 등 이와 관련하여 중요한 여러 인권 규범을 설명하고 있다. 아마도 필자가 생각하기에 더 많은 연구와 발표가 필요한 두 가지 항목, 즉 최근 부상하고 있는 권리인 안전하고 깨끗하며 건강하고 지속가능한 환경에 대한 권리와, '독성물질과 인권'을 여기에 추가할 수 있을 것이다.

이 두 분야를 다루는 유엔 특별보고관들을 통해 상호 교류하고 영향을 줄 수 있다. 2012년 당시 유해물질과 폐기물의 친환경적 관리 및 처리가 인권에 갖는 함의에 관해 특별보고관은 핵무기로 피해를 입은 마셜제도에 대한 진상조사 임무를 수행하며 매우 중요한 보고서를 발표했지만, ICJ는 마셜제도 사건을 각하했다.[35]

생명권과 관련하여 리티커 교수는 인권위원회 일반논평 제36호를 강조하며 핵무기에 대해 상세하고 구체적으로 언급하고 있는 제66항을 인용한다. 제66항의 맨 마지막(군축 및 피해자 배상 의무 관련)에는 "국제적 책임 원칙"에 대한 언급이 포함되어 있다.

이는 2001년 국제법위원회가 채택한 초안[36]에 명시된 국가 책임에 관한 법률이 잘 발달해 있기 때문에 상호 보완, 검증 및 강화의 또 다른 여지를 열어 준다. 제1조는 단순명료하다. "한 국가의 모든 국제적으로 부당한 행위는 해당 국가의 국제적 책임을 수반한다." 제16조는 "국제적으로 부당한 행위의 실행에 대한 원조 또는 지원"에 관한 것으로, 제네바 협약 규칙을 존중하고, **존중 보장** 의무가 있는 제네바 제협약 공통 1조와 마찬가지로 핵무기와 그 확산·전파를 다룰 때 매우 관련성이 크다.

마지막으로 다시 한 번 PERAC 원칙 9의 1항을 강조한다.

---

35 (참고문헌 포함) 다니엘 리티커, 맨프레드 모흐, 야마다 토시노리, 핵무기금지조약, 논평 기사별 업데이트된 버전, 2022년 5월, p.34 참조.
36 『국제법위원회 연감』 제2권, 2001, pp.26-30.

2 토론문

한 국가가 무력충돌과 관련하여 국제적으로 위법한 행위를 하여 환경에 피해를 입히는 경우, 해당 국가는 국제적 책임을 져야 한다. 환경 피해 자체를 포함하여 그러한 피해에 대해 완전한 배상을 해야 할 의무가 있다.

D. 피해자 지원과 환경 복원

리티커 교수는 발표문 말미에서 인권 체계와 책임 체계가 중첩되고 조약의 인도적, 피해자 중심적, 실용적 가치가 가장 두드러지게 나타나는 핵무기금지조약의 영역, 즉 제6조와 7조에 담긴 피해자 지원과 환경 복원에 대해 간략히 설명한다.[37] 제6조 1항은 "적용 가능한 국제인도법과 국제인권법"을 명시적으로 언급하고 있고, 제7조 6항은 "(…) 핵무기를 사용했거나 실험한 당사국은 (…) 피해자 지원 및 환경 복원을 위해 피해 당사국들에게 적절한 지원을 제공할 책임이 있다"고 규정하고 있다.

이는 국가 책임에 대한 것과 같은 현행 국제법으로까지 거슬러 올라가는 매우 독특하고 강력한 규정이다. 앞서 언급한 유엔총회 결의 제78/240호 세 번째 단락은 다음과 같다.

> "핵무기 사용 또는 실험의 폭발로 인한 피해를 해결할 책임이 핵무기를 사용 또는 실험한 회원국에 있음을 인정하며"

핵무기폐기국제캠페인(ICAN)이 정확하게 지적한 바와 같이, 이 결의는 핵무기금지조약 비준 여부와 관계없이 모든 국가와 함께할 수 있는 기회를 제공하며, 이들 국가가 피해자 지원과 환경 복원 노력에 참여하도록 촉진하는 가교 역할을 한다.[38]

피해자 지원과 환경 복원은 제1·2차 핵무기금지조약 당사국 회의에서 가장 많이 논의된 주제 중 하나였다. 제1차 당사국 회의에서 채택된 비엔나 행동계획[39]에는 이 주제에 대한 장대한 내용이 포함되어 있다. 그중에서도 "핵무기 사용 또는 실험으로 피해를 입은 국가를 위한 국제신탁기금"(행동 29) 설립 아이디어가 비엔나 행동계획에 제시되어 있는데, 이는 핵무기금지조약 가입 여부와 관계없이 실용적인 지원 방향으로 나아가는 또

---

37 다니엘 리티커, 맨프레드 모흐, 야마다 토시노리, 앞의 글, pp.29-37.
38 ICAN 실무 보고서, 2024년 4월, https://www.icanw.org/briefing_paper_unga_resolution_adressing_the_legacy_of_nuclear_weapons?utm_campacam=va_resolution&utm_medium=email&utm_source=ican 참조.
39 TPNW/MSP/2022/CRP. 7.

하나의 진전이자 발전이었다.

2015년 11월 23일, 바로 이곳 히로시마에서 세계핵피해자포럼 선언문이 채택되었다.[40] 히로시마와 나가사키 원폭피해자부터 '핵산업'의 피해자까지 핵 피해자에 대한 광범위한 이해 또는 개념을 바탕으로 정보·의료·보상 요구를 포함한 일련의 권리(인권)가 공식화되었다. 이 개념은 "핵 생존자"[41]와 마찬가지로 복합적이고 실질적인 고려의 여지가 있기 때문에 더 많은 논의가 필요하다.

IV. 토시노리 교수의 발표문에 대한 의견

A. 주요 범죄에 대한 초점

토시노리 교수는 "국제공동체 전체의 관심사인 가장 중대한 범죄"(ICC 규정 제5조 1항), 즉 "주요 범죄(core crimes)"에 집중하는 국제형사재판소(ICC)의 역할과 그 형사관할권 전반을 고찰하는 것으로 발표를 시작한다. 토시노리 교수의 관점에서 핵무기 사용은 이러한 주요 범죄에 해당한다.

ICC가 설립되고 그에 따른 규정과 관행이 성립되었다는 것만으로도 뉘른베르크와 도쿄에서 처음으로 국제법이 '이빨'을 가졌던 이후 국제법이 다시 '이빨'을 갖게 되었다는 사실을 알 수 있다. (유고슬라비아에 대한 구 유고국제형사재판소(ICTY)로 시작된) 이러한 발전은 놀랍게도 특정 정치인(럼스펠드, 피노체트, 푸틴 등)의 "문제가 있는 이동 경로"와 관련하여 대부분의 실질적인 결과를 가져왔다.

이러한 발전과 구성의 배경에는 국제범죄에 대한 국가[42]와 개인 (모두의) 책임이라는 개념이 있으며, 이는 "통상적인" (국제) 불법행위에 비해 더욱 중대한, 또는 가장 중대한 형태의 책임이다. 개별 범죄 또는 형벌 수준에서 이 개념은 예를 들어 유엔총회 결의 95(I)호와 제177(II)호로 확인되었으며, 관습국제법을 표방하고 있는 "뉘른베르크 재판소 헌장 및

---

40 https://www.fwrs.info/wp-content/uploads/2015/11/WNVF_HiroshimaDeclaration.pdf 참조.
41 World Nuclear Survivors Forum 2021, December 2-3, 2021, Peace Boat/ICAN, https://nuclearsurvivors.org.
42 J. Weiler, A. Cassese and M. Spinedi, *International Crimes of State. A Critical Analysis of the ILC's Draft Article 19 on State Responsibility*, Berlin/Boston, 1989 참조.

2. 토론문

재판소의 판결에서 인정된 국제법 원칙"(1950)에 집약되어 있다.

원칙 1은 다음과 같이 선언한다. "국제법상 범죄를 구성하는 행위를 저지른 자는 그에 대한 책임이 있으며 처벌을 받을 수 있다." 이는 공식적 지위나 명령에 따른 행위와는 무관하며, 공모 상황까지 확대 적용된다(원칙 3, 4, 7). 토시노리 교수는 이러한 광범위한 책임체계의 구체적이고 매우 실질적인 결과로 핵폭탄 투하에 관여한 핵공유국의 군인에게도 책임을 물을 수 있다고 설명한다.

토시노리 교수는 발표문 결론에서 ICC의 일반적 역할로 다시 돌아가 ICC가 제한적 범위 안에서 핵무기 사용에 대한 관할권을 가지고 있다고 강조한다. 그리고 더 나아가 "ICC 규정이 적용되는 범죄는 어떤 수단으로도 자행될 수 있기 때문에" 이 문제에 대한 프랑스와 영국의 "유보"는 이것(핵무기 사용에 대한 ICC의 관할권 : 옮긴이)을 바꿀 수 없다고 말한다. 이 지점에서 필자는 독일과 같은 '서방' 국가들이 ICC 및 그 규정을 만드는 데 매우 적극적인 역할을 했다는 사실도 상기하고자 한다.

B. 제노사이드(집단학살)?

어떻게 보면 토시노리 교수가 주요 범죄 분야를 제시한 직후 (ICC 규정 제6조와 마찬가지로) 가장 중대한 범죄 중 하나인 제노사이드를 다루는 것은 논리적으로 보인다. 그는 가장 결정적인 적용 기준인 "의도"를 논하면서, 다음과 같은 결론에 도달한다. (억제정책에 포함되는 것이 아니라 확증파괴전략으로 표현되는) 적국과 민족에 대한 대규모 파괴라는 단일한 목적을 가진 핵무기 사용은 제노사이드 범주에 속한다고 할 수 있다.

필자는 그러한 결론에 도달할 가능성과 필요성이 있는지에 대해서는 여전히 의문을 갖고 있다. 국제사법재판소(ICJ)가 권고적 의견에서 밝혔듯이, 이는 "각 사안의 구체적인 상황을 충분히 고려한 후에야" 가능한 일이며, 단순히 (엄청난) 피해자 수가 결정적인 요소가 되는 것은 아니다.[43] 또한 오늘날 '제노사이드'에 대한 언급이 거의 인플레이션에 가깝게 이루어지고 있음을 고려할 때, 인도에 반한 죄에 관한 성문화 및 규칙과 마찬가지로

---

[43] Para. 26. 마찬가지로 여기서 (필요한) "dolus specialis"를 언급한 Casey-Maslen 참조; S. Casey-Maslen, "Use of nuclear weapons as genocide, a crime against humanity or a war crime", in: Nystuen, *Nuclear Weapons*, 앞의 책, p.196. 또한 A. Skiljan, 앞의 책, p.428 이하 참조. 여기서는 위러맨트리 재판관의 (다른) 반대 의견이나 블레이마이어의 '핵 홀로코스트' 사건에서의 대량학살 적용 가능성에 대한 의견이 언급되어 있다. 또는 J. Bleimaier, 앞의 책, p.167 참조.

로마 규정이나, (그와 동일하지는 않지만44) 국제인도법에 따라 "우리가 이미 가지고 있는 것"을 견지하기를 요청하고 싶다.

이와 관련하여 토시노리 교수는 제노사이드 협약에 따른 광범위한 체계가 모의, 공모 등에까지 적용될 수 있다고 말한다. 그러나 위에서 설명한 것처럼 뉘른베르크 원칙에 포함되어 있는 (다른) 범죄에 집중하는 것으로도 충분히 이러한 잠재성에 도달할 수 있다.

핵무기 사용에 대한 국제형사 책임과 관련하여 때때로 제기되는 또 다른 범죄는 생태계 파괴 범죄이다. 그러나 이 문제는 여전히 논쟁의 여지가 많으므로 이 토론문에서는 다루지 않는다.45

C. 인도에 반한 죄 및 대 전쟁범죄

토시노리 교수는 제노사이드에 이어 인도에 반한 죄와 전쟁범죄 옵션을 검토한다. 첫 번째 옵션인 인도에 반한 죄와 관련하여, 그는 ICC 규정 제7조를 근거로 "민간인", "광범위한", "체계적/정책적", "인식"이라는 네 가지 적용 기준을 검토하여 결과적으로 핵무기 사안에 대한 확언에 이른다.46 그는 단 한 기의 핵무기 사용도 "광범위하거나 체계적"일 수 있지만, (다른 한편으로) "오용 또는 우발적 발사의 경우" 정책적 요소가 누락될 수 있다고(이에 대해 필자는 의구심을 갖는다) 정확하게 언급한다.

다음으로 토시노리 교수는 ICC 규정 제8조의 전쟁범죄로 넘어가, 이 조항에 따라 핵무기 사용 행위가 제8조(2)(b)(i)의 민간인 공격, 제8조(2)(b)(ii)의 민간 물자 공격, 또는 (자연환경에 대한 피해를 포함하여) 과도한 부수적 사망, 상해 또는 피해를 야기하는 공격에 해

---

44 이 관계에 대해서는 A.G. Bersagel, "Use of nuclear weapons as an international crime and the Rome statute of the International Criminal Court", in: Nystuen, *Nuclear Weapons*, 앞의 책, p.230 참조. Nystuen은 로마 규정과 국제인도법이 중첩되나 완전히 수렴되지는 않으며, 핵무기에 관한 ICC의 관할권은 제한적일 수 있지만 "국내 법원이나 국제임시재판소의 판결을 통한 다른 집행 옵션이 가장 유망한 것으로 남아 있다"고 말한다(앞의 책, p.222).

45 예를 들어 국제인민재판소, 앞의 책, p.13, paras. 84-86 참조. 생태계 파괴에 관한 정의: "동식물의 대량파괴, 환경, 토양 또는 수자원의 오염, 생태적 파멸을 초래하는 기타 행위의 실행", 앞의 책, 85항. 더 나아가 A. Siljan, 앞의 책, p.430, 그리고 이 개념 자체에 대해서는 예를 들어 Polly Higgins, *Eradicating Ecocide. Laws and governance to prevent the destruction of our planet*, London, 2010 참조. 마지막으로 매우 설득력 있게 비판적인 글: BOFAX, Nr. 674 E, 7.5.2024, To Cide or not to Cide - Ecocide, What Have You started?, ending with the statement: The trend of introducing new"-cides", like Domicide, Educide etc. (특히 가자지구의 상황과 관련하여) 도미사이드(domicide), 에듀사이드(educide) 등과 같은 새로운 '~사이드'를 도입하는 추세는 "장기적으로 이러한 끔찍한 시나리오를 대처하는 국제법의 역량을 약화시킬 것이다."

46 마찬가지로 Skiljan, 앞의 책, p.429 참조. 또한 "Judgement of the International Peoples' Tribunal On the Dropping of Atomic Bombs On Hiroshima and Nagasaki", July 16, 2007, para. 40 참조.

당할 수 있다고 주장한다.[47] 그는 사막이나 해상에 있는 적군에 대한 핵공격도 자연환경에 명백히 과도한 피해를 야기할 수 있으므로 전쟁범죄에 해당한다고 강조하지만, 앞서 유사한 시나리오(사막에 있는 군대에 대한 핵공격)에서 인도에 반한 죄를 상정하는 것은 거부했다.

전체적으로 보아, 필자가 보기에 현실적이지도 않고 현행법에 부합하지도 않는 이러한 모든 "예외적 경우"의 가정을 인정하지 않는 것은 매우 민감한 문제이다. 이는 부수적 피해가 군사적 이익과 균형을 이룬다면 핵무기 사용은 전쟁범죄가 아니라는 토시노리 교수의 주장에도 적용된다. 그러나 바로 뒤이은 핵무기 사용의 인도적 결과를 대중에게 알려야 한다는 그의 주장은 정확하다.

결과적으로, 필자가 보기에 토시노리 교수는 문제의 행위를 전쟁범죄와 구별하여 인도에 반한 죄로 분류하는 것이 "어떤 실질적인 이익"이 있는지에 대한 질문을 열어 두고 있다. 모든 것을 감안할 때, 필자는 무엇보다도 (핵무기 실험의 경우와 같이) 무력충돌에서 멀어질 때 더 큰 유연성을 제공한다는 점에서 그렇게 하는 것(전쟁범죄와 인도에 반한 죄를 구분하는 것 : 옮긴이)을 선호한다. 다른 한편으로 케시-매슬렌이 "특정 핵무기 사용은 인도에 반한 죄를 구성할 수 있지만 반드시 그런 것은 아니다"라고 말한 것은 정확하다. ICJ는 권고적 의견에서 위에서 설명한 유엔총회 과정과 달리 인도에 반한 죄의 문제를 다루지 않았다.[48]

V. 맺음말

현재 이 토론문에서 제시된 내용은 (간략하게) 논평하고, 문제와 질문을 제기하며, 제안을 하는 등 피상적인 수준에 그치고 있다. 더 많은 토론과 의견교환을 통해 합리적인 발전 방향과 바람직한 초점 등을 논의할 수 있을 것이다. 필자의 주요 제안은 법적 및 실용적 주장의 '현대화'와 통합, 또한 어떤 면에서는 '탈정치화'와 강화에 있다. 이는 특히 위

---

47 또한 Skiljan, 앞의 책, p.430; Casey-Maslen, 앞의 책, p.205; Hiroshima Tribunal, 앞의 책, para. 43 참조. 블레이마이어는 포로를 잡는 것이 불가능하다는 것을 추가하고 있다(Bleimaier, 앞의 책, p.165). ICC 규정에서 (구체적으로) 금지된 무기로서 핵무기를 명시하는 문제는 결국 제8조(2)(b)(xx)의 (취약한) 타협—아직 존재하지 않는 부속서에 포함해야 할 필요성에 대한 언급—으로 끝났다.
48 Casey-Maslen, 앞의 책, p.202.

에서 언급한 바와 같이 환경법의 측면을 더욱 정교화하는 것과 연결되어 있다. 그리고 전반적으로 피해자 지원과 환경 복원에 중점을 두고 있다.

리티커 교수는 "향후 ICJ가 핵무기 사용(그리고 위협)의 적법성에 대한 의견을 다시 요청받게 된다면, 1996년보다 더욱 확고하고 명확한 판결을 내릴 것이라고 기대할 수 있다"는 희망으로 발표문을 마무리한다. 필자는 "재판소로 돌아가는 것"에 회의적이다. 전체적으로 보아 충분히 결정적이었던 1996년에 제시된 권고적 의견 같은 것을 다시 얻을 수 있을지조차 확신할 수 없다. 필자의 견해로는, 재판소가 나든 판결에서 재판불능(non-liquet)에 해당하지 않는다고 말한 것과 모순될 뿐인 "극단적 상황"의 공식과 같은 그러한 "탈출구"는 존재하지 않는다.[49]

그 대신 우리에게는 핵무기 사용의 불법성에 대한 유엔총회 결의라는 정치적·법적으로 중요한 프로세스가 있다. 이와 함께 가장 최근의 결의인 제78/33호를 비롯해 1996년 권고적 의견에 대한 '후속 조치' 결의 프로세스를 갖고 있다. 이 결의는 ICJ가 확인한 현존하는 핵군축 교섭 의무를 강조하고 있다(제1항). 국가들은 핵무기금지조약 하에서의 교섭을 "포함하여" 이러한 교섭에 계속 참여해야 한다(제2항). 따라서 핵무기금지조약은 통용되고 있는 관습국제법에 의해 보완되거나 완성될 것을 (결코) 망각하지 않는 체계를 설정하고 있다.

---

49 예를 들어 맨프레드 모흐, 자문 의견, 앞의 책, pp.100-101 참조. 매우 흥미롭게도 국제민중법정은 그러한 "극단적 시나리오"에 대한 가정과 예방조치 원칙(의 불법성 영향)을 연계한다.

The Illegality of the Use of Nuclear Weapons under International Law – Discussion Paper

Manfred Mohr
Co-chair of International Coalition to
Ban Uranium Weapons

I. Introductory Remarks[1]

The issue of nuclear weapons, and of their threatening use, is high on the political agenda, which is very much connected with the war of aggression launched by Russia against Ukraine. So, e.g., and symptomatically, Russian President Putin, in a speech on September, 30, 2022, warned that Russia has nuclear weapons to defend "its territories" claiming that a precedent for using nuclear weapons was established by the United States when they attacked Hiroshima and Nagasaki with nuclear bombs in World War II.[2]

Already in June 2022, at the First Meeting of States Parties to the Treaty on the Prohibition of Nuclear Weapons (TPNW), the Japan Association of Lawyers Against Nuclear Arms (JALANA) voiced protest against Russian nuclear weapons threats and urged the non-use and abolition of nuclear weapons by nuclear powers – with reference to the Nuclear Non-Proliferation Treaty (NPT), the International Court of Justice (ICJ) Nuclear Weapons Advisory Opinion and the TPNW.[3]

---

1   Professor of International Law; Co-Chair, International Coalition to Ban Uranium Weapons (ICBUW); Founding Member, International Association of Lawyers against Nuclear Arms (IALANA).
2   See Reuters, September, 30, 2022, Has Putin threatened to use nuclear Weapons?, https://www.reuters.com/world/europe/has-putin-threatened-use-nuclear-weapons-2022-10-27/; N. Tannenwald and D. Halloway. The precedent the world – and Russia – has rejected, *Bulletin of the Atomic Scientists*, October, 14, 2022, arguing that the "tradition of non-use" (after 1945), and the Russian behavior itself would exclude the existence of such a "precedent".
3   TPNW/MSP/2022/NGO/10, 8 June 2022.

The Second International SPARK Forum taking place now in Hiroshima – to which I have the honor and pleasure to actively participate–has this acute background. It is not limited to a historic evaluation (i.e. of the non-retroactive application of law existing at the time of the Hiroshima and Nagasaki bombings) but covers legal developments since 1945 until today.

In parallel, the illegality issue has to be seen in a broader, more complex perspective: it extends to threats, use and consequences of using nuclear weapons, (all) against the yardsticks of International Humanitarian Law (IHL), Human Rights, International Criminal and Environmental Law. Thus, a multifaceted, or multi-disciplinary approach is needed which supersedes classical treatises – something difficult to really arrive at, or to "organize".

A more complex, flexible, and modern approach is (also) needed for reaching out to the non-legal political and public debate. Here, to my mind, and just in the context of nuclear weapons, one sometimes can see a certain deficit as to employing or understanding legal arguments. But they are important to support peace and disarmament efforts – as neutral or "technical" tools, faced with turbulences and incitements of ongoing wars.

Against this background, it would be perfect, or ideal, to arrive at topic-related ("synthetic") presentations combining different sources, in terms of branches or sorts (conventional, customary) of law. Nevertheless, step-by-step work is necessary, the checking of documents and processes. For our theme, United Nations General Assembly (UNGA) resolutions offer a suitable device as they reflect positions and developments and offer an overall framework.

II. UNGA Resolutions on the Illegality of Nuclear Weapons: Process, Contents, Evaluation

The following section will deal with UNGA resolutions containing declarations on the illegality of nuclear weapons (use). First, their significance for international law will be examined. Second, the evolution of their contents and the voting behavior of the UN member states will be analyzed. Finally, we will take a look at their impact and value regarding the illegality of nuclear weapons under international law.

A. UNGA resolutions and their significance for international law

Resolutions of the General Assembly are according to Art. 10 Charter of the United Nations (UN-Charter) not legally binding. The Security Council is the only UN-Organ which may adopt binding decisions according to Art. 25 UN-Charter.[4]

The adoption of resolutions and the voting behavior of states can be understood as a form of action by individual Member States and as an expression of state practice.[5] Therefore, their voting behavior and the content of UNGA resolutions can be important for the development of customary international law, because one of the main elements needed for its establishment is general state practice.[6] The ICJ states:

> This *opinio juris* may, though with all due caution, be deduced from, inter alia, (…) the attitude of **States towards certain General Assembly resolutions** (…). The effect of consent to the text of such resolutions (…) may be understood as an acceptance of the validity of the rule or set of rules declared by the resolution themselves." (Emphasis added).[7]

B. Contents and voting behavior

As early as in its (first) Resolution 1 of 24 January 1946, the UNGA has been dealing with the issue of nuclear weapons. This first resolution establishes a "Commission to deal with the problems raised by the discovery of atomic energy" that shall make proposals "for the elimination from national armament of atomic weapons (…)" (para. 5 b). The resolution was adopted unanimously.[8]

---

4   Art. 10 UN Charter: "The General Assembly may discuss any questions or any matters within the scope of the present Charter or relating to the powers and functions of any organs provided for in the present Charter, and, except as provided in Article 12, **may make recommendations** to the Members of the United Nations or to the Security Council or to both on any such questions or matters." (Emphasis added). The United Nations Security Council is the only UN Organ which may adopt legally binding resolutions according to Art. 25 UN Charter: "The Members of the United Nations **agree to accept and carry out** the decisions of the Security Council in accordance with the present Charter." (Emphasis added).
5   See Andreas von Arnauld, *Völkerrecht*, 2nd Edition, CF Müller, 2014, para. 259; Maurice H. Mendelson, *The Formation of Customary International Law*, Nijhoff, 1999, p. 201.
6   A. v. Arnauld, *op. cit.*, para. 258.
7   ICJ Judgement, Military and Paramilitary Activities in and against Nicaragua (Nicaragua v. United States of America), Merits, I.C.J. Reports 1986, para. 188.
8   UNGA, A/PV.17, 24 January 1946.

Resolution 1653 of 24 November 1961 is the first in a series of resolutions strongly condemning nuclear weapons as contrary to international law. Therefore, it deserves a closer look:

> The General Assembly (…)
>
> Recalling that the use of nuclear weapons of mass destruction, causing unnecessary human suffering, was in the past prohibited, as being **contrary to the laws of humanity and to the principles of international law**, by international declarations and binding agreements, such as the Declaration of St. Petersburg of 1868, the Declaration of the Brussels Conference of 1874, the Conventions of The Hague Peace Conferences of 1899 and 1907, and the Geneva Protocol of 1925, to which the majority of nations are still parties,
>
> Considering that the use of nuclear and thermonuclear weapons would bring about **indiscriminate suffering and destruction** to mankind and civilization **to an even greater extent** than the use of those weapons declared by the aforementioned international declarations and agreements to be contrary to the laws of humanity and a crime under international law, (…)
>
> 1. Declares that:
>   (a) The use of nuclear and thermo-nuclear weapons is contrary to the spirit, letter and aims of the United Nations and, as such, **a direct violation of the Charter of the United Nations**;
>   (b) The use of nuclear and thermo-nuclear weapons **would exceed even the scope of war and cause indiscriminate suffering and destruction** to mankind and civilization and, as such, is **contrary to the rules of international law and to the laws of humanity**;
>   (c) The use of nuclear and thermo-nuclear weapons is a war directed not against an enemy or enemies alone but **also against mankind in general**, since the peoples of the world not involved in such a war will be subjected to all the evils generated by the use of such weapons;
>   (d) Any State using nuclear and thermo-nuclear weapons is to be considered as violating the Charter of the United Nations, as acting contrary to the laws of humanity and as committing a **crime against mankind and civilization**; (…)
>   (Emphasis added)

The resolution's wording strongly condemns nuclear weapons like almost no other UNGA resolution. It recalls that the use of such weapons will cause unnecessary suffering, as being prohibited by the existing laws of humanity, principles of international law and internationally binding agreements.[9] It furthermore compares the effects of nuclear weapons, the **even greater** indiscriminate suffering and destruction to mankind and civilization caused by them, to those weapons already condemned by international declarations and agreements as illegal and crimes under international law (Preamble para. 4).

The use of nuclear weapons is deemed illegal and contrary to international law for several reasons: I. violation of the UNCH (para. 1 (a)); II. contrary to the laws of humanity and rules of international law for causing unnecessary suffering and destruction to mankind and civilization (para. 1 (b), in an excessive manner); III. violation of the law of neutrality since their use is not only directed against the enemy but mankind in general (para. 1 (c)).

The declaration that the use of nuclear weapons is a direct violation of the UN Charter, first declared in Res. 1653 (XVI) and repeated in following resolutions[10], has been a controversial, somewhat ambiguous, issue used by (in particular nuclear weapon) states as an argument to object those resolutions. So the US – confusingly – declared in connection with Res. 1653 (XVI) that the UN Charter does not state which type of weapon must or must not be used for the exercise of legitimate self defence unter Art. 51 UNCH.[11]

In fact, the ICJ states: "A weapon that is already unlawful *per se* (…) does not become lawful by reason of its being used for a legitimate purpose under the Charter" (i.e. Art. 51) – the exercise of which is under "the conditions of necessity and proportionality."[12] In such a vein, the Court draws a clear distinction between *ius ad bellum* and *ius in bello* – something that is (in view of recent wars) more relevant than ever. Or to put it this way: the application of IHL is independent of the legitimacy of the use of force.

On the other hand, the equation of nuclear weapon use and UN Charter violation as reflected in the UNGA resolution process seems to mix up this distinction. It is simply (legally) not plausible, or logical, to have J. K. Bleimaier stating: "If the use of nuclear weapons is illegal (…) because of their indiscriminate impact on

---

9   It is also interesting to note that the resolution (in Preamble para. 2) contains a reference to "precautionary measures" – a concept to be discussed later.

10   Among others: Res. 33/71 B of 14 December 1979, para. 1 (a); 35/152 D of 12 December 1980, para. 1 (a); 36/92 I of 9 December 1981, para. 1 (a); 45/59B of 4 December 1990, para. 7 Preamble, and 46/37D of 6 December 1991, para. 7 Preamble. As to GA resolutions from 1992 until today see fn. 19.

11   See UNGA, A/PV.1063, 24 November 1961, para. 18ff.

12   ICJ Advisory Opinion, *op. cit.*, paras. 39, 41.

civilian populations, then any planning related to the development, deployment and possible use of nuclear weapons would constitute a crime against peace."[13] There might be a slightly different setting for debate if focusing on the issue of nuclear weapon first strike, where A. Skiljan (and others) are establishing a link to the crime of aggression (under the Statute of the International Criminal Court [ICC], Art. 8 bis).[14]

In the end, there may be found an explanation for the UN Charter reference as the use of nuclear weapons – in terms of Res. 1653(XVI) - is being directed against mankind as such "contrary to the spirit, letter and aims of the United Nations", "(…) a direct negation of the high ideals and objectives which the United Nations has been established to achieve (…)" (para. 1(a); preamble para. 5). R.A. Weise even pleads for a Charter interpretation that would "(…) allow use of force in very limited circumstances to enforce the legal prohibition against nuclear weapons (…)", as the "(…) proliferation of nuclear weapons poses a threat to international peace and security (…)".[15]

In general, the analyzed UNGA Nuclear weapons resolutions ranging from 1961 to 1991 were not adopted unanimously: Res. 1653 (XVI) was voted yes by 55 states, 46 states voted no or abstained (lowest number of states approving)[16], Res. 45/59 B was voted yes by 125 states, 27 states voted no or abstained (highest number of states approving).[17] This means that, despite a very large majority of states approving the resolutions and their contents, there is still a number of states, among them nuclear powers like France, the US, and the UK[18], that did not approve these resolutions.

Apart from the somewhat doubtful (but understandable) statement of a UN Charter violation the resolutions are developing to declare that the use of nuclear

---

13   J. Bleimaier, Nuclear Weapons and Crimes against Humanity under International Law, in: *The Catholic Lawyer*, 33(1984)2, p.165.
14   See A. Skiljan, "Are Nuclear Weapons Illegal?," *Die Friedens-Warte*, 94(2021)3-4, p.430f.
     The article by Amela Skiljan (Co-Chair, IALANA Germany) presents a very concise and up-to-date overview as to the illegality of nuclear weapons, ending up with a (unique) chart which contains types of prohibition/obligations, their sources (treaties) and binding-force realm (*ibid.*, p.440 f.).
15   R. Weise, "How Nuclear Weapons Change the Doctrine of Self-Defense," *New York University Journal of International Law and Politics*, 44(2011-2012), p.1397.
16   UNGA, A/PV.1063, 24 November 1961, para. 126.
17   UNGA, A/45/PV.54, 18 December 1990, p.63.
18   France, the US, the UK, and most of their NATO allies voted against each of the analyzed resolutions.; see UNGA, A/PV.1063, 24 November 1961, para. 126; UNGA, A/33/PV.84, 14 December 1978, para. 221; UNGA, A/35/PV.94, 12 December 1980, para. 108; UNGA, A/36/PV.91, 09 December 1981, para. 133; UNGA, A/45/PV.54, 05 December 1990, p.63; UNGA, A/46/PV.65, 20. December 1991, p.36.

weapons constitutes a crime against humanity starting with Res. 1653 (XVI) and the notion of a "crime against mankind and civilization" in para. 1(d). The declaration of nuclear weapon use as crime against humanity which is firmly rooted in existing International Criminal Law (as will be discussed later) can be found not only in the series of resolutions ranging from Res. 1653 of 24 November 1961 to Res. 46/37D of 6 December 1991, but also in the following years.

Analyzing the resolutions from the 47th Session in 1992 onwards until the most recent Resolution 78/55 in 2023, at each session of the UNGA, there is one resolution that has the following paragraph in common:

> Reaffirming that any use of nuclear weapons would be a violation of the Charter of the United Nations and a **crime against humanity**, as declared in its resolutions 1653 (XVI) of 24 November 1961, 33/71B of 14 December 1978, 34/83G of 11 December 1979, 35/152D of 12 December 1980 and 36/92I of 9 December 1981. (Emphasis added)[19]

All this shows the immense relevance and the concern of the international community to outlaw nuclear weapons and to prohibit their use. Recent developments indicate that the focus has shifted more towards humanitarian issues of the use and testing of nuclear weapons like victim assistance and environmental remediation.

A recent resolution on this matter, Res. 78/240 of 22 December 2023 "Addressing the legacy of nuclear weapons: providing victim assistance and environmental remediation to member States affected by the use or testing of nuclear weapons" has been adopted with significantly less opposition than the resolutions analyzed before (161 yes, 4 no, 6 abstaining)[20]. A similar situation

---

19 This para. can be found in the preamble of all the following Resolutions: Res. 47/53C of 09 December 1992, Res. 48/76 B of 16 December 1993, Res. 49/76 E of 15 December 1994, Res. 50/71E of 12 December 1995, Res. 51/46 D of 10 December 1996, Res. 52/39 C of 31 December 1997, Res. 53/78 D of 08 January 1998, Res. 54/55 D of 1 December 1999, Res. 55/34 G of 20 November 2000, Res. 56/25 B of 29 November 2001, Res. 57/94 of 09 January 2003, Res. 58/64 of 08 December 2003, Res. 59/102 of 4 December 2004, Res. 60/88 of 08 December 2005, Res. 61/97 of 06 December 2006, Res. 62/51 of 05 December 2007, Res. 63/75 of 02 December 2008, Res. 64/59 of 02 December 2009, Res. 65/80 of 08 December 2010, Res. 66/57 of 02 December 2011, Res. 67/64 of 03 December 2012, Res. 68/58 of 05 December 2013, Res. 69/69 of 02 December 2014, Res. 70/62 of 07 December 2015, Res. 71/75 of 05 December 2016, Res. 72/59 of 04 December 2017, Res. 73/74 of 05 December 2008, Res. 74/68 of 12 December 2019, Res. 75/75 of 07 December 2020, Res. 76/56 of 06 December 2021, Res. 77/82 of 07 December 2022, Res. 78/55 of 04 December 2023.

20 https://rescarch.un.org/en/docs/ga/quick/regular/78, last visited 05 Mai 2024.

can be observed for Resolution 78/34 of 4 December 2023: "Humanitarian consequences of nuclear weapons". The resolution recognizes the catastrophic consequences of nuclear weapons (preamble para. 2), their immense and uncontrollable destructive capability and indiscriminate nature (preamble para. 3) and emphasizes the need for the total elimination of nuclear weapons (para. 1). Resolution 78/34 was also met with less opposition than the other analyzed resolutions (141 yes, 11 no, 33 abstaining).[21]

C. Potential

The number of states opposing to UNGA resolutions on the illegality of nuclear weapon use (especially if seen as a direct violation of the UN-Charter) makes it difficult to establish their substance as being customary international law. The ICJ dealing with the process started with Res. 1653(XVI) and admitting that UNGA resolutions "may sometimes have a normative value" concludes in its 1996 Advisory Opinion that due to the substantial numbers of negative votes and abstentions, "(…) they still fall short of establishing the existence of an opinio juris on the illegality of the use of such weapons."[22]

In contrast, Bleimaier, observes, that the 1961 resolution " (…) must be accepted as a binding principle of customary international law for our time"[23]. The Sydney International Tribunal of 2016 argues that the non-use of nuclear weapons since 1945 "(…) has led to a growing acceptance under customary law that their use is prohibited".[24]

As distinct from the negative, or reluctant, attitude of the ICJ, I myself would favor assuming, at least, a "nascent *opinio juris*"[25] while Rietiker, in his presentation, underlines the customary law process being strengthened by the TPNW with its "fundamentally norm-creating character" – the persistent objector stance taken by NATO nuclear powers here would be of limited effect.

---

21 https://research.un.org/en/docs/ga/quick/regular/78
22 ICJ Advisory Opinion, *op.cit.*, para. 70. The para. starts by referring to these resolutions as they declare that the use of nuclear weapons would be "a direct violation of the Charter of the United Nations", *ibid.*
23 J. Bleimaier, *op. cit.*, p.166.
24 International Peoples Tribunal on the nuclear powers and the destruction of human civilization, University of Sydney, 7-8 July 2016, para. 100. Negative on this: ICJ Advisory Opinion, *op. cit.*, para. 67.
25 Mentioned by the Court in para. 73, ICJ Advisory Opinion, *op. cit.*; see M. Mohr, Advisory Opinion of the International Court of Justice on the legality of nuclear weapons under international law. A few thoughts on its strengths and weakness, *International Review of the Red Cross*, no. 316 (1997), p.99.

Be it as it may, this discussion does not mean that the discussed UNGA resolutions are not important for international law and the illegality of nuclear weapons. A great majority of states worldwide have voted yes for these resolutions, and they are adopted by the General Assembly on a regular basis. The resolutions state and repeat customary international law that is incompatible with the use of nuclear weapons, such as IHL, Human Rights and International Criminal as well as Environmental law. And they are a contribution to, and a confirmation of, the customary law formation marked by the ICJ Advisory Opinion and the TPNW.

UNGA Resolutions can serve as an overall framework, as they reflect the efforts made by the international community towards the elimination of nuclear weapons, show the development that has been achieved by treaties such as the NPT and the TPNW and reflect the positions by states, when they take a vote on these resolutions…

III. Comments and Items in Relation to the Presentation of Prof. Daniel Rietiker

A. Environmental protection

Right after the IHL chapter, Rietiker, in his presentation, deals with the "Legality of the Use of Nuclear Weapons under Environmental Law". This predominant and detailed consideration of the nuclear weapons issue from an environmental protection perspective is very much – and ever more – justified.

Rietiker starts with referring to environment-related statements in the ICJ Advisory Opinion (paras. 29, 35, 36) and of Judge Weeramantry (in particular on intergenerational equity). In fact, the Court "(…) finds that while existing international law relating to the protection and safeguarding of the environment does not specifically prohibit the use of nuclear weapons, it indicates important environmental factors that are properly to be taken into account in the context of the implementation of the principles and rules of the law applicable in armed conflict."[26]

The Court, as does Rietiker, is establishing a reference to the well-known

---

26   ICJ Advisory Opinion, *op. cit.*, para. 35. See also M. Mohr, Advisory Opinion, *op. cit.*, p. 96.

IHL rules of Arts. 35(3) and 55(1) of Additional Protocol (AP) I to the Geneva Conventions on the protection against "widespread, long-term and severe environmental damage" (Advisory Opinion, para. 31). Rules 43 and 45 of the ICRC Study on Customary IHL are confirming the application of the relevant principles on the conduct of hostilities to the environment – indicating certain (customary law) standards of due diligence, or duty of care, below the high AP I threshold.[27]

Threshold lowering and protection expanding may also come as an effect of taking recourse to International Environmental Law (as such) which – as A. Skiljan rightly observes – becomes indispensable if dealing with nuclear weapon damage outside an armed conflict.[28] At any rate, the Court, interestingly, is pursuing a kind of "functional approach" stating: "(…) the issue is not whether the treaties relating to the protection of the environment are or are not applicable during armed conflict, but rather whether the obligations stemming from the treaties were intended to be obligations of total restraint during military conflict" (para. 30).[29]

Kunz and Vinuales are discussing the possible application of environmental treaty law to the use of nuclear weapons, together with, or in parallel to, IHL[30] – altogether an area which still needs more research and debate.

Finally, the international discourse and codification efforts on the environmental protection in relation to armed conflict have further developed, being also of great relevance for the nuclear weapons issue. In a way, this tendency was marked by Res. 2/15 of the UN Environmental Assembly of the UN Environmental Program (UNEA), adopted 4 August 2016 (on the initiative of Ukraine). The resolution

> (…) Emphasizes the need for raising greater awareness of the issue of environmental damage during armed conflicts and the need to adequately protect the environment when it is affected by armed conflict (…)

---

27 See, in this context, Erik V. Koppe, Use of nuclear weapons and protection of the environment during armed conflict, in: G. Nystuen, S. Casey-Maslen and A. Golden Benagel, *Nuclear Weapons under International Law*, Cambridge, 2014, p.258 f., assuming that (at least) the radiation effects of nuclear weapon use can be regarded being "widespread" (*ibid.*, p.267).
28 See A. Skiljan, *op. cit.*, p.426.
29 See M. Mohr, Der Atomwaffenverbotsvertrag und seine völkerrechtliche Wirkung, *Humanitäres Völkerrecht: Journal of International Law of Peace and Armed Conflict*, 1(2018)1-2, p.133.
30 See M. Kunz and J. E. Vinuales, "Environmental approaches to nuclear weapons", in: Nystuen, *Nuclear Weapons, op. cit.*, p.280.

Calls on all Member States to implement applicable international law related to the protection of the environment in situations of armed conflict (…)

In 2022, the UN International Law Commission (ILC) adopted Draft principles on the protection of the environment in relation to armed conflicts[31](PERAC). Principle 12 contains a re-affirmation of the (most important) Martens Clause while Principle 13 details the "General protection of the environment during armed conflict"…

B. Effects of warfare and the precautionary principle

Rietiker convincingly describes the indiscriminate nature of nuclear weapons as the core of their use illegality. Linking to Casey-Maslen, he distinguishes between two tests: first, the impossibility of being targeted against a specific military object, and, secondly, of limiting, or controlling their effects. The second criterion is clearly fixed in Art. 51(4)(c) AP I and, to Rietiker, "more problematic in the context of nuclear weapons" while describing the "catastrophic humanitarian consequences" of any use of nuclear weapons – an approach, or notion, which finally led to the adoption of the TPNW.

In fact, focusing on the effects of warfare is "more problematic" (but only) in the sense of being more **relevant** when dealing with nuclear weapons, or other "controversial" weaponry like uranium weapons which are subject of the work of ICBUW.[32] This is just the corollary of an environmental approach to modern warfare, altogether.

The international discourse has further shaped the idea of coping with "remnants of war", in particular toxic ones.[33] Within the chapter of "Principles applicable after armed conflict", the PERAC document of the ILC contains a Principle 26 on Remnants of war – foreseeing their removal or rendering harmless as well as assistance measures.

---

31 Draft principles on the protection of the environment in relation to armed conflicts, see: https://legal.un.org/ilc/texts/instruments/english/draft_articles/8_7_2022.pdf. Of course, there exists a longer and more comprehensive process behind – see, e.g. UNGA Resolution 47/37 on the protection of the environment in times of armed conflict, or the ICRC Guidelines on the Protection of the Natural Environment in Armed Conflict (September 2020), https://www.icrc.org/en/publication/4382-guidelines-protection-natural-environment-armed-conflict.

32 See www.icbuw.eu.

33 In 2012, the "Toxic Remnants of War (TRW) Project" was initiated; see respective entries on the website of the Conflict and Environment Observatory (CEOBS), www.ceobs.org.

At this point, a more decisive legal instrument can be brought into play: the precautionary principle (or approach), which can be found both in IHL and in environmental law.[34] In his presentation, Rietiker deals with "Precautions in attack" (in line with Art. 57 AP I) — something, to my mind and distinct to him, would be necessary **regardless** of the position taken in relation to so called "extreme circumstances" pretending to legalize a nuclear weapon use.

As PERAC Principle 14, in very general language, puts it: "The law of armed conflict, including the principles of distinction, proportionality and precautions shall be applied to the environment, with a view to its protection".

While later Rietiker also mentions the precautionary principle under international environmental law it must be stressed that this principle, or standard, represents a **legal** argument. It may be put forward to stop endless "scientific" debates about 1:1 casual links in relation to the effects of using certain weapons (be they nuclear, uranium or others), the demands for still more (and expensive) scientific studies to arrive at the "full picture" etc. To be clear: there may be room for such considerations, or activities — but not for exaggerations, or political (or legal) abuse.

Rule 44 of the ICRC Study on IHL Customary Law is very clear:

> Methods and means of warfare must be employed with due regard to the protection and preservation of the natural environment. In the conduct of military operations, all feasible precautions must be taken to avoid, and in any event to minimize, incidental damage to the environment. Lack of scientific certainty as to the effects on the environment of certain military operations does not absolve a party to the conflict from taking such precautions.

C. Human rights and state responsibility

In his presentation, and elsewhere, Rietiker very much contributed to outlining the human rights dimension of the nuclear weapons issue. This has helped to further understand and disseminate the concept of humanitarian disarmament as reflected in the TPNW, to use human rights implementation schemes for delegitimizing nuclear weapons (through, i.a., IALANA moves), to reach out to the NGO human rights world etc..

---

[34] See, e.g., M. Bothe, "Precaution in International Environmental Law and Precautions in the Law of Armed Conflict", *Goettingen Journal of International Law*, 10(2020)1, pp. 267-281.

With the right to life on top, Rietiker is spelling out many human right norms important here: prohibition of inhumane and degrading treatment, right to respect for private and family life, children rights... Maybe, one can add two items, or areas, which to my mind, would deserve more research and presentation: one is the emerging right to a safe, clean, healthy, and sustainable environment, and the other, "toxics and human rights".

There are UN Special Rapporteurs covering the two areas, which offers room for exchange and influence. In 2012, the (then) Special rapporteur on the implications for human rights of the environmentally sound management and disposal of hazardous substances and wastes conducted a fact-finding mission to the nuclear-weapon-damaged Marshall Islands publishing a very critical report – while the Marshall Islands Case failed at the ICJ.[35]

In connection with the right to life, Rietiker emphasizes General Comment No. 36 of the Human Rights Committee quoting the detailed and concrete para. 66 on nuclear weapons. At the very end, the para. (in relation to disarmament and victim reparation obligations) includes a reference to "principles of international responsibilities".

This opens another room for exchange, validation and reinforcement as there exists a well-developed law of State Responsibility outlined in Draft articles adopted by the ILC in 2001.[36] Art. 1 simply states: "Every internationally wrongful act of a State entails the international responsibility of that State". Art. 16 is on "Aid or assistance in the commission of an internationally wrongful act" – something quite relevant when dealing with nuclear weapons and their proliferation/dissemination as is Art. 1 common to the Geneva Conventions with the undertaking to respect and to **ensure respect** for Convention rules.

Finally and again, PERAC Principle 9, para. 1:

> An internationally wrongful act of a State, in relation to an armed conflict, that causes damage to the environment entails international responsibility of that State, which is under an obligation to make full reparation for such damage, including damage to the environment in and of itself.

---

35 See (also with references) D. Rietiker, M. Mohr, T. Yamada, *Treaty on the Prohibition of Nuclear Weapons. A Commentary Article by Article*, Updated version, May 2022, p.34.

36 *Yearbook of the International Law Commission*, vol. II, Part Two, 2001, pp.26-30.

D. Victim assistance and environmental remediation

At the end of his presentation, Rietiker is briefly tackling with an area of the TPNW where human rights and responsibility schemes overlap and where the humanitarian, victim-centered and pragmatic value of the Treaty becomes most evident: victim assistance and environmental remediation as defined in Arts. 6 and 7.[37] Art. 6 (1) explicitly mentions "applicable international humanitarian and human rights law" while para. 6 of Art. 7 stipulates: "(…) a State Party that has used or tested nuclear weapons (…) shall have the responsibility to provide adequate assistance to affected States Parties, for the purpose of victim assistance and environmental remediation".

This is quite a unique and strong formula reaching back and out to existing international law like that on State responsibility. Para 3 of UNGA Resolution 78/240 mentioned earlier reads:

> (…) Recognizes that the responsibility to address harms resulting from a detonation of using or testing a nuclear weapon (…) lies (…) with the member States that have done so (…)

The resolution, as the International Campaign to Abolish Nuclear Weapons (ICAN) rightly observes, offers opportunities to engage with states regardless of their TPNW status and promotes their engagement with victim assistance and environmental remediation efforts – building bridges.[38]

Victim assistance and environmental remediation were among the most discussed items both at the First and the Second Meeting of TPNW States Parties. The Vienna Action Plan adopted at the First Meeting[39] contains a long chapter on this subject. Among others, the idea of establishing an "international trust fund for states that have been affected by the use or testing of nuclear weapons" is listed there (Action 29) – another step and evolvement in the direction of pragmatic help irrespective of TPNW membership.

It was at this place, here in Hiroshima, on November, 23, 2015, that the

---

37 See D. Rietiker, M. Mohr, T. Yamada, *op. cit.*, pp.29-37.
38 See ICAN Working paper, April, 2024, https://www.icanw.org/briefing_paper_unga_resolution_adressing_the_legacy_of_nuclear_weapons?utm_campacam=va_resolution&utm_medium=email&utm_source=ican.
39 TPNW/MSP/2022/CRP. 7.

Declaration of the World Nuclear Victims Forum was adopted.[40] Based on a broad notion, or concept of nuclear victims – from those of the atomic bombings in Hiroshima and Nagasaki up to those of the "nuclear industry"– a set of (human) rights was formulated, which included information, medical and compensation demands. The concept needs further discussion as, like that of "nuclear survivors"[41], it allows for complex and practical considerations.

IV. Comments and Items in Relation to the Presentation of Prof. Toshinori

A. Focus on core crimes

Toshinori starts his presentation with reflecting on the role of the ICC and its criminal jurisdiction in general – which focus on "the most serious crimes of concern to the international community as a whole" (Art. 5(1), ICC Statute) – or "core crimes". For Toshinori, the use of nuclear weapons would fall under those core crimes.

The mere setting up of the ICC with its Statute and ensuing practice is an indication of the fact that international law has got "teeth" again – after Nuremberg and Tokyo where this happened for the first time. Such a development (starting with the ICTY on Yugoslavia) has come to a surprise and resulted in most practical consequences, for instance, in relation to "problematic travel routes" for certain politicians (Rumsfield, Pinochet, Putin…).

Behind this development and construction is the concept of (both) State[42] and individual responsibility for international crimes – a more, or most, serious form of responsibility compared to "normal" (international) delicts. On the individual criminal, or penal level the concept has been summarized in the "Principles of International Law recognized in the Charter of the Nuremberg Tribunal and in the Judgement of the Tribunal" (1950), confirmed, e.g., by UNGA Resolutions 95(I) and 177(II) and representing customary international law.

Principle I declares: "Any person who commits an act which constitutes a

---

40   See: https://www.fwrs.info/wp-content/uploads/2015/11/WNVF_HiroshimaDeclaration.pdf.
41   World Nuclear Survivors Forum 2021, December 2-3, 2021, Peace Boat/ICAN, https://nuclearsurvivors.org.
42   See, altogether, J. Weiler, A. Cassese and M. Spinedi, *International Crimes of State. A Critical Analysis of the ILC's Draft Article 19 on State Responsibility*, Berlin/Boston, 1989.

crime under international law is responsible therefor and liable to punishment". This is independent from the official position, or acting pursuant to an order; it extends to situations of conspiracy (Principles III, IV, VII). As a concrete, very practical consequence of this far-reaching responsibility scheme, Toshinori mentions that military personnel in nuclear sharing countries involved in dropping nuclear bombs could also be held responsible.

In his conclusion, Toshinori comes back to the general role of the ICC stressing that, within limits, the Court has jurisdiction over the use of nuclear weapons. And further: "reservations" of France and the UK on the issue cannot change this as "crimes covered by the ICC Statute can be committed by any means". May I, at this point, also remind of the very (pro)active role of "Western" States, like Germany, in the creation of the Statute and the Court…

B. Genocide?

In a way it seems logical that Toshinori right after opening the scene of core crimes treats with one of the most serious ones – Genocide (as does the ICC Statute with Art. 6). Dealing with the most decisive application criterion of "intent", he arrives at the conclusion: The use of nuclear weapons with the single-minded purpose of large-scale destruction of enemy countries and peoples (as expressed in the strategy of assured destruction not covered by deterrence policy) can be said to fall under the category of genocide.

I myself would still have doubts as to the possibility – and necessity – of arriving at such a conclusion. As the ICJ has spelled out in the Advisory Opinion, this would only be possible "(…) after having taken due account of the circumstances specific to each case", the mere (enormous) number of victims being not decisive.[43] And also given the nearly inflationary recourse to "Genocide" nowadays, I would plead for sticking to "what we have" under the Rome Statute, or (not just identically)[44] IHL

---

43   Para. 26. See, similarly, Casey-Maslen who is referring to the (necessary) "dolus specialis" here; S. Casey-Maslen, Use of nuclear weapons as genocide, a crime against humanity or a war crime, in: Nystuen, *Nuclear Weapons, op.cit.*, p.196. See, also, A. Skiljan, *op.cit.*, p.428f., mentioning the (different) dissenting opinion of Judge Weeramantry, or Bleimaier, proceeding from the genocide applicability in the case of a "nuclear holocaust", J. Bleimaier, *op.cit.*, p.167.

44   See, on this relationship, A.G. Bersagel, "Use of nuclear weapons as an international crime and the Rome statute of the International Criminal Court", in: Nystuen, *Nuclear Weapons, op.cit.*, p.230, stating that the Rome Statute and IHL overlap but without full convergence, and that the ICC jurisdiction in relation to nuclear weapons may be limited but" other enforcement options remain most promisingly, through adjudication in national courts or international ad hoc tribunals", *ibid.*, p.222.

like the codification and rules on crimes against humanity.

In this connection, Toshinori mentions the far-reaching scheme under the Genocide Convention reaching into conspiracy, complicity etc. But for arriving at such potentials it might also be enough to focus on the (other) crimes within the Nuremberg Principles, as explained above.

Another crime that sometimes has been brought into conjunction with international criminal responsibility for using nuclear weapons is that of ecocide. But this is still more open to debate and shall not be discussed in this paper.[45]

C. Crimes against humanity and/versus war crimes

After genocide, Toshinori is checking the options of crimes against humanity and of war crimes. As to the first, and based on Art. 7 ICC Statute, he is going through the four application criteria of "civilian population", "widespread", "systematic/policy", and "knowledge", to eventually come to an affirmation in the case of nuclear weapons.[46] He rightly remarks that even the use of a single nuclear weapon could be "widespread or systematic", while (on the other hand) the policy element may be missing "in cases of misuse or accidental launch" (which I doubt).

Toshinori then turns to war crimes, Art. 8 of the Statute, to which acts of using nuclear weapons can be attached like attacking civilians, Art. 8(2)(b)(i), civilian objects, Art. 8(2)(b)(ii), or attacks of excessive incidental death, injury or damage (including the natural environment).[47] He emphasizes that even a nuclear attack on enemy forces in the desert or at sea may cause clearly excessive damage to

---

[45] See, e.g., International Peoples Tribunal, *op. cit.*, p.13. paras. 84-86, based on the definition: "Mass destruction of flora or fauna, poisoning the environment, the soils or water resources, as well as implementation of other actions causing an ecological catastrophe", *ibid.*, para. 85. See, further, A. Siljan, *op. cit.*, p.430, and, on the very concept, e.g., Polly Higgins, Eradicating Ecocide. Laws and governance to prevent the destruction of our planet, London, 2010. Finally, quite and convincingly critical: BOFAX, Nr. 674 E, 7.5.2024, To Cide or not to Cide - Ecocide, What Have You started?, ending with the statement: The trend of introducing new"-cides", like Domicide, Educide etc. (in particular in the Gaza context) "⋯will weaken international law's capability to deal with these horrible scenarios in the long run".

[46] See, similarly, Skiljan, *op. cit.*, p.429. See also Judgement of the International Peoples' Tribunal on the Dropping of Atomic Bombs on Hiroshima and Nagasaki, July 16, 2007, para. 40.

[47] See, also, A. Skilja, *op. cit.*, p.430; Casey-Maslen, *op. cit.*, p.205; Hiroshima Tribunal, *op. cit.*, para. 43. Bleimaier, *op. cit.*, p.165, is adding the impossibility of taking prisoners.
Within the ICC Statute, the topic of nuclear weapon as (specifically) prohibited weapon ended up with the (weak) compromise of Art. 8(2)(b)(xx) - the need to be mentioned in a special annex which does not exist, yet.

the natural environment, and thus amounts to a war crime – while he earlier refused to assume a crime against humanity in a similar scenario (a nuclear attack on troops in the desert).

Altogether, I am quite sensitive to not acknowledge the assumption of all these "exceptional cases" which, to my mind, are neither realistic nor in line with existing law. This also applies to Toshinori's arguing of nuclear weapon use cases not being war crimes, if the collateral damage is balanced against military advantage. But he is correct in stating right afterwards that the humanitarian consequences of nuclear weapon use have to be brought to public knowledge.

In the end, and as far as I see it, Toshinori leaves open the question of whether there is "any practical benefit" from distinguishing the acts in question from war crimes and classifying them as crimes against humanity. On balance, I would tend to do so, mainly because it offers a greater flexibility as moving away from armed conflict (such as test cases). On the other hand, Casey-Maslen is right in stating that "(…) a given use of a nuclear weapon may constitute a crime against humanity, but not will necessarily do so". The ICJ in the Advisory Opinion did not deal with the issue of crimes against humanity[48] – in contrast to the UNGA process described above.

V. Conclusion

Actually, what presented here, is a discussion paper – limited to (briefly) commenting, raising issues and questions, suggesting, all in a cursory manner. In the course of further debate and exchange, we will see about reasonable development, advisable focus etc. My main proposal is directed at "modernizing", and combining, in a way, also, at "de-politicizing" and strengthening legal and pragmatic arguments. This, inter alia, is connecting with elaborating more on the environmental law side of things, as mentioned above. And all around, emphasis lies on victim assistance and environmental remediation.

Rietiker ends his presentation with the hope, "(…) that the ICJ, if asked again in the future the question of the legality of the use (and threat) of nuclear weapons, would be more affirmative and less ambiguous than in 1996 (…)". I, myself, would be skeptical about "going back to the Court". It is not at all clear whether you will

---

48　See Casey-Maslen, *op. cit.*, p.202.

2. 토론문

get something again like the Advisory Opinion handed down in 1996, which is altogether conclusive enough. In my view, there is no such "escape hatch" as the "extreme circumstances" formula which is just contradictory to what the Court said elsewhere what would not amount to a *non-liquet*.[49]

Instead, we have the politically and legally important process of UNGA resolutions on the illegality of the use of nuclear weapons. In parallel, there is a "Follow-up" resolution process on the Advisory Opinion, lastly Res. 78/33. The resolution underlines the nuclear disarmament negotiations obligation existing and confirmed by the Court (para. 1). States shall continue engaging in these negotiations "including under" the TPNW (para. 2). So, the TPNW is setting the framework which is not (never) to forget complemented, or completed, by prevailing international customary law….

---

[49] See, e.g., M. Mohr, Advisory Opinion, *op. cit.*, pp.100-101. Quite interestingly, The International Peoples' Tribunal (*op. cit.*, paras. 101, 114, 115) establishes a link between the assumption of such an "extreme scenario" and the (illegality effect of the) precautionary principle.

国際法上の核兵器使用の不法性に関する討論文

マンフレッド・モア
国際ウラン兵器禁止連合共同議長

I. 序論[1]

　核兵器とその脅威的使用の問題は、ロシアがウクライナを相手に始めた侵略戦争と非常に密接に関連している政治的議題として浮上している。そのような現象的な例を一つ挙げると、ロシアのプーチン大統領は2022年9月30日の演説で、ロシアは「自国の領土」を防御するために核兵器を保有していると警告し、第二次世界大戦当時、米国が広島と長崎を核爆弾で攻撃し、核兵器使用の先例が確立したと主張している。[2]

　すでに2022年6月、第1回核兵器禁止条約(TPNW)当事国会議で、日本反核法律家協会(JALANA)は、ロシアの核兵器の脅威に抗議の声を上げ、核拡散禁止条約(NPT)、国際司法裁判所(ICJ)の核兵器に関する勧告的意見、TPNWに言及し、核保有国の核兵器非使用と廃棄を促した。[3]

　今、広島で開催されている第2回国際討論会−筆者はこの討論会に直接参加できて光栄であり、うれしく思う−はこのような厳しい背景を持っている。同討論会は、歴史的評価(すなわち、遡及適用禁止の原則の下、広島と長崎への原爆投下時に存在した法律の適用に対する歴史的評価)に限らず、1945年以降今日までの法的発展を扱う。

　同時に、違法性の問題は、より広範囲かつ複合的な観点から見なければならない:これは、国際人道法(IHL)、人権法、国際刑事法及び国際環境法の基準に反する(すべての)核兵器の脅威、使用及びその使用の結果まで包括する。したがって、実際に到達したり「組織化」したりすることは

1　Professor of International Law; Co-Chair, International Coalition to Ban Uranium Weapons (ICBUW); Founding Member, International Association of Lawyers against Nuclear Arms (IALANA).

2　See Reuters, September, 30, 2022, Has Putin threatened to use nuclear Weapons?, https://www.reuters.com/world/europe/has-putin-threatened-use-nuclear-weapons-2022-10-27/; N. Tannenwald and D. Halloway. The precedent the world – and Russia – has rejected, *Bulletin of the Atomic Scientists*, October, 14, 2022, N. Tannenwald と D. Hallowayは(1945年以降)「非使用の伝統」とロシアの行動自体がそうした「先例」の存在を排除すると主張する。

3　TPNW/MSP/2022/NGO/10, 8 June 2022.

難しいが、古典的理論に代わる多角的な、または多学際的接近方式 が必要だ。

　法律の領域を超えて政治的及び大衆的討論に至るためには、より複合的で柔軟で現代的な接近方式が必要である。ここで筆者が考えるには、核兵器の脈絡から見ても、法的論拠を利用したり理解する上で一定の限界を感じることができる。しかし、このような論拠は中立的または「技術的」な道具として現在進行中の戦争の荒波と煽動に直面した平和と軍縮の努力を後押しする上で重要だ。

　このような背景から見ると、法の分野または類型(条約法的、慣習法的)の側面から**主題と関連し**た多様な資料を結合した(〝総合的な〟)発表をすることが完璧または理想的であろう。それにもかかわらず、段階的作業、すなわち文書と過程を検討することが必要だ。このテーマに関連して、国連総会(UNGA)決議は、立場と発展を反映し、全般的な枠組みを提供するため、適切な手段になり得る。

II. 核兵器の不法性に関する国連総会決議：過程、内容、評価

　この章では、核兵器(使用)の不法性に対する宣言が盛り込まれた国連総会決議を扱う。第一に、国際法上の決議が持つ重要性を探る。第二に、決議の内容の発展と国連加盟国の投票行動を分析する。最後に、国際法上の核兵器の違法性に関して、決議の影響力と価値を検討する。

A. 国連総会の決議と国際法上の重要性

　総会の決議は、国際連合憲章(以下、国連憲章)第10条によって法的拘束力がない。安全保障理事会は、国連憲章第25条によって拘束力のある決定事項を採択できる唯一の国連機関だ。[4]

　決議採択と国家の投票行動は、個別加盟国の行動様式であり、国家慣行の表現として理解できる。[5] したがって、国家の投票行動と国連総会決議の内容は、慣習国際法の発展に重要である。慣習国際法の確立に必要な主要要素の一つが国家の一般的慣行であるためだ。[6]

　ICJは次のように明示した：「このような法的確信(*opinio juris*)は、あらゆる適切な注意を払うべきであるが、何よりも (…) **特定総会決議に対する国家の態度**から推論することができる。そのよ

---

[4] 国連憲章第10条：「総会はこの憲章の範囲内にあり、又はこの憲章に規定されたいかなる機関の権限及び任務に関するいかなる問題又はいかなる事項も討議することができ、そして第12条に規定された場合を除き、そのような問題又は事項に関して国際連合加盟国又は安全保障理事会又はこの両者に対して勧告することができる。」(筆者強調) 国連安全保障理事会は、国連憲章第25条に基づき法的拘束力のある決議を採択することができる唯一の国連機関である 「国際連合加盟国は、安全保障理事会の決定をこの憲章に基づいて受諾し、履行することに同意する」(筆者強調)。

[5] See Andreas von Arnauld, *Völkerrecht*, 2nd Edition, CF Müller, 2014, para. 259; Maurice H. Mendelson, *The Formation of Customary International Law*, Nijhoff, 1999, p. 201.

[6] A. v. Arnauld, *op. cit.*, para. 258.

うな決議の文案に対する同意の効果は、(…) 決議そのものによって宣言された規則又は一連の規則の有効性を受諾するものと理解できる。」7 (筆者強調)

B. 内容と投票行動

かつて1946年1月24日(最初の)決議第1号から、国連総会は核兵器問題を扱ってきた。この最初の決議は、「原子力の発見によって提起された問題を扱う委員会」を設立し、「…国家軍備から原子兵器を除去するための」(5 項b)提案をすることを規定している。この決議は満場一致で採択された。8

1961年11月24日付決議第1653号は、国際法に反する核兵器を強く糾弾する一連の決議のうち、最初の決議である。したがって、詳しく調べる必要がある:

> 総会は (…)
>
> 不必要な人間の苦痛をもたらす大量破壊核兵器の使用が1868年サンクトペテルブルク宣言、1874年ブリュッセル会議宣言、1899年および1907年ハーグ平和会議協約、1925年ジュネーブ議定書のような多数の国家が依然として当事国である国際宣言と拘束力のある協定によって**人道の法則と国際法の原則に反するもの**として過去に禁止されたことを想起し、
>
> 核兵器と熱核兵器の使用が先に言及された国際宣言と協定によって人道の法則に違反し、国際法上犯罪と宣言された兵器の使用よりはるかに**莫大な無差別的な苦痛と破壊**を人類と文明にもたらすことを(…) 考慮し、
>
> 次のように宣言する:
> (a) 核兵器及び熱核兵器の使用は、国連の精神、規定、目的に反し、したがって**国連憲章に対する直接的な違反である。**
> (b) 核兵器および熱核兵器の使用は**戦争の範囲を越え、人類と文明に無差別的な苦痛と破壊をもたらし、したがって国際法の規則と人道の法則に反する。**
> (c) 核兵器及び熱核兵器の使用は、敵又は敵のみを対象とする戦争ではなく、そのような戦争に関与していない全世界の人々が、そのような兵器の使用によって 引き起こされる すべての害悪の被害を受けるため、**人類全体を対象とする戦争である。**
> (d) 核兵器及び熱核兵器を使用するすべての国は、国連憲章に違反し、人道の法則に反して行動し、**人類と文明に反する罪を犯すものとみなされるべきである**(…) 」(筆者強調)

7　ICJ Judgement, Military and Paramilitary Activities in and against Nicaragua (Nicaragua v. United States of America), Merits, I.C.J. Reports 1986, para. 188.
8　UNGA, A/PV.17, 24 January 1946.

2 토론문

　同決議の文言は、他のほとんどすべての国連総会決議とは違って、核兵器を強く糾弾している。この決議は、そのような武器の使用が、既存の人道の法則、国際法の原則、および国際法的拘束力のある協定によって禁止されている不必要な苦痛を引き起こすことを想起させる。[9] また、すでに国際宣言と協定によって不法かつ国際法上の犯罪で断罪された兵器と比較して、核兵器の影響が人類と文明にはるかに**大きな無差別的な苦痛と破壊**を加えると説明する。(専門第4段落)

　核兵器の使用は様々な理由で不法であり、国際法に違反すると考えられる: I.国連憲章違反(1項(a)); II.人類と文明に不必要な苦痛と破壊を引き起こし、人道の法則と国際法規則違反(1項(b), 過度な方式で); III.その使用が敵のみならず人類全体を対象とするものであるため、中立法規違反(1項(c))。

　核兵器の使用が国連憲章に対する直接的な違反だという宣言は、決議第1653号(XVI)で初めて行われ、その後の決議で繰り返された。[10] 同宣言は、国家(特に核保有国)がそのような決議に反対する論拠として使う論議が多く、多少曖昧な問題だった。そのため米国は、混乱にも決議第1653号(XVI)について、「国連憲章には、第51条による合法的な自衛権行使のためにどのようなタイプの兵器を使用すべきか、または使用すべきではないか明示されていない」と宣言した。[11]

　実際、ICJは次のように判示した:「すでにそれ自体で不法な武器は(…)憲章に基づく合法的目的(すなわち、第51条)のために使用されるという理由で合法化されない。」– (自衛権)行使は「必要性と比例性の条件」[12]によって行われる。このような脈絡から、裁判所は(最近の戦争を考慮すると)これまで以上に関連性の大きい、正戦法(*jus ad bellum*)と交戦法(*jus in bello*, 戦時国際法)の区分を明確にしている。言い換えれば、IHL(国際人道法)の適用は武力使用の正当性と無関係だということだ。

　反面、国連総会決議の過程で見られた核兵器使用と国連憲章違反の方程式は、こうした区分(訳注:停戦法と交戦法の区分)を混乱させるようだ。これに対してJ.K.Bleimaierは、「それこそ(法的に)妥当でも、論理的でもない」とし、「核兵器の使用が民間住民に対する無差別的な影響のために (…) 違法であれば、核兵器の開発、配備および使用可能性に関するすべての計画は、平和に反する罪を構成するだろう」[13] A. Skiljanが(そして他の人々が)侵略犯罪(国際刑事裁判所[ICC]規定第8条追加条項)との関連性を主張しているように、核兵器の先制打撃問題に焦点を合わせる

9　この決議（全文第2段落）が後述する概念である「予防措置」への言及を含んでいる点も興味深い。

10　Among others: Res. 33/71 B of 14 December 1979, para. 1 (a); 35/152 D of 12 December 1980, para. 1 (a); 36/92 I of 9 December 1981, para. 1 (a); 45/59B of 4 December 1990, para. 7 Preamble, and 46/37D of 6 December 1991, para. 7 Preamble. As to GA resolutions from 1992 until today see fn. 19.

11　See UNGA, A/PV.1063, 24 November 1961, para. 18ff.

12　ICJ Advisory Opinion, *op. cit.*, paras. 39, 41.

13　J. Bleimaier, "Nuclear Weapons and Crimes against Humanity under International Law," in: *The Catholic Lawyer*, 33(1984)2, p.165.

なら、議論の方向は若干変わる可能性がある。14

　結局のところ、核兵器使用は、決議第1653号(XVI)の用語を借りれば、人類を対象としたものであり、したがって「国連の精神、規定、目的に反する」ものであり、「国連が創設されて達成しようとする高い理想と目標に対する直接的な否定」(1項(a);全文第5段落)であるため、国連憲章を根拠に説明できるだろう。R.A.Weiseは「核兵器の拡散は国際平和と安全に脅威になる」ため「非常に制限的な状況で武力使用を許容」する国連憲章を「核兵器に対する法的禁止施行」と解釈できると主張したりもする。15

　一般的に、先に検討した1961年から1991年までの核兵器関連の国連総会決議は、全会一致で採択されなかった。決議第1653号(XVI)は55か国賛成(賛成国数最低)、46か国反対または棄権で採択され、16 決議第45/59Ｂは125か国賛成(賛成国数最高)、27か国反対または棄権で採択された。17 これは大多数の国家が決議とその内容に賛成したにもかかわらず、フランス、米国、英国のような核大国のうち、依然として多くの国家18, がこれらの決議に賛成しなかったことを意味する。

　国連憲章違反というやや疑心深い(しかし理解できる)宣言とは別に、こうした決議は決議第1653号(XVI)とその1項(d)に盛り込まれた「人類と文明に反する罪」という概念をはじめ、核兵器使用が人道に反する罪を構成すると宣言する方向に発展している。核兵器の使用が人道に反する罪であるという宣言は、現行の国際刑事法(後で議論)にしっかり根ざしており、1961年11月24日付決議第1653号から1991年12月6日付決議第46/37D号に至る一連の決議のみならず、それ以降の決議にも見られる。

　1992年の第47回総会から直近の2023年決議第78/55号まで国連総会の各会期別決議を分析してみると、次のような段落を共通に含む決議が一つずつ採択された:

> 1961年11月24日付決議第1653号(XVI)、1978年12月14日付決議第33/71B号、1979年12月11日付決議第34/83G号、1980年12月12日付決議第35/152D号、1981年12月9日付決議第36/92I号で宣言したように、いかなる核兵器使用も国連憲章違反であり**人道に反する罪**であることを再確認し19 (筆者強調)

14　See A. Skiljan, "Are Nuclear Weapons Illegal?", *Die Friedens-Warte*, 94(2021)3-4, p. 430f. Amela Skiljan(ドイツ反核法律家協会共同会長)の文章は、核兵器の不法性に関する非常に簡明な最近の概観を提供し、禁止/義務の類型、その裁判所(条約)および拘束力の範囲を含む(独創的な)図表を提示している。

15　R. Weise, "How Nuclear Weapons Change the Doctrine of Self-Defense", *New York University Journal of International Law and Politics*, 44(2011-2012), p.1397.

16　UNGA, A/PV.1063, 24 November 1961, para. 126.

17　UNGA, A/45/PV.54, 18 December 1990, p.63.

18　France, the US, the UK, and most of their NATO allies voted against each of the analyzed resolutions.; see UNGA, A/PV.1063, 24 November 1961, para. 126; UNGA, A/33/PV.84, 14 December 1978, para. 221; UNGA, A/35/PV.94, 12 December 1980, para. 108; UNGA, A/36/PV.91, 09 December 1981, para. 133; UNGA, A/45/PV.54, 05 December 1990, p. 63; UNGA, A/46/PV.65, 20. December 1991, p.36. フランス、米国、英国およびNATOのほとんどの同盟国は、先に分析した各決議に反対票を投じた。

19　This para. can be found in the preamble of all the following Resolutions: Res. 47/53C of 09 December

これらすべては、核兵器を不法化し、その使用を禁止することに対する国際社会の多大な関連性と関心を示している。最近の状況は、その焦点が被害者支援と環境復元のような核兵器使用および実験の人道的問題にさらに移っていることを示している。

この問題に対する最近の決議である2023年12月22日付決議第78/240号「核兵器遺産の解決:核兵器使用または実験によって被害を受けた加盟国に対する被害者支援および環境復元の提供」は、先に分析した決議よりはるかに少ない反対票の中で採択された(賛成161、反対4、棄権6)。[20]

2023年12月4日付決議第78/34号「核兵器の人道的結果」でも同様の状況が観察できる。同決議は、核兵器の破滅的結果(前文第2段落)、莫大で統制不可能な破壊力と無差別的性格(前文第3段落)を認め、核兵器の完全な除去の必要性(第1項)を強調している。決議第78/34号もまた、先に分析した他の決議より反対が少なかった(賛成141、反対11、棄権33)。[21]

C. 潜在力

核兵器使用の不法性に対する国連総会決議(特に核兵器使用を国連憲章に対する直接的な違反とみなした場合)に反対する国家の数は、当該決議の実体が慣習国際法として確立されることを困難にする。ICJは1996年勧告的意見で決議第1653号(XVI)で始まったこの過程を扱い、国連総会決議が「時々規範的価値を持つことができる」と認めながらも反対票と棄権票が相当数存在するため「そのような武器使用の不法性に対する法的確信の存在を確立するには依然として不足している」[22]と結論付ける。

これとは異なり、Bleimaierは1961年の決議が「私たちの時代の拘束力のある慣習国際法の原則として受け入れられなければならない。」[23]と指摘する。2016年シドニー国際裁判所は1945年

1992, Res. 48/76 B of 16 December 1993, Res. 49/76 E of 15 December 1994, Res. 50/71E of 12 December 1995, Res. 51/46 D of 10 December 1996, Res. 52/39 C of 31 December 1997, Res. 53/78 D of 08 January 1998, Res. 54/55 D of 1 December 1999, Res. 55/34 G of 20 November 2000, Res. 56/25 B of 29 November 2001, Res. 57/94 of 09 January 2003, Res. 58/64 of 08 December 2003, Res. 59/102 of 4 December 2004, Res. 60/88 of 08 December 2005, Res. 61/97 of 06 December 2006, Res. 62/51 of 05 December 2007, Res. 63/75 of 02 December 2008, Res. 64/59 of 02 December 2009, Res. 65/80 of 08 December 2010, Res. 66/57 of 02 December 2011, Res. 67/64 of 03 December 2012, Res. 68/58 of 05 December 2013, Res. 69/69 of 02 December 2014, Res. 70/62 of 07 December 2015, Res. 71/75 of 05 December 2016, Res. 72/59 of 04 December 2017, Res. 73/74 of 05 December 2008, Res. 74/68 of 12 December 2019, Res. 75/75 of 07 December 2020, Res. 76/56 of 06 December 2021, Res. 77/82 of 07 December 2022, Res. 78/55 of 04 December 2023.

20 https://research.un.org/en/docs/ga/quick/regular/78, last visited 05 Mai 2024.
21 https://research.un.org/en/docs/ga/quick/regular/78
22 1996年ICJ勧告的意見第70項は、これらの決議が核兵器使用は「国連憲章に対する直接的な違反」と宣言していることに言及することから始まる。
23 J. Bleimaier, *op. cit.*, p.166.

以降、核兵器を使用しなかったことは「慣習法により核兵器の使用が禁止されたことをますます認める結果につながった」[24]と主張する。

ICJの否定的または躊躇する態度とは異なり、筆者は少なくとも「発生期の法的確信(opinio juris)」[25]が事実であると見ることに賛成し、Rietiker教授も発表文で「根本的な規範創出的性格」を持つTPNWによって強化されている慣習法の手続きを強調しながら、ここでNATOの核大国が取る持続的な反対者の立場は制限的効果を持つだろうと強調する。

それにもかかわらず、この議論は先に議論した国連総会決議が国際法と核兵器の不法性において重要でないということを意味するものではない。全世界の人多数の国家がこれらの決議に賛成票を投じ、これらの決議は国連総会で周期的に採択されている。決議は、国際人道法、人権法、国際刑事法と国際環境法のような、核兵器の使用と両立できない慣習国際法を繰り返し明示している。また、これらの決議は、ICJ勧告的意見とTPNWに代表される慣習法形成への寄与であり確認である。

国連総会の決議は、核兵器廃棄に向けた国際社会の努力を反映し、NPTとTPNWのような条約によって達成された発展を示し、これらの決議に対する表決をする時、国家の立場を反映することで、全体的な枠組みの役割を果たすことができる。

III. Daniel Rietiker教授の発表文に関する意見

A. 環境保護

Rietiker教授は発表文の中で国際人道法のすぐ次の章で「環境法上の核兵器使用の合法性」を扱っている。環境保護の観点から、核兵器問題に対するこのような重みのある詳細な考察はあまりにも、これまで以上に正当である。

Rietiker教授は、ICJ勧告的意見(第29, 35, 36項)とWeeramantry裁判官(特に世代間公平性に関する)の環境関連陳述に言及することから始まる。実際、ICJは、「環境保護及び保存に関する現行の国際法は、核兵器の使用を特に禁じてはいないが、武力衝突に適用される法の原則と規則を履行する脈絡で、適切に考慮すべき重要な環境的要素を提示していると判断する。」[26]

ICJは、Rietiker教授と同様に、よく知られた国際人道法規則である"広範囲で長期的であ

---

[24] International Peoples Tribunal on the nuclear powers and the destruction of human civilization, University of Sydney, 7-8 July 2016, para. 100. Negative on this: ICJ Advisory Opinion, *op. cit.*, para. 67.

[25] Mentioned by the Court in para. 73, ICJ Advisory Opinion, *op. cit.*; see M. Mohr, Advisory Opinion of the International Court of Justice on the legality of nuclear weapons under international law. A few thoughts on its strengths and weakness, *International Review of the Red Cross*, no. 316 (1997), p.99.

[26] ICJ Advisory Opinion, *op. cit.*, para. 35. See also M. Mohr, Advisory Opinion, *op. cit.*, p.96.

り、甚大な環境被害"からの保護に関するジュネーブ諸条約第1 追加議定書第35条3項及び第55条1項を参照している(勧告的意見第31項)。慣習国際人道法に関する国際赤十字委員会(ICRC)研究の規則43及び規則45は、環境に対する敵対行為関連原則の適用を確認しており、これは第1追加議定書の高い敷居よりは低い水準の一定の基準、例えば相当な注意又は注意義務に関する(慣習法的)基準を示している。[27]

敷居を下げ、保護を拡大することは、またA. Skiljanが正確に指摘したように、武力衝突以外の核兵器被害を扱う場合、必須不可欠な国際環境法に(それ自体で)依存する効果として現れる可能性がある。[28] いずれにせよ、ICJは興味深いことに、ある種の「機能的アプローチ」を追求し、次のように判示する:「問題は、環境保護関連条約が武力衝突中に適用可能かどうかではなく、条約から始まった義務が軍事的衝突中に完全な自制の義務として意図されたかどうかである。」(第30項)[29] KunzとVinualesは核兵器使用について国際人道法とともにまたは並行して環境条約法の適用可能性を議論しているが、[30] この分野はまだ多くの研究と討論が必要だ。

最後に、武力衝突と関連した環境保護に関する国際的談論と 成文化の努力がさらに進展し、核兵器問題とも大きな関連性を持つようになった。ある面で、この傾向は(ウクライナの発議により)2016年8月4日の国連環境計画 (UNEA)の国連環境総会で採択された決議第2/15号で顕著である。この決議の内容は次のとおりである。

> 武力衝突中の環境被害問題に対する認識を高め、武力衝突による被害を受けた環境を適切に保護する必要性を強調し
>
> すべての加盟国が武力衝突の状況で環境保護と関連した適用可能な国際法を履行することを促し

2022年、国連国際法委員会(ILC)は、武力衝突に関する環境保護関連原則(PERAC)の草案を採択した。[31] 原則12は(最も重要な)マルテンス条項を再確認し、原則13は「武力衝突中の環境の一般的保護」について詳しく説明する。

---

27 See, in this context, Erik V. Koppe, Use of nuclear weapons and protection of the environment during armed conflict, in: G. Nystuen, S. Casey-Maslen and A. Golden Benagel, *Nuclear Weapons under International Law*, Cambridge, 2014, p.258 f., Erik V. Koppeは（少なくとも）核兵器使用の放射線影響は"広範囲"と見なすことができると前提する。

28 See A. Skiljan, *op. cit.*, p.426.

29 See M. Mohr, Der Atomwaffenverbotsvertrag und seine völkerrechtliche Wirkung, *Humanitäres Völkerrecht : Journal of International Law of Peace and Armed Conflict*, 1(2018)1-2, p.133.

30 See M. Kunz and J. E. Vinuales, "Environmental approaches to nuclear weapons", in: Nystuen, *Nuclear Weapons, op. cit.*, p.280.

31 Draft principles on the protection of the environment in relation to armed conflicts, see: https://legal.un.org/ilc/texts/instruments/english/draft_articles/8_7_2022.pdf. もちろん、その背景により古く、より包括的な過程があった。一例として、武力衝突時の環境保護に関する国連総会決議第47/37号又は武力衝突中の自然環境保護に関するICRCガイドライン(令和12年9月)を参照。
https://www.icrc.org/en/publication/4382-guidelines-protection-natural-environment-armed-conflict

B. 戦争の影響と予防措置の原則

　Rietiker教授は、核兵器使用の不法性の核心として、その無差別的特性を説得力をもって説明する。彼はCasey-Maslenを引用して二つの評価基準を区分する:第一に、具体的な軍事目標を標的にできないか、そして第二に、その影響を制限したり統制できないか。2番目の基準は第1追加議定書第51条4項(c)に明確に規定されており、Rietiker教授はすべての核兵器使用の「破滅的な人道的結果」を説明し、この2番目の基準が「核兵器の場合にもっと問題になる」接近方式または概念でついにTPNWの採択につながったと説明する。

　実際、戦争の影響に焦点を合わせることは核兵器や、ICBUW(ウラン兵器禁止国際連合)[32] が扱うウラン兵器のようなその他の「議論の多い」兵器を扱う時により**適切だという点で、**(ただこの点でのみ)「**より問題になる**」これは全体的に現代戦に対する環境的接近の当然の結果に過ぎない。

　国際的談論は「戦争の残滓」、特に有害な戦争の残滓に対処するアイディアをより具体化した。[33] 国際法委員会PERAC文書の「武力衝突後に適用可能な原則」に関する章には戦争の残滓に関する原則26が含まれているが、これは戦争の残滓の除去または無害化および支援措置に関する内容だ。

　この点において、より決定的な法的手段、すなわち国際人道法と環境法の両方に見られる予防措置原則(または 接近方式)を適用することができる。[34] Rietiker 教授は発表文で(第1 追加議定書第57 条に基づく)「攻撃時の予防措置」を扱っている。Rietiker教授の意見に反して、筆者は核兵器使用の合法化を装う、いわゆる「極端な状況」に関してとった立場に**かかわらず、**「攻撃時の予防措置」を扱うことが必要であると考える。

　PERAC原則14は非常に一般的な表現で、次のように規定している:「区別、比例性、予防措置の原則を含む武力衝突法は、環境保護のために環境に適用されなければならない。」

　発表文の後半部でRietiker教授も国際環境法上の予防措置の原則について言及するが、この原則または基準は**法的**論拠を提示することであることを強調しなければならない。これは、特定兵器(核兵器、ウラン兵器など)使用の影響に関する1:1の偶然な関連性に対する絶え間ない「科学的」論争を終え、「完全な絵」に到達するために依然として多く(そしてより高い)科学的研究を要求する主張を終息させるために提示されたものである可能性がある。明確にすると:このような考慮や活動には余地があるが、誇張や政治的(または法的)悪用には余地がない。

　慣習国際人道法に関するICRC研究の規則44は非常に明確である:

32　See www.icbuw.eu.

33　In 2012, the "Toxic Remnants of War (TRW) Project" was initiated; see respective entries on the website of the Conflict and Environment Observatory (CEOBS), www.ceobs.org.

34　See, e.g., M. Bothe, "Precaution in International Environmental Law and Precautions in the Law of Armed Conflict", *Goettingen Journal of International Law*, 10(2020)1, pp.267-281.

戦闘方法と手段は、自然環境の保護と保存を十分に考慮して使用されなければならない。軍事作戦を遂行しながら環境に対する付随的被害を防止し、いかなる場合にも最小化するために可能なすべての予防措置を取らなければならない。特定軍事作戦が環境に及ぼす影響に関する科学的確実性が足りないからといって、衝突当事者のそのような予防措置を取る義務が免除されるわけではない。

C. 人権と国家責任

Rietiker教授は、この発表文と別の文で、核兵器問題の人権的側面を説明するのに大きく貢献した。これは、TPNWに反映された人道的軍縮の概念をより深く理解し、広めることに貢献し、(例えば、反核法律家協会(IALANA)運動を通じて)核兵器の不法化(delegitimizing)のための人権移行計画を活用し、NGOの人権領域に進むことにも貢献した。

Rietiker教授は生命権を筆頭に非人道的で屈辱的な待遇禁止、私生活および家庭に対する権利、児童権利などこれと関連して重要な色々な人権規範を説明している。おそらく筆者が考えるにより多くの研究と発表が必要な2つの項目、すなわち最近浮上している権利である安全できれいで健康で持続可能な環境に対する権利と、「毒性物質と人権」をここに追加できるだろう。

この二つの分野を扱う国連特別報告者を通じて相互交流し、影響を与えることができる。2012年、(当時)有害物質と廃棄物の環境にやさしい管理および処理が人権に与える含意に関して 特別報告者は、核兵器の被害を受けたマーシャル諸島に対する真相調査任務を遂行し、非常に重要な報告書を発表したが、ICJはマーシャル諸島事件を却下した。[35]

生命権に関して、Rietiker教授は人権委員会一般論評第36号を強調し、核兵器について詳細かつ具体的に言及している第66項を引用する。第66項の最後(軍縮及び被害者賠償義務関連)には、「国際的責任原則」への言及が含まれている。

これは2001年に国際法委員会が採択した草案[36]に記述されたように、国家責任に関する法律がよく発展しているため、相互補完、検証および強化のもう一つの余地を開いてくれる。[36]第1条は、単純明瞭である:「一国のすべての国際的に不当な行為は、当該国の国際的責任を伴う。第16条は「国際的に不当な行為の実行に対する援助または支援」に関するもので、ジュネーブ条約の規則を尊重し、**尊重を保障する**義務を含んでいるジュネーブ条約共通1条と同様に、核兵器とその拡散/伝播を扱う際に非常に関連性が大きい。

最後に、改めてPERAC原則9の1項を強調する:

---

35 See (also with references) D. Rietiker, M. Mohr, T. Yamada, *Treaty on the Prohibition of Nuclear Weapons. A Commentary Article by Article*, Updated version, May 2022, p. 34.
36 *Yearbook of the International Law Commission*, vol. II, Part Two, 2001, pp. 26-30.

武力衝突に関連して環境に被害をもたらす一国の国際的に不当な行為は、環境被害そのものを含め、そのような被害に対して完全な賠償をする義務がある当該国の国際的責任を伴う。

D. 被害者支援と環境復元

Rietiker教授は発表文の末尾で、人権体系と責任体系が重なり、条約の人道的、被害者中心的、実用的価値が最も顕著に現れるTPNWの領域、すなわち第6条および7条に盛り込まれた被害者支援と環境復元を簡単に説明する。[37] 第6条1項は「適用可能な国際人道法と国際人権法」を明示的に言及しており、第7条6項は「(…)核兵器を使用したり実験した当事国は(…)被害者支援および環境復元のために被害当事国に適切な支援を提供する責任がある。」と規定している。

これは、国家責任に関するような現行の国際法にまで遡る非常に独特で強力な規定である。前述した国連総会決議第78/240号第3段落は次のとおりである:

核兵器の使用または実験の爆発による被害を解決する責任が核兵器を使用または実験した加盟国にあることを認め

核兵器廃棄国際キャンペーン(ICAN)が正しく指摘したように、この決議はTPNW批准の可否とは関係なく、すべての国とともにできる機会を提供し、これらの国が被害者支援と環境復元努力に参加するよう促進する架け橋の役割をする。[38]

被害者支援と環境復元は、第1、2回TPNW参加国会議で最も多く議論されたテーマの一つだった。第1回締約国会議で採択されたウィーン行動計画には、[39] このテーマに対する壮大な内容が含まれている。中でも「核兵器使用または実験によって被害を受けた国のための国際信託基金」(行動29)を設立するアイデアがウィーン行動計画に提示されているが、これはTPNW加入の有無と関係なく実用的な支援方向に進むもう一つの進展であり発展であった。

2015年11月23日、まさにここ広島で世界核被害者フォーラム宣言文が採択された。[40] 広島と長崎の原爆被害者から「核産業」の被害者まで、核被害者に対する広範な理解または概念に基づき、情報、医療、補償要求を含む一連の権利(人権)が公式化された。この概念は「核生存者」[41] と同様に複合的で実質的な考慮の余地があるため、より多くの議論を必要とする。

---

37 See D. Rietiker, M. Mohr, T. Yamada, *op. cit.*, pp. 29-37.
38 See ICAN Working paper, April, 2024, https://www.icanw.org/briefing_paper_unga_resolution_adressing_the_legacy_of_nuclear_weapons?utm_campacam=va_resolution&utm_medium=email&utm_source=ican.
39 TPNW/MSP/2022/CRP. 7.
40 See: https://www.fwrs.info/wp-content/uploads/2015/11/WNVF_HiroshimaDeclaration.pdf.
41 World Nuclear Survivors Forum 2021, December 2-3, 2021, Peace Boat/ICAN, https://nuclearsurvivors.org.

2 토론문

IV. Toshinori教授の発表文に関する意見

A. 主な犯罪(core crimes)に対する焦点

Toshinori教授は「国際共同体全体の関心事である最も重大な犯罪」(ICC規定第5条1項)、すなわち「主要犯罪」(core crimes)に集中する国際刑事裁判所(ICC)の役割とその刑事管轄権全般を考察することから発表を始める。Toshinori教授の観点から見れば、核兵器の使用はこのような主要犯罪に当たる。

ICCが設立され、それに伴う規定や慣行が成立したことだけでも、ニュルンベルクや東京で初めて国際法が「歯」を持って以来、国際法が再び「歯」を持つようになったことがわかる。(ユーゴスラビアに対する旧ユーゴ国際刑事裁判所(ICTY)として始まった)このような発展は、驚くべきことに、特定の政治家(ラムズフィールド、ピノチェト、プーチンなど)の「問題のある移動経路」と関連して、ほとんどの実質的な結果をもたらした。

このような発展と構成の背景には、国際犯罪に対する国家[42]と個人の(すべての)責任という概念があり、これは「通常の」(国際)不法行為に比べてさらに重大な、または最も重大な形態の責任である。個別の犯罪または刑罰のレベルで、この概念は、例えば国連総会決議第95(I)号と第177(II)号で確認されており、慣習国際法を標榜している「ニュルンベルク裁判所憲章および裁判所の判決で認められた国際法原則」(1950)に集約されている。

原則1は、次のように宣言する:「国際法上、犯罪を構成する行為を犯した者は、それに対する責任があり、処罰を受けることができる。」これは公式的な地位や命令による行為とは無関係であり、公募状況にまで拡大適用される(原則3、4、7)。Toshinori教授は、このような広範囲な責任体系の具体的かつ非常に実質的な結果として、核爆弾投下に関与した核共有国の軍人も責任を問うことができると説明する。

Toshinori教授は発表文の結論で、ICCの一般的な役割に戻り、ICCが制限的な範囲内で核兵器使用に対する管轄権を持っていると強調する。そしてさらに、「ICC規定が適用される犯罪は、いかなる手段によっても犯され得るため」この問題に対するフランスと英国の「留保」は、これ(訳注:核兵器使用に対するICCの管轄権)を変えることはできないと述べている。この時点で、筆者はまた、ドイツのような「西側」の国々が、ICCおよびその規定を成立させる上で、非常に(主導的な)積極的な役割を果たしたことを思い起こしたい。

---

[42] See, altogether, J. Weiler, A. Cassese and M. Spinedi, *International Crimes of State. A Critical Analysis of the ILC's Draft Article 19 on State Responsibility*, Berlin/Boston, 1989.

B. ジェノサイド(集団虐殺)?

ある意味で、Toshinori教授が主要犯罪の分野を提示した直後、「(ICC規定第6条と同様に)最も重大な犯罪の一つであるジェノサイドを扱うのは論理的に見える。彼は最も決定的な適用基準である「意図」を論じ、次のような結論に達する: (抑制政策に含まれるのではなく、確証破壊戦略で表現される)敵国家と民族に対する大規模破壊という単一の目的を持つ核兵器の使用は、ジェノサイドの範疇に属すると言える。

筆者もやはりそのような結論に到達する可能性と必要性があるかについては依然として疑問を持っている。国際司法裁判所(ICJ)が勧告的意見で述べたように、これは「各事案の具体的な状況を十分に考慮した上で」可能なことであり、単に(途方もない)被害者数が決定的な要素になるわけではない。43 また、今日の「ジェノサイド」への言及がほぼインフレに近いことを考えると、筆者は人道に対する罪に関する性文化及び規則と同様に、ローマ規定や(それと同一ではないが44)国際人道法に基づき、「我々が既に持っているもの」を堅持することを要請したい。

これに関連して、Toshinori教授は、ジェノサイド協約による広範囲な体系が模擬、公募などにまで適用される可能性があると言及する。しかし、上述のようにニュルンベルク原則に含まれている（他の）犯罪に集中することでも十分にこのような潜在性に到達できる。

核兵器使用に対する国際刑事責任と関連して時々提起されるもう一つの犯罪は生態系破壊犯罪だ。しかし、この問題は依然として論争の余地が多いので、この討論文では扱わない。45

---

43 Para. 26. See, similarly, Casey-Maslen who is referring to the (necessary) "dolus specialis" here; S. Casey-Maslen, "Use of nuclear weapons as genocide, a crime against humanity or a war crime", in: Nystuen, *Nuclear Weapons, op. cit.*, p.196. See, also, A. Skiljan, *op. cit.*, p.428f., mentioning the (different) dissenting opinion of Judge Weeramantry, or Bleimaier, proceeding from the genocide applicability in the case of a "nuclear holocaust", J. Bleimaier, *op. cit.*, p.167.

44 See, on this relationship, A.G. Bersagel, Use of nuclear weapons as an international crime and the Rome statute of the International Criminal Court, in: Nystuen, *Nuclear Weapons, op. cit.*, p.230, Nystuenはローマ規定と国際人道法が重なるが、完全に収束することはなく、核兵器に関するICCの管轄権は制限的であるかもしれないが、「国内裁判所や国際臨時裁判所の判決による他の執行オプションが最も有望なものとして残っている」と話す。*Ibid.*, p.222.

45 See, e.g., International Peoples Tribunal, *op. cit.*, p.13. paras. 84-86, 生態系の破壊に関する定義:「動植物の大量破壊、環境、土壤又は水資源の汚染、生態的破滅を招くその他の行為の実行」、*ibid.*, para. 85. See, further, A. Siljan, *op. cit.*, p.430, and, on the very concept, e.g., Polly Higgins, Eradicating Ecocide. Laws and governance to prevent the destruction of our planet, London, 2010. Finally, quite and convincingly critical: BOFAX, Nr. 674 E, 7.5.2024, To Cide or not to Cide - Ecocide, What Have You started?, ending with the statement: The trend of introducing new"-cides", like Domicide, Educide etc. (特にガザ地区の状況と関連して) ドミサイド(domicide)、エデュサイド(educide)などのような新しい「~サイド」を導入する傾向は「長期的にこのような恐ろしいシナリオに対処する国際法の力量を弱化させるだろう」。

C. 人道に対する罪および対戦争犯罪

　Toshinori教授は、ジェノサイドに続き、人道に反する罪と戦争犯罪のオプションを検討する。第一の選択肢である 人道に反する罪については、ICC 規定第7 条を踏まえ、「民間住民」、「広範な」、「体系的/政策的」、「認識」の4 つの適用基準を検討し、結果として核兵器事案についての確言に至る。[46] そして、「ただ一基の核兵器使用も『広範囲または体系的』である可能性があるが、(一方で)『誤用または偶発的発射の場合』政策的要素が 欠落する 可能性があると(これに対して筆者は疑問を持つ)正確に言及する。

　次に、Toshinori 教授は、ICC 規定第8 条の戦争犯罪に移行し、この条項により、核兵器使用行為が第8 条(2)(b)(i)の民間人攻撃、第8 条(2)(b)(ii)の民間物資攻撃、または(自然環境への被害を含む)過度の付随的死亡、傷害または被害を引き起こす攻撃に該当する可能性があると主張する。[47] そして、「砂漠や海上にある敵軍に対する核攻撃も、自然環境に明らかに過度な被害をもたらしかねないので、戦争犯罪に当たる」と強調するが、これに先立って類似のシナリオ(砂漠にある軍隊に対する核攻撃)で、人道への罪を想定することは拒否した。

　全体的に見て、筆者が見るには現実的でもなく、現行法に合致しないこのようなすべての「例外的ケース」の仮定を認めないことは、筆者にとって非常に敏感な問題である。これは付随的被害が軍事的利益と均衡を成すなら、核兵器の使用は戦争犯罪ではないというToshinori教授の主張にも適用される。しかし、すぐに続いた核兵器使用の人道的結果を大衆に知らせるべきだという彼の主張は正確だ。

　結果的に、筆者が見るにはToshinori教授は問題の行為を戦争犯罪と区別して人道に反する罪に分類することが「どんな実質的な利益」があるのかに対する質問を開いている。すべてを考えると、筆者は何よりも(核兵器実験の場合のように)武力衝突から遠ざかる時、より大きな柔軟性を提供するという点で、そうすること(訳注：戦争犯罪と人道に反する罪を区分すること)を好む。一方、Casey-Maslenが「特定核兵器の使用は人道に対する罪を構成することができるが、必ずしもそうではない」と述べたことは正確だ。ICJは勧告的意見で、上で説明した国連総会の過程と違って、人道に対する罪の問題を扱わなかった。[48]

46　See similarly, A. Skiljan, *op. cit.*, p.429. See also Judgement of the International Peoples' Tribunal On the Dropping of Atomic Bombs On Hiroshima and Nagasaki, July 16, 2007, para. 40.

47　See also A. Skilja, *op. cit.*, p.430; Casey-Maslen, *op. cit.*, p.205; Hiroshima Tribunal, *op. cit.*, para. 43. Bleimaier, *op. cit.*, p.165, is adding the impossibility of taking prisoners. ICC の規定内で(具体的に)禁止された兵器として核兵器を明示する問題は、結局、第8 条(2)(b)(x x)の(脆弱な)妥協-まだ存在しない附属書に含める必要性への言及-で終わった。

48　See Casey-Maslen, *op. cit.*, p. 202.

V. 結論

　現在、この討論文で提示された内容は(簡単に)論評し、問題と質問を提起し、提案をするなど表面的な水準にとどまっている。より多くの討論と意見交換を通じて合理的な発展方向と望ましい焦点などを議論することができるだろう。筆者の主な提案は法的および実用的主張の「現代化」と統合、またある面では「脱政治化」と強化にある。これは特に上記のように環境法の側面をさらに精巧化することと関連している。そして全般的に被害者支援と環境復元に重点を置いている。

　Rietiker教授は「今後ICJが核兵器使用(そして脅威)の合法性に対する意見を再び要請されることになれば、1996年よりさらに確固で明確な判決を下すことが期待できる。」は希望で発表文を締めくくる。筆者は「裁判所に戻ること」に懐疑的だ。全体として、十分に決定的であった1996年に示された勧告的意見のようなものが再び得られるかどうかさえ確信が持てない。筆者の見解では、裁判所が他の判決で裁判不能(non-liquet)に該当しないと述べたことと矛盾するだけの「極端な状況」の公式のようなそのような「脱出口」は存在しない[49]。

　その代わり、我々には核兵器使用の不法性に対する国連総会決議という政治的、法的に重要なプロセスを持っている。併せて、直近の決議第78/33号をはじめ、平成8年勧告的意見に対する「後続措置」決議プロセスを有している。この決議はICJが確認した現存する核軍縮交渉義務を強調している(第1項)。諸外国はTPNWの下での交渉を"含めて"このような交渉に引き続き参加しなければならない(第2項)。したがって、TPNWは通用している慣習国際法によって補完され、完成されることを決して忘却しない体系を設定している。

---

[49] See, e.g., M. Mohr, Advisory Opinion, *op. cit.*, pp.100-101. 興味深いことに、国際民衆法廷はそのような「極端なシナリオ」に対する仮定と予防措置の原則（の違法性の影響）を結びつける。

2 토론문

국제법상 핵무기 사용의 적법성 : 국제인도법, 환경법, 인권, 핵무기금지조약에 비춰 본 분석에 관한 토론문

마니 로이드
웰링턴 빅토리아대학교 법학부 강사

I. 서론

다니엘 리티커 교수의 제2차 국제토론회 발표문에 대한 토론문을 발표하게 되어 영광스럽게 생각한다.

리티커 교수는 자신의 발표문 서론에서 설명했듯이, 주어진 지면에서 무엇을 다룰지 선택해야 했다. 그럼에도 그의 발표문은 국제인도법(IHL), 환경법, 국제인권법, 2017년 핵무기금지조약(TPNW) 네 가지 국제법 부문의 관점을 통해 본 핵무기 사용의 적법성을 상세히 분석한다.

이 토론문은 리티커 교수의 포괄적인 개요를 바탕으로 몇 가지 소소한 시각을 추가로 제시한 다음, 2024년 6월 히로시마 2차 국제토론회에서 그 이상의 의견교환을 위해 몇 가지 생각과 질문을 제기하고자 한다. 필자는 야마다 토시노리 교수의 매우 유용한 2차 국제토론회 발표문 「핵무기 사용과 국제형사법」도 읽었다.

필자는 다음 2장에서 리티커 교수의 발표문과 더 밀접하게 연관된(야마다 토시노리 교수의 발표문과는 연관성이 떨어진다) 몇 가지 소소한 논평으로 시작하려고 한다. 리티커 교수의 발표문은 상당히 포괄적이기 때문에 인정하건대 추가할 내용이 거의 없다. 다음으로 3장에서는 두 발표자의 발표문과, 최근의 다른 관련 연구를 읽으면서 떠오른 몇 가지 아이디어와 질문에 대해 논의한다. 여기서는 특히 핵무기 사용을 규율하는 법, 법률 문서 및/또는 기타 관행의 다양한 관련 부분 간의 상호작용에 대한 선별된 질문에 초점을 맞춘다. 필자는 리티커 교수의 발표문과 같이 핵무기 사용의 적법성 문제와 관련하여 각각의 고유한 관련 법체계의 적용 문제를 면밀히 분석하는 것이 여전히 중요하다는 점에 동의한다. 그러나

법의 다른 여러 부분들 사이에, 또 다양한 국가 및 기타 행위자의 법적·정치적 입장과 관행의 다른 부분들 사이에 일정한 혼란, 모순, 긴장이 지속되고 있다. 이것이 바로 관련 규칙의 상호작용이며, 어쩌면 더 정확하게는 국제인도법 (또는 다른 관련 법체계) 적용에 대한 여러 주장들의 잠재적 영향이다. 그 예로는 예외적인 자위권 상황과 관련한 정전법(*jus ad bellum*, 무력 의존을 규율하는 법)과 전시국제법(*jus in bello*, 무력충돌 시 행위를 규율하는 법)의 상호작용 (여부), 핵확산금지조약(NPT) (및 억제정책)과 핵무기금지조약(TPNW) 사이의 관계가 있다.

II. 사소한 세부사항

국제인도법상 핵무기 사용의 적법성에 관하여

당연하게도 국제인도법의 분석은 적대행위 중에 있는 공격자를 규율하는 국제인도법의 기본 원칙(구별, 비례성, 예방조치)에 전적으로 초점을 맞추고, 다른 중요한 규칙에는 관심을 덜 기울인다. 리티커 교수의 발표문은 핵심 원칙만이 아니라 국제인도법 안의 특정한 규칙들—가령 댐·원자력발전소와 같은 위험한 물리력을 포함하고 있는 시설물에 대한 특별한 주의 의무 또는 문화재 및 문화유산, 의료 임무, 민간인 생존에 필수불가결한 수도 인프라와 같은 물자의 보호—을 검토하는 것의 중요성을 정확하게 강조하고 있다.

무력충돌이 이미 발생한 시나리오에서 적용되는 공격의 영향에 대한 예방조치를 요구하는 국제인도법 규칙(이른바 '방어자의 의무')은 그다지 자주 논의되지 않는다. 이들 규칙은 무력충돌 당사자에게 그들 당사자의 통제 아래 있는 민간인 주민, 민간인 및 민간 물자를 공격의 영향으로부터 보호하기 위해 실행 가능한 모든 예방조치를 취할 것을 요구한다. 무력충돌 당사자는 가능한 한 인구밀집 지역 내 또는 인근에 군사 목표를 두어서는 안 되고, 군사 목표 부근으로부터 당사자의 통제 아래 있는 민간인과 민간 물자를 이동시켜야 한다.[1] 핵폭격을 당한 국가가 대규모 민간인 피해에 책임이 있다고 주장하려는 것은 아니지만,[2] 이러한 규칙은 도시 안에 방어본부와 같은 군사 목표를 배치할 가능성(또는 실행

---

[1] ICRC Customary IHL Study 참조. 관습국제인도법 규칙 23, 24는 비국제적 무력충돌에서 관습적으로 적용되는 것으로 보기에는 이견이 있는 것으로 밝혀졌다.

[2] 이 점에서, 2023년 국제앰네스티 보고서가 러시아-우크라이나 전쟁에서 우크라이나의 행동과 관련하여 이들 규칙을 논의하고 많은 비판을 받았던 것처럼, 특히 불법 침략에 대응하는 상황에서 방어 시 예방조치를 요구하는 규칙을 상기하는 것은 논란의 여지가 있을 수 있다.

2 토론문

가능성 부족)이나, 알려진 위협 또는 경고가 있는 경우 대규모 인구 대피의 실행 가능성에 대해 잠재적으로 중요한 의문을 제기할 수 있다. 또한 이들 규칙은 무방어 지역에 대한 공격을 금지하는 규칙과도 간접적으로 연결될 수 있다.[3]

적대행위 외에 국가들이 국제인도법의 중요한 측면으로 합의한 다른 인도적 보호 조치도 무력충돌 당사자나 다른 행위자가 충족할 수 없다. 대표적인 예가, 리티커 교수의 발표문에서 설명한 것처럼, 무차별 공격이 수십만 명의 사람들을 의료 지원이나 인도적 구호를 받지 못하는 상태로 방치한다는 것이다. 유엔과 국제적십자위원회(ICRC)는 핵공격 직후 긴급 대응이 불가능하다는 점을 분명히 해왔다.

필자의 질문은 리티커 교수의 발표문에서처럼 무차별 공격의 심각한 영향에 대한 증거로서 구호의 불가능성을 논의하는 것에 더해, 핵무기 사용으로 인해 인도적 지원 제공 의무(및 잠재적으로 아래에 언급된 다른 규칙)를 위반하게 되는 문제를 따로 분리할 가치가 있는가이다. 이런 의미에서 인도적 지원이 핵공격의 직접적인 영향으로 불가능하게 되는 것은 물론, 국제인도법의 다른 많은 (모든?) 요건에 대한 존중도 불가능하거나 거의 불가능하게 될 것이라는 점이다. 예를 들어 억류자나 그 밖의 전투력을 상실한 자(체포자, 부상자, 병자)에 대한 인도적 대우, 사망자의 신원 확인 및 수습, 사망자에 대한 존엄한 대우와 묘지에 대한 필수 기록 보관, 실종자 방지, 가족에게 그들의 사랑하는 사람의 생사와 소재에 대한 정보 제공 등이 그것이다.

그러한 공격의 영향은 그것이 비록 간접적이고 공격 당사자가 직접 계획하지 않은 것이라도 예측할 수 있기 때문에, 필자의 질문은 당사자(적어도 공격자)가 해당 상황에서 그러한 (인도적 지원 제공) 의무를 이행할 가능성이 없다는 주장에 얼마나 기댈 수 있을까 하는 것이다(이러한 유형의 규칙 중 상당수는 무력충돌 당사자에게 오로지 '가능한 모든 조치를 취해야 한다'거나 '상황이 허용하는 때는 언제나' 행동한다는 것만을 요구하기 때문에). 달리 말하면 당사자가 누가 되었든 폭격이 공격을 규제하는 규칙의 중요한 고려사항으로서 국제인도법상의 이들 다른 유형의 의무를 애초부터 준수할 수 없게 만들 것이라는 예측 가능성을 어느 정도까지 주장할 수 있을까이다(어떤 당사자도 위와 같은 주장에 기대거나 위와 같이 주장하기는 어려울 것이라는 의미 : 옮긴이).

---

3   ICRC Customary IHL Study, Rule 37 참조. '국제형사재판소 규정 제8조 2항(b)(v): 군사 목표가 아닌 방어되지 않은 지역에 대한 공격이나 폭격', Triffterer, O. & Ambos, K. (eds.), *Rome Statute of the International Criminal Court: A Commentary*, London: Bloomsbury T&T Clark, 2016, pp. 380-381.

참고로 도시에서의 전쟁이 미치는 인도적 결과, 특히 인구밀집 지역에서의 (재래식) 폭발 무기 사용(EWIPA)의 영향에 대한 국제적십자위원회(ICRC)와 다른 행위자들의 지난 10년간의 연구 작업—여기에는 EWIPA 정치 선언도 포함된다— 을 가지고 대략적으로 유추해 볼 수 있다.[4] 이러한 '다른' 유형의 국제인도법 보호를 생각하면 예측 가능한 간접적 영향이라는 개념을 더 크게 확장할 수 있다. 재래식 전쟁에서도 예방조치를 위해 예측 가능한 영향을 고려해야 한다는 것은 분명하지만, 해당 상황에서 '합리적 지휘관'이 공격으로 어떤 간접적 영향이 초래될지 정확히 예측할 수 있는가에 대해서는 여전히 이견이 있다. 그럼에도 불구하고 '도시에서의 전쟁' 연구의 핵심은 필수 서비스의 붕괴와 그로 인한 질병 확산 및 기아 등으로 인해 발생하는 간접적인 전쟁 사망자가 직접적인 사망자보다 많을 수 있다[5]는 점과 함께, 파멸적 영향에 대한 이용 가능한 데이터와 정보가 많아지면서 그러한 공격의 파급 및 누적 효과가 점점 더 예측 가능하게 되었다는 점이다.[6] 따라서 이제 예측 가능한 피해에 대한 유의미한 평가를 위해서는 더 많은 정보를 고려해야 한다. 지난 10년간 이뤄진 핵무기의 인도적 영향에 초점을 맞추는 '전환'은 이러한 인식을 확실히 강화했다.

이것(공격의 간접적 영향의 예측 가능성 : 옮긴이)은 군사작전 수행 시 민간인과 민간 물자를 보호하기 위해 지속적인 주의를 기울여야 할 의무[7]와 관련이 있을 뿐만 아니라, 리티커 교수의 발표문에서 언급된 것처럼, 국가가 "국제인도법을 존중하고, 존중을 보장"해야 한다는 4개 제네바 협약 공통 제1조의 중요성을 제기한다. 공통 제1조에 있는 의무의 범위와 성격에 대해서 국제인도법 전문가들이 서로 견해를 달리한다는 것—적어도 의무의 외적 측면(다른 당사자에 의한 '존중을 보장하는' 측면)에 대해서는—은 널리 알려져 있다. 또한 공통 제1조는 일반적으로 집행의 문제와 맞닥뜨린다(기준의 유연성은 실제로는 중대한 부작위나 공모 혐의의 경우에만 국가 간에 공식적으로 논의될 가능성이 있다는 것을 의미한다). 그럼에도 공통 제1

---

4   자세한 내용은 국제적십자위원회, 『광범위한 효과를 지닌 폭발성 무기 : 인구밀집 지역에서의 치명적인 선택』, 제네바, 2022 참조.
5   예를 들어 Geneva Declaration, *Global Burden of Armed Conflict*, Geneva, 2008 참조.
6   M. Zeitoun and M. Talhami, "The impact of attacks on urban services II: Reverberating effects of damage to water and wastewater systems on infectious disease", *International Review of the Red Cross*, Vol. 102, Issue 915, 2020, pp.1293-1325; I. Robinson and E. Nohle, "Proportionality and precautions in attack: The reverberating effects of using explosive weapons in populated areas", *International Review of the Red Cross* 98 (1), 2016, pp.107-145; M. Lloydd, "War in Cities: The Foreseeable Loss of the Mundane and the Magical", *KROC Peace Policy*, University of Notre Dame, May 2024.
7   ICRC Customary IHL Study, Rule 15.

조는 다소 모호하지만 여전히 중요하고 잠재적으로 강력한 조항이며, 의무의 내적 측면(당사국 자신이 국제인도법을 존중한다는 측면)은 일반적으로 받아들여지고 있다.

완벽을 기하기 위해 필자는 특히 현재 가자지구 충돌과 그와 연관된 니카라과 대 독일 사건에 대한 국제사법재판소(ICJ)의 2024년 법정 심리―이 법정 심리는 공통 제1조의 논쟁이 끊이지 않는 의무를 둘러싼 논의(이 경우에는 주로 국제인도법 위반 혐의 국가에 무기를 이전하는 것에 관한 논의)를 재점화시켰다―의 견지에서 최근의 연구와 의견들을 주목하고 있다. 또한 ICRC는 이 조항에 대한 해설서 개정판을 4개 제네바 협약별로 계속 발간하고 있으며, 제1조에 대한 가장 최신의 해설은 제네바 제4협약에 대한 ICRC 해설서 개정판(2024년 발간 예정)에 곧 실릴 예정이다. 따라서 핵무기 위협 또는 사용과 관련해 공통 제1조의 적용 문제에 대한 내용이 시간이 흐르면서 추가로 제시될 수 있다.

국제형사법(ICL), 인권법 및 환경법상 핵무기 사용의 적법성에 관하여

야마다 토시노리 교수의 발표문은 핵무기 사용이 어떻게 잠재적으로 전쟁범죄, 제노사이드(집단학살), 인도에 반한 죄를 구성할 수 있는지에 대해 논의한다.[8] 다니엘 리티커 교수의 발표문은 인권법에 따라 핵무기 사용이 많은 사람의 생명권을 자의적으로 박탈하고, 비인도적 대우에 해당하며, 주택과 재산을 파괴할 수 있다는 것을 설명한다. 또 아동과 같은 취약계층은 특히 위험에 처하게 된다고 말한다.

위에서 말한 도시에서의 전쟁 논의와 관련하여, 사생활 및 가정 존중에 대한 리티커 교수의 언급은 일부 학자들이 언젠가는 별도의 국제범죄로 인정하고 확립해야 한다고 요구하는 '도미사이드'(domicide, 거주지 파괴) 또는 '도시 파괴'(urbicide로 비슷한 맥락에서 '생태계 파괴(ecocide)'도 포함)를 상기시킨다.[9] 제노사이드나 테러리즘 같은 기초적 행위는 전쟁범죄를 구성할 수 있지만, 도미사이드 등에 대한 일부 학자의 이러한 논리는 그 피해가 특정 개인과 개별 건물, 민간 물자에만 그치지 않고 도시 자체에 피해를 준다는 것, 즉 전체의 손실이 부분의 손실에 추가되고 또 자체의 독립적인 피해로 인정될 만한 피해를 준다고

---

[8] 다니엘 리티커, 『군비통제의 인간화, 핵무기 없는 세계의 길을 닦다』, Taylor & Francis, 2017, pp.269-270, 275-276. 리티커는 핵무기 사용 자체가 전쟁범죄로 인정되지 않더라도 핵무기를 사용하는 자들은 전쟁범죄와 인도에 반한 죄를 포함해 기존의 국제범죄에 대한 개인적 형사 책임을 여전히 질 수 있다고 지적한다.

[9] 예를 들어 M. Cowerd, 『우르비사이드 : 도시 파괴의 정치』, New York: Routledge, 2009; 적절한 주거가 적절한 생활수준에 대한 권리의 구성 요소이며, 이 맥락에서 차별금지 권리에 관한 특별보고관 보고서, UN 문서 A/77/190, 2022년 7월 19일; J. Sapiano, 「도시 폭격: 국제인도법과 무력충돌 시 도시 파괴」(저자에게 제출된 미공개 논문); Y. Al-Daffaie, 「가자의 역사적 건물 파괴는 '도시 파괴' 행위」, The Conversation, 2024.2.21 참조.

말한다. 다른 의미에서 이러한 학자들의 요구는 도시라는 **인공 환경**에 대한 '심대하고, 장기적이며, 광범위한' 피해—**자연환경**에 대한 피해와 유사한(다르기는 하지만) 피해—를 줄 위험을 우리 모두에 대한 손실로 인정하는 것이라고 주장할 수 있다. 의도를 입증하는 문제는 인도에 반한 죄나 제노사이드의 경우와 마찬가지로 그러한 미래의 모든 잠재적 범죄(도미사이드 등 : 옮긴이)에 의거하여 핵무기 사용의 적법성을 판단할 때 여전히 중요한 요소로 남아 있을 것이다.

환경법은 필자의 전문 분야는 아니지만, 피해 불관용 규칙에서 상당한 주의(due diligence)라는 비절대적 기준이 국가에 지나친 책임을 부과하는 것을 제한하는 방식으로 작동하고, 때로는 성실한 준수를 '입증'하기 위한 관료적이고 절차적인 접근 방식이 필요하다는 데 주목한다.[10] 이와 같이 피해 불관용/성실한 준수 규칙은 궁극적으로 피해 국가에 대한 보호보다는 국가의 행위 자유를 우선시한다.[11] 이는 아래 3장의 이러한 의무들의 상호작용에 관한 논의에서 예외적 상황의 논거 및 억제 주장과 함께 중요하게 다룬다.

마지막으로 최근 기후변화 소송 상황과, 이것이 핵무기의 맥락에서 미래세대의 이익을 인정하는 데 미치는 잠재적인 유사한 영향을 간단히 언급한다.

III. 폭넓은 고찰과 향후 논의 지점 – 핵무기 사용을 규제하는 국제법, 법률 문서 및 관행의 적용 가능한 분야 간의 상호작용

1. 핵무기 사용의 적법성과 관습국제법의 확립 가능성에 관한 세 가지 질문

1. 2023년 제1차 국제토론회에서 발표한 다니엘 리티커 교수와 야마다 토시노리 교수의 발표문은 히로시마와 나가사키 원폭 투하가 구별의 원칙과 불필요한 고통 금지 원칙을 위반했다는 것을 근거로 1945년 당시에 적용되는 관습국제법상 불법이라는

---

10 Robert P Barnidge, "States' Due Diligence Obligations with Regard to International Non-State Terrorist Organisations Post-11 September 2001: The Heavy Burden That States Must Bear"(2005) 16, *Irish Studies in International Affairs* 103, 103; Sandra Krähenmann, *Foreign Fighters under International Law* (Geneva Academy of International Humanitarian Law and Human Rights, No 7, 2014.10), p.51.

11 An Hertogen, 「자유주의 국가 체제 보호 : 상호 의존성 증가에 따른 국가의 자유 재해석」, 오클랜드대학교 박사학위 논문, 2011, pp.88-94.

견해를 표명했다.[12]

2. 히로시마와 나가사키에서 발생한 것과 동일한 폭격이 오늘날 발생하는 경우 국제인도법에 위배되는지 여부가 현재의 질문이라면, 현행 국제인도법 하에서 구별, 비례성, 공격 시 예방조치, 불필요한 고통 야기 금지라는 국제인도법의 핵심 원칙을 위반하는 것이므로 당연히 위배된다는 결론을 내릴 수 있다.

3. 그러나 오늘날 ICJ가 핵무기 사용 또는 위협이 어떤 상황에서도 불법인지에 대한 동일한 질문을 받는 경우 동일한 권고적 의견을 제시할 것인지가 질문이라면, 그 대답은 더 복잡해진다. ICJ의 1996년 권고적 의견은 핵무기 사용이 국제인도법 규칙, 특히 구별, 비례성, 불필요한 고통 야기 금지 원칙에 일반적으로 위배된다고 판시한 것으로 잘 알려져 있지만, 당시 핵무기를 금지하는 관습법적 금지를 확인하지는 않았다. 지금은 그렇게 할 수 있을 것인가?

리티커 교수가 발표문에서 지적한 것처럼, 핵무기금지조약의 발효는 핵무기 금지를 향한 중요한 진전임이 분명하지만, 보편적인 관습법적 금지 확립에 미치는 잠재적 영향은 여전히 논쟁의 대상이 되고 있다.

1996년 ICJ의 모호한 의견 이후의 사태는 핵무기 사용 금지에 대한 법적·도덕적 논거를 강화했다. 핵무기금지조약과 관습국제법의 관계를 검토하는 학자들은 최근 핵무기금지조약 자체가 현행 관습법을 반영하지는 않지만, 널리 비준된다면 그 조항이 "규범 강화" 성격을 통해 비당사국에게도 구속력을 갖는 관습 규범의 향후 발전에 분명하게 기여할 수 있으며, NATO(북대서양조약기구) 국가나 핵우산 국가들의 정책과 관행을 변화시킬 수 있다고 강조한다. 일례로 케네디 그레이엄(Kennedy Graham)은 핵무기금지조약의 채택이 ICJ가 "발생기의 법적 확신(opinio juris)"과 핵무기를 반대하는 정치적 의견의 증가로 설명했던 것을 기본적으로 충족시킨다고 주장한다.[13] 핵무기금지조약의 인도적 정신과 피해자 중심적 접근 방식은 핵무기 사용이 용납될 수 없음을 더욱 강조한다.

---

12 야마다 토시노리, 「1945년 당시 관습국제법으로 본 히로시마·나가사키 핵무기 투하의 불법성」, 평화와통일을여는사람들이 주최한 제1차 국제토론회를 위한 논문, 한국 합천, 2023년 6월; 다니엘 리티커, 야마다 토시노리의 논문, 두 논문 모두 https://www.ialana.info/tag/toshinori-yamada/에서 확인 가능.

13 K. Graham, "The TPNW Conference of Parties: What is to be Discussed?", *Journal for Peace and Nuclear Disarmament* 3(2), 2020, pp.234-252.

리티커 교수는 결국 모든 핵무기 사용은 국제법에 따라 불법이라는 결론을 내린다. 실제로 리티커 교수는 다양한 국제법 분야에 걸쳐 핵무기에 대한 포괄적인 분석을 통해 1996년 ICJ의 모호한 권고적 의견에도 불구하고, 핵무기의 불법성에 대한 설득력 있는 논거를 제시한다. 핵무기금지조약 또한 "그 어떤 핵무기 사용도 국제인도법에 위배된다"는 내용이 포함되어 있다.[14] 따라서 리티커 교수는 ICJ에 핵무기 사용의 적법성에 대한 질문을 또다시 한다면 1996년보다 오늘날 더욱 확고하고 명확한 판결을 내릴 것으로 기대할 수 있고, 그럴 가능성이 있다고 말한다. 블랙-브랜치노 "현재 핵무기를 명시적으로 금지하는 조약이 있고, 핵무기 사용을 반대하는 국가가 많아졌다는 점을 고려하여 미래의 재판소가 다른 결정을 내릴 수도 있다"[15]고 썼다. 우리는 그렇게 되기를 바랄 뿐이다.

그러나 이 점에 대한 다른 기관들의 표현은 여전히 좀 더 다양하며, 종종 1996년 ICJ의 권고적 의견에 따라 매우 한정된 상황에서 핵무기 사용이 합법적일 가능성—작지만—을 주장한다. 예를 들어 현재 ICRC의 입장은 "무력충돌에서 핵무기가 국제인도법의 원칙과 규칙에 부합되게 항상 사용될 수 있을지는 극히 의심스럽다"는 것이다. 이는 국제인도법과의 양립 가능성을 "상상하기 어렵다"고 했던 ICRC의 이전 표현보다 더 강화된 것이다.[16]

다른 학자들은 핵보유국들의 핵무기금지조약 거부를 고려할 때 조약이 조만간 보편적인 관습국제법이 될 가능성은 낮다고 지적한다. 블랙-브랜치는 보편성이 "실현 가능성이 낮은 꿈"이며, 적어도 현재로서는 관습법에 관한 한 현상유지가 계속되고 있다고 본다.[17]

케시-매슬렌 역시 "핵무기 사용의 전면적 금지에 대한 도덕적 주장이 가장 우선시되고 있다"며 "그 금지에 대한 어떤 관습법적 지위를 주장하기에는 너무 이르다"고 결론 내린다. 그럼에도 불구하고 핵무기금지조약이 "국제법이 앞으로 나아갈 것으로 기대되는 방향을 제시하는 국가 관행의 명확한 표현"[18]으로서 역할을 한다고 말한다.

---

14 TPNW, PP10. 2017년 핵무기금지조약 채택 표결 당시, 스웨덴은 핵무기가 "일반적으로 반한다"는 ICJ의 표현은 정확한 법 진술이라고 설명했다. J. L. Black-Branch, *The Treaty on the Prohibition of Nuclear Weapons: Legal Challenges for Military Doctrines and Deterrence Policies*, Cambridge: Cambridge University Press, 2021, pp. 113-114 참조.
15 J. L. Black-Branch, 앞의 책, p. 7.
16 ICRC, "The ICRC's legal and policy position on nuclear weapons", *International Review of the Red Cross* 104(919), 2022, pp.1477-1499, at 1488.
17 J. L. Black-Branch, 앞의 책, p.134.
18 스튜어트 케시 매슬렌, 『핵무기금지조약 : 해설』(초판), 옥스퍼드대학교 출판부, 2019.

2. 관습법적 금지가 부재한 상황에서 사안별로 이루어지는 국제인도법 준수 평가

관습법적 금지가 부재한 상황에서 우리는 무엇을 알고 있는가? 우리는 핵무기 사용이 국제인도법에서 명시적으로 허용되지 않았으며, 명시적으로 금지되지도 않았음을 알고 있다. 따라서 일반적으로 적용되는 국제인도법의 기본 규칙에 의존해야 한다. 권위 있는 입장에서는 이러한 규칙의 제한이 어떻게 예측 가능한 거의 모든 핵무기 사용을 금지하는지, 즉 핵무기 사용이 어떻게 국제인도법을 중대하게 위반하여 전쟁범죄를 구성하는지 제시하고 있다. 상황에 따라 핵무기 사용은 (핵무기 사용에 관한 별도의 국제범죄가 명시적으로 존재하지 않더라도) 인도에 반한 죄 또는 제노사이드가 될 수 있다.

핵심은 보편적인 금지가 부재한 상황에서 국제인도법에 따른 특정 공격 시나리오의 적법성은 당면한 사실에 대한 사안별 평가에 맡겨진다는 점이다. 예를 들어 핵무기가 본질적으로 무차별적인지, 그리고 본질적으로 비례적이지 않은지에 대해서는 여전히 국제인도법 전문가들 사이에 의견차가 있다.[19] 관련 연구 중 일부는 외딴 지역에서 저위력 전술핵무기를 사용할 수 있는지에 대한 문제에 초점을 맞추고 있다. 이 문제에 대해 플렉(Fleck), 마레스카(Maresca), 미첼(Mitchell)을 비롯한 몇몇 학자들은 저위력 전술핵무기를 사용하더라도 구별, 비례성, 불필요한 고통과 장기적인 환경 피해 야기 금지와 같은 국제인도법 원칙을 위반할 가능성이 있다며 리티커 교수와 유사한 주장을 펼친다. 케시-매슬렌은 저위력 전술핵무기가 국제인도법을 준수하면서 사용될 수 있는 유일한 종류이지만, 그렇다고 해도 매우 특수하고 개연성이 매우 낮은 시나리오에서, 그리고 핵보유국 사이의 국제적 무력충돌 중에서만 사용 가능하다고 결론 내린다.[20]

본질적으로 이러한 연구들은 모든 핵폭발의 무차별적이고 비례적이지 않은 인도적 결과를 감안하여 저위력 핵무기의 전술적 사용이 과연 국제인도법을 준수할 수 있을지에 대해 회의적 입장을 표명한다. 이런 이유로 마레스카와 미첼은 해상과 같은 인구밀집 지역 이외 지역에 대한 저위력 핵무기 사용을 포함하여 목표 지역 밖의 민간인에 대한 방사선 노출, 환경적 영향 및 위험으로 인해 핵무기 사용은 국제인도법을 위반하게 된다고

---

19   이와 관련해 S. Casey-Maslen, "The use of nuclear weapons under rules governing the conduct of hostilities", Chapter 4 in: Nystuen G, Casey-Maslen S, Bersagel AG (eds.), *Nuclear Weapons under International Law*, Cambridge University Press, 2014, pp.91-127 참조.
20   앞의 책, p.126.

일반적으로 추정해야 한다는 결론을 내린다.[21]

가령 민간인 또는 민간 물자에 대한 부수적 피해와 소기의 군사적 이익이 비례하는 것으로 간주될 수 있는 가상의 시나리오를 계속 검토하면 핵무기 사용의 맥락에서 비례성 원칙의 한계를 규명할 수 있는데, 이는 국제인도법 적용에 여전히 중요하다. 그러나 서론에서 언급한 것처럼 국제법 학자들에게 가장 흥미롭고, 복잡하며, 논쟁의 여지가 있는 문제는 오히려 핵무기 관련 다양한 법, 법률 문서 및/또는 기타 관행의 국제인도법과의 상호작용과 관련 있는 것으로 보인다. 이는 유능한 국제법 학자들이 특정 사실에 대한 국제인도법의 적용에 대해서는 동의할 수도 있고 동의하지 않을 수도 있지만, 특정 국가의 법적 입장에 따라 발생하는 적용 가능한 법의 명백한 긴장은 무시하기 어렵기 때문이다. ICJ가 열어 둔 것처럼 보이는 억제와 예외적 상황에 관한 주장과 관행은 국제인도법의 정통적 해석을 복잡하게 하거나 심지어 모순되게 만들 수 있으며, 그 적용에 영향을 미치려 할 수도 있다. 이제 마지막 장에서 이러한 선택된 주제에 대해 살펴본다.

3. 핵무기 사용에 관한 국제법의 다양한 법 체계, 주장, 관행의 상호작용에 대한 질문

핵무기 관련 법률 내에 존재하는 긴장과 관련하여, 안나 후드 교수는 일부 주요 국제 핵무기 관련법이 표면적으로 핵무기의 가치를 떨어뜨리는 것처럼 보이지만, 실제로는 "심층적인 의미에서 핵무기의 가치가 감소되는 것을 보장하지 못하며, 어떤 측면에서는 오히려 핵무기의 가치를 강화하는 역할을 한다"고 주장했다. 예를 들어 핵무기가 올바른 국가가 보유할 때는 받아들여질 수 있음을 시사하거나, 국가들이 군축 의무를 지연시킬 수 있을 정도로 모호하여 핵무기의 가치를 강화하는 역할을 한다는 것이다. 이로 인해 핵무기를 규율하는 국제법에는 후드 교수가 "편파주의(partialism)"[22]라고 부르는 깊은 분열이 생긴다.

다음으로는 핵무기 담론에서 법적 입장의 이러한 긴장을 보여주는 두 가지 사례를 살펴본다. 첫 번째는 핵무기 사용이 일반적으로 국제인도법에 따라 불법이지만 특정한 예외적인 상황에서는 잠재적으로 합법일 수 있다는 ICJ 권고적 의견이 열어놓은 주장이다.

---

21 L. Maresca and E. Mitchell, "The human costs and legal consequences of nuclear weapons under international humanitarian law", *International Review of the Red Cross* 97(899), 2015, pp.621-645.

22 A. Hood, "Questioning International Nuclear Weapons Law as a Field of Resistance", in Black-Branch and Fleck (eds.), *Nuclear Non-Proliferation in International Law*, Volume V, Hague: T.M.C. Asser Press, 2020, pp.16-17.

2 토론문

두 번째로, 억제 정책은 핵무기 사용이 국제인도법을 준수할 수 없다는 확연한 증거에도 불구하고 핵보유국들이 핵무기 보유를 정당화하기 위해 사용하는 핵심 논거이다. 그 결과 핵억제 정책은 핵확산금지조약과 핵무기금지조약에도 불구하고 현재 국가 관행의 현실에서 여전히 존재한다.

1) 정전법(jus ad bellum)과 전시국제법(jus in bello)의 정통적 구분은 약화되었나?

정전법 규칙은 무기의 종류와 관계없이 모든 무력의 위협과 사용에 적용되며, 핵무기에도 일반적 방식으로 적용된다.[23] 핵무기 사용에 대한 국제인도법의 적용도 마찬가지다.[24]

그럼에도 불구하고 ICJ가 "국가의 생존 자체가 위태로운 극단적 자위 상황"에서 핵무기 사용이 합법적일 수 있다는 가능성을 열어 둔 것은 이러한 예외적 상황이 국제인도법의 일반적인 기본 원칙의 해석 및/또는 적용에 어떤 식으로든 영향을 미칠 수 있는지에 대한 의문을 오랫동안 제기해 왔다. 그린우드(Greenwood)는 ICJ의 의견을 두 가지 분야(정전법과 전시국제법 : 옮긴이)를 모두 무시할 수 있는 예외를 허용하는 것으로 해석하지 말 것을 당부한다.[25] 실제 ICJ는 권고적 의견 42항에서 자위의 법에 따른 비례적인 무력사용이 합법적이려면 국제인도법도 준수해야 한다는 점을 분명히 밝히고 있다.

그러나 다른 여러 학자들이 논의한 바와 같이, ICJ 권고적 의견은 국가 생존의 극단적 상황이라는 문제를 열어 두고 있기 때문에, 특히 비례성에 관한 정전법과 전시국제법의 상호작용 문제와 관련하여 다소 혼란스러운 측면이 있다.[26] 달리 말해, 그러한 예외적인 상황에서 핵무기를 사용할 수 있을 뿐만 아니라, 그러한 예외적 상황은 자위로서의 핵무

23　G. Nystuen, "Conclusions on the status of nuclear weapons under international law", Chp 20 in Nystuen G, Casey-Maslen S, Bersagel AG (eds.), *Nuclear Weapons under International Law*, Cambridge University Press, 2014, pp.483-486, p.483.
24　ICJ, 핵무기 위협 또는 사용의 적법성에 대한 권고적 의견, 1996년 7월 8일, 79항, 85-86항.
25　C. Greenwood, "The Advisory Opinion on nuclear weapons and the contribution of the International Court to IHL", *IRRC* 316, 1997. 또한 A. Clapham, "Limits on the Use of Nuclear Weapons Under the International Law of Self-Defence", Microsoft Word - Andrew Clapham.docx (unoda.org)을 참조하고 J. Moussa, "Nuclear weapons and the separation of jus ad bellum and jus in bello", Chp 3 in Nystuen G, Casey-Maslen S, Bersagel AG (eds.), *Nuclear Weapons under International Law*, Cambridge University Press, 2014, pp.59-88, p.69와 비교.
26　예를 들어 D. Fleck, "Legal Aspects of Nuclear Weapons Doctrines", Chp 17 in Black-Branch and Fleck (eds.), *Nuclear Non-Proliferation in International Law*, Volume V, Hague: T.M.C. Asser Press 참조. 플렉은 국가 생존에 대한 위협이 어느 수준인지 판단하는 것의 어려움은 국제인도법 비례성 규칙의 적용에 잠재적으로 영향을 미칠 수 있다고 강조한다. 그는 이 문제를 탐구하기 위해 더 많은 노력이 필요하다고 주장한다.

기 사용이 국제인도법을 위반함에도 불구하고 허용될 수 있는 것으로 해석될 수 있다는 것이다. 예를 들어 자스민 무사(Jasmine Moussa)는 어떤 정전법 사유의 적법성(예 : 자위권)이 전시국제법을 위반하는 핵무기 사용을 정당화할 수 있는지를 검토한다(중립법규, 인권법 또는 국경을 넘는 환경 피해에 관한 성실 의무에 대해서도 동일한 질문을 던질 수 있다). 이는 정전법과 전시국제법을 구별하는 원칙이 여전히 유효한지 여부에 따라 달라진다.[27] 예를 들어, 이러한 심각한 상황에서 소기의 군사적 이익과 민간인 피해의 균형이 비례성과 관련하여 다소 완화될 수 있을 것인가? 예외적 상황이 어떻게든 국제인도법 적용을 원천히 배제하거나 불법성을 조각해 주는 상황을 제시할 것인가?

비례성과 관련해 정전법은 자위권을 행사하는 나라가 자국에 대한 공격에 대응하는 데 필요하고 비례적인 조치만을 취할 것을, 즉 전체 무력을 제한할 것을 요구한다. 반면 전시국제법은 소기의 구체적이고 직접적인 군사적 이익에 비해 과도한 부수적인 민간인 생명의 손실, 민간인에 대한 상해, 민간 물자에 대한 손상, 또는 그 복합적 결과를 야기할 것으로 예상되는 공격을 금지한다. 다시 말해 국제인도법에 따른 비례성은 특정 공격의 소기의 군사적 이익과, 예상되는 부수적 민간인 피해의 균형을 맞출 것을 요구한다.[28]

설득력이 있는 정통적 입장은 국제인도법에서 정전법과 전시국제법의 엄격한 분리를 유지하는 것이 본질적으로 중요하다고 이해한다. 요컨대 국제인도법은 어느 무력충돌 당사자가 적대행위를 시작했는지, 또는 그 적대행위가 정전법에 부합하는지 여부에 관계없이 모든 무력충돌 당사자에게 적용되어야 한다.[29] 또한 핵무기 사용이 합법적이려면 정전법과 전시국제법(뿐만 아니라 다른 모든 적용 가능한 법)을 모두 준수해야 한다.

분명하게 핵무기와 관련하여 학자들도 국제법에서 이 두 영역을 분리해야 한다고 주장했다.[30] 예외적인 상황이 국제인도법 적용에 영향을 미칠 수 있도록 허용하는 것은

---

27 J. Moussa, "Nuclear weapons and the separation of jus ad bellum and jus in bello", Chp 3 in Nystuen G, Casey-Maslen S, Bersagel AG (eds.), *Nuclear Weapons under International Law*, Cambridge University Press, 2014, pp.59-88.
28 API 제51조(5)(b) 및 제57조(2), ICRC 관습 IHL 연구, 규칙 14, 18 및 19 참조. 또한 보다 일반적으로는 규칙 21 참조.
29 K. Mačák은 최근 기고문에서 이 문제를 유용하게 논의하고 다소 복잡하게 설명하며, 특정 사실이 각 법 체계 요소의 해석과 적용에 영향을 미칠 수 있지만 전체적으로 정통적인 분리 입장을 유지한다는 것을 보여준다. "The separation Between the Jus in Bello and the Jus ad Bellum", *Articles of War*, Lieber Institute Westpoint, 10 May 2024, https://lieber.westpoint.edu/separation-between-jus-in-bello-jus-ad-bellum/.
30 G. Nystuen, "Conclusions on the status of nuclear weapons under international law", Chp 20 in Nystuen G, Casey-Maslen S, Bersagel AG (eds.), *Nuclear Weapons under International Law*, Cambridge University Press, 2014, pp.483-486, p.484; J. Moussa, "Nuclear weapons and the separation of jus ad bellum and jus in bello', Chp 3 in Nystuen G, Casey-Maslen S, Bersagel AG (eds.), *Nuclear Weapons under International Law*, Cambridge University Press, 2014, pp.59-88.

2 토론문

"위험한… 탈출구"[31]를 남겨둔다는 비판을 받아 왔다.

핵무기에 대한 입장을 양극화시키는 근본적인 논쟁은 바로 핵무기 사용의 합법성에 관한 것이다. 따라서 최근 학계의 연구는 현대 국가 관행에서 분리 원칙(정전법과 전시국제법의 분리 원칙 : 옮긴이)이 약화되고 있으며, 특정 사안에서는 정전법이 우선시되고 있다고 주장한다. 일부 학자는 이것이 법의 변화를 가져온다고 주장하지만, 다른 학자들은 이를 법의 오용이라고 본다.[32] 이에 대해 나이스턴(Nystuen)은 "이 논쟁을 단순화하면, 한쪽에서는 국제법상 핵무기 사용이 허용된다고 주장하지만 다른 한쪽에서는 핵무기 사용, 심지어 보유도 국제법 위반이 될 수 있다고 주장한다"[33]고 말한다. 그리고 어떻게 해서든지 ICJ 권고적 의견은 양쪽 모두의 견해를 지지하는 데 사용될 수 있다.[34]

참고로 흥미롭게도 디터 플렉(Dieter Fleck)은 저위력 핵탄두 사용은 국제법상 국가 생존을 위한 최후의 수단, 즉 정전법의 문제로 정당화되기 어렵기 때문에 저위력 핵탄두 개발은 문제가 있다고 주장한 바 있다.[35]

2) 억제정책과 억제정책이 법에 미치는 영향 / NPT와 TPNW의 관계

예외적인 상황에서 핵무기의 합법적 사용 가능성에 대한 주장은 억제정책을 지지하는 주장을 뒷받침하는 데 기여한다. 결과적으로 억제정책은 NPT와 TPNW의 관계와도 분명하게 관련 있다.

관련 연구들은 제6조에 따른 NPT의 의무를 둘러싼 긴장과 다양한 해석[36], 그리고 NPT와 TPNW 간의 관계를 강조한다.

---

31 M. Mohr, "Advisory Opinion of the ICJ on the legality of the use of NW under int law: A few thoughts on its strengths and weaknesses", *IRRC*, No. 316, pp.92-102, p.101.
32 예를 들어 J. Moussa, "Nuclear weapons and the separation of jus ad bellum and jus in bello", Chp 3 in Nystuen G, Casey-Maslen S, Bersagel AG (eds.), *Nuclear Weapons under International Law*, Cambridge University Press, 2014, pp.59-88 참조.
33 G. Nystuen, 'Conclusions on the status of nuclear weapons under international law', Chp 20 in Nystuen G, Casey-Maslen S, Bersagel AG (eds.), *Nuclear Weapons under International Law*, Cambridge University Press, 2014, pp.483-486.
34 위와 같음.
35 D. Fleck, "Legal Aspects of Nuclear Weapons Doctrines", Chp 17 in Black-Branch and Fleck (eds.), *Nuclear Non-Proliferation in International Law*, Volume V, Hague: T.M.C. Asser Press.
36 예를 들어 M. Cormier, "Running Out of (Legal) Excuses: Extended Nuclear Deterrence in the Era of the Prohibition Treaty", Chp 13 in Black-Branch and Fleck (eds.), *Nuclear Non-Proliferation in International Law*, Volume V, Hague: T.M.C. Asser Press 참조.

일부 학자들은 TPNW가 NPT를 약화시키거나 그 대안을 모색하는 것으로 보는 반면, 다른 학자들은 핵보유국들이 NPT 6조를 이행하지 않음으로써 불가피하게 생긴 공백을 비핵보유국이 메우는 것으로 본다.[37]

핵보유국과 그 동맹국이 핵억제 교리에 지속적으로 의존하고 우선순위를 두는 것은 그들 국가가 NPT 제6조에 따라 공언한 핵군축 의무에 대한 약속과 근본적으로 양립할 수 없다는 주장도 제기되고 있다. 코미에(Cormier)는 호주의 예를 들어 "핵우산" 하에 있는 국가들이 TPNW에 반대하는 이유를 설명하는데, 그 이유는 TPNW에 가입하려면 그러한 확장억제 정책을 포기해야 하기 때문이다. 그녀는 TPNW에 대한 이러한 반대는 그들 국가가 제6조에 따른 군축을 진전시키기 위해 전념하고 있다는 주장의 신뢰성을 약화시킨다고 주장한다.[38] 이와 비슷하게, 크멘트(Kmentt)는 핵 의존 국가들이 NATO와 같은 군사동맹의 핵억제 태세를 묵인함으로써 "신뢰성 문제"를 드러냈다고 주장하며, 이는 핵군축과 다자주의를 더 폭넓게 지지하는 것과 모순된다고 주장한다.[39]

이들 학자는 억제의 현실과 군축의 수사(rhetoric) 사이의 간극을 비판함으로써 많은 국가들의 입장에 내재된 긴장 관계–명백한 양립 불가성은 아니더라도–를 보여준다.

하랄트 뮐러(Harald Mueller)가 지적한 것처럼, "핵무기금지조약의 전문은 NPT를 '핵군축 및 비확산 체제의 초석'이라고 칭송하며 그 완전한 이행이 평화와 국제 안전에 '필수적'이라고 말한다. 두 조약의 관계가 경쟁적인지, 적대적인지, 조화로운지 또는 양립 가능한지는 두 조약의 실체가 아니라 행위자들의 관행에 달려 있다."[40]

마지막으로 지적할 점은 ICJ가 고려한 예외적 상황을 인정한다고 해도 핵교리가 항상 이러한 한정된 상황으로 핵무기 사용을 충분히 제한하는 것은 아니라는 것이다. 한편, 비록 논쟁이 국제적 논쟁의 형태를 띨 수 있지만, 필자가 보기에 국가들은 실질적인 규칙에 대한 합의가 어려울 때뿐만 아니라 합의를 원하지 않을 때에도 제6조의 유연한 성격과 억제/예외적 상황 주장에 의존하는 것이 분명하다.

---

37 Yasmin Afina et al., "The New Treaty, Taking Stock", UNIDIR, 2017, pp.7-8 논의 참조.
38 M. Cormier, "Running Out of (Legal) Excuses: Extended Nuclear Deterrence in the Era of the Prohibition Treaty", Chp 13 in Black-Branch and Fleck (eds.), *Nuclear Non-Proliferation in International Law*, Volume V, Hague: T.M.C. Asser Press.
39 A. Kmentt, "How Nuclear-Dependent States Could Respond to the Entry into Force of the TPNW", Chp 15 in *The Nuclear Ban Treaty : A Transformational Reframing of the Global Nuclear Order*, edited by Ramesh Thakur, Taylor & Francis Group, 2021.
40 H. Mueller, "The Treaty on the Prohibition of Nuclear Weapons", Chp 17: The Treaty on the Prohibition of Nuclear Weapons, *Research Handbook on International Arms Control Law*, Cheltenham, UK: Edward Elgar Publishing, p.245.

3) 예외주의적 주장에 대한 결론적 고찰

핵무기 사용으로부터 세계를 안전하게 지키기 위해 특정 국가가 핵무기를 보유해야 한다는 논리는 안보와 비폭력 간 인식된 딜레마의 기저에 있는 근본적인 가정에 의문을 제기하는 주장이다. 이 주장의 핵심 가정은 억제정책과 안보 사이에는 일종의 피할 수 없는 딜레마가 존재한다는 것, 즉 안보와 군축을 모두 가질 수 없다 – 또는 적어도 아직은 – 는 것이다. 이러한 가정에서 출발하면 안보와 억제 목적의 핵무기 보유라는 두 가지 측면은 적용 가능한 법률 내에서 긴장을 일으킬지라도 일종의 완벽한 균형을 이루도록 노력해야 할 필요성이 생긴다. 궁극적으로 이러한 주장은 폭력/위협 또는 무기 사용에 대한 아이디어를 대변하려는 것이 그 핵심이다. 필자는 안전보장, '평화적', 심지어는 '평화 애호'라는 미명 아래 유지되고 있는 다른 형태의 폭력에 대해 다른 글에서 언급한 바 있다.[41]

필자는 국제법 학자들이 예외주의적 주장을 극도로 경계해야 한다고 생각한다. 특별한 필요나 상황에 대한 예외가 만들어진다면 국제인도법은 신뢰성 있게 작동할 수 없기 때문이다. 이는 안보 위협이라는 현실을 안이하게 생각하자는 것이 아니다.[42] 오히려 억제정책의 전제를 안보의 이분법으로 받아들이지 말자는 것이다. 동시에 그러한 주장이 어떻게, 왜, 누구에 의해 제기되고 있는지를 포함하여 그러한 주장을 이해하고 주의를 기울여야 하며, 동의 여부와 관계없이 그러한 주장이 국제인도법에 미칠 잠재적 또는 시도된 영향에 대해 고찰해야 한다.

이번 토론회에서 핵무기 사용 관련 문제에 대한 다양한 국제법 체계의 적용과 해당 프레임워크의 측면들이 상호작용하는 데 영향을 미치는 법적·정치적 입장의 긴장에 대해 함께 토론할 수 있기를 기대한다.

---

41 Darryl Li, "A Universal Enemy?: 'Foreign Fighters' and Legal Regimes of Exclusion and Exemption under the 'Global War on Terror'", *Columbia Human Rights Law Review* 41, 2010, p.373. M. Lloydd, "Unpacking Foreign Fighting: New Zealand's Legislative Responses to Transnational Combatants", *National Security Journal* 5(1), 2023, pp.113-137에서 인용.

42 예를 들어 S. Hill, "NATO and the Treaty on the Prohibition of Nuclear Weapons", Chatham House, International Security Programme, London: Research Paper, 2021. 1., p.13에서 오늘날의 안보 환경에서 핵무기 금지조약의 효과에 반대하는 주장을 둘러싼 논의 참조.

The Legality of the Use of Nuclear Weapons under International Law: Analysis in Light of IHL, Environmental Law, Human Rights and the TPNW – A Discussion of Prof. Daniel Rietiker's Paper

Marnie Lloydd
Senior Lecturer at the Faculty of Law,
Victoria University of Wellington

I. Introductory Remarks

I am honoured to be invited to provide a discussion paper on Prof. Daniel Rietiker's paper for the Second International Forum.

As explained in the introduction to his paper, Rietiker had to make selections of what to cover in the space available to him. Nevertheless, his paper manages to provide a detailed analysis of the legality of the use of nuclear weapons through the lens of four different branches of international law, namely international humanitarian law (IHL), environmental law, international human rights law and the 2017 Treaty on the Prohibition of Nuclear Weapons (TPNW).

This discussion paper aims to build upon Rietiker's comprehensive overview by offering some minor additional perspectives, before then raising some thoughts and questions for the purposes of our further exchanges at the the Second Forum in Hiroshima in June 2024. I have also read Toshinori Yamada's very useful paper for the Second International Forum '*Use of Nuclear Weapons and International Criminal Law*'.

I will start in Part B below with some minor comments tied more closely to Daniel Rietiker's paper (and to a lesser extent Toshinori Yamada's paper). As Rietiker's paper is quite comprehensive, there is admittedly little to add. Part C will then expand my discussion to some of the ideas and questions emerging for me from reading these two papers, together with other relevant recent scholarship. I focus here in particular on selected questions about the interaction between the various relevant parts of the law, instruments and/or other practices governing the use of nuclear weapons. I agree it remains crucial to carefully analyse the application of each unique relevant body of law regarding the question of the legality of the use of nuclear weapons as Rietiker's paper does. However, it is also in the interaction of the relevant rules, or perhaps rather the potential impact of various arguments on the application of IHL (or other relevant bodies of law), where certain confusions, contradictions and tensions seem to persist between different parts of the law and legal/political positions and practices of various states and other actors. Examples include the interplay (or not) of *jus ad bellum* (the law governing the resort to force) and *jus in bello* (the law governing conduct during armed conflict) regarding exceptional circumstances of self-defence, and the relationship between the NPT (and deterrence policies) and the TPNW.

II. Minor Points of Elaboration

Regarding the legality of the use of nuclear weapons under IHL

Understandably, IHL analyses often focus exclusively on fundamental principles of IHL governing attackers in their conduct of hostilities (distinction, proportionality, precautions), with less attention given to other important rules. Rietiker's paper rightly emphasises the importance of examining specific rules within IHL, in addition to the core principles, such as special duties of care in relation to installations containing dangerous forces such as dams and nuclear electrical generating stations, protection of cultural property and heritage, the medical mission or objects indispensable to the survival of the civilian population, such as water infrastructure.

Discussed less often are rules under IHL requiring precautions against the effects of attacks (so-called 'defender's duties'), which would apply in a scenario where a situation of armed conflict had already arisen. Those rules require parties to take all feasible precautions to protect the civilian population and civilian objects under their control against the effects of attacks. To the extent feasible, they must avoid locating military objectives within or near densely populated areas and remove civilian persons and objects under their control from the vicinity of military objects.[1] Without wishing to suggest that a State suffering a

---

[1] See ICRC Customary IHL Study, Rules 22-24 (Rules 23 and 24 were found to be only arguably customary in NIAC).

nuclear bombing is responsible for the massive civilian harm caused,[2] these rules nevertheless raise potentially important questions about feasibility (or lack thereof) in regard to the placement of military objectives such as defence headquarters within cities, or about the feasibility of mass evacuations of population where there are known threats or a warning. They can also link, indirectly, to rules prohibiting attacks directed against non-defended locations.[3]

Outside of the conduct of hostilities, other humanitarian protections that States have agreed upon as important aspects of IHL, would also not be able to be met by the parties or any other actor. A primary example is how an indiscriminate attack would leave hundreds of thousands of people without medical care or humanitarian relief as Rietiker's paper explains. Both the United Nations and the ICRC have been clear that an emergency response would not be possible in the immediate aftermath of a nuclear attack.

My question would be whether there could be value in separating out the duty to provide humanitarian assistance (and potentially other rules mentioned below) as being violated by the use of a nuclear weapon, in addition to discussing the impossibility of aid as evidence of the grave effects of the indiscriminate nature of an attack as does Rietiker's paper. In this sense, it is not only that humanitarian assistance would be impossible in the immediate aftermath of a nuclear attack, but that respect for many (all?) other requirements of IHL would be impossible or near-impossible. This includes, for example, humane treatment of detainees and others *hors de combat* (captured, wounded and sick), identification and collection of the dead, ensuring dignified treatment of the dead and required record-keeping regarding graves, preventing people from going missing, and providing families with information on the fate and whereabouts of their loved ones.

Since such effects of an attack would also be foreseeable, even if those effects are perhaps indirect and not directly contemplated by the attacking party, my question would be the extent to which parties (or at least the attacker) could rely on the argument of lack of feasibility to carry out those duties in the circumstances (since many of these types of rules require the parties only to 'take all possible measures' or to act 'whenever

---

[2] In this sense, recalling rules requiring precautions in defence can be controversial, especially in the situation of response to an unlawful aggression, as was experienced in 2023 when an Amnesty International report discussed these rules in relation to the conduct of Ukraine in the Russia-Ukraine war and received much criticism.

[3] See ICRC Customary IHL Study, Rule 37; 'Paragraph 2(b)(v): Attacking or bombarding undefended not military objectives' in Triffterer, O. & Ambos, K. (eds.), *Rome Statute of the International Criminal Court: A Commentary* (London: Bloomsbury T&T Clark, 2016), pp. 380-381.

circumstances permit'), or the extent to which one could insist on the foreseeability that the bombing would cause the impossibility of complying with these other types of duties under IHL as an important consideration for the rules regulating attack in the first place.

As an aside, an analogy of sorts could be made with the work of the ICRC and other actors over the past decade on the humanitarian consequences of war in cities and in particular, the effects of the use of (conventional) explosive weapons in populated areas (EWIPA), including the EWIPA political declaration.[4] Thinking about these 'other' types of IHL protections might arguably push the notion of foreseeable indirect effects too far. Even with conventional warfare, while it is clear that foreseeable effects have to be taken into account for the purpose of precautions, disagreement remains about precisely what indirect effects caused by an attack are foreseeable to a 'reasonable commander' in the circumstances. Nevertheless, a key point of this 'war in cities' work is not only that indirect deaths in war such as through the collapse of essential services and related spreading of disease or starvation can often outnumber direct deaths,[5] but about the reverberating and cumulative effects of such attacks are becoming increasingly foreseeable as more data and information about the catastrophic effects is available. As such, more information now needs to be taken into account in any meaningful assessment of foreseeable harm.[6] The 'turn' to focus on the humanitarian effects of nuclear weapons over the last decade certainly strengthened this knowledge.

As well as being related to the duty to take constant care in the conduct of military operations to spare the civilian population, civilians and civilian objects,[7] this also raises the importance of Article 1 common to the four Geneva Conventions, requiring States to 'respect and *ensure respect* for IHL', mentioned also in Rietiker's paper. The scope and nature of the obligations under Common

---

[4] See further ICRC, *Explosive Weapons with Wide Area Effects: A Deadly Choice in Populated Areas*, ICRC, Geneva, 2022.

[5] See e.g. Geneva Declaration, *Global Burden of Armed Conflict*, Geneva, 2008.

[6] M. Zeitoun and M. Talhami, "The impact of attacks on urban services II: Reverberating effects of damage to water and wastewater systems on infectious disease", *International Review of the Red Cross*, Vol. 102, Issue 915, 2020, pp.1293-1325; I. Robinson and E. Nohle, "Proportionality and precautions in attack: The reverberating effects of using explosive weapons in populated areas", *International Review of the Red Cross*, 98(1), 2016, pp.107-145; M. Lloydd, "War in Cities: The Foreseeable Loss of the Mundane and the Magical", *KROC Peace Policy*, University of Notre Dame, May 2024.

[7] See ICRC Customary IHL Study, Rule 15.

Article 1 are notoriously subject to differing views from IHL specialists, at least regarding the external part of the obligation ('ensure respect' by others). It also suffers generally from enforcement challenges (the pliability of the standards means that, in practice, only situations of significant omission or alleged complicity would likely be formally discussed between states). Nevertheless, Common Article 1 remains an important and potentially powerful provision despite being rather vague and the internal part of the obligation (that the party itself respects IHL) is generally accepted.

For completeness, I note recent scholarship and opinions, particularly in light of the current conflict in Gaza and the International Court of Justice's (ICJ) 2024 hearings in the related *Nicaragua v. Germany* case, which have reignited discussions surrounding the ever-contested obligations under Common Article 1 (in that setting, largely about the transfer of weapons to States alleged to be violating IHL). The ICRC also continues to publish revised commentaries on this provision in each of the four Geneva Conventions – the latest version of the commentary on Article 1 should appear soon in the ICRC's revised commentary on the Fourth Geneva Convention (forthcoming 2024). As such, further insights into Common Article 1's application relevant to the threat or use of nuclear weapons may emerge over time.

Regarding the legality of the use of nuclear weapons under ICL, human rights and environmental law:

Toshinori Yamada's paper discusses how the use of nuclear weapons could potentially constitute war crimes, genocide and crimes against humanity.[8] Daniel Rietiker's paper sets out, inter alia, how under human rights law, the use of nuclear weapons would arbitrarily deprive many of the right to life, could amount to inhuman treatment, and would destroy homes and property. Vulnerable groups like children are at particular risk.

Linked to the above discussion about war in cities, the reference to the right to respect for private and family life and home in Rietiker's paper makes me think of calls from some scholars for 'domicide' or 'urbicide' (in a similar vein also 'ecocide') to be eventually recognised and established as separate international crimes.[9]

---

[8] See also D. Rietiker, *Humanization of Arms Control: Paving the Way for a World Free of Nuclear Weapons*, Taylor & Francis, 2017, pp.269-270, 275-276, pointing out that even if the use of nuclear weapons is not in itself recognized as a war crime, those employing nuclear weapons could still face individual criminal responsibility for existing international crimes, including war crimes and crimes against humanity.

[9] See, e.g. M. Cowerd, *Urbicide: The Politics of Urban Destruction* (Routledge, New York, 2009); Report of the

Like enocide or terrorism, the underlying acts could constitute war crimes, but the logic of these calls is that the harm is not only suffered by unique individuals and individual buildings/civilian objects but involves harm to the city itself – that the loss of the whole is something additional to the loss of its parts and deserving of its own recognition. In another sense, such calls could be argued as recognising the risk of 'severe, long-term and widespread' harm to the *man-made environment* of cities as a loss to us all, similar (albeit different) to harm to the *natural environment*. The issue of proving intention would presumably remain a critical factor in determining the legality of the use of nuclear weapons under any such potential future crimes, as it is for crimes against humanity and genocide.

Environmental law is not my area of specialisation, however, I note how the non-absolute standard of due diligence in the non-toleration of harm rule works to restrict unreasonable burdens being placed on states, sometimes resulting in bureaucratic and procedural approaches in order to "prove" diligent compliance.[10] As such, the non-toleration of harm/due diligence rule ultimately favours states' freedoms to act over protections for affected states.[11] This becomes important for the discussion in Part C below regarding the interplay of these obligations with arguments of exceptional circumstances and deterrence.

Finally, I simply note recent developments in climate change litigation and their potential analogous impact on recognizing the interests of future generations in the context of nuclear weapons.

Special Rapporteur on Adequate Housing as a Component of the Right to an Adequate Standard of Living, and on the Right to Non-Discrimination in this Context, UN Doc. A/77/190, 19 July 2022; J. Sapiano, 'Bombing Cities: International Humanitarian Law and the Destruction of Cities in Armed Conflict' (unpublished forthcoming paper on file with author); Y. Al-Daffaie, "The destruction of Gaza's historic buildings is an act of 'urbicide'", *The Conversation*, 21 February 2024.

10 Robert P Barnidge, "States' Due Diligence Obligations with Regard to International Non-State Terrorist Organisations Post-11 September 2001: The Heavy Burden That States Must Bear" (2005) 16, *Irish Studies in International Affairs* 103, 103; Sandra Krähenmann, *Foreign Fighters under International Law* (No 7, Geneva Academy of International Humanitarian Law and Human Rights, October 2014) 51.

11 An Hertogen, "Safeguarding a Liberal System of States: Reinterpreting States' Freedoms in Increasing Interdependence" (PhD Thesis, University of Auckland, 2011), pp.88-94.

III. Broader Reflections and Prospective Points of Discussion – The Interplay of Applicable Branches of International Law, Instruments and Practices Regulating the Use of Nuclear Weapons

1. Three questions about the legality of the use of nuclear weapons, and the possible establishment of international customary law

1. During the First International Forum in 2023, Daniel Rietiker and Yamada Toshinori's papers both expressed the opinion that the bombings of Hiroshima and Nagasaki were illegal under customary international law applying at the time in 1945, based on those attacks violating the principle of distinction and the prohibition of unnecessary suffering.[12]

2. If the question now is whether the same bombings that occurred in Hiroshima and Nagasaki would violate IHL if occurring today, one must conclude under current IHL, that they certainly would since they would violate IHL's key principles of distinction, proportionality, precautions in attack, and the prohibition on causing unnecessary suffering.

3. However, if the question is whether the ICJ would offer the same Advisory Opinion if asked the same question today of whether the use or threat of nuclear weapons would be unlawful in any circumstance, the answer is more complicated. The International Court of Justice›s 1996 advisory opinion famously found that their use would generally be contrary to the rules of international humanitarian law (IHL), particularly the principles of distinction, proportionality, and prohibitions on causing unnecessary suffering, but it did not identify a customary prohibition prohibiting nuclear weapons at that time. Might it be able to do so now?

While the entry into force of the TPNW clearly represents a significant step towards the prohibition of nuclear weapons as Rietiker's paper notes, its potential impact on the establishment of a universal customary prohibition remains a

---

[12] T. Yamada, "The Illegality of the Atomic Bombings of Hiroshima and Nagasaki from the Perspective of Customary International Law at the Time of 1945", Paper for the First International Forum organised by Solidarity for Peace and Reunification of Korea, Hapcheon, South Korea, June 2023; D. Rietiker, Discussion of T. Yamada's paper, both available https://www.ialana.info/tag/toshinori-yamada/.

subject of debate.

Developments since the ICJ's equivocal 1996 opinion have strengthened the legal and moral case against nuclear weapons use. Recent scholarship examining the relationship between the TPNW and customary international law emphasises that while the TPNW itself does not reflect existing customary law, its provisions, if widely ratified, may certainly contribute to the future development of customary norms binding even on non-parties through their "norm-enhancing" character, as could changes to the policies/practices of NATO or umbrella states. For example, Kennedy Graham argues that the adoption of the TPNW essentially fulfills what the ICJ described as a "nascent opinio juris" and growing political opinion against nuclear weapons.[13] The TPNW's humanitarian spirit and victim-centred approach further underscore the unacceptability of nuclear weapons use.

Rietiker concludes ultimately that any use of nuclear weapons would be illegal under international law. Indeed, Rietiker›s comprehensive analysis of nuclear weapons under various branches of international law provides a compelling argument for their illegality, despite the ICJ's ambiguous 1996 advisory opinion. The TPNW also includes a statement that 'any use of nuclear weapons would be contrary to IHL'.[14] Thus, Rietiker finds that it is not only hoped but probable that the ICJ, if asked again about the legality of the use of nuclear weapons, would be more affirmative and less ambiguous today than in 1996. Black-Branch also writes that "a future court might decide differently given that there is now a treaty expressly banning nuclear weapons and the shift in how many states are now against the use of nuclear weapons."[15] We can only hope so.

However, the wording of different authorities on this point remains somewhat varied and often maintains the possibility – however small – of the use of a nuclear weapon being lawful in very narrow circumstances in line with the ICJ's 1996 advisory opinion. The current ICRC position, for example, is that 'in an armed conflict, it is extremely doubtful that nuclear weapons could ever be used

---

13   K. Graham, The TPNW Conference of Parties: What is to be Discussed?, *Journal for Peace and Nuclear Disarmament* 3(2), 2020, pp. 234-252.

14   TPNW, PP10. When voting to adopt the treaty in 2017, Sweden explained that the ICJ's wording of nuclear weapons being 'generally contrary' represented a correct statement of law. See J. L. Black-Branch, J. L. Black-Branch, *The Treaty on the Prohibition of Nuclear Weapons: Legal Challenges for Military Doctrines and Deterrence Policies*, Cambridge University Press, 2021, pp. 113-114.

15   J. L. Black-Branch, *The Treaty on the Prohibition of Nuclear Weapons: Legal Challenges for Military Doctrines and Deterrence Policies*, Cambridge University Press, 2021, p. 7.

in accordance with the principles and rules of IHL'. This was strengthened language from the ICRC's earlier wording that it was 'difficult to envisage' compatibility with IHL[16]

Other authors caution that given the nuclear-armed states' rejection of the TPNW, it is unlikely the treaty will become universal customary international law anytime soon. Black Branch finds universality an 'unlikely dream' and that, currently at least, the status quo regarding customary law continues.[17]

Casey-Maslen likewise concludes that while "there is an overriding moral claim for a total prohibition on the use of nuclear weapons," it is "much too soon to claim any customary law status for the prohibition." Nonetheless, he states that the TPNW serves as "a clear exposition of state practice indicating where international law may be expected to travel in the future."[18]

2. In the absence of a customary prohibition, assessments of IHL compliance are case-by-case

In the absence of a customary prohibition, what do we know? We know that the use of nuclear weapons is not expressly authorised in IHL, neither is it expressly prohibited. Thus, one must rely on the generally-applicable fundamental rules of IHL. Authoritative positions have set out how the restrictions in those rules would prohibit almost all foreseeable use of nuclear weapons, i.e. their use could constitute serious violations of IHL and, thus, war crimes. Depending on the circumstances, the use of nuclear weapons could also constitute crimes against humanity or genocide (even though there is no separate international crime explicitly regarding use of nuclear weapons).

The key point is that in the absence of a universal prohibition, the legality of any particular scenario of attack under IHL is left to a case-by-case assessment of the facts at hand. There are still differences of opinion amongst IHL specialists, for example about whether nuclear weapons are inherently indiscriminate or

---

16   ICRC, "The ICRC's legal and policy position on nuclear weapons", *International Review of the Red Cross* 104(919), 2022, pp.1477-1499, at 1488.
17   J. L. Black-Branch, *The Treaty on the Prohibition of Nuclear Weapons : Legal Challenges for Military Doctrines and Deterrence Policies*, Cambridge University Press, 2021, p.134.
18   S. Casey-Maslen, *The Treaty on the Prohibition of Nuclear Weapons : A Commentary*, First Edition, Oxford University Press, Incorporated, 2019.

not, and inherently disproportionate or not.[19] Some of the relevant literature focuses on the question of the possible use of low-yield tactical nuclear weapons in remote areas. On that topic, several authors, including Fleck and Maresca and Mitchell, make similar arguments to Rietiker that even the use of low-yield tactical nuclear weapons would likely violate IHL principles like distinction, proportionality and prohibitions on causing unnecessary suffering and long-term environmental damage. Casey-Maslen concludes that low-yield tactical nuclear weapons are the only kind that might be able to be used in compliance with IHL but if so, that this would be only in very specific and highly improbable scenarios, and only during an international armed conflict between nuclear powers.[20]

In essence, the literature expresses scepticism that even the tactical use of lower-yield nuclear weapons could plausibly comply with IHL, given the indiscriminate and disproportionate humanitarian consequences of any nuclear detonation. For that reason, Maresca and Mitchell conclude that there should be a general presumption that the use of nuclear weapons would violate IHL due to radiation exposure, environmental impacts and risks to civilians beyond the target area, including low-yield ones outside populated areas like at sea.[21]

Continuing to examine hypothetical scenarios where, say, the incidental harm to civilians or civilian objects could be considered proportional to the anticipated military advantage might shed light on the limits of the proportionality principle in the context of the use of nuclear weapons and remains important for the application of IHL. However, as mentioned in the introduction, what appear to me as the most interesting, complex and contested questions for international lawyers relate rather to the *interplay* with IHL of the various relevant parts of the law, instruments and/or other practices related to nuclear weapons. This is because while competent international lawyers may agree or disagree on the application of IHL to a particular set of facts, it is hard to ignore the clear tensions in the applicable law created by the legal positions of certain States. Arguments and practice around deterrence and exceptional circumstances

---

[19] See in this regard, S. Casey-Maslen, "The use of nuclear weapons under rules governing the conduct of hostilities", Chapter 4 in: Nystuen G, Casey-Maslen S, Bersagel AG (eds.), *Nuclear Weapons under International Law*, Cambridge University Press, 2014, pp. 91-127.

[20] S. Casey-Maslen, "The use of nuclear weapons under rules governing the conduct of hostilities", Chapter 4 in: Nystuen G, Casey-Maslen S, Bersagel AG (eds.), *Nuclear Weapons under International Law*, Cambridge University Press, 2014, pp. 91-127, p.126.

[21] L. Maresca and E. Mitchell, "The human costs and legal consequences of nuclear weapons under international humanitarian law", *International Review of the Red Cross* 97(899), 2015, pp. 621-645.

seemingly left open by the ICJ can complicate or even contradict orthodox readings of IHL or seek to impact its application. I turn to these selected topics now in the final sections.

3. Questions related to the interplay of various bodies of law, arguments and practices in international law concerning the use of nuclear weapons

Regarding existing tensions within laws relevant to nuclear weapons, Anna Hood has argued that certain major international nuclear weapons laws, while appearing on the surface to devalue nuclear weapons, actually "fail to ensure that nuclear weapons are devalued in any deep sense and in some respects actually work to reinforce the value of the weapons in particular ways", by implying, for example, that nuclear weapons are acceptable when in the possession of the right States or being vague enough to allow States to stall on their obligations around disarmament. This creates deep divisions in international law governing nuclear weapons that Hood refers to as "partialism".[22]

In what follows, I will consider two examples of such tensions in legal positions in the nuclear weapons discourse. First is the argument left open by the ICJ's Advisory Opinion that although nuclear weapons use was found to be generally illegal under IHL, it may potentially be legal in certain exceptional circumstances.

Second, the deterrence policy is a key argument used by nuclear weapons states to justify their possession of these weapons, despite the glaring evidence of their use not being able to comply with IHL. Nuclear deterrence policies therefore remain a reality in current state practice, despite the Nuclear Non-Proliferation Treaty (NPT) and the Treaty on the Prohibition of Nuclear Weapons (TPNW).

1) The orthodox separation of jus ad bellum and jus in bello eroded?

The jus ad bellum rules apply to all threats and uses of force regardless of the type of weapon, i.e. they apply in the usual way also to nuclear weapons.[23] The

---

22 A. Hood (2020), "Questioning International Nuclear Weapons Law as a Field of Resistance". In: Black-Branch and Fleck (eds.), *Nuclear Non-Proliferation in International Law*, Volume V, Hague: T.M.C. Asser Press, pp.16-17.

23 G. Nystuen, "Conclusions on the status of nuclear weapons under international law", Chp 20 in Nystuen G, Casey-Maslen S, Bersagel AG (eds.), *Nuclear Weapons under International Law*, Cambridge University Press, 2014, pp.483-486, p.483.

same holds for the application of IHL to the use of nuclear weapons.[24]

Still, the ICJ leaving open the possibility that the use of nuclear weapons might be lawful in an "extreme circumstance of self-defence, in which the very survival of a State would be at stake" has long raised the question of whether such exceptional circumstances could in some way affect the interpretation and/or application of the usual fundamental principles of IHL. Greenwood cautions against interpreting the ICJ opinion as allowing exceptions where both branches could be ignored.[25] Indeed, at para. 42, the Court says so much, that is, that a use of force that is proportionate under the law of self-defence, must, in order to be lawful, also respect IHL.

Yet, as several other scholars have discussed, the ICJ's Advisory Opinion remains somewhat confusing with regard to the question of the interplay of *jus ad bellum and jus in bello*, in particular, regarding proportionality, given it left open the question of an extreme circumstance of State survival.[26] In other words, it could be interpreted that it is not only that nuclear weapons could be used in such an exceptional circumstance, but that the exceptional circumstance might allow their use in self-defence even if IHL is violated. Jasmine Moussa, for example, examines whether the legitimacy of a jus ad bellum cause (e.g. self-defence) can ever justify the use of nuclear weapons in violation of *jus in bello* (we could ask the same question about neutrality law, human rights law or diligence duties regarding transboundary environmental harm). This depends on whether the principle of separation between *jus ad bellum and jus in bello* remains valid.[27] For example, in such dire circumstances, could the balancing of anticipated military advantage and civilian harm be somewhat relaxed regarding proportionality? Could the

---

24   ICJ, Advisory Opinion on the Legality of the Threat or Use of Nuclear Weapons', 8 July 1996, paras. 79 and 85-86.
25   C. Greenwood, "The Advisory Opinion on nuclear weapons and the contribution of the International Court to IHL", *IRRC* 316, 1997. See also A. Clapham, "Limits on the Use of Nuclear Weapons Under the International Law of Self-Defence", Microsoft Word – Andrew Clapham.docx (unoda.org) and compare with J. Moussa, "Nuclear weapons and the separation of jus ad bellum and jus in bello", Chp 3 in Nystuen G, Casey-Maslen S, Bersagel AG (eds.), *Nuclear Weapons under International Law*, Cambridge University Press, 2014, pp.59-88, p. 69.
26   See, e.g. D. Fleck, "Legal Aspects of Nuclear Weapons Doctrines", Chp 17 in Black-Branch and Fleck (eds.), *Nuclear Non-Proliferation in International Law*, Volume V, Hague: T.M.C. Asser Press. Fleck highlights the difficulty in determining what level of threat to a state's survival could potentially affect the application of IHL proportionality rules. He argues more efforts are needed to explore this issue.
27   J. Moussa, "Nuclear weapons and the separation of jus ad bellum and jus in bello", Chp 3 in Nystuen G, Casey-Maslen S, Bersagel AG (eds.), *Nuclear Weapons under International Law*, Cambridge University Press, 2014, pp.59-88.

exceptional circumstances even somehow trump the application of IHL altogether or present a circumstance precluding wrongfulness?

Regarding proportionality, *jus ad bellum* requires a State acting in self-defence to only take action that is necessary and proportionate to respond to the attack against it, i.e. limiting overall force. Jus in bello, on the other hand, prohibits an attack which may be expected to cause incidental loss of civilian life, injury to civilians, damage to civilian objects, or a combination thereof, which would be excessive in relation to the concrete and direct military advantage anticipated. In other words, proportionality under IHL requires a balancing of the anticipated military advantage of the unique attack with the expected incidental civilian harm.[28]

The compelling orthodox position understands the essential importance for IHL of maintaining a strict separation between *jus ad bellum and jus in bello*. In short, IHL needs to apply to all parties to armed conflict regardless of which party might have started the hostilities and whether or not those hostilities comply with *the jus ad bellum*.[29] Moreover, for use of a nuclear weapon to be lawful, it would need to comply with both the *jus ad bellum and the jus in bello* (as well as any other applicable law).

Explicitly regarding nuclear weapons, scholars have likewise insisted on the separation of these two parts of international law.[30] Allowing exceptional circumstances to affect the application of IHL has been criticized as leaving a "dangerous … escape hatch."[31]

The fundamental debate polarising positions on nuclear weapons is precisely about the legality of their use. Thus, recent scholarly works argue the separation

---

[28] See API, Arts 51(5)(b) and 57(2); ICRC Customary IHL Study, Rules 14, 18 and 19. See also Rule 21 more generally.

[29] A recent contribution by K. Mačák usefully discusses and complicates this somewhat, showing that certain facts can affect interpretation and application of elements of each body of law, but in general maintains the orthodox separation position: 'The separation Between the Jus in Bello and the Jus ad Bellum', *Articles of War*, Lieber Institute Westpoint, 10 May 2024, https://lieber.westpoint.edu/separation-between-jus-in-bello-jus-ad-bellum/.

[30] G. Nystuen, "Conclusions on the status of nuclear weapons under international law", Chp 20 in Nystuen G, Casey-Maslen S, Bersagel AG (eds.), *Nuclear Weapons under International Law*, Cambridge University Press, 2014, pp.483-486, at p. 484; J. Moussa, "Nuclear weapons and the separation of jus ad bellum and jus in bello", Chp 3 in Nystuen G, Casey-Maslen S, Bersagel AG (eds.), *Nuclear Weapons under International Law*, Cambridge University Press, 2014, pp. 59-88.

[31] M. Mohr, "Advisory Opinion of the ICJ on the legality of the use of NW under int law: A few thoughts on its strengths and weaknesses", *IRRC*, No. 316, pp.92-102, at p.101.

principle is being eroded in modern state practice, giving priority to jus ad bellum in certain cases. Some claim this changes the law, others see it as misapplication of the law.[32] As Nystuen puts it, "[if] this argument is simplified, one might say that one side has asserted that use of nuclear weapons is permitted under international law, whereas the other side has held that use, and even possession, of nuclear weapons constitutes a violation of international law".[33] And somehow, the ICJ Advisory Opinion can be used to support either view.[34]

As an aside but interestingly, Dieter Fleck has argued that the development of low-yield nuclear warheads is concerning, as their use would be difficult to justify as a last resort for state survival under international law, i.e. as a matter of *jus ad bellum*.[35]

2) Deterrence policies and their effect on the law / Relationship between the NPT and the TPNW

Arguments about the possibility of lawful use of nuclear weapons in exceptional circumstances helps support arguments in favour of deterrence policies. In turn, ongoing deterrence policies are also of clear relevance to the relationship between the NPT and the TPNW.

The relevant literature highlights the tensions and differing interpretations around the NPT's obligations pursuant to Art. VI,[36] and therefore the relationship between the NPT and TPNW treaties.

Some view the TPNW as undermining or seeking an alternative to the NPT, while others see it as non-nuclear armed states filling a gap, made necessary by the lack of action of nuclear weapon states to implement Article VI of the NPT.[37]

Arguments have also been made that the continued reliance on and priori-

---

32 See, e.g. J. Moussa, "Nuclear weapons and the separation of jus ad bellum and jus in bello", Chp 3 in Nystuen G, Casey-Maslen S, Bersagel AG (eds.), *Nuclear Weapons under International Law*, Cambridge University Press, 2014, pp.59-88.
33 G. Nystuen, "Conclusions on the status of nuclear weapons under international law", Chp 20 in Nystuen G, Casey-Maslen S, Bersagel AG (eds.), *Nuclear Weapons under International Law*, Cambridge University Press, 2014, pp.483-486, at p.486.
34 *Ibid*.
35 D. Fleck, "Legal Aspects of Nuclear Weapons Doctrines", Chp 17 in Black-Branch and Fleck (eds.), *Nuclear Non-Proliferation in International Law*, Volume V, Hague: T.M.C. Asser Press.
36 See, e.g. M. Cormier, "Running Out of (Legal) Excuses: Extended Nuclear Deterrence in the Era of the Prohibition Treaty", Chp 13 in Black-Branch and Fleck (eds.), *Nuclear Non-Proliferation in International Law*, Volume V, Hague: T.M.C. Asser Press.
37 See discussion in Yasmin Afina et al., 'The New Treaty, Taking Stock', UNIDIR, 2017, pp.7-8.

tization of nuclear deterrence doctrines by nuclear-armed states and their allies is fundamentally incompatible with their professed commitments to nuclear disarmament obligations under Article VI of the NPT. Cormier uses the example of Australia to illustrate how states falling under the "nuclear umbrella" oppose the TPNW precisely because adherence to it would require them to abandon these extended nuclear deterrence policies. She argues this hostility to the TPNW undermines the credibility of these states' claims that they remain committed to making progress on disarmament as required by Article VI.[38] Similarly, Kmentt argues that nuclear-dependent states have revealed a "credibility issue" by acquiescing to the nuclear deterrence postures of their military alliances like NATO, which contradicts supporting nuclear disarmament and multilateralism more broadly.[39]

By critiquing the gap between deterrence realities and disarmament rhetoric, these authors surface an inherent tension – if not outright incompatibility – in the positions of many states. Their analysis exposes the need for nuclear-armed and allied states to reconcile this contradiction by truly prioritising disarmament over deterrence if they are to be seen as complying with legal disarmament obligations.

As Harald Mueller points out, "[t]he preamble of the TPNW praises the NPT as "the cornerstone of the nuclear disarmament and non-proliferation regime" and calls its complete implementation "vital" for peace and international security. Whether the relationship between the two treaties is competitive, adversarial, harmonic or compatible lies not in the substance of the two treaties, but in the practice of the actors."[40]

A final point is that even if one were to accept an exceptional circumstance as contemplated by the ICJ, nuclear doctrines do not always sufficiently limit use to this narrow circumstance. Meanwhile, although arguments might be clothed in international argument, to my mind it is clear that States rely on the flexible

---

[38] M. Cormier, "Running Out of (Legal) Excuses: Extended Nuclear Deterrence in the Era of the Prohibition Treaty", Chp 13 in Black-Branch and Fleck (eds.), *Nuclear Non-Proliferation in International Law*, Volume V, Hague: T.M.C. Asser Press.

[39] A. Kmentt, "How Nuclear-Dependent States Could Respond to the Entry into Force of the TPNW", Chp 15 in *The Nuclear Ban Treaty : A Transformational Reframing of the Global Nuclear Order*, edited by Ramesh Thakur, Taylor & Francis Group, 2021.

[40] H. Mueller, "The Treaty on the Prohibition of Nuclear Weapons", Chapter 17: The Treaty on the Prohibition of Nuclear Weapons, in *Research Handbook on International Arms Control Law*, Cheltenham, UK: Edward Elgar Publishing, p.245.

nature of Art. VI and on deterrence/exceptional circumstances arguments not only when agreement on substantive rules is *difficult*, but when it is *not desired*.

3) Concluding reflections on exceptionalist arguments

The logic that the world needs certain States with nuclear weapons to ensure that the world remains safe from their use is an argumentation that raises questions about the fundamental assumptions underlying the perceived dilemma between security and non-violence. A key assumption in that argument is that there is some kind of inescapable dilemma between a deterrence policy and security, i.e. that we cannot – or at least not yet – have both security and disarmament. This assumed starting point creates the associated need to seek to accommodate these two aspects of security and the possession of nuclear weapons for deterrence purposes in some kind of perfect balance, even though they create tensions within the applicable law. Ultimately, in my view, these arguments seek to represent an idea of violence/threat or use of weapons that is, at heart, and as I have mentioned elsewhere regarding other forms of violence maintained in the name of ensuring security, 'peaceful' or at least 'peace-loving'.[41]

My view is that international lawyers must remain extremely wary of exceptionalist arguments – IHL cannot operate with credibility if exceptions for special needs or circumstances can be made. That is not to be naïve about the reality of security threats.[42] Rather, it is not to accept the premise of the deterrence policy as a binary of security. At the same time, we need to understand and pay attention to such arguments – including how, why and by whom those arguments are being made – and reflect upon their potential or attempted impact on IHL, whether or not we agree with them.

I look forward to discussing together at the forum the application of the various bodies of international law to questions around the use of nuclear weapons as well as the tensions in legal and political positions which affect the interplay of aspects of those frameworks.

---

41 Darryl Li, "A Universal Enemy?: 'Foreign Fighters' and Legal Regimes of Exclusion and Exemption under the 'Global War on Terror'," *Columbia Human Rights Law Review* 41 (2010), p.373, cited in M. Lloydd, Unpacking Foreign Fighting: New Zealand's Legislative Responses to Transnational Combatants (2023) 5(1), *National Security Journal*, pp.113-137.

42 See, e.g. discussion of arguments against the TPNW's effectiveness in today's security environment in S. Hill, "NATO and the Treaty on the Prohibition of Nuclear Weapons", Chatham House, International Security Programme, London, Research Paper, January 2021, p.13.

国際法における核兵器使用の不法性に関する討論文
― 国際人道法、環境法、人権、核兵器禁止条約(TPNW)

マーニー・ロイド
ビクトリアウェリントン大学
法学部上級講師

I. 序論

　　Daniel Rietiker教授の第2次国際討論会の発表文に対する討論文を発表することになり、誠に光栄に思う。

　　Rietiker教授は、ご自分の発表文の始めに述べたように、与えられた紙面内で何を扱うかを選ばなければならなかったという。それでも彼の発表文は、国際人道法(IHL)、環境法、国際人権法、2017年核兵器禁止条約(TPNW)など四つの国際法部門の観点を通じて、核兵器使用の合法性を詳細に分析している。

　　この討論文は、いくつかの些細な追加的な視点を提示することで、Rietiker教授の包括的な概要に基盤を置くつもりであり、続いて2024年6月広島第2次国際討論会においての、それ以上の意見交換のためにいくつかの考えと質問を提起したいと思う。また私は、Toshinori Yamada教授の非常に有用な第2次国際討論会発表文である「核兵器使用と国際刑事法」も読ませていただいた。

　　筆者は次のパートBで、Daniel Rietiker教授の発表文とより緊密に繋がっている(Toshinori Yamada教授の発表文とは関係性が浅い)いくつかの些細な論評を述べたいと思う。Rietiker教授の発表文は非常に包括的であるため、確言するが、追加する内容が殆どない。次のパートCにおいては、筆者がお二人の発表文と、最近の他の関連研究を読む際に浮かび上がったいくつかのアイデアと質問を議論したい。ここでは特に核兵器使用を規律する法、協定書及び/またはその他の慣行の多様な関連部分の間での相互作用についての選別された質問に焦点を当てる。筆者は、Rietiker教授の発表文のように、核兵器使用の合法性問題と関連してそれぞれの固有な関連法体系の適用問題を綿密に分析することが依然として重要だという点に同意する。しかし、法の他の多様な部分の間で、また多様な国および其の外の行為者の法的かつ政治的立場および慣行の部分の間で、一定の混乱、矛盾、緊張が続いていると感じるところが、まさに関

連規則の相互作用であり、より正確には国際人道法(または他の関連法体系)適用に対するいろんな主張の潜在的な影響である。その例としては、例外的な自衛権状況に係わる正戦法(jus ad bellum、武力依存を規律する法)と戦時国際法(jus in bello、武力紛争の時行為を規律する法)の相互作用(可否)、NPT(および抑止政策)とTPNWとの関係がある。

II. 些細な詳細事項

国際人道法上の核兵器使用の合法性に関して:

当然ながら国際人道法の分析は、敵対行為をしている攻撃者を規律する国際人道法の基本原則(区別、均衡性、予防措置)に全面的に焦点を当て、他の重要な規則には比較的に関心を持たない。Rietiker教授の発表文は、核心原則だけでなく、国際人道法内の特定な諸規則—例え、ダムと原子力発電所のような危険な物理力を含めている施設に対する特別な注意義務または文化財及び文化遺産に対する保護、医療任務の保護、文民の生存に必需不可欠な水道インフラなどの物資の保護—を検討することの重要性を正確に強調している。

武力紛争がすでに発生したシナリオにおいて適用される、攻撃の影響に対する予防措置を要求する国際人道法の規則(いわゆる'防御者の義務')は、それほど頻繁に議論されない。これらの規則は、武力紛争当事者に、自らの統制下にいる文民と民間物資を攻撃の影響から保護するために実行可能なあらゆる予防措置を取ることを要求する。武力紛争当事者は、実行可能なかぎり人口密集地域内に、または 近隣に軍事目標を置くことを避け、軍事目標の付近から当事者の統制下におる文民と民間物資を移動させなければならない[1]。核爆撃を侵された国が大規模な文民被害に責任があることを示唆したくはないが[2]、それでもこれらの規則は都市内に防御本部といった軍事目標を置くことの可能性(または可能性不足)や、知られた威嚇または警告がある場合、大規模人口の避難の実行可能性に対する潜在的に重要な問題を提起しうる。また、これらの規則は、無防備地域に対する攻撃を禁止する規則とも間接的に繋げられ得る[3]。

敵対行為の他、諸国が国際人道法の重要な側面として合意した他の人道的保護などもまた武力紛争の当事者や他の行為者によって満たされない可能性がある。この主な事例が、Rietiker教授の発表文で説明されるように、無差別攻撃が数十万人の人々を医療や人道的救護

---

1 See ICRC Customary IHL Study, 慣習国際人道法規則23、24は、非国際的な武力紛争において慣習的に適用されているものと見なすのには異見があると確認された。

2 この点で、2023年のアムネスティ国際報告書がロシア・ウクライナ戦争でウクライナの行為と関連してこれらの規則を議論し、多くの批判を受けたように、特に違法侵略に対応する状況で防御時の予防措置を要求する規則を思い起こすことは議論の余地がありうる。

3 See ICRC Customary IHL Study, Rule 37; '国際刑事裁判所規定第8条2項(b)(v): 軍事目標でない防御されない地域に対する攻撃とか爆撃' in Triffterer, O. & Ambos, K. (eds.), *Rome Statute of the International Criminal Court: A Commentary*, London: Bloomsbury T&T Clark, 2016, pp. 380-381.

を受けられない状態に手放しておくということだ。国連とICRC(国際赤十字委員会)は、核攻撃直後の緊急対応が不可能である点を明らかにしてきた。

　筆者の質問は、Rietiker教授の発表文で見たように、無差別攻撃の深刻な影響に対する証拠として救護の不可能性を議論するのに加え、人道的支援の提供義務(および潜在的に以下に言及する他の規則)を、核兵器使用により違反されるものとして別に分離する価値があり得るかである。このような意味で、人道的支援が核攻撃の直接的な影響で不可能であろうということは勿論、国際人道法の他の多くの(すべて?)要件に対する尊重も不可能か、ほぼ不可能であるだろうというのだ。例えば、ここには抑留者および其の外戦闘力を喪失した者(逮捕者、負傷者、病者)に対する人道的待遇、死亡者の身元確認および収拾、死亡者に対する尊厳な待遇と墓地に対する必須記録保管、行方不明者の防止、家族に彼らの愛する人の生死と所在に対する情報を提供することなどが含まれる。

　そのような攻撃の影響は、たとえそれが間接的であり攻撃の当事者によって直接的に計画されてないといっても、やはり予測できるだろうから、筆者の質問は当事者(少なくとも攻撃者)が当該事項においてそのような(人道的支援提供)義務を履行する可能性がないという主張にどれほど頼れるかということであり(このようなタイプの規則の多くは、武力紛争当事者にひたすら"可能なすべての措置を取るべき"とか、状況が許す限りいつも"行動することだけを要求するため)、言い換えれば、当事者が誰であれ爆撃が攻撃を規制する規則の重要な考慮事項として国際人道法上のこれらの他のタイプの義務を最初から遵守できなく作るだろうという予測可能性をどの程度まで主張できるだろうかである(いかなる当事者も以上のような主張に頼ったり、以上のように主張することは難しいだろうという意味：訳注)。

　ちなみに、都市における戦争が及ぼす人道的結果、特に人口密集地域においての(通常の)爆発兵器使用(EWIPA)の影響に対するICRCと他の行為者たちの去る10年間の研究作業―ここにはEWIPA政治宣言も含まれる―をもって大まかな類推が可能である[4]。このような'他の'タイプの国際人道法保護を考えると、予測可能な間接的影響という概念をより大きく拡大できる。通常の戦争においても予防措置のために予測可能な影響を考えなければならないのは確かだが、当該状況で'合理的指揮官'が、攻撃によってどんな間接的影響がもたらされるか、正確に予測できるかについては未だに異見がある。それにもかかわらず、この"都市における戦争"に関する研究の中心は、必須サービスの崩壊とそれによる病気の拡散及び飢餓等によって発生する間接的な戦争死亡者が直接的な死亡者より多い可能性がある[5]という点とともに、破滅的影響に対する利用可能なデータと情報が多くなるにつれて、そのような攻撃の波及及び累積効果がますます予測可能になったという点である[6]。したがって、予測可能な被害に対する有意義な評

4　See further ICRC, *Explosive Weapons with Wide Area Effects: A Deadly Choice in Populated Areas*, ICRC, Geneva, 2022.
5　See e.g. Geneva Declaration, *Global Burden of Armed Conflict*, Geneva, 2008.
6　M. Zeitoun and M. Talhami, "The impact of attacks on urban services II: Reverberating effects of damage

価のためには、より多くの情報を考慮しなければならない。過去10年間行われた核兵器の人道的影響に焦点を当てる'転換'は、このような認識を確かに強化させた。

これ(攻撃の間接的影響の予測可能性:訳注)は、軍事作戦を遂行する際、文民たる住民と文民、民間物資を保護するために持続的な注意を払う義務7と関わっているだけでなく、Rietiker教授の発表文で述べたように、国家が "国際人道法を尊重し、尊重を保障" しなければならないという4つのジュネーブ諸条約の共通第1条の重要性を提起する。共通第1条上の義務の範囲と性格については、国際人道法の専門家が互いに見解を異にする―少なくとも義務の外的側面(他の当事者による'尊重を保障する'側面)については―ことは広く知られている。なお、この共通第1条は、一般的に執行の問題に直面する(基準の柔軟性は、実際には重大な不作為や共謀容疑の場合にのみ、国家間で公式に議論される可能性があることを意味する)。にもかかわらず、共通第1条は、多少曖昧だが、依然として重要で潜在的に強力な条項であり、義務の内的側面(当事国自らが国際人道法を尊重するという側面)は一般的に受け入れられている。

完璧を図るため、筆者は特に、現在のガザ地区の衝突とそれに関連するニカラグア対ドイツ事件に対する国際司法裁判所(ICJ)の2024年法廷審理―この法廷審理は、共通第1条の論争の絶えない義務をめぐる議論(この場合は、主に国際人道法違反の疑いのある国に兵器を移転することに関する議論)を呼び起こした―の見地から、最近の研究や意見に注目する。また、ICRCはこの条項についての解説書改訂版を4つのジュネーブ条約ごとに発刊し続けており、第1条についての最新の解説はジュネーブ第4条約についてのICRC解説書改訂版(2024年発刊予定)にまもなく掲載される予定である。したがって、核兵器の威嚇または使用と関して共通第1条の適用問題に対する追加的な内容が時間が経つにつれて提示されることができる。

国際刑事法(ICL), 人権法および環境法上の核兵器使用の合法性に関して:

Toshinori Yamada教授の発表文は、核兵器使用が潜在的に戦争犯罪、ジェノサイド(集団虐殺)、人道に反する罪を構成できるという点を議論する8。Daniel Rietiker教授の発表文は、特に人権法上核兵器使用が多くの人達の生命権を恣意的に剥奪し、非人道的待遇に含まれ得るし、住居と財産を破壊できるということを説明する。なお、児童のような脆弱集団が特別な危険に

---

to water and wastewater systems on infectious disease", *International Review of the Red Cross*, Vol. 102, Issue 915, 2020, pp.1293-1325; I. Robinson and E. Nohle, "Proportionality and precautions in attack: The reverberating effects of using explosive weapons in populated areas", *International Review of the Red Cross* 98(1), 2016, pp.107-145; M. Lloydd, "War in Cities: The Foreseeable Loss of the Mundane and the Magical", *KROC Peace Policy*, University of Notre Dame, May 2024.

7　See ICRC Customary IHL Study, Rule 15.

8　See also D. Rietiker, *Humanization of Arms Control: Paving the Way for a World Free of Nuclear Weapons*, Taylor & Francis, 2017, pp.269-270, 275-276, D. Rietikerは、核兵器使用そのものが戦争犯罪として認められなくても、核兵器を使用する者たちは戦争犯罪と人道に反する罪を含み既存の国際犯罪に対する個人的刑事責任を依然として問われることができると指摘する。

晒されていることを説明する。

　前述の都市における戦争についての議論に関して、プライバシーおよび家庭尊重についてのRietiker教授の言及は、一部の学者がいつかは別の国際犯罪として認め、確立すべきであると要求する〝ドミサイド(domicide、居住地破壊)″または″都市破壊″(urbicideで、似た脈絡で〝生態系破壊ecocide′も含む)を思い起こせる9。ジェノサイドやテロリズムのような、基礎的な行為は戦争犯罪を構成することができるが、ドミサイドなどに対する一部学者のこのような要求の論理は、その被害が特定個人と個別建物/民間物資だけにとどまらず、都市そのものに被害を及ぼすということ、すなわち全体の損失が部分の損失に加えられ、また自体の独立的な被害と認められるだけの被害だということだ。別の意味で、このような学者たちの要求は、都市という人工環境に対する″甚大で、長期的で、広範囲な″被害—自然環境に対する被害と類似した(異なるものの)被害—の危険を私たち皆に対する損失として認めることだと主張できる。意図を立証する問題は、人道に反する罪およびジェノサイドの場合と同様に、そのような未来のすべての潜在的犯罪(ドミサイド等:訳注)に基づき、核兵器使用の合法性を判断する際、依然として重要な要素として残っているだろう。

　環境法は筆者の専門分野ではないが、筆者は被害不寛容規則において相当な注意(due diligence)という絶対的でない基準が、国に過度な責任を課すことを制限する方式で作動し、時には誠実な遵守を″立証″するための官僚的かつ手続き的なアプローチをもたらすことに注目する10。このように、被害不寛容/誠実な遵守規則は、究極的に被害国に対する保護よりは国の行為の自由を優先する11。これは、これら義務の相互作用に関するパートCでの議論において、例外的状況の論拠及び抑止とともに重要に扱われる。

　最後に、筆者は最近の気候変動訴訟の状況と、この訴訟状況が核兵器の脈絡において未来世代の利益を認めるのに及ぼす潜在的な類似的影響を簡単に述べたいと思う。

9　See, e.g. M. Cowerd, *Urbicide: The Politics of Urban Destruction* (Routledge, New York, 2009); Report of the Special Rapporteur on Adequate Housing as a Component of the Right to an Adequate Standard of Living, and on the Right to Non-Discrimination in this Context, UN Doc. A/77/190, 19 July 2022; J. Sapiano, "Bombing Cities: International Humanitarian Law and the Destruction of Cities in Armed Conflict" (unpublished forthcoming paper on file with author); Y. Al-Daffaie, "The destruction of Gaza's historic buildings is an act of 'urbicide'", *The Conversation*, 21 February 2024.

10　Robert P Barnidge, "States' Due Diligence Obligations with Regard to International Non-State Terrorist Organisations Post-11 September 2001: The Heavy Burden That States Must Bear", *Irish Studies in International Affairs* 16, 2005, p.103; Sandra Krähenmann, *Foreign Fighters under International Law* (No 7, Geneva Academy of International Humanitarian Law and Human Rights, October 2014), p.51.

11　An Hertogen, "Safeguarding a Liberal System of States: Reinterpreting States' Freedoms in Increasing Interdependence" (PhD Thesis, University of Auckland, 2011), pp.88-94.

III. 幅広い考察と今後の議論の地点—核兵器使用を規制する国際法、協定書および慣行の適用可能な分野間の相互作用

1. 核兵器使用の合法性と慣習国際法の確立可能性に関する三つの質問

1. 2023年の第1次国際討論会で発表されたDaniel Rietiker教授とYamada Toshinori教授の発表文は、広島と長崎への原爆投下が区別の原則と不必要な苦痛禁止の原則に違反したことを根拠に、1945年当時に適用された慣習国際法上違法であるという見解を表明した[12]。

2. 広島と長崎で発生したことと同じ爆撃が今日発生する場合、国際人道法に違反するかどうかが現在の質問であれば、現行の国際人道法の下で区別、均衡性、攻撃時の予防措置、不必要な苦痛の禁止といった国際人道法の核心原則に違反することなので、違反するという結論を下すのが当然である。

3. しかし、今日ICJが核兵器の使用または威嚇がいかなる状況でも違法なのかという同じ質問を受けた場合、同じ勧告的意見を提示するかが質問であれば、その答えはさらに複雑になる。ICJの1996年の勧告的意見は、核兵器の使用が国際人道法(IHL)規則、特に区別、均衡性、不必要な苦痛の禁止原則に一般的に違反すると判示したことでよく知られているが、当時、核兵器を禁止する慣習法的禁止を確認してはいない。今日ならそうできるだろうか？

Rietiker教授が発表文で指摘したように、TPNWの発効は核兵器禁止に向けた重要な進展であることは確かだが、普遍的な慣習法的禁止の確立に及ぼす潜在的影響は、依然として論争の対象になっている。

1996年ICJの曖昧な意見以後の事態は、核兵器使用禁止に対する法的、道徳的論拠を強化した。TPNWと慣習国際法の関係を検討する最近の学者たちは、TPNWそのものが現行の慣習法を反映していないが、広く批准されれば、その条項が「規範強化」の性格を通じて非当事国にも拘束力を持つ慣習規範の今後発展に明らかに寄与することができ、NATO(北大西洋条約機構)国家や核の傘国家の政策/慣行を変化させることができると強調する。一例として、Kennedy Grahamは、TPNWの採択がICJが"発生期の法的確信(opinio juris)"と核兵器に反対す

---

[12] T. Yamada, "The Illegality of the Atomic Bombings of Hiroshima and Nagasaki from the Perspective of Customary International Law at the Time of 1945", Paper for the First International Forum organised by Solidarity for Peace and Reunification of Korea, Hapcheon, South Korea, June 2023; D. Rietiker, Discussion of T. Yamada's paper, both available https://www.ialana.info/tag/toshinori-yamada/.

る政治的意見の増加であると説明したことを基本的に満たすと主張する[13]。TPNWの人道的精神と被害者中心のアプローチは、核兵器の使用が容認できないことをさらに強調する。

Rietiker教授は結局、すべての核兵器使用は国際法上違法であるという結論を下す。実際、Rietiker教授は多様な国際法分野にわたっての核兵器に対する包括的な分析を通じて、1996年ICJの曖昧な勧告的意見にもかかわらず核兵器の違法性に対する説得力のある論拠を提示する。TPNWもまた"いかなる核兵器の使用も国際人道法に違反する"という内容も含まれている[14]。したがってRietiker教授は、ICJに核兵器使用の合法性についての質問を再びするなら、1996年よりさらに確固で明確な判決を下すことが期待されるし、その可能性があると述べた。Black-Branchも"現在、核兵器を明示的に禁止する条約があり、核兵器使用に反対する国家が多くなったという点を考慮して、未来の裁判所が違った決定を下すこともありうる[15]"と書いている。私たちはそうなることを願うだけである。

しかしこの点に対する他の機関の表現は、依然として少し多様であり、しばしば1996年ICJ勧告的意見にしたがって非常に限られた状況で、核兵器使用が合法的である可能性─小さいが─を主張する。例えば、現在のICRCの立場は、"武力衝突で核兵器が国際人道法の原則と規則に相応しく常に使用できるかは極めて疑わしい"ということだ。これは国際人道法との両立の可能性を"想像し難い"としていたICRCの以前の表現よりさらに強化された表現である[16]。

他の学者たちは、核保有国のTPNW拒否を考慮すると、条約が近いうちに普遍的な慣習国際法になる可能性は低いと指摘する。Black Branchは普遍性が"実現可能性の低い夢"であり、少なくとも現状では慣習法に関する限り現状維持が続くと考えている[17]。

Casey-Maslenもやはり、"核兵器使用の全面的禁止に対する道徳的主張が最も優先されている"し、"その禁止に対するある慣習法的地位を主張するには早すぎる"と結論づける。にもかかわらず、彼はTPNWが"国際法が今後歩んでいくと期待される方向を提示する国家慣行の明確な表現[18]"として役割を果たすと述べる。

---

13 K. Graham, "The TPNW Conference of Parties: What is to be Discussed?", *Journal for Peace and Nuclear Disarmament* 3(2), 2020, pp.234-252.

14 TPNW, PP10. 2017年核兵器禁止条約の採択票決の当時、スウェーデンは核兵器が'一般的に違反する'とのICJの表現は、正確な法の陳述であると説明した。See J. L. Black-Branch, *The Treaty on the Prohibition of Nuclear Weapons: Legal Challenges for Military Doctrines and Deterrence Policies*, Cambridge: Cambridge University Press, 2021, pp.113-114.

15 J. L. Black-Branch, *op. cit.*, p.7.

16 ICRC, "The ICRC's legal and policy position on nuclear weapons", *International Review of the Red Cross* 104(919), 2022, pp.1477-1499, at 1488.

17 J. L. Black-Branch, *op. cit.*, p.134.

18 S. Casey-Maslen, *The Treaty on the Prohibition of Nuclear Weapons: A Commentary*, First Edition, Oxford University Press, Incorporated, 2019.

2. 慣習法的禁止の不在下で事案ごとになされる国際人道法遵守の評価

慣習法的禁止がない状況で、私たちは何を知っているか。我々は、核兵器使用が国際人道法で明示的に許されておらず、明示的に禁止されてもいないことを知っている。したがって、一般的に適用される国際人道法の基本規則に依存しなければならない。権威ある立場では、このような規則の制限が予測可能なほぼすべての核兵器使用をどのように禁止するか、すなわち核兵器使用が国際人道法にどのように重大に違反して戦争犯罪を構成するかを提示している。状況によって核兵器使用は(核兵器使用に関する別の国際犯罪が明示的に存在しなくても)人道に反する罪またはジェノサイドを構成することができる。

重要なのは、普遍的な禁止がない状況において国際人道法による特定な攻撃シナリオの合法性は、当面の事実に対する事案ごとの評価に任せられるという点だ。例えば、核兵器が本質的に無差別なのか、そして本質的に均衡性がないのかについては、依然として国際人道法の専門家の間で意見の違いがある[19]。関連研究の一部は、孤立した地域で低威力戦術核兵器を使用できるかどうかの問題に焦点を当てている。この問題について、Fleck、Maresca、Mitchellをはじめとする数人の学者は、低威力戦術核兵器を使用しても、区別、均衡性、不必要な苦痛と長期的な環境被害の禁止といった国際人道法の原則に違反する可能性があるとし、Rietiker教授と類似した主張を展開する。Casey-Maslenは、低威力戦術核兵器が国際人道法を遵守しながら使用できる唯一の種類だが、それでも非常に具体的で蓋然性が非常に低いシナリオで、そして核保有国間の国際的武力紛争中でのみ使用可能だと結論づける[20]。

本質的にこれらの研究は、あらゆる核爆発の無差別的かつ均衡的でない人道的結果を考慮し、低威力核兵器の戦術的使用が果たして国際人道法を遵守できるかについて懐疑的な見解を表明する。このような理由から、MarescaとMitchellは、海上のような人口密集地域以外の地域に対する低威力核兵器の使用を含め、目標地域の外の文民に対する放射線の露出と環境的影響及び危険により、核兵器の使用は国際人道法に違反するだろうと一般的に推定しなければならないという結論を下す[21]。

例え、文民または民間物資に対する付随的被害と所期の軍事的利益が均衡すると見なされる仮想のシナリオを引き続き検討すれば、核兵器使用の脈絡で均衡性原則の限界を究明することができ、これは国際人道法の適用に依然として重要である。しかし、序論で話したよ

19　See in this regard, S. Casey-Maslen, "The use of nuclear weapons under rules governing the conduct of hostilities", Chapter 4 in: Nystuen G, Casey-Maslen S, Bersagel AG (eds.), *Nuclear Weapons under International Law*, Cambridge University Press, 2014, pp.91-127.

20　S. Casey-Maslen, "The use of nuclear weapons under rules governing the conduct of hostilities", Chapter 4 in: Nystuen G, Casey-Maslen S, Bersagel AG (eds.), *Nuclear Weapons under International Law*, Cambridge University Press, 2014, pp.91-127, p.126.

21　L. Maresca and E. Mitchell, "The human costs and legal consequences of nuclear weapons under international humanitarian law", *International Review of the Red Cross* 97(899), 2015, pp.621-645.

うに、国際法学者にとって最も興味深く、複雑であり、論争の余地のある問題は、むしろ核兵器に関する様々な関連法、協定書および/またはその他慣行の国際人道法との相互作用と関わりがあるものと見られる。これは有能な国際法学者たちが、特定の事実に対する国際人道法の適用に対しては同意することもあり同意しないこともありうるが、特定国家の法的立場によって発生する適用可能な法の明かな緊張は無視し難いためである。ICJが開けたように見える抑止と例外的状況に関する主張と慣行は、国際人道法の正統的解釈を複雑にしたり、さらに矛盾させることができ、その適用に影響を及ぼそうとすることもありうる。では、最後の章でこのような選択されたテーマについて見ていこうと思う。

3. 核兵器使用に関する国際法の多様な法体系、主張、慣行の相互作用についての質問

核兵器に関する法律の中に存在する緊張について、Anna Hood教授は、一部の主要な核兵器関連の国際法が表面的に核兵器の価値を減少させるように見えるが、実際には"深層的な意味で核兵器の価値が減少することを保障できず、ある側面ではむしろ核兵器の価値を強化する役割をする"と主張した。例えば、正しい国が核兵器を保有することは受け入れられるように示したり、国家が軍縮義務を遅らせることができるほど曖昧になることで、核兵器の価値を強化する役割をするということだ。そのため、核兵器を規律する国際法には、Hood教授が"偏波主義(partialism)[22]"と呼ぶ深い分裂が生じる。

次に、核兵器談論で法的立場のこのような緊張を示す2つの事例を見てみよう。第一は、核兵器の使用が一般的に国際人道法によって違法だが、特定の例外的な状況では潜在的に合法である可能性があるというICJ勧告的意見が開けておいた主張である。

第二に、抑止政策は核兵器の使用が国際人道法を遵守できないという明確な証拠にもかかわらず、核保有国が核兵器保有を正当化するために使う核心な論拠だ。その結果、核抑止政策は核不拡散条約(NPT)と核兵器禁止条約(TPNW)にもかかわらず、現在の国家慣行の現実に依然として存在する。

1) 正戦法(*jus ad bellum*)と戦時国際法(*jus in bello*)の正統的区分は弱くなったか？

正戦法規則は兵器の種類と関係なくあらゆる武力の威嚇と使用に適用され、核兵器にも一般的方式によって適用される[23]。核兵器使用に対する国際人道法の適用も同様である[24]。

---

22 A. Hood, "Questioning International Nuclear Weapons Law as a Field of Resistance". In: Black-Branch and Fleck (eds.), *Nuclear Non-Proliferation in International Law*, Volume V. Hague: T.M.C. Asser Press, 2020, pp.16-17.

23 G. Nystuen, "Conclusions on the status of nuclear weapons under international law", Chp 20 in Nystuen G, Casey-Maslen S, Bersagel AG (eds.), *Nuclear Weapons under International Law*, Cambridge University Press, 2014, pp.483-486, at p.483.

24 ICJ, Advisory Opinion on the Legality of the Threat or Use of Nuclear Weapons', 8 July 1996, paras. 79 and 85-86.

2 토론문

　それにもかかわらず、ICJが〝国家の生存そのものが危険な極端な自衛状況〞での核兵器使用が合法的である可能性を開けたことは、このような例外的状況が国際人道法の一般的な基本原則の解釈および/または適用にいずれにせよ影響を及ぼすかについての疑問を長い間提起してきた。Greenwoodは、ICJの意見を二つの分野(正戦法と戦時国際法：訳注)を共に無視できる例外を許容するものと解釈しないことを要請する25。実際、ICJは勧告的意見42項で、自衛の法による均衡的な武力使用が合法的であるためには、国際人道法も遵守しなければならないという点を明確にしている。

　しかし、他の多くの学者が議論したように、ICJ勧告的意見は国家生存の極端な状況という問題を開いているため、特に均衡性に関する正戦法と戦時国際法の相互作用問題と関連して多少混乱する側面がある26。言い換えれば、そのような例外的な状況で核兵器を使用できるだけでなく、その例外的な状況は自衛としての核兵器使用が、国際人道法に違反するにもかかわらず許容されると解釈される可能性があるということだ。例えばJasmine Moussaは、ある正戦法事由の合法性(例：自衛権)が戦時国際法に違反する核兵器使用を正当化できるかを検討する(中立法規、人権法又は国境を越える環境被害に関する誠実義務についても同様の質問をすることができる)。これは正戦法と戦時国際法を区別する原則が、依然として有効かどうかによって変わる27。例えば、このような深刻な状況において、所期の軍事利益と文民の被害のバランスが均衡性と関連して多少緩和されるだろうか。例外的な状況がいかにしても国際人道法の適用を完全に排除したり、違法性を阻却してくれる状況を提示するか。

　均衡性と関連して、正戦法は自衛権を行使する国家が自国に対する攻撃に対応するために必要であり、均衡的な措置だけを取ること、すなわち全体武力を制限することを要求する。一方、戦時国際法は所期の具体的かつ直接的な軍事利益に比べ、過度な付随的な文民の生命の損失、文民に対する傷害、民間物資に対する損害、またはその複合的な結果をもたらすと予想される攻撃を禁止する。言い換えれば、国際人道法による均衡性は、特定攻撃の所期の軍事利益と予想される付随的文民被害のバランスを取ることを要求する28。

25　C. Greenwood, "The Advisory Opinion on nuclear weapons and the contribution of the International Court to IHL", *IRRC* 316, 1997. See also A. Clapham, "Limits on the Use of Nuclear Weapons Under the International Law of Self-Defence, Microsoft Word - Andrew Clapham.docx (unoda.org) and compare with J. Moussa, 'Nuclear weapons and the separation of jus ad bellum and jus in bello", Chp 3 in Nystuen G, Casey-Maslen S, Bersagel AG (eds.), *Nuclear Weapons under International Law*, Cambridge University Press, 2014, pp.59-88, p.69.

26　See, e.g. D. Fleck, "Legal Aspects of Nuclear Weapons Doctrines", Chp 17 in Black-Branch and Fleck (eds.), *Nuclear Non-Proliferation in International Law*, Volume V, Hague: T.M.C. Asser Press. Fleckは、国家の生存に対する威嚇がどれほどのレベルかを判断することの難しさは、国際人道法の均衡性規則の適用に潜在的に影響をもたらせると強調する。彼は、この問題を探求するためにたくさんの努力が必要だと主張する。

27　J. Moussa, "Nuclear weapons and the separation of jus ad bellum and jus in bello", Chp 3 in Nystuen G, Casey-Maslen S, Bersagel AG (eds.), *Nuclear Weapons under International Law*, Cambridge University Press, 2014, pp.59-88.

28　See API, Arts 51(5)(b) and 57(2); ICRC Customary IHL Study, Rules 14, 18 and 19. See also Rule 21 more generally.

説得力のある正統的立場は、国際人道法で正戦法と戦時国際法の厳格な分離を維持することが本質的に重要だと理解している。要するに、国際人道法は、武力紛争当事者の内どちらが敵対行為を始めたのか、またはその敵対行為が正戦法に合致するのかどうかに関係なく、すべての武力紛争当事者に適用されなければならない[29]。また、核兵器使用が合法的であるためには、正戦法と戦時国際法(だけでなく、他のすべての適用可能な法)をすべて遵守しなければならない。

学者たちも、核兵器と関して、国際法でこの二つの領域を分離しなければならないと明らかに主張した[30]。例外的な状況が国際人道法の適用に影響を及ぼすことを許すのは、"危険な…脱出口[31]"を残しているという批判を受けてきた。

核兵器に対する立場を二極化させる根本的な論争は、まさに核兵器使用の合法性に関するものだ。したがって、最近の学界の研究は、現代の国家慣行において分離原則(正戦法と戦時国際法の分離原則:訳注)が弱まっており、特定事案においては正戦法が優先されていると主張する。一部の学者たちはこれが法の変化をもたらすと主張するが、他の学者たちはこれを法の誤用であると評価している[32]。これに対してNystuenは、"この論争を単純化すれば、一方では国際法上核兵器の使用が許されると主張するが、他方では核兵器の使用、さらには保有も国際法違反を構成すると主張すると見ることができる[33]"と話す。そして、どうせICJ勧告的意見は、双方の見解を支持するために使われることができる[34]。ちなみに興味深いことに、Dieter Fleckは低威力核弾頭の使用は国際法上、国家生存のための最後の手段、すなわち正戦法の問題として正当化されにくいため、低威力核弾頭の開発は問題があると主張している[35]。

---

29 K. Mačákは最近、寄稿文でこの問題を有効に議論し、多少複雑に説明して、特定事実が各法体系要素の解釈と適用に影響を及ぼし得るが、全面的に正統的な分離見解を維持するということを示している。*Articles of War*, Lieber Institute Westpoint, 10 May 2024, https://lieber.westpoint.edu/separation-between-jus-in-bello-jus-ad-bellum/.

30 G. Nystuen, "Conclusions on the status of nuclear weapons under international law", Chp 20 in Nystuen G, Casey-Maslen S, Bersagel AG (eds.), *Nuclear Weapons under International Law*, Cambridge University Press, 2014, pp.483-486, at p.484; J. Moussa, "Nuclear weapons and the separation of jus ad bellum and jus in bello", Chp 3 in Nystuen G, Casey-Maslen S, Bersagel AG (eds.), *Nuclear Weapons under International Law*, Cambridge University Press, 2014, pp.59-88.

31 M. Mohr, "Advisory Opinion of the ICJ on the legality of the use of NW under int law: A few thoughts on its strengths and weaknesses", *IRRC*, No. 316, pp.92-102, at p.101.

32 See, e.g. J. Moussa, "Nuclear weapons and the separation of jus ad bellum and jus in bello", Chp 3 in Nystuen G, Casey-Maslen S, Bersagel AG (eds.), *Nuclear Weapons under International Law*, Cambridge University Press, 2014, pp.59-88.

33 G. Nystuen, "Conclusions on the status of nuclear weapons under international law", Chp 20 in Nystuen G, Casey-Maslen S, Bersagel AG (eds.), *Nuclear Weapons under International Law*, Cambridge University Press, 2014, pp.483-486, p.486.

34 *Ibid*.

35 D. Fleck, "Legal Aspects of Nuclear Weapons Doctrines", Chp 17 in Black-Branch and Fleck (eds.), *Nuclear Non-Proliferation in International Law*, Volume V, Hague: T.M.C. Asser Press.

2) 抑止政策と抑止政策が法に及ぼす影響/ NPTとTPNWの関係

例外的な状況においての核兵器の合法的な使用可能性に対する主張は、抑止政策を支持する主張を後押しするのに寄与する。結果として、抑止政策はNPTとTPNWの関係とも明らかに関わっている。

関連研究は、第6条によるNPTの義務をめぐる緊張と多様な解釈[36]、そしてNPTとTPNW間の関係を強調する。

一部の学者たちは、TPNWがNPTを弱めたり、その代案を模索するものと見なす反面、他の学者たちは、核保有国がNPT第6条を履行しないことで不可避に生じた空白を、非核保有国が埋めていると見なしている[37]。

核保有国とその同盟国が核抑止教理に持続的に依存し優先順位を置くことは、それらの国がNPT第6条によって公言した核軍縮義務に対する約束と根本的に両立できないという主張も提起されている。Cormierはオーストラリアの例を挙げ、"核の傘"の下にある国々がTPNWに反対する理由を説明するが、その理由はTPNWに加入するにはそのような拡大抑止政策を放棄しなければならないためである。彼女は、TPNWに対するこのような反対は、それらの国が第6条による軍縮を進展させるために取り組んでいるという主張への信頼性を弱めると主張する[38]。これと同様に、Kmenttは核依存国家がNATOのような軍事同盟の核抑止態勢を黙認することで"信頼性問題"を露にしたと主張し、これは核軍縮と多国間主義をより幅広く支持することと矛盾すると主張する[39]。

これらの学者たちは、抑止の現実と軍縮の修辞(rhetoric)の隙間を批判することで、多くの国の立場に内在する緊張関係―明白な両立不可能性ではなくても―を示している。

Harald Muellerが指摘したように、"TPNWの前文はNPTを、'核軍縮及び不拡散体制の礎'と称え、その完全な履行が平和と国際安全のために'必須'だと言う。二つの条約の関係が競争的なのか、敵対的なのか、調和的なのか、または両立可能なのかは、二つの条約の実体ではなく、行為者の慣行にかかっている"[40]。

---

36 See, e.g. M. Cormier, "Running Out of (Legal) Excuses: Extended Nuclear Deterrence in the Era of the Prohibition Treaty", Chp 13 in Black-Branch and Fleck (eds.), *Nuclear Non-Proliferation in International Law*, Volume V, Hague: T.M.C. Asser Press.

37 See discussion in Yasmin Afina et al., "The New Treaty, Taking Stock", *UNIDIR*, 2017, pp.7-8.

38 M. Cormier, "Running Out of (Legal) Excuses: Extended Nuclear Deterrence in the Era of the Prohibition Treaty", Chp 13 in Black-Branch and Fleck (eds.), *Nuclear Non-Proliferation in International Law*, Volume V, Hague: T.M.C. Asser Press.

39 A. Kmentt, "How Nuclear-Dependent States Could Respond to the Entry into Force of the TPNW", Chp 15 in *The Nuclear Ban Treaty: A Transformational Reframing of the Global Nuclear Order*, edited by Ramesh Thakur, Taylor & Francis Group, 2021.

40 H. Mueller, "The Treaty on the Prohibition of Nuclear Weapons", Chapter 17: The Treaty on the Prohibition of Nuclear Weapons. In *Research Handbook on International Arms Control Law*, Cheltenham, UK: Edward Elgar Publishing, p.245.

最後に指摘すべき点は、ICJが考慮した例外的状況を認めるとしても、核教理が常にこのような限られた状況で核兵器の使用を十分に制限するわけではないということだ。一方、たとえ論争が国際的な論争の形を帯びていることはあり得るが、筆者の考えでは各国は実質的な規則に対する合意が難しい時だけでなく、合意を望まない時でも、第6条の柔軟な性格と抑止/例外的状況という主張に依存することは確かである。

3) 例外主義的主張に対する結論的考察

核兵器の使用から世界を安全に守るために特定国家が核兵器を保有しなければならないという論理は、安保と非暴力の間で認識されたジレンマの基底にある根本的な仮定に疑問を提起する主張である。この主張の核心的な仮定は、抑止政策と安保の間にはある種の避けられないジレンマが存在するという、つまり安保と軍縮の両方を持つことはできない—または少なくともいまは—ということである。このような仮定から出発すれば、安保と抑止目的の核兵器保有という二つの側面は、適用可能な法律内で緊張を起こすとしても、一種の完璧な均衡を成すように努力する必要性が生じる。究極的には、筆者から見て、このような主張は暴力/威嚇または兵器使用についてのアイデアを代弁しようとするのがその核心であり、筆者は安全保障、'平和的'さらには'平和愛護'という美名の下に維持されている他の形の暴力について他の文章で述べたことがある[41]。

筆者は国際法学者たちが、例外主義的な主張を極度に警戒しなければならないと考え、特別な必要や状況に対する例外が作られれば、国際人道法は信頼性をもって作動できなくなる。これは、安保威嚇という現実に対して安易に考えようというものではない[42]。むしろ抑止政策の前提を安保の二分法として受け入れてはいけないということだ。同時に、私たちはそのような主張がどのように、なぜ、誰によって提起されているかを含め、そのような主張を理解し、注意を払うべきであり、同意の有無にかかわらず、そのような主張が国際人道法に及ぼす潜在的または試みられた影響について考察しなければならない。

今回の討論会において、核兵器使用の問題に対する多様な国際法体系の適用と当該のフレームワークの側面が相互作用するのに影響を及ぼす法的かつ政治的立場の緊張について一緒に討論できることを願う。

---

41 Darryl Li, "A Universal Enemy?: 'Foreign Fighters' and Legal Regimes of Exclusion and Exemption under the 'Global War on Terror", *Columbia Human Rights Law Review* 41, 2010, p.373, cited in M. Lloydd, Unpacking Foreign Fighting: New Zealand's Legislative Responses to Transnational Combatants, *National Security Journal* 5(1), 2023, pp.113-137.

42 See, e.g. discussion of arguments against the TPNW's effectiveness in today's security environment in S. Hill, 'NATO and the Treaty on the Prohibition of Nuclear Weapons', Chatham House, International Security Programme, London, Research Paper, January 2021, p.13.

3

(확장)억제의 불법성과 이의 한반도·동북아 평화와의 양립 불가성 및 극복 방안

The Illegality and Incompatibility of (Extended) Deterrence with Peace in the Korean Peninsula and Northeast Asia: Ways to Overcome It

(拡大)抑止の不法性および朝鮮半島·北東アジアの平和との両立不可能性と克服方略

- 발표자   **찰스 막슬리** Charles Moxley
  포드햄대학교 법학전문대학원 교수 フォーダム法学専門大学院教授
  Adjunct Professor of Law at the Fordham Law School

- 발표자   **안나 후드** Anna Hood
  오클랜드대학교 법학부 부교수 オークランド法学部上級講師
  Associate Professor of the Auckland Faculty of Law

- 토론자   **고영대** Ko Youngdae
  평화통일연구소 상임연구위원 平和統一研究所常任研究委員
  Permanent Researcher of Research Institute For Peace and Reunification Of Korea

- 토론자   **존 키롤프** John Kierulf
  군축 연구자 軍縮研究者
  Independent Disarmament Researcher

3 발표문

(확장)억제의 불법성과 이의 한반도·동북아 평화와의 양립 불가성 및 극복 방안

찰스 막슬리
포드햄대학교 법학전문대학원 교수

아래 내용은 필자의 2024년 저서 『핵무기와 국제법 : 법적 시각을 통해 본 핵전쟁과 억제의 실존적 위험』(www.nuclearweaponslaw.org 참조)에서 발췌한 것으로, 이번 토론회 발표에서 활용할 내용이다.

발표의 논지는 핵무기 사용과 사용 위협이 미국에 의해 인정된 국제법 규칙에 따르더라도 불법이라는 것이며, 뿐만 아니라 핵무기가 합법이라는 미국의 주장 속에서 미국이 보통 중요시하지 않거나 인정하지 않는 국제법의 그 밖의 규칙에 의해서도 핵무기 사용과 사용 위협이 불법이라는 것이다.

발표의 추가적 결론은 확장억제를 포함해 미국이 추구하는 핵억제 정책이 현명하지 못하고, 위험하며, 불법적이라는 것이다. 이러한 결론은 핵무기 사용의 불법성에서 도출된다. 국제사법재판소(이하 'ICJ')는 핵무기에 관한 권고적 의견에서 국가가 사용하는 것이 불법인 무기를 사용하겠다고 위협하는 것은 불법이라고 판시했다.

아래 내용은 미국이 인정하는 국제법 원칙에 따라 핵무기 위협과 사용이 불법이라는 취지로 저서의 내용을 요약한 것이다.

미국이 명시한 무력충돌법 규칙에 따른 핵무기 위협과 사용의 불법성

먼저, 미국이 명시한 무력충돌법을 핵무기에 관해 알려진 사실들에 적용한다. 이러한 분석에 따르면, 미국이 수립한 정책·관행·계획에 따라 핵무기를 사용할 수 있는 사실상 모든 상황에서 저위력 핵무기를 포함한 핵무기의 사용은 불법이라는 결론이 설득력을 갖는다. 알려진 사실에 이러한 법규를 적용하면 미국의 핵억제 정책이 그 자체로 불법이라는 결론은 더욱 분명해진다.

핵무기 사용의 불법성은 핵무기의 영향이 통제 불가능하다는 사실로 볼 때 가장 근본적으로 분명해진다. 미국이 명시한 바와 같이, 무력충돌법에 따르면 국가가 그 영향을 통제할 수 없는 무기를 사용하는 것은 불법이다. 미국이 인정하는 무력충돌법은 그 영향을 통제할 수 없는 무기의 사용이 구별의 규칙, 비례성과 필요성의 규칙을 포함한 무력충돌법을 준수할 수 없다는 점을 분명히 하고 있다.

둘째, 통제 불가능성 외에도 핵무기의 알려진 영향으로 인해 핵무기의 모든, 아니면 사실상 모든 사용이 미국이 명시한 구별의 원칙, 비례성과 필요성의 원칙을 포함한 무력충돌법을 위반하게 된다.

셋째, 핵무기의 잘 알려지고 본질적으로 논란의 여지가 없는 영향은 핵무기 사용으로 인한 복구(reprisals)는 그 대상이 되는 불법적인 공격에 비례해야 하고, 불법 행위를 하는 국가의 국제법 위반을 중단시키는 데 필요한 무력의 수준으로 제한되어야 한다는 요건을 포함하여 전시복구(belligerent reprisals)에 적용되는 법을 준수하지 못하게 한다. 그 영향이 통제 불가능하기 때문에, 핵무기는 이러한 합법적 복구의 전제 조건을 준수할 수 없다.

또한 이 문제에 대한 미국의 자체 성명과 ICJ의 핵무기에 관한 권고적 의견에 따르면, 국가의 생존 자체가 문제시되는 극단적 자위 상황에서의 핵무기 사용을 포함하여 모든 핵무기의 사용이 유엔 헌장과 무력충돌법, 사실상 정전법(*jus ad bellum*)과 전시국제법(*jus in bello*) 요건의 적용을 받는다는 것은 법적으로 명백해 보인다.[1] 미국은 특정 상황의 긴

---

1 일반적으로 국제사법재판소의 핵무기 위협 또는 사용의 적법성에 관한 유엔 총회가 요청한 권고적 의견, 1996년 I.C.J. Rep. 226, 35 I.L.M. 809(1996년 7월 8일)(이하 핵무기에 관한 권고적 의견) 참조.
미국의 입장에 관해서는 다음 참조. Oral Statement of the United States of America submitted to the International Court of Justice Proceedings for the Advisory Opinion Requested by the World Health Organization on the Legality of the Use by a State of Nuclear Weapons in Armed Conflict and the Advisory Opinion Requested by the U.N. General Assembly on the Legality of the Threat Or Use of Nuclear Weapons, Verbatim Record, at 55-81 (Nov. 15, 1995) (10:00 AM session) [hereinafter I.C.J. Hearing Nov. 15, 1995]; International Court of Justice Proceedings for the Advisory Opinion Requested by the U.N. General Assembly on the Legality of the Threat Or Use of Nuclear Weapons, Written Statement of the United States of America, at 21-23, 30 (June 20, 1995) (prepared by Conrad K. Harper (Legal Advisor, Department of State), Michael J. Matheson (Deputy Legal Advisor, Department of State), Bruce C. Rashkow (Assistant Legal Advisor, Department of State), & John H. McNeill (Senior Deputy General Counsel, Department of Defense)) [hereinafter U.S. I.C.J. Memorandum/GA App], reprinted as Written Observations on the Request by the General Assembly for an Advisory Opinion, 7 Crim. L.F. 401 (1996) (citing U.S. Dep't Army, The Law of Land Warfare: Field Manual No. FM 27-10, at 5 (July 18, 1956, as amended July 15, 1976) [hereinafter Law of Land Warfare Field Manual (1976)]).

박성과 관계없이 구별의 원칙, 비례성과 필요성의 원칙을 포함한 국제법이 핵무기 사용에 적용된다는 점을 일관되게 인정해 왔다.

저위력 핵무기를 포함해 핵무기의 영향은 통제 불가능하며 통제 불가능성은 그 무기의 어떠한 사용도 불법으로 만들기 때문에, 설령 그 자체로 불법성이 발생하려면 불법성이 그러한 무기의 모든 잠재적 사용을 특징짓는 것이어야 한다며 미국이 ICJ에 표명한 견해에 따르더라도, 핵무기 사용이 그 자체로 불법이라는 결론은 설득력 있어 보인다.[2] 미국이 핵무기를 실제로 사용할 수 있는 모든 상황, 또는 핵무기의 전형적이거나 예상되는 사용 또는 의도된 사용 상황에서 핵무기의 사용이 무력충돌법을 위반하는지에 대한 보다 법적으로 지지받을 수 있는 기준을 적용하면 핵무기 사용 그 자체로서의 불법성은 더욱 명확해진다.

미국이 명시한 무력충돌법에 따라 핵무기 사용이 불법이라는 위의 결론이 맞다면, 이러한 법규에 따라 미국의 핵억제 정책이 그 자체로 불법이라는 추가적 결론도 설득력을 갖게 된다. 이 문제에 대한 미국의 자체 성명과 ICJ의 핵무기에 관한 권고적 의견에서 볼 수 있듯이, 핵무기 사용이 불법이라면 국가가 핵무기 사용을 위협하는 것도 불법이다.

관습국제법의 규칙을 포함하는 무력충돌법

첫째로 주목할 만한 사실은 미국이 핵무기에 적용 가능하다고 인정하는 무력충돌법 규칙을 적용함에 있어 스스로 명시한 해당 규칙의 명확한 함의를 상당 부분 회피하려고 했다는 점이다.

미국은 분명하게 무력충돌법—구별의 규칙, 비례성과 필요성의 규칙을 포함하는—이 핵무기 사용에도 적용됨을 인정하고 있다. 따라서 미국은 핵무기 사용이 이러한 규칙을 준수하지 않을 경우 불법이 될 것이라고 인정하고 있다.

미국의 입장은 기본적으로 다음과 같다. 핵무기 사용의 적법성은 각각의 잠재적 사용에 대해 사안별로 검토되어야 하며, 그러한 각 사용이 합법인지 아닌지는 그것이 구별의

---

[2] 이와 관련해 미국은 ICJ에 제출한 의견서에서 다음과 같은 입장을 취했다. "과학적 증거는 그 증거가 핵무기 사용과 관련될 수 있는 모든 변수와 상황을 포괄할 수 있는 경우에만 핵무기 사용에 대한 전면적 금지를 정당화할 수 있다"(I.C.J. Hearing Nov. 15, 1995, at 71).

규칙과 비례성 및 필요성 규칙을 포함한 무력충돌법을 잠재적으로 준수할 수 있는지 여부에 따라 결정된다.

그러나 미국은 핵무기에 대한 권고적 의견 당시 ICJ에 제출한 의견서에서 핵무기 사용의 적법성을 옹호하면서, 미국이 구체적으로 합의한 조약법과, 특별히 관련된 국가(미국의 주장에 따르면 핵보유국들)를 포함한 국제사회의 의무감에서 도출된 관행에 따라 수립된 관습법에 의해서만 구속된다고 주장함으로써 그러한 법 규칙의 잠재적 함의를 회피하고자 했다. 미국은 이를 근거로 미국이 핵무기 사용을 특별히 금지하는 조약에 합의하지 않았고, 의무감에서 핵무기 사용을 삼갔던 것이 아니기 때문에 미국의 핵무기 사용은 불법으로 간주될 수 없다고 주장했다.

미 국무부 법률고문이었던 콘래드 하퍼(Conrad K. Harper)는 ICJ에 "본안(merits) 심리의 출발점"은 "국가에 대한 제약은 전제할 수 있는 것이 아니라 국가가 구체적으로 수락한 조약법 또는 국제사회의 행위에 의해 확립된 관습법에 따라 수립되어야 한다는 국제법의 기본 원칙"이어야 한다고 주장했다.[3]

미 국무부 부법률고문이었던 마이클 매더슨(Michael J. Matheson)도 ICJ에 제출한 의견서에서 이와 동일하게 주장했다. 국가에 대한 제약은 "국가가 구체적으로 수락한 조약법 또는 국제사회가 일반적으로 받아들인 관습법에 근거해야 한다."[4] 매더슨은 "국제법에는 조약 또는 다른 방법으로 해당 국가가 수락할 수 있는 규칙 외에 주권국의 군비 수준을 제한할 수 있는 규칙은 없다"는 ICJ의 니카라과 사건 판결을 인용했다.[5]

미국은 핵무기 사용 금지 조약의 부재와 의무감으로 핵무기 사용을 삼가지 않았다는 점에 초점을 맞추는데, 이는 핵무기 사용에 적용된다고 인정한 무력충돌법의 관습 규칙―구별의 규칙과 비례성 및 필요성 규칙을 포함하는―의 법적 효력을 간과하는 것이다. 가장 근본적으로, 미국이 핵무기 사용의 불법성에 동의하지 않는 한 핵무기 사용은 불법으로 간주될 수 없다는 미국의 주장은 구별의 규칙과 비례성 및 필요성 규칙을 준수하지 않는 핵무기 사용이 무력충돌법에 따라 불법이라는 미국의 인정을 무시하는 것이다.

이처럼 미국이 핵무기에 대한 무력충돌법 규칙의 적용 가능성을 인정한다는 점을

---

[3] I.C.J. Hearing Nov. 15, 1995, at 57.
[4] I.C.J. Hearing Nov. 15, 1995, at 60.
[5] I.C.J. Hearing Nov. 15, 1995, at 60 (니카라과 대 미국, 1986 I.C.J. Rep. 14, 135 (1986.6.27) 인용).

3 발표문

고려할 때, 미국이 그 규칙의 특정한 적용에 동의하는지 여부와 관계없이 핵무기 사용에 대한 해당 규칙의 적용에 구속된다는 것은 분명해 보인다. 국제법의 합의 기반이나 주권 원칙은 확립된 국제법 규칙의 적용 효과를 제한하지 않는다. 미국의 핵무기 사용 또는 일반적인 핵무기 사용이 무력충돌법에 따라 불법이라면, 핵무기 사용은 미국이 그러한 취지의 조약에 서명했거나 관행 형성에 의도적으로 참여한 경우와 마찬가지로 불법이다.

미군도 이를 인정하고 있다. 예를 들어, 미 공군 국제법 교범은 어떤 무기의 사용이 "관습과 조약의 구체적 규칙에 담긴 명시적 금지"뿐만 아니라 "전쟁법의 일반 원칙에 규정된 금지"에 근거해서도 불법이 될 수 있다고 명시하고 있다.[6] 교범은 뉘른베르크 국제군사재판소가 주요 전범 사건에서 국제법은 조약과 관습뿐만 아니라 "법률가들이 적용하고, 군사재판소가 실행하는 정의의 일반 원칙"[7]에도 담겨 있다고 판결한 점을 언급한다.

미 공군 법무관 학교도 『공군 작전과 법률』이라는 교범에서 비슷한 내용을 명시하고 있다. "특정 공격을 위한 무기 선정은 무력충돌법의 일반 원칙에 따라 규율된다."[8]

미 국방부의 『전쟁법 교범』은 다음과 같이 명시하고 있다.

> 관습국제법은 국가 간의 서면 합의를 통해 만들어지지 않았다는 점에서 불문법이다. 관습국제법은 일반적으로 모든 국가에 구속력이 있지만, 그러한 관습국제법 규칙의 형성 과정에서 이를 지속적으로 반대해 온 국가는 해당 규칙에 구속되지 않는다.[9]

미국은 구별의 규칙, 비례성 및 필요성 규칙의 지속적 반대자가 아니라 오히려 그러한 규칙들의 구속력과 핵무기에 대한 해당 규칙들의 적용 가능성을 반복적으로 인정—실제로 주장—해 왔다.

『전쟁법 교범』은 또한 다음과 같이 명시하고 있다.

> 세계의 주요 법체계에 공통으로 적용되는 법의 일반 원칙은 국제법의 한 부분으로 인정된다. 전쟁법 원칙은 이러한 국제법의 범주에 포함되는 것으로 이해되어 왔다. … (그리고 전쟁법 원칙은)

---

6   미 공군부, 국제법-무력충돌 및 항공작전 수행: 팸플릿 110-31(1976)[이하 AIR FORCE MANUAL ON INTERNATIONAL LAW].
7   AIR FORCE MANUAL ON INTERNATIONAL LAW, *supra* note 12, at 1-6.
8   AIR FORCE JUDGE ADVOC. GEN. SCH., THE LAW OF AIR, SPACE AND CYBER OPERATIONS 20 (4판, 2020) [이하 AIR FORCE OPERATIONS AND THE LAW].
9   미 국방부, 『전쟁법 교범』 30(2015년 6월, 2016년 12월 업데이트)[이하 DoD LAW OF WAR MANUAL].

어떤 특정한 규칙도 적용되지 않는 전시의 행위에 대해 일반적 지침을 제공하고, 통일된 체계의 상호의존적이고 보강하는 부분들로 작동한다.[10]

또한 국제법 규칙이 어떤 국가를 구속하는 조약에 구현된 경우—필요성의 규칙과 관련하여 미국의 경우처럼—그러한 규칙은 해당 조약에 따라 구속력을 가지며, 국가 관행에 의해 수정될 수 없다는 점도 주목할 만하다.[11] 『미 공군 국제법 교범』은 조약상의 의무는 "본질적으로 계약상의 의무"이기 때문에 국가 관행은 조약상의 의무를 준수해야 하는 법적 의무를 "수정할 수 없다"고 명시하고 있다.[12]

미국은 "일반 원칙"[13]뿐만 아니라 "유추"[14]도 무력충돌법의 법원으로 인정한다. 미 공군 국제법 교범은 다음과 같이 명시하고 있다.

> 어떤 새로운 무기나 전투 방법은 조약이나 국제관습을 포함한 국제법에 의해 제한되는 경우 그 자체로 불법이 될 수 있다. 이 문제는 이전에 합법 또는 불법으로 규명된 무기 또는 방법에 대한 유추를 통해 해결되거나 해결되도록 시도한다.[15]

앞서 살펴본 바에 따르면, 미국이 거듭 인정했듯이 핵무기 사용이 구별의 규칙, 비례성 및 필요성 규칙을 포함하는 무력충돌법을 준수하지 않는다면, 비록 그렇게 규정한 구체적 조약이 없고 미국이 자국의 핵무기 사용이 그러한 규칙을 위반한다고 인정하지 않았다고 하더라도 미국의 핵무기 사용이 불법이라는 것은 분명해 보인다.

---

10 DoD LAW OF WAR MANUAL, *supra* note 15, at 50-51.
11 필요성의 규칙은 1907년 10월 8일자 헤이그 제4협약 부속규정 제23조 및 관련 '헤이그 규칙'에 구현되어 있다. 구별의 규칙과 비례성 규칙은 1949년 8월 12일자 제네바협약에 대한 추가의정서 및 국제적 무력충돌의 희생자 보호에 관한 1977년 6월 8일자 의정서(제1의정서, 이하 제1추가의정서)에 명시되어 있다. 미국은 여기에 서명했으나 비준은 하지 않았다. 그러나 미국은 제1추가의정서에 포함된 일부 조항에 대해서는 이의를 제기하면서도 제1추가의정서가 무력충돌법 규칙을 정확하게 재명시한 것임을 여러 차례 명시적으로 인정했다.
12 AIR FORCE MANUAL ON INTERNATIONAL LAW, *supra* note 12, at 1-15 n. 35.
13 DoD LAW OF WAR MANUAL, *supra* note 15, at 92(인용 생략).
14 위와 같음, at 50-52.
15 AIR FORCE MANUAL ON INTERNATIONAL LAW, *supra* note 12, at 6-7.

3 발표문

무력충돌법에 따른 핵무기 사용의 불법성을 내포하는 핵무기 영향의 통제 불가능성

먼저 미국이 정의한 대로 구별의 규칙과 비례성 및 필요성 규칙의 공통 구성 요소의 하나인 통제 가능성 요건에 따라 핵무기 사용의 적법성을 분석하는 데 초점을 맞춘다.

미국은 구별의 규칙과 비례성 및 필요성 규칙이 **사용자가 그 영향을 통제할 수 없는 무기의 사용을 금지한다는 것을** 거듭 인정해 왔다. 미국은 구별의 규칙과 비례성 및 필요성 규칙이 핵무기 사용에 적용된다는 것을 인정함으로써 핵무기의 영향이 통제 불가능하다면 핵무기 사용이 불법임을 인정해 왔다.

이는 방사성 낙진, 전자기 펄스(EMP), 핵겨울, 핵공격 표적 국가에 의한 잠재적 핵보복 및 확전 같은 핵무기의 잠재적 영향을 고려할 때 중요한 의미를 갖는다.

구별의 규칙에 따른 통제 불가능성

미 공군 지휘관 편람은 "군사 목표를 겨냥하도록 충분하게 통제될 수 없는" 무기는 불법이라고 명시하고 있다.[16] 미 공군 국제법 교범은 무차별적 무기에 대해 "설계나 기능상 통제가 불가능"하여 "어느 정도의 확실성을 가지고 군사 목표를 겨냥할 수 없는" 무기로 설명하고 있다.[17]

미 육군 법무관학교는 2016년 『무력충돌법 해설서』에서 "군사 공격은 전투원이나 군사 목표를 겨냥해야 하고, 민간인이나 민간 자산을 겨냥해서는 안 된다"고 명시하고, 충돌 당사자는 "항상 민간인과 전투원, 민간 물자와 군사 목표를 구별해야 하며, 이에 따라 군사 목표에 대해서만 작전을 수행해야 한다"고 명시하고 있다.[18]

미 해군 지휘관 편람은 구별의 규칙을, 특히 "특정한 군사 목표를 겨냥할 수 없거나" 그 영향이 "무력충돌법이 요구하는 대로 제한될 수 없는" 무기(예: 화학 또는 생물 무기)의

---

16 미 공군부, 『무력충돌법에 관한 지휘관 편람』 6-1(공군 팸플릿 110-134, 1980.7.25)(이하 AIR FORCE COMMANDER'S HANDBOOK). ICJ는 구별의 원칙과 관련해 핵무기에 관한 권고적 의견에서 다음과 같이 명시했다: "국가는 민간인을 공격 대상으로 삼아서는 안 되며, 결과적으로 민간인과 군사 목표를 구별할 수 없는 무기를 사용해서는 안 된다." "전투원과 민간인에게 무차별적 영향"을 미치는 무기는 금지된다. 핵무기에 대한 권고적 의견 78항, at 257; 35I. L.M. at 822 참조.

17 AIR FORCE MANUAL ON INTERNATIONAL LAW, supra note 12, at 6-13.

18 INT'L & OPERATIONAL LAW DEP'T, U.S. ARMY JUDGE ADVOC. GEN. LEGAL CTR. & SCH., LAW OF ARMED CONFLICT DESKBOOK 141, at ¶ III.C (16th ed., 2016) [hereinafter LAW OF ARMED CONFLICT DESKBOOK].

사용을 금지하는 것으로 정의하고 있다.[19] 또한 "본질적으로 군사 목표를 특정하여 겨냥할 수 없고, 따라서 민간인과 비전투원을 동등한 위험에 처하게 하는 무기는 무차별적인 영향으로 인해 금지된다"고 명시하고 있다.[20] 편람은 다음과 같은 공격을 구별의 규칙에 따라 금지되는 공격으로 설명하고 있다: "무력충돌법이 요구하는 대로 그 영향을 제한할 수 없는 전투 방법이나 수단을 사용하는 공격(예: 화학 또는 생물 무기 사용)"[21]

따라서 구별의 규칙에 따라 어떤 핵무기의 사용이 합법적이려면 핵무기의 **영향**을 통제할 수 있어야 한다. 문제의 핵무기가 의도한 군사 목표를 정확하게 겨냥할 수 있다는 것만으로는 충분하지 않으며, 이에 더해 설령 핵무기가 표적에 명중한다고 가정하더라도 핵무기의 전반적인 **영향** 자체가 통제 가능해야 하며, 합법적 표적에 국한될 수 있어야 한다.

미국의 다른 문헌과 국제 문헌도 이를 확인해 준다. 미 육군은 『작전법 편람』에서 민간인과 전투원 표적을 구별할 수 없는 **영향**을 가진 무기를 사용하는 것은 불법이라고 명시하고 있다. 이 편람은 "(구별의) 원칙은 교전자에게 전투원과 민간인, 군사 목표와 민간 물자를 구별할 것을 요구"하며, "그 **영향**이 특정한 군사 목표를 겨냥할 수 없는 전투 방법이나 수단의 사용을" 금지한다고 명시하고 있다.[22]

미 공군의 2004년 교범 『군 지휘관과 법률』은 무차별 무기에 "통제가 불가능한 무기"가 포함된다고 명시하고 있다.[23]

---

19 U.S. Dep't Navy, The Commander's Handbook on the Law of Naval Operations: Naval War Pub. No. NWP 1-14M, § 5.3.4, at 5-4 to 5-5 (2022) [hereinafter Naval Commander's Handbook]. 또한 Brian Finucane, *The Prohibition on Indiscriminate Attacks: The U.S. Position vs. the DOD Law of War Manual*, Just Security (May 3, 2022), https://www.justsecurity.org/81351/the-prohibition-on-indiscriminate-attacks-the-us-position-vs-the-dod-law-of-war-manual/. Mr. Finucane is a former attorney-adviser in the Office of the Legal Adviser at the U.S. Department of State 참조.
20 Naval Commander's Handbook, *supra* note 26, at § 9.1.
21 위와 같음. § 5.3.4 (강조 필자). 해군 지휘관 편람에는 또한 다음과 같이 명시되어 있다: "구별이 불가능한 무기의 예시로는 부유 무장 촉발 지뢰, 장거리 비유도 미사일(예: 2차 세계대전 중 사용된 독일의 V-1, V-2 로켓과 일본의 비통제 폭탄 탑재 풍선) 등이 있다. 합법적 군사 목표를 겨냥했을 때 우발적 또는 부수적 민간인 사상자가 발생할 수 있다는 이유만으로 어떤 무기가 무차별적이 되지는 않는다. 얻을 소기의 군사적 이익에 비해 부수적 피해가 예측 가능하게 과도하지 않다면, 어떤 군사 표적에 대해 합리적인 수준의 정확도로 조준할 수 있는 포탄은 단순히 표적을 빗나가거나 부수적 피해를 줄 수 있다는 이유만으로 무차별 무기가 되는 것은 아니다. 사용된 무기가 구별 가능한 것이라 한다면 이용 가능한 가장 정밀한 무기를 사용해야 할 의무는 없다"(위와 같음, § 9.1.2).
22 U.S. Army Judge Advoc. Gen. Legal Ctr. & Sch., Operational Law Handbook, 59 (Maj. Ryan Fisher ed., 2022) [이하 Operational Law Handbook] (citing, *inter alia*, Additional Protocol I, at art. 51, para. 4(b)) (인용과 각주 생략) (강조 필자).
23 U.S. Dep't Air Force, Judge Advoc. Gen. Sch., The Military Commander and the Law 551 (7판, 2004). 이 교범의 2021년 개정판에서는 통제 가능성에 대한 직접적 언급이 생략되었지만, 전쟁법에 따라 충돌 당사자는 민간인과

3 발표문

    미 공군 국제법 교범은 구별의 규칙이 어떤 무기가 의도한 표적을 실제로 타격할 수 있어야 할 뿐만 아니라 무기의 영향이 통제 가능하고 제한되어야 한다는 것을 요구한다는 점을 인정했다. 교범은 무차별 무기에 "군사 목표만을 겨냥할 수 있음에도 다른 통제 불가능한 영향으로 인해 비례적이지 않은 민간인 부상이나 피해를 야기할 수 있는" 무기가 포함된다고 명시하고 있다.[24]

    또한 교범은 "통제 불가능한"이라는 것이 "소기의 군사적 이익에 비해 민간인이나 민간 물자에 과도한 **위험**을 필연적으로 초래할 정도로 사용자의 통제에서 시간적으로나 공간적으로 벗어나는" 영향을 가리킨다고 명시했다.[25] 이 금지는 민간인이나 민간 물자의 피해뿐만 아니라 위험을 초래하는 것도 포괄한다는 점에 주목할 필요가 있다.

    무기가 합법적 표적을 겨냥할 수 있다는 것만으로는 충분하지 않으며, 무력충돌법에 따라 무기 사용의 **영향**도 합법적 표적에 국한되어야 한다는 요건은 1977년 제네바 협약 제1추가의정서에서 성문화되었다. (제1추가의정서) 제51조는 다음과 같이 규정하고 있다.

> 무차별 공격은 금지된다. 무차별 공격이라 함은 다음과 같은 공격을 말한다.
> (a) 특정한 군사 목표물을 표적으로 하지 아니하는 공격
> (b) 특정한 군사 목표물을 표적으로 할 수 없는 전투 방법 또는 수단을 사용하는 공격
> (c) 그것의 영향이 본 의정서가 요구하는 바와 같이 제한될 수 없는 전투의 방법 또는 수단을 사용하는 공격, 그 결과 개개의 경우 군사 목표물과 민간인 또는 민간 물자를 무차별적으로 타격하는 성질을 갖는 것[26]

    미국은 이 의정서를 비준하지 않았음에도 불구하고, 제1추가의정서의 구별의 규칙 성문화가 현대 국제법을 구성한다고 인정하고 있다.[27]

    민간 물자를 군사 목표와 구별하고, 군사 목표에만 공격을 국한해야 한다고 명시하고 있다. U.S. Dep't Air Force, Judge Advoc. Gen. Sch., The Military Commander and the Law 518 (17판, 2021) [이하 Military Commander and the Law] 참조.

24 Air Force Manual on International Law, *supra* note 12 at § 6-3 (c).
25 Air Force Manual on International Law, *supra* note 12 at § 6-3 (c) (강조 필자).
26 Protocol Additional to The Geneva Conventions of 12 August 1949, and Relating to the Protection of Victims of International Armed Conflicts (Protocol I), of 8 June 1977, 1125 U.N.T.S. 3, 90 at ¶ 4 (강조 필자) [이하 Additional Protocol 1]. 앞서 지적했듯이, 미국은 제1추가의정서에 서명은 했지만 비준하지 않았다. 그러나 미군 교범은 제1추가의정서의 구별의 규칙 성문화가 관습국제법을 구성하는 것으로 인정하고 있다.
27 U.S. Dep't Navy, Annotated Supplement to the Commander's Handbook on the Law of Naval Operations, at 8-1 (1987, with revision A (5 October 1989)) [이하 Naval Commander's Annotated Handbook (1989)] (인용문 생략). 해군작전법에 대한 미 해군 지휘관 주석 편람은 구별의 규칙이 "제1추가의정서 제57조 1항에서 처음으로 성문화된 국제법의 관습규칙"이라고 명시했다. 위와 같음, at 8-1 n. 3-4.

따라서 핵무기의 영향이 통제될 수 없다면 미국이 어떤 표적에 대해 핵무기를 사용하는 것은 구별의 규칙에 따라 불법임이 분명하다.

필요성의 규칙에 따른 통제 불가능성

어떤 국가가 그 영향을 통제할 수 없는 무기를 사용하는 것은 필요성 규칙에 따라서도 불법이다. 국가가 어떤 무기의 영향을 통제할 수 없는 경우, 국가는 필요성 규칙이 요구하는 대로 무기의 사용이 군사적 목적을 달성하는 데 필요한 수준의 무력만을 수반하고, 과도한 상해는 초래하지 않을 것임을 보장할 수 없다.

미 공군 국제법 교범은 필요성 규칙의 기본 요건으로 "사용되는 무력을 **사용자가 규제할 수 있고, 실제 규제해야 한다**"는 점을 인정한다.[28]

미 해군 지휘관 편람은 필요성의 규칙이 구별의 규칙과 함께 다음과 같은 "무차별 공격"을 금지한다고 명시하고 있다.

1. 특정 군사 목표를 표적으로 하지 않는 공격
2. 특정 군사 목표를 표적으로 할 수 없는 전투 방법이나 수단을 사용하는 공격(예 : 실제로 도시 전체에 걸쳐 분리하여 표적화할 수 있는 다수의 구별되는 군사 목표가 있음에도 도시 전체를 단일한 군사 목표로 선언하고 폭격으로 도시 전체를 공격하는 것)
3. **무력충돌법이 요구하는 대로 그 영향이 제한될 수 없는 전투 방법이나 수단을 사용하는 공격**(예 : 화학 또는 생물 무기 사용)[29]

비례성의 규칙에 따른 통제 불가능성

비례성 규칙이 그 영향이 통제될 수 없는 무기의 사용을 금지한다는 점도 분명해 보인다. 어떤 국가가 잠재적인 군사 공격의 영향을 통제할 수 없다면, 국가는 그 공격의 영향이 공격으로부터 기대되는 구체적이고 직접적인 군사적 이익과 비교하여 비례성의 범위 내에 있을 것이라고 믿을 만한 진정한 근거를 가질 수 없다.

---

28 AIR FORCE MANUAL ON INTERNATIONAL LAW, *supra* note 12, at 1-6 (강조 필자).
29 NAVAL COMMANDER'S HANDBOOK, *supra* note 26, at § 5.3.4 (강조 필자).

3 발표문

핵무기 영향의 통제 가능성에 대한 미국의 공식 입장

미국은 핵무기에 관한 권고적 의견에서 핵무기 사용의 합법성을 옹호하는 가운데 통제 가능성의 요건을 인정하고 또 사실적 근거에 기초하여 그 사례를 변호했으며, 핵무기의 영향—특히 소량의 저위력 핵무기가 멀리 떨어진 군사 목표들을 표적으로 하는 경우—은 통제될 수 있다고 주장했다.

특히 미국은 전략핵무기나 전술핵무기가 도시 지역에 미치는 영향의 통제 불가능성에 대해서는 공개적으로 이의를 제기하지 않으면서도, 매우 제한적인—본질적으로 외과수술적인—상황에서 저위력 핵무기 사용의 잠재적 합법성을 주장했다.

미국은 ICJ에 다음과 같이 주장했다.

(1) 그 영향을 통제하고, 합법적 범위를 넘지 않도록 하는 방식으로 핵무기를 사용하는 것이 가능하며,

(2) 핵무기 사용은 일반적으로 재래식 무기로 인해 발생하는 것과 비슷한 수준으로 인간 건강과 자연환경 및 물리적 환경에 부수적인 악영향을 미칠 뿐이며, 즉 "그 어떤 종류의 무력충돌이라도 광범위하고 지속적인 파괴를 야기할 수 있고", 핵무기가 사용되는지 재래식 무기가 사용되는지 여부는 중요하지 않다.[30]

미 국방부 수석 부법률고문인 존 맥네일(John H. McNeill)은 ICJ에 다음과 같은 입장을 제시했다.

국제법이 모든 경우에 핵무기 사용을 금지한다는 주장은 모든 유형의 핵무기 사용이 무력충돌법을 위반하는 특정한 특성을 반드시 공유할 것이라는 잘못된 가정을 전제한 것으로 보인다. 특히 이 주장은 어떠한 핵무기 사용도 필연적으로 대규모의 전략적 핵 교환으로 확전되어, 상대방의 인구 중심지에 대한 의도적 파괴를 자동적으로 초래할 것이라고 가정하는 것으로 보인다.[31]

***

핵무기는 재래식 무기와 마찬가지로 다양한 방식으로 사용될 수 있다: 그 중요성에서 차이가 있는 다양한 군사적 목적을 달성하기 위해 사용될 수 있고, 우발적인 민간인 부상이나 부수적 피해를 증가시키거나 감소시키는 방식으로 사용될 수 있다. 또한 핵무기 사용이 다른 교전국의 행위로 인해

---

30 I.C.J. Hearing Nov. 15, 1995, at 70-71 (John H. McNeill의 주장) 참조.
31 I.C.J. Hearing Nov. 15, 1995, at 68.

유발되었는지 여부와 그 정도, 그리고 행위의 성격에 따라 합법적일 수도 있고 아닐 수도 있다.32

맥네일은 핵무기는 그 영향이 본질적으로 무차별적이며, 특정한 군사 목표를 확실하게 겨냥할 수 없다는 주장을 언급하며 "이 주장은 그야말로 사실에 반하는 것이다. 현대의 핵무기 운반 체계는 실제로 개별적인 군사 목표를 정밀하게 타격할 수 있다"고 주장했다.33

맥네일은 세계보건기구(WHO)가 핵무기의 영향에 관한 1987년 연구에서 제시한 가정을 언급하면서 WHO가 제시한 "네 가지 시나리오"에 대해 다음과 같은 이유로 "매우 선택적"이라며 반박했다.

> 이 연구는 다수의 도시 지역 표적 또는 상당수의 군사 표적을 대상으로 한 핵공격으로 인해 발생할 것으로 예상되는 민간인 사상자를 다루고 있다. 그러나 이 연구는 비도시 지역에서 적은 수의 군사 표적에 대한 저위력 핵무기의 소수의 정밀 공격과 같은, 다른 개연성 있는 시나리오에서 예상하는 영향에 대해서는 언급하고 있지 않다.34

맥네일은 "다른 개연성 있는 (저위력 핵무기 사용) 시나리오"에 대한 주장을 강조하면서 "그러한 시나리오의 개연성은 로트블랫(Rotblat) 교수가 WHO 보고서에서 지적한 사실, 즉 최근 몇 년간 이루어진 핵무기 성능의 '놀라운 향상'으로 인해 핵무기가 '훨씬 더 높은 정확성'을 갖게 되었다는 사실에서 비롯된다. 분명하게 이 가능한 시나리오들은 비례성이나 구별의 문제를 필연적으로 제기하지 않을 것이다."라고 주장했다.35

ICJ에 제출한 의견서에서 미국은 또한 "현대 무기 설계자들"의 기술적 전문성을 통해 미국은 핵무기의 영향을 통제할 수 있고, 구체적으로 "다양한 유형의 군사 목표에 대응하기 위해 핵무기의 영향을 조정하는 것"이 가능하다며 다음과 같이 주장했다.

> 핵무기는 군사 목표를 표적으로 할 수 없기 때문에 불법이라는 주장이 제기되어 왔다. 이 주장은 핵무기로 특정한 군사 목표를 겨냥할 수 있는 현대 운반 체계의 능력과 다양한 유형의 군사 목표에 대응하기 위해 핵무기의 영향을 조정할 수 있는 현대 무기 설계자들의 능력을 무시하는 것이다. 핵

---

32 I.C.J. Hearing Nov. 15, 1995, at 69.
33 I.C.J. Hearing Nov. 15, 1995, at 70.
34 I.C.J. Hearing Nov. 15, 1995, at 71.
35 I.C.J. Hearing Nov. 15, 1995, at 71.

3 발표문

무기는 군사 목표를 표적으로 할 수 있기 때문에 차별적인 방식으로 사용될 수 있으며, 본질적으로 무차별적이지 않다.[36]

미국은 또한 ICJ에 핵무기의 영향이 재래식 무기보다 반드시 매우 크지는 않을 것이라고 주장했다. 맥네일은 이렇게 주장했다.

> 핵무기의 사용이 인간의 건강과 자연환경 및 물리적 환경 모두에 부수적인 악영향을 미치는 것은 사실이다. 하지만 재래식 무기의 사용도 마찬가지다. 분명하게 1·2차 세계대전, 그리고 이라크의 쿠웨이트 침공으로 인한 1990~1991년 충돌은 재래식 전쟁이 환경에 끔찍한 부수적 피해를 입힐 수 있다는 것을 극적으로 보여주었다. 어떤 종류의 무력충돌이라도 광범위하고 지속적인 피해를 야기할 수 있다는 것은 사실이며, 재판소는 이 명백한 진실에 대한 사법적 인정을 위해 과학적 증거를 검토할 필요가 없다.[37]

미국이 핵무기에 관한 권고적 의견과 관련하여 ICJ에 제시한 통제 가능성 주장의 유일한 사례는 비도시 지역의 제한된 수의 군사 목표에 대한 제한된 수의 저위력 핵무기 사용의 영향에 관한 것이었다.

미국, 핵무기 영향의 통제 불가능성 인정

핵무기의 영향—특히 외딴 지역의 군사 목표에 대한 제한된 수의 저위력 핵무기 사용의 영향—이 통제 가능하다고 ICJ에 제시한 미국의 입장은 다른 맥락에서 핵무기 영향의 전부는 아닐지라도 많은 부분이 통제 불가능하다는 미국의 인정과 일치하지 않는다.

예를 들어, 미 합동참모본부의 1995년 『합동 핵작전 교리』에서 이를 확인할 수 있다.[38] 이 교범은 다음과 같이 명시하고 있다.

---

36   U.S. I.C.J. Memorandum/GA App, at 23.
37   I.C.J. Hearing Nov. 15, 1995, at 70-71. 이라크의 쿠웨이트 공격은 광범위한 환경 피해를 야기했지만, 이러한 영향은 10년 이내에 대부분 회복되거나 사라졌다. *Bombs, Mines Help Kuwait's Desert Bloom*, ORLANDO SENTINEL, Jan. 24, 1993, at A3; Leon Barkho, *Iraq Recovering Past Oil Position: Industry Up to Rate of 2.65 Million Barrels A Day in Production*, THE ATLANTA J. & CONST., July 21, 1999, at 13D 참조.
38   JOINT CHIEFS OF STAFF, DOCTRINE FOR JOINT NUCLEAR OPERATIONS: JOINT PUB 3-12, at I-6 to I-7 (Dec. 15, 1995) [이하 DOCTRINE FOR JOINT NUCLEAR OPERATIONS].

대량살상무기가 연루된 어떤 충돌이 통제 가능하다거나 단기간에 그칠 것이라는 보장은 있을 수 없다. 또한 군사력에 대한 지속적인 통제를 위한 협상 기회와 능력도 확실하지 않다.³⁹

미 공군의 2009년 핵작전 교리는 표면상 전투 상황에서 저위력 핵무기의 잠재적 영향에 대해 다루면서 다음과 같이 명시하고 있다.

> 아군 영토에서 적군을 격퇴하기 위한 핵무기 사용은 용납될 수 없는 장기적 영향을 초래할 수 있다. 핵무기에는 물리적 파괴를 넘어서는 심리적 영향이 수반된다. 핵무기와 재래식 무기의 물리적 영향의 현격한 차이와는 별개로, 핵무기 사용은 추가로 영향을 미칠 수 있다. 그 영향이 무엇인지 정확히 파악하기는 어렵다. 핵무기의 제한적 사용은 적에게 미국이 필요한 어떤 정도의 무력이라도 사용할 수 있다는 확신을 심어 주고, 적이 공격을 중단하고 단념하도록 유도할 수 있다. 반대 효과를 가져와 적의 충돌을 확대하도록 격화시킬 수도 있다. 핵 옵션을 계획할 때는 잠재적인 심리적 영향뿐만 아니라 적의 확전 능력을 고려하는 것이 중요하다.[40]

스허브딘(Shahabuddeen) 재판관이 핵무기에 관한 권고적 의견에 대한 반대 의견에서 언급했듯이, 미국은 1967년 틀라텔롤코 조약의 제2추가의정서를 비준하면서 핵무기 영향에 관해 의정서 전문의 다음 내용에 동의한 바 있다.

> 핵무기의 헤아릴 수 없는 파괴력은 문명과 인류 자체의 생존을 보장하기 위해서 전쟁의 법적 금지가 실제로 엄격하게 준수되어야 함을 긴요하게 만든다.

> 군대와 민간인 모두에게 무차별적이고 무자비하게 피해를 입히는 끔찍한 영향을 가진 핵무기는 핵무기가 방출하는 방사선의 지속성으로 인해 인간종의 완전성에 대한 공격이 되며, 궁극적으로

---

39 위와 같음.
40 U.S. DEP'T AIR FORCE, AIR FORCE DOCTRINE DOC. 2-12, NUCLEAR OPERATIONS 8 (2009) [이하 2009 AIR FORCE DOCTRINE ON NUCLEAR OPERATIONS].
   합참의 2019년 핵작전 교범도 마찬가지로 통제 가능성 요건을 명시적으로 다루고 있지 않다. JOINT CHIEFS OF STAFF, NUCLEAR OPERATIONS: JOINT PUBL'N 3-72 (June 11, 2019), https://fas.org/irp/doddir/dod/jp3_72.pdf 에서 확인 가능 [이하 NUCLEAR OPERATIONS MANUAL]. 이 교범은 "핵무기의 고유한 영향은 핵무기 작전 운용을 계획할 때 작전요원이 추가적 요소를 고려할 것을 요구한다"고 명시하며 실무적·작전적 측면에서 주요 고려사항을 기술하고 있다(위와 같음, III-3).
   미 합참 핵작전 교범의 2020년 개정판도 마찬가지로 핵무기 영향의 통제 불가능성을 인정하는 방향으로 나아간다: "핵무기는 재래식 무기보다 압도적으로 더 큰 위력을 지니고 있기 때문에 핵무기 사용은 실제 물리적 영향을 훨씬 넘어서는 정치적·심리적 영향을 줄 수 있다. 핵무기 사용은 현재의 충돌을 확전시키거나 타국과의 관계를 장기적으로 악화시키는 등 의도하지 않은 결과를 초래할 수 있다. 무엇보다도 바로 이러한 이유로 핵무기 사용 여부는 항상 군사적 결정이 아닌 정치적 결정이 되어야 한다."
   U.S. DEP'T AIR FORCE, NUCLEAR OPERATIONS: AIR FORCE DOCTRINE PUBL'N 3-72, at 4 (Dec. 18, 2020) [이하 AIR FORCE DOCTRINE ON NUCLEAR OPERATIONS].

3 발표문

지구 전체를 사람이 살 수 없는 곳으로 만들 수도 있다.[41]

미 합참은 『합동 핵작전 교리』에서 다음과 같이 명시하고 있다.

> 미국의 핵전력은 군사작전의 전 범위에 걸쳐 WMD(화학무기, 생물무기, 핵무기를 포함한 '대량살상무기') 사용을 억제하는 역할을 한다. 대규모 핵 교환에서부터 한 전구(theater) 내에서의 제한적 사용에 이르기까지, 미국의 핵 능력은 적이 분쟁에서 WMD를 사용할 경우 적이 수용하기 어려운 피해와 적의 공격이 초래한 것보다 훨씬 더 큰 손실 위험을 적에게 주어야 한다.[42]

이 교범은 또한 다음과 같이 명시하고 있다.

> 언젠가 어떤 국가가 오판이나 의도적 선택으로 이러한 무기를 사용할 수 있다. …적은 인지된 필요성에 근거한 행동 방침-그것이 전적으로 객관적인 의미에서 합리적이든 아니든-을 따른다는 점에서 파괴나 불균형적 손실이라도 기꺼이 감수하려 할 수 있다. 이러한 경우, 대량파괴 위협에 근거한 것일지라도 억제는 실패할 수 있다.[43]

미 공군이 발행한 『핵작전』(2015)은 조지타운대학교 안보연구센터 케어 리버(Keir A. Lieber) 센터장의 말을 인용하고 있다.

> 재래식 패배를 피하기 위해 국가가 분쟁을 확대한다는 개념은 억지스럽게 들릴 수 있지만, 역사에 충분한 기반을 두고 있다. 핵보유국들은 압도적인 재래식 위협에 직면하거나 재앙적인 재래식 패배의 가능성을 우려할 때, 종종 전쟁을 억제하거나 발발한 분쟁을 교착 상태로 만들기 위해 강압적인 확전 교리를 채택한다. 파키스탄은 인도의 압도적인 재래식 침공에 대응하기 위해 공개적으로 핵무기를 사용하겠다고 밝혔다. 러시아는 나토의 재래식 우위에 대응하기 위해 전구 핵무기가 필요하다고 주장한다. 이스라엘은 재래식 전쟁에서 승리할 것으로 예상하지만, 자국의 재래식 전력이 치명적인 패배를 당할 경우 정복을 방지하기 위한 핵확전 능력을 보유하고 있다.[44]

---

41 International Court of Justice Proceeding: Advisory Opinion Requested by U.N. General Assembly on the Legality of The Threat or Use of Nuclear Weapons, Advisory Opinion, 1996 I.C.J. Rep. 226, 415, 35 I.L.M. 809, 873 (July 8, 1996) (Shahabuddeen, J., dissenting) [hereinafter Dissenting Opinion of Judge Shahabuddeen] (quoting Treaty for the Prohibition of Nuclear Weapons in Latin America (Treaty of Tlatelolco), 22 U.S.T. 762, 634 U.N.T.S. 762 (Feb. 14, 1967)).
42 DOCTRINE FOR JOINT NUCLEAR OPERATIONS, supra note 45, at I-2 (강조 필자).
43 DOCTRINE FOR JOINT NUCLEAR OPERATIONS, supra note 45, at I-2. (강조 생략).
44 U.S. DEP'T AIR FORCE, AIR FORCE DOCTRINE ANNEX 3-72, NUCLEAR OPERATIONS, at 7 (May 19, 2015) (Keir A. Lieber, The New Era of Nuclear Weapons, Deterrence, and Conflict, Strategic Stud. Q. (Spring 2013) 인용). 이

핵무기 영향의 통제 불가능성

핵무기—그 어떤 위력의 핵무기일지라도—의 영향은 통제 불가능하며, 어떤 경우에도 핵무기의 **실제 사용**으로 인한 영향이 통제될 수 없다는 것은 논란의 여지가 없다.[45]

교범의 2020년 개정판은 확전 위험에 관해 유사한 지적을 하며 "타국의 행동을 예견할 때 지휘관들이 적이 주어진 시나리오에서 핵무기를 사용할 의사가 있을 것이라거나 심지어는 없을 것이라고 잘못 믿을 수 있게 하는 가정을 세우지" 않기 위해서는 "미국의 행동에 대한 적의 해석을 이해하고 적의 메시지를 마찬가지로 정확하게 파악하는 것이 확전 통제 관리에 결정적으로 중요하다"고 말한다(AIR FORCE DOCTRINE ON NUCLEAR OPERATIONS, supra note 47, at 21). 핵작전에 관한 공군 교리는 또한 다음과 같이 명시하고 있다:

"추가로 확전통제는 충돌하는 양측이 상대방의 의도를 이해하는 데 크게 의존한다. 예를 들어, 한쪽 지휘관이 자제를 보여주는 예시라고 생각한 행동이 실제로는 적에게 확전 행동으로 인식될 수 있다. 미국의 핵작전에 대한 적의 대응을 제대로 예측하기 위해서는 문화적·역사적 맥락을 고려해 합리적인 행동을 결정해야 한다"(위와 같음).

[45] 저위력 핵무기나 미니 핵무기에 대한 명확한 정의는 없지만, 1996년 합참이 발행한 합동 전역 핵작전 교리는 핵무기의 수준을 매우 낮음(1킬로톤 미만), 낮음(1~10킬로톤), 중간(10~50킬로톤), 높음(50~500킬로톤), 매우 높음(500킬로톤 이상)으로 정의하고 있다. JOINT CHIEFS OF STAFF, DOCTRINE FOR JOINT THEATER NUCLEAR OPERATIONS: JOINT PUB 3-12.1, at GL-3 (Feb. 9, 1996) [이하 JOINT THEATER NUCLEAR OPERATIONS] 참조. 참고로 히로시마와 나가사키에서 폭발한 핵무기의 위력은 각각 15킬로톤과 21킬로톤이었다. JOHN MALIK, LOS ALAMOS NATIONAL LABORATORY, REPORT LA-8819, THE YIELDS OF THE HIROSHIMA AND NAGASAKI NUCLEAR EXPLOSIONS 1 (1985).

1994년 미 의회가 저위력 핵무기 연구개발을 금지했을 당시, 미 의회는 5킬로톤 미만의 위력을 가진 핵무기에 초점을 맞췄다. National Defense Authorization Act for Fiscal Year 1994, Pub. L. No. 103-160, § 3136, repealed by National Defense Authorization Act for Fiscal Year 2004, Pub. L. No. 108-136 참조. 스프랫(Spratt) 의원은 "미국은 현명하게 전술핵무기를 폐기하기로 결정했다"며 입법 근거를 설명했다. 또한 스프랫 의원은 "5킬로톤 위력의 핵무기는 전적으로 전술적인 아주 소형의 핵무기다. 이 핵무기는 사실상 전략적 가치가 없다"고 말했다(위와 같음).

5킬로톤 이하 범주 내에서 미국은 현재 B61 중력 폭탄, B61-3 및 B61-4 모델을 포함하여 저위력을 가진 약 230기의 여러 유형의 비전략 핵무기를 보유하고 있다. Hans M. Kristensen, *Nuclear Notebook : U.S. Nuclear Forces 2021*, 77 BULL. OF ATOMIC SCIENTISTS, Issue 1, at 44 (2021), https://www.tandfonline.com/doi/pdf/10.1080/00963402.2020.1859865?needAccess=true 참조.

조지 W. 부시 행정부 시절 미국은 저위력 전술 핵무기의 역할을 확대하고자 했다. U.S. DEP'T DEF., NUCLEAR POSTURE REVIEW (2002) [이하 Bush 43 NPR] 참조. 오바마 행정부는 이 정책을 뒤집었다. Robert S. Norris & Hans M. Kristensen, *U.S. Nuclear Forces 2010*, 66 BULL. ATOMIC SCIENTISTS, 57, 62-63 (May/June 2010) 참조.

트럼프 행정부는 2018년 핵태세 검토에서 미국의 저위력 핵무기를 확대하는 부시 행정부의 정책으로 회귀하면서 다음과 같이 명시했다: "저위력 옵션을 포함하여 미국의 유연한 핵 옵션을 확대하는 것은 지역적 침략에 대한 신뢰할 수 있는 억제력을 유지하는 데 중요하다. 이는 핵 문턱을 높이고 잠재적 적들이 제한된 핵확전의 잠재적 이점이 없음을 인식하도록 보장하여 핵 사용 가능성을 낮추는 데 기여할 것이다."

U.S. DEP'T DEF., NUCLEAR POSTURE REVIEW, XII (2018) [이하 TRUMP NPR]. 트럼프 행정부의 NPR은 계속해서 다음과 같이 명시했다: "따라서 미국은 전 세계에 핵폭격기와 DCA(이중 능력 전략기)를 전진 배치할 수 있는 능력을 유지하고 필요에 따라 강화할 것이다. 우리는 핵무기를 탑재할 수 있는 F-35 항공기로 DCA를 업그레이드하는 데 전념하고 있다. 우리는 NATO와 협력하여 유럽에 기반을 둔 DCA의 준비태세, 생존성 및 작전 효과성을 최대한 보장하고, 필요한 경우 향상시킬 것이다. 또한 미국은 단기적으로 소량의 기존 SLBM(잠수함 발사 탄도미사일) 탄두를 개량하여 저위력 옵션을 제공하고, 장기적으로는 최신 핵장 해상 발사 순항미사일(SLCM)을 추구할 것이다. 저위력 SLBM 탄두와 SLCM은 DCA와 달리 억제 효과를 제공하기 위해 주둔국의 지원이 필요하거나 그에 의존하지 않는다. 이 전력들은 플랫폼, 사거리, 생존성에서 추가적인 다양성을 제공하고 장래의 핵전쟁 '발발' 시나리오에 대한 귀중한 대비책을 제공할 것이다"(위와 같음).

바이든 행정부가 의회에 제출한 예산 요청서에 따르면, 2022년 1월 기준, 트럼프 행정부가 제시했던 무기 프로그램은 바이든 행정부 초기에 유지되었다. Shannon Bugos, *U.S.Nuclear Modernization Programs*, ARMS CONTROL ASS'N: FACTS SHEETS & BRIEFS (2022년 1월 최종 검색), https://www.armscontrol.org/factsheets/USNuclearModernization 참조. 그 이후로 바이든 행정부는 트럼프 행정부 프로그램 일부를 취소한 것으로 알려졌다. 예를 들어 Valerie

이러한 결론에 이르게 하는 고려 사항들은 다음과 같다.

- 미국의 핵무기고는 주로 고위력 핵무기로 구성되어 있으며, 미국이 보유하고 있는 무기 중 저위력 무기로 사용할 수 있는 비교적 적은 수의 핵무기조차도 위력 조절이 가능하며, 고위력을 낼 수 있다는 현실;
- 미국의 핵무기 사용은 어떤 경우에든 고위력 핵무기 사용으로 될 가능성;
- 미국이 핵무기 사용을 소량의 저위력 핵무기로 제한하지 않을 가능성;
- 핵 대응 및 확전 가능성에 대한 위험의 통제 불가능성;
- 핵무기 운반의 정확성에 대한 위험의 통제 불가능성;
- 방사성 낙진 영향 위험의 통제 불가능성;
- 전자기 펄스(EMP) 영향 위험의 통제 불가능성;
- 핵겨울 영향 위험의 통제 불가능성;
- 핵무기의 방사성 낙진, EMP, 핵겨울 영향의 통제 가능성에 대한 미국의 진지한 태도의 부재;
- 핵무기의 전반적 영향의 통제 불가능성;
- 심지어 저위력 핵무기라 할지라도 그 영향의 통제 불가능성; 그리고
- 화학 및 생물 무기 영향과 관련된 통제 불가능성.

미국의 핵무기고

ICJ에 제출한 핵무기 사용의 합법성을 옹호하는 의견서에서 미국이 외딴 지역의 제한된 수의 군사 목표에 대한 제한된 수의 저위력 전술핵무기 사용으로 추정되는 합법성에 초점을 맞춘 것은 미국의 핵무기고 구성에 관한 현실과 묘한 대조를 이룬다.

Insinna, *Biden administration kills Trump-era nuclear cruise missile program*, Breaking Defense (Mar. 28, 2022), https://breakingdefense.com/2022/03/biden-administration-kills-trump-era-nuclear-cruise-missile-program/ 참조.

저위력 핵무기의 사용은 고위력 핵무기 사용으로 확전될 수 있다는 지적이 있었다. 위러맨트리 판사는 핵무기에 관한 권고적 의견의 반대 의견에서 특히 다음과 같이 명시했다: "그러한 핵 대응을 당하는 쪽의 국가는 그 대응이 소형 핵무기를 수반하는 한정적 또는 전술적 대응이라는 것을 알지 못할 것이며 대응을 당한 국가 또한 똑같이, 즉 소형 핵무기로 신중하게 대응할 것이라고 가정하는 것도 설득력이 없다. 문이 열리고 문턱을 넘어 전면적인 핵전쟁으로 갈 수도 있다."

International Court of Justice Proceeding: Advisory Opinion Requested by U.N. General Assembly on the Legality of the Threat or Use of Nuclear Weapons, Advisory Opinion, 1996 I.C.J. Rep. 226, at 547, 35 I.L.M. 809, 820-21 (July 8, 1996) (Weeramantry, J. dissenting) [이하 Dissenting Opinion of Judge Weeramantry]. 캘리포니아주 상원의원 다이앤 파인스타인은 2017년 "로버트 워크 국방부 차관이 2015년에 증언했듯이, '핵무기 사용을 통해 확전을 통제할 수 있다고 생각하는 사람은 말 그대로 불장난을 하는 것이다.' 긴장은 긴장이고 핵 사용은 궁극적인 긴장이 될 것이다"라고 말했다. 다이앤 파인스타인은 "핵무기의 '제한된 사용' 같은 것은 없다"고 말했다 (Dianne Feinstein, *There's No Such Thing as Limited Nuclear War*, Wash. Post, Mar. 3, 2017, at A19).

미국의 핵무기고는 파괴적인 영향을 위협하는 고위력 전략핵무기 위주로 구성되어 있다. 2021년 현재 미국은 현역 무기고에 약 3,570기의 전략핵탄두를 보유하고 있으며, 이 중 약 1,700기가 실전 배치된 반면, 전술핵탄두는 약 230기를 보유하고 있고, 이 중 약 100기가 실전 배치되어 있다.[46]

미국은 저위력 핵무기를 포함해 핵무기의 비중을 줄이고 있다. 미 육군과 해병대는 핵무장을 해제했으며, 해군은 W76-2(일부 논평가는 이를 전술핵무기로 분류한다)를 제외하고는 더 이상 비전략 핵무기를 배치하지 않는다. 공군은 전술핵 비축량을 대폭 줄였다.[47]

고위력 핵무기의 사용 가능성

미국은 핵무기 사용에 내재된 극도의 위험성을 인정하고 있다. 미국의 정책은 핵무기 사용 위협이 핵무기 사용 필요성을 미연에 방지할 것이라는 희망에 근거한 억제정책이다. 당시 트럼프 대통령의 발언들은 핵 대응을 정당화할 수 있는 상황이 무엇인지에 대한 상이한 접근법을 취했지만, 미국은 미국 또는 동맹국의 근본적 이해관계가 위협받는

---

[46] 미국의 전술핵 무기고는 모두 다이얼식 위력의 핵무기, 즉 위력 조절이 가능한 무기로 구성되어 있으며, 그 위력은 B61-3의 경우 0.3킬로톤에서 170킬로톤까지, B1-4의 경우 0.3킬로톤에서 50킬로톤까지 다양하다.

[47] U.S. DEP'T DEF., NUCLEAR POSTURE REVIEW REPORT at v-vi, 27-28, 45-46 (2010) [이하 OBAMA NPR]. 또한 Nuclear Threat Initiative, *Nuclear Disarmament NATO* (June 28, 2019), http://www.nti.org/analysis/articles/nato-nuclear-disarmament; Hans M. Kristensen & Robert S. Norris, *U.S. Nuclear Forces 2017*, 73 BULL. OF THE ATOMIC SCIENTISTS (Issue 1), 48-57 (2017, published online Dec. 14, 2016), https://www.tandfonline.com/doi/full/10.1080/00963402.2016.1264213#_i9; *U.S. Nonstrategic Nuclear Weapons*, CTR. FOR ARMS CONTROL & NON-PROLIFERATION (July 2016), http://armscontrolcenter.org/wp-content/uploads/2016/07/NonstrategicNuclear-1.pdf 참조.

그러나 위에서 언급한 바와 같이, 2018년 트럼프 행정부는 새로운 잠수함 발사 탄도미사일용 저위력 탄두와 새로운 해상 발사 순항미사일 추가 등을 통해 미국의 저위력 핵무기고를 확대하는 계획을 발표했다. 바이든 행정부는 새로운 저위력 탄두 개발 계획을 취소한 것으로 알려졌다. TRUMP NPR, *supra* note 52, at XI to XIII; 54-55. Valerie Insinna, *Biden administration kills Trump-era nuclear cruise missile program*, BREAKING DEFENSE (Mar. 28, 2022), https://breakingdefense.com/2022/03/biden-administration-kills-trump-era-nuclear-cruise-missile-program/ 참조.

미국이 주기적으로 저위력 핵무기에 대한 의존도를 높이는 방향으로 전환하는 것은 일부 분석가들이 주장하는, 미국이 저위력 핵무기에 의존할수록 미국의 억제정책이 더 신뢰받을 수 있다는 주장에서 비롯된 것이다. 그러한 분석가들의 관점에서 고위력 핵무기의 알려진 영향을 고려할 때 미국이 긴급한 상황에서 고위력 핵무기를 사용하는 것보다 저위력 핵무기를 사용하는 것이 본질적으로 더 신뢰할 수 있기 때문이다.

이 문제의 반대편에 서 있는 것은 미국이 주기적으로 핵무기고에 저위력 핵무기의 상당한 비중을 철회하는 결과로 이어지는 주장으로, 미국이 실제로 핵무기를 사용할 수 있는 상황, 그러한 상황에서 발생할 수 있는 비참한 상황, 저위력 핵무기를 사용하더라도 발생하는 확전 및 광범위한 파괴의 엄청난 위험 등을 고려할 때 미국이 모든 핵무기를 저위력 핵무기로 제한한다는 개념 자체가 비현실적이라는 것이다. ARKIN ET AL., TAKING STOCK: WORLDWIDE NUCLEAR DEPLOYMENTS 1998 (NRDC 1998); WILLIAM J. PERRY, SECRETARY OF DEFENSE, 1995 ANNUAL REPORT TO THE PRESIDENT AND THE CONGRESS 83 참조.

가장 심각하고 극단적인 상황, 즉 본질적으로 모든 관련국을 극도로 불안정하게 하고 압박하는 상황에서만 의도적으로 핵무기를 사용할 것—이는 트럼프 행정부조차 핵태세검토와 같은 공식 정책 문서에서 계속 확인한 바다—이라고 오랫동안 추정되어 왔다.[48]

이러한 상황은 표면적으로는 적이 미국이나 미국의 동맹국에 극심한 피해를 가하거나 가할 것이라고 위협하는 상황에서만 발생할 수 있다.[49] 미국이 핵무기 사용이 필요할 만큼 위협적이라고 판단할 만한 상황이라면, 이는 더 큰 파괴력을 가진 전략핵무기와 실제 다수의 전략핵무기 사용이 필요한 상황으로 간주될 가능성이 크다.

특히 단일 또는 소량의 핵무기 사용의 불확실성, 핵무기 및 그 운반 수단 사용 경험의 한계, 존재할 가능성이 있는 상황의 내재적 변동성을 고려할 때, 미국이 핵무기 사용을 강구할 경우, 미국은 적과 전체 상황에 최대한의 영향을 미치는 데 기여하는 방식으로 사용할 가능성이 크기 때문에 전략핵무기, 그것도 다수의 전략핵무기를 사용할 가능성이 크다.[50] 어떤 무기라도 실패하거나 표적을 놓칠 수 있기 때문이다.

미국이 긴박한 상황에서 전략핵무기를 사용할 가능성은 또한 미국의 핵무기 대부분이 갖고 있는 취약성—공격을 받아 핵무기가 파괴될 수 있는 정도—으로 인해 높아지며, 이는 다른 핵보유국과 마찬가지로 미국이 핵전쟁에 휘말리게 되면 ICBM, 항해 중이 아닌 잠수함, 비행 중이 아닌 폭격기와 같은, 고정된 위치에 있는 매우 취약한 핵자산을 사용할 필요성을 느끼게 되는 "이용하지 않으면 잃는다(use 'em or lose 'em)"는 현실로 이어진다.[51] 이 "이용하지 않으면 잃는다"는 현실은 또한 미국이 배치한 대부분의 핵무기가

---

48 DoD Law of War Manual, supra note 15, at 417 참조. 미 국방부『전쟁법 교범』은 다음과 같이 기술하고 있다: "미국은 핵무기 사용에 관한 국가 정책을 개발했다. 예를 들어, 미국은 미국 또는 동맹국 및 파트너 국가의 사활적 이익을 방어하기 위한 극단적 상황에서만 핵무기 사용을 검토할 것이라고 명시했다. 또한 미국은 핵확산금지조약 당사국이고 핵비확산 의무를 준수하는 비핵보유국에 대해서는 핵무기를 사용하거나 사용하겠다고 위협하지 않을 것이라고 밝혔다."

위와 같음, § 6.18.1, at 417 (각주 생략). 또한 Obama NPR, supra note 55, at ix; Trump NPR, supra note 52, at II; U.S. Dep't Def., Nuclear Weapons Systems Sustainment Programs (May 1997), https://nuke.fas.org/guide/usa/doctrine/dod/sustain/index.html에서 확인 가능; Doctrine for Joint Nuclear Operations, supra note 45, at I-4, II-8 참조.

49 Obama NPR, supra note 55, at ix; Trump NPR, supra note 52, at II (오바마 행정부의 NPR과 트럼프 행정부의 NPR은 "핵무기 사용은 가장 극단적인 상황에서만 고려된다"고 명시하고 있다.); Doctrine for Joint Nuclear Operations, supra note 45, at I-1.

50 Doctrine for Joint Nuclear Operations, supra note 45, at II-6; David Alan Rosenberg, A Smoking Radiating Ruin at the End of Two Hours: Documents on American Plans for Nuclear War with the Soviet Union, 1954–55, Int'l Security, vol. 2, no.3, p.3 (Winter 1981-1982); David Alan Rosenberg, The Origins of Overkill: Nuclear Weapons and American Strategy, 1945–1960, Int'l Security, vol. 7, no.4, p.3 (Spring 1993).

51 Bruce Blair, Victor Esin, Matthew McKinzie, Valery Yarynich & Pavel Zolotarev, One Hundred Nuclear Wars: Stable Deterrence between the United States and Russia at Reduced Nuclear Force Levels Off Alert in the Presence

유지하고 있는 "즉응 발사" 경계 태세와 경보 즉시 발사 정책으로 인해 더욱 악화된다.

미국이 실제로 핵무기 사용에 의존하게 되는 상황은 논리적이거나 신중한 사고와 행동이 우선시되는 상황이 아닐 가능성이 높다. 핵무기 사용 시에는 대량 사용될 가능성이 크다. 위협은 대응 위협으로 이어질 것이며, 사태와 심지어 기술조차도 양측의 바람이나 기대와 달리 걷잡을 수 없이 커질 것이다. 적의 대응, 불확실한 전운, 오인, 지휘통제 실패, 인적 및 장비 결함 상황이 사태를 몰고 갈 가능성이 높다. 이성, 심지어 자기 보호조차 뒷전으로 밀려날 가능성이 높다.[52]

저위력 핵무기의 제한적 사용의 낮은 가능성

위에서 언급한 바와 같이, 미국은 ICJ에 핵무기 사용의 적법성을 주장하면서 제한된 수의 저위력 핵무기 사용은 멀리 떨어진 비도시 지역의 제한된 수의 군사 표적에 대해 합법적으로 사용할 수 있다고 주장했다. 미국이 실제로 핵무기 사용을 고려할 수 있는 상황에서 위에서 언급한 것과 같은 상황이 우세할 가능성이 높다는 점을 고려할 때, 미국이 가정하는 이러한 외과 수술식 핵무기 타격 가능성은 극히 희박해 보인다.

핵시대 후반인 오늘날, 미국이 경고 공격 또는 시위 목적 등으로 유사한 조치에 호소할 가능성이 낮아 보인다는 것 말고도, 저위력 핵무기 사용을 고려할 수 있는 군사 목표는 대부분은 아니더라도 상당 부분 재래식 무기로 대응할 수 있는 미국의 뛰어난 재래식 무기 능력을 고려할 때, 저위력 핵공격은 합법적 명분으로 미국이 군사적으로 유용할 가능성이 거의 없어 보인다.[53]

실제로 WMD 시설을 포함해 견고하게 깊이 매설된 표적―때때로 핵무기가 잠재적

---

of Limited Missile Defenses, 19 SCIENCE & GLOBAL SECURITY 167 (2011) 참조.

52 Paul Bracken, *War Termination*, in MANAGING NUCLEAR OPERATIONS 197 (Ashton B. Carter et al., eds., 1987); PAUL BRACKEN, THE COMMAND AND CONTROL OF NUCLEAR FORCES 198 (1983); HERMAN KAHN ET AL., WAR TERMINATION ISSUES AND CONCEPTS, FINAL REPORT 197-214 (1968); ROBERT S. MCNAMARA, JAMES G. BLIGHT, & ROBERT K. BRIGHAM, ARGUMENT WITHOUT END: IN SEARCH OF ANSWERS TO THE VIETNAM TRAGEDY 9-15 (1999); DOCTRINE FOR JOINT NUCLEAR OPERATIONS, *supra* note 45, at I-2.

53 John Mueller, *Nuclear Weapons Don't Matter*, CATO INST. (Oct. 15, 2018) ("재래식 무기로 똑같이 효과적으로 공격할 수 없는 표적은 사실상 별로 없다."), https://www.cato.org/commentary/nuclear-weapons-dont-matter; Daryl G. Kimball, *A Turning Point on Nuclear Deterrence*, ARMS CONTROL ASS'N: ARMS CONTROL TODAY (July/Aug. 2022) ("NATO와 같이 강력한 핵무기를 보유한 국가나 동맹에게도 재래식 군사력은 군사 공격을 억제하고 전투 승리를 보장하는 핵심 요소다."), https://www.armscontrol.org/act/2022-07/focus/turning-point-nuclear-deterrence.

으로 필요하다고 여겨지는 표적—에 대해서도, 미국은 외부에 노출된 그 표적의 연결부에 대한 공격을 포함하여 재래식 무기로 그러한 표적 대부분을 파괴하거나 손상시킬 수 있다. 또한 재래식 무기로는 충분하지 않을 만큼 견고하게 깊이 매설된 표적에 대해서도, 저위력 핵무기의 표적에 도달하기에 충분할 만큼 대지를 관통할 수 있는 능력의 기술적 한계를 고려할 때, 방사성 낙진과 잠재적 핵겨울이라는 극단적 영향을 가진 고위력 핵무기가 필요하다고 여길 가능성이 높아 보인다.[54]

미국이 북한이나, 미래에는 이란과 같은 소규모 핵보유국에 대한 핵 타격을 강구할 가능성에 관해서도 비슷한 전략적 현실이 존재한다. 현대의 첨단무기 혁명 덕분에 미국의 재래식 무기는 그러한 국가들의 모든 실제 공격을 충분히 억제할 수 있을 뿐만 아니라 그러한 국가들과의 전쟁에서 대부분의 잠재적 군사적 필요를 충분히 해결할 가능성이 높다.[55] 그러한 국가들에 위치한 견고하게 깊이 매설된 표적에 대응할 필요성을 가정하더라도, 그 표적을 외부로부터 차단하기 위한 것뿐이라면 대부분의 경우 재래식 무기로도 충분할 것이며, 저위력 핵무기는 그 어떤 경우에도 그러한 표적 대부분을 파괴하기에 충분하지 않을 가능성이 크다는 위의 분석이 적용된다.

---

54 위와 같음. 또한 Rajesh Uppal, *Reemergence of Underground Warfare, Hard and Deeply Buried Targets (HDBTS) vs. Earth-Penetrating Weapons (EPW)*, INT'L DEF. SEC. & TECH., INC. (July 13, 2019), https://idstch.com/geopolitics/reemergence-underground-warfare-hard-deeply-buried-targets-hdbts-vs-earth-penetrating-weapons-epw; *U.S. Bombs Not Strong Enough to Destroy Iran's Nuclear Program, Report Says*, HAARETZ (Jan. 28, 2012), https://www.haaretz.com/2012-01-28/ty-article/u-s-bombs-not-strong-enough-to-destroy-irans-nuclear-program-report-says/0000017f-f420-d47e-a37f-fd3c15100000; Anthony Capaccio, *U.S. Upgrades its Biggest Non-Nuclear Bomb*, Bloomberg, Jan. 24, 2018; NATIONAL DEFENSE PANEL, TRANSFORMING DEFENSE: NATIONAL SECURITY IN THE 21ST CENTURY 51 (Dec. 1997); Perry, 1995 ANNUAL REPORT, *supra* note 55, at 85 참조.

55 NATO 전 사무차장이자 미 국무부 군비통제 및 국제안보 담당 차관보였던 로즈 고트묄러는 최근 많은 주목을 받은 외교 전문지 『포린 어페어스』에 기고한 글에서 드론, 인공지능, 빅데이터, 위성 및 기타 플랫폼의 센서 시스템, 생명공학, 양자컴퓨터 및 그 밖의 영역 등에서의 재래식 무기 기술 혁명, 즉 "실시간 표적화의 방향으로 나아가는" 기술혁명에 관해 설명했다. 로즈 고트묄러는 "공격에 대한 취약성으로 인해 핵보유국들이 그들의 보복 전력의 생존력에 의문을 제기해야 하는 날이 올 수도 있다"고 말한다. Rose Gottemoeller, *The Case Against a New Arms Race: Nuclear Weapons Are Not the Future*, FOREIGN AFFAIRS (Aug. 9, 2022), https://www.foreignaffairs.com/world/case-against-new-arms-race.

버락 오바마 대통령은 2010년 핵태세 검토에서 미국의 "독보적인 재래식 군사 능력"을 설명하며, 이러한 능력이 "핵무기 의존도를 낮추면서 상당히 감축된 핵전력 수준에서 (안보) 목표를 달성할 수 있게 해줄 것"이라고 말했다. OBAMA NPR, *supra* note 55. 또한 Andrew F. Krepinevich & Steven M. Kosniak, *Smarter Bombs, Fewer Nukes*, 54 BULL. ATOMIC SCIENTISTS, Issue 6, at 26 (Nov. 1998); Christopher Ford, *Conventional 'Replacement' of Nuclear Weapons?*, THE HUDSON INST. (Nov. 17, 2010), https://www.hudson.org/research/9068-conventional-replacement-of-nuclear-weapons-; Michael S. Gerson, *Conventional Deterrence in the Second Nuclear Age*, 39 PARAMETERS, THE U.S. ARMY WAR COLLEGE QUARTERLY, No. 3, at 32 (Aug. 1, 2009), available at https://press.armywarcollege.edu/cgi/viewcontent.cgi?article=2486&context=parameters; Adam Entous & Julian E. Barnes, *Pentagon Bulks Up 'Bunker Buster' Bomb to Combat Iran*, WALL ST. J. (May 2, 2013).

핵대응 및 확전 가능성에 대한 위험의 통제 불가능성

또한 저위력 핵무기를 아주 제한적으로 사용하더라도 그러한 사용이 실제 발생할 수 있는 상황에서는 표적 국가가 그에 대응하여 핵, 화학 또는 생물 무기 공격을 하여 확전될 가능성을 촉발할 것이라는 점에 대해 다양한 전문가들이 강력한 공감대를 형성하고 있다는 사실을 부인할 수 없다.[56] 표적 국가의 그러한 공격을 촉발할 것이라고 보는 경우는

---

56 CONG. OFF. TECH. ASSESSMENT, PROLIFERATION OF WEAPONS OF MASS DESTRUCTION: ASSESSING THE RISKS, OTA-ISC-559, at 61, 100 (Aug. 1993) (report prepared at request of Congress "to assist Congress in its efforts to strengthen and broaden U.S. policies to control the proliferation of weapons of mass destruction"), available at https://www.princeton.edu/~ota/disk1/1993/9341/9341.PDF; International Court of Justice Proceeding: Advisory Opinion Requested by U.N. General Assembly on the Legality of the Threat or Use of Nuclear Weapons, Advisory Opinion, 1996 I.C.J. Rep. 226, 311-329, 35 I.L.M 809, 842 (July 8, 1996) (Schwebel, Vice-President of the Court, dissenting) [hereinafter Dissenting Opinion of Vice-President Schwebel]; U.S. DEP'T DEF., PROLIFERATION: THREAT AND RESPONSE, MIDDLE EAST AND NORTH AFRICA 10 (1997).
  2022년 핵과학자회 회보에 실린 기고문에서 대럴 킴볼은 다음과 같이 기술했다:
  "핵전쟁이 '제한적'일 수 있다는 개념은 위험하다. 실제로, 그리고 전쟁의 불확실한 상황에서, 핵무장을 한 적대국들이 연루된 충돌에서 일단 핵무기가 사용되면 그것이 순식간에 전면적인 핵전쟁으로 비화되지 않는다는 보장이 없다." 2018년 연례 글로벌 선더 핵준비태세 훈련 종료 후, 미 전략사령관 존 하이튼(John Hyten)은 다음과 같이 말했다: "훈련의 결말은 비극이다. 그리고 그 비극적 결말이란 세계 핵전쟁이란 결말을 의미한다."
  그 위험성을 보여주기 위해 2020년 프린스턴대학 '과학과 세계안보 프로그램' 연구자들은 유럽에서 발생한 충돌에서 러시아나 NATO 지도자들이 핵무기를 선제 사용하기로 결정할 경우 어떤 일이 벌어질지에 대한 분석 보고서를 발표했다. 초기의 "전술" 핵 폭탄 일제 투하 이후, 충돌이 확전되어 러시아가 보유한 약 1,450기의 전략 핵탄두와 미국이 보유한 1,350기의 미사일 및 폭격기 탑재 전략 핵탄두가 수반되는 대규모 열핵무기 교환으로 이어질 가능성이 있다. 이 시나리오는 충돌 초기 수시간 내에 9,100만 명 이상이 사망할 것으로 예상했다. 이후 며칠, 몇 주, 몇 년 동안 수백만 명이 방사선 피폭으로 추가 사망할 것으로 예상했다. 전 세계의 보건·금융·경제 시스템은 붕괴하는 것으로 나타났다.
  Daryl G. Kimball, How to avoid nuclear catastrophe—and a costly new arms race, BULL. OF THE ATOMIC SCIENTISTS (Mar. 11, 2022), https://thebulletin.org/2022/03/how-to-avoid-nuclear-catastrophe-and-a-costly-new-arms-race/#post-heading.
  트럼프 행정부의 2020년 핵사용 전략은 어떤 국가가 핵무기를 사용할 경우 확전 가능성을 통제할 수 없다며 "어떤 국가도 확전통제 능력을 확신하여 핵무기를 사용해서는 안 된다"고 기술했다. U.S. DEP'T DEF., REPORT ON THE NUCLEAR EMPLOYMENT STRATEGY OF THE UNITED STATES 7 (2020) [이하 2020 NUCLEAR EMPLOYMENT STRATEGY REPORT], https://www.esd.whs.mil/Portals/54/Documents/FOID/Reading%20Room/NCB/21-F-0591_2020_Report_of_the_Nuclear_Employement_Strategy_of_the_United_States.pdf에서 확인 가능.
  2020년 핵사용 전략은 어떤 국가(러시아를 지칭하는 것이 분명함)가 저위력 핵무기로 미국을 공격할 경우 미국이 저위력 핵타격으로 대응할지, 아니면 확전 가능한 고위력 핵타격으로 대응할지 알 수 없다고 기술했다: "미국은 현재 적의 핵 사용 시나리오 중 가장 가능성이 높은 것은 재래식 충돌이 확대되는 상황에서의 제한적인 핵타격이라고 생각한다. 미국, 동맹국 또는 파트너국에 대한 제한적인 핵공격에 당면했을 때, 미국의 핵전력은 범위와 규모 면에서 다양한 대응 옵션을 제공한다. 맞춤형 및 단계적 핵 대응은 적 대칭적 대응만을 확실하게 예상할 수 있다거나 적 초기 핵 사용 여부를 가지고 확전 임계치를 정의할 수 있다는 것을 의미하지 않는다. 적이 확실하게 예상할 수 있는 것은 핵공격에 대한 미국의 효과적 대응이 모든 수준과 모든 상황에서 적이 기대하거나 희망하는 어떤 이익보다 더 큰 대가를 치르도록 하는 방식으로 확실하게 이루어질 것이라는 점이다"(위와 같음).
  2020년 핵사용 전략은 또한 다음과 같이 기술하고 있다: "미국의 단계적 대응 옵션 설정은 적의 위협 계산법이 명확하지 않거나 적이 신뢰할 만하다고 여기는 위협 수준과 유형이 불확실한 상황에서 특히 유용하다. 앞서 지적한 바와 같이, 대칭적 대응은 무제한의(open-ended) 보복적(tit-for-tat) 교환을 촉발할 수 있기 때문에 미국은 전적으로 대칭적인 대응만을 고려하는 데 멈추지 않을 것이다"(위와 같음).

3 발표문

다음과 같다.

- 공격을 전략적 공격으로 인식하거나 그러한 공격을 예상한 경우[57]
- 핵 사용 문턱을 넘는 것을 핵 자제의 폐기로 간주한 경우
- 자국의 결의와 국가적 위상을 과시하거나 미국에 추가적 공격이나 확전에 대해 경고할 필요성을 느낀 경우[58]
- 미국의 추가적 공격으로 파괴되기 전에 자국의 핵무기를 사용할 필요성을 느낀 경우[59]
- 발사되기 전에 취약한 미국의 핵무기를 파괴하기로 결심한 경우[60]
- 협상 목적이나 그와 유사한 목적을 위해 확전 사다리를 단 한 단계만 올리는 방식으로 확전을 통제할 수 있다고 느낀 경우[61]
- 강한 충동, 자살적 복수심, 인적 또는 장비 결함이나 그와 유사한 상황에 의한 경우[62]

---

57 DOCTRINE FOR JOINT NUCLEAR OPERATIONS, supra note 45, at I-5 to I-6; Dissenting Opinion of Judge Weeramantry 547, 35 I.L.M at 909; Paul Bracken, War Termination, in MANAGING NUCLEAR OPERATIONS 197 (1987); PETER PRINGLE & WILLIAM ARKIN, S.I.O.P., THE SECRET U.S. PLAN FOR NUCLEAR WAR 193-94 (1983). 적국의 실제 저위력 핵무기 사용에 훨씬 못 미치는 것으로 인식되는 도발 행위(핵무기 개발 가능성을 시사하는 타국의 행동 또는 언사 등)에 대한 대응으로 미국이 전략핵무기를 포함해 핵무기 사용을 위협하거나 고려한 사례들을 생각할 때, 핵무기 사용 가능성의 문턱이 도발적으로 낮거나 적어도 적국들에게는 잠재적으로 그렇게 인식될 수 있는 것은 분명해 보인다.

58 JOINT THEATER NUCLEAR OPERATIONS, supra note 52, at III-7 to III-8; United Kingdom Nuclear Doctrine: Deterrence After the INF Treaty, in UNITED NATIONS DEPARTMENT FOR DISARMAMENT AFFAIRS, NUCLEAR WEAPONS: A COMPREHENSIVE STUDY 158-9 (1991).

59 UNITED NATIONS DEPARTMENT FOR DISARMAMENT AFFAIRS, NUCLEAR WEAPONS: A COMPREHENSIVE STUDY 116 (1991); DOCTRINE FOR JOINT NUCLEAR OPERATIONS, supra note 45, at ix; Bruce M. Russett, The Doctrine of Deterrence, in Catholics and Nuclear War 149, 161 (1983); Steven E. Miller, The Case Against a Ukrainian Nuclear Deterrent, 72 FOREIGN AFFS., no. 3, Summer 1993, at 67, 71.

60 DOCTRINE FOR JOINT NUCLEAR OPERATIONS, supra note 45, at III-8 참조.

61 I.C.J. Hearing Nov. 15, 1995, at 68; BERNARD BRODIE, THE ABSOLUTE WEAPON: ATOMIC POWER AND WORLD ORDER 70-77 (1946); SECRETARY OF DEFENSE JAMES R. SCHLESINGER, 1975 DEPARTMENT OF DEFENSE ANNUAL REPORT, DETERRENCE, ASSURED DESTRUCTION, AND STRATEGIC OPTIONS 32-38; Secretary of Defense Robert McNamara, Defense Arrangements of the North Atlantic Community (Department of State Bulletin, 9 July 1962) in AMERICAN DEFENSE POLICY 295 (1990); DOCTRINE FOR JOINT NUCLEAR OPERATIONS, supra note 45, at i, I-1to I-2; Hearings before the Special Panel on Arms Control and Disarmament of the Procurement and Military Nuclear Systems Subcomm. of the H. Comm. on Armed Serv., 98th Cong. 282 (1985) (statement of Adm. Noel Gayler, U.S.N (Retired), American Committee on East-West Accord); Hearings on The Role of Arms Control in U.S. Defense Policy, before the Committee on Foreign Affairs, House of Representatives, 98th Cong. 2nd Sess. (June 20, 21, 26; July 25, 1984), at 158; Robert S. McNamara, The Military Role of Nuclear Weapons: Perceptions and Misperceptions, in THE NUCLEAR CONTROVERSY, A FOREIGN AFFAIRS READER 90 (1985); Harold Brown, 1976 DEPARTMENT OF DEFENSE ANNUAL REPORT TO THE PRESIDENT AND CONGRESS; General A. S. Collins, Jr., Theater Nuclear Warfare: The Battlefield, in AMERICAN DEFENSE POLICY 359-60 (J.F. Reichart & S. R. Stern 5th ed. 1982); CENTER FOR DEFENSE INFORMATION, NUCLEAR WAR QUOTATIONS at 42.

62 Dissenting Opinion of Judge Weeramantry 548, 35 I.L.M. at 910 (citing Risks of Unintentional Nuclear War, 38 BULL. OF THE ATOMIC SCIENTISTS, 68 (June 1982)); Carl Sagan, Nuclear War and Climatic Catastrophe: Some Policy Implications, 62 FOREIGN AFFS. 257, 259-61 (Winter 1983/1984); Ashton B. Carter, Sources of Error and Uncertainty, in MANAGING NUCLEAR OPERATIONS 611-12, 625 (1987); U.N. DEP'T FOR DISARMAMENT AFFS., NUCLEAR WEAPONS: A COMPREHENSIVE STUDY 116 (1991); CONG. OFF. TECH. ASSESSMENT, PROLIFERATION OF WEAPONS OF MASS

실제로 이러한 영향을 예상하여 최초 타격을 개시한 국가는 표적 국가의 예상되는 대응 타격에 대한 '대응'으로 즉각적 또는 짧은 시간에 자체적인 후속 타격에 착수할 수 있다.[63]

전쟁의 불확실성, 그리고 공격과 그 대응에 대한 적의 인식에 내재된 불확실성을 고려할 때, 저위력 핵공격은 전략핵공격의 잠재적 화력이라는 '이점'은 없이 실질적으로 핵대응과 확전을 촉발할 동일한 위험을 포함하여 핵 루비콘 강을 건널 수 있다는 단점이 있다.

따라서 저위력 핵무기를 사용한 미국의 핵타격을 표적 국가가 고위력 핵무기를 사용한 중대한 핵공격으로 인식할 가능성이 높다면—따라서 마지 그러한 공격이 발생했을 때와 같은 대응을 이끌어낼 가능성이 높다면—처음부터 그러한 공격을 하는 편이 나을 수 있다.

적의 운반수단에 대한 미군의 잠재적 선제타격 계획은 확전 위험을 부각시킨다. 미 합참의 『합동 전구 핵작전 교리』는 "적이 아군을 타격할 수 있기 전에 적의 WMD 운반수단과 지원 인프라를 파괴하거나 제거하기 위한 작전을 계획하고 수행해야 한다"[64]고 명시하고 있다. 잠재적 표적 국가는 이러한 사실을 인지하고 그에 따라 행동을 계획할 것이라고 예상할 수 있다.

또한 『합동 전구 핵작전 교리』에 있는 바와 같이, 상대국의 지휘통제센터는 "핵타격의 표적이 될 가능성이 있는 시설"[65]이라는 점에서도 미국의 핵 표적 선정상의 참수(decapitation) 교리는 본질적으로 확전 성격을 띠고 있다. 핵타격의 표적이 될 수 있는 적의 전투 부대와 시설에는 "WMD와 그 운반 수단뿐만 아니라 관련 지휘통제, 생산 및 군수지원 부대"[66]와 "지상 전투 부대와 관련 지휘통제 및 지원 부대"[67]가 포함된다.

DESTRUCTION, supra note 67, at 70, 100; DOCTRINE FOR JOINT NUCLEAR OPERATIONS, supra note 45, at I-2; ROBERT S. MCNAMARA, JAMES G. BLIGHT, & ROBERT K. BRIGHAM, ARGUMENT WITHOUT END: IN SEARCH OF ANSWERS TO THE VIETNAM TRAGEDY 9-15 (1999); National Conference of Catholic Bishops, The Challenge of Peace: God's Promise and Our Response, A Pastoral Letter on War and Peace, at 48 (May 3, 1983); The Consequences of Nuclear War on the Global Environment, Hearing Before the Subcommittee on Investigations and Oversight of the Committee on Science and Technology, 97th Cong. (1982) (Resolution of April 27, 1982, statement of Dr. Sidney D. Drell).

63   Lt. Col. Jerry M. Sollinger, IMPROVING US THEATER NUCLEAR DOCTRINE: A CRITICAL ANALYSIS (1983); PROLIFERATION: THREAT AND RESPONSE, supra note 67, at 14 (quoting Secretary of Defense William J. Perry); William M. Arkin & Hans Kristensen, Dangerous Directions, 54 BULL. OF THE ATOMIC SCIENTISTS, Issue 2 (Mar. 1, 1998).
64   JOINT THEATER NUCLEAR OPERATIONS, supra note 52 at ix (강조 생략) (Feb. 9, 1996).
65   JOINT THEATER NUCLEAR OPERATIONS, supra note 52 at III-6.
66   위와 같음.
67   위와 같음. 또한 Eric Schmitt, 50's Riddle Returns in Treaty Debate: Do Weapons Controls Erode or Enhance U.S. Deterrence, N.Y. TIMES, Oct. 10, 1999, at A10; NATIONAL DEFENSE PANEL, TRANSFORMING DEFENSE: NATIONAL SECURITY IN THE 21ST CENTURY 51 (Dec. 1997) 참조.

미 합참의 『합동 핵작전 교리』는 일단 핵자산에 대한 타격이 "핵 사용에 이용할 수 있는 전력"에 영향을 미치기 시작하면 "급격한 확전이 이뤄질 수 있다"고 언급한다.[68]

잠재적으로 다수의 핵무기 사용이 뒤따를 수 있는 "계층화(layering)"[69]와 "교차 표적화(cross-targeting)"[70]를 포함해 군의 무력 집중 및 과잉 표적화 정책도 본질적으로 확전을 유발한다.

이러한 확전 위험은 "전술 미사일의 상대적으로 짧은 비행 시간과 이동식 공세 전력 표적 위치에 대한 잠재적 불확실성 증가"[71]로 의사결정이 늦어져 악화될 수 있다.

『합동 핵작전 교리』는 합동군 사령관이 "군 운용을 고려할 때 근실시간 균형 분석"[72]에 접근할 수 있어야 한다는 점에 주목하며, 다음과 같이 명시하고 있다.

> 매우 촉박한 타임라인은 반드시 내려야 하는 결정에 영향을 미친다. 방어의 경우 불과 몇 초, 공격의 경우 불과 몇 분 안에 NCA(국가통수기구)와의 협의를 거쳐 중대한 결정을 내려야 한다.[73]

『합동 핵작전 교리』는 또한 "상대방이 신뢰할 수 있는 위협을 오판하거나 의도적으로 무시할 수 있다"[74]며 오인과 억제에 대한 비민감성(non-susceptibility)의 위험성을 언급하고 있다. 정치·군사·학계의 다양한 전문가들은 일단 핵 문턱을 넘으면 확전 가능성이 높다는 점에 인정하고 있다.[75]

---

68 DOCTRINE FOR JOINT NUCLEAR OPERATIONS, *supra* note 45, at I-5 to I-6.
69 DOCTRINE FOR JOINT NUCLEAR OPERATIONS, *supra* note 45, at II-6.
70 DOCTRINE FOR JOINT NUCLEAR OPERATIONS, *supra* note 45, at II-6.
71 DOCTRINE FOR JOINT NUCLEAR OPERATIONS, *supra* note 45, at III-8.
72 DOCTRINE FOR JOINT NUCLEAR OPERATIONS, *supra* note 45, at III-8.
73 DOCTRINE FOR JOINT NUCLEAR OPERATIONS, *supra* note 45, at III-8 (강조 생략). 탄도미사일은 놀라울 정도로 빠르다: "공군은 최근 캘리포니아 반덴버그 공군기지에서 두 차례의 비무장 미니트맨 III 대륙간탄도미사일 발사를 성공적으로 마쳤다고 밝혔다. …각 ICBM은 30분 내에 4,200마일을 비행하여 마셜제도 서부의 콰잘레인 미사일 기지에 있는, 사전에 지정된 표적을 명중시켰다." Sarah Hood, *News Notes*, AIR FORCE MAG., Aug. 1997 at 15.
74 DOCTRINE FOR JOINT NUCLEAR OPERATIONS, *supra* note 45, at I-2.
75 조지 슐츠 전 미 국무장관은 상원 군사위원회에서 일단 핵무기가 사용 가능한 것으로 간주되면 소형 핵무기를 사용하더라도 이어서 더 큰 핵무기가 사용될 가능성이 높다고 생각한다고 증언했다. 그는 또한 "핵무기는 어쨌든 핵무기이며, 우리는 그것을 경계로 삼아야 할 필요가 있다고 생각한다. 내게 걱정스러운 것 중 하나는 우리가 소형 핵무기를 가질 수 있고… 그것을 어떻게든 사용할 수 있다는 생각이다."라고 말했다. U.S. Senate Armed Services Committee Hearing to Receive Testimony on Global Challenges and U.S. National Security Strategy, Jan. 25, 2018 (Statement of George P. Shultz) 참조.
    캘리포니아주 상원의원 다이앤 파인스타인은 『워싱턴포스트』 기고문에서 "제한적 타격을 위한 새로운 저위력 핵무기 설계는 사용 문턱을 위험할 정도로 낮추고 …억제를 통해 만들어진 안정성을 훼손하여 승자가 없는 핵전쟁을 촉발할 가능성을 높인다."고 썼다. Dianne Feinstein, *There's No Such Thing as Limited Nuclear War*, WASH. POST,

Mar. 3, 2017, at A19.

　　로버트 워크 국방부 차관은 하원 군사위원회에서 증언하면서 "핵무기 사용을 통해 확전을 통제할 수 있다고 생각하는 사람은 말 그대로 불장난을 하는 것이다. 확전은 확전이고, 핵 사용은 궁극적인 확전이 될 것이다."라고 했다. U.S. House of Representatives, Statement of Robert Work, Deputy Secretary of Defense, and Admiral James Winnefeld, Vice Chairman of the Joint Chiefs of Staff, Before the House Committee on Armed Services (June 25, 2015) 참조.

　　스탠스필드 터너(Stansfield Turner) 전 CIA 국장은 이렇게 경고했다: "핵무기 사용에 대한 금기가 깨지면 그다음에 무슨 일이 일어날지 누가 예측할 수 있겠는가? …새로운 전술핵무기를 만들어 그 사용을 증명하는 것이 아니라 전술핵무기를 통제하는 것이 우리의 목표가 되어야 한다." Dan Williams, *Israel Could Use Tactical Nukes on Iran: Thinktank*, REUTERS (Mar. 26, 2010) (Turner 인용) 참조.

　　로버트 맥나마라 전 국방부 장관은 2009년 외교 전문지 『포린 어페어스』에 기고한 글에서 그가 핵무기의 제한적 사용의 위험성이라고 보는 것에 대해 기술했다: "나는 기고문과 연설에서 핵무기를 어떤 식으로든 제한적인 방식으로 사용할 수 있다는 가정은 근본적으로 결함이 있다고 비판했다. 핵타격을 효과적으로 통제하여 민간인의 생명과 자산에 막대한 파괴를 초래하는 것을 막을 수 있는 방법은 없으며, 일단 선제 핵타격이 발생하면 무제한적인 확전을 막을 수 있다는 보장도 없다. 우리가 이러한 사실을 인정하고 이러한 인식을 바탕으로 군사 계획과 정책을 수립할 때까지 우리는 핵전쟁의 심각하고 용납할 수 없는 위험을 피할 수 없다. 나는 우리의 정책이 야기하는 핵 위험에 대해 처음 반대 목소리를 냈을 때보다 오늘날 이러한 견해를 더욱 확고하게 갖고 있다. 나는 미국의 핵 정책이 오늘날 타국과 우리 자신에게 용납할 수 없는 위험을 초래한다는 것을 직접 경험을 통해 알고 있다."

Robert S. McNamara, *Apocalypse Soon*, FOREIGN POL'Y (Oct. 21, 2009), http://foreignpolicy.com/2009/10/21/apocalypse-soon.

　　미 공군은 핵무기 사용의 영향에 대한 불확실성과 하나의 핵무기 사용이 확전으로 이어질 수 있다는 위험성을 인정한다: "핵무기의 막대한 파괴력과 기타 관련 영향은 공군 계획가들에게 특별한 예방조치를 취할 것을 요구한다. 계획은 적의 핵 사용 가능 시나리오에 대응할 수 있어야 한다. 전자기 펄스, 병력 분산 대비 밀집 편대와 같은 생각할 수 있는 모든 상황을 고려해야 한다. 계획가는 적의 핵무기 사용 교리와 전략, 특히 공인된 '선제사용' 전략이 있는지 여부와 적의 핵무기 사용이 발생할 가능성이 가장 높은 경우를 이해할 수 있는 정보를 중시해야 한다. 계획가에게 최대의 난제는 아마도 확전통제 계획을 수립하는 것일 것이다. 미국의 행동에 대한 적의 해석을 이해하고 적의 메시지를 마찬가지로 정확하게 파악하는 것은 확전통제를 관리하는 데 핵심적이다.

　　계획 수립 노력은 또한 아군 지휘관이 미러 이미징(mirror imaging) 실수를 범하지 않도록 재검토되어야 한다. 타국의 행동을 예상할 때 미국의 가치와 문화를 계획 수립의 근거가 되는 가정에 적용할 경우 지휘관이 주어진 시나리오에서 적이 핵무기를 사용할 의사가 있다거나, 심지어 없을 것이라고 잘못 판단할 수 있다. 또한 확전통제는 충돌의 양측이 상대방의 의도를 이해하는 데 크게 의존한다. 예를 들어 한 지휘관이 자제력을 보여주는 사례라고 생각하는 것이 실제로 적에게는 확전행동으로 인식될 수 있다. 미국의 핵작전에 대한 적의 대응을 정확하게 예측하려면 문화적·역사적 맥락을 고려해 합리적 행동을 판단해야 한다.

　　마지막으로, 핵전력 지휘관은 국가 지도부에 권고사항을 제시할 때 국가 전략 목표 달성에 실패할 위험이 없도록 핵작전에 대한 연합군의 인식을 고려해야 한다."

AIR FORCE DOCTRINE ON NUCLEAR OPERATIONS, *supra* note 47, at 21.

　　핵작전 교리의 구 버전에서 공군은 확전 가능성에 관한 불확실성을 훨씬 극명한 표현으로 설명했다: "(핵무기 사용의) 어떤 영향이 있을지 정확히 판단하기는 어렵다. 핵무기의 제한적 사용은 미국이 요구되는 어떤 정도의 무력이라도 사용할 수 있다는 확신을 적에게 심어 주고, 적의 중단과 단념을 유도할 수 있다. 반대로 충돌을 확전시킬 만큼 적을 격분시킬 수도 있다."

2009 AIR FORCE DOCTRINE ON NUCLEAR OPERATIONS, *supra* note 47, at 8.

　　브루킹스연구소의 선임연구원 스티븐 피퍼(Steven Pifer)는 "그 어떤 핵무기라도 일단 사용되면 재앙적인 확전 가능성이 급격히 높아질 것"이라고 경고한다. Jeremy Bender, *Russia is risking 'lowering the nuclear threshold'*, BUS. INSIDER (Feb. 4, 2016) (Pifer 인용), https://www.businessinsider.com/russia-is-risking-lowering-the-nuclear-threshold-2016-2/. Investigative writer Eric Schlosser similarly cautions. "Once the 'nuclear taboo' has been broken, nobody can be certain what will happen next." See Eric Schlosser, *The Growing Dangers of the New Nuclear-Arms Race*, NEW YORKER (May 24, 2018), https://www.newyorker.com/news/news-desk/the-growing-dangers-of-the-new-nuclear-arms-race/ 참조.

3 발표문

운반의 정확성에 대한 통제 불가능성

미국이 ICJ에 제출한, 즉 핵무기를 개별 군사 목표에 정확하고 직접적으로 투하하여 해당 목표를 정확하게 공략할 수 있다는 입장은 사용 가능한 운반 장치의 정확성과 통제 가능성이 지닌 핵심적 한계를 간과하고 있다.

미국의 핵무기는 일반적으로 지상·해상·공중 기반 운반 장치에서 발사되는 미사일이나 공중에서 투하하는 폭탄을 통해 표적에 투하된다.[76] 통계적으로 미국의 현대 미사일은 일반적으로 매우 높은 정확성을 갖고 있다.[77] 미국이 발사할 수 있는 핵무기 탑재 미사일은 대부분 의도한 표적을 근접 타격할 것이라고 예상할 수 있다.[78] 그러나 잘못된 표적을 타격할 위험이 사라지는 것은 아니다. 특정 미사일이나 무기 운반의 정확성은 불확실하다.[79]

또한 미사일이 의도한 표적을 맞히는 정확도를 측정하는 데 사용되는 원형공산오차(CEP) 수치는 미국의 현대 미사일의 확률 정확도와 관련해서 고무적이긴 하지만, 어떤 의미에서는 절반의 이야기에만 답한다. 원형공산오차 수치는 예상 정확도로 의도한 표적

---

76 DOCTRINE FOR JOINT NUCLEAR OPERATIONS, *supra* note 45, at II-2; JOINT THEATER NUCLEAR OPERATIONS, *supra* note 52, at I-3 to I-5 참조.

77 미국은 특히 운반의 정확성과 신뢰성을 포함해 보유하고 있는 다양한 유형의 핵무기 성능을 크게 향상시켰으며, 이는 핵무기의 효율성을 크게 높였다. 예를 들어 Hans M. Kristensen & Matt Korda, *Nuclear Notebook: How many nuclear weapons does the United States have in 2022?*, BULL. ATOMIC SCIENTISTS (May 10, 2022), https://thebulletin.org/premium/2022-05/nuclear-notebook-how-many-nuclear-weapons-does-the-united-states-have-in-2022/; Hans M. Kristensen & Matt Korda, *United States Nuclear Forces*, 2021, 77 BULL. ATOMIC SCIENTISTS 43, 44 (2021) 참조. 또한 William J. Broad & David E. Sanger, *As U.S. Modernizes Nuclear Weapons, 'Smaller' Leaves Some Uneasy*, N.Y. TIMES, Jan. 12, 2016, at A1; Hans M. Kristensen, Matthew McKinzie & Theodore A. Postol, *How US nuclear force modernization is undermining strategic stability: The burst-height compensating super-fuze*, BULL. OF THE ATOMIC SCIENTISTS (Mar. 1, 2017), https://thebulletin.org/how-us-nuclear-force-modernization-undermining-strategic-stability-burst-height-compensating-super10578 참조.

그러나 특정 미사일의 정확도에 영향을 미치는 변수는 많다. 날씨, 중력 효과, 미사일의 성능 및 표적의 위치와 특성에 대한 시험 또는 컴퓨터를 통한 가정의 정확도, 표적에 도달하도록 발사를 정확하게 프로그래밍하고 실행할 수 있는 정도, 기계 및 전자 장비가 의도한 대로 미사일이 작동하는 정도, 다른 핵무기 또는 기타 무기의 폭발이 성능에 미치는 영향, 탄두가 폭발하는 고도 등이다.

또한 더 현대화된 미국 항공기 중 일부는 놀라울 정도로 빠르고, 표면적으로 레이더 탐지를 피할 수 있지만 (Kristensen & Korda, *How many nuclear weapons does the United States have in 2022*, *supra* 참조), 항공기는 본질적으로 추적, 레이더 및 인적 오류의 영향을 받기 때문에 운반 정확도와 관련하여 상당한 위험 요소가 있다는 점도 주목할 필요가 있다. JOINT THEATER NUCLEAR OPERATIONS, *supra* note 52, at I-3 to I-5 참조. 또한 Kosta Tsipis, ARSENAL: UNDERSTANDING WEAPONS IN THE NUCLEAR AGE, at 68-76, 114-115, 121-296 (1983) 참조.

78 William J. Broad & David E. Sanger, *As U.S. Modernizes Nuclear Weapons, 'Smaller' Leaves Some Uneasy*, N.Y. TIMES, Jan. 12, 2016, at A1; Hans Kristensen, *Nuclear Weapons Modernization: A Threat to the NTP?*, ARMS CONTROL ASS'N (May 1, 2014), https://www.armscontrol.org/act/2014_05/Nuclear-Weapons-Modernization-A-Threat-to-the-NPT에서 확인 가능.

79 *How Accurate was U.S. Strike on Syrian Airbase*, CBS NEWS, Apr. 7, 2017 참조.

에 도달하지 못한 나머지 절반의 미사일이 어디를 타격할 것인지에 대한 질문은 다루지 않는다.[80]

분명하게 전쟁에서 미사일은 항상 표적을 빗나가며, 때때로 상당히 빗나가기도 한다. 재래식 무기의 이러한 조준 실패는 불행한 결과로 이어질 수 있다. 핵무기의 경우 조준 실패는 훨씬 더 심각한 결과를 초래할 수 있다.[81] 또한 미사일은 표적의 특성이나 위치에 대한 정보 실패로 인해 표적을 놓칠 수도 있다.

방사성 낙진 영향의 통제 불가능성

핵무기의 방사성 낙진 영향의 통제 가능성과 관련하여 미국은 ICJ에 직·간접적으로 다음과 같이 주장했다.

- 핵무기의 특징적이고 주요한 영향은 폭발, 열, 폭풍이다.[82]
- 방사선은 핵무기의 주요 또는 가장 특징적인 특성이 아니라 우발적이고 의도치 않은 부수적이고 이차적인 핵무기의 부산물일 뿐이다.[83]

---

80 CEP는 기본적으로 특정 표적을 향해 발사된 미사일의 절반이 어디를 타격할 것인지에 대한 확률을 예측하는 것이다. 그러나 나머지 절반이 어디를 타격할지는 알 수 없다: "미사일의 정확도는 오작동 없이 운용되는 다수의 동일한 미사일 중 절반이 낙하하는 원의 반경으로 정의되는 원형공산오차(CEP)라고 불리는 측정값으로 정량화된다. CEP는 평균값이 아닌 중간값을 반영하므로 절반의 미사일이 반경 밖 얼마나 멀리에 낙하할지에 대해서는 전혀 설명하지 않는다. 실제 예상되는 오차 거리는 종종 원형 오차 패턴이 아닌 타원형의 오차 패턴을 형성하여 사정 지역 방향으로 가늘고 길게 나타난다."
Missile Defense Advocacy Alliance, *Missile Threat and Proliferation: Accuracy*, MDAA (Aug. 4, 2018), https://missiledefenseadvocacy.org/missile-threat-and-proliferation/missile-basics/ballistic-missile-basics.

81 TSIPIS, ARSENAL, supra note 90, at 72–75; Ashton B. Carter, *Sources of Error and Uncertainty*, in MANAGING NUCLEAR OPERATIONS 611–639 (1987) 참조.
미국은 대리인 맥네일을 통해 핵무기의 영향은 "개별 무기의 폭발력과 폭발 고도, 표적의 특성, 기후 및 기상조건", 그리고 "어느 정도의 방사선을 방출하는지, 지표면 대비 어디에서 폭발하고 표적으로 하는 군사 목표가 어디에 있는지"와 같은 요인에 따라 달라진다고 ICJ에 주장했다. I.C.J. Hearing Nov. 15, 1995, at 69 (citing the Secretary-General's 1990 Report of Nuclear Weapons, 75 at ¶ 290), 위와 같음, at 71. 이러한 요인의 중요성과 관련하여 맥네일은 "이러한 차이점, 구별점, 변수는 무시될 수 없으며, 적절한 법적 분석에서 매우 중요하다"고 주장했다. 위와 같음, at 69.

82 U.S. I.C.J. Memorandum/GA App, at 23-25; Naval Commander's Annotated Handbook (1989), supra note 34, at 10-2 참조.

83 U.S. I.C.J. Memorandum/GA App, at 23-25 참조.
아이러니하게도 미국은 방사선이 핵무기 폭발의 본성적 특성이지 피해자의 고통을 증가시키는 어떤 추가 요소가 아니기 때문에 방사선 영향이 핵무기 사용을 불법으로 만드는 것은 아니라는 반론을 폈다. 맥네일은 ICJ에 "불필요한 고통 금지의 원칙은 특정 군사 목표를 달성하는 데 필요한 것 이상으로 공격받는 사람들의 고통을 증가시키기 위해 특별히 고안된 무기의 사용을 금지한다"고 말했다. I.C.J. Hearing Nov. 15, 1995, at 72.

- 재래식 무기가 위험한 유독가스를 방출할 수 있는 것과 마찬가지로 핵무기도 비슷한 의미에서 방사선을 발생시킬 수 있다.[84]
- 미국은 현대 무기 기술을 통해 핵무기가 방출하는 방사선의 양을 제한하고 통제할 수 있다.[85]
- 미국은 군사 목표에 대한 핵무기 폭발로 발생하는 방사성 낙진을 통제할 수 있다.[86]
- 핵무기 사용이 반드시 비전투원이나 중립국에 광범위하거나 상당한 방사선 또는 극단적 영향을 야기할 것이라고 가정할 이유는 없다.[87]

미국이 핵무기의 방사선 영향의 중대성을 경시하는 것은 다음과 같은 표면적으로 논란의 여지가 없는 사실에 비추어 볼 때 쉽게 옹호할 수 없는 것으로 보인다.

- 방사선은 핵무기의 결정적인 특징 중 하나다. 모든 핵무기는 폭발할 때 방사선을 방출한다.[88]
- 방사선은 생명체에 해로우며, 통상적으로 오랫동안(일부 방사성 원소의 경우 수천 년 동안) 환경에, 그리고 유전적으로는 인간 및 기타 생명체에 잔존하여 축적되고 영향을 미친다.[89]
- 방사선은 바람, 물, 토양, 동물, 식물, 유전적 영향과 같은 물리력뿐만 아니라 지표면의 무기 운반 지점 및 해당 환경 요인과 같은 예측 불허의 변수에 의해 환경에 확산되므로 핵무기 폭발로 인한

---

84 U.S. I.C.J. Memorandum/GA App, at 23-25 (citing Hague Convention (IV) Respecting the Laws and Customs of War on Land, Annex, Art. 23(a) reprinted in Roberts & Guelff, Documents on the Law of War, 63 (2nd ed. 1989)) 참조.
85 I.C.J. Hearing Nov. 15, 1995, at 71; U.S. I.C.J. Memorandum/GA App, at 23 (citing Law of Land Warfare Field Manual (1976), supra note 1, at 5) 참조.
86 I.C.J. Hearing Nov. 15, 1995, at 71 (citing the Secretary-General's 1990 Report on nuclear weapons ¶ 290, at 75) 참조.
87 I.C.J. Hearing Nov. 15, 1995, at 68-70; U.S. I.C.J. Memorandum/GA App, at 32 참조.
88 NATO Handbook on the Medical Aspects of NBC Defensive Operations: A MedP-6(B), Pt. I, Ch. 1 (Feb. 1996), adopted as Army Field Manual 8-9, Navy Medical Publication 5059, Air Force Joint Manual 44-151, available at https://fas.org/irp/doddir/army/fm8-9.pdf; Joint Theater Nuclear Operations, supra note 52, at I-1-2; Nuclear Weapons Advisory Opinion ¶35, at 243-44, 35 I.L.M. at 821-22; Dissenting Opinion of Judge Shahabuddeen 386, 35 I.L.M. at 865; United Nations Department for Disarmament Affairs, Nuclear Weapons: A Comprehensive Study 6-8 (1991) 참조.
89 NATO Handbook on the Medical Aspects of NBC Defensive Operations, supra note 101, at Pt. I, Ch. 1; Dissenting Opinion of Judge Weeramantry 471-72, 35 I.L.M. at 888; Testimony of Mrs. Lijon Eknilang, Council Member of the Rongelap Local Gov't, the Marshall Islands, The Legality of the Threat or Use of Nuclear Weapons, Int'l Ct. of Just., Verbatim Record, at 26-27 (Nov. 14, 1995) (10 AM session); International Physicians for the Prevention of Nuclear War, Briefing Book on Nuclear War (1992) 참조. 냉전 기간에 이뤄진 수많은 주요 연구들은 제한적 핵공격으로부터 예상될 수 있는 사상자를 정량화하려고 시도했다. 몇몇 연구는 미국에 대한 소련의 대군사(counterforce) 타격으로 발생하는 민간인 사상자가 직접적인 폭발로 발생하는 방사선으로 인한 사망자 수와 거의 동일할 것이라는 결과를 내놓았다. William Daugherty William Daugherty, Barbara Levi & Frank Von Hippel, The Consequences of "Limited" Nuclear Attacks on the United States, 10 Int'l Security, No. 4, pp. 3-45 at 35 (Spring 1986); Frank N. von Hippel, Barbara Levi & William Daugherty, Civilian Casualties from Counterforce Attacks, 259 Scientific American, Issue 3, pp. 36-42 at (Sept. 1, 1988); Barbara G. Levi, Frank N. von Hippel & William H. Daugherty, Civilian Casualties from "Limited" Nuclear Attacks on the USSR, 12 Int'l Security, No. 3, pp.168-189 at 168 (Winter 1987-1988) 참조.

- 방사선의 확산은 통제되거나 예측될 수 없다.[90]
- 방사선은 아군과 적군, 전투원과 비전투원, 적국과 중립국, 자국의 주민 및 전력과 적국의 주민 및 전력을 구별할 수 없다.[91]
- 히로시마와 나가사키 원폭, 핵실험, 체르노빌 방사능 유출로 인한 방사선은 인간의 건강과 그 밖의 생명에 상당하고 광범위한 피해를 야기했고, 계속 야기하고 있으며, 이후 세대에도 계속 야기할 것으로 예상된다.[92]
- 확전으로 인해 방사선 수치는 높아질 것이다.[93]

미국이 특정 임무에 고위력 핵무기보다 잠재적으로 방사선을 적게 방출하는 저위력 핵무기를 사용하여 핵무기의 방사선 영향에 대한 어느 정도의 통제력을 갖고 있다는 것은 분명하다. 마찬가지로, 미국은 직접 타격해 파괴할 필요가 없는 취약한 표적을 포함해 적어도 일부 표적에 대해서는 지상이 아닌 공중에서의 핵무기 폭발을 목표로 할 수 있다.[94] 공중 폭발은 지상 폭발이 하늘로 방출—바람이 불어 방사성 낙진을 넓게 확산시키고, 먼지와 잔해가 태양을 가려 잠재적으로 핵겨울을 야기하는 이중 영향을 가져올 수 있는—하는 것과 동일한 잠재적으로 엄청난 양의 연기, 먼지, 잔해를 발생시키지는 않는다. 비록 날씨에는 통상적인 불확실성이 있고, 어쨌든 태양을 가리는 결과로서 핵겨울이

---

90 Joint Theater Nuclear Operations, *supra* note 52, at III-2-3; Charles W. Wittkopf, The Nuclear Reader: Strategy, Weapons, War 320-26 (1985); NATO Handbook on the Medical Aspects of NBC Defensive Operations, *supra* note 101, at §§ I-303(c); Nuclear War Effects Project Advisory Panel (David S. Saxon, Chairman), Cong. Off. Tech. Assessment, *The Effects of Nuclear War*, NTIS order no. PB-296946, at 113 Table 14:8 (May 1979), available at https://ota.fas.org/reports/7906.pdf; Charles S. Grace, Nuclear Weapons: Principles, Effects and Survivability 29-30 (Land Warfare: Brassey's New Battlefield Weapons Systems and Technology Series, 1994); Tsipis, Arsenal, *supra* note 90, at 68-76, 114-115, 121-296 (1983) 참조.

91 Joint Theater Nuclear Operations, *supra* note 52, at II-7; Nuclear Weapons Advisory Opinion ¶ 95, at 262-63, 35 I.L.M. at 829; Dissenting Opinion of Judge Shahabuddeen 382-83, 35 I.L.M. at 863-864 (quoting Javier Perez de Cuellar, *Statement at the University of Pennsylvania*, 24 March 1983, in Disarmament, vol. VI, no. 1, at 91); International Court of Justice Proceeding: Advisory Opinion Requested by U.N. General Assembly on the Legality of the Threat or Use of Nuclear Weapons, Advisory Opinion, 1996 I.C.J. Rep. 226, ¶ 20, at 272-73, 35 I.L.M. 1345, 1349 (July 8, 1996) (declaration by Bedjaoui, President) [hereinafter Declaration of President Bedjaoui]; International Court of Justice Proceeding: Advisory Opinion Requested by U.N. General Assembly on the Legality of the Threat or Use of Nuclear Weapons, Advisory Opinion, 1996 I.C.J. Rep. 226, 556-582, 35 I.L.M. 809, 931 (July 8, 1996) (Koroma, J., dissenting) [hereinafter Dissenting Opinion of Judge Koroma] 참조.

92 Nuclear Weapons Advisory Opinion ¶ 35, at 243-44, 35 I.L.M. at 821-22; United Nations Department for Disarmament Affairs, Nuclear Weapons: A Comprehensive Study 79-83 (1991) 참조.

93 Cong. Off. Tech. Assessment, *The Effects of Nuclear War*, *supra* note 103, at 22-25, 81; Dissenting Opinion of Judge Weeramantry 548, 35 I.L.M. at 870 참조.

94 I.C.J. Hearing Nov. 15, 1995, at 69 (citing the Secretary-General's 1990 Report on nuclear weapons, p. 75, ¶ 290); Joint Theater Nuclear Operations, *supra* note 52, at III-1-2 (Feb. 9, 1996) 참조.

여전히 뒤따를 수 있기는 하지만, 미군은 방사선 낙진이 넓게 확산될 가능성이 적은 유리한 기상 조건일 때 핵무기를 발사할 수도 있다.

또한 핵무기가 방출하는 방사선의 수준은 핵무기 내 기폭장치의 핵분열/핵융합 특성에 따라 영향을 받을 수 있다. W76-2를 제외한 미국 핵무기고에 있는 모든 저위력 핵무기는 무기가 낼 수 있는 다양한 위력 중 하나를 사용자가 선택할 수 있는 다이얼식 위력의 핵무기(dial-a-yield nuclear weapons)이다.

그러나 구별의 규칙, 비례성 및 필요성 규칙의 각 요소로서 통제 가능성의 요건에 대한 위의 논의에서 알 수 있듯이, 이 요건이 핵무기 사용의 **모든** 잠재적 영향에 대한 통제를 요구한다는 것은 분명하다. 추정되는 핵무기 타격의 잠재적 방사선 낙진 영향에 대한 미국의 통제력 부족은 그 타격이 구별, 비례성, 필요성의 요건을 준수할 수 없게 만들어, 그 핵무기가 실제 목표했던 표적에 명중하더라도 미국 스스로 정한 규칙들의 공식에 따르면 그 타격은 불법이 된다.

핵무기의 잠재적인 방사성 낙진 영향이 본질적으로 통제 불가능하다는 데에 어떤 의심의 여지가 있을 수 있을까? 저위력 핵무기조차 방사선을 방출하며, 통제될 수 없는 방사성 낙진을 잠재적으로 촉발할 수 있다.

전자기 펄스(EMP) 영향의 통제 불가능성

핵무기는 높은 고도에서 폭발하는 경우 광범위한 지역에 걸쳐 전자 회로를 무력화할 수 있는 EMP를 방출하여 현대 생활이 의존하고 있는 전자시스템을 무력화하며, 그 영향은 수년간 지속될 수 있다. 폭발 시 발생하는 감마선, X-선, 중성자에 의해 생성된 에너지는 대기 중에 있는 원자 및 분자와 상호작용하여 고에너지의 자유 전자를 생성한다. 이러한 전자는 과부하로 인해 전기 회로를 연소시키는 전류를 발생시킴으로써 전자 장치를 약화시키고, 전자 장치와 이를 사용하는 전자 장비를 손상시킨다.

높은 고도에서 이뤄지는 단일 또는 소량의 핵무기 폭발조차 광범위한 지역에 걸쳐 현대 생활을 중단시킬 수 있으며, 사람들에게 식량, 물, 의료서비스를 제공하는 수단, 상품과 서비스의 생산 및 공급, 금융 시스템 등에 심각한 영향을 미칠 수 있다.

특정 상황에서 잠재적인 EMP 영향이 미치는 정확한 지리적 범위는 확실하지 않지만, 신뢰할 만한 연구들에 따르면 매우 넓은 지역이 영향을 받을 것으로 추정된다. 예를 들어, 미국에 대한 EMP 공격은 미국 대륙 전체에 걸친 주요 기반시설의 무기한 손실을 잠재적으로 가져올 수 있다.

전문가들은 EMP 공격과 그 영향으로 인한 파괴는 식량과 물, 통신 수단의 부족으로 인한 사회적 결과와 휘발유, 교통 신호등, 그 밖의 현대 수송에 필수적인 것들의 부족으로 의료진이 도움이 필요한 사람들에게 갈 수 없는 상황에서 비롯될 것이라고 결론지었다. 의회 청문회 증언은 EMP 공격의 경우 폭발 고도가 높아서 폭발이나 그 결과로 생긴 방사선으로 인한 사망자가 거의 발생하지 않을 수 있음에도 불구하고 어떤 상황에서는 EMP 공격이 다른 유형의 핵공격보다 잠재적으로 더 큰 파괴를 야기할 수 있다고 지적했다. 고고도 핵무기 폭발의 EMP 영향이 통제 불가능하다는 것은 분명하다.

핵겨울 영향의 통제 불가능성

핵겨울은 핵무기가 지표면 또는 그 가까이에서 폭발할 때 엄청난 양의 그을음, 연기 및 기타 잔해가 성층권으로 올라가 태양을 차단하는 핵무기 영향을 말한다.[95]

이러한 태양 차단은 농업을 제한하거나 축소시켜 생장 시기를 급격히 단축시키고 기온을 떨어뜨려 지구의 광범위한 지역에 걸쳐 수억 명, 심지어는 수십억 명의 기근과 잠재적 죽음을 야기한다.[96] 이러한 영향의 일부는 길게는 10년 동안 지속될 수 있다.[97]

핵겨울 영향 모델링에 따르면 미국과 러시아 간의 상당한 핵무기 교환뿐만 아니라 예를 들어 인도와 파키스탄이 각각 15킬로톤의 비교적 저위력 핵무기 약 50기를 상대방에게 사용하는 등 보다 제한된 핵무기 교환도 핵겨울, 해양생태계 파괴, 기근을 유발하여 지역 전쟁에서 전 세계적으로 20억 명[98], 미국과 러시아 간의 대규모 핵전쟁에서 50억

---

95 Sarah Derouin, *Nuclear Winter May Bring a Decade of Destruction*, Eos [Am. Geophysical Union] (Sept. 27, 2019), https://eos.org/articles/nuclear-winter-may-bring-a-decade-of-destruction; Seth Baum, *The Risk of Nuclear Winter*, Fed'n Am. Scientists (May 29, 2015), https://fas.org/pir-pubs/risk-nuclear-winter/ 참조.

96 Derouin, *supra* note 123; Baum, *supra* note 123 참조.

97 일반적으로 Baum, *supra* note 123 참조.

98 Matt Bivens, MD, *Nuclear Famine: Even a "limited" nuclear war would cause abrupt climate disruption and global starvation*, INT'L PHYSICIANS FOR THE PREVENTION OF NUCLEAR WAR (Aug., 2022), https://www.ippnw.org/wp-content/uploads/2022/09/ENGLISH-Nuclear-Famine-Report-Final-bleed-marks.pdf; Rutgers, State Univ. of NJ, *Nuclear Winter Would Threaten Nearly Everyone on Earth*, RUTGERS TODAY (Aug. 27, 2019), https://www.rutgers.edu/news/nuclear-winter-would-threaten-nearly-everyone-earth; Alan Robock, *Nuclear winter*, 1 WIRES: IN FOCUS, CLIMATE CHANGE, 418-427 (May/June 2010), http://climate.envsci.rutgers.edu/pdf/WiresClimateChangeNW.pdf 참조.

명 이상에 달하는 잠재적 사상자가 발생할 수 있음을 분명히 알 수 있다.[99]

지표면 또는 그 근처에서의 핵무기 폭발로 인한 핵겨울의 영향이 통제될 수 없다는 것은 분명하다.

방사성 낙진, EMP, 핵겨울 영향의 통제 가능성에 대한 미국의 진지한 태도 부재

아이러니하게도 미국은 자국이 폭발시킬 수 있는 핵무기의 방사성 낙진, EMP, 핵겨울 영향을 통제하기는커녕 아마도 인식조차 못하는 것으로 보인다. 존스홉킨스대학 응용물리연구소 제임스 스쿠라스(James Scouras) 연구원의 2019년 연구에 따르면 미국은 핵무기의 충격파, 화구 지면 충격 및 이와 유사한 영향에 대한 정보를 알아냈지만 방사성 낙진, EMP, 그리고 핵폭발물의 열 방사가 촉발하는 화재의 잠재적 영향이나 전력, 수도, 금융, 교통 등 사회를 지탱하는 인프라에 대한 핵무기 폭발의 물리적 결과를 포함한 수많은 핵무기의 영향에 대한 신뢰할 만한 분석이나 추정치를 내놓지 않았다.[100]

핵겨울에 관해 스쿠라스는 핵겨울 모델링의 불확실성을 고려해 "국방부는 정책 수립이나 군사 계획에서 핵겨울을 고려하지 않는다"[101]고 결론짓는다. 스쿠라스는 국방부가

다학제 연구 집단의 최근 연구는 지구의 광활한 대양과 관련 생명체가 일조 부족, 급격한 기온 저하, 먼지, 연기, 그을음 및 기타 잔해의 대기 축적으로 인한 핵겨울의 영향으로 잠재적으로 피해를 입을 것이라고 밝혔다. Cheryl S. Harrison et al., *A New Ocean State After Nuclear War*, 3 AGU ADVANCES, Issue 4 (Aug. 2022) [First Published Research Article, July 7, 2022], https://agupubs.onlinelibrary.wiley.com/doi/10.1029/2021AV000610 에서 확인 가능). 연구 보고서는 다음과 같이 기술하고 있다:

"연구팀은 한 차례의 미국-러시아 전쟁과, 여러 차례의 인도-파키스탄 전쟁을 모의 실험했다. 모든 시나리오에서 핵전쟁으로 인한 화염폭풍은 대기 상층으로 그을음을 날려 태양을 차단하고 지구 한랭화를 야기했다. 핵 한랭사태의 영향에는 인구가 밀집한 해안 지역으로의 해빙 확대, 해양생물의 대량 소실이 포함된다. 모든 시나리오에서 해양은 급속하게 냉각되지만 연기가 걷힌다고 해서 전쟁 이전 상태로 돌아가지 않는다. 대신, 해양이 정상으로 돌아오는 데는 수십 년이 걸리며 일부 지역은 수백 년 이상 새로운 상태로 유지될 가능성이 높다. 한랭 사태가 끝나면 북극 해빙은 새로운 상태, 즉 일종의 '핵 소빙하기'로 남게 된다. 해양 생태계는 초기 동요와 그로 인한 새로운 해양 상태로 인해 크게 교란되어 전 세계 생태계 서비스에 수십 년 동안 지속되는 영향을 초래하게 된다. 이 연구는 핵전쟁의 위험성과 인간과 환경에 대한 장기적인 영향을 강조한다"(위와 같음).

99 예를 들어 Lili Xia, Alan Robock, Kim Scherrer, Cheryl S. Harrison, Benjamin Leon Bodirsky, Isabelle Weindl, Jonas Jägermeyr, Charles G. Bardeen, Owen B. Toon, & Ryan Heneghan, DEP'T ENV'T SCI., RUTGERS UNIV., *Global food insecurity and famine from reduced crop, marine fishery and livestock production due to climate disruption from nuclear war soot injection*, 3 NATURE FOOD, 586-592 (Aug. 2022) [이후 *Rutgers 2022 Study*]. 또한 Rutgers, *Nuclear Winter Would Threaten Nearly Everyone on Earth*, supra note 126; Robock, Nuclear winter, supra note 126 참조. 이 주제에 대한 추가 읽기 자료 모음을 보려면 Alan Robock, *Climatic Consequences of Nuclear Weapons is Still a Danger*, http://climate.envsci.rutgers.edu/nuclear (2022.12.19. 최종 방문) 참조.

100 James Scouras, *Nuclear War as a Global Catastrophic Risk*, Geo. Wash. Univ. Regul. Stud. Ctr., pp.17-18 (Sept. 18, 2019), https://regulatorystudies.columbian.gwu.edu/nuclear-war-global-catastrophic-risk에서 확인 가능.

101 위와 같음, at 18.

핵겨울을 고려하지 않을 뿐만 아니라 그러한 불확실성이 핵전쟁을 "더욱더 끔찍하게"[102] 만든다는 이유로 그러한 영향을 고려하거나 모델링하는 것을 긍정적으로 보지 않는다고 덧붙인다. 핵무기의 EMP 영향에 대해 스쿠라스는 "핵공격이 전력망을 무너뜨리거나 그렇지 않으면 우리의 경제·군사·사회를 움직이는 전자시스템에 엄청난 피해를 야기할 것인지 전혀 알지 못한다"[103]고 결론 내린다.

핵무기의 방사성 낙진 영향과 관련해 스쿠라스는 "현재 우리는 낙진 생성 및 확산에 대한 훌륭한 모델을 가지고 있지만, 예측 불허의 날씨 변화, 인구 소개 및 차폐와 관련된 불확실성, 기타 변수가 낙진의 영향을 확실하게 예측하는 데 방해가 된다"[104]고 결론짓는다.

미국이 핵무기 타격의 잠재적 방사성 낙진, EMP, 핵겨울 및 기타 영향을 합리적 수준의 확실성으로 사전에 예측할 수 없다는 것은 통제 가능성을 요구하는 구별의 규칙, 비례성과 필요성 규칙에 대한 미국 스스로 정한 공식을 고려할 때 미국이 핵무기를 합법적으로 사용할 수 있다는 그 어떤 가능성도 암울하게 만드는 것으로 보인다.

핵무기의 전반적 영향의 통제 불가능성

핵무기의 영향이 재래식 무기의 영향과 본질적으로 유사하다는 ICJ에서의 미국의 입장은 명백히 오류가 있다. ICJ는 핵무기의 "고유한 특성"에 대해 설명했다.

> 재판소는 … 핵무기가 원자의 핵융합 또는 핵분열로 인해 에너지가 발생하는 폭발 장치라는 점에 주목한다. 바로 그 본질상, 오늘날 존재하는 핵무기에서의 그 (핵융합 또는 핵분열 : 옮긴이) 과정은 엄청난 양의 열과 에너지뿐만 아니라 강력하고 장기간 지속되는 방사선을 방출한다. 재판소에 제출된 자료에 따르면, 앞의 두 가지 원인(엄청난 양의 열과 에너지 : 옮긴이)의 피해는 다른 무기로 인한 피해보다 훨씬 더 강력하며, 방사선 현상은 핵무기 특유의 것으로 알려져 있다. 이러한 특성으로 인해 핵무기는 잠재적으로 재앙을 초래할 수 있다. 핵무기의 파괴력은 공간적으로나 시간적으로 통제될 수 없다. 핵무기는 지구상의 모든 문명과 생태계 전체를 파괴할 잠재력을 갖고 있다.
>
> 핵폭발로 방출되는 방사선은 매우 광범위한 지역에 걸쳐 건강, 농업, 천연자원, 그리고 인구 동태에 영향을 미친다. 또한 핵무기 사용은 미래세대에게 심각한 위험이 될 수 있다. 이온화 방사선은 미래의 환경, 식량 그리고 해양생태계를 손상시키고, 미래세대에게 유전적 결함과 질병을 야기할 수 있다.

---

102 위와 같음.
103 위와 같음.
104 위와 같음.

36. 그 결과로 … 재판소는 핵무기의 고유한 특성, 특히 그 파괴력, 이루 말할 수 없는 인간의 고통을 야기하는 능력, 그리고 후대에까지 피해를 줄 수 있는 능력을 반드시 고려해야 한다.[105]

미 합참의 『합동 핵작전 교리』는 "핵무기 사용은 재래식 전쟁의 중대한 확전을 의미한다"[106]고 인정했다. 교범은 이렇게 명시하고 있다.

> 잠재적 핵전쟁과 이전의 군사적 충돌의 근본적 차이점은 핵무기 사용에 내재된 파괴의 속도, 범위, 정도뿐만 아니라 협상 기회와 군사력에 대한 지속적인 통제의 불확실성이다.[107]

***

> 핵무기는 엄청난 파괴력을 갖고 있기 때문에 많은 경우 부적합할 수 있다.[108]

***

> 폭풍, 열방사선, 즉발 방사선(감마 및 중성자), 잔류 방사선을 포함한 WMD의 즉각적이고 장기적인 영향은 전투부대와 비전투 주민 모두에게 전례없는 신체적·심리적 문제를 야기한다.[109]

미 합참의 『합동 전구 핵작전 교리』는 다음과 같이 명시하고 있다.

> 핵무기는 (방사선 및 전자기 영향, 그리고 잠재적으로 방사성 낙진을 발생시킨다는 점에서도 재래식 무기와 차이가 있지만) 그 파괴적 잠재성이 엄청나다는 점만 보더라도 ("군사적 필요성, 비례성, 부수적 피해와 불필요한 고통의 방지라는 오랜 표적 선정 규칙"에 관한) 분석에 있어 유일무이하다.[110]

교범은 또한 핵무기 사용이 "전쟁의 확대를 뜻한다"[111]고 인정했다.

---

105 Nuclear Weapons Advisory Opinion ¶ 35, at 243-44, 35 I.L.M. at 821-22 (강조 필자); NATO HANDBOOK ON THE MEDICAL ASPECTS OF NBC DEFENSIVE OPERATIONS, supra note 101, at Part I, Chap. 1, § 102(a); INTERNATIONAL PHYSICIANS FOR THE PREVENTION OF NUCLEAR WAR, BRIEFING BOOK ON NUCLEAR WAR (1992); Carl Sagan, Nuclear War and Climatic Catastrophe: Some Policy Implications, 62 FOREIGN AFFS. 257, 273 (Winter 1983/1984). 일반적으로 Cong. Off. Tech. Assessment, The Effects of Nuclear War, supra note 103, at 16-17 참조. 전쟁 자체는 종결되더라도 고통의 절반만 사라질 것으로 추정된다: "(사회적·경제적) 생존 능력을 달성하지 못하면 다수의 추가 사망자와, 상당한 경제적·정치적·사회적 악화가 추가로 초래될 것이다. 이 같은 전후 피해는 실제 핵폭발로 인한 피해만큼이나 치명적일 수 있다(위와 같음, at 5).
106 DOCTRINE FOR JOINT NUCLEAR OPERATIONS, supra note 45, at II-1.
107 DOCTRINE FOR JOINT NUCLEAR OPERATIONS, supra note 45, at I-6.
108 JOINT THEATER NUCLEAR OPERATIONS, supra note 52, at v-vi.
109 Doctrine for Joint Nuclear Operations, supra note 45, at II-7.
110 JOINT THEATER NUCLEAR OPERATIONS, supra note 52, at I-1.
111 JOINT THEATER NUCLEAR OPERATIONS, supra note 52, at III-1; Secretary of Defense Harold Brown, A Counter-

이러한 설명은 방사선 및 EMP 영향뿐만 아니라 폭풍과 열을 포함한 핵무기의 영향이 재래식 무기가 일반적으로 야기하는 영향보다 질적으로 더욱 파괴적이며 통제 불가능하다는 상호 교환 가능한 사실을 확인시켜 준다.

저위력 핵무기 영향의 통제 불가능성

비도시 지역의 제한된 수의 외딴 군사 목표에 대한 제한된 수의 저위력 핵무기 타격의 영향은 통제할 수 있기 때문에 핵무기 영향이 통제 가능하다는 미국의 주장은 개별적으로 검토할 필요가 있지만, ICJ는 핵무기에 관한 권고적 의견에서 이를 검토하지 않았다.

ICJ는 핵무기 지지자들이 저위력 핵무기의 합법적 사용이 가능하다는 점을 입증하지 못했다고 지적하면서도 이 문제에 대한 판단을 내리지 않았다.

특히, ICJ는 핵무기 사용의 합법성을 지지하는 미국과 영국의 다음과 같은 주장에 주목했다.

> 현실은 … 핵무기가 민간인 사상자 발생 가능성 측면에서 아주 상이한 결과가 초래되는 매우 다양한 상황에서 사용될 수 있다는 것이다. 공해상의 군함이나 인구밀도가 낮은 지역의 군대를 표적으로 저위력 핵무기를 사용하는 것과 같은 일부 경우에는 민간인 사상자가 비교적 적은 핵공격을 예상하는 것이 가능하다. 군사 목표에 대한 모든 핵무기 사용이 필연적으로 매우 엄청난 부수적 민간인 사상자를 야기하는 것은 결코 아니다.[112]

ICJ는 핵무기의 적법성에 반대하는 사람들이 다음과 같이 주장한다는 것에 주목했다.

---

vailing Strategic Strategy: Remarks from Speech to the Naval War College, August 20, 1980, DEFENSE, Oct. 1980, vol. 80, at 2-9. 1980년 해럴드 브라운 국방부 장관은 확전 통제에 대한 회의적인 입장을 표명했다: "또한 우리는 모든 핵무기 사용에 수반되는 엄청난 불확실성을 알지 못하는 것이 아니다"(위와 같음, at 9). "내 생각에는 통제 가능한 제한된 타격으로 시작될 수 있는 것이 전면적인 핵전쟁으로 확대될 가능성이 매우 높다는 것을 알고 있다"(위와 같음). 또한 Andrei Sakharov, *An Open Letter to Dr. Sidney Drell*, 61 FOREIGN AFFS. 1001 (Summer 1983) 참조.

물리학자 안드레이 사하로프는 시드니 드렐 박사에게 보내는 공개서한(1983년 여름)에서 이렇게 썼다: "핵 문턱을 넘을 경우, 즉 어떤 국가가 제한된 규모라도 핵무기를 사용할 경우, 이후의 사태 진행은 통제하기 어려울 것이다. 가장 가능성이 높은 결과는 초기 규모 면에서나 지역 차원에서 제한적이었던 핵전쟁에서 전면적인 핵전쟁, 즉 일반 자살로 이어지는 급격한 확전이 될 것이라는 데 동의한다. 예방적 핵타격의 결과이든, 재래식 무기로 싸우는 전쟁의 과정에서든, 어떤 국가가 패배 위험에 처했을 때든, 단순히 사고의 결과로든 '핵 문턱'을 어떻게 넘느냐는 상대적으로 중요하지 않다"(위와 같음).

112 Nuclear Weapons Advisory Opinion ¶ 91, at 261, 35 I.L.M. at 829 (citing U.K., Written Statement ¶ 3.70 at 53, and U.S.A., Oral Statement, CR 95/34 at 89-90).

3) 발표문

> 핵무기에 대한 의존은 인도법의 원칙 및 규칙과 결코 양립할 수 없으므로 금지되어야 한다. 핵무기가 사용되는 경우, 핵무기는 어떤 상황에서든 민간인과 전투원 또는 민간 물자와 군사 목표를 구별할 수 없으며, 대부분 통제 불가능한 핵무기의 영향은 시간적으로나 공간적으로나 합법적 군사 표적에 제한될 수 없다. 핵무기는 핵폭발로 발생하는 폭풍과 열, 방사선 및 그 영향으로 반드시 무차별적 방식의 살상과 파괴를 초래하며, 이로 인해 막대한 사상자가 발생할 것이다. 따라서 핵무기 사용은 명시적인 조약상의 금지 규정이 없다고 하더라도 어떠한 상황에서도 금지된다.[113]

ICJ는 이러한 양극단의 사실적 입장 차이를 해소할 수 없다고 말하면서도 합법성 지지자들이 저위력 핵무기의 확대 없는 제한적 사용 가능성 또는 심지어 그러한 사용의 잠재적 실현 가능성에 대한 자신들의 입장을 입증하지 못했다고 지적했다.

> 보다 소형의 저위력 전술핵무기의 '깨끗한(clean)' 사용을 포함하여 특정 상황에서 핵무기 사용의 합법성을 주장하는 그 어떤 국가도, 그러한 제한적 사용이 가능하다고 가정할 때, 그러한 사용을 정당화하는 상황이 정확히 무엇인지, 또는 그러한 제한적 사용이 고위력 핵무기의 전면적인 사용으로 확대되지 않을 것인지 밝히지 않았다. 이런 이유로 재판소는 그와 같은 견해의 타당성에 대해 판단할 충분한 근거가 있다고 보지 않는다.[114]

핵무기 지지자들이 저위력 핵무기 사용의 잠재적 합법성 주장의 타당성을 입증하지 못했다는 ICJ의 판단은 대단히 중요해 보인다. 이는 재판소가 그간의 긴 심리 과정에 근거해 **가장 제한적인 핵무기 사용은 합법적일 수 있다는 결론조차 내리지 못했음을 보여준다.**

그러나 이와 관련된 사실이 존재하고, 이용 가능하다는 점을 고려할 때, ICJ의 분석을 다음 단계로 끌어올릴 수 있고, 또 그래야만 한다는 것은 분명해 보인다.

우선 고위력 핵무기보다 저위력 핵무기 사용이 방사선과 그 밖의 영향을 더 적게 야기한다는 미국의 주장은 맞다. 위력과 방사선의 관계는 선형적이지 않다. 폭발 방식과 같은 변수가 있지만 일반적으로 저위력 핵무기가 고위력 핵무기보다 더 적은 방사선을 방출한다는 것은 분명하다. 하지만 그렇다고 해서 저위력 핵무기의 방사선 영향이 통제 가능하다거나 적법하다는 것을 의미하지는 않는다.

모든 핵무기는 방사선 영향이 있다. 방사선 영향이 없는 핵무기는 존재하지 않는다. 유리한 기상 조건의 외딴 지역에서 저위력 핵무기를 사용하려는 시도를 할 수 있지만,

---

113 위와 같음, ¶ 92, at 262, 35 I.L.M. at 829.
114 위와 같음, ¶ 95, at 262-63, 35 I.L.M. at 829.

앞서 살펴본 것처럼 그러한 제한적인 사용 시도조차 폭발 현장의 조건에 따라 통제할 수 없는 무수한 방식으로 확산될 수 있는 방사선을 방출한다. 방사선의 확산 결과는 폭발 고도, 바람, 토양, 해당 지역의 수역, 현지 야생동물, 식물 및 기타 형태의 생명체, 그리고 가장 근본적으로 해당 지역의 민간인 등의 조건 같은 요인에 따라 좌우되며, 해상 표적에 대한 핵 타격의 경우에도 유사한 고려 사항이 뒤따른다.

위에서 살펴본 바와 같이, 무력충돌법에 따른 통제 불가능한 영향을 가진 무기 사용 금지는 그러한 통제 불가능한 모든 영향, 특히 통제 불가능한 모든 중대한 영향에까지 적용된다는 것이 핵심이다. 화학·생물 무기나 무인풍선 또는 비통제 지뢰나 기뢰 또는 그와 유사한 무기의 제한적 사용에 대한 예외적(carve-out) 허용이 없는 것과 마찬가지로, 어떤 제한적인 수나 정도의 통제 불가능한 영향을 허용하는 예외 조항은 법에 존재하지 않는다.

통제 가능성 요건은 국제법에서 무인 및 비통제 풍선, 비통제 지뢰 및 기뢰, 화학·생물 무기와 같은 무기와 관련하여 적용되어 왔다. 미군 군사 교범 내용에 광범위하게 반영된 바와 같이, 이러한 통제 불가능한 무기 또는 운반 방식에 대한 금지는 일정한 강도 이상의 영향에만 국한되지 않는다. 의심할 여지 없이 낮은 수준의 화학 및 생물 무기의 사용도 불법이다. 이러한 영향의 통제 불가능성은 그 어떤 수준으로라도 그러한 무기를 사용하는 것을 불법으로 만든다.

무기의 영향을 통제할 수 있어야 한다는 전반적인 법적 요건을 고려할 때, 미국은 저위력 핵무기의 통제 불가능한 영향이 다른 무기의 통제 불가능한 영향보다 조금이라도 더 합법적인 이유에 대해 신뢰할 만한 그 어떤 논거도 제시하지 못한 것으로 보인다.

또한 핵대응과 확전의 위험도 무시할 수 없다. 앞서 살펴본 바와 같이, 한 주요 핵보유국이 다른 핵보유국에 저위력 핵무기를 포함해 핵무기를 사용하는 경우는 분명 표적 국가의 대응적이고 확전 가능성이 있는 핵무기 대응 공격으로 이어지고, 그 결과 최초 공격 국가의 추가적 확전으로 이어지며, 그러한 다수의 핵무기 사용이 잠재적으로 재앙적인 극단적 영향을 초래할 가능성—확실히 예측 가능한—은 널리 인정받고 있다.

화학 및 생물 무기 영향의 관련 통제 불가능성

잠재적 영향의 통제 불가능성이라는 동일한 위험 요소는 화학 및 생물 무기와도 관련 있다. 이 세 가지 유형(핵무기, 화학무기, 생물무기 : 옮긴이)의 대량살상무기 각각의 위험 요소는 어떤 한 가지 유형의 무기 사용이 다른 유형의 무기 사용으로 쉽게 이어질 수 있으므로 상호 연관되어 있다는 것에 주목하는 것이 중요하다.

오래전 진행된 미 의회의 한 연구는 다음과 같은 핵무기 확산의 위험을 확인하고, 이러한 위험이 화학 및 생물 무기에도 적용될 수 있다고 밝히며 이러한 위험을 통제 불가능한 것으로 규정지었다.[115]

- 기존 핵보유국은 다른 국가가 핵무기를 확보하는 것을 방지하기 위해 무력을 사용할 수 있다 (이스라엘이 이라크에 대해서 시도했던 것처럼).
- 신규 핵보유국은 선제타격에 의한 파괴에 취약한 핵전력을 보유할 수밖에 없어 불안정성으로 이어진다.
- 핵무기를 통제하는 국가는 핵전쟁에서 싸워 이길 수 있다고 생각할 수 있다.
- 핵 방아쇠를 당길 수 있는 사람의 증가는 누군가가 우발적으로나 비이성적으로 핵무기를 사용하거나 테러리스트가 핵무기를 탈취할 가능성을 높인다.[116]

이러한 위험에 대해 연구는 다음과 같이 결론 내렸다.

화학 및 생물 무기에도 정도의 차이는 있지만 동일한 원칙이 적용될 수 있다. 학자들과 각국 정부 사이에서 지배적인 견해는 이러한 위험은 통제 불가능하며, 확산을 수용할 것이 아니라 피해야 한다는 것이다.[117]

화학 및 생물 무기의 파괴력은 일부 핵무기의 파괴력에 필적한다. 일부 생물무기는 어떤 측면에서는 핵무기를 잠재적으로 능가하는 유형의 파괴가 가능한 것으로 특징지어진다.[118]

---

115 Cong. Off. Tech. Assessment, Proliferation of Weapons of Mass Destruction, *supra* note 67, at 70 (citing John Mearsheimer, *Back to the Future: Instability in Europe After the Cold War*, 15 Int'l Sec., no. 1, at 37-38 (Summer 1990)). 또한 Seth Baum, *Breaking Down the Risk of Nuclear Deterrence Failure*, Bull. of Atomic Scientists (July 27, 2015), https://thebulletin.org/2015/07/breaking-down-the-risk-of-nuclear-deterrence-failure 참조. 2017년 유엔군축연구소의 연구에 대해서는 U.N. Inst. for Disarmament Rsch., Understanding Nuclear Weapons Risks (John Borrie, Tim Caughley & Wilfred Wan, eds., 2017) 참조.
116 Cong. Off. Tech. Assessment, Proliferation of Weapons of Mass Destruction, *supra* note 67, at 70.
117 위와 같음.
118 Cong. Off. Tech. Assessment, Proliferation of Weapons of Mass Destruction, *supra* note 67, at 2-8, 46, 53-54, 61-62, fig. 2-1 at 53, fig. 2-1 & 2-2 at 54; *Hearing of the Senate Foreign Relations Committee, Nomination of John David Holum to be Undersecretary of State for Arms Control and International Security, Chaired by Senator Charles Hagel (R-NE)*, Fed. News Serv., June 28, 1999; Sec'y Def. William Cohen, The Quadrennial Defense Review § II (1997) 참조.

대량살상무기가 종종 "약자의 무기, 즉 군사적으로 기껏해야 2류 수준인 약소국들과 집단의 무기"[119]로 사용되기 때문에 이러한 위험 요소는 더 악화된다. 화학 및 생물 무기 공격은 상대적으로 약한 국가가 예를 들어 "미국의 압도적인 재래식 우위"[120]에 비추어 미국을 상대로 이러한 무기를 사용할 수 있는 비대칭 공격에 쓸 것으로 예상할 수 있다.

신뢰할 만한 자료에 따르면 화학무기 프로그램 또는 비축량을 보유하고 있거나 최근 보유한 것으로 알려졌거나 의심되는 국가로는 알바니아, 중국, 이집트, 이란, 이라크, 이스라엘, 리비아, 북한, 러시아, 한국, 수단, 시리아, 내만, 미국 등이 있다.[121]

신뢰할 만한 자료에 따르면 생물무기 프로그램 또는 비축량을 보유하고 있거나 최근 보유한 것으로 알려졌거나 의심되는 국가로는 중국, 쿠바, 이집트, 인도, 이란, 이라크, 이스라엘, 리비아, 북한, 러시아, 시리아, 미국 등이 있다.[122]

---

119   Richard K. Betts, *The New Threat of Mass Destruction*, 77 FOREIGN AFFS., no. 1, Jan./Feb. 1998, at 27.
120   Cohen, THE QUADRENNIAL DEFENSE REVIEW, supra note 151, at § III 6-7.
121   *Chemical and Biological Weapons Status at a Glance*, ARMS CONTROL ASS'N: FACT SHEETS & ISSUE BRIEFS (Last Reviewed Mar., 2022), https://www.armscontrol.org/factsheets/cbwprolif; Kristensen, *Nuclear Weapons Modernization: A Threat to the NTP?*, supra note 91 참조.
  이 중 10개국(알바니아, 중국, 이란, 이라크, 리비아, 러시아, 한국, 수단, 시리아, 미국)은 화학무기협약 당사국이므로 실제 화학무기 프로그램을 유지하고 있고, 면제 또는 유예를 받지 않은 경우 조약 의무를 위반하는 것으로 보인다. Status of the Convention on the Prohibition of the Development, Production, Stockpiling and Use of Chemical Weapons and on Their Destruction, UNITED NATIONS, OFF. DISARMAMENT AFFS.: TREATIES DATABASE (2021), https://treaties.unoda.org/t/cwc [hereinafter Chemical Weapons Convention Status]; ORGANISATION FOR THE PROHIBITION OF CHEMICAL WEAPONS: MEMBER STATES (2022), https://www.opcw.org/about-us/member-states 참조.
  리비아는 화학무기 의심 국가 명단에 있었지만 2014년에 화학무기 프로그램을 중단하고 화학무기 폐기를 완료한 것으로 알려졌다. PROLIFERATION: THREAT AND RESPONSE, supra note 67, at 112-16; FED'N OF AM. SCIENTISTS, LIBYA SPECIAL WEAPONS, (2022. 2. 8. 최종 방문); Eric Schmitt, *Libya's Cache of Toxic Arms All Destroyed*, N.Y. TIMES, Feb. 3, 2014, at A1; Kristensen, *Nuclear Weapons Modernization: A Threat to the NTP?*, supra note 91; *Chemical and Biological Weapons Status at a Glance*, supra 참조.
  시리아의 화학무기 보유는 2013년 반군을 상대로 화학무기를 사용하면서 확인되었다. Daryl Kimball, *Timeline of Syrian Chemical Weapons Activity 2012-2022*, ARMS CONTROL ASS'N: FACT SHEETS & BRIEFS (Last Reviewed May 2021), https://www.armscontrol.org/factsheets/Timeline-of-Syrian-Chemical-Weapons-Activity%20#2013. 시리아는 화학무기 프로그램을 중단했고 2014년 7월에 남은 화학무기 비축량을 모두 폐기했다고 주장했지만 미국은 시리아가 화학무기협약을 준수하지 않는다고 계속 주장하고 있다(*Chemical and Biological Weapons Status at a Glance*, supra).
122   *Chemical and Biological Weapons Status at a Glance*, supra note 154; Kristensen, *Nuclear Weapons Modernization: A Threat to the NTP?*, supra note 91 참조. 이 중 9개국(중국, 쿠바, 인도, 이란, 이라크, 리비아, 북한, 러시아, 미국)은 생물무기협약의 당사국이므로 실제로 이러한 프로그램을 유지하고 있다면 조약 의무를 위반하는 것으로 보인다. Status of the Convention on the Prohibition of the Development, Production and Stockpiling of Bacteriological (Biological) and Toxin Weapons and on Their Destruction, UNITED NATIONS, OFF. DISARMAMENT AFFS: TREATIES DATABASE (2021), https://treaties.unoda.org/t/bwc [이후 Biological Weapons Convention Status] 참조. 또한 *Chemical and Biological Weapons Status at a Glance*, supra note 154 참조.

3 발표문

화학 및 생물 무기 프로그램은 어떤 면에서는 핵 프로그램보다 탐지될 가능성이 낮기 때문에 이용 가능한 정보의 신뢰도가 낮다는 점에 주목할 필요가 있다.[123]

화학 및 생물 무기의 잠재적 위험은 이러한 무기의 확산이 남북한, 인도/파키스탄, 중동―이 지역에서는 핵무기 위험도 극심하지만―과 같은 세계의 분쟁 지대, 주요 인계철선(trip wire) 지점에 집중되어 있다는 사실로 인해 더 악화되고 있다.[124]

1990~1991년 걸프전 당시 미국, 이스라엘과 이라크가 주고받은 위협은 핵·화학·생물 무기의 잠재적 사용의 상호 관련성을 잘 보여준다. 사담 후세인은 어떤 국가라도 이라크에 핵무기를 사용한다면 이라크는 화학무기로 대응하겠다고 위협한 것으로 알려졌다.[125] "누구든 원자폭탄으로 우리를 위협한다면, 우리는 이원화 화학무기로 전멸시킬 것이며… 이스라엘이 이라크에 대해 어떤 짓이라도 시도할 경우 이스라엘의 절반을 불태워 버릴 것이다."[126] 마찬가지로, 미국은 이라크가 화학무기를 사용할 경우 핵무기를 사용하겠다고 이라크를 위협한 것으로 알려졌다.[127]

미국 관리들은 이 문제에 대해 다음과 같이 포괄적으로 표현했다. "어떤 국가가 화학무기로 미국을 공격한다면 그 국가는 우리가 보유한 모든 무기에 의한 대응 결과를 두려워해야 할 것이다. …그리고 어떤 국가도 파괴적인 대응을 당하지 않고 우리에게 화학무기를 사용할 수 있다고 여길 것이라 생각하지 않는다. …즉, 우리는 핵무기를 사용하지 않고도 파괴적인 대응을 할 수 있지만, 그 가능성을 포기하지는 않을 것이다."[128]

123　Cong. Off. Tech. Assessment, Proliferation of Weapons of Mass Destruction, supra note 67, at 7.
124　위와 같음, at 66.
125　Cong. Off. Tech. Assessment, Proliferation of Weapons of Mass Destruction, supra note 67, at 100 (Statement of Saddam Hussein, Apr. 2, 1990, Baghdad INA, translation in FBIS-NEW-90-064, at 36 (Apr. 3, 1990) 인용) 참조.
126　Statement of Saddam Hussein, Apr. 2, 1990, Baghdad INA, translation in FBIS-NEW-90-064, at 36 (Apr. 3, 1990), cited in Cong. Off. Tech. Assessment, Proliferation of Weapons of Mass Destruction, supra note 67. 사담 후세인의 언급은 표면적으로는 이라크가 개발한 이원화 사린 신경가스 포대에 대한 것이었다. 이는 1995년 도쿄 지하철 테러에서 일본 테러단체 옴진리교가 사용한 것과 사실상 동일한 가스다. Robert Taylor, The Bio-Terrorist Threat; Potential for Use of Biological Weapons by Terrorist Groups, New Scientist, May 11, 1996, reprinted in World Press R., Sept. 1996.
127　Dissenting Opinion of Vice-President Schwebel, 324-325, 35 I.L.M. at 842 참조.
128　Proliferation: Threat and Response, supra note 67, at 14 (Secretary of Defense William J. Perry, Statement on Libyan Chemical Warfare Facility at Tarhunah, Air War College Conference on Nuclear Proliferation Issues, Maxwell Air Force Base, Alabama (April 26, 1996) 인용); Doctrine for Joint Nuclear Operations, supra note 45, at I-1. 또한 Joint Theater Nuclear Operations, supra note 52 참조.

통제 불가능성에 대한 결론

위력 핵무기를 포함해 핵무기 영향의 통제 불가능성은 명백해 보이며, 이는 구별·필요성·비례성 규칙을 포함하는 무력충돌법에 따라 핵무기 사용을 불법으로 만든다.

이것은 미국에 의한 그 어떠한 핵무기 사용도, 특히 미국이 실제 그러한 무기를 사용할 만한 유형의 상황에서 그 어떠한 핵무기 사용도 불법이라는 것을 명백하게 의미하는 것으로 보인다.

미국 핵억제 정책의 불법성

앞서 서술한 분석이 정확하다면, 미국이 의도적으로 핵무기를 사용할 만한 유형의 상황에서 미국의 핵무기 사용은 미국 스스로 공식화한 것처럼 구별·비례성·필요성 규칙과 그 필연적인 결과인 통제 가능성 요건에 근거하여 무력충돌법에 따라 불법이 되며, 미국의 그 어떠한 핵무기 사용도 합법적인 복구(reprisal)로 인정될 수 없다.

미국이 ICJ에 제출한 주장에서 스스로 인정했듯이, 이러한 불법성은 미국의 핵억제 정책을 불법으로 만든다. 특히 ICJ는 핵무기에 관한 권고적 의견에서 국가가 사용 자체가 불법인 무력을 사용하겠다고 위협하는 것은 불법이라고 판시했다. 이러한 ICJ의 판단과 일관되게 미국은 핵무기 사용이 불법이라면, 그러한 무기 사용 위협도 그 자체로 유지될 수 없다는 점을 ICJ에 인정—사실 적극적으로 주장—했다.

핵무기에 관한 권고적 의견에서 ICJ는 유엔 헌장의 맥락에서 "위협"과 억제 문제를 다음과 같이 다루었다.

> 불법적인 공격의 위험을 줄이거나 제거하기 위해, 국가들은 때때로 그들의 영토 보전이나 정치적 독립을 침해하는 어떤 국가에 대해서든 자위를 위해 사용할 특정 무기를 보유하고 있다는 신호를 보낸다. 특정 사태가 발생하는 경우 무력을 행사하겠다는 의도의 표시가 헌장 제2조 4항에서 말하는 "위협"인지 아닌지는 다양한 요인에 좌우된다. 예정된 무력행사가 그 자체로 불법이라면, 그러한 무력을 행사하기 위한 공언된 준비태세도 제2조 4항에 따라 금지된 위협일 것이다. 따라서 어떤 국가가 타국으로부터 영토를 확보하기 위해, 또는 타국으로 하여금 특정 정치적 또는 경제적 경로를 따르게 하거나 따르지 않도록 하기 위해 무력 위협을 하는 것은 불법이다. 헌장 제2조 4항의 무력의 "위협"과 "행사"의 개념은 무력행사 자체가 어떤 일정한 경우—어떤 이유에서건—

불법이라면, 그러한 무력을 행사하겠다는 위협도 마찬가지로 불법이라는 점에서 일치한다. 요컨대 무력을 행사하겠다고 공표한 어떤 국가의 준비태세가 합법적이려면, 그 무력행사가 헌장에 부합하는 무력행사여야만 한다. 그 외의 것에 관하여, 어떤 국가도—억제정책을 옹호하든 옹호하지 않든—예정하는 무력행사가 불법이더라도 무력행사를 위협하는 것은 합법이라고 재판소에 시사하지 않았다.

일부 국가는 핵무기 보유가 그 자체로 불법적인 무력행사 위협이라는 주장을 제기했다. 실제 핵무기 보유는 핵무기를 사용할 준비가 되어 있다는 추론을 정당화할 수 있다. 억제정책—핵무기를 보유하거나 핵우산 아래 있는 국가가 군사적 침략이 아무런 목적을 달성할 수 없음을 보여줌으로써 침략을 단념시키고자 하는 정책—이 유효하기 위해서는 핵무기를 사용하겠다는 의사가 신뢰할 만해야 한다. 이것(핵무기 사용 의사 : 옮긴이)이 제2조 4항에 위배되는 "위협"인지 아닌지는 특정한 예정된 무력행사가 어떤 국가의 영토보전이나 정치적 독립에 반하거나 국제연합의 목적에 반하는 것인지 여부에 따라 좌우되며, 만일 예정된 무력행사가 방어 수단으로써 의도된 것인 경우에는 무력행사가 반드시 필요성과 비례성의 원칙을 위반하게 될 것인지 여부에 따라 좌우된다. 이러한 상황의 어떤 경우이든 무력행사와, 무력을 행사하겠다는 위협은 유엔 헌장에 따라 불법이다.[129]

국가가 사용이 불법인 무력을 쓰겠다고 위협하는 것은 불법이라는 규칙을 제시하면서, 재판소는 "위협"이라는 단어를 넓은 의미로 사용하고 있음을 분명히 했다. 재판소는 "특정 사태가 발생하는 경우 무력을 행사하겠다는 의도의 표시", 무력을 "행사하기 위한 공언된 준비태세", 그리고 "무력을 행사하겠다고 공표한 어떤 국가의 준비태세"를 위협으로 규정했다. 실제 재판소는 억제정책은 "핵무기를 사용하겠다는 의사가 신뢰할 만해야 한다"고 지적하면서, 핵무기의 잠재적 사용이 유엔 헌장에 따라 불법이라면 핵무기를 단순히 보유하는 것도 불법이라고 판단했다.

ICJ는 또한 핵무기의 불법적 사용 위협의 불법성에 관한 이러한 규칙이 유엔 헌장, 정전법(jus ad bellum)뿐만 아니라 무력충돌법, 전시국제법(jus in bello)에도 존재한다고 명시적으로 판단하면서 "예정된 무기의 사용이 인도법의 요건을 충족하지 않는다면 그러한 사용을 하겠다는 위협도 인도법에 위배된다"[130]고 명시했다.

미국은 ICJ에 제출한 서면 및 구두 의견에서 핵무기 사용이 불법인 경우 억제가 무효로 됨을 인정했다. 미국을 대리한 마이클 매터슨은 ICJ에 제기한 구두 의견에서 다음과 같이 말했다.

129　Nuclear Weapons Advisory Opinion ¶¶ 47-48, at 246-47, 35 I.L.M. at 827 (강조 필자).
130　위와 같음, at ¶ 78, at 257, 35 I.L.M. at 827.

안전보장이사회 상임이사국들은 모두 핵무기 보유고와 그 운반 수단을 확보하고 유지하기 위해 막대한 인적·물적 자원을 투입해 왔으며, 다른 많은 국가도 자국의 안보를 위해 이러한 핵 능력에 의존하기로 결정했다. 핵무기가 어떠한 상황에서도 개별적 또는 집단적 자위를 위해 합법적으로 사용될 수 없다면 침략에 대응해 핵무기를 사용하겠다는 신뢰할 수 있는 위협은 존재하지 않게 될 것이며, 억제정책은 무익하고 무의미해질 것이다. 이 점에서 억제정책과 억제수단 사용의 합법성을 분리하는 것은 불가능하다. 따라서 핵무기 사용에 대한 일반적 금지를 단언하는 것은 이러한 많은 국가의 국가안보정책의 기본 전제 중 하나에 직접적으로 반한다.[131]

ICJ에 대한 미국의 이러한 인정은 핵억제 정책의 합법성이 그 기초가 되는 핵무기 사용의 합법성에 달려 있다는 것, 즉 미국이 재판소에 밝힌 것처럼 "억제정책과 억제수단 사용의 합법성을 분리하는 것은 불가능하다"[132]는 점을 강력하게 확인시켜 준다. 핵무기를 합법적으로 사용할 수 없다면 억제정책을 통해 합법적으로 핵무기 사용을 위협할 수 없을 것이다. 매더슨이 매우 인상적으로 주장한 바와 같이, 핵무기를 합법적으로 사용할 수 없다면 "침략에 대응하여 핵무기 사용을 하겠다는 신뢰할 수 있는 위협은 존재하지 않게 될 것이며, 억제정책은 무익하고 무의미해질 것이다."[133]

억제정책의 합법성을 둘러싼 이러한 한계는 특히 ICJ에서 핵무기 사용의 적법성을 옹호했던 미국의 주장이 주로 비도시의 외딴 표적에 대한 소량의 저위력 핵무기의 제한적 사용에서 추정되는 제한적 영향의 잠재적 합법성에 대한 주장에 근거했다는 사실에 비추어 볼 때 특히 중요하다.

특히 위에서 지적한 바와 같이, 미국은 ICJ에 제기한 주장에서 미국 핵무기고의 대부분을 차지하는 고위력 전략핵무기의 잠재적 사용에서 추정되는 합법성을 명시적으로 주장하지도 않았다.

핵무기 사용이 불법이라면 핵억제 정책을 합법적으로 계속 추진할 수 없다는 미국의 인식은 미국이 ICJ에 제출한 의견서에서 다음과 같이 재차 강조되고 있다.

> 안전보장이사회 상임이사국들이 핵무기를 보유하고 있고 무력충돌에서 핵무기를 사용하기 위한 체계를 개발하고 배치했다는 것은 잘 알려진 사실이다. 이들 국가가 핵무기 사용이 일반적으로 금지되었다고 생각했다면 핵무기와 운반수단을 확보하고 유지하는 데 비용과 노력을 들이지 않았을

---

131 I.C.J. Hearing Nov. 15, 1995, at 62-63.
132 위와 같음, at 63.
133 위와 같음.

것이다. 그와 반대로 핵무기의 사용 가능성은 이들 국가의 군사제도 구조, 안보 교리 및 전략 개발, 침략을 방지하고 자위권 행사의 필수적 요소를 제공하기 위한 노력에서 중요한 요인이다.[134]

어떤 무기 사용이 불법인 경우 그 무기를 사용하겠다는 위협도 불법이라는 국제법 규칙을 고려할 때, 저위력 핵무기를 포함한 핵무기 사용의 불법성에 대한 필자의 이러한 분석이 맞다면 미국의 핵억제 정책이 불법임은 명백해 보인다.

미국이 적용하는 법률 : 핵억제

미 공군은 2020년 『공군 작전과 법률』 교범에서 다음과 같이 명시했다.

> 핵억제는 미국의 국가안보와 국가 방위의 근간이다. 70년이 넘는 기간 동안 미국의 핵전력은 미국, 동맹국, 파트너국에 대한 침략을 억제함으로써 평화와 안정을 유지하기 위한 미국 전략의 토대가 되어 왔다. 핵정책과 핵전략의 최우선 과제는 규모와 상관없이 모든 핵공격을 억제하는 것이지만, 미국의 핵전력은 핵공격, 비핵 전략공격, 대규모 재래식 침략을 방지하는 데 필수적이며, 다른 한편으로 30개 이상의 동맹국과 파트너국에게 보장(assurance)을 또한 제공한다.[135]

미국은 ICJ에서도 본질적으로 동일한 입장을 취하며 핵억제가 "지난 50년 동안 전략적 안정성 강화, 세계 분쟁 방지, 국제 평화와 안전 유지에 실질적으로 기여"[136]했으며, 이러한 성과가 사실상 핵무기 사용의 합법성을 뒷받침하는 근거가 된다고 주장했다.

미국 측 법률대리인 마이클 매더슨은 ICJ에 제기한 구두 의견에서 다음과 같이 말했다.

> 안전보장이사회 상임이사국들은 모두 핵무기 보유고와 그 운반수단을 확보하고 유지하기 위해 막대한 인적·물적 자원을 투입해 왔으며, 다른 많은 국가도 자국의 안보를 위해 이러한 핵 능력에 의존하기로 결정했다. 핵무기가 어떠한 상황에서도 개별적 또는 집단적 자위를 위해 합법적으로

---

134 I.C.J. Memorandum/GA App, at 14 (citing U.N. Secretary-General, General and Complete Disarmament: Comprehensive Study on Nuclear Weapons: Rep. of the Secretary-General, pp. 44-81, U.N. Doc. A/45/373 (Sept. 18, 1990)).
135 A<small>IR</small> F<small>ORCE</small> O<small>PERATIONS</small> <small>AND THE</small> L<small>AW</small>, *supra* note 38, at 475 (주석 생략).
136 ICJ Hearing, Nov. 15, 1995, *supra* note 33, at 55. 나아가 맥네일은 이렇게 주장했다: "미국의 핵억제 정책은 모든 측면에서 방어적 전략이며, 아주 솔직히 말해서 핵억제 정책이 지난 50년 동안 수백만 명의 생명을 전쟁의 재앙으로부터 구했다고 생각한다. 이러한 특별한 측면에서 핵무기는 평화를 지키기 위해 반세기가 넘도록 매일 방어적으로 '사용'되어 왔다"(위와 같음, at 69).

사용될 수 없다면, 침략에 대응하여 핵무기 사용을 하겠다는 신뢰할 수 있는 위협은 존재하지 않게 될 것이며, 억제정책은 무익하고 무의미해질 것이다. 이 점에서 억제정책과 억제수단 사용의 합법성을 분리하는 것은 불가능하다. 따라서 핵무기 사용에 대한 일반적 금지를 단언하는 것은 이러한 많은 국가의 국가안보정책의 기본 전제 중 하나에 직접적으로 반한다.[137]

이는 즉흥적이거나 우연한 발언이 아니었다. 미국은 ICJ에 제출한 의견서에서 이렇게 주장했다.

안전보장이사회 상임이사국들이 핵무기를 보유하고 있고 무력충돌에서 핵무기를 사용하기 위한 체계를 개발하고 배치했다는 것은 잘 알려진 사실이다. 이들 국가가 핵무기 사용이 일반적으로 금지되었다고 생각했다면 핵무기와 운반수단을 확보하고 유지하는 데 비용과 노력을 들이지 않았을 것이다. 그와 반대로 핵무기의 사용 가능성은 이들 국가의 군사제도 구조, 안보 교리 및 전략 개발, 침략을 방지하고 자위권 행사의 필수적 요소를 제공하기 위한 노력에서 중요한 요인이다.[138]

맥네일은 재판소에 대한 구두 의견에서 "복구(reprisal)의 법칙이 핵무기 사용을 절대적으로 금지한다는 의미는 아니며, 그렇게 해석해서도 안 된다. 실제로 그렇게 해석된다면 전략적 억제에 대한 부정적 영향은 명백하고 끔찍할 것"[139]이라고 주장했다.

이러한 주장들은 본질적으로 관습법과 조약법의 확립된 원칙이 국가의 안보정책에 부과할 수 있는 잠재적 제한에 상관없이 개별 국가가 자국이 선택한 안보정책을 추진할 수 있다는 특권을 주장하는 기상천외한 발언이다. 미국이 보기에, 미국과 다른 국가들은 억제의 핵심 정책을 "억제수단 사용"의 합법성과 분리할 수 없고, 따라서 핵무기의 잠재적 사용도 합법적이어야 한다고 할 정도로 핵무기 사용 위협에 근거하여 국가안보 정책을 수립해 왔다. 미국의 입장은 미국과 어떤 다른 국가들에게 정치적·전략적으로 핵무기가 합법이어야 할 필요가 있기 때문에 핵무기 사용이 합법이어야 한다는 명제로 귀결된다.

이러한 미국의 입장은 피할 수 없는 질문인 "그래서 뭐", 즉 핵무기 발명을 없었던 일로 할 수도 없고, 따라서 필요한 경우 사용될 것인데 핵무기가 불법으로 인정된다고 해서 무슨 차이가 있을 것인가라는 질문에 대한 답변이라는 점에서도 놀랍다. 아이러니하게도, 이와 관련해 미국이 ICJ에 제기한 주장은 핵무기 사용과 사용 위협이 불법이라면

---

137 위와 같음, at 62-63.
138 U.S. ICJ Memorandum/G.A. App., *supra* note 4, at 14 (citing Report of the U.N. Secretary-General on Nuclear Weapons, A/45/373, Sept. 18, 1990, pp.19-24).
139 ICJ Hearing, Nov. 15, 1995, *supra* note 33, at 75.

억제정책은 유지될 수 없음을 본질적으로 인정한 것이었다. 일반적으로 억제는 실제 위협을 구성하는 수준까지 올라가지 않는 성격의 것이라는 일부 핵무기 옹호자들의 견해를 고려할 때, 이것은 비록 의도한 것은 아닐지라도 매우 이례적인 인정이었다.

더 나아가 맥네일은 ICJ에 제출한 의견서에서 적의 달갑지 않은 행동을 억제하고 통제하기 위해 조절된 수준의 핵전력으로 위협하고 사용할 수 있다는 개념인 전시억제교리(intra-war deterrence doctrine)를 주장했다. "미국의 억제 전략은 무력 침략에 대응하여 확전을 통제하고 무력충돌을 가능한 한 조기에 종식시킬 다양한 옵션을 제공하도록 설계되었다."140

따라서 미국은 핵무기 사용을 추정상 합법이라고 간주하기 때문에 핵억제 정책의 합법성과 관련한 실질적인 문제가 없다고 생각한다.

핵무기에 관한 ICJ의 권고적 의견 : 핵억제

재판소는 전반적 분석의 핵심 부분으로, 핵 시대에 핵무기를 사용하지 않은 것은 억제정책과 병치되어야 한다고 판단하였으며, 더 나아가 억제정책은 핵무기 사용 위협의 신뢰성을 요건으로 하고 핵무기 사용의 합법성에 대한 믿음이 수반된다는 점을 지적했다.141 재판소는 억제정책의 타당성을 판단할 의사가 없다고 밝혔다.142

재판소는 핵억제 정책 또는 핵무기 보유 자체가 무력행사 위협에 대한 유엔 헌장의 금지 조항에 위배되는지 여부를 논의하면서 다음과 같이 명시했다.

> 불법적인 공격의 위험을 줄이거나 제거하기 위해, 국가들은 때때로 그들의 영토 보전이나 정치적 독립을 침해하는 어떤 국가에 대해서든 자위를 위해 사용할 특정 무기를 보유하고 있다는 신호를 보낸다. 특정 사태가 발생하는 경우 무력을 행사하겠다는 의도의 표시가 헌장 제2조 4항에서 말하는 "위협"인지 아닌지는 다양한 요인에 좌우된다. 예정된 무력행사가 그 자체로 불법이라면, 그러한 무력을 행사하기 위한 공언된 준비태세도 제2조 4항에 따라 금지된 위협일 것이다. 따라서 어떤

---

140 위와 같음, at 68.
141 위와 같음, ¶ 95, at 262-63, ¶ 66, at 254 35 I.L.M. at 823, 826. 재판소는 또한 "어떤 국가도—억제정책을 옹호하든 옹호하지 않든—예정된 무력행사가 불법이더라도 무력행사를 위협하는 것은 합법이라고 재판소에 시사하지 않았다"고 밝혔다(위와 같음).
142 위와 같음. ¶ 67, at 254, 35 I.L.M. at 826 참조.

국가가 타국으로부터 영토를 확보하기 위해, 또는 타국으로 하여금 특정한 정치적 또는 경제적 경로를 따르게 하거나 따르지 않도록 하기 위해 무력 위협을 하는 것은 불법이다. 헌장 제2조 4항 무력의 "위협"과 "행사"의 개념은 무력행사 자체가 어떤 일정한 경우—어떤 이유에서건— 불법이라면, 그러한 무력을 행사하겠다는 위협도 마찬가지로 불법이라는 점에서 일치한다. 요컨대 무력을 행사하겠다고 공표한 어떤 국가의 준비태세가 합법적이려면, 그 무력행사가 헌장에 부합하는 무력행사여야만 한다. 그 외의 것에 관해 어떤 국가도—억제정책을 옹호하든 옹호하지 않든—예정된 무력행사가 불법이더라도 무력행사를 위협하는 것은 합법이라고 재판소에 시사하지 않았다.

일부 국가는 핵무기 보유는 그 자체로 불법적인 무력행시 위협이라는 주장을 제기했다. 실제 핵무기 보유는 핵무기를 사용할 준비가 되어 있다는 추론을 정당화할 수 있다. 억제정책—핵무기를 보유하거나 핵우산 아래 있는 국가가 군사적 침략이 아무런 목적을 달성할 수 없을 것임을 보여줌으로써 침략을 단념시키고자 하는 정책—이 유효하기 위해서는 핵무기를 사용하겠다는 의사가 신뢰할 만해야 한다. 이것(핵무기 사용 의사 : 옮긴이)이 제2조 4항에 위배되는 "위협"인지 여부는 특정한 예정된 무력행사가 어떤 국가의 영토보전이나 정치적 독립에 반하거나 국제연합의 목적에 반하는 것인지 여부에 따라 좌우되며, 만일 예정된 무력행사가 방어 수단으로써 의도된 것인 경우에는 무력행사가 반드시 필요성과 비례성의 원칙을 위반하게 될 것인지 여부에 따라 좌우된다. 이러한 상황의 어떤 경우이든 무력행사와, 무력을 행사하겠다는 위협은 유엔 헌장에 따라 불법이다.[143]

재판소는 권고적 의견 78항에서 자신의 분석을 국제인도법상 위협의 합법성으로까지 확장하여 "예정된 무기의 사용이 인도법의 요건을 충족하지 않는다면 그러한 사용을 하겠다는 위협도 인도법에 위배된다"고 판시했다.

히긴스(Higgins) 재판관은 반대 의견에서 억제 관행에 내포된 **극단적 상황에서의** 핵무기 사용의 합법성에 대한 확신은 "자위의 법뿐만 아니라 인도법에도 분명히 어긋나지 않는"[144] 중요한 국제 관행을 보여준다고 주장했다.

플라이슈하워(Fleischhauer) 재판관은 개별 의견에서 억제를 특히 긍정적인 시각으로 보았다. 즉 개별적 또는 집단적 자위권에 근거한 것으로, 그리고 "법적 의미에서 국가 관행을 나타내는 것"[145]으로 보았다. 그는 억제가 핵보유국뿐만 아니라 핵억제 정책을 지

---

143 위와 같음, ¶¶ 47-48, at 246-47, 35 I.L.M. at 827 (강조 추가).
144 Dissenting Opinion of Judge Higgins, at 591, 35 I.L.M at 957. 같은 맥락에서 그녀는 "앞서 언급한 국가 관행에 부여될 수 있는 그 중요성은 헌장의 자위권 조항만큼이나 인도법의 복합적인 조항에 대한 우리의 이해와 관련 있다"고 말했다(위와 같음).
145 Separate Opinion of Judge Fleischhauer, at 309, 35 I.L.M, p.836. 그렇지만 누구든지 이것이 어느 정도 사실인지는 따져 봐야 한다. 분명하게 억제정책은 억제정책을 따르는 국가들의 입장에서 핵무기 사용이 불법이라는 확신이 부재하다는 것을 입증하는 것으로 보일 수 있고, 이로부터 핵보유국이 핵무기를 사용하지 않았다는 사실이 핵보유국이 핵무기 사용이 불법임을 인정했음을 의미한다는 주장을 반박하는 것으로 보일 수 있다. 그러나 재판소가 적용한 바로 그 법리(principle)에 따르면 억제 관행은 긍정적인 의미에서 그러한 무기 사용의 합법성을 입증하는

지하거나 용인하는 비핵국가들의 국가 관행을 반영하는 것이라고 보았다.[146]

오다(Oda) 재판관 역시 반대 의견에서 억제정책을 지지하며, 이를 비확산 체제의 기초로 보고 "지난 수십 년 동안 조약국제법과 관습국제법 모두에 의해 합법화되어 왔다"[147]고 주장했다.

기욤(Guillaume) 재판관 역시 재판소가 "논지를 결론까지 끌고 나가 국가의 사활적 이익을 수호하기 위한 억제의 합법성을 명시적으로 인정했어야 했다"[148]고 결론지었다. 기욤 재판관은 억제 관행과 재판소의 광범한 자위권의 기본적인 인정을 묶어서 "국가는 '국가의 생존 자체가 위태로운 극단적인 자위 상황에서…핵무기 위협 또는 사용'에 의존할 수 있다. 이(핵무기 위협 또는 사용 의존 : 옮긴이)는 그 합법성이 방금 이야기한 바와 같이 (극단적인 자위 상황에서처럼 : 옮긴이) 인정되는 억제정책의 바탕을 항상 이루었다."[149]고 진술했다.

이 정책의 내용에 대해 재판소 부소장이었던 슈웨벨(Schwebel) 재판관은 반대 의견에서 "억제정책은 그 일반성에서 핵무기 사용 위협 정책과는 다르다. 하지만 사용 가능성의 위협이 억제에 내재되어 있지 않다면 억제는 억제하지 못할 것이다."[150]라고 말했다. 그가 보기에 억제정책은 위협―일반적이지만 내재된 위협―의 정책이다.

매우 실용적인 접근 방식으로, 슈웨벨 재판관은 쿠웨이트를 공격한 이라크에 대한 사막의 폭풍 작전에 앞서 미국이 이라크가 화학무기나 생물무기를 사용할 경우 핵무기로 보복하겠다고 위협했다는 보도를 상세하게 제시했다. 그는 이러한 위협이 폭력의 가속화를 막았기 때문에 이라크를 억제하는 데 성공했다고 여겨진다는 사실은 미국의 위협이 합법적임을 입증한다고 주장했다.[151] 그는 다음과 같이 결론 내렸다.

> 따라서 침략국이 유엔의 요청에 따라 침략에 맞서 배치된 군대와 국가들을 상대로 불법적인 대량살상무기 사용을 억제했거나 억제했을 수 있다는 것을 나타내는 주목할 만한 증거가 있다. 침략국

것으로 간주될 수 없어 보이는데, 그 이유는 억제정책이 의무감이나 책임감에 따른 것이라고 보기 어렵기 때문이다.
146 위와 같음, at 309, 35 I.L.M., at 836. 또한 플라이슈하워 재판관은 억제가 핵무기 사용뿐만 아니라 화학 및 세균무기 사용에도 적용된다고 언급했다(앞의 글). 뒤이어 살펴보겠지만, 슈웨벨 재판관도 걸프전 당시 이라크의 화학무기 또는 세균무기 사용을 억제하기 위한 미국의 핵무기 사용 위협에 주목하면서 동일하게 지적했다. Dissenting Opinion of Vice-President Schwebel, at 323-27, 35 I.L.M. at 865-67.
147 Dissenting Opinion of Judge Oda, at 368, 35 I.L.M. at 859.
148 Separate Opinion of Judge Guillaume, 35 I.L.M. at 1352-53.
149 위와 같음, 35 I.L.M. at 1353-54.
150 Dissenting Opinion of Vice-President Schwebel, at 314, 35 I.L.M. at 835.
151 위와 같음, at 324, 35 I.L.M. at 842.

이 연합군에 대해 대량살상무기를 선제 사용하면 침략국에 대해 핵무기를 사용한다는 위협을 인지했기 때문이다. 베이커(Baker)의 계산된—겉으로는 성공적으로 보이는—위협을 진정 불법이라고 주장할 수 있을까?[152]

슈웨벨 재판관은 이러한 경험이 목적이 수단을 정당화하는 사례라기보다는 오히려 "어떤 상황에서는 핵무기 사용 위협이—핵무기가 국제법에 의해 금지되지 않은 무기로 남아 있는 한—합법적이면서 또 합리적일 수 있음을 보여준다"[153]고 결론지었다.

코로마(Koroma) 재판관은 반대 의견에서 억제 교리에 대한 재판소의 표면적인 법적 인정을 "부적절한" 것으로 규정하고, 억제가 실행될 경우 교전 당사국뿐만 아니라 그 충돌에 관여하지 않은 국가의 민간인에게도 파멸적인 결과를 초래할 수 있으며, 국제법 일반과 특히 인도법 위반으로 이어질 수 있기"[154] 때문이라고 반대 이유를 밝혔다.

시(Shi) 재판관은 그의 진술서에서 재판소가 핵보유국 및 그들 국가의 핵우산 아래 있는 국가들이 옹호하는 억제정책을 국제 관습과, 따라서 법을 형성하는 행위의 증거로 간주하는 것에 반대했다. 시 재판관은 이러한 핵무기 찬성 국가들이 국제사회의 185개가 넘는 국가 구성원 중 극히 일부에 불과하다는 점을 지적하며, 재판소가 퇴행했다고 다음과 같이 결론지었다. 법이 억제를 규제해야 하지, 억제가 법을 규제(구성)해서는 안 된다.

> 내 생각에 "핵 억제"는 특정 핵보유국이 다른 국가와의 관계에서 사용하는 정책 수단이자 대규모 무력충돌이나 전쟁의 발발을 방지하고, 국가 간의 평화와 안보를 유지하기 위한 것이다. 의심할 여지 없이 특정 핵보유국의 이러한 관행은 법의 영역이 아닌 국제정치의 영역에 속한다. 핵무기 사용 자체를 금지하는 관습규칙의 형성이라는 관점에서 볼 때 이는 법적으로 아무런 의미가 없다. 오히려 핵억제 정책은 법의 규제 대상이 되어야지 그 반대가 되어서는 안 된다. 핵무기 사용을 규율하는 현행법 규칙을 판결하는 사법적 직무를 수행하는 경우 재판소는 특정 국가의 이러한 정책 관행을 그저 고려할 수 없는데, 만일 그렇게 한다면 재판소는 법을 억제정책의 필요에 부합하게 만드는 것이 되기 때문이다. 재판소는 정책과 법을 혼동할 뿐만 아니라 핵억제 정책에 대한 법적 입장을 갖게 될 것이고, 그렇게 되면 사법적 직무와 양립하기 어려운 국제정치에 스스로 말려들게 된다.[155]

---

152 위와 같음.
153 위와 같음.
154 Dissenting Opinion of Judge Koroma, at 579, 35 I.L.M. at 933.
155 International Court of Justice Proceeding: Advisory Opinion Requested by U.N. General Assembly on the Legality of the Threat or Use of Nuclear Weapons, Advisory Opinion, 1996 I.C.J. Rep. 226, at 277, 35 I.L.M. at 833 (July 8, 1996) (declaration by Shi, J.) [이후 Declaration of Judge Shi].

3 발표문

시 재판관은 모든 국가의 주권 평등에 주목해, 핵보유국의 초강대국 지위로 인해 핵보유국의 견해에 특별한 비중을 부여해야 한다는 주장을 배척했다.

> 또한 억제정책의 본질은 차치하더라도, 억제정책을 고수하는 이 "국제사회의 상당한 집단"은 특정 핵보유국과 "핵우산"의 보호를 수락하는 국가들로 구성되어 있다. 의심할 여지 없이 이들 국가는 국제사회의 중요하고 강력한 구성원이며 국제정치 무대에서 중요한 역할을 하고 있다. 그러나 유엔의 주요 사법기관인 재판소는 이 "국제사회의 상당한 집단"을 물리적 힘의 측면에서 볼 수 없다. 재판소는 오직 국가의 관점에서만 이를 고려할 수 있다. 권고적 의견에서 언급하는 이 국제사회의 상당한 집단은 결코 국제사회 구성원의 다수에 해당하지 않으며, 국제사회의 구성은 주권평등의 원칙에 기초하고 있다. 따라서 이 "상당한 집단"의 관행을 과도하게 강조하는 것은 국가들의 주권평등의 원칙에 반할 뿐만 아니라 무기 사용에 관한 관습규칙의 존재에 대한 정확하고 적절한 견해를 제시하는 것을 더욱 어렵게 만든다.[156]

위러맨트리 재판관은 반대 의견에서 억제는 행동을 위한 준비태세를 함의한다는 점에서 단순한 보유를 넘어서기 때문에 억제는 단순한 보유와 구별된다고 지적했다.[157] 위러맨트리 재판관은 핵보유국이 "공격이 발생하는 경우 핵무기를 실제 사용할 의사가 있다"는 것을 억제당하는 국가에게 확신시켜야 하는 "신뢰성의 문제"를 강조하면서 "최소억제"[158]와 제어된 핵 사용(action)의 이점이라는 것은 비현실적이라고 결론지었다: "무력공격에 대한 순간의 대응 속에서 최소의 피해를 야기하는 적절한 전략 핵미사일이나 '깨끗한' 무기의 세밀하게 등급을 조절한 사용은 그 가능성이 신뢰할 만하게 보이지 않는다."[159] 위러맨트리 재판관은 이렇게 명시했다.

> 억제의 개념은 단순한 보유에서 한 발짝 더 나간다. 억제는 단순히 창고에 무기를 적재하는 것 이상이다. 억제는 실제 사용을 위한 준비 상태에서의 무기 보유를 의미한다. 억제는 즉각적인 발사 준비를 갖춘 무기와 즉각적인 조치에 적합한 지휘통제체계의 결합을 의미한다. 억제는 무기가 운반수단에 탑재되어 있다는 것을 의미한다. 억제는 요원이 통지를 받는 즉시 무기를 작동할 수 있도록 24시간 대기하고 있다는 것을 의미한다. 무기고에 적재되어 있는 무기와 즉각적인 조치를 위해 이처럼 준비된 무기 사이에 어마어마한 차이가 있다는 것은 명백하다. 단순 보유와 억제는 요컨대 서로가 명백히 구분될 수 있는 개념이다.[160]

---

156 위와 같음, at 77-78.
157 Dissenting Opinion of Judge Weeramantry, at 540, 35 I.L.M at 918-19.
158 위와 같음, 35 I.L.M. at 918.
159 위와 같음, at 540, 35 I.L.M. at 919.
160 위와 같음.

최소억제에 관해 위러맨트리 재판관은 다음과 같이 기술했다.

억제는 최대억제 개념부터 최소억제 또는 준최소억제(near-minimum deterrence) 전략에 이르기까지 다양한 단계가 있을 수 있다. 최소핵억제는 다음과 같이 설명된다.

"한 국가(또는 국가들)가 핵공격을 받은 뒤에도 적에게 수용하기 어려운 피해를 가하는 데 필요한 최소한의 핵무기 수를 유지하는 핵전략."

***

아무리 최소한이라고 하더라도 억제가 갖는 문제의 하나는 일방이 방어적인 것으로 인식하는 행동이 너무나도 쉽게 다른 일방에 의해 위협으로 인식될 수 있다는 것이다. 그러한 상황은 관련된 무기의 형태가 무엇이든 간에 전통적인 군비경쟁의 전형적인 배경이다. 핵무기의 경우 억제는 핵군비경쟁을 촉발하며, 그리하여 다양한 법적 우려를 낳는다. 최소억제라도 이렇게 대항억제(counter-deterrence)로 이어지고, 나아가 끊임없이 증폭되는 핵무기 실험과 긴장의 악순환으로 이어진다. 따라서 억제에 대한 법적 이의가 있다면, 그러한 이의는 해당 억제가 최소한이라고 해서 제거되는 것이 아니다.[161]

억제정책에 내포된 의도(intent)의 요소에 관해 위러맨트리 재판관은 다음과 같이 명시했다.

억제는 상대방의 공격을 받는 경우 핵무기를 사용할 진정한 의도가 있다는 확신을 상대방에게 전달할 필요가 있다. 진정으로 그러한 의도를 갖고 있지 않다면 상대방에게 자신의 의도를 확신시키기 어렵기 때문에 허세 게임은 그 의도를 전달할 수 없다. 이처럼 억제는 그러한 무기를 사용하겠다는 진정한 의도로 구성된다. 억제가 작동하려면 억제는 가상의 세계를 떠나 진지하게 의도된 군사적 위협의 영역으로 들어간다.[162]

브라보(Bravo) 재판관은 그의 진술서에서 억제 개념은 "법적 효력이 없다"며 "국제 관습 창출의 기초가 될 수 있는 법적 관행을 형성할 수 없다"[163]고 결론 내렸다. 그는 다음과 같이 기술했다.

---

161   위와 같음, at 539 (citing Security Without Nuclear Weapons? Different Perspective on Non-Nuclear Security 250 (R.C. Karp ed., 1992); Hollins, Powers & Sommer, The Conquest of War, Alternative Strategies for Global Security 54-55 (1989)).

162   위와 같음, at 540, 35 I.L.M. at 919 (citing generally, Just War, Nonviolence and Nuclear Deterrence 193-205, 207-19 (D.L. Cady & R. Werner eds., 1991); Joseph Boyle & Germain Grisez, Nuclear Deterrence, Morality and Realism (1987); Anthony Kenny, The Logic of Deterrence and The Ivory Tower (1985); Roger Ruston, Nuclear Deterrence: Right or Wrong? (1981); *Nuclear Deterrence and the Use of the Just War Doctrine*, in Objections to Nuclear Defense (Blake & Pole eds., 1984)).

163   Declaration of Judge Bravo, at 284, 35 I.L.M. at 1349.

바로 억제 교리 때문에 헌장 제2조 4항의 혁신적 범위가 축소되는 한편, 그와 동시에 제2조 4항과 상반되는 제51조의 범위가 확장되었다. 한쪽에서는 대서양 동맹과 다른 한쪽에서는 바르샤바조약 기구가 존재하는 동안 각각을 규율하던 두 체계에서 볼 수 있는 것처럼 일련의 조약법적 구조가 제51조의 규범을 중심으로 형성되면서 전통적인 논리에 따라 이(제2조 4항 : 옮긴이)에 상반되는 제51조의 범위가 확장된 것이다. 이러한 체계는 의심할 여지 없이 법규칙에 의해 규율되지만, 현 권고적 의견의 주제인 전쟁 유형만큼 중대한 충돌에 직면했을 때 안전보장이사회가 기능할 수 없을 것이라는 본질적으로 정치적인 판단- 즉, 법적 판단이 아닌- 으로부터 파생된 발상에서 기인한 체계다.

이러한 방식으로 헌장 제2조 4항과 제51조를 가르는 만(gulf)은 주로 억제라는 거대한 바위가 떨어져 강폭이 훨씬 더 넓어진 강에 비유할 수 있다. (…)[164]

핵무기에 대한 미국의 선언적 정책에 내재된 위험 요소

확장억제

애초 미국의 억제정책은 미국에 대한 소련의 공격을 억제하기 위해 고안되었다. 그러나 미국은 서유럽과 세계의 다른 지역에 대해서도 광범위한 안보 의무를 수행했다. 핵무기의 파괴력과 소비에트 블록의 재래식 능력이 평가되면서, 미국의 유럽 동맹국들 사이에서 미국이 서유럽에 대한 핵공격에 대응하기 위해 전략핵무기를 실제로 사용할 것인지에 대한 우려가 제기되었다.

미국이 그렇게 할 가능성이 낮다는 인식은 억제가 더 이상 충분하지 않다는 것을 의미했다. 다른 무언가—'확장억제'라고 알려진 것—가 필요했다. 미국은 소련의 공격이 있을 경우 핵무기를 사용하지 않으면 빠르게 압도될 가능성이 높은 주요 공격 예상 지점에 위치한 서유럽 국가 배치 자국 병력에 상당수의 중거리 및 전장 핵무기를 배치했으며, 세계 다른 지역 동맹국들의 안전보장을 위해서도 비슷한 조치를 취했다.

이것이 핵 인계철선이다. 소련이 침공하는 경우, 미국은 서유럽을 방어하기 위해 핵무기를 사용하거나 서유럽이 침략을 받아 소련의 수중에 넘어가는 것을 지켜봐야 할 것이었다. 이러한 논리에 따라 억제는 다시 신뢰받을 수 있게 되었다. 또한 서유럽에 배치된 미국의 전술핵무기 중 상당수가 소련에 도달할 수 있었다. 그 결과 소련은 자국 본토에 대한 엄청난 위험을 감수하지 않고서는 서유럽을 침략할 수 없게 되었다. 사실상 소련은

---

[164] 위와 같음, at 1349-50.

미국과 전략핵 전쟁을 벌일 준비가 되어 있지 않는 한 서유럽을 공격할 수 없었다. 바이든 행정부가 임기 초 성명에서 확인한 것처럼 확장억제는 오늘날까지 미국 정책의 핵심 요소로 남아 있다.

비합리성에 의존하는 억제의 논리

미국의 관점에서, '냉전 시기 억제는 미국이 공언한 대로, 즉 소련의 공격에 대해 **핵무기를 사용할 것**이라고 소련이 믿게 하는 동시에 미국의 합리성과 자제력, 즉 도발하지 않는 한 핵무기를 사용하지 않을 것임을 소련에 보증하는 것 사이의 균형이 필요했다.

정교한 보증 프로토콜과 의사소통 절차가 마련되었다.[165] 냉전이 종식되기까지, 핵 영역에서 미군과 소련군은 일종의 연합체가 되어 상대에 대한 서로의 대항 억제력과 그에 수반되는 위험을 유지하고 관리하기 위해 협력했다.[166]

핵시대 초반, 핵무기의 파괴적 특성이 의사결정권자들의 사고방식에 각인되기 전까지 억제는 아주 당연한 것처럼 보였다. 핵무기는 이전 무기들보다 더욱 강력하지만 그렇다고 해서 반드시 차별화된 무기는 아닌, 그저 또 다른 유형의 무기일 뿐이었다. 핵무기의 파괴력과 그 수량이 증가하고, 소련이 비슷한 핵능력을 개발함에 따라 억제의 특성은 뚜렷하지만 대부분 인식하지 못하는 방식으로 변화했다. 위에서 설명한 것처럼 전쟁 기획자들이 위협과 대항 위협, 공격과 반격의 복잡한 시나리오를 잇따라 가정하며 매우 합리적인 것처럼 보이는 정교한 정책 구조를 만들어냈음에도 핵무기를 사용할 가능성은 점점 더 비합리적이 되었다.

어떤 의미에서 미국의 억제는 두 가지 차원이 되었다. 첫 번째는 상당히 합리적이었다: 우리가 핵대응으로 응수할 수 있기 때문에 감히 미국이나 동맹국을 공격해서는 안 된다. 그러나 정책의 명백한 자살적 성격, 특히 MAD(상호확증파괴 : 옮긴이)의 성격으로 인해 두 번째 차원의 억제력이 필요해졌다. 이는 "우리가 그렇게 할 만큼(자살적 공격을 감수할 만큼 : 옮긴이) 미칠지도 모른다"는 위협, 즉 비합리성의 와일드카드였다.[167]

---

165 Kurt Gottfried & Bruce G. Blair, Crisis Stability and Nuclear War 159–212 (1988).
166 위와 같음.
167 예를 들어 Henry Kissinger, White House Years 215–20, 216 (1979) 참조. ("[확증파괴 교리로] 결코 해결되지 않는 딜레마는 심리적인 것이었다. 특히 국가 생존을 직접 위협하는 경우, 억제 목적으로 상호 자살을 위협하는 것은 매우 좋은 방안이었다. 하지만 어떤 대통령도 매우 비합리적인 외교를 구사하지 않는 한 그러한 위험을 신뢰할 만하게 만들 수 없으며, 이는 결국 예측 가능하고 절제된 이미지를 보여줘야 하는 우리의 정치 시스템에 따라 배제되었다.")

3 발표문

핵 정책에 관심이 없는 사람에게 비합리성이라는 미친 개 위협은 어쩌면 놀라운 일이 아니며, 실제로 전체 핵 전략(venture)을 특징짓는 것처럼 보인다. 그러나 지배적인 핵 정책의 관점에서 볼 때, 비록 종종 인식되지 않지만 그러한 비합리성은 억제 이론을 구성하는 추정상 제한적이고 통제된 대응과 반대응(counter-responses)의 미묘한 층위를 가진 핵 정책의 합리적 가정과 기묘하게 상충되는 급진적인 이탈을 의미했다.

무력충돌법의 추가 규칙에 따른 핵무기 위협과 사용의 불법성

고위력 핵무기 사용을 위협하는 억제정책

미국의 핵무기고 구성을 살펴본 결과 압도적 다수의 핵무기가 고위력 전략핵무기라는 것이 확인되었다. 상대적으로 미국의 핵무기 중 극소수만이 저위력 핵무기이며, 그 소수의 무기는 저위력 타격뿐만 아니라 고위력 타격이 가능한 다이얼식 위력의 무기라는 것을 알 수 있었다.

또한 미국이 핵무기에 대한 권고적 의견의 변론에서 오직 외딴 지역의 군사 표적에 대한 제한적인 저위력 핵무기 사용의 추정적 합법성만을 명시적으로 주장한 것을 보았다. 권고적 의견 사안에서 미국 변호인단을 이끌었던 사람 중 한 명인 존 맥네일은 그가 "다수의 대규모 도시 지역 표적 또는 상당수의 군사 표적을 대상으로 한 핵공격으로 인해 발생할 것으로 예상되는 민간인 사상자"에 관한 것이라고 규정한 세계보건기구(WHO) 연구의 가정에 이의를 제기했다. 맥네일은 "(WHO) 보고서는 비도시 지역 소수의 군사 표적에 대한 저위력 핵무기에 의한 것과 마찬가지로 소수의 정밀 공격 같은 다른 개연성 있는 시나리오에서 예상되는 영향에 대해서는 언급하고 있지 않다"고 주장했다.

맥네일은 "다른 개연성 있는 (저영향 사용) 시나리오"에 대한 주장을 뒷받침하면서 그러한 개연성은 "WHO 보고서에서 지적한 사실, 즉 최근 몇 년간 이루어진 핵무기 성능의 '놀라운 향상'으로 인해 핵무기가 '훨씬 더 높은 정확성'을 갖게 되었다는 사실에서 비롯된다"고 주장하며, 그러한 시나리오들이 "비례성이나 구별의 문제를 필연적으로 제기하지 않을 것이다"라고 주장했다.

미국은 ICJ에 제출한 자료에서 무엇이 "저위력" 핵무기를 의미하는지 정의하지 않았지만, 이 용어는 합참의 『합동 전구 핵작전 교리』에 정의되어 있다.

- 매우 낮음(Very low) : 1킬로톤 미만
- 낮음(Low) : 1킬로톤 ~ 10킬로톤
- 중간(Medium) : 10킬로톤 이상~50킬로톤 미만
- 높음(High) : 50킬로톤 이상 ~ 500킬로톤 미만
- 매우 높음(Very high) : 500킬로톤 이상 (합참 출판물 1-02)

이 장의 아래에는 저위력 핵무기를 포함한 핵무기 사용이 미국이 그러한 무기 사용을 고려할 수 있는 모든 또는 사실상 모든 상황에서 무력충돌법에 따라 불법이라는 결론을 내리는 근거가 나와 있다.

그래도 핵 문턱을 넘어선 후 핵 보복과 확전의 위험을 차치하더라도, 저위력 핵무기와 고위력 핵무기의 잠재적 영향 사이에는 그러한 무기 사용의 합법성에 관한 고려 사항과 잠재적으로 관련 있는 차이가 분명히 존재한다. 그러나 슈웨벨 재판관이 핵무기에 관한 권고적 의견에 대한 반대 의견에서 결론 내린 것처럼, 토론의 목적으로 극히 외딴 지역에서의 일부 제한적인 저위력 핵무기 사용이 무력충돌법에 따라 합법적이거나 잠재적으로 합법적일 수 있다고 가정하더라도, 미국의 대다수 핵무기가 ICJ에서 미국이 그 합법성을 명시적으로 옹호조차 하지 않았던 고위력 핵무기이며, 미국의 핵억제 정책은 본질적으로 고위력 핵무기를 사용하겠다는 위협으로 구성되어 있다는 것이 여전히 사실이다.[168]

위에서 논의한 바와 같이 국가가 사용이 불법인 무기를 사용하겠다고 위협하는 것은 불법이라는 ICJ의 핵무기에 관한 권고적 의견의 결론,[169] 그리고 미국 핵무기고의 구성 및 미국의 핵억제 정책의 범위에 대한 이 같은 현실을 감안하면, 미국의 저위력 핵무기 사용 가능성에 관한 표면적 불법성은 차치하더라도, 미국의 핵억제 정책은 미국이 고위력 핵무기를 사용할 것이라는 내재적 위협을 고려할 때 그 자체로 불법이다.

특히 ICJ가 핵무기에 관한 권고적 의견에서 국가가 사용이 불법인 무기를 사용하겠다

---

168 고위력 핵무기로 인해 예상되는 잠재적인 극심한 파괴는 억제 및 상호확증파괴(MAD) 교리와 맥을 같이하며, 이는 그 접근법에서 내재적으로 또 의도적으로 공포(terror)를 유발한다. Woolf, *Conventional Prompt Global Strike and Long-Range Ballistic Missiles*, supra note 246, at 10 (재래식 무기는 "핵무기와 같은 규모의 파괴를 위협할 수 없고 핵무기의 심리적 영향을 갖지" 못하기 때문에 억제에 부적합하다.); Kristensen, *Targets of Opportunity*, supra note 246, at 22 (이는 미국이 자국의 이익이 위협받을 경우 "비합리적이고 보복적인" 또는 잠재적으로 "통제 불가능한" 핵무기 사용 의지를 "국가 정체성의 하나"로 투사할 것을 권고한 미 전략사령부의 발간물 '탈냉전 억제의 필수 요소'를 인용하고 있다).

169 Nuclear Weapons Advisory Opinion, 47-48, at 246-47, 35 I.L.M. at 827 참조.

고 위협하는 것은 불법이라고 명시적으로 내린 결론[170]은 곧 미국이 고위력 핵무기를 사용하는 것이 불법이라면 미국의 핵억제 정책도 그러한 무기를 사용하겠다고 위협하는 것이기 때문에 불법이라는 것을 의미한다.

핵무기 선제 사용

제43대 부시 행정부가 발표한 부시 독트린은 미국이 통상적인 의미에서 임박하지 않은 것으로 여겨지는 위협에 대해 선제적 자위권을 행사할 수 있다는 정책이다. 이 독트린은 부시 행정부의 2002년 국가안보전략('2002년 NSS')에 다음과 같이 명시되어 있다.

> 우리는 임박한 위협의 개념을 오늘날 적들의 능력과 목표에 맞게 조정해야 한다. 불량 국가와 테러리스트는 재래식 수단으로 우리를 공격하려 하지 않는다. 그들은 그러한 공격이 실패할 것이라는 것을 알고 있다. 대신 그들은 테러 행위, 그리고 잠재적으로는 대량살상무기, 즉 은폐하기 쉽고, 은밀하게 운반할 수 있으며, 경고 없이 사용할 수 있는 무기 사용에 의존한다.[171]

2002년 NSS는 부시 독트린을 구체화하면서 다음과 같이 **잠재적 위협의 심각성**에 초점을 맞췄다.

> 미국은 국가안보를 위협하기에 충분한 위협에 대응하기 위해 선제적 조치 옵션을 오랫동안 유지해왔다. 위협이 클수록 조치를 취하지 않았을 때의 위험도 커지며, 설령 적의 공격 시기와 장소가 불확실하다고 하더라도 우리 자신을 방어하기 위해 예상적 조치를 취해야 할 필요성은 더욱 커진다. 미국은 적의 이러한 적대 행위를 미연에 방지하거나 저지하기 위해 필요한 경우 선제적으로 행동할 것이다.[172]

이 독트린은, 예상적 자위권이라고 부르든 선제적 자위권이라고 부르든, 임박한 위협에 대해서만 자위권을 행사할 수 있다는 국제법의 전통적인 이해를 훨씬 뛰어넘는 것이

---

170   Nuclear Weapons Advisory Opinion, 47-48, at 246-47, 35 I.L.M. at 827 참조.
171   WHITE HOUSE, *U.S. National Security Strategy: Prevent Our Enemies From Threatening Us, Our Allies, and Our Friends with Weapons of Mass Destruction*, U.S. National Security Council, 15 (Oct. 2002) [hereinafter 2002 NSS], available at http://2001-2009.state.gov/r/pa/ei/wh/15425.htm.
172   위와 같음. 또한 Anthony Clark Arend, *International Law and the Preemptive Use of Military Force*, WASH. Q., Spring 2003, at 96-101 참조.

었다.[173] 오랫동안 임박성 요건에 대한 문제가 제기되기는 했지만, 이 요건은 허용되는 무력사용에 실질적인 제한을 부과했다.[174]

미국이 "선제적 무력 옵션을 오랫동안 유지해 왔다"는 2002년 NSS의 서술은 적어도 교리상으로는 미국이 합법적인 자위권 행사를 위한 통상적 의미의 임박한 위협의 필요성을 반복적으로 이미 인정해 왔다는 사실을 인정하지 않는 것이 분명해 보인다. 부시 독트린은 사실상 현대 국제법, 특히 유엔 헌장 제2조와 제51조에 따라 명백히 불법으로 보이는 전쟁의 한 유형인 예방전쟁 정책으로 보인다.[175] 육군의 2015년 『작전법 편람』은, 많은 이들이 보기에 부시 독트린은 통상적인 임박성의 요건을 훨씬 뛰어넘는 자위권을 주장하고 있음을 아래와 같이 인정했으며, 편람 개정판에서도 비록 보다 절제된 표현이기는 하지만 이를 거듭 인정하고 있다.

> 선제적 무력사용 : 2002년 국가안보전략(NSS)에서 미국 정부는 일부 사람들이 임박한 공격에 대한 예상적 자위권에서 존재는 하나 임박한 것은 아닐 수 있는 공격에 대한 선제적 자위권으로 무력사용 교리를 대폭 확대한 것으로 보는 조치를 취했다. 이러한 입장은 2006년 NSS에서 강화되어, 대량살상무기를 획득하고 사용하겠다는 의지를 표명함으로써 미국에 위협을 제기하는 "불량 국가와 테러리스트"에 대한 선제적 자위권 교리를 재확인했다.[176]

이 편람은 또한 "임박성에 대한 현대의 법적 평가 기준"에 대해 다음과 설명한다.

> 위와 일치하는 임박성에 대한 현대의 법적 평가 기준은 2003년 마이클 슈미트 교수의 설명이 가장 명확할 것이다. 그는 (1) 공격자가 무력공격에 착수했다는 증거가 있고, (2) 대응의 지연은 유의미한 방어를 개시할 수 있는 방어자의 능력을 저해할 경우, 국가는 공격에 앞서 합법적으로 무력을 사용할 수 있다고 말했다.[177]

---

173 OPERATIONAL LAW HANDBOOK, *supra* note 95, at 6-7; NAVAL COMMANDER'S ANNOTATED HANDBOOK, *supra* note 114, § 4.3.2 at p.4-10.

174 예를 들어 Arend, *supra* note 552, at 89, 95; NAVAL COMMANDER'S HANDBOOK, *supra* note 122, at 4-4 to 4-7 참조.

175 Paul F. Diehl & Shyam Kulkarni, *Worth a Pound of Cure? An Empirical Assessment of the Bush Doctrine and Preventive Military Action*, 19 U. MIAMI INT'L & COMP. L. REV. 57, 64-65 (2011); Jules Lobel, *Preventive War and the Lessons of History*, 68 U. PITT. L. REV. 307 (2006) 참조.

176 U.S. DEP'T ARMY, JUDGE ADVOC. GEN.'S LEGAL CTR. & SCH., OPERATIONAL LAW HANDBOOK 6 (LCDR David Lee, JAGC, USN, ed., 5th ed. 2015) (각주 생략) [이후 *Operational Law Handbook* (2015)]. 편람 개정판에서는 "임박한 것은 아닐 수 있는" 위협에 대한 명시적 언급은 삭제되었지만 대신 "적 공격의 시기와 장소에 대한 불확실성이 남아 있는" 상황이 언급되어 있다. OPERATIONAL LAW HANDBOOK, *supra* note 95, at 6-7 (2002 NSS, *supra* note 551, at 15 인용) 참조.

177 OPERATIONAL LAW HANDBOOK (2015), *supra* note 556, at 7 (Michael N. Schmitt, *Preemptive Strategies in*

육군의 2022년 『작전법 편람』은 "예방적 자위"가 불법임을 인정하고 있다: "예상적 자위라고 부르든 선제적 자위라고 부르든 예상적 자위는 예방적 자위와 구별되어야 한다. 임박하지 않은 위협에 대응하기 위해 사용되는 예방적 자위는 국제법상 불법이다."[178]

국제법 학자인 제임스 린제이(James Lindsay)와 이보 달더(Ivo Daalder)는 부시 독트린이 가져온 실질적 변화를 다음과 같이 설명한다.

> 부시의 선제공격 독트린은 전임 대통령들이 고려했던 그 어떤 것보다 훨씬 큰 변화를 가져왔다. 물론 선제적 무력사용 옵션은 부시의 전임자들도 가지고 있었다. 일부 전임자는 이 옵션을 사용했는데, 예를 들어 1998년 빌 클린턴은 미 정보당국이 신경가스를 생산하고 있다고 의심했던 수단 하르툼의 제약 공장에 대한 공격을 명령했다. 그러나 부시의 선제공격 개념은 임박한 공격 위험에 대한 대응을 훨씬 뛰어넘었다. 그는 대신 정권교체를 위한 예방전쟁을 옹호했다. 미국은 미국이 싫어하는 지도자들을, 그들이 미국의 안보를 위협할 수 있기 훨씬 전에 축출하기 위해 무력을 사용할 권리가 있다고 주장했다.[179]

자위권 범위에 관한 미국의 이전 입장은 좀 더 협의적이고 제한적인 임박성 개념을 견지하는 것처럼 보였으며, 통상적인 의미의 실재하는 임박성을 요구했다.[180] 2차 세계대전 당시 미국을 이끌었던 장성 중 한 명인 드와이트 아이젠하워 대통령은 1954년 기자회견에서 예방전쟁을 분명하게 거부하며 다음과 같이 말했다.

> 오늘날 우리가 핵분열과 핵융합, 그런 종류의 무기가 전쟁에서 사용될 것이라고 단 1초라도 믿는다면 예방전쟁이 무슨 의미가 있겠습니까? (…)
>
> 제 생각에 오늘날 예방전쟁은 불가능합니다. 여러 도시가 폐허가 되고, 여러 도시의 수많은 사람들이 죽고, 다치고, 만신창이가 되며, 교통 시스템이 파괴되고, 위생시설과 체계가 모두 사라지는 것이 특징 중 하나라면 어떻게 그런 전쟁을 할 수가 있겠습니까? 그것은 예방전쟁이 아니라 그냥 전쟁입니다.

International Law, 24 MICH. J. INT'L L. 513, 535 (2003) 인용). 동일한 문구가 2017년 개정판에도 인용되어 있다. U.S. DEP'T ARMY JUDGE ADVOC. GEN.'S LEGAL CTR. & SCH., OPERATIONAL LAW HANDBOOK 7 (Maj Dustin Kouba, USAF, ed., 17th ed., 2017) (Michael N. Schmitt, *Preemptive Strategies in International Law*, 24 MICH. J. INT'L L. 513, 535 (2003) 인용) [이후 OPERATIONAL LAW HANDBOOK (2017)] 참조. 그러나 "현대의 법적 평가 기준"이라는 문구는 가장 최신판에는 들어 있지 않다. OPERATIONAL LAW HANDBOOK, *supra* note 95 참조.

178 OPERATIONAL LAW HANDBOOK, *supra* note 95, at 7.
179 James Lindsay & Ivo Daalder, *Shooting First, the Preemptive War Doctrine Has Met an Early Death in Iraq*, LA TIMES, May 30, 2004, at 1.
180 Noura S. Erakat, *New Imminence in the Time of Obama: The Impact of Targeted Killings on the Law of Self-Defense*, 56 ARIZ. L. REV. 195, 224-25 (2014); SCOTT SILVERSTONE, PREVENTIVE WAR AND AMERICAN DEMOCRACY, 184 (2007) 참조.

저는 그런 전쟁이란 없다고 생각하며, 솔직히 그런 이야기를 하는 사람의 말을 진지하게 귀담아 듣지도 않을 것입니다.[181]

오바마 행정부는 부시 독트린에서 어느 정도 벗어나는 것처럼 보였지만,[182] 트럼프 행정부는 이를 따르는 것처럼 보였고, 바이든 대통령은 부시 독트린을 처음 비판한 사람 중 한 명인 듯 보였지만 바이든 행정부가 이 문제에 대해 어떤 입장을 취하고 있는지는 분명하지 않다.[183]

---

181 Dwight Eisenhower, The President's News Conference of August 11, 1954, in GERHARD PETERS AND JOHN T. WOOLLEY, THE AMERICAN PRESIDENCY PROJECT, http://www.presidency.ucsb.edu/ws/index.php?pid=9977 참조.

182 오바마 행정부는 부시 독트린이 미국의 정책으로 계속 유지될 것인지 아니면 미국이 전통적인 예상적 자위 정책으로 회귀했는지에 대해 공식적으로 입장을 밝히지 않은 것으로 보인다. 오바마 행정부의 2010년 국가안보전략의 표현에 근거해 육군 법무감 2017년 『작전법 편람』은 오바마 행정부가 부시 독트린을 철회했을 수 있다고 시사했다:
그러나 오바마 행정부는 NSS에서 "때로는 무력사용이 필요하지만, (미국은) 가능한 한 전쟁 이전에 다른 옵션을 모두 강구할 것이며, 행동 시 비용 및 위험과 행동을 취하지 않았을 때 비용 및 위험을 신중하게 비교할 것"이라고 선언함으로써 2010년 NSS는 부시 독트린으로부터의 전환을 시사했다.
또한 2010년 NSS에 따르면 "무력이 필요한 경우⋯ (미국은) 나토 및 유엔 안전보장이사회와 같은 기구와 협력하여 광범위한 국제적 지원을 구할 것"이라고 밝혔다. 그럼에도 불구하고 오바마 행정부는 "미국은 국가와 국익을 지키기 위해 필요한 경우 일방적으로 행동할 권리를 보유해야 하지만, 무력사용을 규율하는 기준을 준수하기 위해 노력할 것"이라는 입장을 견지하고 있다.
OPERATIONAL LAW HANDBOOK (2017), supra note 557, at 6-7. 이 편람 현재 버전의 해당 섹션에는 2010년 NSS와 부시 독트린에 대한 오바마 행정부의 입장에 관한 논의가 생략되어 있다. OPERATIONAL LAW HANDBOOK, supra note 95, at 6-7 참조.
오바마 행정부가 부시 독트린을 채택했는지에 대해서는 의견이 분분하다. John Burroughs, The Nuclear Posture Review and International Law, 22 MICH. INT'L L. 2 (Summer 2010) (존 버로스는 오바마 NPR(핵태세 검토)을 미국의 사활적 이익과 관련된 극단적 상황에서 핵무기의 선제적 사용을 포함하는 것으로 해석했다.) 참조; Erakat, supra note 560, at 224-25 (Erakat는 오바마 행정부가 표적 드론 타격 사용을 포함해 부시 독트린을 확대했다고 결론 내린다); Dan Ernst, Questioning the Legality and Legitimacy of a Preventive Strike by the U.S. to Disarm North Korea of Nuclear Weapons, in THE LEGALITY AND LEGITIMACY OF THE USE OF FORCE IN SOUTHEAST ASIA 233, 239 (Brendan Howe & Boris Kondoch eds., 2013) (Dan Ernst는 오바마 행정부가 부시 독트린에 대한 입장을 더 밝히지 않은 것은 부시 행정부가 이 주제에 관해 직면했던 정치적 반발을 피하고 싶었기 때문이라고 결론 내린다). 오바마 행정부가 부시 독트린을 실제로 수용했다는 설명에 대해서는 Jack Goldsmith, Obama Has Officially Adopted Bush's Iraq Doctrine, TIME (Apr. 6, 2016), https://time.com/4283865/obama-adopted-bushs-iraq-doctrine/ 참조.

183 트럼프 행정부의 입장에 대해서는 Aaron Blake, The Trump Doctrine Sounds Suspiciously Like the Bush Doctrine, WASH. POST (Apr. 10, 2017), https://www.washingtonpost.com/news/the-fix/wp/2017/04/10/the-trump-doctrine-sounds-suspiciously-like-the-bush-doctrine/?utm_term=.c43b65daf126 참조. 바이든 행정부의 입장에 대해서는 Goldsmith, Obama Has Officially Adopted Bush's Iraq Doctrine, supra note 562 (골드스미스는 바이든이 부시 독트린을 "무섭다"고 비판한 적이 있다고 말한다) 참조. 또한 Christian Henderson, The 25 February 2021 military strikes and the 'armed attack' requirement of self-defence: from 'sina qua non' to the point of vanishing?, 9 J. ON THE USE OF FORCE & INT'L L., Issue 1, 55-77 (Jan. 25, 2022), https://www.tandfonline.com/doi/full/10.1080/20531702.2022.2029022에서 확인 가능; Andrew Bacevich, Op-Ed: Has Biden forgotten he's commander in chief? Here's America's national security to-do list, L.A. TIMES, Feb. 3, 2021, available at https://www.latimes.com/opinion/story/2021-02-03/joe-biden-commander-in-chief-war-national-security-executive-orders 참조.

부시 독트린의 합법성에 대한 지지도 일부 있지만, 국제법상 허용되는 자위 범위에 대한 전통적인 견해와 이 문제에 대한 현대의 합의는 국가가 자위로써 무력을 사용하는 것이 합법적이려면 통상적인 의미의 임박성을 기준으로 그러한 무력사용의 임박한 필요성에 근거해야 한다는 것으로 보인다. 특히 부시 독트린이 국제법에 부합하지 않는다는 견해가 더 널리 받아들여지고 있는 것으로 보인다.[184]

개별적이든 집단적이든 자위의 우선적 대안은 침략이다. 유엔 헌장은 이 주제에 관한 현대법을 정립해 제시하고 있다. 국가는, 제한된 몇 가지 예외를 제외하고, 개별적 또는 집단적 자위권 행사를 제외하고는 무력을 사용할 수 없다. 이러한 법적 근거 없이는 어떤 국가의 무력사용도 불법적인 무력사용인 침략에 해당한다.

부시 독트린에 아무런 논리가 없는 것은 아니다. 현대의 첨단기술 분야는 말할 것도 없고, 핵무기의 위협은 급속하게 현실화될 수 있으며, 아마도 어떤 경우에는, 핵무기의

---

184 예를 들어 W. Michael Reisman and Andrea Armstrong, *Centennial Essay: The Past and Future of the Claim of Pre-emptive Self-Defense*, 100 AM. J. INT'L L. 525, 547 (2006); Amy Bartholomew, *Empire's Law and Human Rights as Swords of Empire*, in WORLD TRIBUNAL ON IRAQ: MAKING THE CASE AGAINST WAR (Muge Gursoy Sokman ed., 2008); Ronald C. Kramer & Raymond J. Michalowski, *War, Aggression and State Crime*, 45 BRIT. J. CRIMINOLOGY 446 (2005) 참조.
　그러나 일부 논평가들은 미국이 종종 군사행동이 정당화되는 허용 가능한 자위권의 범위를 광범위하게 해석해 왔으며, 이러한 광범위한 견해가 법적으로 정당화된다고 주장한다. 예를 들어 Delahunty & Yoo, *supra* note 215, at 853 (예를 들어 Delahunty와 Yoo는 20세기 내내 여러 대통령이 허용되는 자위권의 수준을 예방전쟁으로까지 높이는 광범위한 견해를 취했다고 주장한다.); Colin S. Gray, THE IMPLICATIONS OF PREEMPTIVE AND PREVENTIVE WAR DOCTRINES, A RECONSIDERATION 9 (2007) 참조.
　제43대 부시 행정부에서 법률고문으로 일했던 Delahunty와 Yoo는 미국이 이전에 선제적 접근 방식을 취했던 사례를 다음과 같이 제시한다: 시어도어 루스벨트 대통령의 "먼로 독트린의 추론"; 존 F. 케네디 대통령의 쿠바 해상 봉쇄; 그리고 지미 카터 대통령의 "페르시아만 지역에 대한 통제권을 확보하려는 외부 세력의 어떠한 시도도 미국의 사활적 이익에 대한 공격으로 간주하여 '필요한 모든 수단을 사용하여' 격퇴하겠다"는 발언. 저자들은 이를 핵무기 의존 가능성을 시사한 것이라고 주장한다. Delahunty & Yoo, *supra* note 215, at 856. Delahunty와 Yoo는 사실상 부시 독트린이 예방전쟁에 해당하지만, 예방전쟁은 유엔 헌장에 위배되더라도 국제법상 합법이라고 주장하는 것이다(위와 같음, at.845-846).
　Delahunty와 Yoo는 예방전쟁이 유엔 헌장에 위배되더라도 국제법상 합법이라고 주장하는데, 이는 국가들의 실제 행위가 유엔 헌장 규정이 여전히 법적 구속력이 있는지 의문을 제기하고, 설령 법적 구속력이 있다고 하더라도, 헌장의 "비효율적인 규범"을 준수하는 것이 예방적 무력사용에 관한 다른 모든 고려사항보다 반드시 우선하는 것은 아니라는 이유에서다(위와 같음, p.846). 이들은 예방적 무력사용이 어떤 상황에서는 심히 불법적인 비전투원에 대한 의도적인 대량공격을 방지할 수 있으며, 예방적 무력사용이 "미래에 더 큰 해를 끼칠 가능성이 있는 불량 국가를 저지"할 것이라고 주장한다(위와 같음, at.845-846). (이들은 어떤 행동이 합법적이려면 모든 안보리 이사국의 승인을 받아야 하는 유엔의 구조가 비효율적이라고 주장한다.)
　Delahunty와 Yoo는 세르비아 전쟁을 개별적 또는 집단적 자위권이나 유엔의 집행 조치로 정당화되지 않음에도 불구하고 국제법상 합법적인 국가 행동의 사례로 꼽는다(위와 같음). 이들은 국제인도적 개입을 합법적으로 만들어 주는 동일한 원칙이 예방전쟁에도 적용된다고 주장한다. 유일한 차이가 있다면 예방전쟁의 경우 개입자가 자국민을 보호하는 반면 인도적 개입의 경우 대상 국가의 국민을 보호한다는 점이라고 주장한다(위와 같음, at 848).
　영국 레딩대학교 전략연구센터 소장인 Colin Gray는 아프가니스탄 전쟁(2001), 페르시아만 전쟁(1991), 한국전쟁(1950), 1차 세계대전(1917), 스페인-미국 전쟁(1898), 남북전쟁(1861), 미국이 아메리카 원주민 등과 벌인 수많은 개척 전쟁을 예방전쟁으로 분류할 수 있다고 주장한다(Gray, *supra*, at.25-27).

경우 어떤 국가가 제2격(second strike, 2차 타격) 능력을 갖고 있는지에 따라 달라지기는 하지만, 방어할 수 있는 것보다 빠르게 현실화할 수 있다. 동시에 전쟁은 쉽게 시작될 수 있으며, 그 결과는 극심할 수 있다. 돌이켜보면 냉전 시기 당시 부시 독트린이 채택되어 적용되었다면 양측 간에 파멸적인 전쟁으로 이어질 가능성이 높았을 것으로 보인다. 당시 미국과 소련 블록이 상대방의 임박하지 않은 위협에 대한 자제력을 발휘하기보다는 어느 한쪽이든 부시 독트린 유형의 접근 방식을 따르고, 여러 기회와 구실로 예방전쟁을 개시했다면 쉽게 전면전에 돌입할 수 있었을 것이다.

따라서 법적 문제가 제기되었지만, 역사적으로 자위권 행사를 위해 국제법상 요구되는 임박성에 대한 광범위한 합의에 따라 일정한 제약이 부과되어 왔다. 이러한 접근 방식은 역사적으로 국제법의 지배적인 접근 방식이었을 뿐만 아니라 임박하지 않은 위협에 대한 무력충돌을 방지하는 현명한 접근법이었다. 부시 독트린이 핵무기 사용은 물론 미국의 자위권 행사의 합법적 근거가 될 수 없다는 추론은 설득력이 있다.

The Illegality and Incompatibility of (Extended) Deterrence with Peace in the Korean Peninsula and Northeast Asia: Ways to Overcome It

Charles Moxely
Adjunct Professor of
Law at the Fordham Law School

Following, drawn from my 2024 book, Nuclear Weapons and International Law: Existential Risks of Nuclear War and Deterrence through a Legal Lens (see www.nuclearweaponslaw.org), are materials that I will draw upon in my plenary remarks at the conference.

The thesis of my presentation is that the use and threat of use of nuclear weapons are unlawful under rules of international law recognized by the United States, as well as under additional rules of international law not generally focused on or acknowledged by the United States in its assertions as to the lawfulness of such weapons.

The further conclusion of my presentation is that the policy of nuclear deterrence, including extended deterrence, followed by the United States is unwise, dangerous, and unlawful. This conclusion follows from the unlawfulness of the use of such weapons. The International Court of Justice (the "ICJ") concluded in the Nuclear Weapons Advisory Case that it is unlawful for a state to threaten to use weapons that it would be unlawful to use.

The following materials summarize the substance of my presentation to the effect that the threat and use of nuclear weapons are unlawful under rules of international law recognized by the United States.

Unlawfulness of Threat and Use of Nuclear Weapons under Rules of the Law of Armed Conflict as Articulated by the United States

We apply the law of armed conflict, as the United States has articulated that law, to known facts as to nuclear weapons. When one conducts this analysis, the conclusion is compelling that the use of nuclear weapons, including low-yield nuclear weapons, would be unlawful in essentially all circumstances in which the United States, pursuant to its established policies, practices, and plans, might ever use such weapons. The conclusion further becomes clear, based upon the application of this body of law to known facts, that the United States' policy of nuclear deterrence is itself unlawful.

The unlawfulness of the use of nuclear weapons is clear most fundamentally from the fact that effects of such weapons are uncontrollable. Under the law of armed conflict, as articulated by the United States, it is unlawful for a state to use weapons whose effects are uncontrollable. The law of armed conflict, as recognized by the United States, is clear that the use of weapons whose effects are uncontrollable cannot comply with the law of armed conflict, including the rules of distinction, proportionality, and necessity.

Secondly, even beyond uncontrollability, the known effects of nuclear weapons are such that all or virtually all uses of such weapons would violate the law of armed conflict, including the rules of distinction, proportionality, and necessity, as such rules are articulated by the United States.

Thirdly, the known and essentially undisputable effects of nuclear weapons are such as to preclude the use of such weapons from complying with the law applicable to belligerent reprisals, including the requirements that reprisals be proportionate to the unlawful attack to which they respond and limited to a level of force necessary to make the offending state cease its violation of international law. Nuclear weapons, because their effects are uncontrollable, are incapable of complying with these prerequisites for lawful reprisal.

It further seems clear as a matter of law, based on the United States' own statements on the matter and the ICJ's *Nuclear Weapons Advisory Decision*, that all uses of nuclear weapons, including uses of such weapons by states in extreme circumstances of self-defense when their very survival is at issue, are subject to UN Charter law and the law of armed conflict, in effect, to the requirements of *jus ad bellum* and *jus in bello*.[1] The United States has consistently acknowledged

---

1 See generally International Court of Justice, Advisory Opinion Requested by the U.N. General Assembly on the Legality of The Threat or Use of Nuclear Weapons, 1996 I.C.J. Rep. 226, 35 I.L.M. 809 (July 8, 1996) [hereinafter Nuclear Weapons Advisory Opinion].
   As to the U.S. position, see Oral Statement of the United States of America submitted to the International Court of Justice Proceedings for the Advisory Opinion Requested by the World Health Organization on the Legality of the Use by a State of Nuclear Weapons in Armed Conflict and the Advisory Opinion Requested by the U.N. General Assembly on the Legality of the Threat or Use of Nuclear Weapons,

that international law, including the rules of distinction, proportionality, and necessity, apply to the use of nuclear weapons, no matter the exigencies of the particular situation.

The conclusion also seems compelling that, since the effects of nuclear weapons, including low-yield nuclear weapons, are uncontrollable and uncontrollability makes any use of such weapons unlawful, the use of such weapons is per se unlawful even according to the United States' own view of the matter before the ICJ that, for per se unlawfulness to arise, unlawfulness would have to characterize *all* potential uses of such weapons.[2] The per se unlawfulness of the use of nuclear weapons is even clearer, if one uses the more legally supportable standard of whether the use of such weapons would violate the law of armed conflict in substantially all of the circumstances in which the United States might actually use such weapons or in circumstances of the normal or expected uses of such weapons or uses for which they are intended.

If the above conclusion is correct that the use of nuclear weapons is unlawful under the law of armed conflict, as articulated by the United States, the further conclusion becomes compelling that the U.S. policy of nuclear deterrence is itself unlawful under this body of law.

As we will see from the United States' own statements of the matter and from the ICJ's *Nuclear Weapons Advisory Decision*, it is unlawful for a state to threaten the use of nuclear weapons if the use of such weapons would be unlawful.

Verbatim Record, at 55-81 (Nov. 15, 1995) (10:00 AM session) [hereinafter I.C.J. Hearing Nov. 15, 1995]; International Court of Justice Proceedings for the Advisory Opinion Requested by the U.N. General Assembly on the Legality of the Threat Or Use of Nuclear Weapons, Written Statement of the United States of America, at 21-23, 30 (June 20, 1995) (prepared by Conrad K. Harper (Legal Advisor, Department of State), Michael J. Matheson (Deputy Legal Advisor, Department of State), Bruce C. Rashkow (Assistant Legal Advisor, Department of State), & John H. McNeill (Senior Deputy General Counsel, Department of Defense)) [hereinafter U.S. I.C.J. Memorandum/GA App], reprinted as Written Observations on the Request by the General Assembly for an Advisory Opinion, 7 Crim. L.F. 401 (1996) (citing U.S. Dep't Army, The Law of Land Warfare: Field Manual No. FM 27-10, at 5 (July 18, 1956, as amended July 15, 1976) [hereinafter Law of Land Warfare Field Manual (1976)]).

2 In its arguments before the ICJ, the United States took the following position in this regard; "[S]cientific evidence could only justify a total prohibition on the use of nuclear weapons if such evidence covers the full range of variables and circumstances that might be involved in such uses." I.C.J. Hearing Nov. 15, 1995, at 71.

The Law of Armed Conflict as Including the Rules of Customary International Law

It is noteworthy, in the first instance, that the United States, in applying the rules of the law of armed conflict that it recognizes as applicable to nuclear weapons, has in large measure sought to avoid clear implications of such rules, as it has itself articulated them.

Specifically, the United States recognizes that the law of armed conflict—including the rules of distinction, proportionality, and necessity—applies to the use of nuclear weapons. The United States thus recognizes that it would be unlawful to use a nuclear weapon if that use would not comply with such rules.

The United States' position is essentially as follows: that the lawfulness of the use of nuclear weapons must be considered on an ad hoc basis as to each potential use, with each such use being lawful or not, depending on whether it would potentially comply with the law of armed conflict, including the rules of distinction, proportionality, and necessity.

However, in defending the lawfulness of the use of nuclear weapons in its arguments to the ICJ in the *Nuclear Weapons Advisory Case*, the United States attempted to avoid the potential implications of such rules of law by arguing that it is only bound by conventional law specifically agreed to by the United States and customary law established by the practice of the community of nations, including the states specially involved (assertedly, the states possessing nuclear weapons), out of a sense of obligation. The United States argued on that basis that, since the United States has not agreed to a convention specifically prohibiting the use of nuclear weapons and has not refrained from the use of such weapons out of a sense of obligation, the use of such weapons by the United States could not be deemed unlawful.

Conrad K. Harper, Legal Advisor to the United States Department of State, argued to the ICJ that the "starting point in examining the merits" should be "the fundamental principle of international law that restrictions on States cannot be presumed, but must be established by conventional law specifically accepted by them, or in customary law established by the conduct of the community of nations."[3]

---

[3] I.C.J. Hearing Nov. 15, 1995, at 57.

Michael J. Matheson, Deputy Legal Advisor, Department of State, in his presentation to the ICJ, made the same argument: Restrictions upon states must "be found in conventional law specifically accepted by States, or in customary law generally accepted as such by the community of nations."[4] Matheson cited the ICJ's statement in the *Nicaragua* case that "in international law there are no rules, other than such rules as may be accepted by the State concerned, by treaty or otherwise, whereby the level of armaments of a sovereign State can be limited."[5]

The U.S. focus on the absence of a convention and the absence of the United States' having refrained from the use of nuclear weapons out of a sense of obligation overlooks the legal effect of customary rules of the law of armed conflict—including the rules of distinction, proportionality, and necessity—that the United States recognizes as applicable to the use of nuclear weapons. Most fundamentally, the United States' argument that nuclear weapons use cannot be deemed unlawful absent the United States' having agreed to such unlawfulness ignores the United States' recognition that uses of nuclear weapons that do not comply with the rules of distinction, proportionality, and necessity would be unlawful under the law of armed conflict.

In these circumstances, it seems clear, given the United States' recognition of the applicability of such rules of the law of armed conflict to nuclear weapons, that the United States is bound by the application of such rules to nuclear weapons use *regardless of whether the United States agrees with the particular application of the rules.* Neither the consensual basis of international law nor the principle of sovereignty limits the effects of the application of established rules of international law. If a use of nuclear weapons by the United States, or such use generally, would be unlawful under the law of armed conflict, that use is unlawful every bit as much as it would be if the United States had signed a convention or purposefully joined in the formation of a customary practice to that effect.

The United States' military have acknowledged this. For example, the *Air Force Manual on International Law* stated that the use of a weapon may be unlawful based not only on "expressed prohibitions contained in specific rules of custom and convention," but also on "those prohibitions laid down in the general principles of the law of war."[6] The manual noted that the International Military Tribunal at

---

[4] I.C.J. Hearing Nov. 15, 1995, at 60.
[5] I.C.J. Hearing Nov. 15, 1995, at 60 (citing *Nicaragua v. United States*, 1986 I.C.J. Rep. 14, 135 (June 27, 1986)).
[6] U.S. Dep't Air Force, International Law—The Conduct of Armed Conflict and Air Operations: Pamphlet 110-31 (1976) [hereinafter Air Force Manual on International Law].

Nuremberg in the case of the *Major War Criminals* found that international law is contained not only in treaties and custom but also in the "general principles of justice applied by jurists and practiced by military courts."[7]

The Air Force Judge Advocate General's School made a similar statement in its manual, *Air Force Operations and the Law*: "The selection of weapons for a particular attack will be governed by the general principles of the law of armed conflict."[8]

The Department of Defense's *Law of War Manual* states:

> Customary international law is an unwritten form of law in the sense that it is not created through a written agreement by States. Customary international law is generally binding on all States, but States that have been persistent objectors to a customary international law rule during its development are not bound by that rule.[9]

The United States is not a persistent objector to the rules of distinction, proportionality, and necessity, but rather has repeatedly recognized—indeed asserted—the binding nature of such rules and their applicability to nuclear weapons.

The *Law of War Manual* further states:

> General principles of law common to the major legal systems of the world are a recognized part of international law. Law of war principles have been understood to be included in this category of international law... [and they] provide a general guide for conduct during war when no specific rule applies; and work as interdependent and reinforcing parts of a coherent system.[10]

It is also noteworthy that, where a rule of international law has been embodied in a convention to which a state is bound—as is the case of the United States with respect to the rule of necessity—such a rule is binding under that convention and cannot be modified by state practice.[11] The *Air Force Manual on International Law*

---

7 AIR FORCE MANUAL ON INTERNATIONAL LAW, *supra* note 12, at 1-6.
8 AIR FORCE JUDGE ADVOC. GEN. SCH., THE LAW OF AIR, SPACE AND CYBER OPERATIONS 20 (4th ed. 2020) [hereinafter AIR FORCE OPERATIONS AND THE LAW].
9 U.S. DEP'T DEF., LAW OF WAR MANUAL 30 (June 2015, Updated December 2016) [hereinafter DoD LAW OF WAR MANUAL].
10 DoD LAW OF WAR MANUAL, *supra* note 15, at 50-51.
11 The rule of necessity is embodied in Article 23 of the Annex to the Hague Convention IV of 18 October 1907 and related "Hague Rules." The rules of distinction and proportionality are memorialized in Protocol

stated that the practice of states "does not modify" the legal obligation to comply with treaty obligations since such obligations are "contractual in nature."[12]

The United States recognizes "analogy,"[13] as well as "general principles,"[14] as sources of the law of armed conflict. The *Air Force Manual on International Law* stated:

> [A] new weapon or method of warfare may be illegal, per se, if it is restricted by international law including treaty or international custom. The issue is resolved, or attempted to be resolved, by analogy to weapons or methods previously determined to be lawful or unlawful.[15]

Based on the foregoing, it seems clear that, as the United States has repeatedly recognized, it would be unlawful for the United States to use a nuclear weapon if such use would not comply with the law of armed conflict, including the rules of distinction, proportionality, and necessity, notwithstanding that there is no specific convention so providing and that the United States has not acknowledged that its use of nuclear weapons would violate such rules.

Uncontrollability of the Effects of Nuclear Weapons as Connoting the Unlawfulness of the Use of Such Weapons under the Law of Armed Conflict

We will first focus on analyzing the lawfulness of the use of nuclear weapons under the requirement of controllability that is a component of each of the rules of distinction, proportionality, and necessity, as defined by the United States.

The United States has repeatedly recognized that the rules of distinction, proportionality, and necessity prohibit the use of weapons *whose effects cannot be controlled by the user.* By recognizing the applicability of the rules of distinction,

---

Additional to The Geneva Conventions of 12 August 1949, and Relating to the Protection of Victims of International Armed Conflicts (Protocol I), of 8 June 1977, 1125 U.N.T.S. 3, [hereinafter Additional Protocol I], which the United States signed but has not ratified. However, the United States, while disputing certain of the provisions included in Additional Protocol I, has expressly recognized, on numerous occasions, the accuracy of Additional Protocol's I's restatement of rules of the law of armed conflict.

12 AIR FORCE MANUAL ON INTERNATIONAL LAW, *supra* note 12, at 1-15 n. 35.
13 DOD LAW OF WAR MANUAL, *supra* note 15, at 92 (citations omitted).
14 *Id*. at 50-52.
15 AIR FORCE MANUAL ON INTERNATIONAL LAW, *supra* note 12, at 6-7.

proportionality, and necessity to the use of nuclear weapons, the United States has recognized that, if the effects of such weapons are uncontrollable, the use of such weapons is unlawful.

This becomes significant in light of such potential nuclear weapons effects as radioactive fallout, electromagnetic pulses (EMPs), nuclear winter, and potential nuclear retaliation and escalation by targets of nuclear attacks.

Uncontrollability under the rule of distinction

The *Air Force Commander's Handbook* states that weapons that are "incapable of being controlled enough to direct them against a military objective" are unlawful.[16] The *Air Force Manual on International Law* described indiscriminate weapons as those "incapable of being controlled, through design or function," such that they "cannot, with any degree of certainty, be directed at military objectives."[17]

The U.S. Army Judge Advocate General's School, in its 2016 *Law of Armed Conflict Deskbook*, states that "military attacks should be directed at combatants and military targets, and not civilians or civilian property" and that parties to a conflict must "at all times distinguish between the civilian population and combatants and between civilian objects and military objectives and accordingly shall direct their operations only against military objective."[18]

The *Naval Commander's Handbook* defines the rule of distinction as prohibiting the use of a weapon, inter alia, "that cannot be directed at a specific military objective" or whose effects "cannot be limited as required by the law of armed conflict (e.g., use of chemical or biological weapons)."[19] It states, "Weapons which by their

---

16 See U.S. Dep't Air Force, Commander's Handbook on the Law of Armed Conflict 6-1 (Air Force Pamphlet 110-34, 25 July 1980) [hereinafter Air Force Commander's Handbook].
      The ICJ stated as follows in its Nuclear Weapons Advisory Opinion concerning the principle of distinction, "States must never make civilians the object of attack and must consequently never use weapons that are incapable of distinguishing between civilian and military targets. Weapons that will have an "indiscriminate effect on combatants and civilians" are prohibited. See Nuclear Weapons Advisory Opinion ¶ 78, at 257; 35 I.L.M. at 822.
17 Air Force Manual on International Law, *supra* note 12, at 6-3.
18 Int'l & Operational Law Dep't, U.S. Army Judge Advoc. Gen. Legal Ctr. & Sch., Law of Armed Conflict Deskbook 141, at ¶ III.C (16th ed., 2016) [hereinafter Law of Armed Conflict Deskbook].
19 U.S. Dep't Navy, The Commander's Handbook on the Law of Naval Operations: Naval War Pub. No. NWP 1-14M, § 5.3.4, at 5-4 to 5-5 (2022) [hereinafter Naval Commander's Handbook]. See also Brian Finucane, *The Prohibition on Indiscriminate Attacks: The U.S. Position vs. the DOD Law of War Manual*, Just Security (May 3, 2022), https://www.justsecurity.org/81351/the-prohibition-on-indiscriminate-attacks-the-us-position-vs-the-dod-law-of-war-manual/. Mr. Finucane is a former attorney-adviser in the Office of the Legal Adviser at the U.S. Department of State.

nature are incapable of being directed specifically against military objectives, and therefore put civilians and noncombatants at equivalent risk, are forbidden due to their indiscriminate effect."[20] The handbook describes the following as attacks outlawed by the rule of distinction: "[a]ttacks that employ a method or means of combat, *the effects of which cannot be limited as required by the law of armed conflict* (e.g., use of chemical or biological weapons)."[21]

Thus, for the use of a nuclear weapon to be lawful under the rule of distinction, *the effects* of the weapon must be capable of being controlled. It is not enough that the nuclear weapon in question can be accurately directed against the intended military target, but, in addition, the overall *effects* of the weapon, even assuming it hits the target, must themselves be controllable and limited to lawful targets.

Other U.S. and international sources confirm this. The U.S. Army, in its *Operational Law Handbook*, states that it is unlawful to use a weapon whose *effects* cannot distinguish between civilian and combatant targets. The handbook states that the "principle [of distinction] requires that belligerents distinguish combatants from civilians and military objectives from civilian objects...." and not "employ[ing] a method or means of combat the *effects* of which cannot be directed at a specified military objective."[22]

The Air Force's 2004 manual *The Military Commander and the Law* states that indiscriminate weapons include "weapons incapable of being controlled."[23]

The *Air Force Manual on International Law* recognized that the rule of distinction

---

20   NAVAL COMMANDER'S HANDBOOK, *supra* note 26, at § 9.1.
21   *Id.* at § 5.3.4 (emphasis supplied). THE NAVAL COMMANDER'S HANDBOOK further states:
     Examples of weapons incapable of discrimination include drifting armed contact mines, long-range unguided missiles (e.g., the German V-1 and V-2 rockets and Japanese uncontrolled balloon-borne bombs used during World War II). A weapon is not indiscriminate simply because it may cause incidental or collateral civilian casualties when directed at a legal military objective. An artillery round that is capable of being directed with a reasonable degree of accuracy at a military target is not an indiscriminate weapon simply because it may miss its mark or inflict collateral damage, provided such collateral damage is not foreseeably excessive in light of the anticipated military advantage to be gained. There is no obligation to employ the most precise weapon available, so long as the weapon employed is capable of discrimination.
     Id. § 9.1.2.
22   U.S. ARMY JUDGE ADVOC. GEN. LEGAL CTR. & SCH., OPERATIONAL LAW HANDBOOK, 59 (Maj. Ryan Fisher ed., 2022) [hereinafter OPERATIONAL LAW HANDBOOK] (citing, *inter alia*, Additional Protocol I, at art. 51, para. 4(b)) (quotation & footnotes omitted) (emphasis supplied).
23   U.S. DEP'T AIR FORCE, JUDGE ADVOC. GEN. SCH., THE MILITARY COMMANDER AND THE LAW 551 (7th ed. 2004). The updated 2021 version of this manual omits the direct reference to controllability, but states that the law of war requires parties to a conflict to distinguish civilian persons and objects from military targets and to limit attacks only to military targets. See U.S. DEP'T AIR FORCE, JUDGE ADVOC. GEN. SCH., THE MILITARY COMMANDER AND THE LAW 518 (17th ed. 2021) [hereinafter MILITARY COMMANDER AND THE LAW].

requires not only that a weapon can actually hit the intended target, but also that the effects of the weapon must be controllable and limited. The manual stated that indiscriminate weapons include those which, "though capable of being directed only at military objectives, may have otherwise uncontrollable effects so as to cause disproportionate civilian injuries or damage."[24]

The manual further stated that "uncontrollable" refers to effects "which escape in time or space from the control of the user as to necessarily create *risks* to civilian persons or objects excessive in relation to the military advantage anticipated."[25] It is noteworthy that this prohibition encompasses the causing not only of injury but also of risks to civilian persons and objects.

This requirement that it is not enough for a weapon to be capable of being targeted against a lawful target, but that it is also required under the law of armed conflict that the *effects* of the weapon's use be limited to the lawful target was codified in the 1977 Additional Protocol I to the Geneva Conventions. Article 51 ("Additional Protocol I") provides:

> Indiscriminate attacks are prohibited. Indiscriminate attacks are:
> (a) those which are not directed at a specific military objective;
> (b) those which employ a method or means of combat *which cannot be directed at a specific military objective*;
> (c) *those which employ a method or means of combat the effects of which cannot be limited as required by [the] Protocol; and consequently, in each such case, are of a nature to strike military objectives and civilians or civilian objects without distinction.*[26]

The United States has recognized Additional Protocol I's codification of the rule of distinction as representing contemporary international law even though the United States has not ratified this Protocol.[27]

---

24 See AIR FORCE MANUAL ON INTERNATIONAL LAW, *supra* note 12 at § 6-3 (c).
25 AIR FORCE MANUAL ON INTERNATIONAL LAW, *supra* note 12 at § 6-3 (c) (emphasis supplied).
26 Protocol Additional to The Geneva Conventions of 12 August 1949, and Relating to the Protection of Victims of International Armed Conflicts (Protocol I), of 8 June 1977, 1125 U.N.T.S. 3, 90 at ¶ 4 (emphasis supplied) [hereinafter Additional Protocol 1]. As previously noted, the United States has signed, but not ratified Additional Protocol I. However, U.S. military manuals have recognized Additional Protocol I's codification of the rule of distinction as representing customary international law.
27 U.S. DEP'T NAVY, ANNOTATED SUPPLEMENT TO THE COMMANDER'S HANDBOOK ON THE LAW OF NAVAL OPERATIONS, at 8-1 (1987, with revision A (5 October 1989)) [hereinafter NAVAL COMMANDER'S ANNOTATED HANDBOOK (1989)] (citations omitted). The handbook stated that the rule of distinction is a "customary rule of international law

Thus, it is clear that it would be unlawful under the rule of distinction for the United States to use a nuclear weapon against a target if the effects of the weapon would not be controllable.

Uncontrollability under the rule of necessity

It is also unlawful under the rule of necessity for a state to use a weapon whose effects are not controllable. If a state cannot control the effects of a weapon, it cannot assure that the use of the weapon, as required by the rule of necessity, would involve only such a level of force as is necessary to address the military objective and would not cause superfluous injury.

The *Air Force Manual on International Law* recognized as a basic requirement of the rule of necessity "that the force used *is capable of being and is in fact regulated by the user.*"[28]

The *Naval Commander's Handbook* states that the rule of necessity, in combination with the rule of distinction, prohibits "indiscriminate attacks" such as the following:

1. Attacks that are not directed at a specific military objective. . . .
2. Attacks that employ a method or means of combat that cannot be directed at a specific military objective (e.g., declaring an entire city a single military objective and attacking it by bombardment when there are actually several distinct military objectives throughout the city that could be targeted separately)
3. Attacks that employ a method or means of combat, *the effects of which cannot be limited as required by the law of armed conflict* (e.g., use of chemical or biological weapons).[29]

Uncontrollability under rule of proportionality

It further seems clear that the rule of proportionality prohibits the use of a weapon whose effects cannot be controlled. If a state is unable to control the effects of a potential military strike, it is unable to have a good faith basis to believe that the effects of the strike would be within the bounds of proportionality vis-à-vis the concrete and direct military advantage anticipated from the attack.

---

codified for the first time in Additional Protocol I, article 57(1)." *Id.* at 8-1 n.3-4.
28 AIR FORCE MANUAL ON INTERNATIONAL LAW, *supra* note 12, at 1-6 (emphasis supplied).
29 NAVAL COMMANDER'S HANDBOOK, *supra* note 26, at § 5.3.4 (emphasis supplied).

U.S. Formal Position as to the Controllability of the Effects of Nuclear Weapons

In defending the lawfulness of nuclear weapons use in the *Nuclear Weapons Advisory Case*, the United States acknowledged the requirement of controllability and defended the case on a factual basis, arguing that the effects of nuclear weapons— particularly of a small number of low-yield nuclear weapons directed against remote military targets—would be controllable.

Specifically, without overtly disputing the uncontrollability of the effects of strategic nuclear weapons or of tactical weapons in urban areas, the United States asserted the potential lawfulness of the use of low-yield nuclear weapons in very limited—essentially surgical—circumstances.

The United States argued to the ICJ:

(1) that it is capable of using nuclear weapons in such a way as to control their effects and keep them within legal bounds; and
(2) that the use of nuclear weapons would only generally have adverse collateral effect on human health and the natural and physical environments comparable to those that would result from conventional weapons—that "armed conflict of any kind can cause widespread, sustained destruction" and that it does not matter whether nuclear or conventional weapons are used.[30]

John H. McNeill, the U.S. Senior Deputy General Counsel, Department of Defense, urged the following position upon the ICJ:

The argument that international law prohibits, in all cases, the use of nuclear weapons appears to be premised on the incorrect assumption that every use of every type of nuclear weapon will necessarily share certain characteristics which contravene the law of armed conflict. Specifically, it appears to be assumed that any use of nuclear weapons would inevitably escalate into a massive strategic nuclear exchange, resulting automatically in the deliberate destruction of the population centers of opposing sides.[31]

***

---

30 See I.C.J. Hearing Nov. 15, 1995, at 70-71 (John H. McNeill, arguing).
31 I.C.J. Hearing Nov. 15, 1995, at 68.

> Nuclear weapons, as is true of conventional weapons, can be used in a variety of ways: they can be deployed to achieve a wide range of military objectives of varying degrees of significance; they can be targeted in ways that either increase or decrease resulting incidental civilian injury or collateral damage; and their use may be lawful or not depending upon whether and to what extent such use was prompted by another belligerent's conduct and the nature of the conduct.[32]

Noting that it has been argued that nuclear weapons are inherently indiscriminate in their effects and cannot reliably be targeted at specific military objectives, McNeill argued, "This argument is simply contrary to fact. Modern nuclear weapon delivery systems are, indeed, capable of precisely engaging discrete military objectives."[33]

Alluding to the assumptions made by the World Health Organization (WHO) in a 1987 study as to the effects of nuclear weapons, McNeill objected to the "four scenarios" depicted by the WHO as "highly selective" in that they:

> address civilian casualties expected to result from nuclear attacks involving significant numbers of large urban area targets or a substantial number of military targets. But no reference is made in the report to the effects to be expected from other plausible scenarios, such as a small number of accurate attacks by low-yield weapons against an equally small number of military targets in non-urban areas.[34]

Reinforcing the point as to "other plausible [low-yield use] scenarios," McNeill argued, "[T]he plausibility of such scenarios follows from a fact noted in the WHO Report by Professor Rotblat: namely, that 'remarkable improvements' in the performance of nuclear weapons in recent years have resulted in their 'much greater accuracy.' Clearly, such possible scenarios would not necessarily raise issues of proportionality or discrimination."[35]

In its memorandum to the ICJ, the United States further argued that, through the technological expertise of "modern weapon designers," the United States is able to control the effects of nuclear weapons—specifically, "to tailor the effects of a nuclear weapon to deal with various types of military objectives:"

---

32   I.C.J. Hearing Nov. 15, 1995, at 69.
33   I.C.J. Hearing Nov. 15, 1995, at 70.
34   I.C.J. Hearing Nov. 15, 1995, at 71.
35   I.C.J. Hearing Nov. 15, 1995, at 71.

It has been argued that nuclear weapons are unlawful because they cannot be directed at a military objective. This argument ignores the ability of modern delivery systems to target specific military objectives with nuclear weapons, and the ability of modern weapons designers to tailor the effects of a nuclear weapon to deal with various types of military objectives. Since nuclear weapons can be directed at a military objective, they can be used in a discriminate manner and are not inherently indiscriminate.[36]

The United States further argued to the ICJ that the effects of nuclear weapons would not necessarily be substantially greater that those of conventional weapons. McNeill argued:

It is true that the use of nuclear weapons would have an adverse collateral effect on human health and both the natural and physical environments. But so too can the use of conventional weapons. Obviously, World Wars I and II, as well as the 1990-1991 conflict resulting from Iraq's invasion of Kuwait, dramatically demonstrated that conventional war can inflict terrible collateral damage to the environment. The fact is that armed conflict of any kind can cause widespread, sustained destruction; the Court need not examine scientific evidence to take judicial notice of this evident truth.[37]

The only instances of alleged controllability the United States cited to the ICJ in the *Nuclear Weapons Advisory Case* concerned the effects of the use of a limited number of low-yield nuclear weapons against a limited number of military targets in non-urban areas.

---

[36] See U.S. I.C.J. Memorandum/GA App, at 23.
[37] I.C.J. Hearing Nov. 15, 1995, at 70-71. While the damage caused by the Iraqi attack on Kuwait caused extensive environmental damage, those effects were largely remediated or dissipated within less than ten years. See *Bombs, Mines Help Kuwait's Desert Bloom*, ORLANDO SENTINEL, Jan. 24, 1993, at A3; Leon Barkho, *Iraq Recovering Past Oil Position; Industry Up to Rate of 2.65 Million Barrels A Day in Production*, THE ATLANTA J. & CONST., July 21, 1999, at 13D.

3 발표문

U.S. Acknowledgment of the Uncontrollability of Nuclear Weapons Effects

The position of the U.S. before the ICJ that the effects of nuclear weapons—particularly the effects of uses of a limited number of low-yield nuclear weapons against military targets in remote areas—are controllable is inconsistent with the United States' recognition in other contexts that many, if not all, of the effects of nuclear weapons are uncontrollable.

This can be seen, for instance, from the Joint Chiefs' 1995 *Doctrine for Joint Nuclear Operations*.[38] This manual stated:

> [T]here can be no assurances that a conflict involving weapons of mass destruction could be controllable or would be of short duration. Nor are negotiations opportunities and the capacity for enduring control over military forces clear.[39]

The Air Force's 2009 *Doctrine for Nuclear Operations* states as follows, in ostensibly addressing certain potential effects of low-yield nuclear weapons in battlefield situations:

> The use of nuclear weapons to repel enemy forces in friendly territory will lead to long-term effects that may be unacceptable. There are psychological effects associated with nuclear weapons that go beyond physical destruction. Notwithstanding the stark difference in physical effects between nuclear and conventional weapons, the use of nuclear weapons will have additional implications. It is difficult to determine exactly what that effect might be. A limited use of nuclear weapons may convince an enemy that the US is committed to using whatever degree of force is required and encourage them to cease and desist. It may have the opposite effect, enraging the enemy to the point where it escalates the conflict. When planning a nuclear option, it is important to consider the potential psychological impact as well as the enemy's ability to escalate.[40]

---

38 JOINT CHIEFS OF STAFF, DOCTRINE FOR JOINT NUCLEAR OPERATIONS: JOINT PUB 3-12, at I-6 to I-7 (Dec. 15, 1995) [hereinafter DOCTRINE FOR JOINT NUCLEAR OPERATIONS].

39 Id.

40 U.S. DEP'T AIR FORCE, AIR FORCE DOCTRINE DOC. 2-12, NUCLEAR OPERATIONS 8 (2009) [hereinafter 2009 AIR FORCE DOCTRINE ON NUCLEAR OPERATIONS].
   The Joint Chiefs' 2019 NUCLEAR OPERATIONS MANUAL similarly does not expressly address the controllability requirement. See JOINT CHIEFS OF STAFF, NUCLEAR OPERATIONS: JOINT PUBL'N 3-72 (June 11, 2019), available at https://fas.org/irp/doddir/dod/jp3_72.pdf [hereinafter NUCLEAR OPERATIONS MANUAL]. It characterizes the key concerns in practical and operational terms, stating that the "unique effects of nuclear

As noted by Judge Shahabuddeen in his dissent in the *Nuclear Weapons Advisory Case*, the United States, in ratifying the 1967 Treaty of Tlatelolco, Additional Protocol II, subscribed to the following statement in the preamble to the Protocol as to the effects of nuclear weapons:

> That the incalculable destructive power of nuclear weapons has made it imperative that the legal prohibition of war should be strictly observed in practice if the survival of civilization and of mankind itself is to be assured.
>
> That nuclear weapons, whose terrible effects are suffered, indiscriminately and inexorably, by military forces and civilian population alike, constitute, through the persistence of the radioactivity they release, an attack on the integrity of the human species and ultimately may even render the whole earth uninhabitable.[41]

The Joint Chiefs in their *Doctrine for Joint Nuclear Operations* stated:

> US nuclear forces serve to deter the use of WMD ["weapons of mass destruction," including chemical, biological, and nuclear weapons] across the range of military operations. From a massive exchange of nuclear weapons to limited use within a theater, US nuclear capabilities must confront an enemy with risks of unacceptable damage and disproportionate loss should the enemy choose to introduce WMD into a conflict.[42]

This manual further stated:

---

weapons require the staff to consider additional factors when planning for their operational employment." *Id.* at III-3.

The updated 2020 version of this manual similarly moves away from acknowledging the uncontrollability of the effects of nuclear weapons:

> The nature of nuclear weapons, overwhelmingly more significant than conventional weapons, is such that their use can produce political and psychological effects well beyond their actual physical effects. The employment of nuclear weapons may lead to such unintended consequences as escalation of the current conflict or long-term deterioration of relations with other countries. For this reason above all others, the decision whether or not to use nuclear weapons will always be a political decision and not a military one.

U.S. Dep't Air Force, Nuclear Operations: Air Force Doctrine Publ'n 3-72, at 4 (Dec. 18, 2020) [hereinafter Air Force Doctrine on Nuclear Operations].

41 International Court of Justice Proceeding: Advisory Opinion Requested by U.N. General Assembly on the Legality of The Threat or Use of Nuclear Weapons, Advisory Opinion, 1996 I.C.J. Rep. 226, 415, 35 I.L.M. 809, 873 (July 8, 1996) (Shahabuddeen, J., dissenting) [hereinafter Dissenting Opinion of Judge Shahabuddeen] (quoting Treaty for the Prohibition of Nuclear Weapons in Latin America (Treaty of Tlatelolco), 22 U.S.T. 762, 634 U.N.T.S. 762 (Feb. 14, 1967)).

42 Doctrine for Joint Nuclear Operations, *supra* note 45, at I-2 (emphasis supplied).

[S]omeday a nation may, through miscalculation or by deliberate choice, employ these weapons. … [A]n opponent may be willing to risk destruction or disproportionate losses in following a course of action based on perceived necessity, whether rational or not in a totally objective sense. In such cases, deterrence, even based on the threat of massive destruction, may fail.[43]

The Air Force publication *Nuclear Operations* (2015) quotes Keir A. Lieber, Director of the Center for Security Studies at Georgetown University:

The notion of countries escalating conflict to avoid conventional defeat may sound far-fetched, but it is well grounded in history. When nuclear armed states face overwhelming conventional threats – or worry about the possibility of catastrophic conventional defeat – they often adopt coercive escalatory doctrines to deter war or stalemate a conflict that erupts. Pakistan openly intends to use nuclear weapons to counter an overwhelming conventional Indian invasion. Russia claims it needs theater nuclear weapons to counter NATO's conventional advantages. Israel expects to win its conventional wars but retains the capability for nuclear escalation to prevent conquest in case its conventional forces suffer a catastrophic defeat.[44]

The Fact of the Uncontrollability of Nuclear Weapons Effects

It seems incontrovertible that the effects of nuclear weapons—of any yield—are uncontrollable and that, in any event, the effects of any likely actual use of

---

[43] DOCTRINE FOR JOINT NUCLEAR OPERATIONS, *supra* note 45, at I-2. (emphasis omitted).

[44] U.S. DEP'T AIR FORCE, AIR FORCE DOCTRINE ANNEX 3-72, NUCLEAR OPERATIONS, at 7 (May 19, 2015) (citing Keir A. Lieber, *The New Era of Nuclear Weapons, Deterrence, and Conflict*, STRATEGIC STUD. Q. (Spring 2013)). The 2020 updated version of this manual makes a similar point regarding the risks as to escalation, stating, "Understanding adversary interpretation of US actions and similarly accurate receipt of adversary messaging is crucial to managing escalation control," so as to avoid "planning assumptions when anti-cipating other countries' actions [that] may lead commanders to wrongly believe that an adversary would be willing or even unwilling to use nuclear weapons in a given scenario." AIR FORCE DOCTRINE ON NUCLEAR OPERATIONS, *supra* note 47, at 21. THE AIR FORCE DOCTRINE ON NUCLEAR OPERATIONS further states:

Additionally, escalation control relies heavily on each side of a conflict understanding the intent of the other. For example, what one commander believes is an example showing restraint, may actually be perceived as an escalatory action by the adversary. Rational behavior should be determined through the lens of cultural and historical context to properly anticipate an adversary's response to US nuclear operations.

Id.

nuclear weapons would be uncontrollable.⁴⁵

---

45   While there is no definitive definition of a low-yield nuclear weapon or of a mini-nuke, the Joint Chiefs of Staff's 1996 publication, DOCTRINE FOR JOINT THEATER NUCLEAR OPERATIONS, defined the following levels of nuclear weapons: very low (less than 1 kiloton); low (1 to 10 kilotons); medium (10 to 50 kilotons); high (50 to 500 kilotons); and very high (over 500 kilotons). See JOINT CHIEFS OF STAFF, DOCTRINE FOR JOINT THEATER NUCLEAR OPERATIONS: JOINT PUB 3-12.1, at GL-3 (Feb. 9, 1996) [hereinafter JOINT THEATER NUCLEAR OPERATIONS]. As a frame of reference, the nuclear weapons exploded in Hiroshima and Nagasaki were approximately 15 and 21 kilotons respectively. JOHN MALIK, LOS ALAMOS NATIONAL LABORATORY, REPORT LA-8819, THE YIELDS OF THE HIROSHIMA AND NAGASAKI NUCLEAR EXPLOSIONS 1 (1985).

When the US Congress in 1994 banned research and development of low-yield nuclear weapons, it focused on weapons with yields of less than five kilotons. See National Defense Authorization Act for Fiscal Year 1994, Pub. L. No. 103-160, § 3136, repealed by National Defense Authorization Act for Fiscal Year 2004, Pub. L. No. 108-136. Describing the rationale for the legislation, Congressman Spratt stated, "The United States has wisely decided to retire our tactical nuclear weapons." 139 Cong. Rec. H7083, (daily ed. Sept. 28, 1993) (statement of Rep. Spratt). Spratt further stated, "A 5-kiloton yield nuclear weapon is a very small nuclear weapon that is surely tactical; it has virtually no strategic value." Id.

Within this category of five kilotons or less, the United States currently has several types of nonstrategic nuclear weapons with such low-yield capabilities, including the B61 gravity bomb, Models B61-3 and B61-4, of which the United States has some 230. See Hans M. Kristensen, *Nuclear Notebook: U.S. Nuclear Forces 2021*, 77 BULL. OF ATOMIC SCIENTISTS, Issue 1, at 44 (2021), https://www.tandfonline.com/doi/pdf/10.1080/00963402.2020.1859865?needAccess=true.

During the George W. Bush Administration, the United States sought to expand the role of low-yield, tactical nuclear weapons. See U.S. DEP'T DEF., NUCLEAR POSTURE REVIEW (2002) [hereinafter Bush 43 NPR]. The Obama Administration reversed this policy. See Robert S. Norris & Hans M. Kristensen, *U.S. Nuclear Forces 2010*, 66 BULL. ATOMIC SCIENTISTS, 57, 62-63 (May/June 2010).

The Trump Administration in its 2018 NUCLEAR POSTURE REVIEW reverted to the Bush 43 policy of expanding the U.S. arsenal of low-yield nuclear weapons, stating,

Expanding flexible U.S. nuclear options now, to include low-yield options, is important for the preservation of credible deterrence against regional aggression. It will raise the nuclear threshold and help ensure that potential adversaries perceive no possible advantage in limited nuclear escalation, making nuclear employment less likely.

U.S. DEP'T DEF., NUCLEAR POSTURE REVIEW, XII (2018) [hereinafter TRUMP NPR]. THE TRUMP NPR went on to state,

Consequently, the United States will maintain, and enhance as necessary, the capability to forward deploy nuclear bombers and DCA [dual capable aircraft] around the world. We are committed to upgrading DCA with the nuclear-capable F-35 aircraft. We will work with NATO to best ensure—and improve where needed—the readiness, survivability, and operational effectiveness of DCA based in Europe. Additionally, in the near-term, the United States will modify a small number of existing SLBM [submarine launched ballistic missile] warheads to provide a low-yield option, and in the longer term, pursue a modern nuclear-armed sea-launched cruise missile (SLCM). Unlike DCA, a low-yield SLBM warhead and SLCM will not require or rely on host nation support to provide deterrent effect. They will provide additional diversity in platforms, range, and survivability, and a valuable hedge against future nuclear "break out" scenarios."

Id. As of January 2022, the weapons programs outlined by the Trump Administration were initially retained by the Biden Administration, based on in its budget request to Congress. See Shannon Bugos, *U.S. Nuclear Modernization Programs*, ARMS CONTROL ASS'N: FACTS SHEETS & BRIEFS (Last Reviewed: Jan. 2022), https://www.armscontrol.org/factsheets/USNuclearModernization. Since then, the Biden Administration has reportedly canceled some of the Trump programs. See, e.g., Valerie Insinna, *Biden administration kills Trump-era nuclear cruise missile program*, BREAKING DEFENSE (Mar. 28, 2022), https://breakingdefense.com/2022/03/biden-administration-kills-trump-era-nuclear-cruise-missile-program/.

Considerations leading to this conclusion include the following:

- The reality that the U.S. nuclear arsenal is made up predominately of high-yield nuclear weapons and that even the relatively small number of nuclear weapons the U.S. has that are capable of use as low-yield weapons are adjustable yield weapons also capable of high yields;
- The likelihood that any use of nuclear weapons by the United States would be of high-yield nuclear weapons;
- The unlikelihood that the United States would limit its use of nuclear weapons to a small number of low-yield nuclear weapons;
- Uncontrollability of risks as to likely nuclear responses and escalation;
- Uncontrollability of risks as to the accuracy of delivery of nuclear weapons;
- Uncontrollability of risks of radioactive fallout effects;
- Uncontrollability of risks of electromagnetic pulse (EMP) effects;
- Uncontrollability of risks of nuclear winter effects;
- No serious pretense by the United States as to the controllability of radioactive fallout, EMP, and nuclear winter effects of nuclear weapons;
- Uncontrollability of the overall effects of nuclear weapons;
- Uncontrollability of the effects even of low-yield nuclear weapons; and
- Related uncontrollability of chemical and biological weapons effects.

The U.S. nuclear arsenal

The focus of the United States, in its arguments before the ICJ defending the lawfulness of the use of nuclear weapons, upon the putative lawfulness of the use

---

It has been noted that the use of low-yield nuclear weapons could be expected to result in the escalating use of high-yield nuclear weapons. Judge Weeramantry in his dissent in the *Nuclear Weapons Advisory Case*, stated, *inter alia*, as follows:

The State at the receiving end of such a nuclear response would not know that the response is a limited or tactical one involving a small weapon and it is not credible to posit that it will also be careful to respond in kind, i.e., with a small weapon. The door would be opened and the threshold crossed for an all-out nuclear war.

International Court of Justice Proceeding: Advisory Opinion Requested by U.N. General Assembly on the Legality of the Threat or Use of Nuclear Weapons, Advisory Opinion, 1996 I.C.J. Rep. 226, at 547, 35 I.L.M. 809, 820-21 (July 8, 1996) (Weeramantry, J. dissenting) [hereinafter Dissenting Opinion of Judge Weeramantry].

Dianne Feinstein, U.S. Senator from California, stated in 2017, "As Deputy Defense Secretary Robert Work testified in 2015, 'Anyone who thinks they can control escalation through the use of nuclear weapons is literally playing with fire. Escalation is escalation, and nuclear use would be the ultimate escalation.'" Dianne Feinstein, *There's No Such Thing as Limited Nuclear War*, Wash. Post, Mar. 3, 2017, at A19. Feinstein further stated, "There is no such thing as 'limited use' nuclear weapons…." *Id.*

of a limited number of low-yield tactical nuclear weapons against a limited number of military targets in a remote area was in odd contrast to the reality as to the makeup of the U.S. nuclear arsenal.

The U.S. nuclear arsenal is comprised predominantly of high-yield strategic nuclear weapons threatening devastating effects. In its active arsenal, the United States, as of 2021, has some 3,570 strategic nuclear warheads, of which some 1700 are deployed, versus some 230 tactical nuclear warheads, of which some 100 are deployed. [46]

The United States has de-emphasized nuclear weapons, including low-yield nuclear weapons. The Army and Marines have been de-nuclearized; the Navy, other than the W76-2 (which is characterized by some commentators as tactical), no longer deploys non-strategic nuclear weapons. The Air Force has dramatically cut its tactical nuclear stockpile.[47]

---

[46] The United States' tactical nuclear weapons arsenal consists entirely of dial-a-yield, i.e., adjustable yield, weapons, with yields ranging from .3 KT to 170 KT for the B61-3 and from .3 KT to 50 KT for the B1-4.

[47] See U.S. Dep't Def., Nuclear Posture Review Report at v-vi, 27-28, 45-46 (2010) [hereinafter Obama NPR]. See also Nuclear Threat Initiative, *Nuclear Disarmament NATO* (June 28, 2019), http://www.nti.org/analysis/articles/nato-nuclear-disarmament; Hans M. Kristensen & Robert S. Norris, *U.S. Nuclear Forces 2017*, 73 Bull. of the Atomic Scientists (Issue 1), 48-57 (2017, published online Dec. 14, 2016), https://www.tandfonline.com/doi/full/10.1080/00963402.2016.1264213#_i9; *U.S. Nonstrategic Nuclear Weapons*, Ctr. for Arms Control & Non-Proliferation (July 2016), http://armscontrolcenter.org/wp-content/uploads/2016/07/Nonstrategic-Nuclear-1.pdf.

However, as referenced above, the Trump Administration in 2018 announced plans to increase the United States' arsenal of low-yield nuclear weapons, including through the addition of a new low-yield warhead for submarine-launched ballistic missiles and a new sea-launched cruise missile. See Trump NPR, *supra* note 52, at XI to XIII; 54-55. The Biden Administration reportedly canceled the new low-yield warhead. See Valerie Insinna, *Biden administration kills Trump-era nuclear cruise missile program*, Breaking Defense (Mar. 28, 2022), https://breakingdefense.com/2022/03/biden-administration-kills-trump-era-nuclear-cruise-missile-program/.

This periodic reversion by the United States to increased reliance on low-yield nuclear weapons arises from the argument, made by some analysts, that the United States' policy of deterrence becomes more credible the more the United States relies on low-yield nuclear weapons, since, in the view of such analysts, it is inherently more credible that the United States, in exigent circumstances would use low-yield nuclear weapons than that it would use high-yield nuclear weapons, given the known effects of high-yield nuclear weapons.

The argument on the other side of this issue, periodically leading to the withdrawal of the United States from the substantial inclusion of low-yield nuclear weapons in its nuclear arsenal, is that the whole notion of the United States' limiting of any nuclear weapons to low-yield nuclear weapons is unrealistic, given such considerations as the circumstances, if ever, in which the United States might actually use nuclear weapons, the dire situation that would likely exist in such circumstances, and the huge risk of escalation and widespread destruction even from the use of low-yield nuclear weapons; Arkin et al., Taking Stock: Worldwide Nuclear Deployments 1998 (NRDC 1998); William J. Perry, Secretary of Defense, 1995 Annual Report to the President and the Congress 83.

Likelihood any use would be of high-yield nuclear weapons

The United States recognizes the extreme risks inherent in the use of nuclear weapons. Its policy is one of deterrence, based on the hope that the threat of the use of such weapons will obviate ever having to use them. While statements by then President Trump took a different approach as to what circumstances might warrant a nuclear response, the assumption long has been—and it is one that even the Trump Administration continued to affirm in official policy documents such as the Trump *Nuclear Posture Review*—that the United States would only intentionally use nuclear weapons in the most serious and extreme of situations in which fundamental interests of the United States or its allies were threatened, circumstances that would by their nature be extremely volatile and pressured for all concerned.[48]

Such a situation would ostensibly only arise in the context of an enemy inflicting or threatening to inflict extreme injury on the United States or its allies.[49] If the situation were deemed threatening enough by the United States to require the use of nuclear weapons, it would likely be deemed to require the greater destructive capability of strategic nuclear weapons and, indeed, multiple such weapons.

Specifically, given the uncertainties of using just one or a small number of nuclear weapons, the limitations of experience with the use of such weapons and their delivery vehicles, and the inherent volatility of the situation that likely would exist, the United States, if it were to resort to the use of nuclear weapons, would likely do so in a way conducive to having maximum impact on the enemy and overall situation, and hence would likely use strategic weapons and indeed multiple

---

48 See DoD Law of War Manual, *supra* note 15, at 417. The manual states:

> The United States has developed national policy on the use of nuclear weapons. For example, the United States has stated that it would only consider the use of nuclear weapons in extreme circumstances to defend the vital interests of the United States or its allies and partners. In addition, the United States has stated that it will not use or threaten to use nuclear weapons against non-nuclear weapons States that are party to the Nuclear Non-Proliferation Treaty and in compliance with their nuclear nonproliferation obligations.

> *Id.* § 6.18.1, at 417 (footnotes omitted). See also Obama NPR, *supra* note 55, at ix; Trump NPR, *supra* note 52, at II; See also U.S. Dep't Def., Nuclear Weapons Systems Sustainment Programs (May 1997), available at https://nuke.fas.org/guide/usa/doctrine/dod/sustain/index.html; Doctrine for Joint Nuclear Operations, *supra* note 45, at I-4, III-8.

49 See Obama NPR, *supra* note 55, at ix; Trump NPR, *supra* note 52, at II (stating that "the use of nuclear weapons is contemplated only in the most extreme circumstances"); Doctrine for Joint Nuclear Operations, *supra* note 45, at I-1.

such weapons.⁵⁰ Any one weapon could fail or miss its target.

The likelihood that the United States would use strategic nuclear weapons in exigent circumstances is also increased by the vulnerability of many of the United States' nuclear weapons—the extent to which they are subject to being themselves destroyed by an attack—leading to the "use 'em or lose 'em" reality, whereby the United States, like other nuclear weapons states, once it saw itself getting into a nuclear war, would feel a need to use its fixed-location highly vulnerable nuclear assets, such as its ICBMs, submarines not at sea, and bombers not in the air.⁵¹ This "use 'em or lose 'em" reality is also exacerbated by the "hair trigger" alert upon which many of the United States' deployed nuclear weapons are maintained and the policy of launch-on-warning.

The circumstances in which the United States might actually resort to using nuclear weapons would be unlikely to be situations in which logical or deliberate thinking and actions would prevail. The likely impetus would be towards heavy use. Threat would have led to counter-threat, and events, even technology, would have taken on a life of their own, contrary perhaps to either side's desires or expectations. The enemy's response and the circumstances of the fog of war, misperception, failure of command and control, and human and equipment failure would likely be driving events. Rationality, even self-preservation, would likely have been left behind.⁵²

Limited use of low-yield nuclear weapons unlikely

As noted above, the United States, in asserting the lawfulness of the use of nuclear weapons to the ICJ, argued that the use of a limited number of low-yield nuclear weapons could be used lawfully against a limited number of military

---

50   See DOCTRINE FOR JOINT NUCLEAR OPERATIONS, supra note 45, at II-6; David Alan Rosenberg, *A Smoking Radiating Ruin at the End of Two Hours: Documents on American Plans for Nuclear War with the Soviet Union, 1954-55*, INT'L SECURITY, vol. 2, no.3, p.3 (Winter 1981-1982); David Alan Rosenberg, *The Origins of Overkill: Nuclear Weapons and American Strategy, 1945-1960*, INT'L SECURITY, vol. 7, no.4, p.3 (Spring 1993).

51   See Bruce Blair, Victor Esin, Matthew McKinzie, Valery Yarynich & Pavel Zolotarev, *One Hundred Nuclear Wars: Stable Deterrence between the United States and Russia at Reduced Nuclear Force Levels Off Alert in the Presence of Limited Missile Defenses*, 19 SCIENCE & GLOBAL SECURITY 167 (2011).

52   Paul Bracken, *War Termination*, in MANAGING NUCLEAR OPERATIONS 197 (Ashton B. Carter et al. eds., 1987); PAUL BRACKEN, THE COMMAND AND CONTROL OF NUCLEAR FORCES 198 (1983); HERMAN KAHN ET AL., WAR TERMINATION ISSUES AND CONCEPTS, FINAL REPORT 197-214 (1968); ROBERT S. MCNAMARA, JAMES G. BLIGHT & ROBERT K. BRIGHAM, ARGUMENT WITHOUT END: IN SEARCH OF ANSWERS TO THE VIETNAM TRAGEDY 9-15 (1999); DOCTRINE FOR JOINT NUCLEAR OPERATIONS, supra note 45, at I-2.

targets in remote non-urban areas. Such hypothetical surgical nuclear strikes by the United States seem extremely unlikely, given the above-referenced circumstances that would likely prevail in circumstances in which the United States might actually consider using nuclear weapons.

Aside from what would appear to be the low likelihood of the United States' resorting, this late in the nuclear era, to a warning strike or the like for purposes of demonstration, low-yield nuclear strikes would not seem likely ever to be militarily useful for the United States for a lawful reason, given the extraordinary conventional weapons capabilities of the United States that give it the ability to address with conventional weapons many, if not most, of the military objectives for which it might otherwise have considered using low-yield nuclear weapons.[53]

Indeed, even as to hardened deeply buried targets, including WMD facilities—targets as to which nuclear weapons have at times been characterized as potentially necessary—the United States could destroy or impair many such targets through conventional weapons, including through attacks on connections of such targets with the outside world. In addition, even as to hardened deeply buried targets for which conventional weapons might not suffice, it appears that high-yield nuclear weapons with extreme effects as to radioactive fallout and potential nuclear winter would likely be deemed necessary, given technical limitations on the ability of low-yield nuclear weapons to penetrate the earth sufficiently to reach such targets.[54]

Similar strategic realities are present with respect to the possibility of the United States' resorting to a nuclear strike against a small nuclear weapons state such as North Korea or, in the future, Iran. With the contemporary high tech weapons revolution, the United States' conventional weapons are likely sufficient

---

53 John Mueller, *Nuclear Weapons Don't Matter*, CATO INST. (Oct. 15, 2018) ("[T]here simply aren't many targets that can't be attacked as effectively with conventional weapons"), https://www.cato.org/commentary/nuclear-weapons-dont-matter; Daryl G. Kimball, *A Turning Point on Nuclear Deterrence*, ARMS CONTROL ASS'N: ARMS CONTROL TODAY (July/Aug. 2022) ("[E]ven for a state or alliance possessing a robust nuclear arsenal, such as NATO, conventional military capabilities are the key to deterring military attacks and to ensuring battlefield success."), https://www.armscontrol.org/act/2022-07/focus/turning-point-nuclear-deterrence.

54 See id. See also Rajesh Uppal, *Reemergence of Underground Warfare, Hard and Deeply Buried Targets (HDBTS) vs. Earth-Penetrating Weapons (EPW)*, INT'L DEF. SEC. & TECH., INC. (July 13, 2019), https://idstch.com/geopolitics/reemergence-underground-warfare-hard-deeply-buried-targets-hdbts-vs-earth-penetrating-weapons-epw; *U.S. Bombs Not Strong Enough to Destroy Iran's Nuclear Program, Report Says*, HAARETZ (Jan. 28, 2012), https://www.haaretz.com/2012-01-28/ty-article/u-s-bombs-not-strong-enough-to-destroy-irans-nuclear-program-report-says/0000017f-f420-d47e-a37f-fd3c15100000; Anthony Capaccio, *U.S. Upgrades its Biggest Non-Nuclear Bomb*, BLOOMBERG, Jan. 24, 2018; NATIONAL DEFENSE PANEL, TRANSFORMING DEFENSE: NATIONAL SECURITY IN THE 21ST CENTURY 51 (Dec. 1997); Perry, 1995 ANNUAL REPORT, *supra* note 55, at 85.

not only to deter any actual attack by such states, but also to address most potential military needs in a war with such states.[55] Even if one hypothesizes a need to address hardened deeply buried targets in such states, the above analysis would apply that conventional weapons would suffice in many instances, if only to cut off such targets from the outside world, and that low-yield nuclear weapons would in any event likely be insufficient to destroy most such targets.

Uncontrollability of risks as to likely nuclear responses and escalation

There is also no avoiding the strong consensus across a wide spectrum of experts that even the most limited of uses of low-yield nuclear weapons, in the types of circumstances in which such uses might actually take place, would precipitate responsive and likely escalatory nuclear, chemical or biological attacks from the target state,[56] whether because the target state:

---

[55] Rose Gottemoeller, former NATO Deputy Secretary-General and U.S. Undersecretary of State for Arms Control and International Security, in a much-noted recent essay in Foreign Affairs, describes a revolution in conventional weapons technology, including drones, artificial intelligence, big data, sensor systems on satellites and other platforms, biotechnology, quantum computing and other areas—a technological revolution that she sees as "driving in the direction of real-time targeting." Ms. Gottemoeller states, "The day may come when the nuclear weapons states must question the viability of their retaliatory forces because of their vulnerability to attack." Rose Gottemoeller, *The Case Against a New Arms Race: Nuclear Weapons Are Not the Future*, FOREIGN AFFS. (Aug. 9, 2022), https://www.foreignaffairs.com/world/case-against-new-arms-race.

President Barack Obama's 2010 Nuclear Posture Review described the United States' "unrivaled conventional military abilities" and noted that these capabilities will "enable us to fulfill [our security] objectives at significantly lower nuclear force levels and with reduced reliance on nuclear weapons." OBAMA NPR, *supra* note 55. See also Andrew F. Krepinevich & Steven M. Kosniak, *Smarter Bombs, Fewer Nukes*, 54 BULL. ATOMIC SCIENTISTS, Issue 6, at 26 (Nov. 1998); Christopher Ford, *Conventional 'Replacement' of Nuclear Weapons?*, THE HUDSON INST. (Nov. 17, 2010), https://www.hudson.org/research/9068-conventional-replacement-of-nuclear-weapons-; Michael S. Gerson, *Conventional Deterrence in the Second Nuclear Age*, 39 PARAMETERS, THE U.S. ARMY WAR COLLEGE QUARTERLY, No. 3, at 32 (Aug. 1, 2009), available at https://press.armywarcollege.edu/cgi/viewcontent.cgi?article=2486&context=parameters; Adam Entous & Julian E. Barnes, *Pentagon Bulks Up 'Bunker Buster' Bomb to Combat Iran*, WALL ST. J. (May 2, 2013).

[56] CONG. OFF. TECH. ASSESSMENT, PROLIFERATION OF WEAPONS OF MASS DESTRUCTION: ASSESSING THE RISKS, OTA-ISC-559, at 61, 100 (Aug. 1993) (report prepared at request of Congress "to assist Congress in its efforts to strengthen and broaden U.S. policies to control the proliferation of weapons of mass destruction"), available at https://www.princeton.edu/~ota/disk1/1993/9341/9341.PDF; International Court of Justice Proceeding: Advisory Opinion Requested by U.N. General Assembly on the Legality of the Threat or Use of Nuclear Weapons, Advisory Opinion, 1996 I.C.J. Rep. 226, 311-329, 35 I.L.M 809, 842 (July 8, 1996) (Schwebel, Vice-President of the Court, dissenting) [hereinafter Dissenting Opinion of Vice-President Schwebel]; U.S. DEP'T DEF., PROLIFERATION: THREAT AND RESPONSE, MIDDLE EAST AND NORTH AFRICA 10 (1997). In a 2022 article in the Bulletin of the Atomic Scientists, Daryl G. Kimball states:

[T]he notion that a nuclear war can be "limited" is dangerous. In practice and in the fog of war, once nuclear weapons are used in a conflict involving nuclear-armed adversaries, there is no guarantee it would

- perceived the strike as a strategic attack or anticipated such a strike;[57]
- saw the crossing of the nuclear threshold as the abandonment of restraint;

---

not quickly become an all-out nuclear conflagration.

As the head of US Strategic Command General John Hyten said in 2018 after the annual Global Thunder wargame: "It ends bad. And the bad meaning it ends with global nuclear war."

To illustrate the dangers, in 2020 researchers at Princeton's Program on Science and Global Security published an analysis of what might happen if Russian or NATO leaders chose to use nuclear weapons first in a conflict in Europe. After an initial volley of "tactical" nuclear detonations, it could escalate and involve a massive exchange of thermonuclear weapons involving Russia's arsenal of some 1,450 strategic warheads and the U.S. arsenal of 1,350 strategic warheads on its missiles and bombers.

In that scenario, more than 91 million people were projected to die in just the first few hours of the conflict. In the days, weeks, and years that follow, millions more would die from exposure to radiation. Health, financial, and economic systems would collapse around the globe.

Daryl G. Kimball, *How to avoid nuclear catastrophe—and a costly new arms race*, BULL. OF THE ATOMIC SCIENTISTS (Mar. 11, 2022), https://thebulletin.org/2022/03/how-to-avoid-nuclear-catastrophe-and-a-costly-new-arms-race/#post-heading.

The Trump Administration's 2020 Nuclear Employment Strategy stated that, when a state uses a nuclear weapon, there is no controlling the prospect of escalation, "No State should employ a nuclear weapon confident in its ability to control escalation." U.S. DEP'T DEF., REPORT ON THE NUCLEAR EMPLOYMENT STRATEGY OF THE UNITED STATES 7 (2020) [hereinafter 2020 NUCLEAR EMPLOYMENT STRATEGY REPORT], available at https://www.esd.whs.mil/Portals/54/Documents/FOID/Reading%20Room/NCB/21-F-0591_2020_Report_of_the_Nuclear_Employement_Strategy_of_the_United_States.pdf.

The 2020 Nuclear Employment Strategy stated that, if a state (obviously referring to Russia) were to strike the U.S. with a low-yield nuclear weapon, it would not know whether the U.S. would respond with a low-yield or an escalatory high-yield nuclear strike:

> The United States believes currently that the most likely scenario for adversary nuclear employment is a limited nuclear strike in the context of an escalating conventional conflict. In the face of a limited nuclear attack against the United States, its allies, or its partners, U.S. nuclear forces provide a range of response options in scope and scale. A tailored and graduated nuclear response does not mean an adversary can confidently predict only a symmetrical response or that the adversary can define escalation thresholds by the matter of its initial nuclear use. What an adversary can confidently anticipate is the certainty of an effective U.S. response to nuclear attack, at any level and in any context, in ways that will impose greater costs than any expected or hoped-for gain.

Id.

The 2020 Nuclear Employment Strategy further stated:

> The U.S. set of graduated response options is particularly valuable in situation where the adversary's threat calculus is not clear, or the level and type of threat the adversary finds credible are uncertain. As noted, the United States will not limit itself to considering purely symmetrical responses, as these could spur open-ended, tit-for-tat exchanges.

Id.

57 See DOCTRINE FOR JOINT NUCLEAR OPERATIONS, *supra* note 45, at I-5 to I-6; Dissenting Opinion of Judge Weeramantry 547, 35 I.L.M at 909; Paul Bracken, *War Termination*, in MANAGING NUCLEAR OPERATIONS 197 (1987); PETER PRINGLE & WILLIAM ARKIN, S.I.O.P., THE SECRET U.S. PLAN FOR NUCLEAR WAR 193-94 (1983).

Given the number of times the United States has threatened or considered the use of nuclear weapons, including strategic nuclear weapons, as a response to perceived provocations that were far short of an actual use of low-yield weapons by an adversary—such as another state's actions or statements suggesting that it might be developing nuclear weapons—it seems evident that the threshold for possible use may be—or at least may be perceived by adversaries as potentially being—provocatively low.

- felt the need to demonstrate its own resolve and national standing or to warn the United States against further attacks or escalation;[58]
- felt the need to use its own nuclear weapons before they were destroyed by a further U.S. strike;[59]
- resolved to destroy vulnerable U.S. nuclear weapons before they could be launched;[60]
- felt it could control escalation, going only one step up the escalatory ladder for negotiating purposes or the like;[61] or
- was driven by bloodlust, suicidal vengefulness, or human or equipment failure or the like.[62]

---

58 See Joint Theater Nuclear Operations, supra note 52, at III-7 to III-8; United Kingdom Nuclear Doctrine: Deterrence After the INF Treaty, in United Nations Department for Disarmament Affairs, Nuclear Weapons: A Comprehensive Study 158-9 (1991).

59 See United Nations Department for Disarmament Affairs, Nuclear Weapons: A Comprehensive Study 116 (1991); Doctrine for Joint Nuclear Operations, supra note 45, at ix; Bruce M. Russett, The Doctrine of Deterrence, in Catholics and Nuclear War 149, 161 (1983); Steven E. Miller, The Case Against a Ukrainian Nuclear Deterrent, 72 Foreign Affs., no. 3, Summer 1993, at 67, 71.

60 See Doctrine for Joint Nuclear Operations, supra note 45, at III-8.

61 See I.C.J. Hearing Nov. 15, 1995, at 68; Bernard Brodie, The Absolute Weapon: Atomic Power and World Order 70-77 (1946); Secretary of Defense James R. Schlesinger, 1975 Department of Defense Annual Report, Deterrence, Assured Destruction, and Strategic Options 32-38; Secretary of Defense Robert McNamara, Defense Arrangements of the North Atlantic Community (Department of State Bulletin, 9 July 1962) in American Defense Policy 295 (1990); Doctrine for Joint Nuclear Operations, supra note 45, at i, I-1to I-2; Hearings before the Special Panel on Arms Control and Disarmament of the Procurement and Military Nuclear Systems Subcomm. of the H. Comm. on Armed Serv., 98th Cong. 282 (1985) (statement of Adm. Noel Gayler, U.S.N (Retired), American Committee on East-West Accord); Hearings on The Role of Arms Control in U.S. Defense Policy, before the Committee on Foreign Affairs, House of Representatives, 98th Cong. 2nd Sess. (June 20, 21, 26; July 25, 1984), at 158; Robert S. McNamara, The Military Role of Nuclear Weapons: Perceptions and Misperceptions, in The Nuclear Controversy, A Foreign Affairs Reader 90 (1985); Harold Brown, 1976 Department of Defense Annual Report to the President and Congress; General A. S. Collins, Jr., Theater Nuclear Warfare: The Battlefield, in American Defense Policy 359-60 (J.F. Reichart & S. R. Stern 5th ed. 1982); Center For Defense Information, Nuclear War Quotations at 42.

62 See Dissenting Opinion of Judge Weeramantry 548, 35 I.L.M. at 910 (citing Risks of Unintentional Nuclear War, 38 Bull. of the Atomic Scientists, 68 (June 1982)); Carl Sagan, Nuclear War and Climatic Catastrophe: Some Policy Implications, 62 Foreign Affs. 257, 259-61 (Winter 1983/1984); Ashton B. Carter, Sources of Error and Uncertainty, in Managing Nuclear Operations 611-12, 625 (1987); U.N. Dep't for Disarmament Affs., Nuclear Weapons: A Comprehensive Study 116 (1991); Cong. Off. Tech. Assessment, Proliferation of Weapons of Mass Destruction, supra note 67, at 70, 100; Doctrine for Joint Nuclear Operations, supra note 45, at I-2; Robert S. McNamara, James G. Blight, & Robert K. Brigham, Argument Without End: In Search of Answers to the Vietnam Tragedy 9-15 (1999); National Conference of Catholic Bishops, The Challenge of Peace: God's Promise and Our Response, A Pastoral Letter on War and Peace, at 48 (May 3, 1983); The Consequences of Nuclear War on the Global Environment, Hearing Before the Subcommittee on Investigations and Oversight of the Committee on Science and Technology, 97th Cong. (1982) (Resolution of April 27, 1982, statement of Dr. Sidney D. Drell).

Indeed, in anticipation of such effects, the state initiating the original strike might well immediately or in short order launch its own follow-up strikes in "response" to anticipated responsive strikes by the target state.[63]

Given the fog of war and the inherent uncertainties as to the enemy's perception of the attack and reaction thereto, a low-yield nuclear attack would likely have the disadvantages of crossing the nuclear Rubicon, including substantially the same risks of precipitating a nuclear response and escalation, but without the "benefits" of the potential firepower of a strategic nuclear attack.

Thus, if a nuclear strike by the United States using low-yield nuclear weapons would likely be perceived by the target state as a major nuclear attack involving high-yield nuclear weapons—and thus would likely elicit a response as if it were such an attack—it might as well be such an attack in the first instance.

The U.S. military's plans for possible preemptive strikes against enemy delivery systems highlight the risks of escalation. The Joint Chiefs' *Doctrine for Joint Theater Nuclear Operations* stated, "Operations must be planned and executed to destroy or eliminate enemy WMD delivery systems and supporting infrastructure before they can strike friendly forces."[64] Knowing this, potential target states can be expected to plan their actions accordingly.

Also inherently of an escalatory nature is the U.S. nuclear targeting doctrine of decapitation, as reflected in the *Doctrine for Joint Theater Nuclear Operations*, whereby the command and control centers of an opposing nation are "facilities that may be likely targets for nuclear strikes."[65] Enemy combat forces and facilities that may be likely targets for nuclear strikes include "WMD and their delivery systems, as well as associated command and control, production, and logistical support units"[66] and "[g]round combat units and their associated command and control and support units."[67]

The Joint Chiefs' *Doctrine for Joint Nuclear Operations* noted, "[T]here may be a rapid escalation" once strikes against nuclear assets begin to affect "the forces

---

63   See Lt. Col. Jerry M. Sollinger, Improving US Theater Nuclear Doctrine: A Critical Analysis (1983); Proliferation: Threat and Response, *supra* note 67, at 14 (quoting Secretary of Defense William J. Perry); William M. Arkin & Hans Kristensen, *Dangerous Directions*, 54 Bull. of the Atomic Scientists, Issue 2 (Mar. 1, 1998).

64   Joint Theater Nuclear Operations, *supra* note 52 at ix (emphasis omitted) (Feb. 9, 1996).

65   Joint Theater Nuclear Operations, *supra* note 52 at III-6.

66   Id.

67   Id. See also Eric Schmitt, *50's Riddle Returns in Treaty Debate: Do Weapons Controls Erode or Enhance U.S. Deterrence*, N.Y. Times, Oct. 10, 1999, at A10; National Defense Panel, Transforming Defense: National Security in the 21st Century 51 (Dec. 1997).

available for nuclear employment."⁶⁸

The military's policies of concentration of force and redundant targeting, including "layering"⁶⁹ and "cross-targeting,"⁷⁰ potentially involving the use of multiple nuclear weapons, are also inherently escalatory.

Such risks of escalation may be exacerbated by a deterioration of decision-making caused by "the relatively short flight time of tactical missiles and potential increased uncertainty of mobile offensive force target locations."⁷¹

Noting that the joint force commander should have access to "near-real-time tradeoff analysis when considering the execution of any forces,"⁷² the *Doctrine for Joint Nuclear Operations* stated:

> Very short timelines impact decisions that must be made. In a matter of seconds for the defense, and minutes for the offense, critical decisions must be made in concert with discussions with NCA [National Command Authority].⁷³

The *Doctrine for Joint Nuclear Operations* also noted the risk of misperception and non-susceptibility to deterrence, "It is possible … that an adversary may misperceive or purposefully ignore a credible threat."⁷⁴

A wide range of experts across the political, military, and academic spectrums have recognized the high likelihood that, once the nuclear threshold is crossed, the likelihood of escalation is high.⁷⁵

---

68 DOCTRINE FOR JOINT NUCLEAR OPERATIONS, *supra* note 45, at I-5 to I-6.
69 DOCTRINE FOR JOINT NUCLEAR OPERATIONS, *supra* note 45, at II-6.
70 DOCTRINE FOR JOINT NUCLEAR OPERATIONS *supra* note 45, at II-6.
71 DOCTRINE FOR JOINT NUCLEAR OPERATIONS, *supra* note 45, at III-8.
72 DOCTRINE FOR JOINT NUCLEAR OPERATIONS, *supra* note 45, at III-8.
73 DOCTRINE FOR JOINT NUCLEAR OPERATIONS, *supra* note 45, at III-8 (emphasis omitted). Ballistic missiles are extraordinarily fast:
    The Air Force said it recently completed two successful unarmed Minuteman III intercontinental ballistic missile launches from Vandenberg AFB, Calif. … [E]ach ICBM covered 4,200 miles in 30 minutes, hitting predetermined targets at the Kwajalein Missile Range in the western Marshall Islands.
    Sarah Hood, *News Notes*, AIR FORCE MAG., Aug. 1997 at 15.
74 DOCTRINE FOR JOINT NUCLEAR OPERATIONS, *supra* note 45, at I-2.
75 Former U.S. Secretary of State George P. Shultz testified before the Senate Armed Services Committee that he believed once nuclear weapons are considered usable, and if even a small one is used, it is likely that larger ones would be used subsequently. He further stated, "I think nuclear weapons are nuclear weapons, and we need to draw the line there. One of the alarming things to me is this notion that we can have something called a small nuclear weapon… and that somehow that is usable." See U.S. Senate Armed Services Committee Hearing to Receive Testimony on Global Challenges and U.S. National Security Strategy, Jan. 25, 2018 (Statement of George P. Shultz).

California Senator Diane Feinstein wrote, in a Washington Post op-ed piece, "Designing new low-yield nuclear weapons for limited strikes dangerously lowers the threshold for their use… [and] undermines the stability created by deterrence, thereby increasing the likelihood of sparking an unwinnable nuclear war." Dianne Feinstein, *There's No Such Thing as Limited Nuclear War*, WASH. POST, Mar. 3, 2017, at A19.

Deputy Defense Secretary Robert Work said, testifying to the House Committee on Armed Services, "Anyone who thinks they can control escalation through the use of nuclear weapons is literally playing with fire. Escalation is escalation, and nuclear use would be the ultimate escalation." See U.S. House of Representatives, Statement of Robert Work, Deputy Secretary of Defense, and Admiral James Winnefeld, Vice Chairman of the Joint Chiefs of Staff, Before the House Committee on Armed Services (June 25, 2015).

Former CIA director Stansfield Turner cautioned: "Who could predict what might happen next if the taboo on the use of nuclear weapons were to be broken?... Getting tactical nuclear weapons under control, rather than attesting to their use by building new ones, should be our goal." See Dan Williams, *Israel Could Use Tactical Nukes on Iran: Thinktank*, REUTERS (Mar. 26, 2010) (quoting Turner).

Former Secretary of Defense Robert McNamara, in a 2009 article in Foreign Affairs, addressed what he saw as the risks of even a limited use of nuclear weapons:

In articles and speeches, I criticized the fundamentally flawed assumption that nuclear weapons could be used in some limited way. There is no way to effectively contain a nuclear strike–to keep it from inflicting enormous destruction on civilian life and property, and there is no guarantee against unlimited escalation once the first nuclear strike occurs. We cannot avoid the serious and unacceptable risk of nuclear war until we recognize these facts and base our military plans and policies upon this recognition. I hold these views even more strongly today than I did when I first spoke out against the nuclear dangers our policies were creating. I know from direct experience that U.S. nuclear policy today creates unacceptable risks to other nations and to our own.

Robert S. McNamara, *Apocalypse Soon*, FOREIGN POL'Y (Oct. 21, 2009), http://foreignpolicy.com/2009/10/21/apocalypse-soon.

The U.S. Air Force has acknowledged the uncertainty of the effects of using nuclear weapons and the danger that the use of a nuclear weapon could lead to escalation:

The significant destructive power and other related effects from nuclear weapons demand that Air Force planners take special precautions. Plans should address possible adversary nuclear employment scenarios. Every conceivable situation needs to be considered such as electromagnetic pulse and dispersal of forces versus mass formation. Planners should place a premium on intelligence to understand an adversary's doctrine and strategy for use of nuclear weapons, especially whether there is a declared "first use" strategy and when adversary employment of nuclear weapons is most likely to occur. Perhaps the most difficult task for planners is to devise a plan for escalation control. Understanding adversary interpretation of US actions and similarly accurate receipt of adversary messaging is crucial to managing escalation control.

Planning efforts should also be reviewed to ensure that friendly force commanders do not make the mistake of mirror imaging. Applying US values and culture to planning assumptions when anticipating other countries' actions may lead commanders to wrongly believe that an adversary would be willing or even unwilling to use nuclear weapons in a given scenario. Additionally, escalation control relies heavily on each side of a conflict understanding the intent of the other. For example, what one commander believes is an example showing restraint, may actually be perceived as an escalatory action by the adversary. Rational behavior should be determined through the lens of cultural and historical context to properly anticipate an adversary's response to US nuclear operations.

Finally, commanders of nuclear forces should take coalition perceptions of nuclear operations into account to not risk failure to achieve national strategic objectives when providing national leadership recommendations.

AIR FORCE DOCTRINE ON NUCLEAR OPERATIONS, *supra* note 47, at 21.

In an earlier version of the doctrine, the Air Force described the uncertainties regarding the potential for escalation in even starker terms:

Uncontrollability as to accuracy of delivery

The U.S. position before the ICJ that the United States is capable of delivering nuclear weapons accurately and directly upon discrete military targets, precisely engaging such targets, overlooks central limitations as to the accuracy and controllability of available delivery devices.

U.S. nuclear weapons would typically be delivered to their targets by missiles emanating from land, sea or air-based delivery vehicles or by bombs dropped from the air.[76] Statistically, contemporary U.S. missiles are generally capable of extreme accuracy.[77] A high percentage of missiles that might be launched by the United

---

It is difficult to determine exactly what that effect [of using nuclear weapons] might be. A limited use of nuclear weapons may convince an enemy that the US is committed to using whatever degree of force is required and encourage them to cease and desist. It may have the opposite effect, enraging the enemy to the point where it escalates the conflict.

2009 AIR FORCE DOCTRINE ON NUCLEAR OPERATIONS, *supra* note 47, at 8.

Steven Pifer, a senior fellow at the Brookings Institution, cautions that "once a nuclear weapon—any nuclear weapon—is used, the possibility of catastrophic escalation would increase dramatically." See Jeremy Bender, *Russia is risking 'lowering the nuclear threshold'*, BUS. INSIDER (Feb. 4, 2016) (quoting Pifer), https://www.businessinsider.com/russia-is-risking-lowering-the-nuclear-threshold-2016-2/. Investigative writer Eric Schlosser similarly cautions. "Once the 'nuclear taboo' has been broken, nobody can be certain what will happen next." See Eric Schlosser, *The Growing Dangers of the New Nuclear-Arms Race*, NEW YORKER (May 24, 2018), https://www.newyorker.com/news/news-desk/the-growing-dangers-of-the-new-nuclear-arms-race/.

76 See DOCTRINE FOR JOINT NUCLEAR OPERATIONS, *supra* note 45, at II-2; JOINT THEATER NUCLEAR OPERATIONS, *supra* note 52, at I-3 to I-5.

77 The U.S. has substantially improved the performance capabilities of many of the types of nuclear weapons in its arsenal, including particularly as to accuracy and reliability of delivery, leading to the substantially increased effectiveness of such nuclear weapons. See, e.g., Hans M. Kristensen & Matt Korda, *Nuclear Notebook: How many nuclear weapons does the United States have in 2022?*, BULL. ATOMIC SCIENTISTS (May 10, 2022), https://thebulletin.org/premium/2022-05/nuclear-notebook-how-many-nuclear-weapons-does-the-united-states-have-in-2022/; Hans M. Kristensen & Matt Korda, *United States Nuclear Forces, 2021*, 77 BULL. ATOMIC SCIENTISTS 43, 44 (2021). See also William J. Broad & David E. Sanger, *As U.S. Modernizes Nuclear Weapons, 'Smaller' Leaves Some Uneasy*, N.Y. TIMES, Jan. 12, 2016, at A1; Hans M. Kristensen, Matthew McKinzie & Theodore A. Postol, *How US nuclear force modernization is undermining strategic stability: The burst-height compensating super-fuze*, BULL. OF THE ATOMIC SCIENTISTS (Mar. 1, 2017), https://thebulletin.org/how-us-nuclear-force-modernization-undermining-strategic-stability-burst-height-compensating-super10578.

However, there are many variables affecting the accuracy of a particular missile, including the weather; gravitational effects; the accuracy of test or computational assumptions as to how the missile will perform and as to the location and nature of the target; the extent to which the launch was programmed and implemented correctly to reach the target; the extent to which the mechanical and electronic equipment in the missile functions as intended; the effect of the detonation of other nuclear or other weapons on performance; and the height at which the warhead detonates.

It is also noteworthy that, while certain of the more modern U.S. aircraft are extraordinarily fast and ostensibly have the capability of eluding radar detection (See Kristensen & Korda, *How many nuclear weapons does the United States have in 2022, supra*), aircraft are inherently subject to pursuit, radar and human error—and hence to substantial risk factors as to accuracy of delivery. See JOINT THEATER NUCLEAR OPERATIONS, *supra*

States carrying nuclear weapons could be expected to strike within a close distance of their intended targets.[78] However, this does not remove the risk of hitting the wrong target. The accuracy of any particular missile or weapons delivery is uncertain.[79]

In addition, the circular error probability (CEP) figures used to measure the accuracy with which missiles may be directed against intended targets, while encouraging as to the probable accuracy of contemporary U.S. missiles, in a sense answer only half of the story. They do not address the question as to where the other half of the missiles that do not reach the intended targets with the predicted accuracy may strike.[80]

Obviously, in war missiles miss their targets all the time, sometimes missing substantially. With conventional weapons, such failures of targeting can lead to unfortunate results. With nuclear weapons, targeting failures have the potential to be much more serious.[81] Missiles can also miss their targets because of intelligence failures as to the nature or location of targets.

---

note 52, at I-3 to I-5. See also Kosta Tsipis, Arsenal: Understanding Weapons In the Nuclear Age, at 68-76, 114-115, 121-296 (1983).

78 See William J. Broad & David E. Sanger, *As U.S. Modernizes Nuclear Weapons, 'Smaller' Leaves Some Uneasy*, N.Y. Times, Jan. 12, 2016, at A1; Hans Kristensen, *Nuclear Weapons Modernization: A Threat to the NTP?*, Arms Control Ass'n (May 1, 2014), available at https://www.armscontrol.org/act/2014_05/Nuclear-Weapons-Modernization-A-Threat-to-the-NPT.

79 See *How Accurate was U.S. Strike on Syrian Airbase*, CBS News, Apr. 7, 2017.

80 CEP is essentially a prediction of the probabilities as to where half of missiles addressed against a particular target will hit. However, where the other half will hit is unknown:

> The accuracy of a missile is quantified with a measure called Circular Error Probable (CEP), which is defined as the radius of a circle that half of a large number identical missiles operating without malfunction would land within. CEP reflects the median rather than the mean, which means that it does not make any statements about how far outside the radius half of the missiles will land. Expected miss distance in practice is often elongated in the downrange direction, producing an elliptical rather than circular error pattern.

Missile Defense Advocacy Alliance, *Missile Threat and Proliferation: Accuracy*, MDAA (Aug. 4, 2018), https://missiledefenseadvocacy.org/missile-threat-and-proliferation/missile-basics/ballistic-missile-basics.

81 See Tsipis, Arsenal, *supra* note 90, at 72-75; Ashton B. Carter, *Sources of Error and Uncertainty*, in Managing Nuclear Operations 611-639 (1987).

> As the United States, through its attorney McNeill, argued to the ICJ, the effects of nuclear weapons depend on such factors as "the explosive yield and height of the burst of individual weapons, on the characteristics of their targets, as well as on climatic and weather conditions," I.C.J. Hearing Nov. 15, 1995, at 69 (citing the Secretary-General's 1990 Report of Nuclear Weapons, 75 at ¶ 290), and on "the technology that occasions how much radiation the weapon may release, where, in relation to the earth's surface it will be detonated, and the military objective at which it would be targeted." *Id.* at 71. As to the significance of such factors, McNeill argued, "These differences, distinctions and variables cannot be ignored; they are critical to the appropriate legal analysis." *Id.* at 69.

Uncontrollability of radioactive fallout effects

As to the controllability of radioactive fallout effects of nuclear weapons, the United States argued the following propositions to the ICJ, either directly or by implication:

- that the characteristic and primary effects of nuclear weapons are the explosive, heat and blast effects [82]
- that radiation is only an incidental, unintended, collateral and secondary by-product of nuclear weapons, not the main or most characteristic feature of such weapons.[83]
- that, just as conventional weapons may produce dangerous fumes, so also, in a comparable sense, nuclear weapons may cause radiation.[84]
- that, through modern weapons technology, the United States is capable of limiting and controlling the amount of radiation a nuclear weapon would release.[85]
- that the United States is capable of controlling radioactive fallout from the detonation of nuclear weapons upon military targets.[86]
- that there is no reason to assume that the use of nuclear weapons would necessarily cause extensive or significant radiation or extreme effects upon noncombatants or neutrals.[87]

The United States' minimization of the significance of the radiation effects of nuclear weapons does not seem tenable, in light of such ostensibly incontrovertible facts as the following:

---

[82] See U.S. I.C.J. Memorandum/GA App, at 23-25; NAVAL COMMANDER'S ANNOTATED HANDBOOK (1989), *supra* note 34, at 10-2.

[83] See U.S. I.C.J. Memorandum/GA App, at 23-25.
Ironically, the United States further argued the contrary provision that because radiation is a natural characteristic of the explosion of nuclear weapons, and not some added element to increase the victim's suffering, the radiation effects do not render the use of nuclear weapons unlawful. McNeill told the ICJ, "The unnecessary suffering principle prohibits the use of weapons designed specifically to increase the suffering of persons attacked beyond that necessary to accomplish a particular military objective." I.C.J. Hearing Nov. 15, 1995, at 72.

[84] See U.S. I.C.J. Memorandum/GA App, at 23-25 (citing Hague Convention (IV) Respecting the Laws and Customs of War on Land, Annex, Art. 23(a) reprinted in Roberts & Guelff, DOCUMENTS ON THE LAW OF WAR, 63 (2nd ed. 1989)).

[85] See I.C.J. Hearing Nov. 15, 1995, at 71; U.S. I.C.J. Memorandum/GA App, at 23 (citing LAW OF LAND WARFARE FIELD MANUAL (1976), *supra* note 1, at 5).

[86] See I.C.J. Hearing Nov. 15, 1995, at 71 (citing the Secretary-General's 1990 Report on nuclear weapons ¶ 290, at 75).

[87] See I.C.J. Hearing Nov. 15, 1995, at 68-70; U.S. I.C.J. Memorandum/GA App, at 32.

- Radiation is a defining feature of nuclear weapons. All nuclear weapons emit radiation when detonated.[88]
- Radiation is inimical to life and cumulative in its buildup and effects, surviving in the environment and genetically in human and other life forms typically for many years (as to some elements, for thousands of years).[89]
- The spread of radiation from the detonation of nuclear weapons could not be controlled or predicted since radiation is dispersed in the environment by forces such as the winds, the waters, the soil, animals, plants, and genetic effects, as well as vagaries as to the point of delivery of the weapon in relation to the surface and applicable environmental factors.[90]
- Radiation cannot discriminate between friend and foe, combatant and non-combatant, adversary and neutral, one's own population and forces and those of the enemy.[91]

---

88 See NATO Handbook on the Medical Aspects of NBC Defensive Operations: A MedP-6(B), Pt. I, Ch. 1 (Feb. 1996), adopted as Army Field Manual 8-9, Navy Medical Publication 5059, Air Force Joint Manual 44-151, available at https://fas.org/irp/doddir/army/fm8-9.pdf; Joint Theater Nuclear Operations, supra note 52, at I-1-2; Nuclear Weapons Advisory Opinion ¶35, at 243-44, 35 I.L.M. at 821-22; Dissenting Opinion of Judge Shahabuddeen 386, 35 I.L.M. at 865; United Nations Department for Disarmament Affairs, Nuclear Weapons: A Comprehensive Study 6-8 (1991).

89 See NATO Handbook on the Medical Aspects of NBC Defensive Operations, supra note 101, at Pt. I, Ch. 1; Dissenting Opinion of Judge Weeramantry 471-72, 35 I.L.M. at 888; Testimony of Mrs. Lijon Eknilang, Council Member of the Rongelap Local Gov't, the Marshall Islands, The Legality of the Threat or Use of Nuclear Weapons, Int'l Ct. of Just., Verbatim Record, at 26-27 (Nov. 14, 1995) (10 AM session); International Physicians for the Prevention of Nuclear War, Briefing Book on Nuclear War (1992). Numerous major studies during the Cold War attempted to quantify the casualties that could be expected from limited nuclear attacks. Several found that civilian casualties from a Soviet counterforce strike on the U.S. would result in virtually as many deaths from radiation as from direct blast. See William Daugherty William Daugherty, Barbara Levi & Frank Von Hippel, The Consequences of "Limited" Nuclear Attacks on the United States, 10 Int'l Security, No. 4, pp.3-45 at 35 (Spring 1986); Frank N. von Hippel, Barbara Levi & William Daugherty, Civilian Casualties from Counterforce Attacks, 259 Scientific American, Issue 3, pp. 36-42 at (Sept. 1, 1988); Barbara G. Levi, Frank N. von Hippel & William D. Daugherty, Civilian Casualties from "Limited" Nuclear Attacks on the USSR, 12 Int'l Security, No. 3, pp. 168-189 at 168 (Winter 1987-1988).

90 See Joint Theater Nuclear Operations, supra note 52, at III-2-3; Charles W. Wittkopf, The Nuclear Reader: Strategy, Weapons, War 320-26 (1985); NATO Handbook on the Medical Aspects of NBC Defensive Operations, supra note 101, at § I-303(c); Nuclear War Effects Project Advisory Panel (David S. Saxon, Chairman), Cong. Off. Tech. Assessment, The Effects of Nuclear War, NTIS order no. PB-296946, at 113 Table 14:8 (May 1979), available at https://ota.fas.org/reports/7906.pdf;Charles S. Grace, Nuclear Weapons: Principles, Effects and Survivability 29-30 (Land Warfare: Brassey's New Battlefield Weapons Systems and Technology Series, 1994); Tsipis, Arsenal, supra note 90, at 68-76, 114-115, 121-296 (1983).

91 See Joint Theater Nuclear Operations, supra note 52, at II-7; Nuclear Weapons Advisory Opinion ¶ 95, at 262-63, 35 I.L.M. at 829; Dissenting Opinion of Judge Shahabuddeen 382-83, 35 I.L.M. at 863-864 (quoting Javier Perez de Cuellar, Statement at the University of Pennsylvania, 24 March 1983, in Disarmament, vol. VI, no. 1, at 91); International Court of Justice Proceeding: Advisory Opinion Requested by U.N. General Assembly on the Legality of the Threat or Use of Nuclear Weapons, Advisory Opinion, 1996 I.C.J. Rep. 226, ¶ 20, at 272-73, 35 I.L.M. 1345, 1349 (July 8, 1996) (declaration by Bedjaoui, President) [hereinafter Declaration of President Bedjaoui]; International Court of Justice Proceeding: Advisory Opinion Requested by U.N.

- Radiation from the Hiroshima and Nagasaki bombs, from nuclear testing, and from the Chernobyl releases have caused and continue to cause substantial and widespread injury to human health and other life and may be expected to continue to do so for generations to come.[92]
- With escalation, the levels of radiation will increase.[93]

To be sure, the United States has some level of control over the radioactive effects of nuclear weapons it might use for any particular mission in that, in a particular instance, it could potentially use lower yield nuclear weapons that would potentially release less radiation than higher yield nuclear weapons. Similarly, for at least some targets, including soft targets that do not need to be hit directly to be defeated, the United States could aim for air, as opposed to ground, detonations of the weapons to be used.[94] Air bursts do not generate the same potentially huge volumes of smoke, dirt and debris that ground bursts throw up into sky, which can then have the dual effects of carrying radioactive fallout far and wide, as the winds may be blowing, and of potentially causing nuclear winter as the dirt and debris blot out the sun. The U.S. military might also possibly in some circumstances launch its nuclear weapons during favorable weather conditions that seem less likely to make radioactive fallout spread widely, although there are the normal uncertainties as to the weather and, in any event, nuclear winter may still ensue as a result of the blocking out of the sun.

Also, the level of radiation emitted by a nuclear weapon can be affected by the fission/fusion nature of the triggering device in the weapon. Other than the W76-2, all of the low-yield nuclear weapons in the United States nuclear arsenal are dial-a-yield nuclear weapons, whereby the user may select one of various levels of yield of which the weapons are capable.

However, as is clear from the above discussion of the requirement of controllability as an element of each of the rules of distinction, proportionality, and necessity, that requirement requires the control of all the potential effects of the

---

General Assembly on the Legality of the Threat or Use of Nuclear Weapons, Advisory Opinion, 1996 I.C.J. Rep. 226, 556-582, 35 I.L.M. 809, 931 (July 8, 1996) (Koroma, J., dissenting) [hereinafter Dissenting Opinion of Judge Koroma].

92 See Nuclear Weapons Advisory Opinion ¶ 35, at 243-44, 35 I.L.M. at 821-22; UNITED NATIONS DEPARTMENT FOR DISARMAMENT AFFAIRS, NUCLEAR WEAPONS: A COMPREHENSIVE STUDY 79-83 (1991).

93 See CONG. OFF. TECH. ASSESSMENT, *The Effects of Nuclear War*, supra note 103, at 22-25, 81; Dissenting Opinion of Judge Weeramantry 548, 35 I.L.M. at 870.

94 See I.C.J. Hearing Nov. 15, 1995, at 69 (citing the Secretary-General's 1990 Report on nuclear weapons, p. 75, ¶ 290); JOINT THEATER NUCLEAR OPERATIONS, supra note 52, at III-1-2 (Feb. 9, 1996).

weapons use. Lack of control by the United States over the potential radioactive fallout effects of a putative nuclear weapons strike would render the strike incapable of complying with the requirements of distinction, proportionality, and necessity and hence unlawful under the United States' own formulations of those rules even if the nuclear weapon actually hit the desired target.

Can there be any doubt that the potential radioactive fallout effects of nuclear weapons are inherently uncontrollable? Even low-yield nuclear weapons release radiation and potentially precipitate radioactive fallout that cannot be controlled.

Uncontrollability of Electromagnetic Pulse Effects (EMPs)

Nuclear weapons, if detonated at a high altitude, emit EMPs that can disable electronic circuits across wide geographic areas, disabling electronic systems upon which modern life depends, with effects that can continue for years. The energy created by gamma rays, x-rays, and neutrons produced in the detonation interact with atoms and molecules in the air to create high energy free electrons. These electrons debilitate electronics by creating a current that burns out electrical circuits by overloading them, damaging them and the electronic equipment they service.

The detonation of even one or a small number of nuclear weapons at a high altitude has the potential to bring modern life to a halt over a wide area, seriously impacting such things as the means of getting food, water, and medical care to people; the production and delivery of goods and services; and the financial system.

While the exact geographical range of potential EMP effects in particular circumstances is not certain, credible studies have estimated that very wide areas could be affected. Potential effects of an EMP attack on the United States, for example, could potentially include the loss of major infrastructures in the United States over the entire continent for an indefinite period of time.

Experts have concluded that devastation from EMP attacks and effects would largely result from social consequences stemming from the lack of food, water, and communications and the inability of medical personnel to reach people who need assistance, due to a lack of gasoline, traffic lights, and other necessities for modern transportation. Congressional testimony has indicated that an EMP attack in some circumstances could potentially cause greater devastation than other types of nuclear attack, despite the fact that, due to the high altitude of the detonation, there would likely be few fatalities from the blast or resultant radiation.

It is evident that EMP effects of high altitude nuclear weapons detonations are not controllable.

Uncontrollability of nuclear winter effects

Nuclear winter is the nuclear weapons effect whereby, when nuclear weapons are detonated at or near the surface of the earth, huge amounts of soot, smoke, and other debris are thrown up into the stratosphere blocking out the sun.[95]

This blocking of the sun limits or curtails agriculture, dramatically reducing growing seasons and lowering temperatures, causing famine and the potential deaths of hundreds of millions even billions of people across wide expanses of the earth.[96] Some such effects could continue for as long as ten years.[97]

Modeling of nuclear winter effects makes it clear that not only a substantial nuclear weapons exchange between the United States and Russia, but also more limited exchanges of nuclear weapons, including, for example, the use by each of India and Pakistan of some 50 relatively low-yield nuclear weapons of 15 kt each against the other could trigger nuclear winter, destruction of marine life, and famines leading to potential casualties of as many as 2 billion people worldwide in a regional war[98] and over *5 billion people* in a largescale nuclear war between the

---

[95] See Sarah Derouin, *Nuclear Winter May Bring a Decade of Destruction*, Eos [Am. Geophysical Union] (Sept. 27, 2019), https://eos.org/articles/nuclear-winter-may-bring-a-decade-of-destruction; Seth Baum, *The Risk of Nuclear Winter*, Fed'n Am. Scientists (May 29, 2015), https://fas.org/pir-pubs/risk-nuclear-winter/.

[96] See Derouin, *supra* note 123; Baum, *supra* note 123.

[97] See generally Baum, *supra* note 123.

[98] See Matt Bivens, MD, *Nuclear Famine: Even a "limited" nuclear war would cause abrupt climate disruption and global starvation*, Int'l Physicians for the Prevention of Nuclear War (Aug., 2022), https://www.ippnw.org/wp-content/uploads/2022/09/ENGLISH-Nuclear-Famine-Report-Final-bleed-marks.pdf; Rutgers, State Univ. of NJ, *Nuclear Winter Would Threaten Nearly Everyone on Earth*, Rutgers Today (Aug. 27, 2019), https://www.rutgers.edu/news/nuclear-winter-would-threaten-nearly-everyone-earth; Alan Robock, *Nuclear winter*, 1 Wires: In Focus, Climate Change, 418-427 (May/June 2010), http://climate.envsci.rutgers.edu/pdf/WiresClimateChangeNW.pdf.

A recent study by a multidiscipline research group found that vast tracts of earth's oceans and related lifeforms would potentially be impaired by effects of nuclear winter as a result of lack of sunlight, drastic drops in temperature, and atmospheric accumulations of dust, smoke, soot, and other debris. See Cheryl S. Harrison et al., *A New Ocean State After Nuclear War*, 3 AGU Advances, Issue 4 (Aug. 2022) [First Published Research Article, July 7, 2022], available at https://agupubs.onlinelibrary.wiley.com/doi/10.1029/2021AV000610. The report states:

We simulated a US-Russia war and several India-Pakistan wars. In all scenarios, firestorms from nuclear war would deliver soot to the upper atmosphere, blocking out the sun and causing global cooling. Impacts of the nuclear cooling event include expansion of sea ice into populated coastal areas and decimation of ocean marine life. In all scenarios, the ocean cools rapidly but does not return to the pre-war state when the

United States and Russia.[99]

It is evident that the effects of nuclear winter following detonations of nuclear weapons at or near the surface of the earth are not controllable.

No serious pretense by the United States as to the controllability of the radioactive fallout, EMP and nuclear winter effects

Ironically, the United States does not appear to potentially know, let alone control, the radioactive fallout, EMP and nuclear winter effects of nuclear weapons it might detonate. According to a 2019 study by James Scouras, a fellow at the Johns Hopkins Applied Physics Laboratory, the United States has developed information on the air blast, cratering ground shock, and similar effects of nuclear weapons, but has not developed credible analyses or estimates as to the radioactive fallout, EMP, and numerous other effects of nuclear weapons, including potential effects of fire initiated by the thermal radiation of nuclear explosives or the physical consequences of nuclear weapons blasts to the infrastructure that sustains societies, including power, water, finance, and transportation.[100]

As to nuclear winter, Scouras concludes that, given the uncertainties of modeling nuclear winter, "the Department of Defense simply does not consider nuclear winter in its policy formulation or military planning."[101] Scouras adds that not only does the Department of Defense not consider nuclear winter, it regards not considering or modeling such effects as positive, on the ground that such

---

smoke clears. Instead, the ocean takes many decades to return to normal, and some parts of the ocean would likely stay in the new state for hundreds of years or longer. When the cooling event ends, Arctic sea ice is left in a new state, a sort of "Nuclear Little Ice Age." Marine ecosystems would be highly disrupted by both the initial perturbation and the resulting new ocean state, resulting in impacts to ecosystem services worldwide, lasting for decades. This study underscores the danger of nuclear war and the long-term impacts to humans and our environment.

Id.

99 See, e.g., Lili Xia, Alan Robock, Kim Scherrer, Cheryl S. Harrison, Benjamin Leon Bodirsky, Isabelle Weindl, Jonas Jägermeyr, Charles G. Bardeen, Owen B. Toon, & Ryan Heneghan, Dep't Env't Sci., Rutgers Univ., *Global food insecurity and famine from reduced crop, marine fishery and livestock production due to climate disruption from nuclear war soot injection*, 3 Nature Food, 586-92 (Aug. 2022) [hereinafter *Rutgers 2022 Study*]. See also Rutgers, *Nuclear Winter Would Threaten Nearly Everyone on Earth*, supra note 126; Robock, *Nuclear winter*, supra note 126. For a collection of source materials for further reading on the topic, see Alan Robock, *Climatic Consequences of Nuclear Weapons is Still a Danger*, http://climate.envsci.rutgers.edu/nuclear (last visited Dec. 19, 2022).

100 See James Scouras, *Nuclear War as a Global Catastrophic Risk*, Geo. Wash. Univ. Regul. Stud. Ctr., 17-18 (Sept. 18, 2019), available at https://regulatorystudies.columbian.gwu.edu/nuclear-war-global-catastrophic-risk.

101 Id. at 18.

uncertainties make nuclear war "even more horrific."[102]

As to the EMP effects of nuclear weapons, Scouras concludes, "we simply do not know whether a nuclear attack will bring down the electric grid or otherwise cause great damage to the electronic systems that power our economy, military, and society."[103]

As to the radioactive fallouts effects of nuclear weapons, Scouras concludes that, while "we now have good models of fallout production and propagation, the vagaries of weather, the uncertainties related to population evacuation and shielding, and other variables are impediments to confident prediction of the effects of fallout."[104]

The United States' inability to anticipate in advance the potential radioactive fallout, EMP, nuclear winter, and other effects of nuclear weapons strikes with a reasonable degree of certainty seems to doom any prospect that the United States could lawfully use such weapons, given the United States' own formulations of the rules of distinction, proportionality, and necessity as requiring controllability.

Uncontrollability of the overall effects of nuclear weapons

The U.S. position before the ICJ that the effects of nuclear weapons are essentially comparable to those of conventional weapons is clearly inaccurate. The ICJ described the "unique characteristics" of nuclear weapons:

> The Court ... notes that nuclear weapons are explosive devices whose energy results from the fusion or fission of the atom. By its very nature, that process, in nuclear weapons as they exist today, releases not only immense quantities of heat and energy, but also powerful and prolonged radiation. According to the material before the Court, the first two causes of damage are vastly more powerful than the damage caused by other weapons, while the phenomenon of radiation is said to be peculiar to nuclear weapons. *These characteristics render the nuclear weapon potentially catastrophic. The destructive power of nuclear weapons cannot be contained in either space or time. They have the potential to destroy all civilization and the entire ecosystem of the planet.*
>
> *The radiation released by a nuclear explosion would affect health, agriculture, natural resources and demography over a very wide area. Further, the use of nuclear weapons*

---

102 Id.
103 Id.
104 Id.

would be a serious danger to future generations. Ionizing radiation has the potential to damage the future environment, food and marine ecosystem, and to cause genetic defects and illness in future generations.

36. In consequence … it is imperative for the Court to take account of the unique characteristics of nuclear weapons, and in particular their destructive capacity, their capacity to cause untold human suffering, and their ability to cause damage to generations to come.[105]

The Joint Chiefs' *Doctrine for Joint Nuclear Operations* recognized that "the use of nuclear weapons represents a significant escalation from conventional warfare."[106] The manual stated:

> The fundamental differences between a potential nuclear war and previous military conflicts involve the speed, scope, and degree of destruction inherent in nuclear weapons employment, as well as the uncertainty of negotiating opportunities and enduring control over military forces.[107]

***

> Since nuclear weapons have greater destructive potential, in many instances they may be inappropriate.[108]

***

> The immediate and prolonged effects of WMD—including blast, thermal radiation, prompt (gamma and neutron) and residual radiation—pose unprecedented physical and psychological problems for combat forces and noncombatant populations alike.[109]

---

[105] Nuclear Weapons Advisory Opinion ¶ 35, at 243-44, 35 I.L.M. at 821-22 (emphasis supplied); NATO HANDBOOK ON THE MEDICAL ASPECTS OF NBC DEFENSIVE OPERATIONS, *supra* note 101, at Part I, Chap. 1, § 102(a); INTERNATIONAL PHYSICIANS FOR THE PREVENTION OF NUCLEAR WAR, BRIEFING BOOK ON NUCLEAR WAR (1992); Carl Sagan, *Nuclear War and Climatic Catastrophe: Some Policy Implications*, 62 FOREIGN AFFS. 257, 273 (Winter 1983/1984). See generally CONG. OFF. TECH. ASSESSMENT, *The Effects of Nuclear War*, *supra* note 103, at 16-17. It is estimated that only half of the suffering would be over as of the end of the war itself: "A failure to achieve [social and economic] viability would result in many additional deaths, and much additional economic, political, and social deterioration. This post war damage could be as devastating as the damage from the actual nuclear explosions." *Id.* at 5.

[106] DOCTRINE FOR JOINT NUCLEAR OPERATIONS, *supra* note 45, at II-1.

[107] DOCTRINE FOR JOINT NUCLEAR OPERATIONS, *supra* note 45, at I-6.

[108] JOINT THEATER NUCLEAR OPERATIONS, *supra* note 52, at v-vi.

[109] DOCTRINE FOR JOINT NUCLEAR OPERATIONS, *supra* note 45, at II-7.

The Joint Chiefs' *Doctrine for Joint Theater Nuclear Operations* stated:

> Nuclear weapons are unique in this analysis [as to "the long-standing targeting rules of military necessity, proportionality, and avoidance of collateral damage and unnecessary suffering] only in their greater destructive potential (although they are also different from conventional weapons in that they produce radiation and electromagnetic effects and, potentially, radioactive fallout).[110]

The manual further recognized that the employment of nuclear weapons "signifies an escalation of the war."[111]

These statements confirm the interconvertible fact that the effects of nuclear weapons, including not only the radiation and EMP effects, but also the blast and heat effects, are qualitatively more destructive than those generally resulting from conventional weapons and uncontrollable.

Uncontrollability of effects of low-yield nuclear weapons

The United States' argument that nuclear weapons effects are controllable because the effects of a limited number of low-yield nuclear strikes against a limited number of remote military targets in non-urban areas would be controllable deserves individual consideration, consideration the ICJ in its *Nuclear Weapons Advisory Opinion* avoided.

The ICJ, while noting that the proponents of nuclear weapons failed to show that the lawful use of low-yield nuclear weapons was plausible, did not go on to decide the matter.

---

110 JOINT THEATER NUCLEAR OPERATIONS, *supra* note 52, at I-1.

111 JOINT THEATER NUCLEAR OPERATIONS, *supra* note 52, at III-1; Secretary of Defense Harold Brown, *A Countervailing Strategic Strategy: Remarks from Speech to the Naval War College*, August 20, 1980, DEFENSE, Oct. 1980, vol. 80, at 2-9. In 1980, Secretary of Defense Harold Brown expressed skepticism about escalation control: "We are also not unaware of the immense uncertainties involved in any use of nuclear weapons." *Id.* at 9. "We know that what might start as a supposedly controlled, limited strike could well, in my view would very likely, escalate to full-scale nuclear war." *Id.*

> See also Andrei Sakharov, *An Open Letter to Dr. Sidney Drell*, 61 FOREIGN AFFS. 1001 (Summer 1983):
> I agree that if the "nuclear threshold" is crossed, i.e., if any country uses a nuclear weapon even on a limited scale, the further course of events would be difficult to control and the most probable result would be swift escalation leading from a nuclear war initially limited in scale or by region to an all-out nuclear war, i.e., to general suicide. It is relatively unimportant how the "nuclear threshold" is crossed—as a result of a preventive nuclear strike or in the course of a war fought with conventional weapons, when a country is threatened with defeat, or simply as result of an accident.
>
> *Id.*

Specifically, the ICJ noted the following arguments by the United States and the United Kingdom in support of the lawfulness of nuclear weapons use:

> The reality ... is that nuclear weapons might be used in a wide variety of circumstances with very different results in terms of likely civilian casualties. In some cases, such as the use of a low-yield nuclear weapon against warships on the High Seas or troops in sparsely populated areas, it is possible to envisage a nuclear attack which caused comparatively few civilian casualties. It is by no means the case that every use of nuclear weapons against a military objective would inevitably cause very great collateral civilian casualties.[112]

The ICJ noted that opponents of the lawfulness of nuclear weapons argued as follows:

> [R]ecourse to nuclear weapons could never be compatible with the principles and rules of humanitarian law and is therefore prohibited. In the event of their use, nuclear weapons would in all circumstances be unable to draw any distinction between the civilian population and combatants, or between civilian objects and military objectives, and their effects, largely uncontrollable, could not be restricted, either in time or in space, to lawful military targets. Such weapons would kill and destroy in a necessarily indiscriminate manner, on account of the blast, heat and radiation occasioned by the nuclear explosion and the effects induced; and the number of casualties which would ensue would be enormous. The use of nuclear weapons would therefore be prohibited in any circumstance, notwithstanding the absence of any explicit conventional prohibition.[113]

While stating that it was unable to resolve these polar factual positions, the ICJ noted that the proponents of legality had failed to substantiate their position as to the possibility of limited use, without escalation, of low level nuclear weapons or even of the potential feasibility of such use:

> [N]one of the States advocating the legality of the use of nuclear weapons under certain circumstances, including the "clean" use of smaller, low-yield tactical nuclear weapons, has indicated what, supposing such limited use were feasible, would be

---

112   Nuclear Weapons Advisory Opinion ¶ 91, at 261, 35 I.L.M. at 829 (citing U.K., Written Statement ¶ 3.70 at 53, and U.S.A., Oral Statement, CR 95/34 at 89-90).
113   Id. ¶ 92, at 262, 35 I.L.M. at 829.

the precise circumstances justifying such use; nor whether such limited use would not tend to escalate into the all-out use of high yield nuclear weapons. This being so, the Court does not consider that it has a sufficient basis for a determination of the validity of this view.[114]

    This observation by the ICJ that the proponents of nuclear weapons failed to show the plausibility of their arguments as to the potential lawfulness of the use of low-yield nuclear weapons seems of extreme importance. *It shows that the Court, based on the extended proceedings before it, was unable to conclude that even the most limited uses of nuclear weapons could be lawful.*

    However, given that the facts in this regard exist and are available, it seems apparent that we can—and should—take the ICJ's analysis to the next level.

    The United States is correct in suggesting that less radiation and other effects may be caused in the first instance by the use of low-yield rather than high-yield nuclear weapons. The relationship between yield and radiation is not linear. However, it is clear that, subject to variables such as the mode of detonation, low-yield nuclear weapons generally release less radiation than high-yield nuclear weapons. However, this does not mean that the radiation effects of low-yield nuclear weapons are controllable or otherwise lawful.

    All nuclear weapons have radiation effects. There is no nuclear weapon that does not have such effects. An effort could be made to use low-yield nuclear weapons in remote areas under favorable weather conditions, but, as we have seen, even such attempts of limited use would emit radiation which could be spread in a myriad of uncontrollable ways, depending on conditions at the site of detonation. The resultant spread of radiation would turn on such factors as the height of the burst, wind conditions, soil conditions, conditions as to any bodies of water in the area, conditions as to local wildlife, plant life and other forms of life, and, most fundamentally, conditions as to civilians and others in the area, with similar considerations being involved in the event of a nuclear strike on targets at sea.

    It is key, as noted above, that the prohibition under the law of armed conflict of the use of weapons whose effects are uncontrollable extends to *all* such uncontrollable effects, certainly all such material uncontrollable effects. There is no carve-out in the law that would permit some limited number or extent of uncontrollable effects any more than there is a carve-out permitting limited uses of

---

114   *Id.* ¶ 95, at 262-63, 35 I.L.M. at 829.

chemical and biological weapons or of unmanned balloons or uncontrolled land or sea mines or the like.

The requirement of controllability has been applied in international law in the context of such weapons as unmanned and uncontrolled balloons, uncontrolled land and sea mines, and chemical and biological weapons. As reflected extensively in the statements of the U.S. military in their military manuals, the prohibition of such uncontrollable weapons or modes of delivery is not limited to some threshold magnitude of effects. Unquestionably even low level uses of chemical and biological weapons are unlawful. The uncontrollability of such effects makes it unlawful to use such weapons of any level.

The United States does not appear to have come forward with any credible argument as to why the uncontrollable effects of low-yield nuclear weapons are any more lawful than the uncontrollable effects of other weapons, given the overall legal requirement that the effects of weapons be controllable.

Nor can the risks of nuclear responses and escalation be disregarded. As we have seen, it is widely recognized as likely—and certainly foreseeable—that any use of nuclear weapons, including low-yield nuclear weapons, certainly by one major nuclear weapons state against another, would lead to a responsive and likely escalatory nuclear counter-attack by the target, likely with resulting further escalation by the initial attacker, and that such multiple uses of nuclear weapons would cause extreme—potentially catastrophic—effects.

Related uncontrollability of chemical and biological weapons effects

The same risk factors as to uncontrollability of potential effects pertain to chemical and biological weapons. It is important to note that risk factors as to each of these three types of weapons of mass destruction are interrelated because the use of any one type of such weapons could readily lead to use of other types of such weapons.

A Congressional study years ago identified the following risks of nuclear weapons proliferation, finding such risks to be applicable to chemical and biological weapons as well and characterizing such risks as uncontrollable:[115]

---

[115] CONG. OFF. TECH. ASSESSMENT, PROLIFERATION OF WEAPONS OF MASS DESTRUCTION, *supra* note 67, at 70 (citing John Mearsheimer, *Back to the Future: Instability in Europe After the Cold War*, 15 INT'L SEC., no. 1, at 37-38 (Summer 1990)). See also Seth Baum, *Breaking Down the Risk of Nuclear Deterrence Failure*, BULL. OF ATOMIC SCIENTISTS (July 27, 2015), https://thebulletin.org/2015/07/breaking-down-the-risk-of-nuclear-deterrence-

- Existing nuclear powers might use force to prevent others from getting nuclear weapons (as Israel tried against Iraq);
- New nuclear powers might only be able to afford nuclear forces vulnerable to destruction by preemptive first strikes, leading to instabilities;
- Those controlling nuclear weapons might believe they could fight and win nuclear wars; and
- Increasing the number of fingers on the nuclear trigger would increase the probability that someone would use them accidentally or irrationally, or that terrorists would steal them.[116]

As to such risks, the study concluded:

> The same principles would probably apply, in varying degrees, to chemical and biological weapons. The predominant view amongst scholars—and national governments—is that these dangers are not controllable and that proliferation should be avoided, not accepted.[117]

The destructiveness of chemical and biological weapons rivals that of some nuclear weapons. Some biological weapons have been characterized as capable of types of destruction potentially exceeding those of nuclear weapons in some respects.[118]

These risks factors are exacerbated because weapons of mass destruction often serve as "weapons of the weak—states or groups that militarily are at best second-class."[119] Chemical and biological weapons attacks may be expected to be used for asymmetrical attacks, whereby a relatively weak state might use such weapons against, for example, the United States in light of "overwhelming U.S. conventional dominance."[120]

---

failure. For a 2017 study by the United Nations Institute for Disarmament Research, see U.N. INST. FOR DISARMAMENT RSCH., UNDERSTANDING NUCLEAR WEAPONS RISKS (John Borrie, Tim Caughley & Wilfred Wan, eds., 2017).

116   CONG. OFF. TECH. ASSESSMENT, PROLIFERATION OF WEAPONS OF MASS DESTRUCTION, supra note 67, at 70.
117   Id.
118   See CONG. OFF. TECH. ASSESSMENT, PROLIFERATION OF WEAPONS OF MASS DESTRUCTION, supra note 67, at 2-8, 46, 53-54, 61-62, fig. 2-1 at 53, fig. 2-1 & 2-2 at 54; Hearing of the Senate Foreign Relations Committee, Nomination of John David Holum to be Undersecretary of State for Arms Control and International Security, Chaired by Senator Charles Hagel (R-NE), FED. NEWS SERV., June 28, 1999; Sec'y Def. William Cohen, THE QUADRENNIAL DEFENSE REVIEW § II (1997).
119   Richard K. Betts, The New Threat of Mass Destruction, 77 FOREIGN AFFS., no. 1, Jan./Feb. 1998, at 27.
120   COHEN, THE QUADRENNIAL DEFENSE REVIEW, supra note 151, at § III 6-7.

States known or suspected by credible sources to have, or to have recently had, chemical weapons programs or stockpiles include Albania, China, Egypt, Iran, Iraq, Israel, Libya, North Korea, Russia, South Korea, Sudan, Syria, Taiwan and the United States.[121]

States known or suspected by credible sources to have, or to have recently had biological weapons programs or stockpiles include China, Cuba, Egypt, India, Iran, Iraq, Israel, Libya, North Korea, Russia, Syria, and the United States.[122]

It is noteworthy that chemical and biological weapons programs are in some respects less subject to detection than nuclear programs and hence the available information as to them is less reliable.[123]

The potential risks of chemical and biological weapons are exacerbated by the

---

121 See *Chemical and Biological Weapons Status at a Glance*, ARMS CONTROL ASS'N: FACT SHEETS & ISSUE BRIEFS (Last Reviewed Mar., 2022), https://www.armscontrol.org/factsheets/cbwprolif; Kristensen, *Nuclear Weapons Modernization: A Threat to the NTP?*, supra note 91.

Ten of these States (Albania, China, Iran, Iraq, Libya, Russia, South Korea, Sudan, Syria, and the United States) are parties to the Chemical Weapons Convention and hence would appear to be in violation of their treaty obligations if they do, indeed, maintain such a program and have not received a waiver or extension. See Status of the Convention on the Prohibition of the Development, Production, Stockpiling and Use of Chemical Weapons and on Their Destruction, UNITED NATIONS, OFF. DISARMAMENT AFFS.: TREATIES DATABASE (2021), https://treaties.unoda.org/t/cwc [hereinafter Chemical Weapons Convention Status]; ORGANISATION FOR THE PROHIBITION OF CHEMICAL WEAPONS: MEMBER STATES (2022), https://www.opcw.org/about-us/member-states.

Libya had been on lists of suspected chemical weapons states but has reportedly discontinued its chemical weapons program and finished destroying its chemical weapons in 2014. See PROLIFERATION: THREAT AND RESPONSE, supra note 67, at 112-16; Fed'n of Am. Scientists, Libya Special Weapons, (last visited Feb. 8, 2022); Eric Schmitt, *Libya's Cache of Toxic Arms All Destroyed*, N.Y. TIMES, Feb. 3, 2014, at A1; Kristensen, *Nuclear Weapons Modernization: A Threat to the NTP?*, supra note 91; Chemical and Biological Weapons Status at a Glance, supra.

Syria's possession of chemical weapons was confirmed in 2013 when it used such weapons against insurgent sources. Daryl Kimball, *Timeline of Syrian Chemical Weapons Activity 2012-2022*, ARMS CONTROL ASS'N: FACT SHEETS & BRIEFS (Last Reviewed May 2021), https://www.armscontrol.org/factsheets/Timeline-of-Syrian-Chemical-Weapons-Activity%20#2013. Since then, Syria has purportedly discontinued its chemical weapons program and all remaining chemical weapons stockpiles had been removed for destruction in July 2014. See *Chemical and Biological Weapons Status at a Glance*, supra; but the United States continues to certify Syria in noncompliance with the Chemical Weapons Convention.

122 See *Chemical and Biological Weapons Status at a Glance*, supra note 154; Kristensen, *Nuclear Weapons Modernization: A Threat to the NTP?*, supra note 91. Nine of these states (China, Cuba, India, Iran, Iraq, Libya, North Korea, Russia and the United States) are parties to the Biological Weapons Convention and hence would appear to be in violation of their treaty obligations if they are, in fact, maintaining such programs. See Status of the Convention on the Prohibition of the Development, Production and Stockpiling of Bacteriological (Biological) and Toxin Weapons and on Their Destruction, UNITED NATIONS, OFF. DISARMAMENT AFFS.: TREATIES DATABASE (2021), https://treaties.unoda.org/t/bwc [hereinafter Biological Weapons Convention Status]. See also *Chemical and Biological Weapons Status at a Glance*, supra note 154.

123 See CONG. OFF. TECH. ASSESSMENT, PROLIFERATION OF WEAPONS OF MASS DESTRUCTION, supra note 67, at 7.

fact that their proliferation has been concentrated in hot spots of the world, major trip wire points such as the Koreas, India/Pakistan, and the Middle East, although nuclear weapons risks are also extreme in such areas.[124]

Threats exchanged between the United States, Israel and Iraq at the time of the 1990–91 Gulf War illustrate the inter-relatedness of potential uses of nuclear, chemical and biological weapons. Saddam Hussein reportedly threatened that, if any nation used nuclear weapons against Iraq, Iraq would respond with chemical weapons:[125] "Whoever threatens us with the atomic bomb, we will annihilate him with the binary chemical … we will make the fire eat up half of Israel if it tries to do anything against Iraq."[126] Similarly, the United States reportedly threatened Iraq with the use of nuclear weapons if Iraq used chemical weapons.[127]

U.S. officials have expressed the matter broadly: "[I]f some nation were to attack the United States with chemical weapons then they would have to fear the consequences of a response from any weapon in our inventory …. And I would not think that any nation should feel that they can use a chemical weapon against us without receiving a devastating response. … That is, we could make a devastating response without the use of nuclear weapons, but we would not forswear that possibility."[128]

Conclusion as to uncontrollability

The uncontrollability of the effects of nuclear weapons, including low-yield nuclear weapons, seems clear, causing the use of such weapons to be unlawful

---

124 See id. at 66.
125 See Cong. Off. Tech. Assessment, Proliferation of Weapons of Mass Destruction, supra note 67, at 100 (citing Statement of Saddam Hussein, Apr. 2, 1990, Baghdad INA, translation in FBIS-NEW-90-064, at 36 (Apr. 3, 1990)).
126 Statement of Saddam Hussein, Apr. 2, 1990, Baghdad INA, translation in FBIS-NEW-90-064, at 36 (Apr. 3, 1990), cited in Cong. Off. Tech. Assessment, Proliferation of Weapons of Mass Destruction, supra note 67. Saddam's reference was ostensibly to the binary sarin nerve gas artillery that Iraq had developed. See Proliferation: Threat and Response, supra note 67, at 10. This was the same gas ostensibly used by the Japanese terrorist group Aum Shinrikyo in the 1995 Tokyo subway attack. See Robert Taylor, The Bio-Terrorist Threat; Potential for Use of Biological Weapons by Terrorist Groups, New Scientist, May 11, 1996, reprinted in World Press R., Sept. 1996. May 11, 1996, reprinted in World Press R., Sept. 1996.
127 See Dissenting Opinion of Vice-President Schwebel, 324-25, 35 I.L.M. at 842.
128 Proliferation: Threat and Response, supra note 67, at 14 (quoting Secretary of Defense William J. Perry, Statement on Libyan Chemical Warfare Facility at Tarhunah, Air War College Conference on Nuclear Proliferation Issues, Maxwell Air Force Base, Alabama (April 26, 1996)); Doctrine for Joint Nuclear Operations, supra note 45, at I-1. See also Joint Theater Nuclear Operations, supra note 52.

under the law of armed conflict, including the rules of distinction, necessity, and proportionality.

This seems clearly to mean that any use of nuclear weapons by the United States would be unlawful, certainly any use in the types of circumstances in which the United States might actually use such weapons.

Unlawfulness of the U.S. Policy of Nuclear Deterrence

If the foregoing analysis is correct, the use by the United States of nuclear weapons, in the types of circumstances in which the United States might intentionally use such weapons, would be unlawful under the law of armed conflict, based upon the rules of distinction, proportionality, and necessity, and the corollary requirement of controllability, as formulated by the United States, nor could any use by the United States of nuclear weapons qualify as a lawful reprisal.

Such unlawfulness, as the United States itself recognized in its arguments before the ICJ, renders unlawful the United States' policy of nuclear deterrence. Specifically, the ICJ found in the *Nuclear Weapons Advisory Opinion* that it is unlawful for a state to threaten to use force that it would be unlawful for the state to use. Consistently with that ICJ finding, the United States acknowledged to the ICJ—indeed affirmatively argued to the Court—that, if the use of nuclear weapons is unlawful, the threat to use such weapons would itself not be sustainable.

The ICJ addressed this issue of "threat" and deterrence in the context of the UN Charter in its *Nuclear Weapons Advisory Opinion* as follows:

> In order to lessen or eliminate the risk of unlawful attack, States sometimes signal that they possess certain weapons to use in self-defence against any State violating their territorial integrity or political independence. Whether a signalled intention to use force if certain events occur is or is not a "threat" within Article 2, paragraph 4, of the Charter depends upon various factors. If the envisaged use of force is itself unlawful, the stated readiness to use it would be a threat prohibited under Article 2, paragraph 4. Thus it would be illegal for a State to threaten force to secure territory from another State, or to cause it to follow or not follow certain political or economic paths. The notions of "threat" and "use" of force under Article 2, paragraph 4, of the Charter stand together in the sense that if the use of force itself in a given case is illegal–for whatever reason–the threat to use such force will likewise be illegal. In short, if it is to be lawful, the declared readiness of a State to use force must be a

use of force that is in conformity with the Charter. For the rest, no State–whether or not it defended the policy of deterrence–suggested to the Court that it would be lawful to threaten to use force if the use of force contemplated would be illegal.

Some States put forward the argument that possession of nuclear weapons is itself an unlawful threat to use force. Possession of nuclear weapons may indeed justify an inference of preparedness to use them. In order to be effective, the policy of deterrence, by which those States possessing or under the umbrella of nuclear weapons seek to discourage military aggression by demonstrating that it will serve no purpose, necessitates that the intention to use nuclear weapons be credible. Whether this is a "threat" contrary to Article 2, paragraph 4, depends upon whether the particular use of force envisaged would be directed against the territorial integrity or political independence of a State, or against the Purposes of the United Nations or whether, in the event that it were intended as a means of defence, it would necessarily violate the principles of necessity and proportionality. In any of these circumstances the use of force, and the threat to use it, would be unlawful under the law of the Charter.[129]

In its statement of the rule that it is unlawful for a state to threaten to use force that it would be unlawful to use, the Court made it clear that it was using the word "threat" in a broad sense. The Court characterized as threats "a signaled intention to use force if certain events occur," a "stated readiness to use" force, and "the declared readiness of a State to use force." Indeed, noting that the policy of deterrence "necessitates that the intention to use nuclear weapons be credible," the Court concluded that mere possession of nuclear weapons would be unlawful if potential uses of the weapons would be unlawful under the U.N. Charter.

The ICJ further expressly found that this rule as to the unlawfulness of threats of unlawful uses of nuclear weapons exists not only under the Charter law, *jus ad bellum*, but also under the law of armed conflict, *jus in bello*, stating, "If an envisaged use of weapons would not meet the requirements of humanitarian law, a threat to engage in such use would also be contrary to that law."[130]

The United States, in its written and oral arguments to the ICJ, acknowledged that deterrence would be invalidated if the use of nuclear weapons would be unlawful. Michael J. Matheson, on behalf of the United States, in his oral argument to the Court, stated:

---

129   Nuclear Weapons Advisory Opinion ¶¶ 47-48, at 246-47, 35 I.L.M. at 827 (emphasis supplied).
130   *Id.* at ¶ 78, at 257, 35 I.L.M. at 827.

> [E]ach of the Permanent Members of the Security Council has made an immense commitment of human and material resources to acquire and maintain stocks of nuclear weapons and their delivery systems, and many other States have decided to rely for their security on these nuclear capabilities. If these weapons could not lawfully be used in individual or collective self-defense under any circumstances, there would be no credible threat of such use in response to aggression and deterrent policies would be futile and meaningless. In this sense, it is impossible to separate the policy of deterrence from the legality of the use of the means of deterrence. Accordingly, any affirmation of a general prohibition on the use of nuclear weapons would be directly contrary to one of the fundamental premises of the national security policy of each of these many States.[131]

This acknowledgement by the United States to the ICJ is a powerful confirmation of the point that the lawfulness of the policy of nuclear deterrence depends upon the lawfulness of the underlying use of nuclear weapons, *i.e.*, that, as the U.S. told the Court, it is "impossible to separate the policy of deterrence from the legality of the use of the means of deterrence."[132] If nuclear weapons cannot lawfully be used, their use may not be lawfully threatened through the policy of deterrence. As Mr. Matheson put it so memorably, if nuclear weapons could not lawfully be used, "there would be no credible threat of such use in response to aggression and deterrent policies would be futile and meaningless."[133]

This limitation on the lawfulness of the policy of deterrence becomes particularly significant in light of the fact that the United States› defense of the lawfulness of the use of nuclear weapons before the ICJ was largely based on arguments as to the potential lawfulness of the putatively limited effects of limited uses of a small number of low-yield nuclear weapons against remote non-urban targets.

Specifically, as noted above, the United States in its arguments before the ICJ did not even overtly argue the putative lawfulness of the potential use of the strategic high-yield nuclear weapons that make up the bulk of its nuclear weapons arsenal.

The United States' acknowledgement that it cannot legitimately continue to follow the policy of nuclear deterrence if the use of nuclear weapons is unlawful was reiterated in the United States' memorandum to the ICJ as follows:

---

131 I.C.J. Hearing Nov. 15, 1995, at 62-63.
132 *Id.* at 63.
133 *Id.*

It is well known that the Permanent Members of the Security Council possess nuclear weapons and have developed and deployed systems for their use in armed conflict. These States would not have borne the expense and effort of acquiring and maintaining these weapons and delivery systems if they believed that the use of nuclear weapons was generally prohibited. On the contrary, the possible use of these weapons is an important factor in the structure of their military establishments, the development of their security doctrines and strategy, and their efforts to prevent aggression and provide an essential element of the exercise of their right of self-defense.[134]

Given the rule of international law that a threat to use a weapon is unlawful if the use of the weapon would be unlawful, it seems evident that the United States' policy of nuclear deterrence is unlawful if my analysis above as to the unlawfulness of the use of nuclear weapons, including of low-yield nuclear weapons, is correct.

The Law as Applied by the United States: Nuclear Deterrence

The Air Force, in its 2020 manual, *Air Force Operations and the Law*, states:

> Nuclear deterrence serves as the bedrock of U.S. national security and defense. For more than 70 years, U.S. nuclear forces have been the foundation of the U.S. strategy to preserve peace and stability by deterring aggression against the United States, our allies, and our partners. Although the highest nuclear policy and strategy priority is to deter nuclear attack of any scale, U.S. nuclear forces also are essential to prevent nuclear attack, non-nuclear strategic attacks, and large-scale conventional aggression, while also providing assurance to more than 30 allies and partners.[135]

The United States took essentially the same position before the ICJ, stating that nuclear deterrence "has contributed substantially during the past 50 years to the enhancement of strategic stability, the avoidance of global conflict and the

---

134 I.C.J. Memorandum/GA App, at 14 (citing U.N. Secretary-General, General and Complete Disarmament: Comprehensive Study on Nuclear Weapons: Rep. of the Secretary-General, PP 44-81, U.N. Doc. A/45/373 (Sept. 18, 1990)).
135 AIR FORCE OPERATIONS AND THE LAW, *supra* note 38, at 475 (footnotes omitted).

maintenance of international peace and security,"¹³⁶ and that such success is, in effect, a basis for the lawfulness of the use of nuclear weapons.

U.S. lawyer Michael J. Matheson, in oral argument to the Court, stated:

> [E]ach of the Permanent Members of the Security Council has made an immense commitment of human and material resources to acquire and maintain stocks of nuclear weapons and their delivery systems, and many other States have decided to rely for their security on these nuclear capabilities. If these weapons could not lawfully be used in individual or collective self-defense under any circumstances, there would be no credible threat of such use in response to aggression and deterrent policies would be futile and meaningless. In this sense, it is impossible to separate the policy of deterrence from the legality of the use of the means of deterrence. Accordingly, any affirmation of a general prohibition on the use of nuclear weapons would be directly contrary to one of the fundamental premises of the national security policy of each of these many states.¹³⁷

Nor was this a spontaneous or casual remark. The United States stated in its memorandum to the ICJ:

> It is well known that the Permanent Members of the Security Council possess nuclear weapons and have developed and deployed systems for their use in armed conflict. These States would not have borne the expense and effort of acquiring and maintaining these weapons and delivery systems if they believed that the use of nuclear weapons was generally prohibited. On the contrary, the possible use of these weapons is an important factor in the structure of their military establishments, the development of their security doctrines and strategy, and their efforts to prevent aggression and provide an essential element of the exercise of their right of self-defense.¹³⁸

---

136   ICJ Hearing, Nov. 15, 1995, *supra* note 33, at 55. McNeill further argued:

Ours is in every sense a defensive strategy; and very frankly we believe the policy of nuclear deterrence has saved many millions of lives from the scourge of war during the past 50 years. In this special sense, nuclear weapons have been "used," defensively, every day for over half a century-to preserve the peace.

Id. at 69.

137   *Id.* at 62-63.

138   U.S. ICJ Memorandum/G.A. App., *supra* note 4, at 14 (citing Report of the U.N. Secretary-General on Nuclear Weapons, A/45/373, Sept. 18, 1990, pp.19-24).

McNeill in his oral argument to the Court further stated, "The law of reprisal does not and cannot . . . be construed as prohibiting categorically the use of nuclear weapons; indeed, if it were to be so construed, the negative implications for strategic deterrence would be obvious and dire."[139]

These are extraordinary statements, essentially asserting the prerogative of individual states to follow security policies of their choice without regard to potential limitations that established principles of customary and conventional law might impose on such policies. The United States and other states, in the U.S. view, have built their national security policies upon the threat of use of nuclear weapons to such an extent that their central policy of deterrence cannot be separated from the legality of the "use of the means of deterrence," and hence the potential use of nuclear weapons must be lawful. The U.S. position comes down to the proposition that it is politically and strategically necessary to the U.S. and certain other states for such weapons to be lawful, so they must be lawful.

This U.S. position is also extraordinary in that it answers the inevitable "so what" question: What difference would it make if nuclear weapons were recognized as unlawful, since such weapons cannot be un-invented and hence will be used if expedient? Ironically, the U.S. arguments to the ICJ in this regard essentially recognized that, if the use and threat of use of nuclear weapons are illegal, the policy of deterrence is untenable. This was an extraordinary, albeit perhaps unintended, acknowledgement, given the view of some nuclear weapons defenders that deterrence is of a general nature not rising to the level of constituting an actual threat.

McNeill, in his arguments to the ICJ, further urged the intra-war deterrence doctrine upon that Court, the notion that modulated levels of nuclear force could be threatened and used to deter and control the enemy's undesirable actions: "US deterrence strategy is designed to provide a range of options in response to armed aggression that will control escalation and terminate armed conflict as soon as possible."[140]

The United States thus sees no real issue as to the lawfulness of the policy of nuclear deterrence because it regards the use of nuclear weapons as presumptively lawful.

---

139 ICJ Hearing, Nov. 15, 1995, *supra* note 33, at 75.
140 *Id*. at 68.

The ICJ's Nuclear Weapons Advisory Decision: Nuclear Deterrence

The Court concluded, as a central part of its overall analysis, that the non-use of nuclear weapons during the nuclear era must be juxtaposed against the policy of deterrence, further noting that that policy requires that the threat to use such weapons be credible and implies a belief in the lawfulness of such use.[141] The Court stated that it did not intend to pronounce on the validity of the policy of deterrence.[142]

The Court stated as follows in discussing whether the policy of nuclear deterrence or even the possession of nuclear weapons constitutes a violation of the prohibition by the U.N. Charter of the threat of the use of force:

> In order to lessen or eliminate the risk of unlawful attack, States sometimes signal that they possess certain weapons to use in self-defence against any State violating their territorial integrity or political independence. Whether a signalled intention to use force if certain events occur is or is not a "threat" within Article 2, paragraph 4, of the Charter depends upon various factors. If the envisaged use of force is itself unlawful, the stated readiness to use it would be a threat prohibited under Article 2, paragraph 4. Thus it would be illegal for a State to threaten force to secure territory from another State, or to cause it to follow or not follow certain political or economic paths. The notions of "threat" and "use" of force under Article 2, paragraph 4, of the Charter stand together in the sense that if the use of force itself in a given case is illegal–for whatever reason–the threat to use such force will likewise be illegal. In short, if it is to be lawful, the declared readiness of a State to use force must be a use of force that is in conformity with the Charter. For the rest, no State–whether or not it defended the policy of deterrence–suggested to the Court that it would be lawful to threaten to use force if the use of force contemplated would be illegal.
>
> Some States put forward the argument that possession of nuclear weapons is itself an unlawful threat to use force. Possession of nuclear weapons may indeed justify an inference of preparedness to use them. In order to be effective, the policy of deterrence, by which those States possessing or under the umbrella of nuclear weapons seek to discourage military aggression by demonstrating that it will serve

---

141   See *id.* ¶ 95, at 262-63, ¶ 66, at 254 35 I.L.M. at 823, 826. The Court further stated, "[N]o State–whether or not it defended the policy of deterrence–suggested to the Court that it would be lawful to threaten to use force if the use of force contemplated would be illegal." *Id.*

142   See *id.* ¶ 67, at 254, 35 I.L.M. at 826.

no purpose, necessitates that the intention to use nuclear weapons be credible. Whether this is a "threat" contrary to Article 2, paragraph 4, depends upon whether the particular use of force envisaged would be directed against the territorial integrity or political independence of a State, or against the Purposes of the United Nations or whether, in the event that it were intended as a means of defence, it would necessarily violate the principles of necessity and proportionality. In any of these circumstances the use of force, and the threat to use it, would be unlawful under the law of the Charter.[143]

The Court in paragraph 78 of its decision extended its analysis as to the lawfulness of threats under international humanitarian law, finding, "If an envisaged use of weapons would not meet the requirements of humanitarian law, a threat to engage in such use would also be contrary to that law."

Judge Higgins in her dissenting opinion suggested that the belief in the lawfulness of the use *in extremis* of nuclear weapons which is implicit in the practice of deterrence evidences significant international practice "which is surely relevant not only to the law of self-defense but also to humanitarian law."[144]

Judge Fleischhauer in his separate opinion saw deterrence in a particularly positive light–as based on the right of individual or collective self-defense and "as expressive of state practice in the legal sense."[145] He saw deterrence as reflecting state practice not only of the nuclear powers but also of the non-nuclear states supporting or tolerating the policy.[146]

---

143   Id. ¶¶ 47-48, at 246-47, 35 I.L.M. at 827 (emphasis supplied).
144   Dissenting Opinion of Judge Higgins, at 591, 35 I.L.M at 957. In the same vein, she stated, "[S]uch weight as may be given to the State practice just referred to has a relevance for our understanding of the complex provisions of humanitarian law as much as for the provisions of the Charter law of self-defense." Id.
145   Separate Opinion of Judge Fleischhauer, at 309, 35 I.L.M at 836. Yet one must ask to what extent this is the case. The policy of deterrence can certainly be seen as evidencing the absence of a belief on the part of the nations following the policy that the use of nuclear weapons would be unlawful and hence as countering the argument that the fact that nuclear states have not used nuclear weapons means that they have recognized that such use would be unlawful. But, under the very principles applied by the Court, it would not seem that the practice of deterrence could be deemed in a positive sense to establish the lawfulness of the use of such weapons, for the policy can hardly be seen as followed out of a sense of obligation or duty.
146   Id. at 309, 35 I.L.M. at 836. Judge Fleischhauer also noted that deterrence is directed not only against the use of nuclear but also chemical and bacteriological weapons. Id. As we shall see, the same point was made by Judge Schwebel in his focus on U.S. threats of using nuclear weapons as deterring Iraq from using chemical or bacteriological weapons during the Gulf War. Dissenting Opinion of Vice-President Schwebel, at 323-27, 35 I.L.M. at 865-67.

Judge Oda, too, in his dissenting opinion, was also supportive of the policy of deterrence, seeing it as a basis for the Non-Proliferation regime and hence as "legitimized by international law, both conventional and customary, during the past few decades."[147]

So too Judge Guillaume concluded that the Court "ought to have carried its reasoning to its conclusion and explicitly recognized the legality of deterrence for defense of the vital interests of States."[148] Tying together the practice of deterrence with the Court's central recognition of a broad right of self-defense, Judge Guillaume, stated, "States can resort to 'the threat or use of nuclear weapons . . . in an extreme circumstance of self-defense, in which the very survival of a State would be at stake'. This has always been the foundation of the policy of deterrence whose legality is thus recognized."[149]

As to the content of this policy, Judge Schwebel, Vice-President of the Court, stated in his dissenting opinion, "The policy of deterrence differs from that of the threat to use nuclear weapons by its generality. But if a threat of possible use did not inhere in deterrence, deterrence would not deter."[150] The policy of deterrence in his view is a policy of threat—of a general but inherent threat.

In a very pragmatic approach, Judge Schwebel presented in detail reports that, in advance of the Desert Storm operation against Iraq for its attack on Kuwait, the United States threatened Iraq that, if it used chemical or biological weapons, the United States would retaliate with nuclear weapons. He argued that the perceived success of this threat in deterring Iraq proves the lawfulness of the U.S. threat since it prevented an acceleration of the violence.[151] Judge Schwebel concluded:

> Thus there is on record remarkable evidence indicating that an aggressor was or may have been deterred from using outlawed weapons of mass destruction against forces and countries arrayed against its aggression at the call of the United Nations by what the aggressor perceived to be a threat to use nuclear weapons against it should it first use weapons of mass destruction against the forces of the coalition. Can it seriously be maintained that Mr. Baker's calculated—and apparently

---

147 Dissenting Opinion of Judge Oda, at 368, 35 I.L.M. at 859.
148 Separate Opinion of Judge Guillaume, 35 I.L.M. at 1352–53.
149 *Id.* 35 I.L.M. at 1353–54.
150 Dissenting Opinion of Vice-President Schwebel, at 314, 35 I.L.M. at 835.
151 *Id.* at 324, 35 I.L.M. at 842.

successful—threat was unlawful?[152]

Judge Schwebel concluded that, rather than being an example of the ends justifying the means, this experience rather "demonstrates that, in some circumstances, the threat of the use of nuclear weapons—as long as they remain weapons unproscribed by international law—may be both lawful and rational."[153]

Judge Koroma in his dissenting opinion characterized as "injudicious" the Court's ostensible giving of legal recognition to the doctrine of deterrence, objecting that deterrence, if implemented, could result in "catastrophic consequences for the civilian population not only of the belligerent parties but those of States not involved in such a conflict, and could result in the violation of international law in general and humanitarian law in particular."[154]

Judge Shi in his declaration objected to the Court's treating the policy of deterrence espoused by the nuclear weapons states and those under their umbrella as evidence of conduct formative of international custom and hence of law. Noting that such pro nuclear states represented a small portion of the over 185 state members of the international community, Judge Shi concluded that the Court had it backwards: The law should regulate deterrence rather than deterrence regulating (constituting) the law:

> In my view, "nuclear deterrence" is an instrument of policy which certain nuclear weapon States use in their relations with other States and which is said to prevent the outbreak of a massive armed conflict or war, and to maintain peace and security among nations. Undoubtedly, this practice of certain nuclear States is within the realm of international politics, not that of law. It has no legal significance from the standpoint of the formation of a customary rule prohibiting the use of nuclear weapons as such. Rather, the policy of nuclear deterrence should be an object of regulation by law, not vice versa. The Court, when exercising its judicial function of determining a rule of existing law governing the use of nuclear weapons, simply cannot have regard to this policy practice of certain States as, if it were to do so, it would be making the law accord with the needs of the policy of deterrence. The Court would not only be confusing policy with law, but also take a legal position with respect to the policy of nuclear deterrence, thus involving itself in international

---

152 Id.
153 Id.
154 Dissenting Opinion of Judge Koroma, at 579, 35 I.L.M. at 933.

politics–which would be hardly compatible with its judicial function.[155]

Focusing on the sovereign equality of all states, Judge Shi rejected the notion that the views of the nuclear powers should be given special weight because of their superpower status:

> Also, leaving aside the nature of the policy of deterrence, this "appreciable section of the international community" adhering to the policy of deterrence is composed of certain nuclear weapon States and those States that accept the protection of the "nuclear umbrella." No doubt, these States are important and powerful members of the international community and play an important role on the stage of international politics. However, the Court, as the principal judicial organ of the United Nations, cannot view this "appreciable section of the international community" in terms of material power. The Court can only have regard to it from the standpoint of States. The appreciable section of this community to which the Opinion refers by no means constitutes a large proportion of that membership, and the structure of the international community is built on the principle of sovereign equality. Therefore, any undue emphasis on the practice of this "appreciable section" would not only be contrary to the very principle of sovereign equality of States, but would also make it more difficult to give an accurate and proper view of the existence of a customary rule on the use of the weapon.[156]

Judge Weeramantry in his dissenting opinion noted that deterrence goes beyond mere possession in that it implies a readiness to act, so that deterrence is distinguishable from mere possession.[157] Emphasizing the "problem of credibility," whereby the nuclear power must convince the deterred state that "there is a real intention to use those weapons in the event of an attack," Judge Weeramantry concluded that the fine points of "minimum deterrence"[158] and modulated nuclear action are unrealistic: "in the split second response to an armed attack, the finely graded use of appropriate strategic nuclear missiles or 'clean' weapons which cause minimal damage does not seem a credible possibility."[159] Judge Weeramantry stated:

---

155 International Court of Justice Proceeding: Advisory Opinion Requested by U.N. General Assembly on the Legality of the Threat or Use of Nuclear Weapons, Advisory Opinion, 1996 I.C.J. Rep. 226, at 277, 35 I.L.M. at 833 (July 8, 1996) (declaration by Shi, J.) [hereinafter Declaration of Judge Shi].
156 *Id.* at 77-78.
157 Dissenting Opinion of Judge Weeramantry, at 540, 35 I.L.M at 918-19.
158 *Id.* 35 I.L.M. at 918.
159 *Id.* at 540, 35 I.L.M. at 919.

The concept of deterrence goes a step further than mere possession. Deterrence is more than the mere accumulation of weapons in a storehouse. It means the possession of weapons in a state of readiness for actual use. This means the linkage of weapons ready for immediate take-off with a command and control system geared for immediate action. It means that weapons are attached to delivery vehicles. It means that personnel are ready night and day to render them operational at a moment's notice. There is clearly a vast difference between weapons stocked in a warehouse and weapons so readied for immediate action. Mere possession and deterrence are thus concepts which are clearly distinguishable from each other.[160]

As to minimum deterrence, Judge Weeramantry stated:

Deterrence can be of various degrees, ranging from the concept of maximum deterrence, to what is described as a minimum or near-minimum deterrent strategy. Minimum nuclear deterrence has been described as:
Nuclear strategy in which a nation (or nations) maintains the minimum number of nuclear weapons necessary to inflict unacceptable damage on its adversary even after it has suffered a nuclear attack.

***

One of the problems with deterrence, even of a minimal character, is that actions perceived by one side as defensive can all too easily be perceived by the other side as threatening. Such a situation is the classic backdrop to the traditional arms race, whatever be the type of weapons involved. With nuclear arms it triggers off a nuclear arms race, thus raising a variety of legal concerns. Even minimum deterrence thus leads to counter-deterrence, and to an ever ascending spiral of nuclear armament testing and tension. If, therefore, there are legal objections to deterrence, those objections are not removed by that deterrence being minimal.[161]

As to the element of intent contained in the policy of deterrence, Judge Weeramantry stated:

Deterrence needs to carry the conviction to other parties that there is a real intention to use those weapons in the event of an attack by that other party. A game of bluff

---

160 *Id.*
161 *Id.* at 539 (citing Security Without Nuclear Weapons? Different Perspective on Non-Nuclear Security 250 (R.C. Karp ed., 1992); Hollins, Powers & Sommer, The Conquest of War, Alternative Strategies for Global Security 54-55 (1989)).

does not convey that intention, for it is difficult to persuade another of one's intention unless one really has that intention. Deterrence thus consists of a real intention to use such weapons. If deterrence is to operate, it leaves the world of make-believe and enters the field of seriously-intended military threats.[162]

Judge Bravo in his declaration concluded that the concept of deterrence has "no legal force" and is "not able to create a legal practice which could serve as the basis for the creation of an international custom."[163] He stated:

> [I]t is thanks to the doctrine of deterrence that the revolutionary scope of Article 2, paragraph 4, of the Charter has been reduced, while at the same time the scope of Article 51, which ran counter to it according to a traditional logic, has been extended as a whole series of conventional constructions have taken shape around that norm, as can be seen from the two systems governing respectively the Atlantic Alliance on the one hand and on the other the Warsaw Pact, while it was in existence. These are systems which are doubtless governed by legal rules but which proceed from an idea derived essentially from the political–and hence not legal– finding according to which the Security Council cannot function in the face of a conflict as major as the type of warfare which is the subject of the present Advisory Opinion would probably be.
>
> In this way, the gulf separating Article 2, paragraph 4, from Article 51 may be compared to a river which has grown wider, thanks largely to the tremendous rock of deterrence which has been thrown into it . . . .[164]

Risk Factors Inherent in U.S. Declaratory Policy as to Nuclear Weapons

Extended deterrence

In the first instance, the U.S. policy of deterrence was designed to deter attack by the Soviet Union on the United States. But the United States had also

---

162 *Id.* at 540, 35 I.L.M. at 919 (citing generally, JUST WAR, NONVIOLENCE AND NUCLEAR DETERRENCE 193-205, 207-19 (D.L. Cady & R. Werner eds., 1991); Joseph Boyle & Germain Grisez, NUCLEAR DETERRENCE, MORALITY AND REALISM (1987); ANTHONY KENNY, THE LOGIC OF DETERRENCE AND THE IVORY TOWER (1985); Roger Ruston, NUCLEAR DETERRENCE: RIGHT OR WRONG? (1981); *Nuclear Deterrence and the Use of the Just War Doctrine*, in OBJECTIONS TO NUCLEAR DEFENSE (Blake & Pole eds., 1984)).
163 Declaration of Judge Bravo, at 284, 35 I.L.M. at 1349.
164 *Id.* at 1349-50.

undertaken extensive security obligations to Western Europe and other areas of the world. As the destructiveness of nuclear weapons and the conventional capabilities of the Soviet Bloc came to be appreciated, the concern arose among the United States' European allies as to whether the United States would actually use its strategic nuclear weapons to counter a nuclear attack on Western Europe.

The perceived unlikelihood that the United States would do so meant that deterrence was no longer adequate. Something else—what became known as "extended deterrence"—was necessary. The United States would place substantial numbers of intermediate and battlefield nuclear weapons in the hands of its forces in Western Europe at pivotal anticipated attack points where they would likely be quickly overrun in the event of a Soviet attack if not used, with similar steps being taken for the assurance of other allies elsewhere in the world.

This was the nuclear trip wire. In the event of a Soviet invasion, the United States would have to either use these weapons to defend Western Europe or see them be overrun and likely fall into Soviet hands. Deterrence again became credible, the reasoning went. In addition, many of the United States' tactical nuclear weapons in Western Europe were capable of reaching the Soviet Union. As a result, the Soviet Union could not invade Western Europe except at great risk to its homeland. In effect, the Soviet Union could not attack Western Europe unless it was prepared to engage in strategic nuclear war with the United States. As the Biden Administration confirmed in a statement early in its tenure, extended deterrence remains a central part of U.S. policy to this day.

The logic of deterrence as hinging upon the irrational

Deterrence during the Cold War, from the U.S. perspective, required a balance between making the Soviets believe the United States meant what it said, i.e., that it would *use* these weapons against a Soviet attack, while simultaneously reassuring the Soviets as to the United States' rationality and restraint, i.e., that it would not use the weapons unless provoked.

Elaborate protocols of reassurance and procedures of communication were worked out.165 By the end of the Cold War, the American and Soviet military in the nuclear area had become somewhat of a conglomerate, working together at maintaining and managing each side's counter-deterrence against the other and the

---

165   See Kurt Gottfried & Bruce G. Blair, Crisis Stability and Nuclear War 159–212 (1988).

attendant dangers.[166]

At the beginning of the nuclear era, before the destructive nature of these weapons had sunk into the mindsets of decision-makers, deterrence seemed only natural. Nuclear weapons were simply another type of weapon, more powerful than previous ones, but not necessarily different. As the destructive power and sheer numbers of these weapons increased and the Soviets developed comparable nuclear capabilities, the nature of deterrence changed in a discernable but largely unacknowledged way. The prospect of using these weapons became increasingly irrational, even, as discussed above, as elaborate highly rational-sounding policy constructs were created by war-planners, one after the other, postulating intricate scenarios of threat and counter-threat, attack and counterattack.

In a sense, the United States ended up with two levels of deterrence. The first was quite rational: You dare not attack us or our allies because we may come back with a nuclear response. Because, however, of the expressly suicidal nature of the policy, particularly of MAD, a second level of deterrence was necessary, the threat that "we just might be crazy enough to do it"–the wild card of irrationality.[167]

To one not enmeshed in nuclear policy, the mad dog threat of irrationality seems perhaps not surprising, indeed seems to characterize the entire nuclear venture. From the perspective of the dominant nuclear policy, however, such irrationality represented a radical, albeit at times unacknowledged, departure, strangely at variance with the rationalistic assumptions of nuclear policy with its nuanced layers of presumptively limited and controlled responses and counter-responses making up deterrence theory.

---

166   See *id.*
167   See, e.g., Henry Kissinger, WHITE HOUSE YEARS 215-20, 216 (1979) ("The dilemma never resolved [by the doctrine of assured destruction] was psychological. It was all very well to threaten mutual suicide for purposes of deterrence, particularly in case of a direct threat to national survival. But no President could make such a threat credible except by constructing a diplomacy that suggested a high irrationality—and that in turn was precluded by our political system, which requires us to project an image of calculability and moderation.").

Unlawfulness of Nuclear Weapons Threat and Use under Additional Rules of the Law of Armed Conflict

Policy of deterrence as threatening use of high-yield nuclear weapons

We saw, when we looked at the makeup of the United States' nuclear weapons arsenal, that the overwhelming majority of those weapons are strategic high-yield nuclear weapons. Correspondingly, we saw that only a very small number of the United States' nuclear weapons are low-yield nuclear weapons—and that small number are dial-a-yield weapons capable of high as well as low-yield strikes.

We also saw that the United States, in its defense in the *Nuclear Weapons Advisory Case* of the putative lawfulness of the use of nuclear weapons only overtly argued the putative lawfulness of limited uses of low-yield nuclear weapons against military targets in remote areas. John McNeill, one of the lead U.S. lawyers on the case, challenged what he characterized as the assumptions of a study by the World Health Organization (WHO) as to "civilian casualties expected to result from nuclear attacks involving significant numbers of large urban area targets or a substantial number of military targets." McNeill argued that "no reference is made in the [WHO] report to the effects to be expected from other plausible scenarios, such as a small number of accurate attacks by low-yield weapons against an equally small number of military targets in non-urban areas."

Reinforcing the point as to "other plausible [low-end use] scenarios," McNeill argued that such plausibility "follows from a fact noted in the WHO report: namely, that 'remarkable improvements' in the performance of nuclear weapons in recent years have resulted in their 'much greater accuracy,'" stating that such scenarios "would not necessarily raise issues of proportionality or discrimination."

While the United States in its presentations to the ICJ did not define what it means by "low-yield" nuclear weapons, the term was defined in the Joint Chiefs' *Doctrine for Joint Theater Nuclear Operations*:

- Very low — less than 1 kiloton
- Low — 1 kiloton to 10 kilotons
- Medium — over 10 kilotons to 50 kilotons
- High — over 50 kilotons to 500 kilotons
- Very high — over 500 kilotons (Joint Pub 1-02)

Set forth below in this chapter are bases for concluding that the use of nuclear weapons, including low-yield nuclear weapons, would be unlawful under the law of armed conflict in all or virtually all circumstances in which the United States might consider using such weapons.

Nonetheless, putting aside risks of nuclear retaliation and escalation following the crossing of the nuclear threshold, there is certainly a distinction between potential effects of low-yield and high-yield nuclear weapons that are potentially relevant to considerations concerning the lawfulness of uses of such weapons. However, even if one assumes, for purposes of argument, that, as Judge Schwebel concluded in his dissent in the *Nuclear Weapons Advisory Case*, some limited uses of low-yield nuclear weapons in very remote areas might be lawful or potentially lawful under the law of armed conflict, the fact remains that the vast majority of the United States' nuclear weapons are high-yield nuclear weapons whose lawfulness the United States did not even overtly defend before the ICJ—and that the United States' policy of nuclear deterrence quintessentially consists of the threat to use such weapons.[168]

Given the ICJ's conclusion in its *Nuclear Weapons Advisory Opinion*, as discussed above,[169] that it is unlawful for a state to threaten to use weapons it would be unlawful for the state to use, and given the above realities as to the makeup of the United States' nuclear arsenal and the scope of the United States' policy of nuclear deterrence, the inference is compelling that the U.S. policy of nuclear deterrence is itself unlawful, given its inherent threat that the United States will use high-yield nuclear weapons, even aside from the ostensible unlawfulness of the United States potential use of low-yield nuclear weapons.

Specifically, the ICJ's conclusion in the *Nuclear Weapons Advisory Opinion* that it is unlawful for a state to threaten to use a weapon it would be unlawful for the state to use[170] on its face means that, if it would be unlawful for the United States to use

---

168 The potential extreme devastation expected from high-yield nuclear weapons is in keeping with the doctrines of deterrence and mutual assured destruction (MAD), which are inherently and deliberately terror-inducing in their approach; Woolf, *Conventional Prompt Global Strike and Long-Range Ballistic Missiles*, supra note 246, at 10 (Conventional weapons are inadequate for deterrence because they cannot "threaten the scale of destruction and would not have the psychological effects of nuclear weapons"); Kristensen, *Targets of Opportunity*, supra note 246, at 22 (quoting U.S. Strategic Command, Essentials of Post-Cold War Deterrence, which recommended that the United States project, as "a part of the national persona" an "irrational, and vindictive" or potentially "out of control" willingness to use nuclear weapons if its interests are threatened).
169 See Nuclear Weapons Advisory Opinion 47-48, at 246-47, 35 I.L.M. at 827.
170 See Nuclear Weapons Advisory Opinion 47-48, at 246-47, 35 I.L.M. at 827.

its high-yield nuclear weapons, the United States' policy of nuclear deterrence is unlawful since it threatens to use such weapons.

Preemptive use of nuclear weapons

The Bush Doctrine announced by the Bush 43 Administration is a policy whereby the United States may exercise pre-emptive self-defense against perceived threats that are less than imminent in the ordinary sense of the word. This Doctrine was set forth in the Bush Administration's 2002 National Security Strategy (the "*2002 NSS*"), which stated:

> We must adapt the concept of imminent threat to the capabilities and objectives of today's adversaries. Rogue states and terrorists do not seek to attack us using conventional means. They know such attacks would fail. Instead, they rely on acts of terror and, potentially, the use of weapons of mass destruction–weapons that can be easily concealed, delivered covertly, and used without warning.[171]

The *2002 NSS*, in its elaboration of the Bush Doctrine, focused on the *severity of the potential threat*:

> The United States has long maintained the option of preemptive actions to counter a sufficient threat to our national security. The greater the threat, the greater is the risk of inaction–and the more compelling the case for taking anticipatory action to defend ourselves, even if uncertainty remains as to the time and place of the enemy's attack. To forestall or prevent such hostile acts by our adversaries, the United States will, if necessary, act preemptively.[172]

This doctrine went well beyond the traditional understanding of international law that self-defense, whether called anticipatory or preemptive, could only be conducted against imminent threats.[173] While issues had arisen over the years as to the imminence requirement, that requirement has imposed real limits on the

---

171 WHITE HOUSE, *U.S. National Security Strategy: Prevent Our Enemies From Threatening Us, Our Allies, and Our Friends with Weapons of Mass Destruction*, U.S. National Security Council, 15 (Oct. 2002) [hereinafter 2002 NSS], available at http://2001-2009.state.gov/r/pa/ei/wh/15425.htm.
172 *Id.* See also Anthony Clark Arend, *International Law and the Preemptive Use of Military Force*, Wash. Q., Spring 2003, at 96-101.
173 See OPERATIONAL LAW HANDBOOK, *supra* note 95, at 6-7; NAVAL COMMANDER'S ANNOTATED HANDBOOK, *supra* note 114, § 4.3.2 at p. 4-10.

permissible use of force.[174]

It seems evident that the statement of the 2002 NSS that the United States "has long maintained the option of preemptive force" failed to recognize the United States' repeated prior recognition, at least in doctrine, of the need for an imminent threat, in the normal sense of the word, for the lawful exercise of the right of self-defense. The Bush Doctrine appears in reality to be a policy of preventive war, a type of war that seems clearly unlawful under contemporary international law and particularly Articles 2 and 51 of the UN Charter.[175] The Army's 2015 *Operational Law Handbook* acknowledged—and later iterations of the Handbook continue to acknowledge, albeit in more understated language—that, in the view of many, the Bush Doctrine asserts a right of self-defense that goes significantly beyond the normal requirement of imminence:

> Preemptive Use of Force: In the 2002 National Security Strategy (NSS), the U.S. Government took a step toward what some view as a significant expansion of use of force doctrine from anticipatory self-defense against an imminent attack to pre-emptive self-defense against an attack which exists but *may not* be imminent. This position was reinforced in the 2006 NSS, which reaffirmed the doctrine of preemptive self-defense against "rogue states and terrorists" who pose a threat to the United States based on their expressed desire to acquire and use weapons of mass destruction.[176]

The handbook further states as follows as to "a modern-day legal test for imminence:"

> A modern-day legal test for imminence, consistent with the above, was perhaps best articulated by Professor Michael Schmitt in 2003. He stated that States may legally employ force in advance of an attack, at the point when (1) evidence shows

---

174 See, e.g., Arend, *supra* note 552, at 89, 95; NAVAL COMMANDER'S HANDBOOK, *supra* note 122, at 4-4 to 4-7.

175 See Paul F. Diehl & Shyam Kulkarni, *Worth a Pound of Cure? An Empirical Assessment of the Bush Doctrine and Preventive Military Action*, 19 U. MIAMI INT'L & COMP. L. REV. 57, 64-65 (2011); Jules Lobel, *Preventive War and the Lessons of History*, 68 U. PITT. L. REV. 307 (2006).

176 U.S. DEP'T ARMY, JUDGE ADVOC. GEN.'S LEGAL CTR. & SCH., OPERATIONAL LAW HANDBOOK 6 (LCDR David Lee, JAGC, USN, ed., 5th ed. 2015) (footnotes omitted) [hereinafter OPERATIONAL LAW HANDBOOK (2015)]. Later versions of the handbook omit the explicit reference to threats that "may not be imminent" and refer instead to circumstances in which "uncertainty remains as to the time and place of the enemy's attack." See OPERATIONAL LAW HANDBOOK, *supra* note 95, at 6-7 (quoting 2002 NSS, *supra* note 551, at 15).

that an aggressor has committed itself to an armed attack, and (2) delaying a response would hinder the defender's ability to mount a meaningful defense.[177]

The Army's 2022 *Operational Law Handbook* acknowledges that "preventive self-defense" is illegal: "Anticipatory self-defense, whether labeled anticipatory or preemptive, must be distinguished from preventive self-defense. Preventive self-defense—employed to counter non-imminent threats—is illegal under international law."[178]

International law scholars James Lindsay and Ivo Daalder describe the substantial change wrought by the Bush Doctrine:

> Bush's preemption doctrine went well beyond anything previous presidents had contemplated. To be sure, the option of using force preemptively had existed for Bush's predecessors. Some had used it–as Bill Clinton did in 1998 when he ordered an attack on a pharmaceutical plant in Khartoum, Sudan, that U.S. intelligence suspected of producing nerve gas. But Bush's conception of preemption far exceeded responding to an imminent danger of attack. He instead advocated preventive wars of regime change. The United States claimed the right to use force to oust leaders it disliked long before they could threaten its security.[179]

Prior statements of the U.S. as to the scope of self-defense seemed to adhere to the narrower and more restrictive notion of what constituted imminence, requiring actual imminence in the normal sense of the word.[180] President Dwight Eisenhower, one of the U.S.'s leading generals in World War II, rejected preventive war unequivocally, stating as follows in a 1954 Press Conference:

---

177 OPERATIONAL LAW HANDBOOK (2015), *supra* note 556, at 7 (citing Michael N. Schmitt, *Preemptive Strategies in International Law*, 24 MICH. J. INT'L L. 513, 535 (2003)). This language is again cited in the 2017 version of this handbook. See U.S. DEP'T ARMY JUDGE ADVOC. GEN.'S LEGAL CTR. & SCH., OPERATIONAL LAW HANDBOOK 7 (Maj Dustin Kouba, USAF, ed., 17th ed., 2017) (citing Michael N. Schmitt, *Preemptive Strategies in International Law*, 24 MICH. J. INT'L L. 513, 535 (2003)) [hereinafter OPERATIONAL LAW HANDBOOK (2017)]. However, the "modern-day legal test" language does not appear in the most recent version. See OPERATIONAL LAW HANDBOOK, *supra* note 95.
178 OPERATIONAL LAW HANDBOOK, *supra* note 95, at 7.
179 James Lindsay & Ivo Daalder, *Shooting First, the Preemptive War Doctrine Has Met an Early Death in Iraq*, LA TIMES, May 30, 2004, at 1.
180 See Noura S. Erakat, *New Imminence in the Time of Obama: The Impact of Targeted Killings on the Law of Self-Defense*, 56 ARIZ. L. REV. 195, 224-25 (2014); SCOTT SILVERSTONE, PREVENTIVE WAR AND AMERICAN DEMOCRACY, 184 (2007).

> In this day and time, if we believe for one second that nuclear fission and fusion, that type of weapon, would be used in such a war—what is a preventive war?...
>
> A preventive war, to my mind, is an impossibility today. How could you have one if one of its features would be several cities lying in ruins, several cities where many, many thousands of people would be dead and injured and mangled, the transportation systems destroyed, sanitation implements and systems all gone? That isn't preventive war; that is war.
>
> I don't believe there is such a thing; and, frankly, I wouldn't even listen to anyone seriously that came in and talked about such a thing.[181]

While the Obama Administration appeared at least somewhat to back away from the Bush Doctrine,[182] the Trump Administration appeared to follow it and it is not clear where the Biden Administration is on the issue, although it appears that

---

[181] See Dwight Eisenhower, The President's News Conference of August 11, 1954, in Gerhard Peters and John T. Woolley, THE AMERICAN PRESIDENCY PROJECT, http://www.presidency.ucsb.edu/ws/index.php?pid=9977.

[182] The Obama Administration did not appear to formally take a public position on whether the Bush Doctrine continued to be the policy of the United States or whether the U.S. had reverted to its traditional policy of anticipatory self-defense. Based on language in the Obama Administration's 2010 National Security Strategy, the Army JAG's 2017 *Operational Law Handbook* suggested that the Obama Administration may have backed away from the Bush Doctrine:

> The 2010 NSS, however, suggests a possible movement away from the Bush Doctrine, as the Obama Administration declares in the NSS that, "[w]hile the use of force is sometimes necessary, [the United States] will exhaust other options before war whenever [it] can, and [will] carefully weigh the costs and risks of action versus the costs and risks of inaction."
>
> Moreover, according to the 2010 NSS, "[w]hen force is necessary . . . [the United States] will seek broad international support, working with such institutions as NATO and the U.N. Security Council." Nevertheless, the Obama Administration maintains that "[t]he United States must reserve the right to act unilaterally if necessary to defend our nation and our interests, yet we will also seek to adhere to standards that govern the use of force."

OPERATIONAL LAW HANDBOOK (2017), *supra* note 557, at 6-7. The equivalent section in the current version of this handbook omits the discussion of the 2010 NSS and the Obama Administration's stance on the Bush Doctrine. See OPERATIONAL LAW HANDBOOK, *supra* note 95, at 6-7.

Commentators have differed on whether the Obama Administration adopted the Bush Doctrine. *See* John Burroughs, *The Nuclear Posture Review and International Law*, 22 MICH. INT'L L. 2 (Summer 2010) (interpreting the OBAMA NPR as embracing the preemptive use of nuclear weapons in extreme circumstances involving the United States' vital interests); Erakat, *supra* note 560, at 224-25 (concluding that the Obama Administration had expanded the Bush Doctrine with its use of targeted drone strikes); Dan Ernst, *Questioning the Legality and Legitimacy of a Preventive Strike by the U.S. to Disarm North Korea of Nuclear Weapons*, in THE LEGALITY AND LEGITIMACY OF THE USE OF FORCE IN SOUTHEAST ASIA 233, 239 (Brendan Howe & Boris Kondoch eds., 2013) (concluding that the Obama Administration was not more forthcoming regarding its position on the Bush Doctrine because it wanted to avoid the political backlash the Bush Administration faced on the subject). For the characterization that the Obama Administration, in effect, embraced the Bush Doctrine, see Jack Goldsmith, *Obama Has Officially Adopted Bush's Iraq Doctrine*, TIME (Apr. 6, 2016), https://time.com/4283865/obama-adopted-bushs-iraq-doctrine/.

President Biden was an early critic of the Bush Doctrine.[183]

While there is some support for the lawfulness of the Bush Doctrine, the traditional view of the permissible scope of self-defense under international law and the contemporary consensus on the matter appears to be that, to be lawful, a use of force by a state in self-defense must be based on an imminent need for such a use of force, using the word imminent its ordinary sense. Specifically, the more widely held view appears to be that the Bush Doctrine is not consistent with international law.[184]

---

[183] As to the Trump Administration's position, see Aaron Blake, *The Trump Doctrine Sounds Suspiciously Like the Bush Doctrine*, Wash. Post (Apr. 10, 2017), https://www.washingtonpost.com/news/the-fix/wp/2017/04/10/the-trump-doctrine-sounds-suspiciously-like-the-bush-doctrine/?utm_term=.c43b65daf126.As to the Biden position, see Goldsmith, *Obama Has Officially Adopted Bush's Iraq Doctrine*, supra note 562 (stating that Biden had previously criticized the Bush Doctrine, calling it "frightening"). See also Christian Henderson, *The 25 February 2021 military strikes and the 'armed attack' requirement of self-defence: from 'sina qua non' to the point of vanishing?*, 9 J. on the Use of Force & Int'l L., Issue 1, 55-77 (Jan. 25, 2022), available at https://www.tandfonline.com/doi/full/10.1080/20531702.2022.2029022; Andrew Bacevich, Op-Ed: *Has Biden forgotten he's commander in chief? Here's America's national security to-do list*, L.A. Times, Feb. 3, 2021, available at https://www.latimes.com/opinion/story/2021-02-03/joe-biden-commander-in-chief-war-national-security-executive-orders.

[184] See, e.g., W. Michael Reisman and Andrea Armstrong, *Centennial Essay: The Past and Future of the Claim of Pre-emptive Self-Defense*, 100 Am. J. Int'l L. 525, 547 (2006); Amy Bartholomew, *Empire's Law and Human Rights as Swords of Empire*, in World Tribunal on Iraq: Making the Case Against War (Muge Gursoy Sokman ed., 2008); Ronald C. Kramer & Raymond J. Michalowski, *War, Aggression and State Crime*, 45 Brit. J. Criminology 446 (2005).

However, some commentators have argued that the U.S. has often used a broad interpretation of what constitutes permissible self-defense to justify military action and that this broad view is legally justified. See, e.g., Delahunty & Yoo, supra note 215, at 853 (arguing that the broad view of permissible self-defense rising to the level of preemptive war was used by several presidents throughout the 20th Century); Colin S. Gray, The Implications of Preemptive and Preventive War Doctrines, a Reconsideration 9 (2007).

Delahunty and Yoo, both of whom served as counsel in the Bush 43 Administration, give such examples as the following of the United States' earlier following of the preemptive approach: President Theodore Roosevelt's "Corollary to the Monroe Doctrine"; President John F. Kennedy's naval blockade of Cuba; and President Jimmy Carter's statement that "he would regard any attempt by any outside force to gain control of the Persian Gulf region as an assault on the vital interests of the U.S. [to be] repelled "by use of any means necessary," which the authors suggest implied a possible resort to nuclear weapons." Delahunty & Yoo, supra note 215, at 856. Delahunty and Yoo argue, in effect, that the Bush Doctrine constitutes preventive war, but that preventive war is lawful under international law even if it is in contravention of the UN Charter. See *id.* at 845-46.

Delahunty and Yoo argue that preventive war is lawful under international law, even if it is in contravention of the UN Charter, on the ground that the actual conduct of states calls into question whether the UN Charter rules are any longer legally binding and that, even if they are, compliance with the Charter's "ineffective norms" does not necessarily trump all other considerations bearing on the use of preventive force. See *id* at 846. They argue that using preventive force may in some circumstances prevent intentional mass attacks on non-combatants that are grossly illegal and that the use of preventive force will "head off rogue states that are likely to cause greater harms in the future." *Id.* at 845-46 (arguing that the UN framework requiring approval of all Security Council members for an action to be legitimate is ineffective).

The primary alternative to self-defense, individual or collective, is aggression. The UN Charter established and sets forth contemporary law on the subject. States, with limited possible exceptions, are precluded from using force except in the exercise of individual or collective self-defense. Absent such a legal basis, a state's use of force constitutes aggression, the unlawful use of force.

The Bush Doctrine is not without some logic. Threats in the nuclear, not to mention the contemporary high tech world, can eventualize quickly, perhaps in some instances more quickly than they can be defended against, albeit subject, in the nuclear weapons context, to whether a state has a second strike capability. At the same time, it is easy to start a war and the consequences can be extreme. Looking back in time, it seems likely that the Bush Doctrine, if adopted at that time and applied, could have led to catastrophic warfare between the two sides during the Cold War. The U.S. and Soviet blocs during that period could easily have lurched into open warfare had either side, rather than exercising restraint against non-imminent threats from the other, followed a Bush Doctrine type approach and initiated preventative war on any number of occasions and pretexts.

Thus, while legal issues are presented, there has historically been a sense of restraint imposed by the broad consensus as to imminence as being required under international law for the exercise of self-defense. That approach not only has been the dominant approach of international law historically, but also has been wise in preventing armed conflict against less than imminent threats. The inference is compelling that the Bush Doctrine does not constitute a lawful basis for the United States' exercise of self-defense, let alone use of nuclear weapons.

Delahunty and Yoo cite the war in Serbia as an example of state action that was not justified as individual or collective self-defense or as an enforcement action under the United Nations, but was nonetheless lawful under international law. *Id.* They argue that the same principles that make international humanitarian intervention lawful apply to preventive war. The only difference, they argue, is that, in preventive war, the intervenors protect their own populations, whereas in humanitarian intervention the intervenors protect the target state's population. See *id.* at 848.

Colin Gray, Director of the Centre for Strategic Studies at the University of Reading in the UK, argues that the following wars could be classified as preventive: the war in Afghanistan (2001); the Persian Gulf War (1991); the Korean War (1950); the First World War (1917); the Spanish-American War (1898); the Civil War (1861); and the many frontier wars the United States fought with Native Americans and others. See Gray, *supra*, at 25-27.

(拡大)抑止の不法性および朝鮮半島・北東アジアの平和との両立不可能性と克服方略

チャールズ・モクスリー
フォーダム法学専門大学院教授

以下の内容は、筆者の2024年の著書『核兵器と国際法：法的視覚から見る核戦争と抑止の実存的危険』(www.nuclearweaponslaw.org 参照)の中から抜粋したもので、今回の討論会の発表で活用する内容である。

発表の旨は、核兵器の使用と使用の威嚇が、米国によって認められた国際法規則に従っても違法であるということであり、さらには核兵器が合法であるという米国の主張のなかで、米国によって普通重要にされなかったり認められない国際法のその他の規則によっても核兵器の使用と使用威嚇は違法であるということである。

発表の追加的結論は、拡大抑止をはじめ米国の追求する核抑止政策が、賢明でなく危険であり、違法的であるということだ。このような結論は、核兵器の使用の違法性から引き出される。国際司法裁判所(以下、ICJ)は、核兵器に関する勧告的意見において、国が、使用が違法である兵器を使用すると威嚇するのは違法であると判示した。

以下の内容は、米国が認定する国際法規則によって、核兵器の威嚇と使用が違法であるという旨で、著書の内容を要約したものである。

米国が明示した武力紛争法の規則による核兵器威嚇と使用の違法性

まず、米国が明示した武力紛争法を、核兵器に関して知られた事実に適用する。このような分析によると、米国が樹立した政策、慣行、計画によって核兵器を使用できるあらゆる状況において、低威力核兵器を含む核兵器の使用は違法であるという結論に説得力がある。知られた事実に、このような法規を適用すると、米国の核抑止政策そのものが違法であるという結論は、さらに明らかになる。

核兵器使用の違法性は、核兵器の影響が統制不可能だという事実から見て、最も根本的に明らかになる。米国が明示したように、武力紛争法によれば国がその影響を統制できない兵器を使うのは違法である。米国が認める武力紛争法は、その影響を統制できない兵器の使用が区別の規則、均衡性と必要性の規則を含む武力紛争法を守れないという点を明確にしている。

3 발표문

第二、統制不可能性以外にも、核兵器の知られた影響によって核兵器のあらゆる、或いは事実上あらゆる使用が、米国が明示した区別の規則、均衡性と必要性の規則を含む武力紛争法を違反することになる。

第三、よく知られていて、本質的に議論の余地がない核兵器の影響は、核兵器の使用による復仇((reprisals)は、その対象になる違法的な攻撃に均衡すべきであり、違法行為をする国の国際法の違反を中断させるのに必要な武力のレベルに限られるべきであるという要件を含み、戦時復仇(belligerent reprisals)に適用される法を守れないようにする。その影響は統制不可能であるため、核兵器はこのような合法的復仇の前提条件を守れない。

また、この問題に対する米国自らの声明とICJの核兵器に関する勧告的意見によると、国の生存そのものが問題視される極端な自衛の状況においての核兵器の使用を含め、すべての核兵器の使用が国連憲章と武力紛争法、事実上の正戦論(*jus ad bellum*)と戦時国際法(*jus in bello*)の要件を適用されるというのは法的に明確に見える[1]。米国は特定状況の緊急性に構わず、区別の規則、均衡性と必要性の規則を含む国際法が核兵器の使用に適用されるという点を一貫して認めてきた。

低威力核兵器を含め、核兵器の影響は統制不可能であり、統制不可能性は、その兵器のいかなる使用も違法にするため、たとえそれ自体で違法であるためには、違法性がそのような兵器のあらゆる潜在的使用を特定するものでなければならないと、米国がICJに表明した見解に従うとしても、核兵器の使用がそれ自体で違法であるという結論は説得力を持つようだ[2]。米国が核兵器を使用できる事実上のあらゆる状況、又は核兵器の典型的かつ予想される使用または意図された使用の状況で、核兵器の使用が武力紛争法に違反するかどうかに対するより法的に支持されう

---

1 See generally International Court of Justice, Advisory Opinion Requested by the U.N. General Assembly on the Legality of The Threat or Use of Nuclear Weapons, 1996 I.C.J. Rep. 226, 35 I.L.M. 809 (July 8, 1996) [hereinafter Nuclear Weapons Advisory Opinion].
As to the U.S. position, see Oral Statement of the United States of America submitted to the International Court of Justice Proceedings for the Advisory Opinion Requested by the World Health Organization on the Legality of the Use by a State of Nuclear Weapons in Armed Conflict and the Advisory Opinion Requested by the U.N. General Assembly on the Legality of the Threat Or Use of Nuclear Weapons, Verbatim Record, at 55-81 (Nov. 15, 1995) (10:00 AM session) [hereinafter I.C.J. Hearing Nov. 15, 1995]; International Court of Justice Proceedings for the Advisory Opinion Requested by the U.N. General Assembly on the Legality of the Threat Or Use of Nuclear Weapons, Written Statement of the United States of America, at 21-23, 30 (June 20, 1995) (prepared by Conrad K. Harper (Legal Advisor, Department of State), Michael J. Matheson (Deputy Legal Advisor, Department of State), Bruce C. Rashkow (Assistant Legal Advisor, Department of State), & John H. McNeill (Senior Deputy General Counsel, Department of Defense)) [hereinafter U.S. I.C.J. Memorandum/GA App], reprinted as Written Observations on the Request by the General Assembly for an Advisory Opinion, 7 Crim. L.F. 401 (1996) (citing U.S. Dep't Army, The Law of Land Warfare: Field Manual No. FM 27-10, at 5 (July 18, 1956, as amended July 15, 1976) [hereinafter Law of Land Warfare Field Manual (1976)]).

2 これに関して、米国はICJに提出した意見書で次のような立場を取った。"科学的な証拠はその証拠が核兵器の使用と関われるすべての変数と状況を包括できる場合にのみ核兵器の使用に対する全面的な禁止を正当化することができる。"、I.C.J. Hearing Nov. 15, 1995, at 71.

る基準を適用すると、核兵器使用そのものとしての違法性はさらに明確になる。

米国が明示した武力紛争法により、核兵器の使用が違法だという上記の結論が正確であれば、このような法規によると米国の核抑止政策がそれ自体で違法だという追加的な結論も説得力を得ることになる。この問題に対する米国の声明とICJの核兵器に関する勧告的意見から分かるように、核兵器の使用が違法であれば、国が核兵器使用を威嚇するのは違法である。

慣習国際法の規則を含む武力紛争法

第一に注目に値する事実は、米国が核兵器に適用可能であると認める武力紛争法の規則を適用するにあたって、自ら明示した該当規則の明確な含意を相当な部分回避しようとしたことだ。

米国は確かに、武力紛争法-区別の規則、均衡性と必要性の規則を含む-が、核兵器の使用にも適用されることを認めていた。従って、米国は核兵器の使用がこれらの規則を守らない場合、違法になることを認めている。

米国の立場は、基本的に以下の通りである。核兵器使用の合法性は、それぞれの潜在的使用に対して事案ごとに検討されるべきであり、そのような個別の使用が合法であるかどうかは、それが区別の規則と均衡性及び必要性の規則を含む武力紛争法を潜在的に遵守できるかどうかによって決定される。

しかし米国は、核兵器に関する勧告的意見当時のICJに提出した意見書で、核兵器使用の合法性を擁護し、米国は具体的に合意した条約法と、特別に関連した国(米国の主張によると核保有国)を含む国際社会の義務感から導かされる慣行で樹立された慣習法によってだけ拘束されると主張したことで、そのような法規則の潜在的含意を回避しようとした。それを根拠に米国は、米国が核兵器の使用を特別に禁止する条約に合意しておらず、義務感で核兵器の使用を慎んできたわけではないため、米国の核兵器の使用は違法と見なされることはないと主張した。

米国の国務省法律顧問であるConrad K. Harperは、ICJに対して、"本案((merits)審理の出発点"は"国に対する制約は前提できるものではなく、国が具体的に受諾した条約法又は国際社会の行為によって確立された慣習法によって樹立されなければならない国際法の基本原則"であるべきだと主張した[3]。

米国の国務省法律顧問のMichael J. Mathesonも、ICJに提出した意見書で同一に主張した。

国家に対する制約は、"国が具体的に受諾した条約法または国際社会によって法として一般的に受諾された慣習法に基づかなくてはならない[4]。"Mathesonは、"国際法には条約、または他の方法で該

3　I.C.J. Hearing Nov. 15, 1995, at 57.
4　I.C.J. Hearing Nov. 15, 1995, at 60.

当国家が受諾できる規則の他に、主権国家の軍備水準を制限できる規則はない。"というICJのニカラグァ事件の判決を引用した[5]。

米国が、条約が不在である点と義務感で核兵器の使用を慎まなかった点に焦点を合わせるのは、米国が核兵器の使用に適用されると認めた武力紛争法の慣習規則−区別の規則と均衡性及び必要性の規則を含む−の法的効力を見逃すことである。もっとも根本的に、米国が核兵器使用の違法性に同意しない限り、核兵器の使用は違法と見なされえないという米国の主張は、区別の規則と均衡性及び必要性の規則を遵守しない核兵器の使用が武力紛争法によって違法だという米国の認定を無視するのである。

このように、米国が核兵器に対する武力紛争法の規則の適用可能性を認めるという点を考えると、米国がその規則の特定な適用に同意するかどうかに関係なく、核兵器の使用に対する該当規則の適用によって拘束されることは明らかに見える。国際法の合意基盤や主権原則は、確立された国際法規則の適用効果を制限しない。米国の核兵器使用または一般的な核兵器使用が、武力紛争法によって違法であれば、核兵器の使用は米国のそのような趣旨の条約に署名したり、慣行形成に意図的に参加した場合と同じく、どう見ても違法である。

米軍もこれを認めている。例えば、米の空軍国際法の教範は、ある兵器の使用が "慣習と条約の具体的規則に含まれた明示的禁止"だけでなく、"戦争法の一般原則に規定された禁止" に基づいても違法でありうると明示している[6]。教範は、ニュルンベルク国際軍事裁判所が主要戦犯事件で、国際法は条約と慣習だけでなく、"法律家たちによって適用され、軍事裁判所によって遂行される正義の一般原則" [7]にも含まれていると判決した点を言及した。

米の空軍法務官学校も、'空軍作戦と法律'という教範に似たような内容を明示している。"特定な攻撃のための兵器選定は武力紛争法の一般原則によって規律される"[8]。

米国の国防省の戦争法教範は、次のように明示している。

> 慣習国際法は、国家間の書面合意を通して形成されなかったという点で不文法である。慣習国際法は、一般的にすべての国に拘束力があるが、そのような慣習国際法規則の形成過程において、これに持続的に反対してきた国は該当規則に拘束されない[9]。

---

5   I.C.J. Hearing Nov. 15, 1995, at 60 (citing *Nicaragua v. United States*, 1986 I.C.J. Rep. 14, 135 (June 27, 1986)).
6   U.S. Dep't Air Force, International Law—The Conduct of Armed Conflict and Air Operations: Pamphlet 110–31 (1976) [hereinafter Air Force Manual on International Law].
7   Air Force Manual on International Law, *supra* note 12, at 1-6.
8   Air Force Judge Advoc. Gen. Sch., The Law of Air, Space and Cyber Operations 20 (4th ed. 2020) [hereinafter Air Force Operations and the Law].
9   U.S. Dep't Def., Law of War Manual 30 (June 2015, Updated December 2016) [hereinafter DoD Law of War Manual].

米国は区別の規則、均衡性と必要性の規則の持続的反対者ではなく、むしろそのような規則の拘束力と核兵器に対する該当規則の適用可能性を繰り返し認定 – 実際に主張 – してきた。戦争法教範はまた次のように明示している。

> 世界の主要な法体系に共に適用される法の一般原則は、国際法の一部分として認められる。戦争法原則は、このような国際法の範疇に含まれるものと理解されてきた。…[それから戦争法原則は] 他の具体的規則が適用されない戦争中の行為に対する一般的指針を提供し、統合された体系の相好依存的で強化する部分として作動する[10]。

また、国際法規則がある国を拘束する条約に具現された場合–必要性の規則に関して米国の場合のように–そのような規則は、該当条約によって拘束力を持ち、国家慣行によって修正されないという点も注目に値する[11]。米空軍国際法の教範は、条約上の義務は"本質的に契約上の義務"であるため、国家慣行は条約上の義務を守らなければならない法的義務を"修正できない"と明示している[12]。

米国は、"一般原則"[13]だけでなく、"類推"[14]も武力紛争法の法源として認める。米空軍国際法の教範は、次のように明示している。

> ある新しい兵器や戦闘方法は、条約とか国際慣習を含む国際法によって制限される場合、それ自体で違法になり得る。この問題は、以前に合法または違法に究明された兵器または方法に対する類推により、解決されるか、解決されるように試みられる[15]。

先述したことに基づくと、米国が繰り返し認めたように、核兵器使用が区別の規則、均衡性及び必要性の規則を含む武力紛争法を遵守しなければ、たとえそのように規定した具体的条約がなく、米国が自国の核兵器の使用がそのような規則に違反すると認めなかったとしても、米国の核兵器使用が違法になることは明らかである。

---

10 DoD Law of War Manual, *supra* note 15, at 50-51.
11 必要性の規則は、1907年10月8日のハーグ第4協約の付属規定第23条及び関連"ハーグ規則"に具現されている。区別の規則と均衡性規則は、1949年8月12日のジュネーブ協約に対する追加及び国際的武力紛争の犠牲者の保護に関する1977年6月8日の議定書(第1議定書、以下、第1追加議定書)に明示されており、米国はこれに署名したが批准はしてない。しかし、米国は第1追加議定書に含まれた一部の条項に対しては異議を提起してはいるが、第1追加議定書が武力紛争法の規則を正確に再明示したものであることを数回にわたって明示的に認めた。
12 Air Force Manual on International Law, *supra* note 12, at 1-15 n. 35.
13 DoD Law of War Manual, *supra* note 15, at 92 (citations omitted).
14 *Id.* at 50-52.
15 Air Force Manual on International Law, *supra* note 12, at 6-7.

武力紛争法による核兵器使用の違法性を含む核兵器影響の統制不可能性

まず、米国の定義どおり、区別の規則と均衡性及び必要性の規則の共通構成要素の一つである統制不可能性の要件によって、核兵器使用の適法性を分析するのに焦点を当てる。

米国は、区別の規則と均衡性及び必要性の規則が、使用者がその影響を統制できない兵器の使用を禁止するという点を繰り返し認めてきた。米国は、区別の規則と均衡性及び必要性の規則が核兵器使用に適用されることを認めたことにより、核兵器の影響が統制不可能であれば核兵器使用は違法であることを認めてきた。

これは放射性落下物(以下、'死の灰'とする‐訳注)、電磁パルス(EMP)、核の冬、核攻撃の標的による潜在的な核復仇及び戦争拡大のような、核兵器の潜在的影響を考える時、重要な意味を持つ。

区別の規則による統制不可能性

米空軍の指揮官便覧は、"軍事目標を狙うように十分に統制できない"兵器は違法であると明示している[16]。米空軍国際法の教範は、無差別兵器を"設計や機能上の統制が不可能"であって"ある程度の確実性をもって軍事目標を狙えない"兵器だと説明している[17]。

米陸軍法務官学校は、2016年武力紛争法の解説書において、"軍事攻撃は、戦闘員や軍事目標を狙うべきで、文民と民間財産を狙ってはならない"と明示し、紛争当事者は"常に文民住民と戦闘員、民間物資と軍事目標を区別しなければならない、これに従って軍事目標にのみ作戦を遂行しなければならない。"と明示している[18]。

米海軍指揮官便覧は、区別の規則を、特に"特定した軍事目標を狙えない"か、その影響が"武力紛争法が要求通りに制限できない"兵器(例え、化学または生物兵器の使用)の使用を禁止するものと定義している[19]。また、"本質的に軍事目標を特定して狙えなく、従って文民と非戦闘員を同じ

---

16 See U.S. Dep't Air Force, Commander's Handbook on the Law of Armed Conflict 6-1 (Air Force Pamphlet 110-34, 25 July 1980) [hyereinafter Air Force Commander's Handbook].
ICJは、区別の規則に関して、核兵器に関する勧告的意見において次のように明示した。"国は文民を攻撃の対象にしてはならず、結果的に文民と軍事目標を区別できない兵器を使用してはならない"、"戦闘員と文民に無差別的な影響"を与える兵器は禁止される。See Nuclear Weapons Advisory Opinion, ¶ 78, at 257; 35 I.L.M. at 822.

17 Air Force Manual on International Law, supra note 12, at 6-3.

18 Int'l & Operational Law Dep't, U.S. Army Judge Advoc. Gen. Legal Ctr. & Sch., Law of Armed Conflict Deskbook 141, at ¶ III.C (16th ed., 2016) [hereinafter Law of Armed Conflict Deskbook].

19 U.S. Dep't Navy, The Commander's Handbook on the Law of Naval Operations: Naval War Pub. No. NWP 1-14M, § 5.3.4, at 5-4 to 5-5 (2022) [hereinafter Naval Commander's Handbook]. See also Brian Finucane, *The Prohibition on Indiscriminate Attacks: The U.S. Position vs. the DOD Law of War Manual*, Just Security (May 3, 2022), https://www.justsecurity.org/81351/the-prohibition-on-indiscriminate-attacks-the-us-position-vs-the-dod-law-of-war-manual/. Mr. Finucane is a former attorney-adviser in the Office of the Legal Adviser at the U.S. Department of State.

危険に置かせるような兵器は、無差別的影響により禁止される"と明示している[20]。便覧は次のような攻撃を、区別の規則により禁止される攻撃であると説明している。"武力紛争法が要求するように、その影響を制限できない戦闘方法や手段を使用する攻撃(例：化学または生物兵器の使用)。"[21]

したがって、区別の規則により、ある核兵器の使用が合法的であるためには、核兵器の影響を統制できなければならない。問題の核兵器が、意図された軍事目標を正確に狙えるだけでは十分ではなく、さらにたとえ核兵器が標的に命中すると仮定しても、核兵器の全面的な影響自体が統制可能でなければならず、合法的な標的に限定されなければならない。

他の米国の文献と国際文献もこれを確かめてくれる。米陸軍は作戦法便覧において文民と戦闘員標的を区別できない影響を持つ兵器を使用するのは、違法であると明示している。同便覧は、"(区別の)原則は交戦者に戦闘員と文民、軍事目標と民間物資を区別することを要求"し、"その影響が特定された軍事目標を狙うことができない戦闘方法や手段の使用を"禁止すると明示している[22]。

米空軍の2004年教範である「軍指揮官と法律」は、無差別兵器に"統制が不可能な兵器"が含まれると明示している[23]。

米空軍国際法の教範は、区別の規則が、ある兵器が意図した標的を実際に打撃できるだけでなく、兵器の影響が統制可能で制限されるべきだということを要求するという点を認めた。教範は、無差別兵器が、"軍事目標のみを狙えるにもかかわらず、他の統制不可能な影響により均衡的でない文民の負傷や被害を引き起こせる"兵器を含むと明示している[24]。

また、教範は"統制不可能な"というのが"所期の軍事的利益に比べ、文民や民間物資に過度な危険を必然的に引き起こす程、使用者の統制から時間的かつ空間的に外れる"影響を示すと明示した[25]。この禁止は、文民や民間物資の被害だけでなく、危険を起こすのも含むという点に注

---

20 NAVAL COMMANDER'S HANDBOOK, supra note 26, at § 9.1.
21 Id. at § 5.3.4 (emphasis supplied). 海軍指揮官便覧には、また次のように明示されている。
区別の不可能な兵器の例としては、浮遊武装触発地雷、長距離非誘導ミサイル(例：2次世界大戦中に使用されたドイツのV‐1、V‐2ロケットと日本の非統制爆弾搭載風船)などがある。合法的軍事目標を狙った時、偶発的または付随的な文民死傷者が発生する恐れがあるという理由だけで、ある兵器が無差別的になるのではない。得られる所期の軍事的利益に比べて、付随的被害が予測可能に過度でなければ、ある軍事標的に対して合理的な水準の正確度で照準できる砲弾は、単純に標的を外したり、付随的被害を加えることができるという理由だけで、無差別兵器になるわけではない。使用された兵器が、区別可能なものであれば、利用可能な最も精密な兵器を使用すべき義務はない。Id. § 9.1.2.
22 U.S. ARMY JUDGE ADVOC. GEN. LEGAL CTR. & SCH., OPERATIONAL LAW HANDBOOK, 59 (Maj. Ryan Fisher ed., 2022) [hereinafter OPERATIONAL LAW HANDBOOK] (citing, inter alia, Additional Protocol I, at art. 51, para. 4(b)) (quotation & footnotes omitted) (emphasis supplied).
23 U.S. DEP'T AIR FORCE, JUDGE ADVOC. GEN. SCH., THE MILITARY COMMANDER AND THE LAW 551 (7th ed. 2004). この教範の2021年の改訂版においては、統制可能性に対する直接的な言及が省略されたが、戦争法により紛争当事者は、文民と民間物資を軍事目標と区別し、軍事目標だけに攻撃を制限すべきだと明示している。See U.S. DEP'T AIR FORCE, JUDGE ADVOC. GEN. SCH., THE MILITARY COMMANDER AND THE LAW 518 (17th ed. 2021) [hereinafter MILITARY COMMANDER AND THE LAW].
24 See AIR FORCE MANUAL ON INTERNATIONAL LAW, supra note 12 at § 6-3 (c).
25 AIR FORCE MANUAL ON INTERNATIONAL LAW, supra note 12 at § 6-3 (c) (emphasis supplied).

目する必要がある。

兵器が合法的標的を狙うことができるというだけでは不充分であり、武力紛争法により兵器使用の影響も合法的標的に制限されるべきだという要件は、ジュネーブ諸協約に対する1977年の第1追加議定書において成文化された。(第1追加議定書)第51条は、次のように規定している。

> 無差別攻撃は禁止される。無差別攻撃というのは、次のような攻撃をいう。
> (a) 特定の軍事目標物を標的としない攻撃
> (b) 特定の軍事目標物を標的にできない戦闘の方法または手段を使用する攻撃
> (c) それの影響が、本議定書が要求するのと同じく制限できない戦闘の方法または手段を使用する攻撃、その結果、それぞれの場合において軍事目標物と文民または民間物資を無差別的に打撃する性質を持つもの[26]。

米国は、この議定書を批准してないにもかかわらず、第1追加議定書の区別の規則の成文化が現代の国際法を構成すると認めている[27]。

従って、核兵器の影響が統制できないとすると、米国が、ある標的に対して核兵器を使用するのは区別の規則により違法であるのは明らかである。

必要性の規則による統制不可能性

ある国が、その影響を統制できない兵器を使用することは、必要性の規則によっても違法である。国が、何らかの兵器の影響を統制できない場合、国は必要性の規則が要求するまま兵器の使用が軍事的目的を達成するのに必要な水準の武力だけを伴い、過度な障害は引き起こさないことは保障できない。

米空軍国際法の教範は、必要性の規則の基本要件として"使用される武力が使用者により規制され、実際に規制されるべきである。"という点を認めている[28]。

米海軍指揮官便覧は、必要性の規則が区別の規則と共に、次のような"無差別攻撃"を禁止すると明示している。

26　Protocol Additional to The Geneva Conventions of 12 August 1949, and Relating to the Protection of Victims of International Armed Conflicts (Protocol I), of 8 June 1977, 1125 U.N.T.S. 3, 90 at ¶ 4 (emphasis supplied) [hereinafter Additional Protocol 1]. 先に指摘したように、米国は第1追加議定書において署名はしたが批准はしてない。しかし、米軍教範は第1追加議定書の区別の規則の成文化が慣習国際法を構成するのだと認めている。

27　U.S. Dep't Navy, Annotated Supplement to the Commander's Handbook on the Law of Naval Operations, at 8-1 (1987, with revision A (5 October 1989)) [hereinafter Naval Commander's Annotated Handbook (1989)] (citations omitted). 海軍作戦法に対する米海軍指揮官註釋便覧は、区別の規則が"第1追加議定書第57条1項ではじめて成文化された国際法の慣習規則"だと明示した。Id. at 8-1 n.3-4.

28　Air Force Manual on International Law, supra note 12, at 1-6 (emphasis supplied).

1. 特定の軍事目標を標的にしない攻撃
2. 特定の軍事目標を標的にできない戦闘の方法または手段を使用する攻撃(例：実際に都市全体にわたって分離して標的化できる多数の区別される軍事目標があるにもかかわらず、都市全体を単一軍事目標として宣言し、爆撃で都市全体を攻撃すること)
3. 武力紛争法が要求する通り、その影響が制限できない戦闘方法や手段を使用する攻撃(例：化学または生物兵器の使用)[29]

均衡性の規則による統制不可能性

均衡性の規則が、その影響が統制できない兵器の使用を禁止するという点も確かであるように見える。ある国が、潜在的な軍事攻撃の影響を統制できないなら、国はその攻撃の影響が攻撃から期待される具体的で直接的な軍事的利益と比較して、均衡性の範囲内にあるだろうと信じるだけの真の根拠を持てない。

核兵器の影響の統制可能性に対する米国の公式見解

米国は、核兵器に関する勧告的意見当時、核兵器の使用の合法性を擁護し、統制可能性の要件を認めながらも、事実的根拠に基づき、核兵器の影響−特に少量の低威力核兵器が遠く離れた軍事目標を標的にする場合−は統制できると主張した。

特に米国は、戦略核兵器や戦術核兵器が都市地域に及ぼす影響の統制不可能性に対しては、公開的に異議を提起しないまま、非常に制限的な−本質的に外科手術的な−状況において低威力核兵器使用の潜在的合法性を主張した。

米国は、ICJに次のように主張した。

(1) その影響を統制し、合法的範囲を超えないようにする方法で 核兵器を使用するのが可能であり、
(2) 核兵器の使用は、一般的に通常兵器によって発生するのと等しいレベルで人間の健康と自然環境及び物理的環境に付随的な悪影響を与えるだけで、即ち "どのような種類の武力衝突であっても、広範囲で持続的な破壊を引き起こせる"し、核兵器が使用されるか通常兵器が使用されるかは重要ではない[30]。

米国国防省の首席副法律顧問であるJohn H. McNeillは、ICJに次のような見解を提示した。

---

29 NAVAL COMMANDER'S HANDBOOK, *supra* note 26, at § 5.3.4 (emphasis supplied).
30 See I.C.J. Hearing Nov. 15, 1995, at 70-71 (John H. McNeill, arguing).

国際法があらゆる場合に核兵器の使用を禁止するという主張は、すべてのタイプの核兵器の、すべての使用が、武力紛争法に違反する特定な特性を必ず共有するという間違った仮定に前提したことと見える。特に、いかなる核兵器の使用も必然的に大規模の戦略的核交換へ拡大され、相手の人口中心地に対する意図的破壊を自動的に招くと仮定するように見える[31]。

核兵器は、通常兵器と同様に、多様な方法で使用できる。その重要性において違いがある多様な軍事的目的を果たすために使用でき、偶発的な文民の負傷や付随的被害を増加或いは減少させる方式で使用されるし、核兵器の使用は他の交戦国の行為とその行為の性格によって、そのような使用が誘発されたかどうかと、誘発された程度によって合法的であることもあり、そうでないこともある[32]。

McNeillは、核兵器はその影響が本質的に無差別的であり、特定の軍事目標を確実に狙うことができないという主張を指摘し、"この主張はまさに事実に反するのである。現代の核兵器運搬システムは、実際に個別的な軍事目標を精密に打撃できる"と主張した[33]。

McNeillは、世界保健機構(WHO)が核兵器の影響に関する1987年の研究で提示した仮定を言及し、WHOが提示した"四つのシナリオ"に対して、次のような理由で"非常に選択的"であると反駁した。

> この研究は、多数の都市地域標的または相当数の軍事標的を対象にした核攻撃によって発生すると予想される文民の死傷者を扱っている。しかしこの研究は、非都市地域の少ない数の軍事標的に対する低威力核兵器による少数の精密攻撃のような他の蓋然性のあるシナリオにおいて予想される影響に対しては言及していない[34]。

McNeillは、"他の蓋然性のある(低威力核兵器の使用)シナリオ"に対する主張を強調しながら、"そのようなシナリオの蓋然性は、Rotblat教授がWHO報告書で指摘した事実、即ち最近数年間になされた核兵器の性能の'驚くべき向上'によって、核兵器が'はるかに高い正確性'を持つようになった事実から始まる。確かに、これらの可能なシナリオは均衡性や区別の問題を必然的に提起することはないだろう"と主張した[35]。

ICJに提出した意見書で、米国はまた"現代の兵器設計者たち"の技術的専門性を通じて米国は核兵器の影響を統制できると、具体的に"多様なタイプの軍事目標に対応するために核兵器の影響を調整すること"が可能だとし、次のように主張した。

---

31 I.C.J. Hearing Nov. 15, 1995, at 68.
32 I.C.J. Hearing Nov. 15, 1995, at 69.
33 I.C.J. Hearing Nov. 15, 1995, at 70.
34 I.C.J. Hearing Nov. 15, 1995, at 71.
35 I.C.J. Hearing Nov. 15, 1995, at 71.

核兵器は軍事目標を標的にすることができないため、違法であるという主張が提起されてきた。この主張は、核兵器で特定の軍事目標を狙える現代の運搬体系の能力と、多様なタイプの軍事目標に対応する為に、核兵器の影響を調整できる現代兵器の設計者たちの能力を無視するのである。核兵器は軍事目標を標的にすることができるため、差別的な方法で使用でき、本質的に無差別的でない[36]。

米国はまた、ICJに核兵器の影響が通常兵器の影響より必ずしも相当に大きくはないだろうと主張した。McNeillはこのように主張した。

核兵器の使用が、人間の健康と自然環境及び物理的環境ともに付随的な悪影響をもたらすのは事実である。しかし、通常兵器の使用も同様だ。確かに第1次と第2次世界大戦、それからイラクのクウェート侵略による1990-1991年の紛争は、通常戦争が環境に凄まじい付随的被害を与えかねないということを極端に示した。いかなるタイプの武力紛争であっても広範囲で持続的な被害を引き起こせるというのが事実であり、裁判所はこの明かな真実に対する司法的な認定のため、科学的証拠を検討する必要はない[37]。

米国が、核兵器に関する勧告的意見と関連して、ICJに提示した統制可能性主張の唯一の事例は、非都市地域の限られた数の軍事目標に対する制限された数の低威力核兵器使用の影響に関するものであった。

核兵器影響の統制不可能性に対する米国の認め

核兵器の影響－特に人里離れた地域の軍事目標に対する限られた数の低威力核兵器使用の影響－を統制できるとICJに提示した米国の立場は、他の脈絡において、核兵器の影響全部ではなくても多くの部分が統制不可能であるといった米国の認定と一致していない。

例えば、米国合同参謀本部の1995年の合同核作戦教理でこれを確認できる[38]。この教範は次のように明示している。

36　See U.S. I.C.J. Memorandum/GA App, at 23.
37　I.C.J. Hearing Nov. 15, 1995, at 70-71. イラクのクウェート攻撃で、被害は広範囲な環境被害を引き起こしたが、そのような影響は10年以内に大部分は回復したか消えた。See *Bombs, Mines Help Kuwait's Desert Bloom*, ORLANDO SENTINEL, Jan. 24, 1993, at A3; Leon Barkho, *Iraq Recovering Past Oil Position; Industry Up to Rate of 2.65 Million Barrels A Day in Production*, THE ATLANTA J. & CONST., July 21, 1999, at 13D.
38　JOINT CHIEFS OF STAFF, DOCTRINE FOR JOINT NUCLEAR OPERATIONS: JOINT PUB 3-12, at I-6 to I-7 (Dec. 15, 1995) [hereinafter DOCTRINE FOR JOINT NUCLEAR OPERATIONS].

3 発表文

大量破壊兵器が係わったある紛争が、統制可能であるとか短期間に終わるといった保障はあり得ない。また、交渉の機会と軍事力に対する持続的な統制能力も確かでない[39]。

米空軍の2009年核作戦教理は、表面上の戦闘状況で低威力核兵器の潜在的影響に対して扱う時、次のように明示している。

味方の領土で、敵軍を撃退するための核兵器の使用は、容認できない長期的な影響を招きかねない。核兵器には、物理的な破壊を超える心理的影響が伴う。核兵器と通常兵器の物理的影響の顕著な違いとは別に、核兵器の使用はさらなる影響を及ぼすことができる。その影響が何なのかを正確に把握することは難しい。核兵器の制限的使用は、敵に米国が必要ないかなる程度の武力をも使用できるという確信を与え、敵が攻撃を中断し、諦めるように誘導することができる。逆の効果をもたらし、敵が紛争を拡大するように激化させることもできる。核オプションを計画する際には、潜在的な心理的影響だけでなく、敵の戦争拡大能力を考慮するのが重要である[40]。

Shahabuddeen 裁判官が、核兵器に関する勧告的意見の反対意見で述べたように、米国は1967年トラテロルコ条約の第2追加議定書を批准する際に、核兵器の影響に関して議定書前文の以下の内容に同意している。

核兵器の計り知れない破壊力は、文明と人類そのものの生存を保障するために、戦争の法的禁止が実際に厳しく遵守されるべきことを緊要にさせる。軍隊と文民両方に無差別で無慈悲な被害をもたらす惨酷な影響を持つ核兵器は、核兵器が放出する放射線の持続性によって人間種の完全性に対する攻撃になり、究極的に地球全体を人の住めない所にしてしまいかねない[41]。

---

39 *Id.*

40 U.S. Dep't Air Force, Air Force Doctrine Doc. 2-12, Nuclear Operations 8 (2009) [hereinafter 2009 Air Force Doctrine on Nuclear Operations].

    合参の2019年核作戦規範も同様で、統制可能性の要件を明示的に扱っていない。U.S. Joint Chiefs of Staff, Nuclear Operations: Joint Publ'n 3-72 (June 11, 2019), available at https://fas.org/irp/doddir/dod/jp3_72.pdf [hereinafter Nuclear Operations Manual]. この教範は、"核兵器の固有の影響は、核兵器の作戦運用を計画する際に、作戦要員が追加的要素を考慮することを要求する"と明示し、実務的及び作戦的側面で重要な考慮事項を述べている。*Id.* at III-3.

    米合参の核作戦教範の2020年改訂版も同様で、核兵器影響の統制不可能性を認めることから脱した。:

    核兵器は、通常兵器より圧倒的に大きな威力を保有しているため、核兵器の使用は実際物理的影響をはるかに超える政治的、心理的影響をもたらす恐れがある。核兵器の使用は、現在の衝突を拡大させたり、他国との関係を長期的に悪化させるなど、意図しない結果をもたらしかねない。何よりも、まさにこのような理由で、核兵器の使用の如何は常に軍事的決定ではなく政治的決定にならなければならない。

U.S. Dep't Air Force, Nuclear Operations: Air Force Doctrine Publ'n 3-72, at 4 (Dec. 18, 2020) [hereinafter Air Force Doctrine on Nuclear Operations].

41 International Court of Justice Proceeding: Advisory Opinion Requested by U.N. General Assembly on the Legality of The Threat or Use of Nuclear Weapons, Advisory Opinion, 1996 I.C.J. Rep. 226, 415, 35 I.L.M. 809, 873 (July 8, 1996) (Shahabuddeen, J., dissenting) [hereinafter Dissenting Opinion of Judge Shahabuddeen] (quoting Treaty for the Prohibition of Nuclear Weapons in Latin America (Treaty of Tlatelolco), 22 U.S.T. 762, 634 U.N.T.S. 762 (Feb. 14, 1967)).

米合参は、合同核作戦教理に次のように明示している。

> 米国の核戦力は、軍事作戦の全範囲にわたってWMD(化学兵器、生物兵器、核兵器を含む'大量破壊兵器')の使用を抑止する役割をする。大規模の核交換から一つの戦域内での制限的使用に至るまで、米国の核能力は敵が紛争においてWMDを使う場合に、敵に容認できない被害と均衡的でない損失の危険で対抗しなければならない[42]。

この教範は、また次のように明示している。

> いつかある国が、誤った判断や意図的な選択でこのような兵器を使用することがあり得る。…相手の国は、完全に客観的な意味から合理的かどうかに関係なく、認知された必要性に基づいた行動方針に従い、破壊または均衡的でない損失を快く甘受しようとする可能性がある。このような場合、大量破壊の脅威に基づくものであっても抑止は失敗しかねない[43]。

米空軍が刊行した「核作戦」(2015)は、ジョージタウン大学の安保研究センターKeir A. Lieberセンター長の言葉を引用している。

> 通常の敗北を避けるために、国が紛争を拡大するという概念は無理に聞こえるかも知れないが、これは歴史に十分な基盤を置いている。核保有国は、圧倒的な通常の威嚇に直面したり、壊滅的な通常敗北の可能性を憂慮する時、しばしば戦争を抑止するか、勃発した紛争を膠着状態にするために強圧的な戦争拡大教理を採択する。パキスタンはインドの圧倒的な通常侵略に対応するために、公開的に核兵器を使用すると告げた。ロシアはNATOの通常の優位に対応するため、戦域核兵器が必要であると主張する。イスラエルは通常の戦争で勝利することを予想するが、自国の通常式戦力が致命的な敗北を喫した場合、征服を防ぐための核拡戦能力を保有している[44]。

---

42 DOCTRINE FOR JOINT NUCLEAR OPERATIONS, *supra* note 45, at I-2 (emphasis supplied).
43 DOCTRINE FOR JOINT NUCLEAR OPERATIONS, *supra* note 45, at I-2. (emphasis omitted).
44 U.S. DEP'T AIR FORCE, AIR FORCE DOCTRINE ANNEX 3-72, Nuclear Operations, at 7 (May 19, 2015) (citing Keir A. Lieber, *The New Era of Nuclear Weapons, Deterrence, and Conflict*, STRATEGIC STUD. Q. (Spring 2013)). この教範の2020年改訂版は、戦争拡大の危険に関して類似した指摘をし、"予想される他国の行動が、指揮官に敵の与えられたシナリオで核兵器を使用する意志があるとか、ましてやないと間違って判断させる状況を仮定することを"避けるために、"米国の行動に対する敵の解釈を理解し、敵のメッセージを同じく正確に把握するのが、拡戦統制管理に決定的に重要である"。AIR FORCE DOCTRINE ON NUCLEAR OPERATIONS, *supra* note 47, at 21. 核作戦に関する空軍教理は、また次のように明示している:
  さらに、拡戦統制は、衝突の両側が相手の意図を理解することに大いに依存する。例えば、一方の指揮官が自制を示す例だと思って取った行動が、実際には敵に拡戦の行動として認識されかねない。米国の核作戦に対する敵の対応をまともに予測するためには、文化的、歴史的な脈絡での視覚を通じて合理的な行動を決めなければならない。
  Id.

核兵器影響の統制不可能性に対する事実

核兵器−そのいかなる威力の核兵器であっても−の影響は統制不可能であり、いかなる場合にも核兵器の実際の使用による影響は統制できないということは議論の余地がない[45]。

---

[45] 低威力核兵器やミニ核兵器に対する明確な定義はないが、1996年合参が発行した合同戦域核作戦教理は、核兵器の水準を非常に低い(1キロトン未満)、低い(1~10キロトン)、中間(10~50キロトン)、高い(50~500キロトン)、非常に高い(500キロトン以上)と定義している。See JOINT CHIEFS OF STAFF, DOCTRINE FOR JOINT THEATER NUCLEAR OPERATIONS: JOINT PUB 3-12.1, at GL-3 (Feb. 9, 1996) [hereinafter JOINT THEATER NUCLEAR OPERATIONS]. 参考までに、広島と長崎で爆発下核兵器の威力は、それぞれ15キロトンと21キロトンであった。John Malik, LOS ALAMOS NATIONAL LABORATORY, REPORT LA-8819, THE YIELDS OF THE HIROSHIMA AND NAGASAKI NUCLEAR EXPLOSIONS 1 (1985).

1994年、米議会が 低威力核兵器の研究開発を禁止した当時、米議会は5キロトン未満の威力の核兵器に焦点を当てた。Spratt議員は"米国は賢いことに、戦術核兵器を廃棄することを決めた。"といい、立法の根拠を説明した。また、Spratt議員は、"5キロトン威力の核兵器は全面的に戦術的な非常に小型の核兵器だ。この核兵器は事実上戦略的価値がない"と述べた。Id.

5キロトン以下の範疇内で、米国は現在B61重力爆弾、B61-3及びB61-4モデルを含め、低威力を持つ約230基の多様タイプの非戦略核兵器を保有している。See Hans M. Kristensen, Nuclear Notebook: U.S. Nuclear Forces 2021, 77 BULL. OF ATOMIC SCIENTISTS, Issue 1, AT 44 (2021), https://www.tandfonline.com/doi/pdf/10.1080/00963402.2020.1859865?needAccess=true.

ジョージW.ブッシュ政府時代、米国は低威力戦術核兵器の役割を拡大しようとした。オバマ政権は、この政策を覆した。See U.S. DEP'T DEF., NUCLEAR POSTURE REVIEW (2002) [hereinafter Bush 43 NPR]. THE OBAMA ADMINISTRATION REVERSED THIS POLICY. See Robert S. Norris & Hans M. Kristensen, U.S. NUCLEAR FORCES 2010, 66 BULL. ATOMIC SCIENTISTS, 57, 62-63 (May/June 2010).

トランプ政権は、2018年核態勢の検討で、米国の低威力核兵器を拡大するブッシュ政権の政策へと回帰し、次のように述べた:

低威力のオプションを含めて、米国の柔軟な核オプションを拡大するのは、地域的侵略に対する信頼できる抑止力を維持する上で重要である。これは核の敷居を高め、潜在的な敵が制限された核拡戦の潜在的利点はないことを認識するように保障し、使用可能性を低めるのに寄与するだろう。

U.S. DEP'T DEF., NUCLEAR POSTURE REVIEW, XII (2018) [hereinafter TRUMP NPR]. トランプ政府のNPRは、引き続き次のように明示した。

したがって、米国は全世界に核爆撃機とDCA(二重能力戦略機)を前陣配置できる能力を維持し、必要に応じて強化していく。我らは核兵器を搭載できるF-35航空機でDCAをアップグレードするのに専念している。我らはNATOと協力してヨーロッパに基盤を置いたDCAの準備態勢、生存性及び作戦効果性を最大に保障し、必要な場合は向上させる。また、米国は短期的に少量の既存SLBM(潜水艦発射弾道ミサイル)弾頭を改良して低威力オプションを提供し、長期的には最新核武装の海上発射巡航ミサイル(SLCM)を追求するだろう。低威力SLBM弾頭とSLCMはDCAと異なり、抑止効果を提供するために、駐屯国の支援が必要だったり、それに依存したりしない。これらの戦力はプラットフォーム、射程距離、生存性から追加的な多様性を提供し、将来の核戦争'勃発'シナリオに対する貴重な対策を提供するだろう。

バイデン政権が議会に提出した。

予算要請書によると、2022年1月現在、トランプ政権が提示した兵器プログラムはバイデン政権初期には維持された。See Shannon Bugos, U.S. Nuclear Modernization Programs, ARMS CONTROL ASS'N: FACTS SHEETS & BRIEFS (Last Reviewed: Jan. 2022), https://www.armscontrol.org/factsheets/USNuclear Modernization. その後、バイデン政権はトランプ政権のプログラムの内一部を取り消したと知られた。See e.g., Valerie Insinna, Biden administration kills Trump-era nuclear cruise missile program, BREAKING DEFENSE (Mar. 28, 2022), https://breakingdefense.com/2022/03/biden-administration-kills-trump-era-nuclear-cruise-missile-program/.

威力核兵器の使用は、高威力核兵器の使用へ拡大される可能性があるという指摘があった。Weeramantry裁判官は、核兵器に関する勧告的意見の反対意見で特に次のように述べた。

そのような核対応を受ける側の国は、その対応が小型核兵器を伴う限定的または戦術的対応であることを知らないだろうし、対応を受けた国も同様に、即ち小型核兵器で慎重に対応するだろうと仮定するのも説得力がない。扉が開き、敷居をまたいで全面的な核戦争に拡大しかねない。

このような結論に至るようにする考慮事項は次のようだ。

- 米国の核兵器庫は主に高威力核兵器で構成されており、米国が保有している兵器の内低威力の兵器として使える比較的少数の核兵器さえも威力調節が可能であり、高威力を出せるという現実。
- 米国による核兵器の使用は、いかなる場合にあっても高威力核兵器の使用になる可能性。
- 米国が、核兵器の使用を少量の低威力核兵器に制限しない可能性。
- 核対応及び戦争拡大の可能性に対する危険の統制不可能性。
- 核兵器の運搬の正確性に対する危険の統制不可能性。
- 死の灰の影響危険の統制不可能性。
- 電磁パルス(EMP)の影響危険の統制不可能性。
- 核の冬の影響危険の統制不可能性。
- 核兵器の死の灰、EMP、核の冬の影響の統制可能性に対する米国の慎重な態度の不在。
- 核兵器の全面的影響の統制不可能性。
- まして低威力核兵器と言ってもその影響の統制不可能性。そして
- 化学及び生物兵器の影響と係わる統制不可能性。

米国の核兵器庫

ICJに提出した核兵器使用の合法性を擁護する意見書で、米国が人里離れた地域の限られた数の軍事目標に対する、限られた数の低威力戦術核兵器使用の推定される合法性に焦点を当てたのは、米国の核兵器庫構成に関する現実と妙な対照を成す。

米国の核兵器庫は、破壊的な影響を脅威する高威力戦略核兵器を中心に構成されている。2021年現在、米国は現役の兵器庫に約3,570基の戦略核弾頭を保有しており、そのうち約1,700基が実戦配置された反面、戦術核弾頭約230基を保有しており、このうち約100基が実戦配置されている[46]。

米国は、低威力核兵器を含む核兵器の比重を減らしている。米陸軍と海兵隊は、核武装を解除し、海軍はW76-2(一部の評論家はこれを戦術核兵器に分類する)を除いては、これ以上非戦略核兵器を配置しない。空軍は戦術核備蓄量を大幅減らした[47]。

International Court of Justice Proceeding: Advisory Opinion Requested by U.N. General Assembly on the Legality of the Threat or Use of Nuclear Weapons, Advisory Opinion, 1996 I.C.J. Rep. 226, at 547, 35 I.L.M. 809, 820-21 (July 8, 1996) (Weeramantry, J. dissenting) [hereinafter Dissenting Opinion of Judge Weeramantry].

カリフォルニア州の上院議員Dianne Feinsteinは、2017年"Robert Work国防省次官が2015年に証言したように、核兵器使用を通じて戦争拡大を統制できると思う人は、文字通りに火遊びをするのである。" Dianne Feinsteinは、"核兵器の限られた使用というのはない"と述べた。 Id.

46　米国の戦術核兵器庫はすべてダイヤル式威力の核兵器、即ち威力調節が可能な兵器で構成されており、その威力はB61- 3の場合、0.3KTから170KTまで、B1-4の場合、0.3から50KTまで多様である。

47　See U.S. Dep't Def., Nuclear Posture Review Report at v-vi, 27-28, 45-46 (2010) [hereinafter Obama NPR]. See also Nuclear Threat Initiative, *Nuclear Disarmament NATO* (June 28, 2019), http://www.nti.org/analysis/

高威力核兵器の使用可能性

米国は、核兵器使用に内在された極度の危険性を認めている。米国の政策は、核兵器使用の威嚇が核兵器使用の必要性を未然に防ぐという希望に基づいた抑止政策である。当時、トランプ大統領の発言は、核対応を正当化できる状況が何かに対する異なったアプローチを取ったが、米国は、米国または同盟国の根本的な利害関係が脅かされる最も深刻で極端な状況、即ち本質的にすべての関連国を極度に不安にさせ、圧迫する状況においてだけ意図的に核兵器を使用すること—これは、トランプ政権さえも核態勢の検討といった公式の政策文書で引き続き確認したのだ—と、長い間推定されてきた[48]。

このような状況は、表面的には敵が米国や米国の同盟国に厳しい被害をもたらすか、もたらすと脅威する状況に限って発生しうる[49]。米国が、核兵器使用が必要なほど威嚇的だと判断する程の状況であれば、これはより大きな破壊力を持つ戦略核兵器と実際多数の戦略核兵器の使用を

---

articles/nato-nuclear-disarmament; Hans M. Kristensen & Robert S. Norris, *U.S. Nuclear Forces 2017*, 73 BULL. OF THE ATOMIC SCIENTISTS (Issue 1), 48-57 (2017, published online Dec. 14, 2016), https://www.tandfonline.com/doi/full/10.1080/00963402.2016.1264213#_i9; *U.S. Nonstrategic Nuclear Weapons*, CTR. FOR ARMS CONTROL & NON-PROLIFERATION (July 2016), http://armscontrolcenter.org/wp-content/uploads/2016/07/Nonstrategic-Nuclear-1.pdf.

しかし、前述したように、2018年トランプ政権は新たな潜水艦発射弾道ミサイル低威力弾頭と、新たな海上発射巡航ミサイル追加などを通じて、米国の低威力核兵器庫を拡大する計画を発表した。バイデン政権は、新たな低威力弾頭開発計画を取り消したと知られている。See TRUMP NPR, *supra* note 52, at XI to XIII; 54-55. The Biden Administration reportedly canceled the new low-yield warhead. See Valerie Insinna, *Biden administration kills Trump-era nuclear cruise missile program*, BREAKING DEFENSE (Mar. 28, 2022), https://breakingdefense.com/2022/03/biden-administration-kills-trump-era-nuclear-cruise-missile-program/.

米国が周期的に低威力核兵器に対する依存度を高める方向に転換するのは、一部のアナリストが主張する、米国が低威力核兵器に依存するほど米国の抑止政策がより信頼されるという主張から始まったもので、そのようなアナリストの観点から、高威力核兵器の知られた影響を考慮すると、米国が緊急な状況で高威力核兵器を使用するより、低威力核兵器を使用する方が本質的にもっと信頼性があるためだ。

この問題の反対側に立っているのは、米国が周期的に核兵器庫に低威力核兵器の相当の比重を撤回する結果につながる主張で、米国は実際に核兵器を使用できる状況、そのような状況で発生しうる莫大な状況、低威力核兵器を使用しても発生する戦争拡大及び広範囲の破壊の非常な危険などを考えると、米国がすべての核兵器を低威力核兵器に制限するという全体の概念が非現実的であるということだ。; Arkin et Al., *Taking Stock: Worldwide Nuclear Deployments 1998* (NRDC 1998); William J. Perry, SECRETARY OF DEFENSE, 1995 ANNUAL REPORT TO THE PRESIDENT AND THE CONGRESS 83.

48 See DoD LAW OF WAR MANUAL, *supra* note 15, at 417. 米国防省の戦争法教範は、次のように記述している:

米国は、核兵器使用に関する国家政策を開発した。例えば米国は、米国または同盟国及びパートナ国家の死活的利益を防御するための極端な状況においてのみ核兵器使用を検討すると明示した。また、米国は核拡散禁止条約の当事国であり、核非拡散の義務を遵守する非核保有国に対しては、核兵器を使用したり使用すると威嚇しないと明確に示した。

Id. § 6.18.1, at 417 (footnotes omitted). See also OBAMA NPR, *supra* note 55, at ix; TRUMP NPR, *supra* note 52, at II; See also U.S. DEP'T DEF., NUCLEAR WEAPONS SYSTEMS SUSTAINMENT PROGRAMS (May 1997), available at https://nuke.fas.org/guide/usa/doctrine/dod/sustain/index.html; DOCTRINE FOR JOINT NUCLEAR OPERATIONS, *supra* note 45, at I-4, III-8.

49 See OBAMA NPR, *supra* note 55, at ix; TRUMP NPR, *supra* note 52, at II (オバマ政府のNPRとトランプ政府のNPRは、"核兵器使用は最も極端な状況に於いてのみ考慮される"と明示している); DOCTRINE FOR JOINT NUCLEAR OPERATIONS, *supra* note 45, at I-1.

必要とする状況と見なされる可能性が大きい。

特に、単一または少量の核兵器使用の不確実性、核兵器及びその運搬手段使用の経験の限界、存在の可能性がある状況の内在的変動性を考えると、米国が核兵器使用を講じる場合、米国は敵と全体状況に最大限の影響を及ぼすのに寄与する方法として使用する可能性が大きいため、戦略核兵器、それも多数の戦略核兵器を使用する可能性が大きい[50]。いかなる兵器であっても、失敗したり標的を逃がしたりすることも可能であるためだ。

米国が緊迫な状況で戦略核兵器を使用する可能性は、また米国の核兵器の多くが持っている脆弱性－攻撃を受けて核兵器が破壊される程度－により増加し、これは他の核保有国と同様、米国が核戦争に巻き込まれるとICBM、航海中であに潜水艦、飛行中でない爆撃機のような、固定された位置にある非常に脆弱な核財産を使う必要性を感じるようになる"利用しなければ失う(Use 'em or lose 'em)"の現実につながる[51]。この"利用しなければ失う"の現実は、また米国が配置した多くの核兵器が維持している"即応発射"の警戒態勢と警報即時発射の政策によりさらに悪化する。

米国が実際に核兵器使用に依存できる状況は、論理的であったり慎重な思考と行動が優先される状況ではない可能性が大きい。核兵器を使用する際には、大量の使用になる可能性が大きい。脅威は対応脅威につながるだろうし、事態や技術さえも両側の望みや期待とは裏腹に、どうしようもなく拡大してしまうだろう。敵の対応、不確実な戦雲、誤認、指揮統制の失敗、人的及び装備の欠陥の状況が、事態を引いていく可能性が高い。理性、さらには自己保護さえも後回しにされる可能性も高い[52]。

低威力核兵器の制限的使用の低い可能性

前述したように、米国はICJに核兵器使用の合法性を主張し、限られた数の低威力核兵器使用は遠く離れた非都市地域の限られた数の軍事標的に対して合法的に使用される可能性があると主張した。米国が実際に核兵器使用を考慮できる状況において、前に言ったような状況が優先される可能性が高いという点を考慮すると、米国が仮定するこのような外科手術式核兵器打撃の

50　See DOCTRINE FOR JOINT NUCLEAR OPERATIONS, *supra* note 45, at II-6; David Alan Rosenberg, *A Smoking Radiating Ruin at the End of Two Hours: Documents on American Plans for Nuclear War with the Soviet Union, 1954–55*, INT'L SECURITY, vol. 2, no.3, p.3 (Winter 1981-1982); David Alan Rosenberg, *The Origins of Overkill: Nuclear Weapons and American Strategy, 1945–1960*, INT'L SECURITY, vol. 7, no.4, p.3 (Spring 1993).

51　See also Bruce Blair, Victor Esin, Matthew McKinzie, Valery Yarynich & Pavel Zolotarev, *One Hundred Nuclear Wars: Stable Deterrence between the United States and Russia at Reduced Nuclear Force Levels Off Alert in the Presence of Limited Missile Defenses*, 19 SCIENCE & GLOBAL SECURITY 167 (2011).

52　See Paul Bracken, *War Termination*, in MANAGING NUCLEAR OPERATIONS 197 (Ashton B. Carter et al. eds., 1987); PAUL BRACKEN, THE COMMAND AND CONTROL OF NUCLEAR FORCES 198 (1983); HERMAN KAHN ET AL., WAR TERMINATION ISSUES AND CONCEPTS, FINAL REPORT 197–214 (1968); ROBERT S. MCNAMARA, JAMES G. BLIGHT, & ROBERT K. BRIGHAM, ARGUMENT WITHOUT END: IN SEARCH OF ANSWERS TO THE VIETNAM TRAGEDY 9–15 (1999); DOCTRINE FOR JOINT NUCLEAR OPERATIONS, *supra* note 45, at I-2.

可能性は非常に稀薄に見える。

　核時代の後半である現在に、米国が警告攻撃またはデモの目的などで似たような措置に訴える可能性が低く見えること以外にも、低威力核兵器の使用を考慮できる軍事目標は、大部分まではなくても相当通常兵器で対応できる米国の優れた通常兵器の能力を考慮すると、低威力核攻撃は合法的な名分で米国に軍事的に流用される余地が殆どなさそうである[53]。

　実際に、WMD施設を含め、堅固に深く埋設された標的－時々核兵器が潜在的に必要だとされる標的－に対しても、米国は外部に露出されたその標的の連結部に対する攻撃を含め、通常兵器を通じて、そのような標的の大部分を破壊したり損傷させたりできる。また、通常兵器では十分でないほど堅固に深く埋設された標的に対しても、低威力核兵器の標的に到達するのに十分なほど、大地を貫通できる能力に対する技術的限界を考慮すると、放射性の死の灰と潜在的核の冬という極端な影響を持つ高威力核兵器が必要であると見なされる可能性が高い[54]。

　米国が北韓や、未来にはイランのような小規模の核保有国に対する核打撃を講じる可能性に関しても似たような戦略的現実が存在する。現代の先端兵器革命のお陰で、米国の通常兵器は、そのような国家のあらゆる実際の攻撃を十分に抑止するだけでなく、そのような国家との戦争で大部分の潜在的軍事的必要を十分に解決する可能性が高い[55]。そのような国家に位置した堅固

53　John Mueller, *Nuclear Weapons Don't Matter*, CATO INST. (Oct. 15, 2018) ("通常兵器で同じく効果的に攻撃できない標的は事実上あまりない。"), https://www.cato.org/commentary/nuclear-weapons-dont-matter; Daryl G. Kimball, *A Turning Point on Nuclear Deterrence*, ARMS CONTROL ASS'N: ARMS CONTROL TODAY (July/Aug. 2022) ("NATOと同様に、強力な核兵器を保有した国や同盟にとっても、通常兵器は軍事攻撃を抑止し、戦闘勝利を保障する核心要素である。"), https://www.armscontrol.org/act/2022-07/focus/turning-point-nuclear-deterrence.

54　See Id. See also Rajesh Uppal, *Reemergence of Underground Warfare, Hard and Deeply Buried Targets (HDBTS) vs. Earth-Penetrating Weapons (EPW)*, INT'L DEF. SEC. & TECH., INC (July 13, 2019), https://idstch.com/geopolitics/reemergence-underground-warfare-hard-deeply-buried-targets-hdbts-vs-earth-penetrating-weapons-epw; *U.S. Bombs Not Strong Enough to Destroy Iran's Nuclear Program, Report Says*, HAARETZ (Jan. 28, 2012), https://www.haaretz.com/2012-01-28/ty-article/u-s-bombs-not-strong-enough-to-destroy-irans-nuclear-program-report-says/0000017f-f420-d47e-a37f-fd3c15100000; Anthony Capaccio, *U.S. Upgrades its Biggest Non-Nuclear Bomb*, BLOOMBERG, Jan. 24, 2018; National Defense Panel, TRANSFORMING DEFENSE: NATIONAL SECURITY IN THE 21ST CENTURY 51 (Dec. 1997); Perry, 1995 ANNUAL REPORT, supra note 55, at 85.

55　元NATO事務次長で米国務省軍備統制および国際安保担当次官補だったRose Gottemoellerは、最近多くの注目を集めた外交専門誌ForeignAffairsに寄稿した文章でドローン、人工知能、ビッグデータ、衛星およびその他プラットフォームのセンサーシステム、生命工学、量子コンピュータおよびその他の領域などでの通常兵器技術革命、すなわち"リアルタイム標的化の方向に進む"技術革命に関して説明した。Rose Gottemoellerは、"攻撃に対する脆弱性によって核保有国が彼らの復仇戦力の生存力に疑問を提起しなければならない日が来るかもしれない"と話す。
　Rose Gottemoeller, *The Case Against a New Arms Race: Nuclear Weapons Are Not the Future*, FOREIGN AFFS. (Aug. 9, 2022), https://www.foreignaffairs.com/world/case-against-new-arms-race.
　　バラク・オバマ大統領は、2010年の核態勢検討で米国の"独歩的な通常軍事能力"を説明し、このような能力が"核兵器依存度を下げながら相当削減された核戦力水準で[安保]目標を達成できるようにしてくれるだろう"と言及した。OBAMA NPR, supra note 55. See also Andrew F. Krepinevich & Steven M. Kosniak, *Smarter Bombs, Fewer Nukes*, 54 BULL. ATOMIC SCIENTISTS, Issue 6, at 26 (Nov. 1998); Christopher Ford, *Conventional 'Replacement' of Nuclear Weapons?*, THE HUDSON INST. (Nov. 17, 2010), https://www.hudson.org/research/9068-conventional-replacement-of-nuclear-weapons-; Michael S. Gerson, *Conventional Deterrence in the Second Nuclear Age*, 39 PARAMETERS, THE U.S. ARMY WAR COLLEGE QUARTERLY, No. 3, at 32 (Aug. 1, 2009), available at https://press.armywarcollege.edu/cgi/viewcontent.cgi?article=2486&context=parameters; Adam Entous & Julian E.

に深く埋設された標的に対応する必要性を仮定しても、その標的を外部から遮断するためだけなら、大部分の場合に通常兵器でも十分であり、低威力核兵器はそのいかなる場合にも大部分のそのような標的を破壊するのに十分でない可能性が大きいという、上の分析が適用される。

核の対応および戦争拡大の可能性に対する危険の統制不可能性

また、広範囲の専門家たちが、低威力核兵器の使用が、実際に発生できる多様な状況で低威力核兵器のもっとも制限的な使用であっても、標的国家がそれに対応して核、化学または生物兵器で攻撃して拡戦される可能性を触発するだろうという確固たる合意をみせている事実を無視できない56。標的国家のそのような攻撃を触発するだろうと見る場合は次の通りである。

Barnes, *Pentagon Bulks Up 'Bunker Buster' Bomb to Combat Iran*, WALL ST. J. (May 2, 2013).

56 CONG. OFF. TECH. ASSESSMENT, PROLIFERATION OF WEAPONS OF MASS DESTRUCTION: ASSESSING THE RISKS, OTA-ISC-559, at 61, 100 (Aug. 1993) (report prepared at request of Congress "to assist Congress in its efforts to strengthen and broaden U.S. policies to control the proliferation of weapons of mass destruction"), available at https://www.princeton.edu/~ota/disk1/1993/9341/9341.PDF; International Court of Justice Proceeding: Advisory Opinion Requested by U.N. General Assembly on the Legality of the Threat or Use of Nuclear Weapons, Advisory Opinion, 1996 I.C.J. Rep. 226, 311-329, 35 I.L.M 809, 842 (July 8, 1996) (Schwebel, Vice-President of the Court, dissenting) [hereinafter Dissenting Opinion of Vice-President Schwebel]; U.S. DEP'T DEF., PROLIFERATION: THREAT AND RESPONSE, MIDDLE EAST AND NORTH AFRICA 10 (1997).
 2022年、核科学者会会報に載った寄稿文で、Daryl G. Kimballは次のように述べた：
 "核戦争が"制限的"であり得るという概念は危険だ。実際に、そして戦争の不確実な状況で、核武装をした敵国が係わった衝突でいったん核兵器が使用されれば、それが束の間に全面的な核戦争に飛び火しないという保障はない。
 2018年の年次グローバルサンダー核準備態勢の訓練終了後、米戦略司令官John Hytenは、次のように述べた。"訓練の結末は悲劇だ。そしてその悲劇的な結末とは、世界の核戦争という結末を意味する。"
 その危険性を示すために、2020年プリストン科学及び世界安保プログラム研究者たちは、ヨーロッパで発生した衝突でロシアやNATO指導者たちが、核兵器を先制使用しようと決めた場合、どんなことが起こるかに対する分析報告書を発表した。初期の"戦術"核爆弾一斉投下以降、衝突が拡戦されてロシアが保有する約1,450基の戦略核弾頭と米国が保有する1,350基のミサイル及び爆撃機搭載戦略核弾頭が伴う大規模な熱核兵器交換につながる可能性がある。
 このシナリオは、衝突の初期の数時間以内に9,100万人以上が死亡すると予想した。以降何日、何週、何年の間、数百万人が放射線被曝で追加に死亡することを予想した。全世界の保険、金融、経済システムは崩壊すると表れた。
Daryl G. Kimball, *How to avoid nuclear catastrophe—and a costly new arms race*, BULL. OF THE ATOMIC SCIENTISTS (Mar. 11, 2022), https://thebulletin.org/2022/03/how-to-avoid-nuclear-catastrophe-and-a-costly-new-arms-race/#post-heading.
 トランプ政権の2020年核使用戦略は、ある国が核兵器を使用する場合、拡戦可能性を統制できないといい、"いかなる国も拡戦統制の能力を確信して核兵器を使用してはならない。"と記述した。U.S. DEP'T DEF., REPORT ON THE NUCLEAR EMPLOYMENT STRATEGY OF THE UNITED STATES 7 (2020) [hereinafter 2020 NUCLEAR EMPLOYMENT STRATEGY REPORT], available at https://www.esd.whs.mil/Portals/54/Documents/FOID/Reading%20Room/NC-B/21-F-0591_2020_Report_of_the_Nuclear_Employement_Strategy_of_the_United_States.pdf.
 2020年核使用の戦略は、ある国家（ロシアを示すのが確かな）が低威力核兵器で米国を攻撃する場合、米国が低威力核打撃で対応するか、それとも拡戦的な高威力核打撃で対応するかは知らないと記述した。
 米国は現在、敵の核使用のシナリオのうち、最も可能性が高いのは、通常紛争が拡大する状況での制限的な核打撃であると考える。米国、同盟国またはパートナの国に対する制限的な核攻撃に直面した時、米国の核戦略は範囲と規模の面で多様な対応オプションを提供する。オーダーメイド型及び段階的核対応は、敵が対称的対応だけを確実に予想できるか、敵が初期核使用の如何をもって拡戦臨界値を定義できることを意味するのではない。敵が確実に予想できることは、核攻撃に対する米国の効果的対応がすべての水準とすべての状況で敵が期待したり望む

- 攻撃を戦略的攻撃と認識したり、そのような攻撃を予想した場合[57]。
- 核使用の敷居を超えることを、核自制の廃棄と見なした場合。
- 自国の決意と国家的位相を誇示したり、米国に追加的攻撃や拡戦に対して警告する必要性を感じた場合[58]。
- 米国の追加的攻撃で破壊される前に、自国の核兵器を使用する必要性を感じた場合[59]。
- 発射される前に、脆弱な米国の核兵器を破壊すると決心した場合[60]。
- 協商の目的やそれと類する目的のために、拡戦はしごをたった一段階のみを上げる方法で拡戦を統制できると感じた場合[61]。
- 強い衝動, 自殺的復讐心、人的又は装備の欠陥かそれに類する状況による場合[62]。

いかなる利益よりもっと大きい対価を払うようにする方法で確実になされるだろうということだ。
Id.
2020年、核使用戦略はまた、次のように記述している。
米国の段階的な対応オプションの設定は、敵の威嚇計算法が確かでないか、敵が信頼できると感じる威嚇のレベルとタイプが不確実な状況で特に有用である。先に指摘したように、対称的対応は、無制限(open-ended)の復仇的(tit-for-tat)交換を触発することができるから、米国はもっぱら対称的な対応だけを考慮するのに留まらないだろう。

[57] See also DOCTRINE FOR JOINT NUCLEAR OPERATIONS, *supra* note 45, at I-5 to I-6; Dissenting Opinion of Judge Weeramantry 547, 35 I.L.M at 909; Paul Bracken, *War Termination*, in MANAGING NUCLEAR OPERATIONS 197 (1987); PETER PRINGLE & WILLIAM ARKIN, S.I.O.P., THE SECRET U.S. PLAN FOR NUCLEAR WAR 193-94 (1983).

敵国の実際の低威力核兵器の使用にはるかに及ばないと認識される挑発行為(核兵器開発の可能性を示す他国の行動又は言葉など)に対する対応として、米国が戦略核兵器を含めて核兵器の使用を威嚇したり考慮した事例を考えると、核兵器使用の可能性の敷居が挑発的に低かったり、少なくとも敵国には潜在的にそのように認識されうることは確かである。

[58] See JOINT THEATER NUCLEAR OPERATIONS, *supra* note 52, at III-7 to III-8; *United Kingdom Nuclear Doctrine: Deterrence After the INF Treaty*, in UNITED NATIONS DEPARTMENT FOR DISARMAMENT AFFAIRS, NUCLEAR WEAPONS: A COMPREHENSIVE STUDY 158-9 (1991).

[59] See UNITED NATIONS DEPARTMENT FOR DISARMAMENT AFFAIRS, NUCLEAR WEAPONS: A COMPREHENSIVE STUDY 116 (1991); DOCTRINE FOR JOINT NUCLEAR OPERATIONS, *supra* note 45, at ix; Bruce M. Russett, *The Doctrine of Deterrence*, in CATHOLICS AND NUCLEAR WAR 149, 161 (1983); Steven E. Miller, *The Case Against a Ukrainian Nuclear Deterrent*, 72 FOREIGN AFFS., no. 3, Summer 1993, at 67, 71.

[60] See DOCTRINE FOR JOINT NUCLEAR OPERATIONS, *supra* note 45, at III-8.

[61] See I.C.J. Hearing Nov. 15, 1995, at 68; Bernard Brodie, THE ABSOLUTE WEAPON: ATOMIC POWER AND WORLD ORDER 70-77 (1946); Secretary of Defense James R. Schlesinger, 1975 Department of Defense Annual Report, Deterrence, Assured Destruction, and Strategic Options 32-38; Secretary of Defense Robert McNamara, *Defense Arrangements of the North Atlantic Community* (Department of State Bulletin, 9 July 1962) in AMERICAN DEFENSE POLICY 295 (1990); DOCTRINE FOR JOINT NUCLEAR OPERATIONS, *supra* note 45, at i, I-1to I-2; *Hearings before the Special Panel on Arms Control and Disarmament of the Procurement and Military Nuclear Systems Subcomm. of the H. Comm. on Armed Serv.*, 98th Cong. 282 (1985) (statement of Adm. Noel Gayler, U.S.N (Retired), American Committee on East-West Accord); *Hearings on The Role of Arms Control in U.S. Defense Policy, before the Committee on Foreign Affairs, House of Representatives*, 98th Cong. 2nd Sess. (June 20, 21, 26; July 25, 1984), at 158; Robert S. McNamara, *The Military Role of Nuclear Weapons: Perceptions and Misperceptions*, in THE NUCLEAR CONTROVERSY, A FOREIGN AFFAIRS READER 90 (1985); HAROLD BROWN, 1976 DEPARTMENT OF DEFENSE ANNUAL REPORT TO THE PRESIDENT AND CONGRESS; General A. S. Collins, Jr., *Theater Nuclear Warfare: The Battlefield*, in AMERICAN DEFENSE POLICY 359-60 (J.F. Reichart & S. R. Stern 5th ed. 1982); CENTER FOR DEFENSE INFORMATION, NUCLEAR WAR QUOTATIONS at 42.

[62] See Dissenting Opinion of Judge Weeramantry 548, 35 I.L.M. at 910 (citing *Risks of Unintentional Nuclear War*, 38 BULL. OF THE ATOMIC SCIENTISTS, 68 (June 1982)); Carl Sagan, *Nuclear War and Climatic Catastrophe: Some Policy Implications*, 62 FOREIGN AFFS. 257, 259-61 (Winter 1983/1984); Ashton B. Carter, *Sources of Error*

実際にこのような影響を予想し、最初の打撃を開始する国は、標的国家の予想される対応打撃に対する"対応"として、即時または短時間内に自主的な後続打撃に着手することができる[63]。

戦争の不確実性、そして攻撃とその対応に対する敵の認識に内在された不確実性を考慮すると、低威力核攻撃は戦略核攻撃の潜在的火力という"利点"はなく、実質的に核対応と拡戦を触発する同一の危険を含め、核のルビコンの川を渡るという短所の可能性がある。

従って、低威力核兵器を使用する米国の核打撃が、標的国家により高威力核兵器を使用した重大な核攻撃と認識される可能性が高ければ−従って、あたかもそのような攻撃が発生した時と同じ対応を引き起こす可能性が高ければ−初めからそのような攻撃をする方がいいかも知れない。

敵の運搬手段に対する米軍の潜在的先制打撃計画は、戦争拡大の危険を浮き彫りにする。米合参の合同戦域核作戦教理は、"敵が味方に打撃できる前に、敵のWMD運搬手段と支援インフラを破壊したり除外するための作戦を計画し、遂行すべきである[64]"と明示している。潜在的標的国家は、このような事実を認知し、それにしたがって行動を計画するだろうと予想できる。

また、合同戦域核作戦教理に示されているように、相手の国の指揮統制センターは、"核打撃の標的になる可能性のある施設"[65]という点からしても、米国の核標的の選定上の斬首(decapitation)教理は、本質的に戦争拡大の性格を帯びている。核打撃の標的になりうる敵の戦闘部隊および施設には、"WMDとその運搬手段だけでなく、関連指揮統制、生産および軍需支援部隊"[66]と"地上戦闘部隊と関連指揮統制および支援部隊"[67]が含まれる。

米合参の合同核作戦教理は、ひとまず核資産に対する打撃が"核使用に利用できる戦力"に影響を及ぼしはじめれば、"急激な戦争拡大がなされる可能性がある"と言及している[68]。

---

      and Uncertainty, in MANAGING NUCLEAR OPERATIONS 611-12, 625 (1987); U.N. DEP'T FOR DISARMAMENT AFFS., NUCLEAR WEAPONS: A COMPREHENSIVE STUDY 116 (1991); CONG. OFF. TECH. ASSESSMENT, PROLIFERATION OF WEAPONS OF MASS DESTRUCTION, *supra* note 67, at 70, 100; DOCTRINE FOR JOINT NUCLEAR OPERATIONS, *supra* note 45, at I-2; Robert S. McNamara, James G. Blight & Robert K. Brigham, ARGUMENT WITHOUT END: IN SEARCH OF ANSWERS TO THE VIETNAM TRAGEDY 9-15 (1999); National Conference of Catholic Bishops, The Challenge of Peace: God's Promise and Our Response, A Pastoral Letter on War and Peace, at 48 (May 3, 1983); *The Consequences of Nuclear War on the Global Environment*, Hearing Before the Subcommittee on Investigations and Oversight of the Committee on Science and Technology, 97th Cong. (1982) (Resolution of April 27, 1982, statement of Dr. Sidney D. Drell).

63 See Lt. Col. Jerry M. Sollinger, Improving US Theater Nuclear Doctrine: A Critical Analysis (1983); PROLIFERATION: THREAT AND RESPONSE, *supra* note 67, at 14 (quoting Secretary of Defense William J. Perry); William M. Arkin & Hans Kristensen, *Dangerous Directions*, 54 BULL. OF THE ATOMIC SCIENTISTS, Issue 2 (Mar. 1, 1998).

64 JOINT THEATER NUCLEAR OPERATIONS, *supra* note 52 at ix (emphasis omitted) (Feb. 9, 1996).

65 JOINT THEATER NUCLEAR OPERATIONS, *supra* note 52 at III-6.

66 *Id.*

67 *Id.* See also Eric Schmitt, *50's Riddle Returns in Treaty Debate: Do Weapons Controls Erode or Enhance U.S. Deterrence*, N.Y. TIMES, Oct. 10, 1999, at A10; NATIONAL DEFENSE PANEL, TRANSFORMING DEFENSE: NATIONAL SECURITY IN THE 21st CENTURY 51 (Dec. 1997).

68 DOCTRINE FOR JOINT NUCLEAR OPERATIONS, *supra* note 45, at I-5 to I-6.

潜在的に多数の核兵器使用が伴われることが可能な"階層化(layering)"[69]と"交差標的化(cross-targeting)"[70]を含め、軍の武力集中および過剰標的化の政策も本質的に戦争拡大を誘発する。

このような戦争拡大の危険は、"戦術ミサイルの比較的短い飛行時間と移動式攻勢戦力の標的位置に対する潜在的不確実性の増加"[71]による意思決定の低下により悪化されることが可能である。

合同核作戦教理は、合同軍の司令官が"軍の運用を考慮する時、リアルタイムの均衡分析"[72]にアクセスできなければならないという点に注目し、次のように明示している。

> すこぶる差し迫ったタイムラインは、必ず下すべき決定に影響を及ぼす。防御の場合はわずか数秒、攻撃の場合はわずか数分で、NCA(国家統帥機構)との協議により重大な決定を下さなければならない[73]。

合同核作戦教理はまた、"相手が信頼できる脅威を誤判したり意図的に無視することができる"[74]といい、誤認と抑止に対する非敏感性(non-susceptibility)の危険について言及している。

政治、軍事、学会の多様な専門家たちは、ひとまず核の敷居を跨ぐと、戦争拡大の可能性が高いという点を認めている[75]。

69　Doctrine for Joint Nuclear Operations, *supra* note 45, at II-6.
70　Doctrine for Joint Nuclear Operations, *supra* note 45, at II-6.
71　Doctrine for Joint Nuclear Operations, *supra* note 45, at III-8.
72　Doctrine for Joint Nuclear Operations, *supra* note 45, at III-8.
73　Doctrine for Joint Nuclear Operations, *supra* note 45, at III-8 (emphasis omitted). 弾頭ミサイルは驚くほど早い。
　　空軍は最近、カリフォルニアのバンデンバーグ空軍基地で二回にわたる非武装ミニットマンIII 大陸間弾道ミサイル発射を成功的に終えたと明らかにした。…それぞれICBMは30分以内に4,200マイルを飛行し、マーシャル諸島の西にあるクァザレーンミサイル基地にある、事前に指定した標的を命中した。
　　Sarah Hood, *News Notes*, Air Force Mag., Aug. 1997 at 15.
74　Doctrine for Joint Nuclear Operations, *supra* note 45, at I-2.
75　George P. Shultz元米国務長官は、上院軍事委員会で、"一旦核兵器の使用が可能であると見なされれば、小型核兵器を使用しても、さらに大きな核兵器が使用される可能性が高いと考えると証言した。また彼は、"核兵器はとにかく核兵器であり、我々はそれを警戒する必要があると考える。私にとって心配なことの一つは、私たちが小型核兵器というものを持つことができて…それをなんとか使えるという考えだ"と述べた。See U.S. Senate Armed Services Committee Hearing to Receive Testimony on Global Challenges and U.S. National Security Strategy, Jan. 25, 2018 (Statement of George P. Shultz).
　　カリフォルニア州の上院議員 Diane Feinsteinは、ワシントンポスト寄稿文で、"制限的打撃のための新しい低威力核兵器の設計は、使用の敷居を危ないほど低くし、…抑止によって作られた安全性を損ない、勝者のいない核戦争を触発する可能性を高める。"と書いた。Dianne Feinstein, *There's No Such Thing as Limited Nuclear War*, Wash. Post, Mar. 3, 2017, at A19.
　　Robert Work 国防省の次官は、下院軍事委員会で証言した時、"核兵器使用を通じて戦争拡大を統制できると思った人は、文字通り火遊びをするのである。戦争拡大は戦争拡大であり、核使用は究極的な戦争拡大になるだろう。"と述べた。See U.S. House of Representatives, Statement of Robert Work, Deputy Secretary of Defense, and Admiral James Winnefeld, Vice Chairman of the Joint Chiefs of Staff, Before the House Committee on Armed Services (June 25, 2015).
　　Stansfield Turner 元CIA 局長は、このように警告した。"核兵器使用に対したタブーが破られれば、その次

搬の正確性に対する統制不可能性

米国は、核兵器を個別軍事目標に正確かつ直接的に運搬し、該当目標を正確に攻略できるというICJに提出した米国の立場は、使用可能な運搬装置の正確性と統制可能性に対する核心的限界を見過ごしている。

に何が起こるかだれが予測できよう。…新しい戦術核兵器を作ってその使用を証明するのではなく、戦術核兵器を統制するのが我々の目標になるべきだ。" See Dan Williams, *Israel Could Use Tactical Nukes on Iran: Think-tank*, Reuters (Mar. 26, 2010) (quoting Turner).

Robert McNamara 元国防省の長官は、2009年外交専門誌であるフォーリンアペアスに寄稿した文章で、彼が核兵器の制限的使用の危険性と見なすことについて記述した：

私は寄稿文と演説で、核兵器を、いかなる方法であれ、制限的な方法で使用できるという仮定は根本的に欠陥があると批判した。核打撃を効果的に統制し、文民の生命と資産に莫大な破壊をもたらすことを防ぐ方法はなく、ひとまず先制核打撃が発生すると、無制限的な拡大を防げるという保障もない。我々がこのような事実をみとめ、このような認識を基に軍事計画と政策を樹立するまで、我らは核戦争の深刻で容認できない危険を避けられない。私は、我々の政策がもたらす核の危険性について、最初に反対した時よりも、今日、このような見解をより確固たるものにしている。私は米国の核政策が今日の他国と我々自身に容認できない危険をもたらすということを直接経験を通じて知っている。

Robert S. McNamara, *Apocalypse Soon*, Foreign Pol'y (Oct. 21, 2009), http://foreignpolicy.com/2009/10/21/apocalypse-soon.

米空軍は、核兵器使用の影響に対する不確実性と一つの核兵器使用が戦争拡大につながりかねないという危険性を認めている：

核兵器の莫大な破壊力とそのほかの影響は、空軍計画家に特別な予防措置を取ることを要求する。計画は、敵の核使用の可能シナリオに対応できなければならない。電磁パルス、兵力分散対比密集編隊のような考えられるあらゆる状況を考慮しなければならない。計画家は、敵の核兵器使用教理と戦略、特に公認された"先制使用"戦略があるかどうかと、敵の核兵器使用が発生する可能性が最も高い場合を理解できる情報に重視しなければならない。計画家にとって最大の難点は、おそらく戦争拡大計画を立てることだろう。米国の行動に対する敵の解釈を理解し、敵のメッセージを同様に正確に把握することは、戦争拡大統制を管理する上で核心的だ。

計画樹立の努力はまた、味方指揮官がミラーイメージング(mirror imaging)の間違いを犯さないように再検討されなければならない。他国の行動を予想する時、米国の価値と文化を計画立立の根拠になる仮定に適用する場合、指揮官が与えられたシナリオで、敵が核兵器を使用する意思があるとか、さらにはないと誤って判断することがあり得る。また、戦争拡大の統制は、衝突の両側が相手の意図を理解するのに大きく依存する。例えば、ある指揮官が自制力を示す事例だと考えることが、実際に敵には拡大行動と認識されうる。米国の核作戦に対する敵の対応を正確に予測するには、文化的、歴史的脈絡の見方を通じて合理的行動を判断しなければならない。

最後に、核戦力指揮官は、国家指導部に勧告事項を提示する際、国家戦略目標の達成に失敗する危険がないように、核作戦に対する連合軍の認識を考慮しなければならない。

Air Force Doctrine on Nuclear Operations, *supra* note 47, at 21.

核作戦教理の旧バージョンで、空軍は戦争拡大の可能性に関する不確実性を非常に克明な表現で説明した。

[核兵器使用の]どのような影響があるか、正確に判断することは難しい。核兵器の制限的使用は、米国が要求されるいかなる程度の武力でも使用できるという確信を敵に与え、敵の中断と断念を誘導することができる。逆に、衝突を拡大させるほど、敵を激怒させる恐れもある。

2009 Air Force Doctrine on Nuclear Operations, *supra* note 47, at 8.

ブルキングス研究所の上級研究員であるSteven Piferは、"いかなる核兵器でも、いったん。核兵器が使用されれば、壊滅的な戦争拡大の可能性は急激に高まるだろう"と警告する。See Jeremy Bender, Russia is risking *'lowering the nuclear threshold'*, Bus. Insider (Feb. 4, 2016) (quoting Pifer), https://www.businessinsider.com/russia-is-risking-lowering-the-nuclear-threshold-2016-2/. Investigative writer Eric Schlosser similarly cautions. "Once the 'nuclear taboo' has been broken, nobody can be certain what will happen next." See Eric Schlosser, *The Growing Dangers of the New Nuclear-Arms Race*, New Yorker (May 24, 2018), https://www.newyorker.com/news/news-desk/the-growing-dangers-of-the-new-nuclear-arms-race/.

3 발표문

　米国の核兵器は、一般的に地上、海上、空中基盤運搬装置から発射されるミサイルや、空中から投下される爆弾を通じて標的に運ばれる[76]。統計的に米国の現代ミサイルは、一般的に非常に高い正確性を持つ[77]。米国が発射できる核兵器搭載ミサイルは、大部分意図した標的を近接打撃するものと予想することができる[78]。しかし、誤った標的を打撃する危険が消えるのではない。特定のミサイルや兵器運搬の正確性は不確実だ[79]。

　また、ミサイルが意図した標的を当てる正確度を測定するのに使われる円形公算誤差(CEP)の数値は、米国の現代ミサイルの確率正確度と関連して鼓舞的ではあるが、ある意味では半分の答えに留まる。円形公算誤差(CEP)の数値は、予想精度で意図した標的に到達できない残りの半分のミサイルが、どこを打撃するかについての質問は扱っていない[80]。

---

[76] See Doctrine for Joint Nuclear Operations, *supra* note 45, at II-2; Joint Theater Nuclear Operations, *supra* note 52, at I-3 to I-5.

[77] 米国は特に、運搬の正確性と信頼性を含め、米国が保有している多様なタイプの核兵器の性能能力をかなり向上させ、これはこのような核兵器の効果性を大きく増進させた。See, e.g., Hans M. Kristensen & Matt Korda, *Nuclear Notebook: How many nuclear weapons does the United States have in 2022?*, Bull. Atomic Scientists (May 10, 2022), https://thebulletin.org/premium/2022-05/nuclear-notebook-how-many-nuclear-weapons-does-the-united-states-have-in-2022/; Hans M. Kristensen & Matt Korda, *United States Nuclear Forces, 2021,* 77 Bull. Atomic Scientists 43, 44 (2021). See also William J. Broad & David E. Sanger, *As U.S. Modernizes Nuclear Weapons, 'Smaller' Leaves Some Uneasy*, N.Y. Times, Jan. 12, 2016, at A1; Hans M. Kristensen, Matthew McKinzie & Theodore A. Postol, *How US nuclear force modernization is undermining strategic stability: The burst-height compensating super-fuze*, Bull. of the Atomic Scientists (Mar. 1, 2017), https://thebulletin.org/how-us-nuclear-force-modernization-undermining-strategic-stability-burst-height-compensating-super10578.

　しかし、特定ミサイルの精度に影響を及ぼす変数は多い。天候、重力効果、ミサイルの性能および標的の位置と、特性に対する試験またはコンピュータを通じた仮定の精度、標的に到達するように発射を正確にプログラミングして実行できる程度、ミサイルの機械および電子装備が意図した通りに作動する程度、他の核兵器またはその他の兵器の爆発が性能に及ぼす影響、弾頭が爆発する高度などだ。

　また、より現代化された米国航空機の一部は驚くほど速く、表面的にレーダー探知を避けることができるが、航空機は本質的に追跡、レーダーおよび人的エラーの影響を受けるため、運搬精度と関連して相当な危険要素があるという点も注目する必要がある。(See Kristensen & Korda, *How many nuclear weapons does the United States have in 2022*, supra), aircraft are inherently subject to pursuit, radar and human error—and hence to substantial risk factors as to accuracy of delivery. See Joint Theater Nuclear Operations, *supra* note 52, at I-3 to I-5. See also Kosta Tsipis, Arsenal: Understanding Weapons In the Nuclear Age, at 68-76, 114-115, 121-296 (1983).

[78] See William J. Broad & David E. Sanger, *As U.S. Modernizes Nuclear Weapons, 'Smaller' Leaves Some Uneasy*, N.Y. Times, Jan. 12, 2016, at A1; Hans Kristensen, *Nuclear Weapons Modernization: A Threat to the NTP?*, Arms Control Ass'n (May 1, 2014), available at https://www.armscontrol.org/act/2014_05/Nuclear-Weapons-Modernization-A-Threat-to-the-NPT.

[79] See also *How Accurate was U.S. Strike on Syrian Airbase*, CBS News, Apr. 7, 2017.

[80] CEPは基本的に、特定の標的に向けて発射されたミサイルの半分が、どこを打撃するかに対する確率を予測するものだ。しかし、残りの半分がどこに打撃を与えるかは分からない:
　ミサイルの精度は、誤作動なく運用される多数の同一なミサイルのうち、半分が落下する円の半径と定義される"円形空算誤差(CEP)"と呼ばれる測定値に定量化される。CEPは平均値ではなく中間値を反映するので、半分のミサイルが半径外のどれだけ遠くに落下するかについては全く説明しない。実際予想される誤差距離は、しばしば円形誤差パターンではなく楕円形の誤差パターンを形成し、射程地域の方向に細く長く現れる。
　Missile Defense Advocacy Alliance, *Missile Threat and Proliferation: Accuracy*, MDAA (Aug. 4, 2018), https://missiledefenseadvocacy.org/missile-threat-and-proliferation/missile-basics/ballistic-missile-basics.

明らかに、戦争でミサイルは常に標的を外し、時には相当に外れることもある。通常兵器のこのような照準失敗は不幸な結果につながりかねない。核兵器の場合、照準の失敗ははるかに深刻な結果を招く恐れがある[81]。また、ミサイルは標的の特性や位置に対する情報失敗により、標的を逃すこともあり得る。

放射性の死の灰の影響の統制不可能性

核兵器の死の灰の影響の統制可能性と関連して、米国はICJに直間接的に次のように主張した。

- 核兵器の特徴的で主要な影響は、爆発、熱、爆風影響である[82]。
- 放射線は、核兵器の主要または最も特徴的な特性ではなく、偶発的で意図されておらず、付随的で副次的な核兵器の副産物にすぎない[83]。
- 通常兵器が危険な有毒ガスを放出しうるのと同様に、核兵器も似たような意味で放射線を発生させることができる[84]。
- 米国は、現代兵器の技術を通じて、核兵器が放出する放射線の量を制限し、統制できる[85]。
- 米国は軍事目標に対する核兵器爆発で発生する死の灰を統制できる[86]。
- 核兵器使用が必ずしも非戦闘員や中立国に広範囲かつ相当な放射線または極端な影響を引き起こすと仮定する理由はない[87]。
- 米国が核兵器の放射線影響の重大性を軽視することは、次のような表面的に議論の余地がない事実に照らして、容易に擁護されえないことに見える。

---

81 See Tsipis, Arsenal, *supra* note 90, at 72-75; Ashton B. Carter, *Sources of Error and Uncertainty*, in Managing Nuclear Operations 611-639 (1987).
米国は代理人のMcNeillを通じて、核兵器の影響は"個別兵器の爆発力と爆発高度、標的の特性、気候および気象条件"、そして"どれくらいの放射線を放出し、地表面対比どこで爆発して、標的とする軍事目標がどこにあるか"のような要因によって変わるとICJに主張した。I.C.J. Hearing Nov. 15, 1995, at 69 (citing the Secretary-General's 1990 Report of Nuclear Weapons, 75 at ¶ 290), *Id*. at 71. このような要因の重要性と関してMcNeillは、"このような違い、区別点、変数は無視できないし、適切な法的分析において非常に重要である"と主張した。

82 See U.S. I.C.J. Memorandum/GA App, at 23-25; Naval Commander's Annotated Handbook (1989), *supra* note 34, at 10-2.

83 See U.S. I.C.J. Memorandum/GA App, at 23-25.
皮肉なことに米国はまた、放射線は核兵器爆発の本性的な特性であって、被害者の苦痛を増加させるいかなる追加要素でもないため、放射線の影響が核兵器使用を違法にするものではないという反論を主張した。McNeillはICJに、"不必要な苦痛の原則は、特定の軍事目標を達成するのに必要な以上に、攻撃を受ける人々の苦痛を増加させるために特別に考案された武器の使用を禁止する"と述べた。
I.C.J. Hearing Nov. 15, 1995, at 72.

84 See U.S. I.C.J. Memorandum/GA App, at 23-25 (citing Hague Convention (IV) Respecting the Laws and Customs of War on Land, Annex, Art. 23(a) *reprinted in* Roberts & Guelff, Documents on the Law of War, 63 (2nd ed. 1989)).

85 See I.C.J. Hearing Nov. 15, 1995, at 71; U.S. I.C.J. Memorandum/GA App, at 23 (citing Law of Land Warfare Field Manual (1976), *supra* note 1, at 5).

86 See I.C.J. Hearing Nov. 15, 1995, at 71 (citing the Secretary-General's 1990 Report on nuclear weapons ¶ 290, at 75).

87 See I.C.J. Hearing Nov. 15, 1995, at 68-70; U.S. I.C.J. Memorandum/GA App, at 32.

- 放射線は、核兵器の決定的な特徴である。すべての核兵器は爆発する時に放射線を放出する[88]。
- 放射線は命に有害であり、通常は長い間(一部の放射性元素は数千年間と言われる)環境に、そして遺伝的には人間やその他の生命体に残存し、その蓄積と影響が累積する[89]。
- 放射線は風、水、土壤、動物、植物、遺伝的影響のような物理力だけでなく、地表面の兵器運搬地点および該当環境要因のような予測不可能な変数によって環境に拡散するので、核兵器爆発による放射線の拡散は統制されたり予測できることではない[90]。
- 放射線は、味方と敵軍、戦闘員と非戦闘員、敵国と中立国、自国の住民および戦力と敵国の住民および戦力を区別することができない[91]。
- 広島と長崎原爆、核実験、チェルノブイリ放射能流出による放射線は、人間の健康とその他の生命に相当かつ広範囲な被害をもたらし、引き続き引き起こしており、これからの世代に

---

[88] See NATO Handbook on the Medical Aspects of NBC Defensive Operations: A MedP-6(B), Pt. I, Ch. 1 (Feb. 1996), adopted as Army Field Manual 8-9, Navy Medical Publication 5059, Air Force Joint Manual 44-151, available at https://fas.org/irp/doddir/army/fm8-9.pdf; Joint Theater Nuclear Operations, supra note 52, at I-1-2; Nuclear Weapons Advisory Opinion ¶35, at 243-44, 35 I.L.M. at 821-22; Dissenting Opinion of Judge Shahabuddeen 386, 35 I.L.M. at 865; United Nations Department for Disarmament Affairs, Nuclear Weapons: A Comprehensive Study 6-8 (1991).

[89] See NATO Handbook on the Medical Aspects of NBC Defensive Operations, supra note 101, at Pt. I, Ch. 1; Dissenting Opinion of Judge Weeramantry 471-72, 35 I.L.M. at 888; Testimony of Mrs. Lijon Eknilang, Council Member of the Rongelap Local Gov't, the Marshall Islands, The Legality Of The Threat Or Use Of Nuclear Weapons, Int'l Ct. of Just., Verbatim Record, at 26-27 (Nov. 14, 1995) (10 AM session); International Physicians for the Prevention of Nuclear War, Briefing Book on Nuclear War (1992). 冷戦中に行われた数多くの主要研究は、制限的な核攻撃から予想される死傷者を定量化しようと試みた。いくつかの研究は、米国に対するソ連の大軍事力(counterforce)打撃で発生する文民の死傷者が、直接的な爆発で発生する放射線による死亡者数とほぼ同じであるという結果を出した。 See William Daugherty William Daugherty, Barbara Levi & Frank Von Hippel, The Consequences of "Limited" Nuclear Attacks on the United States, 10 Int'l Security, No. 4, pp. 3-45 at 35 (Spring 1986); Frank N. von Hippel, Barbara Levi & William Daugherty, Civilian Casualties from Counterforce Attacks, 259 Scientific American, Issue 3, pp. 36-42 at (Sept. 1, 1988); Barbara G. Levi, Frank N. von Hippel & William H. Daugherty, Civilian Casualties from "Limited" Nuclear Attacks on the USSR, 12 Int'l Security, No. 3, pp. 168-189 at 168 (Winter 1987-1988).

[90] See Joint Theater Nuclear Operations, supra note 52, at III-2-3; Charles W. Wittkopf, The Nuclear Reader: Strategy, Weapons, War 320-26 (1985); NATO Handbook on the Medical Aspects of NBC Defensive Operations, supra note 101, at §§ I-303(c); Nuclear War Effects Project Advisory Panel (David S. Saxon, Chairman), Cong. Off. Tech. Assessment, The Effects of Nuclear War, NTIS order no. PB-296946, at 113 Table 14:8 (May 1979), available at https://ota.fas.org/reports/7906.pdf; Charles S. Grace, Nuclear Weapons: Principles, Effects and Survivability 29-30 (Land Warfare: Brassey's New Battlefield Weapons Systems and Technology Series, 1994); Tsipis, Arsenal, supra note 90, at 68-76, 114-115, 121-296 (1983).

[91] See Joint Theater Nuclear Operations, supra note 52, at II-7; Nuclear Weapons Advisory Opinion ¶ 95, at 262-63, 35 I.L.M. at 829; Dissenting Opinion of Judge Shahabuddeen 382-83, 35 I.L.M. at 863-864 (quoting Javier Perez de Cuellar, Statement at the University of Pennsylvania, 24 March 1983, in Disarmament, vol. VI, no. 1, at 91); International Court of Justice Proceeding: Advisory Opinion Requested by U.N. General Assembly on the Legality of the Threat or Use of Nuclear Weapons, Advisory Opinion, 1996 I.C.J. Rep. 226, ¶ 20, at 272-73, 35 I.L.M. 1345, 1349 (July 8, 1996) (declaration by Bedjaoui, President) [hereinafter Declaration of President Bedjaoui]; International Court of Justice Proceeding: Advisory Opinion Requested by U.N. General Assembly on the Legality of the Threat or Use of Nuclear Weapons, Advisory Opinion, 1996 I.C.J. Rep. 226, 556-582, 35 I.L.M. 809, 931 (July 8, 1996) (Koroma, J., dissenting) [hereinafter Dissenting Opinion of Judge Koroma].

も引き続きもたらすことが予想される[92]。
・ 戦争拡大により放射線の数値は高くなる見込みである[93]。

米国が特定の場合には、高威力核兵器より放射線を少なく放出する低威力核兵器を潜在的に使用できる特定な任務向けの核兵器の放射線影響に対してある程度の統制力を持っていることは明らかだ。同様に米国は、直接打撃して破壊する必要のない脆弱な標的を含め、少なくとも一部の標的に対しては地上ではなく空中での核兵器爆発を目指すことができる[94]。空中爆発は、地上爆発が空に放出—風が吹いて死の灰を広く拡散させ、埃と残骸が太陽を覆って、潜在的に核の冬を引き起こす二重の影響をもたらす—するのと同様な潜在的に莫大な量の煙、ホコリ、残骸を発生させることはない。たとえ天気には通常の不確実性があり、いずれにせよ太陽を覆う結果として核の冬が依然として続く可能性はあるが、米軍は放射線の死の灰が広く拡散する可能性が少ない、有利な気象条件の時に核兵器を発射する状況が可能かもしれない。

また、核兵器が放出する放射線の水準は、核兵器内の起爆装置の核分裂/核融合特性によって影響を受ける可能性がある。W76-2を除く米国の兵器庫にあるすべての低威力核兵器は、兵器が出せる多様な威力のうち一つを使用者が選択できるダイヤル式威力の核兵器(dial-a-yield nuclear weapons)である。

しかし、区別の規則と均衡性及び必要性の規則の各要素として、統制可能性の要件についての上記の議論から分かるように、この要件が核兵器使用のすべての潜在的影響に対する統制を要求することは明らかである。推定される核兵器打撃の潜在的な死の灰の影響に対する米国の統制力不足は、その打撃が区別、均衡性、必要性の要件を遵守できなくし、したがってその核兵器が実際に目標とした標的に命中しても、米国自らが定めたそのような規則の公式によれば、その打撃は違法になる。

核兵器の潜在的な死の灰の影響が、本質的に統制不可能だということに、どうして疑いの余地があるだろうか？低威力核兵器さえも放射線を放出し、制御できない死の灰を潜在的に触発する可能性がある。

---

92 See Nuclear Weapons Advisory Opinion ¶ 35, at 243-44, 35 I.L.M. at 821-22; United Nations Department for Disarmament Affairs, Nuclear Weapons: A Comprehensive Study 79-83 (1991).

93 See Cong. Off. Tech. Assessment, *The Effects of Nuclear War*, supra note 103, at 22-25, 81; Dissenting Opinion of Judge Weeramantry 548, 35 I.L.M. at 870.

94 I.C.J. Hearing Nov. 15, 1995, at 69 (citing the Secretary-General's 1990 Report on nuclear weapons, p. 75, ¶ 290); Joint Theater Nuclear Operations, *supra* note 52, at III-1-2 (Feb. 9, 1996).

3 発表文

電磁パルス(EMP)影響の統制不可能性

核兵器は、高い高度で爆発する場合、広範囲な地域にわたって電磁回路無力化できるEMPを放出し、現代生活が依存している電磁システムを無力化し、その影響は数年間持続する可能性がある爆発時に発生するガンマ線、X線、中性子によって生成されたエネルギーは、大気中にある原子および分子と相互作用して高エネルギーの自由電磁生成する。このような電磁は、電気回路を過負荷化させて燃焼させる電流を発生させることで、電磁装置を弱化させ、電磁装置とこれを使用する電磁装備を損傷させる。

高い高度で行われる単一または少量の核兵器の爆発さえも、広範囲な地域にわたって現代生活を中断させることができ、人々に食糧、水、医療サービスを提供する手段、商品とサービスの生産および供給、金融システムなどに深刻な影響を及ぼしかねない。

特定の状況で、潜在的なEMPの影響が及ぼす正確な地理的範囲は確実ではないが、信頼できる研究によると、非常に広い地域が影響を受けると推定される。例えば、米国に対するEMP攻撃の潜在的影響は、米国大陸全体にわたる米国内の主要インフラの無期限損失を潜在的に含むことができる。

専門家たちは、EMP攻撃とその影響による破壊は、食糧と水、通信の不足及びガソリン、交通信号機、その他現代運送に必須なものの不足により、支援が必要な人々に、支援を提供する医療人材の不能から始まる社会的結果から主に起因すると結論付けた。議会公聴会の証言は、EMP攻撃の場合、爆発高度が高く、爆発やその結果生じた放射線による死亡者がほとんど発生しない可能性があるにもかかわらず、ある状況ではEMP攻撃が他のタイプの核攻撃より潜在的にさらに大きな破壊を引き起こす可能性があると指摘した。

高高度核兵器の爆発のEMP影響が統制不可能だということは明らかである。

核の冬の影響の統制不可能性

核の冬は、核兵器が地表面またはその近くで爆発する時、莫大な量の煤、煙、その他の残骸が成層圏に上がって太陽を遮断する核兵器の影響をいう[95]。

このような太陽遮断は、農業を制限または縮小させ、成長時期を急激に短縮させ、気温を下げて地球の広範囲な地域にわたって数億人、さらには数十億人の飢饉と潜在的死を引き起こす[96]。このような影響の一部は、長くは10年の間続く可能性がある[97]。

---

95 See Sarah Derouin, *Nuclear Winter May Bring a Decade of Destruction*, Eos [Am. Geophysical Union] (Sept. 27, 2019), https://eos.org/articles/nuclear-winter-may-bring-a-decade-of-destruction; Seth Baum, *The Risk of Nuclear Winter*, Fed'n Am. Scientists (May 29, 2015), https://fas.org/pir-pubs/risk-nuclear-winter/.

96 See Derouin, *supra* note 123; Baum, *supra* note 123.

97 See generally Baum, *supra* note 123.

核の冬の影響モデリングによれば、米国とロシア間の相当な核兵器交換だけでなく、例えばインドとパキスタンが、それぞれ15ktの比較的低威力の核兵器約50基を相手に使用するなど、より制限された核兵器交換も核の冬、海洋生態の破壊、飢饉を誘発し、地域的戦争で全世界的に20億人[98]、米国とロシア間の大規模な核戦争で50億人以上に達する潜在的死傷者が発生する可能性があることが明確である[99]。

地表面またはその近くでの核兵器爆発による核の冬の影響が統制できないことは確かである。

放射性の死の灰、EMP、核の冬影響の統制可能性に対する米国の真摯な態度の不在

皮肉なことに、米国は自国が爆発させる核兵器の死の灰、EMP、核の冬の影響を統制するどころか、おそらく認識すらできないように見える。応用物理研究所James Scouras研究員であるジョンズ・ホプキンスの2019年の研究によると、米国は核兵器の衝撃波、火口の地面への衝撃及びこれに類する影響についての情報を開発したが、死の灰、EMP、そして核爆発物の熱放射によって引

---

[98] See Matt Bivens, *MD, Nuclear Famine: Even a "limited" nuclear war would cause abrupt climate disruption and global starvation*, INT'L PHYSICIANS FOR THE PREVENTION OF NUCLEAR WAR (Aug., 2022), https://www.ippnw.org/wp-content/uploads/2022/09/ENGLISH-Nuclear-Famine-Report-Final-bleed-marks.pdf; Rutgers, State Univ. of NJ, *Nuclear Winter Would Threaten Nearly Everyone on Earth*, RUTGERS TODAY (Aug. 27, 2019), https://www.rutgers.edu/news/nuclear-winter-would-threaten-nearly-everyone-earth; Alan Robock, *Nuclear winter*, 1 WIRES: IN FOCUS, CLIMATE CHANGE, 418-427 (May/June 2010), http://climate.envsci.rutgers.edu/pdf/WiresClimateChangeNW.pdf.

学際的研究集団の最近の研究は、地球の広大な大洋と関連生命体が日照不足、急激な気温低下、ホコリ、煙、すす、その他の残骸の大気蓄積による核の冬の影響で、潜在的に被害を受けるだろうと明らかにした。

See Cheryl S. Harrison et al., *A New Ocean State After Nuclear War*, 3 AGU ADVANCES, Issue 4 (Aug. 2022) [First Published Research Article, July 7, 2022], available at https://agupubs.onlinelibrary.wiley.com/doi/10.1029/2021AV000610. 研究報告書は、次のように記述している。

研究チームは、一度の米国・ロシア戦争と、数回のインド・パキスタン戦争を模擬実験した。すべてのシナリオで、核戦争による火炎の嵐は、大気上層へ煤を飛ばし、太陽を遮断し、地球の寒冷化を引き起こした。核寒冷事態の影響には人口が密集した海岸地域への雪解け拡大、海洋生物の大量消失が含まれる。すべてのシナリオで海洋は急速に冷却されるが、煙が消えたからといって戦争前の状態に戻らない。代わりに、海洋が正常に戻るには数十年がかかり、一部の地域は数百年以上新しい状態を維持される可能性が高い。寒冷事態が終われば、北極海氷は新しい状態、すなわち一種の"核小氷河期"として残ることになる。海洋の生態系は、初期の動揺とそれによる新しい海洋状態によって大きく撹乱され、全世界の生態系サービスに数十年間続く影響をもたらすことになる。この研究は、核戦争の危険性と、人間と環境に対する長期的な影響を強調する。

Id.

[99] See, e.g., Lili Xia, Alan Robock, Kim Scherrer, Cheryl S. Harrison, Benjamin Leon Bodirsky, Isabelle Weindl, Jonas Jägermeyr, Charles G. Bardeen, Owen B. Toon, & Ryan Heneghan, DEP'T ENV'T SCI., RUTGERS UNIV., *Global food insecurity and famine from reduced crop, marine fishery and livestock production due to climate disruption from nuclear war soot injection*, 3 NATURE FOOD, 586-92 (Aug. 2022) [hereinafter Rutgers 2022 Study]. See also Rutgers, *Nuclear Winter Would Threaten Nearly Everyone on Earth*, supra note 126; Robock, *Nuclear winter*, supra note 126. For a collection of source materials for further reading on the topic, see Alan Robock, *Climatic Consequences of Nuclear Weapons is Still a Danger*, http://climate.envsci.rutgers.edu/nuclear (last visited Dec. 19, 2022).

き起こされる火災の潜在的影響や電力、水道、金融、交通など社会を支えるインフラに対する核兵器爆発による物理的な結果を含むその他数知れない核兵器の影響に対する信頼できる分析や推定値を開発していない[100]。

核の冬に関してScourasは、核の冬モデリングの不確実性を考慮し、"国防省は政策樹立や軍事計画において核の冬は考慮しない"[101]と結論付ける。Scourasは、国防省が核の冬を考慮しないだけでなく、そのような不確実性が核戦争を"さらに惨めに"[102]するとの理由で、そのような影響を考慮したりモデリングすることを肯定的に考えないと付け加える。

核兵器のEMP影響についてScourasは、"核攻撃が電力網を崩壊させるか、そうでなければわれらの経済、軍事、社会を動かす電子システムに莫大な被害をもたらすかは全く分からない"[103]と結論付ける。

核兵器の死の灰の影響に関して、Scourasは、"現在、我々は死の灰の生成および拡散に対する立派なモデルを持っているが、天気の予測できない変化、人口疎開および遮蔽に関する不確実性、その他の変数が死の灰の影響を確実に予測するのに障害になる"[104]と結論付ける。

米国が、核兵器打撃の潜在的な死の灰、EMP、核の冬およびその他の影響を合理的なレベルの確実性で事前に予測できないということは、統制可能性を要求する区別の規則、均衡性と必要性の規則に対する米国自らが定めた公式を考慮すると、米国が核兵器を合法的に使用できるといういかなる可能性も暗鬱にさせるものと見られる。

核兵器の全面的影響の統制不可能性

核兵器の影響が、通常兵器の影響と本質的に似ているという、ICJにおいての米国の見解には明らかな間違いがある。ICJは、核兵器の"固有の特性"について説明した。

> 裁判所は… 核兵器が、原子の核融合または核分裂によってエネルギーが発生する爆発装置であるという点に注目する。まさにその本質から、今日存在する核兵器におけるその(核融合または核分裂:訳注)過程は、膨大な量の熱とエネルギーだけでなく、強力で長期間続く放射線を放出する。裁判所に提出された資料によると、先の二つの原因(莫大な量の熱とエネルギー:訳注)の被害は、他の兵器による被害よりはるかに強力であり、放射線現象は核兵器特有のものと知られている。このような特性によって、核兵器は潜在的に災いを招く恐れがある。核兵器の破壊力は、空間的にも時間的にも統制できない。核兵器は地球上のすべての文明と生態系全体を破壊する潜在力を持っている。

---

100 See James Scouras, *Nuclear War as a Global Catastrophic Risk*, GEO. WASH. UNIV. REGUL. STUD. CTR., 17-18 (Sept. 18, 2019), available at https://regulatorystudies.columbian.gwu.edu/nuclear-war-global-catastrophic-risk.
101 *Id*. at 18.
102 *Id*.
103 *Id*.
104 *Id*.

核爆発によって放出される放射線は、非常に広範囲な地域にわたって健康、農業、天然資源、そして人口動態に影響を与える。また、核兵器の使用は、未来世代に深刻な危険になりかねない。イオン化放射線は未来の環境、食糧、そして海洋生態系を損傷させ、未来世代に遺伝的欠陥と病気を引き起こす恐れがある。

36. その結果として…裁判所は、核兵器固有の特性、特にその破壊力、言葉では表せない人間の苦痛を引き起こす能力、そして後代にまで被害を与える能力を必ず考慮しなければならない[105]。

米合参の合同核作戦教理は、"核兵器の使用は、通常式戦争の重大な戦争拡大を意味する"[106]と認めた。教範はこのように明示している。

潜在的な核戦争と以前の軍事的衝突との根本的な違いは、核兵器使用に内在する破壊の速度、範囲、程度だけでなく、交渉機会および軍事力に対する持続的な統制の不確実性を伴う[107]。

***

核兵器は、莫大な破壊的潜在性を持っているため、多くの場合に核兵器は適合しない可能性がある[108]。

***

暴風、熱放射線、即発放射線(ガンマおよび中性子)、残留放射線を含むWMDの即刻かつ長期的な影響は、戦闘部隊と非戦闘住民の両方に前例のない身体的、心理的問題を引き起こす[109]。

米合参の合同戦域核作戦教理は、このように明示している。

核兵器は(放射線や電磁気の影響、そして潜在的に死の灰を発生させるという点でも通常兵器と異なるが)、その破壊的潜在性が莫大であるという点だけを見ても、「"軍事的必要性、均衡性、付随的被害と不必要な苦痛の防止という長年の標的選定規則"に関する」分析において唯一である[110]。

---

105 Nuclear Weapons Advisory Opinion ¶ 35, at 243-44, 35 I.L.M. at 821-22 (emphasis supplied); NATO HANDBOOK ON THE MEDICAL ASPECTS OF NBC DEFENSIVE OPERATIONS, *supra* note 101, at Part I, Chap. 1, § 102(a); INTERNATIONAL PHYSICIANS FOR THE PREVENTION OF NUCLEAR WAR, BRIEFING BOOK ON NUCLEAR WAR (1992); Carl Sagan, *Nuclear War and Climatic Catastrophe: Some Policy Implications*, 62 Foreign Affs. 257, 273 (Winter 1983/1984). See generally CONG. OFF. TECH. ASSESSMENT, *The Effects of Nuclear War*, *supra* note 103, at 16-17. 戦争そのものは終結しても、苦痛の半分だけが消えると推定される。"[社会的および経済的]生存能力を達成できなければ、多数の追加死亡者と、相当な追加的な経済的、政治的、社会的悪化がもたらされるだろう。このような戦後の被害は、実際の核爆発による被害と同じくらい致命的かもしれない。*Id.* at 5.
106 DOCTRINE FOR JOINT NUCLEAR OPERATIONS, *supra* note 45, at II-1.
107 DOCTRINE FOR JOINT NUCLEAR OPERATIONS, *supra* note 45, at I-6.
108 JOINT THEATER NUCLEAR OPERATIONS, *supra* note 52, at v-vi.
109 DOCTRINE FOR JOINT NUCLEAR OPERATIONS, *supra* note 45, at II-7.
110 JOINT THEATER NUCLEAR OPERATIONS, *supra* note 52, at I-1.

3 発表文

教範はまた、核兵器使用が"戦争の拡大を意味する"[111]と認めた。

このような説明は、放射線やEMPの影響だけでなく、暴風や熱の影響を含む核兵器の影響が、通常兵器が一般的に引き起こす影響より質的にさらに破壊的であり、統制が不可能だという相互交換可能な事実を確認させてくれる。

低威力核兵器の影響の統制不可能性

非都市地域の限られた数の人里離れた軍事目標に対する限られた数の低威力核兵器打撃の影響は統制できるため、核兵器の影響が統制可能だという米国の主張は、個別に検討する必要があるにも関わらず、ICJは核兵器に関する勧告的意見においてこれを検討しなかった。

ICJは、核兵器支持者が、低威力核兵器の合法的使用が可能だという点を立証できなかったと指摘しながらも、この問題に対する判断を下さなかった。

特にICJは、核兵器使用の合法性を支持する米国とイギリスの次のような主張に注目した。

> 現実は…核兵器が文民の死傷者発生の可能性の側面で、非常に異なる結果がもたらされるすごく多様な状況で使用できるということだ。空海上の軍艦や人口密度の低い地域の軍隊を標的に、低威力核兵器を使用するような一部の場合には、文民死傷者が比較的少ない核攻撃を予想することが可能だ。軍事目標に対するすべての核兵器使用が、必然的に非常に莫大な付随的文民死傷者をもたらすわけでは決してない[112]。

ICJは、核兵器の合法性に反対する人たちが次のように主張するのに注目した。

> 核兵器への依存は、人道法の原則や規則と決して両立できないため、禁止されなければならない。核兵器が使用される場合、核兵器はいかなる状況であれ、文民と戦闘員または民間物資と軍事目標を区別できず、大部分統制不可能な核兵器の影響は、時間的にも空間的にも合法的な軍事標的に制

---

111 JOINT THEATER NUCLEAR OPERATIONS, *supra* note 52, at III-1; Secretary of Defense Harold Brown, *A Countervailing Strategic Strategy: Remarks from Speech to the Naval War College,* August 20, 1980, Defense, Oct. 1980, vol. 80, at 2-9. 1980年、Harold Brown国防省長官は、戦争拡大統制に対する懐疑的な立場を表明した:"また我々は、すべての核兵器の使用に伴う莫大な不確実性を知らないわけではない。Id. at 9. 我々は、統制可能な限られた打撃で始まることが、私の考えでは全面的な核戦争に拡大する可能性が非常に高いということを知っている。" Id.

See also Andrei Sakharov, *An Open Letter to Dr. Sidney Drell,* 61 Foreign Affs. 1001 (Summer 1983): 物理学者 Andrei Sakharovは、Sidney Drell博士に送る公開書簡(1983年夏)にこのように書いた。

"核の敷居"を越えると、すなわちある国家が制限された規模でも核兵器を使用する場合、その後の事態進行は統制しにくく、最も可能性が高い結果は、初期規模の面でも地域レベルで制限的だった核戦争から全面的な核戦争、すなわち一般自殺につながる急激な拡大になるということに同意する。予防的核打撃の結果であれ、通常兵器で戦う戦争の過程であれ、ある国家が敗北の脅威に直面した時であれ、単純に事故の結果であれ"核の敷居"をどのように越えるかは相対的に重要ではない。
Id.

112 Nuclear Weapons Advisory Opinion ¶ 91, at 261, 35 I.L.M. at 829 (citing U.K., Written Statement ¶ 3.70 at 53, and U.S.A., Oral Statement, CR 95/34 at 89–90).

限されることはできない。核兵器は核爆発で発生する暴風と熱、放射線およびその影響で、必ず無差別的な方法のの殺傷と破壊をもたらし、これによって莫大な数の死傷者が発生するだろう。したがって、核兵器の使用は明示的な条約上の禁止規定がないとしても、いかなる状況でも禁止される[113]。

ICJは、このような両極端の事実的立場の違いを解消することはできないとしながらも、合法性支持者たちが低威力核兵器の拡大なしの制限的な使用可能性、さらにはそのような使用の潜在的実現の可能性に対する自分たちの立場を立証することができなかったと指摘した。

より小型の低威力戦術核兵器の"クリーン(clean)"な使用を含め、特定な状況で核兵器使用の合法性を主張するいかなる国家も、そのような制限的な使用が可能であると仮定すると、そのような使用を正当化する状況が正確に何なのか、またはそのような制限的な使用が高威力核兵器の全面的な使用に拡大しないかを明らかにしなかった。このような理由で裁判所は、そのような見解の妥当性について判断するに足りる根拠があるとは考えていない[114]。

核兵器支持者が、低威力核兵器使用の潜在的合法性を主張するその妥当性を立証できなかったというICJの判断は、非常に重要なようだ。これは、裁判所がこれまでの長い審理過程に基づいて、最も制限的な核兵器使用は合法的である可能性があるという結論さえ下せなかったことを示している。

しかし、これと係わった事実が存在し、利用可能であることを考えると、ICJの分析を次の段階に引き上げることができ、またそうすべきであることは明らかである。

まず、高威力核兵器より低威力核兵器の使用が、放射線やその他の影響をより少なく引き起こすという米国の主張は正確である。威力と放射線の関係は線形的ではない。爆発方法のような変数があるが、一般的に低威力核兵器が高威力核兵器より少ない放射線を放出することは明らかだ。しかし、だからといって低威力核兵器の放射線影響が統制可能だとか合法的だということを意味するわけではない。

すべての核兵器には放射線の影響がある。放射線の影響がない核兵器は存在しない。有利な気象条件の、人里離れた地域で低威力核兵器を使用しようとする試みができるが、先に見たようにこのような制限的な使用の試みさえも、爆発現場の条件によって統制できない無数の方法で拡散しうる放射線を放出する。放射線の拡散結果は、爆発高度、風や土壌の条件、当該地域の水域条件、現地の野生動物、植物およびその他の形態の生命体の条件、そして最も根本的に当該地域の文民等の条件といった要因によって左右され、海上標的に対する核攻撃の場合にも類似した考慮事項が伴う。

前述したように、武力紛争法による統制不可能な影響を持つ兵器の使用に対する禁止は、

---

113   *Id.* ¶ 92, at 262, 35 I.L.M. at 829.
114   *Id.* ¶ 95, at 262-63, 35 I.L.M. at 829.

そのような統制不可能なすべての影響、特に統制不可能なすべての重大な影響にまで適用されるという点が核心である。化学および生物兵器や無人風船または非統制地雷や機雷、またはそれと似た兵器の制限的使用に対する例外的(carve-out)許容がないのと同様に、いかなる制限的な数や程度の統制不可能な影響を許容する例外条項は法に存在しない。

統制可能性の要件は、国際法で無人および非統制風船、非統制地雷および機雷、化学および生物兵器のような兵器と関わって適用されてきた。米軍軍事教範の内容に幅広く反映されたように、このような統制不可能な兵器又は運搬方法に対する禁止は、一定の強度以上の影響にのみ限定されない。間違いなく、低いレベルの化学および生物兵器の使用も違法である。こうした影響の統制不可能性は、いかなるレベルであれ、そのような兵器の使用を違法にさせる。

兵器の影響は統制されなければならないという全面的な法的要件を考慮すると、米国は、低威力核兵器の統制不可能な影響が他の兵器の統制不可能な影響より少しでも合法的な理由について、信頼できるいかなる論拠も提示できないようだ。

また、核対応と戦争拡大の危険も無視できない。前述したように、ある主要核保有国が、他の核保有国に低威力核兵器を含む核兵器を使用する場合は、明らかに標的国家の対応的かつ拡戦可能性のある兵器対応攻撃につながり、その結果、最初の攻撃国家のさらなる拡戦につながり、そのような多数の核兵器の使用が潜在的に壊滅的な極端な影響をもたらす可能性−確実に予測可能な−は広く認められている。

化学および生物兵器の影響の統制不可能性

潜在的影響の統制不可能性に対する同じ危険要素が、化学および生物兵器とも関わっている。この3つのタイプ(核兵器、化学兵器、生物兵器：訳注)の大量破壊兵器それぞれに対する危険要素は、ある一つのタイプの兵器の使用が、他のタイプの兵器の使用につながりやすいため、相互関連しているということに注目するのが重要である。

だいぶ前に行われた米国議会のある研究では、次のような核兵器拡散の危険を確認し、このような危険が化学および生物兵器にも適用される可能性があると明らかにし、このような危険を統制不可能なものと規定した[115]。

- 既存の核保有国は、他の国が核兵器を確保することを防ぐために武力を使用することができる。(イスラエルがイラクに対して試みたように)

115　CONG. OFF. TECH. ASSESSMENT, PROLIFERATION OF WEAPONS OF MASS DESTRUCTION, *supra* note 67, at 70 (citing John Mearsheimer, *Back to the Future: Instability in Europe After the Cold War*, 15 INT'L SEC., no. 1, at 37-38 (Summer 1990)). See also Seth Baum, *Breaking Down the Risk of Nuclear Deterrence Failure*, BULL. OF ATOMIC SCIENTISTS (July 27, 2015), https://thebulletin.org/2015/07/breaking-down-the-risk-of-nuclear-deterrence-failure. For a 2017 study by the United Nations Institute for Disarmament Research, see U.N. INST. FOR DISMARMAMENT RSCH., UNDERSTANDING NUCLEAR WEAPONS RISKS (John Borrie, Tim Caughley & Wilfred Wan, eds., 2017).

- 新規核保有国は先制打撃を通じて破壊に脆弱な核戦力を保有するしかなく、不安定性につながる。
- 核兵器を統制する国は、核戦争で戦って勝てると考えることができる。
- 核の引き金を引くことができる人の増加は、誰かが偶発的に又は非理性的に核兵器を使用したり、テロリストが核兵器を奪い取る可能性を増加させる[116]。

このような危険について、研究は次のように結論付けた。

化学および生物兵器にも程度の差はあるが、同じ原則が適用される可能性がある。学者と各国政府の間で支配的な見解は、このような危険は統制不可能であり、拡散は受け入れてはならず避けなければならないということだ[117]。

化学兵器や生物兵器の破壊力は、一部の核兵器の破壊力に匹敵する。一部の生物兵器は、ある面では核兵器を潜在的に凌駕するタイプの破壊が可能だと特徴付けられている[118]。

大量破壊兵器が時々"弱者の兵器、すなわち軍事的にたかが2流レベルの弱小国と集団の兵器"[119]として使われるため、このような危険要素はより悪化される。化学および生物兵器の攻撃は、相対的に弱い国家が、例えば"米国の圧倒的な通常式優位"[120]に照らして、米国を相手にこのような兵器を使える非対称的攻撃に使われると予想できる。

信頼できる資料によると、化学兵器プログラムまたは備蓄量を保有しているか、最近保有していると知られたり、そうだと疑われる国としては、アルバニア、中国、エジプト、イラン、イラク、イスラエル、リビア、北韓、ロシア、韓国、スーダン、シリア、台湾、米国などがある[121]。

---

116 Cong. Off. Tech. Assessment, Proliferation of Weapons of Mass Destruction, *supra* note 67, at 70.
117 *Id.*
118 See Cong. Off. Tech. Assessment, Proliferation of Weapons of Mass Destruction, *supra* note 67, at 2-8, 46, 53-54, 61-62, fig. 2-1 at 53, fig. 2-1 & 2-2 at 54; *Hearing of the Senate Foreign Relations Committee, Nomination of John David Holum to be Undersecretary of State for Arms Control and International Security, Chaired by Senator Charles Hagel (R-NE)*, Fed. News Serv., June 28, 1999; Sec'y Def. William Cohen, The Quadrennial Defense Review § II (1997).
119 Richard K. Betts, *The New Threat of Mass Destruction*, 77 Foreign Affs., no. 1, Jan./Feb. 1998, at 27.
120 Cohen, The Quadrennial Defense Review, *supra* note 151, at § III 6-7.
121 See *Chemical and Biological Weapons Status at a Glance*, Arms Control Ass'n: Fact Sheets & Issue Briefs (Last Reviewed Mar., 2022), https://www.armscontrol.org/factsheets/cbwprolif; Kristensen, *Nuclear Weapons Modernization: A Threat to the NTP?, supra* note 91.
　このうち10ヵ国(アルバニア、中国、イラン、イラク、リビア、ロシア、韓国、スーダン、シリア、米国)は、化学兵器協約の当事国であるため、実際に化学兵器プログラムを維持していて、免除または猶予を受けていない場合は、条約義務を違反するものとみられる。See Status of the Convention on the Prohibition of the Development, Production, Stockpiling and Use of Chemical Weapons and on Their Destruction, United Nations, Off. Disarmament Affs.: Treaties Database (2021), https://treaties.unoda.org/t/cwc [hereinafter Chemical Weapons Convention Status]; Organisation for the Prohibition of Chemical Weapons: Member States (2022), https://www.opcw.org/about-us/member-states.
　リビアは、化学兵器の疑いがある国家のリストに含まれていたが、2014年に化学兵器プログラムを中断し、化学兵器の廃棄を完了したと知られている。See Proliferation: Threat and Response, *supra* note 67, at 112-16; Fed'n of Am. Scientists, Libya Special Weapons (last visited Feb. 8, 2022); Eric Schmitt, *Libya's Cache of*

信頼できる資料によると、生物兵器プログラムまたは備蓄量を保有しているか、最近保有していると知られたり、疑われる国家には中国、キューバ、エジプト、インド、イラン、イラク、イスラエル、リビア、北韓、ロシア、シリア、米国などがある[122]。

　化学および生物兵器プログラムは、ある面では核プログラムよりも探知される可能性が低いため、入手可能な情報の信頼度が低いことに注目する必要がある[123]。

　化学および生物兵器の潜在的危険は、このような兵器の拡散が南北、インド/パキスタン、中東—この地域では核兵器の危険も深刻だが—のような世界の紛争地帯、主要なトリップワイヤ(trip wire)の地点に集中しているという事実によって、さらに悪化している[124]。

　1990-1991年の湾岸戦争当時、米国、イスラエルとイラクが交わした威嚇は、核、化学、生物兵器の潜在的使用の相互関連性をよく示している。フセインは、いかなる国家でもイラクに核兵器を使用する場合、イラクは化学兵器で対応すると威嚇したという[125]。"誰でも原子爆弾で我らを威嚇すれば、我々は二元化化学兵器で全滅させるだろうし… イスラエルがイラクに対してどんなことでも試みる場合、イスラエルの半分を燃やしてしまうだろう"[126]。…同様に米国は、イラクが化学兵器を使う場合、核兵器を使用するとイラクを脅かしたという[127]。

Toxic Arms All Destroyed, N.Y. Times, Feb. 3, 2014, at A1; Kristensen, *Nuclear Weapons Modernization: A Threat to the NTP?*, supra note 91; *Chemical and Biological Weapons Status at a Glance, supra*.

　シリアの化学兵器保有は、2013年反軍を相手に化学兵器を使ったことで確認された。Daryl Kimball, *Timeline of Syrian Chemical Weapons Activity 2012-2022*, Arms Control Ass'n: Fact Sheets & Briefs (Last Reviewed May 2021), https://www.armscontrol.org/factsheets/Timeline-of-Syrian-Chemical-Weapons-Activity%20#2013.シリアは、化学兵器プログラムを中断し、2014年7月に残った化学兵器備蓄量を全て廃棄したと主張したが、米国はシリアが化学兵器協約を遵守していないと主張し続けている。See *Chemical and Biological Weapons Status at a Glance, supra*.

122　See *Chemical and Biological Weapons Status at a Glance, supra* note 154; Kristensen, *Nuclear Weapons Modernization: A Threat to the NTP?*, supra note 91. このうち9カ国(中国、キューバ、インド、イラン、イラク、リビア、北韓、ロシア、米国)は、生物兵器条約の当事国であるため、実際にこのようなプログラムを維持している場合は条約義務に違反するものとみられる。See *Status of the Convention on the Prohibition of the Development, Production and Stockpiling of Bacteriological (Biological) and Toxin Weapons and on Their Destruction*, United Nations, Off. Disarmament Affs: Treaties Database (2021), https://treaties.unoda.org/t/bwc [hereinafter Biological Weapons Convention Status]. See also *Chemical and Biological Weapons Status at a Glance, supra* note 154.

123　See Cong. Off. Tech. Assessment, Proliferation of Weapons of Mass Destruction, supra note 67, at 7.

124　See *id*. at 66.

125　See Cong. Off. Tech. Assessment, Proliferation of Weapons of Mass Destruction, supra note 67, at 100 (citing Statement of Saddam Hussein, Apr. 2, 1990, Baghdad INA, translation in FBIS-NEW-90-064, at 36 (Apr. 3, 1990)).

126　Statement of Saddam Hussein, Apr. 2, 1990, Baghdad INA, translation in FBIS-NEW-90-064, at 36 (Apr. 3, 1990), cited in Cong. Off. Tech. Assessment, Proliferation of Weapons of Mass Destruction, supra note 67. フセインの言葉は、表面的にはイラクが開発した二元化サリン神経ガス砲台に対するものだった。これは1995年の東京地下鉄テロで、日本のテロ団体オウム真理教が使用したものと事実上同じガスだ。See Robert Taylor, *The Bio-Terrorist Threat; Potential for Use of Biological Weapons by Terrorist Groups*, New Scientist, May 11, 1996, reprinted in World Press R., Sept. 1996.

127　See Dissenting Opinion of Vice-President Schwebel, 324-25, 35 I.L.M. at 842.

米国当局者は、この問題について次のように包括的に表現した。"ある国家が化学兵器で米国を攻撃するなら、その国家は我々が保有するすべての兵器による対応結果を恐れなければならない。…そして、いかなる国家も破壊的な対応を受けずに、我々に化学兵器を使用できると考えるとは思わない。…つまり、我々は核兵器を使用しなくても破壊的な対応をすることができるが、その可能性を放棄することはないだろう。"[128]

統制不可能性に対する結論

低威力核兵器を含む核兵器影響の統制不可能性は明らかであり、これは区別、必要性、均衡性の規則を含む武力紛争法によって核兵器の使用を違法にする。これは、米国によるいかなる核兵器の使用も、特に米国が実際にそのような兵器を使用するに値するタイプの状況で、いかなる核兵器の使用も違法であることを明らかに意味するものに見える。

米国の核抑止政策の違法性

前述の分析が正確であれば、米国が意図的に核兵器を使用するに値するタイプの状況で、米国の核兵器使用は、米国が自ら公式化したように区別、均衡性、必要性の規則とその必然的な結果である統制可能性の要件に基づいて、武力紛争法によって違法となり、米国によるいかなる核兵器使用も合法的な復仇(reprisal)としては認められない。

米国がICJに提出した主張で自ら認めたように、このような違法性は米国の核抑止政策を違法にする。特にICJは、核兵器に関する勧告的意見で、"国家が、使用が違法である武力を使用すると脅威するのは違法である"と判示した。こうしたICJの判断と一貫して米国は、核兵器の使用が違法であれば、そのような兵器使用の威嚇もそれ自体で維持できないという点をICJに認定—事実上積極的に主張—した。

核兵器に関する勧告的意見において、ICJは国連憲章の文脈で"威嚇"と抑止問題を次のように取り上げた。

> 違法的な攻撃の危険を減らすか排除するために、各国は時に自国の領土保全や政治的独立を侵害するいかなる国家に対しても、自衛のために使用する特定の兵器を保有していることを示唆する。特定の事態が発生した場合、武力を行使するという意図の表示が、憲章第2条4項でいう"威嚇"であるかどうかは、様々な要因に左右される。予定された武力行使そのものが違法であれば、そのような武力を行使す

---

[128] PROLIFERATION: THREAT AND RESPONSE, *supra* note 67, at 14 (quoting Secretary of Defense William J. Perry, Statement on Libyan Chemical Warfare Facility at Tarhunah, Air War College Conference on Nuclear Proliferation Issues, Maxwell Air Force Base, Alabama (April 26, 1996)); DOCTRINE FOR JOINT NUCLEAR OPERATIONS, *supra* note 45, at I-1. See also JOINT THEATER NUCLEAR OPERATIONS, *supra* note 52.

るという公認された準備態勢も、第2条4項によって禁止された威嚇であろう。したがって、ある国が他国から領土を確保するために、または他国に特定の政治的または経済的経路に従わせたり、従わないようにするために武力威嚇をすることは違法である。憲章第2条4項の武力"威嚇"と"行使"の概念は、ある特定の場合において―ある理由において武力行使そのものが違法であれば、そのような武力を行使するという威嚇も同様に違法であるという点で一致する。要するに、武力を行使すると公表したある国家の準備態勢が合法的であるためには、その武力行使が憲章に符合する武力行使でなければならない。それ以外のことに関して、いかなる国家も―抑止政策を擁護するかしないかに関係なく―考慮中の武力行使が違法であっても、武力行使を脅かすことは合法だと裁判所に主張しなかった。

一部の国は、核兵器の保有そのものが違法な武力行使の威嚇だと主張した。実は、核兵器の保有は核兵器を使用する準備ができているという推論を正当化することができる。核兵器を保有したり核の傘の下にある国が、軍事的侵略が何の目的も達成できないことを見せつけることで、侵略を断念させようとする抑止政策が有効になるためには、核兵器を使用するという意思が信頼できるものでなければならない。これが第2条4項に反する"威嚇"であるかどうかは、予定されている特定の武力行使がどの国の領土保全や政治的独立に反するか、あるいは国連の目的に反するか、あるいは防衛手段として意図された場合、必要性と均衡性の原則に必然的に違反するかによって左右される。このような状況の一つなら、武力行使と武力行使の威嚇は国連憲章によって違法になる[129]。

国家が、使用が違法である武力を使用すると威嚇することは違法であるという規則を提示し、裁判所は"威嚇"という単語を広い意味で使用していることを明確にした。裁判所は、"特定事態が発生した場合、武力を行使するという意図の表示"、武力を"行使する準備態勢の表明"、そして"武力を行使するという国家の準備態勢宣言"を威嚇とと規定した。実際、裁判所は抑止政策は"核兵器を使用するという意思が信頼できるものでなければならない"と指摘し、核兵器の潜在的使用が国連憲章によって違法であれば、核兵器を単純に保有することも違法だと判断した。

ICJはまた、核兵器の違法的使用の威嚇の違法性に関するこのような規則が、国連憲章、正戦法(*jus ad bellum*)だけでなく、武力紛争法、国際人道法(*jus in bello*)にも存在すると明示的に判断し、"予定された兵器の使用が人道法の要件を満たさなければ、そのような使用をするという威嚇も人道法に違反する"[130]と明示した。

米国はICJに提出した書面及び口頭意見で、核兵器の使用が不法である場合、抑止が無効化されることを認めた。米国を代理したMichael J. Mathesonは、ICJに提起した口頭意見で次のように述べた。

> 安全保障理事会の常任理事国はすべて、核兵器の保有庫とその運搬手段を確保し維持するために、莫大な人的および物的資源を投入してきたし、他の多くの国も自国の安保のためにこのような核能力に依存することを決めた。核兵器がいかなる状況においても個別的または集団的自衛のために合法

129　Nuclear Weapons Advisory Opinion ¶¶ 47-48, at 246-47, 35 I.L.M. at 827 (emphasis supplied).
130　*Id*. at ¶ 78, at 257, 35 I.L.M. at 827.

的に使用できないとすれば、侵略に対応して核兵器を使用するという信頼できる威嚇は存在しなくなり、抑止政策は無益で無意味になるだろう。この点で、抑止政策と抑止手段の使用の合法性を分離することは不可能である。したがって、核兵器使用に対する一般的禁止を断言することは、このような多くの国の国家安保政策の基本前提の一つに直接的に反する[131]。

ICJに対する米国のこのような認定は、核抑止政策の合法性が、その基礎となる核兵器使用の合法性によるという点、すなわち米国が裁判所に明らかにしたように、"抑止政策と抑止手段使用の合法性を分離することは不可能だ"[132] という点を強く確認させてくれている。核兵器を合法的に使えなければ、抑止政策を通じて合法的に核兵器の使用を脅かすことはできないだろう。Mr. Mathesonが、非常に印象的に主張したように、核兵器を合法的に使用できなければ、"侵略に対応して核兵器を使用するという信頼できる脅威は存在しなくなり、抑止政策は無益で無意味になるだろう"[133]。

抑止政策の合法性に対するこのような限界は、特にICJで核兵器使用の合法性を擁護した米国の主張が、主に非都市の人里離れた標的に対する少量の低威力核兵器の制限的使用から推定される、制限的な影響の潜在的合法性に対する主張に基づいたという事実に照らしてみると、特に重要になる。

特に、前述で指摘したように、米国はICJに提起した主張で、米国の核兵器庫の大部分を占める高威力戦略核兵器の潜在的使用から推定される合法性を、明示的に主張することもしなかった。

核兵器の使用が不法であれば、核抑止政策を合法的に推進し続けることはできないという米国の認識は、米国がICJに提出した意見書で次のように再度強調されている。

> 安全保障理事会の常任理事国が、核兵器を保有し、武力衝突で核兵器を使用するためのシステムを開発して配置したことはよく知られている事実である。これらの国々が、核兵器の使用が一般的に禁止されていると考えていたなら、核兵器と運搬手段を確保かつ維持するのに費用と努力をかけなかっただろう。それとは逆に、核兵器の使用可能性は、これらの国の軍事制度構造、安保教理および戦略開発、侵略を防止し、自衛権行使の必須要素を提供するための努力において重要な要因だ[134]。

ある兵器の使用が違法である場合、その兵器を使用するという威嚇も違法であるという国際法規則を考えると、低威力核兵器を含む核兵器使用の違法性に対する筆者の以上の分析が正確であれば、米国の核抑止政策が違法であることは明らかだと言える。

---

131 I.C.J. Hearing Nov. 15, 1995, at 62-63.
132 *Id*. at 63.
133 *Id*.
134 I.C.J. Memorandum/GA App, at 14 (citing U.N. Secretary-General, General and Complete Disarmament: Comprehensive Study on Nuclear Weapons: Rep. of the Secretary-General, PP 44-81, U.N. Doc. A/45/373 (Sept. 18, 1990)).

한반도와 동북아시아에서의 확장억제 : 법적·정책적 우려

안나 후드
오클랜드대학교 법학부 부교수

I. 서 론

한국이나 일본 어디도 핵무기를 보유하고 있지 않은 가운데, 이 두 나라는 1950년대 이래로 미국의 확장억제에 의존해 왔다. 확장억제('핵우산'이라고도 지칭되는 개념)란 핵무기 보유국이 핵무기의 사용 또는 사용 위협을 통해서 비핵 동맹국을 방어하는 데 동의하는 안전보장이다.[1] 이 안전보장의 이면에 있는 사고는 핵무기 보유국이 자국의 핵무기를 사용해서 자신의 동맹국을 보호할 것이라는 신뢰할 수 있는 위협에 의해 비핵보유국에 대한 잠재적 적의 공격이 억제된다는 것이다.[2]

확장억제 모델에는 여러 가지가 있다. 어떤 모델은 보호받는 국가의 영토에 핵무기도 배치하는 것이고, 다른 모델은 동맹국을 방어하기 위해 필요할 경우 자국 영토에 두고 있는 핵무기를 사용할 준비가 되어 있는 안전보장 제공국에 의존한다.[3] 한국과 일본에는 이 두 번째 모델이 적용되고 있으며, 현재 두 나라 모두 자국 영토에 핵무기를 배치하지 않고 있다.[4]

한국과 일본의 역대 정부는 다양한 이유로 미국의 핵우산 아래 있는 것을 옹호해 왔다. 가장 중요한 것은 이 두 나라가 미국의 핵우산이 다른 핵보유국-냉전 시대에는 중국

---

1 안나 후드, 모니크 코미에, 「호주는 ANZUS를 훼손하지 않고 핵금지조약에 가입할 수 있을까?」, *Melbourne University Law Review* 132, 2020, pp.137-138.
2 위와 같음.
3 톰 사우어, 「유럽 및 동아시아에서의 미국의 확장된 핵억제력: 비교 분석」, *Asian Affairs* 53(3), 2022, p. 500, 501.
4 그러나 역사적으로 한국과 일본 모두 자국 영토에 미국의 핵무기가 배치되어 있었다. 일본에서는 핵무기가 1972년에 철거되었다. 한국에는 1958년부터 1991년까지 핵무기가 배치되어 있었다.

과 소련, 2006년 이후로는 북한―의 공격으로부터 자신들을 보호해 준다고 믿는다는 것이다. 더 나아가 한국과 일본은 미국의 핵 보호에 의존할 수 있어서 자체적으로 핵보유국이 되어야 한다는 생각을 하지 않게 된다고 주장한다.

확장억제는 언뜻 보기에는 한국과 일본의 안보를 강화하는 것처럼 보이지만, 면밀히 검토해 보면 국제법상 몇 가지 심각한 문제를 제기하고 양국의 평화와 안전에 중대한 위험을 초래한다는 점이 명백하게 드러난다. 이 발표문의 목적은 한국과 일본에서의 확장억제가 제기하는 법적·정책적 쟁점을 탐구하는 것이다. 이러한 탐구에 앞서, 발표문 2장에서는 1950년대 이래 양국을 지배해 온 확장억제 교리를 설명한다. 그다음 3장에서는 확장억제가 미국, 한국, 일본에 제기하는 두 가지 국제법적 문제, 즉 유엔 헌장 제2조 4항의 문제와 핵확산금지조약(NPT) 제6조의 난제를 분석한다. 4장에서는 확장억제가 동북아시아의 평화와 안전에 왜 문제가 되는지를 탐구한다. 5장에서는 간략하게 결론을 내린다.

II. 한국과 일본에서의 확장억제 개관

1950년대 이래, 미국은 한국과 일본에 확장억제를 제공했다. 아래에서 논의하겠지만, 확장억제 교리가 시행된 이후 대부분의 기간에 미국의 확장억제 제공은 양국이 무력공격에 직면하면 양국을 방어하기 위해 핵무기를 사용한다는 일반적인 약속의 형태(즉, 어떠한 특정 국가도 겨냥하지 않은 약속)를 취했다. 그러나 때때로 미국은 한국과 일본을 보호하기 위해 특정 국가를 상대로 구체적인 핵 위협을 가했다.

A. 일본에서의 확장억제 개관

일반적으로 알려진 바와 같이, 일본은 1951년 미국과 안보조약을 체결하면서 처음으로 미국의 핵우산 아래 들어갔다. 미·일 안보조약 제 1조는 다음과 같이 규정하고 있다.

> 평화조약 및 본 조약의 효력 발생과 동시에 미합중국의 육군, 공군 및 해군을 일본 국내 및 그 주변에 배치하는 권리를 일본국은 허여하며 미합중국은 이를 수락한다. 이 군대는 극동의 국제평화와 안전의 유지에 기여하고, 아울러 하나 또는 둘 이상의 외부 국가에 의한 교사 또는 간섭으로 인해

야기된 일본국에서의 대규모 내란 및 소요를 진압하기 위해 일본국 정부의 명시적 요청에 따라 제공되는 원조를 포함하여 외부로부터의 무력공격에 대한 일본국의 안전에 기여하기 위해 사용될 수 있다.

이 조항의 개념—미국이 국제평화와 안전 및 일본의 안전을 유지하기 위해 일본 내와 그 주변에서 육·해·공군을 운용할 수 있다는 개념—은 미국이 일본을 방어하기 위해 핵무기를 사용할 수 있다는 것을 내포하는 것으로 이해된다.[5]

1960년에 양국 간 상호 협력 및 안보 조약이 체결되면서 미국의 핵우산 아래에서의 일본의 입장은 더욱 강화되었다. 이 조약의 제5조는 다음과 같이 명시하고 있다.

> 각 체약국은 일본국의 시정 하에 있는 영역에서 어느 일방에 대한 무력공격이 자국의 평화와 안전을 위태롭게 하는 것임을 인정하고 자국의 헌법상 규정 및 절차에 따라 공통의 위험에 대처하기 위해 행동할 것을 선언한다. 그러한 무력공격과 그 결과로 취해진 모든 조치는 유엔 헌장 제51조의 규정에 따라 유엔 안전보장이사회에 즉시 보고해야 한다. 그러한 조치는 안전보장이사회가 국제평화와 안전을 회복하고 유지하기 위한 필요한 조치를 취한 때에는 중지되어야 한다.

당시에 이 조항은 무력공격이 발생할 경우 미국이 일본을 방어하겠다고 공약하면서 필요한 경우 핵무기를 사용할 준비가 되어 있다는 것으로 이해되었다.[6] 이후에도 미국은 제5조가 일본을 방어하기 위해 핵무기를 사용하겠다는 약속을 포함한다는 점을 거듭 재확인했다. 예를 들어 미국과 일본이 발표한 2023년 미·일 안보협의위원회(2+2) 공동성명에는 "미국은 핵을 포함한 모든 능력을 활용하여 미·일 안보조약 제5조에 따라 일본을 방어하겠다는 확고한 약속을 재확인했다"고 명시되어 있다.[7]

안보조약에 함의되어 있고, 2023년 공동성명과 같은 성명에 명시되어 있는 미국의 일본 방어를 위한 핵무기 사용 약속은 매우 일반적인 약속이다. 이는 특정 국가에 대해서나 특정 상황에서 핵무기를 사용하겠다는 약속이 아니다. 그러나 미국이 이러한 일반적인 약속을 넘어 일본을 위해 보다 구체적인 핵 서약을 한 적도 몇 차례 있다. 예를 들어 2006년 북한의 첫 핵실험 뒤 미 국무장관은 다음과 같이 말했다.

---

5   사우어, 앞의 글, p.503.
6   위와 같음.
7   US and Japan, 'Joint Statement of the Security Consultative Committee (2+2) (11 January 2023). https://jp.usembassy.gov/joint-statement-security-consultative-committee-2plus2/

미국의 역할은 북한을 포함한 누구든 미국이 (일본과의) 상호방위조약에 따른 의무를 철저히 인정하고 행동한다는 것을 확실히 명심하게 하는 것이다. 미국은 자국의 억제력과 대일 안보 공약의 모든 범위—여기서 나는 '모든 범위'임을 강조한다—를 충족시킬 의지와 능력을 갖고 있다.[8]

위 미 국무장관 발언의 "미국의 억제력과 대일 안보 공약의 모든 범위—여기서 나는 '모든 범위'임을 강조한다"라는 언급이 미국의 핵무기, 그리고 이들 핵무기를 일본 방어를 위해 사용할 준비가 되어 있음을 가리키는 것은 명백하다. 나아가 북한을 콕 집어 말함으로써 미국은 북한이 이웃 국가를 상대로 무력공격을 감행한 경우, 북한에 대해 핵무기를 사용할 것이라고 위협하는 것으로 여겨진다.

B. 한국에서의 확장억제 개관

한국(남한)과 일본의 확장억제 내력 사이에는 많은 유사점이 있다. 한국은 1954년 한미상호방위조약이 발효되면서 처음으로 미국의 핵우산 아래 들어갔다.[9] 이 조약의 제3조는 다음과 같이 규정하고 있다.

각 당사국은 타 당사국의 행정 지배하에 있는 영토와 각 당사국이 타 당사국의 행정 지배하에 합법적으로 들어갔다고 인정하는 금후의 영토에 있어서 타 당사국에 대한 태평양 지역에 있어서의 무력공격을 자국의 평화와 안전을 위태롭게 하는 것이라 인정하고 공통한 위험에 대처하기 위하여 각자의 헌법상의 수속에 따라 행동할 것을 선언한다.

미·일 상호협력 및 안전보장조약 제5조와 마찬가지로, 이 조항은 미국이 필요시 한국을 방어하기 위해 핵무기를 사용할 수 있는 권한을 주는 것으로 이해된다. 미국은 이를 지금까지 수많은 성명을 통해서 확인했다. 예를 들어, 2006년 한미안보협의회의 이후 발표된 공동성명은 "럼스펠드 장관은 미국의 핵우산을 통한 확장억제의 지속을 포함하여 한미상호방위조약에 따른 미국의 한국에 대한 굳건한 공약과 신속한 지원을 보장하였다"고 명시했다.[10]

---

8 Terence Roehrig, "Japan, South Korea and the United States Nuclear Umbrella", Columbia University Press, 2017, p. 19에서 인용.
9 사우어, 앞의 글, p.503.
10 Payne, Scheber and Guthe, 'U.S. Extended Deterrence and Assurance for Allies in Northeast Asia' (March 2010) chrome-extension://efaidnbmnnnibpcajpcglclefindmkaj/https://nipp.org/wp-content/uploads/2021/05/US-Extend-Deter-for-print.pdf p. 7에서 인용.

3 발표문

 이러한 일반적인 확장억제 약속에 더해, 미국은 핵무기로 한국을 보호하겠다는 보다 명백한 위협을 북한에 때때로 가했다. 2016년의 북한 핵무기 실험에 대응하여 미국이 핵무기를 탑재할 수 있는 B-52 폭격기 한 대를 전투기 두 대와 함께 남한 상공에 출격시킨 것이 그 예다. 당시 미국은 이 조치가 "최근 북한의 도발 행위에 대응한" 것임을 분명히 하는 성명을 발표했다.[11] 아래에서 설명하겠지만, 핵 위협은 말만이 아니라 행동으로도 이루어질 수 있으며, 위의 예에서 핵을 탑재할 수 있는 B-52 폭격기의 한국 상공 비행과 북한의 핵실험에 대응하기 위한 것이었다는 성명의 조합은 북한이 공세적인 행동을 계속한다면 한국을 방어하기 위해 핵무기를 사용한다는 미국의 명백한 위협이었다.

III. 확장억제를 둘러싼 국제법적 문제

 미국의 핵우산 아래 있는 한국과 일본에 의해 야기되는 두 가지 주요 국제법적 문제가 있다. 첫째, 이 상황은 무력의 사용 위협을 금지하는 유엔 헌장 제2조 4항에 따른 문제를 제기한다. 둘째, NPT 제6조에 따른 문제를 제기한다. 3장에서는 각 문제를 차례로 다룬다.

A. 확장억제가 유엔 헌장 제2조 4항에 제기하는 문제

유엔 헌장 제2조 4항은 다음과 같이 규정하고 있다.

> 모든 회원국은 그 국제 관계에서 다른 국가의 영토보전이나 정치적 독립에 반하여 또는 국제연합의 목적과 양립하지 아니하는 어떠한 기타 방식으로도 무력의 위협이나 무력사용을 삼간다.

 확장억제의 맥락에서 제기되는 핵심 질문은 한국과 일본을 방어하기 위해 핵무기를 사용하겠다는 미국의 위협이 타국에 대한 무력사용 위협을 금지한 제2조 4항을 위반하는지 여부다. 이 질문에 답하기 위해서는, 먼저 제2조 4항에서 말하는 위협에 해당하는

---

[11] US deploys B-52 bomber over South Korea in show of force after North's nuclear test' ABC (10 January 2016). https://www.abc.net.au/news/2016-01-10/us-deploys-b-52-bomber-over-south-korea/7079540. 또한 Roehrig, 앞의 글, p.19 참조.

것이 무엇인지 설명한 다음, 한국과 일본에 대한 확장억제 보장에서 미국이 제기한 위협이 이에 해당하는지 살펴볼 필요가 있다.

1. 제2조 4항에 따라 금지되는 위협의 유형

유엔 헌장 제2조 4항에 따라 금지되는 위협을 구성하는 요소들은 다양하다.[12]

- 첫째, 제2조 4항에 따른 위협은 무력을 사용하겠다는 명시적 또는 묵시적 약속을 포함해야 한다.[13]
  - 명시적 위협은 서면(예 : 국가 법률, 정책 문서 또는 정부 간 의사 전달) 또는 구두(예 : 언론 또는 연설을 통한 성명)로 이루어진 위협을 포함한다.[14]
  - 묵시적 위협은 갑작스러운 무기 또는 병력의 증강, 군사력 시위 또는 국방예산의 변동과 같은 비언어적 근원에서 나타날 수 있다.[15] 또한 그러한 위협이 직접적일 필요가 없다는 것도 인정된다. 예를 들어 '우리는 가용한 모든 수단을 동원할 것이다'와 같은 언사도 위협적 언사에 해당할 수 있다.[16]
- 둘째, 제2조 4항의 범주에 들려면 위협이 위협을 당하는 실체에게 전달되어야 한다.[17]
- 셋째, 위협은 신뢰할 수 있어야 한다.
  - 무엇이 신뢰할 수 있는 위협인가 하는 기준은 비교적 낮다.[18] 위협이 틀림없이 실행될 것임을 보여줄 필요는 없으며, 위협이 실행될 수도 있다는 것을 보여주는 것으로 충분하다. 위협의 신뢰성은 (위협받는 국가가) 위협을 가하는 국가의

---

12 아래 내용은 안나 후드와 모니크 코미에가 공동 집필한 논문 "Nuclear Threats Under International Law", Part I: The Legal Framework, *Journal of Peace and Nuclear Disarmament* (2024)에서 발췌한 것이다.
13 Marco Roscini, "Threats of Armed Force and Contemporary International Law", *Netherlands International Law Review*, 2007, p.229, 235.
14 위와 같음, p.238.
15 James A Green and Francis Grimal, "The threat of force as an action in self-defence under international law", *Vanderbilt Journal of Transnational Law* 44(2), 2011, p.285, pp.296-297.
16 Roscini, 앞의 글, p.239.
17 위와 같음, p.237.
18 Isha Jain and Bhavesh Seth, "India's Nuclear Force Doctrine: Through the Lens of *Jus ad Bellum*", *Leiden Journal of International Law* 32, 2019, p.111, 122; Nikolas Stűrchler, *The Threat of Force in International Law*, Cambridge University Press, 2007, pp.259-260.

위협을 실행할 수 있는 능력에 유의함으로써, 또 위협을 가하는 국가가 실제로 실행할 일정 정도의 의사 또는 언질(commitment)을 (위협받는 국가에) 보여줌으로써 판단된다.[19]

- 넷째, 위협은 본질적으로 구체적이어야 한다. 즉, 위협은 명시적 실체 또는 실체들을 지명해야 한다. 위협은 일반적일 수 없다.[20]
- 다섯째, 제2조 4항상의 위협은 위협하는 무력이 제2조 4항에 따라 불법인 경우 불법이다. 이 기준은 1996년 국제사법재판소(ICJ)의 핵무기 위협 또는 사용의 적법성에 관한 권고적 의견에서 제시되었다.[21]
  - 국제법상 무력사용은 유엔 헌장 제7장에 따라 행동하는 유엔 안전보장이사회의 승인을 받지 않는 한, 또는 무력을 어떤 국가가 자위를 위해 사용하고 또 그 자위의 기준을 충족시키지 않는 한 불법이다.

위의 기준 외에도 위협이 강압적 요구—위협당하는 실체에게 특정 행동을 취하거나 취하지 말 것을 강요하는 것—를 동반해야 하는지에 대한 논의가 있었다. 어떤 학자들은 그러한 강압적 요구가 필요하다고 가정한다.[22] 그러나 다른 학자들은 그러한 강압적 요구가 필요하다는 견해를 배척하며, 한 국가가 다른 국가에 대해 무력을 사용하겠다고 위협하는 경우, 그러한 위협이 명확한 요구를 동반하는지는 상관없다고 주장한다.[23] 우리(필자) 의견은 후자의 접근법이 가장 합리적이라고 생각한다. 특정 요구를 수반하는 위협은 금지하면서, 본질적으로 그에 못지않게 심각함에도 어떤 요구도 수반하지 않는 위협을 허용한다면 별로 이치에 닿아 보이지 않는다.

19　Hannes Hofmeister, "Watch What You are Saying: The UN Charter's Prohibition on Threats to Use Force", *Georgetown Journal of International Affairs*, 2010, p.107, 111.
20　Jain and Seth, 앞의 글; Bill Boothby and Wolff Heintschel von Heinegg, *Nuclear Weapons Law: Where Are We Now?*, Cambridge University Press, 2021.
21　이 결정에 앞서 특정한 상황에서는 불법인 무력 위협이 그 자체로 제2조 4항을 위반하는 것은 아닐 수도 있다는 주장이 제시된 바 있다(R. Sadurska, "Threats of Force", *American Journal of International Law*, 1988, p.239). 그러나 오늘날 ICJ에서 정식화한 위협의 공식은 국가와 평론가들에 의해 널리 받아들여지고 있으며, 다른 국제사법기구도 적용하고 있다(Michael Wood, "Use of Force, Prohibition of Threat", *Max Planck Encyclopedias of International Law*, Oxford University Press, 2013; Jain and Seth, 앞의 글).
22　Wood, 앞의 글; Sadurska, 앞의 글, p.242.
23　Roscini, 앞의 글, p.235; Boothby and Heintschel von Heinegg, 앞의 책, p.39.

또 다른 문제는 제2조 4항에 금지된 위협이 "다른 국가의 영토보전이나 정치적 독립에 반한 또는 국제연합의 목적과 양립하지 아니하는 어떠한 기타 방식"의 위협이라고 명시하고 있다는 점이다. 이는 어떤 위협이 헌장에 위배되는 것으로 인정되는 상황을 제한하는 것처럼 보이지만, 유엔 헌장의 준비문서(travaux préparatoires)는 위 문구가 위협으로 인정되는 상황을 제한할 의도가 아니었음을 보여준다.[24] 그러나 제2조 4항을 좁게 해석하더라도 핵 위협은 금지된다. 핵무기 사용 위협이 국가의 영토보전이나 정치적 독립을 위협하지 않는 경우를 상상하는 것이 (불가능하지는 않더라도) 매우 어렵기 때문이다. 또한 (핵무기 사용 위협이) 국제평화와 안전의 유지, 우호 관계의 발전, 국제 협력과 화합의 달성을 포함하는 유엔의 목적과도 일치하지 않는다는 것은 의심할 여지가 없다.

2. 한국과 일본을 방어하기 위해 핵무기를 사용하겠다는 미국의 위협은 제2조 4항을 위반하는가

2장에서 설명했듯이, 미국은 서로 다른 시점에 한국과 일본을 방어하기 위해 핵무기를 사용하겠다는 일반적인 위협과 두 국가를 보호하기 위해 북한에 대한 구체적인 핵 위협을 모두 해왔다. 유엔 헌장 제2조 4항이 구체적 실체(a specific entity)를 특정하지 않은 일반적인 위협을 금지하지 않는다는 점을 감안하면, 미국이 한국과 일본이 자국의 핵우산 아래 있고 또 이들 국가가 공격받으면 방어하기 위해 핵무기를 사용할 것이라는 일반적인 선언을 하는 경우는 제2조 4항을 위반하지 않은 것이다.[25]

그러나 구체적인 위협에 관해서는 이야기가 달라진다. 우선 미국이 북한에 대해 핵무기를 사용하겠다고 위협하는 경우, 이러한 위협은 위협에 관한 제2조 4항의 금지에 위배된다. 이러한 위협이 유엔 헌장 제51조에 나와 있는 자위의 규칙을 충족한다면 합법적인 것으로 간주될 수 있을 것이다. 제51조는 국가가 "무력공격이 발생한 경우, 개별적 또는 집단적 자위의 고유한 권리"를 갖는다고 규정하고 있다. 이러한 자위권의 정식화가 세 가지의 핵심적인 구성 요건을 갖는다는 것은 널리 받아들여지고 있다. 첫째, 무력공격이 발생했거나 임박해야 한다.[26] 무력공격은 질적으로 중대한 무력행사가 이뤄져야

---

24 James Crawford, *Brownlie's Principles of Public International Law* (9th ed.), Oxford University Press, 2019.
25 이는 미국과 일본, 미국과 한국 사이에 시행 중인 양자 간 안보조약은 물론 한국과 일본이 미국의 핵우산 아래 있다는 미국의 일반적인 선언은 제2조 4항 위반이 아니라는 것을 의미한다.
26 일부 국가와 국제 법률가들은 장래의 위협에 맞서 선제적으로 자위권을 행사할 수 있다고 주장하지만, 이는 광범위하게 비판을 받고 있으며, 확립된 법으로 인정될 만큼 충분한 수의 국가가 받아들이지 않고 있다.

하며, 경미한 군사적 침입만으로는 충분하지 않다.[27] 둘째, 자위로서의 무력사용은 무력 공격을 끝내거나 임박한 공격을 방지하는 데 필요한 것이어야 한다.[28] 셋째, 무력사용은 당면한 위험에 비례해야 한다.[29] 매우 우려스럽지만, 북한의 핵실험은 한국에 대한 무력공격이나 임박한 무력공격의 증거가 되지 않는다. 이러한 점을 고려할 때, 한국이나 일본을 위해 북한에 가한 미국의 구체적인 핵 위협은 자위의 교리에 따라 정당화될 수 없다. 결과적으로 이러한 구체적인 위협은 유엔 헌장에 위배된다.

B. 확장억제가 NPT 제6조에 제기하는 문제

확장억제가 제기하는 두 번째 국제법적 문제는 NPT 제6조에 포함되어 있는 군축 조항과 관련 있다. 제6조는 다음과 같이 규정하고 있다.

> 조약 당사국은 조속한 시일 내에 핵무기 경쟁 중지 및 핵 군축을 위한 효과적 조치에 관한 교섭과 엄격하고 효과적인 국제적 통제 하의 일반적 및 완전한 군축에 관한 조약 체결에 관한 교섭을 성실히 추구하기로 약속한다.

제6조는 핵보유국뿐만 아니라 모든 NPT 당사국에 적용되므로, 한국과 일본은 "핵군축을 위한 효과적 조치에 관한 교섭을 성실히 추구"해야 한다.

한국과 일본은 확장억제에 대한 의존과 핵군축에 대한 강한 신념이 양립할 수 있으며, 두 가지 모두에 전념하고 있다고 오랫동안 주장해 왔다. 양국은 핵무기가 없는 세상을 향해 노력하길 원하지만, 모든 핵무기가 폐기될 때까지는 (안보상의 이유로) 미국이 제공하는 확장억제에 의존할 필요가 있다고 주장한다.[30] 그러나 이러한 접근법이 국제법의 지지를 받는지는 분명하지 않다. 필자가 보기에, 한국과 일본은 세계에서 마지막 핵무기가 제거될 때까지 미국의 핵우산 아래 남아 있을 수는 없다. 그 대신, NPT 제6조는 양국이 훨씬 더 이른 시점에 확장억제에 대한 의존을 포기하도록 요구할 것이며, 아마도 그 시점은 지금이다. 이것이 사실인 이유를 입증하기 위해서는 먼저 제6조상 의무의 범위

---

27 Green and Grimal, 앞의 글, p.316.
28 Jain and Seth, 앞의 글, pp. 126-127; Wood, 앞의 글.
29 Jain and Seth, 앞의 글, pp. 126-128; Wood, 앞의 글.
30 Sayuri Romei, "Japan and the Nuclear Challenge in a New Era of Rising Tensions: Balancing Between Disarmament and Deterrence", *Journal of Indo-Pacific Affairs* 66, 2019.

가 무엇이며, 그 의무가 한국·일본과 어떤 관련이 있는지 설명할 필요가 있다.

1. NPT 제6조의 범위[31]

오랫동안 NPT의 핵군축 의무를 정확히 어떻게 해석해야 하는지에 대한 논쟁이 있어 왔다. 대체로 '이중 의무' 접근법과 '문언적 의미'의 의무라는 두 가지 주요 학설이 있다.[32]

제6조에 대한 '이중 의무' 접근법은 1996년 국제사법재판소의 핵무기 위협 또는 사용의 적법성에 관한 권고적 의견을 통해서 진전되었다. 재판소는 제6소가 국가들에게 다음 두 가지 조치를 요구한다고 판시했다.

- 성실히 핵군축 교섭을 추구할 것(이것은 행위 의무다).
- 엄격하고 효과적인 통제 하에 모든 측면에서 핵군축에 이르는 교섭을 타결할 것(이것은 정확한 결과를 달성할 의무다).[33]

재판소가 이중 의무 해석을 통해 당사국들이 교섭을 아직 타결하지 못했다는 사실 때문에 당사국들이 현재 제6조를 위반하고 있다고 말할 의도였던 것 같지는 않다. 그보다는 군축을 위한 교섭을 계속하는 것만으로는 충분하지 않은 시점이 올 것이며, 끝내 핵군축을 달성하지 못하면 NPT 당사국들이 제6조의 이 측면을 위반하는 때가 올 것임을 의미한다.[34]

제6조 해석에 대한 두 번째 접근법은 '문언적 의미'에 대한 해석이다. 이 접근법은 실질적 효과 측면에서 이중 의무와 크게 다르지 않지만, 많은 국제법 학자들의 지지를 받고 있는 만큼 문언적 의미 해석의 요소들을 제시하는 것이 중요하다. 문언적 의미 해석의 핵심적 요소는 제6조에 핵군축의 기한이나 방법이 명시되어 있지 않기 때문에 이 조항의 법적 의무를 해석하는 열쇠는 "성실히 교섭을 추구한다"는 의미가 무엇인가에

---

31   다음 섹션의 정보는 Monique Cormier and Anna Hood, "Australia's Reliance on Extended Nuclear Deterrence and International Law" (2017), *Journal of International Law and International Relations* 3에서 발췌한 것이다.
32   제6조가 요구하는 것은 (어떤 결과를 달성할 의무가 아니라) NPT 당사국들이 군축 교섭을 추구하는 것이라는 최소 의무 주장도 있지만, 이러한 견해는 크게 비판받고 있으며 일반적으로 받아들여지지 않고 있다. Cormier and Hood, 'Australia's Reliance', 앞의 글 참조.
33   구체적으로 재판소는 "엄격하고 효과적인 통제 아래 모든 측면에서 핵군축에 이르는 교섭을 성실히 추구하고 타결해야 할 의무가 있다"고 밝혔다(핵무기 위협 또는 사용의 적법성, 권고적 의견, [1996] ICJ Rep 226, 268).
34   Cormier and Hood, "Australia's Reliance", 앞의 글, pp.28-29.

좌우된다는 점이다. 신의성실의 원칙은 "국제법의 확립된 원칙"이다.[35] 조약법 특별보고관이자 ICJ 재판관이었던 제럴드 피츠모리스(Gerald Fitzmaurice)는 국제법상 신의성실에 대해 다음과 같이 설명했다.

> 이 원칙의 핵심은 어떤 국가가 특정한 방식으로 행동할 수 있는 완전한 권리를 가진다고 하더라도 그 국가는 남용에 해당하는 방식으로 권리를 행사해서는 안 된다는 것이다. 국가는 신의성실하게 그리고 책임감을 가지고 권리를 행사해야 하며, 국가가 하는 행동에 대한 선의의 이유가 있어야 하고, 자의적이고 변덕스럽게 행동해서는 안 된다.[36]

국제법상의 신의성실의 일반 원칙에 더하여, 신의성실하게 교섭할 의무는 이 원칙의 구체적인 적용으로 여겨진다.[37] 그래서 국가들이 이 원칙을 준수하기 위해서는 "'시늉하는 것' 이상의 것이 필요하다."[38] 예를 들어, 1969년 북해 대륙붕 사건에서 ICJ는 다음과 같이 판결하였다.

> 당사국들은 단순히 형식적인 교섭 절차를 진행하는 것이 아니라 합의에 도달하기 위한 목적으로 교섭에 임해야 할 의무가 있다 (…) 당사국들은 교섭이 의미를 가지도록 처신해야 할 의무가 있으며, 교섭은 어느 일방이 자신의 입장을 수정하는 것을 고려하지 않고 자신의 입장만을 고집하면 의미가 없게 될 것이다.[39]

1957년 라누호(Lake Lanoux) 중재 패널은 다음과 같은 경우 합의 교섭 의무 위반이 될 수 있다고 결정했다.

> 예를 들어 부당한 논의의 중단, 비정상적인 지연, 합의된 절차 무시, 반대 제안이나 이해관계의 고려에 대한 체계적인 거부의 경우, 더 일반적으로는 신의성실의 규칙 위반의 경우.[40]

---

35 핵실험 사건(호주 대 프랑스), 판결 [1974] ICJ Rep 253, 268. 또한 Guy S Goodwin-Gill, "State Responsibility and the "Good Faith" Obligation in International Law", in Malgosia Fitzmaurice & Danesh Sarooshi (eds.), *Issues of State Responsibility Before International Judicial Institutions* (London, Hart Publishing, 2004), p.86 참조.
36 Gerald Fitzmaurice, "The Law and Procedure of the International Court of Justice, 1951-54: General Principles and Sources of Law" (1953) 30, *British Yearbook of International Law* 1, 12-13.
37 Goodwin Gill, 앞의 글, p.35, 88.
38 Daniel Joyner, "The Legal Meaning and Implications of Article VI of the Non-Proliferation Treaty" in Gro Nystuen et al. (eds.), *Nuclear Weapons under International Law*, Cambridge University Press, 2014, p.397, 407.
39 북해 대륙붕 사건(독일연방공화국/덴마크; 독일연방공화국/네덜란드), 판결, [1969] ICJ Rep 3, para 85.
40 라누호 중재(프랑스 대 스페인)(1957), 24 ILR 101, 23(1929년 7월 10일 프랑스와 스페인 간의 중재 조약에 따라 1956년 11월 19일자 타협에 따라 설립된 중재재판소)(중재인: Petrén, 재판장; Bolla, De Luna, Reuter, De Visscher).

본질적으로 교섭이 성실히 이뤄져야 한다는 요건은 교섭이 유의미할 수 있도록 국가들은 유연하고 타협할 의지가 있어야 한다는 의미다. 교섭은 앞으로 나아가야 하며, 국가는 불합리한 지연을 야기해서는 안 된다. 궁극적으로 합의에 도달하기 위해 진지한 노력을 기울여야 한다.[41]

문언적 의미에 대한 해석은 당사국들이 실제로 핵군축을 달성하기 위한 목적으로 성실히 교섭에 임할 의무를 부과한다. 이는 핵군축 달성을 NPT에 따른 법적 의무의 하나로 명시하지 않는다는 점에서 이중 의무 해석과는 다르다. 문언적 의미 해석은 제6조를 결과 의무가 아닌 행위 의무로 간주한다. 그러나 실질적으로 반드시 충족되어야 하는 신의성실의 요건으로 인해 그 결과를 보면 차이가 미미할 것이다. 당사국들이 "핵군축 (…)을 위한 효과적 조치에 관한 교섭을 성실히 추구"할 의무를 준수한다면, (군축 조치 교섭이) 그대로 추진될 경우 언젠가 전면적 핵군축으로 귀결될 군축 조치 교섭의 명확한 궤도가 나올 것이다. 완전한 군축이 어느 단계에서 예측 가능한 결과가 아니라면, 그 경우 효과적 조치에 관한 교섭이 성실히 진행되고 있지 않을 가능성이 높다. 달리 말해, 신의성실의 요소는 당사국이 핵군축을 위한 효과적 조치에 관한 교섭을 진행하는 경우 합리적인 기간 내에 실제로 결과를 내야 한다는 것을 의미하므로, 제6조를 결과를 달성할 의무로 해석할 필요는 없다.

2. 미국의 확장억제에 의존하는 한국과 일본에 대한 제6조의 적용

이중 의무 접근법과 문언적 의미 의무 접근법 양자의 결말은 한국과 일본의 미국 확장억제 의존이 머지않아 (이미 그 시점에 도달한 것이 아니라 해도) NPT 제6조를 위반하게 될 가능성이 매우 높다는 것이다. 두 접근법 모두 한국과 일본이 핵군축으로 나아가는 데 기여하는 신의성실한 교섭에 임할 것을 요구하기 때문이다. 이는 핵억제 정책으로 인해 핵군축을 위한 신의성실한 교섭이 더 이상 진행되기 어려운 시기가 (이미 도래한 것이 아니라

---

41 신의성실의 교섭 의무에 대한 추가 분석을 위해 Legal Memorandum from the International Association of Lawyers against Nuclear Arms and the International Human Rights Clinic at Harvard Law School, "Good Faith Negotiations Leading to the Total Elimination of Nuclear Weapons: Request for an Advisory Opinion from the International Court of Justice" (2009); Daniel Rietiker, "The Meaning of Article VI of the Treaty on the Non-Proliferation of Nuclear Weapons: Analysis Under the Rules of Treaty Interpretation" in Jonathan L Black-Branch and Dieter Fleck (eds.), *Nuclear Non-Proliferation in International Law*, Volume 1 (T.M.C. Asser Press, 2014), pp.58-59 참조.

해도) 올 수 있다는 것을 의미한다. 이 경우 한국·일본 같은 비핵국가는 핵군축을 위해 더 이상 할 수 있는 일이 없는 시점에 도달하게 될 것이며, 그때 필요한 조치는 확장억제에 대한 의존을 포기하는 것이다. 그러면 한국과 일본은 타협하여 확장억제 정책을 포기할 의지를 보여주든가, 아니면 제6조의 신의성실 요소를 위반하게 될 위험을 감수해야 한다. 미국과 같은 핵보유국은 기존 핵무기의 물리적 파괴를 포함한 추가 군축 책임이 있기 때문에 핵억제에 계속 의존하는 것이 문제되지 않는다. 예를 들어 미국은 핵무기 비축분을 감축하는 조치를 취하는 한편, 그러한 조치가 제6조를 충족하기에 충분한 한에서는 핵억제를 합법적으로 유지할 수 있다. 한국과 일본은 제6조에 따른 다른 모든 교섭 의무를 다했다면 미국의 핵 보호에 계속 의존할 수 없다.

한국과 일본은 확장억제에 대한 의존을 포기하기 전에 핵군축을 더 진전시키기 위한 다른 조치를 취하는 것이 가능하다. 그러나 현재 두 국가 모두 핵군축을 위한 의미 있는 조치를 취하고 있다는 증거가 거의 없으며, 이는 두 국가 모두 제6조를 위반할 심각한 위험에 놓여 있다는 전망을 제기한다.

IV. 확장억제의 정책적 문제

동북아시아에서 확장억제 이론을 괴롭히는 국제법적 문제 말고도 이 정책이 폐기되어야만 하는 정책적 이유가 많다. 이 장에서는 주요 우려 사항 몇 가지를 간략하게 설명한다.

핵억제를 지지하는 사람들은 핵억제가 핵보유국이든 비핵국가이든 양자 다 핵무장 국가와의 전쟁을 막고, 또 '상호확증파괴' 개념이 핵무장 국가들이 서로에 대해 핵무기를 전개하는 것을 멈추게 하기 때문에 안보를 강화한다고 주장한다.[42] 그러나 억제력 비판자들은 이 논리의 여러 결함에 대해 주의를 촉구한다. 핵억제가 전쟁을 방지한다는 사고에 답해 이들 비판자는 핵시대에 발생한, 핵보유국이 연루된 일련의 재래식 전쟁 사례를 지적한다.[43]

---

42 Nick Ritchie, "Deterrence Dogma? Challenging the Relevance of British Nuclear Weapons", *International Affairs* 85(1), 2009, pp.82-83.
43 예를 들어 핵무기 금지 모니터는 러시아-우크라이나 분쟁에서 핵억제가 성공적이었다는 주장에 대해 이 전쟁은 "핵무기가 할 수 있는 것의 한계를 강조했다. 핵무기는 러시아의 침략을 억제하지 못했고, 러시아가 우크라이나 점령을 군사적으로 추구하는 데 도움이 되지 못했으며, 러시아가 전쟁에서 승리하도록 돕지 못했고, 핵전쟁을 초래할 수 있는 위험 감수를 부추긴 반면 핵전쟁을 예방하는 데는 잠재적으로만 유용할 뿐이다"(핵무기 금지 모니터, 2022).

핵억제 비판자들은 또한 핵억제가 핵공격을 방지한다는 개념의 중대한 약점을 강조한다. 비판자들이 밝히는 핵심적인 논거의 하나는 핵억제력이 핵무기 자체에 고유한 것이 아니라는 사실이다.[44] 즉, A국이 단순히 핵무기를 보유하고 있다는 것이 그 자체로 B국이 A국을 상대로 핵무기를 사용하지 못하게 억제하지는 않는다는 것이다. 좀 더 정확히 말하면 핵억제는 A국의 핵무기 사용 위협의 신뢰성에 따라 그(억제) 효과가 좌우되는 교리다. 결과적으로 A국의 핵무기 비축 상태에 좌우될 뿐만 아니라 특정 상황에서 핵무기를 사용할 의사의 타당성 및 B국이 실제로 억제될 수 있는 정도에 따라서도 좌우된다.[45] 이런 계산이 하나라도 어긋난다면, 게임은 끝나고 억제력이 제공하는 보호는 사라진다. 동북아시아의 경우, 미국이 한국이나 일본을 방어하기 위해 실제로 자국의 핵무기를 사용할 의지가 있는지에 대한 심각한 의구심이 있다.[46] 어떤 핵무기의 사용도 미국의 명성을 상당히 실추시킬 것이다. 미국이 핵무기 사용으로 인해 발생할 수 있는 군사적 결과는 물론이고 자국의 명성 실추를 감수하기에 충분할 만큼 한국 또는 일본이 미국에 가치 있다고 여길 것인지에 대한 여러 의문이 있다.[47] 나아가 억제가 북한에 의미 있는 영향을 미칠 수 있는지에 대한 의문도 끊임없이 제기되고 있다.

또한 억제가 핵전쟁을 방지한다는 생각은 지도자들이 국가비상사태를 포함해 언제 어느 때든 소위 '이성적' 방식으로 행동한다는 것에 의존한다.[48] 이 체계 내에서는 엇갈리는 전언, 가정, 두려움, 성마름, 실수, 오판이 정교하게 균형 잡힌 교리를 혼란시키고 핵 교환을 야기할 가능성이 충분하다.[49] 필자가 보기에, 이러한 상황의 불안정성은 핵억제가 국제 안전과 안정에 길을 제공하기는커녕 오히려 심각한 위협을 야기한다는 것을 의미한다.

마지막으로 주목할 점은 미국·한국·일본에서 미국이 한국이나 일본을 방어하기 위해 핵무기를 사용하는 것에 대한 대중의 지지가 매우 낮다는 것이다. 이 세 나라에서 실시한 연구에 따르면, 미국이 한국이나 일본에 대한 무력공격의 보복으로 핵무기를 사용하

---

https://banmonitor.org/files/Nuclear-Weapons-Ban-Monitor/TNWBM_2022.pdf p.9. 또한 Deterrence Dogma, 앞의 주 42, p.94; Michael MccGwire, "Appendix 2: Nuclear deterrence", *International Affairs* 82(4), 2006, pp.780-781 참조.
44 Deterrence Dogma, 앞의 글, pp.83-84.
45 위와 같음, p.84.
46 위와 같음, p.84.
47 Roehrig, 앞의 글, pp.23-35.
48 위와 같음, pp.20-23.
49 Deterrence Dogma, 앞의 글, pp.84-85.

는 것에 대한 지지율은 세 나라 합계 14.1%에 불과했다.[50] 이 연구의 응답자들은 재래식 군사 방안의 이용 또는 외교적·비군사적 해결 방식을 강하게 선호했다.[51]

V. 결론

결론적으로 미국이 한국과 일본에 핵억제를 확장하는 것에 대해서 많은 국제법적 우려가 있다는 것은 분명하다. 두 나라를 핵우산 아래 둔다는 미국의 광범위하고 일반적인 약속은 유엔 헌장 제2조 4항을 위반하지 않는다 하더라도, 미국이 다양한 시점에서 두 나라를 방어하기 위해 했던 구체적인 핵 위협은 유엔 헌장 제2조 4항에 위배된다. 나아가 NPT 제6조의 핵군축 의무는 한국과 일본이 핵군축을 추구하기 위해 성실히 노력하고 있음을 보여주기 위해 핵우산 아래 있는 지위를 포기해야 할 시기가 (이미 도래한 것이 아니라 해도) 빠르게 다가오고 있음을 의미한다.

법적 문제 말고도 한국과 일본이 확장억제에 대한 의존을 포기해야 하는 강력한 정책적 이유가 있다. 그중에서도 가장 중요한 것은 핵억제가 매우 불안정하고 취약하여 실제로는 안전이나 평화에 대한 보장을 거의 제공하지 않는 토대에 기초하고 있다는 점이다. 필자들이 보기에, 이러한 요소들은 지금 한국과 일본이 확장억제 의존을 재평가하고 앞으로 수십 년 동안 다른 더 탄탄한 형태의 안보를 탐색하기 시작해야 할 때라는 것을 의미한다.

50　Allison et al., "Under the Umbrella: Nuclear Crises, Extended Deterrence, and Public Opinion", *Journal of Conflict Resolution* 66(10), 2022, p.1765, pp.1779-1780.
51　위와 같음, p.1779.

Extended Nuclear Deterrence in the Korean Peninsula and Northeast Asia: Legal and Policy Concerns

Anna Hood and
Monique Cormier

I. Introduction

While neither Japan nor South Korea possess nuclear weapons, they have relied on extended nuclear deterrence from the United States (US) since the 1950s. Extended nuclear deterrence (a concept that is also referred to as 'the nuclear umbrella') is a security guarantee whereby a state with nuclear weapons agrees to use, or threaten to use, their nuclear weapons in defence of a non-nuclear ally.[1] The idea behind the guarantee is that potential enemy attacks on the non-nuclear state will be deterred by the credible threat that the nuclear weapon state will use its weapons to protect its ally.[2]

There are a number of different extended nuclear deterrence models. Some involve the placement of nuclear weapons on the territory of the states being protected while others rely on the state providing the guarantee being prepared to use the nuclear weapons it has on its own territory in defence of its ally if needed.[3] It is this second model that currently applies with Japan and South Korea; at present, neither country has nuclear weapons stationed on its territory.[4]

---

1 Anna Hood and Monique Cormier, "Can Australia Join the Nuclear Ban Treaty without Undermining ANZUS?", *Melbourne University Law Review*, 2020, p.132, pp.137-138.
2 *Ibid.*
3 Tom Sauer, "US Extended Nuclear Deterrence in Europe and East Asia: A Comparative Analysis", *Asian Affairs* 53(3), 2022, p.500, 501.
4 Although note that, historically, both Japan and South Korea have had US nuclear weapons stationed on their territory. The nuclear weapons in Japan were removed in 1972. There were nuclear weapons in South Korea from 1958-1991.

Successive governments in Japan and South Korea have championed being under the US nuclear umbrella for a range of reasons. Most significantly, they believe it provides them with protection from attacks by other nuclear weapon states – China and the Soviet Union during the Cold War, and North Korea since 2006. Further, they argue that being able to rely on US nuclear protection means they do not feel propelled to become nuclear powers in their own right.

While extended nuclear deterrence may, at first glance, appear to strengthen security for Japan and South Korea, on closer examination it becomes apparent that it raises some serious issues under international law and poses significant risks for the two countries' peace and security. The aim of this paper is to explore both the legal and policy issues that extended nuclear deterrence in Japan and South Korea poses. Before commencing this exploration, Part II of the paper sets out the extended nuclear deterrence doctrines that have governed both countries since the 1950s. Part III then analyses two international legal issues that extended nuclear deterrence raises for the US, Japan and South Korea: problems under article 2(4) of the UN Charter and difficulties under Article VI of the Nuclear Non-Proliferation Treaty (NPT). In Part IV, we explore reasons why extended nuclear deterrence poses issues for peace and security in Northeast Asia. In Part V, we briefly conclude.

II. Overview of Extended Nuclear Deterrence in Japan and South Korea

Since the 1950s, the US has provided both Japan and South Korea with extended nuclear deterrence. As will be discussed below, for most of the time since the doctrine has been in place, US extended nuclear deterrence offered has been in the form of general promises (ie promises that are not directed at any particular state) to use nuclear weapons in defence of the two countries if they face an armed attack. At times, however, the US has made specific nuclear threats against particular states in an effort to protect Japan and South Korea.

A. Overview of extended nuclear deterrence in Japan

It is widely accepted that Japan first came under the US nuclear umbrella in 1951 when it concluded the Security Treaty with the US. Article I of that Treaty provides:

Japan grants, and the United States of America accepts, the right, upon the coming into force of the Treaty of Peace and of this Treaty, to dispose United States land, air and sea forces in and about Japan. Such forces may be utilized to contribute to the maintenance of international peace and security in the Far East and to the security of Japan against armed attack from without, including assistance given at the express request of the Japanese Government to put down large-scale internal riots and disturbances in Japan, caused through instigation or intervention by an outside power or powers.

The idea in this Article — that the US can use its land, air and sea forces in and about Japan to maintain international peace and security and Japan's security — is understood to encompass the US being able to use its nuclear weapons in defence of Japan.[5]

Japan's position under the US nuclear umbrella was further strengthened in 1960 when the Treaty of Mutual Cooperation and Security was concluded between the two countries. Article V of this Treaty states:

Each Party recognizes that an armed attack against either Party in the territories under the administration of Japan would be dangerous to its own peace and safety and declares that it would act to meet the common danger in accordance with its constitutional provisions and processes. Any such armed attack and all measures taken as a result thereof shall be immediately reported to the Security Council of the United Nations in accordance with the provisions of Article 51 of the Charter. Such measures shall be terminated when the Security Council has taken the measures necessary to restore and maintain international peace and security.

It was understood at the time that in pledging to come to Japan's defence in the case of an armed attack, the US would be prepared to use nuclear weapons if necessary.[6] Since this time, the US has repeatedly reaffirmed that Article V encompasses a commitment to use nuclear weapons in defence of Japan. For example, the 2023 Joint Statement of the Security Consultative Committee (2+2) released by the US and Japan stated, '[t]he United States restated its unwavering commitment to the defence of Japan under Article V of the Japan-US Security Treaty, using its full range of capabilities, including nuclear'.[7]

---

5   Sauer, above n 3, p.503.
6   Ibid.
7   US and Japan, 'Joint Statement of the Security Consultative Committee (2+2) (11 January 2023).

The US commitment to use nuclear weapons in defence of Japan that is implicit in the security treaties and made explicit in statements such as the 2023 Joint Statement, is a very general commitment. It is not a pledge to use nuclear weapons against any specific state or in any specific context. There have, however, been a handful of times when the US has gone beyond these general commitments and made more specific nuclear pledges on behalf of Japan. For example, after North Korea's first nuclear test in 2006, the US Secretary of State said:

> The role of the United States is to make certain that everybody, including the North Koreans, know very well that the United States will fully recognize and act upon its obligations under its mutual defense treaty (with Japan). The United States has the will and the capability to meet the full range, and I underscore the full range, of its deterrence and security commitment to Japan.[8]

The reference in this statement to 'the full range, and I underscore the full range, of its deterrence and security commitment to Japan' was an unmistakable reference to the United States' nuclear weapons and its readiness to use those weapons in Japan's defence. Further, by singling out North Korea in the statement, the US appeared to be threatening to use nuclear weapons against North Korea in the event that the North Korea launched an armed attack against its neighbour.

B. Overview of extended nuclear deterrence in South Korea

There are strong parallels between Japan's extended nuclear deterrence story and South Korea's. South Korea first came under the US nuclear umbrella in 1954 when the Mutual Defense Treaty between the two countries entered into force.[9] Article III of that Treaty provides:

> Each Party recognizes that an armed attack in the Pacific area on either of the Parties in territories now under their respective administrative control, or hereafter recognized by one of the Parties as lawfully brought under the administrative control of the other, would be dangerous to its own peace and safety and declares that it would act to meet the common danger in accordance with its constitutional processes.

---

https://jp.usembassy.gov/joint-statement-security-consultative-committee-2plus2/
8   As quoted in Terence Roehrig, *Japan, South Korea and the United States Nuclear Umbrella*, Columbia University Press, 2017, p.19.
9   Sauer, above n 3, p.503.

Like Article V in the Treaty of Mutual Cooperation and Security between the US and Japan, this Article, is understood to empower the US to use nuclear weapons in defence of South Korea if needed. This has been confirmed by the US in numerous statements over the years. For example, the communique released after the Security Consultative Meeting between the US and South Korea in 2006 stated 'Secretary Rumsfeld offered assurances of firm U.S. commitment and immediate support to the ROK, including continuation of the extended deterrence offered by the U.S. nuclear umbrella, consistent with the Mutual Defense Treaty'.[10]

In addition to this general promise of extended nuclear deterrence, the US has on occasion made more specific threats against North Korea to protect South Korea with nuclear weapons. One such example was in 2016 when, in response to North Korea conducting a nuclear weapon test, the US flew a nuclear-capable B-52 bomber over South Korea flanked by two fighter planes. It issued a statement at the time stating that this action was 'in response to recent provocative action by North Korea'.[11] As will be discussed below, nuclear threats can consist of actions as well as words and in this instance, the combination of the nuclear capable B-52 bombers flying over South Korea accompanied by the statement that this was to respond to North Korea's test amounted to a clear US threat to use nuclear weapons in defence of South Korea if North Korea continued its aggressive actions.

III. The International Legal Issues Surrounding Extended Nuclear Deterrence

There are two key international legal issues raised by Japan and South Korea being under the US nuclear umbrella. First, the situation raises issues under article 2(4) of the United Nations Charter which prohibits threats to use force. Second, it poses challenges under Article VI of the NPT. This Part will address each issue in turn.

---

10   As quoted in Payne, Scheber and Guthe, 'U.S. Extended Deterrence and Assurance for Allies in Northeast Asia' (March 2010) chrome-extension://efaidnbmnnnibpcajpcglclefindmkaj/https://nipp.org/wp-content/uploads/2021/05/US-Extend-Deter-for-print.pdf page 7.
11   'US deploys B-52 bomber over South Korea in show of force after North's nuclear test' ABC (10 January 2016) https://www.abc.net.au/news/2016-01-10/us-deploys-b-52-bomber-over-south-korea/7079540. See also, Roehrig, above n 8, p.19.

A. The problems extended nuclear deterrence poses for Article 2(4) of the UN Charter

Article 2(4) of the UN Charter provides that:

> All Members shall refrain in their international relations from the threat or use of force against the territorial integrity or political independence of any State, or in any other manner inconsistent with the Purposes of the United Nations.

The key question that arises in the context of extended nuclear deterrence is whether the US threat to use nuclear weapons in defence of Japan and South Korea violates the prohibition in article 2(4) on states threatening to use force against other states. To answer this question, it is necessary to set out what amounts to a threat under article 2(4) and then look at whether the threats the US has made in its extended nuclear deterrence guarantees for Japan and South Korea fall within these parameters.

1. What sorts of threats are prohibited under Article 2(4)

There are a number of different elements that make up a prohibited threat under article 2(4) of the UN Charter:[12]

- First, a threat under article 2(4) must include an explicit or implicit promise to use force.[13]
    - Explicit threats include threats made in writing (for example in national legislation, policy documents or communications between governments) or orally (for example, statements in the press or via speeches).[14]
    - Implicit threats can emerge from non-verbal sources such as a sudden build-up of weapons or troops, military demonstrations or changes to military budgets.[15] It is also accepted that threats do not have to be direct.

---

12 The points below are drawn from our article Anna Hood and Monique Cormier, "Nuclear Threats Under International Law Part I: The Legal Framework", *Journal of Peace and Nuclear Disarmament*, 2024.
13 Marco Roscini, "Threats of Armed Force and Contemporary International Law", *Netherlands International Law Review*, 2007, p.229, 235.
14 *Ibid.*, p.238.
15 James A Green and Francis Grimal, "The threat of force as an action in self-defence under international law", *Vanderbilt Journal of Transnational Law* 44(2), 2011, p.285, pp.296-297.

- For example, language such as 'we will use all tools at our disposal' can amount to threatening language.[16]
- Second, to come within the bounds of article 2(4), a threat must be communicated to the threatened entity.[17]
- Third, the threat must be credible.
  - The bar for what constitutes a credible threat is relatively low.[18] There is no need to show that the threat will definitely be actioned, it is sufficient to demonstrate that it might be carried out. This is determined by having regard to the threatening state's capability to action the threat and it exhibiting some level of intention or commitment to do so.[19]
- Fourth, a threat must be specific in nature – that is, it must be directed to a named entity or entities; it cannot be general.[20]
- Fifth, a threat under article 2(4) will be illegal if the force that is threatened would be illegal under article 2(4). This test was set down by the ICJ in its 1996 Advisory Opinion on the Legality of the Threat or Use of Nuclear Weapons.[21]
  - Under international law, the use of force will be illegal unless it has been authorised by the UN Security Council acting under Chapter VII of the Charter or the force is employed by a state in self-defence and satisfies the criteria for self-defence.

---

16   Roscini, above n 13, p.239.
17   *Ibid*, p.237.
18   Isha Jain and Bhavesh Seth, "India's Nuclear Force Doctrine: Through the Lens of Jus ad Bellum", *Leiden Journal of International Law* 32, 2019, p.111, 122; Nikolas Stűrchler, *The Threat of Force in International Law*, Cambridge University Press, 2007, pp.259-260.
19   Hannes Hofmeister, "Watch What You are Saying: The UN Charter's Prohibition on Threats to Use Force", *Georgetown Journal of International Affairs*, 2010, p.107, 111.
20   Jain and Seth, above n 18; Bill Boothby and Wolff Heintschel von Heinegg, *Nuclear Weapons Law: Where Are We Now?*, Cambridge University Press, 2021.
21   Prior to this decision there had been some discussion in the literature that some threats of unlawful force may not themselves be in violation of article 2(4) in certain circumstances (R. Sadurska, "Threats of Force", *American Journal of International Law*, 1988, p.239). However, today, the ICJ's formulation of threats has been widely accepted by states, commentators, and applied by other international judicial bodies: Michael Wood, "Use of Force, Prohibition of Threat", *Max Planck Encyclopedias of International Law*, Oxford University Press, 2013; Jain and Seth, above n 18.

Beyond the above criteria, there has been some discussion as to whether threats must be accompanied by a coercive demand requiring the threatened entity to take or not take particular action. Some scholars assume such a demand is necessary.[22] Others, however, eschew the idea that a demand is required, arguing that if one state threatens to use force against another, it is irrelevant whether the threat is accompanied by a tangible demand or not.[23] Our view is that the latter approach makes the most sense. There seems little sense in forbidding threats where specific demands are attached but permitting threats that may be just as serious in nature but are not accompanied by any demands.

One further issue is that article 2(4) specifies that a prohibited threat is one made 'against the territorial integrity or political independence of any state, or in any other manner that is inconsistent with the Purposes of the United Nations'. While this appears to limit the circumstances in which a threat will be recognised as contrary to the Charter, the travaux préparatoires of the UN Charter reveal that this formula was not intended to restrict what was recognised as a threat.[24] However, even a narrow interpretation of article 2(4) would prohibit nuclear threats. This is because it is very difficult (if not impossible) to envisage how threatening to use nuclear weapons would not threaten the territorial integrity or political independence of a state. It would also undoubtedly be inconsistent with the purposes of the UN which includes the maintenance of international peace and security, the development of friendly relations, the achievement of international cooperation and harmonisation.

2. Does the US threat to use nuclear weapons in defence of Japan and South Korea violate article 2(4)

As set out above in Part II, at different points in time, the US has made both general threats to use nuclear weapons in defence of Japan and South Korea and specific nuclear threats against North Korea to protect the two states. Given Article 2(4) of the UN Charter does not prohibit general threats that are not directed at a specific entity, the US has not been in violation of this provision when it has made general pronouncements that Japan and South Korea are under its nuclear umbrella, and it will use nuclear weapons to defend them if they are

---

22   Wood, above n 21; Sadurska above n 21, p.242.
23   Roscini, above n 13, p. 235; Boothby and Heintschel von Heinegg above n 20, p.39.
24   James Crawford, *Brownlie's Principles of Public International Law* (9th ed.), Oxford University Press, 2019.

attacked.25

It is, however, a different story when it comes to specific threats. Prima face, when the US has made threats to use nuclear weapons against North Korea, those threats have been contrary to the prohibition in Article 2(4) on threats. It is possible that they could have been deemed legal if they had satisfied the rules of self-defence set out in Article 51 of the UN Charter. Article 51 provides that states have an 'inherent right of individual or collective self-defence if an armed attack occurs'. It is widely agreed that this formulation of the right to self-defence has three key components. First, an armed attack must have occurred or be imminent.26 An armed attack requires a qualitatively grave use of force to be deployed; minor military incursions are insufficient.27 Second, the use of force in self-defence must be necessary to bring the armed attack to an end or to avert an imminent attack.28 Third, the use of force must be proportionate to the threat being faced.29 While deeply concerning, North Korea's nuclear tests have not amounted to an armed attack on South Korea or evidence of an imminent armed attack. In light of this, it is not possible to justify the US's specific nuclear threats against North Korea for the benefit of Japan or South Korea under the doctrine of self-defence. Consequently, these specific threats were contrary to the UN Charter.

B. The problems extended nuclear deterrence poses for Article VI of the NPT

The second international law problem that extended nuclear deterrence raises relates to the disarmament provision embedded in Article VI of the NPT. Article VI provides:

> Each of the Parties to the Treaty undertakes to pursue negotiations in good faith on effective measures relating to cessation of the nuclear arms race at an early date and to nuclear disarmament, and on a treaty on general and complete disarmament under strict and effective international control.

---

25 This means that the bilateral security treaties in force between the US and Japan, and the US and South Korea as well as the general pronouncements by the US that Japan and South Korea are under their nuclear umbrella, are not a violation of article 2(4).
26 Some states and international lawyers have argued that self-defence can also be exercised pre-emptively in the face of remote threats but this has been widely criticised and is not accepted by a sufficient number of states to amount to settled law.
27 Green and Grimal, above n 15, p.316.
28 Jain and Seth, above n 18, pp.126-127; Wood, above n 21.
29 Jain and Seth, above n 18, pp.126-128; Wood, above n 21.

Article VI applies to all states parties to the NPT – not just the nuclear weapon states – and so Japan and South Korea are required 'to pursue negotiations in good faith on effective measures relating to…nuclear disarmament'.

Japan and South Korea have long maintained that relying on extended nuclear deterrence and having a strong belief in nuclear disarmament are compatible positions and they are committed to both. They assert that they want to work towards a world where nuclear weapons cease to exist but that until such time as all nuclear weapons have been destroyed, they need (for security reasons) to rely on the extended nuclear deterrence offered by the US.[30] It is far from clear, however, that this approach is supported by international law. In our view, Japan and South Korea cannot remain under the US nuclear umbrella until the last nuclear weapon is removed from the world. Instead, Article VI of the NPT will require them to give up their reliance on extended nuclear deterrence at a much earlier point in time and arguably that time is now. To show why this is the case, it is necessary for us to first set out what the scope of the obligations in Article VI entail and then explain how the obligations relate to Japan and South Korea.

1. The scope of Article VI of the NPT[31]

Over the years there has been some dispute as to exactly how the nuclear disarmament obligation in the NPT should be interpreted. Broadly speaking there are two main schools of thought: the 'twofold obligation' approach and the 'plain meaning' obligation.[32]

The 'twofold obligation' approach to Article VI was advanced by the International Court of Justice in its 1996 Advisory Opinion on the Legality of the Threat or Use of Nuclear Weapons. The Court held that Article VI requires states to take two steps:

---

[30] See, Sayuri Romei, "Japan and the Nuclear Challenge in a New Era of Rising Tensions: Balancing Between Disarmament and Deterrence", *Journal of Indo-Pacific Affairs* 66, 2019.

[31] Please note that the information in the following section is drawn from Monique Cormier and Anna Hood, "Australia's Reliance on Extended Nuclear Deterrence and International Law", *Journal of International Law and International Relations* 3, 2017.

[32] Note that there is also a minimal obligation that holds that all Article VI requires is for states parties to the NPT to pursue negotiations for disarmament (with no obligation to achieve a result) but this view has been severely criticised and is not widely accepted. See, Cormier and Hood, "Australia's Reliance", above n 31.

- Pursue negotiations on nuclear disarmament in good faith (this is an obligation of conduct); and
- Bring those negotiations to a conclusion leading to nuclear disarmament in all its aspects under strict and effective control (this is an obligation to achieve a precise result).[33]

It is unlikely that the Court intended for the twofold obligation interpretation to mean that states parties are, by virtue of the fact that they have yet to conclude negotiations, currently in breach of Article VI. Rather, it means that there will come a point in time at which continuing negotiations towards disarmament will not be enough, and when failure to achieve nuclear disarmament will mean that states parties to the NPT will be in breach of this aspect of Article VI.[34]

A second approach to interpreting Article VI is the 'plain meaning' interpretation. In terms of practical effect, this approach does not differ significantly from the twofold obligation, but it is important to set out the parameters of the plain meaning interpretation as it has attracted support from a number of international law scholars. The essential element of the plain meaning interpretation is that because Article VI does not indicate any timeframe or method for nuclear disarmament, the key to deciphering the legal obligation in this provision is dependent on what it means 'to pursue negotiations in good faith'. Good faith is a 'well-established principle of international law'.[35] Gerald Fitzmaurice, a former Special Rapporteur on the Law of Treaties and ICJ Judge, explained good faith in international law as follows:

> The essence of the doctrine is that although a State may have a strict right to act in a particular way, it must not exercise this right in such a manner as to constitute an abuse of it; it must exercise its rights in good faith and with a sense of responsibility; it must have bona fide reasons for what it does, and not act arbitrarily and capriciously.[36]

---

33 Specifically, the Court said, '[t]here exists an obligation to pursue in good faith and bring to a conclusion negotiations leading to nuclear disarmament in all its aspects under strict and effective control': Legality of the Threat or Use of Nuclear Weapons, Advisory Opinion, [1996] ICJ Rep. 226, 268.
34 Cormier and Hood, "Australia's Reliance", above n 31, 28-29.
35 *Nuclear Tests Case (Australia v France)*, Judgment [1974] ICJ Rep 253, 268. See also Guy S Goodwin-Gill, "State Responsibility and the "Good Faith" Obligation in International Law", in Malgosia Fitzmaurice & Danesh Sarooshi (eds.), *Issues of State Responsibility Before International Judicial Institutions* (London, Hart Publishing, 2004) at 86.
36 Gerald Fitzmaurice, "The Law and Procedure of the International Court of Justice, 1951-54: General Principles and Sources of Law" (1953) 30, *British Yearbook of International Law* 1, pp.12-13.

In addition to a general principle of good faith in international law, the obligation to negotiate in good faith is recognised as a specific application of the principle.[37] And in order for states to be in compliance with this, 'something more than 'going through the motions' is required'.[38] For example, in the ICJ's North Sea Continental Shelf cases of 1969 the Court declared that:

> The parties are under an obligation to enter into negotiations with a view to arriving at an agreement, and not merely to go through a formal process of negotiation [...] they are under an obligation so to conduct themselves that the negotiations are meaningful, which will not be the case when either of them insists upon its own position without contemplating any modification of it.[39]

The 1957 Lake Lanoux Arbitration Panel held that contravention of the obligation to negotiate an agreement may arise:

> [I]n the event, for example, of an unjustified breaking off of the discussions, abnormal delays, disregard of the agreed procedures, systematic refusals to take into consideration adverse proposals or interests, and, more generally, in cases of violation of the rules of good faith.[40]

Essentially, the requirement that negotiations must be conducted in good faith means that they must be meaningful with states prepared to be flexible and willing to compromise. Negotiations should move forward and states must not cause unreasonable delays. Ultimately, bona fide efforts need to be made to reach agreement.[41]

---

37 Goodwin Gill, above n 35, p.88.
38 Daniel Joyner, "The Legal Meaning and Implications of Article VI of the Non-Proliferation Treaty" in Gro Nystuen et al. (eds.), *Nuclear Weapons under International Law* (Cambridge, Cambridge University Press, 2014), p.397, 407.
39 *North Sea Continental Shelf Cases (Federal Republic of Germany/Denmark; Federal Republic of Germany/Netherlands)*, Judgment, [1969] ICJ Rep 3, para 85.
40 *Lake Lanoux Arbitration (France v Spain)* (1957), 24 ILR 101, 23 (Arbitral Tribunal set up under a Compromis dated 19 November 1956, pursuant to an Arbitration Treaty of 10 July 1929, between France and Spain) (Arbitrators: Petrén, President; Bolla, De Luna, Reuter, De Visscher).
41 For further analysis of the obligation to negotiate in good faith, see Legal Memorandum from the International Association of Lawyers against Nuclear Arms and the International Human Rights Clinic at Harvard Law School, 'Good Faith Negotiations Leading to the Total Elimination of Nuclear Weapons: Request for an Advisory Opinion from the International Court of Justice' (2009); Daniel Rietiker, 'The Meaning of Article VI of the Treaty on the Non-Proliferation of Nuclear Weapons: Analysis Under the

A plain meaning interpretation obliges parties to engage in negotiations in good faith with a view to actually achieving nuclear disarmament. This differs from the twofold obligation interpretation in that it does not make the achievement of nuclear disarmament a legal requirement under the NPT. The plain meaning interpretation sees Article VI as an obligation of conduct rather than an obligation of result. However, practically, this will make a negligible difference to the outcome precisely because of the elements of good faith that must be satisfied. If states parties are in compliance with the obligation 'to pursue negotiations in good faith on effective measures relating to [...] nuclear disarmament', there will be a clear trajectory of negotiated disarmament steps that will, if maintained, result in total nuclear disarmament at some point. If complete disarmament is not a foreseeable result at some stage, then it is likely that the negotiations on effective measures are not being undertaken in good faith. In other words, it is not necessary to read an obligation to achieve a result into Article VI, because the good faith component means that a result should actually be achieved within a reasonable timeframe if parties are undertaking negotiations on effective measures towards nuclear disarmament.

2. The application of Article VI to Japan and South Korea relying on US extended nuclear deterrence

The upshot of both the twofold obligation approach and the plain meaning obligation approach is that it is highly likely at some point very soon (if we have not reached that point already), Japan and South Korea's reliance on US extended nuclear deterrence will be in breach of Article VI of the NPT. This is because both approaches require Japan and South Korea to be engaged in good faith negotiations that help move towards nuclear disarmament. This means that there will come a time when (if it has not already occurred) when the progression of good faith negotiations towards nuclear disarmament will no longer be possible because of nuclear deterrence policies. In such a case non-nuclear weapon states such as Japan and South Korea will reach a point where there is nothing further that they can do towards nuclear disarmament, with the necessary step being to give up reliance on extended nuclear deterrence. Japan and South Korea

---

Rules of Treaty Interpretation' in Jonathan L Black-Branch and Dieter Fleck (eds.), *Nuclear Non-Proliferation in International Law*, Volume 1, T.M.C. Asser Press, 2014, pp.58-59.

will then need to demonstrate willingness to compromise and give up their policies of extended nuclear deterrence or risk being in violation of the good faith element of Article VI. It will not matter that nuclear weapon states such as the US maintain their reliance on nuclear deterrence, as they have additional disarmament responsibilities which include the physical destruction of existing nuclear weapons. For example, the US could lawfully retain nuclear deterrence while it takes steps to reduce its nuclear weapon stockpile, as long as such steps are sufficient to satisfy Article VI. Japan and South Korea could not continue to rely on US nuclear protection if they had exhausted all other negotiations under Article VI.

It is possible that Japan and South Korea could take other steps to further nuclear disarmament before having to give up their reliance on extended nuclear deterrence. There is, however, currently little evidence that either state is making any significant step towards nuclear disarmament raising the prospect that both are at serious of risk of falling foul of Article VI.

IV. The Policy Problems with Extended Nuclear Deterrence

In addition to the international legal issues that plague the doctrine of extended nuclear deterrence in Northeast Asia, there are numerous policy reasons why the policy should be abandoned. This Part briefly canvases some of the key concerns.

Proponents of nuclear deterrence insist that it enhances security because it prevents both nuclear and non-nuclear weapon States going to war with nuclear armed States and because the idea of 'mutually assured destruction' stops nuclear armed States deploying nuclear weapons against each other.[42] Deterrence critics, however, draw attention to a number of flaws in this reasoning. In response to the idea that nuclear deterrence prevents wars, they point to the litany of conventional wars involving nuclear armed States that have broken out during the atomic age.[43]

---

[42] Nick Ritchie, "Deterrence Dogma? Challenging the Relevance of British Nuclear Weapons", *International Affairs* 85(1), 2009, pp.82-83.

[43] For example, in response to claims that nuclear deterrence has been successful in the Russia-Ukraine conflict, the Nuclear Weapons Ban Monitor points out that the war 'has highlighted the limits of what nuclear weapons can do: they did not deter Russian aggression; they have not aided Russia in its military quest to take Ukraine; they cannot win the war for Russia; and they are only *potentially* useful for preventing a nuclear war while incentivising risk-taking that could lead to that very outcome': Nuclear Weapons Ban

Opponents of nuclear deterrence also highlight significant weaknesses with the notion that the doctrine prevents nuclear attacks. One of the key arguments critics articulate is the fact that nuclear deterrence is not something inherent to nuclear weapons themselves.[44] That is, the mere existence of nuclear weapons in State A does not in and of itself deter State B from deploying nuclear weapons against State A. Rather, nuclear deterrence is a doctrine whose efficacy depends on the credibility of State A's threat to use nuclear weapons. This in turn is contingent not only on the status of State A's nuclear weapon stocks but also the plausibility of its willingness to deploy nuclear weapons in particular situations and the extent to which State B can actually be deterred.[45] If any part of this calculation fails, the game is over and the protection that deterrence offers evaporates. In the case of Northeast Asia, there are serious doubts about the willingness of the US to actually use its nuclear weapons in defence of Japan or South Korea.[46] Any use of nuclear weapons would come with significant reputational costs to the US and there are questions as to whether the US would deem either state valuable enough to risk its reputation as well as possible military consequences that could flow from using nuclear weapons.[47] Furthermore, there are persistent queries about whether deterrence has any significant impact on North Korea.

The idea that deterrence prevents nuclear war also relies on leaders acting in so-called 'rational' ways at all times including during national emergencies.[48] Within this system there is plenty of room for mixed messages, assumptions, fears, tempers, mistakes and miscalculation to disrupt the finely balanced doctrine and a nuclear exchange to ensue.[49] In our view, the precarity of this state of affairs means that far from providing a path to international security and stability, nuclear deterrence poses a significant threat to it.

A final point to note is that there is very low public support in the US, Japan and South Korea for the US to use nuclear weapons in defence of Japan or South

---

Monitor, 2022, https://banmonitor.org/files/Nuclear-Weapons-Ban-Monitor/TNWBM_2022.pdf p.9. See also Deterrence Dogma, above n 42, p.94; Michael MccGwire, "Appendix 2: Nuclear deterrence", *International Affairs* 82(4), 2006, pp.780-781.

44 Deterrence Dogma, above n 41, pp.83-84.
45 *Ibid.*, p.84.
46 *Ibid.*, p.84.
47 Roehrig, above n 8, pp.23-35.
48 *Ibid.*, pp.20-23.
49 Deterrence Dogma, above n 41, pp.84-85.

Korea. A study conducted across all three countries revealed that the aggregate support in the three countries for the US deploying nuclear weapons in retaliation for an armed attack on Japan or South Korea was just 14.1 per cent.[50] The study's respondents had a strong preference for conventional military options to be used or diplomatic, non-military resolution approaches.[51]

V. Conclusion

In conclusion it is apparent that there are number of international legal concerns with the US extending nuclear deterrence to Japan and South Korea. While the broad, general US commitments to place the two countries under its nuclear umbrella do not violate article 2(4) of the UN Charter, specific nuclear threats that the US has made in defence of the two countries at various points in time do breach it. Further, the nuclear disarmament obligation in Article VI of the NPT means that the time is fast approaching (if it is not already here) when Japan and South Korea will need to give up their position under the nuclear umbrella to show that they are working in good faith to pursue nuclear disarmament.

Outside the legal issues there are strong policy reasons for Japan and South Korea to forgo their reliance on extended nuclear deterrence. Chief among them is the fact that nuclear deterrence rests on very shaky, fragile foundations which, in reality, provide very little security or guarantee for peace. These factors mean that, in our view, it is time for Japan and South Korea to reevaluate their dependence on extended nuclear deterrence and begin exploring other, more well-founded forms of security for the decades ahead.

---

50   Allison et al., "Under the Umbrella: Nuclear Crises, Extended Deterrence, and Public Opinion", *Journal of Conflict Resolution* 66(10), 2022, p.1765, pp.1779-1780.
51   *Ibid.*, p.1779.

朝鮮半島と北東アジアにおいての拡大抑止：
法的及び政策的懸念

アンナ・フッド
オークランド法学部副教授

I. 序論

  日本も韓国も核兵器を持っていない中、この両国は1950年代以来米国の拡大抑止に依存してきている。拡大抑止('核の傘'とも言われる概念)というのは、核兵器保有国が核兵器の使用もしくは使用威嚇を通して非核同盟国を防御するのに同意する安保保障である[1]。この安保保障の裏面にある考え方は、核兵器保有国が自国の核兵器を使用して自国の同盟国を保護するという、信頼できる威嚇によって非核保有国に対する敵の潜在的攻撃が抑止されるということだ[2]。

  拡大抑止にはいくつかのモデルがある。あるモデルは保護される国の領土に核兵器を配置するのを伴い、他のモデルは同盟国を防御するために必要な場合自国の領土に置いてある核兵器を使用する準備ができている安保保障提供国に依存する[3]。日本と韓国にはこの2番目のモデルが適用されており、現在両国とも自国の領土に核兵器を配置してはいない[4]。

  日本と韓国の歴代政府は、様々な理由で米国の核の傘の下にあることを擁護してきた。最も重要なことは、この両国が米国の核の傘が他の核保有国－冷戦時代には中国とソ連、2006年以来は北韓－の攻撃から自国を保護してくれると信じているということだ。さらに、日本と韓国は米国の核保護に依存することができ、自ら核保有国になるべきだと考えないと主張する。

  拡大抑止は一見には日本と韓国の安保を強化するかのように見えるが、綿密に検討すると、国際法上いくつかの深刻な問題を提起し、両国の平和と安全に重大な危険をもたらすという点が

---

1 Anna Hood and Monique Cormier, "Can Australia Join the Nuclear Ban Treaty without Undermining ANZUS?", *Melbourne University Law Review*, 2020, p.132, pp.137-138.

2 *Ibid.*

3 Tom Sauer, "US Extended Nuclear Deterrence in Europe and East Asia: A Comparative Analysis", *Asian Affairs* 53(3), 2022, p.500, 501.

4 しかし、歴史的に日本と韓国両国は自国の領土に米国の核兵器が配置されていた。日本では核兵器が1972年に撤去された。韓国では1958年から1991年まで核兵器が配置されていた。

明らかに表れる。今回の発表文の目的は、日本と韓国においての拡大抑止が提起する法的及び政策的争点を探求するのである。この探求に先だって、発表文のII部では、1950年代以来両国を支配してきた拡大抑止の教理を説明する。相次ぎIII部では拡大抑止が米国、日本、韓国に提起する二つの国際法的問題、すなわち憲章の第2条4項上の問題と核拡散禁止条約(NPT) 第6条の難題を分析する。IV部では、拡大抑止が北東アジアの平和と安全にどうして問題になるかを探求する。V部では、結論を簡略に纏める。

II. 日本と韓国においての拡大抑止の概観

1950年代以来、米国は日本と韓国に拡大抑止を提供してきた。これから議論していくと思うが、拡大抑止教理が施行されてから大部分の期間中、米国の拡大抑止提供は両国が武力攻撃に直面すると両国を防御するため核兵器を使用するという一般的な約束の形(即ち、ある特定の国家を狙っていない約束)を取った。しかし、時々米国は日本と韓国を保護するために特定の国家を相手に具体的な核威嚇を施した。

A. 日本においての拡大抑止の概観

一般的に知られているように、日本は1951年米国と安保条約を締結する際はじめて米国の核の傘の下に入った。米日安保条約第1条は次のように規定している。

> 平和条約及び本条約の効力発生と同時に米合衆国の陸軍、空軍及び海軍を日本国内及びその周辺に配置する権利を、日本国は許与し、米合衆国はこれを受諾する。この軍隊は極東の国際平和と安全の維持に寄与し、さらに一つ又は二つ以上の外部国家による教示又は干渉によって引き起こされた日本国内における大規模の内乱及び擾乱を鎮圧するため、日本国政府の明示的要請により提供される援助を含め、外部からの武力攻撃に対する日本国の安全に寄与するために用いることができる。

この条項の概念 ―米国の国際平和と安全及び日本の安全を維持するために日本内とその周辺で陸軍、空軍及び海軍を運用するという概念―は、米国が日本を防御するために核兵器を使用できるということを含むものと見える[5]。

1960年に両国間相好協力及び安保条約が締結される中、米国の核の傘の下での日本の立場はさらに強化された。この条約の第5条は次のように明示している。

---

5   Sauer, above n 3, p.503.

各締約国は日本国の市政下にある領域において、ある一方に対する武力攻撃が自国の平和と安全を危うくすることであるのを認め、自国の憲法上の規定及び手続きによって共通の危険に対処する為に行動すると宣言する。前記の武力攻撃及びその結果によって取られた諸般の措置は、国際連合憲章第51条の規定により国際連合安全保障理事会に忽ち報告されなければならない。そのような措置は安全保障理事会が国際平和と安全を回復し、維持するために必要な措置を取る際には中止すべきである。

当時、この条項は米国が、武力攻撃が発生する場合日本を防御すると公約し、必要な場合、核兵器を使用する準備ができていると埋解される[6]。以降にも米国は第5条が日本を防御するために核兵器を使用するという約束を含めるという点を再び再確認した。例えば、米国と日本が発表した2023年米日安保協議委員会(2+2)共同声明には'米国は核を含むあらゆる能力を活用し、米日安保条約第5条によって日本を防御するとの確固な約束を再確認した'と明示している[7]。

安保条約に含意されており、2023年共同声明のような声明に明示されている米国の日本防御のための核兵器使用の約束は非常に一般的な約束である。これは特定国家に対してや特定状況に核兵器を使うという約束ではない。しかし、米国がこのような一般的な約束を越えて日本のためもっと具体的な核誓約をしたことも何回かある。例えば、2006年にあった北韓の初の核実験の後、米国の国務長官は次のように語った。

> 米国の役割は、北韓を含むあらゆる相手に対して、米国が(日本との)相好防衛条約による義務を徹底的に認め、行動するという事を確実に銘ずるようにすることである。米国は自国の抑止力と対日安保公約のあらゆる範囲ーここで私は'あらゆる範囲'である事を強調したいーを満たす意志と能力を持っている[8]。

以上の米国務長官の発言の'米国の抑止力と対日安保公約のあらゆる範囲ーここで私はあらゆる範囲である事を強調する'という言及が、米国の核兵器とこれら核兵器を日本防御のために使用する準備ができていることを示しているのは明確である。さらに北韓を指名することで、米国は北韓が隣国を相手に武力攻撃を行なう場合、北韓に対して核兵器を使用すると威嚇しているように考えられる。

---

6   *Ibid*.

7   US and Japan, 'Joint Statement of the Security Consultative Committee (2+2) (11 January 2023), https://jp.usembassy.gov/joint-statement-security-consultative-committee-2plus2/.

8   As quoted in Terence Roehrig, "Japan, South Korea and the United States Nuclear Umbrella", Columbia University Press, 2017, p.19.

B. 韓国においての拡大抑止の概観

日本と韓国の拡大抑止の内訳の間には多様な類似点がある。韓国は1954年韓米相好防衛条約が発効され、はじめて米国の核の傘の下に入った[9]。この条約の第3条は次のように規定している。

> 各締約国は、他の締約国の行政支配下にある領土と各締約国が他の締約国の行政支配下に合法的に入ったと認める今後の領土において、他の締約国に対する太平洋地域における武力攻撃を自国の平和と安全を危うくすることと認め、共通の危険に対処するため各自の憲法上の手続きによって行動することを宣言する。

米日相好協力及び安全保障条約第5条と同じく、この条項は米国が必要に応じて、韓国を防御するために核兵器を使用できる権限を与えるものと理解される。米国はこれを今まで数多くの声明を通じて確認した。例えば、2006年韓米安保協議会議以降、発表された共同声明は"ランスペルド長官は米国の核の傘による拡大抑止の継続を含め、韓米相好防衛条約に基づく米国の韓国に対する強固な公約と速やかな支援を保障した"と明示している[10]。

このような一般的な拡大抑止の約束に加え、米国は核兵器で韓国を保護するというより明確な威嚇を北韓に時々施した。2016年の北韓の核兵器実験に対し、米国は核兵器を搭載できるB-52爆撃機一機を、戦闘機2機と一緒に韓国の上空に出撃させたのがその一例である。当時米国はこの措置が'最近北韓の挑発行為に応対した'ことであると明らかにする声明を発表した[11]。以下で説明するが、核威嚇は言葉だけでなく行動でも行なわれるし、上記の例において核を搭載できるB-52爆撃機の韓国上空飛行と、北韓の核実験に對應するためのものだったという声明の組み合わせは、北韓が攻勢的な行動を続ければ、韓国を防御するために核兵器を使用するという米国の明かな威嚇であった。

III. 拡大抑止をめぐる国際法的問題

米国の核の傘の下にある日本と韓国によってもたらされる二つの重要な国際法的問題がある。第一、この状況は武力の使用威嚇を禁止する国連憲章第2条4項による問題を提起する。第二、NPT第6条による問題を提起する。このIII部ではこの問題を順番に見ていきたい。

9　Sauer, above n 3, p.503.

10　As quoted in Payne, Scheber and Guthe, 'U.S. Extended Deterrence and Assurance for Allies in Northeast Asia' (March 2010) chrome-extension://efaidnbmnnnibpcajpcglclefindmkaj/https://nipp.org/wp-content/uploads/2021/05/US-Extend-Deter-for-print.pdf page 7.

11　'US deploys B-52 bomber over South Korea in show of force after North's nuclear test' ABC (10 January 2016), https://www.abc.net.au/news/2016-01-10/us-deploys-b-52-bomber-over-south-korea/7079540. See also, Roehrig, above n 8, p.19.

A. 拡大抑止が憲章第2条4項に提起する問題

国連憲章第2条4項は次のように規定している。

> すべての加盟国は、その国際関係において、武力による威嚇又は武力の行使を、いかなる国の領土保全又は政治的独立に反するものも、また、国際連合の目的と両立しない他のいかなる方法によるものも慎まなければならない。

拡大抑止の脈絡で提起される核心的な質問は、日本と韓国を防御するために核兵器を使用するという米国の威嚇が、他国に対する武力使用威嚇を禁止した第2条4項を違反するかどうかである。この質問に答えるためには、まず第2条4項でいう威嚇に該当するのが何であるかを説明した後、日本と韓国に対する拡大抑止保障において米国が提起した威嚇がこれに当たるかを見極める必要がある。

1. 第2条4項により禁止される威嚇の類型

国連憲章第2条4項により禁止された威嚇を構成する要素は多様である[12]。

- 第一, 第2条4項による威嚇には、武力を使用するという明示的又は黙示的約束が含まれなければならない[13]。
  - 明示的威嚇は、書面(例：国家法律、政策文書又は政府間の意思伝達)または口頭(例：言論又は演説を通じた声明)で行なわれた威嚇を含む[14]。
  - 黙示的威嚇は、兵器または兵力の急な増強、軍事力デモ又は国防予算の変更のような非言語的根源において表れ得る[15]。また、そのような威嚇は直接的である必要がないことも認められる。例えば、'我々は利用可能なあらゆる手段を動員する'といった言い方も威嚇的であると言える[16]。
- 第二, 第2条4項の範疇に入るためには、威嚇が脅かされる実体に伝わるべきである[17]。

---

12 The points below are drawn from our article Anna Hood and Monique Cormier, "Nuclear Threats Under International Law Part I: The Legal Framework", *Journal of Peace and Nuclear Disarmament*, 2024.

13 Marco Roscini, "Threats of Armed Force and Contemporary International Law", *Netherlands International Law Review*, 2007, p.229, 235.

14 *Ibid.*, p.238.

15 James A Green and Francis Grimal, "The threat of force as an action in self-defence under international law", *Vanderbilt Journal of Transnational Law* 44(2), 2011, p.285, pp.296-297.

16 Roscini, above n 13, p.239.

17 *Ibid.*, p.237.

- 第三、威嚇は信頼できるものでなければならない。
  - 何が信頼できる威嚇かという基準は比較的低い[18]。威嚇が間違いなく実行されることを示す必要はなく、威嚇が実行される可能性があることを示すだけで十分である。威嚇の信頼性は、(威嚇される国家が)威嚇を与える国家の威嚇を実行できる能力に注意することにより、また威嚇を与える国家が実際に実行する日程程度の意志、または言質(Commitment)を(威嚇される国家に)見せつけることによって判断される[19]。
- 第四、威嚇は本質的に具体的でなければならない。即ち、威嚇は明示的実体または実体らを指名すべきである。威嚇は一般的であってはならない[20]。
- 第五、第2条4項上の威嚇は、威嚇する武力が第2条4項に基づいて違法な場合違法である。この基準は1996年国際司法裁判所(ICJ)の核兵器威嚇または使用の適法性に関する勧告的意見において提示された[21]。
  - 国際法上、武力使用は国連憲章第7章に基づいて行動する国連安全保障理事会により承認されない限り、あるいは武力がある国によって自衛のために使用され、またその自衛の基準を満たさない限り違法である。

以上の基準以外にも、威嚇が強圧的要求—威嚇される実体に対して特定の行動を取れとか取るなと強要すること—を伴うべきかについて議論が行なわれた。一部の学者はそのような強圧的要求が必要であると仮定する[22]。しかし、他の学者らはそのような強圧的要求が必要だという意見を排斥し、ある国が他国に対して武力を使うと威嚇する場合、そのような威嚇が明確な要求を伴うかどうかは関係ないと主張する[23]。我が筆者の意見は、後者のアプローチが最も合理的だと思う。特定の要求を伴う威嚇は禁止しつつ、本質的にそれ以上に深刻であるにも関わらずいかなる要求も伴わない威嚇を許容するのはそれほど合理的でないと考えられる。

もう一つの問題は、第2条4項が、禁止された威嚇がいかなる国の領土保全又は政治的独立

---

18 Isha Jain and Bhavesh Seth, "India's Nuclear Force Doctrine: Through the Lens of *Jus ad Bellum*", *Leiden Journal of International Law* 32, 2019, p.111, 122; Nikolas Stűrchler, *The Threat of Force in International Law*, Cambridge University Press, 2007, pp.259-260.

19 Hannes Hofmeister, "Watch What You are Saying: The UN Charter's Prohibition on Threats to Use Force", *Georgetown Journal of International Affairs*, 2010, p.107, 111.

20 Jain and Seth, above n 18; Bill Boothby and Wolff Heintschel von Heinegg, *Nuclear Weapons Law: Where Are We Now?*, Cambridge University Press, 2021.

21 この決定に先だって、特定の状況においては違法な武力威嚇がそれ自体で第2条4項を違反するのではない場合もあり得るとの主張(R. Sadurska, '武力威嚇', (1988) 米国国際法ジャーナル第239号)が提示されたことがあった。しかし、今日ICJで正式化された威嚇の公式は、国家と評論家らによって幅広く受け入れられており、他の国際司法機関によっても適用されている。Michael Wood, '武力使用、威嚇の禁止'、Max Planck国際法百科事典(Oxford University Press、2013);JainとSeth、上の脚注18。

22 Wood, above n 21; Sadurska above n 21, p.242.

23 Roscini, above n 13, p.235; Boothby and Heintschel von Heinegg above n 20, p.39.

に反するものも、また、'国際連合の目的と両立しない他のいかなる方法'の威嚇であると明示しているという点だ。これはある威嚇が憲章に反するものと認められる状況を限っているように見えるが、国連憲章の準備文書(travaux préparatoires)は、以上の言葉が威嚇と認められる状況を限る意図でなかったことを示している[24]。しかし、第2条4項を狭く解釈しても、核威嚇は禁止される。核兵器使用威嚇が、国家の領土保全や政治的独立を威嚇しない例を想像するのが(不可能ではなくても)非常に難しいためである。また、(核兵器使用威嚇が)国際平和と安全の維持、友好関係の発展、国際協力と和合の達成を含む国連の目的とも一致しないことは言うまでもない。

2. 日本と韓国を防御するために核兵器を使用するという米国の威嚇は第2条4項に反するか

以上のII部で説明したように、米国は異なる時点に日本と韓国を防御するために核兵器を使用するとの一般的な威嚇と、両国を保護するために北韓に対する具体的な核威嚇をなしてきた。国連憲章第2条4項が具体的実体(a specific entity)を特定しない一般的な威嚇を禁止しないという点を考えると、米国が日本と韓国が自国の核の傘の下におり、またこれらの国が攻撃されれば、防御するために核兵器を使うという一般的な宣言をする場合は第2条4項を違反するのではないのだ[25]。

しかし、具体的な威嚇に関しては話が変わる。まず、米国が北韓に対して核兵器を使うと威嚇する場合、このような威嚇は、威嚇に関する第2条4項の禁止に違反する。このような威嚇が、国連憲章第51条にある自衛の規則を満たせば合法的なものと見なされるだろう。第51条は、国は'武力攻撃が発生した場合、個別的または集団的自衛の固有な権利'を持つと規定している。このような自衛権の定式化が三つの核心的な構成要件を持つことは広く認められている。第一に、武力攻撃が発生したか、又は差し迫ってなければならない[26]。武力攻撃は質的に重大な武力行使がなされなければならず、軽微な軍事的侵入だけでは不充分である[27]。第二に、自衛としての武力使用は、武力攻撃を終わらせるか、差し迫った攻撃を防ぐのに必要なものでなければならない[28]。第三に、武力使用は当面した威嚇に比例しなければならない[29]。非常に心配ではあるが、北韓の核実験は韓国に対する武力攻撃とか差し迫った武力攻撃の証拠にはならない。このような点を考えると、日本や韓国のために北韓に加えられた米国の具体的な核威嚇は、自衛の教理に基づいて正当化されがたい。結果的にこのような具体的な威嚇は国連憲章に違反するのだ。

24　James Crawford, *Brownlie's Principles of Public International Law* (9th ed.), Oxford University Press, 2019.
25　これは、米国と日本、米国と韓国の間に施行中である両国間の安保条約は勿論、日本と韓国が米国の核の傘の下にあるという、米国の一般的な宣言は第2条4項の違反ではないことを意味する。
26　一部の国家と国際法律家らは、将来の威嚇に対して先制的に自衛権を行使できると主張するが、これは広範囲に批判されており、確立された法として認められるほど十分な数の国によって受け入れられていない。
27　Green and Grimal, above n 15, p.316.
28　Jain and Seth, above n 18, 126-7; Wood, above n 21.
29　Jain and Seth, above n 18, 126-128; Wood, above n 21.

B. 拡大抑止がNPT第6条に提起する問題

拡大抑止が提起する二番目の国際法的問題は、NPT第6条に含まれた軍縮条項と関係がある。第6条は次のように規定している。

> 当締約国は、いち早い内の核兵器競争の中止及び核軍縮のための効果的な措置に関する交渉と、厳しく効果的な国際的統制下の一般的及び完全な軍縮に関する条約締結に関する交渉を誠実に追求することを約束する。

第6条は、核保有国だけでなくすべてのNPT締約国に適用されるので、日本と韓国は'核軍縮のための効果的措置に関する交渉を誠実に追求'しなければならない。

日本と韓国は、拡大抑止に対する依存と核軍縮に対する強い信念が両立でき、この両方ともに専念していると長い間主張してきた。両国は核兵器のない世界を向けて努力することを望むが、すべての核兵器が廃棄されるまでは(安保上の理由で)米国が提供する拡大抑止に依存する必要があると主張する[30]。しかし、このようなアプローチが国際法によって支えられているかは確かではない。筆者が見るには、日本と韓国は世の中から最後の核兵器が無くなるまで米国の核の傘の下に残るわけにはいかない。その代わり、NPT第6条は両国がはるかに早い時期に拡大抑止への依存を諦めることを要求するだろうし、おそらくその時点は今である。これが事実である理由を立証するためには、まず第6条上の義務の範囲が何であり、その義務が日本、それから韓国とどのような関係があるかを説明する必要がある。

1. NPT第6条の範囲[31]

長い間NPTの核軍縮義務を正確にどのように解釈すべきかについて論争があった。概して、'二重義務'のアプローチと'文言的意味'の義務と言う二つの主要学説がある[32]。

第6条に対する'二重義務'のアプローチは、国際司法裁判所によって1996年核兵器威嚇あるいは使用の適法性に関する勧告意見を通じて進展された。裁判所は、第6条が各国に二つの措置を要求すると判決した。

---

30 See, Sayuri Romei, "Japan and the Nuclear Challenge in a New Era of Rising Tensions: Balancing Between Disarmament and Deterrence", *Journal of Indo-Pacific Affairs* 66, 2019.

31 Please note that the information in the following section is drawn from Monique Cormier and Anna Hood, "Australia's Reliance on Extended Nuclear Deterrence and International Law", *Journal of International Law and International Relations* 3, 2017.

32 第6条が要求するのは、(ある結果を達成する義務ではなく)NPT締約国らが軍縮交渉を追求するという最小限の義務であるという主張もあるが、このような見解は非常に批判されており、一般的に受け入れられていない。Cormier and Hood,'オーストラリアの依存',上の脚注31を参照。

- 誠実に核軍縮交渉を追求すること(これは行為義務だ)
- 厳しく効果的な統制の下、あらゆる側面で核軍縮に至る交渉を妥結すること(これは正確な結果を達成する義務である) 33

裁判所が二重義務の解釈を通じて、締約国がまだ交渉を妥結できなかった事実のため、締約国が現在第6条を違反していると言う意図ではなかったように見える。それよりは、軍縮のための交渉を続けるだけでは十分ではない時点を控えており、結局核軍縮を達成できなければNPT締約国らが、第6条のこの側面を違反する時が来るだろうことを意味する34。

第6条の解釈に対する二番目のアプローチは、'文言的意味'の解釈だ。このアプローチは実質的効果の面で二重意味と大きくは変わらないが、多くの国際法学者たちの支持を受けているだけに、文言的意味の解釈要素を提示するのが重要である。文言的意味解釈の核心的な要素は、第6条に核軍縮の期限や方法が明示されていないため、この条項の法的義務を解釈する鍵は、'誠実に交渉を追求する'という意味が何かによって左右されるという点である。信義誠実の原則は、'国際法の確立された原則'である35。条約法の特別報告官でICJ裁判官であったジェネラル・ピーツモリス(Gerald Fitzmaurice)は、国際法上の信義誠実に関して次のように説明した。

> この原則の核心は、ある国が特定の方法で行動できる完全な権利を持てるといっても、その国は濫用に該当する方法で権利を行使してはならないということだ。国家は信義誠実に、そして責任感をもって権利を行使しなければならず、国家のなす行動に対する善意の理由がなければならないし、恣意的で気まぐれに行動してはならない36。

国際法上の信義誠実の一般原則に加えて、信義誠実に交渉する義務は、この原則の具体的な適用であると思われる37。そのため、諸国はこの原則を守るためには" '真似すること'以上のものが必要である"38。例えば、1969年北海大陸棚事件においてICJは次のように判決した。

33　具体的に、裁判所は'厳しく効果的な統制にすべての面で核軍縮へとつながる交渉を誠実に追求し、妥結する義務がある'と明示した。核兵器威嚇または使用の適法性、勧告的意見、[1996] ICJ Rep 226, 268.
34　Cormier and Hood, "Australia's Reliance" above n 31, pp.28-29.
35　*Nuclear Tests Case (Australia v France)*, Judgment [1974] ICJ Rep 253, 268. See also Guy S Goodwin-Gill, "State Responsibility and the 'Good Faith' Obligation in International Law", in Malgosia Fitzmaurice & Danesh Sarooshi (eds.), *Issues of State Responsibility Before International Judicial Institutions*, London: Hart Publishing, 2004, p.86.
36　Gerald Fitzmaurice, "The Law and Procedure of the International Court of Justice, 1951-54: General Principles and Sources of Law" (1953) 30, *British Yearbook of International Law* 1, pp.12-13.
37　Goodwin Gill, above n 35, 88.
38　Daniel Joyner, "The Legal Meaning and Implications of Article VI of the Non-Proliferation Treaty" in Gro Nystuen et al. (eds.), *Nuclear Weapons under International Law*, Cambridge University Press, 2014, p.397, 407.

締約国は単に形式的な交渉の手続きを進めるのではなく、合意に至るための目的をもって交渉に臨む義務がある [...] 締約国は、交渉が意味あるものになるように行動する義務があり、交渉はある一方が自分の立場を修正するのを考慮せず、自分の立場だけをねだると意味がなくなるだろう[39]。

1957年ラヌ湖仲裁パネルは、合意を交渉する義務の違反が発生できる場合を次のように決定した。

例えば、不当な議論の中断、異常な遅延、合意された手続きの無視、反対の提案や利害関係の考慮に対する体系的な拒否の場合、より一般的には信義誠実の規則違反の場合[40]

本質的に、交渉が誠実に行なわれるべきという要件は、交渉が有意義であるように諸国はしなやかな準備ができており、妥協する意志がなければならないという意味である。交渉は前に進まなければならず、国家は合理的でない遅延を引き起こしてはならない。究極的に合意に至るために真面目な努力がなされなければならない[41]。

文言的意味の解釈は、締約国らが実際に核軍縮を達成するための目的で、誠実に交渉に臨む義務を課す。これは核軍縮の達成をNPTによる法的な義務の一つとして明示しないという点から、二重の義務解釈とは異なる。文言的意味の解釈は、第6条を結果義務ではなく、行為義務と見なす。しかし実質的に必ず満たされなければならない信義誠実の要件に基づいてその結果を見れば、その違いはわずかである。締約国が'核軍縮[...]に向けた効果的な措置に関する交渉を誠実に追求'する義務を守れば、その通りに進められたら、いつかは全面的な核軍縮に帰結される軍縮措置交渉の明確な軌道が出てくるだろう。完全な軍縮がある段階で予測可能な結果でなければ、その場合、効果的な措置に関する交渉が誠実に行なわれていない可能性が高い。言い換えれば、信義誠実の要素は、締約国が核軍縮のための効果的な措置に関する交渉を行なう場合、合理的な期間内に実際に結果を達成しなければならないことを意味するので、第6条を結果を達成する義務として解釈する必要はない。

39　*North Sea Continental Shelf Cases (Federal Republic of Germany/Denmark; Federal Republic of Germany/Netherlands)*, Judgment, [1969] ICJ Rep 3, para 85.

40　*Lake Lanoux Arbitration (France v Spain)* (1957), 24 ILR 101, 23 (Arbitral Tribunal set up under a Compromis dated 19 November 1956, pursuant to an Arbitration Treaty of 10 July 1929, between France and Spain) (Arbitrators: Petrén, President; Bolla, De Luna, Reuter, De Visscher).

41　For further analysis of the obligation to negotiate in good faith, see Legal Memorandum from the International Association of Lawyers against Nuclear Arms and the International Human Rights Clinic at Harvard Law School, 'Good Faith Negotiations Leading to the Total Elimination of Nuclear Weapons: Request for an Advisory Opinion from the International Court of Justice' (2009); Daniel Rietiker, "The Meaning of Article VI of the Treaty on the Non-Proliferation of Nuclear Weapons: Analysis Under the Rules of Treaty Interpretation" in Jonathan L Black-Branch and Dieter Fleck (eds.), *Nuclear Non-Proliferation in International Law*, Volume 1, T.M.C. Asser Press, 2014, pp.58-59.

2. 米国の拡大抑止に依存する日本と韓国に対する第6条の適用

二重義務のアプローチと文言的意味の義務アプローチの結末は、米国の拡大抑止への日本と韓国の依存が、遠くないうちに(すでにその時点に達しているわけでなくても)NPT第6条を違反することになる可能性は非常に高いということだ。この二つのアプローチとも、日本と韓国が核軍縮に向かって進むのに寄与する信義誠実な交渉に臨むことを要求するためである。これは、核抑止政策により、核軍縮のための信義誠実な交渉がこれ以上進行するのに困難な時期が(すでに渡来したわけでなくても)来る可能性があることを意味する。この場合、日本と韓国のような非核国家は、核軍縮のためにできることがもはやなくなる時点が来るだろうし、その時必要な措置は拡大抑止に対する依存を諦めることだ。そうなると、日本と韓国は妥協して拡大抑止政策を放棄する意志を示すか、あるいは第6条の信義誠実要素を違反する危険を甘受しなければならない。米国のような核保有国は、既存の核兵器の物理的破壊を含む追加的な軍縮責任があるため、核抑止に対する依存を維持するのが問題にならない。例えば、米国は核兵器の備蓄分を削減する措置を取る一方で、そのような措置が第6条を満たすのに十分な限り、核抑止を合法的に維持できる。日本と韓国は、第6条による他のあらゆる交渉義務を果たしたら米国の核保護に引き続き依存することはできない。

日本と韓国は、拡大抑止に対する依存を諦める前に、核軍縮をさらに進展させるための別の措置を取ることができる。しかし現在両国とも核軍縮のための意味ある措置を取っている証拠は殆どなく、これは両国とも第6条を違反する深刻な危険に置かれているという展望を提起する。

IV. 拡大抑止の政策的問題

北東アジアで拡大抑止理論を批判する国際法的問題以外にも、この政策が廃棄されるべき多くの政策的理由がある。このパートでは主な懸念事項をいくつか簡単に説明する。

核抑止を支持する人々は、核抑止が核保有国であれ非核国家であれ、両者とも核武装国家と戦争することを防ぎ、また'相好確証破壊'の概念が核武装国家が互いに対して核兵器を展開するのを止めるため、安保を強化すると主張する[42]。しかし、抑止力の批判者たちは、この論理の多様な欠陥に注意を促す。核抑止が戦争を防ぐという考え方に答えて、彼ら批判者は核時代に発生する核保有国が係わった一連の通常戦争の事例を指摘する[43]。

42　Nick Ritchie, "Deterrence Dogma? Challenging the Relevance of British Nuclear Weapons", *International Affairs* 85(1), 2009, pp.82-83.

43　例えば、核兵器禁止モニターは、ロシア-ウクライナ戦争において核抑止が成功的だったという主張に対し、この戦争は'核兵器にできる事の限界'を強調した。核兵器はロシアの侵略を抑止できなかったし、ロシアがウクライナを占領するために軍事的に追求するのに役に立たなかったし、ロシアが戦争に勝つように助けてもないし、核戦争を引き起こせる危険負担を煽る一方、核戦争を防ぐのにおいては潜在的に有用であるのみだ"。核兵器禁止モニター、2022, https://

核抑止の批判者たちはまた、核抑止が核攻撃を防止するという概念の重大な弱点を強調する。批判者たちが明かした核心的な論拠の一つは、核抑止力が核兵器そのものに固有するものでないという事実だ[44]。即ち、A国が単に核兵器を保有しているということ自体が、B国がA国を相手に核兵器を使用しないように抑止するのではないということだ。もっと正確に言うと、核抑止はA国の核兵器使用威嚇の信頼性により、その(抑止の)効果が左右される教理である。結果的にA国の核兵器備蓄状態で左右されるだけでなく、特定の状況において核兵器を使用する意思の妥当性及び、B国が実際に抑止される程度によっても左右される[45]。この計算が一つでも間違ったら、ゲームは終わり抑止力が提供する保護は消えてしまう。北東アジアの場合、米国が日本や韓国を防御するために実際に自国の核兵器を使用する意志があるかに対する深刻な疑義がある[46]。いかなる核兵器の使用も、米国に相当な名声の失墜をもたらすだろう。米国が核兵器の使用で発生しうる可能な軍事的結果は勿論、自国の名声失墜を耐えるに十分なだけ、韓国または日本が米国に価値があると考えるかに対したいろんな疑問がある[47]。さらに抑止が北韓に意味ある影響を及ぼすかどうかについての疑問も絶えず提起されている。

抑止力が核戦争を防ぐという考え方はまた、指導者たちが国家の非常事態を含め、いつでもいわゆる'理性的'な行動をとることに依存する[48]。このシステムの中では食い違った伝言、仮定、恐れ、気短、間違い、誤った判断などが緻密にバランスの取れた教理を乱し、核交換を引き起こす余地が十分にある[49]。筆者が見るに、このような状況の不安定性は、核抑止が国際安全と安定に道を提供するどころか、むしろ深刻な威嚇を引き起こすことを意味する。

最後に注目すべきことは、米国、日本、韓国において、米国が日本や韓国を防御するために核兵器を使うことに対する大衆の支持が非常に低いという事だ。この三か国にわたって実施された研究によると、日本や韓国に対する武力攻撃の復仇として、米国が核兵器を使うことに対する三か国での合計支持率は14.1%にすぎなかった[50]。この研究の回答者たちは、通常の軍事案の利用または外交的・非軍事的解決方法を強く好んだ[51]。

---

banmonitor.org/files/Nuclear- Weapons-Ban-Monitor/TNWBM_2022.pdf p. 9. 又、抑止ドグマ、上の脚注42、94ページ; Michael MccGwire, '附録 2: 核抑止' (2006) (82(4) 国際問題, 780-781頁参照。

44　Deterrence Dogma, above n 41, pp.83-84.
45　*Ibid.*, p.84.
46　*Ibid.*, p.84.
47　Roehrig, above n 8, pp.23-35.
48　*Ibid.*, pp.20-23.
49　Deterrence Dogma, above n 41, pp.84-85.
50　Allison et al., "Under the Umbrella: Nuclear Crises, Extended Deterrence, and Public Opinion", *Journal of Conflict Resolution* 66(10), 2022, p.1765, pp.1779-1780.
51　*Ibid.*, p.1779.

V. 結論

　結論的に、米国が日本と韓国に核抑止を拡張することに対して、多くの国際法的懸念があるということは確かである。韓国と日本両国を核の傘の下に置くと言う米国の広範囲で一般的な約束は、国連憲章第2条4項に違反しないとしても、米国が多様な時点で両国を防御する為に行なった具体的な核威嚇は国連憲章第2条4項に違反する。さらに、NPT第6条の核軍縮義務は、日本と韓国が核軍縮を追求するために誠実に努力していることを示すため、核の傘の下にいる地位を放棄すべき時期が(すでに渡来しなかったとしても)速やかに近づいて来ていることを意味する。

　法的問題以外にも、日本と韓国が拡大抑止への依存を放棄しなければならない強力な政策的理由がある。その内最も重要なのは、核抑止が非常に不安定で脆弱であり、実際には安全や平和のための保障をほとんど提供しない土台に基づいているという点である。我らが考えるには、これらの要素は、まさに今が日本と韓国が拡大抑止依存を再評価し、今後数十年の間、他のより堅固な形の安保を探索し始める時であるということを意味する。

3 토론문

확장억제의 불법성

고영대
평화통일연구소 상임연구위원

　이 글은 안나 후드 교수의 발제문에 대한 토론문으로, 사실 관계와 법리 측면에서 미국이 남한에 제공한 확장억제에 대한 주최측의 몇 가지 이견을 제시한 것이다. 토론자의 무지가 발제문의 논지를 부당하게 훼손하지 않았는지 우려된다. 발제자의 기탄없는 반론을 기대한다.

1. 한미상호방위조약 4조가 "미국이 필요시 한국 방어를 위해 핵무기를 사용할 수 있는 권한을 부여한 것으로 이해"될 수 있는가?

1-1. "미국이 핵우산 아래 있는 국가들과 체결한 어떤 방위조약도 핵보장을 포함하고 있지 않지만, 각 조약은 미국의 핵보호의 공식적 근거로 된다."[1]는 주장은 일반적으로 사실에 부합한다.

1-2. 한미상호방위조약, 나토 조약, 미일상호방위조약 등 미국이 맺은 상호방위조약은 미국에 핵무기 사용 권한을 명시적으로 부여하고 있지 않다. 이는 각 조약이 초기에는 재래식 조약으로 출발했기 때문이다. 미국이 핵무기를 독과점하던 시기의 대소 봉쇄 정책 하에서 미국은 한국전쟁, 양안 분쟁(1954), 베트남 전쟁(1954) 등의 사례에서 보듯이 핵무기 사용의 자유를 누리고자 했다. 그렇지만 미국은 상호방위조약에 핵무기 사용을 명문화해 이를 타 당사국과의 협의/합의 대상으로 삼음으로

---

[1] Keith Payne, "Extended Deterrence and Assurance for Allies in Northeast Asia", 2010.3., p.4.

써 핵무기 사용이라는 자국의 헌법적 권한이 조약으로, 국제법적으로 구속되는 것을 피하고자 했던 것으로 보인다. 이러한 미국의 이해와 덴마크·노르웨이 같은 일부 지역 비핵국가들의 핵무기에 대한 견제가 작용해 미국을 후견국으로 하는 조약들은 재래식 동맹으로 출발했다고 볼 수 있다. 이에 미국의 타 당사국에 대한 핵우산이나 확장억제 보장은 주로 하위 (비밀) 협정이나 정책 선언 등을 통해 이뤄졌다. 이는 상호방위조약 자체가 핵우산이나 확장억제를 제공했다기보다는 그 근거를 제공하거나 토대의 역할을 했을 뿐이라는 사실을 말해 준다.

1-3. 나토 조약 5조를 "조약의 문언에 부여되는 통상적 의미에 따라"[2] 해석하면 핵무기 사용 권한을 미국에 부여하는 명시적 규정을 포함하고 있지 않다. 나토 결성 당시 "덴마크는 나토 조약과 1~2차 전략 개념(비밀)에서 핵무기가 언급되는 것을 막았다. 3차 나토 전략 개념(1957)에 가서야 비로소 핵무기에 대한 언급이 명시적으로 이루어졌다."[3] 한 걸음 더 나아가 "1957년 파리 나토 정상회담에서 유럽에 미국의 전술핵무기를 배치하기로 합의하였다." 이 합의에 근거해 "벨기에, 네덜란드, 서독, 영국, 이탈리아, 튀르키예, 그리스가 미국과 비밀 핵공유협정을 체결"[4]하여 이를 도입했다. 이에 앞서 영국(1954), 서독(1955) 등 개별 국가별로 미국의 전술핵무기가 배치되었다. 나토 회원국들에 전술핵무기가 배치된 것은 미국의 핵전략이 전략핵무기 중심의 대량보복 전략에서 전술핵무기의 역할을 강조한 '뉴뉴룩 전략'(NSC 5501(1955.1.7)을 통해 공식화)으로 변화된 데 따른 것이다.[5]

1-4. 미·일 구안보조약(1951) 1조와 미·일 신안보조약(1960) 6조[6]도 미국에 핵무기 사용 권한을 명시적으로 부여하고 있지는 않다. 평화헌법과 국민적 반핵 정체성에 비추어 동맹 초기 일본 정부는 재래식 동맹을 표방하였다.

1-4-1. 그럼에도 불구하고 미국은 1954년 말 오키나와를 시작으로 1955년 7월[7]부터는 일본 본토에도 전술핵무기를 배치(극동사령부(Far East Command : FEC) 운용 절차(Standing

---

2　조약법에 관한 비엔나 협약 제31조 1항.
3　Tom Sauer, "US Extended Nuclear Deterrence in Europe and East Asia: A Comparative Analysis", 2022.6.6, p.5.
4　위와 같음.
5　이병구, 「미국의 제1차 상쇄전략과 전술핵무기 한반도 배치: 펜토믹 사단 개편과의 연계성을 중심으로」, 2021.4.30.
6　미·일 신안보조약 5조는 조약의 적용 범위 및 발동 요건에 관한 조항으로 병력·장비(핵무기) 도입과 직접 관련이 없다.
7　Hans Kristensen, "Japan Under the US Nuclear Umbrella", 1999.7.21.

Operating Procedure : SOP))하면서 미일동맹을 사실상 핵동맹으로 운영했다. 미국은 미·일 구안보조약 체결에 적극적이었고 무엇보다도 미·일 구안보조약은 점령국과 피점령국 간 관계가 투영되어 있는 불평등 조약으로, 일본 정부의 공식적인 부인에도 불구하고 미국은 필요할 경우 자신의 의지대로 핵무기를 배치, 사용할 수 있는 권한을 확보하고 있었던 것으로 보인다.

1-4-2. 한미상호방위조약 비준 동의를 위한 미 상원 청문회에서 당시 덜레스(Dulles) 미 국무장관은 "미군의 일본 배치는 미국의 일방적인 권리로 일본이 거부할 수 없는 것이지만 한국의 경우는 상호적인 것으로 한국의 반대가 있으면 배비할 수 없다."[8]고 증언했다. 대소·대중 군사적 대결을 위한 전진기지로서의 일본에 대한 미국의 핵무기 배치와 사용 권한도 다르지 않았을 것으로 상정할 수 있다.

1-4-3. 전술핵무기 일본 본토 배치와 관련해 미·일 정부 간에 오간 비밀 서신에서 일본 외무상은 "일본 국회 내에서의 어떤 토론도 미국 정부가 어떤 특정 조치를 취하도록 구속할 수 없다."[9]는 입장을 미국 정부에 밝혔다. 이는 미·일 구안보조약(1951)이 미국의 일본 내 핵 활동에 아무런 제약을 가할 수 없었음을 말해 준다.

1-4-4. 비키니섬 사건(1954.3.)을 계기로 촉발된 일본인들의 반핵 투쟁으로 일본 본토에 배치된 전술핵무기는 1960년—오키나와는 1972년—까지 철수되었지만, 일본 당국은 비밀협정을 통해 통행권 등 일본 내 미국의 핵 기득권을 보장했다. 또한 중국의 핵실험을 계기로 1965년 미국은 일본에 최초로 핵우산을 제공했으며,[10] 1968년 사토 정권은 마침내 미국의 확장억제 의존 정책—이른바 핵 4정책—을 공식화했다.[11] 나아가 미·일은 북한의 1차 핵실험(2006)을 계기로 안보협의위원회(2+2) 공동성명(2007)에서 미국의 대일 확장억제 제공을 공식화함으로써 미일동맹은 핵동맹으로서의 뿌리를 확고히 내렸다.

8　"MUTUAL DEFENSE TREATY WITH KOREA", U.S. Senate Committee on Foreign Relations.(1954, January 13-14). *Hearings Before the Committee on Foreign Relations, United States Senate, Eighty-Third Congress, Second Session* (21p), U.S. Government Printing Office.
9　Peter Hayes, *Pacific Powderkeg: American Nuclear Dilemmas in Korea*, 1991, p.37.
10　연합뉴스, 2009.6.17.
11　조양현, 「일본 핵무장론의 동향 및 전망」, 2009.8.5; Peter Hayes, 1991, 앞의 책, p.45.

1-5. 한미상호방위조약 4조[12]도 미·일 구안보조약(1951) 1조와 마찬가지로 미국에 핵무기 사용 권한을 명시적으로 부여하고 있지 않다. 그러나 이승만 정권은 한국전쟁에서 미국의 핵무기 사용 의도를 용인했으며 미국 전술핵무기의 남한 배치를 환영했다. 또한 한미상호방위조약 체결 후에도 미국이 수차례에 걸쳐 대북 핵 사용 위협을 가한 데서 볼 수 있듯이, 미국은 한국 정부의 지원 속에 일본 내에서처럼 한국 내 핵 배치와 사용에 관해 자유를 누리고 있었다고 할 수 있다.

1-5-1. 그러나 한미상호방위조약 하에서 미국은 남한에서 핵무기를 일방적으로 배치, 사용하는 데서 미·일 구안보조약 하에 일본에서 부딪혔던 것과는 다른 장애물들에 부딪혔다. 무엇보다도 미국은 핵무기 남한 반입에 따른 휴전협정 위반에 대한 영국 등 한국전쟁 참전국들과 국제사회의 견제와 비판을 크게 우려하고 있었다. 한편 미국은 당초 한미상호방위조약 체결에 부정적이었던 데다, 이승만 정권의 무력 북진통일 기도를 억제해야 했기 때문에 한미상호방위조약에 핵무기 관련 내용이 명시적으로 언급되는 것을 도리어 경계해야 할 처지에 있었다. 한미상호방위조약의 체결로 한반도 무력충돌에 다시 개입되는 것을 우려했던 미국이 한미상호방위조약에 핵 관련 내용을 명문화함으로써 한반도 무력 개입의 가장 극단적인 형태의 하나를 한국과 협의/합의해야 하는 국제법적 구속을 감수하려고 했으리라고는 상정하기 어렵다.

1-5-2. 또한 휴전협정은 재래식 전쟁이었던 한국전쟁에 대한 현상유지적 성격을 띠고 있다. 휴전협정 13항 ㄹ목은 협정 체결 당시 당사자들이 보유한 장비(비행기, 장갑차, 탄약 등)를 파괴·파손 등을 이유로 교체해야 할 경우 "같은 성능과 같은 유형의 무기로 1:1로 교환"하도록 규정하고 있다. 따라서 미국의 대남 전술핵무기 도입은 휴전협정 13항 ㄹ목을 일방적으로 폐기한 미국의 불법적 선언 후에야 가능했다.

1-5-3. 그러나 '극동사령부(FEC) 운용절차(SOP)'(1956.11.)에 따르면 미국의 전술핵무기는 휴전협정 13항 ㄹ목 폐기 이전인 1956년 8월에 이미 남한에 반입된 것으로 보인다.[13] 당시 라드퍼드(Radford) 미 합참의장은 1956년 8월 3일, 남한에 신무기가 도입

---

12 한미상호방위조약 3조는 조약의 적용 범위 및 발동 요건에 관한 조항으로 병력과 장비(핵무기) 도입과 직접 관련이 없다.
13 CBS 노컷뉴스, 2021.9.27.

3 토론문

되었다고 언급[14]함으로써 핵무기 도입 사실을 표면화했다.

1-5-4. 전술핵무기 남한 반입은 주한미군과 한국군의 단계적 억제 전략(뉴뉴룩 전략[15])과 신작전 개념 도입에 따른 것으로, 1957년 봄 주한미군과 한국군의 원자전 상황 하에서의 한국방어 지휘소연습(CPX)이 실시되었다.[16] 주한미군과 한국군은 전술 핵무기 남한 반입 이전부터 이미 핵전쟁 연습을 해왔던 것으로 알려지고 있다.[17] 1958년 10월까지 주한미군 2개 사단이 펜토믹 사단으로 개편되었다.[18] 이로써 재래식 동맹으로서의 한미동맹이 핵동맹으로 전환되었다.

1-5-5. 한편 미국은 1978년 한미연례안보협의회의(SCM)의 공동성명을 통해 핵우산 제공을 최초로 명시적으로 밝혔다. 전술핵무기를 포함한 주한미군 철수에 대한 한국 내 반발 무마와 박정희 정권의 핵무기 개발을 막기 위한 카터 정권의 립서비스였다. 그러나 부시 정권은 2006년 한미연례안보협의회의 공동성명에 확장억제를 명시적으로 보장하는 것을 "완강히 반대"[19]했다. 핵동맹 하에서조차 미국은 정치적 선언에 불과한 핵우산과 확장억제의 명시적 보장에도 소극적이었던 것이다.

1-6. 이상의 내용에 근거할 때 한미상호방위조약 4조가 "미국이 필요시 한국 방어를 위해 핵무기를 사용할 수 있는 권한을 부여한 것으로 이해"된다는 주장은 관련 사실들에 부합하지 않는다.

1-7. 한편 한미상호방위조약 4조가 미국에 핵 사용 권한을 부여한 것으로 이해하는 것은 한미상호방위조약 체결을 통해 미국이 남한에 제공한 조약적·법적 차원의 핵우산 또는 확장억제 보장이 이후 수십 차례에 걸친 대통령과 국방장관의 공동성명/선언 발표를 통해 정치적 선언 차원의 보장으로 도리어 후퇴했다는 모순을 피할 수 없게 된다. 한국전쟁 이후 냉전 대결 격화와 북한의 핵개발 속에서 한반도 핵대결이 점차 격화되어 간 정세 추이―남북, 북미 간 대화와 화해의 특정 시기를 제외한―에 반해.

14　북한연구소, 『북한총람 1945-1982』, 1983, p.1586.
15　이병구, 앞의 글.
16　정래혁, 「육군의 제1차 감군에서 얻은 교훈」, 『국방연구』 Vol.11, 1961, p.43, p.52.
17　『조선일보』, 1956.3.16; 1956.8.9.
18　이병구, 앞의 글.
19　『한겨레』, 2006.10.22.

1-8. 한미상호방위조약 4조가 미국에 핵 사용 권한을 부여한 것으로 이해하는 것은 확장억제의 불법화와 폐기의 문턱을 높이고 핵대결의 일상화·장기화에 기여하게 된다.

2. **"미국이 한국이 자국의 핵우산 아래 있으며, 한국이 공격받을 경우 방어를 위해 핵무기를 사용할 것이라고 일반적 선언을 하는 것은 유엔 헌장 2조 4항을 위반한 것이 아니다"는 주장은 타당한가?**

2-1. 위의 주장은 "위협은 그 성격이 구체적이어야 한다. 즉 특정 대상 또는 대상들을 겨냥해야 하며, 일반적이어서는 안 된다."는 주장에 근거한다. 곧 "미국이 북한에 대해 핵무기를 사용하겠다고 위협하는 경우, 이러한 위협은 2조 4항의 위협 금지에 위배된다."는 것이다. 그렇다면 미국이 남한에 제공한 확장억제가 북한을 겨냥(특정)한 것이라면 미국의 대남 확장억제 제공은 유엔 헌장 2조 4항에 위배된다고 규정할 수 있을 것이다.

2-2. 미국의 대남 확장억제 제공은 두 단계로 나눠 생각해 볼 수 있다. 첫 번째 단계는 전술핵무기에 의한 단계(1957~1991)와 두 번째 단계는 핵우산(전략핵무기)에 의한 단계(1978년 이후부터 현재까지)다.

2-2-1. 미국은 1957년 하반기부터 주한미군 2개 사단을 펜토믹 사단으로 개편하고 주한미군 작전계획 5027-57/60/69 등에 따라 분쟁 시 핵무기의 조기 사용을 전제로 훈련해 왔다.[20] 전술핵무기의 남한 배치와 이의 군사적 사용을 명시한 대북·중 작전계획에 따른 군사훈련이 명확하게 북한을 겨냥(특정)한 것이라는 데 이의가 있을 수 없을 것이다. 따라서 미국의 전술핵무기에 의거한 대남 확장억제 제공은 유엔 헌장 2조 4항 위반이다.

2-2-2. 미국은 또한 1978년 국방장관 간 한미연례안보협의회의 공동성명에서 2023년 한·미 정상 간 워싱턴 선언(2023.4.26.)에 이르기까지 십수 차례에 걸쳐 지속적으로 미국의 전략핵무기 전력을 기반으로 한 대남 핵우산 및 확장억제를 제공해 왔다. 이 성명들은 한결같이 북한 위협에 대한 대응 위협으로써 북한을 겨냥(특정)하고 있다.

---

20 정경두, 「미국의 대한반도 핵정책에 대한 연구: 전술핵무기의 역할 변화를 중심으로」, 2012, p.26.

2-2-3. 바이든 정권의 핵태세검토보고서(『2022 NPR』)는 "미국과 동맹/파트너에 대한 어떠한 핵공격도 용납할 수 없으며 북한 정권의 종말로 귀결될 것이다."[21]라며 전쟁 목적을 넘어선 극단적인 대북 위협을 가하고 있다. 같은 강도의 대북 위협은 한미연례안보협의회의(SCM) 공동성명(2023.11.13) 등 다른 선언 등에서도 찾아볼 수 있다.

2-2-4. 특히 워싱턴 선언(2023.4.26)은 "북한 위협을 관리하기 위해" "새로운 핵협의그룹(NCG)을 설립"하고 "핵 및 전략 기획을 토의하며" "한반도에서의 핵억제 적용에 관한 연합 교육 및 훈련 활동을 강화"하고 "미국 전략핵잠수함의 한국 기항" 등 "미국 전략자산의 정례적 가시성을 한층 증진시"켜 나가기로 합의했다.

2-2-5. 나아가 한·미 핵협의그룹(NCG)은 2023년 12월 제2차 회의를 개최해 '핵전략 기획·운용 가이드라인'을 2024년 상반기까지 완성하고 이를 '작전계획 2022'에 반영해 2024 '을지 자유의 방패(UFS)' 한미연합연습에서부터 대북 핵투하 훈련을 전개하기로 합의했다.

2-2-6. '작전계획 2022'에 반영될 대북 합동요격지점(Joint Desired Point of Impact : JDPI)은 한·미 군 당국이 2016년에 선정한 700개를 상회해 추가 지정될 예정이다.[22] "북한에 800개의 군사 목표(한·미 정보 당국 추정치)가 있다고 가정한다면, 하나의 군사 목표당 4~6개의 합동요격 지점을 설정해도 최소한 3,200~4,800개의 합동요격 지점이 있다."[23]는 주장도 있다.

2-2-7. 한편 미국 전략사령부는 대북 핵작전계획이 포함된 '작전계획 8010-12'('Strategic Deterrence and Force Employment')를 운영하고 있다.[24] 이는 한미연합사 작전계획과는 별개로, 대러/대중 핵작전계획이 중심인, 보다 상위의 핵작전계획이라고 할 수 있다. 그러나 한미연합 '작전계획 2022'에 대북 핵투하 훈련이 포함됨으로써 한미연합 '작전계획 2022'는 미 전략사령부의 '작전계획 8010-12'의 대북 핵작전

---

21 *2022 NPR (Nuclear Posture Review)*, p.12.
22 『아시아경제』, 2023.12.18. https://www.asiae.co.kr/article/2023121809031556757
23 정수·조관행·홍성표, 「대량응징보복(KMPR)에서 공군력의 역할에 관한 연구; ISR과 PGMs을 중심으로」, 『국가전략』 제23권 3호, 2017, p.44.
24 Kristensen, H. M. and Korda, M., "United States nuclear weapons, 2023", 2023, p.33.

계획과 직접적인 관련성을 갖게 되었다.

2-2-8. 이러한 사실들은 미국의 확장억제가 정책, 전략, 작전, 연습 등 모든 차원에서 점차 강화되어 옴에 따라, 북한을 겨냥(특정)한 한·미 당국의 억제와 위협도 더욱 전면화되고 구체화되어 왔다는 것을 보여준다.

2-2-9. 이렇듯 미국 전술핵무기의 남한 배치에 따른 작전적/전술적 차원의 확장억제 제공이든, 미국 전략자산에 의거한 정책적/전략적 차원의 확장억제 제공이든 북한을 겨냥(특정)해 핵무기 사용을 위협하고 있음을 알 수 있다.

2-3. 1999년 주한미군 2사단 법무참모 매튜 마이어스(Matthew A. Myers, Sr) 소령은 당시 한·미가 시행 중이던 '팀 스피리트(Team Spirit)' 연합연습의 법적 성격에 대해 "문자대로 읽고 적용하면 무력위협 금지 (원칙)은, 연습의 목적이 다른 나라를 위협, 억제하거나 경고를 보내기 위한 것일 경우, 미국의 군사연습을 불법으로 만들 수도 있다."[25]는 견해를 밝혔다.

2-3-1. 그는 '팀 스피리트' 한미연합연습이 북한의 남한 침략을 억제하기 위한 방어훈련으로, 유엔 헌장 2조 4항의 "국가의 영토보전이나 정치적 독립"에 반하지 않으며, "유엔의 목적"에 부합하기 때문에 유엔 헌장 2조 4항 위반이 아니라는 주장을 폈다. 그럼에도 불구하고 그는 한편으로 북한을 억제·위협하는 성격으로서의 한미연합연습이 유엔 헌장 2조 4항 위배일 가능성을 부정하지 못한 것이다.

2-3-2. 북한의 대남 위협이 사실이고 유엔 헌장 2조 4항을 위반한 불법 행위라고 해도 한미연합연습 또한 대북 위협으로 불법이다. "국가들이 국제질서의 무너진 균형을 복원하는 데 도움이 되는 위협을 합법으로 간주하는 경향이 있다고 해도 이런 사실 자체가 행위(위협)의 부당성을 조각해 주는 것은 아니다."[26]

2-4. 이샤 자인(Isha Jain)과 브하베쉬 세스(Bhavesh Seth)는 "인도의 공식 핵교리는 어떤 특정 국가도 보복 무력의 예상 대상국으로 언급하지 않는다. 또한 그러한 무력사용의 배경을 형성하는 것으로 어떤 특정 분쟁을 언급하지도 않는다. 그렇다면 이

---

25 Matthew A. Myers, Sr., "Deterrence and the Threat of Force Ban: Does the UN Charter Prohibit Some Military Exercises?", 2012, p.133, p.135.
26 Marco Roscini, "Threats of armed force and contemporary international law", 2007, p.254.

3) 토론문

교리는 어떻게 *jus ad bellum* 하의 위협으로 간주될 수 있을까? 우리는 피위협국의 정체—이 경우 파키스탄—에 대한 공식적인 선언이 없더라도 어느 정도의 구체성이 존재할 수 있다는 입장을 갖는다. 지난 수십 년 동안 인도와 파키스탄의 국가 관행은 핵무기 맥락에서 서로가 위협국이자 피위협국이라는 사실을 분명히 해왔기 때문이다."[27] 이상의 사실은 한·미와 북한 간에도 동일하게 적용된다. 미국이 제공한 대남 확장억제는 위협 대상을 특정하든 특정하지 않든 북한을 위협 대상으로 한다. 곧 일반적 위협과 특정 위협의 구별이 무의미하다는 뜻이다.

2-5. 부스비(Boothby)와 하인트셸 폰 하이네크(Heintschel von Heinegg)는 "**일반적으로** 국가들에 대한 억제력으로서 핵 능력을 개발하고 유지하는 것은 **특별히** 어느 한 국가에게 위협이 전달되지 않았기 때문에 불법적 위협에 해당하지 않는다."며 "불법적 위협이 문제로 되는 것은 오로지 불법적 무력사용 위협이 명시적으로 전달되거나 또는 국가를 위협하는 행위들이 드러나고, 그래서 특정 국가나 국가군을 상대로 불법적 무력사용 의도가 전달되었을 경우"라고 주장하였다. 아울러 억제와 위협 전달을 동일시하는, 법으로 수용되는 국가 관행은 없다고 언급하였다.[28]

2-5-1. 부스비와 하인트셸 폰 하이네크가 제시한 위협 관련 주장은 타당성을 결여하고 있으나, 그들의 주장에 따르더라도 미국의 대남 확장억제 제공은 억제에 관한 일반적 선언이 아니라 앞서 살펴본 것처럼 주기적 선언 등을 통해 무력사용 위협을 명시적으로 전달하거나 한미연합연습 등의 행위를 통해 위협 의사가 전달된, 북한을 겨냥(특정)한 위협에 해당한다. 따라서 미국의 대남 확장억제는 위협 전달 여부나 북한 겨냥(특정) 여부를 기준으로 해 합법적 억제와 불법적 억제로 나뉠 수 없으며, 예외 없이 유엔 헌장 2조 4항에 위배되는 불법이다.

2-5-2. 부스비와 하인트셸 폰 하이네크의 무력사용 위협에 대한 접근 방식은 트라이던트(Trident) 사건에 대한 스코틀랜드 고등법원의 판결[29]을 따른 것으로 보인다.

---

27 Isha Jain and Bhavesh Seth, "India's Nuclear Force Doctrine: Through the Lens of *jus ad bellum*", 2019, p.123.
28 Bill Boothby and Wolff Heintschel von Heinegg, *Nuclear Weapons Law: Where Are We Now?*, Cambridge University Press, 2022, pp.38-39.
29 Lord Advocate's Reference No. 1 of 2000 by Her Majesty's Advocate Referring for the Opinion of the High Court on Points of Law (Trident) v. Angela Zelter and Bodil Ulla Roder and Ellen Moxley, Scottish Courts and Tribunals Service.

"우리는 평시 핵무기 전개의 일반적 위협 요소는, 영국 정부의 정책과 의도에 대한 피고인들의 가설에도 불구하고, 사용과 위협을 모두 불법으로 규정한 관습국제법의 규칙 하에서 실제 사용과 동일시되는 특정 '위협'의 종류와는 완전히 다르다는 것을 전적으로 받아들인다."(96항)

"(…) 대체로 억제 행위는, 특정 표적과 즉각적인 요구를 갖지 않으며, 아마도 어떤 특정 요구와 결합되거나 또는 아마도 그야말로 실제 공격의 전조로서, 특정 '표적'을 향해 이뤄지는, 실행 가능한 특정 위협과는 전혀 다른 것으로 보통 여겨진다."(97항)

스코틀랜드 고등법원의 억제에 관한 이러한 입장은 사실상 억제에서 위협을 제거해 억제를 합법화하려는 핵무기 국가들의 이해를 반영하고 있다. 부스비와 하인트셸 폰 하이네크는 의사 전달 여부를 기준으로 위협 여부를 판단함으로써 스코틀랜드의 고등법원 판결보다는 억제의 위협과 불법성의 영역을 다소 확장(?)했지만 여전히 나머지의 방대한 영역에서 억제의 위협과 불법성을 부정하고 있다. 억제에 대한 그들의 입장은 미국의 확장억제가 한반도와 동북아의 핵대결 상황에서 갖는 피대상국에 대한 위협적 성격과 불법성을 전혀 또는 거의 반영하지 못한다.

2-5-3. 막슬리 교수는 스코틀랜드 고등법원 판결의 오류를 지적한 자신의 글[30]에서 다음과 같이 밝혔다. "(트라이던트 미사일의) 표적은 영국이 아닌, 대체로 나토와 미국이 선정한다. 이러한 표적 선정을 러시아와 이라크를 포함한 다른 국가들은 위협으로 인식해 왔으며, 표적이 된 국가들이 여러 차례 경계 태세를 높이는 계기가 되었다. 1995년에는 주목할 만한 사건이 발생했는데, 당시 러시아는 미국의 트라이던트 잠수함이 순찰하고 있던 노르웨이 인근 지점에서 자국을 겨냥한 핵공격이 진행 중이라고 믿었다." 그는 트라이던트 잠수함을 기반으로 한 영국의 억제 정책이 특정 표적에 대한 위협이 아니라는 스코틀랜드 고등법원 판결을 객관적 사실을 근거로 비판하고 있는 것이다.

2-5-4. 위러맨트리 판사는 "무력사용과 무력위협은 똑같이 합법적 무력사용의 범위를 벗어"나고 "위협 사용 금지 원칙은 어떠한 예외도 인정되지 않으며, 따라서 만약 억제가 위협의 한 형태라면 억제는 당연히 위협 사용 금지의 범위에 속한

---

[30] Charles J. Moxley, Jr., "Unlawfulness of the United Kingdom's Policy of Nuclear Deterrence-Invalidity of the Scots High Court's Decision in *Zelter*", 2001, p.12.

다."³¹는 입장을 밝혔다. 아울러 그는 "명시적이든 암묵적이든, 핵무기를 사용하겠다는 진정한 의도의 전달이 없으면 억제는 억제가 아니다. 그래서 억제는 사용 위협과 다름없다."³²고 주장했다. 억제를 사용 위협의 한 형태로 보고 모든 위협이, 곧 모든 억제가 예외 없이―유엔 헌장 51조와 42조에 근거하지 않는 한―불법이라는 입장을 취하고 있는 것이다. 2조 4항의 무력 위협과 사용에서 무력 개념은 '포괄적'이며, 위협과 사용 금지는 '전면적'이라는 점에서 예외가 없다.

2-5-5. 아가타 클레즈코브스카(Agata Kleczkowska)는 "무력공격의 위협을 이유로 자위적 무력사용의 위협을 가하는 것은 허용되지 않는다. 자위적 무력사용은 무력공격이 발생한 후에만 합법이며, 따라서 자위적 무력사용 위협 또한 무력공격이 발생한 후에만 합법이다. 이러한 결론은 유엔 헌장 51조의 문언적 해석과 일치하며, 예상적/선제적/예방적 자위가 합법이라는 주장은 이에 반한다."³³ 이러한 주장은 무력위협에 대한 대응 위협(counter-threat)도 무력위협 금지 원칙(유엔 헌장 2조 4항)에 위배되며, 무력위협의 가장 심각하고 규모가 큰 형태로서 '임박한' 무력공격에 대해 예상적 대응 무력공격(anticipatory counter-armed attack)을 가하는 것도 두말할 나위 없이 무력사용 금지 원칙(유엔 헌장 2조 4항)에 위배된다는 것을 의미한다. 합법적 무력위협의 영역은 없다.

2-6. 미국이 동맹국들에게 제공하는 확장억제는 동맹(집단방위) 형성의 기제로 작용한다. 동맹은 우적 개념에 입각해 잠재적 적을 상정하며, 적과의 무력충돌에 대비해 평시부터 군비증강 등 전쟁을 준비하는 "잠재적 전쟁 공동체(laten war community)"³⁴다. 따라서 동맹 조약에 적국명이 명시적으로 언급되어 있지 않더라도 암묵적으로는 내포되어 있다고 할 수 있다. 이에 동맹 조약에 의거한 확장억제 제공은, 앞서 살펴보았듯이, 그 자체로 이미 적(특정 위협)을 내포하고 있으며, 이에 동맹과 확장억제를 통해 대처―억제/방어―하고자 하는 위협을 일반적 위협과 특정 위협으로 구분하는 것은 이론적으로도 현실적으로도 타당하지 않다.

---

31 Dissenting Opinion of Judge C. G. Weeramantry, ICJ Reports 1996, pp.525-526.
32 앞의 글, p.541.
33 Agata Kleczkowska, "Prohibition of Threats of Force: A Silently Contested Norm?", 2023, p.158.
34 Robert E. Osgood, *Alliance and American Foreign Policy*, 1968, p.19.

2-6-1. 이렇듯 동맹 관계 하에서 후견국이 피후견국들에게 제공하는 확장억제를 합법과 불법 영역으로 구분하는 것은 현실 세계의 핵대결을 희석시키고 확장억제의 유엔 헌장 2조 4항에 대한 불법성을 약화시킴으로써 불법적 무력 위협과 행사를 조장하고 확장억제 폐기와 핵군축을 더디게 한다. 확장억제가 합법이라면 확장억제에 대한 의존은 지속·강화될 것이며, 그만큼 핵무기 필요성도 지속·강화되기 때문이다.

3. 한국이 NPT 6조를 위반하게 된다고 해서 확장억제를 포기하게 될까?

3-1. 국제사법재판소(ICJ)는 1996년 권고적 의견에서 NPT 6조상의 핵군축을 "행위 의무"를 넘어서 "신의성실한 교섭 추구로 명확한 결과—모든 측면에서 핵군축—를 달성해야 할 의무"로 규정하고(99항), 이 "이중 의무"를 "NPT 모든 당사국", 곧 "국제 공동체의 대다수 국가들의 의무"로 규정하고 있다(100항).

3-1-1. NPT 6조가 이행되어 "일반적이고 완전한 핵군축"(100항)을 달성하게 된다면 확장억제 수단과 정책이 근본적으로 해소되는 것은 당연하다.

3-1-2. 그렇지만 국제사회는 교섭과 핵군축에서 교착 상태를 벗어나지 못하고 있으며, 오히려 핵대결의 격화로 핵전력 강화에 나서고 있는 실정이다.

3-1-3. 특히 한국 국민의 61.1%가 미국 전술핵 재배치에 찬성하는 입장이며[35], 72.8%가 자체 핵무기 개발, 보유에 찬성하고 있다.[36] 미국의 대남 확장억제 제공, 곧 남한 보장에 대한 불신에서 다각적인 보완 장치를 요구하고 있는 것이다.

3-1-4. 최근 한국은 일본, 유럽 나토 회원국들과 보조를 맞추어 바이든 정권의 '선제불사용(No First Use)' 정책이나 '단일 목적(Sole Purpose)' 정책 도입을 좌초시켰다.

3-1-5. 이러한 상황에서 한국이 가까운 시일 내에 교섭과 핵군축을 촉구하거나, 교섭과 군축에서 진전을 기대하기가 어려운 것이 현실이다.

---

[35] 제임스 김·강충구·함건희, 「변화하는 대북 인식 : 북핵 위협 인식과 대응」, 아산정책연구원, 2023.4.6.
[36] KBS, 2024.2.5; 최종현학술원, 2024.2.5.

3 토론문

3-1-6. 그 결과 한국이 NPT 6조의 이중 의무 이행 위반을 모면하기 위해 확장억제를 포기하게 되리라는 주장은 적실성을 결여한 판단이다.

3-2. "미국과 같은 핵국가들은 현 핵무기의 물리적 파괴를 포함한 추가적 군축 책임이 있어 핵억제에 대한 의존을 유지하는 것이 중요하지 않을 것이다."는 주장도 적실성을 결여한 판단으로 보인다.

3-2-1. 바이든 정권은 '선제불사용' 정책 또는 '단일 목적' 정책 도입을 포기하고 (확장)억제 정책 강화를 위해 핵무기 현대화에 나서고 있다. 이에 미국이 가까운 시일 안에 (확장)억제를 약화시키거나 포기하기 위한 핵군축에 나설 가능성은 매우 희박하다고 할 수 있다.

3-2-2. 바이든 정권은 무엇보다도 "미국의 세계적인 동맹/파트너 네트워크는 군사적인 무게중심이고 확장억제는 이러한 네트워크의 기반이므로 미국 핵우산의 신뢰성을 동맹에게 확신시키는 것은 국방/안보 전략의 핵심이다."[37]라는 정책 판단을 하고 있다. 여기에는 앞으로도 핵우산과 확장억제를 핵심과 기반으로 해 변함없이 동맹과 패권을 유지·강화해 나가겠다는 미국의 의지가 반영되어 있다. 따라서 미국이 핵군축에 대한 의무 위반을 우려해서 확장억제의 약화, 포기의 길을 가리라고 보는 것은 현실과 매우 멀어 보인다.

3-2-3. 바이든 정권은 특히 "2030년대에 역사상 최초로 두 개의 주요 핵국을 전략적 경쟁자이자 잠재적 적국으로 상대해야 하는 사태에 직면할 것"[38]이라며 이런 상황에 대비하기 위해 현용 핵무기의 현대화에 나서고 있다. 물론 바이든 정권은 한편으로 군비통제와 군축을 통한 핵대결 완화에도 나서겠다는 입장이나 과연 실현될 수 있을지, 또한 어느 영역에서 어느 규모로 실현될지, 그래서 미국의 확장억제와 핵우산에 타격을 줄지는 의문이다.

3-3. 결국 NPT 6조가 미국과 동맹국들에 의해 법적 구속력이 무력화되어 있는 조건에서 신의성실한 교섭과 핵군축 의무 위반 우려에 따른 확장억제 포기 가능성 주장은 전 세계 비핵화를 통한 확장억제 폐기 주장과 차별성을 찾아보기 어렵다.

---

37 2022 NPR (Nuclear Posture Review), p.8.
38 위의 글, p.4.

3-4. "미국은 핵무기 비축분을 감축하는 조치를 취하는 동안 그러한 조치가 제6조를 충족하기에 충분하다면 핵억제를 합법적으로 유지할 수 있다."는 주장도 동의하기가 어렵다.

3-4-1. 미국이 동맹국들에게 제공하는 확장억제는 러시아, 중국, 북한 등 '잠재적 적'을 상정하고 그들을 겨냥(특정)하여 위협을 주는 행위로 유엔 헌장 2조 4항 위반이다.

3-4-2. 핵군축이 진행되어 핵무기 국가들이 소량의 핵무기만 보유하고 있더라도 이를 이용한 핵억제는 여전히 불법이다. 핵군축이 핵억제의 불법성을 조각해 주지는 못한다. 위러맨트리 판사는 "아무리 최소한이라고 하더라도 억제가 갖는 문제의 하나는 일방이 방어적인 것으로 인식하는 행동이 너무나도 쉽게 다른 일방에 의해 위협으로 인식될 수 있다는 것이다. … 따라서 억제에 대한 법적인 반대 이유가 있다면 그러한 반대 이유가 예의 억제가 최소화됨으로써 없어지지는 않는다."39

3-4-3. 그렇다고 해서 재래식 억제가 합법이라는 뜻은 아니다. 위러맨트리 판사가 밝혔듯이 "이론적으로 가장 단순한 무기라도 무력사용은 유엔 헌장에 따라 불법이다."40 그의 의견에 따르면 아무리 성능이 낮은 재래식 무기라도 이를 이용한 무력사용 위협은 유엔 헌장에 따라 불법인 것이다.

3-4-4. 이는 핵억제든, 재래식 억제든 모두 불법으로 국가안보 개념에서 배제되어야 한다는 것을 뜻한다. 국가안보는 방어 개념에만 의거해서도 얼마든지 달성할 수 있다. 그 길만이 동맹과 집단방위에 의해 위기에 처한 유엔 헌장과 유엔 중심의 집단안보를 되살릴 수 있다.

3-5. 그렇다면 전 세계 비핵화 이전에 확장억제 폐기의 길은 있는가? 있다면 그 길은 어디에 있는가?

3-5-1. 역사적인 경험은 미·소 간 데탕트나 냉전 해소 등의 정치적 격변기를 거치면서 확장억제의 부분적인 완화나 폐기의 전망이 열렸었다는 사실을 보여준다. 미·소

---

39 Dissenting Opinion of Judge C. G. Weeramantry, ICJ Reports 1996, p.539.
40 위의 글, p.525.

3 토론문

군비 제한 및 군축 조약 체결, 유럽과 아시아에서의 동맹 해체 논쟁, 전술핵무기 철수, 한반도 비핵화 공동선언, 북미회담과 6자회담을 통한 미국의 두 차례 대북 소극적 안전보장(NSA) 제공, 남북 판문점 선언과 북·미 싱가포르 공동성명 등이 그것이다.

3-5-2. 이상의 확장억제 약화 또는 폐기의 길은 예외 없이 정치적 대화와 데탕트가 선행함으로써 가능했다.

3-5-3. 휴전협정 60항이 규정한 대로 한반도 평화협정 체결이라는 한국전쟁의 법적·정치적 해결은 한반도에서 동맹 해소와 확장억제 폐기의 길을 열어 줄 수 있다. 평화협정 체결-한반도 비핵화-한미동맹과 확장억제 폐기가 하나로 연결되어 해결될 수 있다는 것이다. 한반도 평화협정 체결 과정과 맞물려 단계적인 한반도 비핵화가 실현되고 동맹과 확장억제 폐기, 대북 적대적 정책이 동시에 전면적으로 폐기되는 길이다. 물론 이 과정은 선제공격을 명시한 북한 핵법령(2022.9.8) 폐기도 수반한다. 나아가 이 과정은 동북아 비핵지대 창설의 촉매제가 될 수도 있다. 이 모든 과정은 전 세계 비핵화 전에 달성될 수 있으며, 전 세계 비핵화를 견인할 수도 있다.

3-5-4. 북한이 한반도 비핵화를 부정하고 핵전력 강화에 나서면서 미국과의 핵군축 회담을 요구하고 있고, 보니 젠킨스(Bonnie Jenkins) 국무부 군비통제·국제안보차관도 북한과의 핵군축 협상 가능성을 열어놓음으로써[41] 북한의 핵무기 폐기가 중심이 되었던 그동안의 한반도 비핵화 논의가 새로운 차원에서 전개될 가능성도 없지 않다.

3-5-5. 어떤 길이 되더라도 북·미 수교와 법적 구속력 있는 NSA는 물론, 북·미 불가침 조약이 담보될 가능성은 여전히 열려 있다.

3-5-6. 바이든 정권은 NPR에서 북한이 미국과 동맹/파트너들에게 "'억제 딜레마'를 제기한다."[42]고 지적하고 있다. 미국이 말하는 이 '억제 딜레마'가 북한 정권의

---

41 뉴시스, 2022.10.28; Bonnie Jenkins, 카네기국제평화재단 국제 핵정책 컨퍼런스, 2022.10.27.
42 2022 NPR (Nuclear Posture Review), p.5.

성격을 의미하는지, 북한의 핵법령이 밝힌 선제공격의 공세성을 의미하는지, 아니면 북한의 막강한 재래식 전력을 의미하는지 그 함의를 정확히 헤아리기 어렵다. 전성훈은 '억제 딜레마'의 함의를 유추해 볼 수 있는 대목으로 "한반도에서 분쟁이 발생할 경우 다수의 핵국이 관여하는 큰 분쟁으로 비화할 수 있다."[43]는 문장을 지적하고 있다. "미국이 북한의 핵도발에 대응하는 과정에서 중국과 러시아가 개입해서 서너 개 핵국이 참여하는 다자 핵분쟁이 발생할 가능성을 우려한다는 사실"[44]을 함의한다는 것이다. 이러한 그의 분석에 따르자면 바이든 정권은 대남 확장억제 제공을 강화해 대북 위협 수위를 높이는 길을 가거나, 대러·대중 핵대결에서 북한을 분리해 내기 위해 북한과의 핵군축이나 비핵화 협상에서 통큰(?) 양보를 통해 대북 적대적 정책과 위협을 전면 제거해 주는 길을 갈 수도 있을 것이다. 물론 현재는 한·미 핵협의그룹(NCG)을 창설하고 대북 핵 공세성을 한층 강화한 '작전계획 2022'를 수립하는 등 전자의 길을 가고 있다. 남북이 다시 힘을 모으는 한반도 정세의 변화에 따라 방향을 선회할 가능성도 배제할 수는 없다.

3-6. 한반도 확장억제를 둘러싼 이러한 다양한 변수들은, 유럽과 일본의 사례에서 보듯이, 남한 반핵·평화세력들의 적극적인 정세 개입으로 정세 변화의 상수가 됨으로써 한반도의 핵대결과 확장억제를 약화, 폐기시키고 평화를 증진시키는 길에서 통제되고 조율되어 갈 수 있을 것이다.

이상의 토론이 다소나마 발제문을 보완하고 한반도의 확장억제 폐기와 한반도 비핵화 실현, 나아가 핵 없는 세상을 앞당기는 데 조금이라도 의미가 있기를 바란다.

---

43 위와 같음.
44 전성훈, 「바이든 행정부의 NPR: 분석과 정책적 함의」, 『통일정책연구 2023』, Vol.32 Iss.1, 2023, p.44.

Illegality of (Extended) Deterrence

Ko Youngdae
Permanent Researcher of Research Institute
For Peace and Reunification Of Korea

This discussion paper on Professor Hood's presentation suggests a few potential disagreements from the organizers regarding the facts and legal aspects of the extended deterrence provided by the United States to South Korea. I am concerned that my ignorance may have unfairly damaged the argument of the presentation. I look forward to the presenter's candid rebuttals.

1. **Can Article 4 of the ROK-U.S. Mutual Defense Treaty be "understood to empower the us to use nuclear weapons in defense of South Korea if needed"?**

1-1. The argument that "while none of the defense treaties between the United States and countries under the nuclear umbrella incorporates a nuclear guarantee, each agreement is the formal basis for U.S. nuclear protection."[1] seems to be generally true.

1-2. Mutual defense treaties, such as the ROK-U.S. Mutual Defense Treaty, the NATO Treaty, and the U.S.-Japan Security Treaty, do not explicitly empower the United States to use nuclear weapons. This is because each treaty initially started as a conventional alliance treaty. Under the policy of containment against the Soviet Union during the period of U.S. monopoly and the US-Soviet oligopoly of nuclear weapons, the United States wanted to enjoy the freedom to use nuclear weapons, as evidenced by cases such as the Korean

---

1 Keith Payne, "Extended Deterrence and Assurance for Allies in Northeast Asia", 2010. 3, p.4.

War, the Cross-Strait Conflict (1954), and Vietnam War (1954). However, it appears that the United States sought to avoid having its constitutional authority to use nuclear weapons constrained by treaties or international law by explicitly specifying the use of nuclear weapons in mutual defense treaties, thereby making the matter subject to consultation and/or agreement with the other party. Due to these U.S. interests and the inhibition of nuclear weapons by certain regional non-nuclear states like Denmark and Norway in the region, treaties with the U.S. as a patron can be seen as starting as conventional alliances. Thus, the U.S. nuclear umbrella or extended deterrence to other parties was primarily provided through sub (secret) agreements or policy declarations. This shows that the Mutual Defense Treaty itself did not provide a nuclear umbrella or extended deterrence, but rather served as a basis or foundation for it.

1-3. When interpreting Article 5 of the North Atlantic Treaty "in accordance with the ordinary meaning to be given to the terms of the treaty"[2], it does not explicitly grant the United States the authority to use nuclear weapons. At the time of NATO'(the North Atlantic Treaty Organization) (hereafter "NATO")s establishment, "Denmark prevented the mentioning of nuclear weapons in the NATO Treaty as well as in the first two (secret) NATO Strategic Concepts. It was only in NATO's third Strategic Concept in 1957 that nuclear weapons were explicitly mentioned."[3] Furthermore, "at the NATO Summit in Paris in the same year, NATO went a step further by agreeing with the installation of U.S. tactical nuclear weapons on Europe's territory." Based on the agreement of this NATO Summit in Paris, "secret bilateral nuclear sharing agreements were arranged between the U.S. and Belgium, the Netherlands, Germany, the UK, Italy, Turkey, and Greece."[4] Prior to this, individual countries such as the United Kingdom (1954) and West Germany (1955) had U.S. tactical nuclear weapons deployed on their territory. The deployment of tactical nuclear weapons to NATO member states followed a shift in the U.S. nuclear strategy from massive retaliation strategy, which centered around strategic nuclear weapons, to the "New-

---

2 Article 31(1) of the Vienna Convention on the Law of Treaties.
3 Tom Sauer, "US Extended Nuclear Deterrence in Europe and East Asia: A Comparative Analysis", 2022. 6. 6, p.5.
4 Ibid.

New Look strategy" (formalized by NSC 5501 (Jan. 7, 1955)), which emphasized the role of tactical nuclear weapons.[5]

1-4. Neither Article 1 of the 1951 U.S.-Japan Security Treaty nor Article 6 of the 1960 Treaty of Mutual Cooperation and Security[6] explicitly grants the United States the authority to use nuclear weapons. In line with the Japan's Peace Constitution and Japanese people's national anti-nuclear identity, the Japanese government professed a conventional alliance in the early stages of the alliance.

1-4-1. Nevertheless, the United States effectively operated the U.S.-Japan alliance as a nuclear one by deploying tactical nuclear weapons to Okinawa in late 1954 and to the Japanese mainland in July 1955[7] (Far East Command (FEC) Standing Operating Procedure (SOP)). Considering that the U.S. was active in concluding the old U.S.-Japan Security Treaty, and above all, the old U.S.-Japan Security Treaty was an unequal treaty that reflected the relationship between the occupying country and the occupied country, it appears that the United States secured the unilateral authority to deploy and use nuclear weapons when deemed necessary, despite Japan's official denials.

1-4-2. At the U.S. Senate hearings for ratification of the ROK-U.S. Mutual Defense Treaty, then-Secretary of State John Foster Dulles stated, "In the case of the Japanese Treaty, we have the right to station forces in Japan, and Japan has no right to exclude us from doing so, if we choose to do it. In other words, it is a unilateral right. In the case of the Korean Treaty, it is a bilateral arrangement, and we cannot station troops there against the opposition of the Republic of Korea."[8] In terms of the unilateral right of the United States, the right of the United States to deploy and use nuclear weapons in Japan, which was regarded as a forward base of confrontation

---

5   Lee Byung-Koo, "U.S. First Offset Strategy and Deployment of Tactical Nuclear Weapons on the Korean Peninsula: With a Focus on the Connection with Reorganization to Pentomic Division", 2021.4.30.
6   The Article 5 of the U.S.-Japan Treaty of Mutual Cooperation and Security pertains to the scope of the treaty's application and the requirements for its invocation, and is not directly related to the introduction of military forces and equipment (including nuclear weapons).
7   Hans Kristensen, "Japan Under the US Nuclear Umbrella", 1999.7.21.
8   "Mutual Defense Treaty with Korea", U.S. Senate Committee on Foreign Relations, (1954, January 13-14). *Hearings Before the Committee on Foreign Relations, United States Senate, Eighty-Third Congress, Second Session* (21p), U.S. Government Printing Office.

with the USSR and China, can be assumed to have been no different from the right to station U.S. troops in Japan.

1-4-3. In secret correspondence between the U.S. and Japanese governments regarding the deployment of tactical nuclear weapons on the Japanese mainland, the Japanese Foreign Minister expressed to the U.S. government that "[N]othing in the discussions in the Diet commits the U.S. Government to any particular course of action."[9] This shows that the old U.S.-Japan Security Treaty (1951) imposed no restrictions on the U.S. nuclear activities within Japan.

1-4-4. Triggered by the Bikini Atoll incident in March 1954, anti-nuclear protests by Japanese citizens led to the withdrawal of tactical nuclear weapons deployed on the Japanese mainland by 1960—and in Okinawa by 1972. However, Japanese authorities ensured U.S. nuclear vested rights in Japan, including transit rights, through secret agreements. Furthermore, in response to China's nuclear tests, the United States provided Japan with its nuclear umbrella for the first time, in 1965.[10] In 1968, the Sato administration finally formalized Japan's policy of reliance on the United States' extended deterrence, known as the so-called "Four Pillars of Nuclear Policy".[11] In addition, in response to North Korea's first nuclear test (2006), the U.S.-Japan alliance solidified its roots as a nuclear one by formalizing the U.S. provision of extended deterrence to Japan in the Joint Statement of the Security Consultative Committee (2+2) (2007).

1-5. Article 4 of the ROK-U.S. Mutual Defense Treaty[12], like Article 1 of the old U.S.-Japan Security Treaty (1951), does not explicitly grant the United States the authority to use nuclear weapons. However, the Syngman Rhee government accepted the U.S. intention to use nuclear weapons during the Korean War and welcomed deployment of U.S. tactical nuclear weapons in South Korea. Furthermore, as evidenced by the repeated U.S. threats

---

9   Peter Hayes, *Pacific Powderkeg: American Nuclear Dilemmas in Korea*, 1991, p.37.
10 Yonhap News, 2009.6.17.
11 Jo Yanghyeon, "Trends and Prospects of Japan's Nuclear Arming Discourse", 2009; Peter Hayes, above n. 8, p.45.
12 The Article 3 of the ROK-U.S. Mutual Defense Treaty pertains to the scope of the treaty's application and the requirements for its invocation, and is not directly related to the introduction of military forces and equipment (including nuclear weapons).

of the use of nuclear weapons against North Korea even after the signing of the ROK-U.S. Mutual Defense Treaty, it can be said that the United States, with the support of the Korean government, enjoyed the freedom to deploy and use nuclear weapons in Korea, just as it did in Japan.

1-5-1. However, under the ROK-U.S. Mutual Defense Treaty, the United States faced different obstacles in deploying and using nuclear weapons in South Korea than those obstacles it faced under the old U.S.-Japan Security Treaty in Japan. Above all, the United States was very concerned about backlash and criticism from the United Kingdom and other Korean War participating countries, as well as the international community, for violating the Armistice Agreement by bringing the nuclear weapons into South Korea. Additionally, the United States was initially opposed to the conclusion of the ROK-U.S. Mutual Defense Treaty and had to curb the Syngman Rhee government's attempts to unify Korea by military force. Therefore, it was in a position to be wary of explicitly mentioning nuclear weapons in the ROK-U.S. Mutual Defense Treaty. It is difficult to assume that the United States, which was concerned about being involved in another armed conflict on the Korean Peninsula with the signing of the ROK-U.S. Mutual Defense Treaty, would have been willing to be bound by law to consult and agree with South Korea on one of the most extreme forms of military intervention on the Korean Peninsula by stipulating nuclear-related provisions in the ROK-U.S. Mutual Defense Treaty.

1-5-2. The Armistice Agreement has the nature of maintaining the status quo for the Korean War, which was essentially a conventional war. Article 13 (d) of the Armistice Agreement stipulates that if the parties to the Armistice Agreement need to replace equipment because of damage, destruction, etc. (that is, equipment such as aircraft, armored vehicles, ammunition, etc.) which they possessed at the time of signing the Armistice Agreement, they may "be replaced on the basis piece-for-piece of the same effectiveness and the same type". Therefore, the introduction of tactical nuclear weapons by the United States into South Korea was possible only after the U.S.'s unilateral denunciation of Article 13 (d) of the Armistice Agreement, which was an unlawful declaration.

1-5-3. However, according to the "Far East Command Standing Operating Procedure" (November 1956), it appears that U.S. tactical nuclear weapons were already brought into South Korea as early as August 1956, prior to the denunciation of Article 13 (d) of the Armistice Agreement.[13] On August 3, 1956, then-Chairman of the U.S. Joint Chiefs of Staff General Radford publicized the introduction of nuclear weapons by stating that new weapons had been introduction to South Korea[14]

1-5-4. The introduction of tactical nuclear weapons into South Korea was in accordance with the adoption of the "graduated deterrence strategy" ("the New-New Look strategy"[15]) and 'new operational concept' by the U.S. Forces Korea and the South Korean military. In the spring of 1957, the U.S. Forces Korea and the South Korean military conducted the Korean Defense Command Post Exercise (CPX) in nuclear warfare conditions.[16] It is reported that the U.S. Forces Korea and the South Korean military had already been conducting nuclear warfare exercises before the introduction of tactical nuclear weapons into South Korea.[17] In October 1958, two U.S. divisions in South Korea were reorganized into pentomic divisions.[18] Thus, the transformation of the ROK-U.S. alliance from the conventional alliance to a nuclear one was made.

1-5-5. On the other hand, in 1978, the United States first explicitly announced the provision of a nuclear umbrella through the joint statement of the ROK-U.S. Security Consultative Meeting (SCM). This was seen as lip service by the Carter administration to appease South Korean opposition to the withdrawal of U.S. troops, including tactical nuclear weapons, and to prevent Chunghee Park government from developing nuclear weapons. However, the Bush administration "strongly opposed"[19] explicitly guaranteeing extended deterrence in the joint statement of the 2006 SCM.

---

13   CBS No Cut News, 2021.9.27.
14   Institute of North Korea Studies, *Encyclopedia of North Korea 1945-1982*, 1983, p.1586.
15   Lee Byung-Koo, above n.5.
16   Jeong Rae-hyuk, "The Lessons Acquired Through the First ROK Army's Reduction", *Defense Research*, Vol.11, 1961, p.43, p.52.
17   *Chosun Ilbo*, 1956.3.16.; 1956.8.9.
18   Lee Byung-Koo, above n.5.
19   *The Hankyoreh*, 2006.10.22.

Even under the nuclear alliance, the United States was reluctant to provide explicit guarantees of a nuclear umbrella and extended deterrence, which are merely political declarations.

1-6. Based on the above, the claim that Article 4 of the ROK-U.S. Mutual Defense Treaty "is understood to empower the U.S. to use nuclear weapons in defense of South Korea if needed" is not supported by the relevant facts.

1-7. Interpreting Article 4 of the ROK-U.S. Mutual Defense Treaty as authorizing the United States to use nuclear weapons inevitably leads to a contradiction. This contradiction arises because the nuclear umbrella or extended deterrence guarantee at the treaty and legal level provided by the United States to South Korea through the ROK-U.S. Mutual Defense Treaty was subsequently downgraded to a guarantee at a political declaration through dozens of joint statements or declarations by the presidents and defense secretaries over the years. This is contrary to the trend of the situation in which the Cold War confrontation have been intensified since the Korean War and the nuclear confrontation has been escalated on the Korean Peninsula in the aftermath of North Korea›s nuclear development. Except for certain specific periods of dialogue and reconciliation between North and South Korea, as well as between North Korea and the United States.

1-8. Interpreting Article 4 of the ROK-U.S. Mutual Defense Treaty as empowering the United States to use nuclear weapons raises the threshold for the illegalization of extended deterrence and its denunciation, thereby contributing to the routinization and prolongation of nuclear confrontation.

2. Is the argument that "the US has not been in violation of this provision [Article 2(4) of the UN Charter] when it has made general pronouncements that Japan and South Korea are under its nuclear umbrella, and it will use nuclear weapons to defend them if they are attacked" valid?

2-1. The above argument follows the argument that "a threat must be specific in nature—that is, it must be directed to a named entity or entities; it cannot be general." According to this argument, "if the US threatens to use nuclear weapons against North Korea, those threats have been contrary to the prohibition in Article 2(4) on threats." If the extended deterrence provided by the United States to South Korea specifically targets North Korea, it could be said that the United States' provision of extended deterrence to South Korea violates Article 2(4) of the UN Charter.

2-2. The provision of extended deterrence by the United States to South Korea can be divided into two stages: the first stage involving tactical nuclear weapons (1957-1991) and the second stage involving the nuclear umbrella (strategic nuclear weapons) (since 1978 to present).

2-2-1. Since the latter half of 1957, the United States had reorganized two divisions of its troops in South Korea into pentomic divisions and conducted military training on the premise of early use of nuclear weapons in case of conflict according to the ROK-U.S. Operation Plans 5027-57/60/69.[20] There can be no dispute that the deployment of tactical nuclear weapons in the South Korea and the military exercises under the Operation Plan against DPRK-China specifying their military use, are clearly targeted (specifically) at the DPRK. Thus, the provision of extended deterrence to South Korea by the United States based on tactical nuclear weapons constitutes a violation of Article 2(4) of the UN Charter.

2-2-2. The United States has also continuously provided a nuclear umbrella and extended deterrence to South Korea based on its strategic nuclear weapons capabilities through dozens of statements, from the joint statement of the annual ROK-U.S. Security Consultative Meeting in 1978 to the Washington Declaration (April 26, 2023) between the Presidents of the two countries in 2023. These statements consistently target North Korea as a counter-threat to the North Korean threat.

2-2-3. The NPR ("*2022 Nuclear Posture Review*") of the Biden administration states, "Any nuclear attack by North Korea against the United States or its Allies and partners is unacceptable and will result in the end of that regime"[21], posing an extreme threat to North Korea beyond the purpose of war. Similar levels of threats against North Korea can also be found in

---

20 Jeong Gyeongdu, "A Study of U.S. Nuclear Policy on the Korean Peninsula: Focusing on the Changing Role of Tactical Nuclear Weapons", 2012, p.26.
21 2022 NPR (Nuclear Posture Review), p.12.

other declarations such as the joint statement of the ROK-U.S. Security Consultative Meeting (SCM) on November 13, 2023.

2-2-4. In particular, the Washington Declaration (April 26, 2023) agreed to establish "a new Nuclear Consultative Group (NCG)" and "discuss nuclear and strategic planning" to "manage the threat to the nonproliferation regime posed by the Democratic People's Republic of Korea (DPRK)." Additionally, the declaration agreed "to improve combined exercises and training activities on the application of nuclear deterrence on the Korean Peninsula," and "further enhance the regular visibility of strategic assets," including the "visit of a U.S. nuclear ballistic missile submarine to the ROK."

2-2-5. Furthermore, the ROK-U.S. Nuclear Consultative Group (NCG) held its second meeting in December 2023 and agreed to complete the 'Nuclear Strategic Planning and Operational Guidelines' by the first half of 2024 and reflect them in the 'Operation Plan 2022', and to conduct a nuclear strikes exercises against North Korea starting with the ROK-U.S. 'Ulchi Freedom Shield' (UFS) combined exercise in 2024.

2-2-6. The number of Joint Desired Points of Impact (JDPIs) on North Korea to be reflected in Operation Plan 2022 is expected to exceed the 700 targets designated by US and South Korean military authorities in 2016.[22] Some even argue that "assuming there are 800 military targets in North Korea (an estimate by South Korean and U.S. intelligence), even if 4 to 6 JDPI are set per target, there would be at least 3,200 to 4,800 joint impact points."[23]

2-2-7. Meanwhile, the U.S. Strategic Command operates Operation Plan 8010-12 ('Strategic Deterrence and Force Employment'), which includes a plan for nuclear operations against North Korea.[24] This can be considered a higher-level nuclear operations plan, distinct from the ROK-U.S. Combined Forces Command's operation plan, with a focus on nuclear operations against Russia and China. However, as the ROK-U.S. Combined 'Operation Plan 2022' includes conducting nuclear strike exercises against North Korea,

---

22　The Asia Business Daily, 2023.12.18. https://www.asiae.co.kr/article/2023121809031556757.
23　Jungs Soo, Cho Kwanhaeng & Hong Sungpyo, "A Study on the Role of Airpower in KMPR Operations: Focused on ISR and PGMs Capability", *National Strategy*, Vol.23 (3), p. 44.
24　Kristensen, H. M. and Korda, M., "United States nuclear weapons, 2023", 2023, p.33.

it has become directly related to the U.S. Strategic Command's 'Operation Plan 8010-12' for nuclear operations against North Korea.

2-2-8. These facts show that as the United States' extended deterrence has been further strengthened at all levels of policy, strategy, operations, and exercises, the deterrence and threats by the ROK and U.S. authorities targeting (specifically) North Korea are becoming more comprehensive and concrete in terms of methods and means.

2-2-9. Thus, whether it is the provision of extended deterrence in the operational and tactical dimension based on the deployment of U.S. tactical nuclear weapons in South Korea, or the provision of extended deterrence in the policy and strategic dimension based on U.S. strategic assets, it is evident that the U.S. extended deterrence is specifically targeting North Korea and threatening to use nuclear weapons against North Korea.

2-3. In 1999, Major Matthew A. Myers, Sr., Judge Advocate General of the 2nd Infantry Division, U.S. Forces Korea, said of the legal nature of the 'Team Spirit' combined military exercises that South Korea and the United States were conducting at the time, "If read and applied literally, the (principle of) ban on threats of force might make a United States military exercise illegal when a purpose of the exercise is to threaten, deter, or send a warning message to another nation."[25]

2-3-1. Major Myers argued that the 'Team Spirit' ROK-U.S. combined exercise did not violate Article 2(4) of the UN Charter. He reasoned that it was a defensive exercise to deter North Korea›s aggression against South Korea and it did not go against "territorial integrity or political independence of any state", and was consistent with "the purposes of the United Nations." Nevertheless, he failed to deny the possibility that the ROK-U.S. combined exercises, which have the character of deterring and threatening North Korea, violate Article 2(4) of the UN Charter.

2-3-2. Even if North Korea's threat to South Korea is real and violates Article 2(4) of the UN Charter, the ROK-U.S. combined military exercises as

---

[25] Matthew A. Myers, Sr., "Deterrence and the Threat of Force Ban: Does the UN Charter Prohibit Some Military Exercises?", 2012, p.133, p.135.

threats to North Korea are also illegal. "Even if 'states may be inclined to consider as licit those threats which help to restore an upset equilibrium in the international order', this fact does not per se exclude the wrongfulness of the conduct (threat)."[26]

2-4. Isha Jain and Bhavesh Seth argued, "India's official nuclear doctrine does not mention any specific state as the contemplated recipient of the retaliatory force. Nor does it mention any specific dispute as forming the background to such use of force. How, then, can this doctrine be considered a 'threat' under *jus ad bellum*? We take the position that a degree of specificity regarding the threatenee's identity, in this case Pakistan, may exist notwithstanding the absence of a formal declaration of the same. This is because the state practice of India and Pakistan over the last few decades has made it clear that, in the context of nuclear weapons, they are each other's threatener and threatenee."[27] The same applies equally to the relationship between South Korea-the United States and North Korea. The extended deterrence provided to South Korea by the United States targets North Korea, regardless of whether the target is specified or not, threatens North Korea as the target. This means that distinction between general threats and specific threats is meaningless.

2-5. Bill Boothby and Wolff Heintschel von Heinegg argued that "the development and maintenance of a nuclear capability as a deterrent against States **in general** does not amount to a threat for these purposes, because no threat is being communicated to any State **in particular**." They further stated, "It is only if a threat to use unlawful force is explicitly being communicated to a target State or States, or if the acts of the threatening State clearly show and thus communicate that it is intending to use unlawful force against a specific victim State or States, that an unlawful threat has been issued." Furthermore, they noted that there is no practice of States accepted as law that equates deterrence with the communication of a threat.[28] (Emphasis added)

---

26   Marco Roscini, "Threats of Armed Force and Contemporary International Law", 2007, p.254.
27   Isha Jain and Bhavesh Seth, "India's Nuclear Force Doctrine: Through the Lens of *Jus ad Bellum*", 2019, p.123.
28   Bill Boothby and Wolff Heintschel von Heinegg, *Nuclear Weapons Law: Where Are We Now?*, Cambridge University Press, 2022, pp.38-39.

2-5-1. The assertions regarding threats presented by Boothby and Heintschel von Heinegg lack validity. However, even according to their arguments, the U.S.'s provision of extended deterrence to South Korea is not a general declaration of deterrence, but, as earlier discussed, it constitutes a threat specifically targeting North Korea, as it explicitly conveys an intent to threaten the use of force through periodic declarations or through acts such as ROK-U.S. combined military exercises. Therefore, the United States' extended deterrence cannot be categorized as lawful or unlawful depending on whether the threat is communicated to a target or whether a target is specified. The United States' extended deterrence to South Korea violates Article 2(4) of the UN Charter regardless of whether it specifically threatens North Korea or whether the threat is conveyed to North Korea or not.

2-5-2. Boothby and Heintschel von Heinegg's approach to the threat of the use of force appears to follow the ruling of the Scottish High Court of Justiciary in *the Trident case*.[29]

> "We are entirely satisfied that the general minatory element in the deployment of nuclear weapons in time of peace, even upon the respondents' hypothesis as to the United Kingdom Government's policies and intentions, is utterly different from the kind of specific "threat" which is equated with actual use in those rules of customary international law which make both use and threat illegal." (Paragraph 96)

> "[B]roadly deterrent conduct, with no specific target and no immediate demands, is familiarly seen as something quite different from a particular threat of practicable violence, made to a specific "target", perhaps coupled with some specific demand or perhaps simply as the precursor of actual attack." (Paragraph 97)

Such a position of the Scottish High Court on deterrence effectively reflects the interest of nuclear-armed states to legitimize deterrence by removing the threat element from it. Boothby and Heintschel von Heinegg expand (?) the scope of the threat and illegality of deterrence somewhat beyond the Scottish High Court decision by judging threats on

---

[29] Lord Advocate's Reference No. 1 of 2000 by Her Majesty's Advocate Referring for the Opinion of the High Court on Points of Law (Trident) v. Angela Zelter and Bodil Ulla Roder and Ellen Moxley, Scottish Courts and Tribunals Service.

the basis of whether or not they are communicated, but they still deny the threat and illegality of deterrence in a vast remaining area. Their position on deterrence does little or nothing to reflect the threatening nature and illegality of the United States' extended deterrence directed towards the targeted states in a condition of nuclear confrontation on the Korean Peninsula and in Northeast Asia.

2-5-3. In his paper[30] pointing out the errors in the Scottish High Court's decision, Professor Moxley stated as follows. "The targets are largely not even selected by the United Kingdom but rather by NATO and the United States. Such targeting has been perceived by Russia and other countries, including Iraq, to be threatening and has on a number of occasions been the subject of step-ups in alerting by targeted States, included a notable instance as recently as 1995, when Russia apparently believed a nuclear attack against it was in process from a point near Norway where the U.S. patrolled Trident boats." He is criticizing the Scottish High Court decision that the UK's deterrence policy based on the Trident submarines did not pose a threat to specific targets, supported by objective facts.

2-5-4. Judge C. G. Weeramantry argued that "Both [the use of force and the threat of force] equally lie outside the pale of action within the law" and "It [the principle of non-use of threats] has not been made subject to any exceptions. If therefore deterrence is a form of threat, it must come within the prohibitions of the use of threats."[31] Additionally, he contended that "Deterrence is not deterrence if there is no communication, whether by words or implication, of the serious intention to use nuclear weapons. It is therefore nothing short of a threat to use."[32] Viewing deterrence as a form of threat of force, he takes the position that all threats, hence all deterrence, are illegal without exception — unless based on Articles 51 and 42 of the UN Charter. In the context of Article 2(4) of the UN Charter, which prohibits the threat or use of force, the concept of force is 'comprehensive', and the prohibition against the threat or use of force is 'absolute' without exception.

---

30 Charles J. Moxley, Jr., "Unlawfulness of the United Kingdom's Policy of Nuclear Deterrence-Invalidity of the Scots High Court's Decision in *Zelter*", 2001, p.12.
31 Dissenting Opinion of Judge C. G. Weeramantry, ICJ Reports 1996, pp.525-526.
32 *Ibid*, p.541.

2-5-5. Agata Kleczkowska argues that "it is not permissible to issue threats of the use of force in self-defence due to the threat of an armed attack. The use of force in self-defence is legal only after an armed attack has occurred; thus, a threat of the use of force in self-defence is also only legal in its aftermath. The latter finding is in line with a literal reading of Article 51 of the UN Charter, against the legality of anticipatory/pre-emptive/preventive self-defence."[33] Such an argument implies that counter-threats to the threat of the use of force also violate the principle of non-use of threat (Article 2(4) of the UN Charter), and anticipatory counter-armed attacks against an 'imminent' armed attack, which is the most serious and large-scale form of threat, also unquestionably violate the principle of non-use of force (Article 2(4) of the UN Charter). There is no realm for lawful threats of force.

2-6. The extended deterrence that the United States provides to its allies serves as a mechanism to form alliances (collective defense). An alliance is a "latent war community"[34] that assumes potential enemies based on the concept of distinguishing between friends and enemies, and prepares for war, including military buildup, even during peacetime to be ready for possible armed conflicts with enemies. Even without explicitly naming enemies in alliance treaties, they are understood to be implicitly included. Thus, the provision of extended deterrence under an alliance treaty already implies an enemy (a specific threat) in itself. It is theoretically and realistically unreasonable to divide the threats that the alliance and extended deterrence are intended to address—deter/defend—into general threats and specific threats.

2-6-1. Like this, distinguishing the extended deterrence provided by patron states in an alliance to client states into legal and illegal ones dilutes real world nuclear confrontation and weakens the illegality of extended deterrence under Article 2(4) of the UN Charter, thereby encouraging the unlawful threat and use of force, and slowing down the abolition of extended deterrence and nuclear disarmament. If extended deterrence is deemed legitimate, reliance on it will continue and be strengthened, and so may the need for nuclear weapons.

---

33 Agata Kleczkowska, "Prohibition of Threats of Force: A Silently Contested Norm?", 2023, p.158.
34 Robert E. Osgood, *Alliance and American Foreign Policy*, 1968, p.19.

3. Would South Korea give up extended deterrence just because it violates Article VI of the NPT?

3-1. In its advisory opinion of 1996, the ICJ defined nuclear disarmament under Article VI of the NPT as going beyond "a mere obligation of conduct," but rather as "an obligation to achieve a precise result—nuclear disarmament in all its aspects—by adopting a particular course of conduct, namely, the pursuit of negotiations on the matter in good faith" (para. 99). The Court further stipulated this "twofold obligation" as an obligation of "182 States parties to the NPT, or, in other words, the vast majority of the international community" (para. 100).

3-1-1. If the full implementation of Article VI of the NPT leads to the achievement of "general and complete [nuclear] disarmament" (para. 100), it is reasonable to expect that the means and policies of extended deterrence will be fundamentally dissolved.

3-1-2. However, the international community has failed to break the stalemate in negotiating and conducting nuclear disarmament, and has instead seen nuclear confrontation escalated and nuclear forces strengthened.

3-1-3. Especially, 61.1% of South Korean citizens support the redeployment of U.S. tactical nuclear weapons[35] and 72.8% support the development and possession of their own nuclear weapons.[36] This reflects public distrust in the U.S.' commitment to extended deterrence, namely its assurance to South Korea, prompting calls for multifaceted supplementary measures.

3-1-4. Recently, South Korea, by aligning itself with Japan and NATO member states in Europe, has thwarted the Biden administration›s introduction of the 'No First Use' policy or 'Sole Purpose' policy.

3-1-5. In such circumstances, it is difficult for South Korea to call for negotiations and nuclear disarmament in the near future, or to expect progress on negotiations and disarmament.

---

35 Kim, J. J., Chungku, K., & Hee, H. G. "Transitioning Attitudes on North Korea: Perceived Threat and Preferred Response", Asian Institute for Policy Studies, 2023. 4. 6.
36 KBS, 2024.2.5; Chey Institute for Advanced Studies, 2024.2.5.

3-1-6. Thus, the assertion that South Korea would abandon extended deterrence in order to avoid breaching its dual obligations under Article 6 of the NPT is a judgement lacking in relevance.

3-2. The assertion that "It will not matter that nuclear weapon states such as the U.S. maintain their reliance on nuclear deterrence, as they have additional disarmament responsibilities which include the physical destruction of existing nuclear weapons", also appears to lack validity.

3-2-1. The Biden administration has abandoned the adoption of 'No First Use' or 'Sole Purpose' policies and instead embarked on modernizing its nuclear arsenal to strengthen (extended) deterrence policies. This suggests that the likelihood of the United States engaging in nuclear disarmament in the near future, thereby weakening or abandoning (extended) deterrence, is very slim.

3-2-2. The Biden administration's foremost policy judgment is that "The U.S. global alliance and partnership network is a military center of gravity. U.S. extended nuclear deterrence is foundational to this network. Thus, assuring Allies and partners that these commitments are credible is central to U.S. national security and defense strategy"[37]. This reflects the unwavering determination of the United States to maintain and strengthen alliances and hegemony based on the nuclear umbrella and extended deterrence in the future. Therefore, it seems very far from the reality to expect that the United States would embark on a path of weakening or abandoning extended deterrence due to concerns about violating disarmament obligations.

3-2-3. The Biden administration is particularly advancing the modernization of current nuclear weapons to prepare for a situation where, "by the 2030s, the United States will, for the first time in its history, face two major nuclear powers as strategic competitors and potential adversaries."[38] While the Biden administration also expresses its intention to engage in nuclear arms control and disarmament to ease nuclear tensions, it remains uncertain whether this can indeed be achieved, and to what extent and in which areas it will be realized. Therefore, it is questionable whether it will impact the United States' extended deterrence and nuclear umbrella.

---

37   2022 NPR (Nuclear Posture Review), p.8.
38   *Ibid.*, p.4.

3-3. In the end, under conditions where Article VI of the NPT is effectively nullified by the United States and its allies, the assertion of the potential abandonment of extended deterrence due to concerns about violating the obligation for negotiations in good faith and nuclear disarmament seems indistinguishable from the assertion that extended deterrence should be abolished through global denuclearization.

3-4. The assertion that "the U.S. could lawfully retain nuclear deterrence while it takes steps to reduce its nuclear weapon stockpile, as long as such steps are sufficient to satisfy Article VI" is also difficult to agree with.

3-4-1. The extended deterrence provided by the United States to its allies violates Article 2(4) of the UN Charter by treating Russia, China, North Korea, and others as 'latent adversaries' and specifically targeting and threatening them.

3-4-2. Even if progress is made in nuclear disarmament, resulting in nuclear-armed states possessing only a small number of nuclear weapons, deterrence based on these weapons remains illegal. Nuclear disarmament does not preclude wrongfulness (illegality) of nuclear deterrence. Judge Weeramantry stated, "One of the problems with deterrence, even of a minimal character, is that actions perceived by one side as defensive call all too easily be perceived by the other side as threatening. (…) If, therefore, there are legal objections to deterrence, those objections are not removed by that deterrence being minimal."[39]

3-4-3. It does not follow that conventional deterrence is lawful. Judge Weeramantry stated, "theoretically, the use of force, even with the simplest weapon, is unlawful under the United Nations Charter."[40] In his view, the threat of the use of force with even a low-powered conventional weapon is also unlawful under the UN Charter.

3-4-4. This suggests that both nuclear deterrence and conventional deterrence are illegal and should be excluded from the concept of national security. National security can be achieved solely based on the concept of defense. This is the only way to revive the United Nations Charter and UN-centered collective

---

39 Dissenting Opinion of Judge C. G. Weeramantry, ICJ Reports 1996, p.539.
40 *Ibid.*, p.525.

security, which are under threat by alliances and collective defense.

3-5. Is there a path to abandoning extended deterrence before global denuclearization? If so, where might it lie?

3-5-1. Historical experience shows the prospect of partial relaxation or abolition of extended deterrence during political upheavals, such as the détente era and the end of the Cold War. Examples include the signing of arms limitation and disarmament treaties between the U.S. and the Soviet Union, debates over alliance dissolution in Europe and Asia, withdrawal of tactical nuclear weapons, joint declarations on the denuclearization of the Korean Peninsula, and two instances of the United States providing Negative Security Assurance (NSA) to North Korea through bilateral talks and six-party talks, as well as the Panmunjom Declaration between the two Koreas and the DPRK-U.S. Joint Statement in Singapore.

3-5-2. The pathway to the relaxation or abolition of extended deterrence described above has invariably been preceded by political dialogue and détente.

3-5-3. As per Article 60 of the Armistice Agreement, the legal and political resolution of the Korean War, which is the signing of a peace agreement on the Korean Peninsula, could pave the way for the dissolution of alliances and the abandonment of extended deterrence. This suggests that the signing of a peace agreement, the denuclearization of the Korean Peninsula, and the abolition of the ROK-U.S. alliance and extended deterrence can all be resolved together as one interconnected issue. The phased denuclearization of the Korean Peninsula will be achieved in conjunction with the process of signing a peace agreement on the Korean Peninsula, while simultaneously, alliances, extended deterrence, and hostile policies towards North Korea will be completely abandoned. Naturally, this process would also involve the repeal of North Korea's On the Nuclear Forces Policy of the Democratic People's Republic of Korea (2022.9.8) which explicitly states an anticipatory attack. Furthermore, this process could also serve as a driving force for the establishment of a nuclear-weapon-free zone in Northeast Asia. All these processes could be achieved before global denuclearization and might even drive global denuclearization.

3-5-4. With North Korea denying the denuclearization of the Korean Peninsula and enhancing its nuclear capabilities while also demanding nuclear disarmament talks with the United States, discussions on the denuclearization of the Korean Peninsula, which has previously centered around North Korea's abolition of its nuclear weapons, could take on a new dimension as Bonnie Jenkins, the under secretary of State for arms control and international security affairs, leaves open the possibility of the nuclear disarmament negotiation with North Korea.[41]

3-5-5. Whichever path is taken, the possibility remains open for both the establishment of North Korea-U.S. diplomatic relations and the legally binding NSA, as well as the North Korea-U.S. Non-Aggression Treaty.

3-5-6. The Biden administration, in the NPR, points out that North Korea presents the "deterrence dilemmas" to the United States and its allies/partners[42]. It is difficult to accurately determine whether the "deterrence dilemmas", as mentioned by the United States, refer to the nature of the North Korean regime, the aggressiveness indicated by North Korea's On the Nuclear Forces Policy of the Democratic People's Republic of Korea regarding anticipatory attacks, or the formidable conventional military power of North Korea. Jeon Sunghoon points to the following statement from the NPR that could imply the meaning of the "deterrence dilemmas": "A crisis or conflict on the Korean Peninsula could involve a number of nuclear-armed actors, raising the risk of broader conflict."[43] This implies that "there is concern that if the United States responds to a North Korean nuclear provocation, China and Russia could intervene, leading to a multilateral nuclear conflict involving three or four nuclear powers."[44] According to his analysis, the Biden administration might either strengthen extended deterrence towards South Korea to raise the level of threat against North Korea, or pursue a path of significant concessions (?) in nuclear disarmament or denuclearization negotiations with North Korea

---

41 Newsis, 2022.10.28.; Bonnie Jenkins, Remarks at the Carnegie Endowment for International Peace Nuclear Policy Conference, 2022.10.27.
42 2022 NPR (Nuclear Posture Review), p.5.
43 *Ibid.*
44 Jeon Sung-hoon, "The Biden Administration's NPR: Analysis and Policy Implications", *Unification Policy Studies*, 32(1), 2023, p.44.

to completely eliminate hostile policies and threats towards North Korea, with the aim of separating North Korea from the nuclear confrontation involving Russia and China. Of course, currently, it is following the former path by establishing the ROK-U.S. Nuclear Consultative Group (NCG) and formulating Operation Plan 2022, which significantly strengthens nuclear offensiveness against North Korea. However, it cannot be ruled out that the direction may change depending on the shifts in the dynamics of the Korean Peninsula as North and South Korea come together again.

3-6. These diverse variables surrounding the extended deterrence on the Korean Peninsula, as seen in the cases of Europe and Japan, could be controlled and coordinated towards the path of weakening and abandoning nuclear confrontation and extended deterrence on the Korean Peninsula and promoting peace on the Korean Peninsula, by the active intervention of anti-nuclear and peace forces in the South to become a constant in the changing situation.

I hope that the above discussion will in some way complement the presentation and contribute even a little to the abolition of extended deterrence on the Korean Peninsula, the realization of denuclearization of the Korean Peninsula, and furthering the advancement towards a nuclear-free world.

拡大抑止の違法性

コ・ヨンデ
平和統一研究所常任研究委員

　この文章は、アンナ・フード教授の発表文に対する討論文であり、事実関係と法理の側面から米国が韓国に提供した拡大抑止に対する主催側のいくつかの異見を提示している。討論者の無知が発表文の論旨を不当に損なってはいないか懸念に思う。発表者の憚らない反論を期待する。

1. 韓米相好防衛条約4条が、"米国が必要な際、韓国の防衛のために核兵器を使える権限を与えたと理解しうる"か。

1-1. "米国が核の傘の下にある国々と締結したいかなる防衛条約も核保障を含んでいないが、各条約は米国の核保護の公式的根拠とされる[1]"いう主張は、一般的に事実に符合する。

1-2. 韓米相互防衛条約、NATO条約、日米相互防衛条約など、米国が締結した相互防衛条約は、米国に核兵器使用の権限を明示的に付与していない。これは各条約が初期には通常の条約として出発したためである。米国が核兵器を独占・寡占していた時期の対ソ連封鎖政策の下で、米国は朝鮮戦争、両岸紛争(1954)、ベトナム戦争(1954)などの事例で見られるように、核兵器使用の自由を享受しようとした。しかし、米国は相互防衛条約に核兵器の使用を明文化し、これを他の当事国との協議/合意の対象にすることで、核兵器の使用という自国の憲法的権限が、条約で国際法的に拘束されることを避けようとしたものと見られる。このような米国の利害とデンマークとノルウェーのような一部地域の非核保有国の核兵器に対する牽制が作用し、米国を後見国とする条約は、通常の同盟として出発したと見ることができる。これに対し、米国の他の当事国に対する核の傘や拡大抑止の保障は、主に下位(秘密)協定や政策的宣言などを通じて行われた。これは、相互防衛条約そのものが

1　Keith Payne, "Extended Deterrence and Assurance for Allies in Northeast Asia," 2010. 3, p.4.

核の傘や拡大抑止を提供したというよりは、その根拠を提供したり、土台としての役割をしただけだという事実を物語っている。

1-3. NATO条約第5条を、"条約の文言に持たせた通常の意味により"[2] 解釈すれば、核兵器使用の権限を米国に付与する明示的規定を含んでいない。NATO結成の当時、デンマークはNATO条約と1~2次戦略概念(秘密)で核兵器が言及されることを防いだ。3次NATO戦略概念(1957年)になって初めて、核兵器に対する言及が明示的に行われた[3]。さらに1957年のパリNATO首脳会談で、ヨーロッパに米国の戦術核兵器を配置することに合意した。この合意に基づき、英国、西ドイツ、オランダ、ベルギー、イタリア、ギリシャ、トルコが米国と秘密核共有協定を締結し、これを導入した[4]。これに先立ち、英国(1954)、西ドイツ(1955)など個別国家別に米国の戦術核兵器が配置された。NATO加盟国に戦術核兵器が配置されたのは、米国の核戦略が戦略核兵器中心の大量復仇戦略で戦術核兵器の役割を強調した"ニュー・ニュールック(New New Look)戦略(NSC5501_1955.1.7._を通じて公式化)"に変化したことによるものである[5]。

1-4. 日米旧安保条約(1951)の1条と日米新安保条約(1960)の6条[6]は、米国に核兵器使用の権限を明示的に付与していない。平和憲法と国民的反核のアイデンティティに照らして、同盟初期の日本政府は通常の同盟を標榜した。

1-4-1. それにもかかわらず、米国は1954年末に沖縄を皮切りに、1955年7月[7] からは日本本土にも戦術核兵器を配置[極東司令部(Far East Command : FEC)運用手続(Standing Operating Procedure:SOP)]し、日米同盟を事実上核同盟として運営した。米国は、日米旧安保条約の締結に積極だったし、何よりも日米旧安保条約は占領国と被占領国の関係が投影されている不平等条約であり、日本政府の公式的な否認にもかかわらず、米国は必要時に自らの意志で核兵器を配置及び使用できる権限を確保していたものとみられる。

1-4-2. 韓米相互防衛条約への批准同意のための米国上院の公聴会で、当時のダレス(Dules)米国務長官は"米軍の日本配置は、米国の一方的な権利であって日本が拒否できないところだが、韓国の場合は相互的なものであるだけに、韓国の反対があれば配置することがで

---

2 条約法に関するウィーン条約第31条1項。
3 Tom Sauer, "US Extended Nuclear Deterrence in Europe and East Asia: A Comparative Analysis," 2022.6.6, p.5.
4 *Ibid*.
5 李·ビョング、「米国の第1次相殺戦略と戦術核兵器の朝鮮半島配備：ペントミック師団改編との連携性を中心に」、2021年4月30日。
6 米日新安保条約5条は、条約の適用の範囲および発動要件に関する条項で、兵力と装備(核兵器)の導入と直接の関わりはない。
7 Hans Kristensen, "Japan Under the US Nuclear Umbrella", 1999. 7. 21.

きない"⁸と証言した。対ソ連・対中国の軍事的対決のための前進基地としての日本に対する米国の核兵器配置と使用権限も違わなかったものと想定できる。

1-4-3. 日本本土においての戦術核兵器配置と関連して、日米政府の間で交わされた秘密書信で、日本外務大臣は"日本国会内でのいかなる討論も、米国政府がある特定措置を取るよう拘束することはできない"⁹という立場を米国政府に明らかにした。これは、日米旧安保条約が、米国の日本国内での核活動に何らの制約を加えることができなかったことを物語っている。

1-4-4. ビキニ環礁事件(第五福竜丸事件、1954.3)を契機に触発された日本人の反核闘争で、日本本土に配置された戦術核兵器は、1960年-沖縄は1972年-まで引き揚げられたが、日本当局は秘密協定を通じて、通行権など日本国内での米国の核既得権を保障した。また、中国の核実験を機に、1965年米国は日本に初めて核の傘を提供し¹⁰、1968年に佐藤政権はついに「米国の拡大抑止依存政策」、いわゆる「核四政策」を公式化した¹¹。さらに日米は、北韓の1次核実験(2006)を契機に、安保協議委員会(2+2)共同声明」(2007)で米国の対日拡大抑止提供を公式化することで、日米同盟は核同盟としての根を確固たるものにした。

1-5. 韓米相互防衛条約第4条¹²も、日米旧安保条約第1条と同様に、米国に核兵器の使用権限を明示的に付与していない。しかし李承晩政権は、朝鮮戦争で米国の核兵器使用の意図を容認し、米国の戦術核兵器の韓国配置を歓迎した。また、韓米相互防衛条約の締結後も、米国が数回にわたって対北韓核使用の威嚇を加えたことからも分かるように、米国は韓国政府の支援下で、日本国内でのように韓国内の核配置と使用に関して自由を享受していたと言える。

1-5-1. しかし、韓米相互防衛条約の下で、米国は韓国で核兵器を一方的に配置及び使用することで、日米旧安保条約の下で日本で塞がれたのとは異なる障害物に塞がれた。何よりも米国は、核兵器の韓国搬入に伴う、休戦協定違反に対する英国など朝鮮戦争参戦国と国際社会の牽制と批判を大きく憂慮していた。一方、米国当初、韓米相互防衛条約の締結に否定的だったうえ、李承晩政権の武力北進統一の試みを抑止しなければならなかったた

---

8 "MUTUAL DEFENSE TREATY WITH KOREA", U.S. Senate Committee on Foreign Relations (1954.1.13-14). *Hearings Before the Committee on Foreign Relations, United States Senate, Eighty-Third Congress, Second Session* (21p), U.S. Government Printing Office.
9 Peter Hayes, *Pacific Powderkeg: American Nuclear Dilemmas in Korea*, 1991, p.37.
10 連合ニュース, 2009.6.17。
11 趙ヤンヒョン、「日本核武装論の動向と展望」、2009. 8. 5; Peter Hayes, 前述の本、45頁。
12 韓米相好防衛条約3条は、条約の適用の範囲および発動要件に関する条項で、兵力と装備(核兵器)の導入と直接の関わりはない。

め、韓米相互防衛条約に核兵器関連の内容が明示的に言及されることを警戒しなければならない立場にあった。韓米相互防衛条約の締結で朝鮮半島の武力衝突に再び介入することを憂慮した米国が、韓米相互防衛条約に核関連の内容を明文化することで、朝鮮半島の武力介入の最も極端な形の一つを韓国と協議/合意しなければならない国際法的拘束を容認しようとしたとは想定し難い。

1-5-2. また休戦協定は、通常の戦争だった朝鮮戦争に対する現状維持的な性格を帯びている。休戦協定13項(d)目は、協定締結の当時、当事者の保有した装備(飛行機、装甲車、弾薬など)の破壊などを理由に交換しなければならない場合、"同じ性能と同じタイプの兵器で1:1に交換"するように規定している。したがって、米国の対韓国戦術核兵器の導入は、休戦協定13項(d)目を一方的に廃棄した米国の違法的宣言後にやっと可能になった。

1-5-3. しかし"極東軍司令部(FEC)運用手続き(SOP)"によると、米国の戦術核兵器は、休戦協定13項(d)目の廃棄以前である1956年8月にすでに韓国へ搬入されていたと見られる[13]。当時、米国合参議長のレドフォード(Radford)は1956年8月3日、韓国に新兵器が導入されたと言及[14]することで、核兵器導入の事実を表面化した。

1-5-4. 戦術核兵器の韓国搬入は、在韓米軍と韓国軍の段階的抑止戦略(New New Look戦略[15])と新作戦概念の導入によるもので、1957年初め、在韓米軍と韓国軍の原子戦状況下での韓国防衛指揮所演習(CPX)が実施された[16]。在韓米軍と韓国軍は、戦術核兵器の韓国搬入以前からすでに核戦争の演習をしていたと知られている[17]。1958年10月まで、在韓米軍の2個師団がペントミック師団に改編された[18]。これにより、通常の同盟としての韓米同盟が核同盟に転換された。

1-5-5. 一方、米国は1978年、韓米年例安保協議会(SCM)の共同声明を通じて、核の傘の提供を初めて明示的に明らかにした。戦術核兵器を含む在韓米軍の引き揚げに対する韓国内の反発に対するもみ消しと、朴正熙政権の核兵器開発を防ぐためのカーター政権のリップサービスだった。しかし、ブッシュ政権は2006年、韓米年例安保協議会の共同声明に拡大抑止を明示的に保障することを"強く反対"[19]した。核同盟の下でさえ、米国は政治的宣言に過ぎない核の傘と拡大抑止の明示的保障にも消極的だったのだ。

---

13 CBS ノーカットニュース, 2021. 9. 27.
14 北韓研究所、『北韓總覽』、1983、1586頁。
15 李・ビョング、前述の論文。
16 鄭・レヒョク、「陸軍の第1次減軍から得た教訓」、『国防研究』 VOL.11、1961、43、52頁。
17 朝鮮日報, 1956.3.16.; 1956.8.9.
18 李・ビョング、前述の論文。
19 ハンキョレ、2006. 10. 22。

1-6. 以上の内容に基づき、韓米相互防衛条約第4条が"米国が必要な場合、韓国の防衛のために核兵器を使用できる権限を付与したものと理解される"という主張は、関連事実に付け合わせない。

1-7. 一方、韓米相互防衛条約第4条が米国に核使用の権限を与えたと理解することは、韓米相互防衛条約の締結を通じて米国が韓国に提供した条約的、法的次元の核の傘または拡大抑止保障が、以後数十回にわたる大統領と国防長官の共同声明/宣言の発表を通じて、政治的宣言次元の保障にかえって後退したという矛盾を避けられなくなる。朝鮮戦争後の冷戦対決の激化と、北韓の核開発の中で朝鮮半島の核対決が次第に激化していった情勢の推移―韓・北韓、米・北韓間の対話と和解の特定時期を除く―に反して。

1-8. 韓米相互防衛条約第4条が米国に核使用の権限を与えたと理解することは、拡大抑止の違法化と廃棄の敷居を高め、核対決の日常化かつ長期化に寄与することになる。

2. 「米国が、韓国が自国の核の傘の下にあり、韓国が攻撃を受けた場合、防御のために核兵器を使用すると一般的に宣言することは、国連憲章2条4項に違反したものではない」という主張は妥当なのか?

2-1. 以上の主張は、"威嚇はその性格が具体的でなければならない。つまり、特定の対象または諸対象を狙うべきであり、一般的であってはならない"という主張に基づく。すなわち"米国が北韓に対して核兵器を使用すると威嚇する場合、このような威嚇は2条4項の威嚇禁止に反する"ということである。ならば、米国が韓国に提供した拡大抑止が北韓を狙った(特定した)ものであれば、米国の韓国に対する拡大抑止提供は国連憲章2条4項に反すると規定できるだろう。

2-2. 米国の韓国に対する拡大抑制提供は、2段階に分けて考えられる。第一段階は戦術核兵器による段階(1957~1991)であり、第二段階は核の傘(戦略核兵器)による段階(1978年以降現在まで)である。

2-2-1. 米国は1957年下半期から、在韓米軍2個師団をペントミック師団に改編し、在韓米軍作戦計画5027-57/60/69などによって、紛争時の核兵器の早期使用を前提に訓練してきた[20]。戦術核兵器の韓国配置と、その軍事的使用を明示した北韓と中国に対する作戦計画による軍事訓練が、明確に北韓を狙った(特定した)ものだということに異議があるはずがない。

20　鄭・ギョンドゥ、「米国の朝鮮半島核政策に関する研究:戦術核兵器の役割の変化を中心に」、2012. 26頁。

したがって、米国の戦術核兵器に基づく対韓国拡大抑止提供は国連憲章2条4項に違反するものである。

2-2-2. 米国はまた、1978年の国防長官間の韓米年例安保協議会の共同声明から2023年の韓米首脳間のワシントン宣言(2023.4.26)に至るまで、十数回にわたって持続的に米国の戦略核兵器戦力を基盤にした核の傘および拡大抑止を、韓国に対して提供してきた。これらの声明は、一様に北韓の威嚇に対する対応威嚇として北韓を狙って(特定して)いる。

2-2-3. バイデン政権の「核態勢検討報告書」(2022 NPR)は、"米国と同盟/パートナーに対するいかなる核攻撃も容認できず、北韓政権の終末に帰結するだろう"[21]と、戦争目的を越えた北韓への極端な威嚇を加えている。同じ強度の対北韓威嚇は、韓米国防長官会談(SCM)の共同声明(2023.11.13)など、他の宣言にも見られる。

2-2-4. 特にワシントン宣言(2023.4.26)は、"北韓の威嚇を管理するため"、"新しい核協議グループ(NCG)を設立"し、"核および戦略企画を議論し"、"朝鮮半島での核抑止適用に関する連合教育および訓練活動を強化"し、"米国戦略核潜水艦の韓国寄港"など、"米国戦略資産の定例的可視性を一層増進させて"いく事に合意した。

2-2-5. さらに韓米核協議グループ(NCG)は、2023年12月、第2次会議を開催し、「核戦略企画・運用ガイドライン」を2024年上半期までに完成し、これを「作戦計画2022」に反映して「2024乙支自由の盾」(UFS)韓米連合演習から、対北韓核投下訓練を展開することに合意した。

2-2-6. 「作戦計画2022」に反映される対北韓合同迎撃地点(Joint Desired Point of Impact : JDPI)は、韓米軍当局が2016に選定した700個を上回って追加指定される予定である[22]。"北韓に800個の軍事目標(韓米情報当局の推定値)があると仮定すると、一つの軍事目標当たり4~6個の合同迎撃地点を設定しても、少なくとも3200~4800個の合同迎撃地点がある[23]"という主張もある。

2-2-7. 一方、米国戦略司令部は、対北韓核作戦計画が含まれた作戦計画8010-12('Strategic Deterrence and Force Employment')を運用している[24]。これは韓米連合司令部の作戦計画とは別であり、対ロシア・対中国の核作戦計画が中心のより上位の核作戦計画だと言える。しかし、韓米連合の「作戦計画2022」に対北韓核投下訓練が含まれた事で、韓米連合

---

21 2022 NPR (Nuclear Posture Review), 12頁。
22 アジア経済、2023.12.18. https://www.asiae.co.kr/article/2023121809031556757
23 鄭・スウ、趙・カンヘン、洪・ソンピョウ、「大量膺懲復仇(KMPR)においての空軍力の役割に関する研究:ISRと PGMsを中心に」、『国家戦略』第23券3号、2017、44頁。
24 Kristensen, H. M. and Korda, M., "United States nuclear weapons, 2023", 2023, p.33.

の「作戦計画2022」は米国の戦略司令部の「作戦計画8010～22」の対北韓核作戦計画と直接的な関係性を持つようになった。

2-2-8. このような事実は、米国の拡大抑止が政策と戦略、作戦と演習の次元で次第に強化されてくることで、北韓を狙った(特定した)韓米当局の抑止と威嚇もより全面化かつ具体化されてきたことを物語っている。

2-2-9. このように、米国の戦術核兵器の韓国配置による作戦的・戦術的次元の拡大抑止提供であれ、米国の戦略資産に基づく政策的・戦略的次元の拡大抑止提供であれ、北韓を狙って(特定して)核兵器の使用を脅かしていることが分かる。

2-3. 1999年、在韓米軍第2師団法務参謀であるMatthew A. Myers, Sr少佐は、当時韓米が施行中だった「チームスピリット(Team Spirit)」連合演習の法的性格について、"文字通りに読んで適用すれば、武力威嚇禁止(原則)は、演習の目的が他国を威嚇かつ抑止したり警告を発するためのものである場合、米国の軍事演習を違法にすることもありうる[25]"という見解を明らかにした。

2-3-1. 彼は「Team Spirit」韓米連合演習が、北韓の韓国侵略を抑止するための防衛訓練で、国連憲章2条4項の"国家の領土保全や政治的独立"に反せず、"国連の目的"に付け合わせているため、国連憲章2条4項の違反ではないと主張した。にもかかわらず、彼は一方で北韓を抑止、威嚇する性格としての韓米連合演習が国連憲章2条4項の違反である可能性を否定できなかったのだ。

2-3-2. 北韓の対韓国威嚇が事実であり、国連憲章2条4項に違反した違法行為だとしても、韓米連合演習も北韓に対する威嚇であり違法である。"国々が国際秩序の崩壊した均衡を復元するのに役立つ威嚇を合法と見なす傾向があるとしても、このような事実自体が行為(威嚇)の不当性を阻却するものではない"[26]。

2-4. Isha JainとBhavesh Sethは、"インドの公式な核教理はいかなる特定国家も復仇武力の予想対象国として言及しない。また、そのような武力使用の背景を形成するものとしていかなる特定の紛争にも言及しない。では、この教理はどのようにして*jus ad bellum*下の威嚇と見なされるのだろうか。我々は、被威嚇国の正体─この場合、パキスタン─に対する公式的な宣言がなくても、ある程度の具体性が存在し得るという見解を持つ。ここ数十年間、インドとパキスタンの国家慣行は、核兵器の脈絡で互いが威嚇国であり、被威嚇国であるという

---

25 Matthew A. Myers, Sr., "Deterrence and the Threat of Force Ban: Does the UN Charter Prohibit Some Military Exercises?", 2012, p.133, 135.
26 Marco Roscini, "Threats of armed force and contemporary international law", 2007, p.254.

事実を明確にしてきたためである[27]″ 以上の事実は、韓米と北韓の間でも同様に適用される。米国が提供した対韓国拡大抑止は、威嚇の対象を特定してもしなくても、北韓を威嚇の対象にする。すなわち、一般的な威嚇と特定威嚇の区別が無意味であるという意味だ。

2-5. Bill Boothbyと Wolff Heintschel von Heineggは、"**一般的**に国家に対する抑止力として核能力を開発し維持することは、**特別に**一つの国家に威嚇が伝わっていなかったため、違法な威嚇に該当しない"とし、"違法な威嚇が問題になるのは、ひたすら違法な武力使用の威嚇が明示的に伝わったり、または国家を威嚇する行為が明らかになり、それで特定国家や国家軍を相手に違法な武力使用の意図が伝えられた場合"であると主張した。また、抑止と威嚇の伝達を同一視する、法で受け入れられる国家慣行はないと言及した[28]。

2-5-1. BoothbyとHeineggが提示した威嚇に関する主張は、妥当性を欠いているが、彼らの主張によっても米国の対韓国拡大抑止提供は抑止に関する一般的宣言ではなく、先に見たように周期的宣言などを通じて武力使用の威嚇を明示的に伝えたり、韓米連合演習などの行為を通じて威嚇の意思が伝えられた、北韓を狙った(特定した)威嚇に当たる。したがって、米国の対韓国拡大抑止は、威嚇の伝達の如何や北韓特定の如何に基づいて合法抑止と違法な抑止を区別できず、例外なく国連憲章2条4項に反する違法である。

2-5-2. BoothbyとHeineggの武力使用の威嚇に対するアプローチは、トライダント(Trident)事件にたいするスコットランド高等裁判所の判決[29]に従ったものと見られる。

> "我々は、平常の核兵器展開の一般的威嚇要素は、英国政府の政策と意図に対する被告人たちの仮説にもかかわらず、使用と威嚇をすべて違法と規定した慣習国際法の規則の下で、実際の使用と同一視される特定の"威嚇"とは全く違う種類であることを全面的に受け入れる。"(96項)

> 「(...)大体抑止行為は、特定の標的と即時の要求を持たず、おそらくある特定の要求と結びついたり、あるいはそれこそ実際攻撃の兆しであり、特定の"標的"に向かって行われる、実行可能な特定の威嚇とは全く異なるものと普通に思われる。"(97項)

スコットランド高等裁判所の抑止に関するこのような見解は、事実上、抑止から威嚇を取り除き、抑止を合法化しようとする核兵器国家の利害を反映している。BoothbyとHeineggは、意思伝達の有無を基準に威嚇の有無を判断することで、スコットランドの高等裁判所の判決よりは、抑止の威嚇と違法性の領域を多少拡張(?)したが、依然として残り

---

27 Isha Jain and Bhavesh Seth, "India's Nuclear Force Doctrine: Through the Lens of *Jus ad Bellum*", 2019, p.123.
28 Bill Boothby and Wolff Heintschel von Heinegg, *Nuclear Weapons Law: Where Are We Now?*, 2022, pp.38-39.
29 Lord Advocate's Reference No. 1 of 2000 by Her Majesty's Advocate Referring for the Opinion of the High Court on Points of Law (Trident) v. Angela Zelter and Bodil Ulla Roder and Ellen Moxley, Scottish Courts and Tribunals Service.

3 토론문

の膨大な領域で抑止の威嚇と違法性を否定している。抑止に対する彼らの立場は、米国の拡大抑止が朝鮮半島と北東アジアの核対決状況で持つ、被対象国に対する威嚇的性格と違法性を全くまたはほとんど反映していない。

2-5-3. マックスリー教授は、スコットランド高等裁判所判決の誤りを指摘した自分の文章[30]で次のように明らかにした。"(トライデントミサイルの)標的は英国ではなく、概してNATOと米国が選定する。このような標的選定をロシアとイラクを含む他の国家は威嚇として認識してきたし、標的にされた国家が何度も警戒態勢を高める契機になった。1995年には注目すべき事件が起きたが、当時ロシアは米国のトライデント潜水艦が巡察していたノルウェーの近隣地点で、自国を狙った核攻撃がなされていると信じた。" 彼は、トライデント潜水艦を基盤にした英国の抑止政策が、特定した標的に対する威嚇ではないというスコットランド高等裁判所の判決を、客観的事実を根拠に批判しているのだ。

2-5-4. C. G. Weeramantry判事は、"武力使用と武力威嚇は同じように合法的武力使用の範囲を越える"し、"威嚇使用禁止原則はいかなる例外も認められず、したがってもし抑止が威嚇の一つであれば抑止は当然威嚇使用禁止の範囲に属する[31]"という見解を明らかにした。さらに彼は、"明示的であれ暗黙的であれ、核兵器を使用するという真の意図の伝達がなければ、抑止は抑止ではない。そのため、抑止は使用の威嚇に他ならない[32]"と主張した。抑止を使用の威嚇の一つの形態と見て、すべての威嚇が、すなわちすべての抑止が例外なく―国連憲章51条と42条に基づかない限り―違法であるという立場を取っているのだ。2条4項の武力威嚇と使用において、武力概念は'包括的'であり、威嚇と使用禁止は'全面的'という点で例外はない。

2-5-5. Agata Kleczkowskaは、"武力攻撃の威嚇を理由に自衛的武力使用の威嚇を加えることは許容されない。自衛的武力使用は、武力攻撃が発生した後のみに合法であり、したがって自衛的武力使用の威嚇もまた、武力攻撃が発生した後のみに合法である。このような結論は、国連憲章51条の文言的解釈と一致し、予想的/先制的/予防的自衛が合法であるという主張はこれに反する[33]"と主張した。こうした主張は、武力威嚇への対応威嚇(counter-threat)も武力威嚇の禁止原則(国連憲章2条4項)に違反し、武力威嚇の最も深刻かつ規模の大きい形態として"差し迫った"武力攻撃に対して予想的対応武力攻撃(anticipatory counter-armed attack)を加えることも、言うまでもなく武力行使禁止原則(国連憲章2条

---

[30] Charles J. Moxley, Jr., "Unlawfulness of the United Kingdom's Policy of Nuclear Deterrence–Invalidity of the Scots High Court's Decision in *Zelter*", 2001, p.12.

[31] Dissenting Opinion of Judge C. G. Weeramantry, ICJ Reports 1996, pp.525-526.

[32] *Ibid.*, p.541.

[33] Agata Kleczkowska, "Prohibition of Threats of Force: A Silently Contested Norm?", 2023, p.158.

4項)に違反することを意味する。合法的な武力威嚇の領域はない。

2-6. 米国が同盟国に提供する拡大抑止は、同盟(集団防衛)形成の機制として作用する。同盟は、友好と敵対の概念に基づいて潜在的な敵を想定し、敵との武力衝突に備えて平常から軍備増強など戦争を準備する"潜在的戦争共同体(laten war community)[34]"である。したがって、同盟条約に敵国の名が明示的に言及されていなくても、暗黙的には含まれていると言える。そこで、同盟条約に基づく拡大抑止の提供は、前述で見たように、それ自体がすでに敵(特定の威嚇)を含んでおり、そのため同盟と拡大抑止を通じて対処―抑止/防御―しようとする威嚇を一般的威嚇と特定の威嚇に区分することは、理論的にも現実的にも妥当ではない。

2-6-1. このように同盟関係の下で後見国が被後見国に提供する拡大抑止を合法と不法の領域に区分することは、現実世界の核対決を薄め、拡大抑止の国連憲章2条4項に対する違法性を弱めることで、違法的な武力威嚇と行使を助長し、拡大抑止廃棄と核軍縮を遅らせる。拡大抑止が合法であれば、拡大抑止に対する依存は持続、強化されるだろうし、それだけ核兵器の必要性も持続、強化されうるためである。

3. 韓国がNPT6条を違反することになるとして拡大抑止を諦めることになるか。

3-1. 国際司法裁判所(ICJ)は、1996年勧告的意見で、NPT6条上の核軍縮を"行為義務"を超えて"信義誠実な交渉追求で明確な結果―すべての側面で核軍縮―を達成しなければならない義務"と規定し(99項)、この"二重義務"を"NPTすべての当事国"、すなわち"国際共同体の大多数の国家の義務"と規定している。(100項)

3-1-1. NPT6条が履行され、"一般的で完全な核軍縮"(100項)を達成することになれば、拡大抑止の手段と政策が根本的に解消されるのは当然である。

3-1-2. しかし国際社会は、交渉と核軍縮で膠着状態を抜け出せずにおり、むしろ核対決の激化で核戦力強化に乗り出しているのが実情である。

3-1-3. 特に、韓国国民の61.1%が米国戦術核再配置に賛成する立場であり[35]、72.8%が独自の核兵器開発および保有に賛成している[36]。米国の対韓国拡大抑止提供、すなわち韓国保障に対する不信から多角的な補完装置を要求しているのだ。

---

34 Robert E. Osgood, *Alliance and American Foreign Policy*, 1968, p.19.
35 ジェイムス・金の他、「変化する対北韓認識：北韓の核威嚇認識と対応」、峨山政策研究院、2023.4.6.
36 KBS, 2024.2.5; 崔鍾賢学術院、2024.2.5.

3 討論文

3-1-4. 最近韓国は、日本、ヨーロッパのNATO加盟国と歩調を合わせて、バイデン政権の'先制不使用(No First Use)'政策や'単一目的(Sole Purpose)'政策の導入を座礁させた。

3-1-5. このような状況で韓国が近いうちに交渉と核軍縮を促したり、交渉と軍縮で進展を期待しがたいのが現実である。

3-1-6. その結果、韓国がNPT6条の二重義務履行の違反を免れるために拡大抑止を放棄することになるという主張は、適切な事実性を欠いた判断である。

3-2. "米国のような核保有国は、現在の核兵器の物理的破壊を含む追加的軍縮の責任があって、核抑止に対する依存を維持することが重要ではないだろう"という主張も、適切性を欠いた判断とみられる。

3-2-1. バイデン政権は、"先制不使用(No First Use)政策"または"単一目的(Sole Purpose)政策"の導入をあきらめ、(拡大)抑止政策の強化のために核兵器の現代化に乗り出している。このため、米国が近いうちに(拡大)抑止を弱めたり、放棄するための核軍縮に乗り出す可能性は極めて低いと言える。

3-2-2. バイデン政権は、何よりも"米国の世界的な同盟/パートナーネットワークは軍事的な重心であり、拡大抑止はこのようなネットワークの基盤であるため、米国の核の傘の信頼性を同盟に確信させることは国防/安保戦略の核心である[37]"という政策判断をしている。これには、今後も核の傘と拡大抑止を核心と基盤にして、相変わらず同盟と覇権を維持・強化していくという米国の意志が反映されている。したがって、米国が核軍縮に対する義務違反を憂慮して、拡大抑止の弱化および放棄の道を選ぶと見るのは現実とは非常に遠いようだ。

3-2-3. バイデン政権は特に、"2030年代に歴史上初めて二つの主要核保有国を戦略的競争者であり潜在的敵国として対応しなければならない事態に直面するだろう[38]"とし、このような状況に備えるために現用の核兵器の現代化に乗り出している。もちろんバイデン政権は、一方で軍備統制と軍縮を通じた核対決の緩和にも乗り出すという立場であるが、果たして実現できるのか、またどの領域でどの規模で実現されるか、そのために米国の拡大抑止と核の傘に打撃を与えるかは疑問である。

3-3. 結局NPT6条が、米国と同盟国によって法的拘束力が無力化されている条件の下で、信義誠実な交渉と核軍縮義務違反への憂慮による拡大抑止放棄の可能性主張は、全世界の非核化による拡大抑止廃棄の主張との差別性を見出し難い。

---

37 2022 NPR (Nuclear Posture Review), p. 8.
38 *Ibid.*, p. 4.

3-4. "米国は、核兵器の備蓄分を削減する措置を取る間、そのような措置が第6条を満たすのに十分であれば、核抑止を合法的に維持できる"という主張も同意し難い。

3-4-1. 米国が同盟国に提供する拡大抑止は、ロシア、中国、北韓などの"潜在的な敵"を想定し、彼らを狙って(特定して)威嚇を与える行為であり、国連憲章2条4項に違反する。

3-4 2. 核軍縮が進み、核保有国が少量の核兵器だけを保有していても、これを利用した核抑止は依然として違法である。核軍縮が、核抑止の違法性を阻却してはくれない。Weeramantryは、"いくら最小限であるとしても抑止が持つ問題の一つは、一方が防御的なものと認識する行動があまりにも簡単に他の一方によって威嚇と認識されうるということである。…したがって、抑止に対する法的な反対理由があるならば、そのような反対理由が例の抑止が最小化されることによってなくなることはない。[39]"

3-4-3. だからといって、通常の抑止が合法だという意味ではない。Weeramantry判事が明したように、"理論的に最も単純な武器でも武力使用は国連憲章によって違法である[40]。" 彼の意見によると、いくら性能の低い通常兵器でも、これを利用した武力使用の威嚇は国連憲章によって違法である。

3-4-4. これは核抑止であれ、通常の抑止であれ、すべてが違法であり、国家安保の概念から排除されるべきだということを意味する。国家安保は、防衛概念だけに基づいてもいくらでも達成できる。その道だけが、同盟と集団防衛によって危機に瀕した国連憲章と国連中心の集団安保を蘇らせることができる。

3-5. では、全世界の非核化以前に拡大抑止を廃棄できる道はあるのか？あるとすれば、その道はどこにあるのか？

3-5-1. 歴史的な経験は、米・ソ間のデタントや冷戦解消などの政治的な激変期を経て、拡大抑止の部分的な緩和や廃棄の展望が開かれていたという事実を示している。米・ソ軍備制限および軍縮条約の締結、欧州とアジアでの同盟解体の論争、戦術核兵器の撤収、朝鮮半島の非核化共同宣言、米・北韓会談と6者協議を通じた米国の2度にわたった対北韓消極的安全保障(NSA)の提供、韓国と北韓の板門店宣言と北韓と米国間のシンガポール共同声明などがそれである。

3-5-2. 以上の拡大抑止の弱化または廃棄の道は、例外なく政治的対話とデタントが先行することで可能だった。

39　Dissenting Opinion of Judge C. G. Weeramantry, ICJ Reports 1996, 539頁。
40　*Ibid*., 525頁。

3-5-3. 休戦協定60項が規定した通り、朝鮮半島の平和協定の締結という朝鮮戦争の法的、政治的解決は、朝鮮半島で同盟解消と拡大抑止廃棄の道を開くことができる。平和協定締結―朝鮮半島非核化―韓米同盟と拡大抑止廃棄が一つに繋いで解決できるということだ。朝鮮半島の平和協定の締結過程とあいまって、段階的な朝鮮半島非核化が実現し、同盟と拡大抑止の廃棄、対北韓敵対的政策が同時に全面的に廃棄される道である。むろんこの過程は、先制攻撃を明示した北韓の核法令(2022年9月8日)の廃棄も伴う。さらにこの過程は、北東アジア非核地帯創設の触媒剤になる可能性もある。このすべての過程は、全世界の非核化以前に達成でき、全世界の非核化を牽引することもできる。

3-5-4. 北韓が、朝鮮半島の非核化を否定し、核戦力の強化に乗り出したことで、米国との核軍縮会談を要求しており、国務省の軍備統制・国際安保次官であるBonnie Jenkinsも北韓との核軍縮交渉の可能性を開いておいたことで[41]、北韓の核兵器廃棄が中心となったこれまでの朝鮮半島の非核化議論が、新たな次元で展開される可能性もなくはない。

3-5-5. どんな道になろうが、北韓・米国交正常化と法的拘束力のあるNSAはもちろん、北韓・米不可侵条約が担保される可能性は依然として開かれている。

3-5-6. バイデン政権はNPRで、北韓が米国と同盟/パートナーに"'抑止ジレンマ'を提起する"[42]と指摘している。米国が言うこの'抑止ジレンマ'が北韓政権の性格を意味するのか、北韓の核法令が明らかにした先制攻撃の攻勢性を意味するのか、それとも北韓の強大な通常戦力を意味するのか、その含意を正確に推し量ることはできない。全・ソンフンは、'抑制ジレンマ'の含意を類推できる部分として"朝鮮半島で紛争が発生した場合、多数の核保有国が関与する大きな紛争に飛び火する恐れがある[43]"という文章を指摘している。"米国が北韓の核挑発に対応する過程で、中国とロシアが介入し、3～4の核保有国が参加する多国間核紛争が発生する可能性を憂慮するという事実[44]"を示唆するということだ。このような彼の分析によると、バイデン政権は、対韓国拡大抑止提供を強化して対北韓威嚇の水位を高める道を行くか、対ロシア、対中国核対決から北韓を分離させるために、北韓との核軍縮や非核化交渉において度量の大きい(?)譲歩を通じて、対北韓敵対的政策と威嚇を全面的に取りのける道を行くこともできるだろう。もちろん現在は韓米核協議グループ(NCG)を創設し、対北韓核攻勢性を一層強化した"作戦計画2022"を樹立するなど前者の道を歩んでいる。韓国と北韓が再び力を合わせる朝鮮半島の主体情勢の変化によって、方向を旋回する可能性も排除できない。

41　ニューシス、2022.10.28.; Bonnie Jenkins, カーネギー国際平和財団国際核政策コンファレンス、2022.10.27.
42　2022 NPR (Nuclear Posture Review), p. 5.
43　*Ibid*.
44　全・ソンフン、「バイデン政権のNPR:分析と政策的含意」、『統一政策研究2023』, vol.32, 2023, 44頁。

3-6.　朝鮮半島の拡大抑止をめぐるこうした様々な変数は、欧州と日本の事例からも分かるように、韓国の反核・平和勢力が積極的な介入で情勢変化のうわてになることで、朝鮮半島の核対決と拡大抑止を弱化および廃棄させ、平和を増進させる道において統制かつ調整されていくことができるだろう。

以上の討論が多少なりとも発表文を補完し、朝鮮半島の拡大抑止廃棄と朝鮮半島の非核化の実現、ひいては核のない世界を早めるのに少しでも意味があることを願う。

3 토론문

확장억제의 불법성에 관한 토론문

존 키롤프
군축 연구자

한국과 일본은 자체적으로 핵무기를 개발하지 않았다. 현재 외국(미국)의 핵무기를 자국 영토에 전개하거나 배치하지도 않고 있다. 그러나 두 국가 모두 "미국이 제공하는 확장억제 하에서 보호"받고 있다. 이러한 억제가 다른 핵보유국—가장 명백하게는 북한—의 공격으로부터 이들 국가를 보호할 것인가? 이 질문에 대한 필자의 대답은 '아니다!'이다.

핵억제가 작동하지 않은 핵보유국이 연관된 재래식 전쟁, 무력충돌, 그리고 침략의 사례는 여러 가지 있다. 1962년 10월 쿠바 미사일 위기, 1955년부터 1975년까지의 베트남 전쟁, 1982년의 포클랜드 전쟁만 언급해도 충분하다.

미국이 한국과 일본을 방어하기 위해 북한에 핵무기를 사용함으로써 미국 본토에 대한 북한의 핵무기 보복 공격 위험을 감수할 의사가 있는지에 대한 의문을 제기할 수 있다. 미국의 핵억제가 북한에 상당한 영향을 끼쳤는지 의문이다. 대부분의 학자들에 따르면 핵억제는 오직 합리적인 정치 및 군사 지도자를 상대할 때 작동하거나 그것을 전제조건으로 한다. 김정은은 그런 합리적 지도자가 아니다.

핵억제는 국제 안보와 안정성을 강화하는 것이 아니라 오히려 그 반대다. 핵억제는 환상이나 신화일 뿐이며 평화와 안보에 상당한 위협을 제기한다. 핵무기가 결코 다시는 사용되지 않도록 하는 유일한 방안은 이 공포의 대량살상무기를 완전히 폐기하는 것이다.

필자는 미국의 핵억제가 국제법상 심각한 몇 가지 문제를 제기하고 한·일 양국의 평화와 안전에 상당한 위험을 초래한다는 안나 후드 박사의 견해에 동의한다.

질문은 이것이다. 미국이 한국과 일본을 방어하기 위해 핵무기를 사용하겠다는 위협으로 표현되는 핵억제는 무력사용 위협을 금지하는 유엔 헌장 제2조 4항의 금지를 위반하는가?

후드 박사에 따르면 위협은 다음의 조건을 충족하는 경우에만 금지된다.

> 위협은 반드시
> - 무력을 사용하겠다는 명시적 또는 묵시적 약속이 포함되어야 한다.
> - 위협을 당하는 국가 또는 실체에 전달되어야 한다.
> - 신뢰할 수 있어야 한다.
> - 위협의 성격상 구체적이어야 한다. 즉, 국가 또는 실체를 특정하여 겨냥해야 한다.
> - 제2조 4항에 따라 불법인 무력사용을 포함해야 한다.

후드 박사는 북한을 특정한 미국의 핵위협은, 미국의 무력사용(미국의 대북 핵공격)이 북한의 위협에 비례하지 않은 것이기 때문에, 유엔 헌장 제2조 4항의 금지를 위배한다고 결론짓는다. 미국의 위협은 개별적 또는 집단적 자위권 행사로서 정당화되지 않는다(유엔 헌장 제51조 및 1996년 7월 8일 핵무기 위협 또는 사용의 적법성에 관한 국제사법재판소의 권고적 의견 105항 (2)C 참조). 위협을 불법으로 만드는 또 다른 요소는 핵무기 사용이 무력충돌에 적용되는 국제법 규칙, 특히 국제인도법 원칙과 규칙에 일반적으로 반한다는 사실이다(1949년 제네바 협약에 대한 추가 및 국제적 무력충돌의 피해자 보호에 관한 1977년 제1의정서 참조). 핵무기 사용은 또한 1966년 시민적 및 정치적 권리에 관한 국제 규약 제6조에 보장된 생명권을 침해한다.

핵확산금지조약(NPT) 제6조와 관련된 핵억제에 대한 두 번째 문제로 넘어가면, NPT의 역사 및 한국과 일본의 조약 가입 과정을 간략히 정리하는 것이 도움이 될 것이다.

NPT는 1968년 7월 1일 채택되어 1970년 3월 5일에 발효되었다. 이 조약의 당사국은 191개국이다. 일본은 1970년 2월 3일 NPT에 서명하고 1976년 6월 8일(오늘로부터 정확히 48년 전)에 비준했다. 한국은 1968년 7월 1일에 서명하고 1975년 4월 23일(49년 전)에 비준했다.

북한은 1985년 비핵보유국으로 NPT에 가입했다가 2003년 1월 NPT 제10조에 따라 조약에서 탈퇴했다. 북한은 2006년부터 2017년까지 6차례에 걸쳐 자체 핵실험을 실시했다. 북한의 지도자 김정은은 북한이 자국의 근본적인 이익을 지키기 위해 핵무기에 의존할 준비가 되어 있다는 성명을 여러 차례 발표했다. 이러한 성명에 대한 대응으로 미국은 한국과 일본을 방어하기 위해 핵무기를 사용하겠다고 북한을 특정해 핵위협을 가했다.

3) 토론문

제6조는 핵보유국뿐만 아니라 모든 NPT 당사국이 이행해야 하는 핵군축 의무를 담고 있다. 제6조는 "각 조약 당사국은… 핵군축을 위한 효과적 조치에 관한 교섭을… 성실히 추구하기로 약속한다"고 규정하고 있다. 따라서 한국과 일본은 모두 핵군축을 위한 효과적 조치에 관한 교섭을 성실히 추구할 법적 의무가 있다. 제6조는 어쩌면 도달할 수 있는 목표가 아니라 구속력 있는 법적 의무다. 이 의무는 단지 교섭을 위한 교섭이 아니라 결과를 달성해야 하는 의무다. 한·일 양국은 확장억제에 의존하는 것과 핵군축 공약을 하는 것이 양립 가능한 입장이라고 생각한다. 또 양국은 두 가지 모두에 전념하고 있다고 주장한다. 필자가 보기에 제6조는 양국에 지금 당장 확장억제에 대한 의존을 포기하고, "제6조가 요구하는 핵군축을 위한 효과적 조치에 관한 교섭을 성실히" 시작하는 진지한 노력을 할 것을 분명하게 요구하고 있다. 이러한 군축 의무는 너무 오랫동안 지체되어 있다. 우리는 지금 NPT 발효 이래로 54년이 넘는 기간 동안 글을 쓰고 있다. 한국과 일본은 이제 확장억제에 대한 의존을 포기해야 한다. 계속 의존하는 것은 제6조에 위배된다. 따라서 군축을 위한 진지한 교섭을 하지 않는 것은 제6조를 위반하는 것이다. 진정한 핵군축이라는 정책 목표의 일환으로 이루어지지 않은 과거 핵무기 감축 교섭과 협정 체결은 제6조의 의무를 충족하지 못한다. 미국과 다른 모든 핵보유국은 핵군축 관련 의무를 위반하고 있다. 미국과 러시아의 핵무기 수는 냉전 시대에 비해 상당히 감소했지만, 두 국가는 기존 핵무기를 현대화하고 새로운 유형의 핵무기를 개발하고 있다. 이는 제6조의 의무와 일치하지 않는다.

핵보유국들의 이러한 불이행은 NPT를 훼손하고 있다. NPT를 교섭할 당시 합의 또는 계약은 핵보유국들이 성실하게 교섭을 개시하여 핵무기를 감축하고 궁극적으로 폐기한다는 조건 하에서 비핵보유국들이 핵무기 획득을 삼가는 것이었다. 제6조는 핵보유국들에게 핵무기를 영원히 보유할 수 있는 백지 위임장을 주려는 의도가 아니었다. 불이행의 반세기가 지난 지금, 많은 국가가 인내심을 잃고 NPT를 탈퇴하며 자체 핵무기를 개발하려는 유혹을 받고 있다.

후드 박사가 지적한 것처럼 현재 한국과 일본이 핵군축을 위한 그 어떤 중요한 조치를 취하고 있다는 증거는 거의 없다. 필자도 이러한 견해에 동의한다. 양국의 태도와 행동은 핵군축이라는 명시된 목표와 양립할 수 없으며, 그 목표에 진정으로 전념하고 있지 않음을 보여준다. 이러한 관점을 한국과 일본이 제6조에 따른 군축 의무를 이행하지 않은 다음 사례를 통해 설명하고자 한다.

한국과 일본은 모두 제네바에 위치한 군축회의(이하 CD) 회원국이다. 다른 모든 핵보유국과 핵보호를 받는 국가들과 마찬가지로 두 나라는 CD에서 핵군축에 관한 교섭을 개시하기 위해 다른 CD 회원국이 제시한 제안을 주도하거나 수락한 적이 없다. 유엔의 주요 상설 교섭장인 CD는 1996년 8월 포괄적핵실험금지조약(CTBT) 교섭이 타결된 이래 28년 동안 실질적인 협상을 진행하지 못했다.

유엔 총회 산하 군축 및 국제안보에 관한 제1위원회에서 한국과 일본의 핵문제 결의안 초안에 대한 표결은 핵군축에 대한 양국의 입장을 보여준다. 지난해 제1위원회에서는 총 22건의 핵 관련 결의안이 채택되었다. 한국과 일본은 이 결의안 중 상당수에 찬성표를 던지지 않았다. 가장 중요한 일부 결의안에서 양국은 기권하거나 반대표를 던져 핵군축을 성실하게 추구하고 있지 않다는 것을 보여주었다.

지난해 제78차 총회에서 채택된 가장 관련성이 큰 결의안 중 일부는 다음과 같다.

- 문서 A/C.1/78/L.24에 포함된 결의안 "핵무기금지조약"은 찬성 124표, 기권 43표, 반대 14표로 채택되었다. 한국과 일본 모두 이 결의안에 반대표를 던졌다.
- 결의안 A/C.1/78/L.33 "핵무기 없는 세상을 향해 : 핵군축 공약 이행의 가속화"는 찬성 130표, 기권 27표, 반대 24표로 채택되었다. 한국과 일본은 기권했다.
- 결의안 A/C.1/78/L.34 "핵무기 사용 금지에 관한 협약"은 찬성 119표, 기권 50표, 반대 14표로 채택되었다. 일본은 기권, 한국은 반대표를 던졌다.
- 결의안 A/C.1/78/L.37 "핵 위험 감소"는 찬성 119표, 기권 50표, 반대 13표로 채택되었다. 일본은 기권, 한국은 반대표를 던졌다.
- 결의안 A/C.1/78/L.57 "핵군축"은 찬성 117표, 기권 42표, 반대 21표로 채택되었다. 일본은 기권, 한국은 반대표를 던졌다.

한편 한국과 일본은 다음 결의안에는 모두 찬성표를 던졌다. 결의안 A/C.1/78/L.30 "핵무기 없는 세상을 향한 공동 로드맵 구축을 위한 조치", 찬성 145표, 기권 7표, 반대 29표로 채택. 결의안 A/C.1/78/L.45 "포괄적핵실험금지조약", 찬성 176표, 기권 1표, 반대 5표로 채택.[1]

이러한 사례는 양국이 일관성 없는 핵군축 정책을 가지고 있으며, 핵군축에 진지하게 전념하고 있지 않음을 보여준다. 언급된 모든 결의안에 양국이 찬성표 던지는 것을 당연

---

[1] 결의안 내용은 reachingcriticalwill.org에서 찾아볼 수 있다.

3 토론문

한 일로 생각해야 한다. 언급한 5개의 결의안에 찬성하지 않은 이유는 아마도 확장억제에 대한 미국과의 합의 때문일 것이다.

한국과 일본은 2017년 7월 7일 채택되어 2021년 1월 22일 발효된 핵무기금지조약 교섭 및 채택에 참여하지 않았다.

후드 박사는 미국과 일본, 한국에서 모두 일본이나 한국을 방어하기 위한 미국의 핵무기 사용에 대한 대중의 지지가 매우 낮으며 14.1%에 불과하다고 지적한다.

그러나 토머스 그레이엄 대사에 따르면(각주 3 참조), "한국은 북한에서 진행 중인 공세적 핵무기 프로그램을 고려해 자체 핵무기 획득을 심각하게 고려했다. 2013년 2월 북한의 3차 핵실험 이후 한국 국민 대다수는 1~3년 내에 구축할 수 있는 한국의 독자적인 핵무기 억제력으로써 핵무기 개발을 지지했다. 북한의 3차 핵실험 이후 미국의 핵보장을 완전히 신뢰하는 국민은 절반 이하로 떨어졌다."

일본의 핵무기 생산 계획은 알려지지 않았지만, 일본은 1년 이내에 핵무기를 개발할 수 있는 기술, 원료 및 자본을 보유하고 있는 것으로 널리 알려져 있다.

핵군축을 위한 미래의 희망, 즉 동북아시아 비핵지대를 위한 미래의 희망을 가지려면 국제사회, 특히 미국이 북한을 NPT에 복귀시켜야 한다.

마지막으로, 앞으로 어떻게 하면 미국이 제공하는 확장억제 없이 한국과 일본의 안보를 강화할 수 있을까?

한국과 일본의 안보를 강화할 수 있는 방안에 대한 필자의 몇 가지 구상과 제안을 제시하고자 한다.

비핵지대[2]

서론

지난 50년 동안 핵무기의 비확산과 군축은 핵무기의 실험, 보유, 배치가 금지된 일정한 지리적 영역, 이른바 비핵지대(NWFZ)에 대한 조약을 통해 추진되어 왔다. 이러한 조약

---

2 이 글은 존 키롤프가 2017년 McGill-Queen's University Press에서 출판한 『국제법에 따른 군축(Disarmament under International Law)』에서 발췌한 것이다.

은 조약이 적용되는 지역에서 핵무기의 실험, 제조, 획득, 수령, 저장, 설치, 전개, 보유, 통제, 배치, 운송 및 사용을 금지하고 있다. 이러한 비핵지대의 금지는 라틴아메리카, 남태평양, 동남아시아, 아프리카, 중앙아시아 등 5개 대륙에 적용되고 이곳에서는 모든 핵무기 및 핵무기 관련 활동이 금지되며, 남극도 여기에 포함된다. 따라서 비핵지대는 핵무기의 지리적 확산(수평적 확산)을 제한하고 핵무기 군축을 촉진함으로써 국제 비확산 체제를 강화하는 데 기여하며, 핵무기 없는 세상이라는 궁극적인 목표에 중요한 기여를 하고 있다.

비핵지대 내 국가는 평화적 목적으로 원자력을 계속 이용할 수 있다. 비핵지대 내 국가는 자국의 원자력 프로그램이 오로지 민간 목적만을 위한 것임을 검증하기 위해 국가의 핵시설을 통제하는 국제원자력기구(IAEA)와 포괄적안전조치협정을 체결해야 한다. 비핵지대에 속한 국가들의 의무 준수를 보장하기 위해 IAEA와의 국제 검증 및 통제 체계가 구축되어 왔다.

1999년 발표된 군축위원회의 비핵지대에 관한 보고서에는 비핵지대 설립 목적과 원칙에 대한 자세한 내용이 담겨 있다. 이 보고서에 따르면 비핵지대 설립은 해당 지역 국가 간의 자발적 합의에 기반해야 한다고 명시되어 있다. 비핵지대의 목표를 달성하기 위해 합의에는 다음 세 가지 요소가 포함되어야 한다.

1. 지대 내 국가는 핵무기를 보유해서는 안 된다.
2. 어떤 국가도 지대 내에 핵무기를 전개해서는 안 된다.
3. 어떤 국가도 지대 내의 어느 국가에 대해서든 핵무기를 사용하겠다는 위협을 할 수 없다.

국제법적 근거

비핵지대 설립의 국제법적 근거는 유엔 헌장 제52조에 명시되어 있다. 이 조항에 따르면 국제 평화와 안전을 유지하기 위한 지역적 약정 또는 기관들은 유엔의 목적과 원칙에 일치하는 경우 허용된다.

비핵지대의 개념은 핵확산금지조약 제7조에 더욱 명확하게 규정되어 있다. 이 조항은 "본 조약의 어떠한 규정도 어느 국가 집단이 그들 각각의 영토 내에서 핵무기의 완전한 부재를 보장하기 위해 지역적 조약을 체결할 권리에 영향을 주지 아니한다"고 명시하고 있다. 이 권리는 1975년 유엔 총회 결의 3472 B에서 확인된 바 있으며, 여기에는 비핵지대의 정의도 포함되어 있다. "비핵지대는 어느 지대이든, 유엔총회에 의해 다음과 같이 인정되는 지대다. 국가 집단이 자유롭게 조약이나 협약에 따라 설립하며, 지대의 범위를 정하는 절차를 포함하여 핵무기의 완전한 부재의 법규가 정의되어 있으며, 또 국제적 검증 및 통제 체계가 국가들이 그 규정을 준수하는 것을 보장할 수 있도록 확립되어 있는 지대." 비핵지대에는 모든 참여국의 영토는 물론 영해, 내해, 주변 해역도 포함된다.

비핵지대에 관한 총회 결의는 또한 비핵지대에 대한 핵보유국들의 주요 의무를 다음과 같이 규정하고 있다. 이 총회 결의는 모든 핵보유국이 법적 구속력이 있는 조약 또는 협약으로 그들의 의무(이행)를 약속하거나 재확인해야 한다고 밝히고 있다.

- 지대 내 모든 지역에서 핵무기의 전면적 부재를 존중할 의무
- 해당 지대에 대한 조약 또는 협약에 위배되는 지대 영역에서의 행위에 어떤 식으로든 기여하지 않을 의무
- 지대에 속한 국가에 대해 핵무기를 사용하거나 사용하겠다고 위협하지 않을 의무

비핵보유국에 대한 안전보장

비핵보유국들은 NPT에 동의함으로써 핵무기를 포기했다. 그 대가로 비핵보유국들은 그들 국가가 핵무기 공격의 대상이 되지 않을 것이라는 안전보장을 핵보유국으로부터 받아야 한다고 주장해 왔다. 그러나 NPT는 핵무기 공격에 대한 비핵보유국의 보호를 보장하지 않는다. 핵보유국이 비핵보유국에 대해 핵무기 사용 또는 사용 위협을 하지 않는 불사용 의무를 "소극적 안전보장(NSA)"이라고 하며, 핵무기를 보유하지 않은 국가에 대해 핵무기를 사용하지 않는 것을 의미한다.

1968년 안전보장이사회는 결의 255호를 채택하여 핵무기가 사용된 침략 행위 또는 침략 위협의 피해국인 NPT 비핵보유 당사국에 대해 헌장에 따라 즉각 지원을 하거나 지지하겠다는 일부 핵보유국의 의사를 환영했다. 이들 국가는 구소련, 영국, 미국이었다. 당시 중국과 프랑스는 NPT 당사국이 아니었기 때문에 이 결의안은 두 국가와 관련이 없었다.

그러나 이러한 안전보장은 핵무기로 인한 공격 또는 공격 위협이 있을 경우에만 지원을 한다는 점에서 부적절한 것으로 밝혀졌다. 비핵보유국들은 공식적인 소극적 안전

보장, 즉 핵무기가 자신들에게 사용되지 않을 것이라는 공식적인 보장을 요구했다. 그 후 몇 년 동안 무조건적이고 법적 구속력이 있는 소극적 안전보장을 위한 많은 제안이 있었지만 어떤 제안도 보편적인 지지를 받지 못했고, 특히 핵보유국들의 지지를 받지 못했다. 1995년 NPT 재검토회의가 열리기 며칠 전 안전보장이사회에서 NPT 당사국인 비핵보유국에게는 핵무기를 사용하지 않을 것을 보장하는 결의안(984호)에 대한 합의가 이루어졌다.

그러나 이 성명과 결의안은 완전한 소극적 안전보장을 제공하지 않았다. 프랑스, 러시아, 영국, 미국이 발표한 성명은 이들 국가가 NPT 비핵보유 당사국에 대해 핵무기를 사용하지 않을 것임을 확인했을 뿐이며, 다음과 같은 많은 예외를 두고 있었다. 즉 자국의 영토, 군대 또는 기타 병력, 동맹국, 안보 공약을 제공한 국가에 대한 침략 또는 기타 공격이 발생한 경우와, 핵보유국과 동맹을 맺은 비핵보유국이 그러한 침략이나 공격을 수행하거나 지속하는 경우이다.

러시아의 경우, 이 성명은 핵무기를 선제 사용하지 않겠다고 했던 러시아의 이전 공약에 비해 한 발 후퇴한 것이었다. 오직 중국만이 언제, 어떤 상황에서도 비핵보유국이나 비핵지대에 대해 핵무기를 사용하거나 사용 위협을 하지 않겠다는 무조건적인 선언을 발표했다.

제70차 총회는 결의안 70/25, "비핵보유국을 핵무기 사용 또는 사용 위협으로부터 보장하기 위한 효과적인 국제협정 체결"을 채택했다. 이 결의는 "비핵보유국을 핵무기 사용 또는 사용 위협으로부터 보장하기 위한 효과적인 국제협정을 조속하게 합의할 긴급한 필요성을 재확인"하고 "모든 국가, 특히 핵보유국들이 공통의 접근 방식, 특히 법적 구속력이 있는 국제 협약에 포함될 수 있는 공통의 방식에 대한 조속한 합의를 위해 적극적으로 노력할 것을 호소"하고 있다. 이 결의는 반대표 없이 찬성 127표, 기권 55표로 채택되었다. 중국, 인도, 파키스탄, 북한은 찬성표를 던졌다. 프랑스, 이스라엘, 러시아, 영국, 미국, 캐나다는 다른 모든 서방 국가와 함께 기권했다.

3 토론문

비핵지대조약

현존 비핵지대

지금까지 라틴아메리카, 남태평양, 동남아시아, 아프리카, 중앙아시아에서 다자 비핵지대조약이 체결되어 현재 비핵지대가 되었다. 전 세계 인구의 39%가 거주하는 총 115개국이 영해와 영공을 포함한 5개 비핵지대에 속해 있다. 현존 5개 비핵지대는 전 세계 육지 면적의 약 50%, 핵보유국을 제외하면 모든 육지 면적의 약 74%에 달한다. 5개 비핵지대 중 4개가 남반구 전체를 거대한 비핵지대로 만들었다.

제70차 총회는 또한 결의 70/45, "핵무기 없는 남반구 및 인접 지역"을 채택하여 "핵비확산 체제를 강화하고 핵무기 없는 세계의 지역을 확대하는 데 있어 비핵지대의 중요한 역할에 대한 확신을 재확인하고 모든 핵무기의 완전한 제거를 향한 더 큰 진전을 촉구한다."고 밝혔다. 이 결의는 찬성 178표, 반대 4표(프랑스, 러시아, 영국, 미국), 기권 1표(이스라엘)로 채택되었다.[3]

북한, 한국, 일본을 포함한 동북아시아 비핵지대 구축은 가능할 것인가?

물론 동북아시아 비핵지대 실현의 가장 큰 도전이자 장애물은 북한의 핵보유와 핵무기 사용 위협이다. 북한이 동북아시아 비핵지대에 동의하도록 설득하기 위한 첫 번째 단계는 한국과의 평화조약을 통해 한국전쟁을 공식적으로 종식시키는 것이 될 수 있다. 이러한 조약에는 무엇보다 한반도의 완전한 비핵화 조항이 포함될 수 있다. 이는 미국과의 확장억제 합의 폐기를 필요로 한다. 3개 동북아시아 국가(북한, 한국, 일본 : 옮긴이)의 비핵지대 설립을 위한 첫 번째 단계가 실현되기 위해서는 한국과 일본에 대한 확장억제 합의를 선제불사용(no-first-use) 정책으로 전환시켜야 하는데, 이는 미국이 한국과 일본을 방어하기 위해 북한에 핵무기를 먼저 사용하지 않겠다는 것을 보장하는 것이다. 미국이 억제정책을 전환하지 않는다면 한·일 양국과의 억제 합의는 무너지고 폐기될 수 있다. 1985년 뉴질랜드와 미국의 확장억제에 관한 안보협정이 폐기되어, 뉴질랜드는 비핵지대의 보호를 받는 국가가 되었다. 미국과의 확장억제 합의가 폐기되면 한국과 일본이 자체 핵무기를 개발하려 할 위험이 있을까? 어떤 일이 일어날지 예측하기는 어렵지만, 아마도 그렇

---

[3] 2017년 Thomas Graham Jr.가 쓴 *The Alternate Route-Nuclear Weapon-Free Zones* (Oregon State University Press, 2017, pp.169-197)에서 북한 핵무기 문제에 대한 포괄적 논의 참조.

지 않을 것이다. 양국 모두 핵무기를 개발할 수 있는 기술, 원료, 능력을 갖고 있지만 핵무기 실험을 해야 하기 때문이다. 즉, 한국과 일본은 NPT와 1996년 포괄적핵실험금지조약(CTBT)에서 탈퇴해야 할 것이다. 이는 의심할 여지 없이 전 세계적으로 엄청난 여론의 항의를 불러일으킬 것이며, NPT를 붕괴시킬 수도 있다. 그 결과 사우디아라비아나 이란과 같이 다른 국가들이 자체 핵무기를 개발하려는 유혹을 받을 수 있다.

동북아시아 비핵시대의 또 다른 전제조건은 근해에서의 해군 연습을 포함하여 동북아시아 지역에서 미군·한국군·일본군이 참여하는 군사연습을 중단하는 것이다.

한국과 일본의 안보 증진을 위해서는 더 많은 대중의 인식 제고가 필요하며, 양국 정부가 북한과의 긴장 완화를 주도하고 외교적 접촉과 노력을 통해 3국 간의 신뢰와 확신을 쌓아 모두의 평화와 안보를 조성하도록 압박을 가해야 한다.

이러한 구상은 오늘날 긴장되어 있는 지역의 안보환경에서 비현실적으로 보일 수 있으며, 실현되기까지 매우 오랜 시간이 걸릴 수 있다. 하지만 이러한 구상을 실현하기 위한 압박은 계속 유지·강화되어야 한다. 오늘 히로시마에서 열리는 이 토론회는 핵무기 없는 세상이라는 목표를 실현하기 위한 우리의 공동 노력에 시의적절하고 유용한 기여를 하는 것으로 매우 환영할 일이다.

결론적으로,

- 북한에 대한 미국의 구체적 핵위협은 유엔 헌장 제2조 4항을 위반하는 것이다.
- NPT 제6조의 핵군축 의무는 너무 오랫동안 지체되어 왔으며, 한국과 일본은 이를 지금 당장 이행해야 한다.
- 한국과 일본의 자체 핵무기 개발에 대한 대중의 지지가 높아지고 있다.

앞으로의 작업이 성공하길 바란다.
이 회의에 참석해 주고 관심을 가져 주는 것에 감사드린다.

The Illegality of Extended Deterrence
– Discussion Paper

John Kierulf
Independent Disarmament Researcher

Neither Japan nor South Korea has developed nuclear weapons of their own. No foreign (US) nuclear weapons are deployed or stationed on their territories. But both countries are "protected under the extended nuclear deterrence umbrella provided by the United States". Does this deterrence provide them with protection from attacks by other nuclear weapon states – the most evident being North Korea? My answer to that question is: no!

There are several examples of conventional wars, armed conflicts, and aggression involving nuclear weapon states where nuclear deterrence has not worked. Suffice to mention the Cuban Missile Crisis in October 1962, the Vietnam War from 1955 – 1975 and the Falklands War in 1982.

One may question the willingness of the United States to use nuclear weapons against North Korea to defend Japan and South Korea, thereby risking a retaliatory nuclear strike by North Korea against mainland USA. I doubt US nuclear deterrence has any significant impact on North Korea. According to most scholars nuclear deterrence only works – or has as a prerequisite – when you are dealing with rational political and military leaders. Kim Jong-un is not such a rational leader.

Nuclear deterrence does not strengthen international security and stability – on the contrary. It is an illusion or a myth and it poses a significant threat to peace and security. The only guarantee that nuclear weapons will never be used again is the complete abolition of these terror weapons of mass destruction.

I agree with Dr. Hood that the American nuclear deterrence raises some serious issues under international law and poses significant peace and security risks for peace and security in the two countries.

The question is: Does nuclear deterrence as expressed in the threat made by the United States to use nuclear weapons in defence of Japan and South Korea violate the prohibition in article 2(4) of the United Nations Charter which prohibits threats to use force?

According to Dr. Hood a threat is prohibited if the following conditions are fulfilled:

> The threat must
> - include an explicit or implicit promise to use force
> - be communicated to the threatening state or entity
> - be credible
> - be specific in nature, that is be directed to a named country or entity
> - include the use of force which would be illegal under article 2(4).

Dr Hood concludes that the specific nuclear threats against North Korea have been contrary to the prohibition in article 2(4) of the UN Charter since the use of force – attack by the United States with nuclear weapons – have not been proportionate in relation to North Korea's threats. The American threats have not been justified as exercising the right of individual or collective self-defence, cf. article 51 of the United Nations Charter and the ICJ's Advisory Opinion of 8 July 1996 on the Legality of the Threat or Use of Nuclear Weapons (para. 105, (2)C). Another element that makes the threat illegal is fact that use of nuclear weapons would generally be contrary to the rules of international law applicable in armed conflict, and in particular the principles and rules of international humanitarian law, cf. Protocol I of 1977 additional to the Geneva Conventions of 1949, and relating to the protection of victims of international armed conflicts. Use of nuclear weapons would also violate the right to life as guaranteed in article 6 of the International Covenant on Civil and Political Rights of 1966.

Turning to the second question on nuclear deterrence in relation to article VI of the Nuclear Non-Proliferation Treaty (NPT), it may be useful to briefly summarize the history of the NPT and Japan's and South Korea's adherence to this treaty.

The NPT was adopted on 1st July 1968 and came into force on 5th March 1970. The Treaty has 191 states parties. Japan signed the NPT on 3rd February 1970 and ratified the treaty on 8th June 1976 (exactly 48 years ago today). South Korea signed on 1st July 1968 and ratified on 23rd April 1975 (49 years ago).

North Korea joined the NPT in 1985 as a non-nuclear-weapon state and withdrew from the Treaty in January 2003 in accordance with article X of the NPT.

North Korea has tested its own nuclear weapons six times between 2006 and 2017. The North Korean leader, Kim Jong-un, has made several statements on his country's readiness to resort to nuclear weapons to defend its fundamental interests. In reaction to these statements the United States has made specific nuclear threats against North Korea to use nuclear weapons in defence of both Japan and South Korea.

Article VI contains the nuclear disarmament obligation which all states parties to the NPT - not only the NW states – must fulfill: Article VI establishes that "each of the Parties to the Treaty undertakes to pursue negotiations in good faith on effective measures relating to …nuclear disarmament …". Therefore, both Japan and South Korea has a legal obligation to pursue negotiations in good faith on effective measures relating to nuclear disarmament. Article VI is a binding legal obligation – not a goal which may possibly be reached. The obligation is to achieve a result - not just to negotiate for the sake of negotiating. Both countries believe that relying on extended nuclear deterrence and having a commitment to nuclear disarmament are compatible positions. And they both assert that they are committed to both. In my view article VI unequivocally requires them to give up their reliance on extended nuclear deterrence now and start working seriously on initiating "negotiations in good faith on effective measures relating to …nuclear disarmament as required by article VI. This disarmament obligation is long overdue. We have now been writing for more than 54 years since the NPT came into force. Japan and South Korea must now give up their reliance on extended nuclear deterrence. Continued reliance constitutes breach of article VI. Thus, failure to negotiate seriously towards disarmament means that you are in breach of article VI. Negotiations and conclusions of agreements in the past on nuclear arms reductions which have not been made as part of a policy goal of genuine nuclear disarmament do not meet the obligation in article VI. The United States and all the other nuclear weapon states are in breach of their obligation relating to nuclear disarmament. Although the numbers of nuclear weapons in the United States and Russi have been reduced considerably as compared to the numbers during the Cold War, both states are modernizing their existing arsenals and developing new types of nuclear weapons. This is not consistent with their article VI obligations.

This non-compliance by the nuclear weapon states is undermining the NPT.

When the NPT was negotiated the bargain - or deal - was that the non-nuclear weapon states would refrain from obtaining nuclear weapons under the condition that the nuclear weapon states would initiate negotiations in good faith to disarm and ultimately abolish their weapons. Article VI was not intended to offer a carte blanche for the nuclear weapon states to keep their arms forever. After half a century of non-compliance many states are losing their patience and may be tempted to leave the NPT and develop their own nuclear weapons.

As pointed out by Dr. Hood there is currently little evidence that neither Japan nor South Korea is making any significant steps towards nuclear disarmament. I agree with that view. The attitude and actions by both countries are incompatible with - and show that they are not truly committed to - their stated goal of nuclear disarmament. Let me illustrate this point of view with the following examples of non-compliance by Japan and South Korea to fulfill their disarmament obligations under article VI:

Both Japan and the Republic of Korea are members of the Conference on Disarmament (the CD), located in Geneva. None of the two states - like all the other nuclear weapon states and nuclear protected states - have taken initiatives or accepted proposals from other CD members for initiating negotiations in the CD on nuclear disarmament. The CD which is the principal permanent negotiation forum of the United Nations has been inactive as far as conducting substantial negotiations for 28 years - since the conclusion of the negotiations on the Comprehensive Nuclear-Test-Ban Treaty (the CTBT) in August 1996.

In the First Committee on Disarmament and International Security under the General Assembly of the UN the voting by Japan and South Korea on the draft resolutions on nuclear issues reveal the positions towards nuclear disarmament of these two states. Last year a total of 22 nuclear related resolutions were adopted in the First Committee. Japan and South Korea did not vote in favor of many of these resolutions. On some of the most important resolutions the two countries either abstained or voted against, thereby showing that they are not pursuing nuclear disarmament in good faith.

Some of the most relevant resolutions adopted during the 78th session of the General Assembly last year are the following:

- Draft resolution contained in document A/C.1/78/L.24 "Treaty on the Prohibition of Nuclear Weapons", adopted with 124 votes in favour, 43 abstentions and 14 against. Both Japan and South Korea voted against this resolution.

- Res. A/C.1/78/L.33 "Towards a nuclear-weapon-free world: accelerating the implementation of nuclear disarmament commitments", adopted with 130-27-24. Japan and South Korea abstained.
- Res. A/C.1/78/L.34 "Convention on the Prohibition of the Use of Nuclear Weapons", adopted with 119-50-14. Japan abstained and South Korea voted against.
- Res. A/C.1/78/L.37 "Reducing nuclear danger", adopted with 119-50-13. Japan abstained and South Korea voted against.
- Res. A/C.1/78/L.57 "Nuclear disarmament", adopted with 117-42-21. Japan abstained and South Korea voted against.

On the other hand, both Japan and South Korea voted in favour of res. A/C.1/78/L.30 "Steps to building a common roadmap towards a world without nuclear weapons", adopted with 145-7-29 and in favour of res. A/C.1/78/L.45 "Comprehensive Nuclear-Test-Ban Treaty", adopted with 176-1-5.[1]

These examples show that the two countries seem to have an inconsistent nuclear disarmament policy, not being sincerely committed to nuclear disarmament. One should assume that they would vote in favour of all the mentioned resolutions. The reason for not voting in favour of the five mentioned resolutions is probably their agreements with the United States on the extended nuclear deterrence umbrella.

Japan and South Korea did not participate in the negotiation and adoption of the Treaty on the Prohibition of Nuclear Weapons, adopted on 7 July 2017 and entering into force on 22 January 2021.

Dr. Hood points out that there is very low public support in both the United States and in Japan and South Korea for use of US nuclear weapons in defence of Japan or South Korea - only 14.1 percent.

However, according to Ambassador Thomas Graham (see note 3) "South Korea has seriously considered to acquire its own nuclear weapons, given the ongoing aggressive nuclear weapon program in Noth Korea. After North Korea's third nuclear test in February 2013 large majorities in South Koreas supported the development of nuclear weapons as an independent South Korean nuclear weapon deterrent which could be constructed in one to three years. After this third North Korean nuclear less than half of the population fully trusted the US

---

[1] The text of the resolutions can be found at reachingcriticalwill.org.

nuclear guarantee.

There are no know plans for Japan to produce nuclear weapons, but it is widely believed that Japan has the technology, raw material and capital to build nuclear weapons within a year.

Any future hope for nuclear disarmament – for a nuclear weapon-free zone in Northeast Asia – will require that the world community, particularly the United States, bring North Korea back to the NPT.

Finally, looking ahead – what can be done to increase the security of Japan and South Korea without the extended nuclear deterrence umbrella provided by the United States?

I would like to present some personal ideas and proposals about possible ways to increase the security for Japan and South Korea.

Nuclear-Weapon-Free Zones[2]

Introduction

During the past fifty years, non-proliferation and disarmament of nuclear weapons have been promoted by treaties for specific geographical regions in which the testing, possession, and stationing of nuclear weapons are prohibited – so-called Nuclear-Weapon-Free Zones (NWFZs). These treaties have prohibited the testing, manufacture, acquisition, receipt, storage, installation, deployment, possession, control over, stationing, transport, and use of nuclear weapons in the regions covered by the treaties. These prohibitions in NWFZs cover five continents – Latin America, the South Pacific, Southeast Asia, Africa, and Central Asia – where all nuclear weapons and nuclear-weapon-related activities are prohibited – and the Antarctic. The nuclear-weapon-free zones thus contribute to strengthening the international non-proliferation regime by limiting the geographical spread (horizontal proliferation) of nuclear weapons while promoting nuclear weapons disarmament, and thereby constituting an important contribution toward the ultimate goal of a world free of nuclear weapons.

The countries within the nuclear-weapon-free zones may continue to use

---

2 This topic is extract from "Disarmament under International Law", by John Kierulf, 2017, McGill-Queen's University Press.

nuclear energy for peaceful purposes. To verify that their programs for nuclear energy are exclusively for civilian purposes, the states in the zones must conclude comprehensive safeguards agreements with the International Atomic Energy Agency (IAEA), which controls states' nuclear facilities. To ensure that the countries covered by the nuclear-weapon-free zones comply with their obligations, an international verification and control system has been established with the IAEA.

The Disarmament Commission's report on NWFZs from 1999 contains detailed information on the purpose and principles of the establishment of nuclear-weapon-free zones. The report states that the establishment of NWFZs must be based on voluntary agreements between the states of the region concerned. To achieve the aim of NWFZs, the agreements must include the following three elements:

1. States in the zone must not possess nuclear weapons,
2. No state shall deploy nuclear weapons within the zone,
3. No state can threaten to use nuclear weapons against any state within the zone.

Legal basis in international law

The international legal basis for establishing nuclear-weapon-free zones is laid down in Article 52 of the Charter of the United Nations. This article states that regional arrangements or agencies for maintaining international peace and security are allowed, provided that they are consistent with the purposes and principles of the United Nations.

The concept for NWFZs is further defined in Article 7 of the Nuclear Non-Proliferation Treaty, which states that "nothing in this Treaty affects the right of any group of states to conclude regional treaties in order to assure the total absence of nuclear weapons in their respective territories." This right was confirmed in 1975 by the United Nations General Assembly resolution 3472 B, which contains a definition of a NWFZs: "A nuclear-weapon-free zone is any zone, recognized by the General Assembly of the United Nations, that any group of states has freely established with a treaty or convention; where the statute of the total absence of nuclear weapons, including the procedure for delimiting the zone, is defined; and where an international system of verification and control has been established to guarantee states comply with that statute". The nuclear-weapon-free zones include the territories of all the participating states, as well as their territorial sea, internal waters, and surrounding waters.

The General Assembly's resolution on NWFZs also defines the nuclear-weapon states' principal obligations for nuclear-weapon-free zones: that all nuclear-weapon states undertake or reaffirm, in legally binding treaties or conventions, their obligation:

- to respect the total absence of nuclear weapons in all parts of the zone,
- to refrain from contributing in any way to acts in zone territories that violate the treaty or convention for the zone,
- to refrain from using or threatening to use nuclear weapons against the states included in the zone.

Security assurances for non-nuclear-weapon states

By agreeing to the NPT, the non-nuclear-weapon states renounced nuclear weapons. In return, the non-nuclear-weapon states have insisted on obtaining security guarantees from the nuclear weapon states that they will not be subject to attacks with nuclear weapons. The NPT, however, does not guarantee protection for the non-nuclear weapon states against attacks with nuclear weapons. The non-use obligations by the nuclear weapon states to refrain from using or threatening to use nuclear weapons against non-nuclear weapon states are called "Negative Security Assurances" (NSA) and consist in not using nuclear weapons against countries that do not have nuclear weapons.

In 1968, the Security Council adopted resolution 255, which welcomed the intention expressed by some nuclear-weapon states that they would provide or support immediate assistance, in accordance with the Charter, to any non-nuclear-weapon state party to the NPT that was a victim of an act or threat of aggression in which nuclear weapons were used. These states were the former Soviet Union, the United Kingdom, and the United States. At that time, China and France were not parties to the NPT and the resolution was therefore not relevant to them.

However, these security guarantees were found to be inadequate because that assistance would only be granted in case of an attack or threat of an attack from nuclear weapons. The non-nuclear weapon states demanded formal negative security assurances, i.e., formal guarantees that nuclear weapons would not be used against them. Many proposals for unconditional and legally binding negative security assurances were presented during the following years but none of the proposals received general support – especially not from the nuclear weapon states. Agreement was reached in the Security Council only a few days before the opening of the NPT Review Conference in 1995 on a resolution (984) that assured non-nuclear weapon states that were parties to the NPT that nuclear weapons would not be used against them. However, the statements and the resolution did not provide complete negative security assurances. The statements made by France, Russia, the United Kingdom, and the United States only confirmed that none of these states would use their nuclear weapons against non-nuclear weapon parties to the NPT, and had a number of exceptions: in case of an invasion or any other attack on their territories, on their armed forces or other troops, their allies, or a state to which they had a security commitment, and only when the invasion or attack was carried out or sustained by a non-nuclear-weapon state allied with a nuclear-weapon state.

In the case of Russia, the statement was a step backwards compared with earlier Russian commitments not to be the first country to use nuclear weapons. Only China made an unconditional declaration not to use or threaten to use nuclear weapons against non-nuclear weapon states or NWFZs at any time or under any circumstance.

The 70th General Assembly adopted resolution 70/25, "Conclusion of effective international arrangements to assure non-nuclear-weapon states against the use or threat of use of nuclear weapons". The resolution "reaffirms the urgent need to reach an early agreement on effective international arrangements to assure non-nuclear weapon states against the use or threat of use of nuclear weapons" and "appeals to all states, especially the nuclear weapon states, to work actively towards an early agreement on a common approach and, in particular, on a common formula that could be included in an international instrument of a legally binding character." The resolution was adopted by 127 votes in favour, none against, and 55 abstentions. China, India, Pakistan, and North Korea voted in favour. France, Israel, Russia, the United Kingdom, the United States, and Canada abstained, together with all the other western countries.

Treaties on Nuclear-Weapon-Free Zones

Existing Nuclear-Weapon-Free Zones

Multilateral treaties on NWFZs have so far been concluded for Latin America, the South Pacific, Southeast Asia, Africa, and Central Asia, which are now nuclear-weapon-free areas. A total of 115 countries, which contain 39 per cent of the world's population, in the five nuclear-weapon-free zones are nuclear-weapon-free territories, including their territorial sea and airspace. The five existing NWFZs cover approximately 50 per cent of the world's land territory and 74 per cent of all land territories outside the nuclear weapon states. Four of the five NWFZs have made the whole Southern Hemisphere a large nuclear-weapon-free zone.

The 70th General Assembly also adopted resolution 70/45, "Nuclear-weapon-free southern hemisphere and adjacent areas", reaffirming "its conviction of the important role of nuclear-weapon-free zones in strengthening the nuclear non-proliferation regime and in extending the areas of the world that are nuclear weapon free, and calls for greater progress towards the total elimination of all nuclear weapons." The resolution was adopted with 178 votes in favour, 4 against (France, Russia, the United Kingdom, and the United States), and 1 abstention (Israel) [3].

Would it be possible to establish a nuclear-weapon-free zone in Northeast Asia, including North Korea, Japan and South Korea?

The main challenge or impediment for obtaining a nuclear-weapon-free zone in Northeast Asia is of course North Korea having nuclear weapons and threatening to use them. In order to persuade North Korea to agree to a NWFZ for Northeast Asia a first step could be to formally end the Korean War with a peace treaty with South Korea. Such a treaty could among other elements contain provisions for the total denuclearization of the Korean Peninsula. This would require termination of the extended nuclear deterrence agreements with the United States. Before this may be realized a first step leading to the establishment of a nuclear-weapon-free zone for the three Northeast Asian states could be to change the extended nuclear deterrence agreements for Japan and South Korea to a no-first-use policy whereby the United States would guarantee not to be the

---

[3] Reference is made to a comprehensive discussion on the issue of Nort Korea's nuclear weapons in "The Alternate Route – Nuclear Weapon-Free Zones" (page 169-197) by Thomas Graham Jr., 2017, Oregon State University Press.

first part to use nuclear weapons against North Korea in defence of Japan and South Korea. If the United States refuses to change its deterrence policy, the deterrence agreements with the two countries could fall apart and be terminated. In 1985 New Zealand's security agreement with the United States on extended nuclear deterrence was terminated and New Zealand became a nuclear-weapon-free (protected) country. If the extended nuclear deterrence agreements with the United States were terminated, would there be a risk that Japan and South Korea might wish to develop their own nuclear weapons? It is difficult to predict what would happen, but probably not. Although both countries have the technology, materials and capability to build nuclear weapons they would need to test their weapons. That means that both Japan and South Korea would have to withdraw from the NPT and from the Comprehensive Nuclear-Test-Ban Treaty (CTBT) of 1996. This would undoubtedly result in massive worldwide public outcry and could possibly make the NPT fall apart. As a consequence of this other countries like Saudi Arabia and Iran could be tempted to develop their own nuclear weapons.

Another prerequisite for a NWFZ in Northeast Asia would be to stop military exercises with American, South Korean and Japanese military forces in the Northeast Asian area, including naval exercises in the adjacent seas.

In order to obtain increased security for Japan and South Korea Raise, more public awareness is required and further pressure on the Japanese and South Korean governments to take initiatives to lower the tensions with North Korea and through diplomatic contacts and efforts build trust and confidence between the tree countries thereby creating peace and security for all.

These ideas may seem unrealistic in today's tense security environment in the area and may take a very long time to be realized. But the pressure for realization of these ideas should be maintained and increased. This conference today in Hiroshima is a very welcome, timely and useful contribution to our common efforts to realize the goal of a world without nuclear weapons.

In conclusion:

- Specific nuclear threats by the United States against North Korea are in violation of article 2(4) of the UN Charter
- The nuclear disarmament obligation in article VI of the NPT is long overdue and must be fulfilled now by Japan and South Korea

- There is growing public support for Japan and South Korea to build their own nuclear weapons.

I wish you success in your further work.
Thank you for your attendance in this meeting and for your attention.

拡大抑止の違法性に関する討論文

ジョン・キアウルフ
軍縮研究者

　日本も韓国も独自の核兵器を開発していない。外国（米国）の核兵器の移転や配備もしていない。しかし両国は「米国が提供する拡大核抑止の傘の下に守られている」。この抑止力は、他の核保有国（最も顕著なのは北韓）による攻撃から両国を守ってくれるのだろうか？その質問に対する私の答えは、「ノー」である！

　核保有国が関与する通常戦争や武力衝突、侵略の例には、核抑止力が機能しなかったものがいくつもある。1962年10月のキューバ危機、1955年から1975年までのベトナム戦争、1982年のフォークランド紛争を挙げれば十分だろう。

　米国が日本や韓国を守るために北韓に核兵器を使用し、それによってアメリカ本土が北韓から報復核攻撃されるリスクを負える意志があるかは疑問である。米国の核抑止力が北韓に大きな影響を与えるとは思えない。多くの学者によれば、核抑止力は合理的な政治・軍事指導者を相手にする場合にのみ機能する、あるいはその前提条件となる。金正恩はそのような合理的な指導者ではない。

　核抑止力は、国際的な安全保障と安定を強化するものではない。核抑止力は幻想や神話であり、逆に平和と安全に対する重大な脅威となる。核兵器が二度と使用されない唯一の保証は、この恐怖の大量破壊兵器を完全に廃絶することである。

　私はアメリカの核抑止力が引き出す、国際法上いくつかの深刻な問題を指摘し、日韓両国の平和と安全保障に重大なリスクをもたらすという点についてフード博士と同意見である。

　問題はこうだ：日本や韓国を防衛するために核兵器を使用するというアメリカの威嚇に表れる核抑止力は、武力行使の威嚇を禁止する国際連合憲章第2条4項の禁止に当てはまるのか。

　フッド博士によれば、以下の条件が満たされれば、威嚇は禁止される：

　　(禁止に該当する)必須項目は
　　- 武力行使の明示的または黙示的な約束が含まれていること
　　- 威嚇する国または団体に伝達されること
　　- 信憑性があること

- 具体的であること、すなわち特定の国または団体に向けられたものであること
- 第2条4項により違法となる武力行使が含まれていること

　フッド博士は、北韓に対する核による威嚇は、国連憲章2条4項の禁止に反していると結論づけている。なぜなら、アメリカの核兵器による攻撃という武力行使は、北韓の威嚇と比例するものではないからである。アメリカの威嚇は、個別的または集団的自衛権の行使として正当化されていない。(国連憲章第51条と、核兵器の威嚇または使用の合法性に関する1996年7月8日のICJの勧告的意見 para 105 (2)C)。威嚇を違法とするもう一つの要素は、核兵器の使用が一般的に武力紛争に適用される国際法の規則、特に国際人道法の原則と規則 (1949年のジュネーブ諸条約に追加された1977年の第1議定書、国際武力紛争の犠牲者の保護に関するもの) に反するという事実である。核兵器の使用は、1966年の市民的及び政治的権利に関する国際規約第6条で保障されている生命への権利にも違反する。

　核不拡散条約 (NPT) 第6条に関連する核抑止力に関する2つ目の問題提起については、NPTの歴史と日本と韓国のこの条約への加盟について簡単にまとめておくことが有用であろう。

　NPTは1968年7月1日に採択され、1970年3月5日に発効した。締約国は191カ国である。日本は1970年2月3日に署名し、1976年6月8日 (ちょうど48年前の今日) に批准した。韓国は1968年7月1日に署名し、1975年4月23日 (49年前) に批准した。

　北韓は1985年に非核兵器国としてNPTに加盟し、2003年1月にNPT第10条に従って脱退した。北韓は2006年から2017年の間に6回、独自の核実験を行った。北韓の指導者である金正恩は、自国の基本的利益を守るために核兵器に頼る用意があると何度も発言している。このような発言に反発し、米国は北韓に対し、日本と韓国を防衛するために核兵器を使用するとの具体的な核による威嚇を行っている。

　NPT第6条には、核保有国だけでなく、すべてのNPT締約国が履行しなければならない核軍縮の義務が含まれている：第6条は、「この条約の各締約国は、(…) 核軍縮に関する効果的な措置について (…) 誠意をもって交渉を行うことを約束する」と定めている。したがって、日本も韓国も、核軍縮に関する効果的な措置について誠実に交渉を進める法的義務を負っている。第6条は拘束力のある法的義務であり、到達する可能性のある目標ではない。その義務は結果を出すことであり、交渉のための交渉ではない。日韓両国は、拡大核抑止力に依存することと核軍縮にコミットすることは両立する立場だと考えている。そして両国とも、その両方にコミットしていると主張している。私の考えでは、第6条は、拡大核抑止力への依存を今すぐ放棄し、「第6条が要求する核軍縮に関する効果的な措置について、誠意をもって交渉を開始する」ことに真剣に取り組むよう、明確に求めている。しかしこの軍縮の義務は、いまだに果たされていない。我々はNPTが発効してから54年間も発信を続けている。日本と韓国は今、拡大核抑止力への依存を断念しなければならない。核抑止力への依存を続けることは、第6条に違反する。従って、軍縮に向けた真剣な交渉を怠ることは、第6条に違反することを意味する。真の核軍縮という政策目標の一環として

③ 토론문

行われていない、過去の核軍縮に関する交渉や協定の結論は、第6条の義務を満たしていない。米国と他のすべての核保有国は、核軍縮に関する義務に違反している。米国とロシアの核兵器の数は、冷戦時代に比べてかなり減少しているが、両国は既存の核兵器を近代化し、新しいタイプの核兵器を開発している。これは第6条の義務に合致していない。

核保有国によるこのような不順守は、NPTを弱体化させている。NPTが交渉されたとき、核保有国が誠実に軍縮交渉を開始し、最終的には核兵器を廃絶することを条件に、非核保有国は核兵器の保有を控えるという取り決めがあった。第6条は、核保有国が永久に武器を保持するための白紙委任状を提供することを意図したものではなかった。半世紀にわたる非遵守の結果、多くの国が忍耐を失い、NPTを脱退して自国の核兵器を開発しようという誘惑に駆られている。

フード博士の指摘によると、現在、日本も韓国も核軍縮に向けて大きな一歩を踏み出している証拠はほとんどない。私もその意見に同意する。日韓両国の態度と行動は、核軍縮という公言した目標とは相容れないものであり、真に核軍縮に取り組んでいないことを示している。この見解を、日本と韓国が第6条の軍縮義務を履行していない以下の例で説明しよう:

日本と韓国はともに、ジュネーブにある軍縮会議（CD）のメンバーである。日韓両国は、他のすべての核兵器保有国や核保護国と同様、核軍縮に関するCDでの交渉を開始するためのイニシアチブをとったり、他のCD加盟国からの提案を受け入れたりしていない。国連の主要な常設交渉の場であるCDは、1996年8月に包括的核実験禁止条約（CTBT）の交渉が終了して以来28年間、実質的な交渉が行われていない。

国連総会下の軍縮・国際安全保障第一委員会では、日本と韓国が核問題に関する決議案を採決しており、両国の核軍縮に対する立場が明らかになっている。昨年の第一委員会では、合計22本の核関連決議案が採択された。日本と韓国は、これらの決議の多くに賛成票を投じなかった。最も重要な決議案のいくつかでは、日韓両国は棄権または反対票を投じ、核軍縮を誠実に追求していないことを示した。

昨年の第78回総会で採択された決議案のうち、最も関連性の高いものは以下の通りである：

文書 A/C.1/78/L.24に含まれる決議案「核兵器禁止条約」は、賛成124票、棄権43票、反対14票で採択された。日本と韓国はこの決議に反対票を投じた。

決議 A/C.1/78/L.33「核兵器のない世界へ：核軍縮公約の実施を加速する」賛成130票、棄権27票、反対24 で採択。日本と韓国は棄権した。

決議 A/C.1/78/L.34「核兵器使用禁止条約」、賛成119票、棄権50票、反対14で採択。日本は棄権、韓国は反対票を投じた。

決議 A/C.1/78/L.37「核の危険の削減」、賛成119票、棄権50票、反対13で採択。日本は棄権、韓国は反対票を投じた。

決議 A/C.1/78/L.57「核軍縮」、 賛成117票、棄権42票、反対21で採択。日本は棄権、韓国は反対票を投じた。

一方、決議 A/C.1/78/L.30「核兵器のない世界に向けた共通のロードマップ構築へのステップ」は日韓両国とも賛成票を投じた。賛成145票、棄権7票、反対29で採択。A/C.1/78/L.45「包括的核実験禁止条約」も両国は賛成した。これは 賛成176票、棄権1票、反対5で採択された[1]。

　これらの例は、両国が一貫性のない核軍縮政策をとっている可能性と核軍縮に真摯に取り組んでいないことを示している。両国は言及した決議案すべてに賛成票を投じるはずだったのであるが5つの決議案を全部賛成してはいない理由は、おそらく核抑止の傘の拡大に関する米国との合意であろう。

　日本と韓国は、2017年7月7日に採択され2021年1月22日に発効した核兵器禁止条約の交渉と採択に参加していない。

　フッド博士は、日本や韓国を防衛するために米国の核兵器を使用することに対する国民の支持は、日米韓のどこでも非常に低く、わずか14.1%に過ぎないと指摘する。

　しかし、トーマス・グラハム大使（注3）によれば、「韓国は、北韓が現在進行形で積極的な核兵器開発計画を進めていることから、独自の核兵器を保有することを真剣に検討している」。2013年2月に北韓が3回目の核実験を行った後、韓国では、1年から3年内に製造可能な韓国の独立した核兵器抑止力として、核兵器の開発を支持する意見が多数を占めた。この北韓の3回目の核実験の後、米国による核の安全保証を完全に信頼する韓国国民は半数未満である。

　日本が核兵器を製造する計画は知られていないが、日本には1年以内に核兵器を製造する技術、原材料、資本があると広く信じられている。

　北東アジアにおける非核兵器地帯という核軍縮の将来的な希望には、世界社会、特に米国が北韓をNPTに復帰させることが必要である。

　最後に、今後の展望だが、米国が提供する核抑止力の傘がなくても、日本と韓国の安全保障を強化するために何ができるだろうか。

　日韓の安全保障を強化する方法について、いくつかの個人的なアイデアと提案を提示したい。

非核兵器地帯[2]

はじめに

　過去50年間、核兵器の不拡散と軍縮は、核兵器の実験、保有、配備を禁止する特定の地理的地域に関する条約、いわゆる非核兵器地帯（NWFZ）によって推進されてきた。これらの条約は、

1　The text of the resolutions can be found at reachingcriticalwill.org.
2　The text in italics is extract from "Disarmament under International Law", by John Kierulf, 2017, McGill-Queen's University Press.

3 토론문

条約の対象となる地域での核兵器の実験、製造、取得、受領、保管、設置、移転、保有、管理、配備、輸送、使用を禁止している。非核兵器地帯におけるこれらの禁止事項は、ラテンアメリカ、南太平洋、東南アジア、アフリカ、中央アジアの5大陸と南極を対象としており、そこではすべての核兵器および核兵器関連活動が禁止されている。非核兵器地帯は、核兵器の地理的拡散（水平拡散）を制限することで国際的な核不拡散体制を強化する一方、核軍縮を推進し、核兵器のない世界という究極の目標に向けた重要な貢献をしている。

非核兵器地帯内の国々は、平和目的のために原子力を使用し続けることができる。非核兵器地帯に含まれる国々は、原子力計画がもっぱら民生目的であることを確認するため、各国の原子力施設を管理する国際原子力機関（IAEA）と包括的保障措置協定を締結しなければならない。非核兵器地帯の対象国がその義務を確実に遵守するために、IAEAとの間で国際的な検証・管理システムが構築されている。

1999年の軍縮委員会の非核兵器地帯に関する報告書には、非核兵器地帯の設立の目的と原則に関する詳細な情報が記載されている。同報告書は、非核兵器地帯の設立は、関係地域の国家間の自主的な合意に基づかなければならないと述べている。非核兵器地帯の目的を達成するために、協定には以下の3つが含まれていなければならない：

1. 域内の国は核兵器を保有しないこと
2. いかなる国も、域内に核兵器を移転しないこと
3. いかなる国も、域内の他国に対して核兵器を使用すると威嚇しないこと

国際法上の法的根拠

非核兵器地帯設置の国際的な法的根拠は、国連憲章第52条に定められている。この条文では、国際の平和と安全を維持するための地域的な取り決めや機関は、国連の目的および原則に合致するものであれば認められるとしている。

核拡散防止条約（NWFZ）の概念は、核拡散防止条約（NPT）第7条でさらに定義されている。同条約は、「この条約のいかなる規定も、いかなる国家集団も、それぞれの領土において核兵器が全く存在しないことを保証するために地域条約を締結する権利に影響を及ぼすものではない」としている。この権利は1975年、国連総会決議3472Bによって確認された。決議には非核兵器地帯の定義が含まれている：「非核兵器地帯とは、国連総会によって承認され、いずれかの国家グループが条約または条約によって自由に設定した地帯であり、地帯を画定する手順を含む核兵器の全面的不存在の法令が定義され、各国がその法令を遵守することを保証するための検証および管理の国際的システムが確立されている」。非核兵器地帯には、すべての参加国の領土、領海、内水、周辺海域が含まれる。

非核兵器地帯に関する総会決議はまた、非核兵器地帯に対する核兵器国の主な義務を定義している。すなわち、すべての核兵器国が、法的拘束力のある条約や協定において、その義務を引き受けるか、または再確認することである：

- 核兵器地帯の全地域において、核兵器が不存在である義務を順守すること
- 核兵器地帯の領域内において、核兵器地帯に関する条約または条約に違反する行為に、いかなる形であれ加担しないこと
- 核兵器地帯に含まれる国に対して、核兵器の使用または使用の威嚇を行わないこと

非核兵器国の安全保障

NPTに合意することで、非核兵器国は核兵器を放棄した。その見返りとして、非核兵器国は、核兵器による攻撃を受けないという安全保障を核兵器国から得ることを主張してきた。しかしNPTは、核兵器による攻撃から非核兵器国を守ることを保証するものではない。核保有国による非核兵器国に対する核兵器の使用や威嚇を控える不使用義務は「消極的安全保障」（NSA）と呼ばれ、核兵器を保有していない国に対して核兵器を使用しないというものである。

1968年、安保理は決議255を採択した。この決議では、核兵器が使用された侵略行為またはその脅威の犠牲となったNPTの非核兵器国に対し、憲章に基づき、即時援助を提供または支援するという一部の核保有国の意向を歓迎した。これらの国とは、旧ソ連、英国、米国である。当時、中国とフランスはNPTに加盟していなかったため、この決議は彼らには関係なかった。

しかし、これらの安全保障は、核兵器による攻撃やその脅威があった場合にのみ認められるものであり、不十分であることが判明された。非核兵器国は、正式な消極的安全保障、すなわち核兵器が自国に対して使用されないという正式な保証を求めた。その後数年間、無条件で法的拘束力のある消極的安全保障に関する多くの提案がなされたが、どの提案も一般的な支持を得ることはできなかった。安全保障理事会では、1995年のNPT再検討会議開幕のわずか数日前に、NPT締約国である非核兵器国に対して核兵器が使用されないことを保証する決議案（984）で合意に達した。しかし、声明と決議は、完全な消極的安全保障を保証するものではなかった。フランス、ロシア、英国、米国の声明は、いずれの国もNPT非核兵器国に対して核兵器を使用しないことを確認したにすぎず、自国の領土、自国の軍隊やその他の軍隊、同盟国、安全保障上のコミットメントを結んでいる国に対する侵略やその他の攻撃があった場合、そしてその侵略や攻撃が核兵器国と同盟関係にある非核兵器国によって実行され、あるいは維持された場合などには例外を設けていた。

ロシアの場合、この声明は、核兵器を最初に使用しないという以前の約束に比べ、後退したものであった。中国だけが非核兵器国やNWFZに対して、いつ、いかなる状況下でも核兵器を使用しない、あるいは使用すると威嚇しないという無条件の宣言を行った。

3 토론문

　第70回総会は、決議70/25「核兵器の使用または使用の脅威から非核兵器国の安全を保障するための効果的な国際的取り決めの締結」を採択した。この決議は、「核兵器の使用または使用の脅威から非核兵器国の安全を保障するための効果的な国際的取り決めについて、早期に合意に達する緊急の必要性を再確認」し、「すべての国、特に核兵器保有国に対し、共通のアプローチ、特に法的拘束力のある国際文書に盛り込むことのできる共通の方式について、早期の合意に向けて積極的に取り組むよう訴える」ものである。決議は賛成127票、反対ゼロ、棄権55票で採択された。中国、インド、パキスタン、北韓は賛成票を投じた。フランス、イスラエル、ロシア、イギリス、アメリカ、カナダは、他の西側諸国とともに棄権した。

非核兵器地帯に関する条約

既存の非核兵器地帯

　非核兵器地帯に関する多国間条約は、ラテンアメリカ、南太平洋、東南アジア、アフリカ、中央アジアで締結されている。この5カ所の非核兵器地帯では、世界人口の39%を占める115カ国が、領海・領空を含む非核兵器地帯となっている。現存する5カ所の非核兵器地帯は、世界の国土の約50%、核保有国以外の国土の74%を占めている。5カ所のNWFZのうち4カ所が南半球全体を非核兵器地帯としている。

　第70回総会はまた、決議70/45「核兵器のない南半球と隣接地域」を採択し、「核不拡散体制を強化し、核兵器のない世界の地域を拡大する上で、非核兵器地帯が重要な役割を果たすという信念を再確認し、すべての核兵器の完全廃絶に向けたさらなる進展を求める」。この決議は、賛成178票、反対4票（フランス、ロシア、英国、米国）、棄権1票（イスラエル）で採択された。[3]

　北韓、日本、韓国を含む北東アジアに非核兵器地帯を確立することは可能だろうか？

　北東アジアで非核兵器地帯を実現するための主な課題や障害は、言うまでもなく北韓が核兵器を保有し、それを使用すると脅していることである。北東アジアの非核兵器地帯に同意するよう北韓を説得するためには、まず韓国との平和条約によって朝鮮戦争を正式に終結させることが必要である。このような条約には、朝鮮半島の完全な非核化に関する条項を盛り込むことができる。そのためには米国との拡大核抑止協定を終了させる必要がある。これが実現する前に、北東アジア3カ国の非核兵器地帯の確立につながる第一歩として、日本と韓国に対する拡大核抑止協定を、米国が日本と韓国を守るために北韓に対して核兵器を最初に使用しないことを保証する先制不使用政策に変更することが考えられる。米国が抑止政策の変更を拒否すれば、日韓との

---

[3] Reference is made to a comprehensive discussion on the issue of Nort Korea's nuclear weapons in "The Alternate Route - Nuclear Weapon-Free Zones" (pp.169-197) by Thomas Graham Jr., 2017, Oregon State University Press.

抑止協定は崩壊し、終了する可能性が考えられる。1985年、ニュージーランドの米国との拡大核抑止に関する安全保障協定は終了し、ニュージーランドは非核兵器国（保護国）となった。米国との拡大核抑止協定が終了した場合、日本や韓国が独自の核兵器開発を望むリスクはあるのだろうか。どうなるかを予測するのは難しいが、おそらくないだろう。両国は核兵器を製造する技術、材料、能力を持っているが、核兵器の実験を行う必要がある。つまり、日韓両国はNPTからも1996年の包括的核実験禁止条約（CTBT）からも脱退しなければならなくなる。これは間違いなく世界的な大反発を招き、NPTを崩壊させる可能性がある。その結果、サウジアラビアやイランのような他の国々が、自国の核兵器を開発したくなるかもしれない。

北東アジアにおけるNWFZのもう一つの前提条件は、北東アジア地域における米韓日の軍事演習（近海での海上演習を含む）を停止することである。

日韓の安全保障を向上させるためには、両国国民の意識を高めることと、日韓両政府が北韓との緊張を緩和するための主導権を取り、外交的接触と努力によって日韓両国間の信頼と信用を構築し、それによって平和と安全保障を創出するよう、各政府に圧力をかける必要がある。

これらのアイデアは、今日の緊迫した安全保障環境においては非現実的なものに思えるかもしれないし、実現には非常に長い時間がかかるだろう。しかし、我々はこうした考えを現実化するため圧力をかけ続け、高めていかなければならない。本日、広島で開催されるこの会議は、核兵器のない世界という目標を成し遂げるための共通の努力に、時宜を得た有益な貢献として非常に歓迎すべきものである。

結論として

- 米国による北韓に対する具体的な核の脅威は、国連憲章第2条4項に違反している。
- NPT第6条の核軍縮義務は疾うに果たされるべきだったため、日本と韓国は直ちに履行しなければならない。
- 日本と韓国が独自の核兵器を製造することへの世論の支持が高まっている。

今後のご活躍をお祈り申し上げます。
この会議にご出席いただき、またご清聴いただきありがとうございました。

저자 소개

강우일
Kang Uil

- 일본 조치대학교 철학 학사, 동 대학원 철학 석사
- 로마 우르바노대학원 신학 석사
- 주교 서품(1986)
- 통합가톨릭대학교 초대 총장(1995~1999)
- 천주교 서울대교구 총대리 주교, 교구청장(2001~2002)
- 천주교 제주교구 교구장(2002~2020)
- 한국 천주교 주교회의 의장 주교(2008~2014)
- 제주 4·3 평화상 위원장(2014~현재)
- 성 프란치스코 평화센터 이사장(2016~2021)
- 한베평화재단 이사장(2016~현재)
- 한국통합사목센터 이사장 (2017~현재)

저서
- 『강우일 주교와 함께 걷는 세상』(2012)
- 『기억하라, 연대하라』(2014)
- 『강우일 주교와 함께 희망의 길을 걷다』(2017)
- 『숲길 단상』(2022)

심진태
Sim Jintae

- 경상남도 일제강점하강제동원피해진상규명실무위원회 실무위원(2005)
- 9차 NPT(핵무기비확산조약) 재검토회의 참가(2015)
- 원폭피해자지원특별법 지원위원(2017)
- 세계원폭평화공원건립추진위원장(2018)
- (사)한국원폭피해자협회 합천지부장(2001~현재)

이기열
Lee Kiyeol

- (사)한국원폭피해자협회 부회장(2018)
- (사)한국원폭피해자협회 감사(2023)

이태재
Lee Taejae

- 한국원폭피해자협회 후손회 회장(2008~현재)
- (사)세계도덕재무장(MRA/IC)운동 부산본부 대표(2021)

고영대
Ko Youngdae

- 평화와통일을여는사람들 공동대표
- 평화통일연구소 상임연구위원

저서
- 『전환기 한미관계의 새판짜기』 1·2 (2005, 공저)
- 『전쟁과 분단을 끝내는 한반도 평화협정』(2010, 공저)
- 『사드 배치, 거짓과 진실』(2017)

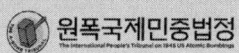

주제 1 발표
오은정
Oh Eunjeong

- 서울대학교 사회과학대학 인류학과 인류학 박사
- 서울대학교 환경대학원 환경계획학과 도시계획학 석사
- 서울대학교 자연과학대학 자연과학부 이학사
- 강원대학교 문화인류학과 교수

저서
- 『과학, 기술, 민주주의』(역서), (2012)
- 『한국원폭피해자 65년사』(2012)
- 『재일 한인의 인류학』, (공서, 2021)
- 『원자력의 사회사』(역서), (2022)
- 『오늘을 넘는 아시아 여성』(공저, 2023)

오쿠보 겐이치
Okubo Kenichi

- 일본 도호쿠대학교 법학부 졸업
- 법무부 인권옹호국 등 근무 (1971)
- 일본변호사연합회 핵무기근절부회 부회장 역임
- 일본반핵법률가협회(日本反核法律家協会) 회장
- 핵무기근절 일본NGO연락회 공동대표(核兵器廃絶日本NGO連絡会 共同代表)

저서
- 한국어판『생명을 살리는 반핵』(2015)
- 『今、どうして見伝えておきたいこと』(공저, 2013)
- 『「核の時代」と憲法 9 条』(2019)
- 『「核兵器も戦争もない世界」を創る提案』(2021)
- 『迫りくる核戦争の危機と私たち』(2022)
- 『「核の時代」と戦争を終わらせるために』(2022)

요시자와 후미토시
Fumitoshi Yoshizawa

- 호남대학교 외국어학부 일본어학과 전임강사(2000~2002)
- 도쿄학예대학교, 아오야마가쿠인대학교, 간토가쿠인대학교, 다이토분카대학교, 메이세이대학교 강사(2002~2006)
- 도쿄대학교 대학원 정보학환경 객원연구원(2014~2015)
- 미국 일리노이대학교 어바나-샴페인캠퍼스 동아시아태평양연구센터 객원연구원(2016~2017)
- 니가타 국제정보대학교 교수

저서와 논문
- 『日韓会談1965 戦後日韓関係の原点を検証する』(厳泰奉訳, イダムブックス, 2022)

- 『現代韓日問題の起源: 韓日会談と戦後韓日関係』(李賢周訳, 一潮閣, 2019)
- 『日韓会談研究のフロンティア: '1965年体制'への多角的アプローチ』(編著, 社会評論社, 2021)
- 『歴史認識から見た戦後日韓関係: '1965年体制'の歴史学・政治学的考察』(編著, 社会評論社, 2019)
- 『五〇年目の日韓つながり直し: 日韓請求権協定から考える』(編著, 社会評論社, 2016)
- 「朴正熙政権期における対日民間請求権補償をめぐる国会論議」(現代韓国朝鮮研究 15, 2015)

오동석
Oh Dongseok

- 서울대학교 법학사, 동 대학원 석·박사
- 동국대학교(경주) 법정대학 교수(2000~2004)
- 아주대학교 법학전문대학원 교수(2004~현재)
- 『민주법학』 편집위원장(2022~현재)
- 진실화해를위한과거사정리위원회 위원(2023~현재)

저서와 논문
- 「국군의 외국 파견에 대한 헌법적 검토」(『민주법학』 29, 2005)
- 「특별법원에 대한 헌법 해석」(『세계헌법연구』 14(2), 2008)
- 「한국전쟁과 계엄법제」(『민주법학』 43, 2010)
- 『지구를 위한 법학』(공저, 2020)
- 「지구법학 관점에서 한국 헌법의 해석론」(『환경법과 정책』 26호, 2021)
- 「인류세에서 기본권론」(『헌법재판연구』, 2022)

주제 2 발표
다니엘 리티커
Daniel Rietiker

- 스위스 취리히대학교 법학사
- 제네바 국제개발대학원 국제관계학 석사
- 스위스 로잔대학교 박사
- 유럽인권재판소 수석변호사(스위스 지부장) (2003~현재)
- 서포크대학교 법학전문대학원 겸임교수(2015~현재)
- 국제법협회 비확산 및 군축 위원회 위원(2013~현재)
- 하버드대학교 법학전문대학원 방문연구원(2014)
- 국제법 헤이그연감 편집위원회 위원(2016~현재)
- 유럽인권협약 평론 자문위원회 위원(2020~현재)
- 로잔대학교 겸임교수(2012~현재)
- 국제반핵법률가협회 공동회장 및 SAFNA(핵군축을 바라는 스위스 법률가들) 회장

저서
- *Humanization of Arms Control, Paving the Way for a World Free of Nuclear Weapons*, Routledge, 2018
- *Examples & Explanations for International Law* (Examples & Explanations Series), 3rd edition, 2023

야마다 토시노리
Toshinori Yamada

- 일본 메이지대학교 박사
- 메이지대학교 법학부 겸임강사
- 공익재난법인 정치경제연구소 주임연구원
- 국제반핵법률가협회 이사
- 일본반핵법률가협회 이사

저서
- 『核不拡散から核廃絶へ–軍縮国際法において信義誠実の義務とは何か』(2010)
- 『核抑止の理論-国際法からの挑戦』(2011)
- 『現代に生きる国際法』(2022)
- 『核兵器禁止条約 逐条解説＆第1回締約国会合』, 반핵법률가 별책 (2023)

모니크 코미에
Monique Cormier

- 호주 모나시대학교 법학부 선임강사
- 호주 뉴질랜드 국제법학회 이사
- 아시아태평양 국제인도법 저널 전문가 자문위원
- 하버드 로스쿨 방문연구원 역임
- 호주연방법원 연구 조교 근무

저서와 논문
- *The Jurisdiction of the International Criminal Court over Nationals of Non-States Parties* (Cambridge University Press, 2020)
- "Can Australia Join the Nuclear Ban Treaty without Undermining ANZUS?" (*Melbourne University Law Review*, 2020, co-authored with Anna Hood)

맨프레드 모흐
Manfred Mohr

- 국제우라늄무기금지연합 공동의장
- 국제반핵법률가협회 창립 멤버
- 독일 국제법학회 회원
- 독일 국제인도법위원회 특별위원

저서와 논문

- *Treaty on the Prohibition of Nuclear Weapons: A Commentary Article by Article* (IALANA, co-authored, 2002)
- *Advisory Opinion of the International Court of Justice on the legality of the use of nuclear weapons under international law — A few thoughts on its strengths and weaknesses* (Cambridge University Press, 2010)
- "The Turin Protocol of 22 October 1991: A Major Contribution to Revitalizing the European Social Charter" (*European Journal of International Law*, 1992)

마니 로이드
Marnie Lloydd

- 뉴질랜드 웰링턴 빅토리아대학교 법학부 강사
- 뉴질랜드 국제인도법위원회 회원
- 아시아태평양 국제인도법 저널 전문가위원회 위원
- 뉴질랜드 국제공법 저널 편집위원회 위원
- 국제적십자위원회(ICRC) 법률고문

논문

- "Legal identity under insurgencies and unrecognised states: inter-disciplinary approaches pushing us back, better-equipped, to international law?" (*Citizenship Studies*, 2024)
- "Unpacking Foreign Fighting: New Zealand's Legislative Responses to Transnational Combatants" (*National security journal*, 2023)
- "Wars, Laws & Humanity – New Zealand's Engagement with IHL" (New Zealand Red Cross, 2021)
- "Retrieving Neutrality Law to Consider 'Other' Foreign Fighters Under International Law" (European Society of International Law, 2017)

주제3 발표

찰스 막슬리
Charles Moxley

- 포드햄대학교 법정전문대학원 겸임교수
- 미국중재협회 중재자
- 뉴욕주 변호사협회 분쟁해결부문 의장
- 뉴욕시 법원 중재자문위원회 창립 멤버
- 뉴욕주 변호사

저서와 논문

- *Nuclear Weapons and International Law: Existential Risks of Nuclear War and Deterrence through a Legal Lens* (Rowman & Littlefield–Hamilton Books, 2024)
- "Faculty Lead, Nuclear Weapons and International Law: The Renewed Imperative in Light of the Russian Invasion of Ukraine", conference (2023)
- "Faculty Lead, Nuclear Weapons and International Law, conference" (2022)
- *Nuclear Weapons and Compliance with International Humanitarian Law and the Nuclear Non-Proliferation Treaty*, (co-authored with John Burroughs and Jonathon Granoff, 2011)
- "Obama's Nuclear Posture Review" (*Fordham International Law Journal*, 2011)

안나 후드
Anna Hood

- 뉴질랜드 오클랜드대학교 법학부 부교수
- 멜버른대학교 로스쿨 교수(2015)
- 오클랜드대학교 법학부 강사(2015~2018)
- 호주 뉴질랜드 국제법학회 부학회장(2018~현재)

저서와 논문

- "You Were Bombed and Now You Have to Pay for It: Questioning the Positive Obligations in the TPNW" (*Leiden Journal of International Law*, 2023)
- "The Construction of Global Hierarchies through Disarmament Law" (*Journal of the History of International Law*, 2023)
- "Roadblocks to Disarmament in the Nuclear Non-Proliferation Treaty System" (*Journal of Conflict and Security Law*, 2023)
- "Aotearoa New Zealand and International Nuclear Law" (Thomson Reuters, 2021, in *International Law in Aotearoa New Zealand*, edited by An Hertogen and Anna Hood)

- "Questioning International Nuclear Weapons Law as a Field of Resistance" (Springer, 2020, in *Nuclear Non-Proliferation in International Law*, edited by Jonathan Black-Branch and Dieter Fleck)
- "Can Australia Join the Nuclear Ban Treaty Without Undermining ANZUS?" (*Melbourne University Law Review*, 2020, co-authored with Monique Cormier)

존 키롤프
John Kierulf

- 변호사, 군축 연구자
- 전 덴마크 외교관
- 전 덴마크 외무부 군축 협상가

저서

- *Disarmament under International Law* (McGill-Queen's University Press, 2017)

영어 번역 및 감수   고영대, 강은지, 권준희, 김 길, 김종희, 박기학, 이주연, 이화연

일어 번역 및 감수   고영대, 김경인, 박근영, 박기학, 오현숙, 이치바 준코, 조현중, 최봉태

원폭국제민중법정 준비위원(후원자)

강문수 강수혜 강정혜 고조청용 고영대 공미숙 구자숙 권진복 김강연
김검회 김경인 김경태 김규태 김남기 김대송 김미경 김민서 김선호 김성국
김성태 김수호 김순희 김승원 김영모 김영석 김영호 김용환 김유영 김은주
김일수 김일회 김정미 김정은 김종필 김중희 김준표 김지수 김진숙 김태완
김헌택 도라지 문영만 박경자 박기학 박명은 박병율 박상준 박석분 박성진
박승유 박영희 박운옥 박운제 박유순 박하영 박해철 배용한 백은영 변혜숙
서경혜 서경훈 정원진 김효식 서종환 성상희 손기종 손선재 송봉섭 신나영
신재현 신재훈 신해랑 신차범 심신아 안병순 양진채 여종숙 오근갑 오금주
오미정 오선근 오혜경 오혜란 유수진 유영재 유정섭 윤명숙 윤영일 은영지
이건규 이기은 이기자 이기훈 이명옥 이명주 이민순 이범석 이석문 이애란
이연희 이우성 이의용 이의직 이재호 이정숙 이정재 이정학 이정현 이주은
이준규 이준동 이진우 이태재 이혜연 이화연 임병언 임세미 임홍연 장남희
신해슬 장우광 이명숙 장재호 전경아 정경희 정동석 정미나 박재우 정성임
정수경 정승옥 정영선 정용진 정윤자 정은선 정의헌 정일태 조병헌 조상수
조선금 조승현 조은숙 조현중 주정숙 차성호 천은미 최경선 최성남 최소영
최아람 최우진 최 웅 최 진 최진섭 탁우송 함수연 현동식 홍기숙 홍봉현
황윤미 황혜정

대전평통사 부산기독교교회협의회 원불교시민사회네트워크 인천평통사
전주평통사 평화통일연구소 한국원폭피해자후손회 한일반핵평화연대
합천평화의집 49통일평화재단

원폭국제민중법정 국제파트너 단체

Environmentalists Against War

International Association Of Lawyers Against Nuclear Arms (IALANA)

International Fellowship of Reconciliation (IFOR)

International Peace Bureau (IPB)

Japan Association of Lawyers Against Nuclear Arms

Japan Council against Atomic and Hydrogen Bombs (Gensuikyo)

Korean American Peace Fund

Merchants of Death War Crimes Tribunal

Peace Action

Peace Action New York State

STOP the War Coalition Philippines

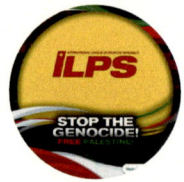
The International League of Peoples' Struggle (ILPS)

The Olerai Lab

The United Methodist Church — General Board of Church and Society

Peace Action New York State

World BEYOND War

The Korea Policy Institute

Global Network Against Weapons and Nuclear Power in Space

International Initiative for Peace (IIP)

Kim Bok Dong Foundation

Nodutdol

NuclearBan.US

1945년 미국의 핵무기 투하의 책임을 묻는
원폭국제민중법정
제2차 국제토론회 자료집

초판 1쇄 찍은날 2025년 4월 22일
초판 1쇄 펴낸날 2025년 4월 25일

엮은이 원폭국제민중법정 국제조직위원회·평화와통일을여는사람들

펴낸이 최윤정
펴낸곳 도서출판 나무와숲 | 등록 2001-000095
주 소 서울특별시 송파구 올림픽로 336 910호(방이동, 대우유토피아빌딩)
전 화 02-3474-1114 | 팩스 02-3474-1113 | e-mail : namuwasup@namuwasup.com

ISBN 979-11-93950-12-8 03360

* 이 책의 무단 전재 및 복제를 금지하며, 글이나 이미지의 전부 또는 일부를 이용하려면
  반드시 저작권자와 도서출판 나무와숲의 서면 허락을 받아야 합니다.
* 값은 뒤표지에 있습니다.
* 잘못 만들어진 책은 구입하신 서점에서 바꿔 드립니다.